U0922360

杭州年鉴

HANGZHOU YEARBOOK

2021

中共杭州市委党史研究室
（杭州市人民政府地方志办公室） 编

杭州市地方志编纂委员会

杭州年鉴编辑部

编辑说明

一、《杭州年鉴》是中国共产党杭州市委员会、杭州市人民政府主办的地方综合年鉴，逐年记载杭州经济建设、政治建设、文化建设、社会建设、生态文明建设基本情况，为各级党政机关、研究机构，以及社会各界人士了解、研究杭州提供丰富、翔实的地情资料。

二、《杭州年鉴（2021）》是1987年创刊以来的第35卷。本卷年鉴坚持以马克思列宁主义、毛泽东思想、邓小平理论、“三个代表”重要思想、科学发展观、习近平新时代中国特色社会主义思想为指导，坚持辩证唯物主义和历史唯物主义的立场、观点和方法，全面反映新时代中国特色社会主义在杭州的生动实践，客观记述杭州建设独特韵味别样精彩世界名城的奋斗历程。

三、《杭州年鉴（2021）》按分类法编辑，主体内容分为类目、分目、条目三个层次。设类目50个、分目332个，收入条目2496个、照片233张。全书框架结构在上年基础上，结合年度热点和杭州实际情况，对部分类目名称、排列顺序、所辖分目做了适当调整。增加“抗击新冠肺炎疫情”类目，“年度聚焦”类目设立“学习贯彻习近平在浙江考察时重要讲话精神”“中国（浙江）自由贸易试验区杭州片区挂牌”“杭州云城建设”“杭州东西部扶贫协作地区全部脱贫摘帽”“淳安县入选‘绿水青山就是金山银山’实践创新基地”等分目，“杭州市人民政府”类目增设“消防管理”分目，“城乡建设”类目增设“历史文化名城保护”分目，“建筑业”类目增设“进杭建设者”分目，“卫生健康”类目中的“计划生育”分目改为“人口监测与家庭发展”。本卷年鉴资料以2020年度为主，部分内容适当突破年度时限，以保持资料的完整性。

四、全书主要数据由杭州市统计局提供，入鉴内容资料及保密问题经各供稿单位审核。文中数据比较除特别说明外，均为2020年与2019年相比，“上年”指“2019年”，“增长”“下降”等数据增减幅度均指与上年同期相比，其他年份之间数据的比较写明年份。因统计范围、统计口径的调整，部分数据与往年不具可比性，以统计部门公布的为准。

五、文中“党”或“党的”特指中国共产党，其他党派名称用全称或规范化简称。市直属各单位和相关单位名称根据有关文件规定使用规范化简称。因党政机构改革或机构调整前后名称不一致的，据文中具体时间使用实际名称。供稿单位署名按党政机构改革后确定的新名称。“主城区”指上城区、下城区、江干区、拱墅区、西湖区、滨江区。

六、“特载”类目、“附录”类目中的“重要文献”“组织机构名录”“2020年杭州市国民经济和社会发展统计公报”分目内容照原文登载，不做编辑规范方面的处理。

七、《杭州年鉴》历年资料载入杭州党史与地方志网“杭州年鉴”板块。本卷年鉴电子书可通过扫封底“杭州年鉴”微信小程序码阅读。

杭州市地图

淳安县
建德市
千岛湖
新安江
富春江－新安江－千岛湖
千岛湖镇
淳安县
建德市
新安江街道
安徽省
衢州市
杭瑞高速（杭徽段）
淳宁高速
杭长高速
宣桐高速
临金高速（在建）
千黄高速
京台高速

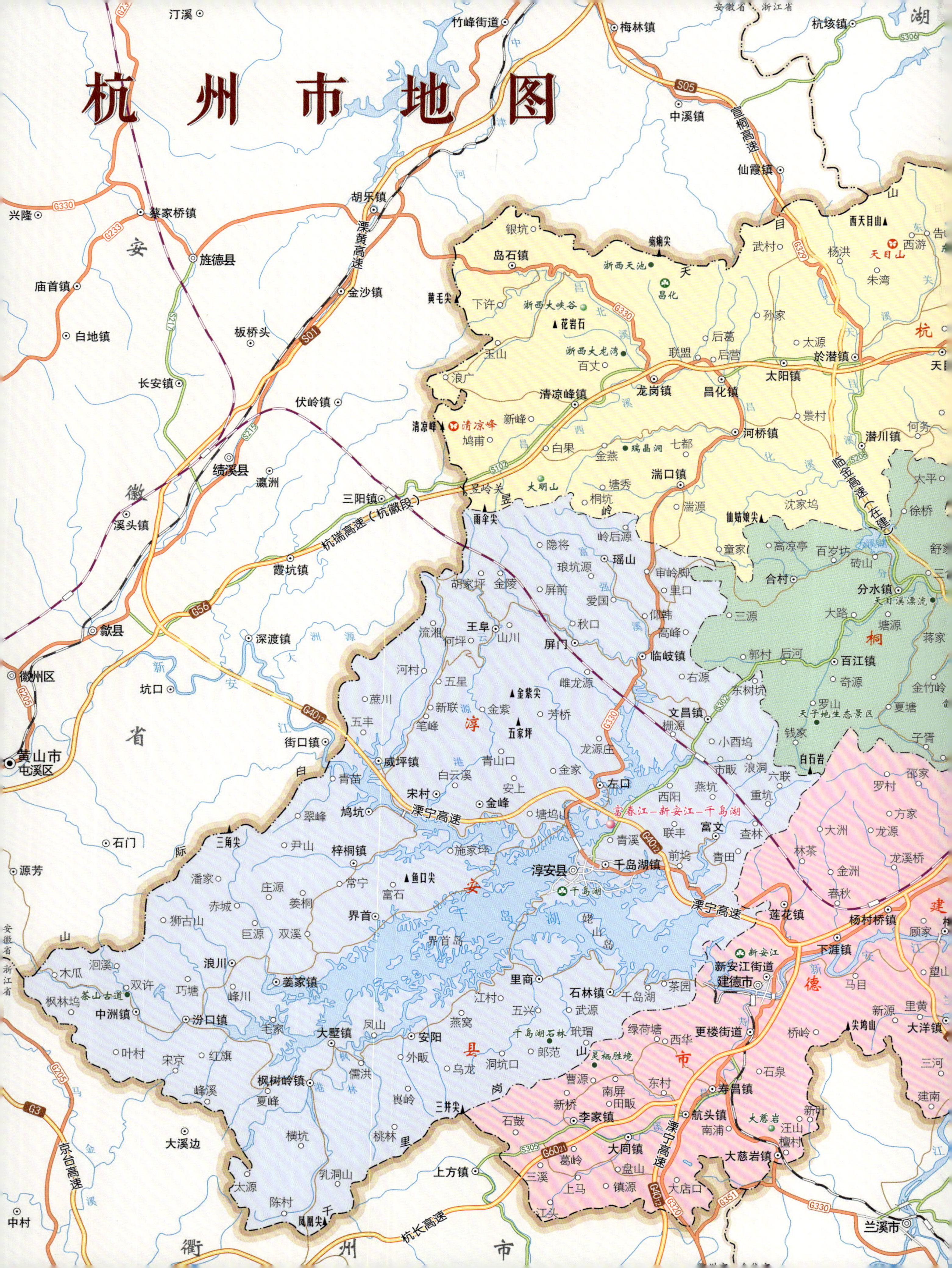

湖州市
嘉兴市
湖州市
嘉兴市
德清
长深高速（杭宁段）
练杭高速
运河街道
塘栖镇
仁和街道
东湖街道
余杭区
崇贤街道
星桥街道
良渚街道
良渚文化遗址
瓶窑镇
径山镇
黄湖镇
鸬鸟镇
百丈镇
天荒坪镇
杭长（宜）高速
双溪竹海漂流
径山寺
东明山
窑头山
杭州城西科创产业集聚区
青山湖街道
临安区
杭瑞高速（杭徽段）
玲珑街道
锦南街道
板桥镇
高虹镇
太湖源镇
青柯
指南
夏村
长溪
庆北
上东
余杭街道
仓前街道
五常街道
西溪国家湿地公园
闲林街道
中泰街道
杭州都市圈环线高速
杭州野生动物世界
银湖街道
富阳区
东洲街道
春江街道
灵桥镇
里山镇
鹿山街道
新登镇
胥口镇
万市镇
洞桥镇
永昌镇
大源镇
环山
场口镇
常安镇
龙门镇
上官
常绿镇
湖源
富春江－新安江
新桐
渌渚镇
江南镇
横村镇
凤川街道
桐庐县
旧县街道
长深高速（杭新景段）
富春江镇
大奇山
大源
瑶琳镇
分水
严子陵钓台
白云源
天龙九瀑
新合
萧源
钦堂
乾潭镇
三都镇
梓洲
姚村
杭州市
西湖
西湖区
拱墅区
上城区
下城区
江干区
滨江区
萧山区
半山街道
丁兰街道
彭埠街道
乔司街道
下沙街道
杭州绕城高速
杭甬高速
机场公路
宁围街道
浦沿街道
闻堰街道
新塘街道
东方文化园
湘湖
转塘街道
留下街道
双浦镇
渔山
杭州绕城高速
义桥镇
临浦镇
进化镇
戴村镇
浦阳镇
河上镇
楼塔镇
东山
千金尖
杭州湾环线高速（杭浦段）
沪昆高速（沪杭段）
海宁市
前进街道
萧东
新围
钱塘新区
河庄街道
新湾街道
临江街道
钱江观潮
杭州萧山国际机场
靖江街道
党湾镇
义蓬
益农镇
苏绍高速
街前镇
瓜沥镇
杭州湾环线高速（杭甬段）
柯桥区
绍兴市
越城区
绍诸高速
平水镇
白塔湖
山下湖镇
诸暨市
绍兴市
赵家镇
王坛镇
杭绍台高速
谷来镇
东和
暨南街道
诸永高速
五泄镇
马剑镇
牌头镇
大唐
绍诸高速
沪昆高速（杭金衢段）
王院
崇仁镇
甘霖镇
金华市
绍兴市
白马镇
杭坪镇
前吴
浦江县
梅江镇
后宅街道
义乌市
马涧镇
源东
金华市
佛堂镇
曹宅镇
傅村镇
甬金高速
长深高速（临金段）
图例
设区市
县（市、区）
镇（乡）、街道
行政村、社区
省界
设区市界
县（市、区）界
铁路及车站
客运专线及车站
高速公路及编号
国道及编号
省道及编号
县乡道
隧道、桥梁
河流、湖泊
运河
机场
国家重点风景名胜区
国家级自然保护区
森林公园
省级景点（区）
其他旅游景点
山峰
比例尺 1：580 000
杭州市勘测设计研究院有限公司 编制
地图审核号：浙杭S（2021）035号
注：底图资料由杭州市规划和自然资源局提供
行政界线不作划界依据，仅供参考

杭州城区图
崇化
瓶窑镇
瓶窑
大观山
崇福
西塘河
良渚
东塘河
康桥街道
吴家墩
半山
半山街道
半山国
G104
杜甫
运河
平安桥
好运街
超山景区
连具塘
S14
杭长(宜)高速
绕城
紫金港枢纽
东莲
大陆
山联
五幸
三墩镇
祥符街道
瓜山
石桥街道
宁杭甬铁路客运专线
吴山前
双桥
拱墅区
高桥
汽车北站
上塘街道
东新街道
苕溪
三墩
浙大紫金港校区
杭州西站（在建）
湖杭铁路客运专线（在建）
塘河
杭州师范大学仓前校区
灵源
梦想小镇
G235
仓前街道
蒋村街道
文晖街道
杭州城西科创产业集聚区
永乐
阿里巴巴
五常
未来科技城
文新街道
翠苑街道
北山街道
金星
西溪国家湿地公园
老和山
五常
浙大玉泉校区
黄龙体育中心
余杭街道
仓南
汽车西站
灵峰山
宝石山
保俶塔
西湖区
顾家桥
何母桥
杨家牌楼
西溪
横板桥
五常街道
留下街道
西湖街道
西湖
孤山
华丰
荆丰
文家
留下
北高峰
灵隐寺
西穆坞
湖心亭
瀛洲
沈家店
竹韵
老余杭
民丰
G56
S102
杭瑞高速（杭徽段）
杭州西
玉屏山
石人岭
吉庆山隧道
雷峰塔
净慈寺
汽车南站
闲林街道
荆山
横街
屏峰
东穆坞
西湖风景名胜区
满觉陇
南高峰
凤凰山
闲林
北山
联荣
龙井
狮峰
玉皇山
孙家坞
小和山
杭州绕城高速
复兴大桥
里项
石马
屏峰山
大清
丁家山
梯家坞
白塔
钱塘江
五云山
六和塔
外桐坞
桐坞
九溪
浙大之江校区
龙门坎
龙坞
钱塘江大桥
杭州高新技
午潮山
慈母桥
梵村
午潮山国家森林公园
葛衙庄
叶埠桥
上城埭
西湖茶场
宋城
鸡笼顶
西山国家森林公园
长埭
沈家界
转塘街道
之江大桥
浦沿街道
东坞山
杭州野生动物世界
白岩山
横桥
之江国家旅游度假区
龙王沙
中国美术学院象山校区
望江山
狮子
柏联
梓树
G320
村口
转塘
麦岭沙
长安
金家岭
中村
前山
凌家桥
闻堰
小江
新沙
杭州南
西湖
缪家
黄山
回龙
老沙
镜鉴湖
何家埠
袁家浦
小叔房
袁浦
三江
长深高速
袁富
G25
外张
兰溪口
双浦镇
东江嘴
夏家桥
龙池
新浦沿
长安沙
周家埭
板桥
三阳
桑园地
杭汪
五丰
杭州市区缩略图
余杭区
放大图
拱墅区
上城区
西湖区
钱塘区
临安区
上城区
滨江区
萧山区
富阳区

丁兰街道
乔司街道
杭州北
乔司枢纽
乔司东
临平
笕桥街道
九堡街道
杭州汽车客运中心
德胜
杭州东站
彭埠街道
下沙街道
白杨街道
下沙
下沙东
杭州绕城高速
江东大桥
钱塘新区
艮山东路隧道（在建）
九堡大桥
下沙南
下沙大桥
凯旋街道
上城区
杭州市
钱江世纪城
亚运村（在建）
萧山
杭甬高速
红垦枢纽
杭州萧山国际机场
萧山经济技术开发区桥南区块
市心路
通惠路
盈丰街道
宁围街道
机场公路
西兴
滨江区
萧山经济技术开发区
新街
机场
杭州湾环线高速
新街街道
西兴街道
萧山区
北干街道
杭州南站
萧山东
萧山汽车西站
萧山汽车总站
城厢街道
萧山汽车东站
新塘街道
衙前镇
杨汛桥街道
杭州乐园
湘湖旅游度假区
烂苹果乐园
蜀山街道
所前镇
杨汛桥
萧山南
张家畈枢纽
义桥
图例
市政府
区政府
镇、街道
行政村、社区
铁路及火车站
铁路客运专线
高速公路及编号
互通及服务区
国道及编号
省道及编号
城市高架
地铁沿途站点 线路终点
道路
隧道 桥梁
河流、湖泊
汽车站 机场
旅游景点 山峰
比例尺 1：115 000
地图审核号：浙杭S（2021）035号
杭州市勘测设计研究院有限公司 编制
注：底图资料由杭州市规划和自然资源局提供 地铁站点位置仅供参考

钱江新城核心区和奥体博览城

（周　勇摄）

余杭区仓前街道

［余杭区委党史研究室（余杭区地方志办公室） 供稿］

“一村万树”推进村——临安区太湖源镇白沙村

（市林水局 供稿）

2020 年 2 月 9 日，杭州市援鄂医疗队（第三批）在市民中心集结出发　　（市卫生健康委 供稿）

2020 年 2 月 13 日，杭州市西溪医院和援鄂医疗队医护人员在抗疫一线入党

（市卫生健康委 供稿）

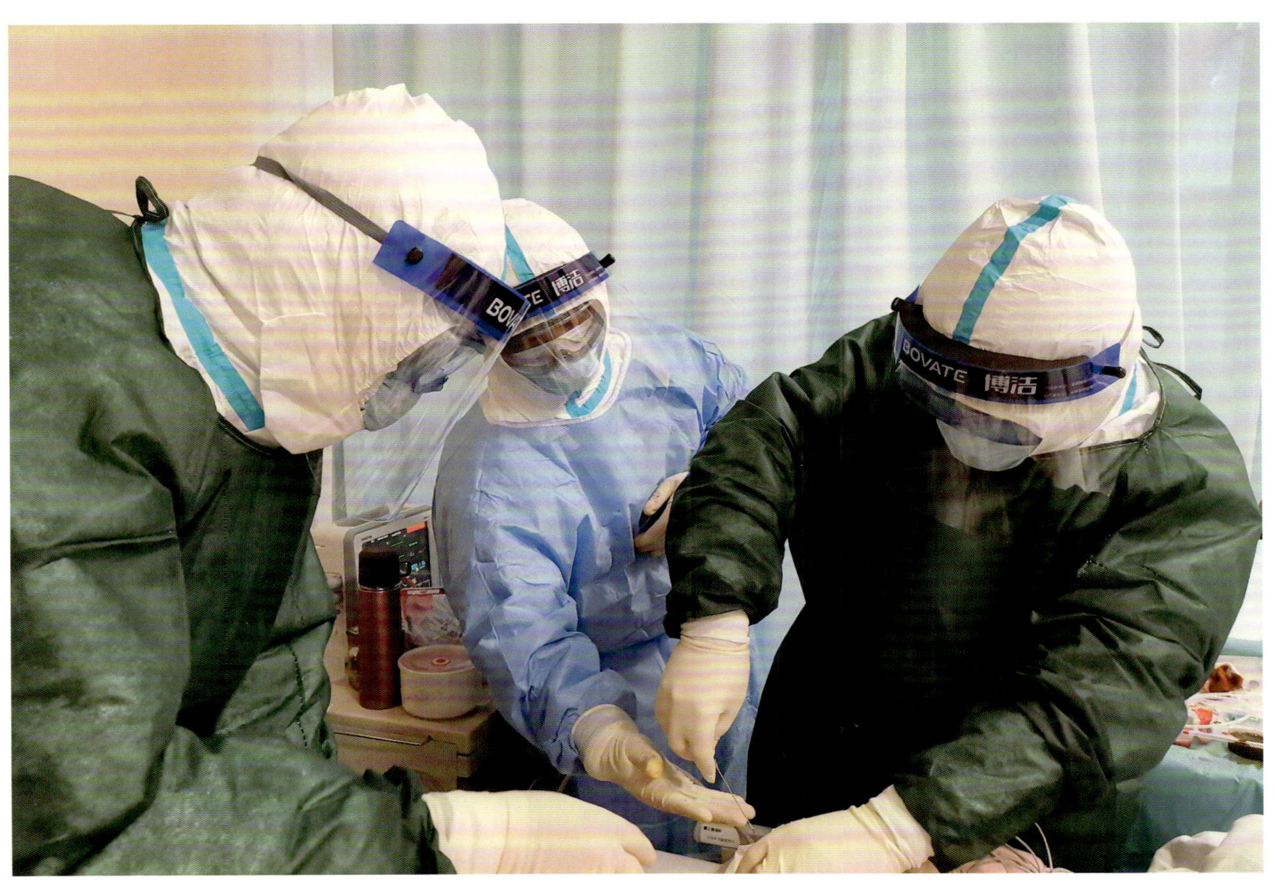

杭州援鄂医护人员在抗疫一线工作　（市卫生健康委 供稿）

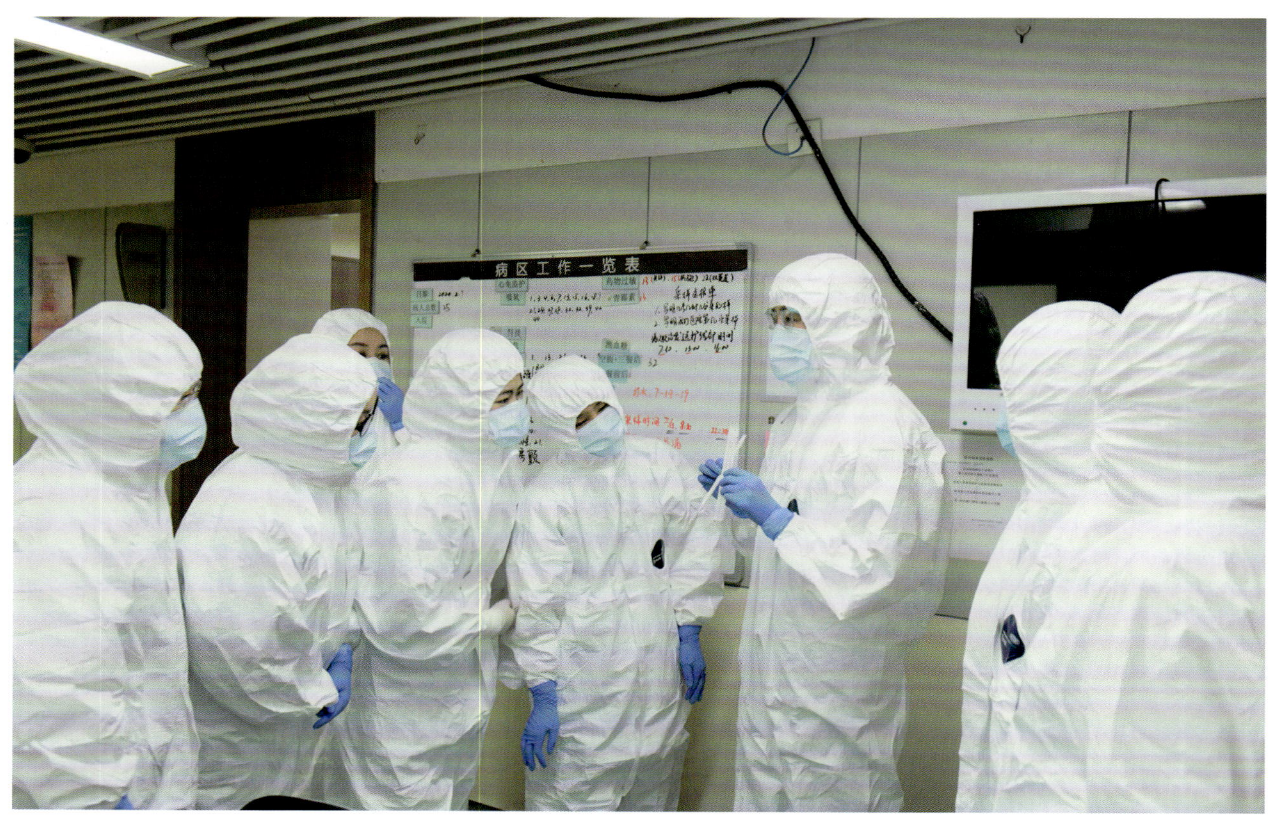

杭州医护人员在病区交接工作　　（市卫生健康委 供稿）

2020 年 2 月 16 日 22 时 07 分，从贵州直达杭州的复工人员免费专列到达杭州火车东站

（张之冰 摄）

2020 年 4 月 3 日，杭州医护专家连线墨西哥同行分享抗疫经验　　（市科协 供稿）

志愿者在社区进行防疫志愿服务　　（李　忠 摄）

杭州萧山国际机场应急处置专班转运安置国际航班入境人员　　（黎似玖 摄）

海外侨胞向杭州捐赠抗疫物资　　（市侨办 供稿）

2020 年 12 月 1 日，杭州市抗击新冠肺炎疫情总结表彰大会在浙江省人民大会堂举行

（法　鑫摄）

众志成城，共抗疫情

（吴海平 摄）

2020 年 8 月 8 日，“寻找 2022 个亚运梦想 · 杭州亚运益起来”线上公益集成阵地启动仪式在杭州运河广场举行

（杭州亚组委 供稿）

2020 年 8 月 22 日，“我是亚运小剑客”线下活动在杭州举行 （杭州亚组委 供稿）

2020 年 8 月 8 日，“寻找 2022 个亚运梦想·杭州亚运益起来”线上公益集成阵地启动仪式在杭州运河广场举行。图为活动梦想卡和纪念徽章

（杭州亚组委 供稿）

2020 年 9 月 12—13 日，杭州亚运特许游园会在湖滨步行街举行

（杭州亚组委 供稿）

2020 年 9 月 22 日，杭州 2022 年第 19 届亚运会倒计时 2 周年活动在浙江省人民大会堂举行

（杭州亚组委 供稿）

2020 年 9 月 27 日，杭州 2022 年第 19 届亚运会国际文明礼仪大赛启动　（杭州亚组委 供稿）

2020 年 9 月 22 日，在杭州 2022 年第 19 届亚运会倒计时 2 周年活动上，亚运会、亚残运会志愿者口号征集启动　（杭州亚组委 供稿）

2020 年 10 月 21 日，杭州 2022 年第 19 届亚运会核心图形“润泽”与色彩系统“淡妆浓抹”揭晓

（杭州亚组委 供稿）

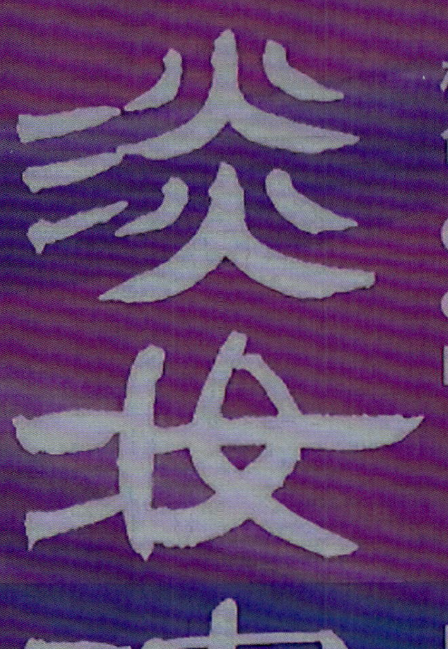

杭州亚运会
色彩系统

Color System
of Asian Game
Hangzhou 2022

Harmony
of Colors

市域社会治理现代化建设

市司法局推进“宪法宣传杭州行”活动　　（市委政法委 供稿）

杭州市景区公安民警为外国友人提供志愿服务　　（市委政法委 供稿）

市公安局下城区分局长庆派出所社区民警与辖区安全委员会成员交流安防心得

（市委政法委 供稿）

滨江区基层治理综合信息平台指挥中心（市委政法委 供稿）

富阳区“14X”矛盾纠纷“最多跑一地”联动化解（下左）
（市委政法委 供稿）

桐庐县“校门爷爷”志愿服务队在小学门口义务护送学生放学（下右）
（市委政法委 供稿）

上城区“湖滨晴雨”工作室民情观察员畅谈社情民意

（市委政法委 供稿）

2020 年 12 月 4 日，杭州市第六届“十大金牌和事佬”颁奖晚会举行

（市司法局 供稿）

2020 年，市税务局打造“E 税疫控”健康智控系统，实现涉税事项全部“非接触”办理

（市税务局 供稿）

2020 年 6 月 16 日，西湖论剑·网络安全线上峰会举行［杭州高新区（滨江）地方志编研室 供稿］

2020 年 10 月 16—18 日，第二届中国（杭州）国际智能产品博览会、“2020 全球人工智能大会”在杭州国际博览中心举行（市商旅集团 供稿）

2020 年 11 月 12—18 日，第二十四届中国国际软件博览会在杭州白马湖国际会展中心举行

［杭州高新区（滨江）地方志编研室 供稿］

拱墅区城市眼云共治平台　　　　（拱墅区府办 供稿）

浙江春风动力股份有限公司未来工厂蓝图　　　　（余杭开发区管委会 供稿）

浙江国自机器人技术股份有限公司开发的机器人　　（富阳开发区管委会 供稿）

2020 年 1 月 7 日，杭州海塘遗址博物馆开馆。图为馆内海塘遗址厅（江干区委史志研究室 供稿）

2020 年 9 月 30 日，建德市博物馆开馆　　（周　密　摄）

2020 年 8 月 14 日，“2020 文旅市集 · 杭州奇妙夜”活动在杭州钱塘江畔启动

（市文化广电旅游局 供稿）

2020 年 9 月 16 日至 10 月 13 日，2020 年杭州国际音乐节举行。图为歌剧《图兰朵》演出现场
（杭州文广集团 供稿）

2020 年 9 月 25 日，2020 年南宋文化节开幕。图为民间艺人在清河坊南宋瓦肆表演　　（徐　晖　摄）

2020 年 12 月 12—18 日，“百年西泠·金石传薪”西泠印社庚子秋季雅集系列展在浙江展览馆举行（西泠印社 供稿）

2020年3月23日，拱康路应急提升改造工程（石祥路—余杭界，含上塘路延伸段）完工，杭州市首条渣土专用道投用（拱墅区府办 供稿）

2020年6月29日，杭州市首条下穿古运河的香积寺路隧道开通（拱墅区府办 供稿）

2020 年 7 月 1 日，杭州火车南站开通运营　　（杨贤兴 摄）

2020 年，杭州市多条地铁线开通运营。图为 12 月 30 日开通的杭州地铁 6 号线一期　　（朱啸尘 摄）

2020 年 12 月 22 日，杭州绕城高速公路西复线杭绍段通车。图为中埠枢纽

（叶 旻 徐 杰 摄）

2020年12月22日，溧阳至宁德国家高速公路淳安段工程（千黄高速淳安段）通车。图为宋村互通（市交通运输局 供稿）

数字杭州

地区生产总值和发展指数

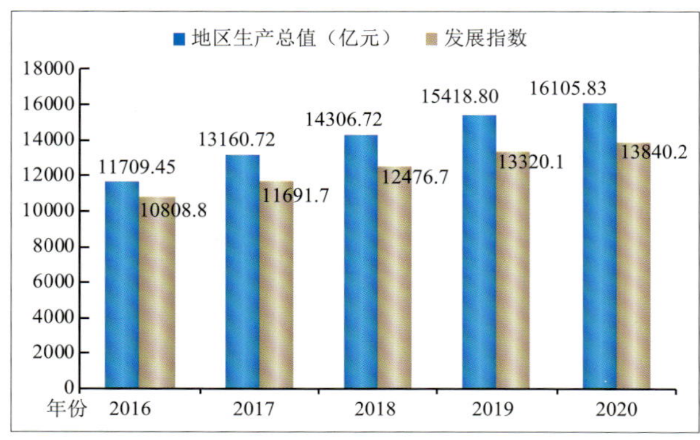

说明：生产总值发展指数以1978年为100，按可比价格计算；
生产总值按当年价格计算

地方财政收入

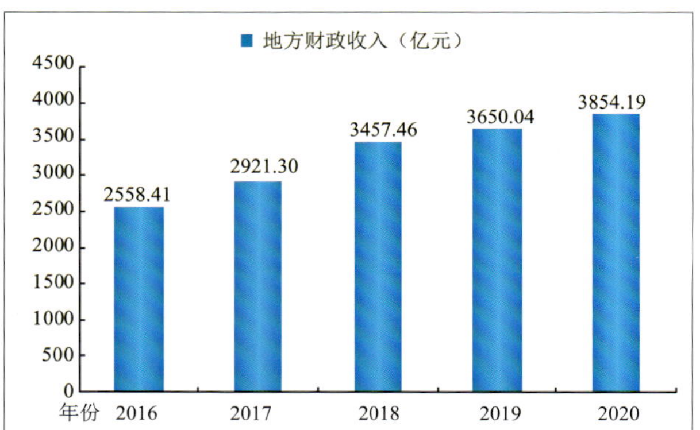

固定资产投资总额发展指数

社会消费品零售总额

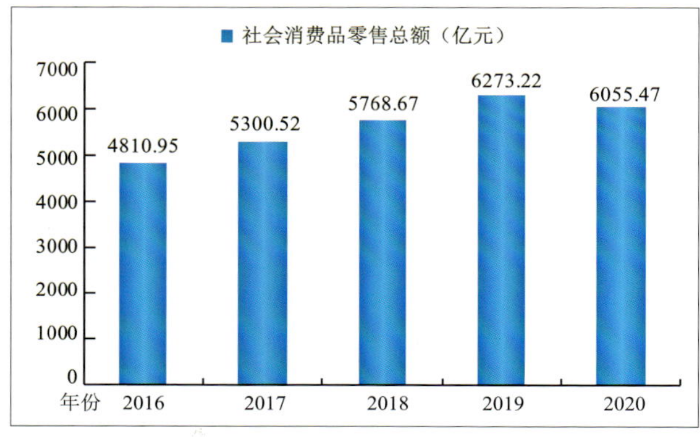

三次产业结构

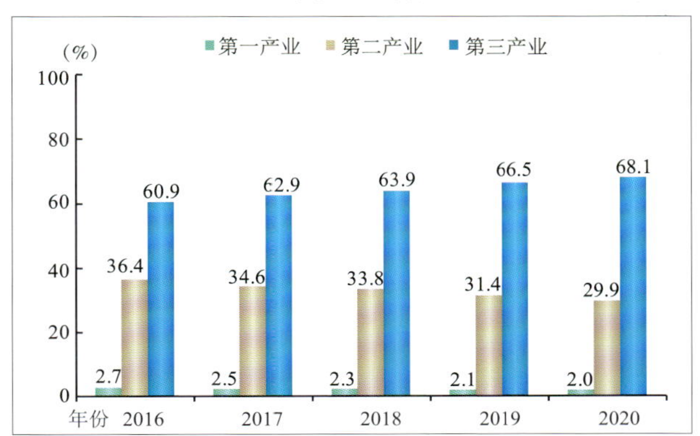

三次产业增加值

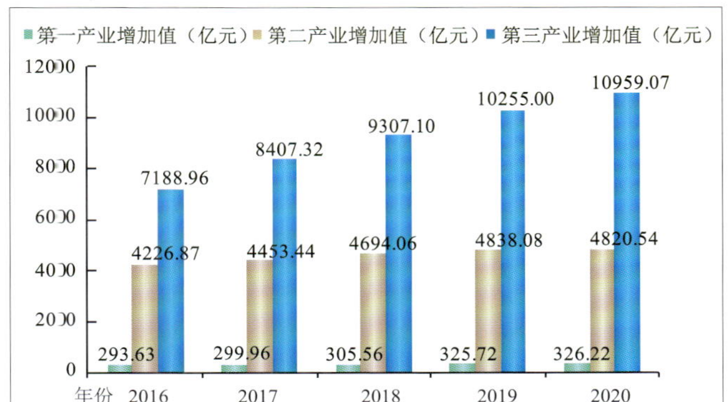

城乡居民人均收入和支出水平

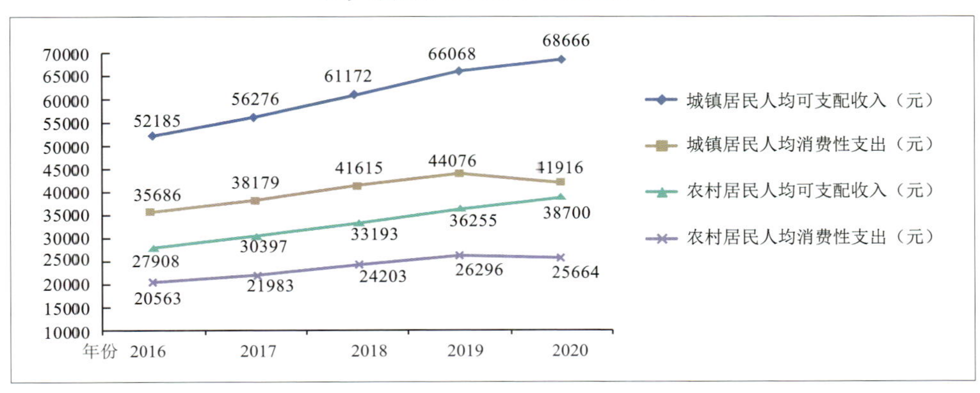

社会保险参保人数

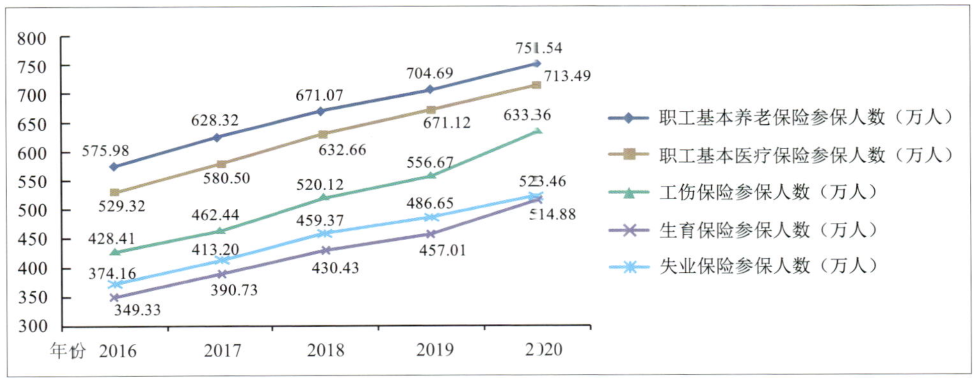

2020 年杭州市各项经济指标占浙江省的比重

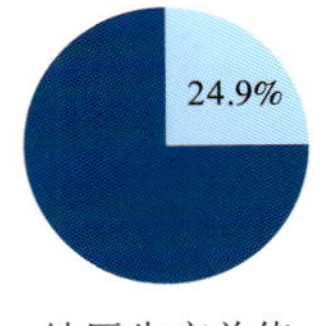

地区生产总值

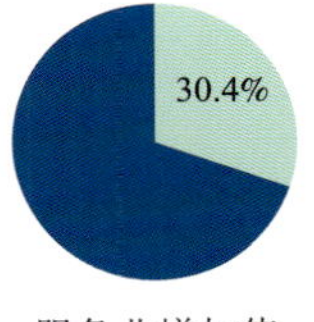

服务业增加值

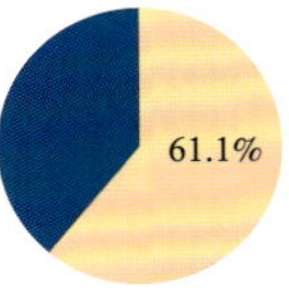

数字经济核心产业增加值

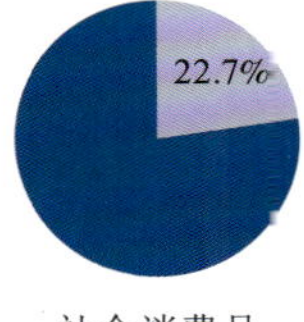

社会消费品零售总额

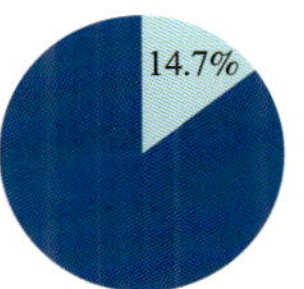

出口总额

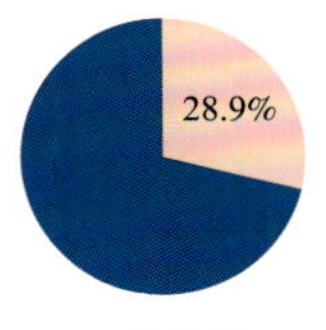

一般公共预算收入

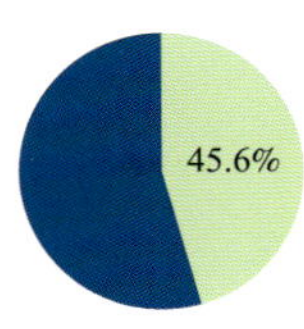

实际利用外资

2021
杭 州 年 鉴
Contents

目 录

4 年度聚焦
Highlights of the Year

5 大事记
Chronicles of Major Events

6 市情综览
City Overview

8 杭州市人民代表大会及其常务委员会

Hangzhou Municipal People's Congress and the Standing Committee

9 杭州市人民政府

Hangzhou Municipal People's Government

12 民主党派

Democratic Parties

13 人民团体
People's Organization

14 外事·侨务·港澳台事务

Foreign Affairs; Overseas Chinese Affairs; Hong Kong, Macao and Taiwan Affairs

15 法 治

Rule of Law

17 经济管理
Economic Management

21 文化产业

Cultural and Creative Industry

22 农 业
Agriculture

24 建筑业

Construction Industry

25 商贸服务业

Commerce Service

33　开发区·产业平台
Development Zones & Industrial Platform

34 民营经济

Private Economy

35 城乡建设

Urban-Rural Development

36 生态环境保护
Environmental Protection

37 科学技术
Science & Technology

38 教 育
Education

40 公共文化
Public Culture

41 社会科学
Social Science

43 卫生健康
Health and Wellness

44 体 育
Sports

45 人力资源
Human Resources

46 社会生活
Social Life

47 区县（市）

Districts & Counties（Cities）

48 人 物
Figures

49 附 录
Appendix

50 索 引
Index

01

特　载

2021
杭 州 年 鉴
Special Report

中共杭州市委关于做强做优城市大脑打造全国新型智慧城市建设“重要窗口”的决定

（2020年6月28日中国共产党杭州市第十二届委员会第九次全体会议通过）

中国共产党杭州市第十二届委员会第九次全体会议，认真学习贯彻习近平总书记考察浙江重要讲话精神，紧密结合杭州实际，研究讨论了关于做强做优城市大脑、打造全国新型智慧城市建设“重要窗口”的若干问题，作出如下决定。

一、坚持数字赋能城市治理，扎实推进新型智慧城市建设

1. 重大意义。杭州是城市大脑的诞生地，城市大脑自2016年创立以来，在“三化融合”的有力推动下，实现了由交通治堵的局部探索向全面治城的重大跨越，在数字赋能城市治理方面展现出广阔前景和巨大潜力。特别是在新冠肺炎疫情防控中，城市大脑发挥了十分重要的作用。习近平总书记在浙江考察时，对杭州城市大脑给予充分肯定，要求我们继续探索创新，进一步挖掘城市发展潜力，加快建设智慧城市，让城市更聪明一些、更智慧一些，为全国创造更多可推广的经验。城市是复杂的巨系统，既是新技术的策源地，也是新技术的实践地，用大数据、云计算、区块链、人工智能等前沿技术创新城市管理手段、管理模式、管理理念已成为推动城市治理体系和治理能力现代化的必由之路。我们必须坚决扛起责任担当，对标对表“重要窗口”的新目标新定位，把城市大脑建设作为数字赋能城市治理的主要抓手，全面提升城市治理现代化水平。

2. 总体要求。以习近平新时代中国特色社会主义思想为指导，深入贯彻习近平总书记考察杭州城市大脑时的重要讲话精神，坚持以人民为中心的发展思想，根据国家人工智能开放创新平台建设和全省数字浙江建设的工作部署，集成应用大数据、云计算、区块链、人工智能等前沿技术，全面汇总整合全市各级各部门的海量基础数据，推动系统互通、数据互通，促进数据协同、业务协同、政企协同，打造直达民生、惠企、社会治理的丰富应用场景和数字驾驶舱，加快形成“一脑治全城、两端同赋能”的运行模式，不断完善城市治理现代化数字系统解决方案，奋力打造“全国数字治理第一城”，努力成为新型智慧城市建设的“重要窗口”。

3. 建设原则。

——全周期管理。把城市作为生命体、有机体，增强城市大脑的系统功能，全面实时感知人流、车流、物流、商流等城市生命体征的细微变化，全程实时分析市民群众从衣食住行到生老病死的民生需求，全域实时处置生产、生活、生态各领域发生的事件，形成全景呈现常态运行情况、精准预警研判风险隐患、高效应对处置突发事件、复盘提出补短堵漏建议的有机闭环。

——平战结合。围绕城市公共管理、公共服务、公共交通和市政设施等各系统的正常运行提供数字化支撑，着眼防范化解公共卫生事件、事故灾难、社会安全、重大活动、自然灾害等重大风险提供解决方案，推动一般常见问题及时处理、重大疑难问题有效解决、风险防范关口主动前移，真正做到平时好用、战时管用。

——便民惠企。始终践行以人民为中心的发展思想，坚持数据资源“取之于民、用之于民”，突出问题导向、需求导向，主动回应市民群众与市场主体需求，聚焦用户体验，精心打造政策、服务、资金等直达基层、直达企业、直达民生的各类应用场景，让群众爱不释手、企业可亲可感。

——撬动变革。坚持理念创新引领技术创新、技术创新倒逼制度创新，以“最多跑一次”改革的做法、机制和作风，通过应用新技术、推出新场景，从制度设计源头出发，确保

"数据多跑路、群众少跑腿"落到实处,在更大范围、更宽领域、更深层次倒逼政府自身改革,推动管理服务模式重塑。

——安全高效。充分发挥政府顶层设计、系统推进的主导作用,加强政企合作、多方参与,强化法律、政策、监管的统筹协调,深化关键基础设施、关键数据资源保护,一体提升安全防护能力与开放应用水平。

4. 发展目标。到2022年,信息孤岛基本消除,公共数据资源实现共享,基于人工智能的感知、分析、决策能力取得突破,城市运行的数字映射实时呈现,城市精细化治理水平迈上新台阶。到2025年,城市大脑在经济、政治、文化、社会、生态文明等领域实现全方位、全市域的综合应用,形成对城市整体状态的即时感知、全局分析和智能处置,推动公共资源高效调配、城市运行效率大幅提升。到2035年,城市大脑深度融入市民群众日常生产生活,同数字赋能城市治理相适应的体制机制全面确立,城市大脑成为杭州城市治理体系和治理能力现代化的鲜明标识。

二、整合数据资源,优化新型智慧城市建设的要素配置

5. 构建立体感知体系。完善城市运行实时感知手段,推动万物互联。加快5G网络、数据中心等新型基础设施建设,推动信息设施与城市路桥、管网、照明等公共设施功能集成,提升公共安全、城市管理、道路交通、生态环境等领域的智能感知水平。建立健全全市统一标准地址库,以标准地址关联人、房、企、事件等基本元素,实现对城市运转全要素的协同感知、一体治理。大力推广新型智能终端应用,支持在社区、公共场所、办公楼宇等部署智能服务终端。深化基层网格建设,推动乡镇(街道)"基层治理四平台"向下延伸,贯通条与块的服务管理,形成市域治理的全量信息视图。

6. 推动全域数据互通。按照"范围全覆盖、数据全口径、标准全统一"要求,推进各系统和平台特别是在杭垂直机构等有效接入,实现跨区域、跨层级、跨系统、跨部门、跨业务数据联通。加强与企业合作,促进政府、社会数据有效融合,打造全市集中共享的一体化数据中心。全力推动核心技术研发,提升计算能力,强化数据深度挖掘、关联关系分析等,提升数据处理能力,为城市治理和公共服务创新应用提供支撑。

7. 加快数据开放共享。在依法加强安全保障和隐私保护的前提下,分权限分层级推动公共数据资源开放。加快全市公共数据目录编制,充分利用省级公共数据开放目录,有序持续增加杭州特色开放数据。建设杭州公共数据统一开放平台,提升政府数据开放共享的标准化程度。重点推进经济、环境、文化、卫生、城建城管等领域的公共数据资源开放,鼓励社会各方开发数据访问工具,对公共数据资源进行深度加工和增值利用。探索数据资源确权、开放、流通、交易规则,引导设立数据交易机构,加强数据产权保护,推动形成繁荣有序的数据与数据价值交易市场。

三、健全城市大脑平台架构,强化新型智慧城市建设的系统集成

8. 建强中枢系统。加快城市大脑中枢系统多级节点研发部署,使城市大脑中枢系统的安全性、稳定性、扩展性不断迭代升级。推动区块链、人工智能、大数据、云计算、物联网、5G等前沿技术在中枢系统融合应用,使城市大脑中枢系统成为新技术的集成创新平台。提升中枢系统与节点的互联性,推动各级各部门业务信息实时在线、数据实时流动,破解政策、工作碎片化的问题,使城市大脑中枢系统成为政府内部条块融合的有效载体。

9. 优化部门系统和区、县(市)平台。加快市级部门统一部署的垂直应用系统建设,有效实现系统接口和数据向区、县(市)延伸,加快与部省级行业主管系统数据打通。支持有条件的区、县(市)探索创新更多应用,推动场景共建共享和复制推广,使城市大脑应用全面向基层延伸。充分发挥全市统一支撑体系优势,加强单部门业务应用和区、县(市)特色应用一体设计和流程优化,全面提升部门系统和区域平台建设水平。

10. 建设城市大脑数字界面。深化城市大脑APP和官网平台建设,建成集惠企便民服务、民意直通、信息推送、应用评价等功能于一体的数字界面,一屏呈现城市大脑全部应用场景。按照多元链接、多端进入的要求,加快支付宝应用、微信小程序等多种接入终端开发,便利市民使用。加快城市大脑数字界面应用推广,联动线上线下送"码"推送,让市民、企业和游客在城市各个角落都能便捷链接大脑、享受数字服务。

四、做强城市大脑数字驾驶舱,提升新型智慧城市的治理能力

11. 拓展操作领域。构建分类指标体系,优化和丰富各类城市运行数字指标的呈现形式,建设市、区县(市)、部门、乡镇(街道)多层级的数字驾驶舱,推动全市域协同的数字化治理。完善全市城市安全隐患和安全风险一张图,大力建设公共卫生、危险化学品、建筑施工、交通运输、地下空间、特种设备、消防火灾、食品药品、生态环境、城市管理等领域应急数字驾驶舱,消除治理盲点。围绕市域统筹、公共卫生、应急管理、基层治理、营商环境等突出短板,加快重点领域重点环节驾驶模块开发,拓展移动端入口,实现"一部手机治理一个城市"。

12. 提高实战功能。按照实战要求,完善数字驾驶舱权限设定、指标监测、任务下达、决策参考等功能。细化权限设定,根据不同部门、不同层级呈现个性化的驾驶舱界面,让不同城市管理者拥有相应的查看、使用、操作权限。增强对城市运行核心关键数据监测能力,完善监测指标规则,提升系统预警和应急处置预案启动的触发敏感度。建立工作任务一键下达机制,管理人员在线跟踪,执行人员及时更新任务状态,高效、透明完成各项工作。探索建设决策参考模块,根据历史数据、同类城市指标等生成辅助科学决策的报告。

13. 建立健全机长制。深化横向到边、纵向到底的数字驾驶舱建设,形成"五级机长制"。城市决策者按照权限分级对全市性重大突发事件进行指挥处置。区、县(市)驾驶舱负责辖区绝大多数事件的常态化处置。乡镇(街道)驾驶舱重在抓处置、强实战,重点处置具体问题。村(社区)要强化利用移动终端进行现场处置的能力。

五、深化城市大脑应用场景建设,推动新型智慧城市更加惠企利民

14. 充分发挥"杭州健康码"在公共卫生体系中的重要作用。建立"重大疾病防控库、个人健康信息库、法人健康信息库”三大信息库，结合社会治理相关数据库，延伸移动端功能，拓展“一人一码”公共服务。开发应用智慧亚运等项目，推动健康码与就医、养老、健身等功能相集成，与特定行业从业资质相整合，与重大赛事会展活动相关联，加快健康码使用从疫情防控向日常服务应用转变，使健康码在提升公共卫生现代化水平中发挥更重要作用。

15. 做实“亲清在线”数字平台。深化“亲清在线”五大在线功能，推动涉企政策“应上尽上”，加快涉企服务事项全部一站通办、一键直达、一次不跑。加快整合线下行政服务中心、线上“杭州政务服务”及市直各部门政务服务 APP 资源，做精做优政务服务平台的市民版和企业版，推动更多群众和企业关注度高、获得感强的“一件事”网上通办、移动能办、刷脸可办。推动行政服务中心实时在线，时机成熟时撤销实体化的行政服务中心，提供适当的人工辅助服务。

16. 提升场景应用的广度深度。优化提升现有场景，全面推动新场景设计研发，推广停车“先离场后付费”“有车位无违停”，就医“先看病后付费”“最多付一次”，旅游“10 秒找空房、20 秒景点入园、30 秒酒店入住”“多游一小时”等具体理念的新实践。深化智慧党建“1+10”场景，提升党群工作在线服务水平。建立以用户黏合度为导向的场景建设应用评价机制，突出注册人数及日活率、使用率、满意率等核心指标，通过实时监测、比对分析，全方位准确评价场景运行质量，形成城市大脑惠企便民场景全流程质量管控体系。

六、强化城市大脑安全支撑，确保新型智慧城市高效稳定运行

17. 提升数据安全。建立健全数据分级分类安全保护等制度，加快形成涵盖采集、传输、存储、处理、交换全生命周期的数据安全保障体系，防止数据泄露。围绕城市运行、企业经营、市民生活等层面的数据安全保障需要，构建关键基础设施和数字系统目录体系，提高重点领域数据安全水平。建立健全第三方安全审计、实时监督机制，加强对云数据存储及应用场景、数字驾驶舱开发运维过程的安全管控，确保核心数据绝对安全。

18. 制定负面清单。充分保护公共利益和个人隐私，按照合法、正当、必要、适度的要求，采集使用有关数据。对国防建设和武装力量活动中的秘密事项、国民经济和社会发展中的秘密事项、科学技术中的秘密事项、维护国家安全和追查刑事犯罪中的秘密事项等，一律不得以城市大脑的名义采集使用。需采集使用个人数据的，应明确采集使用的目的、种类、数量、频度、方式、范围等规则，一律不得在规则之外采集使用数据。已在城市大脑协同使用的数据，一律不得在履行行政管理职能过程中重复采集。

19. 保障运行稳定。提升城市大脑硬件设施和要害系统的安全标准，加固中枢系统、数字驾驶舱和应用场景的安全堤坝，集成运用数据加密、分级保护、灾难备份等安全技术与措施，确保城市大脑运转安全、高效。深化网络安全应急管理，科学编制应急预案，常态化开展应急演练，提升城市大脑应对网络攻击的能力。

七、落实工作保障，形成新型智慧城市建设的强大合力

20. 加强组织领导。在城市大脑建设领导小组的统一领导下，发挥城市大脑建设指挥部的统筹协调作用，建立深化城市大脑建设的协同推进机制。制订实施城市大脑建设行动计划，健全考核、督查、评估机制，推动重大工程、重点项目落地。市级有关部门要根据工作职责加强条线业务的调研指导、应用推广。各区、县（市）要结合本地实际加快推动城市大脑应用场景的覆盖使用。充分发挥城市大脑建设专家委员会、云栖工程院作用，完善专家咨询制度。

21. 推动长效运维。加大新技术、新产品的开发开放力度，打造以行业龙头企业、知名研发机构为引领、大中小企业协同的产业联盟和创新联盟，推动关键技术协同攻关。探索“政府主导 + 社会参与”的建设运营模式，发挥好城市大脑运营公司的主体功能和产业基金的杠杆作用，推进 PPP 等模式应用，鼓励社会资本和专业机构参与，提升城市大脑的投入、建设、运营效能。加强长三角区域城市交流合作，共同推动城市大脑建设模式创新、技术创新、应用创新。

22. 强化法治保障。围绕数字驾驶舱、应用场景在城市治理中的普及应用，推进相关技术标准和管理规范制定，积极参与国际、国家标准和规则的制定修订。制定出台杭州城市大脑赋能城市治理的地方性法规，探索开展数据权益保护、个人信息保护、数据安全等地方立法，推动城市大脑建设在法治轨道上长效运行。研究制定深化城市大脑建设的配套政策，加强城市大脑建设项目立项、运维管理、资金运作、商标专利等方面的制度建设，做好与其他政策的协调衔接。

23. 做优人才支撑。瞄准城市大脑建设的未来方向，建立数字人才需求目录和数据库。依托全球引才“521”计划等重大人才工程，大力引进一批大数据、人工智能等领域的专家人才和创新团队。鼓励通过挂职锻炼、短期工作、项目合作等方式，柔性汇聚专业人才推动城市大脑建设。支撑高等院校设置数字经济、智慧城市等相关专业，加强“三化融合”前沿领域专业化、复合型人才培养。加强党政干部数字赋能城市治理的专题培训，提升城市数字化的领导能力。

24. 营造浓厚的社会氛围。完善鼓励创新、宽容失败的机制，让城市大脑建设者敢于探索、勇于突破。全方位、多渠道对杭州城市大脑建设成果进行宣传报道，增强公众对杭州城市大脑建设的认知度和参与度。举办城市大脑展会和高峰论坛，推动杭州企业参与国内外城市大脑建设，全面展现杭州城市大脑建设成果。推进杭州城市大脑品牌 IP 化运营，深度挖掘城市大脑 IP 周边产品，使杭州城市大脑的品牌形象更加饱满丰富。

中共杭州市委关于制定杭州市国民经济和社会发展第十四个五年规划和二〇三五年远景目标的建议

（2020年12月15日中国共产党杭州市第十二届委员会第十一次全体会议通过）

中国共产党杭州市第十二届委员会第十一次全体会议，认真学习贯彻党的十九届五中全会和省委十四届八次全会精神，紧密结合杭州实际，就制定国民经济和社会发展"十四五"规划和二〇三五年远景目标提出以下建议。

一、高水平打造"数智杭州·宜居天堂"，加快建设社会主义现代化国际大都市

1. 进入新发展阶段我市所面临的形势。过去五年，面对错综复杂的国际国内形势，市委坚决贯彻中央和省委各项决策部署，全面推进"干好一一六、当好排头兵"，"十三五"规划目标任务即将完成，高水平全面建成小康社会取得决定性成就。全市生产总值超1.5万亿元、人均生产总值超2万美元、常住人口超1000万，G20杭州峰会成功举办，良渚古城遗址成功申遗，连续14年被评为"中国最具幸福感城市"，在全省的龙头地位不断巩固，在全国的战略地位日益提高，在国际上的知名度和影响力持续提升，为开启高水平现代化新征程奠定了坚实基础。当今世界正经历百年未有之大变局，新冠肺炎疫情影响广泛深远。我国发展仍处于重要战略机遇期，但机遇和挑战都有新的发展变化。浙江处于实现新的更大发展的关键突破期，正在全力争创社会主义现代化先行省。"十四五"时期是"亚运会、大都市、现代化"的重要窗口期，我市发展具有良好基础和独特优势，"一带一路"建设、长三角区域一体化发展等国家战略深入实施赋予新的历史机遇，同时发展不平衡不充分问题仍然突出，高质量发展的科技"硬核"支撑不够有力，城乡区域发展还不协调，城市国际化水平有待提升，公共卫生、生态环保、民生保障、社会治理等领域仍存在短板弱项。要胸怀"两个大局"，切实增强责任意识、机遇意识、争先意识和风险意识，奋发有为办好自己的事，不断开创改革发展新局面。

2. 到二〇三五年基本实现高水平现代化远景目标。城市综合能级、核心竞争力、国际美誉度大幅提升，城市治理现代化水平大幅提升，基本建成社会主义现代化国际大都市，为到本世纪中叶建成具有全球影响力的独特韵味别样精彩世界名城打下坚实基础，中国特色社会主义制度优越性充分展现。率先以数字变革推进创新驱动发展，进入创新型城市前列，建成符合高质量发展要求的现代化经济体系，探索形成有利于促进构建新发展格局的有效路径，城市创新能力和综合实力迈上新台阶，人均生产总值达到发达经济体水平；率先以城市大脑推进新型智慧城市建设，全面构建整体智治体系，法治杭州、平安杭州建设达到更高水平，共建共治共享的社会治理格局更加完善；率先以独特文化魅力彰显文化自信，城市文化软实力和影响力显著增强，人的现代化和社会文明程度明显提高；率先以城乡区域大统筹推进共同富裕，有效解决发展不平衡不充分问题，教育、卫生、体育等公共服务更加优质均等，人民生活品质持续提升；率先以全域大花园建设拓宽绿水青山就是金山银山转化通道，城乡人居环境质量更加优化，绿色发展、生态富民成效显著，高水平打造现代版"富春山居图"。

3. "十四五"时期经济社会发展的指导思想。高举习近平新时代中国特色社会主义思想伟大旗帜，深入贯彻习近平总书记对浙江、杭州工作的重要指示精神，全面落实党的十九大和十九届二中、三中、四中、五中全会精神，统筹推进"五位一体"总体布局，协调推进"四个全面"战略布局，贯彻落实新发展理念，服务构建新发展格局，以推动高质量发展为主题，以深化供给侧结构性改革为主线，以改革创新为根本动力，以满足人民日益增长的美好生活需要为根本目的，统筹发展和安全，忠实践行"八八战略"，干在实处、走在前列、勇立潮头，不断厚植历史文化名城、创新活力之城、生态文明之都特色优势，紧紧围绕"数智杭州·宜居天堂"的发展导向，持续推进"干好一一六、当好排头兵"，加快建设社会主义现代化国际大都市，奋力展现"重要窗口"的"头雁风采"。

4. "十四五"时期杭州经济社会发展的基本要求。

——加强党的领导。坚持和完善党领导经济社会发展的体制机制，坚持系统观念，不断健全科学决策、高效执行体系，大力推进学习型机关、学习型组织建设，全面提升贯彻落实新发展理念、服务构建新发展格局的能力和水平，为实现高质量发展提供根本保证。

——扛起使命担当。对标国际国内一流城市，在更高起点上推进持续健康较快发展，争取各项工作全面走在前列，在浙江建设社会主义现代化先行省中继续发挥龙头领跑示范带动作用，努力成为国内大循环的强劲动力源和国内国际双循环的强大链接点，形成更高水平的供需动态平衡，为全省全国发展大局作出更大贡献。

——坚持人民至上。牢固树立以人民为中心的发展思想，坚持人民城市人民建、人民城市为人民，强化人民主体地位，锚定共同富裕方向，切实解决发展不平衡不充分的突出问题，促进人的全面发展和社会全面进步，不断满足人民群众对美好生活的需要。

——注重统筹协调。坚持"全市一盘棋、市域大统筹"，加强全局性谋划、整体性推进，切实解决发展碎片化、工作碎片化、政策碎片化问题。着力固根基、扬优势、补短板、强弱项，促进城乡区域协调发展，深化生产生活生态融合，提高对内对外开放水平，办好发展安全两件大事，增强城市韧性。

——强化数字赋能。以数字化网链推动产业链供应链优化升级，以数字化生产提高全要素生产率，以数字化消费激发重量级新需求，以数字化融合打造跨界成长全场景，推动数字化转型全方位先行实践，率先建成"整体智治示范区"和数字变革策源地。

——深化改革创新。坚决破除制约高质量发展、高品质生活的体制机制障碍，扭住供给侧结构性改革，同时注重需求侧管理。支持创新、宽容失败，尊重和保护基层首创精神，充分激发人民群众和市场主体创造性，推出更多全省首个、全国首创、全球首先的创新举措，形成更多具有杭州辨识度的突破性标志性成果。

5.“十四五”时期杭州经济社会发展的主要目标。锚定二〇三五年远景目标，坚持问题导向、守正创新、争先创优有机统一，今后五年经济社会发展要努力实现以下主要目标：

——综合实力走在前列。经济持续健康较快发展，现代化经济体系建设取得重大进展，增长潜力充分发挥，创新能力明显提升，力争全市生产总值突破2.3万亿元、人均生产总值突破18万元，研究与试验发展经费投入强度力争达到4%。

——数字变革走在前列。数字产业化、产业数字化、城市数字化深度融合，新基建、新消费、新制造、新电商、新健康、新治理全面推进，城市大脑更加智慧，数字社会建设深入推进，全市数字经济核心产业主营业务收入突破2万亿元、增加值突破7000亿元。

——城市治理走在前列。社会主义民主更加健全，各领域法治化水平全面提升，基层治理水平明显提高。平安建设体系更加完善，发展安全保障更加有力，建成全国市域社会治理现代化标杆城市。行政效率和公信力显著提升，国际一流营商环境基本形成。

——文化建设走在前列。社会主义核心价值观深入人心，红船精神和浙江精神大力弘扬，历史文化名城建设持续推进，创新文化、都市文化充分彰显，2022年杭州亚运会、亚残运会成功举办，公共文化服务体系和文化产业体系更加健全，建成东方文化国际交流重要城市和国际文化创意中心。

——生态环境走在前列。绿水青山就是金山银山转化通道进一步拓宽，生态文明制度体系更加完备，生产生活方式全面绿色转型，西湖西溪一体化保护提升成效明显，千岛湖、钱塘江、富春江、苕溪、大运河等重要水系生态环境更加优美，“湿地水城”成为新时代杭州的鲜明特色。

——生活品质走在前列。民生福祉达到新水平，居民人均可支配收入突破8.5万元，城乡居民收入倍差缩小至1.8以内；人民全生命周期需求普遍得到更高水平满足，全民受教育程度和健康水平不断提升，人均期望寿命达到83.88岁，常住人口城镇化率达到82%以上，公共服务更加优质均衡，建成人民的幸福城市。

二、坚持科技自立自强，全面塑造创新驱动发展新优势

6.建设高能级科创平台。高水平建设国家自主创新示范区，以城西科创大走廊为主平台争创综合性国家科学中心和区域性创新高地，优化高新区体制机制，做强做优国家和省级经济技术开发区、特色小镇，积极培育一批差异化发展的高能级科创平台，规划建设杭州科学城，推动重要科研机构、重大科技平台、科研基础设施集群发展，努力打造面向世界、引领未来、服务全国、带动全省的创新策源地。持续深化“名校名院名所”工程，全力支持浙江大学“双一流”建设、西湖大学建设高水平研究型大学，加快建设中法航空大学、国科大杭州高等研究院。加快构建新型实验室体系，全力支持之江、西湖实验室打造国家实验室，着力推进湖畔、良渚等省实验室和阿里达摩院建设，全力支持“极弱磁场和惯性测量”“多维超级感知”大科学装置建设，建成浙大超重力离心模拟与实验装置国家重大科技基础设施，支持浙大国际科创中心、中科院肿瘤与基础研究所、北航杭州创新研究院等建设，基本建成国际一流的“互联网+”、生命健康和新材料科创高地。

7.完善以企业为主体的技术创新体系。发挥大企业和企业家在创新中的引领支撑作用，支持龙头企业牵头组建创新联合体和共性技术平台，打造更多国家（省级）技术创新中心、制造业创新中心和产业技术创新服务综合体，加快形成创新链、产业链协同融合的产业技术创新体系，集中突破“卡脖子”关键技术。完善梯次培育机制，深入实施高新技术企业和科技型中小企业“双倍增”计划，扶持初创型成长性科创企业发展，推动产业链上中下游、大中小企业融通创新发展。聚焦人工智能、集成电路、生物医药等重点领域，集成科研院所、高校、企业等科研力量，实施一批具有前瞻性、战略性的重大科技项目，着力提升关键核心技术进口替代能力。

8.推进最优人才生态城市建设。实施更加积极开放有效的人才政策，大力引进国际一流的科技领军人才和高水平创新团队，努力成为全球高端人才“蓄水池”。坚持“高精尖缺”并重，加强基础研究和应用基础研究人才培养，加强创新型、应用型、技能型人才培养，壮大高水平工程师和高技能人才队伍。实施青年人才弄潮工程，支持更多青年人才成为领军人才，办好大学生“双创日”，吸引更多海内外高校毕业生来杭创新创业。优化人才创新创业公共服务，做实做好“杭州人才码”，充分发挥杭州国际人才大会、海外人才创新创业大赛、云栖大会、2050大会、梦溪论坛、侨界精英峰会等平台作用，支持浙江海外高层次人才创新园、杭州国际人才创业创新园建设。

9.深化科技体制改革。完善科技治理体系，成立创新委员会，加强创新统筹，全面构建“产学研用金、才政介美云”十联动的区域创新生态。改进科研项目组织管理方式，实行“揭榜挂帅”制度，赋予创新领军人才更大技术路线决定权和经费使用权。有效整合科技政策资金，完善科研投入机制，做大做强杭高投、市创投引导基金。规范发展风险投资市场，完善金融支持创新体系。推动科技大市场“上脑上云”，鼓励社会力量发展科技转让平台，提高科技成果转移转化成效。健全以创新能力、质量、效益、贡献为导向的科技人才评价体系，实施人才自主分类认定，构建充分体现知识、技术等创新要素价值的收益分配机制，完善科研人员职务发展成果权益分享机制，充分激发人才创新创业的活力。

三、坚持数字赋能产业变革，推进产业基础高级化、产业链现代化

10.加快推动数字产业化二次攀升。争创数字经济国家示范城市，推进国家新一代人工智能创新发展试验区、国际级软件名城建设，发挥阿里巴巴、网易、海康威视等龙头企业的带动作用，着力打造电子商务、视觉AI、人工智能、云计算、大数据、物联网、区块链等具有国际竞争力的数字产业集群，努力成为全球视觉AI产业中心、全国云计算之城和中国区块链之都。发挥国家金融科技创新发展试验区的作用，整合移动支付、财富管理、私募资本、股权投资等资源力量，推进数字人民币试点，完善金融支付体系，高水平打造国际金融科技中心。深化数据开放共享，积极发展数字新技术、新产业、新业态、新模式，促进平台经济、共享经济健康发展，建设联通世界、链接全球的“上云用数赋智”服务中心，奋力打造“全国数字经济第一城”。

11. 全面提升制造业数字化水平。深入实施“新制造业计划”，探索推进“新工厂计划”，加快构建工业互联网平台体系，深化机器换人、工厂物联网、企业上云等应用，推广“互联网＋制造”新模式，深入开展质量提升行动，实现制造业高端化、智能化、绿色化、服务化发展。加快推进机械、化工、纺织、服装等传统制造业数字化改造提升，加快形成高端装备、生物医药、集成电路、光电芯片、新能源、新材料、航天航空等战略性新兴产业增长引擎，超前布局5G生态、下一代人工智能、量子通信等未来产业，加快培育制造业“单项冠军”和“隐形冠军”企业，加快建设“万亩千亿”新产业平台，推动纤维新材料、智能网联汽车等若干个千亿级先进制造业集群发展，建设若干个制造业高质量发展中心，保持制造业比重基本稳定，实现规上工业企业、十百千亿企业等“六倍增”，提升巩固壮大实体经济根基。

12. 加快推进现代服务业高质量发展。推进服务业数字化，推动生产性服务业向专业化和价值链高端延伸，加快研发设计、科技服务、现代物流、会议展览、信息服务、商务服务、法律服务等生产性服务业发展，推动现代服务业同先进制造业、现代农业深度融合，更好发挥生产性服务业支撑作用。加快发展金融服务业，大力发展直接融资，做优做强地方法人金融机构，推进长三角区域科创金融改革试验区杭州片区建设，实施资本市场多层次创新试点，高水平建设钱塘江金融港湾。推动生活性服务业向高品质和多样化升级，加快发展健康、养老、育幼、文化、旅游、体育、家政、物业、快递、助残等服务业，加强公益性、基础性服务业供给，推进服务业标准化、品牌化建设。加快建设杭港高端服务业示范区。

四、坚持服务构建新发展格局，推进经济循环流转和产业关联畅通

13. 大力建设国际消费中心城市。强化消费对经济发展的基础性作用，持续实施欢乐购物在杭州、畅快旅游在杭州、舒心服务在杭州、夜间消费在杭州、放心消费在杭州“五大工程”，精心打造“数字消费之都”和新零售标杆城市。促进线上线下消费融合发展，提升“老、少、康、美”等服务消费业态，培育在线教育、在线办公、在线娱乐等“宅经济”和直播电商、首店、国潮等新型消费模式，推进特色街区改造升级，以“三圈三街三站”为重点打造消费地标，积极发展银发经济，激发乡村消费潜力，持续改善消费环境，全面打响“新消费·醉杭州”品牌。

14. 完善现代基础设施体系。积极创建交通强国示范城市和国际综合交通枢纽城市，抓好综合交通枢纽建设和数字交通试点，持续推进“5433”综合交通大会战，推进航空港、铁路港、公路港、内河港、信息港“五港联动”，实施“六铁、四高、两枢纽、两环线”等重大交通项目，完善综合交通大通道、综合交通枢纽和物流网络，畅通城市交通微循环，率先建成省域、市域、城区3个“1小时交通圈”。加强水利、环保等重大工程建设，提升城市基础设施综合承载力，补齐公共安全、公共卫生、防灾减灾等领域短板。加快新型基础设施建设，大力推进5G网络、下一代互联网、数据中心建设和应用，建设杭州国家新型互联网交换中心，扩容升级杭州国家互联网骨干直联点，大力推进传统基础设施数字化改造。

15. 发展更高层次的开放型经济。加快建设中国（浙江）自由贸易试验区杭州片区，全面提升跨境电商综试区发展水平，积极推进电子世界贸易平台全球布局，做大做强临空经济示范区，建成杭州大会展中心，探索建设数字自由贸易试验区，争取举办全球数字贸易博览会，打造全球数字贸易中心。高质量参与“一带一路”建设，积极推进杭州数字丝绸之路合作示范区建设，推进海关特殊监管区提质扩面，大力发展外贸新业态、新模式，全面深化国家服务贸易创新发展试点，提高利用外资的效率和水平，实现高质量引进来和高质量走出去。加快推进规则标准等制度型开放，引进国外知名中介机构落户杭州，加快建设“湾区之芯”世界级企业总部中心和钱塘湾未来总部基地，积极参与新型国际贸易规则制定。

16. 举办一届成功的亚运会。聚焦“中国新时代·杭州新亚运”定位，坚持“绿色、智能、节俭、文明”理念，成功举办2022年杭州亚运会和亚残运会，全力打造凸显“中国特色、浙江风采、杭州韵味、精彩纷呈”的体育文化盛会。深入实施亚运城市行动，高品质建成“亚运三馆三村”等重大工程，深入推进无障碍环境建设，加强亚运安保设施建设，完善国际赛事保障体系，加强城市品牌宣传推广，加快竞技体育和体育产业发展，广泛开展全民健身运动，打造“体育亚运、城市亚运、品牌亚运”，以独特的“亚运遗产”、丰硕的“亚运财富”、温暖的“亚运记忆”，全面促进经济发展、城市繁荣和社会进步，实现“办好一个会、提升一座城”。

17. 加快推进城市国际化。以亚运会为契机全面提升城市国际化水平，积极开拓国际航线，打造亚太地区重要门户枢纽，加快建设国际社区、国际学校、国际医院，着力提升城市街区道路、场馆设施、标识标牌等公共服务体系国际化水平。拓展对外传播阵地，加快形成包含外文广播、双语电视节目、外文报等在内的国际传播矩阵，打造国际化城市形象。充分发挥联合国可持续发展大数据国际研究中心、“一带一路”地方合作委员会秘书处、世界旅游联盟总部、国际标准化会议基地等平台作用，办好世界知识产权大会，争取更多国际会议、国际赛事、国际组织落户杭州，持续打造会展之都、赛事之城。加强与国际一流城市的交流合作，继续办好“杭州国际日”、杭州国际友城市长论坛等活动，扩大国际友城“朋友圈”，加强国际化人才培养，增强人民群众的世界眼光和国际意识。发挥海外侨胞“侨连世界”的独特优势，打造讲好杭州故事的移动视窗。

五、坚持以数字化改革牵引各领域改革，充分激发体制机制活力

18. 加快建设新型智慧城市。深入推进城市大脑建设，健全“一整两通三同直达”中枢系统，深化“一脑治全城、两端同赋能”运行模式，提升杭州健康码超强链接功能，不断推出群众有感、治理有效的数字驾驶舱和应用场景，实现全面实时感知、全程实时分析、全域实时处置，加快形成城市治理现代化数字系统解决方案。推进新型城市基础设施建设试点，建立城市信息模型平台，完善城市水、气、电、路、桥、隧等基础信息大数据系统，加快建设城市地上地下空间智慧感知系统，实现城市空间三维可视、运行实时监管。建立健全数据分级分类安全保护制度，加快形成全生命周期的数据资源安全保障体系，实行负面清单管理，推进数据安全保障和公民个人隐私保护。实施《杭州城市大脑赋能城市治理促进条例》，积极探索数字变革制度创新，以城市大脑建设撬动各领域改革，奋力打造“全国数字治理第一城”。

19. 激发各类市场主体活力。优化国有经济战略布局，分层分类推进战略重组和专业整合，实施国企混合所有制改革，探索市域国资监管运营新模式。深入实施“凤凰行动”“鲲鹏行动”“雏鹰行动”等，积极培育上市企业，造就更多具有国际竞争力的一流企业，促进中小微企业和个体工商户发展，推动民营经济实现新飞跃。深化“走亲连心三服务”“助万企、帮万户”活动长效机制，构建亲清政商关系，弘扬新时代浙商精神、杭商精神，努力将杭商打造成世界级商帮。

20. 打造国际一流营商环境。以争创世界银行营商环境评价样本城市和建设营商环境创新试点城市为契机，全面推进市场化法治化国际化营商环境建设，深化“最多跑一次”改革，推进公民个人、企业法人、土地要素全生命周期“一件事”服务，实现“找部门办事”向“找整体政府办事”转变。大力推进党政机关数字化转型，迭代升级“亲清在线”功能机制，深入推进行政服务中心“去中心化”改革，探索建立在线行政服务中心，全面推行“不见面”办事。构建知识产权大保护体系，争取设立知识产权法院。深化信用杭州建设，建立健全守信联合激励和失信联合惩戒机制，强化鉴定、检测等中介组织管理。持续推进综合行政执法改革，深化互联网法院、互联网公证、互联网仲裁建设，完善“互联网＋监管”模式，建立新产业新业态包容审慎协同监管机制。

21. 深化资源要素配置机制改革。深化财政体制改革，进一步优化市区财权事权划分，增强市级统筹能力，坚持“宽视野决策、大区域统筹、小单元作战”，建立健全全市轨道交通及其他重大项目建设资金统筹机制，推动全市集中财力办大事，组建千亿级产业基金。持续推进资源要素市场化配置改革，全面落实市场准入负面清单制度，创新土地、能源、环境容量、水资源等要素市场化配置方式，做大做强杭州产权交易所等公共资源交易平台。持续盘活存量建设用地，加快低效用地改造提升，完善“云上供地”等要素保障举措。探索培育数据要素市场，鼓励数据资源合规交易、有序流通、高效利用。

六、坚持区域统筹城乡融合发展，协调推进新型城市化和乡村现代化

22. 全面落实区域发展战略举措。深入实施长三角区域一体化发展国家战略，主动服务借力大上海，全面深化规划、产业、科技、交通、公共服务等领域合作，深度参与G60科创大走廊建设，加快建设梦想小镇沪杭创新中心、合杭梦想小镇和钱塘新区长三角小镇，积极推动长三角政务服务“一网通办”，共建杭黄世界级文化旅游廊道、环太湖生态文化旅游圈。大力推动大湾区大花园大通道大都市区建设，充分发挥浙江人才大厦等服务带动效应，唱好杭甬“双城记”，打造“山海协作”升级版。高水平打造杭州都市区、都市圈，加快跨市域一体化合作先行区和杭衢黄省际旅游合作示范区建设，推进轨道互联、产业互融、民生互通。接续深化东西部对口帮扶，持续做好援疆、援藏、援青工作，加强与长春、长白山等地区对口合作工作。

23. 优化城市空间布局。完成新一轮国土空间规划编制，持续推进拥江发展，更高质量统筹空间要素，加强城市设计和规划衔接，提升城市风貌和美学品位，着力建设国家中心城市。按照“多中心、网络化、组团式、生态型”的原则，加快构建“一核九星、双网融合、三江绿楔”的新型特大城市空间格局。大力推进“产城融合、职住平衡、生态宜居、交通便利”的郊区新城建设，加快城市优质资源向郊区新城拓展，引导城市核心区过度密集区块人口向郊区新城疏散、城市新流入人口向郊区新城集聚，有效遏制城市单体规模无序蔓延，形成“众星拱月”的组团式发展形态。推动“东整、西优、南启、北建、中塑”迭代升级，精心打造杭州云城、三江汇未来城市先行实践区、钱江新城二期、钱江世纪城、会展新城、大城北等城市重点功能区块。充分发挥轨道交通先导作用，大力推进TOD开发模式，引导产业和人口向交通廊道和枢纽节点集聚。

24. 全面提升城乡融合和乡村振兴水平。加快形成新型工农城乡关系，深化区县（市）协作、“联乡结村”，大力提升西部区、县（市）公共服务水平。推进以县城为重要载体的城镇化建设，统筹推进中心镇发展改革、小城市培育试点，促进农业转移人口就地市民化，加快县域经济向城市经济升级。坚持农业农村优先发展，持续提升部省共建乡村振兴示范市建设成果，实施新时代乡村集成改革，深化“千万工程”牵引新时代乡村建设。完善农村承包地“三权分置”办法，积极探索宅基地所有权、资格权、使用权分置实现形式和农村集体经营性建设用地入市制度，有效盘活闲置宅基地和闲置农房。加快农村一二三产业融合发展，提升粮食、生猪等重要农产品生产保障能力，丰富乡村经济业态，推动工商资本、科技、人才“上山下乡”，完善农业保险金融体系。推广大下姜乡村振兴联合体经验，持续推进消薄增收。完善农村基础设施，深化“四好农村路”建设，推进数字乡村建设。注重发挥村规民约的作用，弘扬乡贤文化，培育乡风文明。加强古镇古村保护，积极探索未来乡村建设。

七、坚持文化事业和产业融合发展，提升历史文化名城的软实力

25. 全面提升社会文明程度。深入开展习近平新时代中国特色社会主义思想学习教育，全面实施铸魂工程、溯源工程、走心工程，搭建一批特色理论宣讲平台，打造学习传播实践的重要阵地。积极培育践行社会主义核心价值观，深化“我们的价值观”主题实践和“最美杭州人”选树工作。推动新时代文明实践中心建设，实施“新时代文明生活”行动，倡导健康文明生活方式。健全志愿服务体系。加强家庭、家教、家风建设。深入开展邻居节等活动，推动文化融合。加强网络文明建设，发展积极健康的网络文化。大力弘扬劳模精神、劳动精神、工匠精神，持续开展“工匠日”系列活动。大力弘扬科学精神，提升人民科学素质。

26. 打造世界文化遗产群落。高水平推进良渚古城遗址保护、研究、传承、利用工作，提升其作为实证中华5000多年文明史圣地的国际辨识度、世界影响力。深入挖掘西湖文化内涵，推进“世界爱情文化之窗”等项目建设。加快建设大运河国家文化公园，着力打造国际运河文化示范城市。有序推进南宋临安城遗址、钱塘江古海塘等保护和申遗工作，积极推动跨湖桥遗址、临安吴越国王陵考古遗址、严州府明清古城墙等综合保护，加快德寿宫遗址公园建设，加强宋韵文化挖掘、研究和展示。深入实施“城市记忆工程”，推进非物质文化遗产抢救性记录、品牌培育、传承人群研培等工作，进一步做好金石篆刻、丝绸、茶叶、瓷器等东方传统文化元素的活态传承。统筹开展全市文保单位（点）、历史建筑、历史街区、工业遗产、历史文化名镇名村保护，全面提升博物馆发展水平。加强革命遗址遗迹保护，深化杭州优秀传统文化挖掘和研究，推进老字号品牌转型升级、活化振兴，持续编纂出版“讲好杭州故事”之优秀传统文化丛书，建设国家版本馆杭州分馆。充分发挥杭州文史研究馆作用，做好档案监督指导和收集利用工作。

27. 全面发展文化事业。创新实施文化惠民工程，充分发挥农村文化礼堂、社区文化家园、“杭州书房”、文化客厅等文化阵地作用，提档升级公共文化服务水平。积极倡导全民阅读，高水平建设城乡图书馆体系，打造书香满城的“阅读城市”。加快规划建设杭州博物馆、杭州美术馆、中国印学博物馆、杭州音乐厅、杭州文化国际交流中心等文化设施，力争打造更多文化新地标。做大做强新闻舆论阵地，推动形成传统媒体与新兴媒体深度融合“一张网”。深入实施文化文艺精品工程，推进重大题材作品高水平创作，展现杭州厚重的历史底蕴和鲜活的时代风采。繁荣发展新闻出版、广播影视、文学艺术、哲学社会科学事业。

28. 构建文化产业体系。高水平推进之江文化产业带、钱塘江诗路文化带建设，大力发展数字文化产业，推动文化产业数字化转型，壮大数字内容、数字音乐、动漫游戏、影视创作、创意设计、现代演艺等优势行业，扎实推进国家文化和科技融合示范基地建设。持续提升中国国际动漫节、中国国际网络文学周、杭州文化创意产业博览会、南宋文化节等文化会展水平，引进和打造一批具有重要影响力的品牌展会。加快建设世界级旅游景区、旅游度假区、旅游街区、旅游线路和乡村旅游品牌，创建国家文化和旅游消费示范城市，提升全域旅游发展水平。

八、坚持人与自然和谐共生理念，建设新时代美丽中国样本

29. 高水平建设“湿地水城”。坚持把保护好西湖和西溪湿地作为杭州城市发展和治理的鲜明导向，按照“山水相融、湖城合璧、拥江枕河、人水相亲”的理念，深入实施“万顷湿地、万里碧水”工程，深化西湖西溪一体化保护提升，推进大运河保护、传承和利用，提升湘湖综合保护和利用水平，匠心打造三江两岸生态人文景观，加快建设大湾区、南湖、铜鉴湖、阳陂湖等湿地公园群落，推进生态海岸带建设，争创国际湿地城市。高水平推动淳安特别生态功能区建设，开展淳安“两山银行”试点，完善新安江跨省流域区域联防联治机制。

30. 大力推进生态修复和保护。强化山水林田湖草等各种生态要素的协同治理，实施西部山区水土流失重点区域和废弃矿山等重点生态地区生态系统保护修复工程，以天目山、清凉峰为重点构建自然保护地体系，强化“三江两湖”水源涵养和水质保护，从源头上系统开展生态环境修复和保护，保持钱塘江流域生态原真性和完整性。强化生态环境保护责任落实，持续深化“河（湖）长制”，积极推行全市域“林长制”。实施城市更新行动，积极推进城市“微改造”，加强生态廊道、生态绿道和郊野公园建设。持续深化美丽城镇、美丽乡村建设，将耕地保护融入城市生态系统，推动农村土地全域综合整治，持续改善农村人居环境。探索开展生态系统生产总值核算，建立生态产品价值实现机制，让保护修复生态环境获得合理回报。

31. 推动绿色低碳发展。深入推进“五气共治”“五水共治”“五废共治”，实施二氧化碳排放达峰行动，高水平实现环境治理“八项清零”。加快产业绿色转型，大力发展节能环保产业，改造提升化工、纺织等传统产业，加快淘汰落后产能。推进城市“精明增长”，促进节约集约用地，加强地上地下空间协调开发，实现城市建设运营低碳高效。大力推行低碳出行、绿色消费、光盘行动，严格实行垃圾“三化四分”，实现生活垃圾零增长、零填埋。完善资源价格形成机制，推进排污权、用水权、碳排放权市场化交易。健全生态环境治理法规标准体系，推进生态环保综合执法，完善环境污染问题发现、风险预警和应急处置机制。

九、坚持人的全面发展和社会全面进步，持续提升人民群众获得感幸福感安全感

32. 促进创业就业和居民增收。深入推进全国“双创”示范城市建设，完善创业服务体系，大力促进创业带动就业。强化就业优先政策，完善高校毕业生、农民工、退役军人、残疾人等重点群体就业支持体系，做好公益性岗位安置工作，健全劳动关系协调机制，探索新型灵活就业方式，确保零就业家庭动态“清零”。完善工资合理增长机制，多渠道增加城乡居民财产性收入，着力提高低收入人群收入，促进城乡居民共同富裕。

33. 高水平建设“美好教育”。围绕新时代立德树人的根本任务，系统推进“五育”并举的育人体系建设，全面构建学前教育和义务教育优质均衡、高中教育特色多样、特殊教育优质融合的高水平基础教育公共服务体系。加大市域教育统筹力度，进一步完善城乡教育布局规划动态调整和优化机制，稳妥推进产业园区嵌入式幼儿园试点，深化新名校集团化战略，促进优质教育资源跨区域层级共建共享。优化高中段教育结构，深化新时代职业教育改革，全面加强职业院校基础能力和内涵建设，深化产教融合、育训兼容，优化技术技能型人才培养体系。支持杭师大创建全国一流大学、浙大城市学院创建全国百强大学，推进高等教育取得突破性进展。支持和规范民办教育发展，提高中小学“公民同招”政策运行质效，构建政府依法管理、行业自律规范、社会协同治理的校外培训市场发展格局。大力发展在线教育，提升全民数字素养。健全老年教育四级网络，推进老年大学建设，完善终身教育服务体系。

34. 全面推进健康杭州建设。加快构建全方位全周期大健康体制机制，推进以治病为中心向以健康为中心转变，促进健康事业和健康产业协调发展。高水平建设城乡公共卫生体系，深入开展爱国卫生运动，打造P3实验室等公共卫生高能级科创平台，落实医疗机构公共卫生责任，提升重大疾病预防控制和突发公共卫生事件监测预警处置能力。深入推进“三医联动”“六医统筹”改革，优化市级医疗机构，提升县域医共体、城市医联体发展水平，加快优质医疗资源扩容和区域均衡布局，完善杭州特色分级诊疗制度，进一步提升基层医疗服务能力，大力发展“互联网＋医疗健康”，有效解决“看病难”“看病贵”问题。支持中医药传承创新发展，创建全国中医药名城。积极创建全民运动健身模范城市，积极筹办“世俱杯”等国际大型赛事，大力提升杭州马拉松、杭州（国际）毅行大会等影响力，统筹全民健身场地、体育公园等设施建设，积极为青少年、老年人、残疾人等特殊群体群众性体育活动创造良好条件，不断提升公众健康素养和全民健康水平。持续促进妇幼健康，健全婴幼儿托育服务体系，推动人口结构优化和素质提升，促进人口长期均衡发展。

35. 健全社会保障体系。健全覆盖全民、统筹城乡、公平统一、可持续的社会保障体系，积极发展多层次、多支柱养老保险体系，完善城乡居民养老保险制度，落实基础养老金正常调整机制。深入开展国家医保基金监管方式创新试点，健全重大疾病医疗保险和救助制度，落实异地就医结算，稳步推进长期护理险试点工作，积极发展商业医疗保险制度。健全社会救助、社会福利、慈善事业、优抚安置等制度，加强残疾人关爱服务，深入开展"春风行动"，规范扶持公益性社会组织。加快构建居家社区机构相协调、医养康养相结合的养老服务体系，积极发展"家门口养老"的乡镇（街道）居家养老中心和社区"嵌入式"微型养老院，大力推动养老服务智慧化发展和公共服务适老化改造。

36. 健全城乡住房保障体系。深入推进保障性住房体系建设，加快完善涵盖公租房、人才专项租赁房、蓝领公寓和公租房货币补贴、高层次人才购房（租赁）补贴、大学生租房补贴的多层次、广覆盖的住房保障体系。坚持"房住不炒"定位，严格实施新建商品住房价格稳控和房地价联动机制，精准调控促进房地产市场平稳健康发展。加强住房租赁监管，进一步规范市场秩序。高质量实施老旧小区改造，加快回迁安置和拆后土地利用，推动物业管理提质增效，扩大既有住宅加装电梯和二次供水改造覆盖面，加快未来社区建设。推动城乡房屋安全隐患排查和整治，保持农村困难家庭危房"动态清零"。

十、坚持统筹发展和安全，打造更高水平的平安杭州

37. 坚决维护政治安全。牢固树立总体国家安全观，把维护国家政治安全特别是政权安全、制度安全、意识形态安全放在第一位，落实国家安全审查和监管制度，巩固国家安全人民防线，严密防范和严厉打击敌对势力渗透、破坏、颠覆、分裂活动。完善舆情风险评估和应急处置机制，深入实施网络内容建设工程，健全网络综合治理体系，营造稳定清朗的网络空间。推进网络安全体系建设，加强核心技术创新，建立数字城市主动防御体系。

38. 全力维护经济安全。加强经济安全风险预警防控机制和能力建设，实现重要产业、基础设施、战略资源等关键领域安全可控。完善金融风险识别、监管、防控机制，探索建立金融风险治理平台，加大金融领域违法犯罪打击力度，确保不发生区域性系统性金融风险。健全政府债务管理制度。实施产业竞争力调查和评价工程，常态化开展产业链供应链资金链风险排查，增强产业体系抗冲击能力。维护水利、电力、供水、油气、交通、气象、通信、网络、金融等重要基础设施安全，提高水资源集约安全利用水平，守住生态安全底线。构建海外杭籍企业服务网络，加强对外投资贸易权益保护，构建海外利益保护和风险预警防范体系。

39. 有力保障人民生命财产安全。强化大安全体系建设，形成一体化运作机制。健全和落实安全生产责任制度，加强安全生产监管执法，有效遏制建筑施工、消防、道路交通、危险化学品等重特大安全事故，提高食品药品等关系人民群众健康产品和服务的安全保障水平。健全城市公共安全隐患排查和安全预防控制制度体系，加强高风险场所区域的专项治理和综合治理。完善防汛抗台等自然灾害防治体系，加快海塘安澜等重大基础设施建设，加快病险水库除险加固，提升自然灾害监测预警能力和防御工程标准。打造数字应急先行区，高水平建设市县两级应急救援指挥中心，加强基层应急救援体系和能力建设。

40. 确保社会稳定和平安。开展首批全国市域社会治理现代化试点，健全社会治理"六和塔"工作体系，推行"县乡一体、条抓块统"高效协同治理模式，构建源头防控、排查梳理、纠纷化解、应急处置的社会矛盾综合治理机制。坚持和发展更加完善的新时代"枫桥经验"，建设社会治理综合服务中心，畅通和规范群众诉求表达、利益协调、权益保障通道，构建"大调解"工作格局，实现矛盾纠纷化解"最多跑一地"。坚持专群结合、群防群治，加强社会治安防控体系立体化智能化建设，大力推进智慧警务，坚决防范和打击黑恶势力、涉网新型犯罪和跨国犯罪，努力打造平安中国示范城市。

十一、加强党的全面领导，凝聚全社会力量，为建设社会主义现代化国际大都市而努力奋斗

41. 强化党的全面领导制度优势。全面落实坚定维护党中央权威和集中统一领导的各项制度，增强"四个意识"、坚定"四个自信"、做到"两个维护"，确保习近平总书记重要指示批示精神和党中央重大决策部署在杭州落地生根。坚持和完善党领导经济社会发展的体制机制，健全改革委员会、财经委员会等机构抓大事议大事机制。更高水平落实意识形态责任制，建设具有强大凝聚力和引领力的社会主义意识形态。全面贯彻新时代党的组织路线，健全党管干部、选贤任能制度，加强各级领导班子政治建设，培养造就高素质专业化干部队伍。推进基层党建全面进步全面过硬，深化推进基层党建组织力提升工程、"党建双强"工程和智慧党建，全面夯实稳固基层基础。深化清廉杭州建设，扎实推进全面从严治党主体责任、监督责任同向发力，持续抓好巡察工作，一体推进不敢腐、不能腐、不想腐，驰而不息落实中央八项规定及其实施细则精神，营造风清气正的良好政治生态。

42. 推进社会主义政治建设。坚持和完善人民代表大会制度，支持和保证人大及其常委会依法行使职权，落实人大对"一府一委两院"监督制度、各级政府重大决策出台前向本级人大报告制度。坚持和完善中国共产党领导的多党合作和政治协商制度，加强人民政协专门协商机构建设，提高建言资政和凝聚共识水平，完善民主党派市委会直接向市委提出建议制度，推进协商民主广泛多层制度化发展。完善基层党组织领导的充满活力的基层群众自治机制，探索构建新型社区治理共同体，丰富完善基层民主协商治理。发挥工会、共青团、妇联等人民团体和社会组织作用，把群众紧紧凝聚在党的周围。完善大统战工作格局，健全同党外知识分子、非公有制经济人士、新的社会阶层人士、网络人士沟通联络机制，完善港澳台侨交流合作机制，扎实做好民族宗教工作。深化法治杭州建设，高水平推进科学立法、严格执法、公正司法、全民守法，完善党内法规工作体系，充分发挥法治固根本、稳预期、利长远的保障作用，打造法治建设示范城市。

43. 健全规划制定和落实机制。按照党的十九届五中全会精神和省委十四届八次全会、市委十二届十一次全会决策部署，落实本建议确定的基本要求、主要目标、任务举措，制定各级各类"十四五"规划纲要、专项规划和行动方案，发挥发展规划的战略引导作用，落实重大改革、重大政策、重大平台、重大项目，形成定位准确、边界清晰、功能互补、统一衔接的规划体系。加强规划编制、实施和管理制度建设，完善规划监测评估制度，完善政策协调和工作协同机制，确保规划的目标任务落实落地。

责任编辑 郦 晶

抗击新冠肺炎疫情

Fighting the COVID-19 Pneumonia Epidemic

综 述

【概况】2020年，面对突如其来的新冠肺炎疫情，杭州作为一座千万人口的省会城市，人口流动大、防控要求高、突发变数多。疫情发生后，杭州市坚决贯彻中共中央总书记习近平重要指示精神，按照中央和省委、省政府决策部署，全市人民万众一心、坚韧不拔，打了一场出色的抗击疫情的人民战争、总体战、阻击战，交出一份“战疫情、促发展”的高分答卷。

经过这场大战大考，杭州市各方面工作都经受前所未有的全方位考验，经验和启示主要有：制度优势是最根本的保证，人民群众是最深厚的伟力，综合实力是最硬核的支撑，数字赋能是最有效的手段，市域统筹是最关键的机制，基层组织是最坚强的堡垒。

【疫情防控迅速响应】2020年，新冠肺炎疫情发生后，市委、市政府就高度重视、严阵以待。1月20日，杭州市首例确诊病例出现后迅速对全市抗疫工作做出部署。1月22日，成立市疫情防控工作领导小组，同步推动市、区县（市）两级建立疫情联防联控工作指挥部，严格执行24小时值班工作制度，确保疫情防控统一领导、统一指挥、统一行动。1月23日，率先启动重大突发公共卫生事件一级响应，停办新春文旅等人员聚集活动，全部关闭景点、演艺吧等场所，对机场、车站、码头等全面开展防控。2月7日，科学研判疫情形势，在全国率先谋划启动企业有序复工复产。2月15日，在全市新增确诊病例出现零新增后，推动淳安县、建德市、临安区等疫情低风险区县（市）在全省率先降低响应等级，首创对乡镇（街道）按风险等级分类管控；在全国大中城市中较早恢复城市公共交通和市域道路客运正常运营，率先开放全市公园、广场、露天运动场等，推动城市运转步入正常轨道。2月16日，开通全国首趟复工人员专列。3月2日，召开全市“战疫情、促发展”工作推进会，引导全市上下“戴着口罩抓发展、开足马力降损失”。3月3日，部署境外疫情输入防控工作，推动专班化运作、多部门协同，坚决守好“国门”。4月下旬，全市中小学和在杭高校分批复学复课。5月中旬，将疫情防控从应急状态转为常态化防控。

【疫情防控机制建立】2020年，市委、市政府持续完善疫情防控工作机制，建立市领导负责疫情防控十大工作专班、市领导联系区县（市）疫情防控机制，市四套班子成员齐上阵，各地各单位守土有责、守土负责、守土尽责。在疫情防控最吃紧的时候，先后出台“五个全”紧急措施、八大管控机制和“防控疫情、人人有责”10项措施等疫情防控举措，严格入城管控。全市公安部门派出1.1万名干警对省市定点医院、137个隔离观察点以及135个水陆入杭通道进行驻点守护。杭州警备区组织民兵参加一线卡点布控、人员排查和值班值守，市、区县（市）两级3.5万名机关干部下沉镇街、村社参与疫情防控，全市191个乡镇（街道）、3164个村（社区）全面实行网格化管理，把好最后一道关、守住最后一道门。坚持“硬核隔离+暖心服务”，尽最大努力做好居家观察人员暖心服务。广大市民群众步调一致，“宅在家”就是“为大家”，“戴口罩、少集聚、勤洗手、多通风”蔚然成风。密切关注境外疫情发展变化，精准有力管控杭州萧山国际机场等重点卡口，确保“外防输入”；及时应对国内偶发、散发疫情，加强重点地区重点人群核酸检测和社会管控工作，确保关口前移、防控有效。

【诊疗救治方案制订】2020年，杭州市按照“集中患者、集中专家、集中资源、集中救治”原则，确定8个定点医院，组织35名专家组成的市级专家组和5人核心专家小组，制订完善诊疗方案、儿童救治方案和中医治疗方案，特别是对重症患者实行“一人一案”医疗救治，全力挽救每一个生命。全市1000多名医务人员奋战在隔离病房、疾控流调等一线，接诊确诊病例和无症状感染者；处置排查管控确诊病例和密切接触者13732人，检测新冠核酸样本117404份。实现患者零死亡、医护零感染。

【复工复产推进】2020年4月，在全市新增确诊病例降为个位数、开始呈现下降态势后，杭州市率先推动企业分类分区分时段有序复工，谋划开发并先后上线“企业复工数字平台”和“杭州健康码”，创新“人员一码通”、“物流一证通”、专列接返员工等工作，首创“亲清在线”“读地云”等应用，打通企业复工复产堵点。组织开展机关干部“助万企、帮万户”活动，抽调2018名市直机关干部组成196支服务分队，下沉到190个乡镇（街道）深入服务基层企业群众；抽调5000多名健康指导员，手把手帮助企业和学校解决复工复学面临的健康防疫难题。全面落实“六稳”“六保”举措，形成“1+12”惠企组合拳，破除复工复产“六难”。推进数字赋能“六新”建设，开展“战‘疫’引才”，推进数字经济和制造业高质量融合发展，经济运行实现“V”字形反转。全市地区生产总值比上年增长3.9%。

【联防联控合作】杭州市主动扛起大城市的责任担当，尽己所能支援抗疫。2020年1月24日除夕之夜，在未接到任何指令的情况下，对抵达杭州的新加坡TR188航班335名乘客提供周到细致服务。1月25日（农历正月初一），杭州市首批17名援鄂医疗队员奔赴武汉，随后有6批次、318名医务人员驰援湖北主战场，实现“高治愈率、低死亡率，医务人员零感染、零伤害”的目标，兑现“整整齐齐出发、平平安安回来”的诺言。优先服从国家防疫物资统一调配，任务完成率100%；根据上级部署，组织对意大利、日本等20个国家和法国尼斯、瑞士卢加诺等31个国际友城的物资支援；不远万里为杭州籍海外华人华侨驰援物资，通过网上医疗平台进行远程医疗救助，协助确有困难的境外人员有序返回。认真落实长江三角洲（简称长三角）区域疫情联防联控机制，与兄弟城市共享信息、共管人流、共畅物流、共抓救治。在中央和省委、省政府的坚强领导下，杭州抗疫取得重大战略成果，较早遏制境内疫情蔓延势头，用16天实现每日新增病例降到个位，用30天实现本地每日新增确诊病例为零，用55天实现本地确诊病例清零，率先较好地实现全面复工复产复市复学，经济企稳回升、持续向好。

（年鉴编辑部）

【杭州支援湖北抗疫】新冠肺炎疫情在武汉突袭而至后，杭州市按照国家、省统一部署，第一批医务人员于2020年1月25日（农历正月初一）集结，驰援武汉，成立临时党支部，第一时间开展紧急培训，投入“战斗”。疫情期间，杭州市派出6批次、318名医务人员支援湖北抗疫，其中：市本级派出125人，区县（市）派出149人，民营医院派出44人；党员138人（含预备党员9人）。第一批17人，其中13人进驻武汉四院古田院区，4人进驻天佑医院；第二批10人，全部进驻天佑医院；第三批266人（含民营医院派出44人），进驻同济医院光谷院区；第四批15人，进驻协和医院肿瘤院区；第五批7人，进驻武汉中南医院和金银潭医院；第六批3人，进驻湖北荆门沙洋县人民医院。杭州医疗队严格按照国家新冠肺炎诊疗方案，中西并重，科学开展救治工作，尤其是对重症患者救治，在遵照最新重症治疗指南的基础上，摸索疾病特点，探索新思路，治愈率稳步上升，得到当地医院的肯定。杭州医疗队输送“杭州经验”，传递“杭州大爱”。

（李金涛）

【疫情防控新闻发布】2020年2—8月，市委宣传部组织召开新冠肺炎疫情防控工作新闻发布会36场，参加发布单位150个（次），采取现场发布+网络直播的形式对外发布市委、市政府的权威信息，回应公众关心关切的热点问题。“杭州发布”网络平台建立24小时全天值班机制，微博、微信、今日头条、澎湃新闻等多个平台推出疫情防控相关主题稿件和话题4000多篇（个），其中微博稿件1540多篇、微信稿件720多篇，直接阅读量5亿人次，微信阅读量超10万人次的稿件200多篇，单篇阅读量最高250多万人次。

（倪珏敏）

【数字赋能疫情防控】2020年1月20日，杭州市在突如其来的新冠肺炎疫情发生后当天就建起“卫健—警务新冠肺炎疫情防控数字驾驶舱”，实时掌握疫情、警情、社情和人、车流动等15项关键指数，动态展现疫情防控关键点、社会风险突出点和复工复产关注点等情况，以日、周、月为周期开展动态形势研判，为党委、政府精准决策提供科学参考。开展“数字追踪”和“靶向定位”，闭环落地管控。根据市委、市政府统一部署，开发“杭州健康码”，搭建技术架构、制定赋码规则，为市委、市政府合理安排复工复产时序提供数据支持。全年发放“杭州健康码”3270.44万个，并推广至全国。9月，杭州市健康码平台开发运行专班被评为全国抗击新冠肺炎疫情先进集体。网警部门落实网上24小时动态巡查管控，并按照社会关切、有害信息、网络谣言等类别依法予以处置；依托巡查执法账号等自媒体阵地开展防疫教育宣传等工作，服务杭州护航复工复产和抗疫防疫大局。

（蒋筱莲）

【市外交通疫情防控】为积极应对新冠肺炎疫情，从2020年1月20日晚起，杭州萧山国际机场对航站楼旅客通道等重要场所进行全面消毒，对所有进港航班固定廊桥和机位，以及进港航班的人员实施体温检测。1月22日，市交通运输局成立由主要领导任组长的新冠肺炎疫情防控工作领导小组，按照职责分工，配合相关部门做好码头、客运站、地铁站等场所的体温测量等检疫、查验工作，全市30个跨县市道路客运站、52个客运码头均配备体温检测仪，地铁配置650台体温测量仪。1月23日起，铁路杭州站配合地方卫生防疫部门在杭州火车东站、杭州城站火车站增设红外热成像体温快速筛检仪，对到站旅客进行集中测温。加强车站空调通风设施检查、维修、消毒，做好候车室通风换气，为旅客提供安全清洁的候乘环境。1月25日，市公路管理服务中心组织调研并向市交通运输局和市疫情防控指挥工作领导小组提交《关于进一步加强杭州市境内高速公路服务区和收费站防疫工作的报告》，建议在全市高速出口设置防疫检查点。1月27日，按照市委、市政府统一要求，明确入杭通道防控工作任务，部署落实高速出口检查点设置，到同日24时，完成全市78个高速公路入杭通道检查点布设。1月28日，市疫情防控指挥工作领导小组印发《关于开展入杭通道防疫查控工作方案的通知》，明确入杭通道防疫查控工作由属地党委、政府统一负责，入杭通道检查点增设至128个，至10时内实现全覆盖。建立公路专班内设机构，成立综合协调组、信息报送组、数据统计组、后勤保障组、宣传报道组5个机构。2月23日24时，根据浙江省新型冠状病毒肺炎疫情防控工作领导小组办公室《关于深化疫情精密智控畅通道路交通的通知》精神，杭州市14个省际防疫检查点全部撤除。1月27日至2月19日，入杭通道防疫检查点投入一线人员7.99万人次，检查车辆159万辆（次），受检人员311万人次，保障2.8万辆货车优先便捷通行。

【城市交通疫情防控】2020年1月22日起，杭州公共自行车公司员工前往地铁口、交通枢纽周边及其他人流量大的重要点位，对小红车的车把、车凳以及服务点终端查询机用消毒水进行消毒。杭州公交集团强化中心站停车场的保洁力度，1月23日起加强车厢消毒，执行严格的消毒程序，梳理排查所有公交车的空调、换气扇、车窗在内的通风设备，确保空调、换气扇正常工作。1月23日开始，落实全市出租车上路营运前喷洒消毒杀菌。交通和公安交警部门联合牵头在全市设置124个入杭道路通道检查点，投入干警3.2万人次，连续25个昼夜不间断值守，检查机动车170.8万辆；组建专班，24小时快速办理核发防控车辆专用通行证1.9万张，在各检查点设立持证车辆专用通道，全力保障应急医疗、防疫物资等运输一路畅通。全市交通运输系统在疫情发生初期，到出租车公司、网约车公司、长运、公交集团等企业，督促企业履行主体责任，严格落实“车辆消毒、防疫语音宣传、亮码及戴口罩上车”等疫情防控措施。强化行业疫情研判，对公共交通行业涉疫信息、涉疫人员信息进行研判。积极推进复工复产，指导企业落实疫情防控常态化措施，加强疫情安全防范宣传，迅速复工复产，确保公共交通畅通。地铁集团落实主体责任，启动严格管控措施，建立上下联防联控机制，其间，发现处置发热乘客551人，累计查验检测红、黄码人员379名，无码人员7.35万名，做到地铁线网零扩散、外部输入零漏网、单位内部零感染。（张丽萍 蒋筱莲）

【涉疫案件查处】2020年，新冠肺炎疫情发生后，市委、市政府组建疫情防控指挥中枢，24小时运行，形成战时情指行一体化、涉疫警情研判、警情快接精处、内部防范、政治牵引“五大机制”。2月7日，制定出台《新型冠状肺炎疫情接处警工作指引》，实现指挥调度统筹、力量有效整合、指令闭环落地，依托杭州公安“城市大脑·警务操作系统”、警企联合实验室和资源聚合效能，汇聚数据资源、研发模型平台，完善研判机制，服务基层实战，形成“以智慧警务赋能疫情防控，以数据应用反哺防控实效”的良性循环。1—5月，全市刑侦部门投入疫情防控战斗，迅速启动战时机制，牵头组建人员闭环管理研判组，市、区（县、市）两级刑侦研判力量实行24小时运行，累计参与研判涉疫情人员22万余人，研判发现密切接触者1万余人。

【出入境疫情防控】2020年，突如其来的新冠肺炎疫情发生后，杭州市出入境管理部门组织落实涉疫专项摸排3万人次、劝阻公民出国（境）60万人次、宣传最新政策30场次，累计核查航班27架、人员信息4000多人次。全年妥善处置确有困难人员回国临时航班13架，转运、隔离留学回国人员（含陪同人员）2469人；处置经杭州萧山国际机场入境商业航班379个、旅客50581人。牵头开展精密智控考核有关“入境重点人员隔离管控”工作，全年累计核查复议全省境外疫情输入防控工作专班下发的新入境人员名单91批次、1270多人次，保持“零扣分”，绩效列全省第一位。严格落实国家移民管理局对急需出国出境申请人的管控措施，从严签发出入境证件，减少出入非必要国家，杜绝进入高风险国家，全年出国境受理量比上年下降90%以上。服务好在杭外籍有特殊贡献的高层次人才及其家属随行人员，为其提供办理在华永久居留身份证、在华居留许可签证，以及恢复中国国籍等服务事项，进一步简化相关办理流程手续，提供人性化、灵活化、便利化的服务。（蒋筱莲）

【卫生健康疫情防控网构建】2020年1月20日，杭州市确诊首例新型冠状病毒肺炎病例。市卫生健康委动员全系统力量投入防控工作，在抗疫一线建立临时党委1个、临时党支部13个，构建以市西溪医院等8个定点医院为龙头、41个医疗机构发热门诊为网底、市县两级急救中心为纽带、10个定点后备医院为补充的医疗救治网络，实现市、区两级联动的闭环转运管理。组建30多人专家团队，指导全市各级各类医疗机构加强院感管理，严防院内感染发生，首创密切接触者在独立诊区就诊做法，实行重症患者“一人一案”和中西医结合多学科会诊制度，成功处置TR188航班等应急事件，有效控制疫情发展势态。常态化疫情防控期间，杭州市专门建立驻企（校）健康指导员制度，5000多名健康指导员深入全市企业开展21天的健康指导，累计走访服务企业9.9万个，服务企业31.8万人次。15个健康督导组会同属地公共卫生巡查小分队、驻校健康指导员1500多人，累计走访指导各类学校2752所，入校服务7.2万人次。设置推出电子健康证，用于102万个餐饮、住宿、游泳池、理发美容、托幼机构等特定企业的复工复产。

【中医药辨证施治】新冠肺炎疫情发生后，杭州市在全省率先选派中医师直接进入隔离病房辨证施治。全市定点医院收治的确诊病人中西医结合治疗手段达到100%，经中西医结合积极治疗后全部痊愈出院。采用服用预防中药汤剂、佩戴中药香囊、饮用中药代泡茶、中药熏蒸等一系列举措开展疫情预防工作。《中医药第一时间介入战“疫”》等6篇宣传杭州市中医药抗疫工作的报道分别在《人民日报》、人民网、新华社、《健康报》、《浙江日报》等媒体刊登。中央电视台综合频道《新闻联播》、中央电视台中文国际频道《中华医药 抗击疫情》栏目分别对杭州市中西医结合治疗新冠肺炎及中医药预防情况和取得的成效等进行报道。

【爱国卫生联防联控机制建立】面对新冠肺炎疫情，市卫生健康委于2020年1月18日下发《关于开展冬春季爱国卫生（环境整治）专项行动的通知》，组织各区、县（市）和成员部门开展环境卫生整治1626次，清除杂物数量6203.92吨。1月19日，市卫生健康委召集林水、市场监管、机场、铁路等部门进行疫情部署，建立爱国卫生联防联控机制。同日，市卫生健康委组建6支小分队，开展农贸市场和小区疫情防控督导，累计走访小区470多个，督导农贸市场520多个。2月4日，市爱卫办、市卫生有害生物防制协会发布《致所有PCO会员单位的倡议书》，组织全市35个PCO公司，参与152个点位的志愿消杀服务。市卫生健康委及时发布疫情期间预防性消毒指引和出行、复产、复学等健康导引，指导全市科学防控，并组织机关党员参加驻企、驻校健康指导、流行病学调查、健康码专班和应急值班等防控工作。杭州市新冠肺炎疫情防控期间的爱国卫生工作多次在全国爱国卫生工作简报上刊登。（王莲花 王晓凤）

【**物资保障**】新冠肺炎疫情发生后，市商务局克服“无机构、无队伍、无仓库、无资金”的困难，切实履行救灾物资储备职责，建立救灾物资储备使用管理联动机制。2020年5月26日，联合市应急管理局、市财政局等部门制定《杭州市救灾物资储备管理实施细则》；加强和规范全市救灾物资储备管理，提高突发事件应对能力，保障受影响人员基本生活；及时改造临时物资储备库。市本级储备帐篷、棉被、行军床（折叠床）、应急生活包等救灾物资32994件。坚决贯彻落实“疫情就是命令，防控就是责任”的工作要求，积极做好疫情防控各项工作，市商务局与相关部门齐心协力，做好疫情期间物资保障工作。全市发运帐篷2738顶、棉被416床、棉大衣2860件、行军（折叠）床651张等疫情应急物资。全年，为企业开具应急物资运输保障联系单178份，跨区协调解决企业问题难题8件，为企业发放口罩、防护服、测温仪等防疫物品2.5万件；为企业对接国家财政低利贷款超过1亿元。

市商务局从1月24日（农历除夕）进入粮食和物资保障战备状态，第一时间摸清杭州主城区粮油等正常时期日供应量和预测日报当前的日消费量变化趋势，牢牢掌控粮油库存家底。1月31日至4月3日，先后制定下发《关于加强应对疫情做好粮油保供稳市工作的通知》《关于“米袋子”应急保障供应方案实施意见》《杭州市复工复产企业疫情应急处置的预案》等文件，明确区县（市）粮食物资部门防疫和粮油保供目标任务、工作举措和安全责任。注重解决粮食企业复工复产过程中遇到的困难和问题，鼓励和引导更多的粮油企业复工复产。3月底，市区大型粮食加工企业、批发市场和粮油供应企业前后复工复产，复产率达100%。建立市、区（县市）、企业三级联动机制，关注和收集企业的困难和问题，坚持特事特办。

2—4月，市农业局履行“菜篮子”市长负责制要求，破解用工难、销售难、运输难、成本涨等难题，实施“六个强化”，保障市民“菜篮子”。强化生产调度，动态监测蔬菜生产和购销情况，1月24日至2月28日，全市蔬菜日采收量2000～2500吨，定点屠宰生猪2.7万头，调入动物产品3114批次、1.9万吨，49个超市门店每天投放储备猪肉10～12吨。强化产销对接，构建“互联网+基地+社区”“网上农博”“社群农产品电商”等销售平台，全市有100多个农业企业、果蔬基地和种植大户加入，日均销售量超过44吨。全市主要粮油、蔬菜、畜禽等生产基地从春节期间保持生产，至3月中旬，县级以上农业生产企业100%复工。强化用工保障，推出挖潜本地闲置劳动力、专车招工接工、错峰互助用工、共享合作用工、机器换人减工等“用工五法”，缓解农业生产特别是春茶采摘工短缺问题。强化运输畅通，以民生第一、满足需求为原则，准确快速发放疫情防控车辆专用通行证，全市农口系统发放省级专用通行证706张、杭州市及区县（市）级通行证1135张。强化政策服务，制定出台“农八条”扶持政策，全市农业农村部门上下联动开展“三联三送三落实”活动，组建208个服务队，走访农业主体1400多个，7100多人次参与服务，帮助解决问题467个。

（市商务局 市农业农村局）

复工复产

【**“亲清在线”数字平台上线**】“亲清在线”是杭州市亲清新型政商关系数字平台，是“一键通”的新型政商数字协同系统，于2020年3月2日在全市“战疫情、促发展”工作推进会上正式上线。杭州疫情期间，惠企政策陆续通过“亲清在线”平台实现在线兑付。作为城市大脑的运用，“亲清在线”数字平台前端可分别向企业、政府部门提供政策兑现和互动交流服务等操作功能；后端通过城市大脑中枢系统，与部门及区县（市）业务系统进行数据协同，实现企业诉求在线直达、政府政策在线兑付、政府服务在线落地、服务绩效在线评价和审批“许可”在线实现五大功能，实现政企交流从“上门收集”转变为“在线呼应”、政务服务“从坐店等客”转变为“互动平等”、政策制定从“大水漫灌”转变为“精准滴灌”、政策兑现从“层层拨付”转变为“瞬间兑付”、政策效果从“绩效后评”转变为“实时可测”五大转变。其中的“线上行政服务中心”，首批上线83个政务服务事项。由市发改委重点推进的“工业项目全流程审批”，将原来全流程审批所需的10个工作日，压减到9.5个小时，减少企业填报材料和数据80%以上。全年，“亲清在线”数字平台上线政策330条，接收53万个企业的210万次政策申请，累计兑付资金126万笔、76亿元，惠及企业27万个、员工80万人，其中：累计完成线上兑现企业员工租房补贴61.6万人次、3.08亿元；大学生住房补贴10.5万人次、7.43亿元。“亲清在线”平台“行政许可”板块上线的100个企业高频办理事项中，有29项做到系统自动秒办，累计办理各类业务60.65万件，服务企业404.67万次。（市发改委）

【**“读地云”平台发布**】“读地云”是杭州土地资源要素推介、交易、服务的统一平台，是实现企业“看地、读地、拿地、开发”和政府“规划、计划、供地、服务”政企直达、信息共享、全流程闭环运维制度的统一载体，是“战疫情、促发展”倒逼的产物，于

2020年3月2日在全市“战疫情、促发展”大会上正式发布。3月31日，中共中央总书记习近平在杭州城市大脑运营指挥中心考察时，“读地云”作为城市治理的一部分在城市大脑平台集中展示。“读地云”平台主要包括云上读地、网上交易、线上签约和码上服务四大模块，具有全要素云上看、全过程云上办和全环节云上管3个特征，核心内容是打破信息不对称、打破竞争不充分、打破单一竞价模式，通过优惠的土地价格，招引亩均税收较高的制造业企业，进一步提升产业用地效益，促进工业用地要素市场化配置。具体做法是充分公开信息、取消资格审查、优化竞价规则、降低用地成本、强化权证管理和强化履约监管。杭州市构建“读地云”，推行工业用地“云供地”出让新模式，解决“有没有地”“地在哪里”“怎么拿地”等问题，杜绝“关系地”“人情地”等现象出现，实现“净地收储”等项目，构建公开、公平、公正、透明、清廉的要素市场化配置新环境。至年末，实现“云供地”出让模式的工业用地有25宗、40.6公顷，参与竞买的企业有126个，其中，税收竞争最激烈的一宗土地，亩均年税收从100万元竞争到537万元。杭州实行工业用地“云供地”的做法，得到多方肯定。《中国自然资源报》两次头版头条报道，并配发题为《线上一小步便企一大步》的评论员文章。

（市规划和自然资源局）

【“1+12”惠企组合拳】2020年2月10日，杭州市首批企业复工复产的第一天，为实现疫情防控与经济发展“两手抓、两手都要硬”，杭州市专门出台严格做好疫情防控、帮助企业复工复产的“1+12”系列政策。“1”指的是贯彻落实党中央、国务院和省委、省政府出台的一系列政策举措，“12”指的是杭州市推出的12项新举措。“1+12”系列政策涉及金融支持、社保支持、租金减免、财政补助、服务保障等多个方面，包括降低企业融资成本、免收企业担保费用、临时性降低医保费率、降低企业住房公积金缴存比例、减免企业房租、补贴商贸服务企业、加大对物业企业扶持力度、发放企业员工租房补贴、统筹解决返工人员过渡性住宿、引导解决双职工家庭“看护难”、全力保障防疫物资采供、加大法律援助力度等12条具体措施。

“1+12”政策主要有3个特点：聚焦企业需求。市委、市政府针对疫情给广大企业和员工正常生产生活造成的影响，用1周的时间，抽调精干力量，组成27个组，深入调查研究，摸准企业的痛点、堵点和需求点，制定相关政策。为破解企业现金流短缺问题，推出临时性降低医保费率措施，对符合条件的参保企业，2—3月按职工基本医疗保险单位缴费费率的75%缴纳。为破解员工返工住宿难问题，明确由属地政府统一协调一批宾馆酒店，以优惠价格出租给相关企业，解决员工临时过渡性住宿。全市统筹床位5万张以上，政府安排2亿元予以补助。

体现最大诚意。市委、市政府通过进一步削减“三公”经费和专项资金，千方百计挤出资金，最大限度地提升企业和员工获得感，助力企业尽快恢复正常生产经营秩序。“1+12”政策涉及支持企业资金100亿元左右。

注重操作落地。12条举措每一条都可以直接操作和落地。其中，政策明确企业员工可享受租房补贴的具体条件，对按规定缴纳社会保险费、2019年全年工资收入低于7.2万元、未承租公租房和未享受政府住房补贴且在外租住房屋的企业员工，政府给予每人500元租房补贴。全年，兑现企业员工租房补贴61.6万人次、3.08亿元，涉及企业11.50万个；减免社保费369.17亿元，新增减税降费552.26亿元；为37.21万个企业减征职工医保费62.72亿元；减少公积金缴存金额8.41亿元，涉及企业2232个、职工14.59万人；暂缓公积金缴存金额1.55亿元，涉及企业1180个、职工3.66万人；为民营企业新增减税降费超过500亿元，争取各类政府债、企业债483.40亿元；为中小民营企业和个体工商户减免房租、水费气费、高速通行费等24.19亿元。（年鉴编辑部）

【交通保障】2020年2月15日，为助力复工复产，市疫情防控指挥工作领导小组印发《杭州市复工企业返工人员包车运输保障工作方案》（简称《方案》）。《方案》明确，按照“用人单位提需求、政府审核、企业承运、各部门监控”原则，加强全过程运输保障和管控措施，有序开展点到点包车运输服务。为满足企业复工的用工需求、降低返程运输的疫情传播风险，杭州率全国之先，创新定制返程复工人员专列，组织疫情相对平稳、到杭州就业人员集中的贵州、成都等部分省市人员返杭。2月16日14时40分，载有杭州萧山林芬纺织有限公司15名员工的杭州首趟复工企业返工人员包车通过杭金衢高速公路萧山东防疫检查点，抵达杭州。同日22时07分，杭州定制的全国首趟复工人员免费专列G4138次列车载着300名贵州籍旅客从贵州直达杭州。2月20日上午9时，杭州市帮扶黔东南苗族侗族自治州工作队在杭州萧山国际机场出发，第一次统一乘坐浙江长龙航空有限公司的扶贫专机兼复工专机前往贵州凯里。3月21日，首趟恩施劳务协作扶贫专列搭载1071名湖北恩施籍员工返杭复工，其中贫困户240人。疫情防控期间，全市域范围内累计调配包车6.97万辆，运送旅客160.09万人次，其中省、市际返工包车4315趟次，运送返工人员10.35万人次。（张丽萍）

宣传活动

【疫情防控宣传】2020年，市委宣传部组织市属媒体开设“战疫情 促发展”“权威发布”等专题专栏，整版面、全时段报道全市上下众志成城，抗击新冠肺炎疫情相关内容，刊播杭州抗击新冠肺炎疫情相关报道8万余篇（条），网络总阅读、点击量超100亿人次。中央和省级媒体重点关注杭州市统筹抗击疫情和经济社会发展的亮点经验，报道、转载杭州抗击新冠肺炎疫情相关稿件1.5万篇（条）。6月17日，《人民日报》头版整版刊发《杭州 让城市更聪明更智慧》，并配发“今日谈”《城市会“思考”治理更高效》。新华社和中央电视台综合频道《新闻联播》等聚焦“杭州健康码”等做法经验，分别刊发《浙江杭州上线“健康码”防控疫情》《一人一码，大数据助力精准防疫》等报道。为助力复工复产、促进消费、提振信心，杭州市策划“双千直播”大型活动，组织直播430多场，吸引3.6亿人次观看，带动销售额超过3亿元。（傅怡南）

【“杭州战‘疫’”专栏开设】2020年年初，“学习强国”杭州学习平台第一时间开设“杭州战‘疫’”专栏，宣传报道杭州健康码、“1+12”助企复工政策、“大数据＋网格化”等创新举措。学习平台在全国最早联合漫画家协会等制作播出防疫科普动画，联合市文联等推送优秀原创歌曲、文艺作品，开设战疫日记Vlog、“‘声’援武汉”等特色节目，发挥舆论支持作用。3月，中宣部舆情研究中心“学习强国”学习平台建设情况第3期刊登《宣传有力度 服务有温度 扩面有广度 杭州学习平台战“疫”出成效》专题，向全国推广杭州学习平台建设经验。

【强国公益助农平台“云助力”开启】2020年2月18日，“学习强国”杭州学习平台开启全国首个公益助农平台“云助力”，及时推出助农、助企、助游等活动。先后助力建德日销草莓2万余千克、临安日销雷笋40多万千克，销售桐庐酒酿馒头12万个、富阳乌米饭1万余千克、余杭蝴蝶兰8万余株等。联合贵州学习平台在全国率先推出跨区联动，协助企业招聘工人复工复产，帮助富阳招聘采茶工9600多人、上官乡球拍厂招工422人。在全国首推“学习强国”学习平台红色主题游，带动1.5万人参与，助力旅游市场复苏。6月，联动全市区县（市）融媒体中心，探索建立“融媒＋直播”平台，策划推出“云助团直播赛”。该活动首次在“学习强国”学习平台主推荐页面和“实播中国”栏目同步直播，3小时销售金额1217万元。（郭雀屏）

【抗击疫情主题文艺活动开展】2020年，市委宣传部发布《关于征集抗击新型冠状病毒感染的肺炎疫情主题文艺作品的启事》，征集抗击新冠肺炎疫情主题文艺作品10845件，重点组织创作的歌曲《出征！出征！》《你，逆行的背影》《中华有大爱》《让爱暖人间》等作品被“学习强国”学习平台、新华网、人民网等各类主流媒体转载，出版《中华有大爱——杭州市“战疫情 促发展”公益音乐作品集》《携手抗疫迎春来》（视觉艺术卷和文学作品卷），开展“战疫情 促发展”主题巡演千里行活动，组织全市文艺院团走进基层举办公益演出100场。（钱 康）

【致敬防疫志愿者“3·5”主题活动周】2020年，在第57个全国学雷锋纪念日前后，为致敬杭城防疫志愿者，杭州市推出“3·5”主题活动周。主题活动周期间，面向援鄂医疗队员、防控一线医务人员及其家属，开展志愿守护、义务理发、交通畅行、家庭帮助、家政服务、温暖慰问、场所服务、典型宣传等活动。《杭州日报》发布《致全市防疫志愿者的感谢信》，《杭州日报》《都市快报》等媒体平台发布“弘扬志愿服务精神，共同打赢疫情防控总体战、阻击战”公益广告。抖音App推出“杭州志愿者在一线——我倡导我承诺我传递”活动，全市逾10万人次参与线上传递。依托志愿汇App开通“青荷成长计划”功能，推出杭城防疫志愿服务纪念品“荷宝”，加快建设“志愿名城”。（付文祥）

【抗击疫情主题宣传活动】2020年，市卫生健康委以“致敬！大爱之城的英雄”为主题，完成“5·12”国际护士节、“8·19”中国医师节、老人节等主题宣传活动，与杭州滑稽剧院联合创作《致敬！大爱之城的英雄》剧目，在全省巡演；与杭州文广融媒体中心联合开展杭州、武汉互动的《你是我的英雄》系列专题节目录制和网络直播，12个医院、42位援鄂医疗队员参与其中；联合市科协、市园文局等组织开展抗疫图片展；联合西湖美术家联谊会开展“爱无疆”抗疫书画展及书画现场创作交流会编印分发《抗疫战歌》画册及《抗疫媒体报道汇编》《抗疫风采》等作品，制作《“卫”民而战 “健”守初心》抗疫宣传片，在市委组织部“庆祝建党99周年——‘华数杯’党员电视教育片观摩交流”活动中获一等奖。（王莲花 王晓凤）

责任编辑 金利权

03 亚运会筹办

综述

【浙江省委常委会会议研究杭州亚运会和亚残运会筹办工作】 2020年12月14日，省委常委会召开会议，听取2022年杭州亚运会和亚残运会筹办情况汇报，研究部署相关工作。会议充分肯定2022年亚运会和亚残运会筹办工作取得的阶段性成绩。面对突如其来的新冠肺炎疫情冲击，亚组委坚持疫情防控与筹备工作“两手抓”，各参与方及早推动在建场馆及设施全面复工，实现筹办各项工作按计划推进。会议原则同意杭州亚组委对下一步工作的安排和提出的建议，并强调要进一步增强办好亚运会和亚残运会的责任感使命感，以系统观念、系统方法优化改进提升2022年杭州亚运会和亚残运会筹办各项工作，进一步突出具有浙江辨识度的优势，更好彰显浙江省承办亚运会和亚残运会的特色，力争办成一届群众参与度高、人文精神足的体育盛会。会议提出场馆建设要保质保量、城市品质要联动提升、宣传推介要有声有色、力量配备要高效协同、应急准备要尽早抓细、沟通对接要积极主动、浙江运动员要强化训练7个方面工作。突出抓好强化品牌、市场运营、智能应用、绿色生态、文明素质5个方面工作。

【杭州市委常委会会议研究杭州亚运会和亚残运会筹办工作】 2020年12月23日，市委常委会召开会议。会议传达贯彻省委常委会会议精神，听取杭州亚运会和亚残运会筹备工作情况汇报，并认真研究。会议强调要深入学习贯彻省委常委会会议精神，按照亚运会和亚残运会既定的路线图、任务书、时间表，有力有序抓好各项工作落实。要提高政治站位，以强烈的使命担当办好亚运会和亚残运会。要突出系统集成，扎实做好亚运筹办“决战之年”的各项工作。要坚持人民至上，打造一届城市与人民同成长、共幸福的人民亚运。会议原则同意亚组委办公室（亚残组委办公室）提出的关于解决重点办赛地区的人力资源不足问题、落实绿色办赛理念问题、杭州亚运博物馆的场地问题、进一步扩大宣传问题的工作建议，要求认真抓好落实。

【亚运筹办工作向场馆化转移】 2020年，杭州亚运会、亚残运会筹办工作开始转入场馆化工作阶段。亚组委充分运用业务领域运行计划和客户群服务计划研究成果，召开多次场馆化工作专题会议，明确工作方向和思路，稳步推进示范场馆“一馆一方案”编制工作。4月，召开会议讨论场馆化工作总体方案、赛时指挥体系、场馆团队组建及运行指导意见、场馆使用原则等。12月，召开会议研究竞赛场馆运行计划基础信息，开展编制工作培训动员会，确定以亚组委各内设机构负责人对接联系竞赛场馆的形式开展竞赛场馆基础信息研究和编制工作。至年末，完成所有竞赛场馆“一馆一方案”的编制工作。杭州亚运会、亚残运会示范场馆建设工作正式启动，标志着场馆化工作进

2020年9月11—13日，第十一届浙江省“新时代先锋”羽毛球赛在杭州市滨江区体育馆举行
（杭州亚组委 供稿）

入关键阶段。6月，亚组委确定杭州市滨江区体育馆为杭州亚运会、亚残运会的示范场馆。7月，组织召开动员培训会议，布置示范场馆工作。9月11—13日，首场示范场馆模拟赛暨第十一届浙江省“新时代先锋”羽毛球赛，在杭州市滨江区体育馆举行。比赛设有团体赛、男子双打、混合双打三个竞赛项目，11个不同组别，来自全省28支俱乐部约300名运动员参加。共演练测试26个业务领域，实地检测了场馆硬件设施、检验技术系统和组织保障能力。赛后形成《示范场馆运行计划》《竞赛场馆运行计划通用编制指南》《场馆外围保障工作方案》等示范场馆工作成果，并初步修订形成《杭州亚运会、亚残运会场馆化工作总体方案》。

（杭州亚组委办公室）

【亚组委机构与人员】2020年，亚组委组成人员进行调整。6月，杭州市委副书记、市长刘忻担任2022年第19届亚运会组委会副主席兼秘书长，徐立毅不再担任2022年第19届亚运会组委会副主席、秘书长（兼）。12月，浙江省委副书记、省长郑栅洁担任2022年第19届亚运会组委会主席，袁家军不再担任2022年第19届亚运会组委会主席。

1月，亚组委印发广播电视和信息技术部处室设置职责配置和人员编配规定文件（简称“三定”方案），成立综合处、通信处、信息系统处、运行保障处和广播电视处5个处室。4月，亚组委印发安全保卫部“三定”方案，成立综合处、场馆安保处、专项安保处、注册制证处4个处室；对办公室（总体策划部）、杭外工作部、竞赛部、外联部、宣传部、财务部、组织和人力资源部、纪检监察和审计部、市场开发部、场馆建设部、大型活动部、后勤保障部的“三定”方案进行调整。9月，医疗卫生部和志愿者部正式成立。亚组委印发医疗卫生部和志愿者部“三定”方案，医疗卫生部成立综合处和医疗保障处；志愿者部成立综合处和培训活动处。12月，亚组委对广播电视和信息技术部“三定”方案进行调整。

2020年，选派专职人员72名到亚组委工作，利用事业空编招聘37名，招聘社会专业人士160名。

（杭州亚组委组织和人力资源部）

【纪检监察与审计】2020年，省纪委下发《浙江省纪检监察机关加强杭州亚运会监督工作要点》（简称《要点》），对亚运会筹办监督工作做出部署，明确目标任务、细化工作举措。亚组委纪检监察和审计部根据《要点》内容与要求，扛起政治监督责任，开展监督检查，保障亚运会筹办工作规范有序、廉洁高效推进。

亚组委纪检监察和审计部印发《亚组委机关2020年度党风廉政建设主体责任清单》，全面实现责任落实，组织党员干部学习《中国共产党章程》《中华人民共和国宪法》《中国共产党纪律处分条例》等党规法规，增强党员干部的政治意识，并印发《中共2022年第19届亚运会组委会机关党组关于亚组委机关2020年度廉政风险排查防控工作要点的通知》，全面推进亚组委机关廉政风险排查防控工作。制定《2022年第19届亚运会组委会廉政风险防控措施制度目录清单》，梳理廉政风险权力事项63项，查找风险点220个，制定防控措施348条，出台或计划出台防控规范、制度94项，为机关和部室层面加强自我监督提供重要依据。亚组委配合浙江省审计厅开展亚组委预算执行审计工作，配合杭州市审计局做好场馆建设跟踪审计审前调查工作，做到协同实施、成果共享。紧盯政府采购、市场开发、征集、评审、遴选等重点领域和关键环节，实现全过程参与、全过程监督。

（杭州亚组委纪检监察和审计部）

【知识产权保护】通过专项立法为赛事知识产权提供法律保护，是国内举办大型赛事的通行做法，也是对杭州亚运会的具体要求。2020年，自《浙江省亚运标志保护办法》被列入2020年省政府立法计划后，亚组委会同有关部门召开立法协调会议，成立由省市场监管局、省版权局、亚组委法律事务部等相关部门人员及律师专家组成的立法工作小组，编制工作方案，组织力量起草修改草案，形成《浙江省第19届亚洲运动会知识产权保护规定（草案）》，并征求省市相关单位、协办城市及相关专家意见。10月13日，《浙江省第19届亚运会知识产权保护规定》经省政府常务会议审议通过，于10月27日对外公布，并于2021年1月1日起施行。

2020年，亚组委先后处理侵犯亚运会特殊标志专用权、侵犯著作权、不正当竞争、不实报道4类共27件侵犯杭州亚运会知识产权及隐性营销案件，包括“杭州亚运会吉祥物”“亚运会吉祥物征集”“亚运村”微信公众号冒充官方账号、淘宝店家擅自印制亚运会会徽吉祥物图案T恤衫进行售卖、杭州“新天地”购物中心墙体擅自悬挂亚运会会徽等。8月，市场监管部门根据亚组委投诉，就某美容机构违法使用亚运会会徽做出首例行政处罚，对该美容机构和广告发布者处以罚款并没收违法所得。

（杭州亚组委法律事务部）

【财务保障】2020年4月22日，亚组委办公室下发《关于做好2022年第19届亚运会第二版总预算编制工作的通知》，成立由各工作部室总预算编制联络员和财务部工作人员组成的预算编制工作小组。6月20日，亚组委财务部召开亚运会第二版总预算编制培训会，重点解读《亚运会主办城市合同》中涉及费用的条款，并对编制方法、编制要求、编制流程和时间安排进行说明。7—12月，亚组委各工作部室和协办城市根据本单位赛事组织总体工作计划、职责、事项等，向财务部上报亚运会第二版总预算初稿。

5月，亚组委财务部会同杭州市价格认证中心共同制定《2022年第19届亚运会组委会现金等价物（VIK）项目价格认定专家评审工作规程》，确定价格认定专家评审原则，明确价格认定专家评审工作流程等内容，保证VIK核价工作规范有序开展。7月，财务部编制完成《2022年第19届亚运会组委会VIK管理操作指南》，明确VIK管理、VIK核价的工作要求及财务信息化系统中的操作要求。全年，财务部完成包括正装服饰、财务咨询服务、法律服务和航空客运服务部分项目4个赞助类别的VIK核价工作，核价金额为2.70亿元。

2020年，亚组委财务部开展一体化收费卡项目运行工作，围绕确定收费卡工作方案，完成起草收费卡通用政策，产品和服务清单梳理，建设收费卡系统等工作。收费卡包括空间类、通信及技术类、家具白电类、能源类和交通服务类五大类、114项产品和服务。

4月29日，亚组委印发《关于成立2022年第19届亚运会组委会内部控制工作领导小组的通知》。6月15日，亚组委印发《2022第19届亚运会组委会内部控制体系建设总体实施方案》，明确内控体系建设的目标任务、内控体系建设的工作原则、内控体系建设的组织架构、内控制度体系的内容、内控体系建设的时间安排，提出内控实施的工作要求。建立风险评价体系，搭建制度体系，提高亚组委内部管理水平，规范内部控制，加强廉政风险防控机制建设。

（杭州亚组委财务部）

【协办城市联动协调】2020年，亚组委强化指导帮助，各协办城市和省部属办赛单位稳步推进各项筹办工作。协办城市和省部属办赛单位建立起职责明确、内外协调、保障有力的组织机制。至年末，5个协办城市均编制完成各具特色的亚运城市行动计划纲要，建立起亚运城市行动推进工作协调联动机制。亚组委制发《杭外城市亚运筹办工作城市侧组织机构设置建议方案》《杭外办赛城市亚运筹办工作任务清单》《关于建立杭州亚运会协办城市协调保障机制的意见》等文件，进一步明确工作职责，强化具体措施。

各协办城市和省部属办赛单位有序推进场馆建设，顺利推动12个竞赛场馆场馆化运行。至年末，温州龙舟基地、温州奥体中心、宁波亚帆中心、绍兴奥体中心体育馆已完成总工程量的90%以上，金华亚运分村已进入内部装修，浙江师范大学金华校区体育场基础工程完工。

各协办城市和省部属办赛单位积极开展全省"共建共享"氛围营造活动。6月25—27日，温州以"喜迎亚运、乐享端午"为主题举办2020温州龙舟文化创意节；7月11日，宁波象山开展"与亚运同行·驾着帆船看象山"主题活动；9月22日，"绿水青山大联动"迎杭州亚运会倒计时2周年主题活动中，5个协办城市作为分会场，同时开展各具特色的水上运动。

（杭州亚组委杭外工作部）

【对外联络与交流】2020年，杭州亚组委加强与亚奥理事会交流与合作。做好筹备工作报告。1月，杭州亚组委代表团出访科威特，向亚奥理事会执委会陈述吉祥物设计方案，与亚奥理事会协商海外宣传推广计划等工作。3月29日，亚奥理事会主席艾哈迈德·法赫德·萨巴赫亲王为吉祥物发布专程致贺信，祝贺杭州2022年第19届亚运会吉祥物揭晓。9月8日，原定于3月举办的杭州亚运会协调委员会第三次会议以远程视频形式举行，讨论和审议杭州亚运会筹办各项事宜。12月16日，杭州亚组委以远程视频方式参加亚奥理事会第39次全体代表大会。会上，电子竞技和霹雳舞获批成为杭州亚运会竞赛项目。加强筹备工作考察。1月7—9日，亚奥理事会文化委员会委员、亚运文化博览会协调员弗朗西斯·瓦纳德来访，与杭州亚组委就杭州亚运会期间组织举办亚运文化博览会事宜进行讨论。向亚奥理事会捐赠防疫物资。3月25日，杭州亚组委向亚奥理事会捐赠3万只医用口罩。5月，亚奥理事会总干事侯赛因·穆萨拉姆专门就防疫物资捐赠发来致谢视频。

加强与各国（地区）奥委会交流与合作。8月4日，黎巴嫩首都贝鲁特发生特大爆炸事件，杭州亚组委第一时间向黎巴嫩奥委会发出慰问信；10日，黎巴嫩奥委会主席基恩·哈曼及秘书长哈桑·鲁斯托姆联合回函致谢。

加强与各类运动会组委会交流与合作。7月21日，杭州亚组委与日本爱知·名古屋亚组委共同制作的联合宣传片全球线上发布。9月29日，双方以远程视频连线方式举办工作交流会，就亚运会市场开发、转播、赛事运行等内容展开交流。

（杭州亚组委外联部）

【"亚运记忆"亮点项目推进】2020年，亚组委按照《杭州"亚运记忆"战略计划》，围绕"四提升、一助力"5个目标和19个领域主要任务，面向亚组委各工作部室及相关单位征集亮点项目进展情况，并汇总梳理2020年度"亚运记忆"亮点项目报告。

1—11月，征集到"亚运记忆"亮点项目34个。12月，亚组委办公室印发《杭州"亚运记忆"亮点项目工作方案》，明确亮点项目的责任分工，供亚组委各工作部室参考执行。亚组委各工作部室根据分工，整理形成年度亮点项目工作进展和绩效成果，亚组委办公室（总体策划部）对市城管局、市建委、市发改委、市体育局、市生态环境局、市规划和自然资源局、市文化广电旅游局、市文明办等单位相关负责人进行访谈，收集各领域亮点项目推进情况相关素材。

（杭州亚组委办公室）

竞赛组织

【概况】2020年，杭州亚组委经过与亚奥理事会的多轮商谈，至年末，在阿曼召开的第39届亚洲奥林匹克理事会（OCA）代表大会（视频会议）上审议通过杭州亚运会竞赛项目设置，确认40个大项、61个分项、482个小项规模的方案，并在OCA官网公布。

【竞赛项目赛程编制】2020年3月12日，亚组委竞赛部邀请轮椅篮球、排球、篮球项目专家对赛程进行专题研究论证，足球、篮球、排球、手球（一项多馆）项目赛程细化，明确男子、女子场馆及小组赛、决赛馆初步安排。6月，根据中国龙舟协会意见反馈，亚组委竞赛部修改龙舟赛程至2022年9月21—23日，同时调整棒球赛程为9月11—17日，并得到亚奥理事会体育委员认可。8月，根据增加软式网球、三人制篮球、桥牌分项的情况，更新赛程。10月，对围棋、象棋、桥牌赛程分别做调整。12月，安排新增的电子竞技、霹雳舞项目赛程，调整射箭比赛天数，亚组委竞赛部明确赛程编排系统需求，与广播电视与信息技术部共同确认赛程编排系统需求规格书。

【国家（地区）按项目报名工作启动】2020年9—10月，亚组委竞赛部制定

《杭州2022年亚运会竞赛报名总体工作方案》，明确开展项目报名、人数报名、姓名报名工作的前置条件、任务分工和风险管理。12月，亚组委正式启动第一阶段按项目报名工作，由亚组委外联部向45个国家（地区）发送官方报名邮件和报名表格，征求各参赛代表团报名意愿。

【马术无疫区建设推进】2020年，亚组委组织推进杭州桐庐无规定马属动物疫病区建设。亚洲马术联合会（简称亚马联）与各国（地区）马术协会进行沟通，发放参赛意向表。根据反馈信息，有参赛意向的共有22个国家（地区），马231匹，分别来自26个国家（地区）。

2月21日，市无规定马属动物疫病区领导小组办公室发布《关于印发杭州桐庐无规定马属动物疫病区边界交通警示和标识引导系统建设实施方案》。4月20日，市无规定马属动物疫病区领导小组办公室印发《关于下达2020年度杭州桐庐无规定马属动物疫病区建设工作任务的通知》，要求各单位加强组织领导，落实工作职责，按时间节点完成工作任务。6月5日，启动杭州桐庐无规定马属动物疫病区综合管理信息平台项目建设工作。6月30日，桐庐县完成全县马属动物迁出工作。8月26日，《杭州桐庐无规定马属动物疫病区管理办法》经市人民政府第60次常务会议审议通过，正式公布施行。9月16日，桐庐县举办亚运会马术项目主场馆开工仪式。10月20日，完成杭州桐庐无规定马属动物疫病区综合管理信息平台中期验收。11月3日，完成2020年度杭州桐庐无规定马属动物疫病区虫媒调查工作；20日，完成杭州桐庐无规定马属动物疫病区虫媒的马属动物疫病检测工作；30日，完成2020年度第一次马属动物疫病检测和第二次马属动物疫病采样工作。

7月28日至11月24日，为规范无疫区建设，市农业农村局下发《关于印发〈输入杭州桐庐无规定马属动物疫病区易感动物及其产品卫生标准〉的通知》《关于进一步规范杭州桐庐无规定马属动物疫病区输入动物及其产品检疫工作的通知》《2020年杭州桐庐无规定马属动物疫病区监测方案》《关于进一步明确〈杭州市动物及动物产品分销信息凭证〉使用范围的通知》《杭州桐庐无规定马属动物疫病区输入动物检疫操作手册》《关于印发〈杭州桐庐无规定马属动物疫病区马属动物疫病应急处理技术方案〉的通知》等规章制度。市无规定马属动物疫病区领导小组办公室先后印发《关于进一步加强杭州桐庐无规定马属动物疫病区建设工作的通知》《杭州桐庐无规定马属动物疫病区生物安全通道巡查制度》等规章制度。

【竞赛出版物编写】2020年6月18日，亚组委竞赛部明确杭州亚运会竞赛出版物类型、名称、客户群、主要内容及文种。9月2[illegible]日，亚组委竞赛部启动翻译2014年仁川亚运会/亚残运会、2018年雅加达亚运会/亚残运会团长卷宗及2020年东京奥运会团长卷宗竞赛相关内容。11月11日，亚组委竞赛部编制完成杭州2022年第19届亚运会竞赛出版物编制方案（初稿）及竞赛技术手册目录框架，正式启动竞赛出版物编制工作。方案明确竞赛出版物清单、竞赛出版物编制流程及印刷、出版及发行方式；明确团长卷宗竞赛专题、竞赛技术手册、报名指南目录框架。

【与亚洲（国际）体育单项组织交流合作】2020年4月29日，亚残奥理事会与杭州亚组委举行视频会议，亚组委竞赛部、亚残工作组会同亚残奥理事会竞赛部负责人就杭州亚残运会小项设置、医学分级等工作进行沟通。6月5日，亚洲马术联合会与杭州亚组委线上举行第一次正式会议，亚洲马术联合会、杭州亚组委竞赛部和场馆建设部、桐庐马术无疫区建设相关部门、杭州农业局、杭州海关相关负责人出席会议，就项目设置、场馆规划、无疫区建设等重要工作进行交流，会后双方交换备忘录。7月7日，亚组委竞赛部会同场馆建设部与亚洲板球联合会召开线上技术会议，就板球竞赛及训练场地技术细节进行讨论，会后双方交换备忘录。9月7日，第三次亚奥理事会协调委员会前夕，亚奥理事会体育委员会有关负责人会同杭州亚组委竞赛部、汕头亚青会组委会、三亚亚沙会组委会召开线上会议，杭州亚组委竞赛部有关负责人介绍亚运会筹备工作的情况。9月30日，经亚奥理事会授权，正式启动技术代表任命工作。10月27日，亚奥理事会体育委员会与亚组委竞赛部召开线上非正式会议，就电子竞技、霹雳舞设项问题进行讨论，并在会后向总干事侯赛因汇报会议内容；28日，亚奥理事会正式来函提出增设电子竞技和霹雳舞两项。11月18日，亚组委竞赛部会同场馆建设部，与亚洲壁球联合会就壁球场地及小项设置问题召开线上会议，会后双方交换备忘录。

【《杭州2022年第19届亚运会体育展示与颁奖仪式总体规划》审议通过】2020年3月17日，亚组委竞赛部第一次提交《杭州2022年第19届亚运会体育展示与颁奖仪式总体规划》（简称《总体规划》）。6月19日至11月20日，共组织4次《总体规划》专题汇报。12月3日，亚组委召开《总体规划》专家论证会并予以通过。12月21日，亚组委机关党组会审议通过《关于〈杭州2022年第19届亚运会体育展示与颁奖仪式总体规划〉的编制说明》。

【反兴奋剂工作推进】2020年6月11日，亚组委竞赛部编制完成反兴奋剂工作经费预算（第二版），并上报中国反兴奋剂中心。6月18日，亚组委与中国反兴奋剂中心召开第一次视频会议，向中国反兴奋剂中心汇报杭州亚组委反兴奋剂工作进展情况及下一步工作安排。8月14日，亚组委竞赛部编制完成赛时兴奋剂检查官运行服务计划。10月10日，亚组委与中国反兴奋剂中心对接杭州亚组委反兴奋剂组织架构与人员构成、反兴奋剂阶段性筹备情况，实质性推进反兴奋剂部室成立进程。10月19日，国家体育总局反兴奋剂中心负责人一行赴杭州亚组委调研反兴奋剂工作筹备情况。11月6日，亚组委竞赛部反兴奋剂工作处与亚残奥理事会医疗与体育科学委员会正式建立联系。12月30日，竞赛部反兴奋剂工作处完成亚残运会检查计划对接工作。亚残奥理事会医疗与体育科学委员会明确杭州亚残运会兴奋剂检查数量，并提供杭州亚残运会反兴奋剂检查清单。

（杭州亚组委竞赛部）

场馆建设

【概况】 2020年，杭州亚运会场馆及设施建设工作有序推进，比赛场馆设施全面开工建设，训练场馆建设工作协调推进，亚残运会场馆建设任务下发，在新冠肺炎疫情防控压力之下完成既定目标。至年末，杭州亚运会42个比赛场馆土建完工，完成总投资的93.3%，超额完成年度目标任务，剩余11个场馆也全部开工或做好开工准备。所有训练场馆均完成招标，基本完成项目前期工作，部分已经开工建设，其余做好开工准备。

【场馆技术审查】 2020年，场馆技术审查工作重点逐渐向体育工艺专项深化设计转移，开展多项深化设计审查，包括江干区体育中心体育场的照明设计、杭州奥体中心体育馆及游泳馆场地4K超高清照明设计、萧山区临浦体育馆照明及智能化设计、临安文体会展中心照明深化及扩声深化设计等项目都完成审查。至年末，除部分新增项目和临建项目的场馆外，大部分场馆基本完成前期设计阶段。亚组委完成57项技术审查意见书，包括1项可行性研究报告审查、18项方案设计审查、6项初步设计审查、18项施工图设计审查、14项体育工艺深化设计审查。其中，西湖高尔夫项目、桐庐马术项目、绍兴柯桥攀岩场地及杭州国际博览中心壁球项目等重难点项目顺利完成方案技术审查；杭州棋院项目确定内部装修方案。

【比赛场馆及设施建设】 2020年3月4日，全省亚运会比赛场馆及设施建设项目全面复工。3月中旬，人员返岗率恢复到99.3%。4月10日，亚组委组织召开2020年度杭州亚运会场馆及设施建设工作会议。6月28日，第19届杭州亚运会棒垒球体育文化中心暨绍兴棒球未来社区项目开工仪式举行。7月29日，亚运会排球比赛场地——杭州师范大学仓前校区体育馆改造提升工程开工建设。9月16日，位于桐庐县瑶琳林场区块的杭州亚运会马术项目主场馆开工，总用地面积37.35公顷，总建筑面积5.23万平方米。9月20日，滨江体育馆改造提升工程开工建设。12月24日，亚运村全面结顶仪式举行，亚运村建设完成关键节点。12月30日，杭州师范大学仓前校区体育场改造提升项目通过工程竣工验收。

【训练场馆建设】 2020年，根据杭州亚运筹办工作实际情况，亚组委统筹推进全省亚运会训练场馆建设工作。至12月底，训练场馆改造项目按计划完成评估和相关前期工作，其中调整之后的柯南足球场开工建设，续建项目按进度施工当中，其余26个项目做好开工准备。

3月25日，亚组委启动省属亚运会训练场馆审批协调工作，并召开训练场馆建设前期审批专题会议，明确省属训练场馆建设要求。4月，亚组委协调省发展改革委、省教育厅、省财政厅、省体育局，明确省属亚运会训练场馆项目沿用比赛场馆政策。5月9日，亚组委印发《杭州亚运会省属训练场馆建设前期审批流程指南》。6月29日，亚组委在浙江建设职业技术学院现有橄榄球训练场馆建设任务基础上新增攀岩项目训练场馆建设任务。7月15日，亚组委下发《2022年第19届亚运会训练场馆建设任务计划表》，明确训练场馆最晚开工时间为2021年7月，交付时间为2022年5月。10月16日，亚组委批复金华市人民政府《关于调整杭州亚运会金华赛区足球训练场的请示》，同意将上海财经大学浙江学院足球训练场新建项目调整为金华第一中学足球训练场改造提升项目。12月3日，亚组委组织省属训练场馆主管厅局和相关高校召开部分省属高校亚运会训练场馆建设项目招标工作专题会议。12月31日，亚组委组织召开省属高校训练场馆建设项目资金确认专题会议，研究讨论训练场馆的建设定位、资金确认标准等问题。

【场馆无障碍环境建设】 2020年，杭州正式启动“迎亚（残）运”无障碍环境建设行动。4月，亚组委印发《2022年第19届亚运会/第4届亚残运会场馆运行转换设计导则》，作为亚残场馆建设的标准规范之一。5月，亚组委召开首次杭州亚残运会无障碍设计培训会，邀请有关领域专家进行现场培训指导。6月，亚组委各部室通过远程视频会议形式召开杭州亚残运会协调委员会第一次会议，以亚残运会筹办开始为起点围绕议题进行详细陈述与讨论。8月，亚组委完成余杭塘栖盲人门球训练基地、杭州市文汇学校两个亚残运会场馆的体育功能评估工作，9月进入方案编制阶段。按照2022年第4届亚残运会场馆及设施建设计划，自2020年12月始，亚组委对17个亚运场馆

杭州奥体中心体育场　　（杭州亚组委 供稿）

的无障碍专项设计进行梳理，并逐步开展技术审查。

【场馆景观布置和运行设计】2020年，亚组委全面启动场馆景观布置工作，成立工作小组。4月，亚组委召开杭州亚运会、亚残运会业务领域设置和工作职责调整会议，明确场馆景观布置（含引导标识）的工作职责，明确宣传部的品牌形象和赛事景观（BIL）业务领域与场馆建设部场馆景观布置（含引导标识）（SIG）业务领域的工作边界。5月，亚组委明确由场馆建设责任单位负责红线范围内的景观布置及相关景观布置（含引导标识）方案审查工作，由场馆建设部负责遴选和建立景观布置实施单位名录，供场馆建设责任单位选择。9月20日，亚组委通过模拟赛演练，优化示范场馆景观布置规划方案和深化设计方案。11月，亚组委启动《杭州亚运会、亚残运会场馆景观布置（含引导标识）业务领域总体规划》编制工作。12月，亚组委编制完成《杭州亚运会、亚残运会场馆景观布置总体工作方案》。

2020年10月，亚组委场馆建设部配合亚组委办公室完成编制《杭州亚运会、亚残运会示范场馆运行计划》《业务领域场馆运行有关术语和名词解释表》《业务领域场馆运行英文简称汇总表》《业务领域示范场馆运行计划遗留问题清单》等运行设计业务领域相关文件，完成《杭州亚运会示范场馆详细运行设计》编制。12月，形成《杭州亚运会和亚残运会竞赛场馆运行设计实施方案》初稿。

（杭州亚组委场馆建设部）

信息技术

【概况】2020年，亚组委按照“智能”办赛理念，推进信息系统建设，强化场馆通信网络和信息基础设施建设、网络安全体系建设的顶层设计，推动“智能亚运”重点项目落地，打造“智能亚运一站通”特色品牌，同时做好亚奥理事会第二次信息技术（IT）审计会议汇报工作。确定杭州安恒信息技术股份有限公司为杭州亚运会官方网络安全服务合作伙伴，这是首次有网络安全企业成为国际综合性体育赛事最高层级赞助商。

【亚运会信息系统建设】2020年，亚组委全面推进亚运会信息系统（英文 Asian Games Information System，简称AGIS系统）和管理类系统（ADMIN系统）建设。亚运会信息系统包括赛事管理类系统（GMS）、计时记分类系统（T&S）、赛事成绩类系统（GRS）、成绩发布类系统（RDS）、赛事支持类系统（GSS）五大系统群。亚组委管理类系统包括协同办公系统、财务系统、项目管理系统、人力薪酬系统、语言服务系统、线上培训平台和移动办公平台（“亚运钉”）。

3月，亚组委上线运行ADMIN管理类系统中的协同办公系统、财务系统、项目管理系统和人力薪酬系统。4月，由阿里巴巴集团打造的亚组委移动办公平台（“亚运钉”）开始建设，并于9月1日正式上线，12月实现在组委会单轨运行。

6月，完成注册系统、竞赛编排系统、竞赛报名系统等12个GMS子系统/模块的业务流程定义工作。12月，完成工作人员和志愿者管理系统、制服管理模块、赛程编排系统等3个GMS子系统/模块的需求定义工作。并启动注册系统、赛程编排系统、收费卡系统、亚运村住宿系统4个GMS子系统/模块的需求定义工作。

【场馆通信网络和信息基础设施建设及网络安全体系建设】2020年6月17日至8月27日，亚组委出台《关于杭州亚运会各场馆通信专网服务保障划分方案的通知》《2022年第19届亚运会竞赛场馆综合布线系统及相关管线预留设计指导意见》《2022年第19届亚运会有线宽带与无线WIFI建设指导意见》《关于明确亚运会、亚残运会场馆通信与信息系统责任界面的通知》4份文件，并进行重点宣传贯彻。11月30日，正式施行《亚运村通信网基础设施建设指导意见》。12月15日，《杭州2022年第19届亚运会通信网总体方案（初步设计）》通过预评审。

6月15日，亚组委审议通过《2022年第19届亚运会/第4届亚残运会网络安全体系规划》，形成覆盖通信网络安全、应用安全、终端安全、数据安全、云计算环境安全、物联网及智能亚运安全、安全保障服务和应急管理等方面的亚运网络安全顶层设计。

【“智能亚运”重点项目评选】2020年，亚组委广播电视和信息技术部牵头各专班分头行动，采用实地调研、会议座谈等形式，对接企业、科研院所和高等院校300多次，对接应征单位200多个，共征集应征方案187份，并通过组建专家组对征集的方案进行初审和复审，评选出30个重点项目“最佳奖”和90个“参与奖”，涵盖智能指挥、智能安防、智能安检、智能生活、智能表演、智能场馆、智能语言、智能出行、智能观赛、智能创新技术应用展示等10个领域。8月6日，举行“智能亚运”重点项目解决方案征集工作总结会，200多个企业齐聚一堂，“智能亚运”重点项目解决方

2020年8月6日，“智能亚运”重点项目解决方案征集工作总结会举行。图为部分获奖单位

（杭州亚组委 供稿）

案评选结果揭晓。

【“智能亚运一站通”建设运营】2020年4月，根据合作协议，亚组委与支付宝（中国）网络技术有限公司启动“智能亚运一站通”平台建设。8月，制定《“智能亚运一站通”整体规划》等近10份文档，统筹推进“四通一站”整体开发工作。并以网络安全最高等级标准，制定统一的系统安全规范标准，引入第三方监理，形成全过程管控。9月22日，亚运会倒计时2周年之际，亚组委完成该平台一期上线工作，围绕“票、食、住、行、游、购”6个方面，整合数字城市18个场景，推出“知识通、美食通、出行通和国际通”四大板块，包括亚运美食榜单、亚运资讯、亚运城市、亚运场馆等内容，涵盖城际出行、场馆预定、亚运商城等功能。11月，“智能亚运一站通”平台推出“城市体验”服务功能。至年末，平台注册用户超过415万人，共开展“跑向2022，争当亚运火炬手”等4期互动活动，以及“舌尖上的杭州亚运会”等7期话题讨论。

【亚奥理事会第二次信息技术（IT）审计会议】2020年8月25日，亚组委与亚奥理事会以视频会议形式召开第二次信息技术（IT）审计会议。亚奥理事会信息技术官员瓦利德．穆巴拉克、安尼儿．雷迪，信息技术独立审计员曼努埃洛·冈萨雷斯、阿尔方索·桑切斯分别在西班牙和科威特参加本次会议。亚组委广播电视和信息技术部、竞赛部、宣传部有关负责人，国家体育总局信息技术专家，阿里云计算有限公司相关负责人参与会议。会上，IT审计员介绍本次审计范围和内容，以及体育项目需求书（SRB）的编制思路和要求；亚组委各参会部门向IT审计员陈述交流亚组委信息技术领域有关工作；阿里云计算有限公司陈述信息技术集成和云服务相关工作，并解答审计员的有关问题。杭州亚运会信息技术领域筹办工作得到亚奥理事会技术官员和IT审计员肯定。

（杭州亚组委广播电视和信息技术部）

市场开发

【概况】2020年，亚组委赞助招商加速推进，官方合作伙伴、官方赞助商、官方供应商3个层级同步推进，开展“奋战300天，献礼一周年”赞助招商冲刺行动，丰富招商手段，扩大招商范围，完善赞助商服务体系；开展特许经营企业征集工作，推进特许商品开发；票务工作全面启动，确定票务主运营商。

【赞助企业征集】2020年，官方合作伙伴层级新增3个类别、3个企业，分别为官方体育服饰合作伙伴三六一度（中国）有限公司、官方保险服务合作伙伴中国太平洋保险（集团）股份有限公司、官方网络安全服务合作伙伴杭州安恒信息技术股份有限公司；官方赞助商层级确定圆通速递股份有限公司为官方物流服务赞助候选企业。

亚组委官方独家供应商层级新增家用厨电、建筑陶瓷、智能照明及控制系统、床垫、西式餐饮、空调6个类别、6个企业，包括官方家用厨电独家供应商杭州老板电器股份有限公司、官方建筑陶瓷独家供应商蒙娜丽莎集团股份有限公司、官方智能照明及控制系统服务独家供应商广州耀有光照明科技有限公司、官方西式餐饮服务独家供应商百胜咨询（上海）有限公司、官方空调独家供应商宁波奥克斯电气股份有限公司、官方床垫独家供应商顾家家居股份有限公司。

非独家供应商层级开发完成法律服务、财务咨询、正装服饰等7个类别、13个企业，其中官方口笔译语言服务供应商包括江苏省舜禹信息技术有限公司、北京思必锐翻译有限责任公司、传神联合（北京）信息技术有限公司；官方法律服务供应商包括北京市盈科律师事务所、北京观韬中茂律师事务所、北京市炜衡律师事务所；官方正装服饰供应商包括杭州骄娇服饰有限公司、浙江邦格服装有限公司、杭州万事利丝绸文化股份有限公司，此外，还有官方财务咨询供应商普华永道咨询（深圳）有限公司、官方室内空气治理供应商浙江立居环保科技有限公司、官方饮用水净化供应商浙江东大环境工程有限公司、官方语言服务管理及国际联络系统供应商北京一石科技有限责任公司。

10月18日，杭州亚运会赞助商俱乐部正式成立。杭州亚运会8个官方合作伙伴与2个官方独家供应商成为俱乐部首批成员单位，吉利控股集团当选首届轮值主席单位。俱乐部通过组织赞助企业大会、亚运场馆踏勘等活动，加强亚组委与赞助企业之间的沟通交流，推动形成合作共赢新格局。

【亚运特许商品开发和营销推广】2020年，亚组委确定12大类别、52个（次）亚运特许生产企业，全年收取生产权费1032.67万元。4月3日、16日，杭州亚运会吉祥物“江南忆”组合和杭州亚残运会吉祥物“飞飞”先后发布。“宸宸”“琮琮”“莲莲”相关的徽章、毛绒玩具、金条、金章及“飞飞”相关的徽章、毛绒玩具等10款产品，在吉祥物发布当天同步面市销售。至年末，有452个SKU（库存进出计量的基本单元）上线。此外，亚组委拓展零售布局，全年征集特许零售企业19个，鼓励企业开设零售店（点）97个，全年收取市场营销费534.15万元。

9—11月，第十六届中国国际动漫节和亚洲设计管理论坛暨生活创新展（ADM展），先后在杭州白马湖动漫广场会展中心和浙江展览馆举行。展会期间，亚组委设立杭州亚运特许商品主题展区，对九大类100多款亚运特许商品进行展示销售，开展吉祥物巡游、互动游戏等活动。动漫节和ADM展的现场触达人群总数分别为13万余人次、5万余人次。现场销售总额14.44万元，线下导流加入官方旗舰店会员近1000人。

【亚运会票务】2020年，亚组委确定杭州亚运会票务主运营商、票务咨询及监理单位，并通过参与场馆模拟赛测试演练、广泛深入调研进一步提高票务工作水平。6月，亚组委确定北京中体经纪管理有限公司为票务咨询及监理单位，为杭州亚组委提供票务咨询和监督服务。9月11—13日，亚组委市场开发部参与滨江区体育馆举办第十一届浙江省“新时代先锋”羽毛球赛，检验票务业务领域组织保障能力。9月27日，亚组委与北京大麦文化传媒发展有限公司签订票务合作协议，正式确定北京大麦文化传媒发展有限公司为杭州亚运会票务主运营商单位，并于10月14日举行签约发布会。11月10日，亚组委开展杭州2022年亚运会票务市场问卷调研，在线上渠道投放问卷3000份，收集公众关于体育赛事消费习惯等信息，形成公众票务调研报告。

（杭州亚组委市场开发部）

2020年4月3日，杭州2022年第19届亚运会吉祥物发布

（杭州亚组委 供稿）

亚运宣传

【概况】 2020年，亚组委按照“中国新时代·杭州新亚运”定位和“中国特色、浙江风采、杭州韵味、精彩纷呈”目标开展亚运宣传与文化传播工作，分别发布亚运会及亚残运会吉祥物、体育图标、亚残运会会徽和主题口号，以及亚运核心图形和色彩系统。发行亚运官方会刊和杂志。启动亚运音乐作品征集、亚运会国际文明礼仪大赛、亚运主题电影和《嗨，亚运》系列纪录片制作工作。在新闻宣传方面，做好里程碑事件宣传、日常宣传、特色栏目宣传和国际传播，宣传“体育亚运”“城市亚运”“品牌亚运”齐头并进的生动实践。

【亚运会吉祥物发布】 2020年4月3日，杭州2022年第19届亚运会吉祥物正式向全球发布，智能小伙伴“江南忆”组合在互联网云端与网友们见面。杭州亚运会吉祥物发布采取线上发布、杭州与北京双城对话、全网联动的创新形式。杭州亚运会吉祥物穿越时空，怀揣梦想，抒体育之欢畅，亮文化之灿烂，树经济之标杆，和杭州这座城市的特质相契合，与杭州亚运会会徽、三题口号相呼应。“宸宸”“琮琮”“莲莲”这3个亲密无间的好伙伴，将作为传播奥林匹克精神、传递和平与友谊的使者，向亚洲和世界发出“2022，相聚杭州亚运会”的盛情邀约。

当日，杭州亚运会吉祥物微博话题总阅读量超1亿人次，广大网友对于吉祥物的留言评论和发帖超2万条，“杭州2022年第19届亚运会吉祥物”登上微博热搜第6名。杭州亚组委官网、新华社、央视新闻等多平台互联网直播点击量净值达到500万人次。

2020年4月15日，杭州2022年第4届亚残运会吉祥物发布

（杭州亚组委 供稿）

▶资料：亚运会吉祥物

宸宸：以机器人的造型代表世界遗产京杭大运河，名字源于京杭大运河杭州段的标志性建筑拱宸桥。其全身以科技蓝为主色调，头顶举世罕见的钱江潮，额头嵌以拱宸桥的图案，给人以无穷的遐想。

琮琮：以机器人的造型代表世界遗产良渚古城遗址，名字源于良渚古城遗址出土的代表性文物玉琮。其全身以源自大地、象征丰收的黄色为主色调，头部装饰的纹样取自良渚文化的标志性符号“饕餮纹”，寓意“不畏艰难、超越自我”。

莲莲：以机器人的造型代表世界遗产西湖，名字源于西湖中无穷碧色的接天莲叶。其身姿轻盈、体态优美，全身覆盖清新自然的绿色，头部装饰以三潭印月为顶，以互联网为径，特色鲜明。

【亚残运会吉祥物发布】 2020年4月16日，杭州2022年第4届亚残运会吉祥物正式向全球发布，良渚神鸟“飞飞”在互联网云端与全球网友见面。

2020年4月16日，杭州2022年第4届亚残运会吉祥物发布

吉祥物“飞飞”与会徽“向前（Ever Forward）”和口号“Hearts Meet, Dreams Shine（心相约，梦闪耀）”一脉相承，将成为大力宣传杭州亚残运会的绝佳载体。

当日，“学习强国”全国平台

"直播中国"栏目首次对亚运会、亚残运会重要里程碑任务进行直播，央视新闻在新闻客户端和新浪微博同步进行，1小时内观看量超过40万人次；中央、省、市各大权威主流媒体及亚组委官方新媒体矩阵对亚残运会吉祥物发布进行报道。上午11时，杭州2022年亚残运会吉祥物发布进入新浪微博热搜前10名。中国残疾人联合会官微同步发布亚残运会吉祥物推出的视频。亚残奥委会对亚残运会吉祥物发布进行关注，香港《文汇报》等媒体对此进行报道。

▶资料：亚残运会吉祥物

飞飞：其整体设计灵感源自良渚文化中的"玉鸟"形象，扬起的翅膀展现力的美感；双翼延续到脸颊上的纹路标志良渚文化纹饰，其灵感来源于神人兽面像；鸟冠上的"i"代表intelligence，意思为智能、智慧，体现杭州互联网城市特征。

【亚运会体育图标发布】2020年6月11日，亚组委召开体育图标设计方案专家评审会。会议邀请中国文联、人民日报浙江分社等负责人，以及著名体育评论员、著名游泳运动员参加评审工作。专家评审会后，亚组委宣传部就设计方案向44个亚洲（国际）单项体育组织征求意见。经过两轮修改，全部59个方案得到确认。

9月14日，亚组委机关党组会听取体育图标设计方案汇报；15日，体育图标59个方案上报亚奥理事会，最终得到允准；22日，杭州亚运会体育图标在杭州2022年亚运会倒计时2周年活动中发布。杭州亚运会体育图标涵盖40个大项、59个分项，核心元素延续杭州亚运会会徽"潮涌"，与整体视觉形象一脉相承，以线性、流畅、动感的造型，精准表达亚运会竞赛项目，体现体育运动特点、传统文化元素、杭州城市特质、国际化风格的有机统一。

【亚残运会会徽、主题口号发布】2020年3月23日上午10时，杭州2022年第4届亚残运会会徽、主题口号于线上正式向全球发布。"向前（Ever Forward）"被确定为杭州亚残运会会徽，"Hearts Meet，Dreams Shine（心相约，梦闪耀）"成为杭州亚残运会主题口号。

2020年10月21日，杭州亚运会核心图形"润泽"与色彩系统"淡妆浓抹"揭晓（杭州亚组委 供稿）

当晚，中央电视台综合频道《新闻联播》对亚残运会会徽、主题口号的发布进行播报，中央、省、市各大权威主流媒体及时跟进报道，并在"学习强国"、杭州亚组委官方新媒体矩阵等平台进行传播。当日，亚残运会会徽和主题口号发布的消息进入新浪微博热搜，各平台的点击量超过1000万人次。

【亚运视觉形象系统建设】2020年7月31日，亚组委选定成朝晖"新富春山居图"为亚运会核心图形初步设计方案，明确郭锦涌"淡妆浓抹"为亚运会色彩系统设计方案。9月21日，亚组委机关党组会议原则同意杭州亚运会核心图形与色彩系统设计方案。

10月21日，杭州亚运会核心图形"润泽"与色彩系统"淡妆浓抹"揭晓。当日，《人民日报》、浙江卫视、"杭州发布"等近30个中央媒体平台、省市主流媒体平台、政务媒体平台对亚运会核心图形发布进行报道。香港《文汇报》、"欧洲头条"、欧洲时报网等在海内外有影响力媒体对此进行报道。

【亚运官方会刊、杂志发行】《杭州亚运》官方会刊、杂志是宣传杭州亚运会的主阵地，于2020年10月首发创刊。官方会刊全彩印刷，图文并茂，参照国际主流媒体"报中报"设计风格，异型纸张，以"亦报亦刊"的形式，随《浙江日报》《都市快报》等公开报纸发行。筹办期间为中文季刊，每期发行15万份；赛时为全英文日刊。官方杂志为中英双语，2020年为半年刊，2021年为季刊，2022年为月刊，每期均印发0.5万册。《杭州亚运》官方会刊、杂志用国际化的语言讲好亚运故事，让人们通过"亚运之窗"走近杭州、认识浙江、了解中国。

【亚运会首次亮相进博会】2020年11月，第三届中国国际进口博览会期间，亚组委组织团队赴国家会展中心（上海）举办杭州2022年第19届亚运会专题新闻发布会，向世界介绍和展示杭州亚运会筹办工作进展、下步工作计划和市场开发相关情况，传播亚运品牌和杭州城市形象。中央电视台、新华社、《人民日报》、《中国青年报》、《经济日报》、《中国体育报》、香港《大公报》、东方卫视、《浙江日报》等40多个媒体和报纸进行采访报道，提升杭州亚运会品牌的知晓度、传播力和影响力。

【亚运会宣传矩阵】杭州亚运会新媒体矩阵包括杭州亚运会官网、微信公众号、微博、抖音号、今日头条号、Facebook（脸书）、Twitter（推特）、

Instagram（图享）、YouTube（优兔）、TikTok（海外版抖音）等平台账号。

杭州亚运会筹备期官网自2018年1月运行至2020年12月末结束，2020年12月通过竞争性磋商方式确定杭州亚运会赛时官网建设和运营单位为杭州网络传媒有限公司，并完成筹备期官网向赛时官网的平稳过渡。至年末，官网发布信息近万条，浏览量1300万人次。

杭州亚运会“亚运频道”由杭州亚组委和杭州文广集团共建，杭州电视台少儿频道调整为“青少·体育”频道（亚运频道），于2020年5月开播。亚运频道开播初期固定的栏目有《亚运倒计时》《亚运会客厅》《亚运影像志》，后期将逐步推出的活动类节目有《亚运周刊》《我的亚运故事》《亚运课代表》等。亚运频道开播以后，拍摄时长约2940分钟，新闻报道238条。

杭州亚运会官方海外新媒体账号于2020年5—8月陆续建号。2020年，Facebook（脸书）账号@19thAGHZ2022发布稿件331篇，开展多场直播；Twitter（推特）账号@19thAGofficial发布稿件396篇；Instagram（图享）账号@ag2022official发布稿件120篇；YouTube（优兔）账号@19thAsianGamesHangzhou2022发布视频61个；TikTok（海外版抖音）账号@ag2022official发布短视频44个。

2022年，“杭州亚运会”官方微信公众号发布稿件573篇，单篇最高阅读量“10万+”；“杭州亚运会”官方微博共发布稿件2200篇，单篇最高阅读量“493万+”；官方抖音号共发布稿件193篇，单条最高播放量“6056万+”；官方今日头条号共发布稿件718篇，最高播放量“3562万+”。

【亚运会主转播工作】2020年，亚组委编制完成《转播商客户群服务计划V1》和《转播服务业务领域运行计划1.0》。7月，亚组委编制并发布第一版《电视转播公共信号制作计划》，包含计划制作公共信号的竞赛项目40个大项、59个分项。9—11月，亚组委宣传部等部门到中央广播电视总台、上海国家会展中心、上海科技大学、咪咕视讯科技有限公司等机构、学校和西安、成都等城市开展专题调研。

【亚运音乐作品征集启动】2020年4月，亚组委启动杭州亚运会音乐作品征集筹备工作，制订工作总体方案，明确杭州亚运会音乐作品征集第一阶段主要面向社会公众，通过设立总部赛区（浙江卫视）、抖音分赛区（抖音）、网易云音乐分赛区（网易云音乐）、高校分赛区（浙江音乐学院），线上线下同步征集、同步传唱。

6月23日，“亚运好声音”杭州亚运会音乐作品全球征集启动仪式在浙江国际影视中心举行。亚组委联合浙江卫视，携手抖音、网易云音乐、浙江音乐学院等各大平台，共同发出“亚运好声音”征集邀约。

启动仪式在亚组委官方网站、官方微博，“杭州2022年亚运会”官方抖音、央视频移动网、“浙江卫视”官方微博、网易云音乐、浙江日报浙视频、杭州网等平台同步直播。微博话题“浙江卫视直播亚运好声音”阅读量792.6万人次，“亚运好声音”话题阅读量1512万人次，并入选新华社6月23日发稿总目录，“学习强国”刊发《杭州亚运会音乐作品全球征集启动》等3篇相关报道。人民网、新华网、环球网、《浙江日报》、《杭州日报》、《都市快报》、浙江卫视、《浙江新闻联播》等中央、省、市主流媒体均通过各自频道端口发布报道。征集启动仪式得到亚奥理事会官方推特、《亚太日报》客户端、纳米比亚新闻社等海外媒体的关注。

【亚运会国际文明礼仪大赛】2020年，亚组委做好杭州亚运会国际文明礼仪大赛筹备工作，制订大赛工作总体方案，明确“文明你我，亚运有礼”的大赛主题，确定大赛程序和总决赛名额（10名“杭州亚运会城市文明礼仪之星”、10名“杭州亚运会赛事服务礼仪之星”）。

9月27日，亚运会国际文明礼仪大赛启动仪式举行，官方报名通道同步开启，采用线上线下同步报名。亚奥理事会主席艾哈迈德亲王、中国奥委会分别发来贺信。启动活动现场邀请留学生代表发出倡议，动员更多外国友人积极参加“国际组”比赛组别，展现杭州国际化的城市形象。

12月29日，“亚运四进”首场“亚运进企业”活动——杭州亚运主题宣讲团走进长龙航空暨国际文明礼仪大赛动员大会举行，开展礼仪表演、亚运主题宣讲、国际文明礼仪大赛动员、赛事服务礼仪培训等活动。浙江长龙航空100多名员工参加活动，并选送60多名优秀选手现场参与国际文明礼仪大赛报名。

【亚运纪录片“嗨，亚运”项目启动】2020年4月，亚组委办公室牵头组建亚运会纪录片摄制工作专班，制作“嗨，亚运”系列纪录片与音乐微纪录片。7月，与亚奥理事会沟通协调，签订备忘录，获得亚奥理事会资金资助及拍摄、宣发等方面的支持。8—9月，经过前期广泛调研讨论，亚组委完成制作团队的招标、签约工作。9月22日，在杭州亚运会倒计时2周年活动上，《嗨，亚运》系列纪录片举行开机仪式，发布首支宣传短片，发起亚运故事征集倡议。10—11月，向亚奥理事会和亚洲各国（地区）奥委会发送亚运故事征集函，搜集拍摄线索。12月，国家体育总局宣传司有关负责人听取系列纪录片汇报，并表示充分认可。

【亚运电影摄制筹备】2020年8月，亚组委办公室牵头组建亚运电影摄制工作专班，启动杭州亚运主题电影制作。9月，经过公开遴选，选定电影制作团队。11—12月，成立亚运主题电影摄制筹备组，多次组织召开创作座谈会，深入研讨剧本主题、故事设定等问题。

（杭州亚组委宣传部、杭州亚组委办公室）

庆典活动

【概况】2020年，亚组委组织开展亚运会倒计时2周年系列活动，亚运会筹办工作进入加速攻坚、冲锋冲刺的关键阶段。持续推动开幕式、闭幕式创意方案征集工作，公开征集活动收到各类创意文案104份，在此基础上，按照“国际知名、经验丰富、特质明显、专业精湛”的标准，向6个国内知名导演团队进行创意文案的定向征集。

【亚运会倒计时2周年系列活动】2020年9月22日，杭州2022年第19届亚运会倒计时2周年活动在省人民大会堂主会场和湖滨步行街副舞台举行。活动中，亚运系列纪录片《嗨，亚运》故事征集暨开机仪式正式启动，杭州亚运会体育图标发布，“智能亚运一站通”上线，杭州亚运会志愿者口号面向社会开始征集。

当晚，亚组委在杭州湖滨步行街设副会场，举办杭州亚运会倒计时2周年主题音乐派对。活动中，国内著名乐队和省内知名音乐人演唱经典歌曲，同时开展亚运知识问答互动，“亚洲飞人”浙江籍短跑运动员谢震业通过现场连线远程启动“跑向2022”环西湖跑活动，数千名游客和市民参与现场活动。

至9月27日，杭州亚运会倒计时2周年系列活动的相关新闻报道及转载量达到820多条，微博话题“爱达杭州亚运会”阅读量近150万人次，海内外平台转发相关图文和小视频20多万次。

【亚运会开幕式和闭幕式筹办】至2020年1月31日，杭州亚运会开闭幕式创意文案社会公开征集活动收到各类创意文案104份，经评审，4份整体创意文案和1份火炬塔设计创意文案为获奖作品。在广泛征集创意文案的基础上，亚组委向6个国内知名导演团队进行创意文案的定向征集。7月24—26日，杭州亚运会、亚残运会开闭幕式创意文案阐述会活动举办，6个定向征集团队依次进行创意方案阐述，9个领域（界别）的业内专家开展讨论和点评，并对杭州亚运会、亚残运会开幕式和闭幕式筹办提出意见建议。

【亚运会火炬传递活动】2020年9月，依托“智能亚运一站通”，亚组委推出全球首个采用区块链技术的“跑向2022，争当亚运火炬手”活动，鼓励用户通过跑步积累步数解锁不同火炬传递线路来争当实体火炬手，活动一期上线杭州站。至12月31日，参与人数超过1100万人，累计贡献步数超过3110亿步，总距离2.18亿千米。

12月4日，杭州亚运会初步规划获得国家体育总局原则同意，亚运会圣火采集仪式选址和火炬传递路线均在境内举行。

（杭州亚组委大型活动部）

安全保卫

【概况】2020年，亚组委通过研究制定杭州亚运会安全保卫总体规划，编制下发场馆安防基础设施建设指南，谋划安全保卫体系，完善注册工作，推进亚运安全保卫筹备工作。

【亚运会安全保卫总体规划】2020年，《杭州2022年第19届亚运会安全保卫总体规划（2020—2022年）》（简称《规划》）审议通过。《规划》明确围绕“建立高效协同的组织指挥体系、严密适用的安保政策体系、坚实牢固的赛事安保体系、绝对安全的专项活动管控体系、科学缜密的证件管理体系、精准实用的智能安保体系、安全稳定的社会治安防控体系、快速反应的应急处置体系”八大主要任务，扎实推进杭州亚运会各项安全保卫工作，确保实现亚运会安全保卫工作总目标。

【亚运会场馆安防基础设施建设】2020年，亚组委安全保卫部编制下发《2022年第19届亚运会场馆安防基础设施建设指南（试行）》，对亚运会场馆进行合理分类，指导建设单位根据场馆类别，按照相对统一的设施配置、技术参数及实施标准开展安防基础设施建设。

【亚运会安全保卫体系】2020年，亚组委安全保卫部建立与安保相关职能部门的沟通联络机制，研究谋划亚运会筹备及赛时阶段安保组织指挥体系，开展安保指挥中心及安保综合数据平台建设需求调研工作。

【亚运会注册工作】2020年，亚组委安全保卫部完成《2022年第19届杭州亚运会注册指南》（1.0版）编写。该指南对注册流程、通行证件类型、有效期限、使用范围、注册信息（代码）等进行说明，为杭州亚运会的组织和管理工作提供依据。开展注册中心建设和注册系统建设，为所有注册人员提供身份注册卡的制作、激活、补发，辅助通行证件的制作、补发，注册制证相关咨询服务及所有注册机构的业务指导。

（杭州亚组委安全保卫部）

志愿服务

【概况】2020年，亚组委围绕“一个总体+多个领域”开展工作方案规

2020年9月22日，杭州亚运会倒计时2周年活动举行 （杭州亚组委 供稿）

划，制定《亚运会、亚残运会志愿服务工作总体方案（征求意见稿）》。启动亚运会、亚残运会志愿者口号征集活动，1.2万人次参与活动，线上和线下征集有效口号2933条。经筛选、评审和研究，将“来吧，朋友！（Friends Unite!）”作为杭州亚运会、亚残运会志愿者口号方案并进行报送。

【《亚运会、亚残运会志愿服务工作总体方案》拟定】2020年，亚组委拟定《亚运会、亚残运会志愿服务工作总体方案（征求意见稿）》，明确重点任务和推进节点。分别起草完善志愿者招募配岗方案，志愿者馆校对接方案，志愿者培训总体方案，培训师队伍建设方案，骨干志愿者培训方案，志愿者通识培训、场馆培训和岗位培训方案，志愿服务文化宣传工作方案，志愿服务信息化工作方案等系列方案；拟定志愿者保障通用政策、志愿者设（配）岗原则等相关政策规范。

【亚运会、亚残运会志愿者口号征集启动】2020年9月22日，亚运会倒计时2周年活动上，杭州亚运会、亚残运会志愿者口号征集活动正式启动，并于10月25日截止。浙江大学、浙江工业大学、浙江传媒学院、浙江财经大学等近20所在杭高校参与亚运会赛会志愿者口号征集活动的宣传发动。征集期内，1.2万人次参与活动，线上和线下征集有效口号2933条。经初筛汇总、意见征求、网络投票等环节，最终选出30条入围口号。

11月29日，组织召开专家评审会，评选出3条意向作品。最后建议将“来吧，朋友！（Friends Unite!）”作为杭州亚运会、亚残运会志愿者口号方案进行报送。该口号方案与杭州亚运会、亚残运会口号相呼应，意在动员大家“一起来做志愿者”，具有“欢迎各方嘉宾来杭州”的含义，同时具备志愿服务赛时激励和赛后遗产保留的功能。

（杭州亚组委志愿者部）

后勤服务

【概况】2020年，亚组委扎实推进后勤保障工作，围绕交通和物流服务、餐饮服务、住宿服务、制服服务、亚运村和亚残运村运行等方面工作，建立联席会议制度，完成杭州亚运会交通服务保障总体工作任务、杭州亚运会物流工作总体方案、杭州亚运会食品安全保障工作总体方案、杭州亚运会制服服务保障总体工作方案、杭州亚运村和亚残运村运行总体工作方案编制工作。

【交通和物流服务】2020年7月，亚组委印发《关于建立杭州亚运会、亚残运会交通和物流服务工作联席会议制度的通知》，建立杭州亚运会、亚残运会交通和物流服务工作联席会议制度，对39个成员单位的工作职责进行明确，并于8月召开第一次会议。12月，亚组委印发《杭州2022年第19届亚运会交通服务总体工作任务》。同月，亚组委印发《赛会交通服务保障总体工作任务》。

5月24日，亚组委完成物流业务领域总体工作方案编制。4—9月，杭州亚组委后勤保障部委托第三方专业机构，开展杭州亚运会物流中心选址研究，对23个省市重点规划布局的物流园区、物流中心、物流项目进行信息整合、综合评价、专家评审，形成杭州亚运会物流中心选址推荐方案。8月，启动官方物流服务赞助商征集工作。最后，确定圆通速递股份有限公司为候选官方物流服务赞助商。

【餐饮服务】2020年1月，亚组委下发《关于建立杭州亚运会食品安全保障筹备工作联席会议制度的通知》，明确省、市、区三级联动的联席会议工作机制，形成亚组委后勤保障部牵头负责餐饮综合规划与招商、杭州市市场监管局牵头负责食品供应和安全监管双线并进的工作格局，并设计和运行科学合理的餐饮服务模式，组建专业的餐饮供应和管理团队。5月15日，《杭州亚运会食品安全保障工作总体方案》印发。该方案在明确杭州亚运会食品安全保障工作的指导思想、工作原则、餐饮模式、组织构架和职责、工作要求的基础上，按照指导部署协调工作、指导部署协调工作、综合规划工作、城市行动工作等大类，细分出45项具体工作任务。

11月23日，杭州亚组委后勤保障部和北京汇德金利运动会餐饮管理有限公司完成监理项目签约。至年末，餐饮监理项目完成并提交《关于亚运三村和亚残运村餐厅总体规划布局的监理建议》《2022年第19届亚运会（第4届亚残运会）餐饮服务政策—监理建议稿》《2022年第19届亚运会（第4届亚残运）餐饮服务总体运行方案》等工作。

【住宿服务】2020年3月21日，亚组委下发《关于建立杭州亚运会住宿保障工作联席会议制度的通知》，建立杭州亚运会住宿保障工作联席会议制度，指导协调官方接待饭店遴选、饭店住宿服务保障等筹备阶段工作。4月29日，亚组委在杭州组织召开亚运会官方接待饭店遴选动员大会，标志着亚运会官方接待饭店报名工作正式启动。杭州亚运会住宿保障工作联席会议成员、近100家饭店代表、10多家主流媒体代表参加。截至5月9日报名结束，有282家饭店报名参选，最终遴选产生杭州市域范围内70家推荐饭店，包括具备亚奥理事会大家庭（总部）接待条件的饭店6家和其他官方接待饭店64家。7—8月，协办城市的官方接待饭店遴选工作完成，5个协办城市共遴选产生官方接待饭店10家推荐饭店名单。9月15日，杭州亚组委向亚奥理事会汇报6家符合亚奥理事会大家庭（总部）接待条件的推荐饭店：杭州洲际酒店、杭州钱江新城万豪酒店、杭州泛海钓鱼台酒店、杭州开元名都大酒店、杭州绿城尊蓝钱江豪华精选酒店和杭州雷迪森铂丽大饭店。亚奥理事会回复同意6家亚奥理事会大家庭（总部）推荐饭店名单。

5月24日，亚组委完成《2022年第19届亚运会住宿保障工作服务保障总体工作方案》编制工作。该方案以保障赛会各类注册客户群的住宿需求为出发点，编制住宿保障工作方案和政策，开展住宿业务培训，坚持统一标准，确保各协办城市、同类住宿场所的住宿服务政策、服务标准相对统一；与相关政府职能部门和组委会业务领域密切合作，提升运作效率，组建专业化住宿服务团队，实现住宿指挥协调高效运作；做好住宿业务领域的风险防控，制定相应的应急预案；为客户群提供“安全、舒适、卫生、便利”的住宿体验。

【**制服服务**】2020年9月，亚组委完成《2022年第19届亚运会制服服务保障总体工作方案》编制工作。该方案包含总体要求、工作任务、组织架构、风险管理、相关要求等部分，明确制服发放范围和装备标准、领导小组成员单位职责以及制服发放管理办法、流程等内容。同时，亚组委确定三六一度（中国）有限公司为杭州亚运会官方体育服饰合作伙伴。

【**亚运村、亚残运村运行**】2020年1月，亚组委召开亚运村运行筹备协调小组专题会议，研究亚运村运行功能布局方面有关问题。会议确定“尊重规划、细化流线、优化布局、功能落地”的指导思想，并就餐厅设置、工作人员值班床位、主入口标志性建筑和媒体村欢迎中心等问题进行深入研究。至11月，亚组委组织开展亚运村空间需求、各业务领域运行团队人数、物资设备及预算和亚运村专网覆盖需求等4轮统计和梳理。12月24日，杭州2022年第19届亚运会亚运村举行全面结顶仪式，标志着亚运村建设完成关键节点。

（杭州亚组委后勤保障部）

医疗卫生

【**概况**】2020年，亚组委组建专班专群应对突如其来的新冠肺炎疫情冲击，上报《新冠肺炎疫情和东京奥运会延期对杭州亚运会筹办的影响及应对建议》。9月，亚组委成立医疗卫生部，负责亚运会医疗卫生服务保障工作。12月，编制完成《杭州亚运会医疗卫生保障总体工作方案（第一版）》，并针对杭州亚运会疫情防控、53个竞赛场馆和5个亚运村及分村医疗卫生、自动体外除颤器捐赠和管理等工作，编制完成3份专项保障方案（第一版），切实做好杭州亚运会的医疗卫生保障准备工作。

【**疫情防控常态化工作**】2020年，面对突如其来的新冠疫情给体育赛事带来多重影响和综合性挑战，亚组委开展疫情防控工作研究，多次组织专家召开视频会议，讨论应对举措。4月，上报《新冠肺炎疫情和东京奥运会延期对杭州亚运会筹办的影响及应对建议》，获得市主要领导批示肯定。12月，《杭州亚运会疫情防控专项保障工作方案》（第一版）编制完成，明确工作思想、工作原则、领导小组、各方疫情防控责任、具体防控举措5个方面内容，提出属地管理原则、群防群控原则、分类管理原则、预防为主原则四大工作原则，依法科学地开展新冠肺炎疫情常态化防控工作，克服新冠肺炎疫情带来的不利影响，增强防控和应变能力，确保亚运会在防控常态化条件下安全有序开展。

【**《杭州亚运会医疗卫生保障总体工作方案》编制**】2020年9月，杭州2022年第19届亚运会/第4届亚残运会医疗卫生工作领导小组成立，下设协调办公室、医疗保障组、贵宾保障组、公共卫生组和物资保障组。9—12月，亚组委医疗卫生部在奥体中心、亚运村、宁波亚帆中心等地开展实地调研，摸清场馆和亚运村及分村的医疗卫生基础设施建设和服务保障情况。12月，亚组委医疗卫生部成立后，编制完成《杭州亚运会医疗卫生保障总体工作方案》（第一版），确立指导思想、组织领导、工作目标、任务计划和工作要求5个方面内容；明确医疗应急救治准备、疾病预防控制保障、病媒生物防制、突发事件应急处置等重点工作内容。

【**《杭州亚运会专项保障工作方案》编制**】2020年12月，《杭州亚运会53个竞赛场馆和5个亚运村及分村医疗卫生保障方案》（第一版）编制完成，确立组织领导、工作目标、工作安排和工作要求4个方面内容；提出按照反应快速、救治有效的原则，明确医疗应急救治和公共卫生保障的具体工作安排。同月，《杭州亚运会自动体外除颤器捐赠和管理方案》编制完成，包括布点原则和数量需求、设备选择、捐赠流程、设备管理4个方面内容；提出布点原则和数量需求，确保捐赠工作规范有序开展。

（杭州亚组委医疗卫生部）

城市行动

【**概况**】2020年，杭州市委、市政府发布《杭州市亚运城市行动计划纲要》（简称《行动计划纲要》），提出健康城市打造行动、城市国际化推进行动、基础设施提升行动、绿水青山守护行动、数字治理赋能行动、产业发展提质行动、文化名城传播行动和城市文明共建行动“八大行动”。亚运城市行动实施阶段分为赛前筹备阶段（2020年4月至2022年8月）、赛时运行阶段（2022年9—10月）和赛后利用阶段。

2020年10月，杭州亚运会吉祥物进校园活动举行　（杭州亚组委 供稿）

【杭州亚运城市行动推进大会】2020年3月，杭州市政府常务会议、市委常委会审议通过《行动计划纲要》，包括健康城市打造行动等“八大行动”和28项具体任务。4月15日，下发《市委办公厅 市政府办公厅关于印发〈杭州市亚运城市行动计划纲要〉的通知》。4月17日，杭州联合宁波、温州、金华、湖州、绍兴5个城市和相关省直部门，召开亚运城市行动推进大会，并在会上发布《杭州市亚运城市行动计划纲要》。推进大会当天，杭州市亚运城市行动领导小组成立，下设办公室（设在亚组委）和八大行动工作组。

【“亚运城市行动比学赶超”活动】为实现“办好一个会，提升一座城”目标，2020年7月29—30日，专题开展“亚运城市行动比学赶超”活动，市四套班子主要领导和区县市、市直单位主要负责人参加会议。通过实地调研、亮点发言、“揭短”点评、现场打分评座次等方式，推进亚（残）运会筹办和城市发展联动。

8月、11月，亚组委对省部属单位亚运会场馆周边环境整治提升工作进行实地调研，并商讨解决办法，将其纳入亚运城市行动的重要任务推进。

【典型专项工作推进】2020年，杭州亚运城市“八大行动”65个专项，在经济、社会、文化、民生等方面产生较大综合效益。

无障碍设施建设专项，按照《杭州市无障碍环境建设规划》进行地毯式大排查大整改大提升，整改完成市人大跟踪监督的125项负面清单，有序整改7万余个问题点位。

绿道建设专项，打通原来不连贯的各地绿道，新建提升绿道501.73千米，基本实现主城区范围内5分钟步行可达绿道网。结合老旧小区改造，建设小型社区绿道。

“百万义警”专项，在群防群治工作经验基础上，组织社会力量参与亚运城市安保，运用数字智能手段管理。至年末，全市组建“义警”队伍3255支，招募队员99万人。

“亚运观赛空间”专项，11月在莲花广场启用杭州首个亚运观赛空间，3天吸引近1万名群众到现场观看体验。至年末，全市报送立项观赛空间项目36个，确定14个。

【协办城市行动方案编制】2020年，亚组委督促指导5个协办城市认真贯彻落实杭州亚运城市行动推进大会精神，建立相应协调机制，编制各具特色的亚运城市行动计划纲要。

2月，温州市制定《2022杭州亚运会温州赛区城市提质升级行动计划》，提出“八大行动”20项工作任务。9月，绍兴市出台《绍兴市亚运城市行动计划》和《绍兴市亚运标志性事项责任清单（2020—2021年）》，明确“六大行动”和16项重点工作，并将75项亚运标志性项目列入清单。11月，金华市出台《2022年杭州亚运会金华分赛区亚运城市行动计划纲要》和《金华亚运城市行动计划项目清单（2020—2022年）》，提出“八大行动”34项重点工作。12月，宁波象山县召开全县亚运城市行动大会，发布《象山亚运城市行动纲要》，实施五大子行动。

（杭州亚组委办公室）

公众参与

【概况】2020年，亚组委统筹协调，开展社会公众参与和氛围营造活动，公益捐赠形成体系，社会力量广泛参与。至年末，开展70多场“亚运四进”活动。持续创新公益项目和活动，“亚运足球梦想”学校遍及国内30个省（自治区、直辖市）。

【“亚运四进”活动推进】2020年，“亚运四进”［进学校、进社区（村）、进社团、进机关（企业）］三年活动的持续开展，围绕工作任务，讨论研究实施工作方案，多次深化完善活动实施方案，推动各项活动落地实施。至年末，亚组委牵头会同各地有关单位开展70多场“亚运四进”活动，覆盖人群超过200万人次。通过官方融媒矩阵广泛推广，联合中央、省、市主流媒体发声，制作“亚运四进”专题宣传片，助推“四进”活动开展。

（杭州亚组委宣传部）

【“杭州亚运益起来”线上公益阵地】2020年8月8日——全民健身日，杭州亚组委与阿里巴巴公益基金会携手开设的“杭州亚运益起来”线上公益阵地正式上线。“杭州亚运益起来”线上公益集成阵地涵盖“杭州亚运圆梦行动”“足球梦想为亚运赋能”2个公募项目、“杭州亚运梦想公益林”浇水、公益知识传播、公益捐步、善因购买等五大板块，并整合支付宝、淘宝、钉钉、闲鱼等28个热点App及“智能亚运一站通”亚运公益板块参与入口，为公众提供多场景、多维度、多平台的亚运公益参与方式，让公益真正融入生

2020年9月22日，市民参与杭州亚运会倒计时2周年活动

（杭州亚组委 供稿）

2020 年 8 月 8 日,"杭州亚运益起来"活动举行　（杭州亚组委 供稿）

活中的点滴行为。

【"亚运足球梦想"公益项目】 2020 年 5 月,亚组委在"网易公开课"平台同步上线"亚运足球梦想"公益指导课程,以应对新冠肺炎疫情带来的影响。课程包括跑动中传球、滑步绕桶接力、运球绕杆射门等课程在内的全套 42 集青少年足球培训视频,让更多来自"亚运足球梦想"学校的孩子们能够通过网络继续参与足球训练。8 月,由杭州 2022 年第 19 届亚运会组委会、杭州市体育局联合主办,杭州市体育彩票管理中心承办的"亚运梦想公益成长营"正式开营。至年末,有 30 个省(自治区、直辖市)的 1500 多所学校完成线上报名,落地学校捐赠 472 所,授牌学校超过 600 所。"亚运足球梦想"公益活动在"支付宝"爱心捐赠平台收到超过 400 万人次的爱心助力。

【"寻找 2022 个亚运梦想"大型公益行动】 杭州亚组委联手包括官方合作伙伴在内的 18 个"联合助梦方"和杭州亚运公益圆梦大使,通过"寻梦""助梦"和"圆梦"三个阶段,打造属于杭州亚运会的梦想星空,活动将一直延续至 2022 年 9 月杭州亚运会开幕。2020 年,"寻找 2022 个亚运梦想"大型公益行动通过集结各"联合助梦方"开设的"寻梦通道",搜集"亚运梦想"超过 18 万个。挑选来自抗疫一线医护人员、亚运场馆建设者等具有代表性的"亚运梦想"进行重点宣传,设立"寻找 2022 个亚运梦想"微博话题,阅读量 3.4 亿人次,讨论量超过 6.2 万人次,扩大亚运公益声量。同时,"寻找 2022 个亚运梦想"大型公益行动走出国内,在日本东京开启海外寻梦活动,共计搜寻梦想超过 200 个,进一步营造亚运的公益氛围。此外,承载着杭绣传承人周秀萍的"亚运梦想"的杭州亚运会首款公益特许商品——多功能双面杭绣餐具套正式上线开售。

【"杭州亚运梦想公益林"活动】 至 2020 年年末,杭州亚组委与支付宝"蚂蚁森林"联合上线的"杭州亚运梦想公益林"的浇水总量已超过 1.3 亿克的绿色能量,合计 916 棵樟子松。这些樟子树将被种植在荒漠化地区,变成沙漠中的片片绿色生命,成为杭州亚运会为世界留下的宝贵绿色遗产。6 月 5 日——世界环境日,"杭州亚运梦想公益林"登上"蚂蚁森林"公益林品牌类榜单,位列品牌榜浇水量前 5 名。

【杭州亚运特许游园会】 2020 年 9 月 12—13 日,亚组委在杭州核心商圈湖滨步行街举办以"把亚运带回家"为主题的杭州亚运特许游园会,吸引市民、游客 30 多万人次参加。游园会包含 10 多个主题各异有趣好玩的展示区、趣味盖章打卡送亚运好礼活动、天猫亚运活力中心线上长跑活动和亚运特许直播间好物推荐专场,呼应线下游园会主题同步开启。线上线下联动、全媒体、多层面宣传,线上传播曝光量 1471 万余次,线下户外投放日均触达 150 多万人。

（杭州亚组委市场开发部）

【亚运社会参与和氛围营造】 2020 年 5—11 月,亚组委联合省文明办、省少工委共同举办"我是亚运小主人"之"我是亚运小投手""我是亚运小剑客""我是亚运小球员" 3 项主题活动,组织发动全省 11 个设区市的少年儿童参与,并于 5 月 31 日、8 月 22 日、11 月 7 日举办 3 场全省集中展示活动。

9 月 6 日,亚组委开展"绿水青山大联动"——迎亚运倒计时 2 周年活动,在杭州主会场,设淳安、建德、桐庐、富阳 4 站,途经千岛湖、新安江、富春江近 100 千米水域;在宁波、温州、金华、绍兴、湖州、嘉兴、衢州、舟山、台州、丽水 10 个地市设分会场,同步开展系列亲水健身运动,3 万余人参与现场活动。

为展现亚运筹办工作的进展情况,亚组委策划实施 24 集"共享亚运·'浙'里出发"系列深度访谈节目——《筑梦亚运》。5 月 27 日,节目启动拍摄,12 月 23 日完成。访谈拍摄足迹遍及杭州和宁波、温州、湖州、绍兴、金华 5 个协办城市,拍摄内容涉及项目设置、场馆建设、交通保障、市场开发等亚运筹办工作。9 月 30 日至年末,"筑梦亚运"在央视频、人民网、中国体育、浙江电视台新闻频道、亚运频道、华数频道、浙江在线等媒体平台播出,每集 10 ~ 15 分钟,每周播出 2 ~ 3 集,总播放量达 3425.2 万次。

（杭州亚组委杭外工作部）

2022 年第 4 届亚洲残疾人运动会筹办

【概况】 2020 年 3 月,亚残运会组委会(简称亚残组委)内设机构设置获省、市批复同意,组委会组成名单、工作规则、"三定"方案等制度文件同步拟定。按照"两块牌子、一套班子”要求，同步研究推进亚运会和亚残运会。

【竞赛组织和场馆建设推进】经亚残奥委员会确认，杭州亚残运会比赛大项22个，小项607个，参赛运动员3673人。2020年，同步开展亚残运会总赛程编制工作，完成小项设置初步方案以及运动员配额要求反馈，启动各项目的技术代表任命工作，完成赛事器材清单、反兴奋剂工作计划，以及分级工作初步规划。

亚残运会使用19个竞赛场馆，根据节俭办赛的原则，沿用亚运会场馆17个，其中盲人门球和草地掷球两个竞赛项目使用独立竞赛场馆。新冠肺炎疫情期间，场馆建设有序推进，并完成盲人门球、草地掷球两个独立竞赛场馆评估工作。推进亚残运会场馆无障碍建设，场馆前期将无障碍工作纳入设计与施工，运动员村改造遵循无障碍标准，确保内部环境符合残障人士需求。

【会徽、口号、吉祥物线上发布】2020年2月，亚残组委向中国残联、亚残奥委员会分别报批第4届亚残运会会徽、吉祥物和口号。3月23日，亚残运会会徽“向前（Ever Forward）”和口号“Hearts Meet, Dreams Shine（心相约，梦闪耀）”正式发布。4月16日，吉祥物“飞飞”线上全球发布。

【亚残运会市场开发】2020年9月，亚残组委正式启动杭州亚残运会市场开发计划，由赞助、特许经营、票务、市场运营、公益捐赠5个计划组成。启动推进赞助企业和特许企业征集评审工作；启动票务规划，开展票务系统搭建工作；优化赞助商服务，提升亚残运会品牌价值；开展捐赠，营造公益捐赠氛围。12月，残障艺术家陈巍以公益捐赠的形式，向亚残组委捐赠其为亚残运会创作的45个主题瓷艺作品，这是亚残运会首例公益捐赠。

【无障碍环境建设】2020年6月4日，杭州市无障碍环境建设工作动员部署会召开，《杭州市“迎亚（残）运”无障碍环境建设行动计划（2020—2022年）》印发。会上，明确建设目标和计划时间表，确保到2022年亚（残）运会前，建成政策齐备、标准健全、设施完善、信息畅通的国内一流、国际领先的城市无障碍环境。8月，亚残组委印发《2022年第4届亚残运会竞赛场馆无障碍建设指导意见》。竞赛场馆按照指导意见要求编制无障碍专项设计方案，至12月，各场馆专项设计方案第一版完成审核。

【与亚残奥委会交流合作】2020年6月2—3日，杭州2022年第4届亚残运会协调委员会第一次会议通过视频会议形式举行。会议就亚残运会总体计划与分级规划，组织和人力资源，竞赛管理及反兴奋剂，场馆和亚残运村，以及亚残运会大家庭礼宾、服务，亚残运会品牌形象等工作进行讨论和审议。

6月16日，亚残奥委会执委会会议通过视频会议的方式举办。杭州亚残组委着重就竞赛与分级、场馆与设施建设、氛围营造与对外宣传、信息技术与转播服务、市场开发和基础保障等议题及下一步工作安排进行陈述汇报。

9月3日，杭州亚残组委向亚残奥委会支付两期共150万美元的亚残运会举办权费，并于9月11日收到亚残奥委会确认收到举办权费的回函。

11月16—17日，亚残奥委会执委会会议以视频会议的形式召开。杭州亚残组委就竞赛管理与场馆建设、宣传推广、第一版亚残运会总体预算方案的编制等议题及下一步工作安排进行陈述汇报。

12月2—3日，亚残奥委会首届运动员论坛以视频会议的形式召开。亚残奥委会主席马吉德·拉什德、亚残奥委会运动员委员会主席李正明、亚残奥委会CEO泰瑞克·索埃出席会议并围绕亚残奥委员会战略计划、近两年亚洲承办国际赛事主办方的筹备情况等议题，与亚洲44个残奥委会及运动员代表进行交流。亚残组委就杭州基本情况、亚残运会概况、筹备工作进展进行陈述。

（杭州亚残组委办公室）

责任编辑　金利权

04 年度聚焦

学习贯彻习近平在浙江考察时重要讲话精神

2020年3月29日至4月1日，中共中央总书记、国家主席、中央军委主席习近平到浙江考察。3月31日，习近平到杭州西溪国家湿地公园和杭州城市大脑运营指挥中心考察。在杭州西溪国家湿地公园，他沿着绿堤、福堤察看湿地保护利用情况；在杭州城市大脑运营指挥中心，他观看了“数字治堵”“数字治城”“数字治疫”等应用展示。习近平指出，湿地贵在原生态，原生态是旅游的资本，发展旅游不能牺牲生态环境，不能搞过度商业化开发，不能搞一些影响生态环境的建筑，更不能搞私人会所，要让公园成为人民群众共享的绿色空间。习近平强调，水是湿地的灵魂，自然生态之美是西溪湿地最内在、最重要的美。要坚定不移把保护摆在第一位，尽最大努力保持湿地生态和水环境。要把保护好西湖和西溪湿地作为杭州城市发展和治理的鲜明导向，统筹好生产、生活、生态三大空间布局，在建设人与自然和谐相处、共生共荣的宜居城市方面创造更多经验。习近平指出，推进国家治理体系和治理能力现代化，必须抓好城市治理体系和治理能力现代化。运用大数据、云计算、区块链、人工智能等前沿技术推动城市管理手段、管理模式、管理理念创新，从数字化到智能化再到智慧化，让城市更聪明一些、更智慧一些，是推动城市治理体系和治理能力现代化的必由之路，前景广阔。习近平希望杭州在建设城市大脑方面继续探索创新，进一步挖掘城市发展潜力，加快建设智慧城市，为全国创造更多可推广的经验。此后，杭州市深入学习贯彻中共中央总书记习近平重要指示精神，召开会议、出台政策、制定法规，取得实效。

4月2日，杭州市委常委会召开扩大会议，传达学习中共中央总书记习近平在浙江考察时的重要讲话精神。会议指出，要把学习贯彻落实中共中央总书记习近平重要讲话精神作为当前和今后一个时期的首要政治任务，切实增强拥护核心、追随核心、捍卫核心的思想自觉和行动自觉，统筹抓好疫情防控和经济社会发展工作，深入推进“八八战略”在杭州的具体实践，全面展示中国特色社会主义制度优越性，向中共中央总书记习近平、向党中央交出满意答卷。

为深入学习贯彻中共中央总书记习近平在杭州考察时的重要讲话，特别是关于城市大脑建设的重要指示精神，4月30日，市委召开深化城市大脑建设大会。会议强调，要持续做强做优杭州城市大脑，不断完善城市治理现代化数字系统解决方案，奋力打造全国数字治理第一城，努力成为全国智慧城市建设的“重要窗口”。会议指出，深化城市大脑建设是坚决贯彻中共中央总书记习近平重要指示精神的政治任务，是提升城市治理水平、创造美好生活的重大举措，是应对激烈竞争、保持领先态势的迫切需要。要加大重点攻坚力度，不断提升数字赋能城市治理水平。各地各有关单位要把城市大脑建设放在突出位置，确保各项工作有力推进、落地见效。全市广大干部特别是领导干部要加强学习，使城市大脑成为做好本职工作的重要工具和得力助手。要加大宣传力度，推动城市大脑走进千家万户、走进群众心里。

6月19日，市第十三届人大常委会第二十八次会议表决通过《杭州市钱塘江综合保护与发展条例》（简称《条例》）。该《条例》为构建钱塘江及两岸区域综合保护、生态修复、文化传承、绿色发展等制度，助力打造具有独特韵味别样精彩的世界级滨水区域提供法律保障。10月1日起正式施行。

6月28日，市委十二届九次全会审议通过《关于做强做优城市大脑打造全国新型智慧城市建设“重要窗口”的决定》，提出“坚持以人民为中心的发展思想，根据国家人工智能开放创新平台建设和全省数字浙江建设的工作部署，集成应用大数据、云计算、区块链、人工智能等前沿技术，全面汇总整合全市各级各部门的海量基础数据，推动系统互通、数据互通，促进数据协同、业务协同、政企协同，打造直达民生、惠企、社会治理的丰富应用场景和数字驾驶舱，加快形成‘一脑治全城、两端同赋能’的运行模式，不断完善城市治理现代化数字系统解决方案，奋力打造‘全国数字治理第一城’，努力成为新型智慧城市建设的‘重要窗口’”的总体要求。

10月27日，市十三届人大常委会第三十次会议表决通过《杭州城市大脑赋能城市治理促进条例》。该《条例》从法律的角度，固化杭州经验，注重便民惠企，强化城市大脑中枢、系统平台、数字驾驶舱、应用场景建设的法治支撑，促进新型智慧城市建设，推进城市治理体系和治理能力现代化，为全国城市治理提供“杭州方案”。

12月15日，市委十二届十一次全体（扩大）会议召开。会议明确，“十四五”时期，要紧紧围绕“数智杭州·宜居天堂”的发展导向，强化数字赋能，深化改革创新，率先以数字变革探索有利于促进构建新发展格局的有效路径，率先以城市大脑推进整体智治体系构建，加快建设新型智慧城市，奋力展现“重要窗口”的“头雁风采”。

2020年，杭州市战疫情、促发展，取得“两战全赢”的实效。坚持“精密智控＋硬核隔离＋暖心服务”，率先控制疫情。全面完成国家防疫应急物资调拨指令和对外援助任务，率先推动企业复工复产。杭州城市大脑建立“1+6”组织体系。实行周例会、现场会、季度发布会和现场督察、挂牌督办、指挥长约谈制、“赛马榜”、工作晾晒、场景上线、评价及退出等机制。发布《个人健康信息码》系列国家标准和《社会治理要素统一地址规范》，编制数据资源管理系列标准，为全国新型智慧城市建设提供“杭州标准”。建设成果丰富，全面建设128个场景。推行实施政务服务2.0系统，全市通过2.0系统办结18.19万件。优化“一件事”联办平台，通过“一窗受理”平台实现61个“一件事”联办，累计办件50多万件。数字经济核心产业增加值4290亿元，比上年增长13.3%，高于地区生产总值增速9.4个百分点。开展“数字追踪”和“靶向定位”，闭环落地管控，先后发现密切接触者8756名，涉疫重点人员12万余名，研判印证确诊、疑似病例194名，主动发现确诊、疑似病例73名。开发“杭州健康码”，全年发放“杭州健康码”3270.44万个，并推广至全国。（年鉴编辑部）

中国（浙江）自由贸易试验区杭州片区挂牌

2020年9月24日，中国（浙江）自由贸易试验区杭州片区（简称杭州片区）挂牌。根据国务院发布的浙江自由贸易试验区扩展区域方案，浙江自贸试验区扩展区域实施范围119.5平方千米，涵盖宁波、杭州、金（华）义（乌）3个片区，其中，杭州片区37.51平方千米，包括钱塘、萧山、滨江3个区块。

12月24日，中国（浙江）自由贸易试验区杭州片区建设推进大会举行。大会强调，要认真贯彻中央和省委、省政府的重大战略决策，高水平推进浙江自贸区杭州片区建设，聚焦打造数字自由贸易的全球枢纽，当好新时代自贸试验区的探路先锋，为加快建设社会主义现代化国际大都市、奋力展现“重要窗口”的“头雁风采”注入新的澎湃动力。

杭州片区建设将以自由贸易试验区建设为契机，探索构建“自贸试验区杭州片区＋联动创新区＋辐射带动区”三位一体的开放新格局，着力打造全国领先的新一代人工智能创新发展试验区、国家金融科技创新发展试验区和全球一流的跨境电商示范中心，建设数字经济高质量发展示范区，把杭州片区建设成为链接国内大循环和联通国内国际双循环、服务构建新发展格局的重要平台。杭州片区将围绕建设方案5个方面、23条任务措施，建设贸易投资便利、创新活力强劲、高端产业集聚、金融服务完善、监管安全高效的数字自由贸易试验区，为全国数字经济第一城的打造提供高水平开放和制度创新方面的支撑和保障。杭州片区将围绕制度创新，突出系统集成化和要素市场化改革，重点推进申办全球数字贸易博览会、创新发展跨境电商、探索制定数字贸易领域国际标准和规则、数字经济与制造业融合发展、生物医药与健康产业创新发展、高端制造全产业链保税制度试点、提升空港能级、创新发展跨境支付、金融科技应用创新和探索数字特区建设10个方面突破，在对外开放压力测试、探索国际经贸新规则等方面先行先试，在消除政策壁垒、简化程序、减少干预、放开准入上形成制度创新优势，着力营造国际化、法治化、便利化和公平、稳定、透明、可预期的一流营商环境。

从9月24日挂牌至年末，杭州片区有6条创新举措先行先试：试点跨境电商新零售，创新“线上下单、线下展示、定点配送”业务流程，实现保税商品秒级在线通关并配送；开展贸易外汇收支便利化试点，推动贸易外汇收支由银行事前单证审核转向事后审核；在全国率先实施寄递渠道进口个人物品数字清关模式；探索“保税加工、保税研发”新业务，创新“保税进口＋深度加工＋对内销售”的新模式，药明生物保税研发基地落户杭州综保区；提升国际航空货运能力，杭州萧山国际机场新国际快件（跨境电商）中心投入运营，新开辟全货机国际航线8条；公共质保平台保护跨境进口商品公共质量安全。全年杭州片区新注册企业2007个，钱塘、萧山、滨江3个区块分别举行项目签约或集中开工活动。

2020年9月24日，中国（浙江）自贸试验区杭州片区钱塘区块（简称自贸区钱塘区块）挂牌。自贸区钱塘区块实施范围10.10平方千米，主要由杭州综合保税区、大创小镇、东部湾总部基地等组成。自贸区钱塘区块有杭州综合保税区、杭州跨境电子商务综合试验区、国家双创示范基地、国家级创新人才培养示范基地四大国家级平台。区块内集聚近5000个企业，包括6个A股上市公司、15个世界500强企业。全年实现工业总产值623.7亿元，税收收入28.7亿元，外贸货物进出口330.3亿元。以其占全区1.8%的面积，实现了钱塘新区17%的税收、21%的工业产值、37%的外贸货物进出口。

自贸区钱塘区块以打造“双一流、双领先”为发展目标，即“全球一流的跨境电商和生物医药产业创新高地、全国一流的国际创新人才培养和国家双创示范基地、长三角数字贸易与国际合作协同发展的引领区、杭州湾数字经济与智能制造融合发展的引领区”。规划“一核两极三园四片”战略布局，“一核”指杭州综保区，重点发展跨境电商和“保税+”经济；“两极”指大创小镇、东部湾总部基地，重点发展数字经济、数字贸易、总部经济、跨境金融；“三园”指生物医药、集成电路、智能制造产业园；“四片”指3个联动创新片区和1个对外合作片区。自贸区钱塘区块重点发展数字经济、智能制造、生物医药、跨境电商和总部经济等产业，着力建设数字自贸区，努力打造成为链接国内大循环和国内国际双循环的改革开发大平台。

1月，浙江自贸区杭州联动创新区获授牌。3月，联动创新区总体方案发布。其中钱塘片区实施范围为25.59平方千米，包括自贸区范围、医药港小镇、临空产业园、传化公路港等区块。其中：医药港小镇重点参与生命科学领域的国际性分工合作；临空产业园重点发展探索整合全区高能级对外开放平台资源，构建临空服务等生产性服务业；传化公路港片区重点发展智慧物流及智能制造共享产业园。

11月9日，在进口博览会期间，在上海举办自贸区杭州片区钱塘区块启动暨钱塘新区投资推介活动。会上，总投资108亿元的20个项目签约落户自贸区钱塘区块及创新联动区，10个合作项目签约启动，涵盖生物医药、智能制造、集成电路、跨境电商等领域，标志着自贸试验区钱塘区块建设全面启动。

2020年9月24日，中国（浙江）自由贸易试验区杭州片区萧山区块（简称自贸区萧山区块）挂牌。自贸区萧山区块实施范围16.09平方千米，主要集中于桥南区块，附带红垦农场、钱江农场和萧山科技城部分区域。产业以机械装备、纺织服装、电子、化工、钢结构、家具等为主，主要的发展定位为高端智造基地，重点发展数智制造、跨境电商、生物医药等新产业、新业态、新模式、新经济。

至年末，自贸区萧山区块内有规模以上企业149个、高新技术企业88个、上市企业9个、世界500强企业14个，有26个项目进入自贸区的重点统计项目，涉及投资总额200多亿元；共有签约项目9个、在建项目14个、竣工项目3个，涵盖新能源汽车及关键零部件、高端装备、5G通信、安防系统、生物医药、新材料等产业。

2020年9月24日，中国（浙江）自由贸易试验区杭州片区滨江区块（简称自贸区滨江区块）挂牌。自贸区滨江区块的实施范围为11.32平方千米，主要覆盖物联网小镇、互联网小镇、金融科技小镇等区域。重点发展数字经济、金融科技、人工智能、数字识别（安防）等产业，包括集成电路设计、互联网、物联网、大数据、云计算、信息软件开发、电子商务、区块链、网络通信设备、5G通信、智慧医疗等高新技术产业和战略性产业。

10月30日，中国（浙江）自贸试验区滨江区块项目签约活动举行。德施曼机电（中国）有限公司、杭州泰一指尚科技有限公司、浙江万朋教育科技股份有限公司等企业代表分别与杭州高新区（滨江）签约。签约入驻企业共10个，总占地面积11.67公顷，计划总投资40.5亿元，涵盖杭州港务数字化港口等4个数字经济产业项目，游卡网络数字文化研发产业化基地等2个文创产业项目，以及医疗互联网、智能制造、新电商等产业领域。

［张红丹 孙佳娣 杭州高新区（滨江）地方志编研室］

杭州云城建设

2020年，杭州市规划建设杭州云城是落实“西优”战略的重大举措，是打造“数智杭州·宜居天堂”，加快建设社会主义现代化国际大都市重要一环，是杭州“十四五”时期新一轮城市建设点睛之笔。作为城西科创大走廊“四城”之一，云城规划建设四至范围东至绕城高速公路、西至南苕溪、南至余杭塘河、北至杭长高速公路，围合区域内约58平方千米。按照“统一规划、远近结合、分步实施”和“三年打好基础、五年初具形象、十年基本成形”的要求，先期重点建设西站枢纽21平方千米区域。

4月16日，杭州西站枢纽规划建设有关工作专题会议召开，提出杭州云城规划设想。4月29日，市委财经委员会2020年度第2次会议召开。会议原则同意市发改委《关于杭州云城建设管理体制建议的汇报》，明确杭州云城建设管理体制采用“管委会+指挥部+平台公司”管理模式，组建杭州云城建设指挥部。6月17日，浙江省委十四届七次全会指出，按照创新链产业链协同的要求，优化区域空间布局，加快杭州西站枢纽云城规划建设。6月28日，作为贯彻市委、市政府“西优”发展决策的一项重要部署，杭州云城建设被写入杭州市委十二届九次全会报告。8月4日，杭州云城建设管理指挥部挂牌成立。指挥部发挥整体谋划、统筹协调、牵头抓总作用，坚持“规划引领、配套先行、产城融合、生态本底”，集成杭州在新城建设、生态保护、数字化治理等方面的经验，建好最重要的综合交通枢纽、长三角最重要的科创新中心，打造“大走廊的重要窗口”，展现“策源地的头雁风采”，将杭州云城建设成为彰显山水之城、文明之城和数字经济第一城特色的未来城市典范。9月，市规划和自然资源局编制完成杭州云城概念规划。10月15日，市委、市政府召开杭州云城建设推进大会，发布杭州云城概念规划，启动云城重点区域城市设计国际征集。根据概念规划，杭州云城开发体量51%；规划建设用地29.80平方千米，建设用地占比51%，规划总建筑面积4800万平方米。其中，规划综合科研、产业、商务用地约10平方千米，综合配套服务用地约6平方千米，规划就业岗位总量约42万个。规划居住面积约1500万平方米、长租公寓和人才公寓不少于600万平方米，可满足约40万人的就职和住房需求。

杭州西站枢纽作为“轨道上的长三角”重要节点工程、杭州亚运会重要交通配套工程，于2019年9月17日开工。站房总建筑面积约51万平方米，其中站房及客运配套服务设施20万平方米、城市配套设施31万平方米。地下4层，地上5层，共9层，机场轨道快线和地铁3号线在站房中间下方设站并可同台换乘，在站房南北两侧预留了2条城市轨道。2020年9月，杭州西站枢纽站房地下结构施工全部完成，站房地上部分开工建设。12月18日，西站房进入12

米承轨层施工阶段。站房主体结构预计 2021 年 8 月完成。

10 月 23 日，杭州云城首个征迁项目——235 国道项目全线征迁农户集中签约完成。235 国道杭州老余杭至五常段工程是西站枢纽重要配套工程、亚运保畅项目，是云城主干路网的重要组成部分，全长约 11.9 千米。项目征迁涉及余杭、仓前、五常 3 个街道，征地总面积 73.64 公顷，涉及农户 200 多户。该工程于 2020 年年底开工，计划 2022 年 7 月东西大道以东高架部分建成投入使用。

11 月 7 日，杭州云城建设管理指挥部发布杭腾未来社区设计方案征集公告。作为城西首个未来社区，杭腾未来社区规划单元东至绿汀路边规划河道，南至余杭塘河，西至东西大道，北至后村桥港，用地面积约 1 平方千米，规划总建筑面积约 190 万平方米，其中产业 100 万平方米、商品房 40 万平方米、安置房 20 万平方米、公共配套（商业、学校、服务）30 万平方米，职住人口约 4 万人。实施单元 19 公顷，规划建筑面积 65 万平方米，计划 2021 年下半年开工建设。

11 月 10 日，继艮山门动车所之后的杭州第二个动车所——杭州西动车所开工建设。作为杭州西站的重要配套之一，杭州西动车所总规模为检查库线 12 条、存车线 60 条、人工洗车线 4 条，总投资 27.9 亿元。同步谋划动车所上盖综合开发，是全国首个进入实施阶段的国家铁路车场上盖开发项目，是统筹铁路站场与城市发展，优化站场和周边地区用地布局的新尝试。（施怡超）

杭州东西部扶贫协作地区全部脱贫摘帽

自 2015 年以后，杭州市贯彻中共中央总书记习近平关于扶贫工作的重要论述和在决战决胜脱贫攻坚座谈会上的重要讲话精神，扛起东西部扶贫协作工作政治责任担当，尽锐出战、攻坚克难。至 2020 年年末，助力贵州省黔东南苗族侗族自治州、湖北省恩施土家族苗族自治州实现历史性跨越，两州 23 个贫困县全部摘帽。

市委、市政府主要领导部署推动东西部扶贫协作工作，建立市委常委会定期研究、全市对口工作领导小组具体落实的体制机制。23 位省、市领导赴两州调研对接，召开两地间高层联席会议 23 次；出台《助力对口帮扶地区脱贫攻坚的实施意见》等各类工作制度 18 项。

建立财政援助资金年度增长机制，拨付财政援助资金 34.47 亿元，安排实施项目 1967 个，帮助脱贫 43.38 万人。多层次、多领域、多形式开展社会扶贫和慈善公益，累计捐赠社会帮扶款物 9.11 亿元。

建立国有企业、民营企业共同发力，多元社会帮扶品牌工程深入推进的社会帮扶格局。全市 77 个市区两级国有企业累计捐助 1.36 亿元，用于开发公益性岗位，帮扶贫困人口和残疾人口 1.07 万人。浙江马云公益基金会通过“马云乡村校长计划”等乡村教育公益项目投入 5500 万元，助力教育脱贫。浙江吉利集团开展“吉时雨”精准扶贫计划，投入 4 亿 ~6 亿元帮扶 1.2 万户贫困家庭，捐资 2000 万元打造雷山县茶旅文化产业园。浙江传化集团资助 2 亿元启动健康扶贫行动，援建 1000 所“传化·安心卫生室”，服务 150 万名贫困人口。浙江新湖集团设立 1 亿元“浙江新湖慈善基金”，重点开展“新湖乡村幼儿园计划”。贝贝集团、九阳股份有限公司、微医集团等 7 个企业获评国务院扶贫办“中国企业精准扶贫优秀案例”；浙江传化集团、中南控股集团、新湖集团、网易严选被授予全国万企帮万村精准扶贫行动先进民营企业称号；吉利集团帮扶事迹受到中央政治局常委、全国政协主席汪洋批示肯定。

累计选派 2062 名专业技术人才赴两州开展技术援助，接收两州 3591 人次中小学（幼儿园）校（园）长、骨干教师和医务人员到杭州挂职进修学习。组团式教育帮扶经验受到中组部部长陈希批示。

全面动员浙商（杭商）参与东西部扶贫协作，引导企业投资达 199.01 亿元，带动贫困人口 11.60 万人。援建扶贫车间 325 个，吸纳就业人口 2.6 万人。杭黔“三业联动”对口帮扶模式被《光明日报》、《党建》杂志、人民网等媒体报道，并在新华社内参《国内动态》刊登；恩施土家族苗族自治州全域旅游发展助力脱贫致富典型做法入选联合国《世界旅游联盟旅游减贫案例》。

帮助贫困人口到浙江就业 4.76 万人，在本地就近就业 5.80 万人，全部实现就业脱贫。《“杭州所能，恩施所需”——杭州帮扶破解湖北恩施发展难题》被新华社内参《记者观察》报道；“杭恩携手扶贫新模式”入选全国《消除绝对贫困中国的实践》扶贫案例，是东西部扶贫协作领域唯一入选案例。

2015 年以后，杭州市助力黔东南苗族侗族自治州、恩施土家族苗族自治州携手攻坚，“三业联动”等一批可复制、可推广的特色做法模式逐步形成。麻江蓝莓、鹤峰有机茶等一批生态特色产业收益显现，劳务协作模式、农特产品产销等对接机制趋于完善，教育医疗水平明显提升，一批本土化人才培养成长，引导知名企业家到对口地区贫困村担任“名誉村长”结对帮扶，成为杭州对口帮扶工作的一张金名片。

至 2020 年年末，黔东南苗族侗族自治州农村贫困人口已全部脱贫，1853 个贫困村全部出列，13 个贫困县已脱贫摘帽。恩施土家族苗族自治州实现 8 个贫困县脱贫摘帽、729 个贫困村全部出列、109 万名贫困人口如期脱贫。

结合黔东南苗族侗族自治州坝区、林区、园区“三区”开展产业合作，推动坝区产业结构调整、林下经济产业发展提质增效、园区建设“筑巢引凤”，推广“公司 + 合作社 + 农户”发展模式，引进剑荣菌业、联合润农等市场主体 200 多个，形成食用菌、中药材等十大帮扶产业，实现坝区平均亩产值 7703 元，比 2015 年前增长 49%。农村居民人均可支配收入 11092.2 元，年均增长 15.4%。通过推进“浙企入恩”工程，引导 93 个浙商企业落户恩施，实际投资额超过 30 亿元。恩施高新技术产业园区（杭州—恩施东西部扶贫协作产业园）挂牌成立。城乡居民收入大幅增加，农村居民人均可支配收入由 2015 年的 7969 元增长到 2020 年的 11620 元，年均增长 9.9%。

创新在杭州“1+16”“1+8”劳务联络工作站机制，累计推动黔东南苗族侗族自治州贫困劳动力赴浙江就业3.74万人，恩施土家族苗族自治州赴浙江就业1.01万人。设立扶贫车间、开发公益性岗位“送岗上门”，累计解决5.80万名贫困人口就近就业，实现了“零就业家庭”动态清零。通过“1+2”“2+1”等联合培养方式，接收1572名贫困学生到杭州市就读各类职业技术学校，实现从“校园”直通“车间”。开展“订单式”培训，成功打造出“恩施月嫂”“恩施厨娘”等劳务输出品牌。杭州已成两地务工人员外出务工首选地。

投入援助资金5.05亿元，满足搬迁群众基本就医、就学需求，建设乡镇级和村级学校、幼儿园67所，资助4768名贫困学生求学；建设乡镇级和村级卫生室、养老院807个，方便贫困户及周边贫困群众就近就医。

2020年是脱贫攻坚战收官年。市委、市政府贯彻落实3月6日中共中央总书记习近平在座谈会上的重要讲话精神，3月10日召开市委常委会学习传达，部署工作任务。全年，召开市委常委会3次、市政府常务会议1次。市委、市政府主要领导先后3次赴两州开展东西部扶贫协作工作，与两州召开高层联席会议6次。有92名厅、局级领导赴两州对接落实工作。杭州市与黔东南苗族侗族自治州、恩施土家族苗族自治州签订有机衔接乡村振兴战略合作框架协议。联合黔东南苗族侗族自治州、恩施土家族苗族自治州举办2期县级部门分管领导与乡镇党委书记（乡、镇长）、村书记（主任）两级乡村振兴培训班。全年投入财政援助资金12.71亿元，完成协议数11.41亿元的111.4%；选派党政干部58名，完成协议数40名的145%；选派专业技术人才865名，完成协议数210名的412%；帮助贫困人口到浙江就业10506名，完成协议数980名的1072%；帮助贫困人口省内就业28315名，完成协议数2900名的976%；引导投资企业204个，实际投资额72.95亿元，吸纳贫困人口就业数6230人，社会捐赠资金数4.414亿元，分别比上年增长33.3%、71.95%、48.6%、67.2%。

资金支持上，用于深度贫困地区资金占比32.2%。人才支援上，选派218名专业技术人才到5个深度贫困县提供帮扶，占总派遣人数的25.2%。引导企业到深度贫困县新增投资44个，新增投资17.35亿元；深度贫困县实现贫困人口就近就业6543人，占就近就业总人数的23.1%。

财政援助资金重点安排改善贫困村饮用水，建设幼儿园、卫生室等项目，用于解决饮水安全、学校医院硬件基础设施薄弱等问题，投入资金1.69亿元，占比13.3%。

投入财政援助资金1.07亿元，用于残疾人帮扶，带动两州贫困残疾人14350名；国有企业捐赠4600万元，用于为贫困残疾人提供公益岗位。积极开展“五个一批”精准助残行动，岗位录用、项目利益联结优先覆盖残疾人，创建残疾人手工艺品扶贫车间，长效就业脱贫。

针对从江、榕江两个未摘帽贫困县，打响“决战两江、从榕出列”战役。市委主要领导到从江、榕江落实挂牌督战，各部门、结对区（县）和社会各界加大投入倾斜，重点加强力量选派干部和专业技术人才增援从江、榕江脱贫摘帽工作，确保从江、榕江如期高质量脱贫摘帽。

落实2020年新增帮扶四川省凉山彝族自治州喜德县18个挂牌督战村，先后3次组织赴该县对接落实工作，至2020年年末，落实捐款捐物共计910.76万元。

面对新冠肺炎疫情，发动爱心企业、社会组织和“名誉村长”，助力对口地区抗疫抗灾，想方设法募集紧缺防疫物资，全力支持恩施土家族苗族自治州、黔东南苗族侗族自治州做好疫情防控和复工复产。2月20日，杭州帮扶工作队全体成员包机赴黔，成为最早一批赴对口地区开展工作的省外帮扶工作队。克服新冠肺炎疫情对建档立卡贫困户就业造成的影响，全力打好“地上接+云上助”“精准助工+精准扶贫”“三服务+志愿服务”组合拳，帮助对口地区建档立卡贫困户端稳就业“饭碗”。精准排摸信息，创设“B2B云助工+精准扶贫”，及时组织返岗就业。落实稳岗政策，签订2020年深化东西部扶贫协作促进稳岗就业协议，建立稳岗就业余缺调剂平台。组织“点对点”帮助贫困劳动力有序返岗复工，通过包机、包车、包专列形式，助力复工复产，开出专机1架、专列11趟、专车481辆，确保精准返岗，全面落实稳企稳岗政策。9月22日，杭州向恩施追加抗疫抗灾特殊援赠资金1亿元。

杭州市坚持当前与长远相结合，着力深化“组团式帮扶”模式，为当地留下一支“带不走的人才队伍”。着力构建组团式帮扶格局。由市财政安排专项资金，在黔东南苗族侗族自治州民族高级中学设立“扶智班”、台江县民族中学设立“甘霖班”，招收当地贫困村的贫困学生，选派学军中学原校长陈立群担任台江县民族中学校长，2020年台江民中一本上线人数比2015年增长494.4%。在恩施州开展远程智慧医疗项目，与所有结对医院均建立了远程会诊系统，开展898例疑难患者病例会诊，远程培训280多次。台江县人民医院（浙医二院台江分院）在浙医二院选派的院长汪四花带领下，开展新技术80项，门诊、急诊病人同比增长34%，手术病人同比增长66%，转诊率同比下降50%，在全国三级医院对口帮扶贫困县县级医院工作专项督导检查中位列第一。实施“银龄计划”打造组团式帮扶升级版。引进10名退休专家（其中特级教师1名、高级教师5名，主任医师3名、副主任医师1名）赴凯里、从江、锦屏等县（市）担任中学校长或医院院长。设立“名师（医）工作室”，帮助培养造就一批长期植根和服务当地的本土人才。多点多面推进智力援助帮扶。杭州第一技师学院、杭州轻工技师学院、杭州市汽车高级技工学校每年招收300名两州建档立卡贫困学生到杭州就读中职；5所杭州知名职校与黔东南苗族侗族自治州中职校开启“2+1”共同培养新模式，开展为期1年的在杭州企业、幼儿园实习联合培养。实施“山凤凰”计划，在苗族、瑶族、侗族集聚的深度贫困乡镇学校设立女生课程，建立女生教育基金。

坚持“输血”与“造血”相结合，在产业协作上下功夫，增强对口地区内生发展能力。杭州将发展产业作为帮助对口地区发展的主要途径和长久之策。构建政府搭台,企业合作社共同发展的组织体系。由政府制定产业发展政策规划,明确产业发展目标和扶持内容,建立项目保障措施完善管理体系;企业负责全产业链技术和物资服务,并对农户实行保护价收购。建立村“两委”带领贫困户、党员带贫困户、大户带贫困户的“三带模式”,提升产业发展效益。其中,岑巩全县发展桑园基地474公顷,覆盖贫困人口3500多人,带动贫困群众直接参与蚕桑产业发展1000人以上,吸纳就业1万余人次。注重当地产业发展特色,助力实现内源性脱贫。结合当地气候、土壤、环境等条件,安排东西部扶贫协作资金460万元、捐赠1万株高节竹竹苗,在黔东南苗族侗族自治州雷山县打造高节笋用竹产业基地,每亩可年产笋2000千克,项目利益扣除经营成本后70%的纯收益全部分红给贫困户。充分利用当地景观和人文资源,用关键技术带动村民对新业态建设的能动性。恩施土家族苗族自治州枫香河文旅产业项目带动30多个设施齐备的民宿客房对外营业;枫香河高山药材综合产业园为村民户均增收5000多元。“王的手创”文创项目带动近2000人在家就业增收,持续稳定生产的手艺人突破1200位,绣娘年收入1.5万~2.5万元不等。完善产业链条互补,构筑地区商业标准。明康汇生态农业集团在恩施土家族苗族自治州建始县开辟“集体经营公司+市场化运营”农业扶贫新路径,打造现代农业标准的全自动蛋鸡养殖,推动地方农产品标准化、商品化生产,2020年年末,养殖蛋鸡15万羽,年产鸡蛋3800万枚,惠及当地建档立卡贫困户4279人。立足资源禀赋,提供产业支撑,促进长期稳定脱贫。恩施土家族苗族自治州通过扩大种植面积,建立高标准种植基地,整合小而散的茶园,发展较大规模的生态茶园。主产区鹤峰县依托浙江省茶叶集团股份有限公司成立有机富硒茶研究分院,按欧盟标准转化鹤峰有机茶园近6700公顷,茶农亩均收入近万元。浙江新洲国际贸易公司与湖北金果茶叶股份有限公司联合组建恩施州龙马新果实业有限公司,打造集生态茶园和标准化茶厂为一体、生产加工销售全产业链的现代化茶叶示范产业园。建立多元化的市场销售渠道,邀请黔东南、恩施参加中国国际茶博会、万人品茶大会等大型茶事活动,以及农博会、电博会等推介活动,其中5款恩施硒茶产品获第二届中国国际茶业博览会金奖。

坚持“线上”与“线下”相结合,突出发挥数字经济优势,在消费扶贫上出成效、展特色。坚持“线上”与“线下”相结合,突出阿里巴巴集团、网易公司、联华华商集团有限公司等骨干企业作用,发挥电商平台集聚效应,推进实施单位购销、结对助销、企业带销、活动展销、商超直销、电商营销、基地订销、旅游促销、劳务帮销、宣传推销十大消费扶贫行动。线上销售模式不断创新。发挥农村“淘宝”“贝店”“云集”“安厨”“网易严选”“明康汇”等网络销售平台品牌效应,打造恩施土豆、三穗麻鸭蛋、麻江蓝莓等“网红爆品”,通过电商平台销售贵州、湖北农特产品50.9亿元。充分利用电商网络平台直播带货,探索“线上引流+实体消费”新模式。为缓解新冠肺炎疫情带来的冲击,创新推出消费扶贫政策,发放爱心扶贫消费券66万份,销售总额近1000万元。线下销售网络不断织密。发挥联华华商超市600多万个会员的规模优势,建设3个品牌示范店、15个区域代表性门店扶贫馆,产品涵盖优质农特产品500多种。开展农特产品“五进”活动,打通消费扶贫“最后一公里”。把专柜、专馆、专区落地任务作为“三专”平台建设的重点,推进专柜、专馆、专区实际运营,建成消费扶贫专馆23个、专区18个、专柜110个。品牌赋能山货变山珍。突出“苗侗山珍”和“非遗文化”,借助“王的手创”“妈妈制造”“淘宝非遗”“网易严选”等专业团队力量,提升黔东南特色商品的包装设计。帮助恩施土家族苗族自治州提升农特产品品质,打造“恩施玉露”“利川红”“富硒土豆”等享誉全国的销售爆品。

坚持“所需”与“所能”相结合,打造劳务协作“桥头堡”,用情用力发展社会事业。提高劳务输出组织化程度。在杭州建立黔东南苗族侗族自治州“1+16”劳务协作工作站、恩施土家族苗族自治州“1+8”劳务协作工作站,通过开展有组织、有计划、有平台、有机制、有保障“五有”标准化建设,形成“总站+分站+企业+联络员”劳务协作工作体系,为对口地区到杭州务工人员,特别是建档立卡贫困劳动力提供就业信息、创业指导、技能培训、权益维护和政策咨询等“一条龙”服务。精准推进人岗匹配。在杭州13个区县(市)对口地区务工人员较集中的企业中,筛选吉利集团、苏泊尔家电公司、三替集团等45个务工环境较好、权益保障到位的企业作为对口地区劳务输入基地,提供各类扶贫岗位4612个。精准促进稳定就业。制定出台《关于做好新形势下就业创业工作的实施意见》《关于进一步加大东西部扶贫政策支持力度的通知》等政策意见,推出劳务协作工作站建站补贴和驻站人员生活补贴、对口帮扶地区就业扶贫补贴、重点企业招用补贴、人力资源机构推荐补贴等支持政策,发挥政策引领作用。拱墅、西湖、上城等地探索蓝领公寓对口帮扶政策。其中,拱墅区提供蓝领公寓720间。以创业带就业。发挥杭州数字经济和创新创业资源优势,支持对口地区开展创业师资培训、农村电商培训、创业远程培训,联合举办杭州市·黔东南州·恩施州大学生网络创业大赛、全国大学生电子商务“创新、创意及创业”挑战赛暨东西部扶贫协作“双创”活动等系列活动,提升对口地区“造血”能力。

坚持“政府主导”和“企业主体”相结合,突出“名誉村长”帮扶品牌,打造“万企帮万村”携手奔小康升级版。推进“万企帮万村”携手奔小康活动,发挥杭州民营企业资金、项目、人才优势,助推对口帮扶地区贫困村、贫困人员“造血”增收,邀请162位杭州企业家、社会组织负责人到对口地区199个贫困村任“名誉村长”,帮助贫困村开展“五个一”活动。其中,江干区对口帮扶湖北恩施土家族苗族自治州恩施市及贵州黔东南苗族侗族自治州三穗县“名誉村长”累计捐助资金2370多万元,吸纳对口地区贫困人口转移就业339人,销售农产品3540多万元。

(市对口支援和区域合作局)

杭州绕城高速公路西复线杭绍段工程建成通车

2020年12月22日，杭州绕城高速公路西复线杭绍段工程建成通车。11月12日，该工程通过交工验收。该项目于2017年12月开工建设。项目全长98.2千米，总投资258.4亿元，全线由G25长深高速公路德清至富阳扩容杭州段和G25富阳至G60诸暨高速公路联络线工程两部分组成。该项目起于湖州德清与杭州余杭交界姜家山附近的唐家畈村，接G25长深高速公路扩容湖州段，经杭州余杭、临安、富阳、萧山至绍兴诸暨，终于杭金衢高速公路直埠枢纽南侧。该项目是杭州市“两环十三射”高速公路网中“两环”重要组成部分，也是杭州都市圈交通网重要骨架。该项目的建成将缓解杭州绕城高速公路交通压力，改善区域交通服务条件和投资环境，拉动沿线区域社会经济发展，助力城市能级提升，助推杭州都市经济圈、环杭州湾大湾区建设。（康 琦）

杭州市实施义务教育招生改革新政

2020年，在2019年实施全市范围内公办和民办小学同步招生的基础上，杭州市制定义务教育招生新政，进一步对全市民办义务教育学校招生做出较大调整。

新政研制过程中，市教育局召开各类座谈会20多次，广泛征求区县（市）教育部门、公办民办学校校长、“两代表一委员”、家长代表等不同群体，以及市直相关部门等方方面面意见建议，凝心聚力，达成共识。5月，市教育局出台《关于做好2020年义务教育阶段学校招生入学工作的通知》，在强调审批地招生、同步招生、电脑随机派位录取等基本原则的基础上，结合杭州实际，对选报民办学校未录取学生报读公办学校“同类排序靠后”、审批地招不足的民办学校补招范围、一贯制学校小升初直升、搬家迁户跨区升学等细节一一明确，避免因各地差异化操作造成不平衡。通过落实全市义务教育学校招生报名管理平台、招生录取时序、招生电脑派位软件“三统一”，进一步加强对各地各校招生工作的规范和监管，有效防止“暗箱操作”。

在推进新政落地的过程中，市教育局依托杭州城市大脑数据驾驶舱，加强部门数据互通，深化招生入学“最多跑一次”改革，全年交换取得户籍信息38.40万条、流动人口管理信息10.23万条、房产信息29.83万条、社保信息192.67万条。支持有条件的地区试点“零跑”入学。市级层面开发全市统一的招生管理系统，线上同步集成招生政策和学校招生简章、招生计划、学区划分、咨询途径等各类招生信息，供家长报名时查询、参考。通过召开新闻发布会、开设服务专窗、开通服务热线等途径，做好政策发布和宣传解读工作；通过上门走访或线上联系，主动为重点企业、社区、驻杭部队等提供招生宣传和咨询服务近百场；学校层面召开家长会1000多场次，重点加强面向家长的新政宣传。

在各地各校和有关部门的共同努力下，杭州市义务教育招生改革取得预期效果。民办学校提前招生、掐尖招生的违规行为得到有效遏制，民办“择校热”明显“降温”。2020年，六城区民办初中报名人数与录取比例从2019年的4.36:1下降到2.62:1，六城区民办小学报名人数与录取比例维持在2019年实施公民同招以后的较低比值，为1.71∶1。相关做法被省教育厅《教育参阅》“教育改革与政策专辑”刊发，供全省各地教育行政部门学习借鉴。（市教育局）

淳安县入选“绿水青山就是金山银山”实践创新基地

2005年，时任浙江省委书记的习近平在浙江安吉县天荒坪镇余村首次提出“绿水青山就是金山银山”重要理念。2015年3月，习近平主持召开中央政治局会议，通过《关于加快推进生态文明建设的意见》，正式把坚持“绿水青山就是金山银山”的理念写进中央文件，“绿水青山就是金山银山”成为践行习近平生态文明思想的重要举措。2016年，原环境保护部（现生态环境部）积极推动“绿水青山就是金山银山”实践创新基地试点工作，探索实践路径的典型做法和经验，将浙江省安吉县列为“绿水青山就是金山银山”理论实践试点县。在试点经验的基础上，2017年、2018年、2019年，生态环境部相继命名3批“绿水青山就是金山银山”实践创新基地。

2003年，时任浙江省委书记的习近平在淳安调研时指出“要坚持既要金山银山，又要青山绿水，不能以牺牲生态环境换得经济的发展，要注重生态环境的承载力，争取以最小的环境代价获得较好的经济发展，通过错位发展，实现生态保护与经济发展的双赢”。淳安县始终坚持“生态优先、保护第一”发展战略，像保护自己眼睛一样保护着千岛湖的一湖秀水，深入贯彻落实习近平生态文明思想和“绿水青山就是金山银山”的发展理念，积极响应省政府高质量建设美丽浙江的部署，明确“坚定秀水富民路，建设康美千岛湖”的战略方向和“争当全国践行‘绿水青山就是金山银山’理论标杆县”的努力目标，经过全县上下的不懈努力，淳安在全省26个加快发展县中，经济社会发展总体水平处于前列。淳安县依托其“八山半田分半水”的资源环境特色和功能定位，始终坚持“生态优先、保护第一”，并于2019年被省政府确定为特别生态功能区，致力打造人与自然和谐共生的饮用水源保护区、“绿水青山就是金山银山”理念的实践区、城乡融合生态富民的示范区、生态文明制度改革创新的先行区，积极探索生态经济化、经济生态化的有效路径，努力走出了一条“护一湖秀水 富一方百姓”的绿色高质量发展道路，形成“绿水青山就是金山银山”实践创新的淳安路径。

2019年9月，淳安县按照省生态环境厅部署要求，完成第一次“绿水青山就是金山银山”实践创新基地申报工作。12月，全面启动“绿水青山就是金山银山”实践创新基地申报创建工作，制定下发《淳安县“绿水青山就是金山银山”实践创新基地建设实施方案》，成立由县委书记、县长任双组长的“绿水青山就是金山银山”实践创新基地建设工作领导小组，下设办公室和工作专班，实行实体化运作。建立“绿水青山就是金山银山”基地建设工作联席会议制度，定期或不定期开展创建工作会商。各乡镇和相关单位成立相应组织机构负责工作部署和任务落实，形成县委和县政府统一领导、各乡镇部门相互协调的良性互动的推进机制，规范、有序、高效推进各项创建工作。强化监督考核。制定差异化的“绿水青山就是金山银山”建设考核办法，把环境质量、生态状况、民生福祉、生态经济、生态补偿、制度创新、环保投入等指标纳入评价指标体系。建立“绿水青山就是金山银山”实践创新指标的统计制度并定期公布数据指标，为领导决策提供更科学、更准确依据。实行约束性指标考核，将“绿水青山就是金山银山”实践创新基地创建工作作为绩效考评的重要内容，纳入重点目标责任制考核，领导小组对责任部门进行年度考核，及时总结经验，发现问题，纠正偏差，确保建设工作落到实处。强化宣传引导。构建党委领导、政府主导、企业主体、社会组织和公众共同参与的现代环境治理体系，积极推行政府生态信息公开、企业环境行为公开等制度，扩大民众对生态建设和保护的知情权、参与权和监督权，逐步向社会公开环境信息并引入公众参与机制，及时将公众的反馈意见和建议融入“绿水青山就是金山银山”建设中。通过千岛湖论坛、“6·5”世界环境日等活动，积极宣传“绿水青山就是金山银山”实践创新基地，形成良好氛围，推动全民共建。强化科学支撑。建立“绿水青山就是金山银山”实践创新基地专家智库，为淳安“绿水青山就是金山银山”实践创新，跟踪评估，提供决策咨询，推动科学决策。组建特别生态功能区建设专家委员会、千岛湖水科学研究院等高端智库，聚焦湖泊生态治理体系、生态产品价值实现等重点方向，深化资源环境承载能力、科学精准防治能力等领域研究。

依托千岛湖一湖秀水，淳安县在全域旅游、产业转型、生态治水、乡村振兴的实践中将‘绿水青山就是金山银山”发展理念转化为生动的现实，形成以下姜村联合体为龙头，百源经济推动的乡村振兴模式；开创以渔治养水、全产业链发展的千岛湖生态治水模式；以省道、县道、村道、农林道、登山道串起山村古村渔村、田园果园茶园的富民绿道经济模式；因地制宜、错位发展的特色小镇经济模式；资源优势突出、点水成金的生态制造模式；旅游为骨干全产业融合的全域旅游模式；以产品质量安全为基础、品牌效益突出的农旅邮融合生态农品模式；森林资源成投资资本、生态产品变治理资金、生态资源进“两山银行”的创新生态资源向发展资本转化模式；山海协作、异地发展的飞地经济模式；释放林业资源价值，靠山吃山、一亩万元的林下经济模式。

2020年6月15—16日，生态环境部现场核验组开始对淳安县进行现场核验。10月9日，生态环境部授予淳安县“绿水青山就是金山银山”实践创新基地称号，成为浙江省唯一一个入选的地区。

（王玉珍）

杭州荣誉

2020年1月，杭州入选工业和信息化部公布的综合型信息消费示范城市，成为《信息消费示范城市建设管理办法（试行）》实施后首批信息消费示范城市。

1月，首都科技发展战略研究院和中国社会科学院城市与竞争力研究中心联合发布“中国城市科技创新发展指数2019”，杭州评测指数列第6位。

5月，国际大会与会议协会（ICCA）发布的全球会议目的地城市排行榜显示，杭州居全球第74位，在中国大陆城市中仅次于北京和上海。

10月，国家发展改革委发布《中国营商环境报告2020》，杭州综合排名列全国城市第5位。

10月，全国双拥模范城（县）命名暨双拥模范单位和个人表彰大会举行，杭州市被授予“全国双拥模范城”称号。

11月，2020年中国幸福城市论坛暨颁奖典礼举行，杭州获“中国最具幸福感城市”称号、“企业家幸福感最强市”称号，及组委会特别奖——“新时代数字治理标杆城市”。

11月，杭州被中央文明办授予“全国文明城市”称号。

11月，在全国工商联发布的《2020年万家民营企业评营商环境报告》中，杭州获评“营商环境最佳口碑城市”。

11月，杭州国际人才交流与项目合作大会发布“魅力中国——外籍人才眼中最具吸引力的中国城市”，杭州第10次入选，排名列全国第4位。

12月，杭州入选文化和旅游部首批十五个国家文化和旅游消费示范城市。（年鉴编辑部）

责任编辑　金利权

2021
杭 州 年 鉴
Chronicles of Major Events

05 大事记

1月

3日 2019年度杭州市精神文明建设十件大事揭晓：杭州荣膺"幸福示范标杆城市"称号，中共中央宣传部授予陈立群"时代楷模"称号，全国首条"爱国主义教育"公交专线开通运营，"孝心车位"成为新时代文明实践新品牌，杭州"一站式"党建综合体精彩亮相，杭州设立全国首个"9·26"工匠日，网络公益品牌建设载誉全国，"学习强国"杭州学习平台精彩上线，杭州地铁"彩虹服务"温暖乘客出行路，杭州让老年人打车约车"不烦心、不揪心"。良渚古城遗址被列入"世界遗产名录"、庆祝中华人民共和国成立70周年系列文化活动异彩纷呈获得2019年度杭州市精神文明建设十件大事特别奖。

7日 浙江自贸区杭州联动创新区获授牌，涵盖主城片区、钱塘片区、临空片区、余杭片区四大片区，着力建设成为以数字经济为核心特色的数字自贸区。

△ 杭州海塘遗址博物馆开馆。博物馆位于江干区九堡文体中心南楼，历时3年竣工，总面积6200平方米，是展示杭州钱塘江海塘文化，集收藏、研究、体验、教育于一体的遗址类专题博物馆。

8日 第十五届杭州市道德模范（平民英雄）、第七届"最美杭州人"评选揭晓。建德市乾潭镇陵上新村梅塘自然村卫生室乡村医生吴光潮、浙江省第四监狱生活卫生科科长靳毅、杭州市肿瘤医院副主任医师张方林、临安区湍口镇迎丰村原村委会主任王丰华（已故）、富阳区春江街道春江村村民胡小燕、杭州市公安局西湖区分局转塘派出所警长隋永辉、上城区清波街道清波门社区居民俞涤萍、滨江区六和社区居民沈怀花、上城区紫阳街道彩霞岭社区居民何阿奎、阿里巴巴有限公司员工刘新停被评为杭州市道德模范（平民英雄）。杭州高级中学退休老师、下城区朝晖三区居民王慕桢，江干区闸弄口街道三里亭社区居民（退伍军人）赵玉根，淳安县金峰乡安上村党支部书记李君竹，杭州市第一人民医院重症医学科主任胡炜，杭州市富阳区文学艺术界联合会调研员羊晓君，杭州市桐庐县百江镇敬老院原院长桂月梅，杭州市固体废弃物处理有限公司填埋机械作业工缪文根，杭州良渚遗址管委会文物与遗产管理局副局长孙海波，杭州市强制隔离戒毒所管理二科（女子管理大队）科长何英云，临安抗台"十八勇士"被评为"最美杭州人"。

9日 杭州市"春风行动"20周年暨2020年动员大会举行，为获"春风行动"20周年美好奖和2019年爱心奖的先进代表颁奖。

10日 国家科学技术奖励大会在北京举行。杭州师范大学教授谢恬牵头主持的"新型稀缺酶资源研发体系创建及其在医药领域应用"项目获国家科技进步奖二等奖。

16日 由杭州东站枢纽管委会牵头起草的《高铁站枢纽区域综合管理规范》浙江省地方标准在杭州发布。该规范以市民群众的交通需求为导向，将"最多跑一次"改革理念以标准化、可复制的载体形式向全省范围推广，为已建、在建及新建的高铁枢纽区域治理提供参考依据。

△ 中国共产党杭州市互联网行业委员会成立。委员会依托市委网信办设立，由市委网信办领导管理，隶属市委直属机关工委，接受市委组织部（市委两新工委）指导。

19日 自然资源部办公厅发布《轨道交通地上地下空间综合开发利用节地模式推荐目录》。杭州等6个城市的轨道交通节地模式被列入该目录。

20日 西湖区政府与西湖大学签订"1+3"合作协议，即《区校战略合作框架协议》和《共建生命科学研究院合作协议》《组建西湖大学产业投资基金战略合作协议》《科创直投基金合作框架协议》。

21日 省长袁家军在杭州检查新冠肺炎疫情防控和春运、市场供应、安全生产工作，听取防控工作汇报，检查重点场所疫情防控和运力保障、车站安检、便民服务等情况，察看生鲜、猪肉、家禽等年货供应和卫生防疫情况。

23日 市政府印发工作通知，全面启动杭州市第七次全国人口普查工作。

25日 杭州13名医护人员组成的医疗队紧急驰援武汉，共同抗击新冠肺炎疫情。

26日 省级唯一新冠肺炎的诊治定点医院——浙江大学附属第一

医院紧急启动之江院区应急保障。该院预案充分，30分钟就能安全转运新冠肺炎患者。

27日 按照中央应对新冠肺炎疫情工作领导小组有关会议精神和浙江省重大突发公共卫生事件一级响应机制的有关规定，市政府研究决定，就延迟杭州市企业复工和学校开学发出紧急通知。

31日 根据浙江省新冠肺炎疫情防控工作领导小组统一部署，为进一步阻断疫情的传播渠道，自即日16时起，杭州市启动入杭铁路站点通道防疫管控工作。

2月

4日 中国工程院院士，浙江大学医学部教授、博士生导师，国家卫生健康委高级别专家组成员李兰娟及其团队在武汉公布治疗新冠肺炎最新研究进展。

5日 省委书记、省新冠肺炎疫情防控工作领导小组第一组长车俊在杭州指导督查疫情防控工作，走访萧山道谷酒店和杭州市新冠肺炎疫情防控指挥部，听取有关情况汇报，了解疫情防控工作，检查集中隔离点设施配备、医疗保障、食宿安排等情况。

7日《杭州市企业复工疫情防控工作导则》发布，提供复工申报和疫情防控“全指南”。全市企业复工实行复工申报备案制，分类分区分时段有序复工。

8日 市十三届人大常委会第二十四次会议表决通过《杭州市人民代表大会常务委员会关于依法全力做好当前新型冠状病毒肺炎疫情防控工作的决定》，即日起实施，对杭州市疫情防控工作的基本原则和总体要求、各级政府职责、单位和个人权利义务、信息公开和宣传、人大监督和司法保障等做出规定。

9日 省长、省新冠肺炎疫情防控工作领导小组组长袁家军到杭州看望慰问疫情防控一线基层干部、社区工作者和志愿者，检查物流畅通和市场供应工作。

△ 杭州市再次集结266名医护人员组成紧急医疗队，驰援武汉，共同抗击新冠肺炎疫情。

10日 杭州市企业分类分区分时段有序复工，建立复工“一企一联络员”制度，强化服务保障。

11日 市政府推出“杭州健康码”，实行“绿码、红码、黄码”三色动态管理。

△ 市信用办发布《关于在新型冠状病毒肺炎疫情防控期间将个人隐瞒病史等行为纳入失信监管的实施意见》，将隐瞒病史等情形列为失信信息，并依法采取惩戒措施。

13日 经市委组织部、市人力社保局、市卫生健康委研究决定，对杭州市支援武汉医疗队、杭州市西溪医院、杭州市急救中心、杭州市疾病预防控制中心4个集体给予记功奖励。

16日 杭州发布《关于加快推进企业和建设工程复工复产的通知》，指导全市企业和建设工程加快推进复工复产等相关事宜，从简化复工手续、服务复工复产、做好生活配套、强化主体责任、落实属地责任、严肃失信惩戒等方面明确意见。

△ 市总工会对杭州市支援武汉医疗队、杭州市西溪医院、杭州市急救中心、杭州市疾病预防控制中心、杭州市红十字会、杭州市公路管理服务中心6个先进集体授予杭州市五一劳动奖状。

21日“杭州健康码”应用升级，实现与电子健康卡、电子社保卡的互联互通。

28日 市新冠肺炎疫情防控指挥部发布《关于完善企业复工“负面清单”管理机制的通知》，明确对影剧院、棋牌室、游艺厅、网吧、舞厅、酒吧、KTV、线下培训机构（学历及非学历培训）等人员聚集场所，继续实施“负面清单”管理。

3月

1日 3月1日0时至6月30日24时，钱塘江干流（含南北支源头）杭州段，重要支流分水江、浦阳江、渌渚江、葛溪、壶源溪、大源溪禁止除娱乐性游钓和休闲渔业以外的所有作业方式。

2日 杭州市亲清新型政商关系数字平台——“亲清在线”上线。杭州疫情期间惠企政策陆续通过“亲清在线”平台实现在线兑付，“2+3”政策首发上线。

7日 市妇联、市统计局发布《2019年杭州市妇女发展监测报告》。报告显示，杭州妇女在参政议政、教育培训、卫生保健、就业保障、法律保护等事业上全面进步，学习、事业、生活均衡发展，幸福指数越来越高。

10日 浙江省重大文旅项目举行集中开工仪式在湖州安吉县白茶小镇项目现场举行，杭州、绍兴、嘉兴、衢州等10个市设分会场进行视频连线开工。

11日 省长袁家军到杭州城西科创大走廊调研，召开座谈会专题研究科创大走廊建设和发展工作。

△ 杭州市网红巾帼联盟成立，现场推选出51名杭州市网红巾帼联盟成员，颁发“杭州网红巾帼公益大使”聘书。第二直播间启动首场联盟公益直播。

△ 杭州科技技工学校（暂定名）项目在富阳永昌镇唐昌村开工。该项目由西湖区科技职业培训学校投资8500万元建设，选址原永昌镇中学校区，面向全国招生，围绕富阳及永昌镇的产业特色，订单式培养中职学历技能型人才，校企合作打造“创客孵化中心”“产业互联网联盟”“特色产业孵化培训中心”等。

13日 中国共产党杭州市第十二届纪律检查委员会第五次全体会议召开，审议通过工作报告《坚定不移推进纪检监察工作高质量发展，为“干好一一六、当好排头兵”提供坚强保障》。

△ 市政府印发《关于疫情防控期间支持旅游行业共渡难关的补充意见》，涵盖国有景区免费开放、向旅游企业输血、宾馆住宿降价优惠、“杭州人游杭州”、拓展文旅数字服务场景等8项举措。

16日 市人力社保局、市医保局、市财政局、市税务局等多部门启动杭州市阶段性减免企业社保费操作，为全市企业减轻社保费单位缴费负担369亿元，政策受益面覆盖39.7万户缴费单位（含单位方式参保的个体工商户）。

18—19日 省委书记车俊到淳安调研，走访基层联系点下姜村、千岛湖中心湖区、文渊狮城特色小镇等地，了解乡村经济社会秩序恢复情况。

22日 2020年杭州市“3·22世界水日、中国水周”主题活动暨杭州水利科普馆开馆仪式在三堡排涝工程现场举行，主题为“坚持节水优先，建设幸福河湖”。市林水局发布《2019年杭州市水资源公报》。

23日 杭州2022年第4届亚洲残疾人运动会会徽“向前”、主题口号“心相约，梦闪耀”于线上向全球发布。

△ 拱康路应急提升改造工程（石祥路—余杭界，含上塘路延伸段）全线通车，全市首条渣土专用道投入使用。改造提升后的拱康路，双向六车道，专用道用挡板隔开。专用道从上塘路到康桥路，长约3千米，宽度4.5米。

26日 省委书记车俊到杭州就推动重大交通项目建设做专题调研，考察杭州萧山国际机场三期、杭州绕城高速公路西复线、杭州地铁16号线、铁路杭州西站综合交通枢纽等项目。

27日 杭州市向全体在杭人员发放16.8亿元消费券。其中，政府发放额度5亿元，商家匹配优惠额度11.8亿元。活动周期为3月27日起至5月31日。

28日“浙里来消费·万企联动促万亿消费”发布会暨“云购武林”启动仪式在杭州武林商圈举行。3月28日起至4月18日，武林商圈四大商业综合体、1000多个店铺、上万件商品在线上线下不间断供货，帮助企业减损失、去库存。

31日 中共中央总书记、国家主席、中央军委主席习近平到杭州就统筹推进新冠肺炎疫情防控和经济社会发展工作进行调研，考察杭州西溪国家湿地公园和杭州城市大脑运营指挥中心。

△ 由市委、市政府主办的“创客天下，杭向未来”2020年杭州海外高层次人才创新创业大赛启动，以发展杭州市数字经济、推动智慧应用为重点，于11月8日举行总决赛。

△ 中国（良渚）数字文化社区线上线下同步开园。开园仪式上，中国创新设计大数据杭州中心和浙江省设计智能与数字创意研究重点实验室揭牌，11个首批重点项目签约入驻，“数字文化良渚十条”优惠政策发布。

4月

2日 杭州首条地下环路——未来科技城地下环路竣工。环路全长4.7千米，由4条地下道路（余杭塘路、景兴路、向往街、创景路）围合而成，设置4个进口和5个出口。

3日 杭州2022年第19届亚运会吉祥物通过互联网云端向全球发布，吉祥物“江南忆”组合的琮琮、莲莲、宸宸分别以机器人造型代表世界文化遗产良渚古城遗址、西湖和京杭大运河。

3—4日 市委副书记、代市长刘忻调研“战疫情、促发展”和城市运行保障工作，走访市新冠肺炎疫情防控指挥部、城市大脑运营指挥中心、地铁9号线三堡站施工现场、采荷中学和杭州第二中学，考察企业，调研九溪水厂、阮家桥公交停保基地、市城投集团应急指挥中心、万寿亭农贸市场、国家电网杭州供电公司等。

9日 市委副书记、代市长刘忻调研亚运会、亚残运会筹办工作，走访亚运村，召开会议听取筹办工作汇报。

10日 杭州召开全市事业单位改革工作会议暨市属事业单位改革方案实施推进会。除学校、医院外，杭州市市属事业单位总数精简40%左右，各区县（市）结合实际精简整合事业单位。

△ 市建设国际一流营商环境工作领导小组办公室发布《2020年杭州市建设国际一流营商环境实施方案》，共12类37条举措，包括深化商事制度改革、深化工程建设项目审批制度改革、推进市政接入工程服务便利化改革、优化提升财产登记便利化改革、深化信贷金融改革、优化税收服务便利化改革和推进跨境贸易便利化改革等改革举措。

△ 杭州启动“杭信贷”融资业务，由市商务局、市科技局、市金融办等牵头，由中国出口信用保险公司浙江信保营业部提供保险风险保障，引入杭州高科技融资担保有限公司提供补充担保，由中国工商银行、浙商银行、杭州银行等合作银行快速放贷，形成融资闭环。至年末，合作银行由3个扩大到14个，为84个企业授信“杭信贷”5.4亿元，发放贷款4.75亿元。

13日 市委副书记、代市长刘忻到浙江大学、西湖大学、中国科学院大学杭州高等研究院等高校走访调研，进行座谈交流。

14日 市政府办公厅印发《杭向未来·大学生创业创新三年行动计划（2020—2022年）》，杭州将实施百万大学生杭聚工程、双创项目扶持工程、双创人才培育工程、双创平台提升工程、双创服务优化工程五大工程。

15日 省委书记车俊调研重大交通项目和企业，考察八堡船闸项目建设，了解京杭运河浙江段三级航道整治工程推进情况。

16日 杭州2022年第4届亚洲残疾人运动会吉祥物良渚神鸟“飞飞”向全球发布。

17日 杭州亚运城市行动推进大会举行。杭州与宁波、温州、绍兴、金华、湖州等城市代表和省发改委等省直部门代表共同启动亚运城市行动，发出亚运城市行动倡议。《杭州市亚运城市行动计划纲要》发布，明确赛前、赛时、赛后三大时间节点和8项具体行动。

20日 全省城镇污水处理提质增效现场会在余杭区召开。会上推介城镇污水处理“杭州模式”，与会人员实地探访余杭区临平净水厂。

21日 湖北省政府发布通知，批准十堰市郧阳区等17个县（市、区）退出贫困县，其中包括杭州对口帮扶的恩施土家族苗族自治州下辖的恩施市、利川市、建始县、巴东县和咸丰县。

△ 杭州市召开深化拓展新时代文明实践中心建设暨杭州市“文明帮帮码”启用专题会议，研究部署全市深化拓展新时代文明实践中心建设的具体任务，启用杭州市“文明帮帮码”。

21—22日 省长袁家军到萧山区、富阳区、桐庐县和建德市，调研“诗画浙江”大花园建设工作。

22日 省长袁家军在建德主持召开部分市县“六保”工作座谈会，听取杭州市、金华市、衢州市和建德市、兰溪市、龙游县及省财政厅发言。

23 日 杭州地铁 5 号线后通段、16 号线双线同步开通运营。5 号线全长 56.21 千米，后通段串联起 7 个城区；16 号线全长 35.12 千米，设站 12 座，起点站为九州街站，终点站为绿汀路站。

23—30 日 由中国音像与数字出版协会、浙江省委宣传部、杭州市委宣传部主办的 2020 年中国数字阅读云上大会举行。大会主题为“e 阅读，让生活更美好”，首次采取线上虚拟会场形式，以 H5 作为官方互动平台，设置开幕式、阅享品牌馆、阅听朗读馆、云上会大咖、云上 VR 书店、云博物馆、云上 IP 馆、5G 体验区、大爱公益馆九大内容板块。大会公布 2019 年度中国十佳数字阅读城市名单，杭州市第 5 次被评为全国十佳数字阅读城市。

24—27 日 中国人民政治协商会议第十一届杭州市委员会第四次会议召开，选举滕勇为政协第十一届杭州市委员会副主席，通过政协第十一届杭州市委员会提案委员会关于市政协十一届四次会议提案审查情况的报告，通过政协第十一届杭州市委员会第四次会议建议案、政协第十一届杭州市委员会第四次会议决议。

26 日 中国人民银行印发《关于同意在上海等 6 市（区）开展金融科技创新监管试点的批复》，杭州被列入第二批金融科技创新监管试点城市。

26—27 日 杭州市第十三届人民代表大会第五次会议召开，听取和审查杭州市人民政府工作报告；审查和批准杭州市 2019 年国民经济和社会发展计划执行情况与 2020 年国民经济和社会发展计划草案的报告，批准杭州市 2020 年国民经济和社会发展计划；审查和批准杭州市及市本级 2019 年预算执行情况和 2020 年预算草案的报告，批准市本级 2020 年预算；听取和审查杭州市人民代表大会常务委员会工作报告；听取和审查杭州市中级人民法院工作报告；听取和审查杭州市人民检察院工作报告；选举刘忻为杭州市人民政府市长，选举卢春强、徐小林为市十三届人大常委会副主任，选举方月仙、阮英、严伟明、杨英英、汪华瑛、尚永丰、徐文霞、麻承荣、谭飞为市十三届人大常委会委员；通过市十三届人大专门委员会部分组成人员人选名单；票决市政府 2020 年度民生实事项目。

28 日 中国（杭州）直播电商产业基地落地杭州未来科技城，计划在未来 3 年集聚一批电商平台公司、网红孵化公司、网红经纪公司、供应链公司和网红达人。

△ 时代大道南延（杭州绕城至中环段）工程项目开工。项目总投资 35.8 亿元，工期 30 个月，采用“高架 + 地面道路”的形式，主线高架全长 11.2 千米，地面道路建设里程 3.87 千米，均采用一级公路兼顾城市道路功能标准，双向六车道，设计时速 80 千米。

29 日 市长刘忻调研部分创新平台和企业，走访钉钉公司、阿里巴巴达摩院、之江实验室。

△ 杭州、厦门两地联合发布市民城市信用分跨城市互认机制，杭州个人诚信分“钱江分”与厦门个人信用分“白鹭分”互认，市民可跨城市享受两地信用应用场景的守信福利，实现城市信用共享、守信联合激励。

△ 由杭州市政府主办的第九届中国（波兰）国际贸易数字博览会在杭州举行。1000 个国内外贸企业线上参展，1.5 万名来自中东欧地区的专业观众与中国企业互动洽谈。

30 日 2020 年市五一劳动奖状（章）名单通过线上发布，85 个集体获市五一劳动奖状，188 人获市五一劳动奖章。

5 月

1 日《杭州市电梯安全管理条例》施行，是杭州第一部专门规范电梯安全管理的地方性法规，共 8 章 45 条，涵盖电梯安全管理各个方面。

2 日 市长刘忻调研城市管理工作，走访下城区“红旗班”管理服务中心、天水街道灯芯巷社区、市城管局。

3 日 市长刘忻调研部分文创企业和平台，进行座谈交流，了解企业内容生产、营销创新、产业链延伸、文化出口等情况。

3—5 日 市长刘忻到萧山、余杭、钱塘新区专题调研制造业发展，考察浙江恒逸集团有限公司、传化集团有限公司、工业互联网小镇、艺尚小镇等企业和平台。

6 日 省长袁家军到杭州调研青年浙商企业，考察杭州依图医疗技术公司、涂鸦信息技术公司和每日互动网络科技公司。

△ 市新冠肺炎疫情防控工作领导小组办公室印发《关于有序恢复校外培训机构线下培训活动的通知》，杭州市各类校外培训机构经核验符合复课（复训）标准的，自 5 月 9 日起可陆续恢复开展线下培训。

△ 中国快递物流装备物资集中采购交易中心在桐庐运行。中心通过线上线下相结合的方式，为快递物流企业与装备物资供应商提供信息发布、交易撮合、集中议价采购等服务。

7 日 省委书记、省新冠肺炎疫情防控工作领导小组第一组长车俊到杭州大中小学校检查疫情防控和开学复课工作，走访杭州师范大学、杭州学军中学、杭州市保俶塔实验学校，了解疫情防控措施落实和教学情况。

△ 杭州湾数字健康创新谷在萧山经济技术开发区信息港小镇开园，首批集中签约的十大项目涉及健康大数据运营、基因检测、人工智能、互联网运动平台、数字家庭护理等领域。

10 日 市新冠肺炎疫情防控工作领导小组发布通知：5 月 18 日，全市各类幼儿园大班幼儿开学；中、小班（托班）幼儿由各地根据实际，安排在 5 月 18 日后一周内有序开学。

12 日 杭州市庆祝“5·12”国际护士节暨“最美护士”颁奖大会举行，2019—2020 年度杭州市“最美护士”和“最美援鄂护士”揭晓。

△ 杭州市召开 2020 年义务教育阶段学校招生入学工作发布会。从 2020 年开始民办学校须在审批地范围招生，报名人数超过计划数的均实行电脑随机派位录取；民办学校录取与公办学校的第一批录取同步进行，实行公办小学和民办小学同步招生。

18 日 省委书记车俊到杭州调研人才和科技创新工作，考察阿里巴巴达摩院和浙江人才大厦。

△ 京杭运河二通道海宁段全面开工。项目总投资25.43亿元，航道主线沿嘉兴海宁市与杭州余杭区边界由北向南依次穿越杭海城际铁路、沪杭高铁、沪杭高速公路和东西大道，全长4.5千米，按三级航道标准建设。

19—22日 杭州市代表团到贵州省黔东南苗族侗族自治州落实扶贫协作工作，召开东西部扶贫协作联席会议。

20日 由杭州市政府、中央广播电视总台国家（杭州）短视频基地、浙江省商务厅、浙江省广播电视集团主办的“云上杭行”“5·20”直播电商季在浙江国际影视中心启动，市长刘忻为“杭产优品”直播带货。活动现场，中国（杭州）直播电商（网红经济）研究院和产业教育学院揭牌，中国（杭州）直播电商（网红经济）专家委员会和中国会展直播产业联盟成立。

△ 杭州市召开“世界计量日”宣传周活动暨全市首批定量包装企业C标志启动仪式，发布《2019—2020年杭州市民生计量发展报告》，上线试运行杭州市民生计量公共服务平台。该平台功能主要分为数据中心、在线业务、双随机监管、信用管理、公示预警、查询统计、全民参与、系统管理8个方面。

21日 由农业农村部与联合国粮农组织、浙江省政府主办的首个“国际茶日”浙江杭州主场活动举行，主题为“茶和世界，共品共享”，通过网络开展系列宣传推广活动。

△ 市长刘忻专题调研老旧小区综合改造提升工作，踏看新工社区“片区式”改造、流水北苑“智慧立体化”改造、叶青苑“小而美”改造等项目，召开工作座谈会听取推进情况汇报。

21—22日 杭州市代表团到贵州省黔东南苗族侗族自治州从江县落实扶贫协作工作，考察从江县百香果产业示范园、扶贫搬迁安置帮扶项目，慰问贫困户，召开工作座谈会。

25—26日 市长刘忻调研社区基层治理和民政服务工作，考察小营巷社区、潮鸣街道社会治理综合服务中心、翠苑一区社区、蔡马社区等，踏看朗和国际医养中心、市社会福利中心、市救助管理站等。

27日 杭州亚运会“亚运频道”开播仪式在杭州文广集团举行。“亚运频道”由杭州亚组委和杭州文广集团共建而成，经国家广播电视总局批复同意。

28日 全国科技工作者日杭州市主场活动暨杭州市院士专家中心成立仪式举行。活动现场为杭州市院士专家中心揭牌，为十佳优秀科技社团颁授荣誉证书，为科技志愿服务队授旗。

6月

2日 亚洲残疾人运动会组委会以多方远程视频会议形式召开杭州亚残运会协调委员会第一次会议，交流亚残运会筹备工作，与亚洲残疾人奥林匹克委员会建立各业务领域联系机制。

3日 省长袁家军到杭州调研小微企业、个体工商户，召开小微企业和个体工商户座谈会，听取小微企业和个体工商户代表的意见建议，以及省级有关部门和部分市、县（市、区）工作汇报。

4日《2019年杭州市生态环境状况公报》发布。公报显示，杭州环境空气优良天数增加，全市水环境质量状况为优，生态环境质量持续改善。

5日 杭州市召开新时代美丽杭州建设推进会。会上发布《新时代美丽杭州建设实施纲要（2020—2035年）》《新时代美丽杭州建设三年行动计划（2020—2022年）》。

△ 市政府与华为技术有限公司签订战略合作协议，将在数字产业化、产业数字化和城市数字化“三化融合”领域开展全面合作。

△ 浙江省暨杭州市纪念“6·5”环境日活动在余杭区百丈镇举行，150多人参加。这次世界环境日主题为“关爱自然，刻不容缓”，中国主题为“美丽中国，我是行动者”。活动仪式上，“共治家园”平台发布。

△ 杭州中科国家技术转移中心落户高新区（滨江）。中心由市科技局、高新区（滨江）、中国科学院上海分院、中国科学院大学杭州高等研究院四方共建，以中国科学院100多个研究所为支撑，计划建设成为集成果转化、技术服务、项目孵化、投融资等功能于一体的新型研发机构。

6日 长三角区域一体化发展重大合作事项签约仪式在湖州举行。杭州市政府与中电海康集团签署共建长三角面向物联网领域“感存算一体化”超级中试中心五方战略合作协议。

△ 由省农业农村厅、市政府主办的2020年“全国放鱼日”暨浙江省水生生物增殖放流活动举行，主题为“养护水生生物资源，促进生态文明建设”，近100万尾水生生物被依次放入富春江流域。

△ 杭州首个非物质文化遗产文化馆群在余杭区瓶窑老街开放，良渚玉雕馆、余杭纸伞馆、瓶窑陶艺馆、风筝灯彩馆、蚕桑文化馆首批落户老街。

8日 市长刘忻到一线检查指导防汛工作，听取工作汇报，了解杭州市重大防洪排涝工程规划建设情况，对防汛防灾工作进行再部署。

△ 市政府办公厅印发《杭州市快递业“两进一出”工程试点实施方案》，于7月4日起施行，包括工作目标、工作任务、保障措施3个方面。

△“杭州社区智治在线平台下城平台”上线。该平台是城市大脑向社区的延伸，能实现与杭州城市大脑、“基层治理四平台”等数字化平台之间信息的快速流转，打通民政、社保、城管等部门数据以及小区物业、智能安防、市政服务、社会服务机构等信息系统，构建实时动态的基础资源数据库。

9日 城市大脑3.0在2020年阿里云峰会现场发布。城市大脑3.0强化感知能力，通过城市空间基因库链接农田、建筑、公共交通等全部城市要素，可以实现交通、医疗、应急、民生养老、公共服务等全部城市场景的智能化决策。

10日 中国（杭州）青年电商主播培训基地在钱塘智慧城成立。基地由共青团杭州市委、江干区政府主办，是以在杭大学生及创业青年为培训主体的公益性青年电商主播培训基地，计划每年重点面向高校招募和培训学员200人以上。

12日 杭州市与阿里巴巴集团2020年度联席会议召开。市政府与阿里巴巴集团签订持续深化合作加快建设“全国数字治理第一城”协议，发布合作项目内容，启动浙江云计算大数据中心二期工程、蚂蚁金服总部二期工程和菜鸟供应链金融产业园等重大建设项目。

13日 由市园文局、杭州良渚遗址管理区管委会和杭州西湖风景名胜区管委会主办的2020年杭州文化与自然遗产日主场活动在良渚古城遗址公园举行，开展创意集市、遗产乐跑、公众考古、趣味游戏等项目。开幕式上，杭州成立首个世界遗产联盟。

15日 杭州市党政代表团到舟山市考察学习，召开工作交流座谈会，签署深化合作框架协议、推进高水平开放协同合作协议以及文化旅游合作协议。在舟山期间，代表团考察东西快速路、观音文化园、舟山国际会议中心、舟山市港航和口岸局、鱼山绿色石化基地等地。

△ 由市退役军人事务局、市人力社保局主办的杭州市首届退役军人创新创业大赛启动。比赛分为新兴产业、传统产业及生活服务业、现代农业3个行业赛和精准扶贫、创新团队2个专项赛。7月11日，总决赛暨就业创业论坛举行。

16日 杭州市党政代表团到宁波市考察学习，召开工作交流座谈会，签署深化数字经济全面合作促进制造业高质量发展战略合作协议、综合交通合作协议。在宁波期间，代表团考察鄞州区下应街道海创社区、博威集团有限公司、宁波激智科技股份有限公司、方特东方神画主题乐园等地。

17日 由市纪委市监委、杭州城投集团、杭州公交集团联合打造的“510小莲清风专线”公交启动，串联起杭州主城区环西湖沿线清廉文化阵地。

18日 市十三届人大常委会第二十八次会议做出决定，自2020年起，将6月24日设立为“杭州西湖日”，将7月6日设立为“杭州良渚日”。

19日 浙大城市学院建设全国百强大学动员会召开，发布浙大城市学院建设全国百强大学行动方案。

19—24日 由国家文物局、浙江省政府主办的2020年丝绸之路周主场活动在中国丝绸博物馆举行，主题为“互学互鉴促进未来合作”。开幕式上，《2019丝绸之路文化遗产年报》发布，《世界丝绸互动地图》国际合作项目启动，“众望同归：丝绸之路的前世今生”“一花一世界：丝绸之路上的互学互鉴”两大特展开幕。

22日 市长刘忻检查安全生产工作，考察市消防救援支队指挥中心、中石化康桥油库、中石油浙江分公司停车场。

24日 省长袁家军到杭州市余杭区西险大塘检查指导防汛工作，检查西险大塘险情处置现场，察看防汛3号物资仓库和北湖蓄滞洪区庄村分洪闸工程，到省防汛防台指挥部调研自然灾害风险防控和应急救援平台开发应用情况。

△ “杭州西湖日”暨“西湖·西溪”一体化保护提升启动，西溪国家湿地公园管委会授牌，西湖西溪旅游建设管理集团有限公司揭牌。

△ 望梅路互通开放通车，星河南路入口匝道、良熟路出口匝道两处匝道同步开放。项目总投资8.9亿元，于2018年12月开工建设，由1条高架主线和4条互通匝道组成，主线南起望梅路/汀城路交叉口，北至望梅路/临丁路交叉口，长1.3千米，双向六车道，设计时速80千米。

28日 市委十二届九次全体（扩大）会议召开，审议通过《中共杭州市委关于做强做优城市大脑打造全国新型智慧城市建设“重要窗口”的决定》。

△ 由省文联、市委宣传部、中国美术学院、浙江音乐学院、西湖区政府主办的第二届之江国际青年艺术周在西湖区艺创小镇·象山艺术公社开幕，主题为“共同生活”，开展线上开幕式、展览展映、专业论坛、艺术演出、设计工坊5个板块30多项艺术活动。

29日 “忆党史，传家风，颂清廉”周恩来家风图片展开幕式暨杭州红色博物馆联盟“五送五进”活动启动仪式在中国共产党杭州历史馆（杭州市方志馆）举行。活动以杭州红色博物馆联盟为载体，将各种展览、书籍、培训、讲座、服务送进学校、社区、海创园、军（警）营、机关等。

△ 杭州市千岛湖供水工程城北线通水。城北线起点为九溪线、城北线共用段输水隧洞（大毛坞节点），终点为绕城高速公路与仁和大道交界处（仁和节点），全线长28.6千米，设计输水规模每日165万立方米，总投资28.5亿元。

△ 29日至7月1日，杭州市代表团到湖北省恩施土家族苗族自治州落实扶贫协作工作，召开扶贫协作联席会议。

30日 杭州地铁5号线火车南站站和2号线下宁桥站开通。地铁5号线火车南站站位于南站枢纽东广场地下，为地下三层岛式车站；2号线下宁桥站位于文二路与保俶北路路口以西，为地下二层岛式车站。

△ 国家（杭州）新型互联网交换中心在萧山信息通信产业园启用，浙江省新型互联网交换中心有限责任公司揭牌并投入运营。新型互联网交换中心是汇集各类互联网企业互联互通的基础平台，建设采用政府指导下的企业联合建设运营模式，各级政府在两年试点期间将给予1.6亿元财政补贴。

7月

1日 杭州南站开通暨杭绍城际线首发仪式举行。新杭州南站主体由站房、东西广场组成，总投资46.1亿元，总建筑面积26.8万平方米，是拥有7台21线的集高铁、普铁、地铁、公交、长途客车为一体的综合交通枢纽。

2日 省委书记车俊到萧山区调研省委十四届七次全会精神贯彻落实情况，考察一批企业和特色小镇，召开座谈会听取情况汇报，对做好下一步工作提出要求。

△ 杭州市召开国家新一代人工智能创新发展试验区建设领导小组会议暨新一代人工智能战略咨询专家委员会会议。会上，中国人工智能城市产业发展指数发布，杭州市人工智能研究院揭牌。

3日 杭海城际铁路项目建成通车倒计时1周年活动举行，杭海城际铁路标识和杭海城际铁路12个新站名发布。

4日 市长刘忻检查部署城市防

汛防涝工作，考察庆春广场二号路积水点、江干区防汛应急仓库、地铁7号线耕文路站施工现场、杭州南站西广场地下通道等处。

6日 “杭州良渚日”暨首届杭州良渚文化周启动活动在良渚古城遗址公园举行。启动活动上，杭州推出10条杭州三大世界遗产精品旅游线路，成立长三角杭州三大世界遗产旅游市场推广联盟。文化周期间，举办百名画家走进良渚古城油画作品展、世界遗产（良渚古城遗址）金银币发行仪式、“邮票上的世界遗产”主题展览、学术研讨会、主题体验等活动。

7日 杭州市防汛应急响应提升至Ⅰ级。10时，新安江水库坝前水位上涨至107.28米，超汛限水位0.78米，开3孔泄洪；12时，加大至5孔泄洪；16时，加大至7孔泄洪；8日9时，增至9孔泄洪，是建坝以后首度正式开启全部9孔泄洪。14日15时，新安江水库关闸，相应水位106.34米。

10日 杭州市启动实施阶段性发放失业补助金、大龄失业人员待遇延长两项扩大失业保险保障范围政策。失业补助金申领条件为2020年3—12月，领取失业保险金期满仍未就业的失业人员、参保缴费不足1年或参保缴费满1年但因本人原因解除劳动合同的失业人员，失业保险金最后发放地或最后参保地在杭州市的。失业补助金按月领取，最长可以申领6个月。

13日 市长刘忻会见以色列驻华大使何泽伟一行。

14日 中共中央政治局委员、国务院副总理胡春华到浙江义乌主持召开部分重点省市稳外贸稳外资座谈会。会前，胡春华考察杭州和义乌部分外贸企业、义乌国际商贸城和综合保税区，了解企业生产经营、出口订单、面临困难和政策落实等情况。

15日 杭州互联网法院跨境贸易法庭在中国（杭州）跨境电子商务综合试验区·下沙园区挂牌成立，跨境贸易司法平台启动。跨境贸易法庭将集中管辖杭州市辖区内应当由基层人民法院受理的跨境数字贸易、互联网知识产权等纠纷。

△ 杭州完成国家地下综合管廊试点任务，获国家第二批地下综合管廊试点奖励。

17日 杭州市上线区块链电子印章应用平台。平台依托浙江省统一电子印章平台和杭州城市大脑，将借助区块链不可篡改、全流程追溯等特性，解决企业印章管理、丢失、抢夺、伪造等安全问题。

△ 浙江省科学技术奖励大会在杭州举行。会议公布“2019年度浙江省科学技术奖”，297项科技创新成果获奖，杭州占172席。会上，为首批4个浙江省实验室授牌，分别为西湖大学牵头建设的西湖实验室、阿里巴巴达摩院牵头建设的湖畔实验室、之江实验室牵头建设的之江实验室和浙江大学牵头建设的良渚实验室。

19日 市长刘忻到天子岭督导生态环保督察问题整改工作，召开工作推进会听取杭州市生态环保督察问题整改情况汇报。

22日 商务部召开步行街改造提升专题新闻发布会，为首批5个“全国示范步行街”授牌，杭州湖滨步行街入选。

△ “全国少数民族5G示范应用第一乡”建设暨数字乡村试点工作在桐庐县莪山畲族乡启动。

25—31日 由商务部、浙江省政府主办的“外贸优品汇，扮靓步行街”出口产品转内销（杭州站）活动周在杭州湖滨步行街举行。省内近100个外贸企业采用线上线下联动模式，集中展示销售1000多款产品。线下活动吸引25万人次到场，现场成交365万元；线上活动有1171万人次观看，产生询盘41.7万次，带动成交7265万元。

27日 市政府办公厅印发《关于促进快递产业高质量发展的若干意见》，于8月26日起施行。杭州将以培育快递全产业链为目标，加快快递总部企业集聚，推动快递新模式新业态发展，到2025年力争快递产业收入超过1000亿元。

29日 杭州市发布“老兵码”，全市退役军人凭一“码”可享受优先优待优惠服务。

30—31日 省委书记车俊调研“新基建”工作并召开座谈会。30日，车俊考察一批企业和浙江大学杭州国际科创中心。31日，车俊主持召开座谈会，听取“新基建”工作汇报。

8月

6日 杭州2022年第19届亚运会“智能亚运”重点项目解决方案揭晓，涵盖智能指挥、智能安防、智能生活等10个领域的30个解决方案。

△ 杭州市社会治理现代化研究中心挂牌成立。该中心致力于研究杭州市域社会治理创新理论、开展专题学术研讨、梳理宣传基层治理先进典型等。

7日 “杭绍共护一江水，共建共享幸福河”的杭甬运河（西小江）“流域共治”启动仪式在萧山区衙前镇举

湖滨步行街 （秦文蔚 摄）

行。杭州市林水局、绍兴市水利局、萧山区治水办、柯桥区治水办签订杭甬运河（西小江）“流域共治”合作框架协议，杭州、绍兴“流域共治”联盟成立。

11日 中国政府网发布《国务院关于同意全面深化服务贸易创新发展试点的批复》，原则同意商务部提出的《全面深化服务贸易创新发展试点总体方案》，同意包括杭州在内的全国28个省、市（区域）全面深化服务贸易创新发展试点。

△ 国务院安委办召开国家安全发展示范城市创建工作第二次视频推进会，主题为“管理创新保障城市安全”，学习交流北京通州、浙江杭州、广东广州、河南洛阳等地创新城市运行管理方法、推动城市安全发展的典型经验。

13日 杭州市召开人工智能创新发展区工作推进会，总结近期试验区的工作进展，部署下一步工作，为余杭区、萧山区、滨江区和西湖区4个杭州市人工智能创新发展区进行授牌。4个区在新一代人工智能应用场景、技术研发、产业培育、成果转化、人才集聚、学术交流等方面展开先行先试。

15日 全省高水平建设新时代美丽浙江推进大会召开。杭州市在2019年全省“五水共治”（河长制）考核中获总分第一名，杭州市、建德市获“五水共治”（河长制）工作“大禹鼎”银鼎，西湖区、萧山区、余杭区、临安区获评优秀。

18日《中国城市数字治理报告（2020）》发布，从数字基础设施、数字行政服务、数字公共服务、数字生活服务4个维度，对2019年度地区生产总值排名前100位的城市数字治理水平进行研究分析。杭州数字治理指数居全国第一位。

△ 由工业和信息化部人才交流中心、浙江省科学技术协会、萧山经济技术开发区管理委员会、RoboCom国际公开赛组委会主办的第五届RoboCom（睿抗）机器人大赛全国总决赛在萧山机器人博展中心举行，主题为“拥抱科技，智造未来”，分青少年机器人大赛、机器人创业赛以及机器人乐园三部分，2万余名学生参赛。

18—19日 由中共中央统战部组织的全国无党派人士考察团到浙江围绕“提升数据要素价值，促进数字经济发展”主题调研，走访一批创新研发平台和企业，了解城市大脑的应用场景、“亲清在线”平台等，与相关部门和企业负责人进行交流。

25日 由市政府、省文化和旅游厅主办的2020年“中意”爱情文化周活动启动，主题为“爱在一起”，开展东西方爱情文化对话、爱情嘉年华、爱情文化交流展、国际相亲大会等活动。

26日 全国双拥模范城创建工作调研组到杭州调研，参观杭州市退役军人服务中心、驻杭州某部、西湖区灵隐街道——七社区和吉利集团，现场调研军地双拥共建、基层组织拥军和企业拥军等情况。

30日 2020年生命健康未来峰会暨中国（杭州）数字·健康小镇开园仪式在余杭区举行。数字·健康小镇位于未来科技城核心区块，规划面积3.2平方千米。这次开园的是小镇的启动区块，建筑面积8.28万平方米。

9月

1日 迪拜中国学校成立仪式暨2020学年开学典礼在杭州和迪拜两地以视频连线方式举行。迪拜中国学校是教育部首批在海外设立的中国学校，是教育部委托杭州市承办、杭州第二中学领办的中国教育“走出去”第一所海外基础教育中国国际学校。

△ 市政府印发《杭州市工业用地收储标准（试行）》，于10月1日起施行，对工业用地收储涉及的前期手续、区域评估、地块场地、基础配套、地块权属等6个方面内容进行明确。

3日 杭州市纪念中国人民抗日战争暨世界反法西斯战争胜利75周年仪式在抗日战争胜利浙江受降纪念馆举行，主题为“铭记历史，爱我中华”，300多人参加。

4日 淳安县两山生态资源经营有限公司授牌，为淳安“两山银行”运营主体，“两山银行”试点建设进入实质性推进阶段。

5日 第三届“杭州国际日”启幕，来自26个国家的驻华使节、商务机构和文化机构代表、国际友人参加。活动现场向新获聘“钱江友谊使者”证书的外籍专家颁发证书，第二十四届中国国际软件博览会现场签约，“一带一路”地方合作委员会官网上线。

8日 市长刘忻现场督察环保突出问题整改落实工作，察看三堡粮库码头渣土堆放、船舶装卸等情况，检查滨江区东冠公寓餐饮店的经营业态、环保措施，考察富阳区富春江环保热电公司、富阳区乌畴自然村等地。

△ 杭州2022年第19届亚运会协调委员会第三次会议通过网络视频形式召开，听取杭州亚运会筹办工作总体进展情况和各个专题陈述。

10日 全国工商联公布“2020中国民营企业500强”榜单。杭州39个企业上榜，上榜企业数蝉联全国城市第一位。

△ 美国驻沪总领事何乐进一行到杭州访问。

16日 省委副书记、代省长郑栅洁到杭州、绍兴调研，考察杭州宏华数码科技股份有限公司、浙江大华技术股份有限公司等。

16—17日 省委书记袁家军调研杭州城西科创大走廊建设，考察一批创新平台和企业，召开座谈会就“十四五”创新发展听取意见。

17日《杭州市人民政府办公厅关于支持历史经典产业保护传承创新发展的若干意见》发布，从加强历史经典产业文化保护、鼓励历史经典产业文化传承、促进历史经典产业发展、加大历史经典产业宣传4个方面予以支持。

17—18日 由阿里巴巴集团主办的2020年杭州·云栖大会首次在线上举行，主题为“数智未来，全速重构”，通过官网为全球科技人发布前沿科技、技术产品、产业应用等领域的新成果。

18日 全市推进新消费工作会议召开，发布100个新消费企业榜单，推出“新消费·醉杭州”城市消费品牌，宣布实施“欢乐购物在杭州”“畅快旅游在杭州”“舒心服务在杭州”“夜间消费在杭州”“放心消费在杭州”五大工程。200多场线上线下联动的“消费嘉年华”活动开展。

18—20日 第七届中国(杭州)国际电子商务博览会举行。博览会主题为“新零售·新商业·新消费”,开展8场论坛、30多场活动,500多个企业参与。网络直播销售额超过7000万元,2.17万名专业观众通过线上进行登记注册。

21日 生态环境部公告第四批“绿水青山就是金山银山”实践创新基地命名名单,全国共35个地区入选。淳安是杭州唯一入选县,也是杭州首个“绿水青山就是金山银山”实践创新基地。

△ 杭州市第十六届“美德少年”(新时代好少年)颁奖活动在杭州文广集团举行。朱紫萱、占天予、华雨萱、张文升、陈奕诺、徐梓晨、万李朋、范欣航、黄天瑜、邢铭轩10名学生被授予杭州市第十六届“美德少年”(新时代好少年)称号。

22日 省委书记袁家军率浙江省代表团到杭州市对口扶贫协作地区——湖北省恩施土家族苗族自治州学习考察并开展扶贫协作工作。其间,举行杭恩东西部扶贫协作抗疫抗灾特殊帮扶资金援赠仪式。

△ 杭州2022年第19届亚运会倒计时2周年活动在省人民大会堂举行。杭州亚运会体育图标发布,志愿者口号同步启动征集,“智能亚运一站通”小程序上线,《嗨,亚运》系列纪录片宣布开机。

△ 第十二届“西湖·日月潭”两湖论坛通过杭州市与南投县两地视频连线方式举行,主题为“情牵两湖,共谋发展”,围绕疫情防控、社区建设、民宿合作等议题开展交流合作。

△ 由中国长三角地区职工劳动技能创新立功竞赛办公室、浙江省总工会主办的2020年长三角G60科创走廊城市暨浙江省职工网络安全攻防技能大赛在杭州举行,长三角地区29个城市所属的36支代表队、108名选手参赛。开幕式上,G60科创走廊九城市总工会的代表共同签订“关于建立G60科创走廊工匠联盟的议定书”。

△ 由杭州市人力社保局、杭州市科技局、建德市委、建德市政府主办的首届中国·建德高层次人才创业大赛启动,主题为“创响全球,遇建未来”,征集到生物医药、新材料、通用航空、智能制造等未来产业领域的参赛项目100多个。11月15日,举行总决赛,决出一等奖2名、二等奖3名、三等奖5名。

23日 省委书记袁家军率浙江省代表团到武汉考察,召开浙江·湖北扶贫协作工作座谈会,杭州市与恩施土家族苗族自治州签署乡村振兴合作协议。

△“智慧城市:创新城市交通解决方案和城市流动力”线上市长圆桌会议召开,杭州、济南、广州、成都和西安等城市的市领导与俄罗斯、土耳其、哈萨克斯坦等国家城市的市长们在“云端”探讨现代化都市交通治理之道。

23—25日 2020年中国大运河文化带京杭对话活动在北京举行,主题为“运河上的京杭对话,共建共享新未来”,展示大运河文化带建设成果,开展“1+8+N”系列活动,国内外政产学研各界嘉宾为大运河保护传承利用建言献策。

23—26日 由团省委、省人力社保厅主办的2020年浙江省青年职业技能竞赛在杭州职业技术学院和萧山技师学院举行,主题为“技能成才报祖国,青春奋进新时代”,来自全省11个地市和省直代表队的240人参赛,设置“学生组”和“职工组”两个竞赛组别。

24日 中国(浙江)自由贸易试验区扩展区域挂牌仪式在省人民大会堂举行,宁波片区、杭州片区、金义片区揭牌,首批入驻浙江自贸试验区扩展区域的10个企业接受授牌。杭州片区功能定位为“两试验两示范”,实施范围37.51平方千米,包括钱塘区块10.10平方千米(含杭州综合保税区2.01平方千米)、萧山区块16.09平方千米和滨江区块11.32平方千米。

25日 由市委宣传部、市文化广电旅游局、市商务局、市总工会、上城区委、上城区政府主办的2020年南宋文化节在清河坊历史街区开幕,主题为“御见清河坊·宋韵最杭州”,围绕“秀、剧、赛、展、会”五大板块传播南宋文化,推出20多项文商旅特色系列活动。

△ 第四届“杭州工匠”认定发布会举行,新一批30位“杭州工匠”名单揭晓。发布会上首次推出“匠心卡”,杭州工匠凭“匠心卡”可以在大杭州范围免费游览指定公园及乘坐公交、地铁等。

29日 省长郑栅洁到杭州城西科创大走廊、之江实验室、阿里巴巴达摩院调研科技创新工作。

△ 杭州市召开企业首席质量官制度深化大会,成立杭州市首席质量官联盟,计划打造成为政企间服务互通的平台。首批86个规模以上企业的首席质量官加入联盟。

△ 第十六届中国国际动漫节在杭州开幕,10月4日闭幕。动漫节通过线上线下相结合的方式,举办会展、论坛、商务、赛事、活动五大板块共45项活动,65个国家和地区、2680个中外企业机构、5886名客商展商和专业人士参与各项活动。

10月

1日《杭州市居家养老服务条例》施行,共8章50条,在配建服务设施、推进医养结合、保障特殊困难老年人需求等方面做出规定。

△《杭州市钱塘江综合保护与发展条例》施行,是杭州首部关于钱塘江综合保护和发展的基础性法规,共7章37条,提出钱塘江保护与发展的总体原则,明确钱塘江及两岸区域综合保护与绿色发展的实施路径及法律责任。

8—10日 杭州市代表团到新疆维吾尔自治区阿克苏市落实对口支援工作,召开两地对口支援工作座谈会。杭州市政府向阿克苏市捐赠公共卫生帮扶资金,签署合作协议。

13日 中央第四巡视组巡视浙江省工作动员会召开,杭州被纳入这次巡视监督范围。

15日 由省发改委、省科协、市政府主办的2020年第六届全国“双创”活动周浙江省分会场在杭州钱塘新区钱塘芯谷启动,主题为“创新引领创业,创业带动就业”。活动现场举办钱塘芯谷揭牌仪式及芯谷首批落户项目授牌仪式。钱塘芯谷是钱塘新区六大产业平台之一，规划总面积138平方千米，以半导体产业、未来产业为主导方向。

15—16日 住浙全国政协委员考察团到淳安县围绕“践行‘绿水青山就是金山银山’理念，加强水源地生态保护”主题开展考察，召开座谈会听取情况介绍。

16日 省委书记袁家军到杭州调研民营企业，考察杭州娃哈哈集团有限公司下沙第二基地、浙江杭可科技股份有限公司生产车间、正泰集团股份有限公司创新体验中心，召开探索构建新发展格局座谈会。

△ 杭台青年文化艺术交流活动在杭州连横纪念馆举行，主题为“情牵两岸，携手圆梦”，分设杭台青年艺术家书画交流展、花艺展、《台湾通史》出版物展和专题讲座，以及杭台青年文艺联欢晚会。

16—18日 由市政府、省科学技术厅主办的第二届中国（杭州）国际智能产品博览会暨2020年全球人工智能大会在杭州国际博览中心举行，主题为“AI启杭，无限想象”，设主题论坛、高峰论坛、大赛活动、品牌展览四大板块。

17日 杭州高新区成立30周年纪念大会在杭州奥体中心网球中心举行。会上举办2020年杭州湾全球数字技术大会暨中国创新创业大赛浙江赛区总决赛启动仪式、北航量子楼奠基和重大设施签约仪式等活动。

△ 2020年全国脱贫攻坚奖表彰大会暨首场脱贫攻坚先进事迹报告会在北京举行，传化集团有限公司董事长徐冠巨被授予全国脱贫攻坚奖创新奖。

18日 杭州电视台综合频道全英文栏目《走近亚运》开播。节目定位“亚运与城市”，以“杭州城市成长”为核心内容，以高知群体、国际友人为主要受众群体。

18—19日 由中国侨联、浙江省侨联、杭州市政府主办的创业中华——2020年侨界精英创新创业峰会在杭州举行。开幕式上，中国侨联授予杭州“创业中华，辉煌十年”纪念牌，省侨联为西湖区紫金港科技城“侨界创新创业基地”授牌，“长三角城市侨创联盟”签约，浙江省“万企引万才”活动启动，“创业中华”10周年选树颁奖活动和项目签约仪式举行。2020年侨界精英创新创业峰会长三角城市侨创论坛同步举行。

19—21日 由商务部、杭州市政府主办的第十一届中国国际服务外包交易博览会在杭州举行，主题为“推进万物互联，开拓数字化外包，构建智慧型社会”，以线上线下相结合的方式，开展国际服务外包发展论坛、中国数字服务暨服务外包领军企业推介会等13场专题论坛、会议及对接推介活动。

20日 全国双拥模范城（县）命名暨双拥模范单位和个人表彰大会在北京举行，杭州市被授予“全国双拥模范城”称号。

△ 杭州市被住房和城乡建设部等7个部委列入新型城市基础设施建设试点城市。

21日 杭州亚运会核心图形“润泽”与色彩系统“淡妆浓抹”揭晓，官方会刊、杂志《杭州亚运》创刊首发，海外融媒体运维中心成立。

23日 全省助力决战决胜脱贫攻坚推进会暨东西部扶贫协作奖表彰大会在杭州举行，杭州11个集体和38名个人受表彰。

△ 中国民航局公布国家首批13个民用无人驾驶航空试验基地（试验区），杭州以城市场景为目标定位，成为浙江省唯一入选地区。

23—24日 第四届世界杭商大会在杭州举行，主题为“云聚钱塘，杭向未来”，设置10个海内外分会场，400多个杭商出席开幕式和主论坛。

26日 国家知识产权局批复同意建设中国（杭州）知识产权保护中心，面向高端装备制造产业开展知识产权快速协同保护工作。

26—29日 全国人大常委会副委员长、民革中央主席万鄂湘率民革中央调研组到浙江就“加快新一代信息技术发展应用，助推新型智慧城市建设”课题开展专题调研，考察杭州城市大脑运营指挥中心、西湖大学云栖校区和下城区潮鸣街道社会治理综合服务中心，召开座谈会听取智慧城市建设工作成效与意见建议。

29日 西湖西溪一体化保护提升推进大会召开，发布西湖西溪六大文化项目，包括“宋韵留芳”“爱情诗路”“苏风流韵”“北街梦寻”“忠义传奇”和“金石魅力”。

△ 由市政府、浙江大学、中国美术学院主办的第十四届杭州市文化创意产业博览会在白马湖国际会展中心开幕，11月1日闭幕。博览会主题为“创意杭州·联通世界”，设抖音“创意精抖云”“东家风物”两大线上分会场，主会场接待嘉宾观众6万余人次，两大线上分会场点击量9.3亿人次。

30—31日 由杭州市政府、中国证券投资基金业协会、浙江省地方金融监管局主办的第六届全球私募基金西湖峰会在杭州举行，主题为“‘双循环’促创新：私募基金的新发展格局”，全球私募基金行业领袖、专家学者、金融精英参加。会上，深圳证券交易所浙江基地揭牌，落地玉皇山南基金小镇。

31日 国际（杭州）毅行大会暨绿道毅行线下活动在杭州市民中心主会场及13个区县（市）同时开幕，1.5万名毅行者参加。活动于9月30日启动，分线上赛和线下赛两个板块，共25万余人次参加。

11月

1日 浙江大学医学院附属第一医院总部一期启用。项目位于余杭区，建设用地13.47万平方米，总建筑面积30.65万平方米，开放床位1500张，设计门诊量每日8000人次。

2日 由两岸企业家峰会现代服务业及文化创意产业合作推进小组、杭州市政府、浙江省台办主办的两岸企业家峰会文创产业合作联盟成立大会暨2020年杭州—台湾“创意对话创意”高峰论坛在杭州创意设计中心举行。论坛关注“两岸青年创新创业”，借助互联网技术，联动台湾、杭州两地高校举办“新燃点·融大奖”青年设计大赛。

3日 全国政协副主席马飚率全国政协无党派人士界别委员专题视察团到杭州就“文化领域知识产权保护”开展专题视察，与相关机构单位和企业负责人交流，听取意见和建议，了解杭州文化领域知识产权保护工作成效。

△ 杭州市开通24小时儿童救助保护热线“0571-12349”，为全市有

需要的儿童提供六大类咨询服务。

3—4日 由工业和信息化部、浙江省政府主办的2020年中国服务型制造大会在余杭区举行,主题为"新变革,深融合,强驱动"。会上,服务型制造研究院揭牌并启用,服务型制造标准化工作启动仪式举行。

3—6日 由共青团中央、人力资源和社会保障部主办的第十六届"振兴杯"全国青年职业技能大赛(学生组)决赛在杭州举行,主题为"技能成才报祖国,青春奋进新时代",设置计算机网络管理员、机床装调维修工、模具工(冲压)3个职业(工种),来自全国各地的226名学生选手参赛。

4日 由中国文化遗产研究院、浙江省文物局、杭州市政府主办的2020年中国世界文化遗产年会暨城市市长论坛在良渚古城遗址举行,主题为"世界文化遗产价值传承与城市可持续发展"。会上发布《良渚宣言》、2019年度中国世界文化遗产优秀监测年度报告、良渚世界文化遗产监测系统"遗产大脑"。

5—6日 由科技部、财政部、教育部、中央网信办、全国工商联指导举办的第九届中国创新创业大赛全国总决赛在杭州举行,主题为"科技创新,成就大业",涵盖7个战略性新兴产业,34个企业参加总决赛。

8日 由欧美同学会、浙江省委、浙江省政府主办的2020年杭州国际人才交流与项目合作大会在杭州国际博览中心举行,35个国家和地区的人才线上线下参会,67位海内外院士出席,举办35场系列活动。

△ 长三角G60科创走廊以一体化高质量发展促进国内国际双循环政策发布会在上海国家会展中心举行,发布《关于支持长三角G60科创走廊以头部企业为引领推动产业链跨区域协同合作的实施意见》《推进上海西部五区科技和产业协同发展实现与长三角G60科创走廊联动发展的战略合作框架协议》等多个政策,成立长三角G60科创走廊专家咨询委员会和G60科创走廊国家移民政策实践基地。

9—11日 中共中央政治局常委、中央纪委书记赵乐际到浙江调研。在杭州期间,赵乐际到杭州申昊科技股份有限公司等地调研,了解基层党风政风情况,听取意见建议。

11日 市委人才办、市人力社保局、市财政局联合印发《杭州市加快发展人力资源服务业实施细则》,于2021年1月1日起施行,有效期至2023年12月31日,涵盖加大龙头企业集聚、加大产业园建设、鼓励企业创新发展和品牌发展、支持中介机构引才、鼓励参与重大发展战略、加大行业人才队伍建设、鼓励搭建交流合作平台等方面。

△ 天猫"双十一"全球狂欢季(11月1—11日)总成交额4982亿元,比2019年"双十一"增长85.6%。

12—18日 由中国电子信息行业联合会、浙江省经信厅、杭州市政府主办的第二十四届中国国际软件博览会在杭州举行,主题为"软件铸魂,数智转型",展示面积超过2000平方米,分为3个展区7个类别,100多个企业和机构在现场设展。会上发布"2020年度软件和信息技术服务竞争力前百家企业名单",杭州有11个企业上榜。

13日 省长郑栅洁在杭州走访万向集团公司、正泰集团股份有限公司两个非公有制联系点企业,召开企业家座谈会,征求对浙江省"十四五"规划的意见建议。

13—14日 由世界旅游联盟主办的"2020世界旅游联盟·湘湖对话"在萧山区举行,主题为"信心与变革——面向未来的旅游业"。会上发布《世界旅游发展报告2020:市场复苏的信心与产业变革的挑战》。

16日 科技部火炬中心公布2020年第二批国家火炬特色产业基地名单,萧山信息港小镇新一代人工智能特色产业基地上榜。

18日 2020年中国幸福城市论坛暨颁奖典礼在杭州举行,杭州获"中国最具幸福感城市"称号、"企业家幸福感最强市"称号及组委会特别奖——"新时代数字治理标杆城市"。

20日 杭州都市圈第十一次市长联席会议在嘉兴海宁市召开,主题为"共谋高质量发展,同创更美好生活",杭州、湖州、嘉兴、绍兴、衢州、黄山、宣城7个都市圈成员城市的党政领导和参会代表参加。会议通过《杭州都市圈发展规划(2020—2035年)》,明确杭州都市圈未来15年的发展蓝图。

△ 全国精神文明建设表彰大会在北京举行,杭州市第4次获"全国文明城市"称号,建德市首次获"全国文明城市"称号。中央文明办对杭州市、桐庐县等33个复查测评成绩靠前的全国文明城市(区)进行通报表扬。

24日 全国劳动模范和先进工作者表彰大会在北京举行,杭州有11人被评为全国劳动模范,6人被评为全国先进工作者。

28日 由中国企业评价协会、杭州市政府、浙江省商务厅主办的"2020中国新经济企业500强发布会"在杭州举行,公布2020中国新经济企业500强榜单。42个杭州企业上榜。

12月

1日 全市抗击新冠肺炎疫情总结表彰大会在省人民大会堂举行,表彰为抗击新冠肺炎疫情做出突出贡献的先进个人和先进集体。

△ 由工业和信息化部、浙江省政府主办的第二届中国工业互联网大赛决赛在余杭区举行,主题为"新基建,新动能,新经济",来自全国各地的1457个项目参赛,20个项目入围全国总决赛。

2日 文化和旅游部公布第二批国家级全域旅游示范区名单,桐庐县入选。

3日 由杭州市文化创意产业发展中心和意大利托斯卡纳传统手工艺联盟发起共建的"杭州意大利文化创意产业交流中心"在2020年杭州国际工艺周启幕活动上揭牌。该中心设在意大利佛罗伦萨市的托斯卡纳传统手工艺联盟内,常态化推进两地之间的文化产业项目合作和文化贸易。

4—6日 由省交通运输厅、省发展改革委、省经信厅、萧山区政府主办的第三届浙江国际智慧交通产业博览会在杭州国际博览中心举行,主题为"交通强国新征程,产业发展新动能",设置6个线下展馆和线上云展,线下展览面积约3万平方米,集中展示国内外综合交通产业新技术、新产品、新模式、新业态。

6日 杭州市三江汇未来城市建设管理委员会成立，在杭州市钱江新城建设管理委员会挂牌。

11日 杭州市文史研究馆开馆。该馆位于下城区岳官巷4号市级文物保护单位吴宅内，总面积约3200平方米，展陈面积近1000平方米，分为“中国历史进程中的杭州足迹”“全球文明交流中的杭州角色”“中华文明史上的杭州韵味”“人民政协专题”4个展厅，展示杭州传统文化。

15日 市委十二届十一次全体（扩大）会议召开，审议通过《关于制定杭州市国民经济和社会发展第十四个五年规划和二〇三五年远景目标的建议》。

16日 亚奥理事会第39次全体代表大会在阿曼首都马斯喀特召开。杭州亚组委以远程视频方式参会并做筹办进展陈述。亚奥理事会允准杭州亚组委提交的关于优化竞赛项目设置的方案，在保持40个大项不变的前提下，增设电子竞技、霹雳舞2个项目。

△ 杭州市首个既有住宅加装电梯售后服务中心（西兴站）在滨江区西兴街道缤纷小区启用。中心覆盖区域为缤纷小区、缤纷西苑和缤纷北苑，执行24小时监管制度。

17日“数字城市，标准引领”——可持续发展标准国际现场会暨全球可持续发展标准化城市联盟（简称ISSCC）大会在江干区举行，来自国家部委、全国各省（自治区、直辖市）的城市管理者和标准化专家学者，可持续发展、数字城市国际专家，以及ISSCC国际城市代表在线上参会，分享数字城市建设与管理的经验和成果，探寻数字城市发展的路径和方向。

17—18日 由市政府、省经信厅主办的2020年空天信息大会在云栖小镇召开，主题为“空天地海，数智融合”，设置主峰会、空天信息产业论坛、路演会、无人机秀、闭门论坛等环节。中国空间技术研究院杭州中心揭牌，落地云栖小镇。

19日 之江实验室·AI莫干山基地项目开工仪式在德清举行。该项目是之江实验室的第一个外建科研基地，计划总投资约5亿元，建设用地4.87万平方米，包括AI论坛中心、服务中心、科研办公用房等。

22日 省委、省政府举行全省“县县通高速”集中通车暨“十四五”综合交通重大项目开工仪式，杭州绕城西复线杭绍段、千黄高速淳安段、建金高速3条高速公路集中通车。

24日 中国（浙江）自由贸易试验区杭州片区建设推进大会召开，发布杭州片区建设方案和创新清单，为杭州数字自由贸易研究院授牌。

25日 文化和旅游部、国家发展改革委、财政部公布第一批国家文化和旅游消费示范城市名单，杭州市入选。

△ 文化和旅游部命名9个园区为国家级文化产业示范园区，杭州白马湖生态创意城入选。

26日 由中国国际茶文化研究会、浙江大学、中华全国供销合作总社杭州茶叶研究院、中华茶人联谊会、杭州市政府等主办的第七届中华茶奥会在西湖区龙坞茶镇举行，主题为“科技茶奥，品质茶奥，人文茶奥，活力茶奥，时尚茶奥”，300多名选手角逐四大类10个组别的70个奖项。赛事期间，举办“茶文化传播与茶产业高质量发展”高峰论坛。

28日 德寿宫遗址保护展示工程暨南宋博物院（一期）项目开工。项目用地面积3.47万平方米，总建筑面积1.78万平方米，考古发掘面积0.69万平方米。

29日 市十三届人大常委会第三十二次会议做出决定，自2021年起，将5月3日设立为“杭州市民日”。

△ 杭州成功创建国家文化和旅游消费示范城市，白马湖生态创意城被文化和旅游部命名为“国家级文化产业示范园区”。

30日“开通300+，决战516，喜迎亚运会”暨地铁新线开通仪式举行，杭州地铁1号线三期、6号线一期、杭富线（与6号线贯通运营）、7号线首通段同步开通运营。杭州地铁线网通车里程由206千米延伸至306千米。

△ 省民政厅、省建设厅、省文化和旅游厅、省文物局公布第二批“浙江省千年古镇（古村落）地名文化遗产”名单。滨江区西兴街道、萧山区临浦镇、建德市寿昌镇入选第二批“浙江省千年古镇地名文化遗产”，富阳区场口镇东梓关村、建德市寿昌镇乌石村入选第二批“浙江省千年古村落地名文化遗产”。

31日 杭州市社会治理综合服务中心启用。该中心位于市民中心，指挥协调全市社会治理各项工作，承担市域社会治理“六和工程”运行协调、社会治理综合信息指挥、政法一体化办案运行监督、公共法律服务、社会矛盾纠纷指导服务、城市安全宣传等职能。

（市委办公厅 市政府办公厅 年鉴编辑部）

责任编辑 郦 晶

2021
杭州年鉴
City Overview

06 市情综览

自然环境

【地理位置和面积】杭州市地处东南沿海的长江三角洲南翼。市区地处钱塘江下游、京杭运河南端，是中国东南部的重要交通枢纽。市域界于北纬29°11′~30°34′和东经118°20′~120°37′之间。全市土地面积16850平方千米（根据第二次土地利用调查），其中市区土地面积8289平方千米。全市土地面积构成中，山地丘陵占65.6%，平原占26.4%，江、河、湖、荡、水库占8%。杭州森林资源集中在临安、淳安、建德、桐庐、富阳等地，以临安、淳安森林资源最为丰富。至2020年年末，全市森林面积112.65万公顷，森林覆盖率66.85%，居全国省会城市、副省级城市第一位。（市林水局）

【地貌】杭州境域地貌类别多样，大地构造处于扬子准地台钱塘台褶带。近期现代构造运动趋向缓和，地震活动显得微弱，自公元2世纪以后，有记载的4级以上地震6次，多为弱震（3~5级）和微震（1~3级）。杭州有记载的最强地震为5级（929年）。杭州西北部和西部系浙西中山丘陵区，主要山脉有天目山、白际山、千里岗山等，全市最高点是海拔1787米的清凉峰。市区丘陵分布在城区西南部向北东—南西向延伸。主城区主要有吴山、紫阳山、玉皇山、北高峰、云居山、三台山、翁家山、将台山、老和山、月轮山、五云山、狮峰、半山、天马山、二龙头、屏风山、凤凰山、青龙山、老焦山、龙门山、玉泉山等。杭州东北部和东南部属浙北平原地区，地势低平，海拔3~6米，地表江河纵横，湖泊密布。（年鉴编辑部）

【湖泊河流】杭州市境内主要河流有钱塘江、苕溪、京杭运河（浙江段干流）。钱塘江发源于安徽省休宁县龙田乡江田村，干流长度609千米，其中杭州市境内220千米。苕溪发源于临安区太湖源镇白沙村，干流长度160千米，其中杭州市境内90千米。京杭运河（浙江段干流）以嘉兴市乌镇镇虹桥村起算，至杭州三堡船闸，河流长度为83千米，其中流经杭州长度37.15千米。新安江水库又名“千岛湖”，108米水位时水域面积531.66平方千米，总库容2160亿立方米。杭州市境内水面面积1平方千米以上湖泊共5个，分别是西湖水面面积6.39平方千米、南湖水面面积4.17平方千米、湘湖水面面积3.05平方千米、三白潭水面面积1.12平方千米、白马湖水面面积1.01平方千米。杭州湾以钱塘潮著称，是中国沿海潮差最大的海湾。

【水资源】2020年，杭州市水资源总量218.89亿立方米，比上年增长16.4%。其中，地下水资源量38.75亿立方米，地表水资源量216.69亿立方米。产水系数0.65。地表水资源空间分布与降水量空间分布基本相似，总体趋势由西部山区向东部平原递减。全年杭州市用水总量29.76亿立方米，按常住人口计算，人均水资源量1833.9立方米。用水总量、万元地区生产总值用水量较上年分别下降3.9%、8.0%。（市林水局）

【矿产资源】杭州市矿产资源中，金属矿产资源有限，具矿床规模的黑色金属、有色金属、贵金属矿产15种，矿产地20处，达到中型规模的矿床3处。非金属矿和建筑石料蕴藏量丰富，有矿产18种，矿产地42处，探明大中型矿床12个。其中，石灰岩资源在浙江省有优势，方解石和石材资源量大。历史上蕴藏丰富的膨润土资源，经多年开采，已无资源优势。

【土壤】根据1979—1985年的第二次土壤普查，杭州市土壤总面积15027平方千米。全市成土环境复杂多变，土壤性质差异较大，共有9个土类、18个亚类、59个土属及149个土种。土壤分布主要受地貌因素制约，随地貌类型和海拔高度的不同而变化。全市土壤中，红壤分布最广，占土壤面积的一半以上；水稻土次之，约占14%。（年鉴编辑部）

【植物】杭州市植物种类繁多。据不完全统计，全市有维管植物214科1000多属2800种，仅西湖山区和西天目山等地就有高等植物246科974属2160种。其中：苔藓植物291种，隶属60科142属；蕨类植物151种，隶属35科68属；种子植物1718种，隶属151科764属。总体上，杭州市的植物温带、亚热带区系成分特征显著，热带区系成分占有一定比例，特有、珍稀植物丰富。据1999年国务院公布的第一批国家重点野生植物名录（共264种），杭州市有国家重点保护野生植物31种，其中一级保护的有中华水韭、银杏、南方红豆杉、天目铁木、银缕梅、莼菜6种，天目铁木为杭州特有种。

【野生动物】杭州多样的自然环境和温湿的气候孕育了丰富的野生动物资源。鱼类区系由北方平原、北方山区、江河平原、上第三纪、热带平原、中印山区、海水7个鱼类区系复合体组成。陆生脊椎动物主要分布于西南山区和临安北部山区。无脊椎动物以昆虫类繁盛。根据杭州市湿地资源调查（2005年）及历史记载，全市有鱼类178种，其中国家一级保护动物1种、二级保护动物3种。根据杭州市陆生野生动物资源调查（2005—2007年）及历史记载，全市有陆生野生动物506种，属于国家级重点保护动物74种，其中国家一级重点保护动物11种、国家二级重点保护动物63种。（市林水局）

【气候特征】杭州地处亚热带季风气候带，温和湿润，雨量充沛，光照充足，四季分明，春秋较短，冬夏较长。春季一般始于3月上旬至中旬，春季回暖早，冷暖转换快，气温日差较大。夏季平均始于5月中旬至下旬，初夏常为梅雨季节，高湿闷热；盛夏晴热少雨，也是台风影响最频繁时期。秋季多开始于9月下旬至10月初，多秋高气爽的天气。冬季多开始于11月底至12月初，多晴冷天气。

由于受冬夏季风的影响以及山脉、海洋的共同作用，杭州气象要素和气候资源分布呈现明显的地带性差异和地形小气候特征。

气候温和，呈变暖趋势，21世纪以后杭州主城区年平均气温都在17℃以上。雨量充沛，年际变化大，年降水量最多年为最少年的2.5倍；年内降水分布不均，主要集中在3—9月的汛期，约占全年降水量的75%。雨日较多，占全年40%以上。日照充足，但年日照时数最多年和最少年差异较大，属于太阳能资源不稳定地区。盛行风随冬夏季风的交替而变化，冬半年盛行西北风，夏半年盛行偏东风和西南风。受地形影响，杭州西部丘陵山地普遍存在山谷风资源，东部沿杭州湾的平原地区存在海陆风资源，可改善区域小气候环境。受丘陵山区地形分布影响，气候因子垂直分布差异大，小气候资源十分多样。降水一般在海拔千米以下随高度上升而递增，千米以上又随高度上升而减少。

2020年，杭州市年平均气温17.9℃，较常年（16.8℃）偏高1.1℃，是2000年以后第21个连续偏暖年份，气候变暖趋势持续。主城区年平均气温18.3℃，较常年（17.0℃）偏高1.3℃。全市平均年降水量1882.0毫米，较历史同期（1488.9毫米）偏多393.1毫米，是历史上第5位。主城区降水量1664.2毫米，较常年（1438毫米）偏多226.2毫米。雨日数全市平均230.4天，较常年（187.4天）偏多43.0天，是历史上第15位。全市平均年日照时数1426.7小时，较历史同期（1754.8小时）偏少328.1小时。主城区年日照时数1619.3小时，较常年（1709.4小时）偏少90.1小时。年内极端天气气候事件偏多，对经济、社会和人民生命财产安全造成明显影响。

气　温　2020年，杭州市年平均气温17.2～18.3℃，其中，主城区18.3℃。杭州主城区1月平均气温7.3℃，较常年（4.6℃）异常偏高2.7℃；2月平均气温9.9℃，较常年（6.4℃）异常偏高3.5℃；春季（3—5月）平均气温17.7℃，较常年（16.0℃）偏高1.7℃；夏季（6—8月）平均气温28.0℃，较常年（27.3℃）偏高0.7℃；秋季（9—11月）平均气温19.4℃，较常年（18.8℃）偏高0.6℃；12月平均气温6.9℃，与常年（7.0℃）持平。全市极端最高气温为39.0℃，出现在主城区，出现日期为8月15日。全市极端最低气温为-7.3℃，出现在临安，出现日期为12月31日；主城区极端最低气温为-5.8℃，出现日期为12月31日。

降　水　2020年，杭州市年降水量1664.2～2249.3毫米，与常年相比偏多，幅度在15.7%～48.4%之间。全市1月降水量227.6毫米，较常年（80.6毫米）偏多147.0毫米；2月降水量82.4毫米，与常年（88.2毫米）持平；春季（3—5月）降水量353.0毫米，较常年（392.4毫米）偏少39.4毫米；夏季（6—8月）降水量685.4毫米，较常年（554.4毫米）偏多131.0毫米；秋季（9—11月）降水量294.6毫米，较常年（273.5毫米）偏多21.1毫米；12月降水量21.2毫米，较常年（48.9毫米）偏少27.7毫米。

2020年，杭州市雨日数215～259天，与常年相比偏多，幅度在29.3～64.8天之间。主城区年雨日数为221天，比常年均值（189.6天）偏多31.4天。

日照时数　2020年，杭州市年日照时数1317.7～1619.3小时，与常年相比偏少，幅度在90.1～453.1小时之间。全市1月日照时数73.9小时，较常年（102小时）偏少28.1小时；2月日照时数108.5小时，较常年（97.2小时）偏多11.3小时；春季（3—5月）日照时数461.8小时，较常年（421.7小时）偏多40.1小时；夏季（6—8月）日照时数467.1小时，较常年（542.3小时）偏少75.2小时；秋季（9—11月）日照时数388.8小时，较常年（417.5小时）偏少28.7毫米；12月日照时数119.2小时，与常年（120小时）持平。

霾　2020年，杭州市全年霾日数57天，比近5年（2015—2019年）平均减少25天，霾日数减少30%；市区能见度持续改善，10千米以上高能见度天气占比近50%。

【主要天气气候事件】2020年，杭州市极端天气气候事件频发。气温持续偏高，全年有7个月的月平均气温较常年偏高2℃以上；入春、入夏偏早，入秋、入冬偏迟。冬季气温创新高，最低气温低于0℃天数为有气象记录以来最少，极端最低气温为有气象记录以来最高值，出现1951年以来的最强暖冬。春季雷雨大风、冰雹等强对流天气频发，杭州市区龙门坎村出现30.8米/秒的大风。夏季入梅早，梅期长，梅雨量大，出梅后高温干旱，台风影响为零。秋冬降水持续偏少，全市出现轻、中度干旱。年末北方冷空气活跃且强度偏强，出现低温雨雪冰冻天气。

暖　冬 2019年12月至2020年2月，杭州气温持续偏高，月平均气温普遍偏高2℃以上，其中2月平均气温偏高3.5℃。冬季低于0℃天数仅1天，为有气象记录以来最少。各地冬季平均气温在7.7～8.8℃之间，除淳安外均是1951年以来最高值，为中华人民共和国成立后的最强暖冬。

春季强对流 2020年3月21日，杭州市主城区、萧山、余杭、富阳、临安等地出现暴雨，部分地区伴有8~10级雷雨大风和局地冰雹。过程降水量最大为临安太阳村98毫米，风力最大为富阳永安山26.9米/秒（10级）。西湖转塘、萧山闻堰、富阳受降等地出现小冰雹。3月26日，杭州多地出现雷雨大风和局地小冰雹，降水量最大为余杭仁和街道永胜村52毫米，风力最大为淳安千岛湖镇姥山26.2米/秒（10级）。4月12日，杭州市出现雷雨大风天气，共有66个站点出现8级以上的大风天气。其中，主城区龙门坎村30.8米/秒，临安仙人顶28.4米/秒，萧山新围村27.6米/秒。

超强梅雨 2020年5月29日入梅，较常年早14天，7月18日出梅，较常年晚10天；梅期长达50天，接近常年的2倍；梅雨量达815毫米，超过常年梅雨量的3倍，仅次于1954年（1137毫米），列历史第2位。新安江流域及其上游地区先后出现9场暴雨，水位暴涨，新安江水库首次九孔泄洪，半小时泄洪量相当于整个杭州西湖的储水量。

寒　潮 2020年2月15日，受强冷空气影响，杭州市降温10~12℃，余杭和临安的西北部山区出现降雪，临安龙岗镇天池积雪深度3.8厘米。全市共有25个站点风力大于8级，最大为余杭径山寺10级。3月27日起，受寒潮影响，全市降温13~16℃；3月29日，全市大部分地区最低气温在4℃以下，高山区在0℃以下。余杭、临安、桐庐、富阳等地山区出现雨夹雪和雪，局部积雪1~2厘米。12月29日中午起，受寒潮影响，全市出现低温雨雪冰冻天气，过程降温10～13℃。平原地区有雨夹雪和雪，山区有积雪，西北高山区最大积雪深度8~11厘米。29日下午至30日，有78个站（占比15%）出现8级以上偏北大风，最大为临安天目山镇老殿27.1米/秒（10级），主城区最大为龙门坎村25.8米/秒（10级）。

夏季高温 杭州市自2020年7月18日出梅以后，晴多雨少。其中，7月29日至8月24日，除午后有分散性雷阵雨外，基本为晴热天气。特别是8月9—24日，全市出现持续晴热高温天气，主城区有6天最高气温超过38℃。其中，8月平均气温30.3℃，比常年同期偏高2.3℃；高温日数23天，较常年（9天）偏多14天。全市各站的降水量在30毫米以下。其中，主城区无降水，为有记录以来最少，造成农业干旱。

秋冬连旱 2020年10月起，杭州各地降水持续偏少。10—12月，全市平均降水量101.4毫米，较常年同期（194.7毫米）偏少47.9%。其中：10月降水量34.8毫米，比常年同期偏少50.1%；11月降水量42.4毫米，比常年同期偏少41.0%；12月降水量23.6毫米，比常年同期偏少51.9%。由于降水持续偏少，各地出现轻、中度旱情。（*麻碧华　黄　翊*）

历史文化

【建置沿革】杭州是华夏文明发祥地、中国七大古都之一。考古发现，大约10万年前，在杭州市所辖建德市李家镇一带即有智人“建德人”活动。良渚文化距今约5300~4300年，被称为“中华文明的曙光”。随着跨湖桥遗址的发现和“跨湖桥文化”被正式命名，杭州乃至浙江文明史推前到距今约8000年新石器时代的中期（参见《中国考古学·新石器时代卷》，中国社会科学出版社2010年版，第185页）。秦王政二十五年（前222年）置钱唐县、余杭县，属会稽郡。隋开皇九年（589年）废钱唐郡，置杭州，杭州之名首次在历史上出现。五代吴越国（907—978年）在杭州建都。南宋建炎三年（1129年），高宗赵构南渡至杭州，升杭州为临安府。绍兴八年（1138年），南宋正式定都临安，历时约140年。元至元十四年（1277年），改临安府为杭州。至元二十一年（1284年），自扬州迁江淮行省治于杭州，次年改称江浙行省。至正二十六年（1366年），朱元璋攻占杭州，置浙江等处行中书省，治杭州府。明洪武九年（1376年），改浙江行中书省为浙江承宣布政使司。清康熙元年（1662年），改浙江承宣布政使司为浙江行省。民国元年（1912年）2月，废杭州府，以钱塘、仁和县并置杭县，直属浙江省，并为省会所在地；民国十六年（1927年）5月，划杭县城区等地设杭州市，杭州置市始此。1949年5月3日，杭州解放。10月1日，中华人民共和国成立，杭州市为浙江省直辖市、浙江省省会。1958年，萧山县、富阳县改属杭州市。1960年，桐庐县、临安县改属杭州市。1963年，建德县、淳安县改属杭州市。杭州市境域和行政区划框架基本确定。1987年11月，萧山撤县设市。1992年4月，建德撤县设市。1994年1月，富阳撤县设市。同年4月，余杭撤县设市。1996年10月，临安撤县设市；同年12月，设立滨江区。2001年2月，萧山、余杭撤市设区。2014年12月，富阳撤市设区。2017年9月，临安撤市设区。至此，杭州市辖上城、下城、江干、拱墅、西湖、滨江、萧山、余杭、富阳、临安10个区和桐庐、淳安、建德3个县（市）。

【市树、市花、城标】杭州市的市树为香樟，市花为桂花。香樟即樟树，樟科常绿乔木，广布于中国长江以南各地。香樟全株有樟脑香气，是杭州常见的绿化树和行道树。桂花又名“木樨”，木樨科常绿灌木或小乔木。秋季开花，花簇生于叶腋，黄色或黄白色。桂花在杭州已经有近千年的栽培历史，尤其是满觉陇桂花最为著名，南宋时期《（咸淳）临安志》已有记载。常见的有金桂（丹桂，花橙黄色）、银桂（花黄白色）和四季桂等。杭州城标于2008年3月28日确定，城标以篆书汉字“杭”演变而来，将航船、城郭、园林、拱桥等元素融入其中。标志用特别设计出来的字体表现杭州的城市名称，强调字体的独特性，字体与图形相结合，浑然一体。

【跨湖桥文化】浙江地区最早的新石器时代文化，分布于浙中山区。跨湖桥文化是山地文化向平原文化发展的早期一支，距今约8000年。跨湖桥人以农业、采集、渔猎为生，已经会制作骨器、木器、石器作为生产工具。木作技术已经十分发达,榫卯技术已经出现,懂得用生漆涂饰木器、用动物或植物的胶汁粘补陶器。在他们的精神世界里,已经出现拜火崇日的宗教观念。据考古发现,跨湖桥人已经学会栽培水稻、驯养家猪。跨湖桥遗址自 1990 年 6 月首次发掘以后,经过 3 次考古发掘,其中 2002 年发掘出土的独木舟及相关遗迹,对研究中国造船史、交通史以及世界造船史,产生重大而深远的影响。2004 年 12 月,"跨湖桥文化"正式命名。2006 年 5 月,跨湖桥遗址被国务院公布为第六批全国重点文物保护单位。跨湖桥遗址的发现,打破了河姆渡文化、马家浜文化对浙江新石器时代文化的两分体系,建立起区域文化的多元格局,为长江流域新石器时代文化研究中整体观念的形成树立新的坐标。

【良渚文化】良渚文化是中国长江下游环太湖流域新石器时代晚期文化,发生于距今约 5300 ~ 4300 年,是长江中下游太湖地区文化序列中的一个阶段,即马家浜文化—崧泽文化—良渚文化的发展序列。良渚遗址群是良渚文化遗存分布最集中、规模最大、等级最高的中心遗址,主要分布在余杭区境内,分布着 135 个遗址点,包括宫殿、墓地、祭坛、村落、大型礼制性建筑基址等各类遗存。1936 年,良渚文化被发现;1959 年,被命名为"良渚文化"。1994 年年初,国务院将"良渚遗址群的保护、开发的多位研究"项目列入中国 21 世纪议程优先项目计划,列入中国政府向联合国教科文组织推荐"世界遗产名录"的预备清单。1996 年,良渚遗址群被国务院列为全国重点文物保护单位。2006 年 12 月,良渚遗址名列"中国世界文化遗产预备名单"第 13 项(共 35 项)。2017 年 9 月 22 日,经中国联合国教科文组织全国委员会署名推荐后,国家文物局将两套良渚古城遗址申遗英文版预审材料寄往联合国教科文组织世界遗产中心预审。2019 年 7 月 6 日,在阿塞拜疆首都巴库举行的联合国教科文组织第 43 届世界遗产委员会会议通过决议,将中国世界文化遗产提名项目"良渚古城遗址"列入"世界遗产名录"。

【杭州西湖文化景观】2011 年 6 月 24 日,在法国巴黎召开的第 35 届世界遗产委员会审议会上,"杭州西湖文化景观"通过国际古迹遗址理事会 21 个成员代表组成的世界遗产委员会主席团审议,正式列入"世界遗产名录",成为中国第 41 个世界遗产项目。杭州西湖文化景观由分布于约 60 平方千米范围内的西湖自然山水、三面云山一面城的城湖空间特征、两堤三岛景观格局、"西湖十景"题名景观、西湖文化史迹、西湖特色植物六大要素组成。杭州西湖文化景观是中国历代文化精英秉承"天人合一"哲理,在深厚的中国古典文学、绘画美学、造园艺术和技巧传统背景下,持续性创造的"中国山水美学"景观设计最经典的作品,展现东方景观设计自南宋以后讲求"诗情画意"的艺术风格,具有显著的景观持续性和文化关联性。在 9—20 世纪世界景观设计史和东方文化交流史上拥有杰出、重要的地位和持久、广泛的影响,在 10 个多世纪的持续演变中日臻完善,并真实、完整地保存至今,成为景观元素特别丰富、设计手法极为独特、历史发展特别悠久、文化含量特别厚重的"东方文化名湖",是世界独具一格的文化景观。

【京杭运河(杭州段)】2014 年 6 月 22 日,在卡塔尔首都多哈召开的第 38 届世界遗产委员会会议同意将中国大运河列入"世界遗产名录",中国大运河成为中国第 46 个世界遗产项目。世界遗产委员会认为,中国大运河是世界上最长的、最古老的人工水道,也是工业革命前规模最大、范围最广的土木工程项目。中国大运河由隋唐大运河、京杭运河和浙东运河组成,包括十大河段,地跨北京、天津、河北、山东、江苏、浙江、河南和安徽 8 个省级行政区,沟通海河、黄河、淮河、长江、钱塘江五大水系。杭州是京杭运河的最南端和浙东运河的起点,是中国大运河的重要节点。京杭运河(杭州段)被列入遗产河道总长 110 千米。杭州市被列入京杭运河首批申遗点段共有 11 个:富义仓、凤山水城门遗址、桥西历史街区、西兴过塘行码头、拱宸桥、广济桥 6 个遗产点,杭州塘段、江南运河杭州段、上塘河段、杭州中河—龙山河、浙东运河主线 5 段河道。申遗点段的数量在全国各城市中位于前列。

【南宋临安城遗址】南宋皇城遗址位于杭州凤凰山东麓。经历年考古勘探、调查,探明皇城遗址四至范围,东抵馒头山东麓,西至凤凰山麓,北起万松岭路南,南达宋城路,依山就势,平面呈不规则方形,皇城区块面积约 85 万平方米。陆续发现南宋太庙遗址、三省六部遗址、德寿宫遗址、御道遗址等南宋时期重要遗址。2001 年,以南宋皇城遗址为核心的南宋临安城遗址被国务院确定为全国重点文物保护单位,2006 年被国家列入"十一五"100 处重点保护遗址名录;2013 年,南宋皇城遗址被确定为浙江省第一批省级考古遗址公园。2009 年,市委、市政府制订《南宋皇城大遗址综合保护工程五年行动计划》。2011 年,启动全国重点文物保护单位南宋临安城遗址保护规划编制工作。2013 年 6 月,南宋临安城遗址保护规划由省政府公布实施。 (年鉴编辑部)

行政区划

【概况】2020 年,萧山区撤销宁围街道办事处,新设立宁围街道办事处、盈丰街道办事处。全市增加 1 个街道,增加 57 个社区,减少 1 个居民区、89 个行政村。至年末,在杭州市行政区域范围内,有市辖区 10 个、县级市 1 个、县 2 个,街道 93 个、乡 23 个、镇 75 个,社区 1242 个、居民区 20 个、行政村 1922 个。

【行政区域界线联合检查】2020 年,杭州市共完成 1 条市级界线(杭州绍兴线)、7 条县级界线(上滨线、上江线、江拱线、西滨线、富桐线、萧富线、富临线)的联检工作。以"界线联检"和"隐患排查调处"为抓手,健全党委领导、政府负责、民政牵头、部门协同、公众参与的平安边界共建共治制度和联席会议、定期走访、应急处置、重大事项报告等工作机制,加强边界纠纷隐患排查、矛盾纠纷调

2020年杭州市行政区划一览表

表1 单位:个

地域名称	街道	乡	镇	社区	居民区	行政村
上城区	6	—	—	54	—	—
下城区	8	—	—	75	—	—
江干区	10	—	—	189	—	4
拱墅区	10	—	—	99	—	—
西湖区	10	—	2	177	—	41
滨江区	3	—	—	62	—	—
萧山区	15	—	12	210	—	411
余杭区	14	—	6	224	—	173
富阳区	5	6	13	50	3	276
临安区	5	—	13	36	2	270
市区小计	86	6	46	1176	5	1175
桐庐县	4	4	6	22	—	181
淳安县	—	12	11	17	—	337
建德市	3	1	12	27	15	229
合计	**93**	**23**	**75**	**1242**	**20**	**1922**

说明：
1.“合计”数中包括“市区小计”数
2.西湖区的西湖街道（下辖6个社区、9个村）委托杭州西湖风景名胜区管委会管理
3.江干区的下沙街道（下辖21个社区）、白杨街道（下辖25个社区）委托杭州钱塘新区管委会管理
4.萧山区的河庄街道（下辖3个社区、20个村）、义蓬街道（下辖6个社区、22个村）、新湾街道（下辖2个社区、12个村）、临江街道（下辖2个社区、2个村）、前进街道（下辖2个社区、3个村）委托杭州钱塘新区管委会管理

2020年杭州市社区、居民区、行政村调整情况表

表2

地域名称	撤销、新建社区、行政村
下城区	石桥街道新建华锦社区，调整华丰社区、永丰社区范围
江干区	彭埠街道新建建隆社区，撤销彭埠社区；丁兰街道新建桃花湖社区、兰茵社区，撤销赵家社区、同协社区，调整五会港社区范围、下沙街道新建金沙湖社区、银沙社区
西湖区	三墩镇新建德泽社区、贝家桥社区、墩西社区、振华社区、紫科社区；留下街道新建和家园南社区、和家园北社区和溪琉社区，撤销和家园社区；翠苑街道新建宋江苑社区，调整翠苑三区社区范围
滨江区	长河街道新建竹山社区、越王社区，撤销张家村社区、汤家井社区、塘子堰社区、傅家峙社区；浦沿街道新建华悦湾社区；西兴街道新建亚运社区、物联网社区、石门塘社区
萧山区	靖江街道新建靖美社区，调整靖安社区、小石桥社区范围；城厢街道新建东白马湖社区；临浦镇新建运河里社区，撤销西市街社区，调整东麓池社区、山阴街社区范围；北干街道新建博学路社区、桂语听澜社区，调整中誉新城社区、北干一苑社区范围；蜀山街道新建湘乐社区、晨晖社区；前进街道新建前悦社区；新湾街道新建新宏社区；临江街道新建高新社区；义蓬街道新建义隆社区、向涛社区，调整义盛社区、义和社区范围
余杭区	临平街道新建北沙社区、汀洲社区、理想湾社区，调整顺达社区、海铂社区、石坝社区、乾元社区、陈家木桥社区、万陈社区、上环桥社区、星火苑社区、结网社区、禾丰社区、小林社区、龙安社区范围；乔司街道新建杭海路社区，调整新街社区、乔司社区范围；崇贤街道新建曹家浜社区，调整前村社区、崇杭社区、崇文社区、杨家浜社区范围；东湖街道新建红湖社区，调整工农社区、横塘社区、星光社区、红丰社区、胡桥社区、红旗社区、双林社区、新塘社区范围；塘栖镇新建康达社区，调整龙船坞社区、朱家角社区、望梅社区范围，撤销孤林村；南苑街道新建叠华社区、汀城社区、艺尚社区，调整保障桥社区、新丰社区、联盟社区、西安社区、红联社区范围；星桥街道新建黄鹤山社区，调整枉山社区、南星社区、汤家社区、民乐社区、万乐社区、贾家社区、周杨社区、安乐社区、星桥社区、太平社区、五云社区、星都社区、隆昌社区、星仪社区、班荆社区、香榭社区范围；余杭街道新建凤阳社区、锦银社区、云轩社区、毓溪社区、宝塔社区、凤凰山社区，撤销宝塔村、凤凰山村，调整凤联社区、上文山社区、沈家店社区、大禹社区、南安社区范围；闲林街道新建闲创社区、静林山社区、闲湖社区、甄家湾社区、华溪社区，调整方家山社区、北山社区、竹韵社区、翡翠社区、山水社区范围；中泰街道新建横溪社区，调整幸福河社区范围；五常街道新建海汇社区、海曙社区、邱桥社区、海创社区、宏湾社区，调整五常社区、荆丰社区、友谊社区、西溪风情社区、沿山河社区、荆山社区、景盛社区、顾家桥社区、文一社区、永福社区、洪园社区和云创社区范围；良渚街道新建玉泽社区，调整北秀社区、玉鸟社区、崇福社区、金家渡社区、铭雅社区、西塘雅苑社区、逸居城社区、博园社区范围；瓶窑镇新建羊山社区、学府社区，调整里窑社区、瓶窑社区、溪东社区范围；运河街道新建运旺社区、博杭社区，撤销博陆社区、五杭社区，调整亭趾社区、章家河社区范围

续表 2

地域名称	撤销、新建社区、行政村
淳安县	姜家镇新建墨香湖社区，撤销姜家镇居民委员会；大墅镇新建凤林社区；千岛湖镇新建淡竹村、汪宅村，撤销淡竹村、农林村、金家村、茂畈村、井塘村、东汉村；文昌镇新建文昌村、丰茂村、光昌边村、文屏村，撤销小西坞村、文昌村、丰茂村、栅源村、光昌边村、文屏村；石林镇新建玳瑁村，撤销玳瑁村、西岭村；里商乡新建里阳村、里商村、塔山村，撤销里阳村、架子岭村、里商村、大叶村、塔山村、燕窝村；金峰乡新建景源村、锦湖村，撤销金源村、景山村、蒋岭上村、五龙村；富文乡新建聚璧源村，撤销燕坑村、章坑村、聚璧村；左口乡新建方家村、雌龙源村，撤销方家村、田里村、雌龙源村、石岭后村；临岐镇新建旦口村，撤销新溪村、里口村；屏门乡新建齐坑村、圭川村、五和村，撤销齐坑村、丁家畈村、堪头村、项家村、屏前村、秋口村、小陵村；瑶山乡新建天坪村，撤销天坪村、双共村；威坪镇新建桐溪村、坑下村、五丰村、厚屏村、汪川村、青联村、蜀阜村、石柱村，撤销五星村、楼厦村、坑下村、新联村、五丰村、株林村、厚屏村、考川村、黄金村、汪川村、青山村、联合村、蜀阜村、屏村村、黄石潭村、流湘村、横石村；王阜乡新建金紫村、严家坪村、柳塘村　撤销金紫村、龙头村、荷花坪村、新合村、何坪村、柳塘村；鸠坑乡新建严村村，撤销翠峰村、严村村；宋村乡新建云港口村、青山口村，撤销云港口村、常锦里村、青山口村、硖石村；姜家镇新建桂溪村、双溪村、玉泉村、郁川村、姜家村、银峰村、郭村村、章村村、郁源村，撤销桂溪村、球山村、双溪村、孙家坞村、上玉泉村、下玉泉村、炉形村、木旺村、伊家坞村、姜家村、狮石村、龙川村、银峰村、巨源村、郭村村、庄源村、章村村、潘家村、双溪村、白坪村；梓桐镇新建梓溪村，撤销慈溪村、练溪村；浪川乡新建汇源村、狮古山村，撤销汇源村、源峰村、狮古山村、浯溪村；界首乡新建周源村、严家村、姚家村、燕源村、桐子坞村、鳌山村，撤销玛璜村、周家村、严家村、云濛村、康源村、姚家村、新燕村、燕上村、桐子坞村、施家坪村、鳌山村；汾口镇新建交界村、汪家桥村、水南村、禾田村、鲁村村、桃林畈村、红星村、富溪村，撤销交界村、宏鲍村、山头村、汪家桥村、汪家村、简门村、经门村、三畈村、程店村、鲁村村、巧塘村、桃林畈村、龙姚村、红星村、强川村、富塘村、峰溪村；中洲镇新建南庄村、茶山村、樟村村、徐家村，撤销南庄村、双许村、厦山村、洄溪村、樟村村、枫林坞村、徐家村、苏家畈村；大墅镇新建高山村、洞溪村、上坊村，撤销高山村、殊塘村、下坑村、洞坞村、上坊村、寺林村、老岭村；枫树岭镇新建湖景村、铜山村、汪村村、大源村、丰家源村、夏村村、衍昌村、白马村、周家桥村、官川村，撤销窄坑村、横坑村、铜山村、木花坑村、汪村村、伊川村、大源村、丰家源村、红光村、陈家源村、夏村村、衍昌村、横山村、白马村、知心坑村、乳洞山村、周家桥村、凤凰庙村、官川村、陈村村；安阳乡新建红山岙村、下栖梧村、乌龙村，撤销红山岙村、范家村、黄家源村、下栖梧村、乌龙村、陈家门村

处。对平安边界建设情况实行月自查自评制，全年未有争议、纠纷发生，边界地区和谐稳定。组织开展2020年度杭州市“最美护界者”推选活动，认定20名“最美护界者”。

（周　文）

人口变迁

【户籍人口年增长2.29%】 至2020年11月30日24时，杭州市户籍人口总户数2547517户，较上年增加66069户；总人口8138304人，平均每户3.19人，较上年增加184564人；人口年增长2.29%，增幅较上年下降0.42%。其中，男性4027248人，女性4111056人，分别占总人口的49.49%和50.51%。性别比97.96（女=100，下同），比上年下降0.33。男性比例持续减少，主要由于市外迁入人员中女性多于男性，以及死亡人口中男性多于女性造成。市区总户数2074302户，比上年增加64188户；总人口为6753023人，比上年增加187452人。其中，男性3330491人，占市区总人口的49.32%；女性3422532人，占市区总人口的50.68%；性别比为97.31。

【户籍人口数整体增长】 2020年，杭州市户籍人口持续增长。全市13个区县（市）中有11个区、县户籍人口增加，2个市（县）减少。其中，市区均呈上升，建德市、淳安县人口呈负增长。从绝对数看，萧山区、余杭区和西湖区户籍人口总数位列前三，分别为1373598人、1219042人和793264人；从增长率看，江干区、滨江区和余杭区人口增长率居前三，分别为5.28%、4.95%、4.81%；从增加数看，余杭区增加人数最多，比上年同期增加了57256人，其次是江干区，比上年同期增加34772人。建德市、淳安县户籍人口持续负增长，原因是：受城市的集聚效应影响，县域城镇及农村人口为了获得更多更好的就业机会，享受更好的教育、医疗、社会保障、基础设施等社会公共服务及公共资源，从而向规模更大的城市汇集，造成户籍人口净流出。

【人口机械增长持续上升】 2020年，杭州市迁移人口208867人，其中迁入178220人、迁出30647人，人口机械增长147573人，比上年减少11437人，其中有127471名原办理流动人口居住登记的人员转为户籍人口，占总迁入人口的71.52%；市区迁入173700人，迁出21613人，机械增长152087人，比上年减少10762人。杭州市的户口迁移为净迁入，全市省外净迁入89717人，较上年同期减少11197人；省内净迁入57856人。省外迁入人数大于省内迁入人数，杭州市对省外人员的吸引力仍然较强。从迁出地看，省内迁入71751人，较上年增加502人。迁入前三位城市仍为温州、金华、绍兴，分别为16453人、8619人和8388人。省外迁入106469人，较上年减少10864人。从迁入途径看，人才引进、“三投靠”、积分落户、购房落户、在杭高校新生入学为杭州市主要落户途径，合计数占总量的98.32%，其中，人才引进及家属落户83872人、“三投靠”落户45311人、积分落户17956人、购房落户15202人、大中专院校新生落户12881人。从年龄结构看，以迁入时点统计迁移人员年龄，2020年迁入人员平均年龄为26.62岁。

【人口城市化比例持续增高】 2020年，杭州市城镇人口5682263人，乡村人口2456041人，城镇人口是乡村人口的2.3倍、占总人口的69.82%，比上年上升2.44%；市区城镇人口5170899人，乡村人口1582124人，城镇人口是乡村人口的3.27倍、占市区总人口的76.57%，比上年上升2.22%。市区的上城区、下城区城镇化率已经达到100%。

全市共有农业转移人口落户城镇88932人，其中，农村籍大中专院校毕业生3051人，在城镇就业和居住5年以上的农业转移人口1698人，举家迁徙的农业转移人口1029

人。在杭稳定就业、稳定居住人群成为主要农业转移人口落户城镇人群，说明现行人才引进政策和积分落户政策积极鼓励了乡村人口向城镇范围聚拢转移。

【人口出生率持续下降】2020年，杭州市出生人口79806人，比上年减少11644人；年出生率为9.92‰，比上年下降1.73个千分点。已经连续3年下降。出生人口中，男性41466人，女性38340人，出生人口性别比为108.15，比上年的107.19略升，高于正常范围（正常值103~107）。全市死亡注销人口42532人，比上年增加5758人；死亡率为5.29‰，比上年上升0.6个千分点。

【人口持续缓慢老龄化】2020年，杭州市人口按年龄段构成情况如下：18岁以下1449655人，占总人口的17.81%，占总人口比例比上年增加0.22%；18~34岁1759081人，占总人口的21.61%，占总人口比例比上年减少0.24%；35~60岁3046950人，占总人口的37.44%，占总人口比例比上年少0.44%；60岁以上1882618人，占总人口的23.13%，占总人口比例比上年上升0.45个百分点。其中百岁以上老人801人，最高年龄110岁、2人。从人口年龄结构看，18周岁以下未成年人口占总人口比例呈上升趋势；18~60周岁有效劳动力年龄段人口占总人口比例从上年的59.73%下降至59.05%，下降0.68个百分点；60周岁以上老龄人口占比仍呈上升趋势，全市教育、养老压力仍然较大。其中，上城区、下城区、临安区这3个城区的老龄化程度最高，分别为33.09%、27.53%和26.04%；有效劳动力年龄段占比最高的是滨江区、淳安县、西湖区，分别为62.86%、61.55%、61.38%。

【萧山区、余杭区吸引主城区户口转移明显】2020年，杭州市主城区迁往萧山区、余杭区、富阳区、临安区户籍人口数为27273人，萧山区、余杭区、富阳区、临安区迁往主城区为17105人，迁出迁入比为1.59。2020年5月1日，新的《浙江省常住户口登记管理规定》出台后，进一步统一了萧山区、余杭区、富阳区、临安区和主城区的户口迁移，同时随着萧山区、余杭区新经济圈的高速发展，大量新建楼盘交付，生活配套市政基础设施的完善，过江隧道、地铁等立体交通网络的逐步建成开通，原主城区集中的户籍人口开始逐步向新发展城区转移。相对来说，萧山、余杭两区比富阳、临安两区更成熟，与主城区的接轨更为紧密，主城区迁往萧山、余杭两区的人数是迁往富阳、临安两区人数的18.95倍。

（蒋筱莲）

经济建设

【经济发展总体平稳】2020年，杭州实现 地区生产总值16106亿元，比上年增长3.9%，高于全国1.6个百分点。常住人口人均生产总值13.67万元，按年均汇率折算，约2万美元，按世界银行最新标准，达到高收入国家水平。杭州产业转型深入推进。一、二、三产业分别实现增加值326亿元、4821亿元、10959亿元，分别下降1.1%和增长2.3%、5.0%。三次产业结构为2.0∶29.9∶68.1，第三产业比重比上年提高1.6个百分点，占比居副省级以上城市第4位（次于北京、上海、广州）。固定资产投资增长6.8%，其中交通投资增长6.6%、基础设施投资增长7.7%、高新技术产业投资增长10.0%。全年以新产业、新业态、新模式为主要特征的“三新”经济增加值占地区生产总值的35.5%。

【数字经济战略地位提升】2020年，杭州市数字经济核心产业营业收入12937亿元，比上年增长15.4%；增加值4290亿元，增长13.3%，占全市地区生产总值的26.6%。“新制造业计划”加快实施，规模以上工业企业数字化改造覆盖率达97.4%。电子信息产品制造、软件与信息服务、数字内容和机器人产业分别增长14.7%、12.9%、12.7%和12.3%。规模以上工业中，高新技术产业、战略性新兴产业、装备制造业增加值分别增长8.6%、8.1%和11.8%，分别占规模以上工业总数的67.4%、38.9%和50.6%。杭州海康威视数字技术股份有限公司等11个企业入选2020年中国软件和信息技术服务综合竞争力百强名单，杭州海康威视数字技术股份有限公司、富通集团有限公司等6个企业入选2020年全国电子信息百强名单。根据《2020浙江省数字经济发展综合评价报告》，杭州市综合得分蝉联全省第一名。全市全年新增上市公司28个（其中科创板5个），上市公司总数218个，居全国第四位。新增上市公司中，网易（杭州）网络有限公司、杭州光云科技股份有限公司等数字经济相关企业占25%。亿邦国际控股公司在美国纳斯达克上市。

【房地产业发展平稳】2020年，杭州着力构建房地产平稳健康发展长效机制，房地产市场交易量、交易价格平稳，房地产市场保持有序发展。全年房地产业增加值1226亿元，增长3.9%。全年房地产开发投资增长5.3%，其中住宅投资增长0.8%、办公楼投资增长11.5%、商业营业用房投资增长3.5%。年末房屋施工面积13310万平方米，增长11.0%；新开工面积3543万平方米，增长45.5%；竣工面积1799万平方米，增长4.1%。商品房销售面积1699万平方米，增长12.3%；商品房销售额4595亿元，增长17.1%。

【民营经济高质量发展】2020年，杭州市新设民营企业10.98万个，下降11.2%，注册资本（金）6754.94亿元，增长5.5%，分别占全市新设内资企业的93.5%和80.3%。全市有369个企业入围2020年“中国民营企业500强”，入围企业数连续第18次蝉联全国城市首位。至2020年年末，杭州市有民营企业（含下属分支机构，下同）67.85万个，注册资本（金）5.61万亿元，比上年分别增长8.4%和2.8%。其中：第一产业9.30万个，增长13.7%；第二产业57.76万个，增长85.2%；第三产业7732个，增长1.1%。个体工商户65.91万个，资金总额850.30亿元，分别增长9.5%和15.6%。

【农业和农村持续发展】2020年，杭

州市农林牧渔业增加值334亿元，下降0.9%。全年粮食总产量50.9万吨，增长2.5%；蔬菜产量347.7万吨，增长1.8%；水果产量83.1万吨，增长0.6%；水产品产量19.3万吨，下降4.8%；肉类产量11.0万吨，下降44.0%。市级"菜篮子"基地563个，其中新建21个。新启动4个省级重点历史文化村、70个美丽乡村精品村、9个风情小镇。"大下姜乡村振兴联合体"入选全国12个乡村典型案例。农家乐（民宿）接待游客7153万人次，实现经营收入65亿元。农村电商销售额165亿元，增长15.7%。全年1922个行政村集体经济总收入超过30万元、经营性收入超过20万元，占比100%。市、县两级美丽乡村行政村覆盖率54.5%。

【工业稳中有进】2020年，杭州市工业增加值4221亿元，增长2.6%，其中规模以上工业增加值3467亿元，增长3.8%。八大高耗能行业增加值占比20.4%，占比下降3.2个百分点。17个传统制造业增加值下降3.1%。规模以上工业总产值14712亿元，出口交货值1874亿元。新产品产值率40%，工业产品产销率为98.6%。集成电路、工业机器人、光缆等被列入国家"三新"统计的产品产量分别增长62.7%、45.4%和32.1%。

【财政收支平衡】2020年，杭州市财政总收入3854.2亿元，比上年增长5.6%。全市一般公共预算收入2093.4亿元，增长6.5%。其中：市区一般公共预算收入2002.17亿元，增长6.5%；市本级一般公共预算收入295.31亿元，增长12.4%。全市税收收入1978.6亿元，增长10.5%，占一般公共预算收入的94.5%，居全国副省级城市首位。全市一般公共预算支出2069.7亿元，增长6.0%。其中：市区一般公共预算支出1877.24亿元，增长5.5%；市本级一般公共预算支出370.17亿元，下降3.9%；民生支出1583.6亿元，占一般公共预算支出的76.5%。全市完成非税收入3830.50亿元，其中按规定纳入一般公共预算管理的非税收入114.79亿元。全市各级财政收支平衡，预算执行情况良好。（年鉴编辑部）

政治建设

【3部重点领域地方性法规制定】2020年，市人大常委会立足杭州实际、突出地方特色，加强重点领域立法。在全国首创制定《杭州城市大脑赋能城市治理促进条例》，固化杭州经验，强化城市大脑中枢、系统平台、数字驾驶舱、应用场景建设的法治支撑，促进新型智慧城市建设。制定《杭州市钱塘江综合保护与发展条例》，构建钱塘江及两岸区域综合保护、生态修复、文化传承、绿色发展等制度，助力打造具有独特韵味别样精彩的世界级滨水区域。制定《杭州市公安机关警务辅助人员管理规定》，完善辅警管理制度，规范辅警队伍建设，保障辅警合法权益。

【民生实事项目全面完成】2020年，杭州市全面完成市第十三届人大第五次会议确定的2020年度民生实事项目。建成市本级生物安全加强型二级实验室，区县（市）疾控机构实现核酸检测全覆盖。提升67.6万名农村居民饮用水标准，城乡规模化供水工程覆盖人口比例达94.8%；完成110个老旧高层住宅小区二次供水设施改造。建成放心城乡农贸市场73个、农村家宴放心厨房107个、中小学和等级幼儿园食堂智能"阳光厨房"412个。完成302个老旧小区综合改造提升，完成住宅加装电梯项目1005处，出台全国首个老旧小区住宅加装电梯政府规章，建成"美好家园"住宅示范小区120个。调整优化地铁配套公交线路53条；完成提升农村公路491.8千米、农村港湾式停靠站320个、农村物流服务点170个。建成农村文化礼堂531个，基本实现500人规模以上村全覆盖；组织2531场文化惠民活动进农村文化礼堂。新建中小学、幼儿园87所，新增学位8万个；新增城镇公办幼儿园、中小学安装空调的教室1.2万个；新增3岁以下婴幼儿照护服务机构70个，新增托位2626个。建设镇街级示范型居家养老服务中心73个，新增养老机构床位3255张，完成1978户老年人家庭适老化改造。完成1768户残疾人家庭无障碍设施改造，提升86个星级"残疾人之家"。建成市级生活垃圾分类示范小区500个。

【数字赋能城市治理】2020年，杭州创新"杭州健康码"亮码通行、无感验码和健康服务3种"打开"方式。全市建成390个数字驾驶舱。"防汛防台应急联动"等12个重点场景全面上线，"易租房"等10个场景持续推进，"30秒入住"等十大重点攻坚成效明显。"舒心就医""便捷泊车""欢快旅游""畅快出行"成为标杆应用场景。其中："舒心就医""先看病后付费"场景，实现302个医疗机构100%接入，累计服务6300多万人次、履约金额超20亿元；"畅快出行"打通150个拥堵路口，延误指数从2.23下降至1.98。经过多年治理，杭州拥堵排名从2014年全国第2位下降到2020年的第31位；数据"三服务"，推动16个医院周边治理；湖滨、武林、东新、龙湖天街等叠加"先离场后付费"等多场景，打造商圈治理示范案例；西湖龙井村以P+B模式串联停车场、沿线景点，以公交站准点解决路边拥堵、还景于民。

（年鉴编辑部）

【"信用杭州"建设】2020年，杭州市围绕"531X"工程要求，以"重要窗口"为主目标，以信用考核为抓手，开展"诚信建设万里行"系列活动，推进信用惠民便企应用场景发展，打造以信用为基础的新型监管机制，统筹做好"城市信用环境监测"。《关于在新型冠状病毒肺炎疫情防控期间将个人隐瞒病史等行为纳入失信监管的实施意见》出台，制定失信监管实施意见。建立新冠肺炎疫情期间信用信息公示机制。打通市公共信用信息平台与城市大脑、"亲清在线"平台信用服务系统，建设信用联合奖惩数字化系统，助力企业复产复工。推进重点信用场景落地，"信用+家政""信用+园区""信用+金融服务"被列入全省应用重点场景。浙江个人"信用码"在杭州启动试点。杭州与厦门、宁波等地实现诚信信用分跨城市互认。推动社会信用立法，《社会信用管理条例》被纳入2020年立法预备项目。加强平台建设，杭州信用平

台获浙江省信用平台网站城市预观摩评比会第一名。杭州市社会信用大数据实验室正式启动。（彭　赋）

【“六和指数”“五色预警机制”上线】 2020年8月13日，杭州发布基层社会治理“六和指数”和《2020年上半年杭州市区县和镇街社会治理重点事件风险评估五色预警报告》，标志着“六和指数”“五色预警机制”正式上线。“六和指数”结合年度基层社会治理的重点工作，对全市190个乡镇（街道）分类进行赋分排名。赋分排名以“六和工程”的党建领和、政府主和、社会协和、智慧促和、法治守和、文化育和为6项一级指标，下设10个二级和17个三级指标，包括39项主要评估内容。“六和指数”将全市190个乡镇（街道）分为5类，对人口、地域、经济发展水平等体量相近和区位相似的乡镇（街道）进行排名赋分，确保赋分评估公平可比。作为社会治理领域的重大创新，杭州市推行基层社会治理重点事件风险评估“五色图”，以大家普遍关心的火警、交通死亡、电信诈骗、偷盗等8类社会治理重点事件为中心。通过红、橙、黄、蓝、绿5种颜色，对杭州各地区的这8类风险进行分级预警，即“五色预警”。“五色预警”把社会治理重点事件按镇街进行加权排序，突出重点问题和关键单元，进行分层分类精准治理。推动基层对标对表、互比互学，加快从“被动响应”向“主动预见”的转变，及早防控处置风险隐患，维护一方平安。

（年鉴编辑部）

【综合考评】 2020年4月3日，市考评委将2019年度综合考评结果提交第十二届市委常委会第108次会议审议通过。4月23日，市委、市政府召开全市推进疫情防控补短板堵漏洞强弱项暨深化作风建设和综合考评大会。4月28日，市委副书记张仲灿到市考评办调研座谈，充分肯定2019年考评工作（2019年4月，由市考评办、杭州文广集团主办，FM89杭州之声承办的《民情热线》栏目创新推出杭城第一个民生投诉类小程序——“我要问局长”，实现对投诉件的数字化跟踪和用户满意度的实时采集，畅通“民意直通车”的民情收集渠道）。5月26日，在《杭州日报》等媒体上公示市直单位76项重点社会评价意见整改目标。5月28日，市委办公厅、市委政研室、市委改革办举行“我们”论坛暨党办系统督查、考评业务能力提升比学赶超活动，围绕考评工作，拱墅区、西湖区、余杭区、富阳区、临安区、建德市和钱塘新区管委会代表进行交流。6月15日，市考评办印发《2020年度综合考评相关考核办法及细则》。6月29日，市考评办下达97个市直单位409项年度职能目标，比上年（404项）略有增加。7月30—31日，市考评办在余杭召开2020年度区县（市）和钱塘新区综合考评工作培训会。8月13日，杭州“综合考评数字驾驶舱”正式上线。驾驶舱总体设置12个专题24个板块，突出展示“15+7”重要经济指标和高质量发展、“六大行动”等重点工作进展情况，基本实现考评数据集成化、考评工作数字化、考评预警场景化，为各级“机长”提供决策参考。12月14日，市委、市政府召开2020年度杭州市综合考评动员大会，启动2020年度市直单位和区县（市）综合考评工作。同时，市考评办下发《关于规范考核排名等事项的通知》。同日，在《杭州日报》等媒体公示2020年度49个单位制定的80项重点整改目标完成情况。年末，向70多万个手机用户发送社会评价邀请短信（比上年增加10多万个），征集到社会评价意见建议15842条，比上年增加3264条，增长25.95%。

【“公述民评”面对面问政活动】 2020年，杭州市组织实施第12次“公述民评”面对面问政活动，确定“服务企业还有哪些不足”“社区治理还有哪些痛点”“强农惠农还有哪些弱项”“环境整治还有哪些短板”四大问政主题。9月中下旬，通过“民意直通车”、市级媒体、绩效杭州网、“绩效杭州”微信公众号等平台，公开征集参加电视现场问政的民评代表及问政问题。11月6—24日，问政活动分4场在杭州文广集团演播厅进行现场直播。每场参加问政的市领导、问政嘉宾、点评嘉宾、民评代表约150人，比上年减少1/2。13个区县（市）政府、钱塘新区管委会和市直单位负责人共55人次，比上年减少2人次，市、区两级相关职能部门负责人250人次，比上年增加37人次，分别作为主要和配合问政嘉宾接受问政。针对疫情防控新形势，在实行电视直播的基础上，实施“云上问政”，拓宽“云直播”平台，开展“云测评”。桐庐、建德、淳安首次作为问政嘉宾参与电视问政，实现问政市域全覆盖。除杭州电视台直播外，“央视新闻移动网”“新华社现场云”“新浪微博”等7个媒体平台同步直播，“浙江新闻”App、“杭州发布”、“杭+新闻”App等多个多媒体平台对“公述民评”进行报道，产生了广泛的社会影响。问政活动向各地各部门交办意见688条，比上年增加40多条，积极回应群众诉求。（姜来祥）

文化建设

【学习型城市建设】 2020年，杭州市组织参加联合国教科文组织全球学习型城市网络城市相关理论研讨活动，融入“公平与包容”城市集群活动，推广杭州学习型城市建设的好做法好经验。举行2020“书香杭州”系列活动云启动仪式，举办杭州市第十届杭州学习节、第十四届“西湖读书节”、“全民终身学习周”活动。依托“书香名城”公众号开展动态宣传，发布140篇。深化“我们的价值观”主题实践活动，组织每月讲座、讨论（论坛）“3+X”系列活动，举办“‘我们的价值观’·大型报网互动思辨论坛”、研讨会等17期。

（解小雨）

【杭产文艺精品再创佳绩】 2020年，杭州市制定《杭州市文艺精品工程专项资金扶持奖励实施细则（试行）》，进一步完善文艺创作、文艺活动、文艺人才扶持奖励办法。《外交风云》《绝境铸剑》《麦香》《在远方》《大明风华》5部杭产电视剧获“飞天奖”优秀电视剧奖提名，其中《外交风云》《绝境铸剑》2部作品获得“飞天奖”优秀电视剧奖，《外交风云》还获得金鹰奖最高奖项——最佳电视剧奖，并获最佳编剧奖；杭州滩簧《淑英救弟》获中国曲艺最高奖牡丹奖节目奖，杭州滑稽艺术剧院金一戈荣获中国曲艺牡丹奖新人奖；双人舞《一线之间》、独舞《梦打令》获第17届韩国首尔国际舞蹈大赛专家编舞组金奖；杭产电视剧《我们在梦开始的地方》《绝代双骄》《完美关系》《进击！时光战队》等分别在中央电视台电视剧频道、湖南卫视、浙江卫视、江苏卫视、央视网、爱奇艺、腾讯视频等播出。

【中国数字阅读云上大会】2020年4月23日，2020年中国数字阅读云上大会正式上线开幕。本届大会以“e阅读，让生活更美好”为主题，首次采取线上虚拟会场形式，发布《2019年度中国数字阅读白皮书》，揭晓“2019年度十佳数字阅读作品”“2019年度十佳阅读扶贫项目”“2019年度十佳数字阅读城市”等奖项，特别增设数字阅读企业共同抗疫特别鸣谢环节和抗疫主题全民诵读等抗疫主题活动。杭州市连续5年入选年度十佳数字阅读城市。

【中国哲学家论坛】2020年10月24日，第二届中国哲学家论坛在桐庐举行。论坛邀请20多位中国哲学界著名专家学者参加，创新推出富春江“哲学夜话”等系列活动，精心编印《新时代县域治理的桐庐实践》等资料，充分展示桐庐践行“五位一体”总体布局的生动实践。论坛依托宣传小品、个性化讲解、非遗活动展示等载体，将专家学者调研内容与首届“乡创音乐节”、芦茨时节等活动相结合，充分展示桐庐“美丽乡村3.0版”“新时代文明实践”等五大乡村特色工作。新华社、光明日报社等中央及省、市主流媒体刊播论坛相关稿件31篇，《桐庐新闻》《今日桐庐》制作论坛主题报道，《聚焦百年未有之大变局 第二届中国哲学家论坛在桐庐启幕》被《人民日报》客户端录用。

【《钱塘江交响》入选全国舞台艺术优秀剧目网络展演】2020年5月15日至6月8日，文化和旅游部举办2020年全国舞台艺术优秀剧目网络展演，《钱塘江交响》成功上演。《钱塘江交响》由市委宣传部和江干区委、区政府共同出品，中国交响乐团原团长关峡领衔创作，叶小纲等参与创作。公演期间，现场参与观众3000多人，网络直播观看量约10万人次。

（付文祥）

【全国文明城市创建工作培训班在杭州举办】2020年6月14—17日，全国文明城市创建工作培训班在杭州举办。本次培训班有来自各省（自治区、直辖市）和新疆生产建设兵团文明办主任，全国文明城市和提名城市中的73个地级以上城市文明委、文明办负责人等177名学员参加。培训班上，中央文明办领导就文明城市创建做专题辅导，住建部领导就市规划建设管理做专题讲座，部分城市文明委负责人交流发言，并对《全国文明城市测评体系操作手册》进行分组讨论。培训期间，还组织学员赴杭州城市大脑指挥部、骆家庄农贸市场、西溪湿地、古荡益乐社区文化家园、和睦新村、良渚古城遗址等，现场学习杭州市文明城市创建工作经验和亮点成效。

【杭州市第4次获“全国文明城市”称号】2020年11月20日，全国精神文明建设表彰大会在北京举行。杭州市第4次获“全国文明城市”称号，建德市首次获“全国文明城市”称号。中央文明办还对复查测评成绩靠前的33个全国文明城市（区）进行了通报表扬，杭州市、桐庐县位列其中。杭州银行营业部、国网浙江杭州市富阳区供电有限公司、杭州市城市建设档案馆等14个单位获第六届全国文明单位称号；桐庐县莪山畲族乡、西湖区转塘街道上城埭村、钱塘新区河庄街道江东村等11个村镇获第六届全国文明村镇称号；余杭区塘栖镇华城社区徐梦薇家庭、拱墅区拱宸桥街道台州路社区游凌飞家庭获第二届全国文明家庭称号；杭州市安吉路实验学校、杭州市学军小学获第二届全国文明校园称号等。

（赵　鑫）

【农村文化礼堂建设】2020年，杭州市农村文化礼堂建设入选市十大民生实事项目、浙江省乡村振兴战略实绩考核、市委重大改革任务、市政府报告重点工作。全年，全市新建成农村文化礼堂531个，比上年增长49.2%；累计建成农村文化礼堂1939个，比上年增长35.5%，提前两年完成“基本实现500人口规模以上村全覆盖”的省定目标。

2020年4月，经人大代表票决，农村文化礼堂建设工作列为市政府民生实事项目，同步建立月通报制度，按照任务分配数、已建成数、完成比率等要素，按月统计、综合排名，每月通报农村文化礼堂建设进度。5月14日，全市农村文化礼堂建设工作现场推进会召开。7月23日，全市农村文化礼堂建设工作年中推进会召开，同时建立一月一督导制度，由市委宣传部分管部领导带队，先后赴萧山区、钱塘新区、建德市、桐庐县、淳安县等地实地踏勘正在建设中的农村文化礼堂，与各地牵头负责工作人员面对面交流、手把手帮带，全过程实

西湖区双浦镇下杨村文化礼堂　　（郦　晶 摄）

时跟进督导。

2020年，杭州市在9个区县（市）的49个乡镇（街道）、434个村开展"文化管家"试点工作，初步形成了由第三方专业性文化组织向农村文化礼堂提供专业化社会化文化服务的新模式。5月底，市文礼办印发《杭州市农村文化礼堂"文化管家"社会化管理试点工作实施方案》，试点工作全面铺开。全年，引入第三方专业性文化组织13个，入驻"文化管家"197名；为试点文化礼堂策划、组织文化活动452场次，辅导讲座1424场次，编排创作乡土文艺作品169个，挖掘、打造本土文化品牌52个；培训乡村文艺队伍337支、文艺爱好者3668人；促进试点礼堂文化活动场次平均提升40.1%，参与群众人次增加45.2%，受益群众151.2万人。

2020年，全市农村文化礼堂重点开展"基层理论"宣讲活动、"乡村文化"走亲活动、"大菜单服务"配送活动、"最美人物"选树活动、"传统礼仪"传承活动、"人文关怀"暖心活动等六大活动，深入培育礼堂文化。设立中共鸭兰村支部旧址陈列馆、金萧支队纪念馆、民族日报社纪念馆等红色教育基地，举办庆祝"七一"建党节、"十一"国庆节等爱党爱国文化活动，引入市、县、镇三级宣讲团，举办各类宣讲活动1065场次，文艺专场小演出1000多场次，线上发布短视频、文字信息985条，线下电子屏推送信息1006条、悬挂横幅标语1287幅，村村通广播播报1200多次，组织入户宣讲21万余次，辐射农村群众92万余名。

2020年，在新冠肺炎疫情导致线下文化礼堂关停期间，全市农村文化礼堂打造永不关门、百姓喜爱的"云上礼堂"。杭州市农村文化礼堂建设工作领导小组办公室积极指导各区县（市）加大利用现代信息科技手段，加快推动礼堂服务向云端延伸，依托市、县两级"网上文化礼堂""掌上文化礼堂"和各类网络平台，推出"文化云讲堂""云党课""云上直销农产品""云科普""云赏花"等"云生活"模式，探索出礼堂文化活动的新路径。

（陈卫玮）

社会建设

【社会保障稳步有力】 至2020年年末，杭州市职工基本养老保险、工伤保险、失业保险参保人数分别达716.97万人、633.36万人、523.46万人，比上年年末分别新增参保49.05万人、76.69万人和36.81万人，全市基本养老保险参保率98.95%，基本实现"人人享有社会保障"。建立城乡居民基本养老保险待遇确定和基础养老金正常调整机制，出台《杭州市工伤保险费率浮动实施办法》，根据省统一部署调整被征地农民参加养老保险政策，临安区完成社保融杭三年计划，社会保险经办系统实现省级集中。提高全市153.6万名企业退休人员养老金待遇，调整城乡居民基本养老保险基础养老金标准。

【"人才强市"政策优势凸显】 2020年，杭州市实施"人才生态37条"和中青年人才培养计划等重大人才工程，实施职业技能提升行动，发布《杭州市新制造产业紧缺人才需求目录》《杭州市技能类紧缺职业（工种）目录（2020版）》，全市新认定高层次人才22883人，培养高技能人才4.42万人。举办2020杭州国际人才交流与项目合作大会，签约人才项目401个，签约金额93.54亿元。杭州人才净流入率、互联网人才净流入率保持全国第一位，连续10年入选"外籍人才眼中最具吸引力的十大城市"。

【就业创业持续稳定】 2020年，杭州市应对新冠肺炎疫情实施稳就业保就业政策，促进企业复工复产，持续开展失业保险援企稳岗"护航行动"和"展翅行动"，做好失业保险稳岗返还工作，实施"2020杭州就业援助精准服务计划"，全市城镇新增就业69.05万人，城镇失业人员再就业4.51万人，年末城镇登记失业率2.42%，就业形势总体保持稳定。设立6月13日为全国首个大学生"双创日"，发布《杭向未来·大学生创业创新三年行动计划（2020—2022年）》，新引进35岁以下高校毕业生43.6万人，35岁以下大学生新创办企业3594个、带动就业1.5万人。

【和谐劳动关系深化】 2020年，杭州市继续实施"构建和谐劳动关系三年行动计划（2018—2020年）"，深化区域性（园区）和谐劳动关系创建活动，发布2020年杭州市劳动力市场工资指导价位，公布2019年杭州市区全社会单位在岗职工（含劳务派遣）年平均工资为82009元。继续开展特殊工时审批清单式改革，劳务派遣行政许可实行按属地原则管辖分工。完善全市改革国有企业工资决定机制，继续深化国有企业工资分配制度改革。实施"杭州无欠薪"专项治理行动，推动根治农民工欠薪工作。实现劳动纠纷多元化解机制乡镇（街道）全覆盖，在全省率先试点建设人社领域群众诉求"一窗式"即接即办处理机制。（骆椿美）

生态文明建设

【生态环境稳中向好】 2020年，杭州市高标准推进生态环保督察整改，高质量打好污染防治攻坚战，高水平谋划新时代美丽杭州建设，生态文明建设年度评价结果居全省第一位，获美丽浙江建设工作考核优秀，获全省"五水共治"（河长制）工作优秀市县"大禹鼎"银鼎。大气环境质量方面，全市环境空气优良率91.3%、比上年上升12.7个百分点（改善幅度居全省第一位）；市区空气中径粒小于等于2.5微米的颗粒物（PM2.5）平均浓度29.8微克/立方米，比上年下降21%，臭氧浓度151微克/立方米，比上年改善16.6%。空气质量六项指标（PM2.5、空气中径粒小于等于10微米的颗粒物PM10、二氧化硫、二氧化氮、一氧化碳、臭氧）首次全部达标。水环境质量方面，市控以上断面优于Ⅲ类比例为98.1%、比上年上升3.8个百分点；功能区达标率为100%，比上年上升1.9个百分点；县级以上集中式饮用水水源地水质达标率100%，交接断面考核结果为优秀。

【生态文明体制改革】 2020年，杭州市继续有序推进生态环境保护领域机构改革，完成下属事业单位清理、规范和整合。5月29日，市委机构编制委员会印发《杭州市生态环境

曲院风荷春色　（王晓波 摄）

保护综合行政执法队职能配置、内设机构和人员编制暂行规定》。8月25日，市委办公厅、市政府办公厅印发《杭州市生态环境机构监测监察执法垂直管理制度改革工作方案》，对调整区县（市）生态环境机构管理体制和生态环境监测执法管理体制等方面做出部署。12月17日，浙江省杭州生态环境监测中心挂牌成立。同时，强化构建生态环境保护工作责任体系，出台《杭州市市直有关单位生态环境保护工作职责》，明确32个市级单位的生态环境保护工作职责。

【淳安特别生态功能区建设】2020年3月26日，与中国科学院地理和湖泊研究所联合筹建千岛湖生态系统研究站。9月17日，“两山银行”展示馆正式对外开放。10月9日，淳安获得“绿水青山就是金山银山”实践创新基地命名。12月28—29日，《杭州市淳安特别生态功能区条例（草案）》通过市十三届人大常委会第三十二次会议第一次审议，生态保护和政策支持“两张清单”任务落地，工业、农业、林业、生活4个整治方案有序推进。GEP（生态系统生产总值）达2441亿元，居全省前列。

【生态补偿机制推进】2020年，杭州市完成分配生态补偿资金1.3亿元，进一步向源头生态良好地区和生态敏感区倾斜。完善生态环境损害赔偿制度。9月28日，市生态环境局、市中级人民法院、市人民检察院、市规划和自然资源局、市林业水利局、市农业农村局、市园林文物局7部门联合印发《杭州市生态环境损害赔偿磋商管理办法（试行）》，并于10月30日起施行。全年完成生态环境损害赔偿案例6例，赔偿金额共计222万元，均由环境损害的加害方承担。

【生态文明建设成果】2020年，杭州深入推进“美丽”建设，市、县两级全面启动生态文明建设规划和美丽建设纲要制（修）订。6月2日，市委、市政府发布实施《新时代美丽杭州建设实施纲要（2020—2035年）》，明确未来15年新时代美丽杭州建设的任务书、路线图、时间表。6月2日，美丽杭州建设领导小组印发《新时代美丽杭州建设三年行动计划（2020—2022年）》。至年末，富阳区成功创建国家级生态文明建设示范区、拱墅区成功创建省级生态文明建设示范区，淳安县成功入选“绿水青山就是金山银山”创新实践基地。全市已累计创建国家级生态文明建设示范区3个、省级示范县（市、区）10个。

11月24日，中共浙江省委组织部、省统计局、省发展改革委、省生态环境厅联合发布《2019年我省生态文明建设年度评价结果公报》，杭州2019年生态文明建设年度绿色指数为80.44，位列全省11个设区市首位。杭州连续5年获得美丽浙江考核优秀。　（市生态环境局）

责任编辑　金利权

07 中国共产党杭州市委员会

Hangzhou Municipal Committee of the Communist Party of China

综 述

【概况】2020年，面对国际国内形势的深刻复杂变化特别是突如其来的新冠肺炎疫情，市委常委会认真学习贯彻习近平新时代中国特色社会主义思想，全面落实中央和省委决策部署，统筹推进“战疫情、促发展”，“十三五”规划目标任务即将完成，高水平全面建成小康社会取得决定性成就，杭州成为全国唯一连续14年入选的“中国最具幸福感城市”。

市委常委会深入实施铸魂工程、溯源工程、走心工程，巩固深化“不忘初心、牢记使命”主题教育成果，通过市委常委会会议、市委理论学习中心组学习会、座谈会、工作部署会、调研宣讲、专题培训等方式，第一时间传达学习中共中央总书记习近平的重要讲话、重要文章、重要指示，并结合中共中央总书记习近平一直以来关于杭州工作的重要指示批示，认真组织讨论交流，进一步坚定政治立场、提高政治站位、把握政治方向。3月中共中央总书记习近平考察浙江、杭州后，市委常委会深入学习领会、全面对标对表，召开市委十二届九次全会，明确提出要发挥8个方面示范引领作用，成为社会主义现代化大城市建设的实践范例，奋力展现“重要窗口”的“头雁风采”，坚决做到“中央有号令、省委作部署、杭州见行动”。

【杭州全力抗击新冠肺炎疫情】2020年，市委常委会坚决贯彻中央和省委、省政府决策部署，紧紧依靠全市人民，打了一场出色的特大城市抗击疫情的人民战争、总体战、阻击战。坚持“精密智控+硬核隔离+暖心服务”，率先启动重大突发公共卫生事件一级响应，第一时间停办新春文旅等人员聚集活动，率先实施村庄、小区、单位全面封闭式管理，守好“国门省门第一关”；率先启动企业有序复工复产，首创“杭州健康码”及“企业复工复产数字平台”，开通全国首趟复工专列，首创乡镇（街道）按风险等级分类管控；做好“六稳”工作、落实“六保”任务，出台“1+12”惠企政策，首创“亲清在线”，确保各项利民惠企政策秒到直达，选派1.1万余名助企服务员，帮助困难企业和群众渡过难关。同时，加强抗疫合作，派出6批次318名医务工作者支援湖北，全面完成国家防疫应急物资调拨指令，按照国家要求开展对外援助，精准有力做好境外疫情“人物同防”工作。

【新旧动能转换加快】2020年，市委实施数字赋能“六新”发展行动，加快建设国家新一代人工智能创新发展试验区，首批之江、良渚、西湖、湖畔4个浙江省实验室正式授牌，西湖大学、中法航空大学、阿里巴巴达摩院、浙大超重力离心模拟与实验装置项目等创新载体取得实质性进展。全面实施“新制造业计划”，联合国大数据全球平台中国区域中心落户，全国首家新型互联网交换中心落户启用。扶持企业做强做优，上市公司数量、市值均居全国第四位。谋划推出“杭州消费嘉年华”，大力发展直播电商经济，率先发放面向实体商户和困难群众的电子消费券，加快建设示范步行街，大力发展新消费。积极参与“一带一路”建设，一体推进跨境电商综试区、eWTP实验区建设，率先推出数字外贸服务平台，中国（浙江）自由贸易试验区杭州片区正式挂牌。全力做好稳外贸、稳外资工作，实际利用外资位列省会城市第一。创新推出“战疫引才、杭向未来”8项举措，首创“杭州人才码”，成功举办人才“一会一赛”和首届大学生“双创日”活动，设立长三角人才云市场，人才净流入率继续保持全国第一位。

【全面深化改革推进】2020年，市委深入推进“最多跑一次”改革，企业开办“分钟制”、项目审批“小时制”等改革走在全国前列，率先推进行政服务中心“去中心化”改革，设立中国（杭州）知识产权保护中心，营商环境综合评价居全国第五位。优化城西科创大走廊管理体制，启动建设杭州云城。推进西湖西溪一体化保护提升。巩固千岛湖临湖地带综合整治成果，加快推进淳安特别生态功能区建设，淳安县入选全国“绿水青山就是金山银山”实践创新基地。深入实施长三角一体化发展等国家战略，做大做强杭州都市区、都市圈，加快推进梦想小镇沪杭创新中心、合杭梦想小镇、浙江人才大厦等平台建设，携手宁波唱好“双城记”，与嘉兴等地签订落实合作框架协议，推动区域协作水平再上新台阶。

2020 年中共杭州市委重要文件一览表

表 3

序号	文件标题
1	中共杭州市委 杭州市人民政府关于表彰首批杭州市“鲲鹏”企业的通报
2	中共杭州市委 杭州市人民政府印发关于严格做好疫情防控帮助企业复工复产若干政策的通知
3	中共杭州市委关于授予在疫情防控斗争第一线表现突出的王水英等同志“杭州市优秀共产党员”称号（第一批）的决定
4	中共杭州市委关于追授张超同志为“杭州市优秀共产党员”的决定
5	中共杭州市委关于追授韦长春同志“杭州市优秀共产党员”称号的决定
6	中共杭州市委 杭州市人民政府关于进一步支持杭州师范大学加快建设全国一流大学的实施意见
7	中共杭州市委 杭州市人民政府关于深入贯彻《交通强国建设纲要》建设交通强国示范城市的实施意见
8	中共杭州市委 杭州市人民政府关于印发《新时代美丽杭州建设实施纲要（2020—2035 年）》的通知
9	中共杭州市委 杭州市人民政府关于支持浙大城市学院争创全国百强大学的若干意见
10	中共杭州市委关于授予在“两手硬、两战赢”工作第一线表现突出的周忠诚等同志“杭州市优秀共产党员”称号（第二批）的决定
11	中共杭州市委 杭州市人民政府关于着力打造六大示范区推进新时代民政事业高质量发展的实施意见
12	中共杭州市委关于做强做优城市大脑打造全国新型智慧城市建设“重要窗口”的决定
13	中共杭州市委关于认真贯彻落实《中国共产党党和国家机关基层组织工作条例》及省委《实施意见》精神的通知
14	中共杭州市委关于加强各级领导班子政治建设的实施意见
15	中共杭州市委 杭州市人民政府关于推进轨道交通可持续高质量发展的实施意见
16	中共杭州市委 杭州市人民政府印发《关于加强耕地保护和改进占补平衡的若干措施（试行）》的通知
17	中共杭州市委关于表彰杭州市优秀共产党员和杭州市先进基层党组织的决定
18	中共杭州市委 杭州市人民政府关于表彰杭州市抗击新冠肺炎疫情先进个人和先进集体的决定
19	中共杭州市委 杭州市人民政府关于推进大健康治理能力现代化的实施意见
20	中共杭州市委关于制定杭州市国民经济和社会发展第十四个五年规划和二〇三五年远景目标的建议
21	中共杭州市委 杭州市人民政府关于深入推进公共交通优先发展的实施意见

【城市治理现代化水平提升】2020 年，市委审议通过做强做优城市大脑的决定，优化完善中枢系统、数字界面、应用场景和数字驾驶舱。支持市人大依法履职，制定和修改《杭州城市大脑赋能城市治理促进条例》《杭州市钱塘江综合保护与发展条例》等法规 5 件，开展动物防疫、世界文化遗产保护等法律监督和数字经济发展、无障碍环境建设、民生实事项目等工作监督，做出依法做好疫情防控等决定，首次开展“党领导人大工作”绩效考核评价，“五四宪法”历史资料陈列馆接待观众达 123 万人次。支持市政协发挥专门协商机构作用，围绕历史文化名城建设、“十四五”发展思路、“战疫情、促发展”、城市社区治理新模式、湘湖和三江汇流区块发展等重大问题开展协商议政活动，聚焦高水平全面建成小康社会补短板、社会治理、生活垃圾分类处理等内容开展专项联动集体民主监督，深化“请你来协商”平台建设和“政协走亲”活动。加强和改进统战工作，认真贯彻中央关于加强中国特色社会主义参政党建设的意见，出台实施加强新时代杭州民营经济统战工作的若干举措。支持工青妇等群团组织主动作为。高标准推进法治政府建设，完善行政机关负责人出庭应诉制度。深化司法责任制配套改革，杭州破产法庭正式设立。完善市域社会治理“六和塔”工作体系，做好矛盾纠纷化解工作。打好防范化解重大风险攻坚战。加强党管武装，杭州市第 8 次被评为“全国双拥模范城”。

【宣传思想文化工作加强】2020 年，市委全面落实意识形态工作责任制。坚持用党的创新理论武装头脑、教育人民，组织全市党员干部认真学习《习近平谈治国理政（第三卷）》，发挥杭州中国特色社会主义思想体系研究中心的作用，深化研究阐释和理论宣讲。推进媒体深度融合，开展高水平全面建成小康社会融媒体采访行动，加强网络文化建设。统筹抓好三大世界遗产的保护传承利用工作，设立“西湖日”“良渚日”，推进大运河国家文化公园、南宋临安城遗址、钱塘江古海塘综合保护等重大项目。之江文化产业带建设加快推进，动漫节、文博会、国际日、工匠日等活动相继推出。农村文化礼堂基本实现 500 人口以上规模村全覆盖，全域推开新时代文明实践中心建设，持续开展“最美”选树活动，制止餐饮浪费，倡导使用公筷公勺、开车不乱鸣喇叭等文明习惯，杭州市第4次被评为“全国文明城市”。

【民生保障改善】2020年，市委推出稳就业保就业系列政策举措，实现零就业家庭动态清零。推进“美好教育”，实施义务教育招生改革新政，升级学后托管“1+X”服务，开展产业园区嵌入式幼儿园试点。持续推进舒心就医，率先实现“健康码一码就医”，深化医联体、医共体建设，加大疾病预防控制体系改革力度，完善全民健身公共服务体系。建立城乡居民基本养老保险待遇确定和基础养老金正常调整机制，颁布实施《杭州市居家养老服务条例》。十大民生实事项目如期高质量完成。全面实施亚运城市行动，扎实做好亚运会和亚残运会筹办工作，大力推进亚运村、亚运场馆和无障碍环境建设，机场三期、西站枢纽、运河二通道等项目快速推进，杭州绕城公路西复线杭绍段、千黄高速公路年内建成通车，杭州南站启用，地铁全年新增运营里程171千米、总里程达到306千米。积极应对梅汛影响，妥善做好新安江水库九孔泄洪等应急工作，确保人民生命财产安全。认真抓好第二轮中央生态环保督察问题整改工作，出台新时代美丽杭州建设实施纲要，深入推进治气治水治废，生态文明建设年度评价结果居全省首位。认真做好东西部扶贫协作、对口支援、“山海协作”等工作，帮扶湖北省恩施土家族苗族自治州、贵州省黔东南苗族侗族自治州如期实现全面脱贫。扎实推进部省共建乡村振兴示范市建设，“大下姜乡村振兴联合体”经验成为全国示范典型。

【全面从严治党纵深推进】2020年，完善市委党建工作领导小组工作运行机制和“大党建”考核机制，制定领导班子政治建设实施意见，构建“四责协同”机制，压紧压实管党治党政治责任。深入贯彻新时代党的组织路线，组织开展干部专项考核和优秀年轻干部综合比选，持续选树担当作为好干部。统筹抓好城市社区、农村、“两新”组织、国企、高校等基层党建，高质量抓好村（社区）组织换届，扎实推进党建引领社区治理和数字赋能智慧组织建设。认真落实中央八项规定及其实施细则精神，深入纠治形式主义、官僚主义，持续整饬“六大顽疾”，落实清单式的基层减负措施。统筹推进监察体制改革，扎实开展巡察工作，积极配合支持中央、省委巡视工作。一体推进不敢腐不能腐不想腐机制建设，持续整治基层“微腐败”，保持惩治腐败高压态势，营造风清气正的政治生态。

（市委办公厅）

市委重要会议

【市委全委会】市委十二届九次全体（扩大）会议于2020年6月28日召开。会议高举习近平新时代中国特色社会主义思想伟大旗帜，深入学习贯彻中共中央总书记习近平考察浙江、杭州重要讲话精神，认真落实省委十四届七次全会决策部署，进一步动员全市广大党员干在实处、走在前列、勇立潮头，激励全市干部群众攻坚突破、比学赶超、争先创优，加快建设独特韵味别样精彩世界名城，开启中国特色社会主义在杭州实践新的伟大工程，为展现“重要窗口”的“头雁风采”而努力奋斗。全会审议通过《中共杭州市委关于做强做优城市大脑打造全国新型智慧城市建设“重要窗口”的决定》。

市委十二届十次全体会议于2020年11月19日召开。会议根据《中国共产党地方委员会工作条例》第三章第九条第八款关于研究讨论本地区行政区划调整方案“应由党的地方委员会通过召开全会的方式履行职责”的规定，审议杭州市部分行政区划优化调整有关事项。

市委十二届十一次全体（扩大）会议于2020年12月15日召开。会议高举习近平新时代中国特色社会主义思想伟大旗帜，深入学习贯彻中共中央总书记习近平考察浙江、杭州重要讲话精神，全面落实中共十九届五中全会和省委十四届八次全会精神，听取市委常委会工作报告，审议通过《关于制定杭州市国民经济和社会发展第十四个五年规划和二〇三五年远景目标的建议》，提出忠实践行“八八战略”，紧紧围绕“数智杭州·宜居天堂”的发展导向，持续推进“干好一一六、当好排头兵”，加快建设社会主义现代化国际大都市，奋力展现“重要窗口”的“头雁风采”。

【市委常委会】2020年，市委常委会召开会议39次。市委常委会以习近平新时代中国特色社会主义思想为指导，全面贯彻中共十九大精神，按照党委“总揽全局、协调各方”原则，议大事、把方向、掌全局、用干部，充分发挥在同级党组织中的领导核心作用，就事关杭州经济社会发展的重大问题进行研究。

【市委重要专题会议】2020年，市委召开的重要会议有：全市“不忘初心、牢记使命”主题教育总结大会，市委经济工作会议，全市统筹推进新冠肺炎疫情防控和经济社会发展工作部署会议，杭州市“战疫情、促发展”工作推进会，市委农村工作会议，全市“战疫情、促发展”比学赶超会议，杭州亚运城市行动计划推进大会，全市推进疫情防控补短板堵漏洞强弱项暨深化作风建设和综合考评大会，全市深化城市大脑建设暨平安杭州工作推进大会，全市“双引擎”驱动、“双招双引”比学赶超活动推进会，杭州市交通强国示范城市建设动员大会，全市无障碍环境建设工作动员部署会，新时代美丽杭州建设推进会，杭州市与阿里巴巴集团2020年度联席会议，浙大城市学院建设全国百强大学动员大会，市委、市政府经济形势分析会，全市金融工作会议暨打造融资畅通工程推进大会，全市民政会议暨“六大示范区”建设推进会，全市重大产业项目招引落地推进会，杭州市规划委员会第二次全体会议，迎接第二轮中央生态环境保护督察工作杭州市动员部署会，全市“改革攻坚”比学赶超推进会，全市村（社区）组织换届工作会议，杭州城市大脑三季度成果发布会，杭州云城建设推进大会，西湖西溪一体化保护提升推进大会，全市民生实事比学赶超推进会，杭州市抗击新冠肺炎疫情总结表彰大会，全市深化“千万工程”建设新时代美丽乡村现场会，中国（浙江）自贸试验区杭州片区建设推进大会等。（市委办公厅）

组织工作

【概况】2020年，市委组织部落实市委和上级组织部门要求，紧扣“干好一一六、当好排头兵”主线，落实组织工作高质量发展规划纲要，围绕中心大局、坚持问题导向、聚力改革创新，全面落实组织工作主责主业。巩固深化“不忘初心、牢记使命”主题教育成果。聚焦“战疫情、促发展”，发挥组织工作优势，出台“双十条”聚力助企发展。推进组织工作数字化改革。落实全国党政领导班子建设规划纲要，破立并举推进年轻干部综合比选和中层干部跨部门跨条块竞岗交流。严格落实干部经常性管理监督，深化干部专业化能力建设，加强公务员队伍建设，推动“干部为事业担当、组织为干部担当”良性互动，激励干部新时代新担当新作为。深化“党建双强”，统筹推进村社组织集中换届、农村基层党建整固升级、党建引领城市治理、“两新”组织党建、党群服务体系建设和党员教育监管等，推动基层党建全面进步全面过硬。升级完善人才政策体系，放大招才引智集聚效应，提升人才平台载体能级，打造人才生态最优城市。在全市组织系统获得省委领导批示8次，在中央和省级会议介绍经验3次。全省2020年度基层党建工作述职评议、全省人才工作目标责任制考核中，杭州的评分居首位。

【“不忘初心、牢记使命”主题教育成果巩固深化】2020年，市委组织部认真落实市委部署，紧扣“不忘初心、牢记使命”终身课题，充分发挥“三个地”和“重要窗口”省会城市优势，探索落实“第一议题”制度的有效办法，推动党员干部跟进学习中共中央总书记习近平最新重要讲话精神；发挥党校主阵地作用，常态化办好习近平新时代中国特色社会主义思想进修班，组织开展中共十九届四中、五中全会精神集中轮训，对1300多名市管干部进行全员培训，引导党员干部读原著、学原文、悟原理，督促党员干部坚决落实中共中央总书记习近平重要讲话、重要指示批示精神，推进知行合一、学用结合。制定出台《关于巩固深化“不忘初心、牢记使命”主题教育成果的意见》《关于加强各级领导班子政治建设的实施意见》，常态化开展政治素质考察，探索建立领导干部政治素质档案。落实责任、规范领导班子党内政治生活，发挥领导机关和领导干部表率作用，形成自上而下、层层推动的整体合力，确保各项制度机制落到实处，打造维护力强、引领力强、担当力强、服务力强、廉洁力强的“五强”领导班子。

【“战疫情、促发展”组织保障】2020年，突如其来的新冠肺炎疫情发生后，市委组织部下发《充分发挥各级党组织和广大党员干部战斗堡垒作用和先锋模范作用》等通知，向全市各级党员干部、人才发出“强化党建引领 提供坚强政治保证”“致广大专家人才的倡议”等动员令，在全市救护火线、防控卡口、生产一线、小区物业等重点领域建立临时党组织3125个，3.5万名机关干部、23万余名村社党员干部投身一线防控，组建党员突击队、尖刀队、志愿队等各类先锋队伍6400多支，设置党员先锋岗1.35万个。树立“双实导向”，推进“抓防控、保民生、促发展”专项考核，考准考实领导班子和党员干部的实绩表现，提拔重用表现突出干部110人，优先晋升职级101人。主动落实关爱帮扶，对318名援鄂医疗队员、1215名其他一线医务人员及其家属，提供一对一菜单式服务。全市划拨党费（党员捐款）2600多万元用于“双线作战”，表彰奖励集体718个、个人2966名。

【助企发展“双十条”出台】2020年，市委组织部紧扣“两战”形势变化，统筹推进服务保障措施，及时出台“暖心十条”“助企双十条”等政策。结合“走亲连心三服务”“助万企、帮万户”等活动，精选一批优秀干部驻点服务企业，联动职能部门选派驻企服务员1.1万名、驻企健康指导员3500多名。健全“战疫情、促发展”大比武、党建双强评比等机制，推动各级党员干部比拼发展实招、交流工作成效。创新推出“战疫引才、杭向未来”8项举措，精准助力企业人才招引，开展“云聘会”932场次，推出岗位84.5万个，帮助企业引进人才22.7万人，率先向40个海外人才工作站、海外专家组织及1万余名杭州籍留学人员赠送“健康包”，受到海外机构、留学生及家庭广泛好评。实施推进“红盟聚力”专项服务，通过“双孵双创”“银企互动”等专项服务，累计在线服务逾123万人次、统筹安排抗疫专项信贷资金370亿元。

【“大党建”考核优化】2020年，市委组织部认真落实中央和省委、市委关于为基层减负的部署要求，坚持“减负担、破难点、促发展”，进一步优化完善“大党建”考核，探索建立注重平时了解掌握的党建考核新模式，明确“三个不再”，即年底不再统一组织开展集中性考核，不再统一组织党建报表填报，不再保留上级没有明确要求的评议。全市“大党建”考核指标由上年的80条减至26条，比上年减少67.5%；党建工作评议由7项减至5项，比上年减少28.6%。

【组织工作数字化转型】2020年，市委组织部积极探索推进组织工作数字化转型，聚焦“组织工作全能通、党群服务永在线”目标定位，组建工作专班，率先推出“党建云图＋十大核心应用场景”，推动组织工作数字赋能增效，获评省委组织部智慧党建类项目一等奖，省委改革办《领跑者》刊物刊发相关做法。开展干部工作数据大会战，完成全市处级以上干部信息联网入库、在线实时维护，开发建设干部综合管理信息系统和“选兵点将”场景应用，搭建“干部云之家”平台，加强数据归集和智能分析运用，为市委、部委选人用人提好建议、当好参谋助手。探索开展市直机关干部人事档案数字化集中管理模式，启动专项行动，通过组建工作专班、驻点审核验收、加强过程管控等方式，完成对全市78个市直机关管档单位1402卷处级干部人事档案实行集中数字化管理。在“西湖先锋”钉钉平台上开发档案预约查询模块，提供档案查询借阅服务560多人次。完成市本级组织史第六卷的编撰工作。

【领导班子建设提质增效】2020年，市委组织部完善选贤任能制度，贯彻落实新一轮《全国党政领导班子建设规划纲要》和杭州市贯彻领导班子建设规划纲要的实施意见，实施政治建设统领工程、“一把手”战略培养工程、班子结构整体优化工程等六大工程。落实《关于加强各级领导班子政治建设的实施意见》《杭州市市管领导干部政治素质考察实施办法》，用好“五个聚力、五个全面展示”18条具体举措，常态化开展领导干部政治素质考察，打造维护力强、引领力强、担当力强、服务力强、廉洁力强“五强”领导班子。提高围绕中心大局选干部、配班子精准度，结合日常干部调整等工作，“落实以事择人、激励担当、严把职数、配强正职、推进交流”等10条班子配备原则，做好28批次市管干部任免工作，选优配强党政正职，完善领导班子来源、经历结构，发挥各年龄段干部作用，提升专业型干部配备比例，合理配备女干部、党外干部和民族干部，增强整体功能和战斗力。

【优秀年轻干部成长链构建】2020年，市委组织部健全年轻干部培养选拔机制体系，落实《新时代杭州市大力发现培养选拔优秀年轻干部的实施意见》和新一轮《领导班子建设五年规划》，完善年轻干部发现、培养、管理、使用环环相扣又统筹推进的全链条机制。突破层级限制，市县联动开展优秀年轻干部专题调研，按照不同年龄、层级动态调整“2135”优秀年轻干部梯队名单，严格执行年轻干部配备预审工作，分层分类落实培养锻炼举措，同时实施动态管理、优胜劣汰。

【优秀年轻干部培养选拔】2020年，市委组织部按照中央、省委关于大力发现培养选拔优秀年轻干部的部署，将有发展潜力、需要递进培养的年轻干部提拔到关键岗位、吃劲岗位，全年新提拔和进一步使用45岁以下市管干部54名，40岁以下19名，“80后”12名，破格提拔2名。突出理想信念教育、能力素养提升、实践考验历练，举办中青年干部主体班次9期，培训中青年干部449人。深化上挂下派锻炼，市本级共选派496名干部人才到对口支援合作、“六大行动”、亚运会筹备、云城建设等重点工作、重点项目一线蹲苗历练，严格落实选调生基层锻炼和新任公务员“三访”制度，提升年轻干部实际工作能力。把选调生队伍建设纳入干部队伍建设整体规划，全市各级党政机关招录选调生115名，其中“双一流”高校占60%。

【年轻干部综合比选】2020年，市委组织部按照市委提出的干部队伍建设“六破六立”重点任务要求，推动破解全市干部队伍结构性短板。着力打破论资排辈和干部成长隐性台阶，注重市县联动，市和区县（市）联动开展优秀年轻干部综合比选。通过实地调研、专业素养面谈和综合面试等多轮比选，综合比选产生的101名优秀年轻干部，来自区县（市）51名，市直部门20名，市属国企高校14名，在杭中央直属机构（含企业）11名，“两新”组织5名。

【中层干部跨部门跨条块竞岗交流】2020年，市委组织部按照市委部署，坚持全市干部队伍一盘棋，开展中层干部跨部门竞岗交流，放眼各条线各领域各行业，突出政治标准和专业能力，全方位、多角度、立体式识人选人，实现跨部门跨条块竞岗交流52人，跨条块上下交流26人，跨部门平职交流58人，政法系统交流50人。

【机关和优秀民营企业互派干部挂职】2020年，市委组织部认真贯彻落实市委、市政府决策部署，会同市经信局，深入开展机关、事业单位与优秀民营企业干部双向挂职岗位需求排摸工作，向民营企业选派100名“助企服务网格员”，接收10名民营企业业务骨干到市直单位挂职，并进一步明确和规范职责任务、工作机制、日常管理、考核评价等，推动驻企服务各项工作规范高效开展。

【“两个担当”良性互动机制落实】2020年，市委组织部深化实施激励干部担当作为12条举措和关心关爱干部12条措施，定期开展互学互看大比武、乡镇（街道）书记交流会、“红黄黑榜”晾晒比拼等工作，选树省、市“担当作为好干部”113名，2019年评选的111名省、市“担当作为好干部”中已提拔、晋升或进一步使用55名。结合巡视巡察、选人用人工作专项检查、组织工作若干薄弱环节集中整治“回头看”等工作，加强政治监督、担当作为监督。在富阳开展试点，探索建立容错裁定和不实反映澄清正名机制。健全完善关心关爱机制，常态化开展“向组织说说心里话”，严格落实基层干部待遇政策。

【干部专业化能力建设】2020年，市委组织部制订下发全市干部教育培训班次计划，采取党校+高校、线上+线下相结合方式，举办城市大脑、“新制造业计划”等9期专业化培训班，培训市管干部2700多人次。改进提升“杭商学堂”培训工作，运用“西湖先锋”App、专题微课、知行云课等平台载体，推动线上线下教育培训融合联动。

【干部经常性监督管理落实】2020年，市委组织部将干部监督嵌入选育管用全链条，严格执行“凡提四必”“双签字”等要求，对20个单位开展选人用人工作专项检查，督促落实整改。持续深化“一报告两评议”成果运用，扎实做好个人有关事项报告专项整治，对瞒报或漏报情节较重的7人予以诫勉和通报。做好新冠肺炎疫情期间领导干部及其亲属返浙报备工作，完善经济责任审计成果运用、信访举报查核等机制。健全大监督工作机制，拓展监督信息渠道，出台优化沟通办法，提升联席会议成员单位信息沟通及时性、有效性。健全“月报季访”“季报五访”等工作，加强平时考核与专项考核、年度考核相互印证，将考核结果与选拔任用、问责追责等有机结合，提高知事识人精准度。

【公务员队伍管理】2020年，市委组织部以贯彻落实《中华人民共和国公务员法》为主线，深化职务与职级并行制度，建立县以下事业单位管理岗位职员等级晋升制度，稳慎推进公检法系统职务序列改革和“五大执法领域改革”等重点改革任务。克服新冠肺炎疫情影响，严谨细致做好四级联考各项工作，新录用公务员652名，推出市级机关单位公开遴选岗位25名，加大面向“双一流”高校选调生考录工作力度。完善日常管理考核，研究起草《杭州市公务员平时考核实施细则（试行）》，探索创新平时考核有效方式。开展“十佳公务员”评选表彰活动。构建干部心理健康关爱体系，设立公务员心理健康体验室、公务员心理健康能力提升中心、公务员心理健康与关爱中心等“一室两中心”实体平台，组建杭州市公务员心理健康服务专家联盟，加强新形势下公务员心理调适能力。研究出台《关于进一步完善干部退休相关工作的通知》，探索实施公务员荣退制度，增强队伍整体活力。

【公务员职业生涯全周期“一件事”改革】2020年，市委组织部聚焦公务员职业生涯全周期管理过程，整合市数据资源局、市委编办、市社保局、市医保局、市公积金中心以及有关银行等资源，建立网上联合办理机制，扎实推进“一件事”改革，开发公务员职业生涯全周期“一件事”网上办理平台，形成变串联为并联、变规范表单为共享数据、变信息孤岛为互联互通的办事体系。全年通过公务员综合管理平台审批公务员录用、转任、调任、登记、职级变动和年度考核1.6万件，同时通过公务员“一件事”平台办结公务员录用、转任、调任、调出、职务职级变动、辞职、辞退、开除、退休后续业务事项。实现“一键办、一起办、跑零次”，达到减负、增效、提质的预定目标。

【村社组织换届】2020年，市委组织部围绕中共中央总书记习近平“四种人”要求和“五好两确保”目标，高质量推进村社组织换届，加强党对换届工作的全方位领导，出台换届“1+3”政策意见，深入实施“六大行动”和“五个一”专项工作，97个后进党组织“应转尽转”。全覆盖开展村社“两委”班子届末考评，全面推行“选贤任能六法”，逐村逐社落实人选“三级过堂”，开发选情“三色图”，探索“云上联审”“指尖民意”。全面完成3117个村社“两委”换届，“一肩挑”人选全部高票当选，“一肩挑”率99.7%，整个换届过程平稳平顺，村社干部队伍实现整合再造、提档升级。聚焦治理体系变革和选后高效运行，研究制定规范村级组织运行20条，优化“一肩挑”后村社“两委”班子分工，全面实行村干部任职回避制度，增强村级班子整体功能。

【农村基层党建整固提升】2020年，市委组织部落实《关于以增强政治功能提升组织力为重点扎实开展基层党建“全域提升、全面提质”行动的意见》，推动“党建引领乡村振兴”等12项重点任务，全市“5+2”党建总体布局建设实现整体推进，抓好农村基层党建工作质量整体提档升级。深化“打擂比武”“赛场赛马”，推进“百千万”工程，选树60名标兵“头雁”、60个示范支部。健全完善以网格党支部为基础、功能型党支部为补充的农村基层组织体系，推进区域党建联盟建设，“大下姜”联合党委被农业农村部评为全国乡村振兴优秀案例。

【党建引领城市基层治理推进】2020年，市委组织部开展党建引领社区治理专题调研，牵头相关职能部门成立党建引领社区治理工作协调小组，采取综合试点与专项试点相结合的方式，在下城区、拱墅区的11个单位全面推进18项试点任务，推动组织赋能、机制赋能、服务赋能、协商赋能、技术赋能，健全完善社区治理体系，相关做法得到省委书记袁家军批示肯定。制定出台加强和改进小区党建的意见，总结形成新时代城市基层党建聚力赋能社区治理“五大机制、二十条举措”，按照“三全四有三提升”目标，在不改变原有组织隶属关系和党员组织关系基础上，统筹小区内各类组织，整合各方力量，组建统合型小区党组织，实现推动组织在小区建立、资源在小区集聚、作用在小区发挥、难题在小区化解、服务在小区提供，夯实基层基础。构建“小区党组织、业委会、物业服务企业”新三方治理架构，由小区党组织牵头定期联席会商，协调解决小区治理重大事项。全年在全市4780个小区建立2482个小区党组织。及时召开全市深化城市基层党建工作暨党建引领社区治理试点成果交流会，赋能换届后社区新班子，逐步构建“党建引领、多方参与、条块协同、四治融合”的社区治理工作格局，努力打造居民离不开的社区组织。《人民日报》等媒体报道杭州做法。

【“两新”组织党建统筹推进】2020年，市委组织部完善市、县、乡三级“两新”工委机构设置，规范实体化运作机制，形成“条块融合、上下联动”工作氛围。持续开展“扫楼扫街”攻坚行动，累计新建“两新”党组织1298个，双覆盖质量得到进一步提升。实施“双领计划”，组建“红领学堂”，组建“一地一团三支撑”工作架构，形成融教育、实践、交流、传播于一体的“两新”党务工作者立体培养体系，强化“两新”党务队伍支撑。聚焦新兴业态和重点领域，坚持党建服务经济社会转型发展，推进数字经济、集聚区、社会组织等重点领域党建工作，开展数字经济党建“139行动计划”，成功举办数字经济党建高峰论坛，打造数字经济党建“孵化中心、策源中心、协同中心”。探索推进“三扎根一保障”的组织网络，创新“三抓三带”联动模式，提升集聚区党建水平。推动行业主管履行“管业务、管党建”双重职责，重点抓好民办学校、医院和“三师”事务所等行业性较强的社会组织党建工作，打造社会组织党建“杭州样板”。积极推进特色小镇、经济园区、商圈楼宇等集聚区建立区域性“两新”组织党群服务中心，打造一批服务企业、服务人才、服务青年的“红色之家”。

【党员教育监督管理】2020年，市委组织部严格按照党中央提出的政治合格、执行纪律合格、品德合格、发挥作用合格的“四个合格”党员要求，持续深化“党建双强”工程，实施《关于进一步聚力“六大行动”全面深化“党建双强”工程建设的实施意见》，实行“晒单亮绩”“红黄黑榜”“积分管理”机制，选树市级“最强党支部”季度之星300个、“最强领头雁”季度之星300名。优化党员教育培训体系，以学习习近平新时代中国特色社会主义思想为重点，扎实推进党员春训冬训，依托“杭州党建”电视网站平台、“西湖先锋”广播栏目、“西湖先锋”微信公众号等资源，构建“互联网＋党员教育”格局，开发上线“西湖先锋”智慧党建平台，创新建立党建融媒体工作室，开展全市党员教育电视片观摩交流活动，全面提升党员能力素质。

【五级联动党群服务红色阵地创新完善】2020年，市委组织部以“要活动到中心、有困难找中心、做奉献来中心”为宗旨，建成覆盖3446个站点的市区街社和驿站五级联动、一体发展的党群服务体系，初步形成15分钟党群服务圈。注重建构和发挥市级党群服务中心“组织生活策源中心”“师资课程配送中心”“社会组织培育中心”“兴趣社团提升中心”和“志愿服务指导中心”作用，培育杭州市党群服务实践基地16个，运维运营党群服务中心优秀社会组织20个，推动各级党群服务中心一体发展。联动51个省级、市级单位和知名“两新”企业，成立杭州党群服务联盟，开展“钱塘大讲坛”“先锋服务广场”等23类品牌活动，推出“精品党课”“白领午间1小时”“春训冬训套餐”等36类品牌课程。聚焦线上线下互动互融，创新“西湖先锋”App“云上服务”应用场景，打造线上党群服务超市、爱心驿站、社团有你等功能模块，为线下开展志愿服务、社团活动、困难帮扶等工作提供数字化赋能。各级党群服务中心联动开展开放式组织生活14.6万场、社团活动5.1万场、志愿服务8.7万场，线上“先锋贷”成功授信10.26亿元。

【有效人才政策体系构建】2020年，市委组织部（市人才办）克服新冠肺炎疫情影响，抢抓人才招引机遇期，研究出台《关于服务“抓防控促发展”落实“人才生态37条”的补充意见》，实施高层次人才优先购房和专项奖励、新引进大学生租房补贴、提高高层次人才购房补贴和市本级公共租赁住房货币补贴标准、加强抗疫人才招引服务等7项政策。人才引进总量持续增长、结构不断优化，新引进全球顶尖人才24名，首批7名“鲲鹏计划”人才中，杭州有4位入选；新引进35岁以下大学生43.6万人，比上年增长106%。接收应届高校毕业生（不含省部属单位，下同）109620人，增长30.6%，其中：博士566人，增长21.2%；硕士17320人，增长17.2%；本科67384人，增长77.3%；大专24350人，减少21.1%。围绕数字经济、生命健康等重点产业，精准招才引智，带动、支撑产业高质量发展，高层次人才与重点产业之间的融合互促效应更加明显。从数字经济产业看，新引进的高层次人才中，数字经济领域人才占引进总数的37%。

【“一会一赛”举办】2020年，市委组织部（市人才办）坚持以人才活动牵引人才工作，创新线上线下相结合方式，办好“一会一赛”。11月8日举办2020杭州国际人才交流与项目合作大会，67位海内外院士出席活动，全球35个国家（地区）、长三角地区城市代表参加大会，签约项目401个，总金额93.54亿元。海外高层次人才创业创新大赛于3月31日在云上启动，首次与美国来易超新星全球创业大赛等8个单位合作建立全球赛事联盟，共征集到来自20多个国家和地区1658个留学人员和外国人项目报名参赛。

【大学生“双创日”设立】2020年，市委组织部（市人才办）研究出台《杭州大学生创业创新三年行动计划（2020—2022年）》，启动实施百万大学生杭聚工程等五大工程，将6月13日设定为全国首个大学生“双创日”，力争3年引进大学生100万名。首届“双创日”活动线上线下共吸引百万大学生参与活动。

【人才评定激励机制改进】2020年，市委组织部（市人才办）深化人才发展体制机制改革，启动高层次人才自主认定试点，更多地把企业评价、社会评价等市场元素纳入高层次人才分类评价标准，向用人主体放权松绑。在西湖大学、国科大杭州高等研究院、阿里巴巴集团等单位试点人才自主分类认定，将人才年薪等体现市场价值的评价要素增加到人才分类认定评价体系中，全年新认定C类以上高层次人才865人；新增D类以上高层次人才2121名，比上年增长151.3%。

【“揭榜挂帅”引才机制探索】2020年，市委组织部（市人才办）积极实施“揭榜挂帅”，梳理制约产业发展的薄弱环节和瓶颈问题，面向全球张榜求贤，将人才招引和产业发展结合起来，推动人才链、创新链、产业链、财富链有机衔接和良性互动。全年企业张榜项目406个，总标的额12亿元，居全省第一位，其中最高榜单2000万元，有16个百万元以上项目已被揭榜，约5000万元。利用国家自主创新示范区、高新区、开发区、临空经济示范区等产业创新平台，通过“引进一个高端人才、带来一个重大项目、形成一个产业集群”，促进产学研深度融合，最大限度实现科技人才和科技成果的实践价值。

【长三角人才云市场成立】2020年，市委组织部（市人才办）探索实施云聘会、云对接、云路演等疫情防控常态化下的人才工作方式，创新成立长三角人才云市场。联合教育部、湖北省和长三角节点城市，瞄准全国大学毕业生就业难、长三角地区企事业单位招人难等重难点问题和国家、省市重大战略，设置各类专场“云聘会”，形成人才工作多跨协同新模式。创新知名企业直播带岗等云端服务新形式，聚焦人才创业创新“最需服务”项目，帮助人才更快实现人岗匹配。全年立足长三角、面向全球举办“云聘会”930多场，帮助长三角区域引进各类人才22.7万人。

【“名校名院名所工程”推进】2020年，市委组织部（市人才办）深入推进“名校名院名所工程”，全力支持之江实验室、西湖大学、国科大杭州高等研究院、阿里巴巴达摩院、浙江大学国际科创中心、“城市大脑”国家新一代人工智能开放创新平台建设。西湖大学累计已有118位学术人才正式签约，32人入选国家海外高层次人才引进计划，76名博士后完成入站，招收博士研究生320人。国科大杭州高等研究院（简称杭高院）

筹建工作进展顺利，已有12位“两院”院士、55位杰出青年加盟，中科院重点项目引力波宇宙太极实验室（杭州）、中科院系统生物学重点实验室落户杭高院，220名研究生已正式开学。发挥省会城市的高校资源优势，开展与浙江大学、中国美术学院市校战略合作，把在杭高校打造成为人才培育的主要阵地和科技研发的孵化基地。成功创建萧山、余杭两个省级特色产业工程师协同创新中心，聚集工程师2304人，为企业提供技术服务6910次。

【人才西进工程】2020年，市委组织部（市人才办）统筹城市与农村两个区域，大力实施人才西进工程，推动工商资本、科技和人才“上山下乡”，杭州西部县市引入人才，由市级统筹协调，同等享受各类人才资助培养经费，同等享受主城区人才居留落户、购房资格、车辆上牌、医疗保障等服务保障。对年度缴纳税收1亿元（西部县市2000万元）以上的企业，根据纳税规模给予若干技术及管理岗位的人才名额，经行业主管部门审核后可享受人才落户、子女入学、车牌补贴等待遇。

【人才工作国际化】2020年，市委组织部（市人才办）坚持全球视野、开放聚才，建立招才引智重点国家名录，在美国、英国、法国、德国、日本等发达国家，以及以色列等国家布局一批人才工作站，首批挂牌硅谷钱塘中心等6个海外孵化中心和杭州海外留学人才德国工作站等10个海外人才工作站。聘请施一公、王坚等顶尖人才为全球引才顾问，进一步拓宽海外引才育才渠道。与国家外国专家局合作，建设全国首个国际人才创业创新园和国际人力资源服务产业园，引导优质外国人才项目向园区集聚，引进高层次外国人才项目54个，签约金额8.7亿元。全年新增国家级、省级海外高层次人才126名，比上年增长93.84%。

【人才服务数字化】2020年，市委组织部（市人才办）率先推出“杭州人才码”，加快推动人才服务事项和服务资源归集，实现人才服务“一码供给”、人才办事“一站入口”、人才双创“一帮到底”。“杭州人才码”依托市民卡App，统筹整合医疗健康、子女教育、购房落户、双创支持、交通出行、休闲旅游等人才服务项目，一期于5月14日上线，实现高层次人才“一人一码”多场景应用，将人才服务由线下转向指尖，为杭州人才提供集成式、智慧化、全流程的优质服务。二期“大学生青荷码”于6月13日上线，紧扣应届大学生到杭州工作、生活的必备要素，实现双创服务、政策服务、生活服务、缤纷活动、全科服务五大类服务“一码归集”；新增大学生生活补贴和租房补贴个人申领通道，助力青年人才到杭州创新创业。11月，“人才码”三期国际码上线。全年共有1.94万人次申领“高层次人才码”，8.84万人次申领“青荷码”，4.93万人次通过“人才码”申领补贴，兑现人才政策金额6.59亿元，服务人才161.6万人次。

【服务全省人才高地建设】2020年，市委组织部（市人才办）主动发挥公共资源优势，率先出台《杭州市服务全省人才发展意见》，服务全省高层次人才落户、购房资格、子女教育、车辆上牌等3589人次。2月“人才生态37条”补充意见实施后，人才优先购房等政策第一时间向在杭州省部属单位高层次人才延伸覆盖，确保“同城同待遇”。加快浙江人才大厦建设，探索人才创业创新全周期“一件事”改革，积极推进人才服务综合体创建工作，进一步聚集优质资源，集中提供全天候政策咨询、一站式证照办理、出入境服务，以及财税、法律、金融等个性化服务。

【人才服务精细化水平提升】2020年，市委组织部（市人才办）开展杰出人才和青年杰出人才评选，营造尊才爱才浓厚氛围，帮助解决子女入学、医疗保障、车辆上牌等“关键小事”，精心打造“杭州人才之家”，讲好杭州“人才故事”，连续10年入选“外籍人才眼中最具吸引力的十大城市”。据中国人民大学课题组报告显示，杭州人才资源对经济增长具有显著正向影响，大专以上人口每增加1%，可促进杭州市GDP增长1.49%，仅次于深圳，居全国城市第二位。

【组工干部队伍建设】2020年，市委组织部做精做细做实日常党性教育，提升支部自身建设质量。持续深化“杭组论坛”“杭组悦读”“杭组夜学”等系列活动，抓实业务“大比武”主载体，统筹推进日常教育培训和实践锻炼，引导全市组工干部苦练内功。优化改进工作作风，落实经常性下基层制度，认真执行组织工作“减负八条”，组织机关干部全员开展“我当一周基层干部”换位体验活动，推动调研成果转化运用，全市组织系统调研课题获全国、全省各类奖项7个。严格落实党风廉政建设各项制度规定，严格执行中央八项规定，认真查找排摸组工干部岗位风险点。丰富机关干部文化生活，弘扬组织部门“家”文化，提高机关“含氧量”。在2020年度市直单位和区县（市）综合考评中，市委组织部在62个市直参评单位中列第一名。（市委组织部）

宣传工作

【概况】2020年，市委宣传部精心做好中共中央总书记习近平考察浙江、杭州的宣传报道工作。组织市属媒体转载《春风又绿江南岸——习近平总书记在浙江考察纪实》等中央、省级重点媒体报道，做好案例报道和反响报道。《杭州日报》第一时间推出5版特别报道，并刊发《牢记新嘱托 扛起新担当》《让绿色成为杭州最动人的色彩》《让城市更聪明更智慧》等评论员文章，积极引导社会各界抓住数字经济、城市治理、生态保护赋予杭州的新机遇。杭州电视台综合频道的《用心感悟总书记谆谆教诲 守住西溪湿地原生态之美》报道，回访式报道展现干部群众的激动心情，并回顾10多年来杭州市贯彻“绿水青山就是金山银山理论”、做好生态保护的历程；该频道《我们圆桌会》栏目围绕“让城市大脑更智慧”主题，邀请相关政府部门、专家学者、企业代表等展开讨论评论，为贯彻落实好中共中央总书记习近平的要求建言献策，凝聚广大党员干部牢记新嘱托、扛起新担当的思想共识。

聚焦市委、市政府中心工作。市委宣传部制订宣传方案，组织市属媒体开展"数字经济第一城""数字治理第一城"等宣传报道，挖掘城市大脑应用场景、"亲清在线"等亮点工作。开展学习贯彻中共十九届五中全会精神、省委十四届八次全会、市委十二届十一次全会宣传，深入做好"数智杭州·宜居天堂"发展导向和"十四五"发展目标的报道。开展村社组织换届等重点工作的报道，按照要求刊发消息，并分阶段做好宣传引导。

做好高水平全面建设小康社会宣传报道。市委宣传部聚焦"高水平全面建设小康社会""幸福示范标杆城市"主题，组织开展"高水平全面小康，立潮头幸福起'杭'"大型融媒体行动。市属媒体全年开设"决胜全面小康""决战脱贫攻坚"等专题专栏100多个，推出报道5600多篇，总阅读量2.45亿人次。杭报集团、杭州文广集团等走进湖北恩施土家族苗族自治州、贵州黔东南苗族侗族自治州等对口支援城市，通过鲜活的现场新闻、生动的人物故事，展现杭州对口帮扶的典型样本和亮点成就。

推进媒体深度融合发展。贯彻中央《关于加快推进媒体深度融合发展的意见》，市委宣传部制定《融媒体与城市大脑双向赋能 构建全市媒体融合"一张网"方案》，推进全市媒体融合"一张网"建设。加大全媒体人才培养力度，制定《杭州新闻传播人才队伍建设实施意见》等文件，组建杭州市融媒学院，组织2场面向市属媒体与区县（市）委宣传部、融媒体中心负责人与采编人员的培训。联动中央、省、市、区四级媒体以及头部商业平台，组建杭州市融媒联盟，打通重点报道传播链路，强化整体宣传效应。

加强舆论导向管理。市委宣传部印发《关于深化"四力"建设 推进新时代杭州新闻传播人才队伍建设实施方案》，提升全市重大主题宣传的传播力、引导力、影响力和公信力。举办第二十一个记者节表彰活动，做好重大主题宣传舆论导向引导。杭州电视台综合频道《生命大接力特别直播》获首届中国广播电视大奖现场直播类电视节目大奖。《新闻60分》栏目获第三十届中国新闻奖电视编排类三等奖。（傅怡南）

【理论学习】2020年，市委宣传部转发省委宣传部《2020年全省县级以上党委（党组）理论学习中心组学习安排》，以市委理论学习中心组为龙头，指导推动各级中心组以多种形式深化习近平新时代中国特色社会主义思想，中共中央总书记习近平在浙江、杭州考察时的重要讲话精神等专题学习。市委理论学习中心组组织专题学习会15次，先后邀请中国科学院院士王建宇、清华大学公共管理学院院长江小涓、丝路研究院（海口）院长张湧等著名学者做主题辅导报告。推动中心组学习制度化规范化建设，执行党委（党组）理论学习中心组巡听旁听制度、开展党委（党组）重大决策前专题学习试点工作，组织开展党委（党组）理论学习中心组学习情况的督查工作。

【理论研究】2020年，市委宣传部坚持新思想溯源与实践案例总结一起抓，组织编著《从"之江新语"看"重要萌发地"》《"绿水青山就是金山银山"理念的杭州实践》《全面小康看杭州》等理论成果。启动《忠实践行"八八战略"，奋力打造"重要窗口"研究（杭州卷）》编撰工作。利用"钱塘论坛""学与思"等理论阵地，先后推出系列理论文章、节目65期。发挥杭州中国特色社会主义体系研究中心的作用，先后在《杭州日报》理论版刊发《以"四个全面"引领治理现代化的杭州探索》《以"八八战略"为统领 推进市域社会治理现代化》等系列理论文章。

【理论宣讲】2020年，市委宣传部组织中共十九届五中全会精神等重大主题宣讲。成立"青春力量""少年先锋"杭州宣讲团，举办"杭州市基层理论宣讲大擂台"暨微型党课大赛，选树10名"金牌理论宣讲员"、11名"优秀理论宣讲员"。组织参加全省"我最喜爱的中共中央总书记习近平的一句话"青年微宣讲大赛，杭州市特等奖获奖选手占全省1/2。组织参加全省第十一届微型党课大赛，杭州市特等奖、一等奖获奖选手占全省1/3。推出"三分钟理论快讲"第四季青春版、少儿版，总点击量9700万人次。组织开展"百支宣讲团、千名宣讲员"赴基层宣讲活动，"富春窗""桐庐夜话""好声音宣讲""新农村大喇叭"等理论潮课不断涌现。青年宣讲员忻皓获"全国基层理论宣讲先进个人"称号。富阳区"富春窗"宣讲团入选浙江省基层理论宣讲成绩突出集体。（解小雨）

【杭州"最美"品牌建设深化】2020年，市委宣传部挖掘抗击新冠肺炎疫情中各行各业涌现出的好人好事，选树韦长春、姚权刚、计良庆、王水英、王益民等一大批事迹温暖感人的疫情防控先进典型。以疫情防控、脱贫攻坚和经济社会发展等领域为重点，组织开展第八届"最美杭州人"选树活动，共评出20名第八届"最美杭州人"和10名"最美杭州人提名奖"。指导协调选树"最美助残志愿者""最美退役军人""最美军嫂（兵妈妈）""最美家园守护者"等。

【杭州阿克苏两地"最美交融"文化润疆活动】2020年10月中旬，开展杭州"最美"人物代表赴阿克苏走访交流活动，协助支持"最美"人物为阿克苏提供公益性教育帮扶、职业技能培训、医疗卫生帮扶、农产品扶贫销售等志愿服务，传递"最美"风尚，推动"最美"相融，带动杭州各界更广泛地参与援建阿克苏工作，也为杭州精准援建阿克苏做贡献。

【群众性爱国主义教育活动】2020年，市委宣传部以"战疫情、奔小康"为主题，首次以线上云直播形式组织开展全市"红旗飘飘"群众性宣传教育活动。活动于6月30日在央视频移动网、新华社现场云、今日头条、新浪微博、爱奇艺、"杭州之家"App、FM89杭州之声等平台同时上线。国庆期间，组织开展"五星红旗升起来"活动，杭城主要路段、城区街道、机关企事业单位、车站景点、游船等共升挂国旗12万余面。"感人瞬间""榜样""歌唱"等公益宣传视频在车站地铁、乡镇村社的电子屏及市区主要路段户外大屏进行播放。

【杭州市宣传文化工作创新奖】2020

年，杭州市宣传思想文化战线聚焦"战疫情、促发展"和"决战脱贫攻坚、决胜全面小康"，全面推进文化兴盛行动，组织开展杭州市宣传文化工作创新奖。经过评选，上城区委宣传部"南宋文化节"等12个项目获2020年度杭州市宣传思想文化工作创新奖。杭州市推荐的西湖区委宣传部"之江编剧村"项目获浙江省第九届（2020年度）宣传思想文化工作创新奖。（高建军）

【杭州文化品牌打造】2020年，市委宣传部坚持杭州韵味、国际表达，创新形式手段打造杭州文化标识。推进大运河文化带、南宋皇城遗址保护、良渚文化传承保护、文旅融合等重点工作。做好杭州国际音乐节、杭州国际戏剧节、新年音乐会、"我们的中国梦 文化进万家"、"全面小康看杭州"书画作品展、"看大片 奔小康"杭州电影周、大运河文化带京杭对话"雅集"活动等品牌活动。做好中央电视台《记住乡愁》摄制组到杭实地调研拍摄和"最江南·醉杭州"系列微纪录片拍摄事宜。推动设立"杭州良渚日""杭州西湖日"，成功举办首届杭州良渚文化周。（钱 康）

【"1+N"国际传播全媒体矩阵】2020年，市委宣传部依托"杭州外宣厨房"，加强与中央、上海、省级涉外媒体的合作，构建涵盖英语广播电视节目、门户网站、报纸杂志、新媒体平台、机场展示厅等在内的"1+N"国际传播全媒体矩阵（"1"是指"杭州外宣厨房"，"N"是指杭州英语广播节目*Hangzhou Focus*、双语国际传播电视专题节目《看杭州》、英语电视节目《走进亚运》、中国·杭州英文网、杭州网外文频道、杭州英文报、《上海日报》杭州专版、《品味杭州》日语杂志、"杭州新闻"英文App、杭州外宣共享平台、杭州萧山国际机场"韵味杭州"城市形象展示厅等），全天候运用文字、图片、视频等形式，向世界展示杭州作为历史文化名城、创新活力之城、生态文明之都的新时代良好城市形象。

【《看杭州》中英文双语国际传播电视专题节目播出】2020年6月17日，市委宣传部与杭州文广集团联合推出全新中英文双语国际传播电视专题节目《看杭州》。节目每周两期，每期10分钟，每周三22：00、周六22：30在杭州电视台综合频道播出，并通过浙江电视台国际频道向海外播出，覆盖欧洲、美洲、亚洲、非洲及大洋洲的229个国家和地区，每期受众5000多万人次。6—12月，《看杭州》共播出55期节目。

【杭州外宣共享平台成立】2020年9月，市委宣传部与"杭州外宣厨房"联合推出杭州外宣共享平台，打造动态存储和展示全市优质国际传播素材的资讯服务系统。平台由杭州外宣资源库和移动客户端"韵味杭州"两大部分构成。"韵味杭州"App集纳全市外宣媒体接口，并设置"Hi亚运""影像杭州"等10多个子栏目，在苹果、安卓、华为、小米、腾讯等主流应用商店上线。

【*Hangzhou Focus*杭州全新英语广播节目开播】2020年12月28日，由市委宣传部指导、杭州文广集团主办、FM89杭州之声承办的英语广播节目*Hangzhou Focus*正式开播。节目以日播加周播的组合形式，同步在"杭州之家"App、杭州"学习强国"学习平台、中国·杭州英文网、杭州网、杭州外宣共享平台"韵味杭州"App以及蜻蜓FM、喜马拉雅等平台播出，为在杭州、到杭州的外籍人士及时提供英文新闻和服务资讯。

【杭州首批海外交流基地确定】2020年，市委宣传部携手市直部门遴选和命名杭州英国文化创意产业交流中心、泰中罗勇工业园、美国硅谷钱塘中心、杭州—德累斯顿联络办公室等单位和机构为杭州市首批海外交流基地。旨在培育国际传播使者，开展对外交流活动，向海外展示杭州作为历史文化名城、创新活力之城、生态文明之都的良好城市形象，打造杭州城市形象国际传播的重要窗口。

【杭州首批对外交流人文体验点发布】2020年，市委宣传部在全市开展对外交流人文体验点推荐工作。西泠印社、良渚博物院和良渚古城遗址公园、中国茶叶博物馆茶学堂、梦想小镇、杭州工艺美术博物馆群、中国丝绸博物馆、杭州国际博览中心、"五四宪法"历史资料陈列馆、古荡农贸市场、市中医院广兴堂国医馆、外桐坞村、胡雪岩故居12个体验点入围杭州市首批对外交流人文体验点，重点服务在杭州的常住外籍人士、临时到杭州的外籍人士和各类涉外参访团，提升国际化水平，展示杭州良好城市形象。（祝景宁）

【全国首个"学习强国"应用"杭州办事通"上线】2020年4月23日，"学习强国"学习平台全国首个应用程序"杭州办事通"顺利上线。首批上线查医保社保、查姓名重名、借书还书、找车位等10个项目。10月底，又上线查公积金缴存、预约挂号、户口迁移等20个事项。3年内，将推出100个服务项目。

【"学习强国"学习平台注册学员数超过200万人】截至2020年8月2日，杭州市"学习强国"学习平台注册学员数突破200万人，比年初增长80多万人，覆盖全市25%的户籍人口，有部分地区激活学员数占户籍人口的40%。至年末，激活学员数达219.2万人，约占全省激活学员总数的1/2。

【"学习强国"学习课堂西藏那曲站挂牌】2020年11月20日，"学习强国"学习课堂西藏那曲站挂牌仪式在杭州采荷中学教育集团景荷校区和那曲市色尼区杭嘉中学两地同时举行，正式启动杭州市"学习援建·共同成长"活动。活动当天，学习平台首页推荐和实播中国栏目，新华云、央视新闻、杭州之家等客户端同步直播。在总结那曲站建设经验的基础上，杭州学习平台将根据新疆阿克苏、贵州黔东南和青海德令哈等其他对口援建地区的教育需求，助推学习平台强大独特作用惠及更多师生、更多学校、更多地区。（郭雀屏）

【杭州市社会舆情信息工作获全国第一名】2020年，市委宣传部连续第三年获得中宣部舆情信息社会直报点第一名，连续第十二年获得省宣平台舆情信息地市报送第一名。市委宣传部围绕载体建设、队伍培训、考核管理加大工作创新力度，不断完善社会舆情信息工作运行机制。至年末，全市有由市直单位、市属高校及市辖区县（市）街道、社区构成的舆情信息工作室30多个、特约舆情信息员20多名，形成广角度、多领域、全覆盖的社会舆情信息收集网络。（赵明杰）

统战工作

【概况】2020年，市委统战部对标对表中央、省委关于统战工作决策部署和工作要求，推动各项统战工作有力落实，各领域重点任务圆满完成，统战工作基层工作基础更加巩固，杭州特色充分彰显，为“重要窗口”建设贡献杭州统一战线的智慧和力量。

加强中国特色社会主义参政党建设。印发《杭州市贯彻落实〈中共中央关于加强中国特色社会主义参政党建设的意见〉的实施方案》《关于加强民主党派代表人士队伍建设的实施意见》，市委常委会会议专门研究市各民主党派述职和民主评议、基层组织规范化标准化建设、内部监督工作等“三个纪要”，把加强参政党建设的政治责任落到实处。开展市级民主党派代表人士调研和“双走访”工作，形成121人的代表人士名单。有序推进民主党派基层组织换届和主委人选“三方协商”工作，全年有104个民主党派基层组织换届或成立。

提升民族宗教工作水平。推进民族团结进步教育、宣传和创建工作，5个集体和7名个人获浙江省第六次民族团结进步表彰。举办全省畲族“三月三”云上歌会、“丰收吟”多民族诗歌朗诵晚会。开展“宗教团体建设年”暨“宗教界人士素质提升年”活动等。提升依法管理宗教事务的能力水平，获评省级平安宗教场所16个、省级宗教法治宣传教育基地14个。

加强和改进民营经济统战工作。学习贯彻中共中央总书记习近平对新时代民营经济统战工作重要指示精神和全国民营经济统战工作会议精神，召开全市民营经济统战工作推进会。实施“新时代民营企业家培育工程”“新生代杭商成长计划”，开展新经济新业态民营经济代表人士“双走访”工作。在浙江吉利控股集团有限公司、网易公司等71个大型民营企业建立统战部。以“云聚钱塘，杭向未来”为主题，举办第四届世界杭商大会。杭州39个企业入围中国民营企业500强，连续18次蝉联全国第一名；32个民营企业入围“2020浙江百强民企榜单”。在全国工商联组织开展的“万家民营企业评营商环境”活动中，杭州连续2年位居全国重点城市首位。

推进新的社会阶层人士、网络人士统战工作实践创新。全市建立新的社会阶层人士“同心荟”127个，其中全国重点项目7个、省级实践创新基地15个、市级33个。制定《杭州市加强网络人士统战工作2020—2024年实施方案》《杭州市网络人士统战工作实践创新实施意见》，建立网络人士“同心荟”33个，其中省级重点项目6个、市级17个。《杭州市分类探索网络人士统战工作路径》在中央统战部《统战工作》刊发，获省委、市委主要领导和分管领导批示肯定，获评全国统战工作实践创新成果奖。

创新港澳台联谊联络方式。面对新冠肺炎疫情影响，顺势创新工作方法，深化“筑梦杭州”港澳大学生实习活动品牌，开展为期1个月的“云上”实习，腾讯大浙网、之江实验室等21个在杭企业提供实习项目，27名实习导师进行点对点指导，109名港澳籍大学生参加线上实习。深化港澳基层结对工作，实现社区与香港居民协会和专业协会结对11个，与澳门中小学校际结对2个。运用线上线下结合的形式，举办“两湖论坛”、浙江·台湾合作周杭州专场、杭台邻里节等活动。

做好稳侨安侨暖侨工作。常态化落实疫情防控工作要求，开展侨情数据调研。开展“侨资企业服务年”活动，建立健全为侨服务长效机制，各级侨务部门走访侨资企业300多个，帮助解决困难问题80多个。举办以“创业中华 辉煌十年 勇立潮头”为主题的侨界精英创新创业峰会，现场签约19个项目，总投资额116.42亿元。

【统一战线助力赋能“战疫情、促发展”】2020年，市委统战部印发《疫情防控总体战阻击“两战全胜”通知》，动员广大统战成员在物资援助、一线防控、技术攻关、建言献策、复工复产等方面发挥作用。7名民主党派成员驰援武汉，近1000名民主党派、无党派人士医卫工作者直接参与一线防控工作；8个杭州民营企业参与火神山、雷神山医院抢建，全市民营企业捐款捐物6.12亿元，设立抗疫防疫基金12.55亿元。1名民主党派成员获全国抗击新冠肺炎疫情先进个人称号，2名民主党派成员获浙江省抗击新冠肺炎疫情先进个人称号，5个民主党派组织获民主党派中央“抗疫先进集体”称号，19名民主党派成员获民主党派中央、全国卫生健康系统、全国妇联等授予的先进个人称号。

落实宗教领域“双暂停一延迟”（暂停开放宗教活动场所，暂停一切集体宗教活动，宗教院校延迟开学）举措，在全省率先开发宗教场所参观预约平台、推出23条评估标准，确保全市宗教领域有序稳控和开放。扎实做好涉侨境外疫情防控“精密智控”工作，实行专班化运作，做到信息摸排、劝导宣传、关心关爱、暖心援助到位，累计摸排入境“四类人员”信息11.69万人。围绕做好“六稳”工作、落实“六保”任务，深入开展“走亲连心三服务”“助万企帮万户”活动，推动“1+12”惠企政策落实。实施“助企抗疫情、联企复生产”专项行动，组成8个工作小组，走访331名企业家，收集困难问题477条、建议239条，协调解决问题160条；各区县（市）委统战部、工商联走访企业1332个。

【市委统战工作领导小组会议】2020年4月24日，市委统战工作领导小组全体会议召开，总结2019年统战工作情况，审议通过《市委统战工作领导小组成员单位2020年重点工作任务》《杭州市贯彻落实〈中共中央关于加强中国特色社会主义参政党建设的意见〉的实施方案》《杭州市贯彻〈社会主义学院工作条例〉的实施方案》《杭州市加强网络人士统战工作2020—2024年实施方案》。发挥领导小组下设机构的职能作用，健全全体会议和专题会议双层架构，加强对重大任务活动、重要文件起草和重点督查事项的组织领导，全年召开宗教、港澳台、非公经济、新的社会阶层、网络人士统战工作等各领域联席会议5次，构建各有关方面分工负责、协调配合的工作格局。

【民主党派、工商联、无党派人士专项民主监督】2020年，市各民主党派、工商联、无党派人士开展“创建全国市域社会治理现代化标杆城市”专项民主监督工作，组织实地调研119次，1200多人次参与，收集各类意见建议326条，向对口区县（市）提出意见或建议101条。6月18日，专项民主监督工作动员部署会召开；9月25日，专项民主监督工作推进会召开，为民主监督的实施提供保证和支持；12月4日，市委召开专项民主监督协商会，市各民主党派和工商联主要负责人、无党派代表人士围绕专项民主监督工作，交流成果、协商建言。12月23日，市委办公厅印发《中共杭州市委办公厅关于对“创建全国市域社会治理现代化标杆城市”专项民主监督相关意见建议进行责任分解的通知》，汇总8个方面25个问题及意见建议，分解责任至30个相关单位，责任部门在规定时间内，将意见建议采纳、办理落实情况进行了反馈。

【网络人士统战工作】2020年5月6日，市委统战工作领导小组下发《关于印发〈网络人士统战工作2020—2024年实施方案〉的通知》。7月14日，市委统战工作领导小组办公室下发《关于印发〈杭州市网络人士统战工作实践创新实施意见〉的通知》，推动各地结合域内统战资源优势，分类探索团结凝聚网络人士的有效方式。7月16日，在高新区（滨江）召开全市统战部部长会议暨网络人士统战工作推进会。会上，杭州市网络作家协会“网络大咖·同心荟”、江干区“直播达人·同心荟”、拱墅区“运河·同心荟”新媒体新青年联盟、西湖区“艺创小镇同心荟”、杭州高新区（滨江）“中国正能量网红·同心荟”、余杭区“AI·同心荟”6个实践创新基地被授予“杭州市网络人士统战工作实践创新基地”。11月3日，省委统战部印发《关于确定第三批省级新的社会阶层人士统战工作实践创新基地（网络人士统战工作实践创新基地）的通知》，确定杭州市下城区“武林地e盟·群英同心荟”、江干区“直播达人·同心荟”、拱墅区盘石“运河·数字经济·同心荟”、西湖区“互联·同心荟”、滨江区“无忧传媒·同心荟”和余杭区“AI·同心荟”6个实践创新基地为第三批省级新的社会阶层人士统战工作实践创新基地（网络人士统战工作实践创新基地）。9月16日，《杭州市分类探索网络人士统战工作路径》在中央统战部《统战工作》刊发，获省委、市委主要领导批示4次。

【新乡贤统战工作】2020年9月25日，市委办公厅出台《关于聚焦“重要窗口”目标发挥新乡贤在助推乡村振兴战略中积极作用的实施意见》，全面推进新乡贤统战工作。至年末，各区县（市）实现乡贤工作领导机构全覆盖，全市建立镇、村两级乡贤联谊组织986个，乡贤馆297个，形成市级统筹、县级主抓、乡级为主、村级参与的四级工作体系。

【党外代表人士队伍建设】2020年5月，市委统战部组织开展优秀党外代表人士“双走访”活动，共走访75人。加强党外代表人士教育培训，在市社会主义学院举办党外人士主体培训班8期、在各高等院校举办研修班6期，培训770多人。全面贯彻落实《社会主义学院工作条例》，制订贯彻落实方案，12月30日，在市社会主义学院召开全市社会主义学院工作会议，成立由统战系统单位、民主党派市委会、市工商联和无党派人士代表组成的社会主义学院院务咨询委员会，首批委员15名。

【杭州市统一战线“同心·公益”学堂】2020年，市委统战部创新党外人士思想引领的活动载体，创办杭州市统一战线“同心·公益”学堂，丰富统战实践，展现头雁风采，打造杭州统一战线富有地域特色、文化特色、形式特色的公益阵地。7月1日，举办开课仪式，学堂首次开课即有12.5万人次在线参与。（黄雷雷）

机构编制

【概况】2020年，市委编办贯彻落实中央、省市委决策部署，严格执行《中国共产党机构编制工作条例》及相关要求，持续巩固深化机构改革成果，扎实推进事业单位改革、综合行政执法及相关改革、重要领域体制机制创新，精细做好机构编制调整、编制使用管理、实名制管理、事业法人登记管理、机构编制督查等日常工作，加强机构编制制度建设，重构机构编制管理体系，服务保障全市高质量发展。其中，事业单位改革成效显著，中央编办《机构编制工作信息》2020年第29期刊载《坚持瘦身与健身相结合，杭州市持续深化事业单位改革》一文，杭州市深化事业单位改革做法被作为典型案例向全国推介。

【机构改革成果持续巩固】2020年，市委编办督促推进有关部门“三定”规定修订工作，重新制定市地方金融监管局、市体育局、市政府研究室、市委编办4个部门职能配置、内设机构和人员编制规定，经市委和市委编委审定后印发实施。10月22日，印发《杭州市市级机关部门职责分工协调办法》，推动化解部门职责争议，协调处理商务预付卡管理、博物馆管理等职责争议事项，形成部门职责分工协调长效机制。结合事业单位改革，理顺行政机关和事业单位权责关系，推进政事分开。

【事业单位改革全面完成】2020年，市委编办充分发挥牵头协调服务作用，会同市事业单位改革领导小组成员单位、市直各部门和各区县（市）持续深化推进事业单位改革。继2019年完成行政类事业单位和经营类事业单位改革后，2020年上半年完成公益类事业单位改革，至此，事业单位（不含学校和医院）改革全面完成。市属事业单位（不含学校和医院）从516个精简整合至290个（含新建3个），机构精简率43.80%，其中局级机构精简5个；收回事业编制2628名，精简率16%。市属事业单位机构和编制的精简数、精简率等 4 项指标均列全省 11 个设区市第一位。13 个区县（市）事业单位从 2261 个精简至 1714 个，机构平均精简率 24.19%，收回编制 1186 名，超额完成省定县级精简指标。下半年，积极做好事业单位改革“后半篇”文章，“聚焦主业、体现公益、运转高效、活力释放”事业单位新格局加快形成。

【重要领域体制机制创新】2020 年，市委编办落实市委、市政府重大决策部署，做好西溪湿地保护管理体制机制调整优化保障工作。构建“管委会（指挥部）+ 事业单位 + 公司”统筹运转模式，完善杭州云城（高铁西站）建设管理体制。调整优化城市大脑建设有关机构编制要素，构建完善市级统筹、一体化运行的城市大脑运行体制。研究形成“三江汇”未来城市实践区建设管理体制和机构设置方案、杭州自贸片区管理体制和机构设置方案并推动实施。牵头推进“属地管理”清单梳理工作，指导督促各区县（市）做好乡镇（街道）“属地管理”事项责任清单，印发第二批乡镇（街道）“减负清单”，建立县乡交办事项准入机制，规范县乡“属地管理”。

【综合行政执法及相关改革】2020 年，市委编办推动五大领域综合行政执法改革落地，完成市、县两级市场监管、文化市场、生态环保、交通运输、农业五大领域综合行政执法改革方案制定、队伍组建挂牌、“三定”规定印发和人员锁定分流等工作，一线执法人员占比从 80% 提升到 92%。实施自然资源执法改革，完成市、县两级自然资源执法队和基层自然资源所的组建及“三定”工作，将基层自然资源所纳入乡镇（街道）统一指挥。探索跨部门跨领域综合行政执法改革，钱塘新区、西湖风景名胜区管委会试点“一支队伍管执法”改革，桐庐县试点县域综合行政执法改革。推进基层综合行政执法改革，至年末，全市有 16 个乡镇（街道）经省政府批准开展综合行政执法。

【机构编制资源配置创新优化】2020 年，市委编办坚持“从严从紧”和“控总量、保重点、优结构”的用编原则，协同推进党政机构人才结构优化，重点保障全市中心工作、重点领域、民生事业用编需要。加大公开招考（选调）、高层次人才引进用编保障力度，2020 年年末市级党政群机关在职人员平均年龄比上年下降 0.78 岁，部分年龄老化单位平均年龄下降明显。积极破解公安系统专业人才用编难题，保障亚运会安保用编。保障高中段扩招和新建学校所需教师编制，核增市属高中教师编制 661 名。支持市属高等院校引进高层次教学科研人才用编。指导督促市、县两级疾控机构达到编制配置标准。做好杭州市大江东医院成建制划转、杭州康复医院新设、杭州市五云山疗养院转设为医院等一系列机构编制工作，核增公立医院编制（报备员额）939 名。4 月 9 日，市委编委印发实施《杭州市市属事业单位编制周转管理细则》，加大编制资源统筹盘活力度。

【机构编制规范管理】2020 年，市委编办推进历史积存的机构编制违规剩余问题整改，撤并 5 个市级正副局级事业单位，降格或撤并处理部分区县（市）历史上越权审批的局级机构，推进市本级自定行政编制消化工作。督促整改十四届省委第九轮、第十轮巡视反馈的临安区、淳安县、西湖区、滨江区机构编制问题。在全市范围开展编制职数倒挂问题清理规范，指导督促相关区县（市）做好整改工作。推进机关事业单位人员职业生涯全周期管理“一件事”工作，建立市委组织部、市委编办、市人力资源和社会保障局“用编进人”联动机制，规范市级机关事业单位编制使用审批程序。制定完善机构编制标准制度，建立规范管理长效机制。

【事业单位登记管理】2020 年，市事业单位登记管理局由市委编办直属行政机构调整为市委编办内设机构事业单位登记管理处（挂杭州市事业单位登记管理局牌子），具体承担市级事业单位登记管理和党政群机关统一社会信用代码赋码管理工作。实施“容缺受理”“预约服务”“集中上门”等工作机制，明确事业单位法人登记 3 个“外跑”事项在浙江省政务服务平台办理，党政群机关赋码发证 7 个“内跑”事项在浙政钉平台办理。积极做好事业单位改革“后半篇”文章，办理事业单位法人设立登记和变更登记 262 个、注销登记 156 个，确保改革成果落地。协调解决国家级及“中国”冠名单位落户资格问题，积极争取国家事业单位登记局的授权，使中国空间技术研究院杭州中心等“中”字号机构可由杭州市直接办理法人登记。经多次协调争取，国家事业单位登记局同意西湖大学注册设立“西湖实验室”，该登记设立模式为全国首创。

【机关事业单位网站标识管理】2020 年，市委编办开展党政机关、事业单位网站开办资格审核和资格复核工作，规范网站域名和网站名称，推进完善网站标识规范使用工作。至年末，全市党政机关、事业单位完成门户网站标识挂标 915 个，注册政务和公益中文域名 5129 个。（市委编办）

信访工作

【概况】2020 年，杭州市信访工作围绕市委、市政府决策部署，全力推进落实矛盾化解工作，全市“总体访量降、初次化解升、北京去人少、县级接访多、重大活动安”的良好信访态势进一步形成。全年，受理信、访、网、电 823.7 万件次，其中信访类事项 83.9 万件次，比上年下降 11.1%（来信 1.42 万件次，比上年下降 6.1%；四级走访 2.58 万人次，比上年下降 44.9%；网上信访 24.20 万件，比上年上升 20.6%；电话 55.60 万件次，比上年下降 18.3%）。全国“两会”、中共十九届五中全会、中央巡视、国务院大督查、中央环保督查等重要任务和重大活动保障出色圆满。获评省信访考核优秀单位，人民网网民留言办理工作被评为“民心汇聚单位”，获全省信访干部岗位练兵比武第一名，“12345”迈入全国政务服务热线“第一方阵”。

【信访系统服务疫情防控】2020 年新冠肺炎疫情期间，第一时间启动一级应急预案，推出居家座席、居家办

2020 年，杭州市实现三级矛调中心建设全覆盖。图为桐庐县"信访超市"工作人员在调处金融借贷引发的信访问题 （市信访局 供稿）

信，开展视频预约接访和下沉式接访，实行涉疫信访 24 小时办结反馈、特急件 4 小时办结反馈等措施。向市领导及市疫情指挥部报送涉疫专报信息 120 多篇，有效协调处理一线医务人员公交专线、旅行退团退费纠纷、商场超市驾驶员红码、外来务工人员进入租住小区受阻等问题。全市信访系统涌现出一批先进集体和个人。其中，市"12345"被评为"杭州市巾帼文明岗"，牺牲在抗疫一线的信访干部韦长春被省、市追授为优秀共产党员。

【市领导接访包案示范引领】2020 年，市信访局推进重复信访治理和积案化解专项行动，33 位市领导领办 88 件积案和农村建房信访事项，形成全市信访积案化解的攻坚合力。国家信访局重要信访交办 171 件，化解率 91.2%；省级 192 件、市级 131 件农村建房重复信访事项全部化解。6809 件国家级和 1503 件省级交办的重复信访事项，全部落实办理责任和包案领导。13 个区县（市）全覆盖实现"无信访积案县（市、区）"目标，下城区、淳安县、临安区和建德市被国家信访局评为"三无县"（无进京越级走访、无大规模以上集体走访、无因信访问题引发的极端恶性事件和舆论负面炒作）。

【三级矛调中心建设全覆盖】2020 年，杭州市认真贯彻中共中央总书记习近平考察安吉社会矛盾纠纷调处化解中心时的重要讲话精神，把县级社会矛盾纠纷调处化解中心建设作为新时代"枫桥经验"城市版杭州实践的重要抓手，在全省首先实现县级社会矛盾纠纷调处化解中心（信访超市）全覆盖的基础上，将网络和机制下沉延伸至乡镇（街道）、村（社区），实现三级矛调中心建设全覆盖。全市 191 个乡镇（街道）、3082 个村（社区）全部完成规范化建设，走访人次比上年下降 44.9%、进京人次下降 61.6%、到市去省人次下降 47.8%。

【"12345"市长公开电话服务升级】2020 年，市"12345"市长公开电话受理中心围绕市委、市政府中心工作，全力服务疫情防控和复工复产"双线作战"任务，用行动展示"重要窗口"的"头雁风采"。全年，受理群众诉求 795.42 万件，其中市本级 643.92 万件（人工受理 418.34 万件，智能语音服务 222.48 万次，城市大脑数字界面、微信、短信 3.10 万件），政务服务占 83.75%，诉求交办处理占 16.25%，平均办理时长 4.39 个工作日，15 秒接通率 91.13%，按期办结率 99.96%，群众对受话质量评价满意率为 98.86%，办理质量评价满意率为 86.47%。7 个区县（市）分平台受理群众诉求 151.50 万件，比上年增长 48.09%。提供"杭州健康码"服务 46.95 万件，"亲清在线" 16.29 万件，"最多跑一次" 76 万件。先后获"全国十佳热线奖"、"金耳唛杯"中国最佳客户中心、"中国最佳政府服务热线"、"全国最佳政务热线'大数据应用创新示范奖'"等荣誉。

【杭州政务热线服务规范推出】2020 年 12 月 5 日，杭州市率先推出政务热线服务标准规范《杭州 12345 政务热线服务规范》。《杭州 12345 政务热线服务规范》兼顾科学性、适用性、实用性的原则，按照 GB/T 1.1–2020《标准化工作导则 第 1 部分：标准化文件的结构和起草规则》的规定起草。依据现行国家标准和法规，立足杭州市"12345"的服务特色，着重在政务热线基本要求、受理范围、工作流程、受话服务、分析研判、知识库、评价考核等内容上体现杭州经验，打造"标准化 + 热线治理"的杭州模式。

【长三角地区"12345"一号通办】2020 年，市信访局承接长三角地区"12345"政务热线联动对接，通过资源共享、数据互通、服务协同，实现长三角地区政务服务"一网通办、异地可办"，主要涉及跨省交通违章、消费纠纷、防疫政策、限行新政、社保公积金查询、劳动纠纷等业务。全年，累计受理上海、江苏、安徽转入 5383 件，转出 1099 件。 （葛令辉）

党校教育

【概况】2020 年，杭州市委党校（杭州行政学院、杭州市社会主义学院）学习贯彻《党校（行政学院）工作条例》《社会主义学院工作条例》，坚持党校姓党、社院姓社，大力推进办学机制创新，持续推动校院工作科学化制度化规范化建设，着力发挥干部培训、思想引领、理论建设、决策咨询四大作用。圆满完成 TR188 次航班 200 多名乘客集中医学观察后勤保障和防疫工作，市委党校 TR188 次航班工作专班获评全省抗疫先进集体；面对院校合一和疫情防控两大挑战，各类教育培训有序开展，教学评奖喜获佳绩；理论研究成果在高层次发表获得新突破，高层次课题立项持续领先，再次获得全国党校系统科研工作组织奖,《学报》品牌建设取得新进展。

【干部教育培训】2020年,市委党校紧扣学习研究宣传习近平新时代中国特色社会主义思想这一中心任务,把习近平新时代中国特色社会主义思想的学习教育贯穿始终。全年共举办各类班次123期,培训8800多人次。其中:党校主体班和计划内班次30期,学员2400多人次;社会主义学院主体班次和计划内班次17期,学员910多人次;计划外班次76期,学员5490多人次,并完成4期市管干部十九届五中全会精神轮训,学员近1400人。党的理论教育和党性教育占总课时比例为74.94%,其中党性教育占比为26.4%。市领导进校授课人次创历史新高,20位市领导到校授课33次,领导干部授课占党校(行政学院)主体班总课时的24.5%。邀请中国国际经济交流中心副理事长黄奇帆、"时代楷模"陈立群等典型代表、市直部门"一把手",科学家、企业家等113位外请教师到校授课169次。《"最多跑一次":"放管服"改革的地方实践》入选中组部学习贯彻习近平新时代中国特色社会主义思想"全国好课程",为全省党校系统唯一入选课程,也是市委党校课程首次入选"全国好课程"。《高水平打造新时代乡村振兴的杭州样板》获第七届浙江省党校系统精品课精品奖。遵循校院合一办学规律,优化"两院"办学机制,召开全市社会主义学院工作会议暨杭州市社会主义学院院务咨询委员会成立大会。聚焦"大统战",把中共中央总书记习近平关于加强和改进统一战线工作的重要思想纳入党校、行政学院、社会主义学院教学内容。突出政治培训与政治共识教育导向,完善党外干部培训课程体系,开发《理解和把握中国的新型政党制度》等2门统战核心课程。拓展培训覆盖面,举办青年侨商培训班和以大型民企中高管为培训对象的迪安诊断中高管国情研修班等。推出杭州中华文化学院线上文化系列专题讲座《中华文明的人文精神》等6课8集,挂牌成立浙江中华文化海外传播促进会杭州联络处。

【科研咨政和理论研究成果】2020年,市委党校紧紧围绕《习近平谈治国理政(第三卷)》,十九届四中、五中全会精神和市委中心工作,组织策划在党报党刊发表35篇理论文章,《聚力精准赋能,打造互动共赢的协作新样板》一文在《光明日报》刊发,在《学习时报》刊发7篇文章。全年获得国家社科基金3项,在全国副省级城市党校中连续2年位列第一位。省级以上课题立项22项,公开发表论文75篇(副省级以上);核心以上刊物(含核心)32篇,其中中国人民大学《复印报刊资料》转载2篇;出版专著3部。《市域社会治理现代化:研究范式建构与实践路径》等成果获各级各类奖项30项。获全国党校(行政学院)系统科研工作组织奖,优秀科研成果奖二等奖、三等奖各1项,在同类党校中名列前茅。与中国社会科学院习近平新时代中国特色社会主义思想研究中心等联合举办高层论坛,建立浙江调研基地。与市委政法委联合成立市域社会治理现代化研究培训基地,举办第五届地方治理青年论坛。《中共杭州市委党校学报》首次入选武汉大学RCCSE政治学学科核心期刊,成为副省级城市党校唯一入选期刊。

围绕市委、市政府中心工作,对内搭建全员和学员参与咨政机制,对外强化与部门协作,为服务疫情防控和杭州经济社会发展建言献策。年内,完成各类市情研究课题63项;编送《领导参阅》20期,获省、市领导批示14期;通过《政府决策参考》《调查研究》等内参刊发并被省、市领导批示10篇;《数字技术从三方面驱动城市治理创新》等3篇咨政报告被中央党校(国家行政学院)《行政改革内参》、省社科院和浙大智库刊物录用。咨政成果获全国党校(行政学院)系统优秀决策咨询奖三等奖2项;获全省党校(行政学院)系统优秀决策咨询成果奖一等奖1项,二等奖3项。大力开展"三个地"研究,深入发掘杭州实践样本,围绕"善治六策"实地走访、调研和座谈,形成杭州实践案例15篇。面对抗疫情和统筹经济社会发展的"两战",围绕"六稳""六保"等中心工作,组织3个小分队分组赴建德、富阳等地开展复工复产和"助万企、帮万户"驻点服务,全覆盖走访村社45个、企业64个,交流座谈41次,撰写农村党建、基层治理等内容的调研报告10多篇,帮助基层解难纾困。《领导参阅》围绕疫情防控和复工复产等刊发决策咨询报告7篇。

【社会宣讲】2020年,市委党校全年推出281个宣讲专题,宣讲217场次,受众3.5万人,编印《社会宣讲》5期。"学习强国"学习平台市委党校供稿中心38篇稿件被学习平台录用,其中8篇理论文章被全国学习平台转载;参与学习平台《学习前线》栏目制作,录制3期。

【TR188次航班工作专班】2020年1月24日晚,从新加坡到达杭州萧山国际机场的TR188次航班的机上乘客在杭州市委党校集中医学观察。根据市委指示,1月24日至2月10日,市委党校设置为临时医学观察点。市委党校与西湖区联合成立指挥部,全面落实接收TR188次航班乘客的集中医学观察工作。在情况不明、物资紧缺的条件下,迅速制订医学观察点工作总体方案,对隔离点场所安排、人员配置、日常管理等做出安排,组建物资采购组、配送组、微信群管理组等工作组,率先采用"机器人送餐"等数字化信息化技术,完成TR188次航班200多名乘客集中医学观察后勤保障和防疫工作,获市领导肯定。市委党校TR188次航班工作专班获评全省抗疫先进集体。指挥部形成的《集中医学观察点内部工作操作流程》获市领导批示,在全省防控简报上全文刊发,有关做法被收录到国家诊疗规范中。 (刘丽平)

史志编研

【概况】2020年,市委党史研究室(市志办)牢记"姓党为民"使命,发挥"存史、资政、育人"职能,围绕中心、服务大局,扎实做好史志编研、年鉴编纂、史志宣传教育、红色资源挖掘利用、干部队伍建设和中国共产党杭州历史馆(杭州市方志馆)[简称杭州党史馆(方志馆)]建设等工作,完成机构改革和抗击新冠肺炎疫情等重大任务，全面推进新时代党史和地方志事业高质量发展。所撰写的资政报告得到市领导批示肯定。全年史志工作获市委领导以上各级领导批示11次。《杭州年鉴（2019）》获第七届全国地方志优秀成果（年鉴类）特等奖，为连续第三年获得此奖。在2020年全国年鉴研讨会暨中国地方志学会年鉴分会年度会议上，代表浙江省做典型发言。信息工作受到中央党史和文献研究院、省委党史和文献研究室通报表彰。杭州党史馆（方志馆）先后获"杭州市首批清廉文化示范点""杭州市第二批红领巾E站阵地"等称号。

【党史、地方志机构改革完成】2020年4月28日，市委机构编制委员会办公室、市事业单位改革领导小组办公室联合下发《关于中共杭州市委党史研究室及所属事业单位清理规范整合方案的批复》，批准中共杭州市委党史研究室、杭州市地方志编纂委员会办公室（杭州市人民政府地方志办公室）整合组建为中共杭州市委党史研究室（杭州市人民政府地方志办公室），为市委直属事业单位，机构规格为正局级，核定事业编制31名，内设机构5个（不含机关党委）。同时，中国共产党杭州历史馆、杭州市方志馆整合组建为中国共产党杭州历史馆（杭州市方志馆），为公益一类事业单位，机构规格为正处级，核定编制11名，内设机构2个。6月12日，市委党史研究室（市志办）机构改革动员大会召开。7月下旬，机构整合工作顺利完成。

【2种旧志影印出版】2020年12月，市委党史研究室（市志办）整理影印的《金鼓洞志》和《洞霄诗集》分别由浙江人民出版社和浙江古籍出版社出版。

《金鼓洞志》8卷、首1卷，清代仁和朱文藻（字朗斋）编纂。全书分仙迹、山水、院宇、院产、院规、邻庵、教祖、法嗣、外纪9目，其中山水、院宇前皆有图和图说。主要存世版本有嘉庆十二年（1807年）刻本和《武林掌故丛编》本。周中孚《郑堂读书记补逸》卷十七认为该志"既该且博，不蔓不支。间有考证，亦颇矜慎"。该次影印的底本为嘉庆十二年刻本。

《洞霄诗集》14卷，宋道士孟宗宝编集。清代阮元《四库未收书目提要》记载："宗宝，字集虚，尝筑室于苕溪之上，曰集虚书院，为诗文咸有法度。炼元养素，居九锁山中三年，积书至数千卷。与邓牧相友善，牧为《洞霄宫图志》曾载其人。"据孟宗宝跋，该书是其"取旧集洎家藏诗，与本山叶君、牧心邓君暇日讨论，删定唐、宋贤及今名公题咏"裒辑而成。《洞霄诗集》所载篇章下限至元代元贞、大德之间。此次影印的底本为《知不足斋丛书》本。

【《杭州纪事（2019）》出版】2020年12月，市委党史研究室（市志办）编纂的《杭州纪事（2019）》由浙江人民出版社出版。《杭州纪事》编纂工作始于2008年，是地方党史部门征集、整理党史、国史资料的年度常规性工作内容。《杭州纪事（2019）》全书31.5万字，以编年体大事纪要的形式客观记述2019年度杭州政治、经济、文化、社会和生态文明建设各方面的重大决策、重要事件。全书按月设置12个部分，每月事条基本以时间顺序记载。正文前节录2020年《政府工作报告》。《后记》前收录《2019年杭州市国民经济和社会发展统计公报》。

【"最忆杭州"系列丛书策划编纂】2020年，市委党史研究室（市志办）继续做好"最忆杭州"系列丛书策划编纂工作。年内，《杭城·四时幽赏》和《缘系天城》两种地情书编纂出版。

《杭城·四时幽赏》作者梵七七。该书以明代高濂《四时幽赏录》记载的杭州春、夏、秋、冬四个季节最可欣赏之景物为导览，穿越400年岁月，与高濂隔空酬答，将《四时幽赏录》原文全景还原，钩沉方志史料、历史故事、老照片及人物传记，以"古人文章、今人感悟、图文并茂"的形式展现杭州四季之美。

《缘系天城》由杭州师范大学教授陈兆肆领衔执笔。该书选取历史上杭州与外国人互鉴交流的13个故事，例如"印度僧人慧理创建灵隐""西儒卫匡国讲杭州故事""司徒雷登家族的教育情"等，从中外文化交流的视角探讨杭州历史的国际化进程及其独特文化内涵。

【"杭州市纪念中国人民抗日战争暨世界反法西斯战争胜利75周年"主题宣传活动】2020年7—9月，市委党史研究室（市志办）供稿中心通过杭州"学习强国"学习平台刊发9篇杭州市纪念抗日战争胜利75周年系列文章，并在胜利日（9月3日）通过"杭州发布"刊发题为《铭记！那些年，他们在杭州抗战，我们不会忘！》的纪念文章。9月1—20日，与杭州图书馆在该馆联合举办"众志成城·圆梦中华——杭州抗战历史图片展暨杭州图书馆纪念中国人民抗日战争胜利75周年图片展"，同步在萧山、桐庐等图书馆巡展。9月1—30日，与市委宣传部（市文明办）、市退役军人事务局、市革命烈士纪念馆在杭州市革命烈士纪念馆联合举办"忆烽火·担使命——杭州市纪念中国人民抗日战争暨世界反法西斯战争胜利75周年图片展"，并采取线下线上相结合的形式，同步进行"进校园、进社区、进军营、进单位"巡展活动。与杭州电视台合作，拍摄传播纪念抗战胜利75周年的《孙晓梅的红色日记》《国共杭州谈判》《文化战士——郁达夫》《见证一段难忘的历史——受降厅》《文军长征的故事》系列短视频，并在杭州"学习强国"学习平台推送。其中，浙江学习平台录用2个，全国平台录用2个，《见证一段难忘的历史——受降厅》阅读量突破10万人次。与浙江之声合作，制作播出纪念抗战胜利75周年的《北上抗日先遣队》《富阳受降》《国共杭州谈判》3个系列广播音频。

【《杭州年鉴（2019）》获第七届全国地方志优秀成果（年鉴类）特等奖】2020年12月30日，中国地方志指导小组公布第七届全国地方志优秀成果（年鉴类）评审结果，《杭州年鉴（2019）》获特等奖。既是浙江省市级唯一获特等奖的综合年鉴，也是继2018卷成功创建"中国精品年鉴"后再获荣誉，更是《杭州年鉴》连续第三次获得特等奖。《杭州年鉴

（2019）》是1987年创刊以后的第33卷，记录2018年杭州市自然、政治、经济、文化、社会和生态建设等方面的基本情况。全书140万字，设49个类目、326个分目，收录照片275张、图表110张。

【《上城年鉴（2019）》获第七届全国地方志优秀成果（年鉴类）特等奖】2020年12月30日，中国地方志指导小组公布第七届全国地方志优秀成果（年鉴类）评审结果，《上城年鉴（2019）》获特等奖，是浙江唯一获该奖项的区县级综合年鉴。《上城年鉴（2019）》是创刊以后的第14卷。该卷年鉴在内文版式设计上进行调整，并在封面设计上进行改版升级，注重突出上城区南宋皇城遗址所在地的地域特征。全书由综合情况、动态信息、辅助资料三大部分组成，收录照片100张、表格24张及注释资料34篇，全面反映2018年上城区围绕高质量推进一流国际化现代化城区建设目标，推动区域经济社会稳步健康发展的基本情况。

（年鉴编辑部）

机关党建

【概况】2020年年末，市委直属机关工委直属机关党组织94个，下辖基层党组织2219个，党员34238名。全市机关党的建设全面落实《中国共产党党和国家机关基层组织工作条例》、省市委机关党建工作座谈会要求和市委工作部署，紧扣“围绕中心、建设队伍、服务群众”核心任务，突出政治建设，强化党建引领，以组织全市机关党组织和党员干部参与基层一线“战疫情、促发展”、深入开展“助万企、帮万户”活动为抓手，深化理论武装，夯实基层基础，推进正风肃纪，促进模范机关创建、清廉机关和学习型机关建设，实现机关党建高质量发展。

【机关党员干部思想政治建设】2020年，市委直属机关工委始终把学习习近平新时代中国特色社会主义思想和中共中央总书记习近平在浙江、杭州考察时的重要讲话精神作为首要政治任务，持续抓好对党忠诚教育，深学践悟《习近平谈治国理政》第一至第三卷，深入抓好中共十九届五中全会精神学习宣讲。加大对机关部门党委（党组）理论学习中心组和机关支部学习的指导，举办机关党组织书记培训班、党支部书记培训班、处级干部政治理论培训班等30多期，组织开展有针对性的理论轮训、党员春训冬训和专题培训，10万余人次参训，线上线下多形式开展“导学、讲学、研学、比学、践学”，推动理论学习走深走实，进一步增强“听党话、跟党走”的清醒和坚定，增强“四个意识”、坚定“四个自信”、做到“两个维护”。研究出台全市“创建模范机关”实施办法，对标“讲政治、守纪律、负责任、有效率”要求，制定“创建模范机关”测评指标体系，推动各级机关党组织积极开展创建模范机关活动。开展纪念中国人民志愿军抗美援朝出国作战70周年系列活动，举办向烈士敬献花篮仪式，组织观看抗美援朝题材影片，结合主题党团日开展国防教育和青年宣讲主题活动和革命传统教育，进一步激发机关党员干部弘扬爱国主义精神和伟大的抗战精神。严格落实意识形态工作责任制，重视做好意识形态工作。

【机关党组织建设】2020年，市委直属机关工委规范机构设置和工作机制，完成市本级和13个区县（市）委直属机关工委及纪工委体制调整，协调7个设置党委的市直部门推进下属单位党组织管理关系划转，较好地推动了机关部门在围绕中心大局、服务基层群众中扛起党建责任，践行初心使命。深入开展学习贯彻《中国共产党党和国家机关基层组织工作条例》活动，研究出台全市贯彻具体措施，推动抓机关党建党组（党委）主体责任和党组（党委）书记“第一责任人”落到实处。深化“机关党支部提升三年行动计划”，实施“党建双强双优”工程，评选50个“最强党支部”、50名“最强领头雁”、100名“最优排头兵”和20个“最优工作法”。深化“双强双优”“一单位一品牌”创建和机关党组织星级管理，开展选树机关党建品牌典型引路。推进市、区县（市）两级机关党建“互联网+”，深化机关党建课题研究和经验提炼，《推动落实机关党建工作责任制研究》《创建推动新时代机关党建高质量发展长效制度机制研究》分获全国二等奖、全省一等奖，《“两推三强”助推“最多跑一次”改革》获全省机关党建“十佳创新成果”奖，《倾情“助万企、帮万户”，确保“两手硬、两战赢”》机关党建品牌项目获评全市“十佳案例”。深入推进长三角地区机关党建交流合作，在长三角机关党建论坛上介绍杭州机关党建经验做法，与宁波、嘉兴、湖州、金华、衢州等地深入座谈交流，推动相互借鉴、共同进步提高。

【机关党组织服务中心大局】2020年，面对年初突如其来的新冠肺炎疫情，市委直属机关工委组织动员全市机关党组织和广大党员干部勇担责任，在抗击新冠肺炎疫情中当先锋、打头阵。先后组织3.8万人次党员干部，赴基层一线参与疫情防控和助力复工复产，常态化开展“助万企、帮万户”活动；机关部门组成的192个联合党支部实行“镇街吹哨、部门报到”，常年服务在基层一线，打造一支支“来了就不再离开的工作队”。先后召开5次多层面的誓师大会、交流座谈会、报告会、推进会，相继印发20多份通知要求，持续凝聚共识、激发动力；组织“云培训”，成立指导组，建立工作群，线上线下全力指导推进。得到省委书记批示肯定，省委办公厅转发推广杭州做法，《浙江日报》头版做专题报道。同时，积极引导机关党组织和党员干部聚焦市委、市政府中心工作，在推进“数智杭州”建设、深化“最多跑一次”改革、长效化开展助力“消薄增收”、“万名机关干部结对帮扶万户困难家庭”、服务基层社会治理等重点任务中当头雁做标兵，较好推动机关部门在围绕中心大局、服务基层群众中扛起党建责任、践行初心使命。

【机关作风建设】2020年，市委直属机关工委以“清廉机关”建设为牵引，驰而不息纠“四风”、正作风。重视抓好经常性党风廉政教育，开展机关青年党员干部专项党风廉政教育活动；抓好机关纪委建设，印发《市直单位机关纪委履职规范化指导手册》，加大机关纪检监督执纪业务骨干的培养力度。认真组织廉政风险排查防控，依纪依法做好案件审理，保持正风肃纪高压态势，防止“四风”问题反弹回潮、隐形变异。强化机关党员引领社会风尚作用发挥，接续开展“红色钱潮”志愿服务，助力文明城市创建。积极开展机关文明创建，深化作风建设提高效能与文明习惯养成融合推进。启动第六轮文明机关创建测评，举办暗访员培训班，组织对110个机关文明暗访，及时通报情况，督促63个（次）单位抓好问题整改。组织开展机关党员干部重点节假日廉洁教育和“四风”问题抽查检查，倡导“节约粮食、制止餐饮浪费”，开展机关“光盘行动”督查，联合市有关部门开展主题节水宣传。

【**机关党员干部队伍建设**】2020年，市委直属机关工委着力发挥先进典型示范作用，通报表彰在支持基层一线“战疫情、促发展”中表现优异、成绩突出的541名优秀机关党员干部，组织开展市直单位机关党组织抗疫先进集体和个人评选推荐活动，营造比学赶超浓厚氛围。全面启动“亚运进机关”活动，开展“喜迎亚运、健康机关”系列主题文体活动，举办“我为亚运送祝福”活动，征集作品350件；举办“一季一赛”三人制篮球比赛146场次，49个机关单位200多名运动员参赛；举办八人制足球比赛68场次，38个市直单位组成32支参赛队600多名运动员参赛。落实关心关爱，推进落实谈心谈话制度。充分发挥机关群团组织作用，组织机关干部职工健康测评、心理咨询和疗休养，开展困难党员家庭救助、因病住院党员看望慰问。举办“茶文化进机关”、读书会、书画讲座、千鹤妇女精神线上宣讲等一系列活动，丰富机关干部职工文化生活，激发干事创业活力。（市委直属机关工委）

老干部工作

【**概况**】至2020年年末，杭州市有离休干部1883人，比上年减少232人；平均年龄91.4岁。按区域划分，市直单位1173人，区县（市）710人；按革命时期划分，红军时期3人，抗日战争时期242人，解放战争时期1638人；按机构性质划分，机关单位506人，事业单位539人，企业单位838人；按享受待遇划分，享受省部级（含单项）待遇3人，享受厅局级待遇64人，享受县处级待遇973人，享受乡科级及其他待遇843人。

【**老干部学习教育**】2020年，杭州市老干部工作以习近平新时代中国特色社会主义思想为指导，认真贯彻中共中央总书记习近平在浙江、杭州考察时的重要指示精神，以及省委、市委重要决策部署和全国、全省离退休干部“双先”（先进集体和先进个人）表彰大会精神，围绕奋力展现“重要窗口”“头雁风采”的新目标新定位，坚持以“两个维护”的政治自觉，加强老干部政治思想引领。全年，开展老干部情况通报会386场、近2万人次参与，老干部理论读书会456场、1.4万人次参与，主题党日活动1294场、4.3万人次参与，离退休干部党支部书记培训班16场、1403人次参与，红色宣讲活动499场、5.8万人次参与，引领离退休干部党员增强“四个意识”、坚定“四个自信”、做到“两个维护”。深化党建“四依托”模式，打造离退休干部品牌“金秋驿站”选培工作，建成市级“金秋驿站”23个、区级“金秋驿站”17个，实现离退休干部“党建+正能量”工作在城市社区延伸落地。

【**老干部作用发挥**】2020年，市委老干部局注重发挥老干部独特优势，组建600多人的“红色轻骑兵”，当好“红色基因传承”的代言人。围绕“奔小康、颂党恩”吟诵主题，常态化开展“五进”（进校园、进机关、进社区、进企业、进军营）活动700多次，为各级党群服务中心、假日学校提供近1000次“点单式”服务。助力疫情防控，1624名老干部参与抗疫服务时长1.5万小时，40名老干部参加一对一服务援鄂医护家属工作，创作1300多件抗疫书画、诗词、摄影作品，编印成《杭州市老干部抗疫作品选》。聚焦基层治理，投身平安杭州建设，联合市公安局常态化开展防诈骗宣传教育系列活动，成立15个“杭州市老年人防范电信网络诈骗集中宣传点”，选树12位“杭州市老年人防范电信网络诈骗宣传代言人”。648名“银雁”（银色头雁）围绕乡村振兴、乡村治理等6个方面开展“六送”志愿服务181次，受益群众6000多人。助力爱国卫生运动，在富阳区开展“银尚达人助力‘公筷公勺’进我家”活动，1400多位老干部赴街道社区、农村、企业、学校开展“公筷公勺”宣传活动220次，“云展播”覆盖33万余人。开展垃圾分类宣讲3435场，覆盖近18万人次。

【**老干部服务保障**】2020年，杭州市拓展关爱措施，完成23件为老干部办实事项目。新冠肺炎疫情期间，为827名老同志送上防疫物资，温馨提示1125人次，定期联系252名独居、空巢、失能的离休干部，开展个性化帮扶。深化“六必访”（重大纪念日、重大庆典、老年节、元旦春节、离退休干部生病住院、家庭出现重大变故时及时关心看望）等举措，开展抗战胜利75周年、抗美援朝出国作战70周年等重大节日的走访慰问工作，全年慰问离退休干部1.2万人次。突出需求导向，为134名市属居家离休干部实施住宅适老化改造项目。推进“医养护一体化签约服务”，为省、市签约的540名离休干部提供送医送药等服务。助力健全干部全周期管理服务，会同市委组织部出台《关于进一步完善干部退休相关工作的通知》，为336名新退休干部举办示范性集体退休仪式，推动“荣退仪式”的常态化开展。市老干部活动中心加快推进“三站”建设，完成志愿服务总站二期工程开发、老党员驿站升级改造，打造以“党建+正能量+文化养老”多功能集聚的活动阵地。杭州老干部大学立足疫情防控常态化实际，推进立体化教学，开设空中网络学习课堂，在线学习26.7万人次。全市改扩建老年大学1所、新增老年大学分校8所、新增家门口老年大学37所，进一步拓展老干部学习阵地。（黄士亮）

责任编辑　金利权

08 杭州市人民代表大会及其常务委员会

综　述

【概况】2020 年年末，杭州市有各级人民代表大会 112 个，包括杭州市人民代表大会和 13 个区县（市）人民代表大会、98 个乡镇人民代表大会。各级人大代表 9482 人（不含在杭全国人大代表 11 人、省人大代表 97 人），其中市人大代表 504 人、区县（市）人大代表 3035 人、乡镇人大代表 5943 人。市十三届人大常委会有组成人员 48 人，其中主任 1 人、副主任 5 人、秘书长 1 人、委员 41 人。市十三届人大设有法制、监察和司法、财政经济、城乡建设环境保护、教育科学文化卫生、农业和农村、民族宗教华侨、外事、社会建设 9 个专门委员会（民族宗教华侨委员会与外事委员会合署办公）。市十三届人大常委会设有法制、监察和司法、财政经济、城乡建设环境保护、教育科学文化卫生、农业和农村、民族宗教华侨、外事、社会建设 9 个工作委员会（民族宗教华侨工作委员会与外事工作委员会合署办公），以及办公厅、研究室、人事代表工作委员会等工作机构。

市人大常委会高举习近平新时代中国特色社会主义思想伟大旗帜，深入学习贯彻中共中央总书记习近平考察浙江、杭州时的重要讲话精神，深刻领悟笃行习近平法治思想和中共中央总书记习近平关于坚持和完善人民代表大会制度的重要思想，在市委的坚强领导下，全面落实省委、市委人大工作会议精神，认真履行宪法法律赋予的职责，在展现“重要窗口”的“头雁风采”中发挥人大作用。召开常委会会议 9 次、主任会议 22 次，审议法规草案 5 件、表决通过其中 3 件，开展法律监督和工作监督 31 项，做出决议、决定 13 项，任免国家机关工作人员 86 人次。

【“战疫情、促发展”工作法治保障】2020 年，面对突如其来的新冠肺炎疫情，市人大常委会全面落实党中央和省委、市委关于统筹推进疫情防控和经济社会发展的工作部署，切实发挥人大作用，积极投入“战疫情、促发展”。2 月 8 日，做出《杭州市人民代表大会常务委员会关于依法全力做好当前新型冠状病毒肺炎疫情防控工作的决定》，授权政府采取临时性应急措施，确保全市疫情防控在法治轨道上运行。第一时间向人大代表发出倡议，全市各级人大代表踊跃投身抗疫一线，参与基层防控、复工复产、宣传引导、捐款捐物、汇聚民意等工作，41 名代表获评国家和省、市级抗疫先进个人。坚持疫情防控慎终如始，听取审议市政府疫情防控工作报告，开展疾控体系建设专题调研，开展动物防疫、野生动物保护“两法两条例两决定”执法检查。邀请 20 名抗疫先进医护工作者旁听常委会会议。开展《浙江省民营企业发展促进条例》执法调研，深化民营经济高质量发展审议意见跟踪监督，推动市政府“1+12”惠企政策落地，破解企业发展中的瓶颈问题，帮助广大企业共克时艰。

【民生实事项目人大代表票决制长效化】2020 年，市人大常委会健全民生实事项目长效监督机制，组成市人大机关部门牵头、区县（市）人大常委会协助、市人大代表参与的 10 个代表监督小组，对市政府 10 件民生实事项目开展专项监督，368 人次代表参与“代表监督周”活动，提出意见建议 270 条，形成部署会发动、监督周推动、报告会问政、回头看跟踪、满意度测评的监督“闭环”。12 月 29 日，市十三届人大常委会第三十二次会议对市政府 2020 年度 10 件民生实事项目 14 个子项目进行满意度测评，结果均为“满意”。

【基层人大工作指导】2020 年，市人大常委会加强对基层人大工作的指导，制定《杭州市街道居民议事制度实施办法》，完善街道居民议事范围、议事会议成员履职、意见建议办理等规定，打造街道居民议事制度“升级版”，其中西湖区及西溪、转塘街道人大工作和建设试点做法，成为全省人大系统唯一获评的全省改革创新最佳实践案例。对杭州省级以上开发区、园区、功能区进行全面调研摸底，坚持依法依规、分类指导，制定《关于积极探索开展我市开发区人大工作的指导意见》，明确搭建开发区人大工作平台、加强开发区基层人大工作等 8 个方面措施。主任会议成员带队调研村社组织换届选举法规的贯彻实施情况，促进基层民主政治建设。

【人大工作数字化转型】2020年，市人大常委会对标对表“整体智治、数字赋能”要求，坚持“业务导向、需求导向、用户导向”，运用大数据、云计算、人工智能等新一代信息技术，加快推进智慧人大建设。实施“杭州人大”云平台迭代更新，推出“杭州人大”2.0版本，整合开发代表履职系统、机关办公系统、数字会议系统、预算联网系统、民生实事系统、知识更新系统六大系统，实现“门户登录一门进、代表履职一码通、业务办理一键办、市县两级一体化”，打破人大机关工作、代表履职的时间、空间局限，充分发挥智慧人大建设对人大工作的“放大效应”“联动效应”。完成“杭州人大”云平台代表履职应用场景开发，为代表履职搭建信息化平台。

【市人大常委会自身建设】2020年，市人大常委会加强政治建设，认真落实《中共杭州市委关于加强各级领导班子政治建设的实施意见》，巩固深化“不忘初心、牢记使命”主题教育成果。首次召开全市人大机关政治建设座谈会，严格执行请示报告制度，认真开展市委人大工作会议精神和《中共杭州市委关于高水平推进新时代人大工作和建设的意见》贯彻落实情况督查；首次组织“党领导人大工作”绩效考核评价，健全完善人大党的建设制度机制，配合做好中央巡视工作。加强能力建设，及时传达全国人大常委会、省人大常委会学习会精神，增强坚持“三者有机统一”、做好新时代人大工作的使命感和责任感。坚持常委会会前学法制度，创新“线下+线上”学习方式，举办12期机关系列讲座，深入开展“走亲连心三服务”“助万企、帮万户”活动，帮助协调解决具体问题194个。加强制度建设，修改《杭州市人民代表大会常务委员会议事规则》，审议《杭州市人民代表大会议事规则（修订草案）》，提请市十三届人大六次会议表决，制订《关于进一步加强人大与政府工作统筹协调的办法（试行）》，健全工作联席会议、立法事项协商、审议意见办理、决定决议执行等13项制度。制定《关于提高市人大常委会会议质量的办法》，全流程优化会议组织工作。加强和改进调查研究，主任会议成员带头开展课题研究，全市8篇文章在省人大工作研究会优秀论文评选中获奖。

2020年4月25—27日，杭州市第十三届人民代表大会第五次会议召开

（市人大常委会办公厅 供稿）

【“五四宪法”历史资料陈列馆】2020年，市人大常委会贯彻落实中共中央总书记习近平对“五四宪法”历史资料陈列馆做出的重要指示精神，加强宪法宣传教育阵地建设。在疫情防控常态化条件下，“五四宪法”历史资料陈列馆注重线上与线下相结合，开展国家宪法日和宪法宣传周系列活动，办好法治大讲堂，打造24小时不闭馆的“智慧陈列馆”，接待观众127万人次，相关做法得到全国人大《法制工作简报》刊发宣传。作为“杭州国际日”活动观摩体验点，接待20个国家的驻华使节等国际友人。“五四宪法”历史资料陈列馆获得全国革命文物保护利用优秀案例奖，被命名为浙江省特警忠诚教育基地、浙江省政法系统思想政治教育基地。（余　巍）

市人大重要会议

【市十三届人民代表大会】2020年，市十三届人大举行1次会议。市十三届人大五次会议于4月25—27日举行。市十三届人大代表名额515人，实有代表504人，出席会议代表493人。4月25日下午召开预备会议，选举产生由73名成员组成的会议主席团，选举会议秘书长，表决会议议程。会议期间，举行2次全体会议、4次主席团会议和1次财政经济委员会会议。

会议听取和审查杭州市人民政府工作报告；审查和批准杭州市2019年国民经济和社会发展计划执行情况与2020年国民经济和社会发展计划草案的报告，批准杭州市2020年国民经济和社会发展计划；审查和批准杭州市及市本级2019年预算执行情况和2020年预算草案的报告，批准市本级2020年预算；听取和审查杭州市人民代表大会常务委员会工作报告；听取和审查杭州市中级人民法院工作报告；听取和审查杭州市人民检察院工作报告；选举；通过杭州市第十三届人民代表大会专门委员会部分组成人员人选名单；票决杭州市人民政府2020年度民生实事项目。

会议收到代表提出的议案、建议、批评和意见393件。其中，10人以上代表联名提出的议事原案5件，代表建议、批评和意见388件。大会主席团决定，将5件议事原案交由市十三届人大有关专门委员会审议，提出审议结果的报告，经市人大常委会审议通过后答复代表，并在下次市人民代表大会时印发全体代表。388件代表建议中，涉及工业、交通的74件，财政、农业、旅贸的74件，城建、城管的99件，科技、教育、文化、卫生、体育、宗教的119件，政治、法律、党群及

2020年2月8日，杭州市第十三届人大常委会第二十四次会议做出关于依法全力做好当前新型冠状病毒肺炎疫情防控工作的决定　（市人大常委会办公厅　供稿）

其他方面的22件。市人大常委会将这些建议、批评和意见分别交市人民政府和其他有关机关、组织研究处理，并负责答复代表，同时将答复内容向市人大常委会办事机构反馈。

【市十三届人大常委会会议】2020年，市十三届人大常委会举行9次会议，即市十三届人大常委会第二十四次会议至第三十二次会议。

2月8日，市十三届人大常委会第二十四次会议举行。会议审议并表决《杭州市人民代表大会常务委员会关于依法全力做好当前新型冠状病毒肺炎疫情防控工作的决定（草案）》。

4月3日，市十三届人大常委会第二十五次会议举行。会议审议并表决有关人事任职事项。

4月13日，市十三届人大常委会第二十六次会议举行。会议审议市政府关于提请审议《2019年政府重大投资项目计划执行情况和2020年第一批政府重大投资项目计划（草案）》的议案；审议市政府关于2019年度法治政府建设情况的报告；审议并表决《市人大常委会关于召开杭州市第十三届人民代表大会第五次会议的决定（草案）》；听取和审议关于市十三届人大五次会议筹备工作情况的报告；审议并通过市十三届人大五次会议议程、日程和有关名单草案；审议《关于代表提交议案截止时间的决定（草案）》；审议并通过《杭州市第十三届人民代表大会第五次会议民生实事项目人大代表票决办法（草案）》；审议并通过《杭州市第十三届人民代表大会第五次会议关于杭州市第十三届人民代表大会专门委员会部分组成人员人选通过办法（草案）》；审议并通过《杭州市第十三届人民代表大会专门委员会部分组成人员建议名单（草案）》；讨论并原则通过市人大常委会工作报告（稿），征求对政府工作报告（征求意见稿）、市中级人民法院工作报告（征求意见稿）、市人民检察院工作报告（征求意见稿）的意见；审议并原则通过市人大常委会2020年工作要点（稿）；审议并表决市十三届人大常委会代表资格审查委员会关于个别代表的代表资格审查报告；审议市人大法制委员会关于2019年度市人大常委会规范性文件备案审查情况的报告（书面）；审议并表决有关人事任免事项。

4月25日，市十三届人大常委会第二十七次会议举行。会议审议并表决有关人事任免事项；审议并表决市人大常委会关于接受许勤华、张建庭请求辞去杭州市第十三届人民代表大会常务委员会副主任以及杭州市第十三届人民代表大会有关专门委员会主任委员职务的决定（草案）。

6月18—19日，市十三届人大常委会第二十八次会议举行。会议表决《杭州市钱塘江综合保护与发展条例（草案）》；审议《杭州城市大脑赋能城市治理促进条例（草案）》；审议《杭州市警务辅助人员管理规定（草案）》；听取和审议市政府关于杭州市新冠肺炎疫情防控工作情况的报告；审议并表决市人大常委会主任会议关于提请审议设立“杭州良渚日”的议案；审议并表决市人大常委会主任会议关于提请审议设立“杭州西湖日”的议案；听取和审议市人大常委会执法检查组关于开展《中华人民共和国禁毒法》执法检查情况的报告；听取和审议市人大常委会执法检查组关于开展《杭州市居住区配套设施建设管理条例》执法检查情况的报告；听取和审议市政府关于全市无障碍环境建设工作情况的报告，对全市无障碍环境建设工作开展专题询问；听取和审议市政府关于杭州市数字经济发展情况的报告；听取和审议市政府关于2019年全市城乡规划实施情况的报告；听取和审议市政府关于新增地方政府债券预算调整的报告；审议并表决有关人事任免事项。

8月31日，市十三届人大常委会第二十九次会议举行。会议审议《杭州城市大脑赋能城市治理促进条例（草案）》；审议《杭州市警务辅助人员管理规定（草案）》；听取和审议市政府关于全市社会矛盾纠纷调处化解“最多跑一地”改革情况的报告；审议市法院、市检察院关于社会矛盾纠纷调处化解“最多跑一地”改革情况的报告（书面）；审议市政府关于提请审议《2020年第一批政府重大投资项目计划执行情况和2020年第二批政府重大投资项目计划（草案）》的议案；听取和审议市政府关于杭州市本级2019年决算草案和2020年上半年预算执行情况的报告；听取和审议市政府关于2019年度杭州市本级预算执行和全市其他财政收支情况的审计工作报告；审议市政府关于2020年上半年国民经济和社会发展计划执行情况的报告（书面）；审议市政府关于提请审议杭州西湖风景名胜区万松岭旅游集散中心项目的议案；审议并表决有关人事任免事项。

10月26—27日，市十三届人大常委会第三十次会议举行。会议表决《杭州城市大脑赋能城市治理促进条例（草案）》；表决《杭州市公安机关警务辅助人员管理规定（草案）》；审议《杭州市物业管理条例（修订草案）》；听取和审议市人大常委会执法检查组关于世界文化遗产保护有关条例执法检查情况的报告，对大运河世界文化遗产保护工作开展专题询问；听取和审议市法院关于知识产权审判工作情况和3名法官履职情况的报告；听取和审议市政府关于2019年度全市国有资产管理情况的报告；听取和审议市政府关于杭州市本级2020年预算调整的报告；听取和审议市政府关于乡村振兴战略（生态宜居和生活富裕）实施情况的报告；听取和审议市政府关于国际友城工作情况的报告；听取和审议市政府关于全市住宅小区消防工作情况的报告；审议市政府关于《杭州西溪国家湿地公园保护管理条例》贯彻实施情况的报告（书面），审议市人大常委会关于《杭州西溪国家湿地公园保护管理条例》专题调研情况的报告（书面）；审议并表决市十三届人大五次会议主席团交付市人大有关专门委员会审议的代表议案审议结果的报告（书面）；听取和审议市政府关于市十三届人大五次会议代表建议、批评和意见办理情况的报告，审议市法院、市检察院关于市十三届人大五次会议代表建议、批评和意见办理情况的报告（书面），审议市人大常委会主任会议关于市十三届人大五次会议代表建议、批评和意见处理情况的报告（书面）；审议并表决市十三届人大常委会代表资格审查委员会关于个别代表的代表资格审查报告；听取和审议部分省人大代表履职情况的报告；审议并表决有关人事任免事项。

11月17日，市十三届人大常委会第三十一次会议举行。会议审议市政府关于提请审议《杭州市部分行政区划优化调整方案》的议案；审议并表决有关人事任免事项。

12月28—29日，市十三届人大常委会第三十二次会议举行。会议审议《杭州市物业管理条例（修订草案）》；审议《杭州市淳安特别生态功能区条例（草案）》；审议市人大常委会主任会议关于提请审议《杭州市人民代表大会议事规则（修订草案）》的议案；审议并表决市人大常委会关于修改《杭州市人民代表大会常务委员会议事规则》的决定（草案）；审议并表决《市人大常委会关于召开杭州市第十三届人民代表大会第六次会议的决定（草案）》；审议并表决《市人大常委会关于加强大运河世界文化遗产保护的决定（草案）》；审议并表决市政府关于提请审议设立“杭州市民日”的议案；听取市政府关于《杭州市国民经济和社会发展第十四个五年规划和二〇三五年远景目标纲要草案》编制工作情况的报告；听取和审议市政府关于2020年民生实事项目实施情况的报告，并开展满意度测评；听取和审议市政府关于“七五”普法决议贯彻实施情况的报告；听取和审议市政府关于审计发现问题整改情况的报告；听取和审议市政府关于2020年度环境状况和环境保护目标完成情况及生态文明建设规划执行情况的报告；审议《杭州市客运出租汽车管理条例》立法后评估报告（书面）；审议并表决杭州市人民代表大会常务委员会关于接受游宏、董毓民请求辞去浙江省第十三届人民代表大会代表职务的决议（草案）；审议并表决杭州市人民代表大会常务委员会主任会议关于提请补选浙江省第十三届人民代表大会代表的议案；审议并表决有关人事任免事项。（余　巍）

立法工作

【重点领域立法】2020年，市人大常委会深入学习领会中共中央总书记习近平对杭州城市大脑建设的重要指示精神，在全国首创制定《杭州城市大脑赋能城市治理促进条例》，固化杭州经验，注重便民惠企，强化城市大脑中枢、系统平台、数字驾驶舱、应用场景建设的法治支撑，促进新型智慧城市建设，推进城市治理体系和治理能力现代化。坚持“绿水青山就是金山银山”理念，制定《杭州市钱塘江综合保护与发展条例》，构建钱塘江及两岸区域综合保护、生态修复、文化传承、绿色发展等制度，助力打造具有独特韵味别样精彩的世界级滨水区域。制定《杭州市公安机关警务辅助人员管理规定》，完善辅警管理制度，规范辅警队伍建设，保障辅警合法权益。审议《杭州市物业管理条例（修订草案）》《杭州市淳安特别生态功能区条例（草案）》。

【立法工作机制完善】2020年，党委领导、人大主导、政府依托、各方参与的立法工作格局进一步完善。对城市大脑赋能城市治理立法首次实行市人大常委会主要负责人任组长、人大和政府分管负责人任副组长的领导小组模式，首次建立立法工作专班，聘请立法顾问，开展实地调研和专题座谈22次，全程介入条例草案起草；首次与兄弟城市人大协同开展辅警立法。落实省委加强立法队伍建设文件要求，充实立法工作力量。充分发挥立法咨询委员会作用。践行立法群众路线，定期召开基层立法联系点工作交流会，新设2个高校基层立法联系点，打通立法“最后一公里”。

【法规动态维护机制健全】2020年，市人大常委会构建法规实施情况定期报告、立法后评估、执法检查、法规清理等动态维护制度。对《杭州市客运出租汽车管理条例》进行立法后评估。听取《杭州市会展业促进条例》《杭州市萧山湘湖旅游度假区条例》实施情况报告。跟踪监督《杭州市公共场所控制吸烟条例》《杭州市旅游条例》审议意见落实情况。连续4年开展居家养老服务工作监督，推动《杭州市居家养老服务条例》的落实，市政府制定相关实施意见，明确5类16项具体任务，让“老有所依”更有保障。完善法规新闻发布会制度，法规颁布后第一时间宣传解读有关精神。落实《中华人民共和国民法典》实施、公共卫生专项立法修法等要求，开展4轮法规清理，对14件法规提出清理意见。配合上级人大做好《中华人民共和国慈善法》《中华人民共和国土壤污染防治法》执法检查，完成18部法律法规草案征求意见工作。严格依法审查各方面报送备案的规范性文件52件。（余　巍）

人大监督

【人大助力数字经济和制造业高质量发展】2020年，市人大常委会采取上下联动的方式，开展数字经济高质量发展专项监督，走访企业455个，召开座谈会48场，听取意见和建议。听取审议专项报告，就发展在线新经济、推进新型基础设施建设、加快企业数字化转型等提出意见和建议，助力打造“全国数字经济第一城”。听取国家新一代人工智能创新发展试验区建设情况报告，建立经济运行“审查+预判”定期分析机制，开展加快新旧动能转换、发展科技中介机构等专题调研，服务经济运行企稳向好。

【“十四五”规划编制调研和审议】 2020年，市人大常委会深入学习领会中共中央总书记习近平关于“十四五”规划编制工作的重要讲话精神，按照市委要求，由主任会议成员带队组成8个调研小组，开展实地调研、代表座谈、网络征求意见等工作，形成完善区域发展规划、营造一流营商环境、构建优质公共服务体系等7个方面、93条意见建议。市十三届人大常委会第三十二次会议听取审议《杭州市国民经济和社会发展第十四个五年规划和二〇三五年远景目标纲要（草案）》编制情况报告，提请市十三届人大六次会议审查批准。

【城市治理工作监督】 2020年，市人大常委会围绕第二轮中央生态环保督察问题整改任务，聚焦渣土扬尘、餐饮油烟、噪音污染等41个具体问题，组织人大代表现场监督，推动“即知即改”。听取审议年度环境状况和环境保护目标完成情况及生态文明建设规划执行情况报告，开展《杭州西溪国家湿地公园保护管理条例》执法调研，专题调研城市污水处置等工作，对生活垃圾分类进行满意度测评，助力“蓝天、碧水、净土、清废”四大行动。听取审议城乡规划执行情况报告，强化规划市域统筹，维护规划刚性和严肃性，高质量做好三江汇“未来城市”实践区发展规划等编制工作。围绕实施亚运城市行动，上下联动开展无障碍环境建设专项监督，打好视察调研、听取审议报告、跟踪问效、引入检察公益诉讼等监督“组合拳”，提出问题整改清单；首次以“视频直播+手语翻译”形式开展专题询问，12.8万人次在线观看。

【财经工作监督】 2020年，市人大常委会听取审议计划、预算、审计、国有资产管理等工作报告。依法审议47个政府重大投资项目，建立“联报联审”制，督查推进项目落地见效。加强对政府债务的全口径监督，听取市政府债务管理情况报告。完善预算草案“三审”制，组织代表对6个市直部门2021年度预算草案和专项资金开展审查，提出意见建议148条。落实市委重点改革任务，完善预算联网监督常态化机制。听取审议审计查出问题整改落实情况报告，组织开展联合督查，推动审计“治已病、防未病”。

【民生工作监督】 2020年，市人大常委会以生态宜居、生活富裕为重点，听取审议乡村振兴战略实施情况报告。听取“三位一体”农合联改革工作报告，跟踪监督乡村产业兴旺、治理有效审议意见落实情况，开展农村饮用水达标提标、小流域综合治理、春茶保产保收、“米袋子”、“菜篮子”和农民“钱袋子”情况专题调研，推动巩固消薄增收成果、提高农业农村现代化水平。开展《杭州市居住区配套设施建设管理条例》执法检查，听取审议住宅小区消防工作情况报告，组织院前医疗急救、社会组织参与基层社会治理、食品安全、华侨权益保障、快速路及轨道交通建设等专题调研，推动解决群众“急难愁盼”问题。

【司法工作监督】 2020年，市人大常委会采取上下联动方式开展社会矛盾纠纷调处化解机制改革专项监督，听取审议专项工作报告，推动基层社会治理创新。首次听取审议法治政府建设情况报告，推动政府依法履职。听取审议“七五”普法工作情况报告，提出做好青少年精准普法、构建“大普法”格局等意见。连续3年开展行政机关负责人出庭应诉监督，出庭应诉率从2017年的37.7%提高到2020年的90.9%。听取审议市法院知识产权审判工作报告，开展法官履职监督，专题调研认罪认罚从宽制度适用工作，促进公正司法。开展禁毒法执法检查，组织电动自行车管理、市区汽车禁鸣喇叭等专项视察。

（余　巍）

人事任免

【概况】 2020年，市人大常委会规范做好人事任免和选举工作，严格落实法律知识考试、颁发任命书、任后表态发言、宪法宣誓等制度，全年任免国家机关工作人员86人次，组织13名新任命的国家工作人员进行宪法宣誓。

【市十三届人大常委会第二十五次会议人事任职事项】 2020年4月3日，市十三届人大常委会第二十五次会议决定任命：刘忻为杭州市人民政府副市长。决定：刘忻代理杭州市人民政府市长职务。

【市十三届人大常委会第二十六次会议人事任免事项】 2020年4月13日，市十三届人大常委会第二十六次会议决定任命：楼倻捷为杭州市文化广电旅游局局长，王进为杭州市住房保障和房产管理局局长，周澍为杭州市人民政府外事办公室（杭州市人民政府港澳事务办公室）主任，赵喜凯为杭州市科学技术局局长，徐青山为杭州市数据资源管理局局长。决定免去：张鸿斌的杭州市文化广电旅游局局长职务，周琪的杭州市住房保障和房产管理局局长职务，王进的杭州市人民政府外事办公室（杭州市人民政府港澳事务办公室）主任职务，邵立春的杭州市科学技术局局长职务，郑荣新的杭州市数据资源管理局局长职务。任命：方月仙为杭州市人大常委会民族宗教华侨、外事工作委员会主任。免去：邱卫星的杭州市人大常委会农业和农村工作委员会主任职务，周先木的杭州市人大常委会民族宗教华侨、外事工作委员会主任职务；魏虹霞、余江中、徐毅翀的杭州市中级人民法院审判员职务。批准任命：夏涛为杭州市滨江区人民检察院检察长，冯晓音为桐庐县人民检察院检察长。批准：陈云高辞去杭州市滨江区人民检察院检察长职务，夏涛辞去桐庐县人民检察院检察长职务。

【市十三届人大常委会第二十七次会议人事任免事项】 2020年4月25

2020 年市十三届人大五次会议代表议案一览表

表 4

议案号	提议案人	案 由	主办部门
1	杨一青	关于尽快制定《杭州市住房租赁管理条例》的议案	市人大城建环保委
2	卢红梅	关于修订《杭州市物业管理条例》的议案	市人大法委
3	张少燕	关于将西湖申遗成功日 6 月 24 日设为“杭州西湖日”的议案	市人大教科文卫委
4	张 炜	关于设立良渚文化日或“良渚文明日”的议案	市人大教科文卫委
5	褚跃明	关于将 3 月 31 日设为西溪湿地保护日的议案	市人大民宗侨、外事委

2020 年杭州市人大常委会重要文件一览表

表 5

文件号	发文日期	标 题
杭人大常〔2020〕1 号	2020-02-08	杭州市人民代表大会常务委员会关于依法全力做好当前新型冠状病毒肺炎疫情防控工作的决定
杭人大常〔2020〕2 号	2020-04-10	杭州市人民代表大会常务委员会关于接受徐立毅请求辞去杭州市人民政府市长职务的决定
杭人大常〔2020〕3 号	2020-04-13	关于出席杭州市第十三届人民代表大会第五次会议的通知
杭人大常〔2020〕4 号	2020-04-13	关于列席杭州市第十三届人民代表大会第五次会议的通知
杭人大常〔2020〕5 号	2020-04-13	关于召开杭州市第十三届人民代表大会第五次会议有关事项的通知
杭人大常〔2020〕6 号	2020-04-13	杭州市人民代表大会常务委员会关于召开杭州市第十三届人民代表大会第五次会议的决定
杭人大常〔2020〕7 号	2020-04-25	杭州市人民代表大会常务委员会关于接受许勤华、张建庭请求辞去杭州市第十三届人民代表大会常务委员会副主任以及杭州市第十三届人民代表大会有关专门委员会主任委员职务的决定
杭人大常〔2020〕8 号	2020-04-30	杭州市人大常委会 2020 年工作要点
杭人大常〔2020〕9 号	2020-06-05	关于调整市人大常委会主任会议成员工作分工和联系区县（市）人大的通知
杭人大常〔2020〕10 号	2020-06-28	杭州市人民代表大会常务委员会关于设立“杭州良渚日”的决定
杭人大常〔2020〕11 号	2020-06-28	杭州市人民代表大会常务委员会关于设立“杭州西湖日”的决定
杭人大常〔2020〕12 号	2020-06-28	杭州市人民代表大会常务委员会关于批准杭州市级新增地方政府债券预算调整方案的决议
杭人大常〔2020〕13 号	2020-06-29	关于报请批准《杭州市钱塘江综合保护与发展条例》的报告
杭人大常〔2020〕14 号	2020-09-02	杭州市人民代表大会常务委员会关于批准杭州市本级 2019 年决算的决议
杭人大常〔2020〕15 号	2020-09-02	杭州市人民代表大会常务委员会关于同意万松岭旅游集散中心项目的决定
杭人大常〔2020〕16 号	2020-10-29	杭州市人民代表大会常务委员会关于批准 2020 年杭州市本级收支预算调整方案的决议
杭人大常〔2020〕17 号	2020-10-30	关于报请批准《杭州城市大脑赋能城市治理促进条例》的报告
杭人大常〔2020〕18 号	2020-10-30	关于报请批准《杭州市公安机关警务辅助人员管理规定》的报告
杭人大常〔2020〕19 号	2020-11-17	杭州市人民代表大会常务委员会关于同意《杭州市部分行政区划优化调整方案》的决议
杭人大常〔2020〕20 号	2020-12-29	杭州市人民代表大会常务委员会关于召开杭州市第十三届人民代表大会第六次会议的决定
杭人大常〔2020〕21 号	2020-12-29	杭州市人民代表大会常务委员会关于设立“杭州市民日”的决定
杭人大常〔2020〕22 号	2020-12-31	杭州市人民代表大会常务委员会关于接受游宏、董毓民请求辞去浙江省第十三届人民代表大会代表职务的决议
杭人大常〔2020〕23 号	2020-12-31	关于接受游宏、董毓民请求辞去浙江省第十三届人民代表大会代表职务的报告
杭人大常〔2020〕24 号	2020-12-31	关于补选朱深远、华健、张鸿斌为浙江省第十三届人民代表大会代表的报告
杭人大常〔2020〕25 号	2020-12-31	杭州市人民代表大会常务委员会关于修改《杭州市人民代表大会常务委员会议事规则》的决定
杭人大常〔2020〕26 号	2020-12-31	杭州市人民代表大会常务委员会关于加强大运河世界文化遗产保护的决定

日，市十三届人大常委会第二十七次会议决定任命：陈云高为杭州市人民检察院检察委员会委员、检察员，桑涛为杭州市人民检察院检察委员会委员，张晓峰为杭州市人民检察院检察员，俞瑾、宗昊渊、沈爱国、缪慧琴为杭州经济技术开发区人民检察院检察委员会委员。决定免去：郑建军、鲍键、冯晓音的杭州市人民检察院检察员职务，喻舟静的杭州经济技术开发区人民检察院检察员职务。

【市十三届人大常委会第二十八次会议人事任免事项】2020年6月19日，市十三届人大常委会第二十八次会议决定任命：孔春浩为杭州市发展和改革委员会主任。决定免去：洪庆华的杭州市发展和改革委员会主任职务，孔春浩的杭州市城乡建设委员会主任职务。任命：徐鸣卉为杭州破产法庭庭长，夏文杰为杭州破产法庭副庭长。免去：易飞的杭州市中级人民法院审判委员会委员、审判员职务，徐鸣卉的杭州市中级人民法院清算与破产庭庭长职务，夏文杰的杭州市中级人民法院清算与破产庭副庭长职务。

【市十三届人大常委会第二十九次会议人事任免事项】2020年8月31日，市十三届人大常委会第二十九次会议决定任命：楼建忠为杭州市城乡建设委员会主任；任命：陈伟民为杭州市人大常委会副秘书长（兼）、人事代表工作委员会主任，杨霞为杭州市监察委员会委员，陈刚为杭州市中级人民法院立案二庭副庭长，石清荣为杭州市中级人民法院民事审判第四庭副庭长，唐莹祺为杭州市中级人民法院行政审判庭副庭长。免去：章一超的杭州市人大常委会副秘书长、人事代表工作委员会主任职务，陈伟民的杭州市人大常委会研究室主任职务；钟发根的杭州市监察委员会委员职务。

【市十三届人大常委会第三十次会议人事任免事项】2020年10月27日，市十三届人大常委会第三十次会议决定任命：冯伟为杭州市地方金融监督管理局（杭州市人民政府金融工作办公室）局长（主任）。决定免去：冯伟的杭州市人民政府金融工作办公室主任职务。任命：方欣玲、黄晶晶、武亦文、吴嘉源为杭州市人民检察院检察员，黄丁文为杭州经济技术开发区人民检察院检察员。免去：周仲勋的杭州市人民检察院检察员职务。

【市十三届人大常委会第三十一次会议人事任免事项】2020年11月17日，市十三届人大常委会第三十一次会议决定任命：孙国方为杭州市生态环境局局长，王震为杭州市应急管理局局长。决定免去：劳新祥的杭州市生态环境局局长职务，孙国方的杭州市应急管理局局长职务。

【市十三届人大常委会第三十二次会议人事任免事项】2020年12月29日，市十三届人大常委会第三十二次会议决定任命：毛煜焕为杭州市中级人民法院副院长，杨逸强为杭州市中级人民法院行政审判庭庭长，孙伟为杭州市中级人民法院减刑假释审判庭副庭长，翁瑞成、唐承飞、高海忠、乐海奇、陈典、向夏厅、蒋璐如、李跃华、张琪、赵瑞玲、方世宏为杭州市中级人民法院审判员，王丹华、卢忆纯为杭州互联网法院（杭州铁路运输法院）审判员，昂玉洁为杭州经济技术开发区人民法院审判员。决定免去：张波的杭州市中级人民法院审判委员会委员、行政审判庭庭长、审判员职务，杨逸强的杭州市中级人民法院刑事审判第三庭庭长职务，孙伟的杭州市中级人民法院刑事审判第三庭副庭长职务，吴宇龙、朱晓阳的杭州市中级人民法院审判员职务，潘晓的杭州互联网法院（杭州铁路运输法院）立案庭庭长职务；陈云高的杭州市人民检察院检察委员会委员、检察员职务，李桂明的杭州经济技术开发区人民检察院检察员职务。

（余 巍）

人大代表工作

【概况】2020年，市人大常委会优化代表履职服务，制定《关于加强和改进市人大代表工作更好服务我市展现"重要窗口"头雁风采的具体措施》。开展代表助推全省"四大建设"、2022年杭州亚（残）运会筹备等活动，激发代表参与"重要窗口"建设的履职热情。推进代表向原选举单位报告履职情况，首次组织24名省人大代表向市人大常委会会议报告履职情况，371名市人大代表完成一届一次的述职。举办财政预算、城建环保、教科文卫、社会建设4期专题培训班，加强代表履职能力培训。制定《杭州市人大代表履职积分实施办法（试行）》，完善代表履职考核激励机制。

【人大代表议案建议办理】2020年，市人大常委会完善精准分类交办、推进比学赶超、加强重点督办等机制，办好代表议案建议。市十三届人大五次会议主席团交付审议的5件议案、代表提出的388件建议全部办理完毕，代表所提建议已解决248件，解决率较上年提高7.2%。对市十三届人大五次会议期间代表提出的523条意见建议进行任务分解和跟踪督办。

【代表联系机制完善】2020年，市人大常委会坚持人大代表进代表联络站常态化制度化，29名市级领导干部人大代表到代表联络站接待基层代表和群众311人次，对提出的205件意见建议逐一办理并及时反馈，解决了一批群众关注的问题。落实主任会议成员和专职委员走访接待代表制度，邀请34名代表列席常委会会议。选树17名"最美人大代表"，207万人次群众参与"点赞"。选树41个"最美人大代表联络站"，深化代表联络站"建、管、用、融"，相关做法被全国人大《联络动态》刊发推广。（余 巍）

责任编辑 金利权

09 杭州市人民政府

2021
杭州年鉴
Hangzhou Municipal People's Government

综述

【概况】2020年，杭州市坚持以习近平新时代中国特色社会主义思想为指导，深入贯彻落实中共中央总书记习近平考察浙江、杭州重要讲话精神，忠实践行"八八战略"、奋力打造"重要窗口"，坚定不移"干好一一六、当好排头兵"，抓"六稳"、促"六保"、拓"六新"，推动经济社会平稳发展，高水平全面建成小康社会取得决定性成就。全年地区生产总值增长3.9%，一般公共预算收入增长6.5%，城乡居民收入分别增长3.9%和6.7%，高质量完成10件民生实事，成为全国唯一连续14年入选的"中国最具幸福感城市"，被授予全国唯一"幸福示范标杆城市"称号。

【"两战全赢"深化推进】2020年，杭州市坚持"精密智控＋硬核隔离＋暖心服务"，率先控制疫情。精心调派318名医务工作者支援湖北。全面完成国家防疫应急物资调拨指令和对外援助任务。率先推动企业复工复产，新增减税降费超过500亿元，争取各类政府债、企业债483.4亿元，选派1.1万名干部助企渡难关。在抗击新冠肺炎疫情中做出突出贡献的1个集体、4名个人受到国家级表彰，33个集体、104名个人受到省级表彰，200个集体、601名个人受到市级表彰。推进"三类十大标志性工程"，招引1亿元以上产业项目710个、总投资3801亿元，其中10亿元以上产业项目126个。固定资产投资增长6.8%。网络零售额8992亿元，增长19.7%。推动新消费、新零售发展，湖滨步行街成为首批"全国示范步行街"。货物出口3693亿元，增长2.1%；服务外包出口规模居全国第二位。

【经济高质量发展进程加快】2020年，杭州市数字经济核心产业实现增加值4290亿元，增长13.3%。国家新一代人工智能创新发展试验区加快建设，人工智能产业营业收入达1557.6亿元。加快数字"新基建"建设，首个国家（杭州）新型互联网交换中心启用。联合国大数据全球平台中国区域中心落户。推进数字化改造"百千万"工程，规模以上工业企业数字化改造覆盖率达97.4%。杭州市规模以上工业实现增加值3467亿元，增长3.8%。深入实施"鲲鹏计划""凤凰行动""雄鹰行动""雏鹰行动"，新培育百亿级制造业企业4个、境内外上市公司28个、"单项冠军"企业5个、专精特新"小巨人"企业19个、"隐形冠军"企业11个。新增国家高新技术企业2440个，规模以上高新技术产业实现增加值2448亿元，增长8.6%。杭州市全力服务"互联网＋"、生命健康、新材料三大科创高地建设。城西科创大走廊创新引擎作用不断增强，湖畔实验室、良渚实验室启动建设，之江实验室、西湖实验室被纳入国家实验室建设序列。中法航空大学先期研究生培养启动，国科大杭州高等研究院开学。全市有效发明专利拥有量7.3万件，增长25.2%，居省会城市第一位。新引进35岁以下大学生43.6万人，人才净流入率继续保持全国第一位。

【城市功能品质提升】2020年，杭州市国土空间总体规划取得阶段性成果，编制完成轨道交通线网规划，发布杭州云城概念规划。制定三江汇"未来城市"实践区发展战略，推进杭州未来文化中心等十大项目建设。杭州萧山国际机场三期工程、运河二通道项目快速推进，杭州南站开通运营。在建铁路4条、199千米，建成高速公路3条、169千米，建成城市快速路36千米，建成主次干路32条、38.6千米，开通地铁6条、171千米，在建地铁9条、210千米。杭州市主城区城中村改造五年攻坚行动收官。建立城市环境卫生"周排名、月评比"制度，鼓励全民参与监督，市容市貌明显改善。农村电商销售收入165亿元，增长15.7%。全市所有行政村集体经济年收入达到30万元以上、经营性年收入达到20万元以上。年人均1万元以下低收入农户全面"清零"。深化"千村示范、万村整治"工程，市、县两级美丽乡村覆盖率达54.5%。美丽城镇建设项目开工1941个。圆满完成村（社）组织换届工作。高质量完成东西部扶贫协作任务，湖北恩施土家族苗族自治州、贵州黔东南苗族侗族自治州23个贫困县全部脱贫摘帽。深化山海协作，与衢州、丽水新签约项目160个，产业项目到位资金150.1亿元。

【**城市软实力增强**】2020年，杭州市第4次被评为"全国文明城市"。设立"市民日"，出版首批"杭州优秀传统文化丛书"和德育教材《最忆杭州》，引导广大市民爱党爱国爱家乡。倡导使用公筷公勺、坚决抵制餐饮浪费行为，厉行节俭、文明用餐成为新风尚。上城区小营巷社区、淳安县下姜村荣获全国最美志愿服务社区（村）。提升公共图书馆数字化水平，"一键借阅"服务市民62万人次。新建杭州书房36个、社区文化家园260个。杭州市文史研究馆开馆。举办杭州国际音乐节、国际戏剧节、南宋文化节等活动。设立"西湖日""良渚日"，启动良渚古城遗址综保工程二期建设，加快大运河国家文化公园建设。德寿宫遗址保护工程暨南宋博物院开工。杭州西湖博物馆总馆、中国茶叶博物馆入选国家一级博物馆。严州古城开门迎客。推进之江文化产业带建设，文化产业实现增加值2285亿元，增长8.2%。大会展中心项目开工。加快文旅融合步伐，全市接待游客1.8亿人次，旅游总收入3335亿元。世界旅游联盟总部暨世界旅游博物馆项目主体完工。"建立文化贸易境外促进中心"案例入选全国深化服务贸易创新发展试点。《外交风云》获"飞天奖"优秀电视剧奖，杭州滩簧《淑英救弟》获牡丹奖。

【**城市发展活力激发**】2020年，杭州市深化"最多跑一次"改革，制定实施优化营商环境101项改革举措。围绕个人和企业两个全生命周期，将282项单独事项合并为75项，做到"一件事"全流程"一次办结"。商事登记30分钟办结，企业投资项目备案"秒达"，用地规划许可证3小时核发，企业水电气报装实现"零上门、零审批、零投资、一次办"。加快政府数字化转型，率先探索线下行政服务中心"去中心化"改革。设立中国（杭州）知识产权保护中心。营商环境综合评价居全国第五名。优化城西科创大走廊、杭州云城、西湖西溪等管理体制，深化杭州高新区（滨江）富阳特别合作区建设。加大土地整治力度，提高土地使用效率，盘活批而未供、供而未用、低效用地10738.7公顷。出台全国首个工业用地收储标准，规模以上工业亩均增加值达197.1万元。畅通金融服务实体经济通道，全市金融机构本外币存贷款余额分别为5.4万亿元、5万亿元，分别增长19.8%、17.9%。有序推进综合行政执法改革、事业单位改革。稳妥推进国企混合所有制改革，完成市区水务一体化改革。全面开展亚运城市八大行动，亚运村108幢单体建筑全面结顶，40个亚运比赛场馆完成土建，完成无障碍环境问题整改3.2万个。中国（浙江）自由贸易试验区杭州片区获批。搭建电子世界贸易平台（eWTP）全球首个公共服务平台，在全国率先探索"保税进口+零售加工"新模式，跨境电商进出口总额1084.2亿元，增长13.9%。新引进外商投资企业804个，实际利用外资72亿美元。迪拜中国学校成立并开学。推进长三角政务服务一体化，30项企业事项、21项个人事项实现"全网通办""异地可办"。杭州都市圈共建共享水平持续提升，杭绍甬一体化加快推进。

【**生态环境持续改善**】2020年，杭州市出台《新时代美丽杭州建设实施纲要》，全面推进八大类49项任务落地。修复"三江两岸"生态岸线174千米。建成和改造绿道597千米，新增绿地面积776.5万平方米，造林3801.9公顷，全市森林覆盖率达66.85%。淳安县入选全国"绿水青山就是金山银山"实践创新基地。基本完成第一轮中央生态环保督察问题整改，杭州临江环境能源工程项目建成投运，天子岭填埋场关停，全市原生生活垃圾全部实现"零填埋"。完成第二轮中央生态环保督察迎检，并按要求整改问题。实施PM2.5和臭氧"双控双减"行动，市区PM2.5平均浓度下降21%，臭氧浓度下降16.6%。建成"美丽河湖"23个、"污水零直排"生活小区1153个，新建改造污水管网149千米，市控以上断面水质达到或优于Ⅲ类比例同比上升3.8个百分点。建成市第三固废处置中心，易腐垃圾设施化处理实现县市全覆盖。

【**民生实事有效落实**】2020年，杭州市全面高质量完成10件民生实事。落实稳就业举措，城镇新增就业69.1万人；接收应届高校毕业生13.1万人，增长48.9%。义务教育阶段公办民办学校实现同步招生。浙大城市学院转设为市属公办普通高校。始版桥社区等7个未来社区试点创建项目全部开工。增资补发基本养老金惠及153.6万人。抓好生活必需品保供稳价工作。完善多元住房保障体系，新开工公租房1.3万套、蓝领公寓1.7万套，人才专项租赁房1.4万套。全面建成退役军人服务保障体系，杭州市第8次被评为"全国双拥模范城"。开发上线城市大脑数字界面，深化48个应用场景，打造390个数字驾驶舱。完善市域社会治理"六和塔"工作体系，健全大调解工作机制，调解纠纷45.5万件，全市信访走访总量、一审诉讼案件、治安警情分别下降44.9%、10.1%、13.9%。扫黑除恶专项斗争实绩居全国副省级城市前列。深化60日隐患暗访督办整改闭环机制，全市生产安全事故起数和死亡人数分别下降25.3%和28.4%。加强网络借贷风险处置，368个网贷机构全部出清。及时处置长租公寓风险隐患。成功应对有史以来最长梅汛，新安江水库首次九孔泄洪，安全转移7万名群众，无一人伤亡。（年鉴编辑部）

【**公文处理**】2020年，以市政府及市政府办公厅名义制发公文348件，其中，市政府令9件、杭政59件、杭政函138件、杭政办1件、杭政办函68件。收到批办性公文2150件、阅知性公文3345件。（市政府办公厅）

市政府重要会议

【**市政府全体会议**】2020年5月11日，杭州市十三届人民政府举行第七次全体（扩大）会议。会议由市长刘忻主持并讲话。会议强调要深学笃行中共中央总书记习近平在浙江、杭州考察时的重要讲话精神，紧紧围绕省委、省政府和市委决策部署，坚持以"八八战略"为统领，"干好一一六、当好排头兵"，坚持理念更新、制度创新、环境再造、技术引领、感觉超想并重，突出抓好营商环境建设和重大项目招引，努力成为引领中国政府改革开放的“重要窗口”，确保杭州各项工作在全省全国走在前、做示范。

【市政府常务会议】2020年，杭州市政府常务会议召开21次，即十三届市政府第五十次至第七十次常务会议。

十三届市政府第五十次常务会议于1月10日召开。研究讨论《杭州市贯彻落实省生态环境保护督察反馈意见整改方案（审议稿）》、2020年《政府工作报告（审议稿）》、2020年市政府民生实事候选项目、《关于杭州市2019年国民经济和社会发展计划执行情况与2020年国民经济和社会发展计划草案的报告（审议稿）》，2020年国民经济和社会发展主要目标任务以及2020年全市固定资产投资、重点建设项目、市本级政府投资项目计划，《关于杭州市及市本级2019年财政预算执行情况和2020年财政预算草案的报告（审议稿）》及2020年市本级财政预算安排建议、《杭州市发展政策性租赁住房试点方案（审议稿）》、2018年度“鲲鹏计划”企业表彰奖励等事项。

十三届市政府第五十一次常务会议于3月12日召开。研究讨论全市疫情防控和复工复产工作、《2022年杭州亚运城市行动计划纲要（审议稿）》、对国土空间规划编制实行计划管理、《杭州市城镇生活垃圾分类和资源回收利用中长期发展规划（审议稿）》、《关于疫情防控期间支持旅游行业共渡难关的补充意见（审议稿）》、疫情防控期间巡游出租车稳定保障专项补助政策等事项。

十三届市政府第五十二次常务会议于3月25日召开。研究讨论发放杭州电子消费券、《支持文化企业“战疫情、渡难关”的补充意见（审议稿）》、《杭州湖州嘉兴绍兴共建杭州都市区行动计划（审议稿）》、大江东医院转隶市卫生健康委管理、市政府2020年立法计划等事项。

十三届市政府第五十三次常务会议于4月28日召开。听取市人力社保局关于失业保险稳岗返还有关问题的情况汇报。

十三届市政府第五十四次常务会议于5月15日召开。研究讨论2020年政府工作报告重点工作责任分解、《新时代美丽杭州建设实施纲要（2020—2035年）（审议稿）》、《新时代美丽杭州建设三年行动计划（2020—2022年）（审议稿）》、《杭州市县级政府耕地保护责任目标考核办法（审议稿）》、耕地督察反馈问题及历年土地例行督察“挂账”问题整改工作、生态保护红线评估调整工作、杭州市创建交通强国示范城市、《杭州市“迎亚（残）运”无障碍环境建设行动计划（2020—2022年）（审议稿）》、杭州大会展中心项目建设、全市1—4月经济运行有关情况等事项。

十三届市政府第五十五次常务会议于6月1日召开。研究讨论《杭州市职业技能提升行动实施方案（审议稿）》《杭州市城市大脑赋能城市治理促进条例（草案）》《杭州市警务辅助人员管理规定（草案）》《关于着力打造六大示范区推进新时代民政事业高质量发展的意见（审议稿）》《杭州绍兴城市轨道交通合作一揽子协议（审议稿）》等事项。

十三届市政府第五十六次常务会议于6月22日召开。研究讨论法治政府建设工作和《杭州市2020年法治政府建设工作要点》、《第二轮安全生产综合治理三年行动计划（审议稿）》、全市疫情防控工作、做好疫情期间民办教育机构帮扶工作、《关于推进新时代社会救助体系建设的实施意见（审议稿）》、建德市职工基本养老保险基金补助、杭州市与黔东南州恩施州乡村振兴合作框架协议等事项。

十三届市政府第五十七次常务会议于7月6日召开。研究讨论加快杭州市直播电商经济发展的若干意见。

十三届市政府第五十八次常务会议于7月13日召开。研究讨论全市灾后救助政策举措、全市半年度经济形势、杭州市“十四五”规划基本思路及相关工作、全市2020年度居住证积分落户总量指标、调整全市征地区片综合地价标准、《杭州市创建高水平国家食品安全示范城市行动方案（审议稿）》、《关于促进快递产业高质量发展的若干意见（审议稿）》、疫情后就业保障和企业稳岗、市政府与吉利集团战略合作、杭州至宁波国家高速公路（杭绍甬高速）杭州至绍兴段工程PPP项目实施方案和评审等事项。

十三届市政府第五十九次常务会议于7月27日召开。研究讨论《杭州市全域“无废城市”建设工作方案（审议稿）》、《杭州市节水行动实施方案（审议稿）》、进一步严格财政支出管理、拟新增市本级政府投资前期计划项目、落实延长阶段性减免企业社保费实施期限政策等问题、2020年度行政奖励计划、《关于进一步做好小学生放学后校内托管服务工作的指导意见（审议稿）》、迪拜中国学校筹建工作、拟上市企业历史沿革确认工作等事项。

十三届市政府第六十次常务会议于8月20日召开。研究讨论第二轮中央生态环境保护督察迎检准备工作、全市安全生产及道路交通安全、《杭州市全民安全素养提升三年行动计划（2020—2022年）（审议稿）》、全市家政服务业提质扩容“领跑者”行动《工作方案（审议稿）》和《若干政策意见（审议稿）》、市区天然气销售价格调整、2020年全市未成年人思想道德建设工作、2020年第一批政府重大投资项目执行情况和第二批政府重大投资项目计划、第十六届“振兴杯”全国青年职业技能大赛学生组决赛经费预算、杭州西力智能科技股份有限公司历史沿革确认、《杭州桐庐无规定马属动物疫病区管理办法（草案）》等事项。

十三届市政府第六十一次常务会议于9月1日召开。研究讨论市本级学校教师工资待遇、中法航空大学筹建启动资金等事项。

十三届市政府第六十二次常务会议于9月7日召开。研究讨论《杭州市知识产权保护行动计划（2020—2022年）（审议稿）》、《杭州市支持历史经典产业保护传承创新发展的若干意见（审议稿）》、市社会治理综合服务中心项目追加预算、给予张雪领等6人行政奖励等事项。

十三届市政府第六十三次常务会议于9月24日召开。研究讨论修改《杭州市限制活禽交易管理办法》、杭州市开发区（园区）整合提升方案、修订《杭州市居住证积分管理办法》和《杭州市居住证积分落户实施细则》、杭州市工程渣土消纳市场信息价、全市危化品运输安全整治和普速铁路沿线外部环境安全隐患综合治理工作、第四届"杭州工匠"人员认定、动用社保风险准备金补助部分社保基金、实施《杭州市居家养老条例》基本情况及下步打算等事项。

十三届市政府第六十四次常务会议于10月12日召开。研究讨论《关于推进轨道交通可持续高质量发展的实施意见（审议稿）》《杭州市重大项目建设专项资金筹措方案（审议稿）》《杭州市农村乱占耕地建房问题专项整治三年行动实施意见（审议稿）》等事项。

十三届市政府第六十五次常务会议于10月19日召开。研究讨论前三季度经济运行情况、修订《杭州市物业管理条例》、《关于调整杭州市区征收集体土地地上附着物和青苗补偿标准的通知（审议稿）》、《关于公布2020—2022年杭州市区国有土地上房屋征收临时安置费和搬迁费标准的通知（审议稿）》、《加强耕地保护和改进占补平衡的若干措施（审议稿）》及城市大脑警务操作系统V3.0立项和经费保障等事项。

十三届市政府第六十六次常务会议于10月26日召开。研究讨论《杭州市轨道交通线网规划（2021—2035年）（审议稿）》、《杭州市公共场所自动体外除颤器管理办法（审议稿）》、三江汇建设管理体制及项目推进有关工作、杭州宏华数码科技股份有限公司历史沿革等事项。

十三届市政府第六十七次常务会议于11月16日召开。研究讨论《杭州都市圈发展规划（2020—2035年）（审议稿）》《关于推进工业用地市场化配置的通知（试行）（审议稿）》《关于开展企业以工代训补贴工作的通知（审议稿）》《杭州市消防救援队伍职业保障办法（试行）（审议稿）》等事项。

十三届市政府第六十八次常务会议于12月9日召开。研究讨论《杭州市淳安特别生态功能区条例（草案）》、《关于完善科技体制机制健全科技服务体系的若干意见（审议稿）》、《关于深入推进公共交通优先发展的实施意见（审议稿）》、《杭州市基本医疗保障办法》修订、《杭州市商业补充医疗保险实施方案（审议稿）》及提请审议设立"杭州市民日"议案、西泠印社孤山保护提升工程项目、增加"鲲鹏计划"奖励资金预算等事项。

十三届市政府第六十九次常务会议于12月15日召开。内容涉密。

十三届市政府第七十次常务会议于12月28日召开。研究讨论《杭州市老旧小区住宅加装电梯管理办法》、《杭州市居住证积分管理办法》、《杭州市居住证积分落户实施细则（修订）》、拟新增及调整2020年度市本级政府投资前期项目、2020年市本级预算、杭州广大电力工程有限公司行政赔偿案件、促进3岁以下婴幼儿照护服务健康发展、《杭州市基本医疗保障办法》修订城乡居民医保个人缴费标准、《杭州市市场监督管理行政处罚程序规定（修订）》、2020年粮食安全市长责任制落实情况等事项。（王　阳）

政务公开

【政府信息主动公开】 2020年，杭州市坚持目标导向、结果导向、问题导向、应用导向，践行人民至上理念，推动全市政务公开工作由一般公开向品质公开转变、由分散公开向便民公开转变、由粗放公开向精准公开转变、由单向公开向互动公开转变。全年公开政府规章18件、行政规范性文件523件、行政许可189.31万件、其他对外管理服务事项2699.62万件、行政处罚234.88万件、行政强制5.69万件，行政事业性收费项目725项。《杭州市人民政府公报》出刊12期，全年投放20万余份。在2020年浙江省政务公开指数报告和政务公开第三方评估报告中，杭州市均列全省第一位。

2020年杭州市主动公开政府信息情况表

表6

第二十条第（一）项			
信息内容	本年新制作数量（件）	本年新公开数量（件）	对外公开总数量（件）
规章	18	18	128
规范性文件	523	523	4233
第二十条第（五）项			
信息内容	上一年项目数量（件）	本年增/减（件）	处理决定数量（件）
行政许可	9270	-53	1893117
其他对外管理服务事项	8748	+755	26996161
第二十条第（六）项			
信息内容	上年项目数量（件）	2019年增/减（件）	处理决定数量（件）
行政处罚	29742	+1394	2348849
行政强制	1538	-34	56858
第二十条第（八）项			
信息内容	上一年项目数量（件）	本年增/减（件）	
行政事业性收费	725	+23	
第二十条第（九）项			
信息内容	采购项目数量（件）	采购总金额（亿元）	
政府集中采购	29049	37.01	

【政府信息依申请公开】 2020年，全市各级行政机关共受理政府信息公开申请件7104件，比上年减少4.5%；受理的申请件已按规定在法定期限内予以答复。因政府信息公开引起的行政复议和行政诉讼332件，复议诉讼率7.4%，比上年减少5.3个百分点。（市政府办公厅）

政务督查

【概况】 2020年，杭州市政府办公厅围绕中心、服务大局，扎实贯彻落实

2020年杭州市收到和处理政府信息公开申请情况表

表7 **单位：件**

项目			申请人情况						
			自然人	法人或其他组织					总计
				商业企业	科研机构	社会公益组织	法律服务机构	其他	
一、2020年新收政府信息公开申请数量			6200	291	2	41	107	36	6677
二、上年结转政府信息公开申请数量			419	6	0	0	0	2	427
三、本年度办理结果	（一）予以公开		2593	166	1	36	4	21	2821
	（二）部分公开（区分处理的，只计这一情形，不计其他情形）		482	16	0	1	0	2	501
	（三）不予公开	1. 属于国家秘密	5	0	0	0	0	0	5
		2. 其他法律行政法规禁止公开	58	0	0	0	0	0	58
		3. 危及“三安全一稳定”	4	0	0	0	0	0	4
		4. 保护第三方合法权益	31	0	0	0	0	0	31
		5. 属于三类内部事务信息	88	0	0	0	0	0	88
		6. 属于四类过程性信息	132	7	0	0	1	0	140
		7. 属于行政执法案卷	109	1	0	0	0	0	110
		8. 属于行政查询事项	95	4	0	0	0	0	99
	（四）无法提供	1. 本机关不掌握相关政府信息	1904	82	1	2	90	3	2082
		2. 没有现成信息需要另行制作	71	2	0	0	0	0	73
		3. 补正后申请内容仍不明确	93	0	0	0	0	2	95
	（五）不予处理	1. 信访举报投诉类申请	94	1	0	0	12	0	107
		2. 重复申请	49	2	0	0	0	0	51
		3. 要求提供公开出版物	0	0	0	0	0	0	0
		4. 无正当理由大量反复申请	4	0	0	0	0	0	4
		5. 要求行政机关确认或重新出具已获取信息	6	0	0	0	0	0	6
	（六）其他处理		538	8	0	2	0	10	558
	（七）总计		6356	289	2	41	107	38	6833
四、结转下年度继续办理			263	8	0	0	0	0	271

说明：表中数据的钩稽关系为第一项加第二项之和等于第三项加第四项之和

市委、市政府重大决策部署，高质量完成政府督查各项工作任务。全年办理省委、省政府领导批示585件、市长批示1511件，编辑《批示反馈》63期，形成《市政府主要领导交办事项督办工作制度》《市政府主要领导批示件办理工作规范》，实现领导批示交办和办理两个“100%”，批示办理平均办结天数10天。

【重点工作督查】2020年，杭州市政府办公厅分解细化《政府工作报告》重点工作，印发《2020年政府工作报告重点工作责任分解》和《2020年市政府重点工作任务清单》，以分条线按季汇总编印《重点工作完成情况季度汇总表》，及时将各位市领导分管工作进展情况进行梳理晾晒。针对西湖会所整治、西湖龙井茶品牌综合保护、城市大脑建设、疫情防控、复工复产、城市环境整治百日攻坚等开展专项督查，编辑《督查专报》23期。充分运用“四不两直”（不发通知、不打招呼、不听汇报、不用陪同和接待，直奔基层、直插现场）、暗访回访、体验式等督查方法，并在半年度综合督查中对建筑工地施工进度联合市建委实施“云督查”；对“亲清在线”惠企政策兑现情况联合市审计局首次实施“大数据督查”；积极联动国务院“互联网+督查”和省政府“智慧督查”平台，推进数字督查建设。积极做好国务院第七次大督查各项迎检工作，认真做好发现问题整改，“依托城市大脑”提升政府数字治理能力项目获国务院第七次大督查通报表扬；《人民日报》、新华社等媒体关注杭州经验，10月23日，新华社刊发《当城市会“思考”——杭州聚力打造“数字治理第一城”观察》专题报道，对杭州市城市大脑、“亲清在线”、企业智造等工作成效及全市数字经济良好发展态势做专题解读。

【民生实事项目推进】2020年，杭州市政府办公厅牵头制定《年度民生福祉行动专项考核办法》，创新性推出“民生实事项目红黄黑榜”亮晒，以及通过坚持“区域全覆盖、项目全覆盖”原则开展省市民生实事交叉督查、组织全市民生实事比学赶超活动等，营造竞相追赶、比学赶超的浓厚氛围。市政府民生实事总体进展顺利，10件实事14子项已全面完成。

（市政府督查室）

建议提案办理

【概况】2020年，杭州市人民政府办公厅加强对人大建议和政协提案办理工作的目标和质量管理，准确分办、及时交办、全程督办、跟踪落实；加强沟通协调，畅通与市人大和市政协的沟通联系渠道，自觉接受人大法律监督和政协民主监督。全年办理全国人大代表建议和政协提案2件、省级32件、市“两会”建议提案919件（人大代表建议398件，政协提案521件），当年全部办结，办结率、面商率、上网率均为100%，满意率为99.7%。

【建议提案办理成效明显】2020年，杭州市人民政府办公厅强化建议提案办理落实力度，高质量完成12件市领导领衔的重点建议提案办理，建议提案办理层次和实效持续提升。11月，市政府办公厅会同市人大人事代表工委、市政协提案办专门举办全市建议提案办理工作培训班，帮助各承办单位树立“抓办理就是讲政治、就是促工作、就是惠民生、就是转作风”意识，为提高办理实效奠定良好的制度基础，提升办理工作能力和效率。

【建议提案办理推进会议】2020年5月15日，市人大、市政府、市政协召开建议提案交办会。会议强调，办理建议要积极回应社会关切、突出办理重点、学会统筹考虑，各承办部门将办理过程作为密切联系群众、推进依法行政、自觉接受监督，凝聚共识、汇聚众智，提高公共决策水平的重要途径，以扎实的工作作风和强有力的工作措施办理好代表建议。会后，下发《关于认真贯彻市“两会”建议提案交办会精神做好办理工作的通知》，确保建议、提案办理“件件有着落”。

（市政府办公厅）

数据资源管理

【概况】2020年，市数据资源管理局贯彻落实市委、市政府关于深入推进智慧城市建设的系列部署，打造“整体智治、唯实惟先”的现代政府，创建“全国数字治理第一城”，城市大脑建设、政府数字化转型、数据资源基础设施建设取得实质性进展，发挥数字化治理在助推杭州经济社会发展中的作用。

城市大脑加速迭代升级。城市大脑建设理论体系快速完善，坚持“五位一体”（覆盖经济、政治、文化、社会、生态五大领域，成为城市数字化的核心引擎）总体布局，聚焦实现“全域感知、深度思考、快速行动、知冷知暖、确保安全”五大功能，确立“一脑治全城、两端同赋能”顶层设计，秉持全周期管理、平战结合、便民惠企、撬动变革、安全高效五大理念，做强“一整两通三同直达”（全面汇总整合全市各级各部门及社会的海量数据，推动系统互通、数据互通，促进数据协同、业务协同、政企协同，打造民生、惠企、基层治理直达）中枢系统。城市大脑建设组织体系迅速健全，建立“1+6”组织体系［市领导小组顶层设计，市指挥部实体推进，各区县（市）及相关部门组成工作专班，总架构师王坚院士、云栖工程院、研究院技术支撑，城市大脑公司携手产业协同创新基地拓展城市数字化产业］。城市大脑建设工作机制务实高效，实行周例会、现场会、季度发布会和现场督察、挂牌督办、指挥长约谈制、“赛马榜”、工作晾晒、场景上线、评价及退出等机制。城市大脑建设标准体系加快建立，发布《个人健康信息码》系列国家标准和《社会治理要素统一地址规范》，编制数据资源管理系列标准，为全国新型智慧城市建设提供“杭州标准”。城市大脑建设成果丰富，全面建设128个场景，数字治理基础不断夯实，提质增效降成本效果明显。城市大脑建设安全保障有力，以“安全能力服务化，安全服务集约化”为原则，建构城市大脑安全防护体系，发布全生命周期、公共数据全生命周期、项目全生命周期、云资源全生命周期、数据安全全生命周期5份报告，从“防”和“救”为主的“被动运维”转变为“管”和“控”为主的“安全运营”。城市大脑赋能数字经济实现新发展，城市大脑催生出大量颠覆性的新模式、新业态，包括在线诊疗、在线教育、生鲜电商零售、“无接触”配送等，2020年数字经济核心产业增加值4290亿元，增长13.3%，高于地区生产总值增速9.4个百分点。城市大脑创新理念和运行模式广泛传播，“大道至简”“流程再造”“制度重塑”“一脑治城、两端赋能”等首创在国内外传播，吉林、长春等30多个城市复制应用“杭州模式”，杭州城市大脑指挥部同阿拉伯联合酋长国、中国澳门等有关机构多次举行线上、线下的数字赋能城市治理交流活动，接待全国各地党政代表团1499批、3.1万人。

政府数字化转型深入推进。完善“数转工作督察考核系统”，实现84项工作任务和41个考核指标的线上填报、更新、统计、通报。推行实施政务服务2.0，全市通过2.0系统办结18.19万件。优化“一件事”联办平台，通过“一窗受理”平台已实现61个“一件事”联办，办件50多万件。统筹推进省行政执法监管平台深化应用和国家“互联网+监管”试点。规范政务App管理，切实减轻基层负担，深化机关“内跑”2.0，打造全市机关“内跑”数据驾驶舱。

数据资源基础设施日益完善。持续优化“13N3”数据资源管理体系（1个市大数据资源中心；数据交换、共享和开放3个平台；统一地址库、可信电子证照基础库、办事材料共享库、人口基础库、法人基础库、征信库等N个基础库；标准、安全、运维3个支撑体系），编制数据目录6752条，汇聚数据1538.75亿条，比上年增加371亿条，增长32.2%；共享平台累计发布数据接口1668个，调用45.55亿次，比上年增加37.71亿次。加强疫情防控重要数据保护，开展政务信息系统网络安全专项整治。完成全市统一数据安全管控平台基本功能建设。加强数据开放工作，数林指数有较大幅度提升。创新搭建全市一体的数据安全管控平台，实现31个市级部门和15个区县（市）及管委会数据资产风险管理、数据全生命周期安全防护、数据安全实时感知，实现54个大数据分析处理应用，提前感知处置高危端口、弱口令、高危漏洞。

【杭州城市大脑指挥部、城市大脑研究院成立】2020年4月30日，在全市深化城市大脑建设暨平安杭州工作推进大会上，宣布并授牌成立杭州城市大脑指挥部、城市大脑研究院。城市大脑指挥部承担统筹城市大脑建设的各项职责，组织编制城市大脑建设总体规划、行动计划，做好指导、协调、推进、督查、宣传和考核等各项工作。城市大脑研究院承担城市大脑相关研究职责，包括城市大脑顶层设计、政策规划、学科建设、城市数字治理理论等领域探索与研究，组建相关实验室开展前沿技术探索、为全市培养城市大脑建设与管理人才等工作。

【城市大脑应用场景创新拓展】2020年，市数据资源管理局创新“杭州健康码”亮码通行、无感验码和健康服务3种“打开”方式，发码近3300万个、服务近50亿次，“一码就医”应用服务1800万人次。“亲清在线”“惠企直达”兑付76亿元、服务27万个企业。“民生直达”兑付资金超3亿元，受益81万人次；全市建成390个数字驾驶舱。“防汛防台应急联动”等12个重点场景全面上线，“易租房”等10个场景持续推进，“30秒入住”等十大重点攻坚成效明显。“舒心就医”“便捷泊车”“欢快旅游”“畅快出行”成为标杆应用场景。“舒心就医”“先看病后付费”场景，实现302个医疗机构100%接入，服务6300多万人次，履约金额超20亿元。“便捷泊车”“先离场后付费”接入近4600个场库、服务2200万人次。“欢快旅游”“30秒入住”场景，覆盖酒店613家、服务642万人次，“20秒入园”场景覆盖景点(文化场馆)200多个、服务1800多万人次。“畅快出行”打通150个拥堵路口，延误指数从2.23下降至1.98。经过多年治理，杭州拥堵排名从2014年全国第2位下降到2020年的第31位；数据“三服务”，推动市一医院、浙大一院、浙大二院等16个医院周边治理；湖滨、武林、东新、龙湖天街等叠加“先离场后付费”等多场景，打造商圈治理示范案例；西湖龙井村以P+B模式串联停车场、沿线景点，以公交站准点解决路边拥堵、还景于民；西湖风景名胜区内停车，首推“去杆”行动，打造“数字治理第一站”。

【移动赋能集成服务】2020年，市数据资源管理局深化落实政务服务2.0应用，市本级上线事项1460个，区县（市）上线事项1.54万个；深化落实“一件事”联办，主题集成套餐4295个，特色服务198个，场景服务63项；深化落实党群部门上线，32个党群及社团组织进驻浙江政务服务网，入驻单位累计83个；深化落实办事指南规范化，市本级办事指南准确度合格率99.7%，15个区县（市）及管委会办事指南准确度合格率98.9%。（朱文阳）

应急管理

【概况】2020年，杭州市围绕构建“大应急、大安全、大减灾”工作体系，以创建国家安全发展示范城市为引领，防大控小保安全，全面推动各项工作落实。全市发生各类生产安全事故171起，比上年下降25.3%，死亡136人，比上年下降28.4%。其中：工矿商贸领域发生事故38起、死亡32人，分别上升2.7%、6.7%；道路运输发生事故132起、死亡103人，分别下降31.2%、35.6%；水上运输发生事故1起、死亡1人，增加1起、增加1人；渔业船舶未发生人员伤亡事故。发生较大以上生产安全事故1起：天子岭循环经济产业园“1·14”厌氧罐较大爆炸事故，死亡3人。全市亿元地区生产总值安全事故死亡率0.0088（按2019年统计数15373亿元），下降39.3%。自然灾害领域未发生人员伤亡事故。全市安全生产和自然灾害领域管理工作总体平稳。

【应急管理基层基础建设强化】2020年，杭州市开展综合减灾示范社区创建工作，成功创建8个国家级、10个省级综合减灾示范社区。完成328个避灾安置场所规范化建设。10月26日，市第一次自然灾害综合风险普查领导小组办公室印发《杭州市第一次自然灾害综合风险普查工作方案》，临安区作为国家级试点地区开展普查工作。推进安全生产责任保险工作，开展2020—2022年度杭州市安全生产责任保险共保体成员单位比选，至年末，有参保单位4522个，保额1217亿元。推动企业安全生产标准化提质增效，全市累计三级达标4905个，小微企业达标3298个。

推进应急管理领域“最多跑一次改革”，审批许可事项416件，事项承诺时限压缩比96.5%，跑零次率100%，即办率81.8%。开展特种作业人员安全码赋码工作，全市申领有效特种作业安全码11.5万人，领码人数居全省第一位，领码率96%。

【国家安全发展示范城市创建】2020年，杭州市围绕《国家安全发展示范城市评价细则（2019版）》，逐条梳理并细化创建任务分工，成立专班推进工作落实。针对城市工业风险、人员密集场所、城市公共设施和自然灾害四大类风险评价单元共40个行业领域，完成城市安全风险评估，形成《杭州市城市安全风险评估报告》。汇集应急管理、建设、地铁、交通、消防、城管等部门数据，开发城市风险一张图，绘制安全风险四色图。市安委会印发《关于进一步建立健全重大风险联防联控机制的实施意见》，全面落实重大风险联防联控机制，坚决防范遏制各类事故。按照《国家安全发展示范城市评价与管理办法》要求，完成杭州市城市安全状况自评报告。8月7日，在国务院安委办召开的国家安全发展示范城市创建工作第二次视频推进会上，播放杭州市创建安全发展示范城市宣传片，市领导就杭州市经验做法做交流发言。

【应急数字化建设】2020年，杭州市依托城市大脑建设“全域覆盖、分级汇聚、纵向联通、统一管控”的数字应急管理体系，推动实现应急管理底数清、风险清、动态清，能监测、能预警、能处置。杭州市应急大数据应用平台建设获评2020年浙江省软件行业十佳项目。防汛防台应急联动场景接入视频监控10万余路、水雨情监测站点1470个、物资储备库431个、物资装备10万套、避难场所2547个、应急救援队伍633支、山洪灾害危险区1905个、地质危险区872个、城市内涝点96个。10月23日，2020政府信息化大会在北京召开，杭州市应急管理局凭借开发建设的防汛防台应急联动场景获2020公共安全与应急管理信息化卓越成就奖。危化品事故防控“看得见”场景将全市111个危化生产企业、2818个危化经营企业、6713个危化使用企业、25个危废企业、106个危化运输企业纳入安全管理，对全市68个企业、147个重大危险源生产装置、仓库、储罐实时监控、视频捕捉和智能分析，利用风险评估算法模型，实现区域风险四色评估。5月29日，危化品事故防控“看得见”场景在全国“安全生产月”活动启动仪式上进行展示。杭州市推进应急数字化建设工作获应急管理部有关领导批示肯定。

【疫情防控和企业复工复产安全风险防范】2020年，面对新冠肺炎疫情，杭州市全力做好疫情防控期间安全风险防范工作。组织公安、消防、卫生健康、应急管理等部门对全市医疗救治定点医院、集中隔离观察点、医护人员集中住宿场所等防疫重点场所开展“3天1轮”检查服务。吸取福建省泉州市欣佳酒店“3·7”坍塌事故教训，组织开展防疫集中隔离点、定点救治医院、危旧房屋、拟启用隔离点4类重点场所专项排查，落实动态跟踪管理。全市出动540人次，排查已启用集中隔离点163处（实际在用117处）、定点救治医院8个，整改消防隐患52处。

推进企业复工复产安全生产。制定杭州市企业复工复产安全生产八条措施，推行企业安全生产承诺公告制度，推动企业安全生产主体责任落实。开展企业复工复产安全检查，共服务企业8.7万个（次），发现并整改各类安全隐患和问题2.74万处。发挥安全生产责任保险共保体作用，推出扩大保障范围、免费延长保险期限等惠企政策，全市通过安全生产责任保险共保体出动专家650人次，服务企业2212个，消除隐患1299处。推出企业复工复产免费在线安全培训服务，在线培训20万人次，发送复工安全提示短信100万条。

【危化矿山烟花爆竹领域安全生产监管】2020年，杭州市推进危险化学品安全生产监管。开展工贸行业危险化学品使用企业安全检查指导7963个（次）。建立应急管理、消防部门联合检查制度，成立市级专项检查督导组开展重大危险源专项检查督导行动，对全市50个危险化学品重大危险源单位实现全覆盖检查。开展危化企业高压管道联合执法检查。推进企业危险废物安全风险隐患、环保设施安全风险隐患、企业生产安全、环境安全风险隐患等排查整治。开展钱塘新区国家危化品重点县、建德市省级危化品重点县专家指导服务，帮扶12个企业查改一般隐患874项、重大隐患7项。以点带面做好化工园区风险评估管控和隐患排查治理。

推进尾矿库安全风险防范化解。10月10日，市应急管理局、市发改委、市经信局、市财政局、市规划和自然资源局、市生态环境局、市林水局、市气象局8个部门联合印发《杭州市防范化解尾矿库安全风险工作方案》，全市7个尾矿库实现安全隐患治理、包保责任清单公告、管控措施、应急预案4个100%全覆盖。开展高陡边坡露天矿山等重点矿山专家会诊，约谈问题突出矿山实际控制人，落实事故防范措施。推动矿山企业执法监管，开展节假日、停工复产等重要节点安全执法抽查，落实问题隐患整改“回头看”。全市共执法检查矿山企业181个（次），处罚13个，罚款18.3万元；责令停产停业整顿1个。

全面落实《杭州市禁止销售燃放烟花爆竹管理规定》，严厉查处违法违规生产、经营、销售、存储、运输烟花爆竹等行为。加强燃放监管，依法查处在禁放区燃放烟花爆竹行为。春节期间，全市检查各类烟花爆竹批发经营单位510个，查处无证销售单位2个，查获非法烟花爆竹4574箱，实施行政处罚78次。

【安全生产隐患整治】2020年，杭州市深化“60日隐患暗访督办整改闭环机制”，加大隐患曝光力度，推行限时整改、挂牌督办机制，定期开展专项督查及验收，及时通报问题。至年末，市本级开展14期隐患整改督办会议，曝光隐患1723处，完成整改验收1723处；区县（市）开展243期，曝光隐患1.77万处，完成整改验收1.73万处；市、区两级投入整改资金2.7亿元，立案182起，行政处罚192.70万元。紧盯省、市隐患挂牌督办，省级挂牌道路隐患多发点段隐患15处，省级挂牌工矿商贸隐患2个、市级15个全部完成整改。

【安全生产综合治理三年行动稳步开展】2020年6月30日，杭州市安委会印发《杭州市第二轮安全生产综合治理三年行动计划》，紧盯九大重点领域，细化任务777项，健全工作机制，专班推进工作落实。危险化学品和矿山领域，推进全市重大危险源企业完成自动化控制系统安装，危险货物运输车辆智能视频监控报警装置安装率达100%。加工制造类小微企业安全领域，开展企业安全风险管控体系建设，排摸加工制造类小微企业2.39万个，其中开展社会化服务2.19万个。消防领域，组织全市消防救援机构检查单位1.30万个。道路交通运输领域，加强危货运输车辆、电动自行车、工程车等重点车辆安全源头整治和运输安全治理。建设（轨道交通）工程施工领域，完成亚运会场馆及轨道交通建设工程安全生产集中整治行动。工业园区等功能区，推进整合提升工作，制定《杭州市小微企业园绩效评价实施细则（试行）》。危险废物领域，开展环境安全大排查大整治，启动杭州市全域“无废城市”建设。特种设备领域，建立杭州市重点特种设备清单，检查特种设备3.65万台（次）。城市运行领域，建设智慧市政管理系统，加强市政设施、燃气设施等安全治理。

【安全生产监督执法】2020年，市应急管理局规范执法工作，推动行政执法规程、执法公示、执法全过程记录、重大执法决定法制审查制度、行政执法规范用语指引落实。在余杭区试点“下沉式”“派单式”执法机制，并结合工伤事故、企业红码等提升执法智慧化水平。引入律师事务所开展第三方案卷评查。全市应急管理系统共检查企业7342个（次）；实施行政处罚3138次、罚款6237.21万元，分别比上年增长30%、14%，其中，非事故罚款5653.84万元，增长29%。非事故处罚占比率90.7%、罚款缴纳率100%、检查处罚率42.7%。推进违法案例宣传，编印两期《安全生产违法行为案例汇编》，在《浙江法制报》公开曝光违法企业；联合网易新闻客户端开展2期“执法直播”节目，观看量153万人次。9月27—29日，首届杭州市安全生产执法比武在萧山区举行，区县（市）14支参赛队和1支观摩队通过现场安全生产隐患检查和法律文书制作两个项目的比武，评选出集体一、二、三等奖，个人前8名被授予“杭州市职工经济技术创新能手”称号。

【防汛抗台应急救援】2020年5月29日，杭州市入梅，遭遇持续长时间暴雨洪涝灾害侵袭，梅雨期50天，梅雨量815毫米。新安江水库超警戒水位，钱塘江流域防汛形势严峻，防御压力大。市防汛防台抗旱指挥部统筹调拨应急抢险队伍12支、人员536名、大型强排车7辆、麻袋36万只等物资支援灾区。7月7日13时，提升至Ⅰ级响应，发出各类预警信息2000万条，在7月8日9时新安江水库建成以后首次正式九孔泄洪之前，淳安县、建德市、桐庐县、富阳区连夜紧急转移人员6.06万人，实现应转尽转。全市共出动队伍514支、2.8万人次，巡堤查险12.5万次、发现并处置险情1216处、加固点位396个，开放2289个避灾安置场所救助灾民。下拨救灾资金1亿元用于困难群众生活和农业补助，帮助灾区群众尽快恢复正常生产生活。

【应急救援能力提升】2020年，市防汛防台抗旱指挥部对《杭州市防汛防台抗旱应急预案》部分内容做出调整，印发《关于进一步加强防汛防台工作的若干意见的通知》《杭州市人民政府防汛防台抗旱指挥部工作规则》《杭州市防汛防台应急工作指南》，进一步规范工作规程，明确部门职责分工。编制《杭州市防汛防台防控能力提升工作任务》，细化分解49项工作任务，督促林水、规划和自然资源、城管等部门同步实施。加快应急队伍建设，建立军地协调联动机制，新培育5支社会民间救援队伍。6月4日，杭州市2020年防汛防台应急综合演练在富阳区举行。8月15—16日，杭州市首届社会应急力量技能竞赛在富阳区举行。9月18—22日，浙江省公羊会公益救援促进会作为杭州市代表队在浙江省首届社会应急力量技能竞赛中获团体第三名。10月27日，2020年浙江省杭州市扑救森林火灾实战演练与竞赛在建德市举行。

【应急管理宣传教育】2020年，市应急管理局与杭州电视台综合频道合作建立应急电视发布专属通道。命名杭州移动电视为全市首个户外应急媒体。打造杭州市2020年“云上安全生产月”大型网络互动活动，举行各类直播活动953场，开展线上“公众开放日”活动2378场次，组织381场公众实地参观体验馆活动，推出钱江新城安全生产月主题灯光秀。印发《杭州市安全宣传“五进”工作实施方案》，开展安全宣传进企业、进农村、进社区、进学校、进家庭。推进全市71个应急（安全）体验场馆建设，体验人数达6万人次。创新建设肯德基应急（安全）主题餐厅。

全市有登记安全生产培训机构32个，其中特种作业考试点15个。全年特种作业和高危行业安全考试合格发证4.19万人，其中特种作业考试合格发证3.68万人、高危行业主要负责人和安全管理员考试合格发证0.51万人。一般性生产经营单位主要负责人和安全管理员考试合格发证1.80万人。印发《杭州市企业百万员工安全大培训实施方案》，完成线上线下培训21.20万人次。“杭州市安全生产培训云平台”网络培训学员2.67万人。（蒋梦捷）

消防管理

【各类火灾数下降31.06%】2020年，全市发生各类火灾1336起，比上年下降31.06%；死亡6人，比上年上升100%；伤8人，比上年下降70.37%；直接经济损失3932.93万元，比上年上升46.04%。未发生较大以上亡人火灾。全市消防救援队伍接处警1.54万起，出动车辆2.52万辆，出动指战员15.77万人次，其中火警出动7057起（占总数的45.7%）、抢险救援出动6185起（占总数的40.1%）、社会救助出动2201起（占总数的14.2%）。抢救疏散人员4770人，保护财产3365.47万元。成功处置“3·9”萧山区瓜沥鑫盛镜业有限公司火灾、“6·15”富阳区金毅宏顺汽车服务有限公司火灾、“6·13”温岭槽罐车爆炸、“11·9”衢州中天氟硅有限公司火灾及江西、安徽抗洪抢险救援跨区域增援任务。受理“96119”热线9870起，一天平均27起。

【全省首届“火焰蓝”全员岗位大练兵比武竞赛】2020年10月26—30日，浙江省消防救援总队在训练与战勤保障支队举办2020年全省消防救援队伍首届“火焰蓝”全员岗位大练兵比武竞赛，全省12个支队、536名指战员同场竞技。比武竞赛设置灭火救援、指挥中心、信息通信、专职队四大岗位，包含理论测试、体技能项目、班组操法、实战化考核4块内容。经过5天角逐，杭州市消防救援支队获团体总分第3名、灭火救援岗位第3名、政府专职队团体第2名。

【基础设施建设和器材装备保障】2020年，按照“建强中心站、建密小型站”要求，市消防救援支队推动在消防站“布点数量、功能定位”上进行转型升级，结合“十三五”规划及“一区一规划”，建成“1+X”“大站带小站，小站带一片”的消防队站体系。全市有各类基建项目26个，在建项目8个，建成使用项目4个，完成或启动项目前期14个。推动全市消防站体能训练馆改造，配齐训练器材器械。全市采购36辆消防车，采购进口器材652件（套），国产器材5类125种共2.4万件（套）。此外，投入400多万元用于采购3艘消防船艇和1164件（套）抗洪抢险装备。

【消防安全责任落实】2020年，市委、市政府主要领导对消防工作做出批示39次，带队检查消防工作21次。市消防救援支队常态化运行消防安全委员会实体化工作平台，落实“每月督促通报、定期会商、部门联动”机制，下发督办函68份。充分运用市政府重大安全隐患交办闭环机制，全市曝光消防领域隐患6期，对40个单位、187处隐患进行“闭环机制”督办整改，12个重大火灾隐患单位、3处火灾隐患集中区域被市政府挂牌督办，18起火灾涉及的24人、6个单位受到追责处罚。

【消防安全隐患治理】2020年，全市将消防安全工作纳入国家安全发展示范城市创建内容，推进生命通道、居住出租房、小微企业、冬春火灾防控等专项整治，高层建筑实现“二维码管理”。将住宅小区消防安全纳入市人大重要审议内容，完成2085个住宅小区消防安全综合治理试点建设和300个老旧小区消防设施改造等民生实事项目。消防安全监管工作不断规范，全市58个大型商业综合体全部实现消防安全达标创建，重点单位微型消防站的调度指挥系统联入率82.8%，社区微型消防站的联入率86.5%。全市下发行政处罚决定书2373份，临时查封单位387个，责令“三停”单位560个，罚款1454.69万元，拘留918人，通过各类媒体开展隐患曝光行动50次。

【消防执法改革推进】2020年，市消防救援支队探索将消防执法力量纳入地方综合执法队伍，在“生命通道”强制占用、公共场所物业服务企业未有效履行消防安全管理职责、住宅物业服务企业未有效履行维护保养消防设施职责等领域治理上，取得创新性成果。认真贯彻落实“放管服”改革决策部署，涉及消防的17个“最多跑一次”事项全部实现“跑零次”，“网上办”“掌上办”事项即办比例88.2%，承诺期限压缩比例89.3%。完善“双随机、一公开”（随机抽取检查对象、随机选派执法检查人员，检查结果向社会公开）工作模式，全年“双随机”模式占日常监督检查的43.6%，其中，跨部门“双随机”联合检查59次、检查单位218个。将“智慧消防”深度融入杭州城市大脑建设，全市消防远程监控、智能预警、电动车智能充电、智慧用电以及重点单位自主管理应用程序（App）等系统建设不断完善。

2020年4月，杭州消防救援支队工作人员在全市开展万家小区消防安全大巡讲活动

（市消防救援支队 供稿）

【消防宣传和培训】2020年，市消防救援支队结合“3·15”国际消费者权益保护日、“119消防安全宣传月”等活动，通过举办消防产品鉴别展示、假冒伪劣消防产品销毁等形式，普及消防产品常识，曝光制假、售假、用假消防产品违法行为。特别是在“3·15”消费者权益保护日期间，通过直播、短视频等多种媒体手段，采取实验、展示等多种形式，举办2020年浙江省暨杭州市“3·15”消防产品宣传日活动，并以直播互动向全市人民普及火灾防护常识，直播活动线上直播观看2457万人次，官方微博在浙江政务微博排行榜上居第六位，有40多个传统媒体做专访。全年，新闻稿被中央级媒体录用74条、省级媒体录用460条、市级媒体录用374条，联合各级媒体对全市808起灭火救援及社会救助等进行宣传报道。其中“4·25”拱墅高架汽车火灾救援——《45度教科书式让行》策划选题被《人民日报》、新华社、央视等媒体刊登或播发。

3月，市消防救援支队针对“两人两员”（企业消防安全管理人、责任人，企业重点岗位员工、普通员工）开展企业百万员工消防安全大培训工作。通过微信、微博以及抖音等平台，推出“企业消防安全每日一课”活动，向员工普及安全用火用电和火灾报警、扑救初起火灾、疏散逃生等消防安全常识。充分发挥街道消安办、社区等基层力量，分批组织“两人两员”到消防安全教育馆、消防站等消防固定宣传阵地参观学习，推进企业消防安全“四个能力”建设，全年培训员工34.75万人。4月，市消防救援支队在全市开展万家小区消防安全大巡讲活动，针对基层社区消防工作人员、社区居民、出租房业主承租人、鳏寡孤独等重点人群，分类实施消防安全培训；大巡讲活动实行“时段化”培训机制，即一个小区培训持续时间不少于3天，通过集中连续时间培训，拓宽社区人员覆盖面。全年培训27万余人。

【“消防蓝码”推出】2020年5月中旬，市消防救援支队在微信小程序“杭州消防便民服务”上推出了“消防蓝码”，普测全民消防安全常识知晓程度。“消防蓝码”内设“消防安全责任人、管理人，普通市民，出租屋房东，中小学生，企业员工”五类角色，实施差异化测试，分别设置8道可覆盖其日常工作生活中消防安全事项的核心试题，以试代训，提升各行业领域消防安全培训的覆盖率。“消防蓝码”每年可进行申领复训，作为企业已开展消防培训的凭证，以及日常消防站开放等消防宣传的运用手段。至年末，全市已有逾88万人申领“消防蓝码”。

【《杭州市消防救援队伍职业保障办法(试行)》印发】2020年11月27日,针对消防救援队伍职业风险高、牺牲奉献大和24小时驻勤备战等职业特点,杭州市人民政府办公厅印发《杭州市消防救援队伍职业保障办法(试行)》(简称《办法》)。《办法》结合全市经济社会发展实际和拥军优属传统,主要从"职业荣誉保障、社会优待保障、入职和退出优待保障、生活待遇保障、财政预算保障、组织和人才保障、法律责任"7个方面,明确相关政策的执行部门和办理渠道,确保全市消防救援队伍能够继续享受国家和社会给予的各项优待优抚政策,推动各项保障措施落地,发挥杭州市消防救援队伍的应急救援主力军和国家队作用。（高正达）

气象服务

【气象防灾减灾】2020年,市气象部门做好"超强"梅雨和流域性洪水气象服务保障工作,保障新安江水库史上首次九孔泄洪。市气象局研发城市大脑"气象数字驾驶舱"和暴雨气象风险预警"五色图",数字赋能"村自为战、镇自为战"的基层防汛防台体系。启动应急响应15次,响应39天。联合市委政法委推进气象预警信息一键直达基层网格。重点决策气象服务用户实现"钉钉"秒级送达和"DING一下"叫应服务。完善杭州市突发事件预警信息全媒体发布平台,新增126个手机App消息推送,新接入1035块公共场所显示屏。全年,发布各类预警信号963次,发送各类预警及决策服务短信116万余条(次)。市级标准《重大活动气象服务规范》颁布实施。

【智慧气象观测与服务】2020年,市气象局将气象观测设施建设纳入浙江省《多功能智慧灯杆技术标准》。率先开展微型气象观测站对比试验,沿高架道路布设32套。联合浙江工业大学研发基于"雪亮工程"的能见度智能识别算法并取得阶段性成果。初步完成中国气象局《基于图像识别技术的智能气象观测规范》标准预研究。研发城市大脑"气象数字驾驶舱"服务智慧防汛,为20多个部门提供数据服务。发布城市大脑"数字界面气象公众版"服务市民公众,搭载于城市大脑App首页和支付宝。探索推进余杭国家现代农业产业园智慧气象服务试点,建成34个茶叶监测站。以"+气象"理念开展市政交通、地铁轨道、重点工程和西湖游船大风风险预警等城市治理场景服务。

【气象服务乡村振兴】2020年,市气象局将民宿(农家乐)气象综合保险纳入市级农业政策性保险扩面应用,桐庐、临安、余杭3个试点区(县)民宿参保率54.6%。持续挖掘生态气候资源优势,浙江省气象局出台政策支持淳安特别生态功能区建设,淳安县、萧山区分别获评中国天然氧吧、国家级特色农产品生态气候适宜地。余杭区牵头省级枇杷气象服务联盟,开展全省首个枇杷采摘气象指数预报服务;萧山区完成省级现代化农业气象服务示范点建设;建德市编制苞茶种植精细化气候区划。完成桐庐分水江流域人影试验示范项目基建,在山核桃主产地临安等6地牵头建立跨省联合人影作业机制,全市开展人影作业30多次。推出"杭州天气"抖音号、快手号。建立气象媒体工作群,聘请10名气象服务监督员。制作气象科普微视频、服务短视频55个,获全国科普宣传奖项4项;联合举办全市科普职业技能竞赛,3人获市"职工经济技术创新能手"称号。

【气象现代化建设】2020年,市气象局实施《杭州市推进更高水平气象现代化实施方案(2019—2022年)》,建成钱塘新区、萧山、临安东部3部X波段天气雷达和2部L波段对流层风廓线雷达。推进临安西部综合探测基地建设。临安暴雨高发区行政村气象站全覆盖,全市区域自动站数据实现分钟级桌面显示。建成10个亚运场馆专项气象探测设施,完成淳安亚运分村气象台基建工程,启动2项预报预警技术研发。气象"十四五"规划被列入市政府专项规划目录,完成"十四五"气象事业发展规划咨询稿。科技成果市场化转化实现零突破,《多旋翼无人机垂直探测系统研制及成果转化》项目成果实现市场化转化和收益分配。联合杭州海康威视数字技术有限公司、航天新气象科技有限公司成功研制观测仪(天气现象、云、雪深)。建立县级研究型业务带头人培养机制。2个项目获浙江省气象科学和技术工作三等奖,发表科技论文22篇(其中核心期刊7篇)。

【气象助力平安建设】2020年,市气象局深化防雷安全监管,《杭州破解防雷检测行业监管困境的经验与启示》得到中国气象局主要领导批示肯定。在全省率先推出"防雷安全风险码",近800个防雷安全重点单位实现数字化监管。通过"掌上执法"平台开展防雷安全现场检查,掌上执法率99.8%。完成升放气球资质和升放活动2个执法事项划转的事权交接,桐庐试点推进20个气象执法事项划转。巩固气象证明改革,全市共提供气象资料查询报告3753件。年内,全市新增省级气象防灾减灾标准化村(社区)959个。

（麻碧华 黄 翊）

责任编辑　金利权

10 中国人民政治协商会议杭州市委员会

Hangzhou Committee of the Chinese People's Political Consultative Conference

综 述

【市政协组织机构】2020 年年末，杭州市有政协组织机构 14 个，即中国人民政治协商会议杭州市委员会（简称市政协）和 13 个区县（市）政协。各级政协委员 3446 人，其中市政协委员 505 人、区县（市）政协委员 2941 人。市十一届政协常务委员会组成人员 98 名，由主席 1 名、副主席 8 名、秘书长 1 名和常委 88 名组成。市十一届政协设有办公厅、研究室和提案委员会、委员工作委员会、经济委员会、农业和农村委员会、城市建设和人口资源环境委员会、教育科技卫生体育委员会、社会法制和民族宗教委员会、港澳台侨和外事委员会、文化文史和学习委员会 9 个专门委员会。

【政协工作坚持思想政治引领】2020 年，市政协发挥政协党组学习的引领作用，落实专委会学习座谈制度，举办专题讲座和求是讲堂，完善经常性、机制性理论学习制度体系。全年市政协理论学习中心组、党组会议、主席会议和常委会议组织专题学习 36 次，专委会分党组开展学习活动 38 次。启动委员读书活动，建立委员钉钉读书群，围绕学习《习近平谈治国理政（第三卷）》，组织委员分阶段进行专题学习，交流学习体会 165 篇、11 万字，跟帖发言 2250 人次。

学习贯彻中央和省委、市委政协工作会议精神走深走实。协助市委制定实施《关于落实中央和省市委政协工作会议主要任务分工方案》，开展贯彻落实会议精神情况的专项督查，推动 52 项主要任务的落实。学习贯彻全国地方政协工作经验交流会精神，召开区县（市）政协主席座谈会、全市政协主席学习会暨政协工作经验交流会，抓好加强和改进人民政协工作各项举措的实施，推动解决“两个薄弱”（基础工作薄弱、人员力量薄弱）问题，指导各地加强工作力量，进一步健全工作制度机制。全面落实统战部部长兼任政协党组副书记规定，全市 190 个乡镇（街道）明确党（工）委副书记负责联系政协工作。

【政协系统党的建设推进】2020 年，市政协贯彻新时代政协党的建设部署要求，着力构建“统一领导、双线运行、两级推动、互促共进”的党建工作推进机制。强化政协党组在政协工作中的领导核心作用，严格执行重大事项请示报告制度，修订市政协党组、机关党组工作规则，听取机关党建、专委会分党组年度工作汇报，组织市政协党员委员结合履职在政协专委会分党组过组织生活。召开区县（市）政协推进党建工作“两个全覆盖”（实现党的组织对党员委员的全覆盖、党的工作对政协委员的全覆盖）工作座谈会和党建工作交流会，支持区县（市）政协探索发挥党员委员作用的有效形式。巩固深化“不忘初心、牢记使命”主题教育成果，抓好问题整改，形成长效机制，落实中央和省委、市委部署，全力支持配合中央巡视组工作。（梁泽蕾）

市政协重要会议

【市政协成立 65 周年座谈会】2020 年 12 月 9 日，市政协成立 65 周年座谈会召开。市委主要领导出席会议并讲话。市政协主席潘家玮主持，市政协副主席张仲灿、汪小玫、叶鉴铭、陈永良、王立华、周智林等出席。座谈会上，市领导为市政协有影响力提案、最美政协委员颁奖，市政协老领导、理论研究专家学者、区县（市）政协主席、有影响力提案、最美政协委员代表做交流发言。

【市政协十一届四次会议】2020 年 4 月 24—27 日，市政协十一届四次会议举行。全体政协委员以高度的政治责任感和强烈的使命担当，聚焦统筹推进疫情防控和经济社会发展、高水平推进城市治理现代化、打造新时代全面展示中国特色社会主义制度优越性的重要窗口和推动新时代人民政协工作创新发展等内容，通过大会发言、联组会议、小组讨论、提案和社情民意等形式，建言资政，凝聚共识，取得重要成果。委员们听取并讨论代市长刘忻所做的政府工作报告，听取并讨论市中级人民法院工作报告、市人民检察院工作报告及其他报告。会议审议通过市政协主席潘家玮代表政协第十一届杭州市委员会常务委员会所做的工作报告，审议通过副主席叶鉴铭代表政协第十一

2020 年 4 月 24—27 日，中国人民政治协商会议第十一届杭州市委员会第四次会议召开　（市政协研究室 供稿）

届杭州市委员会常务委员会所做的提案工作情况报告，大会选举滕勇为市政协副主席，审议通过《关于设立杭州市民日，擦亮"幸福示范标杆城市"金名片》为全体会议建议案。收到大会发言材料 64 份，5 位委员做大会发言，其他大会发言材料以视频录播或书面发言的形式进行交流。收到以提案形式提出的意见建议 534 件，编印会议简报 52 期。

【市政协常务委员会会议】2020 年，政协第十一届杭州市委员会常务委员会召开 6 次会议，就有关问题进行协商。

4 月 17 日，市政协十一届十四次常委会会议召开。会议传达学习贯彻中共中央总书记习近平考察浙江、杭州时的重要讲话精神，协商审议市政协十一届四次会议有关事项。市政协主席潘家玮讲话，市政府副市长陈卫强通报全市新冠肺炎疫情防控工作情况，市政协副主席翁卫军、汪小玫、叶鉴铭、谢双成、陈永良、王立华、周智林、冯仁强等出席。

4 月 24 日，市政协十一届十五次常委会会议召开。会议审议通过政协第十一届杭州市委员会第四次会议大会选举办法（草案），审议通过有关人事事项，免去翁卫军市政协副主席职务，增补滕勇为市政协委员。市政协主席潘家玮主持会议，副主席翁卫军、汪小玫、叶鉴铭、谢双成、陈永良、王立华、周智林、冯仁强等出席。

4 月 26 日，市政协十一届十六次常委会会议召开。市政协主席潘家玮主持会议。市委常委、常务副市长戴建平到会听取对政府工作报告和政府工作的意见建议。市政协副主席翁卫军、汪小玫、叶鉴铭、谢双成、陈永良、王立华、周智林、冯仁强等出席。

8 月 13 日，市政协十一届十七次常委会会议召开。会议学习贯彻中共中央总书记习近平考察浙江、杭州时的重要讲话精神，学习贯彻省委、市委全会精神，围绕"高水平推进历史文化名城建设"协商建言。市长刘忻通报全市经济社会发展情况并讲话。市政协主席潘家玮主持并讲话。市委常委、宣传部部长戚哮虎，市政协副主席汪小玫、叶鉴铭、谢双成、陈永良、王立华、周智林、冯仁强等出席。市政协文化文史和学习委员会做主题发言，相关民主党派、区县（市）政协课题组代表发言，市园文局、市规划和自然资源局、杭州西湖风景名胜区管委会介绍相关情况，委员们围绕相关议题踊跃协商建言。会议通报市政协常委 2019 年度履职情况，审议通过有关人事事项，增补张仲灿为市政协委员。

10 月 28 日，市政协十一届十八次常委会会议召开。会议围绕杭州"十四五"发展思路协商建言。市委主要领导出席会议并讲话，市政协主席潘家玮主持并做会议总结。市政协副主席张仲灿、汪小玫、谢双成、陈永良、王立华、周智林、冯仁强、滕勇等出席。

12 月 31 日，市政协十一届十九次常委会会议召开。会议学习贯彻中共十九届五中全会精神，贯彻落实省委十四届八次全会和市委十二届十一次全会精神，协商审议市政协十一届五次会议有关事项，审议通过有关人事事项，免去汪小玫市政协副主席职务。市政协主席潘家玮讲话，副主席张仲灿、汪小玫、叶鉴铭、陈永良、王立华、周智林等出席。（梁泽蕾）

2020 年市政协十一届四次会议重点提案一览表

表 8

编号	提案者	案　由
359	民革市委会	关于加快未来城市实践，助力世界名城建设的建议
371	民革市委会	关于打造长三角“文化增长极”的建议
173	民盟市委会	关于完善基层社会治理协商民主体系的建议
176	民盟市委会	关于推进我市制造业标准研究，助推“新制造业计划”发展的建议
380	民建市委会	关于加快推进我市平台经济健康发展的若干建议
411	民建市委会	关于深化“菜篮子”建设，持续做好保供稳价工作的建议
328	民进市委会	关于加快我市区块链产业生态培育，为抢占区块链先发优势厚植土壤的建议
454	民进市委会	关于打造西湖龙坞“世界茶都公园”，培育杭州文旅康养增长极的建议
317	农工党市委会	关于抓住长三角一体化发展机遇，推进市属公立医院更高质量发展的建议
340	农工党市委会	关于提升重大疫情科学处置能力，健全杭州公共卫生应急管理体系的建议
391	致公党市委会	关于加强城市工程机械管控，推动大气治理再上台阶的建议
394	致公党市委会	关于发挥世界遗产群落联动效应，彰显历史文化名城魅力的建议
193	九三学社市委会	关于以未来社区为目标，完善我市老旧小区改造工作的建议
39	市工商联	关于建立统一的杭州市企业服务平台，帮助企业切实解决诉求的建议
41	市工商联	关于深化推进大学生创业的建议
396	工会界别小组	关于弘扬工匠精神，打响“名城工匠”品牌的建议
124	社会福利界别小组	关于进一步加强我市农村留守儿童关爱的建议
399	经济界别小组	关于全面开展“促消费、购杭品”系列活动的建议
109	妇联界别小组	关于将杭州打造成“儿童友好型城市”的建议
10	科技界别小组	关于加大对杭州头部创业企业保护和培育的建议
285	科协界别小组	关于倡导绿色亚运，加快一次性塑料污染治理的建议
207	医卫界别小组	关于推动构建完善 0~3 岁婴幼儿托育服务体系的建议
190	市政协九三学社界别小组委员工作站	关于推动我市乡村产业振兴的相关建议
262	市政协滨江联络组委员工作站	关于借力亚运打造 AI 示范区，整体推进杭州数字经济高效发展的建议
484	市政协桐庐联络组委员工作站	关于大力支持桐庐发展快递特色产业的建议
382	郭初民等委员	关于加强道路声屏障建设和管理的建议
182	曹国熊委员	关于鼓励创投基金机构参与合办科技企业孵化平台的建议
50	邵浙新委员	关于部分斑马线设置行人按键通行红绿灯的建议
464	葛继宏委员	关于推动全民公筷行动落地实施的建议
2	沈金华委员	关于切实加强杭州新生代农民工职业技能培训的建议
501	蔡祖明委员	关于推广“舌尖上的杭州品牌”，做强杭帮食品“安全名片”的建议
398	王曜君委员	关于以“评”促进教育治理体系和治理能力现代化的建议
209	苏挺委员	关于倡导快递使用可循环共享包装物的建议
88	王卫安等委员	关于进一步完善我市高层建筑幕墙安全管理的建议
165	沈培鸿委员	关于推进产业传承发展，打造杭州丝绸国际“金名片”的几点建议
476	朱雪峰委员	关于进一步加强杭州“社区微脑”建设的几点建议

协商议政

【概况】2020 年，市政协围绕中心、服务大局，发挥专门协商机构作用，助推高质量发展。全年围绕制定杭州市“十四五”规划、市域统筹发展、城市社区治理新模式、“两手硬、两战赢”、文化兴盛等重要议题，组织 2 次专题议政性常委会会议协商、4 次专题协商、7 次月度协商、9 次网络议政和远程协商。

《关于设立杭州市民日，擦亮“幸福示范标杆城市”金名片》作为市政协十一届四次会议全会建议案，得到市委、市人大常委会、市政府高度重视和社会广泛关注，市十三届人大常委会第三十二次会议全票表决通过关于设立“杭州市民日”的决定。市政协十一届四次会议确定重点提案 36 件，其中：各民主党派和工

2020 年 12 月 8 日，市政协城建委组织委员赴荷花塘未来社区、瓜山未来社区调研 （市政协城建委 供稿）

商联提交的 14 件，各界别小组提交的 7 件，区县联络组委员工作站提交的 2 件，政协委员提交的 13 件。市委、市政府领导领办政协重点提案 14 件。

【“十四五”规划制定专题议政】2020 年 10 月 28 日，市政协围绕杭州“十四五”发展思路，开展调研，召开专题议政性常委会会议协商建言，提出更加重视科技创新引领、加快宜居城市建设等 10 个方面、31 条建议，市委主要领导到会听取意见并肯定，市委督查室将协商建议逐条分解到有关部门办理。聚焦“十三五”规划实施，开展高水平全面建成小康社会补短板工作专项集体民主监督，查找 11 个方面短板和不足。开展大力培育科技型初创企业、加快发展新消费、推进制造业投资翻倍计划落实、深化国际会议目的地建设、加快新生代海归人才引进力度、发展现代种业等月度协商和对口协商，在加快动能转换、集聚创新要素、培育新增长点等方面提出建议。

【市域统筹发展协商调研】2020 年 7 月 28 日，市政协围绕湘湖和三江汇流区块发展开展专题协商会，就构建杭州城市空间新格局、打造未来城市新样本提出建议。持续监督助推淳安特别生态功能区建设，提出细化省、市、县三级投入共担机制等建议，推动落实支持淳安特别生态功能区建设的政策措施。组织委员和专家就提升杭州中心城市承载力、杭州行政区划优化调整调研论证和行政区划调整背景下的文化认同等开展调研，向市委报送研究报告。

【政协助推打造市域社会治理现代化标杆城市】2020 年 7 月 15 日，市政协围绕打造共建共治共享城市社区治理新模式召开专题协商会，提出充分发挥党建引领功能、厘清职责减负增能等建议。10 月 9 日，组织委员开展《杭州市物业管理条例》修订草案立法协商，举行市法检“两院”、市公安工作通报协商会。开展加快推进城市数字化转型、健全基层协商民主机制、未来社区建设民众满意度评估、互联网环境下知识产权司法保护等重点调研。深化全国政协调研基地建设，高质量完成全国政协交办的调研任务。

【政协助力“两手硬、两战赢”专题协商】2020 年，按照市委统一部署，全市两级政协组织和广大委员参与疫情防控、救治病人、捐款捐物、复工复产、纾困解难等工作。发挥政协优势特色，开展一线走访调研、网络协商建言等系列活动。市政协因时因势调整履职重点，围绕强化农村公共安全、完善市域突发公共卫生事件应急响应体系等 4 个专题开展市政协十一届四次会议联组讨论协商，召开“请你来协商·战疫情、促发展”网络专题协商会，紧扣加强全市疾控体系建设等 8 个方面重点工作开展委派民主监督小组监督，提出的许多建议得到市委、市政府重视和采纳。参加 G60 九城市政协协商论坛，就“深入推进长三角区域公共卫生安全一体化融合发展”建言献策。

【政协助力“文化兴盛”】2020 年 8 月 13 日，市政协围绕“高水平推进历史文化名城建设”，开展调研，召开专题议政性常委会会议协商建言，市委主要领导到会听取意见，会后市政府办公厅专门对政协协商建议做分解办理。11 月 14 日，举办由国内百位文史领域专家学者参加的“15 世纪以来长三角地区社会变迁与转型”文史论坛，编撰出版各类“三亲”史料和文史图书共 16 册、200 多万字。支持杭州茶文化研究会举办中华茶奥会等活动，推动“杭为茶都”建设。11 月 27 日，召开“请你来协商·合力打造严州古城至严子陵钓台沿江景区统一品牌”座谈会。 （梁泽蕾）

民主监督

【概况】2020 年，市政协注重发挥协商式监督特色优势，全市两级政协联动调研监督，发现问题提出建议。全年开展 5 项专项集体民主监督，并委派 8 个民主监督小组到 10 个市级职能部门开展工作监督。

聚焦“十三五”规划实施，开展“高水平全面建成小康社会补短板工作”专项集体民主监督，查找 11 个方面短板和不足。组织社会治理领域“最多跑一地”、城乡生活垃圾分类处理等专项集体民主监督，市和区县（市）两级政协联动履职。围绕推进农村饮用水达标提标行动、无障碍环境建设暨交通出行安全等开展民主监督，围绕深入推进美丽大花园建设、以亚运会为契机全面提升社会文明程度、深化老旧小区改造提升、加强西湖龙井茶品牌保护管理、提升基层治理“四平台”建设水平等开展专项（集体）民主监督，开展新一轮委派民主监督小组监督。紧扣加强全市疾控体系建设等 8 个方面重点工作开展委派民主监督小组监督，提出的意见建议得到市委、市政府重视和采纳。以专委会为基础、委派民主监督小组为载体，紧扣8个方面监督重点开展对口协商，打好协商监督组合拳。

【高水平全面建成小康社会补短板工作专项集体民主监督】2020年是高水平全面建成小康社会决胜之年。6月，市政协主席潘家玮，副主席汪小玫、叶鉴铭、谢双成、陈永良、王立华、周智林、冯仁强分别带队赴13个区县（市）开展高水平全面建成小康社会补短板专项集体民主监督，50多名两级政协委员参加。各监督组到农村、社区、企业、园区等走访，组织20次座谈交流，对照“十三五”规划实施情况和高水平全面建成小康社会目标，开展监督调研、资政建言，提出意见建议110条。

【社会治理领域“最多跑一地”专项集体民主监督】2020年8月中下旬，由市政协主席会议成员分工负责，组成8个调研监督组分赴10个区县（市）开展监督调研。100多名市、区县（市）两级政协委员参加了民主监督活动，实地考察区县（市）矛调中心和镇（街）矛调中心20处，召开监督调研座谈会12场，形成民主监督分报告13篇。

【城乡生活垃圾分类处理专项集体民主监督】2020年6—7月，在市政协党组和主席会议的领导下，市和区县（市）政协围绕展现“重要窗口”头雁风采要求，按照省、市生活垃圾治理攻坚大会部署，先后组织160个监督调研小组，到街道、村社、场所开展监督调研，边协商边监督，边建言边聚力，共同助推垃圾革命、助推建设全国垃圾分类示范城市。两级政协委员有2498人次参加监督，实地查看村社683个，查看垃圾收集运输站房1425个，发现并反映问题425个，提出意见建议357条。

【推进农村饮用水达标提标行动专项集体民主监督】2020年4月开始，市政协向市林水局委派民主监督小组，通过开展监督调研、分批次参与明察暗访、多层次座谈，以及召开对口协商会议等方式，收集群众意见，反馈情况和问题，帮助市、区县（市）两级部门在推进工作的过程中凝聚共识，助推项目实施。11月6日，市政协主席潘家玮带队，组织市、区两级部分政协委员，赴富阳区对农村饮用水达标提标行动实施情况开展专项民主监督活动，对问题整改和项目攻坚情况开展“回头看”。

【推进淳安特别生态功能区建设专项民主监督】2020年下半年，市政协开展“推进淳安特别生态功能区建设”专项民主监督。省政协主席葛慧君带领住浙全国政协委员对淳安县践行“绿水青山就是金山银山”理念、加强水源地保护工作进行专题考察调研，省政协副主席周国辉带领课题组到淳安县就健全生态补偿机制问题进行调研。市政协主席潘家玮、副主席陈永良带领市、县两级政协委员多次到淳安县监督调研、听取意见，市政协城建委组织委员走访相关部门、召开座谈会，听取市直单位意见。市、县两级政协委员先后有56人次参加，听取37个（次）部门、企业、村（社区）的意见建议。

【民主监督小组派驻市直部门】2020年5月18日，市政协召开第三轮委派民主监督小组工作会议，对推进新一轮委派民主监督小组工作进行部署。市政协主席潘家玮讲话。8个民主监督小组到市委政法委等10个单位开展工作监督，围绕加快发展新消费、制造业投资翻倍计划落实、杭州市疾控体系建设、社会治理“最多跑一地”等8个主题开展监督。

（梁泽蕾）

凝聚共识

【概况】2020年，市政协把牢中心环节，健全凝聚共识工作制度机制，开展走访联系界别群众工作，改进与港澳交流和对外交往工作方式，凝心聚力工作有新拓展。

健全凝聚共识工作制度机制。制定实施《关于加强和促进人民政协凝聚共识工作的实施意见》《关于深化“政协走亲”广泛凝心聚力的意见》，强化凝聚共识职能。落实每年集中走访民主党派、工商联及其成员和无党派人士制度，坚持年度履职重点任务主席会议成员一起分工领衔，优先安排大会发言，联合开展调研，为各民主党派、工商联和无党派人士履职建言搭建平台、创造条件。健全走访联系委员机制，制定党外委员谈心谈话制度，市政协领导带队走访委员366人次，与党外委员谈心交流218人次。建立委员讲堂制度，全年举办34次委员讲堂，1967人次委员和界别群众参与，宣传阐释党的政策，讲好政协故事，促进自我教育自我提高。

开展走访联系界别群众工作。支持委员通过定期走访、结对联系、委员活动日、线上民情互动等多种形式，面向界别群众凝聚和传播共识。建立走访少数民族界、宗教界代表人士制度，加强与宗教界政协委员和代表人士的交流，开展基层宗教团体建设调研，联合举办“宗教中国化”研讨会。持续帮扶桐庐莪山乡加快发展，联合发展“民族乡村振兴发展指数”调研，支持莪山创建“全国民族乡村振兴示范乡”。加强同党外知识分子、非公有制经济人士、新的社会阶层人士的联络联系。利用杭州政协新闻网、微信公众号等平台，发挥委员自带流量优势，广泛传播政协好声音。支持政协之友联谊会、企业家联谊会、文史研究会、公共外交协会、杭州中华文化促进会等社团开展团结联谊活动。

改进与港澳交流和交往工作方式。适应新冠肺炎疫情防控常态化形势，建立市政协香港委员工作站，为港区市政协委员搭建学习调研和远程协商平台，发挥香港、澳门杭州政协之友联谊会作用，支持委员和联谊会成员在涉港重大问题上发声，开展“撑国安法”系列活动。结合港澳委员履职周活动，举办第三届杭港澳发展论坛，就推进制造业和现代服务业融合发展进行研讨，促进交流合作。联合举办第六届杭州民营企业牵手“一带一路”国家对接交流会，会同上海合作组织秘书处指导举办“爱无疆·当代国际艺术名家作品邀请展”，讲好中国故事、杭州故事。

【市政协“战疫情、促发展”】2020年，市政协助推全市疫情防控、复工复产和经济社会发展，在“双线作战”中贡献政协的智慧和力量。市政协动员广大委员立足各自岗位，参与疫情防控、救治病人、捐款捐物、复工复产、纾解情绪等工作。编印《市政协疫情防控走访调查活动情况报告》96期，市委和市新冠肺炎疫情防控指挥部采纳委员意见建议225条。市政协和区县（市）政协委员分别捐款捐物6030多万元、1.11亿元。因时因势调整履职重点，探索疫情防控常态化形势下精准有效履职的方式和途径。聚焦“战疫情、促发展”重点难点问题，通过联组会议、专题协商、网络议政等形式协商建言，开展助推“六稳”“六保”“六送”服务基层和群众活动。

【市政协成立65周年庆祝活动】2020年，市政协组织庆祝杭州市政协成立65周年系列活动。开展“六个一”系列活动，召开庆祝市政协成立65周年座谈会，举办杭州市政协文史馆开馆仪式，评选表彰有影响力重要提案50件和杭州市“最美政协委员”13名，制作纪念市政协成立65周年专题片，开展“我和人民政协”主题征文等系列活动。回顾总结65年来人民政协事业在杭州市的生动实践，激发全市政协各参加单位、各级政协委员、政协机关干部的荣誉感、使命感、责任感。

【协商平台建设】2020年，市政协制定“请你来协商”平台建设工作意见，市和区县（市）政协按照“6+X”要求，全面开展“请你来协商”活动，各区县（市）政协聚焦党政要事、民生实事、社会难事，组织协商活动101场，党委政府主要领导参加33人次。注重开门协商，会场与现场、线上与线下结合，推动政协协商与基层协商相互衔接，增强协商的针对性和实效性。

【履职阵地拓展】2020年，市政协依托界别小组和区县（市）政协联络组建成40个委员工作站，推进界别工作与委员履职深度融合，加强界别活动经费保障。全年，委员工作站开展学习交流、协商监督等履职活动382次，参与委员3308人次。做好在杭州25个省政协委员会客厅的服务和指导工作。运用智慧履职平台组织委员全员培训，推进委员菜单式履职，开展委员“岗位建功、履职为民”活动，组织委员分批次列席常委会会议。制定委员履职量化考评细则等制度，实施政协常委提交书面履职报告、常委履职情况点评、委员界别述职工作。落实主席会议成员和专委会联系界别小组、委员工作站制度。

【政协求是讲堂和委员讲堂】2020年，市政协结合中央和省、市重要会议文件、重大决策部署以及市政协专题常委会会议等年度履职重点，组织7次求是讲堂和委员讲堂。传达学习全国“两会”精神，中共中央总书记习近平在统筹推进新冠肺炎疫情防控和经济社会发展工作部署会议上的重要讲话精神，中共中央总书记习近平在中央政治局常委会会议、决战决胜脱贫攻坚座谈会和在湖北省考察新冠肺炎疫情防控工作时的重要讲话精神，中共中央总书记习近平考察浙江、杭州时的重要讲话精神，中共中央总书记习近平关于重大疫情防控、推进国家治理体系和治理能力现代化等重要讲话精神；传达学习中共十九届五中全会精神，中共中央总书记习近平关于脱贫攻坚、全面小康等重要讲话精神；结合纪念杭州市政协成立65周年，学习中共中央总书记习近平关于加强和改进人民政协工作的重要思想，学习省委、市委全会精神，为委员知情明政提供助力。

（梁泽蕾）

文史研究

【概况】2020年，市政协依托杭州文史研究会，发挥自身特色优势，借助多方力量，做好学术交流、成果展示、传播普及文史研究工作，继续办好文史论坛、文史小讲堂和文史沙龙。编辑出版文史图书6部16册200多万字，发布2200多篇文史资讯。组织编辑出版《钱塘江海塘保护与申遗论文集》《南宋史和南宋都城临安研究论文集》等学术书籍，组织出版“杭州文史小丛书”（第五辑）10本，传播普及杭州历史文化。

【杭州市文史研究馆开馆】2020年12月11日，杭州市文史研究馆开馆。市长刘忻讲话，市政协主席潘家玮致辞，省文史研究馆馆长王永昌出席，市领导戚哮虎、缪承潮、陈国妹、张仲灿、叶鉴铭参加。杭州市文史研究馆总面积约3200平方米，展陈面积近1000平方米，设“中国历史进程中的杭州足迹”“全球文明交流中的杭州角色”“中华文明史上的杭州韵味”“人民政协专题”4个常设展厅，展示杭州优秀传统文化，对杭州城市发展及其历史文化做系统阐释和解读，并回顾杭州市政协65年的发展历程。杭州市文史研究馆装修展陈工程历时1年，完成建筑整体保养维护、硬件更新完善、室内展陈布置等项目。

【杭州文史论坛】2020年11月14日，2020年杭州文史论坛暨“15世纪以来长三角地区社会变迁与转型”学术研讨会召开。来自北京大学、中国人民大学、浙江大学、复旦大学、南京大学、南开大学、华东师范大学等高等院校，以及故宫博物院、上海社会科学院、浙江省社会科学院等研究机构的100多位专家学者，聚焦长三角地区历史文化，从经济、政治、社会、文化等方面开展交流研讨。

【杭州文史小讲堂】2020年，杭州文史小讲堂举办1期，中国人民大学历史学院教授孟宪实做题为《中国文化延续性》的学术报告。

【文史沙龙】2020年，结合“高水平推进历史文化名城建设”课题、杭州市文史研究馆建设等，组织相关领域专家学者举办3次文史沙龙，集思广益助推杭州文化建设。（梁泽蕾）

责任编辑　金利权

11

Hangzhou Commission for Discipline Inspection of CPC,Supervision Commission of Hangzhou

中国共产党杭州市纪律检查委员会杭州市监察委员会

综 述

【市纪委市监委机构】2020年，市纪委市监委机关设办公厅、组织部、宣传部、研究室（法规室）、党风政风监督室、信访室、案件监督管理室（追逃追赃室）、第一至第六监督检查室、第七至第九审查调查室、信息技术保障室、案件审理室、申诉复查室、纪检监察干部监督室等20个内设机构和机关党委。市纪委市监委设派驻（出）机构31个，其中综合派驻20个、单独派驻（出）7个、市属金融企业派驻机构2个、委托管理2个，经市纪委市监委授权，履行党的纪律检查和国家监察两项职责。市纪委市监委下属杭州市廉政教育中心、杭州市纪检监察网络中心、杭州市纪检监察事务服务中心3个事业单位，负责做好执纪监督的服务保障工作。

【政治监督具体化、常态化】2020年，市纪委市监委围绕十九届中央纪委四次全会部署的2020年政治监督“四个加强”的重点任务，聚焦“三大攻坚战”、“六稳”、“六保”、亚运会筹办等重大决策部署，制定《2020年度政治监督工作实施方案》，对全市各级党组织贯彻落实中共中央总书记习近平重要指示批示精神和党中央重大决策部署，特别是中共中央总书记习近平考察浙江、杭州时重要讲话精神情况开展常态化监督。严明政治纪律政治规矩，全市共查处违反政治纪律行为案件27件，党纪政务处分27人。深化政治生态分析研判，建立“四清单”“两档案”“两报告”制度，出台政治生态廉情评估工作操作办法，推动政治监督融入日常、抓在经常。

【“战疫情、促发展”专项监督】2020年1—4月，在“战疫情、促发展”两线作战期间，市纪委市监委专门构建战时督导体系，健全专项监督十大机制，协调组建381个专项监督工作组，严明疫情防控纪律，强化对“1+12”惠企政策落实的监督检查，全市各级纪检监察机关出动纪检监察干部近4万人次，检查发现并督促整改各类问题1.3万个，查处疫情防控工作中违规违纪违法问题120起、182人，协调和督促解决疫情防控、群众生活、复工复产中的困难问题1035个。

【杭州接受中央巡视】2020年10—12月，中央第四巡视组对杭州开展巡视。市纪委市监委认真贯彻落实中央和省委、市委部署精神，按照中央第四巡视组提出的工作要求，协助市委制定做好迎接中央巡视相关准备工作建议方案，组织对上一轮中央、省委巡视反馈意见整改情况开展全面自查自纠，扎实抓好中央巡视组转交问题线索处置、检举控告督办及问题整改等工作。在中央巡视组撤点前，47件督办件全部办结，474件交办件办结209件。中央巡视期间，查处萧山区委常委、宣传部部长赵某某，钱塘新区管委会原二级巡视员施某某等大要案。

【“两个责任”落实】2020年，市纪委市监委围绕明责、评责、督责等关键环节，进一步建立健全工作机制，创新开展抽查检视、点题报告、集中评议，推动“四责协同”贯通融合。在对13个区县（市）党委主体责任报告评议全覆盖的基础上，市纪委常委会集中听取4个市直单位党委（党组）“一把手”履行“第一责任人”责任及一名班子成员履行“一岗双责”情况汇报，反馈评议意见81条，并落实书面反馈、问题抄告、整改跟踪。制定《2020年度党风廉政建设具体考核细则》，优化调整党风廉政建设考核办法，以考核倒逼责任落实。制定《2020年度杭州市廉政风险排查防控工作要点》，推动各地各单位运用风险排查成果，分层落实防控责任，分类完善防控措施。其中，市直部门共排查制定廉政风险清单1225张、12121条，制定防控措施22061条，形成防控制度9164项。

【公共资源中会所整治“回头看”】2020年，围绕贯彻落实中共中央总书记习近平重要批示精神，持续巩固深化会所整治成果，市纪委市监委协助市委制定《关于深入贯彻习近平总书记重要讲话精神切实抓好公共资源中会所整治“回头看”工作的意见》和《关于建立健全公共资源中会所整治长效机制的实施意见》，形成和明确“不能办、不能变、不能有、不能去”的会所整治“杭州标准”。市、区两级纪委和职能部门协同联动，坚持“查、改、治”一体推进，全市共排查公共资源中涉及国有房产物业21067处，发现问题并督促落实整改265处，约谈提醒170人次，下发督查整改意见书142份。

【“强化清廉乡村建设、有力推动基层治理”专项工作】2020年，市纪委市监委深入贯彻省纪委关于开展“强化清廉乡村建设、有力推动基层治理”专项工作部署，结合杭州实际，将专项工作细化分解为34项重点任务，扎实开展村级“三小”监督、村社延伸巡察、信访积案化解、重点案件攻坚等工作。深入开展村（社区）组织换届监督保障工作，严格执行“十严禁”“十不准”纪律要求，否决候选人（自荐人）210人，查处涉及换届违纪违法案件12起、25人。出台《杭州市村务日常监督工作要点》，细化明确日常监督“30个看”的具体要求，推动发挥村（社区）监督组织监督作用。

【“四种形态”深化运用】2020年，全市纪检监察机关运用“四种形态”处理8517人次，其中：运用第一种形态谈话函询、提醒批评5864人次，占总人次的68.9%；运用第二种形态给予轻处分、组织调整1682人次，占19.7%；运用第三种形态给予重处分、职务调整392人次，占4.6%；运用第四种形态处理严重违纪违法、触犯刑律的579人次，占6.8%，其中，涉嫌职务犯罪、移送检察机关的112人次，因其他犯罪被开除党籍、开除公职的467人次。

【纪检监察干部队伍建设】2020年，市纪委市监委对标“重要窗口”新目标新定位，在全市纪检监察系统组织开展“学先锋、强本领、比担当”队伍建设专项行动，深入学习贯彻中共中央总书记习近平考察浙江、杭州时的重要讲话精神，着力强化思想理论武装。加强机关党建工作，构建“红色廉合体”机关党建一体化工作模式，在“助万企、帮万户”活动一线建强战斗堡垒。推动市直单位机关纪委建设，制定履职规范化指导手册。加强干部队伍专业化建设，制定实施《深化纪检监察干部全员培训工作的若干意见》，深化“金钉子”夜学，探索“培训超市”模式，创新“结对磨课”机制，市、县两级纪检监察机关共组织集中培训37场、2879人次，实现市本级及县乡纪检监察干部教育培训全覆盖。严格日常监督管理，完善外出请示报告、平时考核等制度，集中开展以“十个一”为主要内容的警示教育月活动。坚持严字当头、刀刃向内，全市处置纪检监察干部问题线索58件，组织处理10人。

（连寿福 蒋国栋）

市纪委市监委重要会议

【市纪委十二届五次全体会议】2020年3月13日，市纪委十二届五次全体会议召开。会议回顾总结2019年纪检监察工作，部署2020年任务。市委主要领导出席会议并讲话。会议审议通过《坚定不移推进纪检监察工作高质量发展，为“干好一一六、当好排头兵”提供坚强保障》的工作报告。全会指出，做好2020年工作，要以习近平新时代中国特色社会主义思想为指导，深入学习贯彻中共十九大和十九届二中、三中、四中全会精神，按照中央、省委、市委和上级纪委全会部署，增强“四个意识”、坚定“四个自信”、做到“两个维护”，坚持稳中求进，协助党委深化全面从严治党，强化对权力运行的制约和监督，把“严”的主基调长期坚持下去，一体推进不敢腐、不能腐、不想腐，不断深化清廉杭州建设，在高水平推进具有杭州特点的大城市治理现代化中充分发挥监督保障执行、促进完善发展作用，推动纪检监察工作高质量发展，为“干好一一六、当好排头兵”、决胜高水平全面建成小康社会提供坚强保障。

【市纪委常委会、市监委委务会】2020年，市纪委市监委召开常委会28次、委务会11次，就全面从严治党、党风廉政建设和反腐败工作重大问题进行研究。（连寿福）

纪检监察体制改革

【概况】2020年，市纪委市监委认真贯彻落实党中央、省委、市委和上级纪委监委部署要求，坚持以加强制度建设为主线，制订实施《市纪律检查体制改革专项小组2020年工作计划》，定期召开市纪检监察体制改革专题会议，部署开展纪检监察体制改革六大专项行动，构建定期会商、信息报送、督办指导、成果检验机制，稳妥深化纪检监察体制改革，推动制度优势转化为治理效能。

【派驻机构“六个一体化”改革】2020年上半年，根据省纪委和市委关于深化派驻机构改革的决策部署，市纪委市监委全面推进派驻机构干部与机关干部选调录用、选拔任用、轮岗交流、教育培训、党建工作和经费保障“六个一体化”管理工作。制定《中共杭州市纪委杭州市监委干部调配使用和教育培训工作办法（试行）》，加大选拔任用、职级晋升、轮岗交流、教育培训、干部考核等方面工作力度。按照“一个派驻机构成立一个党支部”的原则，在市纪委市监委机关党委下成立27个新支部。按照委机关与派驻（出）机构、综合线与业务线交叉融合的原则，将委机关和派驻（出）机构共40个在职党支部划分为6个党建片组，建立起“红色廉合体”组织架构。

【履职机制健全完善】2020年，市纪委市监委完善系统完备、贯通融合各个层级的履职机制，增强履职能力、彰显改革效能。聚焦把监督工作做深做细做实，出台《关于进一步提高监督工作质效的意见》，探索构建“四责协同”监督格局、完善“四力贯通”监督体系、打造“四化融合”监督模式。巩固深化派驻机构改革，制定出台派驻（出）机构履职细则、考核办法、评价细则，对派驻（出）机构开展日常监督、审查调查、案件审理、问责处置的程序、权限等做出具体规定，对高职院校、市属企业、市属金融企业纪检监察机构考核做出原则性规定。制定《关于进一步明确杭州市属公办高校纪检监察工作有关事项的意见》，进一步厘清市纪委市监委、驻市教育局纪检监察组、各市属公办高校纪委（监察专员办）之间的关系，规范有关信访、线索移送及处置程序，建立一体化协作机制。健全完善纪检监察业务运行和协作配合机制，修订规范问题线索处置和审查调查相关工作的操作办法，出台《关于职务犯罪案件指定起诉、审判管辖的有关情况》指导性意见，制定《全市公安机关协助纪检监察机关采取搜查、留置、通缉措施和信息查询的实施细则（试行）》。

【监察留置工作】2020年，市纪委市监委把依法使用留置措施，作为监察工作的重中之重，完善留置审批流程、多人集中留置管理规范，强化安全监管，完善留置安全工作例会制度、安全员日志机制、联勤监督检查及复查复核机制，严格执行留置安全风险事项三级抄告机制，提升留置工作监督管理规范化标准化水平。全年共采取留置措施114人，其中市监委采取留置措施38人、区县（市）监委采取留置措施76人。

【数字赋能清廉乡村建设】2020年，市纪委以清廉乡村建设为主载体，组织引导各区县（市）立足本地社情民意，依托城市大脑实施数字赋能，实现村居事务数字化一屏呈现、基层监督智慧化实时预警、群众参与一码通指尖操控，让群众关心的事“扫码可知”、操心的事“扫码能督”、闹心的事“扫码即办”，全面提升基层监督质效，推动基层治理体系和治理能力现代化。至年末，智慧化监督覆盖全市173个乡镇（街道）、2571个村（社区），其中萧山、富阳、建德实现全域覆盖，汇聚形成12.79亿条信息的庞大“数据池”，预警风险隐患7.34万条，处置问题线索5123条、处理群众反映问题3.2万个。全市检控类信访比上年下降24%，其中反映基层乡科级及以下党员干部检举控告件和反映村（社区）党员干部检举控告件比上年分别下降29.02%、12.85%。

【乡镇（街道）纪检监察工作规范化建设】2020年，市纪委市监委加强乡镇（街道）纪检监察工作规范化建设，制订全市乡镇（街道）纪检监察机构规范化建设标准，扎实推进场所建设、设备配备、制度建设和队伍建设四项重点任务。指导和督促全市乡镇（街道）纪检监察机构落实好省纪委双重考核有关要求，一体抓好全市3144个村社监察工作联络站设立、运行、管理、服务工作，织密基层监督网络。编写履职规范化指导手册，开展全市乡镇（街道）纪（工）委书记执纪执法能力提升培训，推动基层纪检监察组织规范履职。全市乡镇（街道）纪检监察机构共立案1678件，党纪政务处分1652人。

（连寿福）

执纪审查和监察调查

【概况】2020年，全市各级纪检监察机关始终保持惩治腐败高压态势，共受理检举控告3357件（次），立案2637件（次），党纪政务处分2496人，其中厅局级干部4人、县处级干部86人、乡科级干部179人，移送司法机关112人。通过监督检查和审查调查，为国家和集体挽回直接经济损失3.7亿元。

【信访举报分析】2020年，市纪委市监委扎实做好信访举报分析工作，对13个区县（市）和市直单位开展信访举报分析，有针对性地分析各地信访举报特点和突出问题，精准把脉各地政治生态。对市本级和13个区县（市）纪委监委从受理到办结检举控告的时效、质效等进行比较研究，形成专题报告通报各地，推动改进工作作风、提升工作时效，更好更快回应群众关切。全年，杭州市检举控告办结件平均用时55天，查实率20.5%，立案率6.9%，实名举报反馈满意率62.7%。

【反腐败斗争成果巩固】2020年，全市各级纪检监察机关立案查办同级党委管理干部要案87件，其中市本级立案18件，涉及“一把手”案件10件，占11.5%。紧盯权力集中、资金密集的重点领域和关键环节加大案件查办力度，全市查处国有企业案件151件，比上年上升30.2%，医疗医保系统62件，比上年上升12.7%；严肃查处资本和权力相互勾结、政治问题和经济问题相互交织的腐败案件44件，其中要案11件。全市共查办发生在村（社区）的案件1483件，占办案总数的56.2%，其中，村社干部案件481件、处分456人，镇街干部案件128件、处分116人。严肃查处与群众利益密切相关的征地拆迁、土地管理、工程建设、“三资”管理等领域的腐败案件254件、占案件总数的10.2%，涉及人员处分的200件，其中贪污贿赂案件中涉及上述领域的占22.9%。

【反腐败追逃追赃工作】2020年，在市委反腐败协调小组集中统一领导下，市纪委市监委坚持把反腐败追逃防逃纳入总体工作部署，市追逃办全面统筹协调，不断加大未突破个案的督办推进力度，全年共追回职务犯罪外逃人员1人。做好追逃“后半篇文章”，指导、协调、督促做好“百名红通”人员莫佩芬、“红通”人员袁国方、王晓平等已归案人员追逃案件后续调查办理、审查审判、立功评定、赃款追缴等系列工作。至年末，“天网”行动中，全市共追回外逃党员、公职人员和监察对象12人，追回涉案赃款（含罚金）3985万余元。

【涉黑涉恶腐败和“保护伞”问题查处】2020年，市纪委市监委坚决贯彻落实党中央、省委、市委以及上级纪委监委工作部署，制订扫黑除恶“打伞破网”专项行动实施方案，扎实推进“六清”行动，做好“伞网清除”“线索清仓”等工作。自扫黑除恶专项斗争开展至年末，全市共立案涉黑涉恶腐败和保护伞案件334件，处理769人，其中党纪政务处分312人、组织处理449人，移送司法机关63人，查处充当保护伞的党员干部445人，全市涉腐涉伞问题线索处置件数、处理人数和查处县处级以上干部人数位居全省第一位。

【中央纪委案件审理室联系点建设】自2018年9月杭州市纪委市监委案件审理室被确定为中央纪委案件审理工作全国24个联系点、也是浙江省唯一工作联系点以后，市纪委市监委围绕联系点“直通车”“试验田”“示范区”工作目标要求，坚持理念先行，积极开展纪法贯通、法法衔接的实践探索，形成一批有价值的调研材料和经验做法，为案件审理工作高质量发展提供杭州素材。充分发挥杭州数字治理优势，积极探索推进中央纪委案件审理室试点案例库建设，全面收录不同类型典型案件，构建集查询、分析和统计等功能为一体的数字化平台。2020年，被评为全国联系点先进单位，在中央纪委审理业务培训班上做经验交流发言。

（刘珏王铿解峰）

作风建设

【概况】 2020年，市委连续第七年召开全市深化作风建设大会，全市各级纪检监察机关坚持问题导向，驰而不息纠治“四风”，巩固拓展落实中央八项规定精神成果，全市共查处违反中央八项规定精神问题433起，处理523人，给予党纪政务处分273人。其中：查处形式主义、官僚主义问题175起，处理228人，给予党纪政务处分66人；查处享乐主义、奢靡之风问题258起，处理295人，给予党纪政务处分207人。市纪委市监委通报曝光违反中央八项规定精神典型案例6批、35起。

【“四风”问题整治】 2020年，市纪委市监委会同烟草、市场监管、公安、商务等职能部门建立问题整治专班，结合深化领导干部利用名贵特产特殊资源谋取私利整治工作，组织开展线索起底、税票抽查和联合检查，坚决查处“烟票”背后“四风”问题。专项整治期间，全市共查处党员干部违规收受“烟票”等问题18人，查处存在“烟票”销售问题的卷烟零售户52个，通报曝光5起党员干部违规收受“烟票”问题典型案例。

【餐饮浪费专项监督】 2020年，市纪委市监委深入贯彻中共中央总书记习近平重要指示批示精神，组织实施专项监督，推动节约粮食、制止餐饮浪费工作走深走实。召开市级职能部门专题督导会，督促职能部门履行监管职责，着力加强公务接待、会议、培训等公务活动用餐管理，推进党政机关单位食堂节约用餐，培育“厉行节约、抵制浪费”的文明新风尚。全市各级纪检监察机关结合违规吃喝、违规出入私人会所等问题加大监督检查力度，共检查机关单位食堂、酒店、农家乐等场所2956个（次），发现和督促整改问题633个。

【重点领域专项治理】 2020年，全市各级纪检监察机关紧盯突出问题，针对不正之风和腐败问题易发多发领域，采取有力措施推进治理工作。开展违规实施单一来源采购（直接发包）问题专项检查，发现问题959个，处置问题线索16件，给予组织处理5人，党纪政务处分6人。推进违规享受集体所有土地征迁安置政策专项治理，完成纠改处置3316户，给予组织处理55人，党纪政务处分10人，移送司法机关处理1人。组织开展统计领域数字造假、人防领域腐败问题等专项治理，既从严查纠问题，又有力推动建章立制、监督管理和源头预防。

【群众身边腐败和作风问题整治】 2020年，全市各级纪检监察机关聚焦群众“急难愁盼”问题，深化群众身边腐败和作风问题整治。开展扶贫协作开发专项监督，市、区两级共组建273个专项监督组开展联查，走访低收入群众11.35万人，查看扶贫资金项目1775个，办结问题线索381件，督促整改问题420个，市本级通报曝光5起扶贫领域腐败和作风问题典型案例。加大教育、医疗、环保等民生领域腐败和不正之风问题的查处力度，严查小官大贪和“微腐败”，坚决查纠基层干部贪污侵占、虚报冒领、截留挪用、优亲厚友等问题。全市共查处群众身边腐败和不正之风问题236起，处理260人，其中移送司法机关79人。

【容错免责机制深化】 2020年6月，市纪委市监委出台《关于健全完善容错免责机制促进党员干部担当作为的实施办法（试行）》，明确容错免责适用情形和负面清单，创新构建容错免责备案制，推动容错免责从“事后认定”转向“事前备案”，旗帜鲜明为担当者担当。2020年，全市纪检监察机关共办理备案事项31起，为43名干部容错免责，对61名受到失实检举控告的干部进行澄清。（王巍）

巡察工作

【概况】 2020年，市委巡察机构认真贯彻落实党中央重大决策和省委、市委部署要求，坚持有形覆盖与有效覆盖并行，坚持发现问题和整改落实并重，积极探索市县上下联动，努力推动巡察工作迭代升级。制定巡察机构与纪检监察、组织、政法、审计、信访等单位的协作配合制度，形成协同巡前信息沟通、协同审核整改方案和报告、协同督促整改落实等“六个协同”工作模式。编印《履职规范化工作手册》，完善相关人员岗位职责，开展巡察后评估，规范化水平进一步提升。

【市本级巡察】 2020年，市委巡察工作领导小组认真履职，贯彻执行党中央巡视工作方针和省委、市委巡视巡察工作部署精神，采用“一托二”方式，开展两轮20个单位的常规巡察，发现问题449个，提出意见建议77条，移交问题线索16条。对照“三个聚焦”和巡察整改“六见”要求，对杭州市实业投资集团有限公司等5个市属国有企业开展巡察“回头看”。探索开展疫情防控“直插式”巡察，在新冠肺炎疫情防控期间，先后派出巡察干部1035人次，暗访检查基层一线疫情防控措施落实情况，调研督导推动生产性企业有序复工复产，监督检查省际入杭通道卡口管控工作，检查各类单位2534个，发现并督促纠正各类问题556个，该做法被评为市直机关党建最优工作法，得到市委领导批示肯定。

【基层巡察】 2020年，市委巡察机构加强对区县（市）巡察工作的领导和指导，通过召开巡察办主任例会、深入基层调研检查、约谈区县（市）巡察办主任等形式，及时传达学习上级新精神新部署新要求，了解区县（市）开展巡察中的突出问题和困难，上下联动、协同配合，助推区县（市）巡察工作深化发展。13个区县（市）共巡察所属单位138个、村（社区）998个，累计巡察单位757个，覆盖率80.97%；巡察村（社区）2955个，覆盖率96.51%。

【**提级巡察**】2020年，在省委巡视期间，市委同步对临安杭州青山湖科技城、淳安千岛湖建设集团、市公安局西湖区分局、滨江区人民法院、上城区望江新城指挥部、下城区国投集团、江干区杭州钱塘智慧城7个重点单位开展提级巡察，破解"熟人社会"监督难题。在省委巡视办、巡视组的指导下，提级巡察取得较好成效，发现并移交重点问题线索17条。根据全省统一部署要求，完成市和区县（市）对人防系统腐败问题的联动巡察，组织实施扶贫协作专项监督，实现后进村（社区）巡察全覆盖。

【**巡察成果运用**】2020年，市委对巡察发现面上存在的5个方面共性问题进行通报，并直接点名21个单位存在的重点问题，要求全市上下举一反三、长效整改。针对巡察发现市直群团部门问题较为突出，市委专门召开加强市直群团部门党的建设工作座谈会，从作风纪律、选人用人、意识形态等领域明确整改要求。市委巡察机构会同市纪委市监委相关监督检查室、派驻（出）机构和市委组织部有关处室，对第九轮至第十三轮巡察单位的整改落实情况进行分析研判，对重点单位开展"联合会审"，并由监督检查室牵头对被巡察单位整改情况做出评价，构筑监督闭环，提高整改质效。（顾春萍）

党风廉政宣传教育

【**概况**】2020年，市纪委市监委聚焦习近平新时代中国特色社会主义思想，特别是关于全面从严治党重要论述和决策部署，围绕全市深入推进全面从严治党、履行监督首要职责、着力破除形式主义官僚主义、保持惩治腐败高压态势、一体推进"三不"等方面的新经验新成效开展系列宣传，全市各级纪检监察机关在省级以上主流媒体（含报网）刊（播）新闻稿件4249篇，其中在《人民日报》、中央电视台、《中国纪检监察报》等中央级媒体报纸发稿2540多篇，发稿量保持全省第一位。中央纪委国家监委新闻传播中心杭州记者站获2020年度"工作先进"奖。

【**宣传工作创新**】2020年，市纪委市监委聚焦中心工作加强舆论宣传，挖掘特色亮点工作做好宣传报道。聚焦数字赋能清廉乡村建设，邀请新华社、浙江日报社深入基层采访挖掘典型经验做法，相关稿件在《新华社内参》《浙江日报》等刊发，提升杭州数字赋能智慧监督工作的影响力。聚焦正风肃纪驰而不息，在中秋节、国庆节点打出宣传组合拳，在本地媒体刊发相关报道的同时，《中国纪检监察报》整版刊发《杭州萧山一案查处19人》《暗访烟票》报道，强化震慑效应。发挥小视频在新媒体传播时代的优势，携手"网红"合作摄制"坚决制止餐饮浪费"视频在主流新媒体平台刊发，号召广大党员干部节约粮食。其中，李子柒原创视频《水稻的一生》在"人民日报"微信公众号发布后短时间内点击量、点赞数均突破"10万+"，反映纪检监察干部成长的小视频《那些年，我们共同奋斗的青春》在"学习强国"全国平台、中央纪委网站等平台刊发。编辑整理《媒体眼中的清廉杭州》作品集，记录清廉杭州建设步伐。

【**廉政教育形式多样化**】2020年，面对新冠肺炎疫情防控新形势，市纪委市监委创新形式开展廉政教育，全市纪检监察机关推出云旁听、云直播、钉钉网络课程等"云"教育新形式，线上线下相结合，将理想信念、道德要求、党章党规党纪和法律法规专题教育等内容纳入全市各级党委（党组）理论中心组学习的重要内容，作为全市各级党校、行政学院的必修课。充分发挥清廉杭州法纪宣讲团作用，开展"金牌宣讲员"大比武活动，培育和挖掘一批法纪宣讲员新生力量。充分运用违纪违法典型案例，做深做实同级同类警示教育，《廉政经纬》栏目梳理制作赌博、以房谋利、医疗领域、国企领域等系列典型案例剖析专题片，省法纪教育基地根据教育需要适时更新完善展陈内容。联合杭州滑稽艺术剧院推出4集"小莲说纪"短视频，各区县（市）积极参与中央纪委网站、省纪委网站"警钟60秒"制作，通过短视频说纪形式寓教于人，提升教育宣传的感染力和影响力。

【**清廉文化资源挖掘**】2020年，市纪委市监委深入挖掘梳理杭州丰富的清廉文化资源，建立杭州市清廉文化资源库，确定首批23个市级清廉文化示范点，汇编《清气满钱塘——杭州市清廉文化精品丛书》，开发制作手绘地图，打造全国首个串联城市清廉文化阵地的主题巴士线路——"510小莲清风专线"。先后成功举办"钱潮杯"清廉微作品大赛巡展暨清廉文化周活动、第二届"玉琮杯"清廉微电影微视频大赛，其中第二届"玉琮杯"大赛共收到参赛作品852部、参赛范围覆盖全国31个省（自治区、直辖市）。参与完成"忆党史、传家风、颂清廉"周恩来家风图片展暨杭州红色博物馆联盟"五送五进"活动，参与编写《讲故事 读家书 传精神》书籍。各地加快"一地一品"建设，推出江干区"清风海塘"廉政文化教育专线、拱墅区"半山清风馆"、西湖区"西溪廉韵"清廉文化专线，将清廉文化深植于城市文化和群众生活中。

【**于谦清廉文化品牌打造**】2020年，市纪委市监委组织力量全面挖掘宣传于谦清廉思想和清廉精神，打造于谦清廉文化品牌。汇编《行人之所不敢行 作人之所不敢作》于谦廉政思想研究书籍，被纳入中国纪检监察杂志社《清官廉吏研究文丛》并申报"十四五"规划项目。摄制《要留清白在人间》于谦清廉微电影，作为第二届"玉琮杯"清廉微电影微视频大赛特邀优秀作品展播，影片在人民网、新华网、新华社、"学习强国"等网络平台重点推荐，阅读量突破"100万+"。创作四集动漫系列短片《于谦炼成记》，以生动的动漫形象讲好于谦故事，吸引青少年群体敬于谦、学于谦。设计于谦卡通形象，制作两期"谦谦君子"表情包在微信上供用户免费下载使用；开发一批印有于谦形象的书签、笔、优盘、小挂件等文创产品投入市场，融入普通群众生活。（夏 悦）

责任编辑 金利权

2021
杭州年鉴
Democratic Parties

12 民主党派

民革杭州市委会

【概况】至2020年年末，民革杭州市委会（简称民革市委会）下辖地方组织1个（建德市委会），上城区、下城区、江干区、拱墅区、西湖区、滨江区、萧山区、余杭区8个城区基层委员会，卫生健康、教育2个行业基层委员会，临安区、杭州师范大学2个总支部，11个市直支部，及49个市直基层组织下辖支部。有党员1225人。全年新发展党员80人，平均年龄38.2岁。其中：大学以上学历77人，占96.3%；研究生以上学历28人（博士3人），占35%。

2020年，民革市委会围绕“战疫情，促发展”，贯彻“当好展现新型政党制度优越性的重要窗口”指示精神，开展“不忘合作初心，继续携手前进”主题教育活动，在服务杭州市发展大局中坚持建言咨政、凝聚共识，在加强自身建设中推进“组织建设年”重点工作落地见效。

【参政议政职能履行】2020年，民革市委会发挥自身优势，参政议政成效明显。在市政协十一届四次会议上，民革市委会提交大会发言5篇、集体提案15件。其中：2件入选重点提案，1件由市委书记领办，1件被作为大会口头发言。民革市委会获市政协十一届三次会议全会建议案提出单位表彰，3件集体提案、1件个人提案获2019年度优秀提案。全年向市政协专题常委会、专题协商会、月度协商座谈会提交调研成果7篇，向市委统战部提交重点调研课题1篇，1篇调研文章入选民革中央主办的第三届莫干山会议论文集。整理报送社情民意信息171篇，被中央、省、市等各级部门录用110多篇（次）。在市政协成立65周年座谈会上，民革市委会（4个课题）获全会建议案提出单位表彰，2件集体提案、1件个人提案获选“市政协成立65年来有影响力重要提案”。民革市委会被评为2019—2020年民革全省参政议政工作先进集体。

【民革市委会助力抗击疫情及复工复产】2020年1月26日，民革市委会发出《众志成城，共抗疫情》倡议书，号召全市民革组织和党员，以实际行动凝聚新冠肺炎疫情防控合力。民革市委会领导班子成员带头排摸党员所在企业复工复产情况，走访企业30多个。全市有1名民革党员驰援武汉，60多名医护系统党员战斗在抗疫一线，150多名党员坚守在基层防疫一线。至2月底，全市民革党员和党员企业捐款捐物1580多万元。3月，成立由21名民革党员律师组成的法律服务团，开展为期一年的“助企惠民”专项法律行动。全年收到防疫复工相关信息105篇，整理报送67篇，被各级部门录用35篇（次）。在微信公众号、网站等平台发布抗疫专题报道80篇，出版《杭州民革·战疫情促发展》专刊。5月，民革市委会

2020年5月，民革市委会“同心·博爱”书画服务团组织的“致敬英雄——向赴鄂逆行的医务人员赠送书画活动”举行。图为民革市委会向杭州市中医院赠送书画
（民革市委会 供稿）

"同心·博爱"书画服务团组织的"致敬英雄——向赴鄂逆行的医务人员赠送书画活动"在杭州市中医院和杭州市第三人民医院举行。民革市委会被民革中央评为"民革抗击新冠肺炎疫情先进集体",3名党员被评为"民革抗击新冠肺炎疫情先进个人",81名党员被评为"浙江民革防控抗疫先进个人",3名党员被评为"杭州市抗击新冠肺炎疫情先进个人"。

【市领导领办民革集体提案】2020年,民革市委会提交市政协十一届四次全会的集体提案《关于加快未来城市实践,助力世界名城建设的建议》被中共杭州市委主要领导领办,市委政研室、市规划和自然资源局、市拥江发展领导小组办公室等部门参与协作办理。提案中的许多建议被纳入党政重大决策部署,在《未来城市先行区发展战略与行动规划》《未来城市先行区建设与治理准则》等文件中得到体现。2020年是市委书记领办民革集体提案的第11年,民革市委会撰写的《紧扣参政议政重要载体,展现服务助力民革担当——杭州市委主要领导领办民革集体提案逾十年成效明显》专报获全国政协副主席、民革中央常务副主席郑建邦批示。

【行政区划调整调研】2020年,民革市委会关注市域行政区划调整课题,主委叶鉴铭、副主委张勤作为专家多次参与市级层面研究论证,形成调研成果,为中共杭州市委、市政府重大决策提供参考。2019年9月,民革市委会《关于我市开展行政区划调整,深入贯彻实施长三角一体化发展国家战略的建议》受到中共杭州市委重视。2020年2月,按照中共杭州市委和市政协的相关部署,民革市委会聚焦行政区划调整热点地区组织调研,以"优化三江汇产业空间布局,着力打造未来城市杭州样本"为课题,听取三江汇流区域涉及的4个区10个乡镇(街道)各方意见建议,采取"大调研,小总结"的方法,形成《关于三江汇行政区划调整的调研与建议》,得到中共杭州市委肯定。

【市域治理现代化专项民主监督】2020年,民革市委会按照中共杭州市委关于支持市各民主党派、市工商联和无党派人士开展"创建全国市域治理现代化标杆城市"专项民主监督工作的统一部署,聚焦"深化基层矛盾调处工作,切实推进法治杭州、和谐杭州建设"选题,对口上城区开展调研。7月,民革市委会领导带队到上城区实地调研区社会矛盾纠纷调解中心,召开座谈会了解情况、听取意见诉求。9月,民革市委会领导带队到市司法局开展专题调研座谈。7—11月,民革市委会组建以专委会为主、基层组织协同参与的专班专组,分组到市委政法委、市司法局等部门和上城、江干、西湖、余杭等城区开展实地调研、专题研讨17次,收集各类意见建议29条,反映社情民意20条,提出工作意见7条。11月,民革市委会召开专项民主监督调研报告研讨会,完善形成的专题监督调研报告在中共杭州市委专项民主监督协商会上做交流。相关成果《关于进一步加强基层人民调解员队伍建设的建议》获市领导批示。《聚焦聚力,同心同向,高质量做好专项民主监督工作》经验做法被《杭州统一战线》杂志刊载。

【社情民意信息】2020年,民革市委会收到党员报送的社情民意信息345篇,整理报送信息171篇,被中央、省、市等各级部门录用110多篇(次)。其中,《建议进一步完善暴力伤医防范机制》《我省名老中医专家传承工作室建设中存在的问题及建议》等7篇信息被省、市领导批示,《关于推动农村电商发展助力"数字乡村"建设的建议》被市政府《调查研究》刊登并获市政府主要领导批示。民革市委会被评为2019年度民革全省社情民意信息工作先进集体,2019年度全市政务信息、统战系统信息工作先进集体。

【思想理论建设加强】2020年4月始,民革市委会组织全市各级民革组织和党员学习贯彻民革中央办公厅《关于深入学习贯彻中共中央总书记习近平重要讲话和指示批示精神,在统筹推进疫情防控和经济社会发展工作中积极发挥作用的通知》精神,把学习贯彻中共中央总书记习近平重要讲话精神作为首要政治任务。6月,举办法律界人士学习宣传《中华人民共和国民法典》座谈会。7月,召开市委会理论学习中心组(扩大)专题学习会,学习贯彻中共杭州市委十二届九次全体(扩大)会议精神。同月,举办战疫故事会暨"示范支部创建·都来说说我们支部"现场交流会。8月,民革市委会领导班子在全市统一战线读书班上开展"在'重要窗口'建设中增强多党合作效能"学习研讨。理论研究文章《新时代民主党派人才队伍建设探析——重要意义、现状问题与路径优化》获2020年全市统战理论政策研究优秀成果一等奖。完成杭州民革党员之家室内展陈升级,至年末,全市有各级组织民革党员之家14个。其中:3个被评为民革全省"2020年度示范五好党员之家",1个被评为民革全省"2020年度五好党员之家"。

【对台交流线上线下互动】2020年9月、11月,民革市委会主要领导出席第十二届"两湖论坛"——南投线上特产馆启动仪式,参加以"共享机遇·融合发展"为主题的"浙江·台湾合作周"活动。9月,组织党员参加由民革中央台湾问题研究中心和台湾中华青年发展联合会共同举办的第二十七次两岸青年观点线上论坛,加强与台湾同胞的交流与对话。党员依托自身优势,与市台湾同胞投资企业协会推出"千名台湾青年网红直播培养计划",至年末,培训台湾籍青年375人,受到国务院台办、省台办重视,有关经验在第三期海峡两岸青年发展论坛上做交流发言;与台北工业设计协会合作成立两岸文创直播间,推动成立两岸企业家峰会文创合作联盟,以促进杭台经济文化合作交流。在市政协十一届四次全会上提交集体提案《关于进一步加强台胞居住证和两岸物流业等方面便利性的建议》,报送涉台社情民意信息7篇。

【结对帮扶助力脱贫】2020年,民革市委会聚合资源开展结对帮扶活动,巩固"同心·博爱"社会服务品牌。对口民革省委会定点帮扶的贵州省毕节市纳雍县董地乡,联合湖州市委会、嘉兴市委会协调提供923个用工岗位,组织到当地董地中学开展帮教活动，捐赠价值7000多元体育用品。对接杭州市对口帮扶湖北省恩施土家族苗族自治州项目，企业家联谊会向宣恩县珠山镇卫生院捐赠价值10万余元医疗物资，党员企业家认购湖北滞销农产品10万余元。组织到民革市委会结对的淳安县文昌镇开展乡村振兴专题调研，协调追加“联乡结村”项目资金45万元，民革市委会机关干部捐赠价值1万元恩施土家族苗族自治州的山茶油供应村老年食堂。

【基层组织换届】2020年，民革市委会以基层组织换届为契机，推动基层组织布局、班子结构优化。7月，召开基层组织换届部署会，印发《民革杭州市委会2020年基层组织换届工作意见》。10—12月，在换届的同时，滨江支部升格为基层委员会，临安支部升格为总支部，教育局、卫生局总支部分别更名调整为教育、卫生健康基层委员会，新成立西湖五支部、上城法律支部、江干医养支部、江干钱塘支部等9个市直基层组织下属支部，完成28个市直基层组织换届，接收浙大城市学院支部的组织关系。探索“条块”结合模式，将税务支部、金融支部划转至上城区基层委员会，化交支部划转至西湖区基层委员会。以“三支队伍”建设为主线，吸收“80后”“85后”等中青年骨干党员充实基层组织班子。

【人才队伍建设】2020年，民革市委会坚持“讲学历不唯学历，重在发展代表性人士；讲特色不唯特色，在工作中体现特色”原则，加强人才队伍建设。10月，举办第二期参政议政演讲比赛暨“头脑风暴”讲评会，来自各专委会、基层组织的16名选手参赛。10月，举办2020年新党员培训班，培训党员54人。全年推荐16名党员参加民革省委会、市委组织部、市委统战部举办的中青年骨干培训班。党员中1人被评为“全国公共法律服务工作先进个人”，1人被评为浙江省特级技师并记个人一等功，3人被评为“2020年度浙江民革骄傲人物”，2人获杭州市五一劳动奖章，5人被评为杭州市“三八”红旗手。

（李亦丹）

民盟杭州市委会

【概况】至2020年年末，民盟杭州市委会（简称民盟市委会）下辖萧山区、建德市2个地方委员会，杭州师范大学、上城区、下城区、江干区、西湖区、滨江区、余杭区、富阳区、综合、直属教育10个基层委员会，拱墅区、杭州科技职业技术学院、淳安县3个总支部，99个支部。全市有盟员2085人。全年新发展盟员80人，平均年龄37.2岁。

2020年，民盟市委会助力抗击新冠肺炎疫情和复工复产；以“人才强盟、活力兴盟”战略为导向，履行参政党职能，获民盟中央思想政治建设和宣传工作先进集体、民盟中央社会服务工作先进集体称号，民盟省委会2020年度盟务工作先进、参政议政工作先进等荣誉。

【民盟市委会助力“两战全赢”】2020年，新冠肺炎疫情发生后，民盟市委会成立抗疫领导小组，各地方组织、基层委员会（总支部）发动盟员捐款捐物、撰写专题社情民意信息。据不完全统计，盟员捐款81万元，捐助物资价值25万余元，盟员企业捐款捐物1700多万元。数百名盟员立足本职岗位奋战在抗疫一线、参加抗疫志愿服务、紧急救援，盟员何军率领公羊会多次到武汉、黄冈等疫情一线，配合地方政府开展物资运输、消杀工作。民盟市委会收到盟员疫情防控和复工复产相关社情民意信息491篇，报送后被各级各部门采用193篇。其中，3篇被作为全国“两会”提案提交，1篇被民盟中央采用，1篇获市领导批示。杭州民盟艺术团、民盟杭州华夏书画学会盟员艺术家创作40多件文艺作品支持抗疫。

民盟市委会领导班子结合“走亲连心三服务”，带队走访盟员企业近20个，服务盟员企业40多个，将企业遇到的问题和对策提炼形成调研报告和社情民意信息报送。安排助企指导员，帮助盟员企业纾难解困，助推盟员企业复工复产。开展“培英公益·新冠防控进百校”专项行动，向市教育局捐赠价值20万元的防疫物资，分发到全市教育系统193个单位，助力复学工作。

民盟市委会及2个地方委员会、8个基层组织被民盟省委会评为抗击新冠肺炎疫情先进集体，3个盟员被评为“中国民主同盟抗击新冠肺炎疫情先进个人”，公羊会支部被评为“中国民主同盟抗击新冠获肺炎疫情先进集体”。

【系列主题教育活动】2020年，民盟市委会开展“见证·初心”经典讲述活动、“走基地、悟初心”主题活动、“基层组织新任主委”大走访活动等系列主题活动。各地方委员会、基层委员会组织100多名盟员参加摄制并提交作品参加“见证·初心”经典讲述微视频比赛，14个作品获奖。一等奖作品《大美之“梅”美美与共》代表市委会参加民盟省委会网络专场展示。编导情景剧《公羊行动》，代表民盟省委会参加省委统战部等单位主办的“同心奔小康，建功新时代”经典故事讲述终场活动。全市各级民盟组织开展主题教育活动，组织盟员到各地盟员传统教育基地、爱国主义教育基地参观学习。全年有60多个基层组织，850多名盟员参加。民盟市委会领导班子带队，分7组走访48名基层组织新任主委，了解基层组织自身建设做法、特色，听取基层组织意见建议以及对“人才强盟、活力兴盟”战略的意见建议，推进支部规范化建设和创优创新。

【协商议政】2020年，民盟市委会发挥界别优势，围绕“‘十四五’期间高水平推进我市教育现代化”，分四大类12个小项到多地开展专题调研，开展“‘十四五’我为杭州教育献一计”主题活动，形成《关于推进我市“十四五”期间教育事业发展的几点建议》，在市政协专题常委会上发言。围绕文化发展、民生保障等议题形成意见建议，在中共杭州市委征求“十四五”规划建议政党协商会上建言献策。参加各类协商会议，围绕社会治理现代化、科技创新、两院工作、党风廉政建设等议题建言献策。

【民主监督】2020年，民盟市委会根据中共杭州市委关于开展“创建全国市域社会治理现代化标杆城市”

专项民主监督要求，围绕“提高社区公共服务水平，推动基层社会治理现代化”主题，对口建德市开展专项民主监督。全体市委委员、专委会骨干、调研信息骨干和市委会全体机关干部共60多人分8个调研小组，到建德市16个乡镇（街道），围绕医疗保障、残疾人救助等民生热点开展全覆盖调研。民盟市委会主委班子带队到残疾人、低保户家中了解情况，到市残联、市医保局等相关部门探讨，提出意见建议。12月，以完善基层社会医疗保障体系和社会治理法制化为主题，在建德市召开专题研讨会，深化监督工作，转化监督成果。

【**提案建言**】2020年，民盟市委会向市政协十一届四次全会大会提交发言9篇、集体提案16件。2件集体提案被评为市政协重点提案，其中《关于完善基层社会治理协商民主体系的建议》集体提案由中共杭州市委常委、宣传部部长戚哮虎领办。3件集体提案被评为优秀提案。《数字引领全力推进高端装备制造业高质量发展》集体提案被列入市委政研室2020年重点课题。《关于加大杭州“北游”开发力度的建议》《关于加快农业标准化建设进程的建议》2件集体提案和1件委员个人提案被评为“市政协成立65周年来有影响力重要提案”。

【**调查研究**】2020年，民盟市委会开展主题为“推进大城市治理现代化、激发‘双引擎’新动能、不断深化改革攻坚、持续保障改善民生”的调研课题招标活动。收到申报课题150项，通过立项课题中期成果汇报等措施加强课题管理，全部立项课题均高质量完成。全市各级民盟组织、盟员开展课题调研，民盟市委会全年收到调研报告100篇。其中：《关于改进“最多跑一次”中商事登记工作的建议》被用作省政协十二届三次会议书面发言，《关于推进我市制造业标准研究助推“新制造业计划”发展的建议》《关于杭州市打造最佳营商环境司法保障的建议》等被改编用作市政协十一届四次全会集体提案，其余被用作市政协专题常委会、主席会议、专题协商会发言材料或提交民盟省委会和市委统战部。

【**与上级盟组织联动加强**】2020年，民盟市委会加强与上级盟组织联动，调研课题成果《提高本地物种保护力度，防止外来生物入侵的研究及建议》被编入民盟省委会《全面提高生物安全治理能力》参政议政专报，获中共浙江省委书记袁家军、省长郑栅洁批示。《关于加快我省智联网产业发展的建议》被用于省政协常委会大会发言。《关于推进工业遗产保护与文旅融合开发的建议》被列入民盟省委会2020年重要课题。3篇调研报告被评为民盟省委会“盟声议政”研讨会优秀论文。参与民盟中央“科技创新型企业发展面临的困难和建议”“加强公民数字素养教育”“立足现代化强国建设要求，提升城市品质”等课题调研。《关于优化民营经济营商环境的分析与研究》被评为第六届民盟中央经济论坛优秀论文。

【**信息工作加强**】2020年，民盟市委会加强社情民意信息工作。531名盟员参与撰写社情民意信息，参与率25.1%，收到信息1259篇，报送各级各部门674篇，被采用344篇。其中：《建议积极解决法院执行款“不管税”问题》《建立健全我国农业企业有限空间作业安全保障》《推动“完整社区”建设，让老旧小区“年轻态”》等信息被全国政协采用，13篇信息被转化为全国“两会”提案，6篇信息被民盟中央采用，6篇信息获省、市领导批示。

【**参政党理论研究**】2020年，民盟市委会围绕参政党自身建设、参政党理论、盟史研究等主题，完成民盟省委会理论研究课题3个、市委统战部统战理论成果3个。其中：《“六型”机关建设在提升多党合作制度效能中的作用及实施路径研究——基于民盟杭州市委会机关建设的实践与思考》《新时代区域党盟共建初探——以民盟杭州市拱墅区总支部“同心·大城北”品牌助力党委政府重点工作为例》分别获民盟省委会理论研究课题一等奖、二等奖，《以制度健全化推进民主党派基层组织规范化标准化建设——以民盟杭州市富阳区基层委员会为例》获民盟省委会理论研究课题三等奖。

【**宣传阵地建设**】2020年11月，民盟市委会在位于龙游路的沙孟海旧居建成杭州市盟员传统教育基地。12月，杭州科技职业技术学院陶行知研究馆被批复为浙江省多党合作传统教育基地、民盟中央传统教育基地。民盟市委会出刊集中全市盟员传统教育基地和“盟员之家”《同心合筑》画册，展示盟员学习、交流、履职的平台，为深化参政履职提供载体。《杭州盟讯》全年刊发各类稿件700多篇，网站录用各类稿件600多篇，杭州民盟微信公众号推送信息800多条。外发稿件被《团结报》《群言》《联谊报》等报刊、“学习强国”学习平台和中共中央统战部网站等采用150多篇（次）。

【**组织建设加强**】2020年，民盟市委会推进组织发展工作，抓好重点分工领域盟员发展和参政议政复合型人才发展，优化盟员结构。拓展组织发展空间，成立杭州职业技术学院支部，建德市委会完成下属10个支部的调整及换届工作。推进基层组织规范化建设，开展“双十佳基层组织经验谈”，在盟内营造创先争优氛围。引导基层组织在“3·19”建盟日、“4·30”“五一口号”发布日等重要时间节点开展主题活动。深化“盟员之家”建设，推动落实固定活动日。继续以星级支部评选工作推进规范化建设，2020年五星级支部达25个。在星级支部的基础上评选示范性基层组织，18个基层组织获市委会示范性基层组织称号。上城区基层委员会、淳安县总支部、萧山科技第一支部3个基层组织被民盟中央授予“盟务工作先进基层组织”称号。

【**民盟市委会助力脱贫攻坚**】2020年，民盟市委会统筹各方资源，助力贵州省黔东南苗族侗族自治州、甘肃省定西市等地脱贫攻坚。继续投入近20万元推进黔东南苗族侗族自治州榕江县第三中学民盟培英社会服务实践基地建设。萧山区委会组织黔东南苗族侗族自治州从江县职

2020 年 4 月 8 日，民盟杭州市委会启动"培英公益·新冠防控进百校"专项行动 （民盟市委会 供稿）

业技术学校学生到杭州进行专业技能培训。杭州师范大学基层委员会开展暑期"云助教"活动，为贵州、云南、甘肃等地 1300 多名教师进行线上讲座。

深化"培英红烛计划"，盟员教育专家以线上讲座的形式为定西市 100 多名教研员专题授课。引导盟员企业家参与消费扶贫，签订消费扶贫承诺书，采购扶贫农产品，消费扶贫金额共 14.7 万元。

【培英公益品牌打造】2020 年，民盟市委会筹措资金向培英公益基金注资 100 万元。培英基金项目全年立项 15 个，安排资金 38.5 万元。在建德新安江中学"名师服务站"开展助力高考冲刺辅导等 8 次线上线下支教活动，受益师生 4500 多人次。继续在安阳乡基地开展奖教奖学活动，联合杭州低碳科技馆引进流动科技馆至校园。"黄丝带"帮教由入监转为线上服务，联合下城区基层委员会组织师资为省乔司监狱成人"双证制"高中班学员录制视频课件，邀请抗疫专家为服刑人员开展线上"名人名讲"公益讲座。推进杭衢"山海协作"工作，组织盟员名师到衢州开展听课交流活动。上城区基层委员会到桐庐县新合乡支教已持续 20 年，得到当地认可。综合基层委员会等多个组织以《中华人民共和国民法典》颁布为契机，开展送法律进学校进社区进企业服务。拱墅区总支部继续开展"同心·大城北"活动，助推大城北核心区交通项目建设。

（张葵花）

民建杭州市委会

【概况】至 2020 年年末，民建杭州市委会（简称民建市委会）下辖地方组织 1 个（建德市委会）、城区基层委员会 8 个、支部 79 个、专委会 6 个、横向组织 3 个。有会员 2306 人，平均年龄 54.1 岁。其中：经济界会员占 86.6%，新的社会阶层人士占 14.6%，非公有制经济人士占 25.9%，公有制经济人士占 36%。全年新发展会员 90 人，平均年龄 36.5 岁。其中：本科及以上学历 84 人，中高级职称 23 人，社会新阶层人士 28 人，非公有制经济人士 18 人，公有制经济人士 21 人，区政协委员 1 人。

2020 年，民建市委会被民建省委会评为理论研究工作先进集体特等奖、信息工作先进集体一等奖、参政议政先进集体、浙江民建网站先进集体一等奖、对外新闻宣传先进集体一等奖、《浙江民建》会刊先进集体二等奖，被市委统战部评为全市统战信息工作先进单位二等奖，获全市统战宣传工作先进单位三等奖，7 个理论研究课题分别获民建省委会理论研究成果一、二、三等奖。

【民建市委会助力疫情防控和复工复产】2020 年，新冠肺炎疫情发生后，民建市委会第一时间发出疫情防控倡议，全市各级民建组织和会员通过思源·彩虹人生公益基金、红十字会、社区、街道等途径捐款捐物，筹集善款 1535.33 万元，捐赠物资折合 1226.51 万元。民建市委会通过民建思源·彩虹人生公益基金订购 7 辆救护车，捐赠给多个医院。

民建市委会各级组织上下联动，成立帮扶服务团，明确助企指导员，服务会员企业复工复产。193 名优秀骨干会员担任助企指导员，一对一结对帮扶 390 个会员企业。联合民建省委会、省委统战部、市委统战部以及市经信局、市数据资源管理局等对口联系单位走访会员企业 100 多个，收集困难 15 项，帮助企业解决困难 9 项，报送相关社情民意信息 110 篇。杭州民建会员企业家联谊会设计开发"民建服务"小程序，搭建会内互助供需平台，为 200 多个会员企业提供政策咨询等服务，为 7 个民建会员企业受理贷款服务，总贷款额 3500 多万元；启动会内互助消费行动，帮助 20 多个会员企业筹集到 20 多万只口罩和部分额温枪；开展"民建名品"线上直播爱心义卖活动。会员律师联谊会、民建促进"两个健康"法律服务团杭州团组免费为民建会员和会员企业提供复工复产法律咨询专项服务。

【参政议政】2020 年，民建市委会在市"两会"组织撰写和提交大会发言、议案、建议、提案共 60 件，包括大会发言 6 件、集体提案 12 件，其中 2 件提案被市政协确定为重点提案。《关于规范促进平台经济健康发展》被推荐为大会口头发言，《关于深化"菜篮子"建设，持续做好保供稳价工作的建议》由市长领办，《鼓励引导区块链产业健康发展的建议》转化为民建中央团体提案。《关于加强工业互联网安全技术手段建设防范化解网络安全风险》等多篇调研报告转化为省"两会"民建大会发言、团体提案以及全国政协会议委员提案，其中《关于基层治理数字化转型中的问题与建议》被列为省政协重点提案。市委会集体提案《关于加快国有企业改制，提倡多元投资，走混合经济道路的建议》《关于抓住重要战略机遇期，支持民营企业创办高质量小微企业园的建议》被评为“市政协成立65年来有影响力重要提案”。

民建市委会围绕规范“促进平台经济健康发展”“提升公共卫生应急能力”“建立重大疫情保险机制”“北山街历史文化街区改造提升”“直播电商产业健康发展”等主题，开展专项课题研究。围绕促进新基建发展，提交《杭州市新能源汽车充电桩新基建发展情况及相关建议》，完成市委政研室重点立项课题。“关于航天航空产业发展及天文科普事业发展的建议”“关于加快推进我省平台经济健康发展的若干建议”“关于促进网红经济规范健康发展的建议”3个课题被民建省委会立项。推进市政协“高水平推进历史文化名城建设”“杭州‘十四五’发展思路”议政性专题常委会课题研究。提交的《关于进一步推进北山街历史文化街区保护提升的建议》《关于“十四五”时期杭州加快建设创新型城市的建议》2篇调研报告被推选为口头发言材料。紧扣经济社会发展大局和“战疫情促发展”主题，形成和上报一批参政议政成果。市委会全年编发各类专报和信息265篇，其中184篇被全国政协、民建中央以及省、市相关部门采用（被全国政协采用7篇，民建中央采用30篇）。

【民主监督优势发挥】2020年，民建市委会对口高新区（滨江）开展“创建全国市域社会治理现代化标杆城市”专项民主监督工作。围绕“加快基层治理数字化转型，大力夯实城市治理基础”重点监督调研课题，制订专项民主监督工作实施方案，组建专家队伍，坚持问题导向，通过实地调研、座谈交流、召开专题议政会、个别访谈、主题信息约稿等形式开展监督调研，了解高新区（滨江）区域社会治理现代化工作情况及相关政策贯彻落实情况，针对基层数字化治理中的短板问题和薄弱环节，提出意见建议。发挥自身特色优势，搭建民主监督工作载体，联合滨江区委统战部、高新区（滨江）基层委员会、杭州民建会员企业家联谊会高新区（滨江）分会召开专题议政会，为基层治理数字化工作建言。全年召开市、区两级专项民主监督工作座谈会3次，开展实地调研10多次，150多人次参与，收集相关意见建议60多条，提交21篇相关信息专报，其中多篇信息专报获民建中央、省委会和上级部门录用。

【政治协商】2020年，民建市委会参加中共杭州市委协商会、“十四五”规划征求意见座谈会、“推动杭州创新驱动发展”政党协商会、党风廉政建设座谈会、市两院工作情况通报座谈会等，协商建言。参加市政协专题协商会、远程协商会和月度协商座谈会，提交《关于进一步推进社区工作者减负增效，提升城市治理能力的建议》《湘湖和三江汇流区块水源地规范化建设决策研究》《关于促进我市智慧护理产业发展的若干建议》《关于进一步推进我市既有住宅加装电梯智慧管理的若干建议》等多篇口头发言材料。

【杭州民建旧址建设】2020年12月19日，杭州民建旧址揭牌仪式在杭州民建旧址杭州旅游职业学校举行。建成的杭州民建旧址包括杭州民建历史文化柱和杭州民建会史厅，全部由会员设计承建。杭州民建历史文化柱分主体部分和基座部分，主体部分高195.1厘米，寓意杭州民建成立于1951年，柱顶为“民建”两字首写字母“MJ”。两层基座高度分别为19.45厘米、12.16厘米，寓意民建成立于1945年12月16日。杭州民建会史厅展示民建简介、民建光辉岁月和杭州民建风采等内容。纪念民建成立75周年暨浙江民建成立65周年座谈会同步举行。

【监督委员会成立】2020年9月，民建市委会成立监督委员会，印发《民建杭州市委会关于加强会内监督工作的意见》，制定《民建杭州市委会监督委员会工作规则（试行）》《民建杭州市委会监督委员会分工联系各级组织工作的方案》《民建杭州市委会监督委员会办公室工作制度》。监督委员会成立后开展基层组织换届纪律和工作程序监督、参加基层组织民主生活会、对违法违纪会员提出处理意见等工作。

【基层组织管理加强】2020年，民建市委会推进部分基层组织换届工作，完成建德市委会下辖支部和环保、杭氧等16个支部，及杭州民建会员企业家联谊会7个城区分会换届工作。加强基层组织经费管理，印发《民建杭州市委会基层组织活动经费管理办法》，按照要求对8个城区基层委员会和79个支部进行经费检查全覆盖，统一将账册收存到民建市委会，督促各基层组织把经费管理好、使用好。

在会内开展争创“先进支部”活动，65个支部申报参与，占全市支部的82%。经考核，37个支部获先进支部称号，13个支部获鼓励支部称号。

2020年12月19日，杭州民建旧址揭牌仪式在杭州旅游职业学校举行。图为杭州民建会史厅内民建纪念墙 （民建市委会 供稿）

【基层组织"云活动"】2020年5月，民建市委会印发《关于在全市民建基层组织中推行"云活动"促进"云履职"的通知》，向全会推广"云活动"模式。"云活动"本着"线下疫情防控不放松，线上活动履职不松懈"的原则，确保基层组织履职的正常化、便捷化和高效化，破解长期以来参会率有待提高的难题。至年末，34个基层组织、专委会和横向组织开展"云活动"36次。

【民建市委会助力脱贫攻坚】2020年，民建市委会对口帮扶河北省丰宁县脱贫攻坚，发动各基层组织开展"我为决战决胜脱贫攻坚出一份力"的资金募集和消费扶贫活动，筹集"聚光伏稳脱贫"专项资金45.6万元，资助38个贫困户安装户用光伏，可持续20年实现年均增收3600元。杭州民建会员企业家联谊会通过联合腾讯·大浙网、北京民建会员企业"送好多"，成立"丰宁助农"消费扶贫平台，利用腾讯·大浙网的各大主营公众号、小程序和网站向全社会推送丰宁农副产品信息，扩大丰宁助农产品的销售渠道。至年末，购买丰宁农副产品72万余元，超额完成民建省委会部署的助力河北省丰宁县脱贫攻坚工作。

【"思源·送光明"成效显著】2020年6月9日，杭州民建"思源·送光明"社会服务活动总结会议召开。2017年8月，民建市委会联合富阳区委统战部、富阳区红十字会、仲和视觉康复发展中心、民建富阳区支部、杭州民建会员企业家联谊会、朝聚眼科医院集团启动杭州民建"思源·送光明"社会服务活动。活动累计为富阳区24个乡镇（街道）的群众开展免费眼疾义诊活动389场，受益群众3.7万人，实施白内障眼疾救治手术1589例，资助医疗费用270多万元。活动开展以来，未产生质量问题，未发生医疗纠纷，得到市有关领导的肯定和批示。（王浙名）

民进杭州市委会

【概况】至2020年年末，民进杭州市委会（简称民进市委会）下辖萧山、临安、建德3个区（市）级委员会，杭州师范大学、上城区、下城区、江干区、拱墅区、西湖区、滨江区、余杭区8个基层委员会和桐庐县1个总支部，101个基层支部，设有参政议政、团结联谊、学习研究和社会服务四大类20个工作机构。有会员2290人，其中各级人大代表、政协委员199人（含全国人大代表2人、全国政协委员1人、省人大代表1人、省政协委员6人）。全年新发展会员88人。其中：本科以上学历超过94%，研究生以上学历占23%；中级、高级职称（职务）占41%；40岁以下占73%以上。

2020年，民进市委会以民进成立75周年和纪念马叙伦135周年诞辰为契机，加强会史教育。推进履职能力建设，继续完善社会服务机制和平台机构建设，提升基层组织规范化。民进市委会被民进中央评为履职能力建设先进集体和会史工作先进集体，被民进省委会评为学习宣传工作先进单位、参政议政工作先进单位，获全市统战系统信息工作一等奖。

【民进市委会抗击新冠肺炎疫情】2020年1月27日，民进市委会发出倡议，号召全体会员遵守新冠肺炎疫情防控规定，有序参与疫情防控工作。2—3月，民进市委会领导班子带队到医院、企业、学校开展6场"走亲连心三服务"活动；3月，开展"致力抗疫爱心助农"服务春茶生产专项活动，到建德、淳安、桐庐、余杭等地调研春茶生产经营情况，助力疫情期间春茶销售。杭州民进企业家联谊会、开明法律专家服务团等机构开展"疫情背景下企业相关政策解读"法律咨询、"杭州民进企联会云上助复产"带货直播等5场专题活动。民进市委会围绕"战疫情促发展"采编报送相关信息167篇。其中：9篇获民进中央录用，12篇获市新冠肺炎疫情防控指挥部录用，40篇获省政协、市政协、市委统战部、民进省委会等平台录用。民进市委会牵线协调海外企业、机构向杭州市西溪医院、杭州市第一人民医院、杭州市妇产科医院等定向捐赠医疗物资，捐款1098万元，捐赠各类物资折合912万元。41名会员受到全国、省、市各级组织表彰。会员麻建平、宋因力获"民进全国抗击新冠肺炎疫情先进个人"称号。

【"不忘合作初心，继续携手前进"主题教育活动】2020年，民进市委会坚持理论中心组、主委会议、常委会议、机关例会学习制度，举办各级"两会"精神宣讲会3场、"我身边的先进"宣讲会3场。在杭州中华职业专修学校龙坞校区建设"学习教育基地"和"履职实践基地"，于4月21日举行揭牌仪式。落实"七五"普法要求，组织线上线下普法学习及宣讲活动11场，受众8900多人次。民进市委会获省政协理论研究会2020年论文优秀奖，被民进省委会评为学习宣传工作先进集体。

【会史教育】2020年，民进市委会以民进成立75周年和纪念马叙伦135周年诞辰为契机，开展"民进指引我前行"和"纪念马叙伦135周年诞辰"专题征文。举行纪念马叙伦135周年诞辰座谈会暨《马叙伦亲属口述史》《马叙伦研究文集》发布仪式，组织马叙伦亲属到浙江省杭州高级中学马叙伦广场种植纪念树，到马叙伦墓园瞻仰铜像，邀请民进中央和省委统战部、市委统战部领导参观马叙伦历史资料陈列馆并举行"浙江省统一战线爱国主义教育基地"和"浙江民进会史教育基地"揭牌仪式。至年末，马叙伦历史资料陈列馆接待各地民进组织、统一战线成员等1000多人次参观。

【"一刊一网一微"学习宣传平台建设】2020年，民进市委会加强"一刊一网一微"学习宣传平台建设。完成4期《杭州民进》杂志编发；推进网站安全等级保护工作；优化微信公众号栏目设置，设立《抗击疫情杭州民进在行动》《履职能力建设》《民进指引我前行》《纪念马叙伦先生135周年诞辰》等专栏，创设"开明e讲堂"，全年阅读量比上年增长173%。增强与上级宣传平台的对接、推送力度，在《人民政协报》《团结报》《民主》《情系中华》等刊物上发表稿件8篇，"学习强国"学习平台发表4篇，中央统战部官网刊登9篇,《联谊报》发表11篇,《杭州统一战线》杂志发表2篇,"今日头条""民进网"官方号选登102篇(次),民进中央网站选登210篇(次)。编纂完成《杭州民进抗击新冠疫情特刊》,分为《人物卷》《日志卷》《资政卷》《文化卷》4个板块,全过程收集保存民进"战疫情促发展"的记录。

【履职能力建设主题年】 2020年,民进市委会贯彻民进中央履职能力建设主题年工作部署,修订完善参政议政工作实施意见和激励考核相关制度。探索与政府部门联合调研机制,与市发改委、市卫生健康委、市建委等部门开展调研、研讨活动14次。聘任第四批4名开明智库专家,智库专家领衔执笔的《龙坞茶镇高质量发展调研报告》被列为2020年市领导领办重点提案。全年开展"开明沙龙"5场次,300多人次参加。26个省、市立项课题和21个自由课题结题,三江汇流区、未来城市建设等7项成果转化为市政协常委会、专题协商会、月度协商会的大会发言。全年向各级平台采编报送信息617篇,获全国政协、民进中央录用30篇,获民进省委会录用80多篇,获副省级以上领导肯定批示6篇。

【专项民主监督形式多样化】 2020年,根据中共杭州市委"创建全国市域社会治理现代化标杆城市"专项民主监督工作部署,民进市委会坚持寓服务于监督中的原则,开展协商式监督、调研式监督、服务式监督。到对口区域西湖区开展实地调研5次,收集各类意见建议69条,向对口区提出各类工作意见11条。探索创新民主监督履职新形式,增强与对口地区西湖区的协作,组织法律宣讲活动,服务社区群众,组织专家、会员到龙坞、外桐坞、云栖小镇等地开展实地调研,举办专家论坛和会员培训。

【"两会"履职】 2020年,民进市委会在市"两会"上提交12件集体提案,《深化区块链产业生态培育为打造"数字经济第一城"实现新突破》等6篇调研报告被作为大会发言。担任市政协委员的会员提交17件个人提案,担任市人大代表的会员提交3件建议,3件集体提案被评为市政协十一届三次会议优秀提案。12月29日,民进市委会作为提出单位的全会建议案《关于设立杭州市民日擦亮"幸福示范标杆城市"金名片的建议》在市十三届人大常委会第三十二次会议表决通过,5月3日成为"杭州市民日"。在"市政协成立65年来有影响力重要提案"评选中,民进市委会提交的《关于振兴杭州教育的建议》和《关于加快"新零售示范区"建设助推杭州争创全国数字经济第一城的建议》2件提案入选。

【基层组织换届】 2020年,民进市委会完成4个基层委员会和32个市直属支部的换届工作。市委会根据组织发展需要,将桐庐县支部升格为总支部,新成立杭州旅游职业学校支部、西湖大学支部、传媒支部3个市直属支部,筹建浙大城市学院支部。成立市民进传媒工作委员会,实现主界别在基层组织和专委会工作机构的全覆盖。

【基层组织规范化标准化建设】 2020年,民进市委会制定印发《民进市委会关于加强基层组织规范化标准化建设的实施方案》。深化"常委走基层"活动,指导各级基层组织规范开展"学会章,交会费,做民进人"主题活动。推进地方组织、各级基层组织、专委会领导班子建设,用好各区县(市)领导班子述职成果。在第

2020年11月7日,民进市委会举办第十届西湖健康跑活动 (民进市委会 供稿)

36期、37期新会员培训班探索开展“新会员入会仪式”，增强组织生活的荣誉感、仪式感。继续组织支部轮值观摩和市直属支部与区县（市）支部结对共建活动。举办“致敬第36个教师节”活动、“弘扬抗疫精神，护佑人民健康”庆祝第三个医师节走访慰问和座谈活动、“爱满民进·薪火相传·‘疫’路有你”青年会员主题活动、第十届“迎亚运·西湖健康跑”等特色活动。

【社会服务深化】2020年，民进市委会继续完善社会服务机制和平台机构建设，优化杭州民进企业家联谊会组织架构，增补副秘书长和理事。杭州民进企业家联谊会组织走访会员企业系列活动，联合西湖大学举办高质量发展论坛，组织抗疫情爱心捐赠、消费扶贫爱心行动、“黔行”教育帮扶等活动，启动“同心·彩虹行动”新十年计划。民进市委会两篇文章在民进中央扶贫专题征文活动中分别获一、二等奖。整合会内资源打造“开明·公益行”品牌，开明艺术团承办2020年杭州市各界人士中秋茶话会；开明画院组织庆祝教师节、医师节等慰问活动；开明法律专家团组织“民法典进社区”活动10场次，服务社区群众1180多人；开明医卫专家团建立医卫专家工作站，为上城区紫阳街道、萧山区欢潭村、下城区文晖街道、杭州市天长小学等单位提供医卫专题讲座或义诊活动。（钱　凯）

2020年8月7日，农工党市委会召开纪念中国农工民主党成立九十周年暨抗击新冠肺炎疫情、助力脱贫攻坚表彰大会（农工党市委会 供稿）

农工党杭州市委会

【概况】至2020年年末，农工党杭州市委会（简称农工党市委会）有各级组织102个，其中区级委员会1个、基层委员会10个、总支部6个、支部85个。全市有党员1996人。其中：主体界别党员1267人，占63.5%；高中级职称以上党员1722人，占86.3%。全年新发展党员108人，平均年龄36.7岁。

2020年，农工党市委会以纪念农工党成立90周年为契机，切实履行参政党职能，助力新冠肺炎疫情防控、经济发展和脱贫攻坚工作，各项工作取得新进展。农工党市委会被农工党中央评为“优秀地市（县）级组织”“抗击新冠肺炎疫情先进集体”，被农工党省委会评为“宣传工作先进集体”“参政议政工作先进集体”“反映社情民意信息工作先进集体”“社会服务工作先进集体”。

【思想政治建设】2020年，农工党市委会坚持以思想建设为核心，结合深化“不忘合作初心，继续携手前进”主题教育活动和纪念农工党成立90周年活动，开展学习活动。召开主委会、常委会、理论学习中心组学习会、暑期读书会、机关工作会和“钉钉”云上会议等，开展专题学习21次。4月3日，市委会召开机关专题学习会，传达学习中共中央总书记习近平在浙江、杭州考察时的重要讲话精神；8月，市委会举办2020年暑期读书会，专题学习《习近平谈治国理政（第三卷）》；12月，市委会组织机关干部到金华调研农工党浙江省党史教育基地，参观浙江东磐地区革命活动史料陈列馆等，重温多党合作历史，开展爱国主义教育活动。市委会领导班子以常态化学习制度为引领，坚持以上率下，开展理论学习中心组学习会议4次。市委会领导班子到基层组织进行理论宣讲、党史宣讲，开展学习、研讨，参与党员860多人次。

【农工党成立90周年纪念活动】2020年，农工党市委会开展农工党成立90周年系列纪念活动。2月，市委会征集30多篇作品参加农工党中央“风雨同舟谱华章——纪念中国农工民主党成立90周年”征文活动，其中1篇文章获一等奖。3月，市委会选报8篇理论文章参加农工党中央纪念中国农工民主党成立90周年理论征文活动，其中2篇文章分别获一、二等奖。选送15幅书画作品和22幅摄影作品参加农工党成立90周年暨第二届“美丽中国”美术摄影作品展评选。其中：7名党员的作品入选美术作品网络展，2名党员的作品获摄影作品奖。8月7日，市委会召开纪念农工党成立90周年大会，邀请老中青党员代表回顾入党初心及与农工党共同成长的心路历程。8月9日，市委会组织机关干部及全市党员收听收看农工党中央举办的中国农工民主党成立90周年纪念大会。会上，农工党市委会被农工党中央评为“纪念中国农工民主党成立九十周年优秀地市（县）级组织”，富阳区基层委员会被评为“党史和理论工作先进基层组织”，杭州市第三人民医院总支部被评为“组织建设先进基层组织”，杭州市西溪医院支部被评为“宣传思想工作先进基层组织”；1名党员被评为优秀党员，1名党员被评为优秀党务工作者，7名党员被评为先进个人。

【农工党市委会助力疫情防控】2020年1月23日，农工党市委会向全市农工党各级组织发出《关于抗击新型冠状病毒肺炎疫情的倡议》。作为以医卫界为主体的民主党派，全市各级农工党组织、党员参与抗疫。春节期间，3名党员驰援武汉，约500名医护工作者坚守岗位，100多名党员到社区、车站、公路卡口等防疫一线测温查码。12名精神科医师、高级律师、金融界党员参与农工党省委会专业服务团，为疫情防控和企业复工复产提供咨询服务。据不完全统计，全市各级农工党组织和党员捐款1245.63万元，捐赠口罩29.9万只，捐赠其他医疗物资及相关器械、原料等折合87万元。其中：以“农工党杭州市委会红十字同心·前进专项基金”为依托设立的疫情防控专项基金分别向杭州市急救中心，湖北省巴东县，贵州省大方县、榕江县、从江县捐资147.67万元购买救护车4辆和人脸识别门禁、考勤、温度测量一体机等设备；“以买代帮”采购湖北省十堰市价值10万余元的橄榄油，赠送给杭州市318名援鄂医护人员。2月，发动党员向杭州市定点收治新冠肺炎患者的杭州市西溪医院捐赠3吨蔬菜。机关干部到社区、杭州火车东站开展疫情防控志愿者活动，走访30个企业、5名困难户，收集问题38个，助力疫情防控和企业复工复产。8月，农工党市委会召开“抗击新冠肺炎疫情、助力脱贫攻坚表彰大会”，对相关集体和个人进行表彰，邀请援鄂及基层一线党员代表分享抗疫先进事迹。1名党员被评为“全国卫生健康系统新冠肺炎疫情防控工作先进个人”，1名党员被评为“抗击新冠肺炎疫情全国三八红旗手”，4名党员被农工党中央评为“抗击新冠肺炎疫情先进个人”，2名党员被评为“浙江省抗击新冠肺炎疫情先进个人”，31名党员被农工党省委会评为“抗疫一线优秀党员”，杭州市西溪医院支部被评为“杭州市三八红旗集体”。

【“杭州良渚日”议案被采纳】2020年4月，在杭州市十三届人大五次会议期间，农工党党员、市人大代表张炜领衔提出的《关于设立“良渚文化日”或“良渚文明日”的议案》被市人大采纳。6月，杭州市第十三届人民代表大会常务委员会第二十八次会议做出决定，自2020年起，将良渚古城遗址申遗成功日——7月6日设立为“杭州良渚日”。

【调研提案成果】2020年，农工党市委会完成20篇（件）调研报告和集体提案，党员中的人大代表、政协委员向市级以上人大、政协提交个人提案和建议57件。农工党市委会提交的《关于提升重大疫情科学预警研判（处置）能力，健全杭州公共卫生应急管理体系的建议》等5篇调研报告得到10位（次）中共浙江省委、省政府和中共杭州市委、市政府主要领导批示肯定；《关于深化县域“医共体”联建模式，加快推进“健康杭州”持续升级的建议》由农工党省委会以团体提案提交省“两会”，得到中共浙江省委主要领导阅批，被列为省政协重点提案，由省政府、省政协领导领办和督办；《关于加快构建长期护理保险制度支持下的医养护一体化“家庭医养”新模式的建议》等10篇调研报告在市政协十一届四次会议上被作为大会口头和书面发言材料；《抓住全面融入长三角一体化发展机遇，推进杭州市属公立医院更高质量发展的建议》等2件提案被列为市政协重点提案。《关于深化浙江县域“医共体”多元机制保障的建议》获农工党中央2019年度优秀调研报告奖，《关于升级全域土地综合整治“杭州样本”促进乡村有机更新的建议》等3件提案被市政协评为优秀提案。《关于切实采取措施，尽快完善农村医保的建议》和《关于利用“互联网+”进一步提升智慧医疗服务水平的建议》被评为“市政协成立65年来有影响力重要提案”。12名党员被农工党省委会评为“2020年度参政议政工作先进个人”。

【专项民主监督助发展】2020年，农工党市委会响应中共杭州市委关于支持杭州市各民主党派、工商联开展“创建全国市域社会治理现代化标杆城市”专项民主监督活动的部署，成立由市委会主委、副主委、常委率队的9个专班。组织政协委员、人大代表和各专委会成员及骨干党员等分9批共149人次到江干区8个街道开展专项民主监督，走访社区、矛盾调解中心、医疗机构等26个，发放调查问卷820份，召开座谈会9次。编报《关于参与社会治理的社会组织立法建议》等调研报告和社情民意信息，分别被省政协、农工党省委会等录用，得到中共浙江省委、省政府和中共杭州市委、市政府领导批示肯定，《强化法治保障推进杭州城市社区治理现代化》等课题报告在市政协“请你来协商”平台被作为口头发言材料。

【信息工作形式创新】2020年，农工党市委会开展信息沙龙进基层活动，邀请省、市有关信息编报负责人和参政议政骨干党员到临安、萧山、富阳等地开展系列信息沙龙活动8期，以会代训，开展面对面议政交流。利用“微言妙语”微信群开展“线上信息沙龙”，围绕重大疫情防控、“六稳”“六保”等重点工作，及时发布重点约稿信息，实现线上线下同步推进。全年编报信息432条，《“互联网+”时代下创新网络统战工作的建议》《关于将社会办医疗机构纳入国家公共卫生应急体系建设的建议》等134条（次）被全国政协、农工党中央、省政府、省委统战部、农工党省委会、市新冠肺炎疫情防控指挥部等采用。《建议加强长三角地区内河船舶水污染联防联治》《建议上调村级医疗机构一般诊疗费标准》分别得到2位省领导批示肯定。《关于优化疫情防控期间网络教学的建议》《市民反映部分学校强制推广教辅App存在隐患》等5篇信息分别得到8位(次）市领导批示肯定。1名党员被农工党中央评为“2019年度农工党中央反映社情民意信息先进个人”，11名党员被农工党省委会评为“2020年度反映社情民意信息工作先进个人”。

【宣传工作显成效】2020年，农工党市委会加大对党务工作、理论学习和党员事迹的宣传力度，运用现代化信息技术，提升宣传实效。加强市委会“一刊一网一号”建设，全年印发《杭州农工》4期，微信公众号推送信息121期、295篇，140多篇报道和动态信息在中央统战部、农工党中央和农工党省委会、市政协、市委统战部的刊物、网站及微信公众号等媒介发布，110多篇报道被中新社、《联谊报》、《杭州日报》、“澎湃新闻”、“今日头条”等媒体选用。1月10日，农工党中央举办的“不忘合作初心，继续携手前进”微视频展播评奖结果揭晓，农工党市委会选送的微视频《你的名字叫农工党党员》获最高奖——特别奖。

【组织建设】2020年，农工党市委会完成18个基层组织的换届和届中调整工作，新成立浙大城市学院支部等2个基层组织，7个基层组织召开组织生活会，15个组织被农工党省委会评为“2020年度先进基层组织”。推荐13名党员进入市级代表人士库，推荐增补1名市政协委员。4月，召开十届七次全会，增补十届市委委员4名，补选常务委员2名、副主委2名。以“主委进微信群”为抓手，走访各级组织，巩固主题教育成果。

【精准帮扶】2020年，农工党市委会落实农工党中央“大方脱了贫、农工不断线”精神，助力贵州省毕节市大方县帮扶工作。8月，市委会主要领导率医疗、经济界党员专家到大方县开展精准帮扶活动，现场开展“一带一”乡卫生院医生查房带教及义诊服务，为30多名重点人员进行急救知识培训。参与杭州市东西部扶贫协作项目，5月，联合浙江花都美容美发培训中心为贵州省黔东南苗族侗族自治州丹寨县20名贫困人员开展为期3个月的免费全托管美容美发职业技能培训。9月，市委会主要领导率党员专家到贵州省黔东南苗族侗族自治州榕江县和从江县开展助医、助学、助教等帮扶活动，联合党员企业向从江县人民医院捐赠价值59万余元的医疗器械，向榕江县朗洞镇中心校、从江县西山镇中心小学捐赠价值9万余元的课桌椅350套，筹资2万元资助榕江县和从江县20名优秀贫困学生。10月，市委会主要领导率队到湖北省恩施土家族苗族自治州开展对口帮扶工作，联合党员企业向恩施土家族苗族自治州水井小学捐赠价值4万余元的课桌椅230套，向恩施土家族苗族自治州捐赠3台价值6万元的自动体外除颤器，启动为当地唇腭裂患者实施免费手术项目，举办“精准扶贫——校校企电梯工程技术班”开班式，为33名学生提供到杭州“培训+就业”岗位。15名党员到贵州省黔东南苗族侗族自治州、湖北省恩施土家族苗族自治州和新疆维吾尔自治区阿克苏市等地开展为期1个月以上的医疗、农技等帮扶工作。向“联乡结村”点淳安县王阜乡捐赠帮扶资金10万元，选派医疗专家、农技专家到临安区板桥镇、淳安县王阜乡等地开展“六送”服务，送去价值3.5万元的文化书籍用品、农用物资等，受益群众1000多人次。 （张忆慈）

致公党杭州市委会

【概况】至2020年年末，致公党杭州市委会（简称致公党市委会）下辖上城区、下城区、西湖区、江干区、拱墅区、萧山区、余杭区7个基层委员会，滨江区1个总支部，富阳区、杭州师范大学、杭州市第一人民医院、文艺4个直属支部。有党员618人。全年新发展党员33名。

2020年，致公党市委会投入“战疫情、促发展”，着力发挥侨海特色，助力脱贫攻坚，强化自身建设，获评致公党中央“抗击新冠肺炎疫情先进集体”和致公党省委会参政议政工作、组织工作、社会服务海外联谊工作3项先进集体称号。江干区基层委员会、萧山区基层委员会被评为2020年致公党省委会抗击新冠肺炎疫情先进集体，西湖区基层委员会被评为2020年致公党省委会宣传思想工作先进集体。

【致公党市委会助力疫情防控和复工复产】2020年，新冠肺炎疫情发生后，致公党市委会通过线上线下多种渠道发动各基层组织和全市党员参与疫情防控。全市各级致公党组织和党员通过各种渠道捐款902.7万元、捐物价值2716.8万元，通过各类平台协助组织捐款捐物2739.6万元。梳理全市党员企业69个，落实基层组织负责人和机关联络员“双联系人”制度，领导班子成员带队到企业开展“走亲连心三服务”活动；组建金融政策服务团和法律帮扶服务团，为党员企业复工复产提供咨询服务。致公党市委会领导带队走访慰问市委会党员中工作在防控一线的医务人员、乡镇街道社区工作者、企业家党员等78人。

【社情民意报送】2020年，致公党市委会报送信息186篇（次），被各级采用55篇（次）。萧山区基层委员会直报致公党中央的《精准施策破解企业复工复产“梗阻”难题》获致公党中央主要领导批示，党员陈卫永参与撰写的《关于建立高水平应对新发传染病应急体系的建议》获中共浙江省委主要领导批示，党员金霞提交的《建议结合“十四五”规划布局加快打造数字驱动生物经济发展的全国高地》、叶虹提交的《建议以“城市大脑”应用成果为核心，积极发展数字经济产业旅游》获中共杭州市委主要领导批示，党员王占明完成的《关于明确受疫情影响延迟复工期间工资发放标准的建议》获副省长王文序批示。

【对外联络优势彰显】2020年，致公党市委会联合富阳区委统战部、致公党富阳支部、“创享+”在中国智谷富阳园区举办以“自主创新·新征途”为主题的第三届“明志海创联盟”年度论坛，针对危机和挑战、创新和突破，邀请专家学者、新兴产业领军人物、投资人和“准独角兽”项目创始人探讨新时期自主创新发展。7位联盟成员组成“联盟导师团队”，开展“私享”沙龙活动。依托服贸TOP单位、浙江省跨境贸易骨干企业泛鼎国际集团增设“一带一路”杭州致公驿站。“同心·传承”文化基地与萧山区城区社区学校签署馆校合作共建协议，为市民搭建文化学习体验平台，全年接待各级领导访问、团体参观50多次。“同心·国际社区”基地会同“同心·海创”基地开展“参政议政开放日”活动，邀请高新区（滨江）组织、商务、人力社保、公安等部门举办“‘十四五’人才规划建言献策圆桌会”。中非友好杭州致公驿站走访医疗相关企业推进疫情紧缺医疗物资援助，在富阳区举办“走进非洲，共谋合作”洽谈会。“明志海创联盟”基地申报创建省级“致公之家”，制作专属宣传片，全年召开会议、开展交流、负责接待10场（次）。

【宣传平台建设】2020年，致公党市委会提升新媒体宣传水平，发挥“一网一刊一微”宣传主渠道作用，加大

2020 年 5 月 25 日，致公党市委会到浙江工业大学附属实验学校捐赠防疫物资 （致公党市委会 供稿）

对特色履职工作和党员先进事迹的宣传报道力度。全年发布网站宣传报道 408 件，编印《杭州致公》杂志 4 期，推送微信公众号宣传报道 241 期 467 篇，阅读量 9.7 万人次。其中：中央统战部网站采用 8 篇，“中国致公”微信公众号采用 10 篇，“浙江致公”微信公众号采用 29 篇，“杭州统一战线”微信公众号采用 25 篇，团结网、“浙江新闻”等转载 26 篇（次）。

【帮扶形式多样化】2020 年，致公党市委会联合西湖区基层委员会继续在浙江工业大学附属实验学校开展“明志·悦读”活动，捐赠价值 1 万元的“爱心助学”防疫物资。在重庆酉阳、建德梅城新设“‘明志·悦读’杭州致公图书角”2 个，滨江总支部党员黄东良、江干区基层委员会全体党员捐赠各类书籍 1.13 万册。贯彻致公党中央关于通过“酉好货”平台进行“消费扶贫”的工作部署，11 个基层组织消费约 9 万元，较目标任务超额 53.3%。5 名企业家党员响应省委统战部号召签署年均购买 1 万元以上扶贫物资的协议。西湖区基层委员会党员和市委会机关干部从“联乡结村”帮扶点淳安县安阳乡认购价值 2.6 万元的大米 2250 千克。到致公党省委会结对的丽水市遂昌县石练镇迎新村开展送医服务，慰问贫困户、消费扶贫 3100 元。结合“三服务”“联乡结村”行动，依托市政协“六送”服务载体，助力乡村振兴。组织机关干部和市委会旅游规划、法律、医疗卫生、农技等领域专家党员和书画家党员到建德市航头镇乌龙、航川、珏塘 3 个村和临安区板桥镇开展送防疫物资、送科技、送法律、送卫生、送文化等服务 6 次。联合江干区基层委员会、富阳支部在淳安县安阳乡中心小学开展送教育、送体育服务，为师生开设公开课，捐赠价值 6000 多元体育器材。 （袁靖雯）

九三学社杭州市委会

【概况】至 2020 年年末，九三学社杭州市委会（简称九三学社市委会）下辖上城区、下城区、江干区、拱墅区、西湖区、滨江区、萧山区、余杭区、杭州师范大学、杭州市第一人民医院 10 个基层委员会，80 个支社，设有 9 个工作委员会和“五会两团一院”。全市有社员 2115 人，主体界别占比 74.6%。全年新发展社员 90 人，平均年龄 38 岁。

2020 年，九三学社市委会围绕中心，发挥优势，各项社务工作取得新成绩，被九三学社中央评为抗击新冠肺炎疫情先进集体和 2016—2020 年全国社会服务先进集体，被九三学社省委会评为纪念九三学社创建 75 周年暨在浙江建立组织 65 周年先进地方组织，被评为 2020 年度参政议政、信息、新闻宣传、社会服务先进市级组织。

【九三学社市委会参与疫情防控】2020 年，九三学社市委会第一时间成立新冠肺炎疫情防控监督组，发动社员参与疫情防控工作。2 名社员随医疗救援队驰援湖北，参与医疗救助工作，370 多名社员坚守抗疫防疫一线。全市各级九三学社组织和社员捐款 790 多万元，捐赠各类防护用品 10 万余件、价值 1000 多万元的医疗后勤物资，减免商铺租金 300 多万元。1 名社员被评为全国抗击新冠肺炎疫情先进个人；2 名社员被评为九三学社中央抗击新冠肺炎疫情湖北抗疫一线优秀社员，4 名社员被评为抗击新冠肺炎疫情先进个人；4 个基层组织被评为九三学社省委会抗击疫情先进集体，15 名社员被评为先进个人；6 名社员被评为杭州市抗击新冠肺炎疫情先进个人。

【九三学社市委会助力复工复产】2020 年，九三学社市委会为助力企业复工复产，做好“六稳”“六保”工作，制定《“致力抗疫服务发展”同心献策专项行动方案》，形成九三学社市委会、基层委员会、支社三级联动工作机制。领导班子成员带队走访社员企业 20 多个，向中共杭州市委报送问题 30 多个，其中“打通口罩等防疫用品购买渠道”“帮销农村合作社水产品”等 15 个问题得到解决。成立 21 名法律界社员组成的“助企法律服务团”提供公益法律服务，服务团成员及其团队提供法律咨询 100 多次，直接间接为企业避免和挽回经济损失 700 多万元。报送抗疫防疫、复工复产相关社情民意信息 90 多篇，为中共杭州市委、市政府决策提供参考。

【思想政治建设】2020 年，九三学社市委会以主委会、常委（扩大）会、骨干读书班、新社员培训班等为载体，网上学和网下学相结合，召开主委办公会议 31 次、主委会议 13 次、常委会 5 次，重点学习习近平新时代中国特色社会主义思想、中共十九届五中全会、中共中央总书记习近平在浙江考察时的重要讲话精神和中共浙江省委、中共杭州市委全会精神，加强思想引领，巩固主题教育活动成果。4 月 17 日，九三学社市委会举办援鄂社员先进事迹报告会。11 月 5 日，举办思想宣传暨网络舆情工作培训班，提升社员新闻报道撰写能力，增强网络舆情防范意识。

【九三学社建立 75 周年纪念活动】 2020 年 9 月，为纪念九三学社建立 75 周年，九三学社市委会举办“云微笑”活动，面向全市社员征集笑脸照片 400 多张；录制“中国心·九三情”云晚会视频，全体演职人员均为社员。云晚会视频被九三学社中央公众号“九三学社之声”转发，入选“学习强国”学习平台，获九三学社全国优秀新闻作品（网络类）二等奖。组织社员参加九三学社中央建社 75 周年征文活动，《曾沐风雨共芳菲，且将携手踏弦歌》被评为一等奖，《忆九三学社杭州市委员会的筹建和成立》被评为二等奖。组织社员参观梁希纪念馆、严济慈陈列馆等九三学社全国传统教育基地，激发社员爱国爱社情怀。

【协商议政】 2020 年，九三学社市委会主要领导多次参加中共杭州市委、市政府召开的政情通报会、民主协商座谈会等，就重点工作议政建言。市“两会”期间，九三学社市委会向市政协全会提交《提升我市农房建管水平，推进乡村建设高质量发展》等大会发言 6 篇、《完善我市志愿服务机制建设，为 2022 年杭州亚运会增光添彩》等集体提案 9 件。其中，《关于以未来社区为目标，完善我市老旧小区改造工作的建议》等 2 件集体提案被列为市政协重点提案，由市领导领办。市委会提交的《关于推动我市“名校名院名所”建设的若干建议》等 3 件集体提案和王景峰等委员提交的个人提案被评为优秀提案。社内各级人大代表、政协委员提交全国人大议案建议 10 件，省人大议案建议 5 件、省政协提案 3 件，市人大建议 23 件、市政协提案 27 件，区人大建议 18 件、区政协提案 103 件。市委会调研报告《关于规范区块链技术在“互联网 + 医疗”中探索应用》被选为全国政协十三届三次会议上九三学社中央名义提案；《优化杭州城西科创大走廊建设管理，打造我省创新发展主引擎》等 4 篇调研报告被选为省政协全会大会发言、集体提案，其中《进一步发挥仲裁在提升我省营商环境中的积极作用》被选为省政协全会口头发言。

【课题调研】 2020 年，九三学社市委会发挥领导班子牵头重点课题作用，聚焦科技成果转化中介服务体系建设、国家新一代人工智能创新发展试验区建设、社会治理现代化等主题确定重点课题 11 个，组织调研 50 多次，创新参政议政课题招投标工作方式，探索开展网络立项评审会和成果交流会。全年立项并完成课题 44 项，参加九三学社省委会重点课题和参政议政课题招投标活动，4 项课题获立项。参与市政协常委会、专题协商会和月度协商会课题工作，6 篇调研成果被选为大会发言。

【信息工作方法创新】 2020 年，九三学社市委会创新信息工作方法，举办以“5G，开启智能新时代”等为主题的议政日活动 6 次，邀请 8 位社内信息专家录制音频课程，线上分享信息工作“宝典”。全年编辑报送信息 270 篇，被各级部门录用 119 篇，其中 13 篇被全国政协录用、23 篇被九三学社中央录用。《国家可再生能源电价补贴政策或将收紧，垃圾焚烧发电企业普遍忧心忡忡》获中共浙江省委常委、常务副省长冯飞批示，《进入 5G 时代，现有电磁辐射监测技术和标准亟须全面更新》被中央统战部专刊录用。

【专项民主监督】 2020 年，九三学社市委会通过“专家 + 社员”“网上 + 网下”“明察 + 暗访”“点上调

2020 年 9 月，九三学社市委会举办“云微笑”活动（九三学社市委会 供稿）

研＋面上问卷”等方式，对口下城区开展“创建全国市域社会治理现代化标杆城市”专项民主监督。领导班子成员和相关领域社员专家近20人组成监督调研组，到下城区走访对接，到中国银保监会浙江监管局和市委政法委、市发改委、市数据资源局等部门了解情况，到滨江区、萧山区、余杭区等地进行对比调研，到衢州市考察学习，开展监督调研22次，300多人次参加。下城区基层委员会60多名社员组成暗访体验组，结合城市大脑应用场景开展体验式监督。通过微信公众号发放调查问卷近400份，形成《体验式监督报告》和《调查问卷分析报告》2份成果，并完成《提升数字科技水平，加快推进市域社会治理现代化》专项民主监督报告。

【宣传影响力提升】2020年，九三学社市委会微信公众号“杭州九三”发表文章160多篇，点击量20多万人次，引导社员正面发声，被九三学社中央评为2019—2020年度十佳微信公众号。九三学社市委会在《人民政协报》《团结报》《联谊报》和同步网络平台等发表文章60多篇，在“澎湃新闻”“搜狐新闻”等新媒体平台发表文章200多篇，扩大社务工作影响力。全年编印《杭州九三》4期，被市新闻出版局评为综合、出版规范十佳内刊。完成“杭州九三学社发展历程”口述史研究成果10多篇，其中1篇在《民主与科学》上发表。1名社员被评为九三学社中央宣传思想工作先进个人，《朱佳清：白衣战士在“前线”谱写人生最美芳华》获优秀新闻作品一等奖。

【组织建设规范化】2020年8月，九三学社市委会印发《关于进一步做好新时代组织发展工作的若干意见》，规范组织发展工作，突出质量优先。年内，市委会领导班子联系走访基层组织50多次、社员所在单位30多个，指导和推动全市各级九三学社组织开展社务工作。成立西湖大学支社，完成浙大城市学院支社划转、余杭区基层委员会和杭州师范大学基层委员会及所属支社等19个基层组织换届选举，及萧山区基层委员会届中调整工作。加大组织工作培训力度，组织200多名社员参加骨干读书班、委员讲堂暨参政议政培训班、组织工作培训班等，推荐28名社员参加市党外中青班和省委统战部、九三学社省委会、市委统战部举办的培训班。以基层组织工作测评为抓手，深化“星级支社”评选活动，加强基层组织规范化、标准化建设。完善“九三之家”建设及考核激励办法，提升基层阵地使用成效。西湖区基层委员会被评为九三学社创建75周年全国优秀基层组织，9个基层组织被九三学社省委会评为先进基层组织。3名社员获“浙江九三榜样”称号，37名社员被评为九三学社省委会优秀社员和优秀社务工作者。

【定点帮扶】2020年，九三学社市委会助力建德市杨村桥镇乡村振兴工作，帮助对接浙江农林大学，省、市农科院，市农业农村局，邀请社内外农业科技专家调研杨村桥镇产业发展10多次，指导“草莓＋”农作新模式，提升当地产学研合作水平。杨村桥镇入选农业农村部发布的农业产业强镇建设名单。市委会协调落实市领导专项帮扶资金近100万元，助力改善村容村貌、建设现代农业园连栋大棚，壮大村集体经济。争取对口部门市建委支持，进行设计帮扶，召开黄盛村新村民居点最美农房设计“五方会审”，遴选确定总面积近3000平方米的“共建共享共商”民生房设计方案。

【社会服务】2020年，九三学社市委会举办九三学社中央院士专家科普行（杭州站）活动，九三学社中央副主席、中国工程院院士丛斌，九三学社中央常委、中国科学院院士葛均波等专家围绕大健康、人工智能、大数据等主题举办系列讲座。市委会发挥“九三讲堂”品牌优势，与浙江图书馆、杭州图书馆、网易蜗牛图书馆联合举办线上线下活动，新建九三讲堂楼塔基地，开设网络“九三E讲堂”，全年举办讲座50多场，受益听众7000多人次。市委会深化“九桐合作”，邀请浙江大学社员专家在桐庐县莪山乡实施稻鱼共生系统项目，实现“一亩田、百斤鱼、千斤稻、万元钱”。继续开展“山海协作”，助推衢州九三中医药基地建设。组织消费扶贫，召开与湖北九三学社消费扶贫对接座谈会，动员社员购买湖北滞销农产品，组织社内企业家签订扶贫承诺书，以购代捐、以买代帮。2名社员被九三学社中央评为2016—2020年社会服务先进个人，九三学社普法讲师团被评为杭州市“七五”普法优秀社会组织。 （赵慧君）

责任编辑　郦　晶

2021
杭州年鉴
People's Organization

13 人民团体

杭州市总工会

【概况】2020年年末，市总工会下辖13个区县（市）总工会、1个钱塘新区总工会、10个产业工会和5个直属事业、企业单位。全市有基层工会组织2.6万个，涵盖单位10.6万个，工会会员444.87万人。

市总工会围绕“防疫情、助发展，保民生、稳就业，维权益、优服务”工作主线，带领职工群众在展示“重要窗口”的“头雁风采”中强化主人翁意识，发挥主力军作用。开展“三助三保”专项行动，出台惠企助企政策。开展“三重一新”（重点工程、重点建设、重大投资、新经济业态工程建设）、亚运场馆建设等立功竞赛活动，组织170多万名职工参加“十百千万”职业技能竞赛活动，为8242名职工发放高技能人才奖励441.2万元，资助1084名优秀外来务工人员上大学。全市职工医疗互助参保人数202.71万人，受益职工6.8万人次，发放医疗补助8331.89万元。为47.5万名户外高温作业者“送清凉”，组织1.5万名职工开展免费疗休养。关心户外劳动者、外来务工人员及其子女、青年职工、女职工等群体，新建“心晴e站”线下体验点50个、“爱心驿家”76个、“妈咪暖心小屋”178个，各类相亲交友活动惠及青年职工4万余人。举办暑期“小候鸟”爱心班、托管班、夏令营活动493班（期）次，服务2万余人次。深化工会“互联网+”普惠服务，“杭工e家”App下载注册超过136万人，“优惠乘地铁”项目服务职工213.4万人次。

【“9·26”工匠日系列活动】2020年9月26日，市总工会开展“9·26”工匠日系列活动。认定第四届“杭州工匠”30名，开工建设全国首个劳模工匠文化公园，首创“匠心卡”“匠心坊”，建成开放全省首个工运史资料陈列室暨劳模工匠展示厅。首次以“云表彰”形式，宣传表彰杭州市五一劳动奖获得者。成立长三角G60科创走廊城市工匠联盟，市、区县（市）和产业工会劳模工匠协会建设实现全覆盖。开展劳模工匠进校园、工匠带高徒、劳模工匠书画展、劳模工匠先进事迹宣讲会等活动。

【“战疫情、促发展”工会举措】2020年，面对突如其来的新冠肺炎疫情，市总工会组织开展“三助三保”专项行动，出台“战疫情、促发展”十大举措、“助企业、稳就业、促创业”助推民营经济发展6项措施、小微企业工会经费返还等惠企助企政策，出台杭州援鄂医疗队员及其家属保障“暖八条”。全市各级工会累计拨付疫情防控专项资金4883万余元，走访慰问一线职工26.5万人、企业8708个，接返杭州务工人员7万余人，发放回杭州车票补贴700多万元，为企业开展“云招聘”活动9280场次。

【“春风沐浴·温暖阅读”活动】2020年，杭州市“春风行动”募集资金

2020年9月26日，杭州工运史资料陈列室暨劳模工匠展示厅开馆

（市总工会 供稿）

1.55亿元，再创历史新高。“春风行动”探索适应困难群体的扶贫助困新模式，开展“春风沐浴·温暖阅读”活动，推进贫困地区和困难群众物质脱贫致富，丰富精神文化生活。活动募集到图书10万余册，在湖北省恩施土家族苗族自治州、贵州省黔东南苗族侗族自治州、长三角地区部分乡村援建20个爱心书房，在杭州建设30个“米粒图书馆”。

【“六协”共治专项行动】2020年，市总工会发挥工会组织优势，实施民主协商、矛盾协调、文化协和、关爱协助、多元协同、数字协力“六协”共治行动，推动各级工会以项目化、品牌化、数智化方式参与基层社会治理。深化和谐劳动关系创建和企业社会责任建设，认定杭州市和谐劳动关系建设标杆园区10个、“战疫情、促发展、稳就业”履行社会责任优秀企业76个。举办新冠肺炎疫情防控专项集体协商宣讲培训、全市首届集体协商技能竞赛暨工资集体协商工作推进会，促成开展疫情防控集体协商企业3649个，其中2051个企业开展“云协商”。创新企业民主管理，推行网上职工代表大会，探索联合工会涵盖小微企业职工大会制度。开展“百万职工大行动、平安杭州我先行”活动，助力平安杭州建设。

【产业工人队伍建设改革】2020年，市总工会建立市、区县（市）两级推进新时代杭州产业工人队伍建设改革工作协调小组，出台实施方案，制订任务清单，举办现场推进会、培训班，开展比学赶超活动，推动萧山区、余杭区和5个省级试点企业、68个市级试点企业先行先试，稳步推进产业工人队伍建设改革工作。选拔树立“工人先锋号”100个、职工高技能人才（劳模工匠）创新工作室30个，评选“五小”创新成果200项，评聘职业技能带头人159名，“名师带徒”签约1200对。8月19日，印发《关于开展基层工会“推优入党”工作实施意见》，推进工会“推优入党”工作制度化、规范化、常态化，全市基层工会推荐1565名优秀一线职工为入党积极分子。

【长三角科创走廊城市暨浙江省职工网络安全技能大赛】2020年9月22日，长三角G60科创走廊城市暨浙江省职工网络安全攻防技能大赛在杭州未来科技城举行，来自长三角地区的29个城市、36支代表队、108位选手参赛。开幕式上，G60科创走廊九城市总工会的代表共同签订《关于建立G60科创走廊工匠联盟的议定书》，共同促进九城市工匠工作的交流与合作。经过角逐，杭州市代表队获个人和团体两个项目第一名。

【杭州市职工运动会】2020年11月2—25日，杭州市举办第九届职工运动会。运动会以“小型、分散、绿色、节俭、智能”为原则，设电竞大赛、智能跳绳大赛2个项目。比赛利用全网联动的形式，从线上到线下开展群众性体育竞技活动。全市有80支队伍参加职工电竞大赛，线上观看人数峰值达200万人次；职工智能跳绳线上挑战赛在全市设赛点1万个，参与职工10万余名。（刘　娜）

共青团杭州市委员会

【概况】2020年年末，团市委有基层团委1060个、基层团工委207个、基层团总支512个、基层团支部2.3万个。全市有团员43.63万人、专职团干部948人。

团市委全面参与村（社）换届工作，推动35周岁以下“两委”班子成员兼任团组织书记，换届后全市村（社）“两委”班子中有35周岁以下青年的村（社）占比87.1%。严控团员发展数量，全市发展团员1.8万名，开发“入团第一考”网络平台，深化“三亮三比”团员积分管理机制，试点探索“推优入党”、团员全过程管理等制度，团员先进性明显增强。评选表彰市级五四红旗团委29个、五四红旗团支部32个。

团市委将共青团改革关键性指标纳入全市“大党建”考核内容，推进团中央健全地方青联组织社团基础试点，对46个省、市、县三级基层群团改革试点单位开展常态化联系指导，形成共青团基层组织改革案例15个。制定《共青团杭州市第十九届委员会专门委员会工作规则（试行）》，指导区县（市）全部建立县域团代表联络站。开展非公有制企业团建“百日攻坚行动”，全年新增非公有制企业团组织607个、物业服务企业团组织27个。在网络作家、快递小哥、网络主播等新兴青年群体领域成立中国（杭州）青年电商达人联盟、杭港澳青年联谊会、杭州市青年文联等组织。持续推进“智慧团建”建设，实现全市所有团组织、团干部、团员信息动态化管理。

【团市委助力疫情防控】2020年，面对新冠肺炎疫情，团市委发挥组织动员优势和桥梁纽带作用，招募志愿者9.5万人，日均组织1.54万名志愿者参与疫情防控。发动市青联、市青企协等会员企业捐助物资价值7810万元，为市委党校隔离点筹集消毒液及餐食配送机器人。实施“关爱六条”行动，为杭州市援鄂医疗队员及疫情防控一线医务人员子女，提供青少年宫子女兴趣班优先录取及费用免除等六大服务，累计关爱5800多人次。开展“百团千队”行动助力企业复工复产，服务企业2.3万个。开展“战疫情、促发展”主题宣传，在全市开展致敬杭城防疫志愿者“3·5”主题活动，评选疫情防控先进团委（团支部）、优秀青年突击队、防疫志愿服务榜样人物（服务队）等先进典型，并在全国防控疫情应急青年志愿服务部署调度视频会上做经验交流发言。

【“振兴杯”全国青年职业技能大赛在杭州举行】2020年11月3—6日，第十六届“振兴杯”全国青年职业技能大赛在杭州举行，共青团中央书记处书记傅振邦，浙江省副省长王文序，市领导毛溪浩、郑荣胜、陈国妹等出席开幕式。经过角逐，代表浙江省参赛的杭州选手获得4枚金牌、3枚铜牌，奖牌数在参赛省、市中列第一位。配套举办人才招聘会，其中，“云招聘”会推出岗位2.6万个，投递简历8840多人次，意向签约3784人次。226名参赛选手中有153名签订在杭州就业意向书，其中60名获金牌、银牌、铜牌的选手全部签订。80个在杭州的企业与全国22个中国特色 高水平高职学校达成青年技能人才定向培养合作协议。

2020 年 11 月 3—6 日，第十六届"振兴杯"全国青年职业技能大赛在杭州举行 （团市委 供稿）

【团工作服务全市大局】2020 年，团市委开展"青春社区"建设工作，成立杭州市青年业委会委员联谊会和青年业委会智囊团，开发"西子青春社区"小程序，引领团员青年到社区助力基层社会治理，累计参与社区营造、垃圾分类、助老帮困等活动的团员青年、志愿者 52.1 万人次。以直播经济为切入点助推实体经济发展，成立全国首个中国青年电商网红村，组建中国（杭州）青年电商达人联盟，培训青年电商主播 3000 多人次，全年带动成交量 8380 多万元。实施"青年职业导航计划"和"青春领航"青年技能人才培养工程，开展"数字先锋"青工技能比武系列活动 307 场，新命名市级"青年文明号"集体 864 个、青年安全生产示范岗集体 171 个。成立杭州学子工作站等人才引育服务平台，在英国伦敦、新加坡等地建立海外分站 6 个，选聘第六批杭州青年人才大使 29 名。推出"未来之星培养计划"，选拔 38 名大学生创业者实施全方位创业扶持，成员获"创青春"全国赛金奖。与市委组织部联合建设"全球青年人才中心"和"青年人才蓄水池"，"住创 1215"平台新引进团队 6 个，服务青年人才 1200 人次。

【青少年思想引领】2020 年，团市委开展以"绽放战疫青春、坚定制度自信""从小学先锋、长大做先锋"等为主题的新冠肺炎疫情防控、榜样寻访、红色研学等不同类别主题教育实践活动 110 多个。持续开展"青年大学习"网上团课活动，全年参与学习 493.7 万人次。组建由 751 名年轻干部、青年教师、青联委员等构成的青年讲师团，开展专题宣讲 342 场，覆盖青少年 102 万人次，形成"上城青年说"、"余杭博士团"、地铁集团"彩虹代言人"等宣讲品牌。举办杭州市庆祝"五四"青年节代表座谈会，承办"青春在战疫中绽放"全国巡回宣讲浙江站活动，在浙江卫视新闻频道开设优秀"抗疫"青年典型事迹宣传专栏 13 期。全市红领巾学院实现县级全覆盖、校级（小学）覆盖率 83%。杭州青年运动史馆接待团队 142 个、5000 多人次。"青春杭州全媒体矩阵"影响力逐步增强，吸引青年关注者 30.2 万人。

【青年志愿服务】2020 年，杭州亚组委志愿者部成立团市委亚运志愿服务专班，制订亚运城市志愿服务行动方案，牵头起草全国行业标准《志愿服务项目基本规范》，持续弘扬"小青荷"等志愿服务品牌。开展志愿服务专题课进高校活动，以及"最美社区志愿服务课堂和文化培育三年行动计划"，全年培训志愿者 1.5 万人次。组建"河小二"突击队 467 支，开展剿灭劣 V 类水志愿服务。完成第十六届中国国际动漫节、西湖国际玫瑰婚典、ADM 亚洲管理论坛等大型赛会志愿服务。国庆期间，上城区湖滨步行街近千名志愿者组成的"最美人墙"被《人民日报》、"学习强国"杭州学习平台等媒体报道。杭州志愿者工作指导中心获评 2020 年度"浙江省志愿服务工作先进集体"和"杭州市五一劳动奖状"。

【团工作对口帮扶】2020 年，团市委对接对口支援和东西部扶贫协作地区，组织动员杭州市青年联合会、杭州市青年企业家协会等会员单位，以及大学生、志愿者等社会各界爱心人士，开展"免费爱心午餐"、爱心助学、希望书屋、线上招聘、爱心图书馆等帮扶项目 20 个，捐助资金 99.8 万元。举办 2020 年"恩施——三穗城市职旅""杭援巴东、云上美育"公益线上艺术课程等活动，选派青年企业家代表担任湖北省恩施土家族苗族自治州青年创新创业大赛导师。发动全市少先队员参加"9·9"公益日活动，为浙江红领巾公益基金募捐 2 万余元。落实淳安县瑶山乡"联乡结村"帮扶资金 15 万元。杭州青荷公益基金会获评"2020 年度社会组织助力东西部脱贫攻坚行动先进单位"。

【青少年综合服务】2020 年，团市委落实《杭州市中长期青年发展规划（2020—2025 年）》，指导区县（市）全部建立青年工作联席会议制度，推动青年发展规划列入杭州市"十四五"规划社会民生类项目。举办青少年权益维护关爱、青年为老志愿服务公益创投项目大赛，培育优质公益项目 90 个。优化杭州"12355"青少年服务台热线渠道，开通防疫心理热线和"亲青帮"中高考热线，接听热线咨询 3500 多次。在全市开展重点青少年群体结对帮扶，资助贫困学生 75 名。开展流动少年宫活动，服务青少年 1.2 万人次。建成青年之家 204 个，实现全市镇街全覆盖，其中入驻"云平台"的实体青年之家 90 个，开展活动 2210 场。持续开展"悦读益站"线下站点建设和"青春·荐读"活动，全年捐书 2.6 万册，覆盖 128 万余人次。举办第二十二届"西湖情玫瑰婚典"，为 100 对基层一线的抗疫先锋新人免费举行婚礼。杭州青少年活动中心开设各类兴趣培训班1.5万个，培训27.3万人次，被科学技术部、中共中央宣传部、中国科学技术学会授予“全国科普工作先进集体”称号。“笑笑橙”青少年消防应急安全体验馆被应急管理部消防救援局授予“国家应急消防科普教育基地”称号，杭州（国际）青少年洞桥营地获评“全国新劳动教育实践体验基地”。（郭德智）

杭州市妇女联合会

【概况】2020年年末，杭州市妇联有2个直属事业单位，辖13个区县（市）妇联，3个直属妇工委。全市乡镇（街道）、村（社区）妇联组织3297个，市本级妇联团体会员11个。

市妇联先后获全国家庭工作先进集体、2020年度《中国妇女》宣传工作突出贡献奖等称号。千鹤妇女精神教育基地成为全省首个全国妇女爱国主义教育基地。市妇联获2020年全省妇联工作考评第一名。

【千鹤妇女精神弘扬】2020年4月15日，市委召开传承弘扬千鹤妇女精神座谈会，出台《关于传承弘扬千鹤妇女精神激励巾帼建功创业的实施意见》。千鹤妇女精神教育基地对外开放。至年末，接待739批、3万余人次参观。省妇联会同有关部门召开新时代传承弘扬千鹤妇女精神理论研讨会，扩大千鹤妇女精神在全省、全国的影响力。全市开展千鹤巾帼大宣讲活动233场次，参与2135万人次。市妇联组织网络女作家用“网言网语”撰写杭州妇女运动经典故事，与市文联共同出版《西子弦歌》一书，展现中国共产党领导下的杭州妇女运动历程。

【妇联助力抗疫】2020年，在抗击新冠肺炎疫情期间，市妇联发起“弘扬千鹤妇女精神，争当家庭安康最美守护者，争当疫情防控巾帼排头兵”主题活动，动员妇联干部、巾帼志愿者等14万人次，开展上门摸排、隔离管控等防疫工作，带动女企业家捐款捐物计值1100万元。推出“娘家人暖心七条”，为575户驰援武汉的医护人员家庭开展“一对一”包户帮扶。开设政务类公益性淘宝直播间，开展“巾帼带货、爱心助农”和“云问策”“云聘会”“云市集”等平台服务，面向86个市直部门、196支服务小分队、190个乡镇街道提供公益直播服务39场，带动销售额882万元，市妇联“淘宝直播公益活动”获评杭州生活品质总点评年度事件。疫情期间，市妇联命名市三八红旗集体17个、市巾帼文明岗100个、巾帼建功标兵100名。全市培育“巾帼云创客”237人、“巾帼云代言”517人，培训“巾帼村播”95期、2472人。

2020年10月22日，千鹤妇女精神教育基地被授牌为全国妇女爱国主义教育基地 （市妇联 供稿）

【“十三五”时期妇女儿童发展目标达成】2020年，杭州市妇女、儿童发展两个规划收官，全市18个实事项目完成。妇女规划、儿童规划达标率分别为96.2%、95.7%，名列全省前茅。市本级妇女儿童事业经费比2015年增长37.3%；全市建立2个市级和8个区县（市）级的“2+8”杭州市特色分级救治中心框架模式；推动3岁以下婴幼儿照护服务工作成效明显，“加大机构服务供给”“提升家庭养育技能”被纳入2020年市政府年度民生实事项目；妇女儿童享受优质教育全省领先，实现市属8所省一级重点高中组建跨区域教育集团全覆盖；妇女参政议政程度不断提升，41名女干部被评为省市“担当作为好干部”。妇女“两癌”援助行动、困难女大学生结对助学等关爱项目顺利实施。制定《杭州市关于落实〈浙江省儿童之家建设三年计划〉的实施意见》，新建省级规范化儿童之家6个，命名市级示范儿童之家60个，推动淳安县村（社区）基础型儿童之家应建尽建，淳安县大墅镇大墅村获评“全国优秀儿童之家”。市妇联加强调研，完成“十四五”时期妇女儿童发展规划（初稿）编制工作。

【平安家庭建设】2020年，市妇联重视婚姻家庭矛盾纠纷防范化解及家庭暴力风险预防排查工作，筑牢家庭平安防线，切实减少和阻断“民转刑”案件。全年妇联系统接待处理信件、电话、到访案件1136件，排查婚姻家庭矛盾纠纷8027起，化解6802起。重点围绕护航女童健康成长课题，与市检察院联合出台《关于进一步加强合作建立健全未成年人权益保护工作机制的意见》，开展“西子护蕾”预防性侵未成年人专项行动，构建完善未成年人权益保护社会支持体系。指导支持富阳区妇联探索“家和码”为载体的基层治理工作，助力平安家庭建设。

【家庭领域建设】2020年，市妇联开展家庭建设工作月活动，推进“美好生活体验、健康风尚培育、科学家教巡讲、民法典宣传、创业就业服务、代理妈妈关爱、万村执委走亲”7项服务进家庭，省、市两级妇联在临安区举行浙江省暨杭州市家庭建设月现场活动，集中展示家庭建设工作成果。广泛寻找“最美家庭”，讲好家风家训故事，全年推荐全国文明家庭2户、全国抗疫最美家庭2户、全国最美家庭5户、全国五好家庭8户。礼遇“最美家庭”，开展“好家庭信用贷”项目，累计服务613户家庭，提供贷款1.35亿元。在全市开展“百万家庭迎创建、文明城市我先行”主题活动，推动社会传承文明家风。发挥杭州市家庭教育工作领导小组作用，推广“星级家庭执照”服务品牌，上城区“星级家长执照”实践基地被全国妇联、教育部命名为“全国家庭教育创新实践基地”。

【乡村振兴服务】2020年，全市各级妇联组织紧扣“乡村振兴”主题，推进美丽庭院、绿色家庭创建活动，培育健康绿色风尚。通过开展“两两PK”、创意设计大赛、示范带（点）创建等载体，引领广大妇女和家庭践行绿色生活理念，弘扬文明新风，改善人居环境。开展寻找杭州市“最美来料加工带头人”“最美家政服务带头人”“最美乡村致富带头人”活动，全市选拔出60名市级乡村振兴“女领头雁”，树立浙江省“巾帼新农人”10名。开展寻找“家庭游”网红线路活动，其中萧山区、淳安县2条线路入选全省10条美丽乡村“家庭游”网红线路。

【妇女工作助力脱贫帮扶】2020年，市妇联围绕对口帮扶地区妇女需求开展系列活动，为贵州省黔东南苗族侗族自治州、湖北省恩施土家族苗族自治州“妇字号”企业和农特产品直播带货；帮助贵州省黔东南苗族侗族自治州从江县、榕江县2185名贫困女童完成学业；与新疆维吾尔自治区阿克苏市妇联缔结姐妹城市妇联，启动两地“最美家庭”互访；与吉林省长春市妇联开展连续3年的留守儿童小书屋建设项目，每年捐助30万元，助力当地留守儿童及家庭关爱工作；在萧山区开展“@2022 益起迎亚运”公益市集活动，用收益为贵州省黔东南苗族侗族自治州从江县2022名学生购买体育用品。

【新兴领域妇建推进】2020年，市妇联健全联系广泛、服务群众的妇女工作体系。探索高校和新兴领域妇建工作，杭州师范大学等7所市属高校全部完成妇建工作；推进数字经济、互联网、电子商务等“四新”领域中的妇女组织建设，成立全国首个网红领域、电子商务产业的妇女组织——杭州市网红巾帼联盟，82位成员被推选为“杭州网红巾帼公益大使”。余杭区、萧山区、滨江区成立网红巾帼联盟分基地，在全国率先成立杭州市数字经济妇联，全市培育出一批有内涵、有特色、有亮点的数字经济领域妇女组织，并在全省妇联基层组织建设推进会上做经验介绍。

【妇联基层组织建设】2020年，市妇联推动妇女参与基层民主管理，紧抓村（社区）组织换届选举工作机遇，主动对接，取得成效。全市1922个村完成党组织换届，其中女性干部“一肩挑”有158人，占8.2%，比换届前提高4.2个百分点。全市1195个社区完成党组织换届，其中女性干部“一肩挑”有544人，占45.5%。市妇联班子带头，依托全市各级已设立的157个妇联执委工作室，按照“四必访”（即生产经营遇到困难的创业女性必访，困难家庭必访，空巢老人及留守妇女儿童家庭必访，涉及婚姻家庭矛盾纠纷的家庭必访）和“五个一”（做一次政策宣讲、织一张“亲情网”、列一张“走亲”清单、建一份家庭档案、办一件实事好事）要求，动员全市近1万名执委常态化开展入户访“三情”和联企当“三员”活动。全市村、社妇联干部和执委开展政策宣讲1.09万次，建立“亲情网”1.14万张，列出“走亲”清单2.26万份，设立家庭档案5.31万户，走访9.18万户（次），为妇女群众办实事、好事4887件。（周　灵）

杭州市科学技术协会

【概况】至2020年年末，市科协辖13个区县（市）科协、钱塘新区科协、西湖风景名胜区科协，86个市级学会，1120个基层科协组织。市科协撤销市科技咨询中心，新建市院士专家中心，市科技工作者服务中心增挂市国际民间科技交流中心。

全年市科协科学抗击新冠肺炎疫情，提升公民科学素质，全市有“科普中国”信息员24万人，列全国非直辖市城市第一名。杭州市公民具备基本科学素质比例17.4%，列全国城市第五名。实施创新驱动助力工程，开展“千名专家进千企”专项行动，为企业解决技术难题105个。成立杭州市院士专家中心，开展“杭州院士家乡行”活动，举办杭州市“十四五”规划院士专家座谈会。健全院士专家走访慰问制度，走访慰问院士316人次。与市卫生健康委合作，为到杭州的院士提供优质医疗保健服务。围绕“科技为民、奋斗有我”主题，开展“迎亚运·2020年全国科技工作者日健身活动”“奉献有你、健康有我”科技工作者健康关爱活动。邀请国家卫生健康委员会高级别专家组成员、中国工程院院士李兰娟到杭州科学大讲堂做“抗击新冠疫情的经验分享”专题报告。举办“最美逆行者”杭州医务科技工作者战“疫”风采展、“科学战疫、我们在行动”科学抗疫科普展，彰显抗疫中的科学力量。年初疫情发生后，市科协第一时间向美国旧金山湾区委员会、欧洲（比利时）海创中心、浙大校友会日本分会等10个合作科技社团寄送口罩等防疫物资。

【党委、政府决策咨询服务】2020年，市科协实施决策咨询项目22个，专家评审优秀决策咨询项目8个。整理提炼《关于倡导“绿色亚运”加快一次性塑料污染治理的建议》《关于推进南宋皇城遗址保护的建议》等8篇科技工作者建议。其中由市科协课题组起草，潘云鹤、丁文华、尹浩、戴琼海等院士署名指导的《关于我市发展新一代视频会议系统相关产业的建议》得到市委、市政府主要领导批示采纳，《市域统筹视角下提升基层疾控机构能力的对策建议》得到市委主要领导批示肯定。发挥政协科协界别组作用，提交政协提案26件，其中集体提案4件。参与市政协“杭州‘十四五’发展对策建议”等专题调研，提交调研报告6个，均被列入市政协主席协商会、专题常委会会议内容。

【院士专家工作】2020年5月28日，市科协成立院士专家中心，潘云鹤、李兰娟等院士专家代表出席成立仪式。该中心围绕服务联系院士专家、服务决策咨询、服务科技创新三大职责，联络和争取更多院士专家资源为杭州服务。10月27日，全国首条“院士路”在杭州植物园落成，23位杭州院士见证落成仪式并参加2020年“杭州院士家乡行”系列活动。市委、市政府主要领导主持召开杭州市“十四五”规划院士专家座谈会，听取院士们对杭州发展的意见建议。萧山区的湘湖院士岛被省委人才办、省科协命名为首批“浙江院士之家”。全年杭州新建院士工作站12个，占全省的60%，新建专家工作站21个；柔性引进两院院士12位、B类人才21位，列全省首位。

【抗疫应急科普】2020年1月20日起，市科协成立新冠肺炎疫情应急科普领导小组，杭州科普网、“科普一分钟”等平台每天发布信息，科学辟谣。市科普全媒体联盟持续发力，引导公众科学做好个人防护，应对新冠疫情。杭州低碳科技馆开发推送课程视频100多件，其中入选“学习强国”杭州学习平台20多件。参与中国科技馆发起的“共抗疫情·全国科技馆在行动”线上科普实验挑战赛，25件线上实验被人民日报客户端公开展播，单个视频点击量40万人次，获“2020年全国科学实验挑战赛优秀组织单位”奖。杭州市护理学会等20多个学会参与一线疫情防控，8个抗疫案例被中国科学技术协会编入简报。杭州24万个“科普中国”信息员分享科普文章超1400万篇（次），市科协本级平台推送疫情防控信息1021条，点击量超1000万人次。

【“双千”专项助企行动】2020年3月，市科协启动“战疫情、促发展，千名专家进千企”专项行动，组织对接各级学会、海外科技社团以及在杭高等院校、科研院所等单位，汇聚国内外专家1037人，其中两院院士96人、海外专家125人、市级学会专家816人，为企业在发展规划、技术研发、成果转化等方面提供服务，帮助企业解决复工复产中的难点痛点问题，推动企业技术转型升级和成果转化。举办“千名专家进千企”临安行、淳安行、余杭行等活动。全年收集整理在杭企事业单位科技需求312件，协调对接各类专家入企服务352人次，办结183件，为企业解决问题或撮合企业与专家达成合作105件。在《杭州日报》刊登“双千”专项行动典型案例11篇。

2020年8月13日，市科协组织“双千”专项助企行动，中国工程院院士胡培松（左一）在淳安县汾口镇农田查看水稻长势 （市科协 供稿）

【科技学术交流】2020年11月5日，市科协在余杭区举办“数字赋能、科经融合”年会，邀请中国工程院院士赵沁平等专家学者做主旨报告。中国仪器仪表学会等3个国家级学会专家参会，为相关领域的杭州企业解决难题。12月22日，在萧山信息港小镇举办第十七届京沪杭高科技论坛暨“双千”行动萧山行活动，邀请中国工程院院士陈鲸做主旨演讲。全市新建和继续实施市级学会协同创新基地4个，新建和继续实施市级学会科技服务站35个，成立专家团队39支，服务全市科技园区及企业50多个。引进中国人工智能学会等5个国家级学会在钱塘新区等地建立科技服务站。

【海外引智工作】2020年10月16日，第十五届海外英才杭州项目对接会以“云联天下、智汇钱塘”为主题，5个会场以线上线下方式同步举行。斯坦福大学机器人实验室主任、国际机器人研究基金会主席奥萨玛·哈提卜教授做主旨报告，100多位海外高层次人才携带科技项目通过现场路演等方式进行项目交流和洽谈。新认定杭州华欧微电子技术研究中心、浙亚海创（杭州）投资管理有限公司为海智基地工作站，新设立比利时杭州离岸基地海外联络站。与中乌航天航空研究院联合举办海外项目“云路演”活动。在墨西哥中国中心举办留学生创业沙龙活动，促进文化交流与技术合作，吸引外国留学生到杭州创业。

【主题科普活动】2020年9月18—24日，市科协举办“决胜全面小康、践行科技为民”为主题的全国科普日暨杭州市第三十四届科普宣传周活动，开展线上线下科普活动800多场次。出台《杭州市科普全媒体联盟章程》，命名新一轮杭州市农村科普示范基地13个，发挥其科普示范带动作用。组织文化、科技、卫生“三下乡”，开展科普知识有奖竞答、科普VR体验、科普剧表演、流动科技馆、免费义诊、反邪教知识和食品安全知识宣传等活动。联合市农业农村局到桐庐县、余杭区等地开办农民科学素质讲座和农民科学素质培训班，讲授指导种植作业方面的技术问题。以“数字经济创发展、智慧城乡齐振兴”为主题，到建德市等地开办数字乡村振兴大讲堂。杭州数字经济联合会、乡村振兴学会联合体专家服务队下乡为农业企业和农民开展系列科技服务，相关事例编入《杭州市乡村振兴典型百例》。

【公民科学素质提升】2020年，市科协举办第三十五届杭州市青少年科技创新大赛、杭州市中小学信息技术创作大赛等活动，举办“礼赞共和国——科技成就专题展”“纪念中国人民抗日战争暨世界反法西斯战争胜利75周年——现代军事科技展”“从杭州制造走向杭州智造展”等展览。中国杭州低碳科技馆接待团队112个、观众42万余人，馆外及线上参与观众300万人次，从单一的实体馆模式向实体馆、数字馆、流动馆“三馆合一”模式转型。推进科技志愿服务制度化、常态化，全市组建科技志愿服务队伍242支，吸纳科技志愿者4776名，开展科技志愿活动448场次，均列全省第一位。“十三五”规划期末杭州市公民具备基本科学素质比例17.4%，高于全国10.6%、全省13.5%的平均水平，居全国城市第五位、全省地市第一位。

【科技工作者服务】2020年，市科协围绕“双创”主题推进“青科汇”平台建设，采取线上与线下相结合的形式，推出“汇才领英”等社区新品牌，服务青年科技工作者创新创业，全年开展创业培训、专题沙龙、创新讲堂等活动96场。抗击新冠肺炎疫情期间，推出“共克时艰、蓄力前行”创业线上公益班，录播课程18期、线上创业培训3期，惠及科技工作者5万余人次，为20个企业开展经营风险科技体检等助企活动。举办中墨医务工作者线上抗疫交流会，与墨西哥中国中心、美国浙江创新中心通过GMCC（全球新冠肺炎实战共享平台）向“一带一路”沿线国家分享抗疫经验。（王砚青）

杭州市归国华侨联合会

【概况】2020年，市侨联团结动员归侨侨眷和海外侨胞，参与新冠肺炎疫情防控，发挥基层侨联、海外联络处作用，组织发动海内外侨界积极捐赠防疫物资。深化“创业中华”品牌活动，与中国侨联开展“‘创业中华’品牌活动十周年经验探析”课题研究。举办“创业中华——2020侨界精英创新创业峰会”。拓展工作与服务范围，新成立长三角城市侨创联盟、市侨联青年委员会、市侨联特聘专家委员会、市侨联法律顾问委员会、市侨联志愿者服务总队5个侨界社团。申报“中国华侨国际文化交流基地”。开展“亲情中华”网上夏令营。组织编纂出版《杭州侨联志》。

坚持“党建带侨建”，推动区县（市）侨联改革和基层组织建设，完成下属2个事业单位改革整合组建工作。至年末，市侨联有直属事业单位1个、侨界社团10个、海外联络处112个，基层侨联组织累计643个。有基层侨界志愿服务队伍87支。

【侨界参政议政履职建言】2020年，市侨联组织侨界政协委员参政议政，增建1个政协委员工作站。全年提交市政协十一届五次全会大会发言材料1篇（刘骋的《以美好教育为指向推进杭州美育和体育启蒙教育的建议》），提交集体提案2件、重点提案2件、委员提案18件，其中苏挺的《关于倡导快递使用可循环共享包装物的提案》被评为优秀提案。苏挺被评为市政协2019—2020年度优秀履职者，中翰盛泰生物技术股份有限公司董事长周旭一被评为“最美政协人”。

【华侨国际文化交流基地创建】2020年9月，市侨联启动第三批杭州市华侨国际文化交流基地认定工作，中国茶叶博物馆、西泠印社、良渚博物院、浙江朱炳仁铜雕艺术博物馆、杭州西湖博览会博物馆等11个单位入选第三批杭州市华侨国际文化交流基地。至此，杭州市华侨国际文化交流基地总数达到22个。其中良渚博物院、浙江朱炳仁铜雕艺术博物馆被省侨联确认为2020年第二批浙江省华侨国际文化交流基地。

【侨界精英创新创业峰会】2020年10月18日，由中国侨联、浙江省侨联、杭州市政府共同主办，市侨联与西湖区政府承办的“创业中华——2020侨界精英创新创业（中国·杭州）峰会”开幕。峰会以“创业中华、辉煌十年、勇立潮头”为主题，围绕助力长三角区域一体化发展国家战略和杭州经济高质量发展，展示十年峰会成绩；总结经验，运用好与地方政府、园区、院校、侨界企业、社团等联动机制，依托侨创联盟、侨创基地、特聘专家委员会等平台，持续做强“创业中华”品牌；聚焦科技领军人才、创新团队和项目引进，推动各地新侨组织的交流与合作。峰会现场签约19个项目，总投资116.42亿元，银行授信意

2020年10月18日，“创业中华——2020侨界精英创新创业（中国·杭州）峰会”举行，为侨界创新创业示范基地授牌（市侨联 供稿）

向额度74.5亿元。有50个侨界创新创业示范基地、领军企业、新锐企业、领军人物、新锐之星在开幕式现场受到表彰和展示，杭州市被中国侨联授予“创业中华辉煌十年”纪念牌。

【杭州侨界在省归侨侨眷代表大会获奖】2020年10月19日，浙江省第十次归侨侨眷代表大会在杭州开幕。大会对杭州市侨联兼职副主席、杭州德庐文化创意有限公司董事长朱培华获全省侨界“十杰”进行表彰，西湖大学理学院执行院长邓力，钱塘新区侨联副主席、杭州郝姆斯有限公司（百草味）董事长邱浩群获全省侨界“十杰”提名奖；杭州市拱墅区侨联、富阳区侨联获评浙江省侨联系统先进集体。陈晓锋、赵乃刚、李赟、董一淋、丁佐、安婷婷5人获评全省侨联系统先进工作者，王沥、周旭一、刘洪炉、陈文辉、何丽英、季建星、王春和、骆建军、寿梦彬、夏杰飞、李文科10人获评全省侨联系统优秀归侨侨眷。

【“云上”海外协作会议】自2020年12月18日起，市侨联面向各海外联络处、海外顾问及委员，召开“云上”海外协作会议。通过“云”渠道进行线上交流和协商，问计于侨，征集海外联络处和侨界代表人士对杭州市和杭州侨联“十四五”发展规划的建议，推动侨联工作在为侨服务和为地方经济发展服务方面的更好发展。至年末，活动收到来自21个国家和地区侨团侨领的“云建言”24份。

【浙江新通教育有限公司侨联成立】2020年7月9日，浙江新通教育有限公司召开第一次归侨侨眷代表大会，选举产生第一届侨联委员会，成为杭州首个海外留学服务企业侨联组织。浙江新通教育有限公司作为出国和留学服务行业的重要单位，在全国26个经济发达城市及海外主要留学国家均设有分支机构。在全市抗击新冠肺炎疫情期间，市侨联联合新通教育有限公司落实大量留学人员的联络联谊、沟通服务工作，起到抗疫中稳民心、暖人心、提信心的作用。

【《杭州侨联志》出版】2020年12月，《杭州侨联志》由浙江古籍出版社出版。编纂工作历时3年，全书共7章、29万余字。《杭州侨联志》以时间为经，侨联职能为纬，记录杭州60年的侨史，反映在中国共产党的领导下侨联事业发展的历程，展示广大归侨侨眷和海外侨胞心系桑梓的家国情怀。《杭州侨联志》是杭州市、浙江省首部侨联志，收录1956年9月至2020年10月期间的市侨联重要事件。（谢唯宜）

杭州市青年联合会

【概况】2020年，市青联推进团中央健全地方青联组织社团基础试点工作。通过联系新兴青年群体、培养新兴青年群体中的带头人等举措，层层成立团属青年社团；通过畅通联系渠道、发挥“青年之家”作用，密切联系全市各类青年社会组织；制定杭州市青年联合会吸纳会员团体的标准及程序，至年末，拓展新会员团体8个。

【市青联助力脱贫扶困】2020年，市青联开展“青力扶贫、联接爱心”助销活动，帮助贵州省黔东南苗族侗族自治州从江县销售农产品。选派青年企业家代表担任湖北省恩施土家族苗族自治州青年创新创业大赛导师。捐赠6.3万元为贵州省黔东南苗族侗族自治州50名建档立卡贫困高中生免费提供“爱心午餐”；捐赠1万元为100名山区留守儿童捐赠冬季保暖鞋；捐赠1万元建设1所青年志愿者脱贫攻坚夜校；向该州凯里市捐赠1所“爱心图书馆”。捐赠10万元“爱心助学”湖北省恩施土家族苗族自治州10名因疫致困青少年和10名建档立卡贫困大学新生；捐赠8万元建设“希望书屋”4间；捐赠5万元认领该州建档立卡留守儿童“微心愿”500份。向西藏自治区那曲市捐赠助学金20万元、青海省海西蒙古族藏族自治州助学金10万元、新疆维吾尔自治区阿克苏市助学金4.5万元。赴淳安县瑶山乡开展“联乡结村”帮扶活动，捐赠15万元。

【青年电商网红打造】2020年3月，市青联实施团市委“112”杭州青年电商达人工程，在杭州未来科技城成立中国青年电商网红村，举办网红村“云”启幕活动。联合浙江大学MBA教育中心发布《青年直播电商研究报告》，成立杭州亚运青年主播志愿服务队，推出线上服务平台。与杭州互联网法院合作推出网红村“云法官”。成立中国（杭州）青年电商达人联盟，吸纳会员111人，涵盖青年电商主播和直播平台公司、MCN机构、供应链公司、行业协会负责人等。（杨　姝）

杭州市工商业联合会

【概况】2020年年末，市工商联有会员4.33万人，各级商会组织446个，市本级商（协）会162个，其中直属商会135个、团体会员27个。

市工商联学习贯彻中共中央总书记习近平在民营企业家座谈会上的重要讲话精神，通过“一网一刊双微”、“杭商之家”App和微网站，持续开展解读宣传。学习领会省、市委全会精神，落实全国工商联、省工商联工作部署。市工商联被评为2020年度全省工商联系统先进单位。

指导区县（市）工商联争先创优，杭州所属13个区县（市）工商联全部被认定为浙江省“五优”县级工商联。各区县（市）工商联有15个工作案例入选省工商联月度优秀案例，3个工作案例被评为省工商联年度促进“两个健康”最佳案例。加强基层商会规范化建设，指导西湖区工商联开展基层商会改革和发展试点，发布全国首个《基层商会管理和服务规范》。加强代表人士队伍建设，举办企业家主席、会长“思享汇”活动，开展企业家副主席、副会长轮值，以代表人士队伍建设作为延伸和外联拓展，带动区县（市）基层工商联建设活力提升。

【工商联界别政协委员参政议政】2020年，市工商联注重发挥界别政协委员参政议政作用。市政协会议期间，工商联界别提交提案立案21件，《关于杭州市民营企业进一步减轻税负政策的建议》等2件集体提案和1件个人提案被评为优秀提案，2件集体提案被列为重点提案，由市领导领办。围绕富阳区“加强企业服务机制运行全面优化营商环境”主题开展专项民主监督，为市委、市政府提供决策参考。先后组织120多位企业家参加10多场征求意见座谈会，为编制杭州市“十四五”规划出谋划策。健全工作机制，全年市工商联界别3个委员工作站开展活动35次。

【**民营企业抗击疫情**】2020年，面对新冠肺炎疫情，市工商联成立由主要领导担任组长的疫情防控工作领导小组，推进底数摸排、款物筹集、信息报送、宣传引导和问题反映等各项工作。民营企业家通过捐款捐物参与武汉“火神山”“雷神山”医院等重点工程建设，赶制抗疫物资等驰援抗疫一线。截至2月底，全市工商联系统捐款捐物6.12亿元，其中捐款4.1亿元、捐物折款2.02亿元；设立抗疫防疫基金12.55亿元。阿里巴巴集团、“每日互动”平台等互联网企业联手政府部门和其他数字企业，组成工作专班，用7天时间完成企业复工平台和“杭州健康码”上线，助力企业复工复产。

【**世界杭商大会**】2020年10月23—24日，市工商联牵头举办第四届世界杭商大会，发挥“数字第一城”优势，以“云聚钱塘·杭向未来”为主题，凸显“云上世界杭商大会”特色。大会在省外、境外分别设立10个视频分会场和22个直播连线点，展示“杭商点亮世界”场景，开展全球杭商互动。大会为功勋杭商、杰出杭商、优秀杭商、鲲鹏企业等颁奖；杭州首个“数字杭商之家”落户下城区；签订为中小企业建立金融服务长效合作机制的战略合作协议；涵盖医疗健康、人工智能、数字经济、智能制造等内容的多个创新人才项目路演；探讨杭州城市国际化背景下的未来社区发展之路。大会举办6个专题论坛，区县（市）、开发区举办9场论坛和招商推介活动，推动经济合作。开幕式和世界杭商发展论坛直播在线观看人数1030万人次，观看专题论坛及配套活动的点击量超过5000万人次。

【**民营企业创新发展服务**】2020年，市工商联搭建经贸合作交流平台，全年组织会员企业参与第三届中国国际进口博览会、“杭港澳发展论坛”等经贸活动30场。与多个银行建立合作机制，组织召开银企对接会、银企闭门座谈会，深化银企交流。开展“独角兽”“准独角兽”企业走访调研。举办民营企业参与“一带一路”沿线26个国家、63位外交官员参会的对接洽谈会。召开省工商联国际合作商会杭州理事成员座谈会，介绍企业“走出去”风险与对策。搭建民营企业参与长三角一体化发展平台，引导企业投身长三角地区产业协同发展。深化校企合作，借助省工商联与浙江大学战略合作平台，上报企业研究平台和企业先进技术需求，与中华职业教育社共同探索后备技术工人培育机制。

【**杭商精神宣传**】2020年，市工商联运用全媒体传播渠道，讲好杭商故事，树立杭商典型。新冠肺炎疫情防控期间，开辟“我的疫线情”专栏，宣传民营企业抗疫复产的典型事例。与《每日商报》合作出版《扶贫纪事——2020杭商故事特辑》，并与亚运会相结合，举办“机遇与责任”活动。策划宣传方案，搭建“永不落幕的世界杭商大会”线上平台，连续一个月播发“杭商风采”专题系列，播发宣传作品200篇（条）、媒体报道100篇（条）、原创短视频50条，展示杭商风采。

【**新生代企业家培育**】2020年，市工商联突出抓好企业家精神在新生代企业家群体中的传承。在新生代会员中定期发布学党史、学党建、“每日学习”等系列公众号文章，让正面舆论形成主流。组织新生代企业家单独组团参加“六送下乡”活动，参与扶贫和消除集体经济薄弱村工作。举办新生代企业家论坛，组织新生代企业家参加“杭商大讲堂”直播分享会等活动，引导新生代企业家在建设新经济、新业态过程中，传承杭商精神，实现人与企业的健康发展。

【**民营企业参与东西部扶贫协作**】2020年5月19日，市工商联组织企业家随市委主要领导赴贵州省黔东南苗族侗族自治州落实扶贫协作，工商联系统捐款86.1万元，捐物折款100万元，累计186.1万元参与扶贫。6月10—12日，市工商联组织发动社会力量和民营企业，参与全市赴四川省凉山彝族自治州喜德县精准帮扶活动，走访与杭州结对的18个挂牌督战村，捐款30万元、服装200件。江干区工商联民营企业家“名誉村长”扶贫机制作为典型案例，在全国对口帮扶会议上做交流。

【**民营企业调查研究**】2020年，市工商联开展全国民营企业500强调研，39个企业入围“全国民营企业500强”榜单，入围企业数连续18年居全国城市第一位。全年开展民营企业运行状况调查等大规模调研12次，全市参与调研7800多人次，每次调查均占全省数量的30%左右。全年确立9个重点研究课题，探索企业家和会领导共同领衔调研机制，加强课题针对性和实践性。《杭州市民营企业500强专题研究》获市委主要领导批示，《加强商会协会规范化建设的建议》入选《杭州蓝皮书——2021年杭州发展报告（经济卷）》。

（吴　炜）

责任编辑　汤　峻

14

外事·侨务·港澳台事务

Foreign Affairs; Overseas Chinese Affairs; Hong Kong, Macao and Taiwan Affairs

外　事

【概况】2020年，杭州市外事系统适应对外工作面临的新形势、新变化，服务国家总体外交、杭州改革开放和经济社会发展，在杭州展示“重要窗口”“头雁风采”的实践中积极作为。举办第三届“杭州国际日”，提升城市国际知名度和美誉度。杭州市外办获评“全国地方外事工作优秀集体”，市外办新冠肺炎疫情防控工作专班获评杭州市抗疫先进集体。

全年，市外办用好外交部“快捷通道”政策，做好“邀请来华”工作，助力复工复产复学，协助办理涉及59个国家的外国人“来华邀请”函1001人次（经贸类765人次、文教类236人次），其中486人次获得签证。全年审核审批因公出国（境）团组89批、293人，其中党政干部10批、55人次，省管干部2批、12人。受突如其来新冠肺炎疫情影响，50多批、160人次取消出访任务。上线“亲清在线”平台，APEC商务旅行卡在线累计点击服务1.81万次。全年为企业申办APEC商务旅行卡377张。服务保障市领导率团出访2批、14人次。服务保障杭州举办的重大国际品牌活动19场。

6月起，埃塞俄比亚、以色列、阿根廷、克罗地亚、西班牙、乌拉圭、阿尔及利亚、哈萨克斯坦、缅甸、突尼斯、泰国、法国12个国家驻华大使，以及法国、加拿大、爱尔兰、印度尼西亚、尼日利亚、阿根廷、芬兰、比利时、卢森堡等25个国家的驻沪总领事到杭州访问。

【杭州市国际交流工作受外交部表彰】2020年12月24日，全国地方外办主任会议在南京市召开。外交部表彰首届“全国地方外事工作优秀集体”，38个单位获得表彰，其中副省级城市的外办7个。杭州市国际交流工作受外交部表彰，市外办被评为浙江省唯一的“全国地方外事工作优秀集体”。

【市委外事工作委员会会议】2020年3月27日，市委外事工作委员会召开第二次会议，学习贯彻中共中央总书记习近平外交思想，研究部署杭州市外事工作。市委主要领导主持会议并讲话。会议审议通过2020年市外事工作计划等3个文件，强调外事工作要围绕新冠肺炎疫情防控和经济社会发展，充分展示城市的良好国际形象；要融入中央总体外交大局，全面提升杭州对外开放水平；要加强外事工作体制机制和能力建设，着力构建部门联动、资源共享、保障有力的“大外事”格局。

【国际抗疫合作】2020年，突如其来的新冠肺炎疫情发生之初，杭州市通过沟通对接国际友好城市、国际组织、海外侨胞和国际友好人士，收到价值20多万元的防疫物资捐赠。随着国外疫情蔓延，杭州第一时间向国

2020年12月24日，杭州市国际交流工作受到外交部表彰，市外办获评首届“全国地方外事工作优秀集体”
（市外办 供稿）

际友城捐赠防疫物资，市外办协助做好采购和抗疫经验分享，累计向20个国家的31个国际友城和亚奥理事会捐赠医用防护口罩36万只。捐赠行动得到友城市长、亚奥理事会主席和当地媒体的热烈回应，得到中国驻外使领馆和多国驻沪总领馆的高度评价。

【“外防输入”疫情防控】2020年新冠肺炎疫情期间，市外办第一时间组建翻译工作组，到杭州萧山国际机场等一线开展工作。招募英语、日语、韩语等多语种翻译人员，分别驻守机场、大云服务区和集中隔离酒店，协同做好国际航班应急处置以及到杭州外籍人士的管控与转运工作。开通24小时涉外服务热线和“96020”多语种翻译服务平台，为一线工作人员提供远程翻译等支持，做好杭州市防控措施政策的告知解释和引导，解决外籍人士在管控过程中遇到的实际困难。协调做好疫情期间领事保护和涉外事件处置，妥善应对25个国家驻华使领馆交涉和咨询66件（次）。

【“杭州国际日”活动】2020年9月2—17日，杭州举办以“窗”为主题的第三届“杭州国际日”。活动由市政府主办，市外办（港澳办）、滨江区政府承办。来自24个国家的驻华使节代表、国际友人共商开放合作发展大计。中国2位驻外大使、中国人民对外友好协会会长、亚奥理事会主席发来祝贺视频与贺信。阿里巴巴集团董事局主席、首席执行官张勇在开幕式上做《数字时代的全球化》演讲。包括商务、经贸、eWTP、科技、文化艺术等交流合作在内的主场和分会场系列活动陆续展开。活动注重“大外事”和“广参与”，注重成就展示和深化延伸，注重品牌培育和宣传传播，成为扩大杭州国际知名度和影响力的重要平台。

【与意大利维罗纳市友好交流】2020年，杭州市落实中意两国元首见证签订的协议内容，在杭州举办的第三届“杭州国际日”和“中意爱情文化周”等活动中，意大利维罗纳市市长和意大利驻沪总领事应邀分别以线上、线下的方式出席活动。维罗纳市市长录制专题视频，表达与杭州“携手前进、共创未来”的美好愿景。

【杭州市市长为友城录制祝贺视频】2020年，在鞑靼斯坦共和国成立100周年、墨西哥坎昆市建城50周年、中国与阿根廷友好省市线上互动等交流活动中，杭州市市长刘忻录制祝贺视频并致贺信，通过“云外事”，维护和激活杭州国际友好交往的热度。

【“2020喀山数字周”市长线上圆桌会议】2020年9月23日，俄罗斯“2020喀山数字周”市长线上圆桌会议举行，杭州市副市长柯吉欣以视频形式出席，并以“创新城市交通解决方案”为题做主题分享。济南、广州、成都和西安等城市的领导，与俄罗斯、土耳其、哈萨克斯坦等国家城市的市长们共同参加会议。

【世界城地组织亚太区中国城市防疫分享会】2020年9月25日，世界城地组织亚太区中国城市抗疫分享会以视频形式召开。杭州作为代表城市出席会议，并分享抗击新冠肺炎疫情和复工复产的经验。会上，浙江大学医学院附属第二医院感染管理科负责人就方舱医院感染防控做相关交流。

【金砖国家友好城市暨地方政府合作论坛】2020年10月20日，金砖国家友好城市暨地方政府合作论坛通过视频会议的方式召开。论坛由2020年金砖国家轮值主席国俄罗斯组织，喀山市承办。来自金砖五国的32个城市和10个国际组织参加，围绕“现代城市实现可持续发展目标”主题，开展线上研讨。杭州市副市长柯吉欣出席论坛并发言。

【国际电子商务培训班】2020年11月16日至12月31日，“一带一路”地方合作委员会第三届国际电子商务培训班在杭州举办。培训班由“一带一路”地方合作委员会秘书处与城地组织亚太区秘书处主办，阿里巴巴集团淘宝大学承办。“一带一路”地方合作委员会秘书长、杭州市外办主任周澍在开班仪式上致辞，多国城市管理部门负责人和电商企业代表在线参加。培训包括“未来已来”“互联网时代的趋势及中国数字化创新”“跨境实践”三大主题，围绕新营销、新零售、新金融、新制造等话题，结合“直播带货”等年度热点，向世界介绍和推广杭州经验，推动电商合作，助力经济复苏。

【杭州城市故事推介会】2020年12月8日，杭州城市故事推介会暨2020年答谢会在上海举行，副市长柯吉欣出席并做主题推介。来自阿根廷、巴西、埃塞俄比亚、芬兰、法国、德国、意大利、日本、俄罗斯、韩国、新加坡、斯里兰卡等54个国家的驻沪总领事和领事官员，驻沪商务、文化机构代表和知名外企代表出席活动。推介会上推出“良渚文化”“智慧治理”“亚运会”等系列杭州宣传片，用国际化语言讲好杭州城市故事。

【“一带一路”地方合作委员会新年音乐会】2020年12月18日，以“抗疫同声、携手同行”为主题的“一带一路”地方合作委员会新年音乐会在杭州大剧院举行。音乐会由市外办、市人民对外友好协会以及“一带一路”地方合作委员会秘书处主办。在杭州的外籍人士和留学生、“一带一路”走出去的企业，以及“一带一路”地方合作委员会合作单位代表一同观看演出。杭州爱乐乐团演奏“一带一路”沿线国家的经典曲目，呈现中西合璧的艺术魅力。

【主要出访活动】杭州市代表团访问意大利、瑞士 2020年1月5—12日，以副市长王宏为团长的杭州市政府代表团赴意大利和瑞士进行考察访问。代表团到意大利罗马拜会联合国粮农组织总干事屈冬玉、全球重要农业文化遗产（GIAHS）秘书处，推介中国国际茶叶博览会，会商在第四届中国国际茶叶博览会期间举行“国际茶日”主题活动等议题。

【主要到访活动】24国驻华使节代表出席“杭州国际日”开幕式 2020年9月5日，市委主要领导会见出席第三届“杭州国际日”开幕式的驻华使节代表，市四套班子领导和24个

2020 年杭州市接待的其他到访团组情况表

表 9

到访时间	代表团团长职务及姓名	会见领导
7 月 2 日	加拿大驻沪总领事 穆大纬	柯吉欣
7 月 29 日	法国电力集团副总裁兼中国区首席执行官 傅凯德	柯吉欣
9 月 10 日	美国驻沪总领事 何乐进	许　明
9 月 22 日	澳大利亚驻沪总领事 戴德明	柯吉欣
10 月 21 日	芬兰驻沪总领事 何朗明	柯吉欣
12 月 11 日	比利时驻沪总领事 颜博诺	柯吉欣
12 月 22 日	卢森堡驻沪总领事 贺文晟	柯吉欣

国家的驻华使节、商务机构代表等国内外嘉宾出席活动，全国对外友协、国际友城、亚奥理事会等发来祝贺视频与贺信。与开幕活动同步启动国际日主题展，由友城交流合作成果展、杭州立法节日和世界遗产相关展示、“高新 30 周年”展、eWTP 展、“世界风情”绘画展 5 个部分组成。

美国赛默飞世尔科技中国区总裁访问杭州 2020 年 4 月 28 日，市委主要领导会见美国赛默飞世尔科技中国区总裁艾礼德一行，就赛默飞公司与浙江健新原力制药有限公司共同投资 CDMO（合同开发制造组织）项目的可能性进行商讨。

法国驻沪总领事访问杭州 2020 年 7 月 10 日，市委主要领导会见法国驻沪总领事纪博伟一行。双方表示将以该访问交流为契机，深化在经贸、教育、文化、旅游等方面的合作，推动双方互利共赢。

以色列驻华大使访问杭州 2020 年 7 月 13 日，市委副书记、市长刘忻会见以色列驻华大使何泽伟一行。刘忻表示，杭州正统筹推进新冠肺炎疫情防控和经济社会发展工作，希望以大使访问杭州为契机，深化杭州与以色列在科创、环保、医疗、教育、文化等领域合作，为中以创新全面伙伴关系做出新贡献。何泽伟感谢中国和杭州在疫情期间给予以色列的真情帮助，将进一步增进共识，推动友好关系再上新台阶。

新加坡丰益国际集团董事局主席访问杭州 2020 年 8 月 3 日，市委副书记、市长刘忻会见新加坡丰益国际集团董事局主席、首席执行官郭孔丰一行，交流该集团在杭州项目发展与投资规划情况。

美国福特汽车公司集团副总裁访问杭州 2020 年 8 月 27 日，市委副书记、市长刘忻会见美国福特汽车公司集团副总裁陈安宁一行，就中国经济和中美经贸合作发展趋势、中国汽车产业发展方向等进行交流。

美国玫琳凯公司全球管理委员兼亚太区总裁访问杭州 2020 年 10 月 22 日，市委副书记、市长刘忻会见美国玫琳凯公司全球管理委员兼亚太区总裁蔡庆国一行，听取玫琳凯公司经营情况汇报，并就公司未来发展战略进行交流。

美国高通中国区董事长访问杭州 2020 年 12 月 3 日，市委副书记、市长刘忻会见美国高通中国区董事长孟樸一行，听取高通公司及合作伙伴在杭州发展情况汇报。

法国驻华大使访问杭州 2020 年 12 月 9 日，市委主要领导会见法国驻华大使罗梁一行，希望双方在经贸、教育、旅游、人文等重点领域开展更深层次合作，为两国友好关系添砖加瓦。罗梁表示，杭州文化底蕴深厚，发展潜力巨大，愿发挥桥梁纽带作用，推动双方友好交流与务实合作不断取得新进展。（杨礼丰）

2020 年 7 月 13 日，杭州市委副书记、市长刘忻（右）会见以色列驻华大使何泽伟（左）（市外办 供稿）

侨　务

【概况】 2020 年，市委统战部（市侨办）坚持为大局服务、为侨胞服务相统一的理念，推进侨务工作提质增效。全年举办重要侨务活动 2 场和青年侨商培训班 1 期，强化对侨界人士的思想政治引领。全市侨务干部投身抗击新冠肺炎疫情行动，并动员杭州籍海内外侨胞参与抗疫。侨务部门开展“侨资企业服务年”活动，实施“助企抗疫情、联企复生产”服务侨企专项行动，全面了解重点侨资企业在常态化疫情防控中复工复产、生产经营状况，帮助企业排忧解难。全市侨务干部做好暖侨慰侨安侨工作，全年走访慰问重要侨领、侨商 54 人，走访慰问困难归侨侨眷 24 户，发放慰问品和慰问金 10.5 万元。全年为 18 名因为孤、寡、病、残、无退休金收入等原因造成生活困难的归侨每月进行补助，发放补助金 6.48 万元。开展“三侨生”身份认定工作，认定“三侨生”高考生 51 名、中考生 45 名。办理审批转办归侨证 4 人。做好政府数字化转型工作，对涉侨事项的 14 个子项网上办理网址、投诉和咨询网址进行迁移，按要求规范涉侨事项办事服务指南。

【《中华人民共和国归侨侨眷权益保护法》宣传】 2020年9月28日，市委统战部（市侨办）举办《中华人民共和国归侨侨眷权益保护法》（简称《保护法》）颁布实施30周年座谈会，归侨侨眷、海外华人华侨、在杭州的侨企代表等70多人参加。侨界代表围绕自身发展经历，一致认为杭州市各涉侨部门一直认真贯彻实施《保护法》，用心用情为侨胞排忧解难。特别在突如其来的新冠肺炎疫情期间，相关职能部门依据法律法规，对侨胞出台人性化措施。各区县（市）侨务部门利用辖区街道、社区资源，在图书电子阅览室、文化活动中心、社区市民学校、社区文化广场等场所设立"侨之家""侨法宣传角""聚侨堂"等宣传阵地，扩大侨胞和归侨侨眷学习理解侨务法律法规精神的覆盖面，引导侨界群众运用侨法维护自身的合法权益。依托为侨法律服务团，为侨资企业开展涉侨法律法规讲座，为侨商、侨企、归侨侨眷和侨界群众提供涉及投资政策、创业保障、侨益维护、涉侨审批等法律咨询服务。全年市侨务系统分发《保护法》等宣传资料2000多份，为侨服务2000多人次。

【青年侨商培训班】 2020年11月9日，市委统战部（市侨办）在杭州市社会主义学院举办为期15天的杭州青年侨商培训班，40名优秀青年侨商参加。培训班围绕政治共识教育和文化认同教育，加强青年侨商的思想政治引领，增强青年侨商的政治共识和中华文化认同。依据《浙江省侨务工作示范基地建设实施办法（试行）》，培育侨务工作阵地，余杭区瓶窑镇侨之家和萧山信息港小镇被浙江省委统战部（省侨办）授予"全省侨务工作示范基地"。通过打造线上和线下侨务阵地及举办侨界人士学习会等形式，全年组织侨界人士500多人次参与学习。

【杭州市海外侨领研习班】 2020年12月8日，市委统战部（市侨办）在临安区青山湖畔举办为期3天的杭州市海外侨领研习班，这是杭州市委统战部（市侨办）和区县（市）搭建的侨商侨领交流合作平台。来自美国、德国、加拿大、澳大利亚等22个国家和地区的60多位杭州海外侨团负责人及侨商代表受邀参加。活动期间，国侨办原副主任何亚非主讲"当前国际形势与中美关系"的讲座。参会代表参加青山湖科技城"双招双引"等活动，进行互动交流。

【侨资企业"三服务"工作】 2020年，市侨务部门开展"侨资企业服务年"活动，全面了解重点侨资企业在常态化新冠肺炎疫情防控中复工复产状况，深化"三服务"（服务企业、服务群众、服务基层）工作，助推侨资企业转型升级。开展"助企抗疫情、联企复生产"专项行动，市委统战部（市侨办）组织工作小组，分赴30个侨资企业走访调研。部领导带队了解企业在疫情期间遇到的困难和问题，与主管的相关部门及属地部门对接，做好跟进服务工作。各区县（市）侨务部门根据统一部署，为侨资企业"送法律、送政策、送信息、送信心、送服务"，累计走访侨资企业300多个，帮助解决困难问题80个，助力侨企复工复产。（孙云新）

港澳事务

【概况】 2020年，市港澳办学习贯彻中央、省委、市委关于港澳工作的决策部署，适应港澳工作形势新变化，创新工作举措，借助香港的"超级联系人"角色和澳门"中国与葡语国家商贸合作服务平台"作用，深化杭州与港澳的交流合作和融合发展，取得积极成效。全年杭州接待港澳代表团7批、82人次。

贯彻落实市委、市政府在新冠肺炎疫情期间"六保""六稳"任务，走访在杭港澳资企业，开展"三服务"行动，加强疫情防控政策对接和咨询解释，确保做到在杭州港澳同胞"零感染"，助力港澳企业复工复产。

【"感受香港·2020香港微型艺术展"在杭州举行】 2020年12月11日，"感受香港·2020香港微型艺术展"继上海站获得成功后，在杭州嘉里中心举办。艺术展展出40件富有"香港故事"的微型艺术作品，立体呈现香港风貌。杭州市副市长柯吉欣、香港特别行政区政府驻沪办事处主任蔡亮、香港特别行政区政府驻浙江联络处主任廖凤娴等出席开展仪式。

【杭州市政府代表团访问澳门】 2020年12月1—4日，以副市长柯吉欣为团长的杭州市政府代表团访问澳门，对前期澳门代表团到杭州考察交流进行回访。代表团拜访澳门中联办、澳门特别行政区政府。澳门中联办副主任姚坚、澳门特别行政区行政法务司司长张永春、全国政协港澳台侨委员会副主任、澳门苏浙沪同乡会会长贺定一先后会见代表团一行。代表团与澳门特别行政区行政公职局、身份证明局、卫生局、旅游局、交通事务局、贸促局等部门进行座谈，探讨两地在新冠肺炎疫情防控、智慧城市建设、基层治理、科技创新、产业发展、文化旅游和体育等领域的合作。12月3日，在澳门大学举办"濠江两岸看杭州——2020杭州城市故事图片展"，展示杭州作为"幸福示范标杆城市"的独特韵味和别样精彩。副市长柯吉欣与澳门大学校长宋永华会谈，就杭州与澳门大学加强合作交换意见。代表团一行参观澳门回归贺礼陈列馆，走访南光集团，与澳门浙商联合会和杭州联谊会的企业家代表进行座谈交流。

【港澳代表团到访】 2020年4月22日，香港特别行政区政府驻沪办事处主任蔡亮一行到杭州访问，与市港澳办主任周澍座谈交流。

5月25日，香港特别行政区政府驻上海经济贸易办事处入境事务组首席主任翁荣桢一行到杭州，走访市属高校，举办香港特别行政区人才引进政策推介会。12月17—18日，香港特别行政区政府驻上海经济贸易办事处入境事务组主任翁志强一行访问杭州，了解杭州市市属高校情况及毕业生的就业取向。

6月11日，香港贸发局候任内地总代表钟永喜一行到杭州访问。副市长柯吉欣会见代表团，就杭港两地近年经贸合作和未来发展规划进行商讨。

2020年12月3日，杭州市政府代表团访问澳门大学，举办"濠江两岸看杭州——2020杭州城市故事图片展"（市港澳办 供稿）

10月19—21日，澳门特别行政区政府网络安全和信息化工作相关部门高级公务员一行16人，到杭州考察信息化工作并走访相关单位。

11月3—6日，澳门特别行政区政府公务培训团一行35人到杭州考察学习。

12月14日，澳门贸促局一行到杭州访问，与市港澳办商讨2021年"杭州澳门周"事宜。

12月26日，澳门贸促局、旅游局一行访问杭州，实地踏勘"杭州澳门周"举办现场并座谈。（杨礼丰）

台湾事务

【概况】2020年，面对新冠肺炎疫情和台海局势变化，杭州市对台工作秉持"两岸一家亲"理念，通过线上和线下结合方式，创新服务台胞模式，优化涉台营商环境，促进杭州台湾两地经济社会融合发展。

杭州市全年因公赴台团组21批、31人次，均为商务考察团组。全年接待台湾同胞到杭州旅游1.38万人次，比上年下降92.2%；杭州市民赴台湾旅游1400人次，下降98.3%。全年新批各类涉台企业79个，注册资金3.88亿美元，增长76%。

杭州市举办大型涉台活动8场，分别为"浙江·台湾合作周"（杭州）主场活动、第十二届"西湖—日月潭"两湖论坛、"浙台邻里节"杭州启动仪式暨公望富春两岸文化周、"聚梦启杭"两岸台湾青年聚杭城系列活动、杭台青年文化艺术交流活动、"台湾青年看杭城"活动、"两岸一心"主题音乐会、2020年迎新春杭台农特产品推荐会。推进全市涉台教育"进机关、进基层、进学校"，举办台海形势报告会、座谈会、研讨会7场，受众600多人次。杭州市全年受理各类涉台投诉、信访求助件137件，增长52.3%；办结135件，结案率98.5%。

【助力台企专项行动】2020年新冠肺炎疫情发生后，市台办开展助力台企专项行动，推动落实各级助力台企的纾困政策。走访市台湾同胞投资企业协会及重点台企，面对面宣传解读中央、浙江省惠台政策和《杭州市抗疫暖企政策汇编》，帮助解决台企、台商和员工在返杭、防疫、复工方面的困难，助力在杭州台企复工达产，促成规模以上台企复工率100%。杭州市台企、台商、台胞通过多种途径向社会捐献防疫、生活等物资。

【"浙江·台湾合作周"（杭州）主场活动】2020年11月3日，"2020浙江·台湾合作周"（杭州）主场活动开幕。活动由国务院台湾事务办公室、浙江省政府共同主办，合作周采取线上和线下结合的方式举行，两岸企业家峰会大陆方面理事长郭金龙，海峡两岸关系协会会长张志军，浙江省委副书记、省长郑栅洁，全国台湾同胞投资企业联谊会会长李政宏出席开幕式并致辞，两岸企业家峰会台湾方面理事长萧万长视频致辞。杭州市委副书记、市长刘忻主持。合作周（杭州）主场活动以"共享机遇、融合发展"为主题，举办第七届两岸文创精品展、两岸文创产业合作联盟成立大会暨2020年杭州—台湾"创意对话创意"高峰论坛会、杭台青年直播电商论坛、两岸未来乡村产业发展论坛等5场专场活动。合作周杭州主场促成数字经济、电子信息、精准诊疗、生物医药等9个项目签约，总投资超过10亿美元。

【"西湖—日月潭"两湖论坛线上举行】2020年9月22日，第十二届"西湖—日月潭"两湖论坛以视频连线方式在杭州市与台湾南投县同步举行。杭州市委副书记、市长刘忻出席开幕式并致辞，南投县政界人士林明溱、陈正昇视频致辞，杭州市副市长陈国妹主持。论坛以"情牵两湖、共谋发展"为主题，举办包括新冠肺炎疫情防控、社区建设、民宿合作3场论坛，以及"南投线上特产馆"启动仪式、"聚梦启航"南投青年农民线上电商培训2场活动。两地专家学者、社区工作者、旅游业者、农特产品业者、青年创业者等约200人参加交流活动。

【"浙台邻里节"杭州启动仪式】2020年7月4日，以"情牵两岸、共跃龙门"为主题的"浙台邻里节"杭州启动仪式暨"公望富春两岸文化周"在杭州举办。由台胞代表、萧山区、余杭区、富阳区有关市民家庭代表组成的参访团100多人，赴富阳区东洲街道黄公望村，参访海峡两岸交流基地黄公望隐居地，领略《富春山居图》原创地、实景地的幽远意境。活动采取线下和线上互动模式，通过"共话邻里情"文艺联欢、参观交流等活动，深化杭州和台湾南投县基层民众的情感。

【杭台青年文化艺术交流活动】2020年10月16日，杭台青年文化艺术交流活动在杭州连横纪念馆举行。活动以"情牵两岸、携手圆梦"为主题，分设杭台青年艺术家书画交流展、花艺

2020 年 11 月 3 日，“2020 浙江·台湾合作周”（杭州）主场活动开幕。图为大会举办项目签约仪式　　（市台办 供稿）

展、《台湾通史》出版物展，举办专题讲座和杭台青年文艺联欢晚会。两岸书画家同台创作《春暖两岸·笔墨交心》画作，100 多名青年参加。

【“千名台青主播培养计划”启动】 2020 年 7 月 3 日，由杭州市台湾同胞投资企业协会发起，韶倾科技（杭州）有限公司明星学院承办的“千名台青主播培养计划”启动，计划三年内面向两岸招募 1000 名台湾青年，开展线上和线下相结合的直播培训。学习内容包含短视频制作、秀场直播、“网红”打造、直播带货等内容，通过遴选推荐台湾青年与直播平台、电商企业签订就业协议。活动发布《台湾青年杭州创业就业生活指南》口袋书和微信小程序，分为认识杭州、投资创业、就业实习、生活地图、政策咨询等主要板块，以地图形式呈现服务机构、创业园区以及住、食、游等生活信息，为台湾青年提供服务指南，帮助他们在大陆实现创业就业梦想。至年末，400 名台湾主播完成培训，21 名台湾青年从事电商直播。

【“台湾青年看杭城”活动】 2020 年 8 月 29 日，杭州市开启“台湾青年看杭城”活动，包含“台湾青年看良渚”“台湾青年游运河”“台湾青年游西湖”等内容。在杭州的台湾青年身着汉服，参观良渚古城遗址公园、杭州京杭大运河博物馆等地，以直播方式与在台湾的青年交流分享，并在“抖音”“哔哩哔哩”“淘宝网”及其他网络平台同步播出，与观众实时互动。

【“两岸一心”主题音乐会】 2020 年 12 月 27 日，“两岸一心”主题音乐会在杭州大剧院举办。活动由杭州市台湾同胞投资企业协会和台资企业昱升提琴艺术中心主办，受邀观看演出的家长及社会各界人士约 500 人。在杭州的台湾青年音乐家与杭州音乐爱好者共同演奏《我爱你中国》等曲目，表达杭台两地同胞“两岸一心”的美好期望。

【杭州市台胞台属联谊会换届】 2020 年 12 月 2 日，杭州市台胞台属联谊会进行换届选举，设会长 1 名、副会长 7 名、秘书长 1 名、副秘书长 2 名、理事 30 名，有会员 452 名。2020 年市台办发挥该涉台民间社团优势和特点，完善市、区县（市）两级台胞台属联谊会工作机制，加强会员规范化管理，定期举办联谊活动，全面走访杭州市台胞台属，帮助会员解决实际困难。市台胞台属联谊会开展中秋节慰问活动，春节前看望慰问部分困难台属和中国国民党部队退休老兵。

【两岸媒体聚焦讲好杭州故事】 2020 年，杭州市邀请中央电视台、中央人民广播电台、海峡卫视等媒体到杭州采访拍摄“台企抗疫复工”“我是海峡建设者”“台办主任说” 3 个专题节目，分享台湾青年西进大陆在杭州的发展故事，宣传惠台措施在杭州的落地成效。采访视频在中央电视台中文国际频道《海峡两岸》栏目、中央广播电视总台网站《看台海》栏目、海峡卫视、“脸书”、“Youtube”、“微博”和“抖音”等平台播出，引发网络关注。其中台湾青年从大陆寄口罩回台湾的视频在“抖音”平台上点击量超 800 万人次，获“10 万 +”点赞。5 月，在杭州台湾青年创作的“抗疫主题青年共勉之歌”——《拥抱未来》MV 节目，分中、英文版进行全球宣传，成为中共中央宣传部“坚信爱会赢——文艺界以艺战疫”特别节目的片尾主题曲，登上“爱奇艺”在线视频网站公益榜视频第一名。杭州全年邀请台湾媒体 9 批、53 人次到杭州采访，新华社、中央电视台等主流媒体多次刊登、播报杭州有关新闻。

（颜君芝）

责任编辑　汤　峻

15

法治

2021
杭州年鉴
Rule of Law

地方立法

【概况】2020年,杭州市人大常委会坚持立法决策与改革决策相衔接,立足杭州实际、突出地方特色,以良法助力城市发展高质量、人民生活高品质。全年共审议法规草案5件,表决通过其中3件。

【《杭州市居家养老服务条例》施行】2020年10月1日起,《杭州市居家养老服务条例》施行。该条例经2019年12月23日杭州市第十三届人大常委会第二十三次会议通过,经2020年3月26日浙江省第十三届人大常委会第十九次会议批准施行。条例共8章、50条,对居家养老的服务设施、服务供给、医养结合、激励保障措施、监督管理、法律责任等做出规定。

【《杭州市钱塘江综合保护与发展条例》施行】2020年6月19日,杭州市第十三届人大常委会第二十八次会议通过《杭州市钱塘江综合保护与发展条例》。该条例经7月31日浙江省第十三届人大常委会第二十二次会议批准,自10月1日起施行。条例共7章、37条,对钱塘江及两岸区域规划编制与实施、综合保护、绿色发展、保障与考核、法律责任等做出规定。

【《杭州城市大脑赋能城市治理促进条例》制定】2020年10月27日,杭州市第十三届人大常委会第三十次会议通过《杭州城市大脑赋能城市治理促进条例》。该条例经11月27日浙江省第十三届人大常委会第二十五次会议批准,自2021年3月1日起施行。条例共26条,对城市大脑及其要素定义、特殊群体权益保障、数据管理、促进措施等做出规定。

【《杭州市公安机关警务辅助人员管理规定》制定】2020年10月27日,杭州市第十三届人大常委会第三十次会议通过《杭州市公安机关警务辅助人员管理规定》。该条例经11月27日浙江省第十三届人大常委会第二十五次会议批准,自2021年1月1日起施行。条例共27条,对警务辅助人员岗位职责、入职条件与程序、管理规范、待遇保障等做出规定。

【《杭州市物业管理条例》修订】2020年,杭州市人大常委会将《杭州市物业管理条例(修订)》列入年度重点立法项目,旨在进一步推动物业管理工作规范化、标准化、制度化。该条例于12月28日经杭州市第十三届人大常委会第三十二次会议完成第二次审议。

【《杭州市淳安特别生态功能区条例》制定】2020年,杭州市人大常委会将《杭州市淳安特别生态功能区条例》列入年度重点立法项目,草案起草实行"双组长制"。该条例于12月28日经杭州市第十三届人大常委会第三十二次会议完成初审。(余 巍)

依法治市

【概况】2020年,是市委全面依法治市委员会工作铺开和纵深推进的关键之年。杭州市推进全面依法治市工作,杭州在2020年度全省法治浙江(法治政府)建设考评中列第二名,桐庐县、余杭区、富阳区、萧山区、下城区、建德市进入全省前30名,获评法治浙江(法治政府)建设先进单位。

【法治杭州建设推进】2020年,市委常委会召开专题会议,传达学习中共中央总书记习近平法治思想和中央全面依法治国工作会议精神,专题听取法治政府建设情况汇报。2月,市委全面依法治市委员会第二次会议研究部署法治杭州建设工作,审议通过年度工作要点、立法计划,出台综合治理解决"执行难"的实施意见。调整完善委员会协调小组架构,推动协调小组各自领域工作落实。市委全面依法治市委员会办公室出台《加强乡镇(街道)法治建设的实施意见》,以合法性审查全覆盖为着力点,夯实基层法治基石。出台《督察工作实施办法》,开展年度法治督察,并将督察延伸至乡镇(街道)。出台《行政案件败诉约谈工作暂行细则》,实行"两高一低"(行政案件发案量高、败诉率高、负责人出庭应诉率低)月度通报制。在全市推行法治建设监督员制度,市、县两级建立法治建设监督员队伍。统筹推进法治建设全面纳入党委巡察范围，开展党政主要负责人年度述法，实现市、县、乡三级全覆盖。接受省委全面依法治省委员会办公室对杭州市党政主要负责人履行法治建设第一责任人职责落实情况督察并得到肯定。优化法治杭州建设考评指标，召开法治杭州建设推进会暨法治建设考评整改任务交办会。完善党内规范性文件备案审查制度，推进乡镇党内规范性文件备案工作。开展法治建设群众满意度提升工作。

【法治政府建设力度加大】2020年，杭州市政府常务会议专门听取法治政府建设情况汇报，召开法治政府建设推进会、"两高一低"专项整治会、行政争议调解工作推进会等，压实主体责任、补齐短板弱项。桐庐县成功创建全国法治政府建设示范县，"县域法治督察"等4个项目入选浙江省县乡法治政府建设"最佳实践"项目。开展重大行政决策能力提升专项行动，实现市、县、乡三级重大行政决策事项目录化管理全覆盖。重大行政决策、行政规范性文件合法性审核实现100%覆盖。有序推进行政裁决工作。持续推进综合行政执法改革，完成《省综合行政执法统一目录》规定的执法事项划转工作。继续推进上城区南星街道等14个省级试点和拱墅区拱宸桥街道等7个市级试点，推进基层"一支队伍管执法"模式。开展行政执法规范化和行政执法监督规范化建设，加大行政执法"三项制度"推行力度。加大食品、药品、环境等重点领域执法力度。推进行政复议体制改革，组建行政复议专家咨询委员会，行政复议化解行政争议的主渠道作用明显增强。市政府领导带头出庭应诉，促进负责人出庭应诉制度常态化。发挥行政争议调解中心作用，全年全市收到行政复议案件3662件，比上年下降7%；复议纠错率10.6%，下降6.28个百分点。全市一审行政诉讼案件1926件，下降24.9%；败诉率9.8%，下降6.64个百分点；负责人出庭率91.3%，上升4.89个百分点，"两高一低"整治效果明显。

【法治制度完善强化】2020年，杭州市加强党对立法工作的领导，落实重大立法事项向市委请示报告制度，市委常委会审定人大、政府年度立法计划和重要立法项目。制定《杭州市公安机关警务辅助人员管理规定》等4件法规、《杭州桐庐无规定马属动物疫病区管理办法》等4件规章。创制性、先行性立法成效明显，《杭州市物业管理条例（修订草案）》中规定的"不得强制业主通过指纹、人脸识别等生物信息方式使用共用设施设备"被中央电视台《新闻1+1》和《法治深壹度》栏目专题报道，被评选为"2020年中国十大宪法事例"。对野生动物保护、涉民法典、妨碍统一市场和公平竞争等专项法规规章清理5次。完善立法工作机制，重要立法项目建立工作专班，实行"双组长"制。建立健全立法工作新闻发布制度。完善基层立法联系点、民营企业立法联系点。与市政协开展立法协商。探索与宁波市协同立法。

【公正司法水平提高】2020年，杭州市深化司法体制综合配套改革，开展执法司法规范化水平提升年工作。完善员额法官、检察官考核、惩戒、退出机制。完善审判权运行、院庭长监督管理、类案强制检索、案件质量评查等质量保障长效机制。推进刑事诉讼庭审实质化改革，落实防止冤假错案制度。依托公安执法办案管理中心，围绕警、案、人、物、卷、场所等要素，对执法活动进行全流程、全要素、可回溯的全链条管理。推进跨域立案诉讼服务改革，推进民事诉讼程序繁简分流改革全国试点，试点电子督促程序改革。加强知识产权保护，打造长三角区域知识产权保护典范和诉讼优选地，创设"杭州知识产权·国际商事调解服务云平台"。

深化互联网法院建设，实现互联网纠纷全流程在线审理，构建互联网诉讼程序规则，建立在线矛盾纠纷多元化解体系。探索执前督促履行，开展"鲲鹏风暴"集中执行行动，完成长期未执结案清理工作，打赢"黑财清底"决胜战。贯彻"少捕慎诉"理念，保障民营经济发展。认罪认罚从宽制度适用率87.8%。创新研发"非羁码"数字监控系统，无一人脱管，入选年度全省改革创新最佳实践。依法侦办网贷平台非法集资、利用网络实施犯罪等案件。推进扫黑除恶专项斗争。搭建公益诉讼E平台，启动行政公益诉讼诉前程序714件，提起民事公益诉讼35件，办理互联网公益诉讼65件。推进未成年人司法保护，落实侵害未成年人强制报告制度。贯彻《中华人民共和国社区矫正法》，成立社区矫正委员会。健全生态环境案件审判组织，在淳安县成立环境资源人民法庭。

【法治社会建设加快】2020年，杭州市完成"七五"普法总结验收工作。开展"防控疫情、法治同行"、《中华人民共和国民法典》、《浙江省民营企业发展促进条例》、法治护航村社换届、防范电信网络新型违法犯罪等专项宣传活动。开展法治建设人民群众满意度普法行动，全市3079个村（社区）完成培育"法治带头人"3079名、"法律明白人"8879名、"遵纪守法示范户"8013户，实现全市村（社区）法律顾问全覆盖。至年末，累计创建全国民主法治示范村（社区）22个、省级350个。组织市管干部和公务员网上学法考试、新任领导干部法律知识考试。构建公共法律服务"一站式"工作格局，13个区县（市）、191个乡镇（街道）、2879个村（社区）建立公共法律服务中心（站），实现"互联网+公共法律服务"。推进现代法律服务业发展，全市有律师1.07万名，律师万人比达10.36，规模排全国副省级城市第四位。持续推进"互联网+公证创新"，杭州互联网公证处成为全国区块链备案和监管试点唯一公证机构。推进公共法律服务、诉讼服务、检察服务及行政争议调解中心入驻矛盾调解中心，全年各类调解机构调解纠纷45.5万件。开展第六届"十大金牌和事佬"评选活动。构建多方联动的诉源治理新模式，推出村社微法庭、一码解纠纷、调解云平台、律师调解室等"金名片"。全市村社微法庭增至2715个，村社覆盖率92%，行业微法庭37个。全市律所调解工作室增至60个，律师调解员1472名。诉源治理效果显现，全年全市法院受理各类案件29.83万件，比上年下降5.6%。

【疫情防控法治保障】2020年2月28日，市委全面依法治市委员会第二次会议对依法防控新冠肺炎疫情保障复工复产进行专门研究和部署。加强立法保障，市人大常委会出台《关于依法全力做好当前新型冠状病毒肺炎疫情防控工作的决定》，为实施疫情防控措施提供法律依据。加快推进公共卫生领域立法工作，市委全面依法治市委员会办公室出台《关于为新冠肺炎疫情防控期间企业复工复产提供法治保障的意见》，成立企业复工复产法治保障专班；出台涉疫情防控行政执法指引，发布涉疫情矛盾纠纷化解意见。行政执法机关依法打击扰乱市场秩序、阻碍企业复工复产、违反野生动物保护等涉疫违法行为。司法机关及时出台涉疫情防控司法保障意见，妥善处理因疫情引发的各类纠纷，从严从快办理涉疫刑事案件。司法行政部门开展“法雨春风”法律服务月和“防控疫情、法治同行”专项宣传等活动，组建公益律师服务团为企业提供法律服务，加强矛盾纠纷调处化解。在“亲清在线”平台推出法律服务板块，疫情期间及时推出“云选房、云调解、云会见”等“云服务”举措。

【法治化营商环境优化】2020年，杭州市对标世界银行的营商环境标准，推进“最多跑一次”改革。国家发展改革委《中国营商环境报告2020》中杭州市居全国第五位，开办企业“一件事”常态化“一日办结”案例入选“最佳实践”典型案例。全国工商联发布《2020年万家民营企业评营商环境报告》中杭州市居全国第一位，被命名为“营商环境最佳口碑城市”。全面推行企业开办“51300”标准（最多5份材料、1个环节、30分钟办结、0费用）。推进“零见面”审批，实现“零跑次、零纸质、零时限、零人工、零材料”标准。实行告知承诺事项达到105项，实现全省领跑。对涉及“优化营商环境”等9079件规范性文件实施清理。加大公平竞争审查力度，引入公平竞争审查第三方评估机制。开展反垄断专项执法行动。开展新型监管机制“一体化、数字管”改革全省试点，对重点事项、一般事项、其他事项实行“红黄绿码”分类监管。知识产权保护全面强化，设立中国（杭州）知识产权保护中心，杭州知识产权公共服务线上平台、中国（杭州）知识产权诉调中心线上平台运行，并列入市法院诉调机构。推进市场主体法律顾问服务网格化工作，覆盖市场主体88万个。（彭志芳）

政法委与综治

【概况】2020年，杭州市政法（平安）部门统筹推进新冠肺炎疫情防控和平安杭州建设，开展常态化下基层一线服务指导督查工作，杭州成为全国禁毒示范城市，取得平安考核全省第二名。其中，在全省90个参评的区县（市）中，杭州市13个区县（市）有4个进入前10名、9个进入前20名。全年，全市没有发生影响社会平安的重大事件，刑事、治安警情分别比上年下降21.2%、13.9%，因各类安全生产事故、火灾、交通事故、命案而死亡的总人数下降22.2%，特别是交通事故死亡人数下降24.7%，下降幅度为全省最大，绝对数从全省第一位降为全省第三位。人民群众对杭州市总体安全感满意率97.4%，高于全省平均数。全市政法系统有248人次、108个集体获省级以上表彰奖励。

【疫情期间社会面精密智控】2020年，面对新冠肺炎疫情带来的社会面管控挑战，市委政法委统筹政法系统投身“双线作战”，牵头市新冠肺炎疫情防控指挥部社会面管控专班工作，设立“一办八组”，发挥各级市域社会治理综合信息指挥中心作用，对入口按六大类、16种分类落实“人防+智防”精准管控措施。开发应用“杭州健康码”和“亲清在线”，“杭州健康码”在18个省（自治区、直辖市）200多个城市广泛应用，杭州市健康码平台开发运行专班获评全国抗击新冠肺炎疫情先进集体。依托企业复工数字平台、政企“亲清在线”平台等，做好企业复工复产的法治服务和保障，及时化解企业员工涉疫信访矛盾纠纷，确保疫情期间社会大局平稳，疫情防控和复工复产顺利有序，精密智控指数长期位列全省前三位。

【社会大局安全稳定维护】2020年，市委政法委做好重大活动和重要节点的维稳安保工作，妥善处理一批重大涉稳案（事）件，全年开展涉稳信息“零报告”264天，启动三级以上重大维稳安保等级响应219天（其中二级响应36天），确保全年未发生重大安全稳定事故。部署实施政法机关维护国家政治安全“三大工程”，坚决打好反颠覆、反渗透、反间谍、反邪教主动仗。至年末，全市建成“关爱之家”18个，“关爱工作站（室）”638个。全年完成线上和线下重大决策社会风险评估2035项。全年摸排出涉稳问题257件，实施市、

2020年，市公安局民警上街宣传平安杭州建设工作（市委政法委 供稿）

2020 年，杭州市形成一批群防群治工作品牌。图为拱墅区"运河平安管家"志愿者巡逻队（市委政法委 供稿）

区县（市）和乡镇（街道）三级项目化监管，推动化解 251 件，总化解率 97.7%。召开防范化解涉疫情风险隐患任务交办会，全年 52 项涉疫情风险隐患化解 25 项，基本化解 24 项，其他 3 项风险总体可控。加强对网贷平台涉稳风险隐患处置工作，全面完成"网贷平台 2020 年 6 月末前出清"的工作目标。

【全国市域社会治理现代化标杆城市创建】2020 年，市委政法委出台《关于创建全国市域社会治理现代化标杆城市实施意见》，构建纵向贯通、横向协同的市域社会治理"六和塔"工作体系，推进"六和工程"，形成纵向到底、横向到边的市域社会治理架构，杭州成为全国首批市域社会治理现代化试点城市，并在全国第一次试点工作交流会上交流发言。推动综治中心（矛盾调解中心）实体化运行，实现四级矛盾调解中心全覆盖，深化"基层治理四平台"与矛盾调解中心、全科网格的协调联动，"一中心四平台一网格"县域社会治理体系加快形成。强化矛盾化解、事件处置、指挥研判 3 项功能，矛盾纠纷"一站式受理、一条龙服务、一揽子解决"，全市信访四级走访总量、一审收案总数、有效治安警情总数比上年分别下降 43.4%、10.1%、13.7%，民商事案件万人成讼率下降 16.7%，初件化解率平均 95.5%，上升 7.7 个百分点。拓宽政府购买公共服务领域，建立市、县、乡三级社会组织培育孵化基地，鼓励律师、退休法官等专业人士参与矛盾调解，发动社会组织和群众投身社会治理，形成"和事佬""小青荷""武林大妈"等一批群防群治工作品牌，社会治理共同体建设取得明显成效。至年末，全市有各类专职巡防力量 2.98 万人，平安巡防志愿者 65.84 万人。以专职网格员队伍建设为重点，夯实社会治理基层基础；对 8 个地区和 1 个部门开展市级挂牌整治；建成"平安六和"主题公园；与市社科联、市委党校合作，成立杭州市社会治理现代化研究中心和市域社会治理现代化研究培训基地。

【杭州扫黑除恶专项斗争收官】2020 年，杭州市对照中央扫黑除恶行动部署要求，围绕省扫黑除恶"十大专项行动"开展"六清行动"，线索清仓、逃犯清零、案件清结、伞网清除、黑财清缴、行业清源工作均完成任务，历时 3 年的扫黑除恶专项斗争收官，杭州市提前完成全国扫黑办设定的工作目标。三年中，全市打掉 34 个黑社会性质组织、恶势力犯罪集团、恶势力犯罪团伙，查扣冻结 75.8 亿元涉黑恶资产。查处中央督办的以虞某某为首的黑社会性质组织案、尚某某网络恶势力案，以及省里督办的以董某某、董某某为首的涉嫌有组织犯罪案等典型案件，取得扫黑除恶专项斗争全面胜利。在全国扫黑除恶专项斗争总结表彰大会上，杭州市公安局扫黑办、杭州市中级人民法院刑事审判第二庭、江干区人民法院尚某某案专案组被评为先进集体。

【执法司法规范化水平提升年活动】2020 年，根据省委政法委工作部署，杭州市开展执法司法规范化水平提升年活动。市、县两级党委政法委均成立驻点集中办公小组，针对执法司法理念、行为、作风和相互配合、制约监督五大类重点事项开展排查整改，全市政法单位排查出各类问题已全部整改完毕。全市实施"两高一低"专项整治行动，推出行政案件败诉约谈制度，实现行政争议调解中心全覆盖，全市行政诉讼案件败诉率降至 9.8%，比上年下降 6.64 个百分点；负责人出庭率 91.3%，上升 4.89 个百分点。

【政法领域深化改革推进】2020 年，市委政法委抓住"数字卷宗"推进政法一体化协同办案，对公安局、检察院、法院办案系统进行适配性改造，线上移送卷宗、线上审查办案、线上证据出示，基本实现案件"一网通办"。推动县级矛盾调解中心与"基层治理四平台"协同对接，创新并在全市推广"一码解纠纷"模式，创新诉源、警源、访源"三源治理"工作，壮大各类调解组织，提升调解能力。全年县级矛盾调解中心受理矛盾纠纷 2.9 万件，化解成功率 90.3%。全面推广应用"非羁码"，全市刑拘总数比上年下降 21.1%，"非羁码"平均应用率 94.8%。推进综合行政执法改革，将审批服务执法权限下放到镇（街道），其工作聚焦公共管理、公共服务、公共安全，"一支队伍管执法"试点经验从试点镇（街道）向区（县）拓展，解决"看得见的管不了，管得了的看不见"问题。

【社会治理数字化建设】2020 年，市委政法委围绕"数智杭州"建设，以"城市大脑"为支撑，打造市域社会治理数字化系统，建成并启用市级综治中心。开发"智慧安防小区""风险五色预警""六和指数"等 100 多个智能应用，以"统一地址码"夯实数字化治理基础、以"基层治理四平台"完善治理体系，以"五色预警图"警示安全风险，以"六和指数"均衡推进市域社会治理，以"三源治理"

促进矛盾纠纷源头化解，以“三预智控”提升预测预警预防水平，为全市推进数字法治系统建设打下坚实基础。在2020年特大梅雨汛期中，利用云平台、安全码、AI模块、VR全景地图等技术，记录水情运动区域和变化趋势，及时发布警示，调配管控力量，确保全市无人员伤亡、无桥梁垮塌、无重大事故。3月，中共中央总书记习近平考察杭州城市大脑运营指挥中心，对数字化赋能社会治理的创新成果表示肯定。

【政法宣传大格局构建】2020年，市委政法委利用已有平安宣传“两微一网”等阵地资源，构建以乡镇（街道）政法委员为核心骨干，涵盖市本级、13个区县（市）、191个乡镇（街道）、3079个村（社区）、1万余个网格的五级政法网宣架构。开展反邪教宣传月活动，组建市、县两级反邪教警示教育宣讲团，举办“科学与人”反邪教宣传网络直播系列活动，组织优秀反邪教文艺节目基层巡演，举办杭州市群众性反邪教工作十年回顾展。策划“中国之治·杭州六和实践”重大主题宣传，开展全市政法文化“三微”作品征集，全年宣传政法平安报道近3000篇。市委政法委原创动漫《平安六和》和原创音乐MV《梦想天堂》在第五届中国“三微”比赛中获奖；《平安六和》在第二届平安浙江“三微”比赛中获一等奖、最佳创意奖，《梦想天堂》获二等奖；市委政法委获最佳组织奖。常态化开展“政法记者走基层”活动，每月2次邀请中央、省、市主流媒体赴基层采访调研并做专题报道，整理近20万字的《足迹》《善治杭州》作品集，成为政法平安系统金牌宣传项目。

【法学研究】2020年，杭州市法学会团结全市法学法律工作者，繁荣法学研究、推进依法治市，为平安杭州、法治杭州建设提供理论支撑，在浙江省法学会第八次会员代表大会上被评为“2019—2020年度全省法学会系统成绩突出集体”。市法学会举办市委理论中心组《中华人民共和国民法典》专题学习暨“双百活动”报告会，为市委理论学习中心组讲解《中华人民共和国民法典》。抗击新冠肺炎疫情期间，及时总结疫情防控成功做法，以《关于疫情防控中加强社区建设与社区治理法治化的相关建议》为题，向中国法学会提出疫情防控中加快推进智安小区法治化建设等6个方面的建议。围绕全国市域社会治理现代化标杆城市创建工作，在《杭州法学》季刊新增《市域社会治理》栏目，刊登市域社会治理（含疫情防控）方面研讨文章29篇。承担中国法学会重点委托课题《市域社会治理现代化的理论构建》研究并获肯定。组织第三十二届全国副省级城市法治论坛、第十七届长三角法学论坛、浙江省第二届乡村振兴法治论坛和2020年“法治浙江”论坛，有37篇论文（案例）在各项法治（学）论坛中获奖，其中一等奖3篇、二等奖1篇、三等奖14篇、优秀奖18篇、典型案例1个，市法学会被授予论坛优秀组织奖。组织“普法志愿者基层行”活动，开展活动52场，各区县（市）法学会举办法治讲座264场次，受益5.5万人。（李　良）

法治政府建设

【概况】2020年，杭州市政府以基本建成法治政府为目标，加大工作力度，为在全省建设“重要窗口”中展现“头雁风采”提供坚强法治保障。市政府主要负责人切实履行第一责任人职责，市政府及时印发法治政府建设年度工作要点并召开法治政府建设推进会等专题会议，市政府常务会议专题听取法治政府建设情况汇报。统筹推进法治建设全面纳入党委巡察范围，推行法治建设监督员制度并出台督察工作办法，出台《行政案件败诉约谈工作暂行细则》。开展党政主要负责人述职述法，将法治政府建设考评结果纳入党政综合目标考核，法治政府建设情况首次接受市人大常委会审议。

落实市政府常务会议会前学法制度，举办全市领导干部法治建设能力提升培训班，组织领导干部任前法律知识考试。按时完成中央依法治国办和省委依法治省委员会办公室实地督察问题的整改任务。加强普法依法治理，做好“七五”普法总结验收，实施“宪法十进”工程，发挥“融媒体”和社会组织的普法作用，至年末，全市累计创建全国民主法治示范村（社区）22个、省级民主法治村（社区）350个。

【政府职能依法履行】2020年，市政府依法保障新冠肺炎疫情防控和经济社会发展“双线作战”。出台为企业复工复产提供法治保障的意见；加大野生动物资源保护、食品药品安全等重点领域执法力度；依法打击危害公共安全、哄抬物价等破坏疫情防控的违法犯罪行为；出台疫情防控期间行政执法指南，编发典型执法案例。推进政府数字化转型，打造“亲清在线”平台，推进“减证便民”举措，推行证明事项告知承诺制，健全完善城市大脑组织架构。持续打造最优法治化营商环境，推行企业开办“分钟制”、工业项目审批“小时制”，“获得信贷”等评价指标全国领先，营商环境评价列全国第五位。

【地方性法规规章制定】2020年，市政府坚持党领导立法工作，年度立法计划、立法中遇到的重大问题等及时向市委报告，确保立法工作符合中央精神和省委、市委要求。加强重点领域立法，全年向市人大常委会提交审议《杭州城市大脑赋能城市治理促进条例（草案）》等地方性法规4件，制定《杭州桐庐无规定马属动物疫病区管理办法》等政府规章5件。完善公众参与机制，立法草案公开听取社会公众意见，立法听证会吸民意、纳民智，对立法疑难问题征询专家学者意见，与市政协开展立法协商，确定民营企业立法联系点。

【政府行政决策机制健全】2020年，市政府出台重大行政决策能力提升专项行动实施方案，落实乡镇（街道）重大行政决策的相关规定，开展重大行政决策第三方评估。促进行政规范性文件管理规范化，全年对44件市政府及市政府办公厅拟发的行政规范性文件进行合法性审核，对312件文件进行备案审查，对9079件各类文件进行清理。推进法律顾问和公职律师制度的落实，对法律顾问聘任单位加大督促考核力度，推行公职律师制度，全市有公职律师 511 名，比上年新增 150 名。

【综合行政执法改革】2020 年，市政府落实综合行政执法改革各项任务。成立市综合行政执法指导办公室，完善“综合执法 + 部门专业执法 + 联合执法”体系，推进乡镇（街道）“一支队伍管执法”改革，南星街道等 14 个单位、拱宸桥街道等 7 个单位分别被列为省级、市级基层综合执法改革培育单位。制订执法规范化建设实施方案，加大行政执法“三项制度”落实力度，规范执法裁量权，探索推广轻微违法告知承诺制等机制。推广应用省统一行政处罚办案系统，加强执法人员资格动态管理，落实行政执法与刑事司法衔接机制。推进行政执法监督，制订深化执法监督规范化建设创新实践工作方案，开展执法监督“正法直度”专项行动，实施执法案卷评查。健全与市人大常委会、市监委等协作监督机制，完成市政府第二届特邀行政执法监督员聘任工作。

【社会矛盾纠纷化解】2020 年，市政府健全行政复议工作，形成复议、监督、指导 3 项机制，制定 20 多项制度，建立复议专家咨询委员会，推进行政争议调解中心运行，完善“智慧复议”平台功能。建立行政复议工作月度通报制，完善行政机关负责人出庭应诉工作指引，市领导带头出庭应诉。全年市、区县（市）复议局收到复议案件 3662 件，直接纠错率 10.6%。全市一审行政诉讼案件 1926 件，败诉率 9.8%。负责人出庭率 91.3%。加强调解工作，完善人民调解、行政调解、行业性专业性调解、司法调解优势互补、有机衔接、协调联动的大调解格局，全年调解成功率 99.4%。行政裁决工作有序开展，公布第一批市级部门行政裁决事项基本清单，各区县（市）均编制公布本级裁决事项基本清单。 （叶建丰）

公 安

【概况】2020 年，杭州市公安机关推进教育整顿，锻造公安铁军，持续推进风险防控、严打整治、基层基础、智慧警务、规范执法、改革攻坚“六大工程”提质增效。全年全市刑事立案比上年下降 8.6%，移送起诉下降 6.4%，新发命案连续 7 年保持全破。全市查处各类交通违法行为 1488.8 万起，道路交通事故死亡人数比上年减少 228 人，下降 36.2%，实现连续 17 年下降。全年杭州市公安机关有 1 个集体、3 名个人立一等功，23 个集体、53 名个人立二等功，38 个集体、521 名个人立三等功，1 个集体被授予杭州市抗击新冠肺炎疫情先进集体称号，6 名个人被授予杭州市抗击新冠肺炎疫情先进个人称号。市公安局上城区分局原民警王益民被公安部追授二级英模荣誉。市公安局科技信息化局民警钟毅获“全国最美公务员”称号。

【网贷案件追赃挽损攻坚战】2020 年，杭州市公安机关立案查处高风险网贷平台 11 个，促推全市 368 个网贷机构按时出清。在全市范围内开展网贷案件追赃挽损攻坚战，形成领导分级包案、动态跟踪推进、深化闭环核查、全链打击促退、审讯攻坚深挖、查询分析保障、资产联动处置七大项、18 条具体措施，奋战 100 天，追回资金 118 亿元。攻坚战提炼总结的战法被中新社刊登，受到公安部经侦局通报表扬并在全国推广。全年全市侦办网贷案件 164 起，结案 157 起，抓获犯罪嫌疑人 1176 名，依法冻结资金 123.39 亿元及大量股票、房产、土地、车辆等资产。案件侦办结案率 95.8%，逃犯缉捕率 94.7%，案均追赃挽损率 47%，均超额完成省、市党委政府年初制定的“三率”目标。

【“猎狐 2020”行动】2020 年，杭州市公安局克服新冠肺炎疫情期间中外对接困难、出境作战受阻等不利影响，做足做细基础工作，取得上级支持、密切国际合作，采取“打拉结合、劝投为主”策略，跨越空间限制，推进境外追逃工作。全年，从美国、西班牙、俄罗斯、日本、老挝、柬埔寨等 14 个国家缉捕、引渡、劝返“猎狐”目标 48 人。经公安部经侦局、省公安厅认定逃犯 43 名，其中：在册逃犯 36 名，在册缉捕率 60%；新增缉捕逃犯 7 名，整体缉捕率 64.2%；均超额完成省公安厅的指标要求。“猎狐”行动首次提前完成“双率”目标，专项成绩排全省第一名。

【扫黑除恶专项行动】2020 年，杭州市公安机关完成全部 490 条上级交办线索侦破任务，36 名目标逃犯全部归案，2019 年前立案的 33 起涉黑案件和 179 起恶势力集团案件全部结案。健全涉黑涉恶线索发现移交、行业管理漏洞通报整改等制度，向监管部门移交行业监管建议书 306 份，形成打防管控闭环。打掉涉互联网黑恶犯罪团伙 202 个，居全省前列。创新资产“穿透式”查控和异常账户大数据分析法，深度追查扣缴涉黑恶资产，查缴涉黑恶资产 75.8 亿元，总量居全省第一位。建立黑恶案件同

2020 年 5 月 22 日，市公安局举办“全民反诈、邀你同行”系列宣传活动启动仪式 （市公安局 供稿）

2020年1月8—9日，杭州警方开展“雷霆20号”暨“飓风19号”集中统一行动
（市公安局 供稿）

步立案、“双核双查”机制，向各级纪委、监委移交涉腐涉伞线索538件，总数居全省第一位。开展打击“套路贷”（现金贷）、涉网黑恶犯罪集中攻坚，累计打掉“套路贷”黑恶犯罪团伙328个，居全省第一位。开展“飓风”系列集中行动32次，累计打掉涉黑恶犯罪团伙577个，其中打掉黑社会性质组织34个（2020年占5个）、恶势力集团197个（2020年占27个）。打击涉黑组织及恶势力集团数连续3年居全国省会城市前列，其中打掉涉黑组织34个，居全省第一位。

【刷单类诈骗打击】 2020年，杭州市公安局承担公安部打击刷单类诈骗集群战役专班工作，牵头会同全国各地抽调力量，邀请阿里巴巴集团、蚂蚁金融服务集团、腾讯计算机系统有限公司、安巽科技有限公司、每日互动股份有限公司等互联网企业入驻，通过研制数据模型，强化打击线索研判输出、涉诈网址信息拦截反制工作，支撑全国类案打击和反制工作。全年向全国各地传递刷单案件线索9批，协调26个省、市抓捕犯罪嫌疑人1100多名；拦截涉诈QQ信息1375万次、恶意网址1008.1万次、涉诈通话201.9万次，封停涉诈QQ及微信号23.64万个，封堵恶意网址6.96万个。通过专班工作，全国类案发案比上年下降26.2%。

【医保和人才补贴领域犯罪打击】 2020年，杭州市公安局贯彻落实杭州市委、市政府“善治六策”（统筹之治、科技之治、良法之治、协商之治、人文之治、开放之治）要求，针对利用政府惠民政策谋取不法利益的违法犯罪行为，开展多轮打击骗取医保基金、政府人才补贴行动。针对全市骗取人才补贴案件时有发生状况，牵头组织各地刑侦部门打击骗取人才补贴犯罪集群战役，打掉犯罪团伙10个。成立专案组，联动市纪委市监委开展核查侦办，打掉医保诈骗犯罪团伙7个，查处医疗门诊部14个，查明涉及骗取医保基金近2亿元，市区医保定点医疗机构和定点药店规定病种门诊费用比上年下降28.7%。

【“雷霆”系列行动】 2020年，杭州市公安机关开展“雷霆”系列打击行动，防范各类安全风险，完善风险防控体系，结合智慧警务“一号工程”，推动数字化、智能化手段防范化解风险隐患，实现风险要素量化细化闭环管理。全市公安机关组织系列行动12次，累计投入警力25万余人次，发动各级党政干部、群防群治力量88.1万人次，盘查各类人员175.7万人次、车辆19.1万辆，打处违法犯罪嫌疑人6059名，处罚违规单位、业主等4382个（次），全面清剿各类风险隐患，营造严打、严防、严管、严治的高压态势。

【“雪亮工程”建设】 2020年，杭州市持续加大“雪亮工程”建设力度。全市公安机关在公共区域建设视频监控点位、道路智能卡口点位等设施，同时整合社会单位视频监控点位入网。全市建成“智安小区”1527个，实现重点行业、领域的重要部位视频监控覆盖率、高清率、住宅小区公共区域视频监控覆盖率3个

2020年杭州市交通事故统计情况表

表10

月份	次数（起）	死亡（人）	受伤（人）	经济损失（万元）
1月	213	44	141	49.08
2月	65	6	53	19.70
3月	211	29	153	54.82
4月	200	37	149	55.80
5月	213	28	171	66.35
6月	215	30	175	53.95
7月	197	35	160	73.40
8月	230	47	207	111.22
9月	221	34	200	66.29
10月	214	38	206	75.55
11月	243	38	255	65.61
12月	231	32	173	93.14
合计	**2453**	**398**	**2043**	**784.91**

100%。12月起，根据市政府统一部署，承担社会视频资源整合和网络平台升级改造工作，设计架构和标准，促进全市物联感知数据融合。

【辅警管理强化】2020年，杭州市公安机关以"第二警队"为定位，以"依法构建新型辅警队伍、打造新型执法辅助力量"为目标，推动警务辅助人员管理规范化、制度化、法治化。规范警务辅助人员招录工作，统一招录主体、程序、标准，全年新招录警务辅助人员2000多名。统一全市警务辅助人员服装标识，建立警务辅助人员警号制度，按照隶属单位实行分段编号、集中管理。对2019年10月以后招录和优化提升的7000多名警务辅助人员，参照民警标准，开展为期三个月的岗前培训。10月，《杭州市公安机关警务辅助人员管理规定》经第十三届市人大常委会第三十次会议通过。11月，该规定经第十三届省人大常委会第二十五次会议批准，于2021年1月1日起施行。

【派出所勤务机制改革】2020年5月14日，杭州市公安局出台《关于进一步完善派出所勤务机制改革的实施意见》，继续升级勤务机制改革，加强派出所"一室两（三）队"（情报指挥室、社区警务队、执法办案队、巡逻防控队）建设，确保派出所综合警力60%以上在社会面开展巡防管理工作。优化网格化布警、就近快速处警和相邻警务联勤联动机制，严密网格化防控布局，实现全部上图标注，在"多图合一"系统上基本实现"警情""警力""监控"可视。至年末，全市有153个派出所建立"一室两（三）队"勤务模式，划分防区439个和巡区889个，投入运行联勤警务63个、警务室885个和治安岗亭204个，实现警务效能提档升级。

【杭州特色"枫桥式公安派出所"创建】2020年，杭州市公安机关在确定全市15个省级"枫桥式公安派出所"重点培育单位基础上，向省公安厅推荐市公安局拱墅区分局拱宸桥派出所等7个派出所作为全省"枫桥式公安派出所"争创单位。年内，杭州好"枫"警系列人物、故事在"杭州公安"官方微信、《青年时报》的《好枫警》专栏、《平安时报》等宣传媒体上报道146篇。公安部新闻宣传局邀请《人民日报》、新华社等20多个中央级媒体，采访宣传杭州市公安局"枫桥式派出所"创建工作，展示"枫桥式公安派出所"杭州元素。

【"助企双引"专题活动】2020年4月21日，杭州市公安局出入境管理局召开"助企双引"（引财、引资）直通车活动专题部署会。通过上门走访、宣传讲座等形式开展系列服务。全年走访在册高新技术企业、创新型领军企业和领军型创业团队3862个。对有涉外服务需求的企业，填写"助企双引备案表"，在全国公安出入境管理信息系统进行信息录入和备案审批，全年录入审批3320个。全年企业科研和管理方面的海外高层次人才成功申请入境签证138人，外籍高层次人才办理在华永久居留身份证148人，引进人才办理签证、定居8.3万人。

【公安惠民举措深化】2020年，杭州市公安机关创新推出"一窗通办"新模式，统筹推动全市182个窗口实现"一窗通办"，改革项目入选全省公安改革2020年优秀实践案例。攻坚车检"一事联办"项目，以4个车辆检测站为试点，推出19项优化措施。创新推出"浙里拍"手机自助拍照、"惠境"智慧外管等五大系统平台。"亲清在线"数字平台上线2批、8项涉企事项。推进长三角区域跨省户口迁移"一站式办理"，推出临时居民身份证全省通办、省内居民身份证免费快递举措。建德市公安局试点推出公民身份信息变更"一事联办"，实现17个部门、19个事项联办。

【"6·22"特大生产销售伪劣成品油系列案】2020年8月11日，杭州市公安局环境与食品药品犯罪侦查支队牵头，出动警力390多名，联合市市场监督管理局、市生态环境局、市应急管理局、中石化杭州分公司等有关部门，在杭州、宁波、湖州等地对"6·22"特大生产销售伪劣成品油系列案件开展集中收网行动，摧毁犯罪团伙8个，抓获涉案人员88名；捣毁制售伪劣成品油窝点14个，查处非法运输油罐车23辆、非法加油站3个；现场查获涉案伪劣成品油1662吨、油罐61个；查处地下非法仓储危化品窝点10多处，涉案金额超过1亿元。对72名犯罪嫌疑人采取刑事强制措施，其中移送起诉33人。该案是近年来市公安局侦破的协调部门最多、规模最大、涉案金额最高的成品油案件。

【江干区"7·5"杀人分尸抛尸案】2020年7月6日20时，杭州市公安局江干区分局接到关于来某某于7月5日在家中失踪的求助警情，立即启动查找失踪人员工作机制，开展调查寻人工作。调查中，公安机关发现多处疑点，怀疑该失踪人员可能被害。市公安局迅速成立专案组，启动失踪人员疑似命案工作机制开展调查。专案组依托大数据资源，明确专案攻坚重点，连续奋战25小时，在报警人小区化粪池发现多块疑似人体组织，在失踪人员家中现场发现可疑痕迹。经鉴定与失踪人员DNA认定同一，明确失踪人员的丈夫许某某有重大犯罪嫌疑。在掌握扎实证据的基础上，专案组通过审讯，突破嫌疑人口供，成功侦破这起有预谋的杀人分尸抛尸案。（潘宇杰）

检 察

【概况】2020年，杭州市检察机关依法履行法律监督职责，夯实基础，补齐短板，将杭州检察打造成为检察制度优越性的"小窗口"，为展现杭州"重要窗口""头雁风采"提供法治保障。

坚持围绕大局，服务保障城市发展。贯彻落实省委办公厅《关于进一步加强检察机关法律监督工作的若干意见》，推动市委办公厅出台《关于深化法律监督工作助力"重要窗口"建设的实施意见》。市检察院制定《深入推进"走亲连心三服务"活动全力推动"重要窗口"建设的实施意见》，立足司法办案，参与城市治理。调研洗钱犯罪、危害野生动物犯罪背后的社会问题，报送情况反映引起市委关注，推动行业整治。参与新冠肺炎疫情防控，依法惩治涉疫犯罪，市

2020 年 6 月 9 日，市检察院举办的"实案实训"大课堂第一讲开讲

（市检察院 供稿）

检察院提前介入 14 人、批捕 106 人、起诉 177 人，依法提起疫情期间全省首例野生动物保护领域民事公益诉讼。

推进扫黑除恶工作，落实"六清"行动。起诉涉黑案件 152 人、涉恶犯罪 515 人，涉"保护伞"案件 11 人。办理全国扫黑办督办的尚某某等人网络恶势力案、作恶下沙的董氏兄弟涉黑案等重大案件。依法不批捕 15 人，不起诉 28 人。化解积案，培育精品案件，其中 41 件获评省级精品和优秀案（事）例、8 件获评最高人民检察院典型案例、3 件入选最高人民检察院指导性案例。"盛某某正当防卫案"被写入 2020 年最高人民检察院工作报告。

助力市域治理，组建信访案件办理办公室，设立千岛湖生态环保检察官办公室，推进"12309"检察服务中心入驻社会矛盾纠纷调处化解中心，推进完善信访代办制。建立金融、网络犯罪专案机制，制定防范化解重大金融风险实施方案，组建网络犯罪专业办案团队。

开设实案实训大课堂，提升检察官办案实务能力，形成"教、学、练、战"四维一体的培训模式。加强检校交流合作，与省教育厅联合举办高校禁毒宣传会议，与杭州师范大学建立民事行政检察研究基地，与华东政法大学签订检校合作协议。市检察院、余杭区检察院被评为全省检察机关检校合作创新实践基地。部署落实执法司法规范化水平提升年活动。开展规范案件数据填报、归档工作专项督察，制订案件质量评查实施意见等举措，提升司法办案规范化。打造检察文化，开设"杭检人文大讲堂"，塑造"书香杭检"品牌，获评 2020 年全国工会职工书屋示范点。

全年全市检察机关获市级以上荣誉 79 项，其中 2 个集体和 5 名个人获全国以上表彰，12 个集体和 11 名个人获省级荣誉。62 人入选全省检察机关专业人才库，人数居全省首位。市检察院在省检察院绩效评价中综合业绩连续 3 年列全省第一位。

【刑事检察】 2020 年，杭州市检察机关审结提请批捕案件 5919 件、9281 人。审结移送起诉案件 1.2 万件、1.87 万人，其中批捕 6521 人，起诉 1.51 万人。贯彻宽严相济的刑事政策，出台提升公诉质效"二十条意见"，用好用足不起诉权，依法对轻微刑事犯罪不批捕 1626 人，不起诉 3503 人。落实认罪认罚从宽制度，办理认罪认罚案件 1.1 万件、1.64 万人，适用人数占审结移送起诉人数的 87.6%，量刑建议采纳率 97.1%。惩治危害国家安全、制售毒品、故意杀人等重大刑事犯罪，起诉 413 人。全年监督立案 228 人，监督撤案 112 人，追捕、追诉漏犯 196 人，提出刑事抗诉 61 件。起诉非法吸收公众存款、集资诈骗犯罪 887 人，起诉利用网络实施犯罪案件 2028 人。市检察院督促指导"女子取快递被诽谤案"的办理，该案入选 2020 年度全国十大法律监督案例。依法办理职务犯罪批捕和起诉案件，起诉市监委移送的职务犯罪案件 128 人，履行司法工作人员"14 类罪名"职务犯罪侦查职能，建立侦查一体化机制，加强与纪委监委沟通协作，自行立案侦查 18 件、24 人。加强刑事执行监督，办理减刑、假释、暂予监外执行监督案件 2.5 万件，推进"派驻 + 巡回"检察监督模式，对浙江省第一监狱和第二女子监狱及浙江省南湖监狱开展巡回检察。

【民事检察】 2020 年，杭州市检察机关办结民事诉讼生效裁判监督案件 1513 件。注重在监督中化解矛盾，探索民事检察公开听证模式，举办公开听证会 90 多场，邀请社会各界人士参与听证 100 多人次，促成和解结案 35 件。注重在监督中惩治虚假诉讼，通过与公安、法院通力协作，办理虚假诉讼监督案件 553 件。

【行政检察】 2020 年，杭州市检察机关办结行政诉讼生效裁判监督案件 103 件，办结行政执行监督案件 299 件。部署开展行政执行监督专项活动，督促拆除非法建筑 1.4 万平方米，挽回国有资产损失 242 万元。推进行政争议实质性化解工作，化解行政争议 157 件。市检察院与市司法局联合制订相关工作意见，建立行政争议化解联动机制，共同推进行政争议诉源治理，推动案结事了。

【公益诉讼】 2020 年，杭州市检察机关全面落实市人大常委会《关于加强检察公益诉讼工作的决定》，启动行政公益诉讼诉前程序 689 件，提起民事公益诉讼 33 件。通过公益诉讼，督促复种耕地 133.33 公顷，索赔各类赔偿金 300 多万元，挽回国有财产损失 1.1 亿元。参与市人大常委会推进无障碍环境建设公益诉讼专项监督行动，获得最高人民检察院、中国残疾人联合会认可，全国人大常委会委员张苏军、吕世明到杭州市检察院调研指导。开展道路交通限高限宽设施专项监督行动，通过制发检察建议，推动改良限高设施的设置，确保主干道畅通无阻，救援车辆顺利通行。

【未成年人司法保护】 2020 年，杭州市检察机关依法对涉罪未成年人做出相对不起诉170人，附条件不起诉47人，不诉率62.9%。依托强制报告制度，研发"检察监督线索举报"支付宝小程序，搭建网上举报通道，使得未成年人司法保护更及时、有效。联合社会力量对237名受侵害未成年人开展心理疏导，落实侵害未成年人案件强制报告制度，2件案件入选最高人民检察院强制报告典型案例。推动成立杭州西子少年司法社会工作服务中心，为全市司法机关提供专业的社会服务。召开性侵未成年人案件办理及社会支持工作研讨会暨"多长论坛"，研发"未来学院"智慧未成年人检察帮教辅助系统。

【企业发展保护】2020年，杭州市检察机关依法平等保护国有、民营等各种所有制企业产权。对涉企犯罪不批捕245人，不起诉244人。市检察院出台保障民营经济发展"七条意见"，开展涉企刑事诉讼"挂案"、刑事申诉积案"回头看"专项行动，与市工商联举办民营企业刑事合规座谈会。

【检务公开】2020年，市检察院自觉接受市人大及其常委会的监督，定期报告检察工作情况，整改专项审议反馈问题，配合市人大常委会对检察公益诉讼工作的跟踪监督，依托人大监督补齐短板、改进工作。参与人大监督，配合开展《中华人民共和国禁毒法》执法检查，参与市人大常委会无障碍环境建设专项监督，在人大监督中发挥法律监督专业力量。自觉接受市人大代表、政协委员的监督，全年办结答复市人大代表建议5件、市政协委员提案7件。加强与人大代表、政协委员日常联系，完善一对一走访联络机制，逐一反馈意见建议。推进"法律共同体"建设，为辩护律师行使执业权利提供便利，确保检察环节律师执业权利得到保障。围绕检察工作亮点、群众关注热点，讲好检察故事，推进法治宣传。"杭州检察"微信公众号被中央政法委评为"四个一百"优秀微信公众号。

【检察工作改革】2020年，杭州检察公益诉讼"互联网+"模式是全省首个互联网检察公益诉讼试点，被提名为2020年杭州市改革创新最佳实践案例。杭州市检察机关全年办理互联网领域公益诉讼案件65件，提起涉及网络的公共卫生安全、个人信息保护领域民事公益诉讼。研发办案新技术，应用区块链取证设备，建立快速检测实验室，搭建公益诉讼"E平台"，用大数据技术支持公益诉讼案件办理。总结类案办理经验，发布全国首份互联网公益诉讼白皮书，工作经验被最高人民检察院推广。

【"非羁码"研发推广】2020年，市检察院为贯彻"少捕慎诉"理念，联合市公安局共同研发"对非羁押犯罪嫌疑人、被告人进行数字监控系统"（简称"非羁码"），在拓展非羁押措施适用领域、保障犯罪嫌疑人权益、打造"全国数字治理第一城"等方面具有引领意义。9月30日，市检察院与市公安局、市中级人民法院、市司法局联合会签《关于全面推广运用非羁押人员数字监控系统的通知》，"非羁码"在全市推广运行。公安、检察、法院以"非羁码"手机App为载体，对非羁押人员进行外出提醒、违规预警、定时打卡和不定时抽检。"非羁码"还对非羁押人员表现进行综合评估，按照风险等级自动生成绿、黄、红三色监管码，进行分级动态监管。全年对9196名非羁押人员使用"非羁码"监管，无一人出现脱管情况。"非羁码"应用经验得到最高人民检察院检察长张军肯定，并入选2020年度全省改革创新最佳实践案例。

【销售伪劣口罩案审结】2020年3月12日，杭州市余杭区检察院对蔡某某、姚某某销售伪劣口罩损害社会公共利益的行为，向杭州互联网法院提起民事公益诉讼。该案系新冠肺炎疫情防控期间全国检察机关起诉的首例销售伪劣口罩民事公益诉讼案件，也是全国首例保护公共卫生安全的民事公益诉讼案件。

调查发现，1月24—31日，蔡某某单独或与姚某某共同将不符合国家标准的"三无"劣质口罩冒充N95口罩高价销售，销往湖北、广东、浙江、湖南等21个省，其中进入公共流通领域3.7万只，销售额27万余元。经鉴定，涉案口罩的过滤效率实测值分别为6.5%、20.1%、8.7%，均不符合国家相关标准。2月2日，余杭区检察院依法提前介入公安机关的立案侦查。审查发现，两人不仅涉嫌刑事犯罪，还存在损害社会公共利益的行为，遂于2月11日对该案立案审查，并在正义网发布诉前公告，督促法律规定的机关和有关组织提起民事公益诉讼。

检察机关认为，蔡某某、姚某某的行为违反《中华人民共和国消费者权益保护法》《中华人民共和国产品质量法》等法律规定。正义网发布公告期满后，余杭区检察院于3月12日依法向杭州互联网法院提起民事公益诉讼。3月31日，杭州互联网法院当庭判决，判令被告蔡某某、姚某某共同支付侵害社会公共利益的损害赔偿款22.92万元；蔡某某支付侵害社会公共利益的损害赔偿款59.43万元；蔡某某、姚某某向社会公众刊发警示公告、赔礼道歉声明，并召回已流入市场尚存的伪劣口罩。

（管梅子）

法 院

【概况】2020年，杭州市各级法院以新冠肺炎疫情防控和经济社会发展为大局，以司法为民、公正司法为主线，履行宪法法律赋予的职责，各项工作取得新进展。全年全市法院新收案29.83万件、办结30.73万件，法官人均结案355件，均居全省首位。其中，市中级人民法院全年新收案3.17万件、办结3.19万件。

全市各级法院围绕疫情期间"六稳""六保"方针，出台涉疫情防控、复工复产法律问答30篇（次）。对受疫情影响较大的合同纠纷，合理平衡当事人利益，引导各方共担风险、共克时艰。24小时审结首起涉疫国际信用证款项纠纷，避免中国企业461万美元损失。对省属某外贸企业进行法律援助，使其避免负债4.75亿元。会同旅游主管部门，出台纠纷化解意见，促成12.4万名因疫情影响无法出境的旅游者全部与旅行社和解。强化公共卫生法治保障，审结涉防疫物资诈骗等犯罪案件180件。

2020 年 9 月 8 日，杭州知识产权法庭举行兼职技术调查官聘任仪式
（市中级人民法院 供稿）

【法治化营商环境助力】2020 年，杭州市各级法院助力杭州建设全国营商环境创新试点城市，会同 12 个部门出台改革举措 50 多项，减少用时、降低费用、优化司法程序。创设企业送达地址承诺制度，对涉企纠纷快立、快审、快执，平均用时比上年减少 37 天。强化产权司法保护，审结涉物权、股权等财产权案件 3562 件。强化“示范判决 + 集中调解”机制，保护中小投资者合法权益，采用代表人诉讼审理涉五洋建设证券虚假陈述系列案件。强化杭州破产法庭职能，推进市场主体优胜劣汰，化解地方金融风险，审结破产案件 380 件，释放土地资源 242.26 公顷，出清房产 260 万平方米，盘活账面资产 140 亿元，安置职工 5526 人；推动 358 个企业有序退出市场，让 22 个有发展前景的企业通过重整走出困境。国家发展改革委 2020 年营商环境报告显示，杭州营商环境排名全国第五位，由法院牵头的保护中小投资者、执行合同、办理破产指标分别排名全国第一位、第三位和第七位。

【知识产权司法保护】2020 年，杭州知识产权法庭发挥知识产权司法保护主导作用，审结杭州、嘉兴、湖州、金华、衢州、丽水六地市知识产权案件 1.47 万件。杭州知识产权法庭专利案件审理数量和效率在全国 21 个知识产权法庭中排名靠前。完善技术事实查明机制，增聘 2 名专职和 30 多名兼职技术调查官，辅助法官解决技术事实“认定难”问题。加强对前沿领域技术成果的保护，审结涉通信标准、半导体晶片等专利技术类案件 2350 件。余杭区法院审结平台诉“洗稿”软件提供方不正当竞争案，保护文创者的原创作品。“MK”商标案、“霍尼韦尔”商标案等入选全国典型案例，形成具有杭州法院辨识度的标志性成果。

【数字经济案件】2020 年，市中级人民法院出台专门意见，建立工作机制，办理涉新交易、新模式、新业态等数字经济类案件 1.5 万件。审结“首例 5G 云游戏案”“企查查信息误导案”等一批典型案件，为数字产品确权、流通、交易提供司法指引。加强数据安全和个人信息安全保护，富阳区法院审结“人脸识别案”，明确采集利用消费者个人信息需尊重个人选择权。妥善处置涉及网约车司机、外卖“骑手”劳动纠纷案，规范新业态新型用工模式。审理不正当竞争案件 146 件，维护市场公平竞争秩序。研发“云法官”入驻青年电商网红村，将“不打烊云服务”送到数字经济领域。借助最高人民法院“数助决策”系统，调研“司法参与数字社会治理建设的路径与机制”，论文获全国一等奖。

【行政案件】2020 年，杭州市各级法院履行好行政审判职能，监督支持行政机关依法行使职权，保护行政相对人合法权益。发挥市、县两级行政争议调解中心全覆盖作用，妥善化解 1/3 行政争议，全年新收一审行政案件 2162 件，比上年下降 26.9%。强化司法与行政良性互动，促进行政争议实质化解，全市行政机关负责人出庭应诉率 91.3%，上升 4.89 个百分点；行政机关败诉率 9.8%，下降 6.64 个百分点。全市有 7 个法院发布年度行政审判白皮书，促进行政执法规范化水平提升。

【涉外与涉港澳台民商事案件】2020 年，杭州市各级法院公正高效审结涉外、涉港澳台民商事案件 1137 件，办理司法协助案件 122 件。强化国际、区际司法互助，首次请求国外法院协助承认和执行中国法院的民事判决，办理香港仲裁机构移送的财产保全案件。围绕浙江省自贸区扩区建设，成立全国首个“跨境贸易法庭”，回应中外商事主体对构建公正透明国际营商环境的期待。出台服务保障杭州亚运会的 15 条意见，助力杭州举办国际化体育赛事。

【刑事案件】2020 年，杭州市各级法院审结刑事一审案件 9348 件，惩治罪犯 1.52 万人。惩治严重危害社会治安犯罪，审结杀人、抢劫等严重暴力犯罪案件 286 件；审结盗窃、诈骗等多发性侵财犯罪案件 3157 件；审结毒品犯罪案件 224 件，严重暴力犯罪案件持续下降，社会治安平稳有序。处置涉网贷平台集资诈骗、非法吸收公众存款等涉众型经济犯罪案件 347 件，加大追赃挽损力度。依法对参与人数近 50 万人、非法集资金额超 530 亿元的“三三”集团案主犯王某某判处无期徒刑，责令退赔违法所得。惩治危害食品药品安全犯罪 28 件、45 人，守住市民“米袋子”“菜篮子”“药瓶子”安全红线。

【扫黑除恶专项斗争】2020 年是扫黑除恶专项斗争的收官之年（2018—2020）。全市各级法院审结一审黑恶案件 462 件，惩治罪犯 2612 人，判处 5 年以上有期徒刑直至死刑 837

人。审结尚某某等人涉网络恶势力案、下沙董氏家族涉黑案。实施“打网破伞”，移送“套路贷”、虚假诉讼等涉黑恶线索478条，“保护伞”线索53条；对重点行业发出司法建议113份。攻坚“黑财清底”案件，判处财产刑、没收违法所得等近7亿元，执行到位率95%。

【职务犯罪案件】2020年，市中级人民法院审结贪污、贿赂、渎职等职务犯罪案件85件，惩治罪犯93人。审结杭州市科技局原党组书记、局长邵某某受贿案，原临安市委常委、常务副市长胡某某受贿案。加大行贿犯罪打击力度，审结行贿、介绍行贿案件12件，惩治罪犯20人。

【司法人权保障】2020年，杭州市各级法院准确适用认罪认罚从宽制度，对1.09万名认罪认罚被告人依法从宽处理。坚持宽严相济、罚当其罪，对5149名轻刑犯依法适用缓刑等非监禁刑，对8699名罪犯依法裁定减刑、假释。加强未成年人权益保护，审结校园欺凌、猥亵儿童等犯罪案件54件；封存76名未成年人犯罪记录。确保刑事案件律师辩护全覆盖，为5370名无能力聘请律师的被告人通知援助律师到庭辩护。

【矛盾纠纷化解机制】2020年，杭州市各级法院助推“信访打头、调解为主、诉讼断后”的县级矛盾纠纷调解中心建设，诉源治理成效日益明显，全市法院收案数连续两年下降。推广“跨域立、当场立、自助立、网上立”等多途径立案服务，在诉讼服务中心建立“调解、速裁、快审”一站式纠纷解决机制，提升诉讼服务效率。深度参与基层治理，全市2000多个村社“微法庭”实施“家门口解纷”新模式，提升基层自治能力。推动建立“一码解纠纷”平台，打造线上版“矛盾纠纷调解中心”。会同市贸促会创设“中国（杭州）知识产权·国际商事调解云平台”，促进知识产权纠纷诉前化解。持续优化人民法庭布局，全市人民法庭增至39个，化解1/4民商事案件。桐庐县法院富春江科技城法庭挂牌，集中受理涉企案件和金融纠纷，优化当地法治化营商环境。

【民生权益保障】2020年，杭州市各级法院审结抚养、赡养等家事案件8943件。落实《中华人民共和国反家庭暴力法》，及时签发人身安全保护令19份。临安区法院“赵某申请人身安全保护令案”入选最高人民法院十大人身安全保护令典型案例。萧山区法院获评全国维护妇女儿童权益先进集体，妥善审理涉教育、住房、医疗等社会保障领域案件8164件。下城区法院、余杭区法院通过府院联动，以“预重整”等方式盘活“烂尾楼”，帮助1500多户购房者安居；参加“无欠薪”行动，帮助农民工追讨回欠薪2.8亿元；审理各类涉农案件267件，助力乡村振兴；加大司法救助力度，依法为当事人缓、减、免交诉讼费近800万元，发放司法救助金419万元。

【“执行难”问题治理】2020年，杭州市各级法院贯彻市委全面依法治市委员会出台的《关于加强综合治理从源头切实解决执行难问题的意见》，完善综合治理执行难大格局。巩固“基本解决执行难”攻坚成果，全年执结案件10.38万件，执行到位资金221.4亿元，比上年上升7.3个百分点。推广“执前督促、预罚款、预拘留”等机制，督促涉案人自动履行，自动履行率上升2.4个百分点。加大失信惩戒力度，开展“鲲鹏风暴”千人大执行行动，以拒不执行判决、裁定罪判处49件、57人。实行信用修复机制，及时将9325人和3146个企业移出“失信黑名单”，激励社会诚实守信。

【互联网司法】2020年，杭州市各级法院发挥杭州互联网法院引领作用，上城区法院拓展“凤凰金融智审”成果，西湖区法院试点电子督促程序改革。全市法院共发送电子支付令2.4万件，涉案金额12亿元，平均处理天数14.3天，比同类案件少21.6天。余杭区法院创设“破产管理钉平台”，在浙江中友实业有限公司第一次债权人会议上，实现2323名债权人的投票表决结果4秒即出，相关经验做法被最高人民法院采纳并向全国推广。杭州市中级人民法院与华东政法大学共建互联网法治研究院（杭州），创刊《互联网法治》，推进互联网司法建设。

【“三三集团”集资诈骗案一审宣判】2020年5月8日，市中级人民法院依法公开宣判“三三集团”被告人王某某等15人集资诈骗、伪造国家机关证件案，对王某某以集资诈骗罪判处无期徒刑，对其他14人以集资诈骗罪判处15年至7年有期徒刑不等刑罚，并处剥夺政治权利及没收财产、罚金；对赵某某犯伪造国家机关证件罪定罪处罚；责令15名被告人以各自参与额为限退赔违法所得170亿余元，按损失比例发还各损失的集资参与人。

经审理查明：2015年3月至2018年5月，王某某在不具备资金兑付能力的情况下，伙同王某某、邢某某、潘某某、吴某某、赵某某、潘某某、陈某某、莫某某、胡某某、张某某、胡某某等人，先后成立“玉茶坊”“讯通公司”“康满堂”“易通公司”等数十个公司并由王某某实际控制，以开展“线下实体加盟”“线上玉石资产证券化交易”“网上商城”为幌子，雇用邵某某、周某某和撒某某为负责人的宝利来平台操盘团队，通过网站、微信群及举办会议、活动等开展虚假宣传，许诺高额回报，从事非法集资活动。各被告人在明知返利模式必然亏损、无法持续履约的情况下，分工合作、相互配合，共同实施上述犯罪。王某某等人向境内外48万余人非法集资530多亿元。至案发，造成15万余人的资金170亿余元不能归还。

法院认为，被告人王某某等人使用诈骗方法向社会不特定对象非法集资，数额特别巨大，其行为均已构成集资诈骗罪；赵某某伪造人民警察证，其行为构成伪造国家机关证件罪。各被告人实施的集资诈骗行为严重扰乱国家金融管理制度，犯罪情节和后果特别严重，依法应当予以严惩。（胡育萍）

司法行政

【概况】2020年，杭州市司法行政部门围绕市委“六稳”“六保”部署要求，抗击新冠肺炎疫情，加快推进法治杭州、平安杭州建设。率先将市属监所纳入属地社会治理体系，落实联防联控机制，实现监管场所"零输入、零感染"。起草为企业复工复产提供法治保障的意见，第一时间提出企业复工备案制的法律建议，公证进驻在线许可服务。助力打造法治化营商环境，推进市场主体法律顾问服务网格化全覆盖工作。

推进法治杭州建设。市委全面依法治市委员会召开第二次会议，完善协调小组工作架构和季度例会制度，推动协调小组工作落实。完成法治杭州年度重点任务、重点课题，率先推出行政案件败诉约谈制度。制定《关于加强乡镇（街道）法治建设的实施意见》，实现乡镇（街道）合法性审查全覆盖。杭州市在2020年度法治浙江（法治政府）建设考评中列全省第二名，获评"法治浙江（法治政府）建设先进单位"。

推进法治政府建设。"杭州在全国率先启动人脸识别禁止性条款的地方立法"入选"2020年度中国十大宪法事例"，受到中央电视台新闻频道等中央媒体关注报道。落实市政府行政规范性文件、政府协议合法性审查，对市级部门及区县（市）向市政府报备的行政规范性文件进行备案审查。为杭州亚运会筹备等提供法律顾问服务。开展行政执法监督规范化建设创新实践，开展"证照分离"改革事项审批监管情况等专项执法监督。推动"两高一低"专项整治，实现行政争议调解中心实质化运行。成立市行政复议咨询委员会，推行行政复议应诉情况通报、抄告、问题线索移送等制度。

推进法治社会建设。强化法治支撑，律师、公证、司法鉴定、仲裁等法律服务全面助力法治建设。实施律师行业"扬帆行动"、法律服务人民群众满意度提升和公共法律服务"十百千万"工程。完成国家统一法律职业资格考试杭州考区的组织实施工作。在律师、公证、司法鉴定行业开展教育整顿和专项清理活动。完成"七五"普法迎检、验收工作，开展《中华人民共和国民法典》普法宣传活动，推进法治乡村建设。

巩固平安杭州基础。全市监狱系统开展专项警示教育，规范减刑、假释、暂予监外执行和新犯收押工作。推动《中华人民共和国社区矫正法》宣传和实施，健全完善社区矫正领导体制和工作机制。推进科学戒毒工作，建成"关爱之家"。推动扫黑除恶专项斗争顺利收官。市、县两级公共法律服务中心进驻矛盾纠纷调解中心，大调解工作机制进一步完善。

2020年，市司法局在全省司法行政系统年度工作考评中列全省第一名，全系统获评"全国法治政府建设工作先进单位""全国法律援助工作先进集体"等市级以上集体荣誉24个（次），获评各类先进个人145人（次）。

【司法依法行政】 2020年，杭州市司法部门收到行政复议案件3662件，行政复议纠错率10.6%，比上年下降6.28个百分点；行政败诉率9.8%，下降6.64个百分点；全市行政机关负责人出庭应诉率91.3%，上升4.89个百分点。全年办理各类公证案件15.9万件、司法鉴定案件4.2万件、法律援助案件1.66万件，杭州仲裁委员会受理案件8917件，各级公共法律服务平台、社区律师等为群众解答法律咨询28.96万人次。完成国家统一法律职业资格考试杭州考区的组织实施工作，服务考生1.67万人次。对律师事务所（律师）做出行政处罚15件、行业处分26件，移送省司法厅吊销律师执业证7人；对司法鉴定机构（司法鉴定人）做出行政处罚5件。推进法治乡村建设，培育"法治带头人"3079名、"法律明白人"8879名、"遵纪守法示范户"8013户。

【监所监管】 2020年，杭州市监狱围绕年初确立的"全面打赢新冠肺炎疫情防控阻击战"和"全面提升监狱执法规范化水平"的部署要求，全力确保监管场所安全和疫情防控"两战全赢"。推进监地融合发展，将监狱应急处置等一系列工作纳入属地治理体系。解决疫情期间"会见难"问题，与区县（市）司法局做好衔接配合，开展远程视频会见。规范开展罪犯减刑、假释、暂予监外执行的案件办理，实现全年无一例错案退案，无信访举报案件。通过"修心教育"提升罪犯改造成效，确保监所改造秩序稳定。

【社区矫正安置帮教】 2020年，市司法局强化新冠肺炎疫情防控措施，开展特许探亲试点工作，批准特许探亲矫正对象598人，实现全市社区矫正对象"零感染""零脱管"防控目标。强化人员管控，推进扫黑除恶、纸面服刑和"应收未收"等专项督查活动，保持全市社区矫正工作连续17年安全稳定。制订《中华人民共和国矫正法》学习宣传方案，实现学习全覆盖；召开线上"圆桌释法会"，累

2020年12月4日国家宪法日，杭州市举办第六届"十大金牌和事佬"颁奖晚会

（市司法局 供稿）

计46万名网友在线收看；全市发放普法宣传品4.45万份；成立杭州市社区矫正委员会并召开第一次会议，调研、协调增加矫正经费有突破。以执法司法规范化提升年为契机，坚持每年两次与市检察院联动执法检查，进行执法质量考核。对市级教育平台"易帮矫"进行优化升级和功能拓展，探索各类社会组织参与社会帮扶机制。推进"智慧矫正中心"创建，着力"清廉矫正"体系创建，提升全市社区矫正工作人员的政治素养和业务能力。贯彻《刑满释放人员安置帮教工作协调会议纪要》精神，全年新增县级安置帮教基地8个，通过基地安置、公益性岗位安置、鼓励自主创业等举措，落实安置在册刑满释放和解除矫正人员，安置和帮教率均为100%。安置帮教期内无重新犯罪人员，无脱管人员。

2020年12月7日，市司法局举办杭州市"七五"普法展　（市司法局 供稿）

【律师服务业发展】2020年年末，杭州市有律师事务所590个（其中合伙所437个、个人所153个），比上年增长8.3%；律师1.07万名，增长15.8%。全市律师万人比10.36，律师队伍规模在全国副省级城市排第四位。全年律师业务收入69.99亿元，增长18.5%。全年市司法局及市律师协会收到相关律师投诉件332件，实施行政处罚23件、行业处分26件。全市律所单独设立党组织208个，建立联合党支部76个，覆盖律所290个。推进律师调解"1+60"模式，即1个杭州律谐调解中心与60个律师事务所调解工作室，作为中立第三方调解矛盾纠纷。线下律师调解均进入各区县（市）矛盾调解中心，线上推进滨江区试点"一码解纠纷（诉讼）"和知识产权纠纷多元化解"云"平台建设，实践律师调解市场化工作。开展律师事务所结对共建合作活动，全市30个规模所和专业所与60个中小所参加结对共建合作计划。

【诉源治理】2020年，市司法局加强诉源治理，整合全市司法行政调解资源，做到源头预防纠纷、多元化解纠纷，实现矛盾纠纷诉前化解和高效化解。开展涉疫矛盾纠纷排查化解专项行动，发挥人民调解的"第一道防线"作用；抓品牌打造，开展"十大金牌和事佬"选评活动。针对行政争议呈现案件高发、地域集中、领域广泛等特点，协调各部门落实行政调解职责，创新调解方法，在土地征用、拆迁安置、物业管理、消费权益等民事纠纷案件量较大的领域，加强调解人员配备，及时化解矛盾纠纷。落实调解优先原则，对申请行政复议的案件均进行案前协调，降低行政案件发案率。引导各类行业协会建立调解组织，细分人民调解需求，开展行业性、专业性调解，全年调解案件2.75万件。整合司法行政系统法律服务资源，打造市、县、乡、村四级公共法律服务实体平台，提供法律援助、法律咨询、法治宣传、纠纷调解、公证服务、司法鉴定等一站式服务。开展"法雨春风"专项活动，组建公益律师服务团117个，招募志愿律师2750名，帮助分析法律问题和风险，提早预防纠纷发生。

【公共法律服务体系建设】2020年，市司法局整合法律服务资源，逐步建成覆盖全业务、全时空的法律服务网络，在支付宝"城市服务"栏目中推出公共法律服务板块，提升"掌上办、指尖办、随身办"的便捷法律服务。参与杭州市政商"亲清在线"平台建设，建立法律服务板块，完成7项法律服务入驻，探索将司法鉴定、仲裁等法律服务纳入该平台。推进"互联网+公证创新"，开发海外华人远程视频公证系统，保障海外华人的各项民事权利。全市15个公共法律服务中心，全部整体入驻社会治理综合服务中心（信访矛盾联合调处中心）。至年末，全市累计共建乡镇（街道）公共法律服务站191个，建立村（社区）公共法律服务中心（站点）2879个。全年提供公共法律服务13.6万人次，办理法律援助案件1.66万件。全年办理70岁以上老人预约免费办理遗嘱公证1459件，免费办理1万元以下小额继承2211件，提供各类公证公益服务1.67万件。

【普法宣传】2020年，市司法局围绕抗击新冠肺炎疫情、助力企业复工复产两条主线开展"防控疫情、法治同行"专项法治宣传，以及《浙江省民营企业发展促进条例》宣传活动。召开全市"七五"普法集中汇报评审会，通过全省"七五"普法总结验收。开展《中华人民共和国民法典》普法活动，《杭州普法》杂志专设《中华人民共和国民法典》栏目，免费发放到全市3120个村（社区），全年创建80个省级民主法治村（社区）。利用上城区法院青少年法治教育基地、朝晖中学朝晖青春健康俱乐部、西湖区检察院青少年法治教育基地等开展法治宣传。11月，与市文明办、市教育局、团市委、市关工委等联合主办2020年杭州市中小学生宪法主题艺术评展、"我与民法典"微视频征集暨"阿普杯"普法创意大赛等普法活动。

【法律援助】2020年，杭州市法律援助工作践行"以受援人为中心"发展理念，办理各类法律援助案件1.66万件、法律帮助案件1.51万件，提供法律咨询12.89万人次，挽回经济损失2.7亿元。开发完成法律援助视频咨询微信小程序和"杭州市公共法律服务"支付宝小程序，为群众提供在线视频（语音）法律咨询等在线法律援助服务，两个平台累计提供服务1.5万人次。做好市政府"1+12"惠企政策中"加大法律援助服务力度"和"亲清在线"系统工作，为企业提供各类法律服务2万余次。建设完成法律援助案件"智慧指派"系统，实现系统根据律师特长、案件类型及律师办案质量等指标的"智能指派"，将法律援助案件质量评估结果、满意度评价、有效投诉等内容以服务积分的方式运用到系统指派规则，形成工作闭环。继续加强法律援助质量管理工作，全年已结案件评估率93.3%。修订完善《杭州市法律援助资源库管理规则》，完成资源库志愿律师事务所和志愿律师公开征选工作，确定110个志愿律师事务所和1061名志愿律师入库。（周雅婧）

仲 裁

【概况】2020年，杭州仲裁委员会强化"服务仲裁"意识，发挥仲裁化解经济矛盾、维持经济秩序、维护社会稳定的职能作用。全年受理案件8917件，受案标的额125.42亿元。其中：商事案件7176件，比上年上升2.8%，标的额125.07亿元，下降0.3%；一般商事案件3339件，上升16.7%，标的额123.91亿元，下降0.5%。受理的案件涉及8个国家和地区，案件类型涉及80多个二级、三级案由及15个案件类别。

【仲裁体制改革】2020年，杭州市优化仲裁体制机制，确立杭州仲裁委员会为提供公益性法律服务的非营利法人，依法向省司法厅申领"社会统一信用代码证"，明确与市司法局非行政隶属关系。确立仲裁委员会会议、主任会议、秘书长会议三级会议职责，仲裁委员会会议、主任会议为决策机构，按照决策权、执行权、监督权相互分离的原则，确立运行规则。仲裁委员会办公室人、财、物和业务整体划入仲裁委员会，仲裁委员会实行实体化运行。

【仲裁国际化建设】2020年，杭州仲裁委员会扩大涉外仲裁员队伍建设，境外仲裁员在涉外仲裁员队伍比例增至34.5%。参与亚太经合组织"在线争议解决平台"建设，加入亚太经合组织发起建立的亚太经济合作组织在线解决合作框架，参与推进亚太经合组织在线争端解决机制建设，逐步开展亚太经合组织成员国间的线上国际商事纠纷审理业务。制定《杭州仲裁委员会关于建立杭州国际仲裁中心的工作方案》《关于杭州国际仲裁中心平台建设的报告》等文件，推进市仲裁国际中心平台建设。杭州国际仲裁院全年受理案件267件，受案标的额16.19亿元。

【仲裁专业化建设】2020年，杭州仲裁委员会推进仲裁专业化发展。以银行业、保险业为拓展基石，突出仲裁解决银行业、保险业纠纷的优势。走访房地产企业、相关行政主管部门和协会、商会，协调房地产专业律师事务所，巩固和推广房地产纠纷的仲裁选择以产权、股权交易为重点，全面推进贸易仲裁工作。对特许经营类仲裁案件进行案例分析，与法院诉讼进行对比，统一裁判思路，以案例引领市场主体对仲裁的选择。仲裁萧山分会融入当地诉源治理工作机制，举办成立十周年纪念大会，整体入驻萧山区矛盾纠纷调解中心，分会的服务能力和影响力得以提升。

【仲裁智能化建设】2020年，杭州仲裁委员会深化"智慧仲裁"平台项目建设，完成中国杭州智慧仲裁平台与阿里巴巴诉讼平台对接开发项目，实现仲裁案件全流程在线交互处理。开展"智慧仲裁辅助系统"应用场景解决方案立项工作，完成该系统的应用场景需求征集报送。印发《杭州仲裁委员会仲裁信息化项目建设方案》《仲裁信息化升级开发项目建设第一阶段推进方案》等，提升仲裁服务便利化。发挥互联网快速、便捷的优势，开展中国杭州智慧仲裁平台线上审理工作，全年受理案件191件，受案标的额700万元，平均结案天数19天。

【仲裁工作业务拓展】2020年，杭州仲裁委员会成立批量案件快速处理中心，制定《杭州仲裁委员会批量案件快速处理中心工作规则》。成立杭州仲裁委员会驻玉皇山南基金小镇仲裁调解中心，制定《杭州仲裁委员会驻玉皇山南基金小镇仲裁调解中心试行工作规则》，为基金业当事人提供便捷、高效、优质的仲裁调解服务。筹建驻银行业仲裁调解中心，开发在线仲裁调解软件，利用现代科技手段，推动银行案件的调解进程。继续推进保险仲裁调解工作，增设保险仲裁受理处。

【仲裁助力抗疫】2020年，杭州仲裁委员会按照中央、省、市关于新冠肺炎疫情防控工作统一部署，成立防控领导小组，印发《杭州仲裁委员会疫情防控应急预案》《关于认真做好疫情防控影响期仲裁服务的若干意见》《杭州仲裁委员会致仲裁员书》等文件，全面调度和安排疫情期间仲裁工作。恢复现场立案前，通过中国杭州智慧仲裁平台线上立案12件，线下邮寄立案693件。2月，通过该平台远程接收湖北省武汉市某企业的数十件立案申请，均在30日审限内结案。恢复现场办公前，开具无违规证明24份，上门服务9次，涉及197个公司。全年开具无违规证明77份。支持政府抗疫工作，减免某地政府仲裁费用189万元，审结各类涉疫案件83件。（曹 宇）

责任编辑 汤 峻

军 事

杭州警备区

【概况】2020年,杭州警备区按照省军区党委和市委决策部署,全面参与"两手硬、两战赢"大战大考,部队全面建设稳步发展。

杭州警备区党委会学习贯彻中共中央总书记、中央军委主席习近平最新重要讲话精神,落实每月两天"理论学习日"制度。开展两项主题教育活动,促进广大官兵切实增强"四个意识"、坚定"四个自信"、做到"两个维护"。深化政治整训,开展师级以上领导干部落实有关待遇规定专项检查,组织核心涉密和重要岗位人员政治考核和网赌网贷专项整治,保持部队高度集中统一和安全稳定。

依令组织作战方案、非战争军事行动方案和《兵要地志》修订,组织实兵化演练,参加"东部—动员·2020"国防动员指挥所和后备兵员动员征集实兵演练,组织完成民兵基地化轮训、专武干部、民兵骨干网上集训和学生军训。

以"评星挂牌"活动为抓手,推进后备力量建设,全市30%的乡镇(街道)武装部和村(社区)民兵连达到"五星"建设标准。举行征兵"首检日""首运式"和大学生征兵宣传启动仪式,完成全市兵员征集任务。新征集的兵员中,在校大学生占80.3%,其中应届毕业生占30.2%。

【杭州第8次获评"全国双拥模范城"】2020年10月20日,杭州市在全国双拥模范城(县)命名暨双拥模范单位和个人表彰大会上,被授予"全国双拥模范城"称号。这是自1994年以后,杭州市第8次获此殊荣。杭州市素有军政军民一家的良好传统。全年,警备区和驻杭部队贯彻中共中央总书记习近平考察浙江、杭州时的重要讲话精神,以建设"重要窗口"的"头雁"标准,坚持依靠人民、造福人民、植根人民,推进"双拥"工作,支援地方建设,参加抢险救灾,配合地方做好抗击新冠肺炎疫情工作,维护国防安全和社会稳定,推动军民关系更加和谐。

【警备区党委八届五次全体(扩大)会议】2020年1月16日,杭州警备区党委八届五次全体(扩大)会议召开。会议总结2019年工作,部署2020年主要工作任务,审议警备区纪委工作报告,表彰2019年度先进单位和先进个人。

【警备区参加市防汛防台应急综合演练】2020年6月4日,市防汛防台抗旱指挥部在富阳鹿山街道五四村举行防汛防台演练。演练按照杭州市防汛防台抗旱应急预案要求,模拟山洪地质灾害、堤防管涌、水库滑坡,局部地区出现断路、断电、断通信等突发险情,演练启动应急预案、组建现场指挥部、人员转移安置、水面救援、山洪地质灾害救援、工程抢险、应急排涝抢险等科目。杭州警备区演示卫星指挥箱组、应急救援车等器材装备,出动民兵参加人员转移安置、水利工程抢修、山洪灾害救援、富春江水面救援、内涝强排水等科目演练,提升抗洪抢险救援应急能力和实战水平。

【民兵应急营训练】2020年10月12—16日,杭州警备区组织市属民兵应急营民兵在余杭民兵训练基地集中训练。训练设共同基础、专业基础和任务行动3个方面内容,重点进行军事理论、战备常识、单兵战术基础、轻武器射击、军兵种知识、卫生与救护、伪装与防护、通信装备操作与使用、抗洪抢险装备操作、参加抢险救灾行动等课目训练。在集训完成后,集中组织军事理论、3000米跑、实弹射击和抗洪抢险装备操作4个课目的考核。从考核结果看,基本达到训练预期目的。

【离休干部被评为全国关心下一代工作先进个人】2020年12月,杭州警备区杭州第八干休所副师职离休干部陈煜轩被军委政治工作部评为全国关心下一代工作先进个人。陈煜轩1944年加入新四军,先后参加抗日战争、解放战争和抗美援朝战争,获朝鲜民主主义人民共和国三级独立自由勋章、解放军独立功勋荣誉章、独立自由奖章、解放奖章等。他多次在《东南烽火》《常青文苑》发表文章,整理编写自己爱党信党跟党走革命经历,形成《走出硝烟》一书。他在浙江大学、浙江树人大学、杭州市行知中学、武义县陶村小学等10多所大中小学担任校外辅导员,面向青少年开展爱国主义和革命传统教育，宣讲近100场，多次被浙江省新四军研究会评为优秀宣传员。他捐助3万余元资助6名困难学生完成学业，为希望工程、汶川地震和新冠肺炎疫情主动捐款近20万元。

（周子荣）

武警杭州支队

【概况】2020年，武警杭州支队落实总队党委决策部署，围绕服务决胜大局主线，统筹打好任务、规划、改革、疫情、风气"五场硬仗"，推动部队建设稳步向好。

以"传承红色基因，担当强军重任"主题教育为统揽，坚持创新理论和党史军史一肩两挑，开展"学原著讲话、读两史两报，做'一心为公'蔡永祥式共产主义战士"活动，召开纪念抗美援朝出国作战70周年故事会。贯穿全年滚动开展、压茬推进"千人大谈心、百家大走访""尊干爱兵、兵兵友爱""五不一有""五以带兵"等活动。用足用好"首长信箱"，召开尊干爱兵先进事迹报告会。脱贫攻坚任务如期完成。

统筹开展"小哨位连着大使命"教育实践、"学规定、查隐患、补漏洞、保安全"教育整顿和新排长过勤务等活动。完成新安江九孔泄洪抢险救援等任务。着眼新冠肺炎疫情推开"五小"训练模式，开展"三学习三研究一进入"活动。组织首长机关、勤训轮换、教练员集训培训，3人次参加武警部队比武名列前茅，参加总队比武夺得团体第2名。

做好新冠肺炎疫情防控，第一时间成立专班，建立封闭点、隔离点，做好在外人员居家隔离、归建返营工作，投入资金采购防疫物资，研究出台常态防控措施，防控保持零感染。

开展《军队基层建设纲要》"学知用"活动，组织新任党委（支部）书记、副连以下干部网上培训。规范领导包片、科队挂钩机制，围绕"四铁""四有"指向规范"双争"评比。评比表彰十大干部、士官、党员、军嫂和训练、执勤标兵，邀请家属代表到队参加表彰晋衔大会，为官兵发放困难补助，协调解决官兵子女入学入托、家属随调困难，设立大病医疗和困难补助，改善基层营房营产营具，组织官兵和随军未就业家属体检。

【主题教育和专题业务培训】2020年，武警杭州支队组织多次主题教育和专题业务培训。2月17日，举办"深入学训词、奋斗决胜年"专题教育。2月18日，开展"学纲要、知纲要、用纲要"宣讲辅导。2月19日，组织基层大队主官年度工作思路梳理考核。2月25日，召开政治能力训练动员大会。3月14日，组织基层大中队主官《军队基层建设纲要》理论网上考核。4月13日，参加总队三级主官及两级领导机关《军队基层建设纲要》网上培训。5月26—27日，举行优秀"四会"政治教员比武竞赛。8月30日，组织军人退役仪式。9月15日，组织新兵入营欢迎仪式。10月27日，举办"中国人民志愿军抗美援朝出国作战70周年"强军故事会。

【军事训练与考评考核】2020年，武警杭州支队常态化开展军事训练与考评考核。1月7—17日，组织年度冬季大练兵基础科目暨新兵岗前培训科目教练员集训。4月25—26日，开展冬季大练兵军事训练会操考核。5月4—8日，组织技术学兵培训选拔考核。5月19—30日，开展水上抢险骨干集训。12月14—16日，组织副营以下干部素质考核。12月22—24日，组织首长机关带新兵大队野营拉练。

【武警安保执勤】2020年，武警杭州支队担负多次安保执勤。1月10—16日，担负浙江省十三届人民代表大会三次会议和政协第十二届浙江省委员会三次会议临时警卫任务。7月8—11日，完成新安江流域抗洪抢险任务。9月27日至10月8日，担负"双节"期间社会面联勤武装巡逻任务。

（王成滨）

人民防空（民防）

【概况】2020年，杭州市人防系统打造"重要窗口"的人防样板，推动人防事业发展，多项创新做法得到推广：重要经济目标防护工作得到国家人防办主要领导批示肯定；人防规划与城市规划的深度融合经验在全省推广交流；数字人防建设取得阶段成效并在年度演习中运用。

人防指挥部常态化运行稳步推进。基于城市大脑的"人防驾驶舱"初步建成。滨江区利用大数据，将人防基础设施信息融入城市大脑的系统平台，研发战时辅助决策系统，并首次在"杭州金盾—2020"演习中实战应用。组织"杭州金盾—2020"人防系列演习9场次，与长三角G60科创走廊建立协作关系，组织长三角八城市指挥通信一体化演训。进一步夯实组织机构、救援力量和防护措施建设，在全省率先完成重要经济目标指挥通信系统建设。创新警报信息发布新模式。拱墅区、西湖区、萧山区、临安区分别利用城市综合体及其地下人防工程、无人机、华数农网机顶盒和农村大喇叭进行音源警报发放，余杭区开发警报后备电源物联网管控平台硬件及软件，提升警报系统在应急防灾中的保障能力。

人防防护体系建设推进。以指挥所为核心、地铁线网为骨架、结建人防和兼顾人防为节点、普通地下空间为依托的整体地下防护工事体系基本成型。编制《杭州市人民防空"十四五"规划》，完成规划单元人防设施专项控规编制工作，参与编制《杭州市国土空间规划》，启动修编《杭州市人民防空专项规划》，人防规划与国土空间规划系统融合。探索人防与城市建设地上地下互联互通深度融合新路子。开展全市人防工程维护管理大检查，抽查项目1642个，发出整改通知书180张，行政处罚9个。加强风险点排查，形成廉政风险清单9张95条，制定防控措施342条。做好巡视巡察省市区三级联动整改，健全长效管理，推动标本兼治，提前3个月在全省率先完成101项内容整改，废止违规出台文件2份，制定防控措施342条，建立长效机制，形成用制度管人、管事、管权的良好局面。

国防观念和人防意识强化。在"5·12"防灾日、"9·18"抗日战争纪念日全市鸣响防空警报，加强人防警报识别度和人防意识教育。"杭州人防70年"专题展接待机关、企事业单位和社会团体104个，参观人数 2.5 万人次。开展市、区、街道、社区四级联动人防技能宣教，在 200 多所初级中学开设人防知识教育课，受教育学生超 10 万名。开展“人防干部走进 191 个乡镇街道”宣讲人防知识活动，受众 5000 多人。江干区开展防护方案进社区、进家庭、进楼道试点工作，为居民提供精准“疏散导航”。

人防建设融合式发展。市区人防事项审批全部实现“最多跑一次”，持续优化营商环境。完成地铁线、站点、区间和多个亚运改造等重点项目的人防审批服务。全面落实区县（市）人防质量监督属地管理，全年完成结建人防工程和地铁站点兼顾人防工程质量监督工作。结建人防工程，持续为社会解决停车难问题。“962790”人防专线年处理民生服务事项 2692 件。派出干部驻村帮扶、驻点支援、走亲连心，助力脱贫攻坚，响应“防疫纾困”工作号召，按政策减免人防设施平时利用租金。

【重要经济目标防护】2020 年 8 月 5 日，国家人防办负责人到杭州淳安县、建德市实地调研重要经济目标防护相关工作，到千岛湖配水工程取水口、新安江水力发电厂等重要经济目标单位调研指导防护建设及人防准备情况，观摩新安江电站人防应急抢修队伍点验。新安江水电站作为中国第一座自己设计、自制设备、自行施工的大型水电站，坚持日常工作与人防防护相结合。杭州市积极探索重要经济目标防护的管理工作，提出有组织机构、有办公场所、有制度预案、有专业队伍、有应急物资、有防护演练、有信息网络的“七有”建设标准，新安江水库及电站作为杭州市唯一特级目标，其遇袭溃坝防护和电站毁伤防护是目标防护工作重点。杭州市在该水库实施试点防护工作，在水库溃坝防护方面，结合已有方案适时更新，推动开展溃坝下游毁伤和疏散专题研究；在发电站毁伤防护方面，强化水坝区域立体管控和物资储备；在配套设施管理方面，持续加强坑道维护管理，确保随时好用。

【杭州城市大脑人防驾驶舱上线】2020 年 8 月 14 日，市人防办数字驾驶舱在杭州城市大脑平台上线运行。“人防数字驾驶舱”通过对人防工程数字化，实现远程网上监管，提高监管效率。通过人防工程数据与城市大脑实时人口信息对接，可实现战时人员精准掩蔽。

【警报试鸣暨“杭州金盾 2020-4”演练活动】2020 年 9 月 18 日，杭州市开展“9·18”警报试鸣暨“杭州金盾 2020-4”演练活动。市、区县（市）两级人防指挥部按照全市联网、四级联动、同步演练的方式组织实施。市、区、街道（乡镇）三级开设指挥中心，12 个区县（市）人防指挥部及成员单位，12 个街道（人防重点镇）、20 个社区、3 所学校，4500 多人参加疏散演练。演练活动除传统防空警报发放警报外，主城区近 3 万块户外屏幕、200 万个机顶盒全程发送防空警报信号，运营商对城区 100 多万个手机用户发放相关信息。

【人防指挥通信联合演练】2020 年 9 月 22—25 日，由市人防办牵头组织的长三角地区人防指挥通信联合演练在杭州临安区、淳安县区域举行，上海、安徽和浙江一市两省的 8 座城市共 140 多人、40 多台（套）各类装备参演。演练内容包括公网受袭“瘫痪”的情况下快速获取、精准分发和共用共享空情预警信息等课目。该次联演联训采取“上导下演、边导边演”的形式，诱导参演分队由训练场走向“实战场”。

【“杭州人防 70 年”主题展】2020 年 10 月 15—31 日，市人防办、市直属机关工委、市委党史研究室（市志办）、市档案馆联合举办“杭州人防 70 年”主题展。展览以“杭州人防 70 年”为题，集中展出中华人民共和国人民防空创立，特别是杭州人民防空 70 年来的照片 186 张，相关文物和防护装备 30 台（套），反映人民防空平战转换过程、防护设备使用的 3D 全息影像系统 3 套，展线约 120 米。展览开辟防护设备体验点，设立人防分享课堂，向预约团队传授人防知识和防护技能，播放人民防空影像资料。有 104 个党政机关、企事业单位和社会团体参观，累计接待量 2.5 万人次。

【人防知识宣讲进基层活动】2020 年，市人防办创新宣传方式，到基层乡镇（街道）宣传人防法规、知识，扩大社会影响力。组织机关、直属单位 130 多名干部职工，全市 191 个乡镇（街道）宣讲人防法律法规和人防业务知识，发放人防法规和防空知识资料 3.3 万册。领导干部带头授课，并结合人民防空的演变与发展、人民防空的地位与作用、职责使命和主要任务，以及杭州人防如何抢抓机遇、贯彻落实新发展理念、加快转变建设发展方式和和平时期人民防空如何平战结合、融合发展服务经济社会等方面进行宣讲，阐述人民防空“战时防空，平时服务，应急支援”使命任务的内涵与外延。（骆翡樱）

责任编辑　金利权

17 经济管理

综合经济管理

【概况】2020年，杭州市地区生产总值16105.83亿元，比上年增长3.9%。其中，第一产业增加值下降1.1%，第二产业和第三产业增加值分别增长2.3%和5.0%。经济结构继续优化，三次产业结构调整为2.0 ∶ 29.9 ∶ 68.1。

固定资产投资增长6.8%，其中交通投资增长6.6%、基础设施投资增长7.7%、高新技术产业投资增长10.0%。全年以新产业、新业态、新模式为主要特征的“三新”经济增加值占全市地区生产总值的35.5%。数字经济核心产业增加值4290亿元，增长13.3%，占全市地区生产总值的26.6%。“新制造业计划”加快实施，规模以上工业企业数字化改造覆盖率97.4%。

杭州市“亲清在线”新型政商关系数字平台开通，全年上线惠企政策330条，实现“一键兑付”资金76亿元，受惠企业超过27万个、受惠个人超过80万人。谋划建设云城、三江汇、临空经济示范区、大会展新城等重大平台。持续抓好国家级“双创”示范基地建设，制订出台全国“双创”示范城方案，完成全国“双创”周云上重点活动。完成“十四五”规划思路和纲要编制工作，制定市级“十四五”规划编制目录，谋划“十四五”规划“四个重大”。对外开放持续扩大，主动融入长三角区域一体化发展，中国（浙江）自贸试验区杭州片区成功获批。制定出台未来社区试点项目建设的实施意见，首批7个试点项目全部开工，钱塘云帆社区等3个试点项目入选全省首批未来社区试点“最佳实践”。7月，《杭州湖州嘉兴绍兴共建杭州都市区行动计划》出台。11月，杭州都市圈第十一次市长联席会议审议通过《杭州都市圈发展规划（2020—2035年）》。

【综合配套改革】2020年，杭州市全面深化“最多跑一次”改革。在国家发展改革委营商环境评价中列全国第5位，企业开办“分钟制”、项目审批“小时制”等改革走在全国前列。深入实施“六新”发展行动和“新制造业计划”，全年新建5G基站8277个，基站密度列全国第一位。新型互联网交换中心落户杭州。空间治理格局不断健全，国土空间总体规划取得阶段性成果，制定完成三江汇“未来城市”实践区发展战略，推进杭州未来文化中心等十大项目建设。推出工业用地“读地云”，实现“云上供地”新模式。搭建电子世界贸易平台（eWTP）的公共服务平台，探索“保税进口＋零售加工”新模式。创新“网展贸”等贸易融资新模式，“杭信贷融资闭环模式”等6个案例入选国务院深化服务贸易创新发展试点“最佳实践案例”。

【重点项目建设】2020年，杭州市确定重点建设项目452个，其中实施类项目374个、预备类项目78个，完成投资2779亿元。杭州市第二水源千岛湖配水工程、临金高速公路建德至金华段工程、杭州地铁1号线三期工程、杭州地铁6号线一期工程、杭州主城区至富阳城际铁路工程、溧阳至宁德国家高速公路淳安段项目、杭州临江环境能源工程、杭州技师学院扩建项目、浙江大学医学院附属第一医院余杭院区项目、杭州市临余公路（科技大道）综合改造工程等37个重点项目建成。杭绍甬高速公路杭州至绍兴段、G235国道杭州段（老余杭至三墩段）工程、杭州绕城高速公路三墩互通改建工程、杭州西站枢纽站西区域综合配套设施及疏解通道项目、杭州钱塘新区云帆社区、杭州上城始版桥社区、杭州西湖之江社区、中法航空大学等102个重点项目开工建设。地铁5号线后通段、地铁16号线、地铁1号线三期、地铁6号线一期、杭富线、地铁7号线首通段相继开通运营。全年新增运营里程171千米，总运营里程306千米，首次实现机场通地铁、全市10个区地铁全覆盖。全年省、市重点项目完成投资分别为年度计划的142.8%和123.1%。

【特色小镇建设】至2020年年末，杭州市有省级特色小镇39个，其中省政府命名的小镇11个，占全省总量的26.2%，山南基金小镇、云栖小镇、梦想小镇成为全国特色小镇建设的样板。新增余杭梦栖小镇、富阳硅谷小镇、滨江物联网小镇3个小镇为省政府命名类小镇。新增滨江创意小镇和余杭良渚生命科技小镇2个小镇为省级创建类小镇，累计19个。全市特色小镇完成固定资产投资399亿元（不含住宅和商业综合体），占全省的29%。特色产业投资完成298亿元，占固定资产投资的74.7%。实现税收558亿元，占全省总量的53%。杭州市特色小镇以占全市不到1%的面积，集聚全市15%以上的高新技术企业、40%以上的高端人才，实现全市20%以上的产出。

【社会民生保障】2020年，杭州市一般公共预算用于民生支出1583.6亿元，占一般公共预算支出的76.5%。至年末，全市有城乡社区居家养老服务照料中心2910个，各类福利院、敬老院329所，床位7.48万张，收养人员3.08万人，儿童福利机构8个，床位1040张。职工基本养老保险参保人数、城镇职工基本医疗保险参保人数分别为716.97万人和713.5万人，比上年增长6.7%和6.3%；失业保险、职工工伤保险参保人数分别为523.5万人和633.4万人，增长7.6%和13.8%。全市新增城镇就业人员69.05万人，安置失业人员再就业4.5万人。城镇登记失业率2.4%。全市居民人均可支配收入61879元，增长4.4%。按常住地分，城镇、农村居民人均可支配收入分别为68666元和38700元，增长3.9%和6.7%。主城区居民最低生活保障标准调整至每人每月1102元，增长5.9%。至年末，全市最低生活保障对象9.88万人，全年发放困难家庭救助金10.81亿元，增长21.8%。

【循环经济发展】2020年，杭州市开展园区循环化工作。杭州钱塘新区被列入省级循环化改造试点，临安区青山湖高新技术产业园区作为第三批市级循环化改造试点通过考核验收。开展流域治理工作，3月，《杭州市太湖流域水环境综合治理2020年重点工作计划》《苕溪（杭州段）水环境治理2020年实施方案》《青山湖水环境治理2020年实施方案》印发。全年苕溪流域共安排重点水环境治理项目16个，项目涉及“污水零直排”、水系沟通工程、水资源保护、生态河道建设等领域。开展4次现场巡河，苕溪河道监测断面水质主要指标均稳定达到Ⅱ类水标准，完成水质治理目标。

【价格管理和价格监测】2020年，杭州市居民消费价格上涨2.1%。降低企业用能成本，全年为全市企业降低用能成本合计超过26亿元。推动转供电环节电价政策落地，发布“转供电费码”并在全省推广。“转供电费码”累计申报超过7万户，退还终端用户电费超过1.6亿元。执行国家、省重要商品和服务价格监测报告制度，在国家价格监测质量考核中，价格监测数据上报考核得分为满分。实施困难群众与企业退休人员价格补贴机制，向城乡低保对象、城乡特困人员、农村“三老人员”、孤儿及困境儿童、低保边缘等九类困难群众154万余人次发放价格补贴1.95亿元，向全市60多万名企业退休人员发放浮动价格补贴1.09亿元。推进涉及千岛湖配水工程等行业成本调查监审项目66个，核减成本费用6.25亿元。（彭　赋）

国有资产监督管理

【概况】2020年，市国资委直接监管企业13个，分别为：杭州市实业投资集团有限公司、杭州市商贸旅游集团有限公司、杭州市城市建设投资集团有限公司、杭州市交通投资集团有限公司、杭州市钱江新城投资集团有限公司、杭州市地铁集团有限责任公司、杭州市运河综合保护开发建设集团有限责任公司、杭州市金融投资集团有限公司、杭州银行股份有限公司、杭州市国有资本投资运营有限公司、西湖电子集团有限公司、杭州汽轮动力集团有限公司和杭州种业集团有限公司。

市国资委统筹推进新冠肺炎疫情防控和经济社会发展“双线作战”，落实“六稳”“六保”工作任务。全年13个市属国有企业营业收入3618.80亿元、利润209.78亿元，分别比上年增长8.0%、下降7.1%；年末资产总额为19580.01亿元、所有者权益为4021.27亿元，分别增长16.5%、18.4%；全年完成固定资产投资1239.23亿元，增长33.3%。

【“1+12”惠企政策落实】2020年新冠肺炎疫情期间，市国资委党委成立领导小组，出台6条支持政策，引导支持国有企业抗击疫情。建立助企服务员制度，深入企业开展助企服务，收集并交办企业反映困难问题61条。划拨115万元新冠肺炎疫情防控专项党费。全市国资系统落实市委、市政府提出的“1+12”惠企政策，为中小民营企业和个体工商户减免房租、水费气费、高速通行费等费用共24.19亿元。全市国资系统成立546个党员先锋队、1165个党员示范岗、693个党员责任区，做好物资保供、应急运输等保障工作，确保市民“菜篮子”“米袋子”以及各类生活物资、防疫物资的充足平价供应。市商旅集团做好国际航班隔离人员服务。杭州银行股份有限公司捐款1000万元，杭州制氧机集团股份有限公司捐赠100多吨医用氧及设备物资，杭州汽轮动力集团有限公司向全国各地发送2000只球管。

市属国有企业带头全面复工复产，恢复地铁、公交、商场、酒店、餐饮等公共服务。2月末，13个市属国有企业及所属265个企业复工率100%。市国资委分4批次为130多个系统内企业调配66.1万只口罩，助力企业复工复产和保障职工健康。市属国有企业坚持“两手抓”，杭州西站枢纽等重大项目复工，支持疫情防控投放信贷558亿元，开发运行市民口罩预约平台、企业复工申报平台等。

【国有资本布局优化】2020年，市国资委围绕杭州“新制造业计划”和打造“全国数字经济第一城”战略布局，加强顶层设计、持续优化布局结构。完成国资系统的“十四五”规划编制，首次建立覆盖全市国资系统的三级规划体系，实现全市国有资产国有企业“十四五”规划、市属国有企业“十四五”规划、区县（市）国资系统“十四五”规划有效联动，增强规划的指导性和实操性。

优化竞争类企业的产业布局。加大对全市重大产业项目的招商引资与支持，研究组建1000亿元产业母基金，认缴出资143.36亿元，助推中电积海芯片、中欣晶圆半导体、航空大部件、5G产业园等项目落地，参投国家集成电路产业基金、制造业转型升级产业基金等。建设高能级产业平台，杭州制氧机集团股份有限公司大型、特大型空分产品国内市场占有率一直保持在50%以上。

优化功能类企业的功能布局。建立市属国有企业“大统筹”工作机制，统筹协调、综合配置企业资源，快速形成执行能力和保障能力。制订杭州大会展中心建设主体方案，落实4个企业组团出资30亿元，合力推进杭州大会展中心建设和会展新城开发。支持杭州市水务集团有限公司投入近80亿元，推进全市域水务一体化资产整合。牵头推进西湖西溪一体化提升工程和近100亿元经营性资产整合，如期完成杭州西湖西溪旅游建设管理集团组建等工作。

加快推进非主营业务剥离和低效无效资产处置，完成国有股权从“低小散弱”领域企业退出23项，金额26.5亿元；处置资产143项，金额4亿元。

【国有资本和国有企业改革深化】2020年，杭州市进一步加大国有资本和国有企业改革步伐。根据市委决策，制订并出台全市深化国有企业改革实施方案，明确国有企业改革方向、重点、路径，抓好政策解读、宣传贯彻、组织实施等工作。

12月10日，国务院国有企业改革领导小组批复同意将浙江杭州列入全国第二批区域性国有资产国有企业综合改革试验名单。

修订完善市属国有企业经营业绩考核办法，在“一类一策”分类考核基础上，构建“一体两翼”考核体系，引导市属国有企业聚焦主责主业、履行战略使命。以任务落实绩效为核心，重点考核市属国有企业贯彻市委、市政府决策部署工作绩效；以经济效益绩效和制度执行绩效为两翼，考核市属国有企业高质量经营发展的绩效和巡视巡察问题整改落实、监管制度执行等绩效。

薪酬分配机制进一步完善，优化工资总额管理方式，实施差异化政策导向。对整体上市、法人治理完善、收入分配管理规范的竞争类子企业，探索工资利润含量和超额利润分享机制，调动经营团队及员工的积极性与创造力。对创新型初创期企业和实施重大创新项目的企业，在工资总额上予以支持。对特殊人才薪酬试行清单式管理，实施差异化政策。

专项改革推进。10月26日，市委、市政府联合印发《关于推进轨道交通可持续高质量发展的实施意见》，推进地铁建设经营运营体制和地铁集团组织架构改革，进一步打造“轨道上的城市”。市国资委研究拟订混合所有制改革工作方案及竞争类二级子企业混合所有制改革名录。全年通过出资新设、股权转让、增资扩股推进混合所有制改革27个。指导杭州市国有资本投资运营有限公司出资17.85亿元，主导完成国家电网中央企业与地方国有企业混合所有制改革项目。推动杭州饮食服务集团有限公司混合所有制改革项目。完成市、区属54个全民所有制企业公司制改制工作。

企业上市等相关工作持续推进。杭州热联集团股份有限公司被评为A级“双百企业”。杭华油墨股份有限公司在科创板上市，杭州热电集团股份有限公司在上海证券交易所主板的IPO项目获中国证券监督管理委员会审核同意，杭州市路桥集团股份有限公司获批“新三板”创新层上市。指导并推动上市公司数源科技股份有限公司完成并购重组。杭州银行发行150亿元可转债获中国证券监督管理委员会同意。

【国有资本监管职能强化】2020年，市国资委加快完善以管资本为主的监管体制，强化专项监管和动态监管，初步形成规范高效、运转有序的监督检查工作机制和全面覆盖、上下贯通的责任追究机制。印发《杭州市国有企业房产出租管理暂行办法》《杭州市国资委专项监督检查工作实施办法》《杭州市属国有企业推行职业经理人制度指导意见》《杭州市市属国有企业违规经营投资责任追究实施办法》等制度，进一步强化制度体系建设。建立监管函制度，年度内对中介机构和企业集团发出8份监管函。建立完善中介机构报告质量以及企业集团投资管理的双重风险防范机制。强化季度经济运行分析工作机制，定时开展对财务数据的分析和对经济形势的研判。

市国资委强化监督检查。开展市属国有企业违规实施单一来源采购（直接发包）问题、企业房产出租、企业内审工作、企业资金出借和对外担保等专项检查。开展企业投资项目风险调查分析、企业房租减免落实情况专项督查等日常检查。构建内审监督检查体系，指导企业编制内审工作规划。

完成市勘测设计研究院等7个企业脱钩划转，涉及资产5亿元，推进经营性资产统一监管。完成城市大脑数字驾驶舱统计图表整理，完成“智慧国资”一期及“最多跑一次”25个审批备案事项的开发和测试。按照“先行试点、逐步推广”的原则，开发建设房产管理系统，市属企业基本完成房产数据录入工作。

【国有企业服务保障能力加强】2020年，市属国有企业主动承担重大战略任务，推进重点工程建设，持续做好民生保障服务，助推社会和谐稳定。市国资委指导13个市属国有企业完成4035万元帮扶资金拨付工作。2018—2020年，累计向帮扶地区提供帮扶资金1亿余元，开发公益性岗位超过2000个，实现5706名贫困人员脱贫，解决4959名残疾群众生活困难。落实贵州省黔东南苗族侗族自治州国有企业年轻干部到杭州市属国有企业挂职锻炼7批次、70人。

推进中央和省属在杭州的国有企业退休人员社会化管理工作。代拟《杭州市推进中央和省所属在杭国有企业退休人员社会化管理工作的实施方案》，户籍在杭州并在省或市社保参保的中央企业和省属企业退休人员8.9万人，全部完成移交社会化管理。

完成第二批6个市属国有企业划转10%的国有股权充实社保基金，涉及国有资本权益金额111亿元。全年市属国有企业供水5.05亿立方米，处理污水4.99亿立方米；供应天然气12亿立方米；处置垃圾160.6万吨，清洁直运垃圾212.09万吨；公交和地铁运送乘客超过20亿人次。（朱静帆）

土地资源管理

【概况】2020年，杭州市成交经营性用地293宗、971.67公顷，成交额2611.74亿元。主城区成交经营性用地78宗、222.07公顷，成交额942.69亿元。成交工业用地386宗、764.6公顷，成交额56.71亿元，工业用地出让面积占全市土地出让总量的43%。全年出让17宗、45.67公顷人才租赁住房，落实配建公租房58.30万平方米，加大周边区域中低价位商品住房用地供给力度。出让亚运村、杭州大会展中心一期项目等地块，保障市重大项目落地。

开展批而未供、供而未用、低效用地"降存控新"专项行动，印发《杭州市存量"三块地"降存控新三年行动计划（2020—2022年）》。全年合计消化"三块地"1.07公顷，比上年增长11%，"增存挂钩"获取新增指标增长85%。存量用地占全年供地总面积的54%，超过新增用地。获国务院节约集约用地大督察激励表彰，奖励2020年度新增建设用地计划指标133.33公顷。下城区、建德市被评为"省节约集约示范县（市、区）"。

2月11日，市规划和自然资源局印发《关于做好疫情防控保障服务企业稳定发展的通知》。3月9日，印发《关于强保障促投资助发展的通知》，在保障资源要素、降低企业成本、加快审批速度等关键环节出台政策措施。落实先用后批口罩生产企业扩大生产用地，报请先行用地12宗、46.07公顷。3月2日，杭州市"读地云"平台发布。通过微信、钉钉App扫描二维码，或登录"中国杭州"网站、市规划和自然资源局官网找到杭州"读地云"平台入口，就可以体验"云上读地"，了解全市产业用地分布情况。《中国自然资源报》进行相关报道，并配发题为《线上一小步、便企一大步》的评论员文章。

根据市委、市政府"新制造业计划"决策部署，杭州市工业用地纳入政府储备并列入做地考核。9月，《工业用地收储标准》出台，完善工业用地收储机制。9—11月，开展"狠抓落实、百日攻坚"暨工业用地"回头看"专项行动，对标"净地""优地"，坚持政府做地，实现全市工业用地"先收储、后出让"。

垦造（调剂）补充耕地专项行动开展。全年完成自身垦造1200公顷，比上年增长120%。异地有偿调入60公顷，下降44%。筹措补充耕地指标1800公顷，增长12%，有效保障全市重大基础设施项目用地报批。

根据《浙江省废弃矿山生态修复三年专项行动实施方案》，杭州市被列入三年专项行动治理的矿山有114个。至年末，全市完成治理方案编制114个，完成率100%；累计开工数113个，开工率99.1%；累计交工数96个，交工率84.2%。

【耕地保护监管强化】 2020年，杭州市将加强乱占耕地建房防控、"千亩方万亩方"建设等最新要求列入耕地保护责任目标，重新签订市、县、乡三级耕地保护责任书，探索建立杭州市耕地保护监督创新管理机制。改变"省管县"模式，发放各区县（市）市级补贴资金1.01亿元，连续4年对全市耕地和永久基本农田予以市级资金补贴。6月和11月，杭州市分别印发《关于印发杭州市县级政府耕地保护责任目标考核办法的通知》和《〈关于加强耕地保护和改进占补平衡的若干措施（试行）〉的通知》，通过"否决""否优""奖惩"的考核监管形式，进一步夯实全市耕地保护的管理基础。开展违建别墅清查整治、农村乱占耕地建房问题专项整治，落实最严格的耕地保护制度，遏制耕地"非农化、非粮化"。全年垦造和补充耕地1453.33公顷，在全省耕地保护考核中获优秀等次。（梁学彦）

【工业用地"控地价、竞贡献"出让模式】 2020年3月2日，杭州市"读地云"平台发布。土地规划布局、周边配套、技术指标、产业导向等信息上云。5月13日，杭州市首宗以"控地价、竞贡献"原则成交的工业用地在"云上落锤"。至年末，共25宗、40.6公顷工业用地出现竞争，参与竞买的企业126个，构建工业用地"政府做地、市场供地、企业高效用地"市场化配置新格局，走出工业用地要素市场化配置新路子。12月，《杭州市人民政府办公厅关于试行工业用地市场化配置的通知》印发，明确工业用地分类供应原则及贡献内容等，进一步强化工业用地要素保障。

【轨道交通空间综合开发】 2020年1月，杭州地铁1号线七堡车辆段上盖综合体被列入自然资源部《轨道交通地上地下空间综合开发利用节地模式推荐目录》。余杭区五常车辆段（天空之城）、下城区武林广场地下商城、江干区连堡丰城项目、萧山区姑娘桥车辆段、富阳区秦望城市眼等轨道交通TOD综合开发项目开发建设全面展开。（肖岚）

【钱塘江源头区域生态保护修复工程试点】 2020年，淳安、建德开展钱塘江源头区域山水林田湖草生态保护修复工程国家级试点。至年末，开工子项目665个，总体开工率99.1%；完工项目439个，总体竣工率65.4%。（苏尔军）

【全域土地综合整治工程推进】 2020年，杭州市申报全国全域整治试点项目，西湖区双浦镇、钱塘新区河庄街道、余杭区乔司街道、萧山区临浦镇、桐庐县百江镇、建德市下涯镇6个项目全部入选，占全省总数的14.3%。全市申报省级立项项目32个，3年累计启动实施全域整治工程136个，超额完成3年行动计划确定的实施100个以上工程的目标任务。工程覆盖全市112个乡镇、824个行政村，包含农用地综合整治、建设用地整治、废弃矿山综合治理、美丽清洁田园建设、农村人居环境提升等子项目2256个。至年末，竣工1376个，竣工率61%。

【山体生态修复景观提升专项行动】 2020年11月，杭州市开展迎亚运生态修复景观提升行动，对全市裸露山体生态损毁情况进行排查、清理和整治。利用国产高分辨率影像设备开展季度变化监测，核定整治图斑1656个。通过实施山体生态修复和景观提升行动，消除裸露土地视觉污染，改善全市域山体景观效果。

【绿色矿山建设】 2020年10月，富阳区坑西地热等两个省级绿色勘查试点项目通过省自然资源厅考核验收。新投产矿山均要求按绿色矿山建设，在建的两个绿色矿山通过自然资源部遴选，被纳入全国绿色矿山名录库。富阳区绿色矿业发展示范区建设开展，矿地综合利用成效显著，实现废弃矿山生态修复、矿地渣土回填、垦造耕地的有机结合。（孙 瑾）

【地质灾害防治能力提升三年行动计划】2020年11月，市政府办公厅印发《杭州市地质灾害防治能力提升三年行动计划（2020—2022年）的通知》，计划构建完善地质灾害防治基础数据库和风险防控“一张图”，建立深化地质灾害监测、风险预警预报和应急会商指挥平台，完善和规范地质灾害综合防治体系。完成地质灾害风险防范“一张图”，排查出风险防范区1131个、受威胁户5190户。开展27个乡镇1∶2000地质灾害风险调查评价、142处地质灾害综合治理。

【自然资源资产清查试点】2020年，杭州市淳安县、下城区开展全民所有自然资源资产清查试点工作。淳安县开展全民所有土地、矿产、森林、湿地资源资产经济价值核算，得出初步的全民所有自然资源资产经济价值总量。结合辖区资源特点，开展生态系统服务价值核算。下城区在开展全民所有自然资源资产清查的基础上，增加集体所有自然资源资产清查内容。（徐 巍）

【工业用地项目审批服务创新】2020年，杭州市聚焦工业项目“一块地”规划出让建设发证全过程，给土地赋码，创新数据共享方式。以钱塘新区为试点，实现项目跟着规划走、土地跟着项目走、“码”跟着土地走。实行工业项目“赋码上云、按码供地、码上服务、见码发证”。工业项目全流程审批服务环节由21个精简到8个，审批时间由84个工作日压缩至24个工作日，实现企业不动产登记“零材料、零等候、零跑次”发证。12月1日起，该审批服务方式在全市域推广应用。（赵烨尔）

【地下综合管廊不动产权证书核发】2020年9月28日，市不动产登记服务中心向德胜路综合管廊开发建设单位发出全截面地下综合管廊不动产权证书。该地下综合管廊不动产权证书，首次采用三维测量方式，明确构建物测量的标准，采用全截面模式三维展示地下空间范围，全方位明晰产权边界。

【自然资源统一确权登记启动】2020年6月，市政府印发《杭州市自然资源统一确权登记工作方案》，明确目标任务、工作内容、技术路线及工作机制，杭州市由不动产登记进入自然资源和不动产确权登记双轮驱动阶段。全市确定国家森林公园等8处具有代表性的自然资源生态空间，先行开展自然资源调查确权工作。

【农村宅基地及住房确权登记发证“三年行动”完成】根据省政府印发的《浙江省人民政府办公厅关于做好农村宅基地及住房确权登记发证工作的通知》，按照“应发尽发、发证到户”的要求，全市开展农村宅基地及住房确权登记发证“三年行动”。至2020年年末，全市符合条件农户确权登记52.7万户，符合条件登记发证率98.4%，完成确权登记“三年行动”。（吕永金）

【工业用地“交地即交证，领证零时差”服务】2020年6月，杭州市推出工业用地“交地即交证，领证零时差”。打通出让、交地、权调、登记环节，在企业筹款缴纳土地出让金和税费的同时，同步开展登记发证前期权籍调查工作；在办理建设用地规划许可证的同时，并行办理不动产权证。6月5日，在杭州孵化的两个高科技企业一次性拿到新厂址的交地确认书、建设用地规划许可证、不动产权证“一书两证”。

【不动产登记智慧化办理】2020年5月，不动产自动缮证“机器人”在杭州市“市民之家”投入使用，提供7×24小时不打烊服务。至年末，制证机器人累计制证3万余本。7月，不动产登记网上办理“云大厅”揭幕，有网上办理合作银行34个。“老证”（房产证）抵押、同一银行“二抵”纳入网上办理事项。杭州市主城区不动产登记网上办理量突破10万件，比上年增长2.5倍，事项分担率超过70%。11月，“市民之家”开设不动产登记综合“自助服务区”，市民中心办证大厅、平海大厦办证大厅、江干行政服务中心3个网点试点刷脸自助缮证。（林和静）

【征地区片综合地价标准调整】2020年7月30日，市政府印发《关于调整杭州市征地区片综合地价标准的通知》，将萧山、余杭、富阳和临安4个区，以及桐庐县、淳安县和建德市纳入全市统筹。征地区片分为一级至九级，调整后的征地区片综合地价标准为每亩4.8万~29万元，促进全市征地区片地价标准的融合接轨。

【安置费和搬迁费标准调整】2020年10月26日，市政府印发《关于调整杭州市区国有土地上房屋征收临时安置费和搬迁费标准有关事项的通知》，将萧山、余杭、富阳、临安区及钱塘新区纳入调整范围，形成杭州市10个区一套政策体系。该政策突破土地等级范围，以实际市场平均租金水平重塑区域等级，维护被征收人的合法权益。

【“回迁提速”攻坚行动】2020年11月，《“回迁提速”攻坚行动工作目标任务书》印发，重点围绕安置人数、安置面积、周转用房等内容，对在外过渡10年以上人员实行清单化、销号式管理。全年完成回迁安置5.46万人，完成率142%；消化在外过渡10年以上人员18户、56人；完成安置房项目首次登记69个、5.5万套，占全市安置房历史遗留问题的75%。（邱冠航）

财　政

【概况】2020年，杭州市财政总收入3854.19亿元，比上年增长5.6%。全市一般公共预算收入2093.39亿元，增长6.5%。其中：市区一般公共预算收入2002.17亿元，增长6.5%；市本级一般公共预算收入295.31亿元，增长12.4%。全市一般公共预算支出2069.66亿元，增长6.0%。其中：市区一般公共预算支出1877.24亿元，增长5.5%；市本级一般公共预算支出370.17亿元，下降3.9%。全市完成非税收入3830.50亿元，其中按规定纳入一般公共预算管理的非税收入114.79亿元。一般公共预算收入占全市地区生产总值的13.0%，占财政总收入的54.3%。税收收入占一般公共预算收入的94.5%，居全国副省级城市首位。全市各级财政收支平衡，预算执行情况良好。

【疫情防控资金保障】2020年，按照新冠肺炎疫情防控工作部署，市财政局做好经费安排、政策支持、财政服务。成立疫情防控工作领导小组，建立三级联动、部门协同、条块结合的工作机制，筹集调度拨付防疫资金，确保疫情防控经费到位。落实各项政策措施，加强与防疫一线部门的协同联动，优先保障医疗救治、卫生防疫、医疗物资、一线医护人员补贴等重点支出。开辟物资采购、资金支付、捐赠票据开具3条数字化“绿色通道”，推广“不见面、少接触、网上办”服务模式。落实疫情防控期间农产品稳产保供政策，支持生活必需品保供稳价。

【惠企利民政策落实】2020年，市财政局落实国家减税降费政策，通过阶段性减免社保费、增值税留抵退税、稳岗补贴、减租减息等政策，减轻中小微企业、个体工商户和困难行业企业负担。组建工作专班，对接相关部门，加强政策解读，指导督促基层共同落实推动各项惠企政策。推动“亲清在线”平台建设运行，“1+12”惠企政策“一键直达”。加快中央直达资金分配使用，浙江省分配杭州市中央直达资金61亿元，全部发放到各区县（市）、批复至各预算单位，确保直达基层，直接惠企利民。搭建纾困惠企直达专线，实现小微企业和个体工商户补助资金“瞬间秒兑”。发放消费券和困难群众消费补贴5亿元，推动餐饮、文化、旅游等行业复苏。市级财政投入38.88亿元，保障“鲲鹏计划”“凤凰行动”“雄鹰行动”“雏鹰计划”实施，推动新零售、直播电商、快递等行业加快发展，支持外贸企业开拓市场、规避风险。落实人

2020年杭州市一般公共预算收支情况表

表11

收入项目	发生额（万元）	为上年（%）	支出项目	发生额（万元）	为上年（%）
一般公共预算收入	20933893	106.5	一般公共预算支出	20696554	106.0
一、税收收入	19785952	110.5	一、一般公共服务支出	1903776	111.4
增值税	6283057	97.2	二、外交支出	0	—
企业所得税	3997302	106.2	三、国防支出	11396	106.2
个人所得税	1999483	110.3	四、公共安全支出	1257777	105.7
资源税	18557	99.7	五、教育支出	4042682	111.2
城市维护建设税	1138295	101.8	六、科学技术支出	1443254	97.4
房产税	672537	114.1	七、文化旅游体育与传媒支出	400728	102.8
印花税	329993	113.0	八、社会保障和就业支出	2531543	110.4
城镇土地使用税	143926	123.4	九、卫生健康支出	1490008	114.6
土地增值税	1609298	98.1	十、节能环保支出	533234	113.1
车船税	127466	101.6	十一、城乡社区支出	2705431	81.8
耕地占用税	417613	348.5	十二、农林水支出	1029656	97.7
契税	3031748	164.8	十三、交通运输支出	583462	78.5
烟叶税	0	—	十四、资源勘探信息等支出	828444	153.3
环境保护税	2120	93.3	十五、商业服务业等支出	530055	150.0
其他税收收入	14557	150.2	十六、金融支出	80600	507.7
二、非税收入	1147941	65.7	十七、援助其他地区支出	158750	121.7
专项收入	934996	79.7	十八、自然资源海洋气象等支出	177203	98.4
行政事业性收费收入	167184	165.1	十九、住房保障支出	401739	175.3
罚没收入	214645	76.7	二十、粮油物资储备支出	46543	209.6
国有资本经营收入	-469821	237.3	二十一、灾害防治及应急管理支出	89436	194.0
国有资源（资产）有偿使用收入	242891	83.1	二十二、其他支出	64913	101.0
其他收入	58046	58.4	二十三、债务付息支出	382879	106.6
			二十四、债务发行费用支出	3045	207.6

2020 年 3 月 27 日，财政直通车首次采用“云直通”的方式连线企业代表，进行线上对话
（市财政局 供稿）

才新政，支持就业，打造优质营商环境。

【财政数字化转型】 2020 年，市财政局完善财政驾驶舱，深化“移动办、云上办、随时办”模式，构建智慧财政平台。对接杭州城市大脑平台，推进财政驾驶舱建设，强化数据分析利用，提升数据实时性和有效性。上线电子票据应用场景，全年开通电子票据单位个数、电子票据开具数量、开票总金额等指标列全省第一位。推进资产条码化管理，实现固定资产全生命周期动态管理。推行政府采购全流程电子化招投标，降低企业制度性成本。深化公共支付平台应用，推进缴费“一次也不跑”。开展“助万企、帮万户”活动，组建“惠企政策服务、预算单位服务、党员志愿服务”直通车，打造财政“云直通”品牌。整合财政、税务、银行专家团队，推动“服务上云、云上问诊”，线上解读惠企政策和预算政策，帮助企业纾困解难，并实现区县（市）全覆盖。

【重点项目投入加大】 2020 年，杭州市推进重大基础设施建设，市财政投入 154.53 亿元，支持城市快速路、铁路、公路、水运、地铁、国际航线等城市综合交通运输体系建设，加强钱塘江流域上下游和跨界水体水环境治理，推进八堡排涝、闲林水库、梅城古镇水系综合治理等重大水利工程建设。推进城市环境面貌改善。投入 29.03 亿元加快城市公交场站、市政设施、截污纳管、园林绿化、拥江绿道、四好农村路等建设，支持老旧小区改造。投入 23.26 亿元推进乡村振兴，通过“大专项 + 任务清单 + 绩效目标”模式，支持各地优势特色农业产业发展和“米袋子”“菜篮子”工程，促进低收入农户增收，助力完成消薄增收计划。推动建立淳安特别生态功能区省、市、县三级共担机制，完善水资源费分成机制，推进千岛湖流域生态保护。调整西溪湿地管理体制，促进西湖西溪一体化保护提升。建立重大项目建设专项资金筹措机制，保障轨道交通等重大项目建设。推进东西部扶贫协作、对口支援、山海协作，帮扶湖北恩施土家族苗族自治州和贵州黔东南苗族侗族自治州如期脱贫。

【民生事业支出保障】 2020 年，杭州市一般公共预算用于民生方面支出 1583.61 亿元。杭州市连续 14 年获“中国最具幸福感城市”称号。全市统筹财政资金 78.50 亿元，保障农民饮用水提标、老旧小区综合改造提升、残疾人家庭无障碍设施改造、居家养老等十件民生实事。市财政投入教育经费 59.98 亿元，强化教育基础设施建设，保障教师工资待遇，推动基础教育全域优质均衡发展。市财政投入经费 16.36 亿元保障杭州书房、农村文化大礼堂、公共图书馆“一键借阅”和“你点我演”等文化惠民工程，加强历史文化遗产保护，推进全民体育设施建设。市财政投入 73.62 亿元完善社保救助体系，加强低保救助、儿童关爱、扶贫帮困等基本保障，加快福利院、老年活动中心、特殊康复中心等资源均衡布局。推进居家养老服务中心、养老机构床位建设、家庭适老化改造等项目。市财政投入 37.70 亿元支持卫生健康事业，健全重大疫情响应机制，完善院前急救体系，提高基层医疗服务能力，增强整体医疗服务救治能力。优化医疗资源布局，加强疾控中心、卫生服务站和新医院建设。

【财政管理改革深化】 2020 年，杭州市贯彻落实预算法及其实施条例，推进财政治理体系治理能力现代化建设。出台政府采购正面、负面清单，完善代理机构诚信体系建设，连续 9 年获中国政府采购“年度创新奖”。杭州市财政透明度在清华大学发布的全国 294 个地级及以上城市排行榜中列第二位。防范化解政府隐性债务风险，遏制新增隐性债务。按照“以收定支、量入为出”原则，建立财政资金“统筹使用、总量控制、申请评估、过程检查、结果评价”全生命周期管理制度。“三公”经费压减 5% 以上、部门预算压减整合 10%、专项资金压减整合 20%，压减资金集中用于抗疫情、促发展。

【财政监管体系建设】 2020 年，杭州市建立涵盖预算全过程各环节的绩效闭环管理体系。探索人才新政、乡村振兴、老旧小区整治等重大扶持政策的全生命周期绩效管理。开展重大政策事前绩效评估，落实分类管理和绩效执行“双监控”机制，加大对重点领域和关键环节预算绩效管理评价，提升绩效管理水平。深化人大预算联网监督实时共享机制，推进部门预算草案“三审”制向专项资金和重点政策拓展。承办人大代表建议 63 件、政协委员提案 89 件，全部按时办理完毕，办结率、见面率、满意率保持 100%。推进事业单位机构改革。制定涉及改革的市属事业单位经费保障、财务及资产管理相关办法，理

顺单位分类经费保障机制，规范事业单位收支预算管理。（刘　淮）

税　务

【概况】2020年，杭州市税务部门组织税费收入4614.1亿元，比上年下降1.3%。其中：税收收入3600.8亿元，增长4.1%；非税收入93.5亿元，下降10.1%；社会保险费收入890.1亿元，下降17.7%；其他收入（职业年金）29.6亿元，增长1.3%。税收规模居全国省会城市第二位、省级城市第三位。税收收入占一般公共预算收入的94.5%，继续位列全国副省级城市首位。

【减税降费】2020年，杭州市新增减税降费601.6亿元，其中新增减税230.83亿元、社会保险费新增减费352.53亿元、非税收入新增减免18.24亿元。市税务局配合制定杭州市"1+12"惠企政策，梳理推出"23+N"税收政策服务举措。发挥增值税发票大数据优势，为全市255户企业匹配出超过2万个供应商和采购商信息，促进产业链、供应链稳定。落实新冠肺炎疫情防控和支持企业复工复产优惠政策，为212个疫情防控重点保障物资生产企业办理退税9.74亿元，1.34万户纳税人享受疫情防控免征增值税12.93亿元，10.72万户小规模纳税人享受增值税征收率由3%降至1%，共优惠14.6亿元，200户纳税人享受贷款利息收入、电影放映服务收入免征增值税1.81亿元。1.17万个高新技术企业享受"研发费用加计扣除"政策减税203.35亿元。办理出口退（免）税319.86亿元，出口退税平均办理时间缩短至1.44天，提速41%。

【税收营商环境优化】2020年，杭州市创新"非接触式"集中处理新模式。作为全国试点城市，开展增值税专票电子化改革，探索无人智慧办税大厅建设。推进覆盖全市、就近办税的"15分钟办税圈"建设，发票邮寄配送"半日达"覆盖全市。综合业务网上办理率98.7%。融入杭州"亲清在线"平台建设，上线"社保费登记申报缴纳一体化事项""税收优惠政策精准推送与退税事项"模块，实现政策红利在线享受、一键直达。梳理8.19万户企业数据纳入"亲清在线"平台，让"商贸企业补贴"在线直达企业。推广"房产交易网上办税系统"，创新应用车购税"易税通"系统，单笔车购税业务平均办结时间提速50%。

【税收治理】2020年，杭州市税务部门发挥数字赋能优势，进一步提升税收治理水平。推动税费智慧管理，构建全市发票风险动态管理热力图。推广个人所得税App运用，完成全市246万人个人所得税年度汇算，99.99%的纳税人通过网上办、掌上办的方式完成首次年度汇算，139.71万人申报退税8.26亿元。增值税电子普通发票推行户数比例为99.7%。推进增值税专票电子化试点扩围、全流程闭环运行机制测试。推动风险精准管控，探索多税种风险联动分析，强化风险信息跨区域传递。推送121批、6.62万条风险任务，补征入库税款、滞纳金5.6亿元。开展打击虚开发票和打击骗税两年专项行动，运用"信息化战法"打击涉税违法案件取得成效。推动数字集成治理，初步构建集中处理、集中运维、数据监控三大数字治理模式，推动状态变化实时感知、办税数据实时监控、涉税事项实时处置。建设"税务数字驾驶舱"，初步形成实时掌握情况、了解重点工作、关注难点问题、支持决策部署的数据集成指挥平台。（楼汇怡）

无人值守智慧办税服务厅　（市税务局 供稿）

行政审批服务（公共资源交易）

【概况】2020年，市行政服务中心受理各类审批事项21.12万个，办结21.11万个。市公共资源交易中心成交项目6.75万个（笔、宗、次），成交额1537.82亿元，平均资金节约率为6.3%。其中：土地成交107宗，成交额951.46亿元，溢价率16.8%；产权成交项目634个，成交额61.51亿元，溢价率16.5%；建设工程项目685个，成交额473.8亿元，中标价平均下浮率6.3%；政府采购（含电子卖场）项目6.57万个（次、笔），成交额16.32亿元，预算资金节约率7.0%；特需项目15个，采购金额5.64亿元；综合交易项目362个，成交额29.09亿元，平均资金节约率5.9%。杭州"市民之家"日均接待市民群众3023人次，日均受理各类事项5505个，办结率100%。

市行政审批服务管理落实省、市深化改革的决策部署，发挥全市政务服务主平台、"最多跑一次"改革主阵地作用，推动改革从重点攻坚向系统集成转变、从审批管理向公共服务拓展、从行政审批向公共资源交易延伸、从传统审批模式向数字化管理转型、从属地办理向区域通办跨越、从标准化服务向精细化服务迭代，各项工作取得新进展，企业和群众的获得感和满意度不断提升。

【"亲清在线"平台"行政许可"板块全功能发布】2020年7月3日，围绕"一站可办、一键直达、一次不跑"的"三个一"目标，"亲清在线"平台"行政许可"板块全功能发布。该板块分类设置"商事登记""投资审批""经贸服务""资质认证""员工管理""其他事务"六大主题场景，关联事项在对应主体场景内实现线上"一口受理"。至年末，上线的100个企业高频办理事项中有29个做到系统自动秒办，平台累计办理各类业务89万余件，累计服务399万余次。配套组建市、区县（市）、乡镇（街道）三级联动的"亲清D小二"队伍。全市1750多名"亲清D小二"搭档智能客服，为企业提供"7×24小时"在线服务，累计接受咨询应答11.4万人次，企业好评率90%以上。

【企业开办和项目审批流程优化】2020年，杭州市以"一件事"联办为标准，对关联部门审批职能进行规整，结构性糅合重组业务流程，推动实现企业开办"分钟制"和工业项目全流程审批"小时制"。企业开办流程重塑，全面整合营业执照核发、发票申领、公章刻制、税控盘发行、公积金账户设立、社保员工参保等环节，办理步骤从11个精简到5个，审批办结时间从1天压缩到30分钟。"工业项目全流程审批"将企业投资工业项目从立项到竣工验收串成全链条一件事，涉及事项整合优化为立项、规划许可、施工许可、竣工验收4个阶段，并配套实施标准地、区域评估、许可告知承诺等改革举措，开工前政府审批时间压缩至九个半小时。

【办事大厅升级】2020年，杭州市推动政务服务2.0在办事大厅落地，设立15个大类、23个2.0专窗。大厅收件系统配置各类事项529个，办件6.72万件。专门设立自助服务区，针对业务流程较简单、材料电子化程度高、数据共享充分、信息只需基础核验的办件，引导帮助办事群众通过自助机、电脑等设备实现自助办理。结合深化"最多跑一次"改革的需要，制订实施市本级"一家一中心"（"市民之家"、市行政服务中心）大厅布局调整方案，加快政务服务"全城通办""就近可办"改革步伐，推动"网上办"从"可办"向"好办""易办"转变。市本级"一家一中心"窗口共减少84个，整体压减率30.1%；市、区两级行政服务中心窗口平均压减率达到38.9%，打造形成主城区15分钟办事圈。

【综合自助机部署】至2020年年末，综合自助机上线可办事项354个，可进行跨部门、交叉事项的业务流转和办理，累计办件量498.41万件。全市1835个网点部署自助机1887台，覆盖各区县（市）行政服务中心、各镇（街道）便民服务中心以及部分村（社区），实现杭州、宁波、湖州异地通办，政务服务24小时不打烊。

【电子招投标应用推广】2020年，在实现房建、市政、绿化、交通、林水类电子招投标系统全市覆盖基础上，杭州市加快构建形成电子招投标"1+14"全市域一体化格局。全年完成电子招投标项目2225个，涉及投标企业22万余个，超过90%的项目可在60分钟内完成全部开标流程，节约时间2/3以上。

【政府采购"杭州模式"完善】2020年，杭州市在项目采购中全面铺开应用电子采购系统，采购品目从硬件设备类向家具类、车辆类、空调类、系统集成类等方面拓展，采购方式从公开招标向竞争性谈判、竞争性磋商、单一来源等延伸，覆盖政府采购各类别各方式。按照全省统一标准对注册供应商和网上超市交易商品信息进行维护，审核网上超市协议供应商211个，商品30.98万件，实现"一地审核、全省通用"。市公共资源交易中心获评"2020年度全国十佳公共资源交易中心"，并连续9年获中国政府采购"年度创新奖"。（王坚武）

市场监督管理

【概况】2020年4月30日，杭州市市场监管局所属事业单位清理规范整合方案得到杭州市委编办批复，杭州市食品药品稽查支队、杭州市质量技术监督稽查支队、杭州市商贸综合监察中心并入杭州市市场监管综合行政执法队。杭州市食品药品检验研究院、杭州市食品药品事业发展中心整合组建为杭州市食品药品检验研究院，挂杭州市食品药品审核查验服务中心、杭州市药品与医疗器械不良反应监测中心牌子。杭州市特种设备检测研究院、杭州市特种设备应急处置中心整合组建为杭州市特种设备检测研究院，挂杭州市特种设备应急处置中心牌子。杭州市消费者权益保护委员会秘书处、杭州国家电子商务产品质量监测处置中心整合组建为杭州市消费者权益保护委员会秘书处，挂杭州国家电子商务产品质量监测处置中心牌子。杭州标准化国际交流中心更名为杭州市知识产权保护中心，挂杭州市知识产权服务中心、杭州市知识产权维权援助中心牌子。保留杭州市标准化研究院，挂杭州标准化国际交流中心牌子。至7月24日，全市13个区县（市）市场监管局综合行政执法队全部完成挂牌。

12月28日，杭州市被命名为"浙江食品安全市"。全市13个区县（市）全部通过浙江省食品安全县（市、区）验收。余杭、桐庐获国家农产品质量安全县（市、区）命名，萧山等5个区县（市）获浙江省农产品安全放心县（市、区）命名。推进基层食品安全委员会办公室分层分类管理，上城、拱墅、滨江等区县（市）的10个镇（街道）食品安全委员会办公室获四星级命名。

全年新设市场主体23.81万个，比上年下降20.4%。其中，新设企业11.85万个，下降11.4%。市场主体总量140.29万个，增长9.0%。其中，企业73.86万户，增长8.5%。注销市场主体13.15万个，增长3.5%。其中，注销企业7.26万个，增长39.4%。市场监管部门推进惠企降费政策落实，规范转供电环节价格清理，查出违规金额2.19亿元，完成退费1.64亿元，惠及用户12.92万户。对水、电、气价格阶段性优惠，国有房屋租金减免等惠企政策落实情况开展专项督查。对市本级8个行政机关及其下属单位、相关行业协会涉企收费开展检查，查出涉嫌违规收费案件14起，涉案金额9128.82万元。

开展重点领域立法，《杭州市网络交易管理办法（修订）》被列为政府规章预备项目，《杭州市质量促进条例》被列为地方性法规调研项目。8月，启动《杭州市预付式消费交易管理办法》立法调研工作。牵头推进“浙里检”平台应用，全年有效订单数2.27万个，完成年度考核任务的226.8%。全市开放实验室检测服务3167批次，组建专家服务团队218个，帮扶企业2602次，解决质量技术难题4522个，减免检测服务费用2760.11万元。开展2020年科技周和科普宣传活动，组织进社区服务51场、培训11场。

【疫情防控相关市场监管】2020年，市市场监管局采取农贸市场驻场监管、团餐许可备案、购买退热和止咳药品人员登记报告等新冠肺炎疫情防控措施。开展口罩、防护服、额温枪等防疫物资上市提产帮扶，协助定点医院解决隔离治疗区专用供氧系统建设、新购置医疗设备强制检定等问题。备案一类防疫医疗器械产品118个，新获批二类、三类防疫医疗器械产品123个。成立工作专班常态化推进高风险冷链食品“物防”。率先开展“批批检”试点，推进5个集中监管仓建设。推进省级生鲜冷冻食品“物防”信息系统——“浙冷链”应用。至年末，激活“浙冷链”企业4758个，完成追溯码170.61万个。完成外地协查涉疫食品件12件，追踪货品90.96吨，采集新冠病毒核酸检测样本2647份，检测结果均为阴性。完成企业复工复产所需计量器具检定校准27.73万台（件），对复工复产企业1720台（件）强检计量器具延长强制检定有效期，减免收费234.81万元。开展防疫物资质量和市场秩序等专项执法，查处涉疫类案件400多起，罚没款250多万元，处置涉疫举报投诉咨询2.2万件。

【企业纾困帮扶】2020年，市市场监管局组建小微企业和个体工商户纾困专班，推出16条服务小微企业和个体工商户的复工复产帮扶措施，对防疫用品生产经营单位实行“特事特办”、容缺受理，协助获批防疫用医疗器械产品注册证133张。分片包干走访社区隔离点和复工复产企业，开展额温计计量核查比对服务。通过“亲清在线”平台开展小微企业和个体工商户国务院新增财政资金“直达市县基层、直接惠企利民”资金补助线上兑付工作，共兑付“两直”资金11.04亿元，惠及市场主体15.22万户。开展惠企减负政策专项检查，推动非国有市场减免摊位费3.7亿元。市市场监管局获浙江省小微企业和个体工商户“两直”工作记功奖励集体二等功。

【商事制度改革】2020年，市市场监管局推行企业开办“分钟制”，上线“亲清在线”商事登记板块，推行电子营业执照、电子发票、电子公章联合办理模式。与杭州市中级人民法院联合实行企业等市场主体法律文书送达地址告知承诺制。推广食品经营许可证跨辖区“全省通办”，开展药品经营与医疗器械经营许可“告知承诺制”改革，试点24小时在线无人智能审批。全市注册资本3000万元以下（含3000万元）的股份有限公司（内资非上市）的设立、变更（备案）、注销登记实现市域范围“全覆盖”。新型监管机制“一体化、数字管”改革纳入全省试点。开办企业“一件事”常态化“一日办结”模式入选全国“最佳实践”典型案例。国务院办公厅对2019年落实有关重大政策措施真抓实干成效明显地方予以督查激励，杭州市作为“深化商事制度改革成效显著、落实事中事后监管等相关政策措施社会反映好的地方”被通报表彰。

【质量强市建设】2020年9月25日，市市场监管局联合市发改委等8个部门印发《关于进一步完善和深化企业首席质量官制度的意见》。9月29日，杭州市举行企业首席质量官制度深化推进大会，并成立杭州市首席质量官联盟。会同中国计量大学编制完成《杭州首席质量官培训专用教材》。组织对全市14个重点产业开展质量提升活动。杭州市政府、滨江区政府获“2019年浙江省人民政府质量奖组织奖”。杭州海康威视数字技术股份有限公司、瀚晖制药有限公司、杭州西奥电梯有限公司、浙江开元酒店管理股份有限公司被授予“2019年浙江省人民政府质量奖”。贝达药业股份有限公司、杭州千岛湖发展集团有限公司、浙江大学医学院附属邵逸夫医院、杭州中亚机械股份有限公司被授予“2019年浙江省人民政府质量管理创新奖”。杭州海信电力科技股份有限公司、浙江英特集团股份有限公司、杭州娃哈哈集团有限公司被授予“2019年杭州市人民政府质量奖”。浙江宇视科技有限公司、杭州胡庆余堂药业有限公司、西子电梯科技有限公司被授予“2019年杭州人民市政府质量奖提名奖”。全市新增“品字标”认证企业68个，资助2019年获“品字标”认证证书

2020年9月29日，杭州市举行企业首席质量官制度深化推进大会，并成立杭州市首席质量官联盟

（市市场监管局 供稿）

的54个企业1080万元。

【标准强市建设】杭州市被确认为第三批全国"百城千业万企对标达标提升专项行动"试点城市。至2020年年末,有2551个企业在全国对标达标平台上完成对标结果2751个,发布对标方案28个,在全国168个试点城市中排名第一位。新增国际标准20个、国家标准41个、"浙江制造"标准82.5个、市地方标准44个。累计制定发布国际标准69个、国家标准814个、"浙江制造"标准316个、市地方标准299个。制定发布《杭州健康码管理和服务指南》地方标准。开展2020年标准化资助项目申报、评审工作,拨付资助资金1198.97万元。

【电子商务国际标准化】2020年,国际标准化组织电子商务交易保障技术委员会秘书处完成《电子商务交易保障术语》《电子商务交易保障原则与框架》2个国际标准工作草案。全国电子商务质量管理标准化技术委员会秘书处完成《电子商务直播售货品控管理规范》《跨境电子商务供应链质量安全管理指南》2个国家标准立项工作,累计发布电子商务领域国家标准10个、处于研究阶段14个。杭州市标准化研究院主导及参与制定完成《跨境电子商务交易类产品多语种分类与命名——鞋》等电子商务领域国家标准6个,累计发布电子商务领域国家标准12个、处于研究阶段的电子商务领域国家标准6个。

【"放心消费迎亚运"三年创建行动】2020年6月,市市场监管局启动"放心消费迎亚运"三年创建行动,在南宋御街、湖滨步行街、小河直街美食一条街、银泰百货商场、世纪联华超市等商圈、特色街区、景区、亚运商业服务场所建设放心消费商圈综合体,督促在杭州的主要电商平台全面落实"七天无理由退货"。动员45个实体、平台企业参与"满意消费长三角"创建行动,落实长三角地区各项联合创建任务机制。在杭州东站建立小额纠纷先行赔付、快速调处室,建设长三角地区大型交通放心消费示范枢纽。指导浙江省首个珠宝行业"放心消费在浙江"试点单位——杭州萧山国际珠宝城开展2020年度全省放心消费重点街区(商圈)创建,市场放心消费培育单位覆盖率100%。3月15日,联合市法院系统召开"凝聚你我力量,共促放心消费"线上新闻发布会。《防范涉疫消费风险 服务经济疫后复苏》发布。3—5月,首次开展"杭州特色产品伴手礼"评选活动,评出54款产品(25个品牌)。9月,联合"美团网"开展"拒绝浪费文明消费"倡议活动。10月,开展"定制消费""体验消费""智能消费""时尚消费""绿色消费"五大领域的消费教育基地评选工作,杭州万事利丝绸文化股份有限公司、杭州鸿雁电器有限公司、杭州钱江新城商业旅游发展有限公司等9个杭州市消费教育基地获评。全年新创建放心消费示范单位3.13万个、无理由退货承诺单位1.63万个、放心工厂3256个、中小学和等级幼儿园"阳光厨房"412个、农村家宴放心厨房107个、24小时"网订店送"药房125个、"送药上山进岛"便民服务点39个、放心农贸市场73个、放心街区25个,整体完成省、市民生实事项目任务数的123%。

【消费者权益保护】2020年,市市场监管局牵头推进预付式消费市场治理,成立"杭州市涉疫消费风险防范化解工作专班",指导开展全市范围问题摸排、纠纷调处、风险化解等工作。市场监管投诉举报平台接收处理举报投诉咨询75.77万件,比上年增长9.8%。其中:投诉41.45万件,增长20.4%;举报13.64万件,增长58.4%;咨询20.68万件,下降20.3%。涉及网络购物消费的投诉举报38.76万件,增长26.2%。全年市场监管部门和市消费者权益保护委员会为消费者挽回经济损失2.40亿元。在中国消费者协会开展的2020年全国100个大、中城市消费环境综合指数评测中,杭州市列第一位。

【格式合同监管】2020年,市市场监管局对房地产买卖合同、房屋租赁及其居间合同、全装修条款、家庭装修装饰合同进行规范。共检查企业1450个,合同2648份,约谈经营者55个(次),立案查处49起,备案规范合同2277份。针对新冠肺炎疫情防控期间各地管控措施影响合同履行、产生合同纠纷的情况,发布《合同示范文本涉不可抗力条款汇编》,推广杭州版教育培训、健身服务、家庭装修等合同示范文本。开展房地产合同"回头看"检查,规范房屋租赁居间合同,核发房屋租赁及其居间合同备案198份,比上年增长182%。梳理《全装修房屋装饰装修及相关设备标准约定的备案指引》,规范家庭装修装饰合同格式条款。

【市场监管领域案件查办】2020年,杭州市市场监管部门查处违法案件9962起(大案、要案1598起),罚没款1.37亿元,移送司法机关案件82起。其中:涉及食品安全案件3103起,制售假冒伪劣商品案件1633起,药品医疗器械和化妆品案件252起,特种设备案件224起、涉嫌侵犯商业秘密案件5起。联合公安机关查处涉及传销案件21起,罚没款476.44万元,移送司法机关案件3起。

【市场主体年度报告和信息公示监管】2020年,杭州市完成2019年度报告的企业有60.50万个,年报率93.5%;个体工商户46.63万个,年报率80.8%;农民专业合作社3256个,年报率90.7%。全市列入经营异常名录市场主体8.81万个,其中5.75万个因未按时申报年度报告、2.77万个因无法联系到而被列入经营异常名录,5988个市场主体被列入严重违法失信名单。9月1日,市市场监管局在全市推广经营异常名录监管数字化改革试点。至年末,线上办理经营异常名录移出4958件,线上通过率100%。开展被吊销营业执照后满三年仍未主动办理注销登记的"僵尸企业"强制注销工作,全年强制出清"僵尸企业"3.21万个。93个企业被公示为2020年度杭州市信用管理示范企业。

【"守合同重信用"企业公示】2020年,市市场监管局扩大"守合同重信用"征信范围,除"信用中国"、"浙江政务服务网"、最高人民法院"中国执行信息公开网"3个平台外,新增"信用杭州”、市市场监管局案件系统征集申报企业的信用状况。扩大“守合同重信用”评价结果应用范围，将AAA级“守合同重信用”评价结果纳入杭州市居住证积分管理指标。杭州市首次获浙江省AAA级“守合同重信用”企业公示132个（其中小微企业21个）、继续公示企业330个；首次获浙江省AA级“守合同重信用”企业公示218个（其中小微企业82个）、继续公示企业407个。全市有在有效期内的“守合同重信用”企业3124个。

【省行政执法监管平台应用】2020年，市市场监管局牵头推进全市“省行政执法监管平台”应用。全市除税务、海关系统外，40个监管大类的市级及区县（市）共380个监管部门使用该平台开展监管检查。记录入库的全市执法人员（指取得行政执法资格的人员）1.74万人，直接参与执法检查8226人，占比47.1%。杭州市在该平台归集并管辖的监管对象160.6万个，其中各类机构类主体145.6万个，占全省的17.5%。全年总检查量36.99万户次，检查各类机构类主体13.86万个，检查覆盖率9.5%。利用该平台开展现场执法检查36.7万户（次），占总检查量的99.6%。

【公平竞争审查】2020年，市市场监管局引入第三方评估机构开展公平竞争审查。组织全市对2017年开始的文件和政策措施进行全面清查审查，清理存量政策措施2687件，其中保留2334件、修改完善24件、废止327件、使用例外规定2件；审查增量文件474件，其中经审查通过453件、经审查修改7件、经审查未出台3件、经审查使用例外规定11件。

【民生计量监管】2020年，杭州市市场监管部门完成116个加油站的2513把加油枪、153个农贸市场的9149台电子秤、2102个医疗机构的1.59万台（件）医疗计量器具、430个眼镜店的1311台配镜用计量器具、9633台出租车计价器、27.15万只水表、10.24万只燃气表的强制检定。监督抽查电能表5446只，总体合格率99.1%。处理计量投诉、咨询120件，处理及时率100%，处理满意率99%。

【产品质量监管】2020年，市市场监管局监督抽查完成任务5388批次，不合格400批次，不合格发现率7.4%。其中：生产领域抽查1377批次，不合格25批次，不合格发现率1.8%；流通领域线下抽查4011批次，不合格375批次，不合格发现率9.4%；流通领域线上抽查3650批次，不合格1011批次，不合格发现率27.7%。抽查结果显示：食品用塑料包装复合膜袋、餐具洗涤剂、汽车制动器衬片等产品质量稳定，合格率100%；按摩椅、儿童滑板车、灯具、羊绒衫产品问题较多，不合格率超过40%。全市有工业生产许可证企业547个，其中食品相关产品和危险化学品包装物、容器两大类约占85%。开展证后监督检查企业407个，检查发现并督促企业完成整改问题91个。9月4日，杭州市流通领域产品质量安全法律法规“十百千”（十个以上场次，百家以上商店超市、卖场、经营店铺，千人以上相关负责人）培训启动仪式在下城区举行，全年开展专项培训15场次。9月28日，杭州市电线电缆产品质量安全监管“双控体系”工作培训现场会在临安区召开。

【食品生产、流通和餐饮环节智慧监管】2020年，市市场监管局推进食品生产、流通和餐饮各环节智慧监管系统建设。食用盐、食用农产品、食品冷链、阳光厨房和农村家宴风险智能控制，校园食品安全智能治理，婴幼儿配方乳粉区块链追溯等应用场景被列为浙江省食品安全综合治理数字化协同应用平台场景。推进长三角区域一体化食品安全信息追溯试点，上海、南京、无锡、杭州、宁波、合肥6个城市共同构建区域联动的食品安全信息追溯体系，在余杭区试点推进六大类10个品种食品及食用农产品追溯全覆盖。3月9日，“餐饮企业健康码”功能上线，全市7.8万个餐饮企业实现全覆盖赋码管理。5月20日，在杭州农副产品物流中心水产批发市场上线“食用农产品批发市场风险预警平台”。建设“食品安全监管云平台”，全市1795个食品、食品添加剂生产企业和269个“名特优”食品及阳光透明食品作坊实现全覆盖。

【食品安全诚信体系建设】2020年，市市场监管局推进食品安全诚信体系建设，采集食品生产经营主体基本信息16.43万个，录入不良信息6966个，警示约谈主体5932个，降低授信额度144个，提升授信额度91个，提高贷款利率128个，降低贷款利率8个。推进食品安全责任保险试点，全年投保1704.64万元，保障金额185亿元。承保机构提交风险评估报告2806份，食品安全有效理赔案件7起，赔付金额2553元。

【食品安全监督抽检】2020年，杭州市市场监管部门完成食品安全监督抽检4.9万批次，完成年度目标的123.6%，检出不合格食品1201批次，不合格率2.5%。其中：全市生产环节抽检7610批次，检出不合格42批次，不合格率0.6%；流通环节抽检2.36万批次，检出不合格532批次，不合格率2.3%；餐饮环节抽检1.78万批次，检出不合格627批次，不合格率3.5%。在市市场监管局流通环节、市市场监管局钱塘新区分局开展“抽检分离”试点，制订饮料、糖果等7类食品、200批次“抽检分离”改革试点方案。10月，推动全市区县（市）实施“抽检分离”改革工作。

【保健食品专项整治】2020年，市市场监管局牵头开展保健食品行业专项清理整治行动，严厉打击保健食品领域非法生产经营、欺诈和虚假宣传、违法广告等违法违规行为。全年检查保健食品生产企业81个（次），经营主体5606个（次），发现问题334个，立案查处85件，移送公安机关3件，涉案金额547万元，罚没款196万元。监督抽检189批次（网络抽检120批次，流通环节抽检69批次），未发现不合格产品。

【制止餐饮浪费行动】2020年，市市场监管局牵头推进反对餐饮浪费工作。10月10日，杭州市举行全市坚决制止餐饮浪费行动启动仪式，公布六大行动方案：将制止餐饮浪费行为工作纳入餐饮服务食品安全年度量化评级考核、加强铺张浪费行为广告监测、强化餐饮行业明码标价监管严查价格违法行为、强化社会监督开展消费体察和“浪费行为随手拍”活动、开展各类宣传教育活动、加强行业内和系统内明察暗访。11月1—20日，市市场监管局开展“厉行节约，反对浪费”全市餐饮行业价格行为专项检查，检查餐饮单位40个（次）。11月25日至12月22日，市消费者权益保护委员会在主城区开展抵制餐饮浪费消费体验式监督评价，围绕节约倡导提示、节约消费形式、节约提醒服务、餐饮浪费情况4个方面随机调查餐饮企业68个、高校食堂8个。

【药品、医疗器械和化妆品安全监管】 2020年7月13日，桐庐县成立县级药品医疗器械检查中心。8月24—25日，浙江省医疗器械唯一标识实施工作现场推进会在钱塘新区召开。12月10日，市市场监管局建立市级药品医疗器械化妆品法规合规性检查咨询专家库，首批专家成员共49人。全年检查药品、医疗器械、化妆品生产经营单位1.02万个（次），排查整治风险点4377个。全市完成药品医疗器械监督抽检2176批次、化妆品抽检683批次，合格率分别为99.8%、96.49%。监测药品、医疗器械、化妆品不良反应（事件）1.73万例。

【特种设备安全监管】 2020年4月，市市场监管局启动全国液化石油气气瓶充装信息平台建设试点工作，杭州市160多万只液化气钢瓶纳入全链式智慧监管。7月15日起，《杭州市大型游乐设施运营安全管理办法》实施。11月起，全市所有区县（市）开展电梯综合改革试点，同步建成“电梯综合改革信息化平台”。全年开展特种设备安全现场检查9824个（次），检查设备数4.05万台（次），发现并消除特种设备各类安全隐患3816个。完成特种设备检验17.31万台，其中锅炉1734台、压力容器8829台、电梯12.61万台、起重机械16.18万台、场内机动车辆12.61万台，重点监控设备定检率100%。“96333”电梯应急处置平台实施应急救援处置1.85万起，解救被困人员2.35万人，核查清理使用状态异常电梯3632台，智慧救援覆盖率98%，应急救援平均到场时间11.21分钟。举办特种设备安全培训93期，组织特种设备作业人员考试308场次，2.10万人取得合格证书。

【检验检测机构规范管理】 2020年，市市场监管局加强检验检测机构资质认定审批。受理新增、扩项、复查575个（次），审查标准变更1490个（次）、地址名称变更83个（次）、主要人员变更972个（次）、授权签字人变更521个（次），检验检测能力取消326个（次），法人性质变更2个，“1+X”联合审批5个。

【广告监测】 2020年，市市场监管局监测杭州市各平台广告665.04万条（次），发现涉嫌违法广告7292条（次），涉嫌违法率0.1%。监测互联网广告452.25万条（次）。其中：全国互联网广告监测平台监测315.36万条（次），涉嫌违法2498条（次），涉嫌违法率0.1%；市市场监管局监测互联网广告136.89万条（次），涉嫌违法2678条（次），涉嫌违法率0.2%。监测户外广告4071条（次），涉嫌违法77条（次），涉嫌违法率1.9%。

【“创意杭州”金水滴奖广告大赛】 2020年4月，第十一届“创意杭州”金水滴奖广告大赛启动。征集参赛作品869件，评选获奖作品207件，其中金奖8件、银奖12件、铜奖21件、优秀奖166件。12月8日，第十一届“创意杭州”金水滴奖广告大赛颁奖仪式举行。在中国国际广告节上，杭州市企业广告作品获长城奖金奖2件、银奖3件、铜奖4件。

（李　珺）

知识产权保护

【概况】 2020年，杭州市新增专利申请14.4万件，专利授权9.2万件，分别比上年增长26.9%和50.1%。其中，发明专利申请、授权分别为5.5万件、1.7万件，增长27.7%、47.5%。有效发明专利7.33万件，万人发明专利拥有量70.75件，PCT国际专利申请2030件。开展5个产业专利导航和15个企业专利导航，以及6个产业专利预警分析，培育高价值专利组合20个。培育国家和省、市级知识产权优势（试点）示范企业1090个，实施知识产权管理规范贯标企事业单位1048个，专业知识产权托管服务累计覆盖小微企业2907个，新获批浙江省知识产权服务业集聚区2个。杭州趣链科技有限公司等5个企业入围年度全球区块链专利申请百强名单。

【中国（杭州）知识产权保护中心获批】 2020年10月26日，国家知识产权局批复同意建设中国（杭州）知识产权保护中心，面向高端装备制造产业开展知识产权快速协同保护工作，筹建期限8个月。制定《杭州市知识产权维权援助管理办法》《杭州市知识产权维权援助工作站建站指南》，在13个区县（市）和产业园区设立知识产权维权援助工作站。建立海外知识产权专家库、企业库，首批入选海外知识产权专家库专家17人，征集海外维权援助企业28个。

【知识产权运营】 2020年，杭州市建立知识产权运营公共服务平台，建设知识产权创新产业园，提供政策法规、申请、查询、托管、交易等普惠服务。建立6000万元专利质押风险补偿基金池，新冠肺炎疫情期间推出14个知识产权质押融资“快保快贷”产品。推动杭州银行开展知识产权证券化试点，成立1亿元重点产业知识产权运营引导基金，出台《杭州市专利保险补贴资金管理办法》，开展专利保险试点。全市办理知识产权质押融资84.70亿元，比上年增长100.9%。其中专利质押融资72.03亿元、商标质押融资12.67亿元，分别增长89.5%和204.5%。

【知识产权保护行动计划印发】 2020年9月25日，市委办公厅、市政府办公厅印发《杭州市知识产权保护行动计划（2020—2022年）》，建立知识产权工作评价制度，将知识产权保护绩效纳入各级党委和政府营商环境评价体系。向13个区县（市）下放专利执法权。建立网络交易纠纷在线调解平台，处理各类投诉17.6万件，日均701件，群众认可率95%以上。在“贸点点”平台开展知识产权标识电子化管理试点，建立知识产权公证服务中心。

【知识产权服务】2020年，市市场监管局推动“知识产权一件事”改革，发布《杭州市企业知识产权服务事项工作清单》。4月21日，知识产权巡回法庭进驻知识产权综合服务中心。与“亲清在线”平台对接，开展知识产权事务线上办理，全年在线兑付专利资助资金1.64亿元，惠及企业3022个（次）。

【商标品牌培育】2020年，杭州市新增注册商标26.07万个，其中有效注册商标16.44万个，有效注册商标累计81.29万个，居全国省会城市第二位、副省级城市第三位，每万户市场主体有注册商标5794个。新增地理标志证明商标3个，累计34个；新增集体商标12个，累计100个；新增驰名商标保护2个，累计161个。与天猫商城“新国货”地标频道合作，8个地理标志商标、40件商品第一批纳入天猫商城“新国货”“地标特产”专区。

【商标品牌示范建设】2020年，杭州市钱塘新区管委会被认定为浙江省商标品牌示范区；杭州市余杭区崇贤街道、五常街道被认定为浙江省商标品牌示范乡镇（街道）；14个企业被认定为浙江省商标品牌示范企业。全市有浙江省商标品牌示范县（市、区）5个、示范乡镇（街道）14个、示范企业71个。新建品牌服务指导站21个。8月12—13日，浙江省品牌服务指导站工作现场会在余杭区召开。

【西湖龙井茶品牌管理和保护】2020年1月22日，市市场监管局与市农业农村局联合出台《西湖龙井茶产地证明标识管理办法》。3—5月，联合市农业农村局开展专项整治行动。8月，全市开展为期一个月的“西湖龙井”茶自查和督查工作。出动执法人员6951人次，检查市场主体5483个，查获擅自印制、销售“西湖龙井”包装44万个。约谈天猫商城、淘宝网、“拼多多”等网络平台及8个知名茶叶生产企业，规范网络销售行为。（李　珺）

统　计

【概况】2020年，杭州市统计部门围绕市委、市政府工作部署，以有效履行统计调查、统计分析和统计监督工作职能为目标，研究制定5个方面、16类、35项年度重点工作任务，明确19项重点调研课题。加强防范和惩治统计造假，提升统计调查服务水平，深化统计制度改革创新，强化统计基层基础建设，各项工作取得较好成效。

【统计执法检查】2020年，市统计局构建统计数据质量闭环管控机制，定期开展数据质量分析，对各区县（市）工业、投资、贸易以及服务业等重点行业进行实地走访和数据核查。点面结合开展统计执法检查，消除执法盲点，实现各区县（市）和各专业统计执法检查全覆盖。全市共执法检查企（事）业单位893个，对其中发现存在统计违法行为的114个单位进行处罚，罚款金额总计37.38万元。其中：市本级执法检查178个，查处企业38个，罚款金额19.43万元。在全市推进防范和惩治统计造假全面整改自查自纠行动，对各级核查、检查发现的问题进行整改。采取随机抽取的方式，对56个企业自查自纠情况进行专项检查，确保防范和惩治统计造假的各项工作有效落实。

【统计普法宣传】2020年，杭州市统计部门为基层和企业开展上门送法活动，加强统计专业指导和法治宣传，帮助解决统计难题，规范统计基础建设。对2013年以后的统计执法案件进行“回头看”，按月开展统计数据质量检查核查，加强企事业单位依法统计服务指导。制定出台统计行政规范性文件管理、公职律师履职等2个内部管理制度，以及全市统计系统“七五”普法评议文件。在“9·20”统计开放日、“12·4”国家宪法日、“12·8”《中华人民共和国统计法》颁布纪念日等重要时间段开展统计普法宣传活动。通过广场普法、晚会说法、网络释法、案例讲法等方式，增强社会各界对《中华人民共和国统计法》、统计法治的知晓度、理解度和支持度，15万人次接受统计普法教育。

【统计监测分析】2020年，市统计局开展专项调查和行业监测，健全预警机制、加大预警频率、做实进度分析，及时反馈全市新冠肺炎疫情防控和复工复产进程，科学预测预判、建言献策。开展企业生产经营、企业用工、科研投入、对外贸易等快速调查20多次，开展“疫情防控十项措施”“市民消费意愿”“群众安全感”“民营企业发展环境”等社会热点问题和社情民意调查近20次。全年撰写《我市企业复产情况及经济影响分析》《年增加值亿元以上规上工业企业调查报告》等各类分析报告、调研文章150多篇，获市委、市政府领导批示80多篇（次）。

【统计服务保障】2020年，市统计局开展城市比较分析，参与制定《高质量发展指标考核办法》《重要经济指标考核办法》。服务企业社保阶段性减免和稳岗就业工作，提供大型企业清单，加强企业单位规模界定解释工作，核对并提供社保返还企业清单4批次、近12万个。通过市场部门动态数据库比对，加强统计单位名录库更新维护工作，对全市51.5万个在库法人单位和6.7万个在库产业活动单位做出审核。全年统计库新增法人单位10.05万个，新增产业活动单位1.15万个。审核修改全市市场监管部门数据超过10万个（次），民政入库1365个，修改1383个，新进入国家联网直报调查单位3294个。

【统计信息发布】2020年，市统计局做好市民、企业的统计证明、咨询服务，发布《杭州市国民经济和社会发展统计公报》。在《浙江日报》、《杭州日报》、杭州电视台等省、市媒体及“浙江新闻”“杭州发布”等App上发布统计信息，开展数据解读。运用统计新媒体宣传全市经济社会发展成就，发布微博2518篇（次），微信公众号推送288篇（次），总阅读量超过51万人次，有8篇信息入选全国统计系统内阅读量TOP50榜单。

【统计制度研究】2020年8月，市统计局修订完善《杭州市部门综合统计报表制度》，加强部门用户和统计报表审核管理，取消报表15张，新增报表19张。对接城西科创大走廊，了解其统计数据及相关需求，研究制定数据内容、表式、范围、频度及方式等规范，确定辖区范围内"四上"企业名录，做好数据查询程序开发与描表等工作，提供各类专业统计报表13种。根据各区县（市）实际情况，研究制定符合杭州市"统一核算"的区县（市）季度地区生产总值核算办法。针对月度间指标、数据差异变化较大的特殊情况，及时与主管部门沟通协调，科学调整数字经济、健康产业、金融产业等派生性产业测算办法，优化数据采集渠道，强化数据审核关口，理顺数据提供流程。

【全国经济普查数据开发应用】2020年4月，市统计局发布第四次全国经济普查主要数据公报，展示经济普查成果。组织对主要数据公报进行解读，完成12篇经济普查专题分析、38个第四次经济普查重要课题研究。结合经济社会发展实际，充分利用普查资料对第二产业、第三产业的发展规模、结构和效益等开展深度分析研究，为各级党委、政府科学决策提供统计信息支持。

【第七次全国人口普查】2020年9月20日，浙江省暨杭州市第十一届中国统计开放日第七次全国人口普查宣传广场活动在临平艺尚小镇举行。推进机构、人口普查网站、经费、人员场地、责任的"五个落实"。市、县、乡三级批复人口普查经费2.95亿元，县、乡两级"两员"补助经费落实1.34亿元。完成建筑物标绘127万幢，划分普查区3153个、普查小区6.58万个。选聘普查区指导员和普查员7.3万名。按规定普查登记，推进电子化采集，依法依规推进人口普查工作，提高数据采集效率和数据质量，高标准完成各项普查任务。

【统计报表"最多报一次改革"试点】2020年，市统计局成立探索统计报表"最多报一次"改革工作专班，研究制定《关于余杭区、钱塘新区探索统计报表"最多报一次"改革工作指导方案》，明确总体要求、目标任务、阶段工作和时间进度。加强走访调研，梳理分析统计制度需要、统计服务需求和部门企业真实情况，持续推进"最多报一次"改革试点，完成统计报表"最多报一次"改革课题研究。

【基层统计网格化管理】2020年，市统计局指导萧山、桐庐、富阳等区县（市）开展基层统计工作网格化建设试点，召开全市统计工作网格化建设现场会，总结试点经验，形成规范、建立制度，构建起统一管理、贴身服务、全面覆盖的基层统计网格化管理新模式，在全市统筹抓好点向面的推广，推动基层基础治理优化进一步提质增速。通过网格化管理，培育壮大基层统计力量，补齐基层统计短板，做到"抓源头、源头抓"，夯实源头数据质量基础。

（许剑峻 吴　晶）

审　计

【概况】2020年，杭州市审计机关完成审计项目312个，其中专项审计调查项目66个，查出主要问题金额686.10亿元，其中违规金额4.63亿元、损失浪费金额9793万元、管理不规范金额680.49亿元。通过审计发现非金额计量问题3323个；损益（收支）不实金额8.12亿元。出具审计报告和专项审计调查报告397篇，被批示、采用45篇。审计处理处罚金额233.81亿元，其中应上缴财政1.34亿元、应减少财政拨款或补贴5.14亿元、应归还原渠道资金34.0亿元、应缴纳其他资金7.23亿元、应调账处理金额186.09亿元。移送司法机关、纪检监察机关和有关部门处理案件133起，移送处理人员135人，移送处理金额18.91亿元。审计促进整改落实有关问题金额173.62亿元，促进拨付资金到位37.19亿元。审计后挽回（避免）损失5.14亿元，核减投资额5.14亿元，移送处理落实事项60个。审计提出建议1281条，被采纳1139条，推动被审计单位制定整改措施347项，促进被审计单位制定、完善规章制度88个。提交审计信息1365篇，被批示、采用1040篇，向社会公告审计结果236篇。组织实施的"杭州市部分县（市、区）乡村振兴相关政策和资金审计项目"获2020年全国审计机关优秀审计项目一等奖，连续3年获该荣誉。

【财政资金审计】2020年，市审计局围绕"善治六策"，统筹推进财政大格局审计，高质量起草预算执行和其他财政收支的审计结果报告、审计工作报告，全面反映13类、38个问题及112个明细事项，并组织对13个区县（市）审计工作报告进行审核。围绕市域统筹要求开展审计，推动体制结算制度化建设，盘活存量沉淀资金，市财政清理收回24.97亿元。

【政策措施落实情况跟踪审计】2020年，市审计局对大气污染防治、乡村振兴、新冠肺炎疫情防控资金和捐赠款物、"亲情在线"平台运行、招商引资政策绩效、"新制造业计划"试行等方面开展专项审计，提出审计建议149条，得到采纳落实135条。通过市本级疫情防控资金和捐赠款物专项审计，推动出台各类制度9个，促进捐赠资金及时拨付1350万元，使用率提高25%。萧山区审计局开展社会救助政策落实和残疾人社会保障情况专项审计调查。淳安县审计局开展中小学学生营养餐审计调查。

【经济责任审计】2020年，杭州市审计机关对119个单位的180名各级领导干部开展经济责任审计，查出主要问题金额36.84亿元，其中违规金额1.02亿元、损失浪费金额455万元、管理不规范金额35.77亿元；增收节支3505万元，其中上缴财政2514万元、归还原渠道资金991万元。提交审计报告和审计结果报告208篇，被批示、采用22篇；审计提出建议573条，被采纳503条；提交审计信息15篇，被批示、采用3篇；向社会公告审计结果28篇。11月，《杭州市经济责任审计工作联席会议议事规则和办公室工作规则》印发。融入干部大监督工作机制，与市委组织部门探索实施会商研判制度，全年对8个领导干部的经济责任审计结果进行会商。9月，上城区审计局制定《上城区经济责任审计工作五年规划（2021年至2025年度）》。江干区审计局对笕桥街道同步开展街道办事处主任自然资源资产任期管理情况及2019年度财政决算审计。

【重大公共投资项目跟踪审计】2020年，市审计局对轨道交通工程、亚运场馆、西站枢纽项目等重大公共投资项目持续开展跟踪审计监督，推动完善工程渣土处置调价机制等方面体制机制。构建既"跟"又"审"的重大项目跟踪审计模式，将重大公共投资项目自立项批准至竣工投产全过程细分为三个阶段、八大环节，实现跟踪审计全过程覆盖。杭州市被审计署选定为全国投资审计转型发展试点城市之一。下城区审计局在重大项目跟踪审计中重点关注EPC、PPP等新兴模式建设项目。余杭区审计局对中法航空大学、东西向快速路（崇贤至老余杭段）等重大项目进行全过程跟踪审计。

【杭州城市大脑"审计驾驶舱"】2020年，市审计局通过"数字赋能科技强审"，推动政府数字化转型。初步建成杭州城市大脑"审计驾驶舱"，对项目计划、实施进度、成果展示、督查整改等环节实现全流程管理。首次针对全市813个一级预算单位财务数据，实现"采集、标准化、校验通过"3个100%。市审计局组建专班，采用"在线审＋现场审"相结合模式，实现本级一级预算单位预算执行情况全覆盖审计。开展市本级民生领域政务数据治理情况专项审计，以"数据协同推进治理协同"为切入点，对13个相关单位利用数字技术赋能推进现代政务管理和服务情况开展调查。西湖区审计局制定《审计电子数据分类指引》。

【内部审计】2020年，杭州市内审机构完成审计项目7752个，其中贯彻落实国家重大政策措施审计46个、财政财务收支审计824个、固定资产投资审计1979个、经济责任审计1434个、内部控制和风险管理审计1577个、信息系统审计175个、境外审计3个、其他1714个。审计发现问题金额299.44亿元，审计发现问题2.43万个，审计发现问题整改（金额类）203.38亿元，审计发现问题整改（非金额类）1.15万个，根据审计建议给予党纪、政务和内部纪律处分171人，向司法机关移送或报告案件线索2件。市审计局持续加强国家审计与内部审计协作配合，全年安排24个协同审计项目，占年度项目总数的54.5%。临安区审计局组织全区103个单位开展"内审联络月"活动。桐庐县实现全县14个乡镇（街道）驻镇审计师全覆盖。

【审计整改督查】2020年4月，市审计局印发《关于进一步加强审计整改销号管理的通知》，明确审计整改销号管理、责任和流程。将《2019年度市本级预算执行和全市其他财政收支的审计工作报告》反映的38个问题、112个明细事项转换为93份整改清单，发放给各区县（市）和市直有关单位，并向整改责任单位同步发出66份"审计整改督办函"。至年末，有106个整改到位，整改率94.6%；因体制机制等原因需持续落实整改的事项6个；应整改问题金额87.54亿元，已整改金额85.62亿元，问题金额整改率97.8%；各地各单位制定出台完善相关制度108个，移送处理事项3件、3人，处理处分相关责任人26人。探索构建"党委督办、人大督导、政府督查、审计督促"审计整改联动机制，审计整改工作首度被列入人大常委会审议内容。1月2日，市审计局对外发布《2018年度市本级预算执行和全市其他财政收支审计查出问题整改结果公告》，本年度共推动被审计单位公告审计整改结果42个。滨江区将审计整改纳入区级年终综合考核。富阳区审计局首次在《富阳日报》公示经济责任审计、自然资源资产责任审计和财政预算执行情况审计结果及整改情况。建德市审计局依托当地党政网平台开展审计整改事项和移动事项信息化管理，于7月正式上线使用。

【审计内部管理】2020年3月和8月分别召开市委审计委员会第三次、第四次会议。7月，市审计局与市委巡察办联合印发《关于进一步加强市委巡察机构和审计机关巡审联动的操作办法》，推进杭州市巡审联动工作，与巡察部门对12个单位的审计情况进行反馈。6月，《优化审计项目审理工作流程若干意见（试行）》出台，拟定审理工作指引，落实审计质量分级控制责任，构建"全程控制，全员管理"的审计质量管理体系。7月，拱墅区审计局与区纪委、监委联合出台《进一步完善协作配合的实施意见》。（张静婷）

责任编辑　秦文蔚

西湖风景名胜

综述

【西湖风景名胜布局与特点】杭州之美,美在西湖。以西湖为中心的西湖风景名胜区总面积约60平方千米,其中西湖水面面积6.38平方千米,由杭州西湖风景名胜区管委会统一规划、保护、管理,是国务院首批公布的国家重点风景名胜区,也是全国首批十大文明风景旅游区和国家AAAAA级旅游景区,素有"东方文化名湖"之誉。

地理区位优越,城景交融相得益彰。西湖风景名胜区位于杭州市中心,中涵秀丽的西湖,东临市中心城区,南、西、北三面海拔不超过400米的内外两圈群山环绕,内圈有飞来峰、南高峰、玉皇山、凤凰山、吴山、葛岭、宝石山等,外圈有北高峰、天马山、天竺山、五云山等,呈现出"三面云山一面城"的空间格局。村景交融。杭州西湖风景名胜区管委会下辖受委托管理的西湖街道,有9个行政村、6个社区、3个经济合作社,常住人口6300户,约3万人。

自然景观精致,湖光山色如诗如画。西湖湖中被孤山、白堤、苏堤、杨公堤分隔,按面积大小分别为外西湖、西里湖、北里湖、小南湖及岳湖等五片水面,其中外西湖面积最大。西湖正常水位水面面积6.38平方千米,平均水深2.27米,库容量约1450万立方米。2020年,西湖全年引水1.21亿立方米、配水1.36亿立方米,湖心年均透明度88厘米,水质达到地表Ⅲ类标准。环湖四周,绿荫环抱,山色葱茏,画桥烟柳,云树笼纱,名胜众多。有三秋桂子、六桥烟柳、九里云松、十里荷花等100多处各具特色的公园景点,其中,苏堤春晓、曲院风荷、平湖秋月、断桥残雪、柳浪闻莺、花港观鱼、雷峰夕照、双峰插云、南屏晚钟、三潭印月"西湖十景";云栖竹径、满陇桂雨、虎跑梦泉、龙井问茶、九溪烟树、吴山天风、阮墩环碧、黄龙吐翠、玉皇飞云、宝石流霞"新西湖十景";灵隐禅踪、六和听涛、岳墓栖霞、湖滨晴雨、钱祠表忠、万松书缘、杨堤景行、三台云水、梅坞春早、北街梦寻"三评西湖十景"最为著名。

历史文化厚重,人文景观浑然相融。西湖在近千年的自然与人文历史的演变过程中,融汇和汲取中国传统的佛教文化、儒家文化、道教文化。西湖周边文物荟萃,古迹遍布,拥有国家级重点文物保护单位16处、省级24处、市级51处,还有20多座博物馆(纪念馆),湖山胜景与丰富文化遗迹交相辉映,自然、人文、历史、艺术融为一体,是中国著名的历史文化游览胜地。三潭印月、虎跑公园被评为"2020年度浙江省优质综合公园",三台山路被评为"2020年度浙江省绿化美化示范路",孤山路被评为"2020年浙江省街容示范街"。

2020年,面对新冠肺炎疫情,杭州西湖风景名胜区管委会率先关闭景点、博物馆,取消新春佛教文化旅游等大型活动。动员基层工作者1.36万人次、志愿者2.44万人次,实施开放式景区和9个村6个社区的疫情防控,实现确诊病例和疑似病例"双零"。景区全年接待中外游客1463万人次,比上年下降48%,其中:收费公园接待917万人次,下降48%;实现门票收入1.7亿元,下降52%。完成国内外重要接待任务,全年接待国内外考察团146批次。全年财政总收入13.66亿元,比上年减少2.61亿元,下降16%。其中,一般公共预算收入6.95亿元,减少1.47万元,下降17.5%。

【西湖景区企业复工复产】2020年,杭州西湖风景名胜区管委会在抓牢新冠肺炎疫情防控工作基础上,有序推动景区企业复工复产。上线"龙井茶工在线服务系统",录入茶工9131人、茶农茶企3066户,实现茶工出入全流程在线管理。推动"1+12+X"(在市委、市政府助企"1+12"政策基础上出台风景名胜区扶持意见)惠企政策落地,兑付各类政策补贴8005.27万元,惠及企业1608个。减免2000个参保单位社保费1.2亿元,人力资源和社会保障部到杭州楼外楼菜馆采访报道西湖景区联审联助企业社保费"减免缓"政策落地的做法和成效。通过线上交流平台,推行"不见面招聘"服务,为289个辖区企业免费发布岗位3303个。审核小微企业和个体工商户纾困直补单位858个。

【西湖景区旅游复苏】2020年,杭州西湖风景名胜区依托"健康码"大数据,首次推出景点(场馆)实名预约系统，首试的太子湾免费公园日预约量峰值接近1万人次，16处收费景点首日预约量共1.61万人次，2个先行开放的博物馆首日预约量456人，并呈现逐日增长态势。做好服务保障，引领旅游服务网点有序开放，景区停车场白天基本饱和，游船及观光电瓶车日接待量近4000人次。依托刷机核验身份、红外云台测温、环湖5G加持等数字赋能，实行分时间隔准入、科学安排游线、"一客一消"等举措，预防在先、精密智控，营造安全放心的旅游环境。

【西湖西溪一体化保护提升】 2020年6月24日，市委、市政府宣布启动西湖西溪一体化保护提升工程，西湖风景名胜区与西溪国家湿地公园实行统一管理，杭州西湖风景名胜区管委会受委托承担杭州西溪国家湿地公园管理委员会及湿地公园管理机构的职权，并挂"杭州西溪国家湿地公园管理委员会"牌子，履行杭州西溪国家湿地公园保护、管理、研究和合理利用等各项职能。至年末，西湖西溪一体化保护提升工程取得阶段性进展，实现一个湿地公园、一个机构协调、一个政策管理、一个标准保护、一个公司运营的"五个一"目标。

杭州西湖风景名胜区管委会坚持保护第一、生态优先，提升西溪湿地生态环境。加强生物多样性保护，推动"双西"生态大数据库建设，设立38个研究课题，开展湿地植物园水生植物普查和湿地动物多样性现状调查，调查记录植物种类约400种、鸟类约40种。强化水生态治理，完成《杭州西溪国家湿地公园保护管理条例》修订，启动《杭州西湖风景名胜区保护管理条例》修订。对西溪湿地部分水域和典型水体进行现场勘查和水质监测。优化生态管理，设立西溪湿地生态文化研究中心，汇聚西湖水生态研究、动植物保护等领域的专业力量，开展湿地生态系统科学研究和功能研究。运用卫星遥感、无人机（船）等技术，对湿地实行动态监测，确保生态问题及时发现处理。集中力量开展福寿螺、一枝黄花等外来物种专项整治，制定外来物种清理工作长效管理机制。

▶资料："五个一"目标

1. 打造"一个湿地公园"，打通并改造军民港桥，西溪湿地东西区贯通，实现一张票通游、一艘船通航、一条路线通行、一辆电瓶车通达"四通"；2. 实现"一个机构协调"，西湖风景名胜区管委会相关机构同步延伸进驻湿地，实现一体化办公；3. 做到"一个政策管理"，设立过渡期，西溪国家湿地公园原有人、财等方面的政策逐步与杭州西湖风景名胜区管委会接轨，完成湿地公园管理人员1000多人的平稳转隶；4. 落实"一个标准保护"，起草《杭州西溪国家湿地公园保护管理条例（修订草案）》，编制西溪湿地总体规划；5. 开启"一个公司运营"，成立注册资本100亿元的杭州西湖西溪旅游建设管理集团，完善现代企业管理制度，将西湖西溪优质资源加快转化为优质资产。西湖西溪正式迈入"双西合璧，精彩蝶变"时代。

孤山 （孙小明 摄）

【西溪文化挖掘】 2020年，杭州西湖风景名胜区管委会做好西溪文化的传承创新。挖掘"水浒"等西溪传统文化内涵，完成杭州西溪水浒文化展示馆（钱塘施耐庵故居）修缮展陈工作。优化"西溪学"研究机制，打造中国湿地博物馆、研究院、丛书编撰、研究会、人才培养等"五位一体"西溪研究模式。挖掘西溪北派越剧文化、两浙词人文化、水浒文化、帝王文化、民俗文化等独具魅力的文化内涵。组织专家编纂出版《西溪全书》《钱塘西溪——〈水浒传〉的孕育之地》《杭州与水浒》《西溪与水浒》等书籍，形成一批西溪历史文化考证资料和调研报告。推进文物保护修缮工作，实施故居建筑修缮工程和故居内文化陈设改造提升工程。加强西溪民俗文化保护传承，恢复秋雪庵、西溪草堂、两浙词人祠等45处自然和人文景观；评选产生"三堤十景"，挖掘陈聚兴染坊、西溪小花篮、西溪豆腐坊等特色"七店八铺"；建成深潭口、三深村、五常民俗文化村、湿地大众休憩村等民俗文化旅游村，展示西溪湿地民俗风情。组建西溪湿地非物质文化遗产工作专班，发扬西溪特色非物质文化遗产，蒋村龙舟胜会、越窑青瓷烧制技艺入选国家级非物质文化遗产代表性项目名录；西溪花朝节、西溪船拳、西溪小花篮编织技艺入选浙江省非物质文化遗产代表性项目名录。开设线上、线下文创旗舰店，运用西溪元素，上线84款文创产品，展现西溪自然之美、人文之美。

【西湖西溪六大文化项目发布】 2020年10月29日，西湖西溪景区宋韵留芳、爱情诗路、苏风流韵、北街梦寻、忠义传奇、金石魅力六大文化项目发布。其中宋韵留芳以实施南宋皇城遗址综保工程为核心，重点实施德寿宫遗址（含南宋博物院一期）、圣果寺遗址、太庙遗址三大遗址保护展示工程；加强南宋历史文化研究、非物质文化遗产传承利用、文旅深度融合等，为南宋皇城遗址申报世界遗产奠定基础。爱情诗路围绕“梁祝十八相送之路”、万松书院、长桥公园等“一线两点”，整合西湖西溪爱情文化元素，营造底蕴深厚、富有浪漫气息的爱情文化展示、体验空间。苏风流韵以实施西湖苏堤、苏东坡纪念馆整治提升工程为重点，凸显“苏堤春晓”景观特色和东坡文化内涵，整合苏东坡在杭史迹，做强主题展陈活动，做优“苏东坡传说”国家级非物质文化遗产项目传承利用。北街梦寻以编制新一轮《北山街历史文化街区保护规划》为引领，实施宝石山综合提升、摩崖石刻保护、葛岭路等道路及环境提升工程，将北山街历史文化街区打造成杭州文化遗产保存序列最完整、环境最优美、最具文化活力的区域之一。忠义传奇以西溪钱塘施耐庵故居为核心，深化西湖西溪水浒文化研究，串联水浒文化史迹，推出专题游线、主题展览、文创产品、非遗展演等项目。金石魅力以实施西泠印社孤山保护提升工程为带动，提升孤山环境景观、修缮文物古迹、优化文化展示；加深印学文化研究，组织主题研讨、展览及活动，扩大海内外交流与合作，全方位恢复印社清幽古雅环境特色。

【西湖景区经济动能释放】2020年，杭州西湖风景名胜区管委会推动成立“湖畔办”，与浙商总会、省级异地商会联盟、杭州银行、浩鲸云计算科技股份有限公司、内蒙古蒙草集团有限公司等签订战略合作协议，推动浙商总会总部落户景区，打造全新政商服务平台。统筹布局西湖西溪夜梦湖滨曲、夜话爱情路等“夜经济”，推出多种夜游消费场景，首次与社会单位、民营企业合作举办中秋拜月活动，景区“夜经济”活力持续增强。推出“西湖冠名直播游船”新经营模式，巩固“醉西湖”等传统IP，培育“网红棒冰”等新IP。

【“杭州西湖日”设立】2020年6月19日，杭州市十三届人大常委会第二十八次会议决定自2020年起将6月24日设立为“杭州西湖日”。6月24日，杭州西湖风景名胜区管委会举办首个“杭州西湖日”系列惠民活动，以“爱我美丽西湖，守护精神家园”为主题推出系列活动，所属收费公园全部预约免费开放。

（杭州西湖风景名胜区管委会）

西湖文化景观保护

【西湖景区全域提升工程】2020年，杭州西湖风景名胜区管委会启动迎亚运全域提升工程三年攻坚行动。行动以“天空更蓝、湖水更碧、风景更美、名胜更优、文化更兴、设施更好、交通更畅、乡村更靓、服务更佳、安全更实”为目标，包括实施南宋皇城遗址综合保护、西湖南线世界爱情文化公园建设、宝石山区域及北山街历史街区综合提升、双峰插云景观恢复、环境景观提升、景中村整治、基础设施提升、文化展陈提升、绿化美化彩化推进、全域智能设施提升十大工程和“十四五”项目储备计划等内容，致力打造一批精品景点、精品区块和美丽乡村集群，全方位提升景区全域的基础配套、公共服务、旅游品质和社会治理水平，展示景区园林景观特色和历史文化底蕴。

至年末，南高峰周边环境整治、钱王祠整修、乾龙路提升改造等39个项目完工。西湖规模化高效降氮示范工程、湿地新开河疏浚工程、五云山真际院整治工程及环境提升工程等35个项目在建。杭州城西休闲公园地下停车库及配套服务用房建设、苏东坡文化公园建设等16个项目完成前期工作。

【《吴山揽胜》出版】2020年1月，杭州西湖风景名胜区管委会推出《吴山揽胜》一书。《吴山揽胜》从便于游人步行观赏沿线自然景观、领悟人文内涵的角度对吴山进行推介，梳理出游走吴山的9条线路，对吴山上散布的历史遗迹、文化景点和古树名木等进行“串珠成链”式的介绍，市民游客可据此游赏。

【钱王祠保养性修缮】2020年3—10月，杭州西湖风景名胜区管委会对钱王祠建筑群进行全面保养性修缮。修缮以“不改变原状”和“最少干预”为原则，采用传统材料、工艺和做法，开展木结构建筑修缮、油饰保护与修缮、室外地面铺装整修、绿化调整梳理、楹联匾额翻新等工作。

【飞来峰景区设施保养性维护】2020年4—9月，西湖风景名胜区管委会对飞来峰景区设施进行保养性维护。工程主要包括完成1000多平方米的建筑屋面翻修、1600多米的钢栏杆油漆、700多平方米的建筑木构件油漆、110多米的木栏杆制作安装等内容，进一步提升飞来峰景区游览环境。

【国有文物文化资产调查】2020年4月，杭州西湖风景名胜区管委会开展国有文物文化资产复查工作。复查以2019年国有文物文化资产调查数据为基础，对之前核查的资产进行复核，对新增资产进行上报，确保所有国有文物文化资产保存状况良好。复查结果显示，杭州西湖风景名胜区管委会各级行政事业单位（不含专业博物馆纪念馆）、国有企业和国有控股企业等各类国有单位累计有4043件（套）文物文化资产，新增193件（套）文物文化资产。

【云居山、瑞石山区域导览系统提升】2020年4月20日，杭州西湖风景名胜区管委会吴山景区云居山、瑞石山区域导览系统提升完成。云居山、瑞石山位于吴山景区西南部，摩崖题刻资源丰富，有石佛院造像等文物保护单位。提升工程对云居山、瑞石山区域的支路、小路进行全面梳理排查，并新增分布在山林小路岔口处的16杆指路牌，方便市民游客游览，展现吴山西南部的历史文化。

【五云山基础设施提升】2020年6月，杭州西湖风景名胜区管委会启动五云山基础设施提升工程，工程计划2021年1月末完成。五云山海拔334米，山顶已有建筑均为2000年建造，基础配套设施简陋且无水电设施，仅靠山顶水井和蓄水池维持供水。提升工程计划从云栖景区引水电上五云山，满足游览及使用需求。

【九溪理安寺区块提升完善】2020年6—10月，九溪理安寺区块提升完善工程开工建设。九溪理安寺，古称

曲院风荷 （孙小明 摄）

"涌泉禅院"，五代时高僧伏虎志逢禅师曾栖居于此地，吴越王为之建寺。清代，达到全盛时期，寺庙重建，规模庞大。至抗日战争时期，寺院渐毁，后经改造重修后供游客游览休憩。因区块地理环境潮湿，出现内建筑墙面涂料剥落、建筑木构件破损等现象。提升完善工程主要包括建筑修缮、水电基础设施改造、景观水系及景观小品的调整，对设施陈旧、空间布局不合理等问题进行全方位提升。

【"平安六和"主题公园开放】2020年7月，位于六和塔文化公园内的"平安六和"主题公园正式开放，成为展示杭州市域社会治理现代化"六和塔"工作体系的重要窗口。公园通过"一碑一牌""一展陈""一中心""一游线"，方便市民游客回望"六和"渊源、系统了解平安杭州建设工作。公园建成后推出定制版体验"平安六和"之旅，接待参观人员93批近3000人次，获评2020年杭州市最具品质体验点。

【宝石山摩崖石刻保护】2020年7月，宝石山摩崖石刻保护工程开工。工程包括宝石山范围内约128块有价值的摩崖石刻及碑刻等石质文物本体保护、价值研究和展示；通过三维数字化信息采集及数字化拓片、传统拓片、照片影像摄制完成系统化数据库，并编制用于22块说明牌展示内容的脚本等。

【李叔同纪念馆提升完善】2020年11月，李叔同纪念馆提升完善项目通过竣工验收。项目分建筑维修、文化陈设、弘一舍利塔保养维护三部分。内容展陈上将李叔同弘一法师传奇一生中与杭州、虎跑有关的内容作为重点，讲述李叔同在杭州任教、在虎跑断食出家、在杭州多座寺院驻扎的经历。硬件提升上通过LED曲面屏幕、多媒体钢琴互动、互动投影等方式，展现李叔同的艺术造诣和精神追求。

【章太炎纪念馆固定陈设提升】2020年，杭州西湖风景名胜区管委会完成章太炎纪念馆固定陈设提升。通过更新说明牌、优化展品解读说明、丰富展陈内容等形式，融合收藏、研究、展示、宣教等功能，将文物研究成果转化为展陈内容，讲好"藏品故事"，诠释章太炎作为一个"有学问的革命家"的一生。

【新优特植物产学研用】2020年，杭州西湖风景名胜区管委会结合杭州2022年第19届亚运会苗木储备建设，加大加快新优特园林植物的引种、创新及应用。完成晨霞、桃花、粉霞3个石蒜新优品种选育和13万余枚石蒜种球的定植，以及20个杜鹃新优品种的扦插、嫁接，扩繁1500株，引种扦插扩繁荚蒾新品种38种、1500多株。

（杭州西湖风景名胜区管委会）

景区综合管理

【西湖龙井茶保护管理】2020年，杭州西湖风景名胜区管委会辖区西湖龙井春茶总产量105吨，总产值1.49亿元，比上年增长1.8%；重点茶业企业电商销售超过1.1亿元，增长20%。完成《西湖龙井茶产业传承与发展规划》编制，出台西湖龙井茶种质资源保护等10多项政策。做好西湖龙井茶病虫害统防统治，完成西湖龙井茶农产品质量检测120批次，合格率100%。推动茶地经营权流转，探索"茶地+当地茶企+中茶博+茶研所+社会茶企+国企"的西湖龙井茶产业全链条合作模式，推动形成政府主导、国有企业为主体、民营企业为补充、村民参与的茶产业运作机制，6个国有企业、民营企业与茶村、茶农达成土地流转和订单意向，面积48.27公顷。做好西湖龙井茶手工炒制技艺传承，推动美丽茶园建设，恢复"宋代斗茶"活动，首次对外来炒茶人员实行考核评级，新增5名西湖龙井茶制作技艺传承人。

【西湖景区秩序管理】2020年，杭州西湖风景名胜区管委会旅游秩序整治专班实现实体化、常态化运作。初步建立指挥值班体系，设立管委会总值班室及"钉钉"值班号，汇总景区值班信息，抽查24小时值班电话与人员轮值，制订紧急信息报送时间节点、程序、等级。做好假日线上调度，以"钉钉"视频会议为载体，在中秋节和国庆节假期架设"一总四分"联协互通网，通过视频监控、对讲系统、业务平台、热线电话收集信息，落实传输指令。全年开展各类联动执法78次，简易程序查处"野导"95名、"黑车"25辆、出租车违规营运350辆、购物商家41个、无证兜售人员74名个；查处机动车占道违章停车2661起、偷钓304起、手划船违规经营6起，处罚擅自游泳18起。

【西湖景区拆违治乱】2020年，杭州西湖风景名胜区管委会以项目带动，推动拆违治乱工作。外迁34户、建筑面积2630.5平方米;核查违法占用耕地10宗,利用数字技术发现景区建(构)筑物新遥感图斑569处,处置283处、建筑面积4.1万平方米,处置翁家山3户和翁家山村北1号历史违建,推动景区整体面貌提升。

【西湖景区水生态保护】2020年,杭州西湖风景名胜区管委会深化水生态保护与治理。完成西湖引水玉皇山预处理系统提升完善工程,解决引水泥沙回排技术难题。启动西湖规模化高效降氮示范工程,进一步削减西湖入湖营养负荷、提升西湖水环境质量,预计亚运会前投产,届时年削减入湖总氮量约18吨,平均降氮率升至40%以上,促使水质再提升。对西湖及流域37个点位、23个水质指标开展科学采样监测,完成西湖及其流域常规监测及巡查94次,获得各类水质数据1.01万个,提交数据报表和水情报告249份。健全突发污染应急监测和跟踪评估常态化体系,以科学数据分析推动精准治水。注重生物多样性保护,通过景区生物多样性保护研讨会及"保护西湖生态,共护西湖生灵""保护生物多样性·共建西湖生命共同体"等活动,构建公众参与生物多样性保护新模式。

【西湖景区以数字化建设提升服务水平】2020年,杭州西湖风景名胜区管委会积极推进"最多跑一次"改革,向景区九大公共场所服务大提升延伸,全面打造"数字第一景",推动"一体化、舒心行、无忧游、放心购、最暖心"五大类37项改革,以及"吃、住、行、游、购、娱"旅游全要素全链条提质增效。升级数智应用平台,完成云数据中心建设,建成西湖西溪一体化管控平台,实现数据资源共享及动态监控。拓展数智场景应用,完成景区票务系统与"健康码"融合,推行"预约入园""掌上西湖西溪"App预约管理系统,实现景点、场馆全覆盖;升级"西湖西溪一键智慧游"功能,在平湖秋月、岳庙等景点试用"AR线上游",首次实现沉浸式虚实融合导览旅游新体验;完成景区全域航空监测及影像图制作,景区违章建筑、毁林种茶等10多种破坏生态行为实现动态监测、精准识别;西湖重点水生态影响指标实现数字化、智能化监管。在景区推行"无杆停车",自动识别进入景区的车辆、计费、数据交互,支持便捷泊车(先离场后付费系统)、ETC、移动支付等方式缴费,景区国有公共停车场全部实现无杆停车。"凤凰岗"智慧导览系统投入使用,系统设有景点导览、交通出行、旅游指南、经典线路、"凤凰岗"简介等,游客可通过音频、视频、图片、文字等方式实时了解景区最新动态。景区电子门票普及率不断提高,纸质门票逐步取消。开展西湖西溪一体化改革,双西景区"三环三线"线路基本形成,实现"一块大屏管双西,一部手机游双西"。西溪湿地入选2020年杭州市改革创新最佳案例和浙江省公共场所服务大提升11—12月亮点项目。

【西湖景区"厕所革命"推进】2020年,杭州西湖风景名胜区管委会推进"厕所革命",加快之江路公厕、杨梅岭新村公厕、茅家埠公厕等提升改造。毗邻六和塔文化公园的之江路公厕面积小,厕位少,设施老旧,重点调整内部结构,增加有效面积和爱心驿站。杨梅岭新村公厕位于九溪十八涧景区,重点调整男女厕位比,提高智慧化水平,增加"第三卫生间",并设置游客洗脚区域。茅家埠公厕地处小学门口,来往市民游客较多,更新陈旧设施,增加"第三卫生间",设置爱心驿站。北高峰北游步道终点的北高峰生态公厕是西湖景区首座装配式生态智能公厕。公厕面积约80平方米,墙体采用纤维板和聚氨酯发泡一体板,使用感应+新风系统+自动式一体水箱,设有电子显示屏,实时显示使用状态、氨气指数。

【杭州院士路落户植物园】2020年10月27日,"杭州院士家乡行"杭州院士路落成典礼在杭州植物园举行。杭州院士路坐落于杭州植物园内,是一条以中国两院院士和科学家代表为主题的道路。在百米长的院士路两边栽种寓意幸福无忧的无患子树,沿线设置20个杭州院士铜质立座。

【"放心消费"行动】2020年,杭州西湖风景名胜区管委会开展"放心消费"行动。推动"无忧双西"工程提质升级,运用"互联网+"思维,智慧赋能,将放心消费融入"数字西湖""掌上西湖"建设;布局"信息全覆盖、投诉高效处、导航一键达"三大功能,搭建"无忧双西"智慧监管平台,实现经营者证照可视、检查信息可查、一键投诉可用、示范店地图可览等功能。开展旅游市场专项整治,全年出动执法人次496人次,检查经营户248个。突出对重点商圈和景区特色商品的监督检查力度,加强对商家亮证经营、落实无理由退货制

2020年10月27日,"杭州院士家乡行"杭州院士路落成典礼在杭州植物园举行

(西湖风景名胜区 供稿)

度、索证索票、明码标价等行为监管。全年受理消费投诉1615件，为消费者挽回经济损失24.66万元。

【大师工作室培育】2020年12月，杭州西湖风景名胜区冯永平温室植物栽培应用技能大师工作室、方生元行道树养护大师工作室、孙小明摄影技能大师工作室获评市级大师工作室。杭州西湖风景名胜区管委会累计推荐认定32个大师工作室、1个大师工作站，其中省级工作室2个、市级工作室13个、区级工作室28个，涵盖园林绿化、动物养育、夜景灯光、茶艺表演、茶叶炒制、烹饪技能、机械维养等10个工种28个项目。

【西湖景区应急管理】2020年，杭州西湖风景名胜区管委会健全应急管理体系，从制度机制、基础建设、科技支撑、应急保障等方面着手，推进管委会、街道（公园管理处）、村社（景点）三级应急管理体系建设，推进景区特色的应急管理体系和制度机制建设。依托原有消防救援、水上救援、森林防灭火及各单位防汛救灾队伍，建立景区“3+8+N”（建立消防综合救援、西湖水域救援、森林消防救援3支专业队伍，8支森林防灭火半专业救援队伍，若干支防汛防台及突发事件应急救援队伍）应急救援力量体系，加强与民间救援队伍合作共建，推动救援直升机项目落地景区，提升各类灾害事故救援能力。

【西湖景区防汛防灾防火】2020年，杭州西湖风景名胜区管委会做好防汛、防灾、防火工作。出动应急队伍58支、救援人员1300多人次、机械装备65台（次），支撑树木、清理积水、雨水箅子等隐患2000多处，完成2处避灾安置点可视化提升，最大限度降低超长汛期和“黑格比”台风等灾害损失。针对新安江水库9孔最大流量泄洪，在之江路九溪段建立“1+1+4”（1个领导小组、1个指挥中心，以及断桥、灵隐、九溪、西溪4个现场指挥部）安全指挥保障体系，确保景区安全度汛。森林防灭火方面，实现连续33个防火期未发生重大火灾目标，做到制度建设、火源管控、基础设施、教育宣传和应急保障“五个更加完善”，并采取“不打招呼，不设预案，应急响应”形式，两次组织全区8支森林防灭火队伍进行森林火灾扑救实战演练，不断提升组织指挥、专业扑救和应急处置能力水平。

【会所整治】2020年，杭州西湖风景名胜区管委会做好会所整治“回头看”工作。实施分片包干、分组检查、全面摸排、清单监管、问题销号等机制，明察暗访单位、场所3469个（次），发现问题76条，及时整改率达100%。

【西湖景区交通治理】2020年，杭州西湖风景名胜区管委会实施系统治堵。通过整合提升停车资源、优化交通智慧诱导布局、实行公交及观光电瓶车接驳等综合施策，破解龙井村、九溪景区两大交通堵点，交通秩序得到改善。建立“城市大脑”景区平台智慧交通模块，增设道路监控拍摄、交通信息显示屏等配套设施，启用扫码支付、ETC收费等功能，依托高德地图实现进、行、出景区实时诱导、精准分流、快速通行。倡导绿色出行，优化旅游旺季交通组织，推动景区外围旅游集散中心建设和地铁10号线景区布点。

【西湖西溪景区“三环三线”线路网络优化】2020年，杭州西湖风景名胜区管委会联合杭州公交集团打造西湖西溪景区“三环三线”景区交通一体化格局。“三环”指507H、508H、509H三条线路，其中：507H路为西湖内环线，顺时针绕西湖一圈；508H路为西湖外环线，主要串联西湖外围的龙井、灵隐、天竺、梅家坞、云栖、九溪六大景区；509H路为西溪湿地环线，连接周家村、龙舌嘴、洪园、文二西路、西溪天堂等多个西溪入口。12月24日起，277路、278路、279H路“三线”陆续开通，便于市民游客在西湖景区与西溪景区之间往来。

（杭州西湖风景名胜区管委会）

特色活动

【医护工作者免费游西湖活动】2020年3月8日至12月31日，杭州西湖风景名胜区管委会推出全国在职医护工作者免费坐船游湖优惠措施，致敬奋战在新冠肺炎疫情防控一线的医护工作者，免费接待医护工作者4.56万人次。对参与抗疫一线的医护人员，推出医院组团免费包船游湖活动。

【西湖龙井爱茶日宣传活动】2020年3月27日，由杭州西湖风景名胜区管委会主办，中国茶叶博物馆、西湖街道等承办的2020年西湖龙井爱茶日宣传活动在中国茶叶博物馆（双峰馆区）举行。来自西湖龙井茶“狮龙云虎梅”老字号的20多个茶企业参与斗茶比赛，杭州市茶文化研究会发出“西湖龙井茶骨干生产企业诚信、守法、廉洁经营联合倡议书”，西湖景区战疫先锋种下“爱你爱你”西湖龙井茶树。

【全民饮茶周】2020年5月15日，“喜迎国际茶日·2020杭州全民饮茶周活动”在中国茶叶博物馆龙井馆区开幕。活动由杭州西湖风景名胜区管委会、杭州市茶研会举办，旨在迎接和庆祝首个国际茶日，继续打响“杭为茶都”品牌。活动坚持全民性、公益性，线上与线下相结合，组织联动“万户家庭、百个社区、百个茶楼、千名学生、十个企业”共同参与。“全民饮茶周”通过“体验茶人的一天”“青春茶友会”以及社区派送健康茶包等子活动，助力杭州茶企复工复产。

【杭州西湖荷花展暨西湖·建德荷花联展】2020年6月12日，“同萍共振，荷力共赢”——第八届杭州西湖荷花展暨西湖·建德荷花联展开幕。展览由杭州西湖风景名胜区管委会、建德市大慈岩镇政府，联合浙江省花卉协会、杭州市风景园林学会、杭州市林学会、浙江省花卉协会荷花·水湿生植物分会等单位共同举办。荷展为“双城联展”形式，6月12日至7月2日在西湖郭庄展出荷花、睡莲等水湿生植物1000多种，6月19日至8月31日在大慈岩镇新叶村展出。

【珍稀濒危植物展】2020年6月15—30日，珍稀濒危植物展在杭州植物园举行。植物展以盆栽植物的形式集中展示约70种珍稀濒危植物，每种植物配以科普展板简介。植物展期间，同步举办珍稀濒危植物科普讲座，1.7万人次参展。

【杭州西湖诗词大赛】2020年6月8—22日，杭州西湖诗词大赛举行。大赛由杭州西湖风景名胜区管委会主办，杭州西湖博物馆总馆、"掌上西湖"App、杭州图书馆事业基金会承办，以"爱我美丽西湖，守护精神家园"为宗旨，分初赛、复赛、决赛三轮，1000多人报名参加，3位参赛者分获冠、亚、季军。

【西湖"印"记篆刻艺术展】2020年6月23日至7月1日，西湖"印"记篆刻艺术展在马一浮纪念馆举行。艺术展由杭州西湖风景名胜区管委会与西泠印社联合举办，展出31位艺术家的40件作品，近2000人次参观展览。国家级非物质文化遗产传承人黄小健创作的"西湖十景"饾版拱花木板作品成为艺术展最大亮点。

【"中意"爱情文化周】2020年8月25日至9月6日，"中意"爱情文化周活动举行。爱情文化周由杭州市政府、浙江省文化和旅游厅举办。其间，长桥公园、万松书院、西溪湿地等景点推出东西方爱情文化对话、爱情嘉年华、爱情文化交流展等系列爱情文化活动，6万余人次在线上线下直播互动。

【自然嘉年华】2020年9月5—6日，第六届自然嘉年华在杭州植物园举行。活动由杭州西湖风景名胜区管委会、阿里巴巴公益基金会、桃花源生态保护基金会联合主办，旨在让更多公众走进自然、了解自然、保护自然，推动自然教育行业发展，来自全国的50个机构、1.5万人次参展。开幕式当天，举行绿马甲文明公益行2019年度优秀绿马甲志愿者表彰大会。嘉年华设定"沉浸式情境体验"，设置50个自然体验游戏。

【"童画杭州名人"主题绘画大赛】2020年9月26日，第十一届"童画杭州名人"主题绘画大赛启动。大赛以"让文物活起来"为主题，以苏东坡为主要创作题材，收到1700多幅绘画作品。12月，大赛进行终评，205幅作品获奖。大赛期间，举办"东坡竹意画云栖竹径行"现场采风写生、"童画杭州名人"标识设计大赛、名师在线直播授课、"苏东坡故事进校园"流动展览等活动。

【纪念李叔同140周年诞辰系列活动】2020年9月29日，纪念李叔同140周年诞辰系列活动在虎跑李叔同弘一法师纪念馆开幕。纪念活动主要有李叔同弘一法师书信展、西泠印社李叔同"印藏"原印展等，重在传承李叔同"以美淑世、以学育人"的美育理想。提升后的李叔同弘一法师纪念馆重新开放。

【菊花精品展】2020年11月7—30日，"西湖秋韵"——2020年长三角地区菊花精品展在杭州植物园举行。展览由杭州市园文局、杭州西湖风景名胜区管委会联合主办，长三角城市生态园林协作联席会议成员单位等协办，以"'卫'爱同行，美丽长三角"为主题，分品种菊展示区、菊花小品区、室外环境布置区、互动交流区四大展区，展出来自长三角地区10个城市选送的500多种、近2000盆精品菊花。

【西湖学研讨会】2020年11月9日，"论说西湖——2020西湖学研讨会"在杭州举行。活动由杭州市西湖学研究会、杭州西湖风景名胜区管委会主办，围绕"西湖的可持续发展"开展文化研讨，集合国内相关领域专家智库为"西湖的可持续发展"出谋划策。研讨会当天，《论说西湖——2020西湖学研讨会论文集》发布。

【浙江省插花艺术精品展暨西湖西溪景区首届禅意插花精品展】2020年11月19—29日，"花开见佛"——2020年浙江省插花艺术精品展暨西湖西溪景区首届禅意插花精品展在杭州永福禅寺开幕。展览由浙江省风景园林学会、杭州西湖风景名胜区管委会主办。在主展区永福禅寺文景阁，展出来自杭州、宁波、温州等7个城市30多名插花师结合寺院环境创作的40多件插花作品。明末清初禅宗高僧墨迹展在文景阁同步展出。

【古树名木保护复壮学术研讨会】2020年12月3—4日，长三角地区古树名木保护复壮学术研讨会在杭州举行。研讨会由杭州西湖风景名胜区管委会、杭州市园林文物局主办，140多位园林专家出席，分享多年来从事古树名木保护的经验、做法和技术创新。

【青少年牛生肖邮票绘画大赛】2020年12月12日，2020年青少年牛生肖邮票绘画大赛决赛在韩美林艺术馆举行。大赛由杭州市文明办、杭州西湖风景名胜区管委会主办，韩美林艺术馆、中国邮政集团公司杭州市分公司、杭州青少年活动中心美术部承办，共收到5000多幅参赛作品。经初赛、复赛、决赛三轮评选，30位选手晋级现场参赛，决出一、二、三等奖。

（杭州西湖风景名胜区管委会）

责任编辑　须同威 孙晟珂

19 旅游业

综 述

【旅游经济复苏态势良好】2020年，受新冠肺炎疫情影响，杭州市接待境内外游客17573.1万人次，比上年下降15.6%。旅游总收入3335.36亿元，下降16.7%；其中，国内旅游收入3331亿元，下降15.7%。旅游休闲产业增加值999亿元，下降16.3%，占全市地区生产总值的6.2%。杭州入选首批“国家文化和旅游消费示范城市”。

【入境旅游14.3万人次】2020年，杭州市接待入境旅游14.3万人次，比上年下降87.4%。旅游外汇收入0.59亿美元，下降92%。到杭州的外国人11.36万人次，下降86.5%。其中：亚洲3.99万人次，欧洲0.77万人次，美洲0.71万人次，大洋洲0.16万人次，非洲及其他地区5.74万人次。到杭州旅游的十大客源国分别是马来西亚、印度尼西亚、美国、日本、韩国、西班牙、加拿大、澳大利亚、新加坡和德国。以上客源国的旅游人数占全年接待外国人总数的41.3%。

【出境旅游8.77万人次】2020年，杭州市旅行社组织出境旅游8.77万人次，比上年下降96.0%。出国游主要目的地依次为泰国、日本、越南、韩国、新加坡、印度尼西亚、马来西亚、缅甸、美国、澳大利亚等国家。

【文化和旅游重大项目投资】2020年，杭州市纳入文化和旅游项目库的文化旅游在建项目295个，总投资2329.6亿元，实际完成投资356.23亿元，完成年度计划的118.7%。杭州市文化和旅游投资综合评价指数列全省第一位。（市文化广电旅游局）

旅游资源

【A级旅游景区建设】至2020年年末，杭州市有A级旅游景区112个，比上年增加8个。其中：AAAAA

2020年杭州市旅游人数及旅游收入一览表

表12

地 区	总人数（万人次）	比上年（%）	总收入（亿元）	比上年（%）
全 市	17573.14	−15.6	3335.36	−16.3
主城区	4403.76	−33.97	1756.8564	−26.01
萧山区	2333.25	−7.34	334.8406	0.32
余杭区	2323.44	−8.37	284.1859	0.25
富阳区	1495.75	−19.34	153.843	−11.12
临安区	1719.40	−13.26	200.0739	−16.11
桐庐县	2049.64	−0.65	235.7921	0.38
淳安县	1928.52	2.33	232.0381	0.05
建德市	1319.38	1.01	137.7269	2.35

2020年杭州市接待入境旅游人数与旅游收入一览表

表13

地 区	人数（万人次）	比上年（%）	收入（万美元）	比上年（%）
全 市	14.3	−87.4	5902.9	−92.0
主城区	12.27	−86.98	4942.4	−92.2
萧山区	0.75	−86.4	319.6	−85.2
余杭区	0.37	−90.5	186.0	−91.9
富阳区	0.18	−77.4	115.8	−69.7
临安区	0.06	−94.0	31.9	−96.3
桐庐县	0.13	−88.6	130.5	−84.3
淳安县	0.48	−92.3	148.4	−95.5
建德市	0.06	−85.2	28.3	−87.7

2020 年杭州市接待国内旅游人数及旅游收入一览表

表 14

地　区	人数（万人次）	比上年（%）	收入（亿元）	比上年（%）
杭州市	17558.8	−15.2	3331.29	−15.7
萧山区	2333.3	−7.1	334.68	2.9
余杭区	2322.2	−7.9	283.96	1.2
富阳区	1495.5	−19.3	153.77	−11.0
临安区	1719.4	−13.3	200.06	−16.1
桐庐县	2049.5	−0.6	235.68	0.6
淳安县	1927.6	2.5	231.91	0.4
建德市	1319.3	1.1	137.68	2.4

级景区 3 个，AAAA 级景区 42 个，AAA 级景区 57 个，AA 级景区 10 个。全年杭州公园、景区（点）共接待游客 1.08 亿人次，下降 36.3%；门票收入 13.07 亿元，下降 61.3%。其中：A 级景区接待游客 8050.58 万人次，下降 36.6%；门票收入 11.03 亿元，下降 62.0%。全市纳入统计监测的公园、景区（点）营业收入 37.73 亿元，下降 26.1%。

【旅行社 926 家】至 2020 年年末，杭州市有旅行社 926 家，比上年增加 31 家。其中经营出境旅游业务的旅行社 122 家，减少 1 家。全市有星级品质旅行社 120 家，其中五星级 16 家、四星级 51 家、三星级 45 家、二星级 5 家、一星级 3 家。全市旅行社营业收入 58.58 亿元，下降 70.4%。

【星级饭店 121 家】至 2020 年年末，杭州市有星级饭店 121 家，比上年减少 2 家。其中：五星级 23 家，四星级 42 家，三星级 37 家，二星级 19 家。全市星级饭店共有客房 2.44 万间，床位 3.99 万张，平均客房出租率 40.1%，比上年下降 32.87 个百分点；平均房价 409.98 元 / 间，下降 4.5%。全市纳入统计监测的宾馆饭店营业收入 148.93 亿元，下降 10.9%。

【18 张文化和旅游“金名片”推出】2020 年，杭州市遴选并推出京杭大运河（杭州段）国家文化公园、良渚文化遗址保护利用工程、新登古城保护利用工程、梅城古城保护利用工程等 18 张文化和旅游“金名片”。省文化和旅游厅与市政府签订战略合作协议，总投资额 881 亿元。

【省“百城千镇万村”景区化工程】2020 年，杭州市推进浙江省“百城千镇万村”景区化工程，以美丽城镇建设为基础，打造文化禀赋底蕴深厚、人居环境优美和谐、休闲业态丰富多元、公共服务配套完善、综合管理保障有力的宜居、宜业、宜游的“大花园”。淳安县被评为浙江省首批 AAAAA 级景区城，桐庐县、西湖区分别被评为 AAAA 级和 AAA 级景区城。余杭区瓶窑镇、建德市寿昌镇被评为浙江省 AAAAA 级景区镇，西湖区灵隐街道等 18 个镇（乡、街道）被评为 AAAA 级景区镇，西湖区北山街道等 14 个镇（乡、街道）被评为 AAA 级景区镇。全市共创建浙江省 A 级景区村庄 317 个，其中 AAA 级景区村庄 59 个。

【全域旅游示范县创建】2020 年，桐庐县成功创建第二批国家级全域旅游示范县，西湖区、临安区成功创建浙江省全域旅游示范区。至年末，桐庐县、淳安县、余杭区、建德市、西湖区、临安区 6 个区县（市）成为省级以上全域旅游示范县。塘栖镇、姜家镇，河上镇、龙门镇、乾潭镇，湍口镇、径山镇、富春江镇、梅城镇，楼塔镇、鸬鸟镇、河桥镇、莪山乡等 13 个乡（镇、街道）成功创建省级旅游风情小镇。

【“文旅赋能乡村 6+X”计划推出】2020 年，市文化广电旅游局创新推出“文旅赋能乡村 6+X”计划，为乡村景区引进投资运营主体，引导旅行社通过聚焦乡村旅游、与乡镇（街道）村落景区“一对一”战略签约，实现转型发展。7 月 27 日，首批 10 个乡村旅游项目合作签约仪式举行，42 个文化旅游相关企业与 38 个乡村旅游项目单位达成合作意向。

【红色旅游发展】2020 年，杭州市重点推进建德市千鹤妇女纪念馆、淳安县大下姜、萧山区衙前农民运动史迹群、桐庐新合乡革命老区等红色景区规划和整体提升，引导红色教育基地标准化建设。建德市千鹤妇女纪念馆成功创建浙江省红色旅游教育基地。下姜村红色旅游带动乡村经济发展的案例入选国家发展和改革委员会 2019 年度全国红色旅游发展典型案例。全市推出 10 条红色教育主题旅游线路。建德婺剧团推出反映建德妇女精神的红色主题作品《千鹤女人》。

【千岛湖旅游度假区获评国家级旅游度假区】2020 年 12 月，文化和旅游部正式批复 2020 年新认定的 15 个国家级旅游度假区，其中淳安县千岛湖旅游度假区入选。该旅游度假区初步形成“一心、两轴、三区”的旅游度假产业格局。“一心”是指综合接待服务中心，“两轴”是淳杨线、千汾线两条景观公路，“三区”是排岭半岛山水文化度假区、进贤湾温泉养生休闲区、界首康体运动体验区。

【市级“百县千碗”工程推进】2020 年，杭州市评选认定市级“百县千碗”美食示范店 22 个、体验店 29 个、特色美食旗舰店 25 个，获评省级特色美食体验店 47 个。10 月 15—16 日，市文化广电旅游局联合市餐饮旅店行业协会在杭州电视台生活频道、淘宝网、口碑网等平台，开展“诗画浙江·百万千碗”专场美食直播，总时长 5 个小时，观看人数 10 万余人，共带动商户套餐销售近 11 万元。12 月 15 日，2020 年杭州文旅消费品牌推广暨“百县千碗”美味杭州体验活动举行。其间，“百县千碗”美食展示体验和文旅示范点企业展示促销活动开展，并面向市民游客发放价值超过 10 万元的消费券。

【省中医药文化养生旅游示范基地评定】2020 年，通过企业及有关单位申报，市文化广电旅游局联合市卫

2020 年 AAAA 级以上景区（景点）接待人数及门票收入一览表

表 15

景区（景点）名称	星级	旅游人数（万人次）	比上年（%）	门票收入(万元)	比上年（%）
杭州西湖风景区	AAAAA	1463.77	-47.86	16794.24	-52.07
淳安千岛湖风景名胜区	AAAAA	511.0	-45.24	12269.46	-64.06
西溪国家湿地公园	AAAAA	495.88	-14.14	3413.98	-46.47
杭州市清河坊历史街区	AAAA	1473.92	-30.43	—	—
萧山湘湖景区	AAAA	268.42	10.28	—	—
杭州宋城旅游景区	AAAA	267.04	-78.48	23200.80	-78.01
杭州雷峰塔景区	AAAA	196.67	-60.16	7173.77	-59.26
桐庐江南古村落	AAAA	174.81	-1.77	—	—
杭州乐园有限公司	AAAA	172.33	-53.12	10655.61	-46.28
航空小镇	AAAA	152.31	15.03	3098.26	6.29
余杭塘栖古镇（水北街）	AAAA	113.78	-50.77	—	—
下姜景区	AAAA	68.74	4.78	—	—
杭州野生动物世界	AAAA	65.19	-59.86	8991.37	-35.23
杭州余杭超山风景名胜区	AAAA	60.19	-65.80	120.70	-83.34
余杭梦想小镇	AAAA	56.30	-43.51	—	—
良渚博物院	AAAA	54.77	-57.78	—	—
玉皇山南基金小镇	AAAA	45.70	-10.19	—	—
杭州长乔极地海洋公园	AAAA	33.16	-62.84	7214.0263	-60.90
天目月乡示范型村落景区	AAAA	32.0	—	—	—
桐庐垂云通天河景区	AAAA	31.92	-39.41	1620.89	-44.32
皋亭山景区	AAAA	30.74	-49.43	—	—
瑶琳仙境景区	AAAA	26.98	-61.35	1736.95	-67.81
杭州龙门古镇	AAAA	26.78	-67.57	407.52	-50.80
富阳富春桃源风景区	AAAA	26.48	-53.29	363.75	-61.92
临安太湖源景区	AAAA	20.56	-37.58	602.04	-47.85
临安大明山景区	AAAA	20.28	-55.71	1196.59	-52.87
大慈岩景区	AAAA	14.96	-45.28	411.60	-60.67
千岛湖乐水小镇·文渊狮城	AAAA	14.92	-48.63	180.28	-2.27
杭州山沟沟景区	AAAA	14.78	19.40	975.43	-33.11
灵栖洞景区	AAAA	13.23	-51.80	405.35	-45.94
杭州东方文化园	AAAA	12.62	-69.00	151.60	-85.29
浙江富春江小三峡景区	AAAA	12.0	-45.88	743.69	-55.90
余杭双溪竹海漂流景区	AAAA	11.98	-44.21	1343.79	-26.27
浙江旅游职业学院	AAAA	11.55	-78.15	—	—
富阳黄公望隐居地景区	AAAA	9.54	—	14.01	—
桐庐天子地生态风景旅游区	AAAA	9.26	-26.97	101.16	-77.06
浙江天目山景区	AAAA	7.98	-60.32	471.38	-56.59
建德七里扬帆景区	AAAA	6.77	-37.57	130.95	-41.00
淳安县千岛湖石林景区	AAAA	4.54	40.08	217.89	18.33
桐庐浪石金滩风景区	AAAA	3.70	-61.89	80.33	-65.64
临安东天目山景区	AAAA	3.28	-73.73	215.99	-52.51
浙西大峡谷景区	AAAA	0.47	-98.24	1.83	-99.71
杭州柳溪江景区	AAAA	0.00	-100.00	0.00	-100.00

说明：门票收入标示“—”的为不收费景区

生健康委、市农业农村局进行审核，经省专家组验收评定，中国千岛湖医药博物馆（淳安县）、杭州九仙生物科技有限公司（建德市）两个单位被认定为浙江省中医药文化养生旅游示范基地。

【特色休闲示范点品质等级评定】 2020年，市文化广电旅游局推进特色休闲示范点品质等级评定。经企业申报、特色潜力相关行业协会及区县（市）初审，杭州市特色休闲示范点品质等级评定委员会审核，评定工作领导小组核准认定，朱炳仁铜雕艺术博物馆等14个单位为“最佳特色休闲示范点”，吴越人家等20个单位为“优秀特色休闲示范点”，“佳藕天成生活馆”等100个单位为杭州文旅消费特色示范点。

【国家级、省级文化产业示范园区（基地）】 2020年12月29日，杭州白马湖生态创意城被文化和旅游部正式命名为“国家级文化产业示范园区”。12月25日，杭州网易云音乐科技有限公司、杭州瑞德设计股份有限公司、杭州水秀文化集团有限公司、匠铜实业（杭州）有限公司、杭州最忆文化发展有限公司被认定为2020年浙江省文化产业示范基地。

【杭州市列全球城市国际会议排行榜第74位】 2020年5月12日，国际大会与会议协会（ICCA）发布2019年度全球城市国际会议排行榜。杭州市在全球5214个城市排名中列第74位，在亚太地区870个城市排名中列第17位。

【“杭州数字经济旅游十景”发布】 2020年，市文化广电旅游局跨界融合挖掘文旅新IP。9月17日，推出包括阿里巴巴集团、杭州海康威视数字技术股份有限公司、云栖小镇和杭州城市大脑公司等在内的“杭州数字经济旅游十景”，打造杭州文旅消费新标杆。（市文化广电旅游局）

【“狐妖小红娘”项目开工建设】 2020年10月，“狐妖小红娘”项目开工建设。该项目是杭州宏逸投资集团有限公司与“腾讯动漫”共同投资打造的“国漫主题行浸式夜游景区”。项目位于杭州临安河桥镇，计划规划将柳溪江与河桥古镇2个景区合并，项目总投资1亿元。景区以国产动漫“狐妖小红娘”IP为主题，以沉浸式夜游为特色，运用顶尖数字技术，以裸眼3D、全息成像、AR增强现实技术再现动漫中的8个经典动画场景。

2020年12月，杭州桐庐生仙里国际滑雪场开业　（市商旅集团 供稿）

【桐庐生仙里国际滑雪场开业】 2020年12月，杭州桐庐生仙里国际滑雪场开业。生仙里国际滑雪场位于桐庐县合村乡高凉亭村松树尖的生仙里景区内。项目总投资9000万元，总用地面积10.89公顷，主要建设有滑雪场、350平方米停车场、6000平方米后勤服务保障区及其他基础配套设施。

【萧山闻堰老街改造项目启动】 2020年11月，杭州萧山闻堰老街改造项目正式启动。老街改造项目以“一次规划、分步实施”为设计原则，共分四期开发。一期改造项目位于原新市街两侧沿江区块包括江滨公园的改造提升，面积约3.67公顷，改造建筑面积约2.6万平方米，投资约1.2亿元。老街改造项目在保留其原有风貌基础上，充分挖掘码头、江潮等地域文化，通过加固修缮原有建筑、整理修复街巷空间、修建西江塘纪念馆等，重现20世纪70、80年代的闻堰老街，引进具有历史印记的业态，打造“穿越1980”江鲜文化主题街。（梁　之）

旅游节庆活动

【“中国旅游日”活动】 2020年5月19日，以“欢乐游杭州”为主题的2020年“中国旅游日”（旅游服务进社区）暨法制宣传活动启动仪式在萧山文化广场举行。杭州西湖风景名胜区管委会、市商旅集团、市运河集团、各区县（市）文化广电旅游体育局、有关行业协会等近70个文旅单位的300多人参加。活动现场，开展文明旅游、绿色出行、游客维权等宣传咨询和各景区景点、宾馆酒店、精品民宿的优惠举措和文旅惠民礼包派送，并推出4条特色旅游线路，组织部分市民和在杭州的外籍人士游览体验。

【中国·杭州大学生旅游节】 2020年9月25日，由市文化广电旅游局、市教育局、团市委、浙江日报报业集团和富阳区政府联合主办的“2020中国·杭州大学生旅游节”在富阳区桐洲岛开幕。来自杭州及国内各大高校的300多名在校大学生、20多个国家和地区的近100名留学生及媒体代表共500多人参加开幕活动。旅游节期间，“探索文旅·我为杭州代言”抖音传播大赛、“传承文化·共筑未来”城市记忆之旅、“我当导游——杭州旅游攻略大赛”、中国杭州“飞young杯”国际篮球赛、“爱涌杭城·‘益’同‘黔’行”公益之旅、“星光璀璨·校园趣淘”创意集市等系

2020 年 9 月 25 日,"2020 中国杭州大学生旅游节" 在富阳区桐洲岛开幕
(市文化广电旅游局 供稿)

列活动先后开展,媒体总曝光量 3.1 亿人次。

【中国(杭州)苏东坡文化旅游节】 2020 年 12 月 10 日,由中国文保民族品牌文化委员会、中国民族书画院、杭州市文化广电旅游局、杭州西湖风景名胜区管委会、上城区政府联合主办的中国(杭州)苏东坡文化旅游节开幕式暨苏东坡文化论坛在杭州花家山庄开幕。活动期间,组织苏东坡文化论坛、中国苏东坡品牌文化研讨会、苏东坡主题文化书画作品展等系列活动,并成立中国苏东坡品牌文化联盟。

【杭州市文化和旅游消费季活动】 2020 年 7—9 月,市文化广电旅游局联动各区县(市)举办第三届杭州市文化和旅游消费季活动,整合资金加大对文化和旅游消费的支持力度,进一步增加多样化、差异化产品供给,全面拓展消费渠道,形成极具地域特色的文化和旅游消费模式。活动期间,推出五六板块、56 个文旅促消费活动。通过系列消费活动拉动相关文旅消费近 16 亿元。

【"文旅市集·杭州奇妙夜"活动】 2020 年 8 月 14—16 日,市文化广电旅游局在钱江新城波浪文化城牵头举办首届"文旅市集·杭州奇妙夜"活动。现场设置"杭派国潮、文旅超市、爱情博物馆"等 10 个单元、200 个摊位的展销,展出面积 1 万平方米。活动融合非物质文化遗产展示、演艺、消费、体验于一体,展示"杭州韵、中国风、国际范、时尚潮",共吸引游客 11.8 万人次。通过线上直播带货,线下展销及商圈互动,拉动消费 3008 万元,并带动周边购物街、宾馆酒店销售上涨 30%,媒体总曝光量超过 1.5 亿次。

(市文化广电旅游局)

旅游推广

【"家门口的健康游——欢乐游杭州"系列活动】 2020 年 3 月 23 日,市文化广电旅游局组织"家门口的健康游——欢乐游杭州"系列活动,并在淳安千岛湖举行启动仪式,发布全市十大类别 100 个健康游特色产品线路和 240 多个文旅惠民举措,推动文旅市场复苏。整个活动期间,组织开展欢乐自驾余杭行、"筑牢初心"党员红色游、职工疗休养活动、自驾淳安行、"致敬之旅"医护人员公益体验游、"建德新叶古村及草莓采摘之旅"等系列组客发团活动。全市直接参加"欢乐游杭州"系列活动的游客数量累计近 4 万人次。

【国内市场旅游营销活动】 2020 年 7 月 29 日,市文化广电旅游局在宁波举办杭州文化旅游营销推广活动,并组团参加宁波文化旅游博览会。9 月 12 日,在上海举办杭州市文化旅游推介活动,重点展示杭州优越的疗休养旅游资源,推介杭州景区景点优惠举措。8 月 25—30 日,市文化广电旅游局组织大型促销团赴郑州、济南、青岛开展"最忆是杭州"文化旅游推广活动,国内近 60 个主流媒体对推介活动做专题报道。杭州与郑州、济南两地共 200 多个旅行社洽谈达成意向合作团队 1175 个,意向计划向杭州市输送游客超过 5 万人次。10 月 26—30 日,市文化广电旅游局组团赴贵阳、桂林、南宁开展杭州文旅休闲产品促销活动。促销活动期间,杭州文旅休闲产品(贵阳)推介会、杭州文旅产业发展(桂林)交流座谈会、杭州文旅休闲产品(南宁)推介会举行。11 月 24—28 日,市文化广电旅游局赴广州开展"最忆是杭州"秋季文化旅游推广活动。活动以"最忆是杭州"为主题,分"韵味杭州""文化杭州""数字杭州" 3 个篇章,呈现杭州"独特韵味,别样精彩"的城市形象。

【杭州都市圈文化旅游促销活动】 2020 年 1 月 4 日,由市文化广电旅游局、杭州都市圈旅游和文化专委会和下城区政府共同主办的杭州都市圈文化旅游新春惠民大联展活动在西湖文化广场举行。杭州、嘉兴、湖州、绍兴、衢州、黄山 6 个地市推出 230 多个全新的旅游产品线路以及 226 个惠民优惠举措。活动还得到杭州都市圈以外的宁波、温州等城市参与,共同拓展旅游市场合作空间。11 月 6—10 日,6 个地市的文化旅游部门分别赴西安、开封进行文化旅游联合推介活动。西安、开封两地文化旅游部门、文旅企业和媒体代表等近 400 人参加活动。

【"长三角杭州三大世界遗产旅游市场推广联盟"成立】 2020 年 7 月 6 日,在"杭州良渚日"暨首届杭州良渚文化周启动仪式上,市文化广电旅游局推出 10 条杭州三大世界遗产精品旅游线路,并正式成立"长三角杭州三大世界遗产旅游市场推广联盟"。超过 30 个单位加入推广联盟,其中 20 个单位负责人在推广联盟合作备忘录上签字。

【长三角·杭州都市圈旅游合作采购大会】2020年7月27日，市文化广电旅游局联合杭州都市圈6个城市和上海、南京、苏州等长三角地区城市，在杭州国际博览中心举办“长三角·杭州都市圈旅游合作采购大会暨2020杭州文旅消费季启动仪式”，推进长三角城市文化旅游合作，促进文化旅游市场复苏，提振文旅消费信心。会上，杭州都市圈6个城市对各自最重要、最经典、最新潮的文旅产品、线路进行发布和推介，各地重点旅行社、宾馆酒店、民宿和景区相互开展采购洽谈。通过采购大会，采购酒店、民宿3万天数，预定景区景点5.3万人次，达成意向组团2450个，互动游客超过10万人次。

【“2020世界旅游联盟·湘湖对话”活动】2020年11月13—14日，“2020世界旅游联盟·湘湖对话”活动在杭州市举行。活动以“信心与变革·面向未来的旅游业”为主题，24个国家和地区的代表线上、线下参加。其间，市文化广电旅游局举办“2020世界旅游联盟·杭州之夜”文化旅游专题推介会，通过丝绸华服秀、茶艺展示、资源推介等形式，展示杭州独具特色的文旅产品。

【中国大运河文化带京杭对话系列活动】2020年9月23日，第二届中国大运河文化带京杭对话系列活动在北京颐和园举行，并同期举办“诗画浙江”文旅周（杭州日）暨2020年浙江（北京）旅游交易会。活动现场设置文旅精品展馆，将三大世界遗产西湖、京杭大运河、良渚古城遗址元素植入展厅，并通过现场VR体验为游客开启云上游杭州新视角。

【“牵手青春”爱情之都体验游活动】2020年4月15日，“家门口的健康游——欢乐游杭州”之“牵手青春”爱情之都体验游活动在万松书院启动，并推出“北山街爱情寻访之旅”“南山路经典爱情之旅”“寺院姻缘祈福之旅”3条“西湖爱情主题旅游线路”。增印《爱的诗篇——杭州·爱情之都》故事书，并放置在“1314”爱情主题公交车内，供市民游客免费取阅。

【“我的家乡我代言”活动】2020年5—6月，市文化广电旅游局策划开展“我的家乡我代言”系列推广活动，邀请三大世界文化遗产及区县（市）代言人拍摄12个系列宣传视频在省级、市级电视台连续投放，覆盖2.5亿人次。发动市民游客上传杭州主题短视频和图片分享杭州美好生活，活动页面浏览量超过180万次。5月14日，邀请淘宝网知名主播开启“‘薇’笑时刻，最忆杭州”全国首场城市文旅产品直播活动，4小时直播观看量超过2100万人次，成交额超过2500万元。7月8日，市文化广电旅游局联合相关区县（市）文化旅游部门举办“约‘惠’杭州·精彩一夏”文旅产品直播活动，线上开展云旅游、云体验、云互动和云购物。

【杭州文旅峰会·新经济会议目的地产业交易会】2020年9月17—18日，市文化广电旅游局举办“2020杭州文旅峰会·新经济会议目的地产业交易会”。其间，120多位新经济企业买家携带500多个会议项目，与杭州136个文旅会议企业进行一对一业务洽谈2000多次，初步达成引进会议合作意向300多个。同时，编印《杭州奖励旅游产品深度体验手册》，推出“数字经济十景”“传统文化十品”“团队建设十享”“城市记忆十探”等40个深度奖励旅游产品，打造独具特色、别具风味的商务会奖旅游新产品。

【“2020杭州全球旗袍日”活动】2020年10月16日至11月11日，“2020杭州全球旗袍日”活动举行。通过六大“旗”遇板块15项活动，推出北山旗袍旅拍、清河坊“旗”妙夜、“杭州旗袍”云上展、旗袍文化体验游等旗袍主题活动，推出飞猪“双十一”超级之城杭州活动、旗袍消费嘉年华等线上线下优惠服务，吸引来自长三角地区各年龄层的旗袍爱好者到杭州体验。38.65万人次参与活动，总销售额3850万元，媒体总曝光量3.2亿次。“杭州旗袍日”入选杭州市文旅金名片工程和浙江省文化和旅游IP库。

【“城市记忆工坊”杭州区县（市）推广季项目】2020年11月17日至12月18日，市文化广电旅游局组织开展“城市记忆工坊”杭州区县（市）推广季活动，萧山、余杭、临安、富阳、桐庐、淳安、建德等区县（市）文化广电旅游体育局，以及浙江省中国旅行社等5个旅行社现场展示各地“城市记忆”文化旅游产品。活动还推出“城市记忆工坊”89门免费手工体验课程，并首次推出10条“城市记忆”主题文旅线路产品，在杭州银泰百货（西湖店）和阿里巴巴集团飞猪平台组织线上线下文旅产品展销。

2020年10月16日至11月11日，“2020杭州全球旗袍日”活动举行
（市文化广电旅游局 供稿）

【杭州旅游海外社交媒体平台】2020年，杭州旅游海外社交媒体平台积极应对新冠肺炎疫情，主推"治愈系"品牌风格，组织"请你妆点杭州"线上互动活动，策划"我的诗意杭州"粉丝互动相册、"抗疫"主题帖文、"最忆是杭州"诗歌美景帖文等内容板块。至年末，五大社交平台粉丝数共计118.39万人，比上年增加18万人。总互动数（含YouTube平台视频播放量）306万次，在国内十大同类城市中，杭州旅游Facebook、Twitter、Instagram三大平台互动率均列前三位。人民日报海外网数据研究中心发布的《中国城市形象宣传片海外传播影响力指数报告（2020）》中，杭州在全国城市中列第二位。杭州旅游海外社交媒体平台成为集品牌宣传、互动沟通、服务咨询于一体的自有海外媒体平台阵地。

（市文化广电旅游局）

旅游管理与服务

【文化旅游领域新冠肺炎疫情防控举措】2020年1月25日，《关于全力做好新型冠状病毒感染的肺炎疫情防控工作暂停文化旅游企业经营活动的紧急通知》发布。杭州市暂停旅行社及在线旅游企业经营团队旅游及"机票+酒店"旅游产品，全市娱乐、上网服务等场所暂停营业。

【疫情防控期间支持旅游行业共渡难关政策出台】2020年3月13日，杭州市出台《关于疫情防控期间支持旅游行业共渡难关的补充意见》，推出涵盖帮助旅游行业纾困解难、有序复工，推动旅游市场复兴的8项举措。全年兑现扶持资金1596万元，为全市637家旅行社办理质保金暂退1.86亿元。

【"30秒入住——无感体验"新型入住方式发布】2020年8月24日，市文化广电旅游局发布"30秒入住——无感体验"新型入住方式，同时实现酒店全场景无接触服务和消费。全年"20秒入园"覆盖景点和文化场馆206个，累计使用人数1517万人次；"30秒入住"设备覆盖酒店515个，累计使用人数448万人次；文旅系统累计服务近2000万人次。

【旅游景区网上预约制度推出】2020年，杭州市推行文化旅游场所"预约、限流、分时"举措，游客可通过"在杭州""杭州文广旅游发布"官方微信平台进行预约，实现分时错峰出行，把流量管控关口前移，避免游客瞬间集聚。中央电视台《新闻联播》节目等媒体对杭州市通过数智赋能提升景区治理、假期管控有序有力等做法进行多次报道。

【杭州市第六届金牌导游大赛】2020年10月28日至11月18日，市文化广电旅游局、市人力社保局、市总工会、团市委联合举办"2020杭州市第六届金牌导游大赛"。大赛创新设置"云游杭州"、直播带货、网络投票等环节，评选出15名"杭州市金牌导游员"、15名优秀导游。授予3人"杭州市技术能手"称号，授予1人"杭州市杰出青年岗位能手"称号，授予4人"杭州市优秀青年岗位能手"称号。11月27日，举办"新·心·向荣"新时代杭州市优秀导游风采展示暨2020年杭州市第六届金牌导游大赛颁奖典礼，宣传推广杭州旅游新业态、乡村旅游新景点，宣传展示杭州金牌导游良好形象。

【金牌导游联合工作室成立】2020年5月18日，金牌导游联合工作室挂牌成立，在政务接待、公益服务、人才培训等方面发挥作用。工作室先后开展"跟着金牌导游学外语"、"金牌导游带您游浙江"、全国文明城市创建工作培训班现场教学宣讲、2020年全国导游资格考试细则深度解析公益讲座等活动，参与人数150万余人次，产生良好的行业影响和示范效应。

【"旅游厕所革命"】2020年，杭州市新建、改建和扩建旅游厕所71座，其中新建42座、改建和扩建29座。三年旅游厕所行动计划完成，累计建成旅游厕所397座，完成率134.5%。旅游厕所电子地图标注覆盖率100%，列全省第一位。评审认定AAA质量等级标准旅游厕所32座。

【旅游目的地环境秩序综合治理】2020年，杭州市依托市旅游目的地管理工作协调小组，牵头组织开展春季和秋季西湖景区旅游目的地集中整治行动，加强对"野导"、"黑车"、旅行社规范用车、旅游购物商场的联合检查，强化秩序常态化巡查管控，增强与相关部门和属地城区的联动。注重疏堵结合，开展宣传教育，在重点区域放置张贴"温馨提示牌"，组织志愿者宣传引导，向外地游客发送谨防涉旅非法小广告短信，形成群管群治的网络化管理机制。市、区两级共出动执法人员1.86万人次，依法处置"野导"116人，检查购物商店82个次，处罚47个次，查处违规旅游客车17辆。

【旅游停团退费问题处置】2020年，杭州市因新冠肺炎疫情影响共取消旅游团队1.7万个，涉及旅游者49万人，团费总金额11.3亿元，其中出境旅游者12.4万人，涉及团费7.84亿元，占全省总量的70%。市文化广电旅游局成立工作专班，走访调研企业，加强退费工作指导，与市法院联合出台《关于进一步发挥旅游纠纷多元化解工作机制作用妥善处理疫情防控引发的旅游投诉、诉讼工作的通知》，落实助企纾困政策。截至8月末，全市因疫情引发的旅游停团退费得到妥善处置，因疫情引发的2706件相关投诉得到处理，和解率、办结率均实现100%。

（市文化广电旅游局）

责任编辑　秦文蔚

20 数字经济

综 述

【数字经济营业收入 12937 亿元】 2020 年，杭州市数字经济核心产业营业收入 12937 亿元，比上年增长 15.4 %；数字经济核心产业增加值 4290 亿元，增长 13.3%，高于全市地区生产总值增速 9.4 个百分点，占全市生产总值的 26.6%，提高 1.9 个百分点。数字内容产业、软件与信息服务产业、电子信息产品制造产业、人工智能产业分别实现增加值 3113 亿元、3441 亿元、1090 亿元、340 亿元，分别增长 12.7%、12.9%、14.7%、8.2%。

【数字经济类企业上市】 2020 年，杭州市新增上市公司 28 个，上市公司总数 218 个。新增上市公司中有数字经济类公司 7 个，为网易（杭州）网络有限公司、杭州光云科技股份有限公司、亿邦国际控股公司、杭州申昊科技股份有限公司、杭州立昂微电子股份有限公司、杭州山科智能科技股份有限公司、浙江中控技术股份有限公司，其中亿邦国际控股公司在美国纳斯达克上市。

【“数字治理第一城”建设推进】 2020 年 6 月 12 日，杭州市与阿里巴巴集团召开 2020 年度联席会议，双方签订持续深化合作加快建设“全国数字治理第一城”协议，发布并启动浙江云计算大数据中心二期工程项目、蚂蚁金服总部二期工程项目、菜鸟供应链金融产业园项目等重大建设项目。8 月 18 日，中国经济信息社、中国信息协会和中国城市规划设计研究院联合发布《中国城市数字治理报告（2020）》，杭州市数字治理指数居第一位。

【数字经济党建联盟成立】 2020 年 12 月 25 日，数字经济党建高峰论坛在杭州未来科技城学术交流中心举行。论坛由市委组织部、市委两新工委主办，非公有制企业党建杂志社、余杭区委组织部和市数字经济综合党委承办。来自中央党校、浙江大学、省委党校的党建专家，省内外部分地市的组织部门、行业主管部门和著名数字经济企业党组织的负责人，杭州市各区县（市）党委组织部和数字经济企业党组织的负责人等参加论坛。活动期间，“数字经济党建联盟”成立，由国内数字经济领域的龙头企业党组织、行业部门党组织等 10 个单位作为创始成员，围绕党建工作的实践、理论课题的研究、创新品牌的孵化、公益项目的实施等方面开展活动。

【“新基建”重大工程落地】 2020 年 6 月 30 日，工业和信息化部批复的首个新型互联网交换中心——国家（杭州）新型互联网交换中心正式启用。同日，浙江省新型互联网交换中心有限责任公司揭牌，标志着国家级互联网关键基础设施在杭州落地。9 月 16 日，阿里巴巴浙江云计算仁和数据中心在余杭区落成并正式启用。该中心为全浸没式液冷数据中心，是中国首座 AAAAA 级绿色液冷数据中心。

【中国工业互联网大赛】 2020 年 7 月 28 日，第二届中国工业互联网大赛开幕式在余杭区举行。大赛以“新基建、新动能、新经济”为主题，共有 1457 个团队、近 7000 名选手、2000 多个企业参赛，参赛队伍数量比上年增长 50%。参赛作品涵盖原材料、消费品、装备、电子等近 30 个工业行业，以及农业、金融业、旅游业等其他产业，形成 2745 件专利和 5027 件软件著作权，20 个项目最终获奖。

【民用无人驾驶航空试验区获批】 2020 年 10 月 27 日，中国民用航空局公布首批 13 个民用无人驾驶航空试验基地（试验区），杭州市为华东地区唯一入选城市。杭州市民用无人驾驶航空试验区重点探索无人机在城市物流、应急医疗配送、智能亚运和应急保障等城市场景的应用，探索 5G、精准定位、地理网格、人工智能、物联网、边缘计算等先进技术在无人机城市场景中的应用，为全国城市无人机应用提供“杭州样板”。12 月 30 日，杭州市民用无人驾驶航空试验区揭牌仪式和杭州市无人机运行管理服务中心挂牌仪式在杭州未来科技城举行。

【42 个杭州企业入选中国新经济企业 500 强】 2020 年 11 月 28 日，以“新产业、新业态、新商业模式”为主题的“2020 中国新经济企业 500 强发布会”在杭州举行。会上发布《2020

2020 年杭州市数字经济核心产业增加值及增长情况表

表 16

产业名称	增加值（亿元）	比上年（%）
数字经济核心产业	4290	13.3
电子商务产业	1933	3.0
云计算与大数据产业	1389	1.6
物联网产业	600	8.1
数字内容产业	3113	12.7
软件与信息服务产业	3441	12.9
电子信息产品制造产业	1090	14.7
集成电路产业	88	10.5
机器人产业	34	12.3
人工智能产业	340	3.2

2020 年杭州市各地区数字经济核心产业增加值及增长情况表

表 17

地　区	增加值（亿元）	比上年（%）
上城区	26.7	4.2
下城区	25.1	0.2
江干区	40.8	1.4
拱墅区	37.3	17.2
西湖区	590.3	37.5
滨江区	1343.0	16.6
萧山区	107.0	20.5
余杭区	1708.0	5.6
富阳区	80.2	2.5
临安区	63.7	17.5
桐庐县	50.5	14.7
淳安县	6.7	–2.6
建德市	8.6	9.0
钱塘新区	108.2	2.1

中国新经济企业 500 强发展报告》和“2020 中国新经济企业 500 强榜单”，杭州 42 个企业上榜，其中阿里巴巴集团列第一位、杭州海康威视数字技术股份有限公司列第十位。

【6 个企业被认定为首批省级“未来工厂”】2020 年 12 月 22 日，浙江省首届“未来工厂”发布会在余杭区举行。会上，浙江省经信厅公布“未来工厂”首批认定名单 12 个和培育名单 12 个。杭州海康威视数字技术股份有限公司、浙江大华技术股份有限公司、杭州老板电器股份有限公司、浙江春风动力股份有限公司、中策橡胶集团有限公司、阿里巴巴迅犀（杭州）数字科技有限公司 6 个企业被认定为首批浙江省‘未来工厂”。

（金子倩）

软件与信息服务产业

【概况】2020 年，杭州市软件与信息服务业主营业务收入 5664.9 亿元，比上年增长 13.7%。其中：软件产品收入 1480.4 亿元，增长 18.8%；信息技术服务收入 3952.43 亿元，增长 12.5%；信息安全收入 10.95 亿元，增长 4.0%；嵌入式系统软件收入 221.12 亿元，增长 4.1%。上缴税金 438.29 亿元，下降 3.6%；软件业务出口 10.5 亿美元，下降 1.5%。在全市数字经济核心产业中，软件与信息服务产业核定增加值 3441 亿元，增长 12.9%，占全市地区生产总值的 21.4%，提高 2.6 个百分点，列全国中心城市第五位、副省级城市第三位。

产业布局持续优化，形成以高新区（滨江）为核心，高新软件园、东部软件园、北部软件园、天堂软件园、未来科技城（海创园）等专业园区为外延的产业发展格局。培育下城区、江干区、西湖区、滨江区、萧山区、余杭区 6 个省级软件和信息服务产业示范基地，拱墅区 1 个省级软件和信息服务产业特色基地。主营业收入 10 亿元以上企业的营业收入占全市的 86%，形成云计算大数据、电子商务、金融软件、数字内容等细分行业的产业汇聚态势。

【软件行业利润总额 1718.9 亿元】2020 年，杭州市软件与信息服务业实现利润总额 1718.9 亿元，利润率 30.3%，列全国副省级城市第一位。产业研发投入 816.86 亿元，研发经费占主营业务收入的 12.4%，比上年提高 1.6 个百分点。从业人员近 30 万人，增长 6.5%，高于全国水平 3.4 个百分点；全年应付职工薪酬总额 934.17 亿元，增长 5.2%；全员劳动生产力 189.93 万元 / 人，高于全国平均 115.82 万元 / 人。

【企业梯队培育加快】2020 年，杭州市软件与信息服务业有主营业务收入超过 1000 亿元的企业 1 个、超过 100 亿元的企业 8 个、超过 10 亿元的企业 38 个、超过 1 亿元的企业 216 个。阿里巴巴（中国）有限公司、杭州海康威视数字技术股份有限公司、网易（杭州）网络有限公司、新华三技术有限公司、浙江大华技术股份有限公司、中控科技集团有限公司、恒生电子股份有限公司、浙大网新科技股份有限公司、信雅达系统工程股份有限公司、银江股份有限公司、浙江宇视科技有限公司 11 个企业入选 2020 年度软件和信息技术服务竞争力百强榜单。51 个企业通过国家规划布局内重点软件和集成电路设计企业核查。有上市企业 65 个，其中美股上市企业 4 个、港股上市企业 2 个、沪深股市上市企业 16 个、科创板

2020 年 12 月 18—20 日,“2020 网易未来大会”在杭州举行

（市经信局 供稿）

上市企业 6 个、中小板上市企业 13 个、创业板上市企业 24 个。6 月 29 日,第四届万物生长大会发布 2020 年“杭州独角兽企业榜单”, 31 个企业入选独角兽企业榜单、142 个入选准独角兽企业榜单。独角兽企业数量列全国第三位,平均估值列全国第一位,其中软件和信息服务业企业占比近 70%。

【软件与信息服务产业重大项目推进】2020 年,阿里云计算有限公司、杭州海康威视数字技术股份有限公司、蚂蚁科技集团有限公司、浙江吉利控股集团有限公司、杭州和利时自动化有限公司、杭州复杂美科技有限公司、浙江大学、北大高等信息技术研究院等企业院校作为配合单位,参与工业与信息化部制造业高质量发展项目建设,涉及新一代信息技术、工业互联网、5G 网络、公共服务平台等多个领域。杭州趣链科技有限公司“面向企业的极速可编程区块链平台软件”等 40 个产品入选《2020 年浙江省首版次软件产品应用推广指导目录》,占全省入选总数的 73%；恒生电子股份有限公司“新一代数字化金融中间件”等 96 个项目,被评为 2020 年浙江省软件产业高质量发展重点项目,占全省获评总数的 63%。

（蔡俊杰）

【中国国际软件博览会】2020 年 11 月 12—18 日, 2020 年第二十四届中国国际软件博览会在杭州白马湖会展中心举行。大会为首次在杭州举办,以“软件铸魂、数智转型”为主题,以“政府搭台,协会牵线,企业唱戏”为核心理念,采用“线下 + 线上”新形式。线下活动涵盖“九会一赛一展四发布”,包括 9 场会议和论坛、2020 年“补天杯”破解大赛、企业成果汇报展和 4 场发布会,通过“互联网 + 云”的方式,打破地域限制,云地两端同步开展。100 多位行业主管领导、业内专家、院校教授、企业代表参会, 500 多个企业参加线上、线下展示。高峰论坛上,中国工程院院士陈左宁、倪光南等专家代表,围绕人工智能、云计算、大数据、企业数字化转型、工业和互联网、5G 移动通信等领域发表主题演讲。会上发布《2020 年度软件和信息技术服务企业竞争力报告》和“2020 年度软件和信息技术服务竞争力百强榜单”, 11 个杭州企业上榜。大会网站点击量超过 650 万人次,“云会议”“云论坛”线上观看人数近 60 万人次。新华社、中国新闻社、人民网、央广网、《浙江日报》、浙江卫视等 66 个媒体发布新闻报道 250 多篇,抖音官方号播放量超过 2250 万人次,点赞量超过 17 万人次,微博话题阅读量近 150 万人次。（蔡俊杰 金子倩）

【网易未来大会】2020 年 12 月 18—20 日,由杭州市政府、网易集团共同主办的网易未来大会在杭州举行。大会以“洞觉·未见”为主题,设置 1 场主论坛和 6 场分论坛,涵盖预见未来、新基建、人工智能、区块链等内容, 8 位院士、60 多位科学家和企业家参会。大会获《中国日报》、浙江电视台、《杭州日报》、“火鸟财经”、“钛媒体”等 350 个主流媒体、互联网科技媒体关注和报道,推出视频、图文、音频等报道 500 多篇,线上直播点击量超过 2000 万人次。（金子倩）

云计算与大数据产业

【概况】2020 年,杭州市云计算与大数据产业规模以上企业实现营业收入 3334.9 亿元,比上年增长 11.9%；实现增加值 1389 亿元,增长 1.6%。阿里云计算有限公司首次进入全球数据库第一阵营——领导者（LEADERS）象限。钉钉科技有限公司、杭州网易严选贸易有限公司、浙江浙大中控信息技术有限公司等 9 个企业的产品和方案入选工业和信息化部办公厅疫情防控和复工复产复课大数据产品和解决方案名单,占入选方案总数的 9.6%。网易（杭州）网络有限公司、杭州群核信息技术有限公司、杭州麦科斯韦网络科技有限公司、浙江大华技术股份有限公司、杭州炬华科技股份有限公司 5 个企业的云平台入选“浙江省第四批行业云应用示范平台”。杭州博世数据网络有限公司等 8 个企业入选“浙江省第六批大数据应用示范企业”,占全省入选企业数量的 26.7%。

【前沿技术开放】2020 年 1 月 6 日,阿里巴巴集团在开放数据中心委员会（ODCC）开放《浸没式液冷数据中心技术规范（讨论稿）》。该规范围绕浸没式液冷数据中心的设计、施工、部署、运维等环节,包括浸没液冷子系统、服务器、网络设备、配套基础设施的技术规格和参数规范,为浸没式液冷数据中心的技术规范和系统设计提供合理建议,为建设绿色节能、高效散热的新型数据中心提供依据。12 月,阿里巴巴集团发布阿里云量子开发平台（ACQDP）,全面开源量子模拟器“太章 2.0”,支持从业人员设计量子硬件、测试量子算法,并探索其在材料、分子发现、优化问题、机器学习

2020年9月17—18日，2020年杭州·云栖大会在线上举行　（市经信局 供稿）

等领域的应用。

【OceanBase数据库性能分数再破世界纪录】2020年5月，蚂蚁金融服务集团自主研发的数据库OceanBase在被誉为"数据库领域世界杯"的数据库基准测试TPC-C测试中，再次打破世界纪录，性能分数达到7.07亿tpmC，比上年成绩提升近11倍。该数据库单集群规模超过1500节点，具有云原生、强一致性、高度兼容Oracle/MySQL等特性。

【自主研发服务器刷新SPEC性能世界纪录】2020年8月20日，新华三集团自主研发的H3C UniServer R4950 G5两路服务器在业界权威的性能基准测试之一的SPEC CPU 2017两项基准测试中，创造了浮点运算性能测试成绩的世界纪录。其中，在SPECspeed·2017_fp_base测试中取得217分，在SPECspeed·2017_fp_peak测试中取得225分。该服务器面向现代数据中心的虚拟化工作负载、更高性能和安全特性设计，可应用于互联网、云计算、IDC（互联网数据中心）、企业市场、运营商等场景。

【云原生数据库获科学技术奖一等奖】2020年12月8日，以阿里云计算有限公司、浙江大学作为主要完成单位的"云原生分布式关系型数据库PolarDB"项目，获得中国电子学会科学技术奖（科技进步）一等奖。PolarDB数据库使用RDMA高速网络和分布式计算节点集群，性能最高可达MySQL的6倍，解决传统数据库容量有限、扩缩容时间长等问题，提供分钟级扩容、弹性变配、超高并发等能力，成本较商用数据库有明显下降。　（周狄波）

【联合国大数据全球平台中国区域中心落户杭州】2020年12月7日，联合国大数据全球平台中国区域中心在杭州成立。中心由联合国经济和社会事务部、中国国家统计局和中国浙江省人民政府共同倡议、联合发起，推动大数据、数据科学应用于官方统计和可持续发展目标指标项目的开展，分享关于新开发的研究方法、算法和工具的知识，并为亚太地区官方统计界提供关于大数据应用和数据科学方面的培训。

【杭州·云栖大会】2020年9月17—18日，2020年杭州·云栖大会在线上举行。大会设置3场主论坛、100场分论坛和专场，线上线下联动100个城市站点。大会发布100个新品，涵盖云计算、人工智能、机器学习、量子计算、芯片、AIoT、组织协同、新零售、新金融、数字政府等领域。会上，阿里巴巴集团首台云电脑"无影"和首款物流机器人"小蛮驴"发布。　（金子倩）

物联网产业

【概况】2020年，杭州市基本形成从上游产业关键控制芯片设计研发，到中游产业RFID、传感器和终端设备制造，再到下游产业物联网系统集成以及相关运营业务的产业链体系。全市纳入统计体系的规模以上物联网企业121个，其中：营业收入100亿元以上的企业5个，营业收入10亿元以上的企业17个，营业收入1亿元以上的企业56个。列入全市数字经济核心产业统计的物联网产业实现营业收入2316.97亿元，比上年增长8.7%，完成"十三五"规划目标。12月29日，市经信局向相关部门和区县（市）政府印发《培育发展杭州市数字安防产业集群实施方案（2020—2022年）》《杭州市数字安防产业集群建设行动计划》《杭州市数字安防产业集群建设主要目标和部门区县任务清单》，加快培育视觉智能（数字安防）先进制造业集群。

【物联网产业重点项目建设加快】2020年，物联网小镇落地产业项目12个，其中浙江宇视科技有限公司项目、海亮教育集团项目、杭州萤石网络有限公司总部项目等9个项目已开工建设。杭州趣链科技有限公司项目地质勘探、整体建筑方案完成，10月召开方案评审会并完成施工图审。杭州安恒信息技术股份有限公司二期项目方案深化调整完成，招标代理、监理招标等前期工作启动，计划于2021年开工建设。

【5个项目入选物联网示范项目】2020年，工业和信息化部发布《2019—2020年度物联网关键技术与平台创新类、集成创新与融合应用类示范项目名单的通知》，杭州市5个示范项目入选。其中：关键技术与平台创新类示范项目3个，分别为杭州新华三技术有限公司"H3C绿洲物联网平台边缘计算支撑系统"项目、之江实验室"高安全物联网终端拟态处理器及应用示范"项目、浙江智慧视频安防创新中心有限公司"数字视网膜开放平台及芯片验证应用"项目；集成创新与融合应用类示范项目2个，分别为新奇点智能科技集团有限公司"基于车路云协同技术的'数字轨'智能驾驶解决方案"项目、银江股份有限公司"面向AIoT的全域

交通 AI 控制系统”项目。

【国家物联网产业示范基地建设】 2020年,国家物联网产业示范基地——高新区(滨江)物联网产业园新设立企业245个、迁出企业35个、迁入企业92个、净迁入企业57个。新引进浙江高速能源发展有限公司、中企筑链科技有限公司、公安部第一研究所、锦华出行科技有限公司、杭州准链信息技术服务有限公司、六棱镜(杭州)科技有限公司等重点项目落户基地。

【数字安防产业集群入围先进制造业集群项目】 2020年7月,杭州数字安防产业集群申报工业和信息化部先进制造业产业集群,并通过集群初赛,获得工业和信息化部首期1000万元专项资助。杭州数字安防产业集群占全国安防产业总值的55.5%,核心领域视频监控产品全球市场占有率近50%,决赛通过后可获得工业和信息化部5000万元产业集群培育专项资助。（李方浩）

电子信息产品制造产业

【概况】 2020年,杭州市电子信息产品制造业营业收入4459.73亿元,比上年增长12.8%;增加值1090亿元,增长14.7%。其中,计算机通信设备制造业和仪器仪表制造业分别增长7.6%和11.9%,均高于全市规模以上工业增速。因新冠肺炎疫情受滞的国内市场复苏,系统集成、整机生产企业产值回升,杭州海康威视数字技术股份有限公司、浙江大华技术股份有限公司、新华三技术有限公司主营业务收入增速分别为3.4%、8.7%和59.1%。浙江大立科技股份有限公司实现营业收入10.7亿元,增长101.7%;利润4.6亿元,增长230%。

【6个企业入选中国电子信息百强企业榜单】 2020年9月11日,中国电子信息行业联合会发布“2020年度电子信息竞争力百强企业榜单”,杭州海康威视数字技术股份有限公司、富通集团有限公司、浙江大华技术股份有限公司、新华三信息技术有限公司、浙江富春江通信集团有限公司、万马联合控股集团有限公司6个企业上榜。其中杭州海康威视数字技术股份有限公司排名列全国第17位。

【中科院杭州光学精密机械研究所及产业化基地项目开工】 2020年,中国科学院杭州光学精密机械研究所及产业化基地开工建设。该项目投资12亿元,用地9万平方米,用于建设科研孵化大楼和光电激光特色产业园,开展光电功能材料、激光智能制造与智能传感、光电材料加工与检测技术等研发,以及科技成果和科研项目的产业化。产业基地目标建设成为光电领域的国家级孵化器,孵化高技术成长型公司30个以上,市值超过1亿元企业10个以上,行业冠军或独角兽企业3~5个,科创板上市高科技企业2~3个。至年末,引进首批项目12个,其中完成公司注册并进行产业化项目6个。（李方浩）

集成电路产业

【概况】 2020年,杭州市集成电路产业实现营业收入329.61亿元,比上年增长15.7%;实现增加值88亿元,增长10.5%。根据中国半导体行业协会统计,杭州集成电路设计业总量超过200亿元,仅次于深圳、上海和北京,名列全国第四位,其中销售额1亿元以上集成电路设计企业有35个。

【集成电路产业布局联动发展】 2020年,杭州市以“市级统筹、各区兼顾”为集成电路产业发展总体规划和导向。高新区(滨江)依托杭州国家“芯火”双创基地,形成“芯片—软件—整机—系统—信息服务”产业生态体系,引导芯片产业向高端价值链发展。钱塘新区依托江东芯谷重点半导体“万亩千亿”产业平台,有杭州士兰微电子有限公司、杭州立昂东芯微电子有限公司、杭州中欣晶圆半导体股份有限公司、杭州芯耘光电科技有限公司等集成电路产业相关企业,形成“电子原材料—芯片制造—终端生产”完善产业链。临安区以STT-MRAM特色工艺存储制造、半导体高端装备制造、芯片设计测试认证、传感器与物联网应用集成等为产业发展方向。西湖区建设“浙江镓谷射频产业园”平台,打造自主可控的射频芯片产业链。萧山区依托杭州华澜微电子股份有限公司,建设全市首个集成电路设计产业园。

【杭州集成电路测试公共服务中心启用】 2020年12月17日,杭州集成电路测试公共服务中心正式启用。该中心位于滨江区海外高层次人才创新创业基地,由杭州朗迅科技有限公司投资,专业从事半导体加工工序,为杭州市及周边地区的集成电路企业提供服务。测试公共服务中心一期项目投资8600万元,占地面积约2500平方米,为集成电路企业提供无线SoC、IoT、AI、5G、PMIC等产品测试服务,以及集成电路晶圆测试(CP)、成品测试(FT)等专业晶圆加工和电路封装一站式服务。测试公共服务中心二期项目投资1.5亿元,占地面积约5800平方米,主要提供高端成品测试、晶圆加工、电路封装、烘烤、编带包装等服务。

【“中国芯”集成电路产业促进大会】 2020年10月28—29日,第十五届“中国芯”集成电路产业促进大会在青山湖科技城举行。会上举行“中国芯”优秀产品评选,共有165个企业的247款芯片参评,涵盖微处理器/控制器、电源管理、射频芯片等18类产品和物联网、智能手机、汽车电子等9个市场领域。8个杭州企业获奖,其中,杭州士兰微电子股份有限公司、矽力杰半导体技术(杭州)有限公司、杭州华澜微电子股份有限公司3个企业获“优秀技术创新产品”,杭州海康微影传感科技有限公司、浙江大立科技股份有限公司、杭州晶华微电子股份有限公司3个企业获“优秀支援抗疫产品”,杭州万高科技股份有限公司、杭州国芯科技股份有限公司2个企业获“芯火·新锐产品”。中国工程院院士、浙江大学微纳电子学院院长吴汉明,清华大学微电子研究所教授魏少军等专家学者在会上做主题演讲。

【“芯机联动”对接活动】 2020年,

2020 年 10 月 28—29 日，第十五届"中国芯"集成电路产业促进大会在青山湖科技城举行 （市经信局 供稿）

市经信局针对杭州市集成电路和数字安防产业链，开展五期"芯机联动"精准对接活动。每期对接会邀请供需企业代表、公共服务机构（"芯火"平台）、科研机构（北京大学信息技术高等研究院、中国计量大学、浙大城市学院、西湖大学）及金融机构（浙商银行、杭州联合银行）等，为企业提供研发技术支持和金融服务。全年杭州晶华微电子股份有限公司、杭州国芯科技股份有限公司、平头哥半导体有限公司等 33 个（次）芯片设计企业，杭州海康威视数字技术股份有限公司、浙江大华技术股份有限公司、浙江正泰中自控制工程有限公司等 30 个（次）系统整机企业参加，参会企业涵盖集成电路、数字安防、物联网、网络通信、仪器仪表、红外产业等行业。

【杭州国家"芯火"双创基地服务企业】2020 年，杭州国家"芯火"双创基地组织近 60 次会议活动，走访 60 多个集成电路企业，调研企业对 EDA 工具、MPW 流片、封装测试、IP、人才培训、人才招聘、企业所得税等方面的需求，做好对接辅导及技术服务工作。与共建单位浙江大学共同完成 27 个企业的技术服务工作，服务款项 898 万元。

【4 个企业入选中国半导体创新产品技术榜单】2020 年 8 月，由中国半导体协会、中国电子材料行业协会、中国电子专用设备工业协会、中国电子报社联合举办的"第十四届（2019 年度）中国半导体创新产品和技术"评选结果发布。其中 4 个杭州企业上榜，分别为杭州国芯科技股份有限公司、矽力杰半导体技术（杭州）有限公司、联芸科技（杭州）有限公司、杭州士兰微电子股份有限公司。

【钱塘芯谷成立】2020 年 5 月 20 日，钱塘芯谷正式成立。钱塘芯谷是钱塘新区重要产业功能平台，以半导体产业、未来产业为主导方向，重点发展集成电路、柔性电子显示、智能终端、人工智能、5G 网络、虚拟现实、区块链、增材制造等产业，打造杭州半导体产业新的增长极。至年末，新落户集成电路产业项目 16 个，总投资 161 亿元，其中投资 10 亿元以上项目 10 个；重点产业项目 32 个，总投资超过 284 亿元，其中投资 10 亿元以上项目 11 个。 （李方浩）

机器人产业

【概况】2020 年，杭州市机器人产业规模以上企业收入 117.85 亿元，比上年增长 9.9%；实现增加值 34 亿元，增长 12.3%。重点企业保持良好发展态势，杭州海康机器人技术有限公司生产总值增长 79.4%，浙江中控技术股份有限公司增长 29.0%，杭州国自机器人有限公司增长 19.4%，杭州新松机器人自动化有限公司增长 9.2%。

9 月，由浙江瓯达机器人制造有限公司主要起草的国家标准《工业机器人视觉集成系统通用技术要求》（GB/T 39005—2020）正式获批发布，于 2021 年 4 月 1 日起正式实施。12 月，由杭州海康机器人技术有限公司牵头编制的《物流机器人信息系统通用技术规范》（国家标准计划号：20192969-T-604），通过全国自动化系统与集成标准化技术委员会机器人与机器人装备分技术委员会（SAC/TC159/SC2）审查。

【中国（杭州）国际机器人西湖论坛】2020 年 11 月 19—21 日，由浙江省机器人产业发展协会、萧山区政府共同主办的第六届中国（杭州）国际机器人西湖论坛在杭州国际博览中心举行。论坛聚焦"机器人与服务人类"主题，展示全球机器人与人工智能产业技术现状及未来趋势，国内外知名专家学者及政府、行业代表 500

多人参加。论坛由“机器人与服务人类”主论坛、“工业移动机器人”“机器人与大健康产业”“机器人职业技术教育与培训”“机器人与智能建造”4个专题论坛以及机器人成果展示、机器人竞赛等系列活动组成，探讨机器人技术进步与产业发展的关键问题，推动国际机器人交流合作。论坛期间，国际机器人组织联盟成立，落户萧山机器人小镇。

【子母式跨阵列作业光伏清洁机器人】 2020年12月，浙江国自机器人股份有限公司开发生产的“子母式跨阵列作业光伏清洁机器人”被认定为2020年浙江省装备制造业重点领域首台（套）产品。该机器人由清洁机器人（子车）、光伏搬运机器人（母车）两个部分组成，其中：清洁机器人采用履带式底盘，具有自主导航功能，最长续航时间1.5小时；光伏搬运机器人采用四驱轮式底盘，最大行驶速度0.5米/秒，升降平台最大负重50千克，可以通过遥控器控制运行和升降平台动作。该机器人子车执行清洁任务、母车运载和投送子车，可实现跨行、跨阵列清洁光伏面板，最大清洁效率600平方米/小时。可根据实时发电数据、历史清洁数据以及光伏组件热斑检测结果动态分析组件污染程度，并根据气象数据，自主动态调整清洁频率，达到清洁成本与发电量的最佳平衡。

【机器视觉新品发布会】 2020年4月，杭州海康机器人技术有限公司线上召开“视觉，看见无限可能”2020年机器视觉新品发布会。会上发布CS系列二代工业相机、4K线阵相机、ID5000/3000Pro系列读码器、VC3000视觉控制器等产品；发布单工位货箱到人（CTU）机器人F0-50SC、全向叉取式机器人F1-1000U、窄巷道堆垛叉取式机器人F4-1000C，以及专为SMT行业打造的叉取式机器人F1-200T等产品；发布无人机反制设备、无人机测向设备、行业级四旋翼无人机MR-MX4090A以及行业级六旋翼无人机MR-MX6120A等产品。

2020年2月5日，杭州移动公司联合中国移动（雄安）产业研究院等单位研发的5G云端抗疫机器人在浙江大学医学院附属第二医院应用

（杭州移动公司 供稿）

【研究项目获国家重点研发计划专项立项支持】 2020年，浙江国自机器人技术股份有限公司参与的“城市重大市政设施智能化运维与管控平台构建及应用示范”研究项目获国家重点研发计划——“物联网与智慧城市关键技术及示范”专项立项支持。该项目围绕特大城市重大市政设施的智能化运维与管控要求，基于多层次、多场景、多源异构的市政数据融合，探索重大市政设施的运维机理和管控理论，突破市政设施可信感知、人机增强辨识、云边协同诊断、网络重构接入、专家知识图谱和设施数字模型标准等关键技术，研制一系列在市政设施恶劣环境下可重构、抗干扰、耐腐蚀的长期值守智能感知终端，以及支持移动的便携式巡查采集与边缘处理终端，搭建基于泛在物联的城市重大市政设施智能化运维与管控平台。项目在北京、上海2个城市实现100万以上监测节点的示范应用，对接“一网统管”城市运管平台。

【杭州机器人企业获国内外荣誉】 2020年，浙江国自机器人技术股份有限公司上榜国际权威物流与供应链研究&咨询公司LogisticsIQTM发布“全球AGV/AMR企业200强”；获评2020年物流技术匠心奖、创新奖、推荐品牌；图像识别算法团队获“PRCV2020大规模行人检索竞赛”行人属性检索算法评测、行人属性检索系统评测2个项目冠军；SLIM堆垛机器人获2019—2020双年度中国移动机器人创新产品及创新应用奖（无人叉车类）、高工金球奖——2020年度好产品奖叉车AGV类。杭州海康机器人技术有限公司上榜GGII 2020年中国市场仓储机器人企业竞争力排行榜，排名第一位；入选LogisticsIQTM《2020年仓储自动化市场图谱》“AMR”板块，连续2年获评全球TOP50仓储自动化公司；自主研发的物联网快递终端获2020中国设计红星奖；潜伏机器人等产品获高工金球奖——2020年度创新技术AMR奖项。

【海康机器人获双资质SIL3认证】 2020年11月，杭州海康机器人技术有限公司自主研发的AMR安全控制器获SGS颁发的经德国DAKKS和中国CNAS双资质认可的SIL3 PLe功能安全认证证书，成为获得该类控制器工业领域最高安全等级产品认证的企业。该安全控制器通过对AMR本体读码相机、超声等传感器的信号控制，实现有效监测和校验，并根据信号监测处理结果，对硬件安全控制回路进行控制，全方位确保AMR在运行过程中的安全，适用于海康机器人全品类全场景AMR产品。（张向荣）

信息基础设施

【概况】2020年，杭州市主要通信运营商实现电信业务收入214.79亿元，比上年增长5.2%；杭州城域网出口带宽10.3T，增长8%；累计建成5G基站2.04万个，增长68.1%。全市4G（出账）用户1422.34万户；5G（出账）用户183.02万户；固定电话用户213.68万户；（固定）互联网宽带接入用户562.74万户，增长4.5%。全市“新基建”工作推进，新型互联网交换中心、新型液冷数据中心建成运行，5G网络应用走向深化，面向新一代有线、无线网络融合的“双5G”数字城市建设实践进行。

【《杭州市5G通信设施布局规划》获批】2020年2月24日，《杭州市5G通信设施布局规划（2020—2022年）》获批复。规划以2020—2022年为重点，同时兼顾远期至2035年，覆盖全市13个区县（市），设置综合接入局1087座，新建基站集群1.26万处，推动、指导5G网络建设和相应基础设施的建设、布局，将杭州打造成为具有全球影响力的5G第一城、全国5G网络建设示范区。

【5GSA工业互联网应用试点启用】2020年4月15日，5GSA（独立组网）工业互联网应用试点在杭州老板电器股份有限公司茅山智能制造基地建成启用。5G独立组网通过网络切片及边缘计算技术支持，实现工业互联网领域的深度应用，使生产制造扁平化、定制化、智能化，在传输速率和时延方面具有更大的优势。

【5G基站建设“一件事”集成改革】2020年6月17日，萧山区开展5G基站建设“一件事”集成改革方案试点。萧山区梳理22个审批事项，其中6个审批事项免除、6个审批事项采用施工承诺制代替，简化并规范5G基站建设的审批流程，在半个月内完成2个批次站点的建设审批工作，为改革方案提供操作经验。

【国家（杭州）新型互联网交换中心建成】2020年6月30日，国家（杭州）新型互联网交换中心建成投入运行并举行启用仪式。该中心是工业和信息化部批复开展的全国首个新型互联网交换中心试点，为各类市场主体之间流量提供就近疏导，为企业提供云服务、数据分析业务、IP地址集中翻译、安全类等增值业务服务，与接入企业共建互联网交换中心生态共同体，为5G、工业互联网、大数据等数字产业发展提供重要支撑。至年末，有32个企业接入交换中心，接入总带宽1740G。

【浙江云计算数据中心开工】2020年7月10日，浙江云计算数据中心项目开工仪式在拱墅区杭钢集团半山生产基地北区举行。该项目总投资158亿元，由杭钢集团与阿里巴巴集团共同投资建设，可运行20万台服务器。建成后可为电商、金融、物流、云计算大数据及各类互联网增值服务提供基础设施平台，为工业互联网、智能制造、智慧城市、未来社区、智能环保等提供基础算力保证。

【全浸没式液冷数据中心落成】2020年9月16日，全球规模最大的全浸没式液冷数据中心——阿里巴巴浙江云计算仁和数据中心在余杭区落成。该数据中心位于余杭钱江经济技术开发区，是绿色等级达AAAAA级的液冷数据中心，采用服务器全浸没液冷、高压直流（HVDC）、供配电分布式冗余、智能AI优化算法等多项节能技术进行规划设计与建造，整体能源使用效率（PUE）为1.09。（周狄波）

通信服务

【概况】2020年，中国电信股份有限公司杭州分公司（简称杭州电信公司）主业员工2817人。至年末，杭州电信公司完成全年业务主营收入72亿元，宽带用户净增8.5万户，移动用户净增15.3万户，5G用户净增80.5万户。DICT业务收入19.3亿元，比上年增长2.3%；全市物联网用户近1000万人，超百万级规模市场5个。加快10G PON光网升级改造，全市光纤接入端口535万个，实现全市光网全覆盖。实施数字经济“一号工程”战略部署，提升政府智慧化治理能力，为157个客户提供政务云服务，覆盖13个区县（市）与674个机关单位，总体覆盖率100%。承建开发平安建设信息系统、人民调解系统、政法舆情导控平台、基层治理平台4个平台，参与建设全省矛盾纠纷调解平台等应用平台。承建西湖区、钱塘新区等地城市大脑平台，完成“雪亮工程”“天翼看家”监控点7.2万个。加快工业互联网发展，梳理“5G+工业互联网”十大场景，在杭州锅炉集团股份有限公司、杭叉集团股份有限公司等企业实践落地，兆丰集团5G智慧工厂项目等5G应用项目树标，助力企业全面上云超过3.5万个。助推数字社会建设，推动教育、医疗、农村等领域数字化转型，为市域治理现代化提效。强化网络信息安全保障，打造“智云护航”体系，为近7000个企事业单位客户提供一站式全程服务。由杭州电信公司负责运营的杭州市“12345”市长公开电话获“全国十佳热线奖”“中国最佳政府服务热线”“全国最佳政务热线‘大数据应用创新示范奖’”“浙江省青年文明号”等奖项。上线全门户智能客服“小杭”，日均提供服务8000多人次、分流话务40%以上，在第四届全国“12345”政府服务热线年会上获得“智慧抗‘疫’引领奖”。

中国移动通信集团浙江有限公司杭州分公司（简称杭州移动公司）下设13个生产单位、10个职能部门和工会，员工2880多人。全年通信服务收入105.4亿元，比上年增长6.8%；4G和5G用户965万个，其中5G终端用户157.7万个；通话用户1030万个，宽带用户231万户，通信用户渗透率15.2%。杭州移动公司加快新型基础设施建设，助力杭州评选“5G网络覆盖最佳城市”。至年末，5G基站总量1万余个，实现主城区、县域核心城区以及主要科创园区、交通枢纽全覆盖。助力杭州打造“双5G第一城”品牌，建设全球首个自主可控的5G SA云网络，启动“5G SA全球领先第一城”建设。连续3届成为工业和信息化部“绽放杯”5G应用征集大赛获奖最多的参赛主体，3个项目中标国家发展和改革委、工业和信息化部的创新工程，成为全国中标国家级5G创新项目最多的单位。

中国联合网络通信有限公司杭州市分公司（简称杭州联通公司）有在职员工1625人，平均年龄约36周岁，拥有本科及以上学历的专业人员数量占员工总数的73%以上。全年杭州联通公司业务收入35亿元，增长9.8%。杭州联通公司加快新型基础设施建设，推进5G网络共建共享，提升网络速率和覆盖面，新建基站3244个，5G基站累计8348个，实现重点乡镇以上区域5G网络连续覆盖，人口覆盖率90%，核心城区5G速率700Mbps。获浙江省文明单位、全国“安康杯”竞赛优胜班组、全国通信行业优秀质量管理小组等荣誉。杭州联通公司加快5G产业应用，布局工业互联网、智慧城市、数字政府、医疗健康和教育等重点领域，为杭州“数字经济”和“数字治理”提供解决方案。落地大和热磁5G未来工厂等“5G+工业互联网”应用场景。落实世纪联华5G智联无人零售、数字亚运杭州地标城市之门IOC平台、富阳“5G+智慧园区”大数据平台、萧山医疗最多跑一次平台、萧山机器人小镇等智慧城市建设项目。搭建城市大脑数字驾驶舱，承建1call智慧政务、错峰停车、舒心就医等数字政府建设项目，为市道路运输管理局等单位提供便民服务终端产品，为市人大常委会搭建智慧人大云平台，为富阳区打造生态环保大数据平台等。

杭州电信公司、杭州移动公司、杭州联通公司完成省“两会”、市“两会”、2020年浙江省农业博览会、杭州国际马拉松、第二届中国（杭州）国际智能产品博览会、第七届中国（杭州）电子商务博览会、2020年第四届杭州（国际）未来生活节以及抗击2020年南方洪涝灾害等通信网络保障任务。

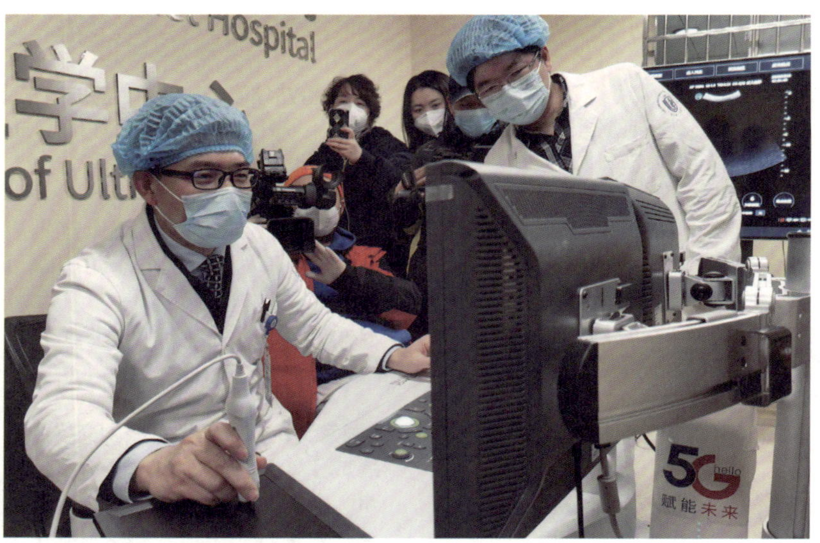

2020年2月18日，杭州电信公司协助浙江省人民医院利用5G技术为新冠肺炎疑似患者开出远程超声诊断书（杭州电信公司 供稿）

【新冠肺炎疫情防控通信保障】 2020年，杭州电信公司、杭州移动公司、杭州联通公司支撑防疫抗疫一线，保障通信畅通，推进复工复产。

杭州电信公司实施精密智控，保障“健康码”平稳运作，为市民出行和企业复工复产提供有力支撑。安装“天翼看家”视频终端3.2万个，协助医疗机构、乡镇街道对隔离病房、重点人群管理。推动“5G+智慧医疗”创新，协助浙江省人民医院利用5G技术为新冠肺炎疑似患者开出远程超声诊断书。教育上云保障“停课不停学”，全面开放电信“云课堂”，为全市1200多所学校提供服务，覆盖师生65万人次。保障复工复产，开展“暖春行动”，推出“96666”复工复产热线，为中小企业免费提供“云会议”“云办公”等指导服务，为企业提供“5G+云网协同”的网络能力。

杭州移动公司组建抗“疫”党员突击队33个、抗“疫”党员先锋岗53个，发挥党员先锋力量，做好通信保障、服务保障和复工复产。发挥5G、大数据、人工智能等新技术优势，研发全国首个“5G健康一码通”，在1000多个学校、图书馆、医院等场所覆盖应用；打造“5G云端抗疫机器人”“5G热成像智能测温系统”等系列抗疫应用；推出移动大数据“城市经济地图”，通过可视化手段展现城市人口变化、节假日商圈客流等信息，助力政府准确把握复工态势，提升社会恢复指数。杭州移动公司抗疫事迹作为企业案例，入选省委组织部编写的《助力复工复产百佳案例》。

杭州联通公司自主研发“健康ETC”“校园智控平台”“沃当家”等数字化产品，助力新冠肺炎疫情防控和复工复产复学。“健康ETC”在杭州萧山国际机场等交通枢纽、杭州市民之家等行政服务中心、杭州市第一人民医院等多个医院、武林银泰等多个商场部署，并应用于杭州市“两会”防疫保障、高考体检防疫保障、文化馆和图书馆入场检测等场景。“校园智控平台”在浙江工商大学等近100所院校投入使用，被央视新闻、浙江卫视等媒体平台报道。自主研发的“客流分析驾驶舱”通过热力图展示杭州市内交通枢纽等重点场景的实时人流分布监控，对比历史峰值实时播报重点区域的人流量和相关提醒，对人流量突增场景进行预警，为疫情防控提供参考。

（孔　咏　周宇飞　柴萍燕）

【亚运会场馆5G规划建设】 2020年，杭州电信公司保障2022年第19

届亚运会场馆5G建设，对42个场馆进行5G规划，建设5G室外宏基站500个、室外微基站150个，实现场馆5G室内分布系统全覆盖。在亚运村建设室外宏基站33个、室外微基站24个，所有楼宇室内分布系统建设完成。开展5G“新基建”，城区5G信号覆盖率92%以上，对西湖景区、奥体中心等区域进行重点保障覆盖。支撑智能亚运，上线亚运会官方网站、建设亚组委新大楼智能化展厅等智能项目。协助杭州亚组委起草《2022年第19届亚运会互联网（WIFI）建设导则》《关于亚运场馆通信与信息系统责任界面说明》等4个导则；提交《智能亚运总体规划（送审稿）》和智能亚运十大场景解决方案，其中《亚运会智能指挥系统（MOC）》等4个方案入选亚组委“最佳解决方案”。

【防范打击通信（网络）诈骗专项行动】2020年，杭州电信公司成立反诈工作领导小组和专班，与市反诈联席办联动推进反诈工作。至年末，核查关停涉诈涉案号码近1000个，分析处置高危号2.3万个。完善快速查询处置机制，及时响应支撑反诈工作。根据“断卡”行动要求，建立“不良信用通信网用户”处理流程，对“不良信用通信网用户”进行业务限制。（孔　咏）

【《“双5G”数字城市白皮书》发布】2020年5月16日，杭州移动公司联合华为公司在“双5G第一城，领杭新基建”发布会上发布业界首本《“双5G”数字城市白皮书》，签订双5G战略合作协议，打造杭州“双5G”第一城。“双5G”是第五代移动通信网络（5G）和第五代固定网络（F5G）的统称，通过光联万物，推动万物互联。至年末，全市建成移动5G基建站点超过7000多个，覆盖总面积超过1400平方千米，打造“5G+工业互联网”“5G+智慧交通”“5G+区块链”等领域标杆应用，构建5G产业联盟、5G联创中心和5G创新园区。在F5G建设方面，实现移动OLT光接入设备100%光网覆盖，全市具备千兆接入能力的小区超过1000个，F5G在数据中心、城市天眼、未来社区等场景中广泛应用。（周狄波）

【移动公司“十全十美”服务品牌迭代升级】2020年，杭州移动公司“十全十美”大服务体系深化，推出总经理接待日、客户服务日、首届客户节等活动。借助“民情热线”等媒体栏目，开展“服务听音”活动；升级“全球通”“动感地带”品牌权益，为客户提供专属化、个性化通信服务。打造“党员i家”服务品牌，以党建为引领，在全市范围开展“服务领先”书记项目，开展“党员i家”万场服务进社区行动，提供全方位、全过程服务。（周宇飞）

【5G新零售电商直播基地】2020年8月，杭州联通公司5G新零售电商直播基地启动运营。基地位于延安路501号联通大楼，占地面积约4000平方米，包括新零售赋能展厅、新零售直播基地、新零售培训中心和新零售双创孵化基地，具有能力展示、直播运营、培训赋能、创新孵化等功能。全年围绕消费上云、扶贫助农、政务公开和城市推介等方面，联合政企客户开展各类直播活动150多场，参与用户1000多万人，点击量超过2亿人次。基地被评为2020年浙江省省级电商直播基地，成为浙江省电子商务促进会常务理事单位，获批中国联通电商直播中心。

【联通“5G+”应用拓展】2020年，杭州联通公司加快5G应用，开展“5G+工业互联网”、智慧城市、智慧医疗等建设，在第三届“绽放杯”5G应用征集大赛获奖。

5月，杭州联通公司与浙江传媒大学合作“5G+电竞赛事远程制播与交互”项目。项目通过联通云网优势打造5G电竞制播平台，利用5G专网将现场采集的超高清画面传送到浙江传媒学院远程制播平台，结合MEC+UPF实现低时延的云端渲染和远程制播要求，打破传统电竞赛事线下搭建、线下制作的瓶颈，打造新电竞行业在制作和直播领域内的新业务模式。

6月，杭州联通公司与杭州大和热磁电子有限公司合作开展“5G+MEC未来工厂”项目，实现跨省、市、区多个工厂的5G SA专网部署。该项目的实施解决工业生产中网络运维难、无线Wi-Fi容量小及切换烦琐等问题，提升工业生产效率，改善离散型工业生产的流程及数据采集问题，实现AR辅助维修、AGV统一调度等工业场景。

8月，杭州联通公司与杭州联华华商集团合作开展“5G智联无人零售商场”项目，实现基于“5G+”自助购物车在无人商超场景的应用。项目结合新冠肺炎疫情防控重点问题，涉及AI线上选货、疫情检测进场、智慧停车、AR手机导航、5G智能购物车、电子价签、5G巡场机器人等功能模块，为消费者提供全流程无人购物体验，解决产品陈列管理难、精准营销触达难、卖场营运SOP检核难三大问题，打造5G新零售行业的全国商用标杆。（柴萍燕）

责任编辑　须同威 孙晟珂

21 文化产业

综 述

【文化产业实现增加值2285亿元】 2020年，杭州市文化产业及相关特色产业实现增加值2285亿元，比上年增长8.2%，占地区生产总值的14.2%。全市文化产业持续健康发展，产业综合实力增强。按照《浙江省文化及相关产业统计分类》统计口径测算，2020年，杭州市规模以上文化企业实现主营业务收入8001亿元，增长12.4%；实现利润1563.7亿元，增长6.3%。

【文化产业"战疫情、促发展"举措】 2020年3月，杭州市政府制定《关于支持文化企业"战疫情、渡难关"的补充意见》，为100多个文化企业兑现政策支持2000多万元。贯彻市委宣传部《加快推进杭州市文化金融服务体系建设的实施办法》，协调文化金融特色服务机构，为443个文化企业减免利息358.7万元，为277个文化企业发放信贷12亿元。市本级文创专项资金为125个企业贴息1279万元。完成新一期文创投资引导基金投资方案及批复工作，继续做大做强文投引导基金，投资项目228个，投资额31.53亿元。助推文化企业在疫情防控形势下探索产业发展新路子，开展"杭州市文化直播服务平台"认定工作，"微拍堂"、"东家"App等17个平台（机构）入选。创新推出文创产品电商直播选品间、微立方共享直播间，举办线上招聘会等，为提振文化消费和繁荣文化市场营造良好环境。

【之江文化产业带建设】 2020年，杭州市落实《之江文化产业带建设规划》和《杭州市之江文化产业带建设推进计划（2018—2022年）》，推进之江文化产业带建设发展。之江文化产业带重点项目库增补项目21个，投资金额145亿元。年末，产业带重点建设项目累计71个、投资总金额1185亿元，其中65个项目已开工建设或基本完成建设，开工和完成建设率92%。浙江国家音乐产业基地萧山园区中国数字音乐谷、浙江电影科技城、大丰杭州白马湖文创总部、西溪编剧村等项目开工建设或开园投入使用，喜马拉雅浙江总部、西投横店之江影视中心、国家（杭州）短视频基地先后落地之江文化产业带。白马湖生态创意城被文化和旅游部列入拟命名国家级文化产业示范园区名单。产业带"一核五极多组团"空间发展格局日渐清晰，数字文化、影视、动漫游戏、艺创设计等重点产业基础不断夯实，逐步构建竞争有序、特色鲜明的带状文化产业发展体系。临安昌化8300国石文创园、桐庐石舍漫漫文化创意街区、建德梅城严州府活态府城、淳安千岛湖骑龙巷文化创意街区等项目取得阶段性建设成效，成为西部偏远地区文化产业发展的亮点。之江文化产业带全年实现产业增加值890亿元，对全市文化产业的贡献度比规划时提高11个百分点。

【动漫游戏产业营业收入258.87亿元】 2020年，杭州动漫游戏产业实现产值258.87亿元，上缴税金7.37亿元。全市创作生产并备案原创动画系列片29部、1410集，时长2.67万分钟；制作立项动画电影7部；创作漫画作品134部，发行总量77.6万册；开发游戏产品1574款，有电竞战队16支。《木兰辞》《狼王和它的孩子》《梦想小精灵》《步天歌（3~4）》《桂花男孩》等漫画作品被列入中共中央宣传部2020年"原动力"中国原创动漫出版扶持计划，《下姜村的绿水青山梦》入选国家广播电视总局2020年度重点动画项目，《小鸡彩虹第六季》《乐乐来了》等动画作品获第三十届浙江电视"牡丹奖"。

【杭产动漫优秀作品数居全国城市首位】 2020年3月，国家广播电视总局发布《关于2020年度全国国产电视动画片制作发行情况的通告》。通告显示，全国有48部优秀电视动画片作品获得国家广播电视总局季度推荐，浙江有10部动画作品入选。其中杭产动画片《挑战大魔王》《阿U爱发明》《阿优的日常》《乌龙院之活宝传奇7》《舒克贝塔第二季》《口袋森林第二季》6部作品上榜，推优数量连续4年蝉联全国城市第一名。

【文创产业创业投资引导基金投资项目120个】 至2020年年末，由杭州市文化创意产业创业投资引导基金参股设立的子基金累计投资120个项目，引导基金放大规模近40亿元，投资额超过16亿元。杭州市文化创意产业创业投资引导基金组建于2016年5月，系文创产业领域的政策性引导基金。通过与社会资本合作成立子基金的形式，鼓励引导社会各类资本投资杭州市文化创意产业领域，加大对中小微文创企业的投资力度，引导、助推杭州市文化创意产业健康发展。（李　寒）

文化产业园区（文化创意街区）

【概况】2020年，杭州市文化产业园区（街区）保持稳步发展趋势。市级文化产业园区规划建筑总面积422.5万平方米，集聚各类文化企业5047个。文化创意街区规划建筑总面积41万平方米，集聚各类文化企业657个。杭州创意设计中心等11个市级文化产业园区被认定为“2019—2020年度浙江省重点文化产业园区”。凤凰山南影视街区等4个市级文化创意街区被认定为“2020年度浙江省文化创意街区”。

【白马湖生态创意城】白马湖生态创意城位于杭州高新区（滨江）南部区块，2008年投入运营，总建筑面积69万平方米。生态创意城以“宜业、宜居、宜游、宜文”为发展主旨，着力打造以生态为特征、文化创意为核心、科技创新为驱动、平台建设为基础的特色文化产业园区，被评为“中国创意产业最佳园区”、首批“浙江省文化产业示范园区”等，入选全国首批10个“国家级文化产业示范园区”创建计划。园区按照“农居SOHO孵化—研发大楼集聚—千亩产业园壮大”的梯度化发展模式，引进中国网络作家村落户，华数数字电视产业园、畅唐网络游戏研发基地、北航杭州创新研究院、最葵园、大丰数艺科技研发中心等项目相继落点，形成杭州文化创意产业发展独特的“白马湖模式”。2020年，实现营业收入68亿元，利税2.2亿元，被认定为2019—2020年度浙江省重点文化产业园区。至年末，园区入驻企业670个。

【新禾联创数字时尚产业园】新禾联创数字时尚产业园位于之江文化产业带九乔发展极先导区，2016年投入运营，总建筑面积14.2万平方米。园区以数字文化和创意设计为主导产业，重点培育发展文化与数字融合、时尚设计、网络直播、影视制作、新媒体、广告会展等细分行业，搭建创意研发中心、文创设计成果转化平台、文化产权交易平台、文创企业投融资平台、文创人才创新实践平台、文创品牌推广交流平台、文创项目申报平台等一系列产业服务平台，为入驻文创企业提供“专、精、全”的产业链服务，培育文创品牌做大做强。2020年，实现营业收入64亿元，利税0.9亿元，被认定为2019—2020年度浙江省重点文化产业园区。至年末，园区入驻企业192个。

西溪银座文化产业园　　　　（市文创产业发展中心 供稿）

【乐富智汇园】乐富智汇园是北部软件园核心组成部分，2008年投入运营，总建筑面积10.58万平方米。园区引入国际EOD生态办公理念，设有信息咨询、资金扶持、人才共享、创业孵化、财务会计、成果推广、法律咨询以及研发设计服务八大平台，聚集软件开发、高新科技、文化创意、广告服务等一批优质文化企业，被评为“国家文化产业示范基地”“国家级孵化器”。2020年，实现营业收入39亿元，利税超1亿元，被认定为2019—2020年度浙江省重点文化产业园区。至年末，园区入驻企业180个。

【西溪创意产业园】西溪创意产业园地处西溪湿地国家公园东北角桑梓漾区域，总建筑面积2.45万平方米，2009年投入运营。园区重点发展影视和文学艺术产业，建成以剧本创作、影视投资、影视拍摄、影视制作、电影审查、电影发行、院线放映为主要特色的文化产业布局，引入刘恒、余华、麦家等多位名人工作室。2020年，实现营业收入5.2亿元，利税0.7亿元，被认定为2019—2020年度浙江省重点文化产业园区。至年末，园区入驻企业68个。

【大美创意园】大美创意园位于之江文化产业带核心板块，2015年投入运营，总建筑面积2.5万平方米。园区主营艺术文化培训、创意设计产业经营、雕塑与环境艺术设计、影视动画设计（数字产业）、艺术生活方式五大业态。建立集当代美术馆、艺术院校毕业生艺术品、家具生活产品及幸福荟亲子文化人文之旅公共“美育”教育创新平台，配合中国美术学院和浙江音乐学院的艺创小镇和龙坞茶镇、云栖小镇多个西湖区文创亮点项目，成为承接艺创小镇和龙坞茶镇创意生活的示范地和文化艺术生活方式体验地。2020年，实现营业收入1.2亿元，利税600万元，被认定为2019—2020年度浙江省重点文化产业园区。至年末，园区入驻企业78个。

【西溪银座文化产业园】西溪银座

文化产业园紧邻西溪国家湿地公园，2013年投入运营，总建筑面积2.9万平方米。园区以重点打造文化设计中心、计算机软件服务中心、传媒娱乐中心三大产业中心为定位，聚合餐饮、休闲等多种业态，打造集商务办公、旅游休闲、品味餐饮等功能服务为一体的生态型创智中心。2020年，实现营业收入2250万元，利税115万元。至年末，园区入驻企业25个。

【东溪德必易园】东溪德必易园位于江干区东宁路553号，2016年投入运营，总建筑面积4万平方米。园区运营商德必集团开发“德必易园系列”“德必WE系列”“德必运动LOFT系列”等多形态产品，全方位服务不同发展阶段的企业。园区内东溪德必企业服务平台为创客提供文体活动平台，丰富创客业余生活，增加创客的归属感，成为创客办公功能的一个重要补充。2020年，实现营业收入2.6亿元，利税1328万元。至年末，园区入驻企业98个。

【天堂e谷创意产业园】天堂e谷创意产业园地处北部软件园，2013年投入运营，总建筑面积5.3万平方米。园区以赋能企业及孵化投资为运营方向，主导发展数字传媒与影视周边类、视听体验、网红经济、电商新媒体、文化电商，以及软装设计和文创产品设计企业，辅以互联网、物联网技术开发类的高新科技企业孵化，创建文化与科技相融合的文化产业园区。园区与阿里巴巴集团共同打造1688电商服务中心——天堂e谷站，导入阿里巴巴集团的资源助力电商产业升级赋能。2020年，实现营业收入2.27亿元，利税2341万元。至年末，园区入驻企业137个。

【和达创意设计园】和达创意设计园位于钱塘新区，2009年投入运营，总建筑面积3.59万平方米，被评为国家级高科技企业孵化器、浙江省高科技企业孵化器。园区以工业科技为基础，以文化创意为核心，聚焦工业设计和服装设计两大产业，集中展现“研发、培训、孵化、制作、展示、交易”的整合运营角色，满足创意企业提升实力、拓展业务、融资三大功能需求。2020年，实现营业收入2.8亿元，利税981万元。至年末，园区入驻企业91个。

【钱江世纪城智慧科技园】钱江世纪城智慧科技园位于萧山区，2010年投入运营，总建筑面积2.36万平方米。园区以“产业落地+生态环保+智慧新城”为总体规划理念，主要引进工业设计类、服装设计类、软件设计类等文化企业。园区有公共、人才、金融、营销、成果转化五大服务平台和一个智能设计3D打印中心，是集创新智慧、创意设计、创业人才于一体的特色文化产业园区。2020年，实现营业收入1.1亿元，利税411万元。至年末，园区入驻企业52个。

【传媒文化创意产业园】浙江传媒学院传媒文化创意产业园依托浙江传媒学院高校优势建立，总建筑面积2.8万平方米，2011年投入运营。园区以推动高校文创领域产学研成果转化为核心，设立“传媒文化创意产业园创业基金”等各类创新创业专项资金，服务高校文化创意类的创业师生，打造区域文创集聚中心。坚持完善发展定位、夯实服务优势，保证园区的科学化管理、创新型服务、特色式发展。2020年，实现营业收入188万元，利税8万元。至年末，园区入驻企业43个。

【五柳巷历史文化街区】五柳巷历史文化街区地处杭州中心城区，北靠西湖大道、南至河坊街、东临建国南路、西接直吉祥巷和城头巷，是杭州南宋皇城的重要地段。街区由五柳芳庭爱情主题文旅商业街区、中医街、彩虹鱼三大板块组成，占地8.97公顷，总建筑面积1.9万平方米，入驻文化创意企业74个。街区内保留大片老民居，是延续杭州地方特色居住文化、集中反映杭州清末民国初市井平民生活特色的重要历史街区，已初步形成以婚恋风情主题、传统手工作坊、民居休闲文化、中医健康旅游为主导的业态布局。

【千岛湖骑龙巷文化创意街区】千岛湖骑龙巷文化创意街区位于淳安县千岛湖镇，骑龙巷是淳安商业和市井文化的发源地，2019年完成改造后投入运营，总建筑面积1.3万平方米，已入驻企业50个。街区秉持保护与开发相统一、传承与创新相结合的原则，在保留历史街区风韵和骨骼基础上，继承创新以淳安文化、排岭记忆、街巷深忆为导线，展示千岛湖镇厚重历史底蕴和多姿多彩的湖岛风情体验。引入精品民宿、特色餐饮、休闲娱乐、文化创意、时尚零售等多元业态，成功开展“奇屿市集”“骑龙夜市”“非物质文化遗产展”等丰富多样的文创项目落地活动。2020年，街区被认定为2020年度浙江省文化创意街区。

【“春江花月夜”文化创意街区】“春江花月夜”文化创意街区位于富阳区江滨西大道延伸段，是之江文化产业带“富春发展极”重点建设项目，2018年投入运营，总建筑面积1.8万平方米，已入驻企业233个。街区以二次元为主题，以影视文化为主要内容，着力打造文创生活化、生活文创化特色的文化创意街区。2020年，街区被认定为浙江省文化创意街区。至年末，引进浙江省之江新导演计划、浙江影视景库计划，以及影视在线基础服务平台等项目落户街区。

（李　寒）

文化品牌活动

【杭州文化创意产业博览会】2020年10月29日至11月1日，由杭州市政府、浙江大学、中国美术学院主办，市委宣传部、市文创产业发展中心承办的第十四届杭州文化创意产业博览会（简称文博会）举行。文博会以“创意杭州·联通世界”为主题，创新采用线下线上同步办展方式，以白马湖国际会展中心为主会场，展示规模7万平方米，设置国际及工艺创新展区、国际及港澳台展区、文化品质消费展区、一带一路·匠心视界展区、设计创新展区、创意新农展区六大展区，以及“创意精抖云”“东家风物”两个专题线上分会场。展会期间，举办20多场文化产业高峰论坛等系列活动，发布5项专业指数研究报告，60多个国家与地区的4000多个文化机构（企业）参

2020年10月29日至11月1日，第十四届杭州文化创意产业博览会在杭州举行
（市文创产业发展中心 供稿）

展或参与活动。主会场接待嘉宾观众6万余人次，两大线上分会场关注及点击量9.3亿人次，现场成交及项目签约总金额21.9亿元，达成融资授信170亿元。100多个中央及省市主流媒体、网络媒体和平台刊发相关报道近5000篇，网络转发文博会相关信息78万余条。文博会参展机构满意率98%，观众满意率99%。

【杭州—台湾“创意对话创意”高峰论坛】 2020年11月2日，作为2020年浙江—台湾合作周、第十四届杭州文化创意产业博览会的重点项目，由两岸企业家峰会现代服务业及文化创意产业合作推进小组、杭州市政府、浙江省台办主办的两岸企业家峰会文创产业合作联盟成立大会暨2020年杭州—台湾“创意对话创意”高峰论坛在杭州文博会分会场——杭州创意设计中心微立方发布厅举行。论坛以“两岸青年创新创业”为主题，借助互联网技术，联动台湾、杭州两地的高校举办“新燃点·融大奖”青年设计大赛。论坛同期举办两岸企业家峰会文创产业合作联盟成立仪式，联盟是在两岸企业家峰会现代服务业及文化创意产业合作推进小组指导下，由杭州创意设计中心倡议发起成立，旨在秉持“两岸一家亲”理念，建立两岸文创产业相关企业、机构、基地的交流合作平台，整合汇聚各方资源，探索两岸文创产业融合发展的新路径新模式，实现共享共建、互惠互利、共创共赢。

【杭州国际工艺周】 2020年12月3—6日，2020年杭州国际工艺周在杭州创意设计中心举行。工艺周由江干区委、江干区政府、杭州市文化创意产业发展中心主办，江干区委宣传部、江干区文化创意产业发展中心承办。工艺周以展会形式开幕，以“东方美学”为主题，邀请日本作为主宾国，邀请意大利、英国、瑞士、法国等14个海外国家文创设计师品牌参与，创意双城、英国BAHC艺术机构、台北市工业设计发展协会、国际青年设计师联盟、西泠印社、杭州工艺美术馆等多个文创机构参展，接待嘉宾观众2.48万人次，意向成交2800万元。

【杭州英国文化创意产业交流中心项目入选“最佳实践案例”】 2020年7月，建设杭州英国文化创意产业交流中心，作为唯一文化类案例入选国务院服务贸易“最佳实践案例”。杭州英国文化创意产业交流中心于2017年9月在英国诺丁汉市Creative Quarter创意园区成立，2018年5月25日举行揭牌仪式，开始运营。中心占地面积200平方米，已举办多场展览和中外交流活动，推动两地间的文化交流，成为杭州文创产业在境外的首个常态化展示推广平台。

【云上动漫游戏产业交易会】 2020年4月28日至5月5日，由杭州市委宣传部、浙江省广播电视局、浙江广播电视集团指导，中国国际动漫节执委会办公室主办的“云上动漫游戏产业交易会”举行。活动以“数字赋能，动漫创未来”为主题，搭建云上交易、云上展售、云上互动三大板块16项活动，吸引45个国家和地区的1.81万名专业观众（含1380名国际商务人士）关注参与。活动期间，15个国家和地区发布181个动漫游戏最新项目，50个国内外买家机构开展806场一对一视频商务会议，202个企业通过在线平台实现3648次即时沟通，达成意向成交金额超过4000万元。交易会以“云端聚”连接“线下见”，为第十六届中国国际动漫节商务板块带来22%的新增用户量。

【戛纳电视节中国（杭州）国际电视内容高峰论坛】 2020年9月23日至12月15日，第四届MIPChina戛纳电视节中国（杭州）国际电视内容高峰论坛通过线上线下联动方式举行。论坛推出云洽谈、云展播、云推介、云培训四大板块90多场主题活动，来自28个国家和地区的268个影视动漫企业参与，全球58位海外买家与中国发行商和制作公司开展一对一线上洽谈2251场，达成合作意向452个，合作金额超过4500万美元。举行论坛培训45场、全球电视内容展播45场，在线培训和展播访问量2.59万人次。（李 寒）

文化企业

【概况】 2020年，杭州市围绕之江文化产业带、沿运河文化带建设，培育龙头领军企业、着力引进大企业（集团），重点扶持中小微文创企业发展，企业整体经济效益持续向好。全市规模以上文化企业实现主营业务收入8001亿元，比上年增长12.4%；实现利润1563.7亿元，增长6.3%。11个文化企业入选2019—2020年度浙江省重点文化企业，19个文化企业入选2019—2020年度浙江省数字文化示范企业，5个文化企业成功上市（过会），全市上市（过会）文创企业47个。

【“文创新势力”企业（项目）获融资9.1亿元】2020年9月，第六届（2020）“文创新势力”推选活动启动，经过初审、复评、决赛等程序，最终入围的20个优秀企业（项目）获得社会融资9.1亿元。为呈现杭州文创产业发展新格局，首次同步举行“杭州文创青云榜”评选活动。11月2日，“文创新势力”颁奖活动在杭州创意设计中心举行，杭州微念品牌管理有限公司、杭州玩物得志科技有限公司、杭州认养一头牛生物科技有限公司、杭州大丰文化传媒有限公司、浙江小影科技有限公司、杭州知衣科技有限公司、杭州易现先进科技有限公司、杭州弧途科技有限公司（青团社）、杭州聚匠星辰数字传媒有限公司、杭州拼便宜网络科技有限公司获得2020年度“十大文创新势力”十强企业。32个企业入选“2020杭州文创青云榜”。

【果麦文化传媒股份有限公司上市】2020年11月25日，果麦文化传媒股份有限公司（简称果麦文化）创业板审核过会，成为在A股上市的“IP”运营企业。公司成立于2012年6月6日，主营业务为图书策划与发行，数字内容与广告IP衍生和运营三大块。果麦文化公司致力于为城市新兴中产阶级打造优质、多媒体形式的文化产品，主要方向有文学、历史、科学、宗教四大类。公司与作家韩寒、安妮宝贝、冯唐、严歌苓、安意如和学者易中天、李继宏、赵闯、骆玉明等有密切合作。除图书出版、数字出版业务之外，果麦文化公司自2014年开始涉足电影投资，是《后会无期》《万物生长》的主要出品单位。

【杭州宏华数码科技股份有限公司上市】2020年11月25日，杭州宏华数码科技股份有限公司（简称宏华数码）成功过会科创板。公司成立于1992年，专业从事数码纺织、印染、服装CAD/CAM/CIM系统开发和服务，是一整套数码印花方案提供商。产品和解决方案主要应用于纺织、印染、广告、家居、个性化设计等相关领域，研发及技术实力达到国际领先水平。宏华数码公司业务分布在全球多个国家和地区，海外市场业务贡献超过50%，在全球建立了业务网络运作体系。

【杭华油墨股份有限公司上市】2020年12月11日，杭华油墨股份有限公司在科创板挂牌上市。（简称杭华油墨）杭华油墨股份有限公司由杭州市实业投资集团有限公司、株式会社T&K TOKA、杭州协丰投资管理合伙企业（有限合伙）共同投资组建，主要经营各类性能优异、品质稳定的油墨产品及油墨类辅助产品，为国内外印刷行业提供增值服务。

（李　寒）

文化人才队伍

【概况】2020年，杭州市贯彻落实《杭州市文化人才发展规划（2019—2022年）》《关于支持文化人才队伍建设的政策意见（试行）》等专项政策，为全市文化企业搭建线上线下相结合的“人才培训＋创业服务＋创业平台”的人才培育模式，建立完善、贴合市场需求的人才培育体系，形成优良的创新创业氛围。依托中国美术学院、杭州师范大学文化创意学院、杭州市文化创意人才协会、杭州文化创意研究中心等机构，继续实施“国际纹样大赛”“文化创意企业家孵化工程培训班”“成长型文化创意企业家高端培训班”“创意力量大讲堂”“工艺美术大师带徒学艺”等重点人才项目，推动全市文化产业人才载体建设。至年末，全市规模以上文化企业从业人员有21万余人。2020年，中国网络作家村新引进笔龙胆、辰冰等34位网络作家签约落地，累计签约179位知名网络作家落地发展。举办创意力量大讲堂10期，参与人员1200多人次。全年开展本土培训超过3500人次，选拔并培养31位优秀青年设计师。

【杭州师范大学文化创意学院提升文创人才培养质量】2020年，杭州师范大学文化创意学院着力提升文创人才培养质量和专业学科建设。动画专业获批国家一流本科专业，动画、数媒等专业本科生招生分数连续3年居省内高校第一位。就业质量提高，本科生平均起薪5700元，一年后创业率9.6%；硕士研究生平均起薪8560元，一年后创业率25%；签约率、创业率均居省内同类院校前列。本科生获一类学科竞赛国家级奖项13项、省级竞赛奖项30项。

【联合国教科文组织官网刊登杭州工艺传承“云教学”做法】2020年新冠肺炎疫情期间，“薪火传承——工艺美术大师带徒学艺”项目创新推出工艺传承“云教学”，被联合国教科文组织列为“应对疫情创新举措的最佳实践”，并在其官网刊登。全年推进3年期（2019—2021年）长期带徒工作，并举办为期1个月的短期陶瓷传习（釉上彩绘）班，建立线下培训平台，为全国25名学员提供线下培训，完善工艺人才培养体系。

【创意引擎研学营项目品牌提升】2020年，创意引擎研学营围绕“直播生态场景下文创IP新营销”与“乡村振兴与文创IP”两大主题，选拔培养文化产业人才100多位。每期课程持续1.5～2个月，开展8次沙龙、4次产业对接会。课程设置以搭建资源对接平台，探讨创新商业模式，聚焦设计创新实践等为主要内容。课程招收学员精准匹配度95%，活动对接有效性90%，满意度95%。项目通过理论知识授课、搭建对接合作平台、促进创新成果落地等，品牌得到提升，获得较好口碑。（李　寒）

责任编辑　须同威 孙晟珂

22 农业

2021

杭州年鉴

Agriculture

综述

【农林牧渔业产值500.65亿元】2020年，杭州市农林牧渔业总产值500.65亿元，按可比价比上年下降1.1%，回落3.0个百分点。其中：种植业产值296.05亿元、林业63.10亿元、渔业49.99亿元，分别增长3.3%、2.9%、2.6%；畜牧业产值70.87亿元，下降25.9%；农林牧渔业专业及辅助性活动20.62亿元，增长8.9%。粮食产量50.86万吨，增长2.5%；蔬菜产量347.69万吨，增长1.8%；水果产量83.11万吨，增长0.6%；水产品产量19.33万吨，下降4.8%；肉、蛋、奶产量分别为10.98万吨、7.39万吨和3.09万吨。杭州市农村居民人均可支配收入38700元，增长6.7%；城乡居民人均可支配收入差距缩小到1.774∶1。

【乡村振兴战略实施】2020年，杭州市健全五级书记抓乡村振兴工作机制，完成村（社区）组织换届，加快完善党管农村工作体制机制。紧扣打赢脱贫攻坚战和补上全面小康"三农"短板两大重点任务，攻坚部省共建乡村振兴示范市创建，开展农业农村领域补短板行动。城乡融合持续深化，东西部城乡差距缩小，实现公共服务和民生保障一体化。集体经济消薄增收实现新跨越，全市所有村实现"3020"目标（所有村集体经济总收入达到30万元，且经济经营性收入达到20万元）。健全"四治融合"乡村治理体系，9月29日，全国乡村治理体系建设试点示范系列研讨首场会议在建德召开。"大下姜乡村振兴联合体"入选全国乡村典型案例，整乡镇推进山区农业产业发展获"中国三农十大创新奖"。深入实施乡村振兴战略，萧山区、余杭区、富阳区、临安区、建德市被评为全省实施乡村振兴战略实绩考核优秀单位。

【农村改革推进】2020年，杭州市承包地确权颁证率达98.6%，居全省前列，并启动土地承包经营权证动态调整；推进土地流转和适度规模经营，全市土地流转率65%。全市195个村股份经济合作社完成股社分离，实现社区居委会行政事务和股份经济合作社经济事务分离。临安区被列入第二批全国农村集体产权制度改革试点典型单位。按照"生态优良、村庄宜居、经济发展、服务配套、乡风文明、治理有效"的要求，萧山区、桐庐县被列入全省新时代乡村集成改革试点。完善市、县（市、区）、乡镇、村四级农村产权交易服务体系，开展农村集体经营性资产、农村资源经营权、农村宅基地使用权、农村集体股权流转交易。全市农村产权交易1898宗，总成交额超过17.5亿元，总溢价2.5亿元，促进集体资产保值增值。

【村级集体经济提升发展】2020年，杭州市1922个行政村总收入57.2亿元，村均总收入297.6万元，所有村总收入均在30万元以上。全市1922个行政村总经营性收入34.6亿元，比上年增长9.6%，村均经营性收入180万元，所有行政村经营性收入均超过20万元，远超过省下达的30%的行政村经营性收入10万元任务。

【新型农业经营主体培育】2020年，杭州市出台《杭州市市级农业龙头企业认定和监测管理办法》，开展第二十二批市级农业龙头企业申报认定，新认定28个市级农业龙头企业。组织对市级农业龙头企业动态监测，至年末，有市级以上农业龙头企业620个，其中省级骨干农业龙头企业83个（含8个农业产业化国家重点龙头企业）。继续开展合作社和家庭农场示范创建，新认定市级示范性农民专业合作社66个，培育市级家庭农场78个。组织85个专业合作社和78个家庭农场负责人开展业务培训。建德市启动全省家庭农场整体提升试点。

【农业结对帮扶】2020年，杭州市持续推进联乡结村活动。各帮扶集团结合"三服务""助万企、帮万户""三联三送三落实"等活动，开展帮扶活动629次，实施项目569个，筹集市、县（市、区）两级联乡结村帮扶资金1.79亿元。做好省级扶贫结对帮扶衢州市衢江区工作，杭州团组14个成员单位筹措帮扶资金6373万元，实施帮扶项目50个。加快东西部农业产业协作工作，帮助贵州省黔东南苗族侗族自治州、湖北省恩施土家族苗族自治州发展畜禽全产业链、蚕桑产业、茶产业提升项目3个，

建德苞茶园 （市农业农村局 供稿）

筹措帮扶资金 1350 万元。

【低收入农户保障提升】2020 年，杭州市全面推进低收入农户和低保边缘户认定标准"两线合一"工作。至年末，全市有低收入农户 7.49 万户、10.83 万人。低收入农户人均可支配收入 17659 元，比上年增长 13.7%，比全市农民人均可支配收入增幅高 7 个百分点。全市开展低收入农户重大疾病医疗救助和春风助学工作，实施重大疾病救助惠及 273 人，补助金额 91.5 万元；春风助学惠及 35 人，补助金额 10.5 万元。市农业农村局联合太平洋保险公司为低收入农户赠送新冠肺炎疫情专属保险，承保金额每人每份 10 万元。淳安县、桐庐县、余杭区、钱塘新区等地推进低收入农户医疗补充政策性保险，投入资金 672.87 万元。

【区县（市）协作深化】2020 年，杭州市加强组织领导，落实协作组联席会议、联络员例会等工作制度。全市配备区县（市）协作联络员 12 名，其中新选派 10 名。统筹城乡区域融合发展，开展以产业共兴、资源共享、环境共保、乡镇结对、干部挂职为主要内容的结对协作，4 个协作组共落实区县协作资金 4.21 亿元，实施协作项目 151 个，实现产业转移投资额 27.85 亿元，实施协同项目 53 个。

【现代农业园区和特色农业强镇创建】2020 年，余杭区国家现代农业产业园通过国家中期评估和国家现代农业产业园创建核查组现场核查验收，创建为国家级现代农业园。西湖区双桥龙坞、余杭区大径山、桐庐县、临安区太湖源、淳安县下姜 5 个省级现代农业园区通过省级验收，萧山区青化山和建德大同镇被列入第三批省级现代农业园区创建名单。萧山区戴村镇、富阳区洞桥镇、淳安县威坪镇和建德市三都镇通过省级验收，被命名为第三批省级特色农业强镇，全市累计建成 8 个。建德市杨村桥镇被列入第二批国家农业产业强镇创建名单。

【特色农产品优势区和农业产业化联合体创建】2020 年，杭州市成功创建西湖龙井、萧山加工出口蔬菜、余杭塘栖枇杷、富阳鲜竹笋、临安早园竹笋、桐庐蜂产品、淳安龙井茶和建德草莓 8 个省级特色农产品优势区。成功创建萧山区北极品南美白对虾、余杭区径山农产品、余杭区生态鳖、富阳区竹笋、建德市三都柑橘、桐庐县冠华王主食加工和淳安县千岛湖茶叶 7 个省级农业产业化联合体。

【乡村产业技能大师和大师工作室认定】2020 年，杭州市继续开展乡村产业技能大师和大师工作室认定工作。继 2019 年认定首批 100 位"杭州市乡村产业技能大师"和 20 个"杭州市乡村产业技能大师工作室"后，按照现代农业、"乡愁产业"和新型产业类别，经过初评、复评两轮投票评审和公告公示，新认定 60 位"杭州市乡村产业技能大师"和 20 个"杭州市乡村产业技能大师工作室"，累计分别达 160 位和 40 个。

【农产品质量安全提升】2020 年，杭州市按照"四个最严"要求，加大监管，改进措施，实现地产农产品质量安全稳步提升，通过省级食品安全示范城市考核验收。注重从源头治理，加大生产环境监测和治理，加大投入品使用和管理，加大"瘦肉精"、兽用抗生素、生猪屠宰、生鲜乳、水产品药物残留及非法投入品、农资打假、禽产品抗生素、禁用化合物等专项整治，围绕农产品农药兽药超标问题，实施"利剑"行动。加大抽样监测力度，全市开展定量检测 8415 批次，其中市本级开展定量检测 3100 批次、配合农业农村部监测 284 批次、省农业农村厅抽检 660 批次。全市快速检测 18.65 万批次。省级例行风险合格率 99.46%，市级监测合格率 99.16%，高于上年。加大绿色品质农业发展，受理认证无公害产品 236 个、绿色食品企业 160 个，新增地理标志 3 个，绿色优质农产品占比超过 60%。创新监管机制，全面推行农产品合格证制度，制定《杭州市农产品质量安全与农业农村扶持政策挂钩实施细则（试行）》，加强行刑衔接，移交农产品质量安全违法违规案件和线索 5 件。加大监管数字化，数字赋能逐步推进智慧监管。

【"三品一标"培育】2020 年，杭州市加强农产品"三品一标"培育。实施余杭径山茶和塘栖枇杷国家地理标志农产品保护工程，余杭径茶、建德苞茶被列入省级绿色精品基地创建，创建 10 个市级绿色品质农业综合示范项目。绿色优质农产品发展加快转型，绿色食品成为主要发展方向，地理标志农产品产业不断做大，工作重点逐步从"三品一标"转向"一标一品一产业"。至年末，全市有有效期内的无公害农产品 1326 个、绿色食品 266 个、地理标志登记农产品 17 个，以"三品一标"为主的绿色优质农产品占主要食用农产品的 61.0%。

【农产品电商网络销售】2020 年，杭州市实现农村电商网络销售额 165

亿元，比上年增长15.7%。至年末，全市累计建成浙江省电商镇34个、浙江省电商专业村230个。建设淳安县千岛湖品牌农产品馆和富阳区富春山居农产品品牌馆，推进线上线下相结合的新零售建设。建设“网上农博”杭州馆，入驻商家152个，销售各类农产品超过2300吨，实现销售额1585万元。临安区入选农业农村部“互联网+”农产品出村进城工程试点县，余杭区、临安区、桐庐县入选浙江省“互联网+”农产品出村进城工程试点县。

【农创客大赛】2020年7月1日，杭州市第二届农创客大赛在建德市启动。大赛聚焦青年创客和“农二代”回乡返乡创业，推进“两进两回”工程落地落实，通过线上主赛道和线下路演两个通道，向省内外征集比赛项目160个。经初选、复赛和决赛，产生一等奖1名、二等奖2名、三等奖4名。通过农创客大赛，对接8个参赛项目落户建德市。

【农业行政执法】2020年，杭州市农业综合行政执法系统出动执法人员3.32万人次，检查各类主体1.46万个（次），开展“互联网+监管”行政检查1.52万次、双随机检查4353次、专项检查1576次，跨部门联合执法监管率15.4%，掌上执法检查率、检查事项覆盖率均达100%。坚持问题导向，强化检打联动，抽检农业投入品和农产品4162批次。查办农业行政处罚案件2524件，罚没款365.5万元，移送公安案件69件。案件覆盖农业11个领域，其中渔政案件数2356件、其他案件数168件。

【农业事项“最多跑一次”改革】2020年，根据省、市“最多跑一次”改革工作部署，杭州市农业服务事项全部按要求纳入政务服务2.0终端。做到所有进驻行政审批服务中心许可事项全部实现实体大厅窗口与自助终端接入，实体大厅与移动端、电脑端均实现与“浙江省农业农村行政审批系统”联网，实现全流程电子化审批。推进“三减一优”工作，通过开展“减材料、减环节、减时限，优化审批服务”便民服务活动，采取告知承诺、信息共享、部门核查、网络核验等方式，精简办事材料118项，材料压缩比99%以上，“无证明”改革落地见效。通过国务院办公厅开展的2020年度重点城市一体化政务服务能力（政务服务“好差评”）第三方调查评估。（市农业农村局）

种植业

【概况】2020年，杭州市粮食播种面积9.08万公顷，比上年增长2.4%；产量50.86万吨，增长2.4%。蔬菜种植面积9.93万公顷，增长0.8%；产量347.69万吨，增长1.8%。水果种植面积3.99万公顷，增长0.3%；产量83.11万吨，增长0.6%；产值43.95亿元，增长5.3%。其中：果用瓜种植面积1.06万公顷，下降1.7%；产量35.98万吨，下降2.5%；产值18.47亿元，增长3.4%。中药材种植面积8944公顷，增长5.6%；产量5.05万吨，增长2.8%；产值15.10亿元，增长8.0%。花卉苗木种植面积3.67万公顷，下降2.3%；产值55.64亿元，下降3.6%。茶叶种植面积3.56万公顷，增长1.0%；产量2.96万吨，下降5.6%；产值36.81亿元，下降1.9%。桑园面积5944公顷，下降10.9%。蚕茧产量2303.3吨，蚕茧产值8987万元，下降42.2%。

【西湖龙井品牌管理】2020年3月1日，《西湖龙井茶产地证明标识管理办法》实施，启用西湖龙井茶数字化管理系统，通过统一核定面积、建立

2020年杭州市粮食作物生产情况表

表18

项 目	播种面积（公顷）	总产量（吨）
早 稻	2489.37	16516.17
晚稻及迟中稻	43301.51	305759.33
大 麦	47.52	158.17
小 麦	9892.91	44185.40
玉 米	14120.14	59243.50
大 豆	9353.23	23190.03
其他杂豆	2449.10	7227.76
薯 类	8620.28	50308.03
其他谷物	613.27	2213.22
总 计	**90839.80**	**508643.44**

说明：薯类产量按五折一计算

2020年杭州市棉花、油菜籽生产情况表

表19

项 目	播种面积（千公顷）	比上年（%）	总产量（吨）	比上年（%）	每公顷产量（千克）	比上年（%）
棉 花	0.16	-16.7	243	-16.8	1518.8	-0.1
油菜籽	23.07	2.3	61388	3.2	2661	0.8

2020年杭州市蔬菜、茶叶、水果生产情况表

表20

项 目	播种面积（千公顷）	比上年（%）	总产量（万吨）	比上年（%）	每公顷产量（千克）	比上年（%）
蔬 菜	99.34	0.8	3476884	1.8	34999	1.0
茶 叶	35.61	1.0	29575	-5.6	830	-26.2
水 果	29.33	1.1	471397	3.2	16071	2.1

说明：蔬菜产量包含食用菌；水果指园林水果，不含果用瓜

电子账户、购销同步划转、按量申领茶标、统一编号管理、销售必须贴标等手段，实现西湖龙井茶生产经营环节的全程可追溯监管。2020年西湖龙井茶在受新冠肺炎疫情影响总产量比上年同期下降4.3%的情况下，平均售价增长55.1%，实现产值4.74亿元，增长48.6%。结合数字化管理系统后台信息对茶叶收购点、茶叶市场、茶企、经销店等进行为期6个月的联合执法，遏制制假售假。律师团队同步开展全国范围维权打假，取证170件。44.5%的茶农选择将茶叶出售给企业，茶企总收购量180吨，收购比例上升至36%。西湖龙井茶生产经营呈现向规模茶企集中的良好局面。在《2020中国茶叶区域公用品牌价值评估报告》中，西湖龙井以70.76亿元的品牌价值蝉联榜首。

【"国际茶日"杭州主场活动】2020年5月21日，首个"国际茶日"浙江杭州主场活动在中国茶叶博物馆启动，主题为"茶和世界，共品共享"。中共中央总书记、国家主席习近平致贺信。活动由农业农村部、浙江省政府、联合国粮农组织（FAO）主办，包含茶扶贫、茶文化、茶体验、茶消费、茶旅游等，邀请专家线上讲授茶科学、茶文化，依托阿里巴巴平台开展涉茶创业就业技能线上培训，组织18个贫困地区茶叶主产县县长直播带货，上线茶生态观光景点，开通品牌茶馆线上门店直播。主场活动同时发布第三期"中国茶产业杭州指数"和"以茶为媒，穿越千年——'杭为茶都'"等浙江十大茶旅精品线路。

【农作物新品种展示示范点创建】2020年，杭州市创建省、市、县（市、区）级农作物新品种展示示范点46个，面积103.3公顷。其中：水稻展示点12个、高产示范方7个，展示示范面积66公顷，包括"浙粳优1578""甬优7860"等45个品种；油菜展示点10个、高产示范方4个，展示示范面积26公顷，包括"浙油505""越优518"等13个品种；旱杂粮展示点6个，展示面积3.3公顷，包括"扬麦20""金运麦1号"等22个品种；瓜菜展示点7个，展示面积8公顷，展示品种200多个。临安、萧山、建德、余杭、富阳等地展示点举办新品种新技术田间展示观摩活动，促进主推品种和技术的推广应用。

【种质资源保护】2020年，杭州市开展种质资源提纯保护工作。糯米丝瓜、白玉苦瓜、粉皮冬瓜、十姐妹南瓜、水果番薯等20个地方种质资源品种的保护提纯工作取得进展。收集优良种质资源种子15千克，并按规定保存。

【优新品种推广】2020年6月27—29日，全国·浙江鲜食玉米大会在杭州种业集团径山基地举行。大会种植面积5.4公顷，种植鲜食玉米品种530个，评选出"全国十佳甜玉米品种""全国十佳糯（甜糯）玉米品种""全国十大潜力甜玉米品种""全国十大潜力糯（甜糯）玉米品种"共40个优新品种。11月18日，第十届杭州秋季蔬菜品种展示会在浙江省（萧山）现代农业创新园举行，展示会种植面积1.5公顷，种植蔬菜品种400多个，评选出推介品种40个。12月4日，杭州市第三届"十大好味稻"品鉴评比活动在杭州农业大楼举行，10个单位的7个品种获"十大好味稻"金奖。

【晚稻稳产高产】2020年，杭州市水稻生产克服分蘖期超长梅雨、抽穗灌浆期持续高温等不利因素影响，晚稻获高产。余杭区余杭街道的"春优927""甬优7872"水稻百亩高产示范方的3个测产田块亩产分别为961.75千克、904.52千克和927.14千克，示范方平均亩产931.14千克，其中961.75千克的亩产创余杭区水稻亩产最高纪录。临安区太阳镇"春优927"高产示范方平均亩产910.48千克，为临安区近年难得的高产水平。

【救灾应急种子储备】2020年，杭州市储备农作物应急种子74.88万千克（折合常规稻86.72万千克），其中常规早稻18.1万千克、常规晚稻43.75万千克、杂交晚稻1.1万千克（折常规稻5.5万千克）、小麦5万千克、玉米5.16万千克（折合常规稻10.32万千克）、大豆1.2万千克、蔬菜0.57万千克（折常规稻2.85万千克）；储备蚕种6000张。根据需求按程序及时动用储备种子11.53万千克，其中常规早稻7.14万千克、常规晚稻2.89万千克、杂交晚稻0.04万千克、小麦0.1万千克、玉米0.79万千克、蔬菜0.57万千克，补播面积2273.33公顷。

【耕地质量建设】2020年，杭州市组织实施中低产田改市级示范项目34个，面积1212.8公顷，完成计划的101.7%。新扩（改）建排水沟10.50千米、灌溉渠19.48千米、机耕路27.49千米，平整土地16.87公顷，配套建设堰坝2个、下田道115个，石挡墙1724米。全年审核标准农田占补（置换）项目84个，面积275公顷，开展标准农田地力提升、地力评价和提升验收等工作，维护标准农田占补平衡。

"金色池塘"数字农业示范园区　　（市农业农村局 供稿）

【高标准农田建设】2020年，杭州市按农业农村部、省农业农村厅要求开展“十二五”以后高标准农田核查评估，完成历年项目上图入库。规范高标准农田立项选址、初步设计评审、验收复核等环节。全年建成高标准农田2266.67公顷，同步建成高效节水灌溉406.67公顷，分别占任务数的109.7%和148.8%；新立项实施高标准农田建设项目13个，面积2100公顷，开工率100%。

【农作物病虫害监测与绿色防控】至2020年年末，杭州市有省级及以上农作物重大病虫监测预警区域站7个，设立病虫监测点50个，其中粮油作物病虫监测点32个、蔬菜及经济作物病虫监测点18个。做好褐飞虱、草地贪夜蛾、稻瘟病等迁飞性害虫和流行性病害的监测预警和科学防控工作。全年发布病虫情报156期，重大病虫害监测预警准确率90%以上。全市主要农作物病虫害发生面积81.9万公顷（次），防治面积88.3万公顷（次），挽回损失45.5万吨。草地贪夜蛾发生面积6536.3公顷（次），防治面积7100.7公顷（次），为害损失率控制在3%以下。针对水稻褐飞虱大发生态势，全市召开虫情会商会14次、专题防控会议10次、现场会38次，发布褐飞虱防控紧急通知9个，褐飞虱大暴发势头得到有效遏制，挽回产量损失9.25万吨。

【植物疫情防控】2020年，杭州市落实重大农业植物疫情防控责任，建立地方政府负责、部门分工协作、区域联防联控的工作机制，各级政府投入专项防控资金348.3万元，成立市、县（市、区）两级防控指挥部11个，签订县（市、区）、乡镇（街道）、村（社区）三级防控责任书1506份。构建全市植物疫情监测阻截带，建立省、市、县（市、区）三级植物疫情监测点129个。开展以亚洲梨火疫病、红火蚁为重点的植物疫情专项普查8.52万公顷，发现和处置检疫性有害生物6种，发生面积15.30公顷，比上年下降46.5%。及时处置扑灭局部疫点12个，疫情总体控制在零星轻发生状态。强化植物检疫源头监管，创建无疫种子种苗基地12个。全市实施产地检疫102批次，调运检疫1.65万批次，调运种子5936.34吨，花卉苗木18.99亿株。

【秸秆综合利用与禁烧】2020年，杭州市农作物秸秆可收集资源量61.30万吨，利用量61.18万吨，秸秆综合利用率95.9%，其中肥料化利用53.93万吨（直接还田43.50万吨、离田肥料10.43万吨）、饲料化利用4.55万吨、燃料化利用1.57万吨、基料化利用0.67万吨、原料化利用0.46万吨。通过多种途径宣传，引导民众树立利用秸秆、抵制露天焚烧的自觉意识，增强群众法制观念和环保理念。

【农田氮磷生态拦截沟渠】2020年，杭州市建设农田氮磷生态拦截沟渠12条，沟渠长度1.39万米，覆盖农田面积416.67公顷。两年累计建设农田氮磷生态拦截沟渠23条，沟渠长度2.58万米，覆盖农田面积807.34公顷。

【农业土壤污染防治】2020年，杭州市推进农业土壤污染防治与安全利用工作。继续与科研院校合作在富阳区常安镇筹建的土壤重金属污染治理试验站进行重金属治理的研究工作。在富阳区、桐庐县实施省级受污染耕地安全利用示范区工作，落地面积113.33公顷；在萧山区、余杭区、临安区、建德市、淳安县实施市级受污染耕地安全利用示范区工作，落地面积22.0公顷。在技术支撑单位的协助下，完成杭州市耕地土壤环境质量类别划分工作和技术报告，上报到省农业农村厅和省生态环境厅。根据全市耕地的污染类型精准施策，重点对土壤镉含量大于0.6毫克/千克、种植水稻等粮食作物的耕地示范应用多种安全利用技术模式，对严管区进行种植结构调整，全市受污染耕地安全利用率95.5%。

【“肥药两制”改革】2020年，杭州市加大“肥药两制”（化肥和农药实名制购买和定额制施用）改革宣传力度，严把生产经营主体资格准入关，全面推行“刷身份证”“刷脸”等实名购买制度，从源头上规范农业投入品流通使用。创建“肥药两制”改革农资店，全市有31个“肥药两制”改革农资店通过省级认定。其中：萧山区、余杭区、富阳区各5个，临安区、桐庐县、淳安县、建德市各4个。

【限制使用农药专项整治】2020年10月，杭州市开展以百草枯为重点的限制使用农药专项整治。组织执法检查85次，出动执法人员662人次，检查农药经营企业（门店）389个，抽检农药产品42批次，立案查处4起，查获违法经营农药44.98千克，货值金额2720多元。

【农药减量增效】2020年，杭州市围绕农业绿色发展，推广统防统治、绿色防控、精准测报和科学用药等措施，农药使用量比上年减少243.8吨，下降4.1%。建立省级、市级绿色防控示范区19个，其中省级示范区15个、市级示范区4个，建设化学农药零投入示范点14个，创建萧山区、余杭区、富阳区、桐庐县4个省级统防统治与绿色防控融合示范县。全市实施统防统治面积5.15万公顷，绿色防控示范面积7060公顷，推广面积6.95万公顷，主要粮油作物统防统治覆盖率42.5%，绿色防控覆盖率33.6%。强化植保技术储备，开展植保新技术试验16项。做好全市高效“双低”新农药及绿色防控产品补贴工作，落实市级补贴资金200万元，受补蔬菜基地138个，面积4326.67公顷。

【化肥减量增效】2020年，杭州市结合测土配方施肥、商品有机肥替代化肥、水肥一体化等技术和新型肥料等的推广应用，推进化肥减量增效工作。全年举办测土配方施肥技术培训班36期，培训技术骨干和农民2200多人，推广测土配方施肥26.32万公顷（次），应用配方肥2.76万吨、14.01万公顷（次）。加大有机肥替代推广力度，推广商品有机肥18.61万吨，应用面积4.94万公顷（次），资源化利用畜禽粪便65万吨。探索土肥水耦合技术，建立典型经济作物水肥一体化示范基地18个，水果、蔬菜基地水肥一体化应用面积6140公顷。全年实现化肥减量2957吨（实物），比上年下降0.73%，完成年度减量2700吨目标任务的109.5%。

【农药包装废弃物回收处置】2020年，按照政府主导、财政支持、企业运作、农户参与、部门配合的原则，杭州市各涉农区县（市）建立农药废弃包装物有偿回收和集中处置管理工作体系，全域推进农药废弃包装物的回收和处置工作。全市投入财政资金1675.43万元，设立回收点794个，回收农药废弃包装物478.7吨，回收率120.6%；无害化处置农药废弃包装物518.81吨，处置率145.2%，超额完成回收率80%、处置率90%的考核任务。（市农业农村局）

余杭区径山镇径山村村庄绿化　（市林水局 供稿）

林　业

【概况】2020年，杭州市立足区域森林资源优势，坚持山水林田湖草系统治理，以保平安、惠民生、兴产业、强监管为重点，着力构建布局合理、功能完备、效益显著的森林生态系统。全市完成造林更新4864公顷、平原绿化1200公顷。新植珍贵树种198万株，其中基地造林86万株、补植培育38万株、"四旁"植树74万株。完成2019年中央财政森林抚育补贴项目3666.7公顷、彩色健康森林项目1276.7公顷和木材战略储备林项目972.7公顷。新增省级林业重点龙头企业4个，新建省级森林城镇9个、省级林业特色产业强镇1个、省级森林康养名镇1个、省级森林人家12个、省级生态文化基地7个、省级森林康养基地3个、森林氧吧21个。全年森林火灾受害率0.007‰，松材线虫病监测覆盖率100%、防治率115%（超额完成省1.39万公顷除治任务）。

市林水局获"全省国土绿化美化工作成绩突出集体""2019年中国北京世界园艺博览会浙江参展工作突出贡献集体""浙江省林业产业先进集体""第十三届中国义乌国际森林产品博览会最佳组织奖"等称号。首届长三角森林康养和生态旅游宣传推介活动在桐庐举行。桐庐成功创建森林休闲养生城市，萧山区、临安区、淳安县被列入省级林业特色产业示范县。（黄柏顺）

【新增百万亩国土绿化行动】2020年，全省新增百万亩国土绿化行动全面启动，杭州市新增造林3713.3公顷，完成年度任务的122%，是"十三五"期间新造林最多的一年，并首次开展造林落地上图，统一纳入森林资源动态监测和管理平台，推进国土绿化信息化管理。"一村万树"和"新植1亿株珍贵树"两大行动全面收官，累计创建示范村114个、新植珍贵树种1206万株。（郭新保）

【森林资源监测】2020年，杭州市开展全市森林资源动态监测工作，完成并公布2019年度森林资源与生态状况监测成果和杭州市公益林资源监测及生态状况监测成果。成果显示，全市森林覆盖率66.85%，林地面积117.80万公顷，森林面积112.65万公顷，活立木蓄积量7021.48万立方米，市级以上公益林50.18万公顷（全市50.36万公顷、市域内50.18万公顷），蓄积量3639万立方米。杭州市森林资源持续增长，居全国省会城市、副省级城市首位。（郭　嘉）

【西溪国家湿地公园生物多样性监测】2020年，市林水局对西溪国家湿地公园内的兽类、鸟类、爬行类、两栖类、鱼类、无脊椎动物、昆虫、植物和植被九大生物门类进行监测。监测结果显示，湿地内有植物群落87个，维管植物135科439属709种，无脊椎动物（除昆虫）118属187种，昆虫20目199科（总科）898种，脊椎动物31目86科289种，鱼类7目16科56种；两栖类1目5科10种；爬行类2目9科15种；鸟类15目49科193种；兽类6目7科15种。与上年相比，植物群落和植物种类减少，无脊椎动物、鸟类有所增加。（孙品雷）

【林权制度改革】2020年，杭州市深化集体林权制度改革，稳妥流转集体林权，鼓励组建新型林业经营主体，推进集体林业适度规模经营，流转林地2433.3公顷。发放林地经营权证43本，面积613.7公顷。新建林业经营主体55个，创建省级示范性家庭林场11个。当年发生林地经营权抵押贷款3358万元，公益林补偿收益权质押贷款225万元，年末贷款余额8.16亿元。（杨　鹏）

【天目山名山公园建设】2020年，杭州市贯彻落实省政府《浙江省"十大名山公园"建设行动计划（2020—2022年）》，依托天目山国家级自然保护区，推进天目山名山公园建设。着力打造青山绿水、蓝天清风、净土美食、崇文尚学的森林康养福地，将生态文明理念融入产业发展全过程，组织实施区域交通道路提升、滨江天目山小镇、中国耕织图文化园、美丽乡村、平溪自然村移民、天目山精品人文体验酒店、太湖源省级现代农业园和南大门区域环境整治八大项目建设，投入资金14亿元。（曹彤彤）

【禁食野生动物管控】2020年1月，国家市场监管总局、农业农村部、国家林业和草原局发布《关于禁止野生动物交易的公告》，杭州市立即关闭全市

10个动物园、1个临时性观赏展演场，封控隔离全部136个野生动物人工繁育场所和155个经营利用场所。派出检查执法组，到农贸市场、野生动物人工繁育和经营利用场所明察暗访，全市出动人员1.14万人次，检查各类场所8367个，立案查处37起，收缴野生动物185头（只、条），清理收缴器具3261个（件）。（沈　冰）

【在养禁食野生动物处置】2020年8月起，市林水局按"一县一案、一户一策"原则，指导各地制订在养野生动物处置方案。全市处置野生动物2.67万头（只、条）、814.6千克（蛇类以重量统计，不统计数量），兑付补偿资金770多万元。其中：野外放归1.90万头（只、条），无害化处理683头（只、条）、689.6千克（蛇类），调拨动物园用于展示、饲料原料5899头（只、条），转为药用、展示用途1115头（只、条）、125千克（蛇类）。（王玉军）

【林业有害生物防治】2020年，杭州市林业有害生物发生总面积4.31万公顷，防治作业面积4.43万公顷，无公害防治作业面积4.42万公顷，无公害防治率99.77%。全市克服新冠肺炎疫情导致时间窗口期短、人员不足等困难，完成省定防治任务，实际除治松林及松杂混交林3.51万公顷（省定任务1.39万公顷），清理病枯死松树61万株，松树免疫注射39.6万株。2020年秋季疫情普查显示，病死松树量比上年明显下降，松材线虫病防治工作取得初步成效。（赵丽涵）

【森林防火】2020年，杭州市全面压实"市—县—乡—村"四级防火主体责任，强化林业部门监管责任。严管野外火源，持续提升重点地区、重点部位基础设施能力。市级财政补助山地抗旱项目投入资金1200万元，建成消防水池3455立方米，配备高压水泵69台、储水桶370只。适时集结布防，做好早期处置。全市森林火灾发生率3.25次/10万公顷、受害率0.007‰，实现连续5年森林火灾发生率处较低水平。（方鑫之）

【野生动植物保护宣传月暨"爱鸟周"活动】2020年4月，在野生动植物保护宣传月期间，市林水局开展禁止非法交易和滥食野生动物宣传教育，发放宣传册2.5万份，直接宣传教育3.3万人次，提高公众自觉增强生态保护和公共卫生安全意识，推动革除滥食野生动物陋习。4月11日，市林水局开展网络"云"宣传，联合《浙江日报》直播客户端平台在杭州动物园开展"爱鸟周和鸟儿来场云约会"网络直播活动，超过100万人在线观看。（沈　冰）

【杭州湿地保护规划专家研讨会】2020年8月15日，市林水局召开纪念"绿水青山就是金山银山"理念提出15周年暨杭州湿地保护规划专家研讨会。国家林业和草原局湿地管理司和华东调查规划院、湿地国际中国办事处、中国科学院东北地理所、南京大学、河海大学、北京林业大学、中国林科院亚热带林业研究所等单位的14位领导和专家参会，围绕"共谋湿地水城，共绘美丽杭州"议题进行主题讨论，交流国内外湿地保护与发展等方面的研究成果，探讨杭州"湿地水城"保护与建设发展的建议。（孙品雷）

【长三角森林康养和生态旅游宣传推介活动】2020年9月28—30日，浙江省林业局、浙江省文化和旅游厅、杭州市政府联合沪苏皖林业、文化和旅游部门，以"美丽长三角，生态健康游"为主题，在杭州市桐庐县举办首届长三角森林康养和生态旅游宣传推介活动。活动现场签约重大项目和重要合作协议3项，达成意向投资2亿元。（邢筱蛟）

【杭州参展中国义乌国际森林产品博览会】2020年11月1—4日，杭州市组团参展第十三届中国义乌国际森林产品博览会。杭州展团涉及森林食品、茶产品、花卉园艺、木竹工艺品、木竹日用品、家具及配件、木质结构和装修材料七大类137个展位，首次开展线上线下同步"直播带货"。5个单位获最佳展台奖，39个产品获金奖，45个产品获优质奖。（孔令伟）

【林业科技周活动】2020年11月13—14日，市林水局启动全市林业科技周活动，主题为"林业科技助推绿水青山就是金山银山转化"。活动期间，在淳安主会场开展林业科技与产业发展座谈会，组织食用林产品质量安全技术培训，实地考察文昌镇王家源存生态文化基地、千岛湖彩化工程和天屿珍贵树种基地。在富阳、临安、建德等分会场开展林业科技周活动培训、咨询服务、实地指导等90场次，培训乡村干部、林技人员、林农等8500多人次，发放林业科技推广宣传资料1万余份。

【林业科研】2020年，市林业科学研究院科研成果获省科技进步奖二等奖1项，获市职工"五小"创新成果1项。不同砧木山核桃嫁接苗酸、铝胁迫影响研究有效控制植株发病症状，生长状况和产量大幅度提升；山核桃果实病防控技术研究形成综合防治技术防治效果达93.9%；应用笋用竹林减肥减药技术建立竹林退化修复基地73.3公顷，笋用林金针虫防治建立基地49.7公顷；薄壳山核桃和香榧主要病虫害综合防控技术体系防治率为95%以上；楠木、铁皮石斛、香榧等病虫害调查和防治研究防治率为90%以上；餐前废弃物在毛竹林下栽培竹荪、大球盖菇等食用菌试验成效良好并经检测各项指标合格；6种中药材林下仿生栽培模式取得初步成效。（赖相燕）

畜牧业

【概况】2020年，杭州市重点推进新扩建万头猪场建设、非洲猪瘟防控、高水平美丽牧场创建、"菜篮子"畜牧基地建设、畜禽排泄物资源化利用工作，带动畜牧业转型升级提质增效。全市畜牧业产值70.87亿元，比上年下降25.9%，肉、蛋、奶产量分别为10.98万吨、7.39万吨和3.09万吨，蜂蜜产量1.49万吨。全市新扩建万头猪场14个（并投产），创建部级标准化示范场1个、省级美丽牧场16个、市级高水平美丽生态牧场4个，畜禽排泄物综合利用率为90%以上。

【重大动物疫病强制免疫】2020年，杭州市继续实行重大动物疫病强制免疫，实现应免尽免。全市使用牲畜口蹄疫疫苗373.81万毫升，免疫家畜128.45万头；使用高致病性禽流感疫苗1361.03万毫升，免疫家禽2065.9万羽；使用高致病性蓝耳病疫苗144.44万头（份），免疫生猪56.27万头。全市未发生区域性重大动物疫病。

【动物疫病风险预警】2020年，杭州市对1279个场（点、次）种畜禽场、规模养殖场、散养户、屠宰场（点）等主体进行采样监测，监测各类样品6.71万份（次）。其中，检测高致病性禽流感抗体1.93万份、口蹄疫抗体1.24万份、猪瘟抗体4277份、高致病性蓝耳病抗体2288份、小反刍兽疫抗体6475份、新城疫抗体4061份；检测高致病性禽流感病原2230份、口蹄疫病原568份、非洲猪瘟病原1.20万份、高致病性蓝耳病病原283份、小反刍兽疫病原3144份。开展H7N9流感监测，对21个（次）种禽场、181个（次）商品代饲养场、20个（次）散养户、43个（次）屠宰场（点）、4个（次）养殖小区，采集8169份血清样本，抗体检测结果全部合格；检测家禽咽肛拭子1255份，未检出H7N9病毒核酸阳性。

【非洲猪瘟应急防控】2020年，杭州市发挥市防治动物疫病指挥部办公室职能，完善联防联控机制，统筹推进非洲猪瘟防控各项工作。落实全市存栏5000头以上的26个生猪养殖场非洲猪瘟自检工作，全市18个屠宰企业均采用聚合酶链式反应（PCR）方法开展非洲猪瘟自检工作。全年监测种猪场6个（次）、商品代饲养场64个（次）、散养户3个、屠宰场13个（次）、市场2个、其他场点43个（次），监测非洲猪瘟病原样品数1.20万份，样品阳性数为零。市本级实验室全年检测非洲猪瘟样品1338份，其中调运环节各类样本45批次、277份，检出2份阳性，对相关区域实施禁调。全市未发生非洲猪瘟疫情，生猪养殖生产总体稳定，市场猪肉供给平稳。

【主城区宠物防疫】2020年，杭州市对主城区2.57万只犬进行狂犬病免疫。以点带面推进城区犬防社会化服务工作，全市狂犬病免疫点增加到74个，主城区实现犬狂犬病免疫就近办。全市7个定点医院实施流浪猫绝育手术1277例，保持零投诉。

2020年杭州市畜牧生产情况表

表21

项目	单位	年内出栏	比上年（%）	年末存栏	比上年（%）
生猪	万头	112.91	-19.6	104.51	15.7
牛	万头	0.7243	-48.0	1.2062	-7.3
羊	万只	21.07	-11.6	20.20	7.7
兔	万只	23.74	—	8.00	—
禽	万羽	1546.63	-15.8	1016.51	-0.9

【动物及动物产品检疫和调运监管】2020年，杭州市开展产地检疫生猪62.16万头、牛0.04万头、羊1.15万头、家禽1189.43万羽。开展屠宰检疫生猪74.60万头、牛羊6.26万头、家禽1509.00万羽。推进“互联网+”监管，推行由经营企业自主开展分销信息凭证电子分销出证。全市领用动物检疫合格证明86.65万份、检疫合格标志434.95万份，发放家禽检疫脚环1263万只、牛羊脚环13.75万只，分销信息凭证177.5万份。加强动物产品调运监管，调入活畜73.79万头（只）、活禽710.90万羽，动物产品56.41万吨，其中猪肉18.19万吨、牛羊肉0.90万吨、禽肉34.98万吨。完善调运监管机制，至年末，有供杭冷鲜动物产品屠宰加工企业131个，其中省内冷鲜猪产品屠宰加工企业26个。

【畜产品安全监管】2020年，杭州市畜牧兽医监管部门抽检各类样本4.53万份，总体合格率99.9%以上。全市各级畜牧兽医监管部门在养殖环节开展现场家畜“瘦肉精”快速检测尿样1.99万份，合格率100%；在屠宰环节开展“瘦肉精”抽检尿样2.32万份，合格率100%。市本级在养殖环节开展各类畜产品风险抽检1691批次，各类畜牧投入品抽检155批次，发现和消除质量安全隐患2起；每月开展一次畜产品例行检测，对区县（市）抽检畜产品禁限用药物残留403批次，检测结果全部合格。

【畜牧业专项整治】2020年，杭州市办理畜牧业违法案件109起，罚没款60多万元，其中移交公安机关5起。开展马属动物违规调运违法行为专项行动，出动执法人员135人次，排查马属动物场（户）65户，重点查看马属动物生产饲养情况、临床健康情况、病死动物处理、疫情报告情况以及调运情况，对查到的问题产品进行调查。开展生猪违规调运和屠宰领域违法行为“利剑”专项整治行动，检查各类单位120多个（次），规范生猪领域经营行为；开展全市畜牧投入品和畜禽产品监督抽样工作，出动执法人员160多人次，抽取牛肉样品72份、猪肉样品100份，兽药饲料175批次。加强部门联动，针对鸡蛋、牛肉等畜产品违禁药物残留，多次与市公安局环境和食品药品犯罪侦查支队开展联合执法行动，打击农产品食品安全领域违法犯罪行为。开展全市生物制品违法生产经营专项行动，对全市兽用生物制品生产企业、生物安全实验室、部分生物兽用生物制品经营开展检查，督促企业提高非洲猪瘟防控意识，严禁制售所谓“自家苗、中试苗、进口苗”等行为。开展兽药二维码实施情况专项检查，出动人员10人次，排查兽药生产企业14个、兽药经营企业22个，督促企业严格按照兽药追溯“二维码”相关要求开展生产经营活动。开展促生长类药物添加剂和宠物饲料专项检查，出动执法人员123人次，检查生产经营主体60多个（次），保障畜牧投入品的质量安全。

（市农业农村局）

水产业

【概况】2020年，杭州市以渔业供给侧结构性改革为主线，以提质增效、绿色发展、富裕渔民为目标，坚持

2020 年杭州市水产品产量一览表

表 22

项　目	产量（吨）	比上年（%）
（一）总计	193307	-4.77
淡水养殖	157721	2.43
淡水捕捞	14526	3.31
远洋渔业	21060	-39.75
（二）养殖水域		
池塘	81843	2.21
湖泊	739	-1.73
河沟	762	1.60
水库	16536	-0.53
稻田	52027	-3.89
其他	5814	252.79
（三）主要养殖品种		
青鱼	4488	3.03
草鱼	12318	1.52
鲢鱼	23962	3.76
鳙鱼	24146	5.22
鲫鱼	15269	6.31
鳊鱼	6886	-2.62
鲤鱼	1808	-7.90
罗非鱼	45	4.65
鲶鱼	143	64.37
鳖	29775	-3.50
蟹	141	-6.00
虾类	28399	6.04
加州鲈鱼	1100	27.31
乌鳢	307	-45.95
鳗	116	3.57
鳜鱼	259	78.62
黄鳝	22	-56.00

2020 年杭州市水产养殖面积一览表

表 23

项　目	面　积	比上年（%）
一、水域养殖（公顷）	52413	0.83
池塘	8115	-0.90
湖泊	385	0
河沟	216	0
水库	42946	-0.03
稻田	6934	-5.92
其他	751	226.52
二、网箱养殖（平方米）	266800	0

现代渔业发展方向。全市渔业产值 49.99 亿元，比上年增长 2.6%。水产养殖面积 5.24 万公顷，增长 0.8%；水产品产量 19.33 万吨，下降 4.8%。

【渔业主推品种和主推模式与技术联合行动】2020 年，杭州市开展渔业主推品种和主推模式与技术联合行动。重点推广中华鳖、南美白对虾、鲫鱼、大口黑鲈、翘嘴鲌等 12 个品种，及稻渔综合种养、尾水处理、池塘内循环流水养殖、大棚设施养殖、大水面洁水增养殖、生态混养等 8 项技术。建立科技示范户 439 户，示范面积 3377.33 公顷。组织渔业技术培训，3725 人次参加。

【健康养殖示范场建设】2020 年，杭州市按生产条件标准化、生产操作规范化、生产管理制度化、示范辐射规模化等要求，推进健康养殖示范场建设。创建和培育省级渔业健康养殖示范县各 1 个，创建部级水产健康养殖示范场 1 个、省级水产健康养殖示范场 36 个。

【水产品保供能力提升】2020 年，杭州市围绕“菜篮子”考核任务，做好水产品保供指标分解、责任明确、措施落实等工作。完成“菜篮子”水产基地项目建设 21 个，完成池塘循环流水养殖“跑道”42 条；组织水产品参加“菜篮子”进社区活动 6 场。

【休闲渔业发展】2020 年，杭州市加强“数字 + 渔业”“渔业 + 旅游”深度融合，用数字化、信息化手段提升渔业产业发展水平。余杭建光黑鱼专业合作社、龚老汉中华鳖数字渔场被省农业农村厅确定为数字农业工厂试点示范主体。淳安县利用千岛湖生态品牌推进增殖放流旅游产业化、常态化，提升“渔旅结合”金山渔湾放流基地，打造成渔旅融合专业放流基地，创建“巨网捕鱼”、鳌山渔村等特色旅游项目，定期举办有机鱼文化节、国际钓鱼大赛等渔事节庆活动。

【远洋渔业管理】2020 年，杭州市远洋渔业产量 2.11 万吨，比上年下降 39.8%；产值 2.74 亿元，下降 35.9%。

余杭区仁和街道三白潭村冬捕　　（市农业农村局 供稿）

至年末，全市有远洋渔业企业2个，实际投入生产渔船25艘。远洋渔业企业从制度完善、管理跟进、硬件保障等方面抓好安全生产工作，无安全生产事故发生。

【幼鱼保护暨渔业“一打三整治”行动】 2020年，杭州市渔政部门贯彻落实《杭州市幼鱼资源保护暨渔业“一打三整治”专项行动实施方案》，在全市开展专项执法行动。印发海洋幼鱼保护海报和宣传手册5000多份，开展幼鱼保护专项检查10多次，检查市场和餐饮场所115个（次）。全年组织执法检查3858次，出动执法人员1.20万人次，检查渔船2819艘（次）、渔业企业33个（次）、集中停泊点320个（次），处置举报投诉1965起，查处涉渔各类违法案件2391起，罚金292.3万元，没收渔获物1829千克，没收涉渔“三无”船舶159艘，拆除吊船架5个，清理“迷魂阵”、地笼等违禁渔具1.44万件（套、米）。

【钱塘江禁渔期管控】 2020年3月1日至6月30日，钱塘江干流和主要支流实施禁渔期管理。杭州市出动宣传车（船）92次，发放宣传资料1.6万份，在沿江码头、渔船集中停泊点等地悬挂横幅（张贴公告）3700多条（张），设立禁渔标志牌139块，渔民知晓率100%。全市设渔船集中停泊点94个，1133艘捕捞渔船按规停泊、应休尽休，集中停泊区域推行片组管理，实现“船靠泊、网入库、人上岸”。禁渔期间，落实24小时全天候值班制度，组织执法检查816次，检查车辆364辆（次）、船舶941艘（次），检查人员5144人次，受理处理举报151起；查处违禁捕捞案件58起，没收渔获物114.8千克、收缴电捕器具10套、取缔违禁渔具数量510件（米）、没收“三无”船只30艘，收缴电捕器具30套，罚款2.95万元。开捕时恰逢汛期，组建退役军人突击队，确保洪峰安全过境和渔船渔民安全度汛。

【渔警协作机制创新】 2020年，市农业综合行政执法队与市公安局环境和食品药品犯罪侦查支队加强协作，搭建渔警协作平台，优化行刑衔接流程，破解打击非法捕捞执法难题。全年联合公安部门查获电鱼等非法捕捞涉刑案件62起，对142名犯罪嫌疑人采取刑事强制措施，打掉涉渔犯罪团伙2个。查获的湖南麻阳籍某团伙参与的钱塘江非法捕捞鳗苗案，涉案鳗苗6万余尾，案值300多万元，刑拘31人，被农业农村部表彰为2020年度涉渔违法违规“十大典型案例”。办理的言某某违反禁渔期规定进行捕捞案被评为2020年省级集中评查优秀案卷和全省渔政执法“十佳案卷”。

【水生野生动物保护】 2020年，杭州市开展野生动物违法交易专项执法、水生野生动物保护专项执法行动，出动执法人员300人次，检查驯养繁殖场、展演馆等单位50多个（次），救护松江鲈鱼、胭脂鱼、大鲵等国家重点保护动物6尾（只）。11月15日，市农业农村局联合浙江大学、“绿色浙江”公益组织等开展“2020年浙江省水生野生动物保护宣传月”活动，展示钱塘江江豚等标本30件，发放宣传资料2000多份。

【水产病害测报与防疫检疫】 2020年，杭州市设立水生动物病害测报点52个，开展对鲫鱼、鳖、南美白对虾等8个品种水生动物的病害测报，发送病害预报信息5400多条。全年完成78个批次、390个项目的南美白对虾苗种及成虾的白斑病毒、对虾血细胞虹彩病毒、传染性皮下及造血组织坏死病毒、肠胞虫和急性肝胰腺坏死等病源检测。从获得的18株中华鳖主要细菌性病原中筛选出11株气单胞菌属的细菌，用9种抗菌药物进行最小抑菌浓度测定。

【主要渔业水域环境监测】 2020年，杭州市开展主要渔业水域环境监测。按鱼类种质资源保护区、增殖放流区、产卵索饵场和养殖区4类监测区域，设立监测站点49个，确定单水样检测指标22项，实施监测84频次，获取各类监测数据6840个，基本掌握全市主要渔业水域环境情况。

【初级水产品质量安全】 2020年，杭州市开展重大节假日及“绿剑”“双随机”专项执法检查，检查水产养殖单位600多个（次）。推进水产品抗生素和禁用药品及化合物专项整治，收集汇总全市水产养殖主体信息844个，摸排涉刑水产品安全风险点；协调、落实各类水产品及水产养殖投入品监测抽检任务800多批次，合格率超过99%。（市农业农村局）

农业科技

【概况】 2020年，杭州市实施科教兴农战略，加强农业科技体系建设和队伍建设，抓好农业科技创新、推广、管理和协作工作。全市基层农技推广体系健全，建有市、县（市、区）级农技推广机构9个、乡镇级136个；有农业技术创新和推广团队82个，团队专家668名，其中市级10名。

杭州市以农民教育培训提质增

效“1256”行动（市本级培训“乡村振兴领军人才”100名、“新型农业经营主体带头人”200名、“农业农村兴业带头人”500名，全市培训农村实用人才和高素质农民6000人）为主抓手，开展分层分级分类培训，培育“有文化、懂技术、善经营、会管理”的农村实用人才和高素质农民，推动乡村人才振兴。全市“1256”行动培训农村实用人才8968人，培训高素质农民3017人。全市培训农创客366人，新增农创客245人。“市、县两级共建现代农业教育培训体系典型案例”入选全国农民教育培训发展典型案例。11月底，全国农广校校长培训班和全国科教处处长座谈会在余杭区举行。

【农业科技创新】2020年，杭州市开展农业技术协作攻关。加强农业科技创新和转化推广应用，组织申报2020年农业与社会发展科研一般项目21个、重点项目2个。其中：12个一般项目获准立项，1个重点项目答辩入围。打造农业科技示范样板，突出“绿色、科技、示范”，加强省级高品质绿色科技示范基地建设，新培育省级科技示范基地34个，累计197个。市农业农村局联合市科协认定2020—2022年度13个市级农村科普示范基地。做好部级、省级各类奖项的组织推荐工作，获2019年度全省农业科技奖励项目9个，其中省农业丰收奖7个（一等奖3个、二等奖1个、三等奖3个）、省农业农村厅技术进步奖2个（均为一等奖）。

【农业科技推广】2020年3—5月，杭州市发挥市、县（市、区）两级产业科技服务队作用，市、县（市、区）、乡三级联动，多部门合作，开展科技下乡服务月活动，推广农业先进实用技术，促进农业生产保供和农民持续增收。开展科技下乡助农服务，市本级开展科技下乡活动860多次，1788人次参加，编印现代农业技术推广汇编，推广技术412项、推广品种155个，解决问题1112个，举办培训586期，服务4363人次。开展线上推广培训，制作发布农业产业技术视频10个。

【农业科技管理】2020年，杭州市加强农业转基因监管，委托省农科院每季度对田间种植地、标识环节和种子相关场所开展抽检，抽检样品454批次，全部合格。开展“双随机抽查”和劳动节、国庆节前检查，完成对中国水稻研究所等试验研究环节和各种子经营企业、门店督查指导，全年检查单位70多个，出动执法人员30人次。加强农业知识产权保护，完成知识产权营商环境考核各项工作。全年植物新品种申请数89个，比上年增长3.5%。其中，水稻品种63个，增长28.5%。全市植物新品种保护授权品种数48个，增长45%。开展知识产权宣传，举办4期线上线下知识产权培训班，市、县（市、区）、乡三级农技推广干部、农业管理干部和新型经营主体负责人1350多人参加。

【农业科技协作】2020年，杭州市加强对口帮扶协作，协调市、县（市、区）两级对口帮扶及山海协作农技人员选派和管理，市级选派农技人才12名。市级开展5期湖北省恩施土家族苗族自治州、贵州省黔东南苗族侗族自治州帮扶培训班，培训247人。加强同市科技部门和推广基金会协作合作，派遣农业科技特派员5人。

【农业科技队伍培育】2020年，杭州市新组建粮食、蔬菜、水产、畜牧、水果、蚕桑、茶叶、中药材、花卉、食用菌10个产业科技服务队，加强科技推广和服务，建立工作例会制度、信息报送制度、培训交流制度等，加强队伍建设、项目管理和工作推进。提升农技人员素质，开展农技人员培训，通过异地研修、集中办班和现场实训等方式，培训农技人员897人，其中市级培训333人；定向培养基层本科农技人员11人。培育农业科技示范主体，扶持科技示范主体1887户。富阳区蒋玉根被评为“全国最美农技员”，余杭区科技示范户周海东被评为2020年全国劳动模范。

【农村实用人才培训】2020年，杭州市培训农村实用人才8968人，完成率131.2%。其中，市本级抓好“125”高层次农村实用人才培训，培训856人（乡村振兴领军人才143人、新型农业经营主体带头人203人、农业农村兴业带头人510人）。各区县（市）结合当地实际，创新培训模式、精准培训内容、突出培训品牌、完善培训制度，打造一批培训品牌。

【高素质农民培训】2020年，杭州市、县（市、区）两级围绕产业发展需求，创新培训方式，采取理论实践结合、线上线下培训相结合，培养经营管理型、专业生产型和技能服务型的高素质农民，培训3017人。其中，市本级结合机器换人工作开展植保无人机培训，培训104人，88人通过考核认证，成为杭州市首批持证上岗的植保飞防人员。各地把高素质农民培训纳入乡镇（街道）招才引智工作考核。（市农业农村局）

农业机械化

【概况】2020年，杭州市农机管理部门开展农业“机器换人”促进工程、农机购置补贴和“平安农机”示范创建等工作，农业机械化水平进一步提升。至年末，杭州市有农业机械总动力195.9万千瓦（不含渔船），其中柴油机械动力70.42万千瓦、汽油机械动力20.65万千瓦、电动机械动力104.79万千瓦。有主要农机具47.38万台（套），其中大中型机械有拖拉机0.66万台（与其配套的各类农机具1.09万台）、收获机械1347台、植保机械3.12万台、排灌机械12.76万台、农产品初加工机械2.43万台，农机装备结构进一步优化。

【农业“机器换人”推进】2020年，杭州市继续落实《杭州市农业“机器换人”促进工程项目和资金管理办法（2018—2020年）》，安排市级财政补助资金1200万元，提升农业设施装备水平，推进农业“机器换人”促进工程。余杭区入选全国率先基本实现主要农作物生产全程机械化示范县(市、区）。全市成功创建省级农业“机器换人”主导产业示范区1个（临安区）、示范乡镇2个、示范基地12个。

【农机购置补贴政策落实】2020年，杭州市落实中央、省、市、县四级财政资金，对农户购置农业机械装备给予补贴，调动农户购买使用农机的积极

农业机具——插秧机和收割机 （市农业农村局 供稿）

性，提升农机装备信息化、智能化水平。全市补贴机具2.29万台（套），补贴资金5644.84万元，其中中央补贴资金3515.64万元、省级补贴资金473.15万元、市级补贴资金935.73万元、县级配套资金801.42万元。

【新机具新技术引进】2020年，杭州市农机系统引进试验新机具，强化新技术培训，加快新机具的示范推广应用。萧山区试验推广侧深施肥器、农用无人机、北斗自动导航系统及秸秆综合处理设备，推广蔬菜移栽机械、数字化农机装备等。余杭区引进智能收割机、气吸式水稻秧盘精准播种流水线、茶叶程控远红外滚筒杀青机、植保与施肥用无人机等新型农机设备。桐庐县引进拖拉机自动导航智能行驶系统、轮式及履带式自走式遥控割草机、单履带自走式运输机。淳安县引进全自动莲子通心机、可视化红茶发酵机、中华鳖六级分选机、菇类气泡清洗机和菇类托盒包装机。

【上道路拖拉机淘汰】2020年，杭州市根据《杭州市变型拖拉机道路交通安全专项整治实施方案》加大上道路拖拉机整治力度。采取每季度通报、列入年度考核等措施，督促指导各地加强管理，严格实施拖拉机停牌、拖拉机驾驶员停考，停止上道路拖拉机的转移、变更登记和到期延长，推动提前淘汰工作落实。至年末，全市登记在册的9119台变形拖拉机全部清零，消除农机安全生产隐患。

【农机安全监管】2020年，杭州市成功创建国家级“平安农机”示范县1个（临安区）、省级“平安农机”示范乡镇7个。加强宣传教育，开展各类农机安全主题宣传活动334次，发放农机安全宣传资料7800多份，7240多人次受益。检查农机专业合作社、农机大户、农机经销商、农机维修网点等农机服务经营组织576次，农机监理人员参加检查1792人次，排查治理安全隐患539个。办理农田作业拖拉机牌照登记137台，办理联合收割机牌照登记88台。检验合格上道路行驶拖拉机139台、农业机械实地安全检验2785台。核实外省籍拖拉机458台，核实假牌证21台、假驾驶证31本。培训驾驶员740人，发送安全警示提醒短信41.43万条（次）。联合交警部门开展路面检查571次，参加检查1522人次，检查拖拉机845台，查获涉嫌违法违章拖拉机178台。 （市农业农村局）

合作生产

【概况】2020年，杭州市供销社系统实现利润10.3亿元，社会贡献额21.2亿元，所有者权益74.1亿元，总销售额418亿元，获全国供销合作社系统综合业绩考核计划单列市和副省级省会城市一等奖第一名。首旅南苑凯豪酒店、临浦货运码头、安吉银色港湾、杭州茶厂精致加工生产线升级改造等一批重点项目有序推进。9月，中共中央总书记习近平对供销合作社工作做出重要指示，杭州市供销社系统全面学习宣讲贯彻。12月3日，市委常委会召开会议，传达学习中共中央总书记习近平关于供销合作社工作重要指示和中华全国供销合作社第七次代表大会精神，研究贯彻落实意见，听取市供销社汇报2020年工作特色和2021年工作思路。

【供销社系统抗击新冠肺炎疫情】2020年新冠肺炎疫情期间，杭州市供销社系统42个农批农贸市场坚持营业，日均销售肉、蛋、蔬菜等1600多吨。依托8个农资生产经营企业推出农资配送、上门服务，供应农资20多万吨。全市系统捐款1300多万元，减免应收租金3000多万元。

【为农服务优化】2020年，杭州市供销社系统实现土地流转2.73万公顷，土地托管1.27万公顷，测土配方8.53万公顷，统防统治3万余公顷（次）。托管农批农贸市场47个，开设农产品专营店24个，全年农产品市场交易额273.7亿元。实现农信担保公司在保余额6.04亿元，涉农比例76%，为655个农户完成“小额农户贷”担保1.64亿元，减免担保费150万元。完成市委、市政府梅汛期灾后救助十条政策任务，为354户杭州市农民合作经济组织联合会会员免费赠送价值170万元农资，开通汛期应急担保贷款审批通道。

【供销系统管理优化】2020年，杭州市供销社系统学习贯彻中共中央总书记习近平关于供销系统反腐败工作重要指示精神，贯彻中华全国供销合作总社《关于加强供销合作社全面从严治社工作的指导意见》、浙江省政府《关于加强供销合作社集体资产监督管理的若干意见》文件精神，启动供销系统腐败和作风问题重点整治工作，抓好巡察、审计发现问题整改，构建以纪检监察巡查为主导的监事会、社资委、审计、财务、法律等多方参与的监督体制。淳安县供销社恢复社员代表大会、理事会、监事会，全市系统实现“三会”建设全覆盖。

（席庆山）

责任编辑 郦 晶

23

工 业

综 述

【工业经济发展质效提升】2020年，杭州市规模以上工业企业实现增加值3467亿元，比上年增长3.8%。高新技术产业、装备制造业、战略性新兴产业增加值分别为2448亿元、1837亿元、1415亿元，增速分别为8.6%、11.8%、8.1%，占规模以上工业增加值的比重分别为67.4%、50.6%、38.9%。全员劳动生产率34万元/人。规模以上工业研发费用占营业收入的3.1%，新产品产值率40%。淘汰落后和过剩产能相关企业149个，整治提升“低散乱”块状行业涉及企业1446个，改造提升低效企业330个，腾出用能空间20万吨。

【“新制造业计划”实施】2020年，杭州市成立“新制造业计划”推进领导小组，发布2020年度“新制造业计划”年度工作要点。全年以工业投资、工业用地、数字化改革等为主题，召开“双引擎”月度工作例会6次，开展“比学赶超”大比武、专项审计等督查活动5次，制定专项政策细则30项，构建“1+1+N”政策体系，推动“六倍增”目标稳步完成。强化土地要素保障，实施存量工业用地“改一补一”“先补后占”，全年新增工业用地933公顷。

【“亩均论英雄”改革】2020年，杭州市工业企业“亩均论英雄”综合评价扩面到用地2000平方米以上规模以下工业企业，实施资源要素差别化配制，强化综合评价结果应用。萧山区、余杭区率先以宗地评价模式开展试点。至年末，杭州市规模以上工业企业亩均增加值197.1万元，比上年增长9.6%，列全省第一位，增幅高于全省1.7个百分点。规模以上工业企业亩均税收42.5万元，列全省第二位。

【工业专项组工作】2020年，杭州市围绕全省“争先创优”专项行动，建立全市经济运行专班工业专项组，按照“一图一库一码一链一指数”工作要求，强化省、市、区三级联动，完善监测预警、协同创新等7项机制，落实保主体、防风险、稳投资等八大任务。在全省第二季度开展的MEI指数月度考核中，全市工业攻坚指数分别列全省第五位、第二位和第一位，工业专班推进指数分别位列全省第二位、第一位、第一位。在第三季度、第四季度开展的“最佳实践”创建工作中，滨江区、西湖区入选全省“最佳实践”，占全省工业领域“最佳实践”案例数量的1/3。

【产业链基础再造和提升工程】2020年，杭州市夯实全市产业链基础，推动建立“3+4+2+X”产业链体系。至年末，全市梳理断供断链风险793个、处置化解452个，申报省级产业链协同创新项目19个，组建企业共同体23个，举办协同对接交流会161场次。杭州数字安防产业入选国家

2020年7月28日，第二届中国工业互联网大赛开幕式在余杭区举行
（市经信局 供稿）

先进制造业产业集群，生物医药产业链、智能计算产业链、网络通信产业链等入围省级标志性产业链。

【产业数字化建设】2020年，杭州市创建工业和信息化部跨行业跨领域工业互联网平台2个，入围工业和信息化部工业互联网平台试点示范项目7个。新认定省级工业互联网平台14个，创建省级工业互联网56个。58个企业入围省级及以上服务型制造示范企业（平台）。阿里巴巴集团新制造平台“犀牛智造”被认定为“灯塔工厂”，杭州海康威视数字技术股份有限公司等6个企业被认定为全省首批“未来工厂”。

【企业技术中心建设】2020年，杭州市推进企业技术中心建设，新增国家级企业技术中心3个、省级企业技术中心13个、市级企业技术中心84个。至年末，全市累计有市级以上企业技术中心817个，其中国家级45个、省级202个、市级570个，国家级企业技术中心数列全省第一位。开展省级制造业创新中心培育创建工作，全年新培育创建智能光学感知创新中心、智慧医疗创新中心、生物基全降解及纳米材料创新中心3个省级制造业创新中心，全市累计9个。

【新产品新技术推广应用】2020年，杭州市加速制造业新产品、新技术、新业态、新模式的培育，全市规模以上工业企业新产品产值5882亿元，新产品产值率40%。全年备案省级新产品768个，通过鉴定验收622个，创建“浙江制造精品”61个、省重点技术创新项目19个、省重点高新技术产品开发项目11个。

【“走亲连心”服务企业活动】2020年，杭州市落实“四必到四先到”服务机制，联通省、市、县三级涉企部门，推动“走亲连心三服务”常态化、长效化，梳理交办企业困难和问题。“三服务小管家”平台全年收集企业困难问题19.41万个，协调解决19.28万个，办结率99.3%。第一批百名助企服务网格员共收集企业问题1956个，解决1925个。全市驻企服务工作获《人民日报》、“学习强国”学习平台、《杭州日报》等主流媒体宣传报道，并经省委组织部发文在全省推广。建设企业码杭州专区，市、区县（市）两级特色专区上线“亲清在线”“亲清直播间”等60个高频办事事项和应用。全市64.38万个企业领用企业码，领码率115%，列全省第一位。

【小微企业园能级提升】2020年，杭州市制定出台《杭州市小微企业园绩效评价实施细则（试行）》，对2019年度经省、市、县三级审核认定的155个小微企业园实施绩效评价。按照适度超前、管用实用原则，推进小微企业园数字化园区建设。通过数字化赋能，提升园区运营管理、数据集成、安全环保监测预警和公共服务能力。尚坤生态创意园等11个小微企业园被认定为省级数字化示范小微企业园，入选小微企业园总量列全省第一位。提升小微企业园建设质效，桐庐县列入浙江省第三批小微企业园建设提升重点区（县），金绣国际科技中心成功创建国家级小型微型企业创业创新示范基地，金绣国际科技中心、浙江火炬生产力促进中心2个园区获评国家级中小企业公共服务示范平台，杭州湾信息港等4个园区获评浙江省五星级小微企业园，西子智慧产业园等12个园区获评浙江省四星级小微企业园。（陈思思）

【中国工业大数据大会在萧山举行】2020年12月12日，第五届中国工业大数据大会暨未来智造大会在萧山区举行。大会主题为“数字赋能，聚合共赢”，国内外工业互联网、大数据和智能制造专家、服务商和行业骨干企业等共同研讨“工业互联网及未来智造发展模式”和企业数字化转型实践。会上，由省经济和信息化厅、市经信局、萧山区政府联合打造的长三角地区（杭州）制造业数字化能力中心揭牌。（王鸣）

装备制造业

【概况】2020年，杭州市装备制造业销售产值7015亿元，比上年增长9.7%；利润总额2553亿元；增加值1837亿元，增长11.8%；出口交货值1145.1亿元，增长4.5%。高端装备产业销售产值2882亿元，增长10.7%；增加值790.6亿元，增长14.3%；出口交货值394亿元，增长11.1%。

【首台（套）产品认定推荐】2020年，杭州市49个企业的49台（套）产品申报2020年度首台（套）产品认定推荐，35台（套）产品入选2020年度浙江省装备制造业重点领域首台（套）产品名单，占全省入选产品数量的1/5，获浙江省财政奖励资金2400万元。其中，150万吨/年乙烯装置驱动用工业汽轮机、200兆瓦级特大型转浆式水轮发电机组2台（套）设备为国际首台（套）；热媒介质能源高效利用与超低排放系统装置、核工业电随动机械手DS202等6台（套）设备为国内首台（套），占全省入选产品的1/2。参与全省首台（套）产品提升工程政策调研，组织推荐35个企业参加浙江省制造业高质量发展大会首台（套）产品展示。

【金融助力装备制造业企业高质量发展专题会议】2020年9月25日，市经信局联合中国人保财险杭州市分公司召开金融助力装备制造业企业高质量发展专题会议，开展对首台（套）产品的保险补偿宣传推介活动，提高装备制造企业的抗风险能力。会上，对政策进行宣讲，介绍首台（套）保险、责任信用保险、财产保险等产品。

【装备制造业产业对接】2020年，市经信局强化产业对接，加快提升市场拓展能力，联合行业协会和杭州市中小企业服务中心，组织机器人、增材制造等行业开展专题产品推介和产业对接。8月7日，在泰瑞机器股份有限公司举办首台（套）产品本地化应用推广活动。推荐省首台（套）大型两板螺杆柱塞式挤注成型应用情况。10月21日，在临安区首次举办装备制造业与铸造行业对接会，浙江厚达智能科技股份有限公司、浙江春风动力股份有限公司、浙江美格机械股份有限公司等30个高端装备制造企业和铸造企业代表参会，构筑铸造行业与装备制造业快速交流平台。组织机器人产业“亲清在线”直播活动，宣传贯彻政策法规、培训项目申报、对接服务资源、分享企业案例。会同杭州市机器人行业协会开展“智能装备设计及应用——机器人助推制造业改造提升”培训。

【装备制造业合作交流】2020年12月5日，杭州机器人企业与长沙重型机械龙头企业对接交流会在长沙市举行。市经信局组织浙江国自机器人技术股份有限公司、杭州瓯达机器人有限公司、浙江高博机器人有限公司、新松机器人有限公司等机器人、智能装备等行业的企业负责人参会，与重型机械骨干企业三一集团有限公司、中联重科股份有限公司及长沙市工业和信息化局、长沙市机器人产业技术创新战略联盟、长沙市工程机械行业协会等开展对接交流。

【装备产业链排摸】2020年，市经信局排摸电器和器材制造业、重大及成套装备、专用设备制造、金属制品、铁路船舶航空航天、机器人、增材制造等七大行业所属企业清单，为智能装备产业链的提升打好基础。针对新冠肺炎疫情对高端装备企业的影响，开展专项调研服务，梳理、排摸核酸检测、方舱实验室、呼吸机关键部件等生产企业基本情况。对杭州市58个电镀企业的产值、产能和主要加工零部件品种、材料品种及推进产业改造提升计划开展排摸汇总，为电镀行业规范发展和产业配套做基础。（张向荣）

汽车产业

【概况】2020年，杭州市汽车产业有规模以上企业229个，其中：整车、改装车及专用车企业18个，有整车生产资质的企业10个，上市企业12个。国家级企业技术中心6个，省级企业技术中心15个。全市汽车产业总产值671.6亿元，比上年增长19.4%；工业增加值173.77亿元，增长34.7%，其中，零部件产业增加值76.51亿元，增长5%，高于全省3.2个百分点。全年生产整车17万余辆，销售产值672亿元，增长16.8%；产销率100.1%，下降2.3%。

【“一极两翼”产业布局形成】2020年，杭州市汽车产业形成“一极两翼”发展格局，构建从关键零部件到整车的完整产业体系。“一极”为钱塘新区，聚集以吉利控股集团、广汽乘用车（杭州）有限公司、长安福特汽车有限公司杭州分公司为代表的整车企业，是全市汽车产业主平台。“两翼”为萧山区和余杭区。萧山区构建汽车零部件制造、动力电池等新能源汽车核心零部件、智能网联汽车创新中心和核心零部件生产基地。余杭区以余杭经济技术开发区、仁和工业园区为集聚地，重点构建新能源商用车、零部件制造基地；以未来科技城为重点，带动周边地区形成智能网联汽车技术研发、测试和创新中心。

【新能源汽车推广应用】至2020年年末，杭州市累计推广新能源汽车21.6万辆，其中个人用户购买10.7万辆，占总数的50.8%。全年新增新能源汽车5.56万辆，其中，新增新能源公交车2304辆，出租车（网约车）1799辆，个人用户购买3.8万辆。生产新能源汽车9200多辆，新能源汽车产值超过70亿元，比上年增长40%。新建公用和共用充电桩2272个，累计建成各类充电设施5.1万个，提前完成省“十三五”发展规划建成3000个公用充电桩的目标任务。杭州市主城区早高峰和晚高峰交通限行区域内公用充电服务半径缩小至1千米，基本建成行程便捷的充电网络体系。

【吉利控股集团汽车总销量超过210万辆】2020年，吉利控股集团旗下各品牌汽车总销量超过210万辆。其中：“吉利”汽车年销量（含“领克”汽车）132.02万辆，市场占有率稳步增长；“沃尔沃”汽车年销量66.17万辆；“宝腾”汽车年销量10.97万辆。自2017年以后，“吉利”汽车连续4年居中国品牌乘用车销量第一位。10月，“吉利”汽车全球累计销量超过1000万辆，成为首个乘用车产销突破1000万辆的中国品牌车企。

【智能驾驶芯片研发】2020年10月27日，浙江零跑科技有限公司首款具有自主知识产权智能驾驶芯片——凌芯01芯片发布。凌芯01芯片CPU处理器采用平头哥半导体有限公司“玄铁C860”芯片，集成高性能AI神经元处理器，通过PCIE级联技术，实现多片组合形成计算平台，提供更强大AI算力。芯片支持接入12路摄像头，实现360度全景环视、自动泊车、ADAS域控制，以及近L3级别的自动驾驶功能。

【浙江省智能网联汽车产业技术联盟成立】2020年12月25日，智能网联汽车发展及汽车零部件突围之道2020年首届湘湖峰会召开，浙江省智能网联汽车产业技术联盟成立。联盟由亚太机电集团有限公司牵头，浙江大学创新创业研究院等企业院所共同参与发起，是由汽车、交通、通信、电子和信息等相关产业的企事业单位、高校、科研机构和社会团体自愿组成的跨行业、开放性、非营利性联合体。联盟致力于在智能网联汽车及相关行业、上下游产业之间建立有效运行的产学研合作新机制，推动浙江智能网联汽车技术进步和产业健康可持续发展。（市经信局）

节能环保产业

【概况】2020年，杭州市节能环保产业主营业务收入1408.66亿元，比上年增长10.3%；增加值355.7亿元，增长8.8%。节能环保产业主营业务收入占全市工业主营业务收入的9.8%，增加值占全市规模以上工业增加值的9.8%。新产品产值率58.9%。全年完成214个企业的清洁生产审核，超额完成浙江省80个、杭州市110个的审核任务。利用物联网、云计算、大数据等新技术，在环境在线监测、水质监测、农村污水在线治理、污染源监控等领域，形成激光在线分析技术与装备、二噁英在线监测系统等创新技术与商业模式。

光伏应用行业态势较好，至2020年年末，新增并网光伏发电项目2530个，新增发电装机容量109.95兆瓦。其中：工商业光伏项目244个，发电装机容量79.86兆瓦；户用光伏项目2286个，发电装机容量30.09兆瓦。全市并网光伏发电项目累计

3.23 万个，累计发电装机容量 1.33 吉瓦。

废弃资源综合利用业总产值 53.17 亿元，比上年下降 17.5%。工业销售总产值 50.73 亿元，下降 20.1%。工业增加值 12.49 亿元，下降 20%。新产品产值率 38.44%，与上年持平。

【11 个产品入选浙江省装备制造业重点领域首台（套）产品】 2020 年 12 月 25 日，2020 年度浙江省装备制造业重点领域首台（套）产品名单发布。杭州市入选 35 个产品中，节能环保产业产品占 11 个。杭州锅炉集团股份有限公司的关键热力装备及系统、杭州中泰深冷技术股份有限公司的核心冷箱自主化大型液化天然气成套装备、聚光科技（杭州）股份有限公司的水质移动检测分析系统、浙江富春江水电设备股份有限公司的 40 ~ 60 兆瓦级灯泡贯流式水轮发电机组、浙江富春江环保热电股份有限公司的二噁英在线监测系统、杭州杭氧透平机械有限公司的高效原料空气压缩机、杭州沈氏节能科技股份有限公司的微化工反应器和中控太阳能的 ASP1000 适用大风腐蚀性环境的塔式光热电站聚光镜场装备——大规模镜场控制系统等产品入选。

【风力发电企业发展】 2020 年 3 月 15 日，浙江运达风电股份有限公司 4.5 兆瓦级三电平 1140 伏鼠笼全功率风电机组并网。公司风电整机新增吊装容量列全国第四位。全年营业收入 126.59 亿元，比上年增长 140%。

【节能环保产业融合发展】 2020 年，杭州市节能环保产业与环保服务业加速融合，环保制造龙头企业通过并购扩张向环保工程系统集成商、综合环境服务商转型。聚光科技（杭州）股份有限公司，建立监测感知网、农污大数据中心、监管—运维全景指挥三大管理平台，为村镇污水治理提供定制化的监管治的一站式综合解决方案。兴源环境科技股份有限公司构建涵盖前端水利疏浚、污水处理和后端污泥处理处置、生态重构、景观建设的完整水处理产业链，业务涵盖养殖场建设、农牧废水处理、农牧设备生产及系统集成、畜禽粪污处理资源化利用等领域，全年新增产值 10.17 亿元。南方泵业股份有限公司从泵业制造跨入污水处理与污泥处置、环保咨询领域。

【高质量项目示范引领】 2020 年，浙江吉利控股集团有限公司和杭州老板电器股份有限公司获评国家级工业产品绿色设计示范企业，富通住电光纤（杭州）有限公司、杭州华润老桐君药业有限公司、光大环保能源（淳安）有限公司和浙江强强实业有限公司 4 个企业创建省级节水标杆。加强对杭州传化化学品有限公司的纺织化学品绿色供应链系统构建项目、杭叉集团股份有限公司的产品绿色设计与制造一体化集成应用解决方案供应商项目等 9 个国家级绿色制造重点项目的事中事后监管，推荐杭州民生滨江制药有限公司的年产能 1.5 亿片生产线技术改造项目、浙江新安化工集团股份有限公司的定向转化烟气深度治理项目等 16 个项目为省级绿色制造重点项目。

（刘元永）

生物医药产业

【概况】 2020 年，杭州市生物医药产业企业工业总产值 772 亿元，比上年增长 9%；工业销售产值 751 亿元，增长 12.8%，总体呈现良好发展趋势。从行业类别看，化学药总产值约占总产值的 70%。从重点企业看，全市生物医药产业总产值 100 亿元以上企业 3 个，分别为赛诺菲（杭州）制药有限公司、杭州默沙东制药有限公司、杭州中美华东制药有限公司，合计约占全市生物医药产业总产值的 50%。从区域布局看，“一核三园多点”产业主平台发展良好，合计占全市生物医药产业总产值的 65% 以上。

【新冠肺炎疫情防控物资保障】 2020 年，市经信局排查走访口罩生产、扩产企业 84 个，杭州市口罩日产量从 1 月的不到 10 万只提高到 4 月底的 2200 万只，基本满足企业复工和社会民生需求。至年末，全市被列入国家、省新冠肺炎疫情防控重点监测企业 39 个。其中：核酸检测设备及试剂生产企业 5 个，核酸检测设备日产量 143 台、产品库存 860 台，核酸检测试剂日产量 1.4 万人份、产品库存 5.78 万人份；医用防护口罩生产企业 3 个，日产量 285 万只、产品库存 3741 万只；测温仪生产企业 10 个，日产量 1.18 万台、产品库存 6.28 万台；医用隔离眼面罩生产企业 2 个，日产量 0.53 万个、产品库存 155.3 万个；另有移动方舱实验室 1 个、治疗药品及疫苗生产企业 7 个、消杀用品生产企业 2 个、其他试剂生产企业 4 个、相关材料设备生产企业 3 个、药品流通企业 2 个。

【新药研发上市】 2020 年 7 月，歌礼生物科技（杭州）有限公司研发的具有自主知识产权的 Ⅰ 类直接抗丙肝病毒（DAA）创新药——拉维达韦（商品名：新力莱®），获国家药品监督管理局批准上市。11 月 19 日，贝达药业股份有限公司收到国家药监局（NMPA）核准签发的“药品注册证书”，用于治疗 ALK 突变晚期非小细胞肺癌的国产 Ⅰ 类新药——盐酸恩沙替尼胶囊（商品名：贝美纳®），获国家药品监督管理局批准上市。

【杭州泰格医药科技股份有限公司上市】 2020 年 8 月 7 日，杭州泰格医药科技股份有限公司在香港交易及结算所有限公司主板挂牌上市。杭州泰格医药科技股份有限公司是为新药研发提供临床试验全过程专业服务的合同研究组织（CRO），全年助力江苏豪森药业集团有限公司生产的国产三代 EGFR-TK 创新药——阿美替尼片、萌蒂（中国）制药有限公司生产的外周 T 细胞淋巴瘤新药——普拉曲沙注射液、歌礼药业（浙江）有限公司生产的抗丙肝 Ⅰ 类创新药——达诺瑞韦、再鼎医药（上海）有限公司研发的肿瘤电场治疗器械——爱普盾® 等药物、器械在国内获批上市。

【生物制药 CDMO 全资工厂项目签约】 2020 年 11 月 6 日，在第三届中国国际进口博览会上，赛默飞世尔科技公司联合浙江健新原力制药有限公司正式签署合资项目协议，在杭州空港经济区建立生物制药 CDMO 合资工厂。项目投资 3 亿美元，总用地面积 1.33 万平方米，用于整合生物原液和无菌制剂的开发和生产。一期项目建成后年产单抗原液 90 批次和生物制剂 80 批次，计划实现年产值 40 亿元，税收 6 亿元。

【华东医药中标第三批全国药品集中采购】2020 年 8 月 20 日，第三批国家药品集中采购结果公布，华东医药股份有限公司全资子公司杭州中美华东制药有限公司生产的阿那曲唑片（1 毫克）、华东医药（西安）博华制药有限公司生产的多潘立酮片（10 毫克）中标。7 月，华东医药股份有限公司上榜第二届“新财富最佳上市公司”榜单。8 月 14 日，华东医药股份有限公司入股江苏荃信生物医药有限公司，就单抗注射液——喜达诺®的国内临床开发和市场销售进行合作。11 月，杭州中美华东制药有限公司生产的注射用醋酸卡泊芬净、西格列汀二甲双胍片 2 个药品获国家药品监督管理局核准签发“药品注册证书”。

（李中韦）

食品工业

【概况】杭州食品工业涵盖农副食品加工业、食品制造业、酒饮料和精制茶制造业，是杭州市重点产业之一，其中饮料、乳制品、冷冻食品和肉制品行业在全国有较大影响力。至 2020 年年末，全市获食品生产许可证企业 1916 个，列入监管目录小作坊 1229 个，添加剂生产企业 95 个。全年抽检食品产品（生产环节）6066 批次，合格 6050 批次，合格率 99.7%，比上年提高 0.2 个百分点。

全市有食品饮料产业主营业务收入 1000 万元以上的企业 359 个，其中规模以上企业 267 个；食品饮料产业工业总产值 486.12 亿元，利税 71.53 亿元，利润总额 52.11 亿元。从产品结构看，软饮料占据主导地位，产能规模 560 万吨以上；其次为方便食品、婴童食品、食用油、巧克力，以及具有区域特色的豆制品、休闲食品等，涵盖食品饮料产业的主要行业门类，产业体系逐渐完善。

【娃哈哈集团发展大健康产业】2020 年，杭州娃哈哈集团有限公司，在杭州钱塘新区建成占地面积 14.67 万平方米的大健康产业基地。基地建设投产包括纯净水、含乳饮料、固体饮料、发酵菌种、软胶囊、片剂、口服液等多个模块的生产单元，将中医食疗传统理论和生物工程、现代提取等技术相结合，研发具有完全知识产权的益生菌，建立有 4000 株菌株的菌种资源库。开发科技含量高、附加值高的大健康产品，包括中医食疗系列、滋补养生系列、代餐系列、营养补充剂系列、益生菌系列等近 100 款健康食品。

【农夫山泉股份有限公司上市】2020 年 9 月 8 日，农夫山泉股份有限公司在香港联合交易所有限公司主板上市。“农夫山泉”联合中国银联，发售 1 亿余瓶“诗歌瓶”，把来自四川、安徽、河南等地的山区儿童所作诗歌印制在瓶身上，扫描瓶身二维码可以听孩子读诗和助力捐赠。

【祖名豆制品股份有限公司新品开发】2020 年，祖名豆制品股份有限公司引进高端设备实施技术升级改造，推出“迈系列”高端盒装豆腐和瓶装全豆豆乳产品，全年销售收入 12.25 亿元，净利润 1.01 亿元。公司作为浙江省重点防疫民生物资保供企业，对内做好防疫管控措施和后勤服务保障工作；对外保障市场供应，支援武汉等重点区域，被省商务厅评为“浙江省防控新冠疫情市场保供贡献突出企业”。

【杭州豆制食品有限公司服务新冠肺炎疫情防控】2020 年，杭州豆制食品有限公司统筹“防疫保供发展”，营收、利润分别比上年增长 8.4% 和 37.7%。公司储备物资，打通人流、物流通道，做好应急预案，保障杭州市区主要商超、农贸市场、电商平台以及浙江大学医学院附属第一医院、杭州市西溪医院等新冠肺炎定点医治医院的豆制品供应。公司获“浙江省防控新冠疫情市场保供贡献突出企业”“杭州市市场保供稳价先进集体”等称号和“杭州市五一劳动奖章”。

【浙江益海嘉里食品工业有限公司保障供应】2020 年，浙江益海嘉里食品工业有限公司企业营业额、利润分别比上年增长 14%、63%。1 月，公司作为浙江省粮食和物资储备局重点民生物资保障企业，应对新冠肺炎疫情防控，为浙江省粮油市场稳定供应提供保障。6 月，年产 20 万吨的大米加工厂投产，打造米面油综合型食品加工厂。12 月，公司获“余杭区人民政府质量奖”。 （袁琼芳）

建材冶金产业

【概况】2020 年，杭州市建材冶金工业总体呈现产值增长、经济效益提高的态势。全市有规模以上企业 830 个，占全市规模以上工业数量的 14.5%；全年工业销售产值 1795.7 亿元，占规模以上工业的 12.6%，比上年增长 5.4%；利税 170.19 亿元，增长 17.3%，其中利润 109.75 亿元，增长 30.4%。完成出口交货值 146.84

农夫山泉饮用水生产线 （市食品工业协会 供稿）

亿元，下降2.2%。非金属矿产采选业、非金属矿物制品业主营业务收入均有较大幅度增长。其中：矿选业主营业务收入20.55亿元，增长22.1%；制品业主营业务收入789.57亿元，增长15.5%。金属冶炼和压延加工业主营业务收入与上年基本持平。其中：黑色金属冶炼和压延加工业主营业务收入98.95亿元，下降0.3%；有色金属冶炼和压延加工业主营业务收入479.13亿元，增长0.8%；有色金属矿选业主营业务收入3.09亿元，下降7.8%；金属制品业主营业务收入595.73亿元，下降7.3%。

【电池箔二期项目投产】2020年12月，浙江永杰铝业有限公司电池箔二期项目投产。该项目，投资额1.2亿元，用于生产锂离子电池用铝及铝合金箔、软包装电池铝塑膜用铝箔。完成锂离子动力电池用铝及铝合金箔、软包装电池铝塑膜用铝箔2项浙江制造标准制定，锂离子动力电池用铝及铝合金箔1项品字标认证，新能源汽车电池壳用铝合金板带材1项浙江制造标准立项。动力电池用铝材、汽车用铝材、高铁用铝材等产品获得相关国际认证（SGS）及市场认可。

【浙江富冶集团实现金锭出口】2020年5月，浙江富冶集团有限公司下属浙江江铜富冶和鼎铜业有限公司首批197.61千克金锭产品出口通关。浙江富冶集团有限公司集聚矿铜冶炼、电解精炼、多金属采选、加工、贸易等产业，年产阴极铜42万吨、黄金12吨、白银450吨，被评为中国企业500强，中国制造业企业500强、中国民营企业500强、中国制造业民营企业500强，浙江省百强企业、浙江省首批"雄鹰行动"企业、杭州市首批"鲲鹏"企业。全年出口金锭产品903.05千克。

【2个企业获"中国钢结构金奖"】2020年7月1日，中国建筑金属协会公布2019年度第十四届第一批中国钢结构金奖工程名单，浙江东南网架股份有限公司承建的杭州市奥体中心网球中心决赛馆等10个工程、杭萧钢构股份有限公司承建的延庆冬奥村及延庆山地新闻中心项目二标段等5个工程获"中国钢结构金奖"。浙江东南网架股份有限公司联合中国科学院国家天文台、中国建筑科学研究院有限公司建成的"500米口径球面射电望远镜反射面结构单元建造技术创新与实践"项目，获浙江省科学技术进步二等奖。杭萧钢构股份有限公司，获"2020中国建筑产业工业互联网最具影响力企业""2020中国建筑产业工业互联网明星平台"等奖项。

【石墨烯共同体研究院成立】2020年7月18日，杭州高烯科技有限公司发起成立石墨烯多功能复合纤维共同体研究院（简称石墨烯共同体研究院），接受中国石墨烯产业技术创新战略联盟（CGIA）的业务指导和监督管理。至年末，涉及石墨烯和纤维相关的研发、检测、认证、标准化、产业化、智能制造、产品设计、市场营销等环节的30多个企业和组织机构加入石墨烯共同体研究院，打造从石墨烯原料制备到康复纺织品终端产品生产的石墨烯多功能复合纤维产业链。

【中国装配式建筑产业发展高峰论坛】2020年9月24日，第三届中国装配式建筑产业发展高峰论坛在杭州举行。会上举行装配式建筑分会副会长、副会长单位、常务理事会员单位、理事会员单位增补仪式，杭州之江有机硅化工有限公司增选为常务理事会员单位、浙江中南建设集团钢结构有限公司增选为理事会员单位。（云　露 陈文娟 陈丽华）

丝绸服装产业

【概况】2020年，杭州市有规模以上丝绸和服装企业303个，其中丝绸企业（不包括丝绸服装企业）52个、服装企业251个。从业人员4.92万人，其中丝绸行业6200人、服装行业4.3万人。全年主营业务收入214.24亿元，其中丝绸行业37.25亿元、服装行业176.99亿元。利税总额12.3亿元，其中丝绸行业1.14亿元、服装行业11.16亿元。利润3.9亿元，其中丝绸行业0.13亿元、服装行业3.77亿元。

【中国丝绸博物馆创建国家AAAA级旅游景区】2020年，中国丝绸博物馆成功创建国家AAAA级旅游景区，被浙江省文化和旅游厅评为"省级文化和旅游系统2020年度优秀单位"。全年接待观众40多万人次、开设体验活动358场次，举办临时展览23场次，馆内讲座23场次，承担课题14个，著作论文31篇，申请专利5件。

【2个产品获"品字标浙江制造"认证】2020年，浙江美嘉标服饰有限公司"丝绸睡衣套""丝绸吊带裙"2个产品获"品字标浙江制造"认证。这是丝绸和服装企业首次获该认证，实现全省丝绸家居服产品"品字标浙江制造"认证"零"的突破。

【万事利丝绸智能工业设计中心获评中国纺织行业工业设计中心】2020年7月17日，2020年中国纺织行业工业设计中心授牌仪式举行，万事利丝绸智能工业设计中心凭借在技术创新、产品研发等方面的探索和成绩成功入选，成为入选的15个企业工业设计中心之一。万事利丝绸智能工业设计中心设有色彩管理技术研发部、丝蛋白技术研发部等研究部门，覆盖蚕丝带白、印染色彩管理、丝绸制品设计等生产环节。与清华大学、浙江大学、西南大学等10多所高等院校开展科研合作，其中：与清华大学、微软中国研究院合作，开发智能丝巾设计系统——"小冰"；与浙江大学合作，完成小分子蚕丝蛋白等提取花分解，开发"丝香门第"系列产品；联合浙江理工大学、杭州电子科技大学，开展数码印花的色彩管理及智能打样技术研究。

【国家级博士后科研工作站设立】2020年11月，人社部、全国博士后管委会正式批准杭州万事利丝绸文化股份有限公司设立国家级博士后科研工作站。工作站主要研究内容包括：绿色工厂关键技术突破、高保真双面印花技术应用研究、功能性丝绸产品的研究、大数据智能设计系统的研究、蚕丝蛋白应用技术研究等。至年末，万事利丝绸专利数量累计124件，其中发明专利26件；承担省部级研发计划和重大科研项目，主持和参与制定的国家、行业、团体标准27项。

【3个纺织丝绸类项目入选省优秀旅游商品推荐名单】2020年7月21日，浙江省文化和旅游厅公布第二批浙江省优秀旅游商品推荐名单。其中，纺织丝绸类共13个项目，刺绣手绢“西湖十二月”、福兴丝绸“杭罗围巾”、“水珍”牌“萧山花边”3个杭州纺织丝绸类项目入选。

【浙江省达利高品质丝绸研究院被认定为省级企业研究院】2021年1月21日，省科学技术厅发布《关于公布2020年新认定省级企业研究院名单的通知》，达利（中国）有限公司“浙江省达利高品质丝绸研究院”入选。研究院在高品质丝绸绿色印染技术、功能性丝绸制备技术等领域开展研究，提高丝绸品质。研究院投资1200多万元，有专职研发人员70多人，科技成果转化项目26个，主持起草行业标准1项，参与制定、修订国家标准7项和行业标准6项，获得专利90件。

【国家级“产教融合”专项课题立项】2020年7月，《教育部关于公布首批国家级职业教育教师教学创新团队课题研究项目的通知》正式公布立项名单。达利（中国）有限公司与达利女装学院合作专项课题“基于校企命运共同体的产业学院体制机制研究——以达利女装学院为例”通过教育部专家团评审，入选首批国家级职业教育教师教学创新团队实践课题立项。10月，达利女装学院校企共同申报的“基于产教融合的‘现代学徒’培养探索与实践”等成果获全国纺织工业联合会教学成果奖一等奖2个、二等奖4个、三等奖5个。全年，达利（中国）有限公司与浙江理工大学合作“含丝织物新产品开发与技术研究”课题；与达利女装学院共同成立“面料设计”“服装设计”“时尚市场营销”“企业创新”4个专项合作组，开展面料新产品开发和环保治理等专项课题研究。

【杭州中国丝绸城省级高品质步行街开街】2020年11月19日，杭州中国丝绸城省级高品质步行街开街仪式举行。杭州中国丝绸城运用5G、AR、大数据等技术，打造丝绸城“数字驾驶舱”，探索振兴传统市场的智慧赋能之路。采用“AR+5G”技术打造超融合实景应用平台，把商户的经营者、店铺面积、经营品类等信息标注到实景中，实现信息的立体化展示。（马丽君）

工艺美术

【概况】2020年，杭州市有规模以上工艺美术品制造企业59个，其中雕塑工艺品制造企业3个、金属工艺品制造企业7个、漆器工艺品制造企业2个、花画工艺品制造和天然植物纤维编织工艺品制造企业各1个、抽纱刺绣工艺品制造企业27个、地毯（挂毯）制造企业3个、珠宝首饰及有关物品制造企业5个、其他工艺企业10个。工艺美术产业规模与层次提升，规模化与多元化发展趋势明显，形成门类众多、产品多样、辐射广泛的产业格局。全行业有工艺美术大师157名，其中亚太地区手工艺大师3名、国家级工艺美术大师7名（含亚太手工艺大师3名）、省级工艺美术大师52名、市级工艺美术大师98名。3月，朱炳仁、陈小波等9位工艺美术大师和专业技艺人员参加第四届“杭州工匠”申报。经评审，中国工艺美术大师朱炳仁、杭州市工艺美术大师魏立中被授予第四届“杭州工匠”称号。

【《杭州历史经典产业保护传承创新发展若干意见》发布】2020年9月17日，《杭州历史经典产业保护传承创新发展若干意见》发布活动暨2020年中国（杭州）工艺美术精品博览会在钱塘新区举行。会上，《杭州市人民政府办公厅关于支持历史经典产业保护传承创新发展的若干意见》发布，对杭州历史经典产业文化保护、文化传承、发展及宣传等方面提供支持，推进杭州工艺美术、丝绸、茶叶、中药等历史经典产业保护、传承与创新发展。活动现场举行龙井茶道表演、绸缎旗袍秀，展示贵山窑陶瓷、杭绣、“朱炳仁·铜”、萧山抽纱花边、中草药香袋等杭州工艺美术精品。

【中国（杭州）工艺美术精品博览会】2020年9月26—30日，中国（杭州）工艺美术精品博览会暨“神工杯”创意设计制作大赛在杭州和平国际会展中心举行。博览会以“匠心铸魂·匠艺造物”为主题，展览面积约1万平方米、设置450个国际标准展位；其中“朱炳仁·铜”、临安鸡血石、萧山抽纱花边、建德铜天下、贵山窑陶瓷、王星记扇业、杭州刺绣、刘小平根雕、莫干剑等52个品牌参展，展览面积1107平方米。抽纱刺绣、贵山窑陶瓷、朱炳仁铜雕、王星记扇子、南宋官窑瓷、木根雕、石雕、宝剑等杭州工艺美术品在博览会上集中展示。“神工杯”创意设计制作大赛申报参评作品1262件，评出金奖148件、银奖216件、铜奖

2020年9月25日，中国（杭州）工艺美术精品博览会开幕 （市经信局 供稿）

253件。其中杭州展区参评作品269件，评出金奖39件、银奖46件、铜奖57件，其中“朱炳仁·铜”、临安鸡血石、萧山抽纱花边、建德铜天下、贵山窑陶瓷、王星记扇业等杭州工艺美术品获奖。

【杭州工艺美术行业协会组团参展博览会】2020年10月29日至11月1日，杭州工艺美术行业协会组团参加第十一届深圳工艺美术博览会。杭州工艺美术展区展示面积270平方米，以“杭州历史经典产业，保护传承创新发展”为主题，特设“朱炳仁·铜”、贵山窑陶瓷、刘小平根雕、杭州刺绣、临安鸡血石等30个展位。展品涵盖金属工艺、陶瓷、花边、刺绣、根雕、石雕、古籍印刷、篆刻和湖笔等品类。展会期间，杭州工艺美术行业协会组团参加深圳工艺美术“飞花奖”评比，获金奖15个、银奖8个、铜奖2个。

11月26—30日，杭州工艺美术行业协会组团参加2020年中国（温州）工艺美术精品博览会。杭州工艺美术行业协会展区面积72平方米，组团以传统风格“杭产三绝”的王星记扇子，贵山窑的陶瓷、手绣、机绣，朱炳仁铜雕等手工艺品搭配，中国工艺美术大师嵇锡贵、陈水琴、朱炳仁、赵建忠、钱高潮，浙江省工艺美术大师金家虹、刘小平、吴敏华、吴松江、季劭聪、朱军岷、张小明等作品参展。（刘文吉）

石油和化学工业

【概况】2020年，杭州市有规模以上石油和化学行业企业637个，占全市规模以上工业企业总数的11.2%。其中：石油加工业企业14个，占石油和化学行业总数的2.1%；化学原料和化学制品制造业企业308个，占石油和化学行业总数的48.4%；橡胶和塑料制品业企业315个，占石油和化学行业总数的49.5%。全市石油和化学规模以上企业营业收入1507.7亿元。其中：石油加工业23.1亿元，比上年下降23.6%；化学原料及制品制造业845.36亿元，下降1.2%；橡胶及塑料制品业639.21亿元，下降1%。利润总额107.02亿元，其中：石油加工业1.25亿元，下降1.4%；化学原料及制品制造业76.01亿元，下降10.2%；橡胶及塑料制品业29.77亿元，增长74.2%。利税总额144.83亿元，其中：石油加工业1.86亿元，下降0.9%；化学原料及制品制造业98.24亿元，下降10.3%；橡胶及塑料制品业44.73亿元，增长40.2%。企业研发费用40.59亿元，其中：石油加工业0.16亿元，下降18.4%；化学原料及制品制造业23.21亿元，增长2.1%；橡胶及塑料制品业17.21亿元，增长14%。

【浙江建业化工股份有限公司上市】2020年3月2日，浙江建业化工股份有限公司在上海证券交易所主板挂牌上市。浙江建业化工股份有限公司创建于1958年，前身为建德有机化工厂，分别于1998年和2010年改制为有限公司和股份公司。公司聚焦低碳脂肪胺、增塑剂、乙酸酯、电子化学品等产品的研发、制造和销售，建有浙江省低碳脂肪胺工程技术研究中心、省级有机胺高新技术研究开发中心、浙江省企业技术中心、浙江省建业化工研究院等技术研发中心。公司主导产品低碳脂肪胺类装置实现APC控制运行，“乙酸正丙酯”和“7N超纯氨（高纯液氨）”入选杭州市创新产品，“低碳脂肪胺生产中C-N的构建关键技术及产业化”获中国发明创新奖，通过国家高新技术企业重新认定，国家知识产权示范企业考评获优秀等次。

【浙江恒逸集团有限公司成为中国“双百强”企业】2020年9月28日，2020年中国500强企业高峰论坛举行，中国企业联合会、中国企业家协会发布“中国企业500强”名单。浙江恒逸集团有限公司以2019年度营业收入2151.64亿元首次成为中国“双百强”企业，分别列“2020中国企业500强”第99位、“2020中国制造业企业500强”第35位。浙江恒逸集团有限公司专业从事石油化工与化纤原料生产，布局炼油、石化、化纤、纺织等多个产业，具备年加工800万吨原油的能力和年生产150万吨PX、50万吨苯、1350万吨PTA、820万吨PET、60万吨DTY、40万吨CPL、46.5万吨PA6的能力。

【3个园区被认定为省级化工园区】2020年12月21日，浙江省经济和信息化厅、浙江省生态环境厅、浙江省应急管理厅联合印发《关于公布浙江省化工园区评价认定结果的通知》，杭州市建德高新技术产业园、萧山临江高新技术产业开发区新材料产业园、临安天目医药港化工集聚区3个园区被评为省级化工园区。建德高新技术产业园占地面积13.87平方千米，主导产业为功能性新材料、新型装备和生物医药三大类，全年规模以上工业总产值234.4亿元，税收8.7亿元。萧山临江高新技术产业开发区新材料产业园占地面积15.5平方千米，主导产业为高端精细化工（高端染料、颜料等）、电子化学品材料、生物医药产业，全年规模以上工业总产值318.7亿元，税收8.7亿元。临安天目医药港化工集聚区规划面积1.11平方千米，主导产业为生物医药、医疗器械、创新药物，全年规模以上工业总产值23.1亿元，税收1.7亿元。（金　炼）

电力工业

【概况】至2020年年末，杭州电网有35千伏及以上公用变电站417座，变电容量8534.93万千伏安；35千伏及以上输电线路（含电缆）971条，总长度1.1万千米。10（20）千伏配变（含用户）11.59万台，总容量6391.91万千伏安；10（20）千伏输电线路（含电缆）6537条（含用户），总长度5.9万千米。

按电度表户为计算单位，电力用户498.03万户。全社会用电量807.97亿千瓦时，比上年下降1.1%。售电量763.4亿千瓦时，下降1%。电网最高负荷1718万千瓦，增长5.7%。

完成固定资产投资57亿元。营业收入426.2亿元，利润1.9亿元，资产总额391.7亿元。全员劳动生产率158万元/人·年。

【电网建设推进】2020年，杭州市推进迎亚运电网提升四年行动，110千伏及以上输电线路开工273千米、投产667千米，变电开工304万千伏安、投产507万千伏安。建成投产220千伏变电站6座（萧山经济，余杭东湖、全丰，富阳龙星，淳安浪川，钱塘新区新围），110千伏变电站9座（西湖袁浦、珊瑚，江干彭埠，萧山长山、梅里，余杭姚家，富阳后周，临安逸村，钱塘新区下东）。编制杭州电网“十四五”规划，完成白鹤滩—浙江 ±800千伏特高压直流工程核准属地任务，500千伏临平变、建德变工程取得阶段性进展。高标准编制泛亚运高弹性电网“五年三阶段”方案，纳入国网浙江省电力有限公司综合场景示范，10项示范工程取得批复，落实2.4亿元专项投资。完成三江汇、云城、泛亚运等热点区域能源互联网规划。

2020年杭州市全行业用电量一览表

表24

行　业	用户数（户）	用电量（万千瓦时）
一、农林牧渔业	43680	47618.66
二、工业	119467	4086977.64
三、建筑业	25784	257699.21
四、交通运输、仓储和邮政业	5068	212833.28
五、信息传输、软件和信息技术服务业	38763	288214.64
六、批发和零售业	141301	398204.52
七、住宿和餐饮业	18512	131028.16
八、金融业	2480	39207.36
九、房地产业	79366	293041.93
十、租赁和商务服务业	10105	296787.90
十一、公共服务及管理组织	110270	588275.09
总　计	594796	6639888.39

【供电服务持续优化】 2020年，国网杭州供电公司营造国内“环节最少、办电最快、成本最低、政策最优、服务最好”的“五最”电力营商环境目标，落实118项举措，促成杭州市政府出台延伸投资界面、外线行政免审等政策，政企共同出资减免企业办电成本2.4亿元，高压、低压办电时长分别下降46%、43%，获国务院发展研究中心2020年营商环境调研中心满分评价。“阳光业扩一站通”平台上线运行，业务线上办理率96%。推进网格化管理和营配融合，组建低压施工项目部，实体化运作服务稽查中心，客户满意度99.8%。核心城区率先取消计划停电，全域供电可靠率提升至99.99%。执行国家阶段性降电价政策，落实欠费不停电、不计滞纳金等助企纾困举措，减免全市用电成本18.3亿元。实施“走亲惠企、以电连心”三进三服务，宣传优惠政策，基于区块链的供应链金融服务帮助中小微企业融资3.4亿元。推行“独居老人关爱”暖心服务，配合完成老旧小区电梯加装1005台。完成农村电网改造升级投资18.1亿元，建成“乡村振兴·电力先行”示范区3个。成立市、县两级电力行政执法办公室，查处外力破坏230起、挽回损失1004万元，反窃查违追补2081万元。完成所有10千伏用户供售同期调整，获评“国家电网同期线损十强市”。

2020年6月26日，国网杭州市余杭区供电公司的电力工人在吊装110千伏新建1号塔（张德峰 摄）

【智慧电力建设】 2020年，国网杭州供电公司运用“企业复工电力指数”“社区居民动态监测模型”等大数据模型，为杭州市政府精准施政提供支撑。推出“电力+环保”“电力看经济”等34个电力数据产品，精准赋能城市智治。首创“转供电费码”并在全国推广，向中小微企业传导政策红利，累计申报用户7.11万户，协助查处违规转供电费2.2亿元。推出“电力+金融信用评价”“电力+环保”等电力大数据应用，缓解小微企业资金压力。电能替代完成电量18亿千瓦时，拉动电量增长2.4个百分点。综合能源业务营业收入7.5亿元，浙江省首个园区级综合能源示范项目——西湖区大有集团转塘工业园区建成。积极布局新能源汽车充电市场，国家电网系统单体最大新能源汽车充电站——石塘公交充电站建成。

【湖杭铁路杭州电网改迁】 2020年10月16日，湖杭铁路杭州电网改迁工作完成。湖杭铁路建设涉及杭州电网改迁708处，其中110千伏及以上53处，涉及杭州西部及余杭区百万人口用电。国网杭州供电公司累计投入2500人次，工程历时73天，是历年来施工难度最大、施工情况最复杂、电网接线调整最频繁、保电要求最高的线路改迁工作。（张学飞）

责任编辑　须同威 孙晟珂

建筑业

综 述

【建筑业总产值6387.72亿元】2020年,杭州市有建筑业企业5805个,比上年增加1247个。企业各类资质16580项,增加3449项。其中施工总承包资质5025项、专业承包资质9160项、施工劳务资质2395项。有工程监理综合资质企业17个,房屋建筑工程监理甲级企业94个、乙级企业72个,市政公用工程监理甲级企业64个、乙级企业89个,电力工程监理甲级企业3个,机电安装工程监理甲级企业5个;有造价咨询甲级企业113个、乙级企业29个。全年完成建筑业总产值6387.72亿元,增长8.3%,增速提高1.9个百分点。其中,列入国家统计口径的建筑业总产值4923.98亿元,增长7.6%。全市建筑业上缴增值税135.07亿元,增长17.2%,其中列入国家统计口径的建筑业企业上缴增值税93.71亿元,增长1.9%。

【工程建设项目审批制度改革】2020年,市建委深化施工图审查改革。对除特殊项目以外的一般工业企业建设工程项目取消其施工许可前的施工图联合审查,采用告知承诺制,同时在规定时间内对申请人履行承诺的情况进行检查。将简易低风险项目审批时间压缩至11个工作日,将建筑许可审批流程减至5个环节、13个事项。优化市政公用服务工作,对新建工程自来水和天然气接入事项办理实行“102”(用1天时间,经过2个环节,无须提供申报材料)做法。工业项目(除创新型用地项目外)通过“亲清在线”平台“在线许可”板块,实现开工前9.5小时审批,联合验收时间由26个工作日缩短至3个工作日。

【钢结构装配式住宅试点】2020年,杭州市制订《杭州市推进钢结构装配式住宅试点工作方案》,组织开展“钢结构装配式住宅建设‘杭州模式’研究”课题研究,加快推进钢结构装配式住宅(农房)试点项目落地。全年新开工钢结构装配式住宅项目27.25万平方米,新开工钢结构装配式农房项目6.07万平方米。

【建筑业绿色发展】2020年,杭州市加快推进建筑业绿色发展。全年网上办理民用建筑节能审查项目716个,建筑面积6925万平方米。其中,二星级项目408个,建筑面积4611万平方米,占总项目数的66.5%。完善建筑节能审查事中事后监管机制,开展民用建筑节能审查行政许可事项事中事后监管检查,全年检查民用建筑节能项目254个。开展建筑节能监管平台原有数据迁移,年内完成迁移进度的78.3%。严格落实新建项目第三方技术核验制度,提高项目数据接入质量,全年监管平台接入新建项目225个。完成既有公共建筑节能改造142.7万平方米、既有住宅建筑节能改造146.4万平方米。完成可再生能源建筑应用面积2308万平方米,实施太阳能光热、光伏、空气源、地源热泵等可再生能源与应用建

采用装配式建筑设计建造的余杭区文化艺术中心　　（市建委 供稿）

筑面积2033万平方米。全市通过三星级绿色建筑评价标识公示项目6个,完成二星级绿色建筑标识评价考核项目17个。围绕创建全国公共建筑能效提升重点标杆城市,加快推进绿色建筑节能技术攻关和新材料、新产品研发。全年实施能效提升示范项目46个,面积310万平方米,其中合同能源管理面积178.7万平方米;完成工程竣工示范项目面积261.94万平方米,超额完成全国重点城市公共建筑能效提升任务。开展"杭州市商业综合体类公共建筑能耗标准"课题研究,对商业综合体能耗定额提出合理建议。推进民用建筑保温技术提升工作,对27米以上高度的建筑外墙禁止使用无机轻集料保温砂浆,以减少外墙外保温工程风险隐患。

(王晓剑)

勘察设计

【概况】2020年,面对新冠肺炎疫情,市勘察设计行业协会发挥社会团体优势,主动参与抗击疫情,全力推动行业企业及早复工。协会向市慈善总会捐款1万元;各会员单位捐款3683.37万元,捐物折价103.49万元,捐款捐物单位47个。组织会员单位驰援武汉等地区,参与"火神山""雷神山"方舱医院建设及应急感染门诊病房改(扩)建和新建的勘察设计。组织专业技术人员加班加点编写技术规范,为抗击疫情和传染病医院建设提供技术依据。全年勘察设计行业营业收入1727.1亿元,比上年增长14.6%;利润131.2亿元,增长9.8%。至年末,全市有规模以上勘察设计资质企业455个。

【优秀青年建筑师选拔培养】2020年1月9日,市建委与市勘察设计行业协会联合印发《关于开展2020年度选拔和培养优秀青年建筑师活动的通知》,开展优秀青年建筑师选拔培养工作。成立选拔培养活动领导小组和评审专家组,制订选拔培养计划和具体实施方案。经过逐级推荐、专家组多轮评选,协会从17个勘察设计院推荐的40名青年建筑师中,选拔10名进行重点培养。年内,10名青年建筑师经过系统培训和严格考核,被市建委授予"杭州市优秀青年建筑师"称号。市勘察设计行业协会自2014年起,会同市建委每年实施"杭州市优秀青年设计师发现计划"。至2019年,累计选拔培养建筑师、园林景观师、建筑结构师、工程勘察师、道路与桥梁(市政)设计师、公用设备师(给排水、暖通)等不同专业的优秀青年设计师66名,专业覆盖工程建设各个领域。

2020年,市勘察设计行业协会开展优秀青年建筑师选拔培养工作。图为优秀青年建筑师观摩建筑作品
(市勘察设计行业协会 供稿)

【"西湖杯"奖优秀勘察设计项目评选】2020年,受市建委委托,市勘察设计行业协会组织开展市建设工程"西湖杯"奖(优秀勘察设计)项目评选,评选收到各单位申报项目660个,比上年增加109个。根据项目类型设置建筑类、勘察类、风景园林类、市政工程类、综合工程技术类、建筑智能化类、BIM应用类和环境照明类8个类别奖项。协会组织61名不同专业的评审专家,分8个专业组别进行评审,评出一等奖65个、二等奖136个、三等奖197个。评审结果揭晓后,协会分期分批组织获奖项目讲评会,在全行业中交流分享优秀设计成果。

【工程质量安全勘察设计监管】2020年,市勘察设计行业协会通过公开招标采购,中标负责"杭州市建设工程质量安全勘察设计监督管理项目"。根据工程质量安全监管要求,协会两次组织综合检查。检查组由杭州主要勘察设计单位专家组成,通过"杭州市工程建设项目双随机监管系统",随机抽取住宅、工业建筑、学校等公共建筑和市政工程项目62个,随机检查发现勘察设计单位在职业人员市场行为、工程建设强制性标准执行情况和施工图质量等方面的问题313个。其中:勘察项目违反市场行为7例、质量问题34个;建筑专业、结构专业、电气专业、给排水专业、暖通专业、市政专业分别有质量安全问题58个、26个、32个、76个、61个和51个。市建委分别向有关单位发出"指导意见书"和"整改通知书"。年内,相关单位基本完成整改。

【行业业务培训】2020年,市勘察设计行业协会围绕会员单位关注的热点难点问题,组织各类业务培训。联合举办或单独举办杭州市施工图审查制度改革相关政策解读培训、《杭州市建设工程消防设计审查工作指南(试行)》宣传贯彻培训、杭州市《民用建筑装配式建筑设计专篇模板》及设计审查要点实施培训、"无障碍设计培训"等培训活动18场,培训专业技术人员4650人次。组织全市勘察外业施工的钻机长、描述员、土工试验技术人员等876人进行上岗培训和继续教育,提高作业人员应知应会专业水平、安全意识和操作技能。

【协会行业管理服务】2020年,市勘察设计行业协会围绕行业转型升级,加强行业监管,组织开展市场行为专项检查,打击各种违法市场行为。以通过AAAAA级社会组织复评为契机,进一步健全协会法人治理结构,完善以协会章程为核心的运作机制,实行公开办会、民主办会。根据党建工作要求,对协会党组织设立、负责人产生、工作条件保障、政治作用发挥等做出明确规定,为协会加强服务企业工作、推进行业创新发展提供组织保障。

【协会换届完成】2020年12月8日,市勘察设计行业协会召开第四届会员大会,进行换届选举。301个会员单位的226名代表参加。会议听取并审议《杭州市勘察设计行业协会第三届理事会工作报告》《杭州市勘察设计行业协会第三届理事会财务报告》《杭州市勘察设计行业协会第三届监事工作报告》,通过《杭州市勘察设计行业协会章程(修正案)》。以无记名投票方式选举产生第四届理事会理事、监事、常务理事、会长、副会长,以及聘任秘书长,监事会推选出监事长。

(顾　全)

【杭州市勘测设计研究院有限公司揭牌】2020年10月30日,杭州市勘测设计研究院有限公司举行揭牌仪式,标志着杭州市勘测设计研究院完成转企改制,实现企业化、市场化运作。研究院于1984年成为独立法人单位,长期为社会提供岩土工程、测绘与地理信息技术服务,是一个成立较早、专业门类齐全、综合实力较强、行业美誉度较高的城市勘测单位。勘测设计研究院改制后,发扬自身优势,深耕传统领域市场,拓展创新产业门类,为城市规划、自然资源利用、智慧城市建设等提供专业技术支持,承担杭州地理框架数据中心、杭州大会展中心等省、市重点项目勘测任务。全年完成江河汇江西地块工程等勘察项目137个、设计咨询项目90个,实施监测类项目213个。

(朱礼胜)

建筑工程管理

【概况】2020年,杭州市有在建建筑工程4858个,比上年增加680个。其中:房屋建筑工程4045个,建筑面积24143.5万平方米;市政基础设施工程813个,工程造价1868亿元。全年新开工房屋建筑工程2089个,建筑面积9580.64万平方米;新开工市政基础设施工程396个,工程造价689.56亿元。竣工项目1953个,增加230个。其中:房屋建筑工程1551个,建筑面积5434.49万平方米;市政基础设施工程402个,工程造价291.43亿元。工程建设规模创历史新高。全市建筑施工事故起数与伤亡人数均少于上年。

【建筑企业复工复产】2020年2月1日,市建委印发《关于加强杭州市建筑施工领域新型冠状病毒感染的肺炎疫情防控工作的通知》,提出“五个一律”“五个不得”“两严两禁两减少”等防控措施,严格落实建筑工地防控工作。编印《杭州市建设工程项目严格疫情防控有序复工导则》,明确建筑工程复工时间、复工条件、申报审核流程等内容,开展防控物资保障、人员排查监测、数据信息畅通、复工督导服务、建材协调保障五大战疫行动。市建委成立8个审批服务组,为590个市管项目工地复工提供精准服务。3月2日,全市在建工程项目全部完成复工报备。搭建行业联动平台,组织上游75个原材料企业和下游轨道交通、机场建设三期、亚运村建设等重点工程项目,分批次制订复工复产计划。3月末,全市有3562个企业的在建工程项目复工,其中全面复工复产的混凝土企业105个、预拌砂浆企业20个,务工人员采用“工地码”线上报备40多万人,全市建筑工地未出现新冠肺炎确诊或疑似病例,实现重点项目复工复产率100%。

【施工安全专项整治三年行动】2020年10月14日,在市安全生产委员会办公室总体部署和框架分工下,市建委制订《杭州市建设工程(轨道交通)施工安全专项整治三年行动计划实施方案(2020—2022年)》,强化隐患排查治理,消除重大安全隐患,严惩各种违法行为,防范和遏制重特大事故发生。10月21日,市建委召开杭州市建设工程施工安全专项整治三年行动推进会,传达学习市政府主要领导对安全生产工作的重要批示,分析研判全市建设工程安全生产形势,部署推进轨道交通工程施工、加强建筑材料质量抽检监管、提高市政道路工程建设质量等6个方面的具体措施,全方位提升建设领域施工安全长效管理水平。

【建筑施工应急救援管理体系完善】2020年,市建委完善全市建筑施工应急救援管理体系,确保建筑领域应急救援队伍组建到位,保障突发事故应急救援、自然灾害应急抢险、反恐应急抢险等工作有序进行。市建委与5个施工企业签订《杭州市建设工程领域应急救援队伍共建协议书》,向5个应急保障联建企业发放应急保障专项资金。做好相应救援物资储备,组织开展应急演练和培训。印发《关于进一步加强建筑施工企业应急救援队伍建设的通知》《关于立即开展全市建筑施工领域安全风险排查的紧急通知》,督促各建筑施工企业建立应急救援队伍。组织开展重点领域、区域组织专项安全风险分析研判。年内,全市梳理出的22项一级安全风险、196项二级安全风险全部落实防控措施。开展全市防坍塌安全专项整治,从勘察设计质量、施工安全监测、关键节点核查、隐患排查治理等环节强化系统管理,切实防范地面坍塌事故发生。

【第三方服务机构力量引入】2020年,市财政局专项出资4500万元,由市建委直属的市质量安全监管总站招标确定北京城建设计发展集团股份有限公司、中国电建集团华东勘测设计研究院有限公司作为第三方参与轨道交通建设工程监管服务机构。市质量安全监管总站同步制定出台第三方机构的管理制度和考核办法。第三方机构通过联合检查、专项检测、专家巡查等服务方式参与全工程监管,解决全市轨道交通工程快速建设期间政府监管力量不足问题,防范重大安全事故发生。

【建筑工程安全专项治理行动】2020年,杭州市、区两级建设部门开展建筑工程安全专项治理行动,突出对重点项目、重点企业、重点部位、重点内容的安全管理，进一步提升隐患治理能力，严防事故发生。全年各区县（市）建设部门和监督机构开展各类检查3.02万个次，签发整改单1.71万份、责令停工单624份；信用扣分企业1447个次、2782分，信用扣分个人285人、754分；一般行政处罚255起，罚款5444.74万元；简易行政处罚1087起，罚款117.55万元。坚持事故（事件）处理“四不放过”原则，对发生事故（事件）的责任单位、相关责任人采取通报批评、信用扣分、暂停市场行为、暂扣安全生产许可证等处理措施，提高企业违法成本。全年对发生事故、险情等造成恶劣社会影响的7个责任单位暂扣安全生产许可证，对42个违规企业暂停政府投资项目招投标资格1~12个月不等的处罚。

【建设质量安全提升三年行动】2020年，市建委开展建设质量安全提升三年行动，以工程实体质量为重点，严格执行实测实量现场标示制度、建筑材料进场质量检验制度，确保工程质量各方责任主体终身责任书面承诺、永久性标牌、质量信息档案等管理制度100%落实到位。全年新受理的2089个房建项目、396个市政项目全部签署质量授权书与工程质量终身责任承诺书；竣工验收的1551个房建项目、402个市政项目全部设置永久性标牌。推进建设工程质量创优活动。年内，全市建设系统创建省建设工程“钱江杯”奖29个、“西湖杯”奖工程118个，选树市标化样板工地256个。杭州奥体中心主体育场项目获“鲁班奖”。质量安全提升三年行动取得阶段性成果。

【建设工程质量安全监督检查】2020年，市建委会同市应急管理局、第19届亚运会组委会等单位开展全市建设工程联合执法检查，重点检查亚运场馆建设工地、轨道交通建设项目、二次装修工程、人员居住密集场所、施工起重机械等领域（项目）。全年检查工地（项目）86个（次），检查内容包括项目主体质量安全责任落实、文明施工管理、起重机械使用管理、特种作业人员持证上岗、危险和重大工程方案制订及论证、现场安全措施实施等情况。发现质量安全和文明施工问题649个，开具限期整改和停工整改通知书84份，信用扣分企业40个次，约谈施工企业3个，对相关责任单位实施行政处罚8次。随机抽查现场建筑材料317组，其中合格314组，合格率99%；检测工程实体构件669个，其中合格561个，合格率84%。加强住宅工程质量常见问题专项治理，对保障性住房、公建配套工程采取“双随机”方式进行检测检查，切实把好质量关。

2020年，杭州奥体中心主体育场项目获“鲁班奖”　　（市建委 供稿）

【混凝土质量管理】2020年，市建委加强混凝土质量管理。对杭州主城区内有资质的预拌混凝土搅拌站开展预拌混凝土用砂情况专项检查，防止违规使用海砂生产预拌混凝土。制定《杭州市预拌混凝土企业试验室管理细则》，规范混凝土企业试验室人员配备、场地设备、管理制度等方面标准与要求。全年生产混凝土8739.16万立方米，比上年增长17.6%；生产预拌砂浆388.97万吨，增长15.1%。开展预拌砂浆使用情况专项检查，涉及全市45个建设工程项目，随机抽检预拌砂浆46组。全年生产新型墙体材料34.3亿块标砖，新型墙体材料在建设工程中应用比例为99%。

【住宅全装修工程质量管理】2020年5月12日，市建委印发《杭州市住宅全装修工程质量管理规定》，强化建设单位对住宅全装修工程质量的首要责任制，并对开发商的商品住宅销售行为进行规范。组织市住保房管局及区县（市）住建部门排查全市住宅全装修项目，对建筑工程材料质量开展专项检查，重点检查“限房价、竞地价”的商品房项目，检查内容包括钢筋、商品混凝土、防水材料等建筑材料质量。（周　翔）

建筑市场管理

【概况】2020年，市建委加强政府投资项目招投标监管，统一使用建设工程招标文件示范文本。推进施工图数字化审查信息平台建设，强化勘察设计市场与质量监管。严格执行国家和浙江省居住建筑节能设计标准，确保新建建筑设计阶段建筑节能标准执行率100%、施工阶段执行率不低于98%。统筹抓好新冠肺炎疫情防控和支持建筑业发展各项工作，疫情期间实行民工工资保证金缓交、农民工工资保证金“一地缴存、全市通用”等政策。全市范围内退还、缓交民工工资保证金4.77亿元，免交投标保证金156.69亿元，增加建筑企业流动现金6.82亿元，推进建筑业较好地实现“六稳”“六保”。

【建设工程招投标改革深化】2020年，市建委出台《杭州市房屋建筑和市政基础设施项目评标暂行办法补充规定》《杭州市工程建设项目电子招标投标管理办法》，深化全流程电子招投标工作。在全市域统一推行电子招投标软件、计算机辅助评标系统，并采用“远程线上投标”“网上开

2020 年 4 月 15 日，市建委召开全市工程建设项目远程异地评标推进会
（市建委 供稿）

标”“辅助评标”等模块，依托全市统一的“杭州招投标行政监管平台”，实行工程建设项目全流程无纸化电子招标、投标和评标。招投标工作统一使用建设工程招标文件示范文本，并在设计招标中试行“评定分离”办法，推行远程异地评标，实现评标专家全市域共享。全年完成全流程电子招标项目 2902 个，其中远程异地评标项目 180 个。通过招投标改革，节约投资成本 28.4 亿元，节支率 16.1%。杭州改革招投标监管做法获住房城乡建设部推广。

【装配式建筑发展】2020 年，市建委印发《2020 年杭州市装配式建筑工作要点》《杭州市新型建筑工业化专项资金管理暂行办法》，联合市财政局发放专项资金 900 万元，对装配式建筑技术创新、基地与项目建设等给予奖励补助。组织编制《杭州市民用建筑装配式设计专篇模板》《杭州市民用建筑设计审查要点（装配式建筑部分）》《装配式冷弯薄壁型钢房屋施工质量验收标准》等指导性文件，对市本级 19 个装配式建筑项目方案及初步设计方案组织技术评估。全年完成网上申报复核新开工装配式建筑项目 306 个、新型建筑工业化示范项目申报评审示范项目 20 个。新开工装配式建筑项目 324 个，总建筑面积 2550.66 万平方米，占新开工建筑项目建筑面积的 31%，超额完成“十三五”规划确定的推广装配式建筑目标任务。（俞 辉）

【市建委数字化转型推进】2020 年，市建委推进智能化市政基础设施建设与改造，推动智能建造与建筑工业化协同发展。实施市建委政府数字化转型三年行动计划。建筑业企业资质各类行政许可事项实现“政务服务 2.0”办理，实现“跑零次”“掌上办”“材料电子化”“网上办”目标，38 种建筑业企业资质审批启用告知承诺制，占市级资质审批类别的 90% 以上。研发应用建筑业企业资质事中事后核查信息化系统，提高核查效率，净化市场环境。完成全国重点城市政务服务能力第三方评估等重点任务。58 个政务服务事项实现“跑零次”；30 个行政许可事项承诺办理时间缩减至 98%，即办率 93%；33 个“政务服务 2.0”事项全面上线；“互联网 + 监管”事项实现认领率、实施清单编制率、覆盖率 3 个 100%。“杭州市混凝土动态监控平台”投入运行，实现城市大脑“混凝土全链条管理”全场景应用。改版升级“杭州市智慧工地实名制管理应用系统”，提高施工工地智慧化管理水平。（郭 超）

进杭建设者

【概况】2020 年年末，杭州市有进杭建设者 29.85 万人，分布全市 4000 多个在建工程项目。进杭建设者中，安徽籍占 19.1%，河南籍占 18.9%，四川籍占 10.2%，贵州籍占 6.8%，江西籍占 5.6%，浙江籍占 17.0%。年龄在 29 岁以下占 14%，30 ~ 39 岁占 22%，40 ~ 49 岁占 29%，50 ~ 55 岁占 22%，55 岁以上占 13%。文化程度以初中为主，占 43.4%，高中和中专文化占 7.9%，大专及以上文化占 2.6%。进杭建设者中男性居多，占 88.5%；女性占 11.5%。

【民工学校建设】2020 年，市建委加强民工学校建设，印发《2020 年杭州市建设工地民工学校工作要点》，召开建设工地项目党支部书记暨民工学校总校校长培训会，布置建设工地示范民工学校创建工作和民工学校教学任务。按照“两随机一公开”（随机抽取检查对象、随机选派检查人员、公开检查结果）原则，对 2019 年度杭州市建设工地示范民工学校进行抽查复核。全年编印《民工学校》专刊 4 期，总结交流一线建筑工人接受工程质量、安全、文明施工、操作技能、职业道德、法律知识、健康卫生、文明礼仪等培训教育情况。全年新创办建设工地民工学校 648 所，累计 2450 所，其中示范民工学校 354 所。民工学校开展作业工人技能大赛、网络教学、自培自学等教学活动 1.81 万次，参加学员 45 万余人次。

【建筑产业工人队伍培育】2020 年 9 月 24 日，市建委印发《杭州市新时期建筑产业工人队伍培育试点方案》，明确试点企业和试点内容。联合市建筑业协会，组织编制 PC 构件装配工、PC 模具工、装配式建筑施工员等 7 个职业技能评价团体标准，其中《职业技能标准装配式建筑施工员》为全省首个团体标准。强化建筑产业工人职业技能培训教育，联合市建设工会、市建筑业协会等单位，举办第二届全市建设系统产业工人高技能人才综合素质提升培训班、轻钢农房装配式内装工和装配工培训班，以及“杭州通达杯”砌筑工职业技能竞赛。加强教育培训基地建设。全市有建筑工人职业培训考核基地 9 个、建筑施工特种作业人员继续教育基地 86 个、建设领域施工现场专业人员职业培训基地 9 个、监理人员业务培训基地 29 个、装配式建筑产业工人培训基地 4 个。全年完成三类人员考核 2.35 万人次、建筑施工特种作

2020 年 10 月 22 日，杭州市建设系统举行"杭州通达杯"砌筑工职业技能竞赛 （市建委 供稿）

业考核（理论、实操和继续教育）2.03 万人次、施工现场专业人员培训考核 5.27 万人次、监理人员培训 7831 人次。

【进杭建设者权益保障】 2020 年，市建委印发《保障农民工工资支付宣传贯彻文件汇编》，采取多种形式，开展"根治欠薪"政策宣传贯彻工作。印发《关于 2019 年度杭州市建筑业根治欠薪工作的通报》，对开展专项行动成效明显的 47 个工程项目建设主体进行表彰；对"根治欠薪"制度落实不到位的 27 个工程项目责任单位予以信用扣分。组织开展拖欠农民工工资情况排查，约谈企业 2 个；对 114 个"根治欠薪"工作不到位企业进行告诫；发出《杭州市建设市场主体提示信用认定扣分事先告知书》236 份，对逾期仍未整改的 14 个企业予以信用扣分。做好国务院对杭州市"根治欠薪"考核迎检工作。配合省"根治欠薪"领导小组办公室完成钱塘新区、江干区、拱墅区、萧山区、桐庐县"无欠薪"县（市、区）的创建验收。改版升级"杭州市智慧工地实名制管理应用系统"，将人员"健康码"与实名制管理整合，创新推出"杭州工地码"，实现与住房城乡建设部实名制系统互联互通，助力全市建筑工地疫情防控与复工复产。年末，全市实施实名制考勤管理的工程项目 2913 个，项目实名制覆盖率 96%，实名制考勤日均人数 27 万余人。强化建筑业农民工工资保证金管理，全年办理工资保证金业务 1166 笔，其中以现金方式缴存 84 笔、以保函方式缴存 987 笔、退还减免 208 笔、改换缴存方式 42 笔。协助劳动监察部门处置各类投诉纠纷 12 件，涉及企业 11 个、工程项目 12 个，涉及人数 568 人、金额 1617 万元。

【关爱进杭建设者】 2020 年，杭州市各级建设部门服务进杭建设者，当好民工的"娘家人"。开展"冬送温暖、夏送清凉"慰问活动，向一线民工赠送毛巾、牙膏、花露水等慰问品。在节日期间，走访慰问困难民工和坚守岗位的一线民工。市建委工会联合市总工会、市普法办开展"送法进工地""建设工地民工学校宪法日普法活动"等宣传活动。指导基层工会规范"职工之家""爱心驿站"建设。组织基层工会开展困难帮扶、人文关怀等活动。设立职工活动室，配备健身设施，丰富民工业余生活。

【建设项目党建引领】 2020 年，市建委根据《关于进一步加强全市建设项目党建工作的指导意见》，创新推出建筑工地项目党建"136"工作法，即围绕一个中心，坚持"支部建在工地，党建深入现场""打造精品工程，促进行业发展""增强获得感，提升满意度"三大宗旨，推进组织建立、阵地建设、党员管理教育、党建台账建立等 6 项工作。开展"我为亚运当先锋"主题活动，全市在建工地结成党建联建对子 25 对，破解施工管理难题 42 个。实施"百名干部破百题"行动，124 名党员认领具体问题 119 个。组织开展全市建设行业系统"最强党支部"评选，30 个工地项目党支部获评"最强党支部"。"聚焦精准破难，争当'城建先锋'"活动获评全市建设行业党建引领助力"两战全胜"十佳案例。全年建立工地项目党组织 336 个，新登记建筑工人流动党员 681 人，累计创建工地项目党组织 1172 个，登记建筑工人流动党员 3586 人。

【先进典型选树】 2020 年，市建委开展先进典型推选工作。组织市级技能大师工作室申报，全市焊工、管工、装饰镶贴工 3 个工作室通过市级技能大师工作室评选。举办建筑信息模型技术员、砌筑工、室内装饰设计师、手工木工、PC 构件质检工职业技能竞赛，对获得个人前三名成绩的 15 位选手核发技师职业资格证书，并授予"杭州市技术能手"称号；对 45 位砌筑工、手工木工选手核发高级工职业资格证书。举办杭州市第五届"圆梦人生"工程造价技能大赛暨浙江省第三届工程造价技能竞赛。开展"杭州建设工匠""最美建设人""最美建设集体"选树工作。10 名建筑工人获评"杭州建设工匠"，2 名建筑工人获评"最美建设人"，浙江省建工集团之江实验室一期工程园区工程（西区）项目部、浙江省三建建设集团全民健身中心工程项目部、浙江宏超建设集团陈现里砌筑班组获评"最美建设集体"。 （陈 军）

责任编辑 余显幕

25 商贸服务业

综 述

【社会消费品零售总额 6055 亿元】2020 年，杭州市社会消费品零售总额 6055 亿元，比上年下降 3.5%。从消费类型来看，商品零售收入 5060 亿元，下降 2.4%；餐饮收入 995 亿元，下降 8.5%。旅游消费拉动减少，游客人数由 2019 年的 2.1 亿人次下降为 2020 年的 1.76 亿人次，减少消费收入约 79.8 亿元。其中境外游客由 2019 年 113.31 万人次下降为 2020 年的 14.3 万人次。旅游消费收入全年减少 108.2 亿元。生活消费品消费中，服装、鞋帽、针纺织品类，石油及制品类，通信器材类商品降幅较大。全年分别实现零售额 287.91 亿元、350.48 亿元和 104.69 亿元，下降 23.5%、22.5% 和 20.3%。减少消费收入 210.8 亿元。全年汽车类商品零售额 924.5 亿元，下降 5.6%。

【生活必需品保障供应】2020 年，为应对新冠肺炎疫情，市商务局采取一系列措施保证市民生活必需品供应。从 1 月 23 日开始，市商务局每天向省商务厅及市新冠肺炎疫情防控指挥部上报重要生活必需品保障供应日报，6 月开始改为周报。确保猪肉市场稳定，加大外地猪肉的采购力度，并向市场定点投放市级储备猪肉 1000 吨。市商务局成立疫情防控保供专班，确保超市、农贸市场不断供，为超市一线工作人员和保供企业提供口罩、测温仪等物资。开展跨省、跨市协调工作，开出各类通行证 6900 多张，开具应急物资采购公函 65 份，民生保供企业证明 99 份。开启网上农贸市场、网上超市，推广设立 500 个生鲜安心自提点、农产品批发直供点。

【商贸企业复工复产】2020 年 2 月 10 日起，杭州市启动有序有条件复工复产，综合分析消费指数。2 月 20 日起，商场、综合体开门营业。2—12 月，全市 100 个商贸企业（94 个综合体和 6 个大型连锁超市）实行日报制度，发动全市各商务部门采集上报消费数据。市商务局参与研究并上报商贸企业扶持政策，落实“亲清在线”首批扶持政策之一——税收 50 万元以下商贸企业两个月增值税返还的工作，为 6 万个企业返税 2 亿元。协调杭州与湖州、嘉兴地区的交通问题等。发挥中小企业服务平台的作用，帮助企业融资、转贷近 30 亿元。创新便利店复工指数。2—6 月，每天汇总全市便利店和餐饮、理发等各类小店开店指数，指导加快复工。

【湖滨步行街被命名为首批“全国示范步行街”】2020 年 7 月 22 日，湖滨步行街被商务部命名为首批“全国示范步行街”。9 月 18 日，湖滨步行街改造提升二期亮相，湖滨步行街“全国示范步行街”揭牌仪式暨第四届杭州（国际）未来生活节启动仪式同步举行。湖滨步行街改造提升二期北至庆春路、南至长生路、东至延安路、西至太平里。二期沿袭一期“最人文、最时尚、最智慧的‘醉杭州’样板”定位，挖掘湖滨地区浣纱河的历史底蕴，呈现出“渠边金色麦浪环绕，水波轻漾灯光微闪，水到渠成硕果满仓”的景象。9 月 17—20 日，第四届杭州（国际）未来生活节在湖滨步行街举行。阿里巴巴集团、蚂蚁科技集团股份有限公司等 100 多个企业到场展示最新的创新成果。

【商业特色步行街发展】2020 年，杭州市商业特色步行街依托大数据等信息技术，优化业态布局，强化人文支撑，按照历史有根、文化有脉、商业有魂、经营有道、品牌有名、数字引领、放心消费的理念，改造提升积极性和创建工作氛围持续趋好，形成城乡统筹发展、文化商贸旅游共振的多元层级特色步行街。上城区清河坊步行街、下城区中国丝绸城步行街通过省级高品质步行街验收，拱墅区胜利河步行街、拱墅区桥西步行街、萧山区湘湖慢生活步行街、余杭区瓶窑老街步行街、富阳区达夫路步行街、建德市严州古城步行街、建德市寿昌中山路步行街和淳安县骑龙巷步行街被市政府命名为市级高品质步行街。

【新消费大会】2020 年 9 月 18 日，杭州市委、市政府召开以新消费为主题的全市性大会。会议明确新消费广义和狭义的概念，发布 100 个新消费企业榜单，推出“新消费·醉杭州”城市消费品牌。“欢乐购物在杭州”“畅快旅游在杭州”“舒心服务在杭州”“夜间消费在杭州”“放心消费在杭州”五大工程实施。200多场线上线下联动的“消费嘉年华”活动举行。

【夜间经济发展】2020年8月，杭州市上城区、下城区、拱墅区、余杭区以及延安路商业大街、古运河夜游等7处“夜地标”进入省级夜间经济试点名单。7—8月，“忆江南·夜杭州”2020年杭州仲夏夜嘉年华举行，发布十大“夜地标”，激活时尚“夜购物”，打造风味“夜食堂”，丰富特色“夜旅游”，提升多元“夜文化”，推动品质“夜娱乐”，开展全民“夜健身”。全年安排100场以上夜间经济主题活动，打响“忆江南·夜杭州”夜经济品牌。全市形成“10+X”夜间经济空间布局，“10”即10个夜间经济集聚的“夜地标”，“X”为自选内容，各区县（市）结合现有条件及目标计划，打造具有区域特色的“夜地标”。

【家政服务业试点推动】2020年9月8日，杭州市出台《杭州市人民政府办公厅关于推进杭州市家政服务业提质扩容“领跑者”行动的实施意见》和《杭州市家政服务业提质扩容“领跑者”行动工作方案》，联合认定杭州市家政服务业提质扩容的“领跑”社区、领跑企业和领跑学校名单，以及杭州市家政行业“三强”首批培育企业9个。

【肉菜追溯系统2.0版本上线】2020年6月28日，肉菜追溯系统2.0版本上线，在全市145个菜场投入使用，覆盖率90%。勾庄三大肉菜批发市场的追溯系统建设加速推进。由杭州市餐饮协会推荐的包括楼外楼菜馆、花中城大酒店、杭州师范大学（食堂）、浙江梅地亚宾馆、新白鹿餐厅在内的5个企业开展试点，进一步完善重要产品追溯体系建设。商务部对肉菜追溯系统“杭州模式”进行推广。（冯蔷颖）

【市商旅集团营业收入393.84亿元】2020年，市商旅集团全资和控股参股企业营业收入393.84亿元，比上年增长9.1%；利润总额27.46亿元，增长2.8%。集团合并报表营业收入104.51亿元，增长20.9%；国有净利润8.9亿元，增长4.0%。至年末，国有净资产总额99.57亿元，增长7.5%；国有净资产收益率9.3%。

市商旅集团做好新冠肺炎疫情防控、民生保障和复工达产工作，制定《做好疫情防控和复工达产工作十条指导意见》，落实物业免租政策。全年共计减免租金等1.69亿元。集团系统的杭州联华华商集团有限公司、杭州仁和酒店集团有限公司、杭州市安保服务集团有限公司、杭州市市场开发服务有限公司等企业坚持生产经营不中断，做好市场供应、服务和安全保障工作，确保市民“菜篮子”“米袋子”以及各类生活用品供应充足、品质优良、价格平稳。杭州联华华商集团有限公司、杭州解百集团股份有限公司、杭州市市场开发服务有限公司、杭州五丰联合肉类有限公司4个企业被评为“省市场保供贡献突出企业”，杭州市安保服务集团有限公司被评为“全国抗击疫情表现突出集体”“大爱浙商抗疫英雄”；杭州联华华商集团有限公司1人被评为“省抗疫先进个人”。

市商旅集团制订文化建设和品牌发展2个专项规划、2个行动计划。明确集团文化核心价值观为“同心同行，求精求新，至诚至美”；品牌口号为“有生活的地方就有商旅”。完成核心价值观标识、品牌口号的视觉形象系统设计，加强品牌资产管理，对集团系统的商标进行梳理，新注册商标和知识产权保护项目共73类、24个，开展4期“知味雅集”品牌交流活动。市商旅集团获贵州省黔东南苗族侗族自治州“贵州三穗鸭”浙江省总代理。

【市商旅集团第二个五年发展规划编制完成】2020年，市商旅集团第二个五年发展规划（2021—2025）编制完成。规划构建“1+8+26”三级体系（1个规划纲要、8个专项规划、26个系统企业规划），确定以“1343666”为主体的规划框架：“1”指一个愿景，打造具有国际竞争力的中国一流商贸旅游集团；第一个“3”指科技、文化、活力三大标签；“4”指国际化、数字化、品牌化、资本化四大发展战略；第二个“3”指“+互联网”“+金融”“+数字”三条实现路径；第一个“6”指商贸流通、文化旅游、美食健康、公共服务、会展教育、金融科技六大板块；第二个“6”指国际影响力提升、改革创新、项目攻坚、品牌赋能、“数字商旅”、资本运作六大工程；第三个“6”指加强党的领导、提升文化建设、抓好人才工作、夯实风险管控、打造“清廉商旅”、创新规划管理六大保障措施。

【市商旅集团国有企业改革】2020年，市商旅集团优化国有资本布局，完成2个企业增资扩股，4个企业国有股权划转、1个企业国有股权委托管理，压缩2个四级企业。推动混合所有制改革，杭州宏逸投资集团有限公司旗下杭州西湖国际旅行社管理有限公司成为集团第一个成功混合所有制改革的二级企业。杭州市安保服务集团有限公司完成杭州服装（集团）有限公司员工股收购；杭州饮食服务集团有限公司开展杭州市食品酿造有限公司员工股收购。引入战略投资者，加快筹建杭州市国际会展博览集团有限公司。完成杭州仁和饭店事业单位改制工作。接收杭州新州建设发展有限公司、杭州市机关公务用车服务有限公司和杭州杭勤实业发展有限公司3个企业。依托博士后工作站，建立“浙江大学博士后科技服务基地”，深化与浙江大学产学研合作。纳入集中管理资金29.25亿元，比上年增长192.5%，为纳入企业增收3691万元。发行超短期融资20亿元、公司债10亿元。

【“数字商旅”产业网中台项目通过验收】2020年，市商旅集团“一大六小”产业网中台项目通过验收，以集团大中台为核心，包含商业零售、餐饮、酒店、文旅、公共服务、会展等6个行业小中台的产业网基本形成；“五通”（会员通、营销通、产品通、流量通和支付通）功能基本实现。利用集团超级会员平台开展“商旅优惠福利大放送”等促销活动，发放优惠券18万余张。杭州解百集团股份有限公司数字运营平台新增会员25万人，新增会员销售14亿元。杭州仁和酒店集团有限公司旗下的杭州五洋宾馆智慧酒店一期上线，实现“0秒入住”。（梁　之）

电子商务

【概况】根据浙江省电子商务大数据公共服务平台统计，2020年，杭州市网络零售额8992.2亿元，占全省网络零售额的39.8%，比上年增长19.7%，超过全省增速5.4个百分点；居民网络消费额3219.7亿元，占全省居民网络消费额的29.1%，增长15.8%；网络零售顺差5772.5亿元，占全省网络零售顺差的50.03%。网络零售额、居民网络消费额、网络零售顺差均继续保持全省首位。余杭区、萧山区、江干区、滨江区、西湖区、拱墅区6个区的网络零售额入围全省前十名。在重点监测的第三方电子商务平台上有活跃网络零售网店18.9万个，相当于全市网络零售网店总数的43.2%；活跃网络零售网店总数在浙江省排名第一位。电子商务直接解决就业岗位53.1万个，间接带动就业岗位139.8万个。电子商务增加值1933亿元，增长3.0%，占全市生产总值的12%。

【"新零售之城"建设】2020年，市商务局落实《杭州市新零售发展五年行动计划（2019—2023）》，开展全市范围内新零售企业认定工作，首批认定新零售企业79个。推荐41个新零售企业作为2020年省级新零售示范企业，其中24个新零售企业获评省级新零售示范企业。新零售企业为市民生活做出积极贡献。盒马鲜生超市18个门店每天为约5万户杭州家庭提供新鲜的食材；"叮咚买菜"平台通过"产地直采+前置仓配货+29分钟送菜上门"的模式，为用户提供买菜服务，业务覆盖杭州市10个区的近3200个小区，服务近30万名市民；永辉超市在杭州地区的25个门店覆盖约1500个小区，服务近50万名市民；"饿了么"平台在杭州地区有骑手站点150个，骑手约6000名，对接3万余个电商企业。

【电子商务直播行业发展】2020年，杭州市有"淘宝直播""抖音""蘑菇街""有赞""云集""有播"等主要直播平台20多个，涉及主播约40万人，主要MCN机构50个，一定规模和产业化的直播电商基地、园区40个。7月9日，市商务局印发《关于加快杭州市直播电商发展的若干意见的通知》，扶持杭州直播电商业态发展。中国（杭州）直播电商经济研究院、中国（杭州）直播电商产业教育学院、中国（杭州）直播电商专家委员会三大机构正式揭牌成立。市委人才办、市商务局等5个单位联合出台《关于支持直播电商人才发展有关举措的操作办法（试行）》，细化并明确杭州市直播人才分类认定、直播电商人才享受待遇、"杭商学堂"培训、组建直播电商人才协会等政策规定。3月16日，"中国青年电商网红村"在未来科技城挂牌成立。在发布会上，团市委启动"112"杭州"电商达人工程"启动。

【天猫"双十一"全球狂欢季成交额4982亿元】2020年11月1—11日，天猫"双十一"全球狂欢季在线上举行，25万个品牌和500万个商家参与。活动覆盖全国8亿个用户，实现23.2亿个物流订单，成交额4982亿元。"双十一"全球狂欢季期间，杭州市卖出金额405亿元，居全国第二位；买入金额157亿元，居全国第三位。直播成为拉动交易的重要动力，直播间成交数据占比为15%~20%，商家直播带来的商品交易总额同比增长超过500%，直播商家覆盖数增长220%，30多个淘宝直播间成交额超过1亿元。

【"杭州产业带"平台销售额144.57亿元】2020年，"杭州产业带"平台销售额144.57亿元，比上年增长7.2%；入驻卖家数2.06万个，本地商家数1053个，站点综合排名首次列全国产业带第一位。通过举办"1688大促活动""618年中大促活动"等系列主题活动，"杭州产业带"平台每日页面浏览量在2000次以上。平台举办103期培训班，共计培训2.87万人次。

【中国（杭州）国际电子商务博览会获评品牌展览会】2020年9月18—20日，以"新零售·新商业·新消费"为主题的第七届中国（杭州）国际电子商务博览会在杭州国际博览中心举行。其间，8场论坛、30多场活动举行，超过500个企业参与，近500位网红进行现场直播。网络直播销售额超过7000万元，有2.17万名专业观众通过线上进行登记注册，其中包括1500多位专家学者和企业高级管理人员。博览会邀请616个境内和境外媒体参与报道，现场接待观众5万余人次，线上观看量超过300万次，媒体曝光覆盖人群超过1亿人。在全国会展工作委员会、中国会展专家委员会主办的中国会展品牌发展大会上，中国（杭州）国际电子商务博览会获"2019—2020年度中国会展品牌展览会"称号。

2020年9月18—20日，第七届中国（杭州）国际电子商务博览会在杭州国际博览中心举行
（市商务局 供稿）

【农村电子商务规模扩大】2020年，杭州市农产品网络零售额428.7亿元，比上年增长24.4%，建成电商专业村230个。临安区入选农业农村部“互联网+”农产品出村进城工程试点县（全国110个）。余杭、临安、桐庐入选浙江省“互联网+”农产品出村进城工程试点县（全省20个）。建德市入围国家电商进农村综合示范县项目。萧山区、余杭区和临安区入围全国淘宝村百强县榜单，其中萧山区列榜单第六位。临安区昌化镇白牛村被评选为全国“最美淘宝村”。

【电子商务帮扶成效明显】2020年，杭州市依托阿里巴巴集团、网易公司、贝店、“云集”等电商平台，创新“网络+扶贫”的新模式。通过电商直播、发放消费券等模式，推动贵州省黔东南苗族侗族自治州的产品进入杭州。（冯蔷颖）

批发和零售业

【概况】2020年，杭州批发和零售业增加值1272亿元，比上年增长2.3%。品质消费、智能消费保持较快增长，体育娱乐用品增长47.5%，智能家用电器和音像器材增长12.8%，可穿戴智能设备增长3.3倍。在中国消费者协会发布的《2020年100个城市消费者满意度测评报告》中，杭州列全国第一位。

杭州9条商业特色街区被中国步行商业街工作委员会授予“中国著名商业街”“中国特色商业街”称号。其中：四季青服装特色街区被中国商业联合会授予“中国服装第一街”称号，文三路电子信息街区杭州数字娱乐产业园被文化和旅游部授予全国首个“国家数字娱乐产业示范基地”称号，丝绸特色街区被授予“全国百强批发市场”称号，杭州武林商圈获“中国最具竞争力中央商务区”称号。（杭州年鉴编辑部）

【农贸市场第三次改造提升完成】2020年，杭州市区有农贸市场137个。至年末，按照“自愿、节约、实用”原则，市区最后一批农贸市场完成改造提升，标志着从2018年开始的市区第三次农贸市场改造提升全面完成，共110多个农贸市场参加改造提升。市商务局委托专业机构对第三次改造提升工作（2018—2019年度）通过查阅台账、实地走访、调查问卷等方式进行绩效评价。评价结果认为项目实施提升硬件设施建设，改善经营购物环境，吸引其他资金投入，为进一步打造现代民生市场打下基础。根据项目评价指标，农贸市场第三次改造提升项目绩效评价综合得分93分，评价等次为优秀。

【批发零售业改造提升试点】2020年，按照批发零售业改造提升试点工作方案要求，市商务局重点推进华润万家超市、同泰学堂非物质文化遗产基地、西溪天堂商业街、永辉超市、物美超市等8个试点项目。1月，完成2019年批发零售业改造提升试点绩效评价工作，重点突出湖滨步行街高品位步行街改造提升、现代供应链体系建设及供应链创新与应用等试点经验。12月，全市有5个镇和11个村入选首批省级商贸特色镇和示范村名单。

【供应链创新与应用试点】2020年，杭州市作为全国供应链创新与应用试点城市、全国流通领域现代供应链体系建设“双试点”城市，落实省商务厅对国家级、省级供应链创新与应用试点企业的专项激励资金1600万元。9月，完成首批试点的中期评价工作及第二批创新与应用试点项目申报工作。10月末，供应链体系建设试点项目完工。至年末，所有项目验收及中央补助资金的拨付工作完成，并总结上报可复制推广经验。11月，制订《杭州市现代供应链发展五年行动计划（2021—2025）》，并报市政府批准实施。

【再生资源回收体系完善】再生资源回收体系提升改造项目开展以来，至2020年年末，杭州市累计新增标准化回收网点2346个，累计提升建设分拣中心45.68万平方米。组织2020年上半年再生资源回收体系建设项目补贴资金的申报和项目验收工作。市级财政对验收合格标准化回收网点和提升建设的分拣中心下拨补贴资金2027.2万元。评定27个再生资源回收骨干企业，向全市发布14个可推广的“互联网+再生资源回收”企业。“互联网+再生资源回收”模式覆盖率90%，实现回收、清运、分拣全流程信息化监管。全年回收再生资源256.92万吨，城镇生活垃圾回收利用率51%。（冯蔷颖）

【市场“五化”提升改造】2020年，市市场监管局对杭州市27个农贸市场和13个专业市场开展“便利化、智慧化、人性化、特色化、规范化”提升改造工作，范围覆盖除西湖风景名胜区外的13个区县（市）。整合现有便民服务资源，升级链接信息管理系

2020年6月13日，外贸优品进步行街活动在湖滨步行街举行

（市商务局 供稿）

"五化"提升改造后的杭州运河邻里康桥农贸市场（市市场监管局 供稿）

统，改造老旧硬件设施，增设功能区域点位，挖掘文化特色亮点，拓宽线上经营方式。4—6月，在西湖区骆家庄农贸市场和新时代家居生活广场进行"五化"提升改造试点，并作为"五化"样板市场在全省推广经验。9月末，滨江区彩虹农贸市场、江干区意法服饰城等9个市场完成提升改造。10月末，全市40个市场全部完成改造，并100%通过省市场监管局考核验收，累计投入资金9268万元。

【网络市场监管】 2020年5月，市市场监管局与阿里巴巴集团签订新一轮政企合作协议，就优化营商环境、促进监管能力提升、新情况研究等问题开展合作。6月，签署《长三角区域网络市场监管联动和信息共享长效机制合作备忘录》。全年市场监管部门检查网站（网店）1.94万个，实地检查网络经营者1398个，行政指导和约谈各类电商企业93个（次），下架商品1.16万个（批），关闭店铺342个。（李　珺）

【市商旅集团探索"新消费"模式】 2020年，市商旅集团探索"云购物""宅经济""夜经济""潮经济"等消费新模式。杭州大厦推广"线上商城""十二金牌主播"等新型营销方式，复工首日5小时实现销售额1150万元。杭州大厦全年销售额101.89亿元，比上年增长32.3%。杭州联华华商集团有限公司升级"鲸选"App，上线拼团小程序，策划"供应链+直播"活动，实现线上销售额5.85亿元，增长96.8%。杭州宏逸投资集团有限公司旗下"尚城1157"项目引入MAO livehouse秀场、XX酒吧、IN11 Party KTV等潮流夜生活品牌，夜生活业态占项目总面积50%以上。杭州西溪投资有限公司推出"西溪夜宴"等"餐饮+戏剧"组合产品，打造西溪美食IP。杭州西湖国际博览有限公司、杭州西博文化传播有限公司探索线上会展新模式，开启"西博云"时代。中国（杭州）国际电子商务博览会、中国（杭州）国际智能产品博览会开展电商全产业链和"数智杭州"建设布局。

【杭州商旅知味观电子商务有限公司成立】 2020年6月，市商旅集团组建杭州商旅知味观电子商务有限公司，加大线上营销力度，推动线上线下融合发展，将集团所有食品生产企业的老产品调整上线，研发适合网络销售的新产品，并推出文创产品。全年知味观电商平台销售额超过5亿元、利润1000万元，关注数312万人次，在线销售产品200多种。其中，"知味观"青团线上销售继续在淘宝网和京东网保持销售额第一位，销售800万只，比上年增长34.3%。

【杭州大厦"线上商城"上线】 2020年4月17日，杭州大厦"线上商城"正式上线。杭州大厦研究新冠肺炎疫情对消费者心理、行为等方面产生的影响，开展精准营销和个性化订制服务，探索"十二金牌主播"、网红直播带货、代购跑腿服务等新型营销方式，打造线上线下一体化运营模式，实现"线上种草、线下销售"和"线上引流、线下体验"。至年末，"线上商城"数字会员超过8万人，750多个商户完成线上入驻，商品种类超过1.3万个，销售额超过1000万元。

【"尚城1157"项目夜间消费种类拓宽】 2020年，为丰富夜间消费种类，"尚城1157"项目引进保拉纳德国啤酒餐厅、MAO livehouse秀场、XX酒　吧、IN11 Party KTV、Q.S桌球俱乐部、杭州保利国际影城等夜文化品牌。"尚城1157"项目夜间消费业态分布占总面积的50%以上。国庆节放假期间，日均销售额超过150万元，比上年同期增长5倍。"尚城1157"项目潮流集市街区——"尚城南巷"于11月11日开街，街区面积约3000平方米，总投入约400万元。"尚城南巷"通过补充餐饮业态、打造深夜食堂主题街区、增加轰趴馆及潮牌买手店，进一步丰富"尚城1157"项目夜生活业态。

【"西溪夜宴"美食IP打造】 2020年，西溪天堂旅游综合体升级餐饮产品形态，丰富消费者就餐体验，推出"西溪夜宴"和"听芦"等"园区餐饮产品+沉浸式戏剧"的"餐饮+"产品。通过将餐、剧、环境有机结合起来，实景园林演出搭载AR虚拟场景，在用餐过程中融入剧情，消费者换上汉服、拿上身份卡片参与体验。除了能够近距离地观看演员表演，同时还能享受精致的美食，甚至作为故事的参与者，共同推动后续剧情进展。活动有超过30个媒体、平台宣传报道，公众号阅读量超过10万人次，微博相关话题阅读量超过1000万人次。

【市商旅集团职业技能等级认定中心建立】 2020年，市商旅集团建立职业技能等级认定中心，编制中式烹调师、中式面点师两类工种的职业技能标准、试题等。12月，集团开展首批中式烹调师、中式面点师技能等级认定，共有36人通过理论、实操考核，获高级工证书。

【服务提质专项行动】 2020年7月，市商旅集团开展为期1个月的"育新机、开新局，展头雁风采"服务提质专项行动。通过聚焦“四类窗口”(餐饮服务、宾馆酒店、商场超市、旅游服务等单位),实施“四大举措”(对标对表、比学赶超、内外联动、担当作用),加强“三个服务”(安全服务、规范服务、贴心服务)。专项行动开展以来,各窗口单位客户投诉率明显下降、服务评分稳步提升。为巩固深化服务提质专项行动成果,自9月起,集团开展中式烹饪技能大赛、酒店服务技能大赛、服务岗位争优演讲大赛、职业装展示暨礼仪操大赛和职工运动会等“四赛一会”系列活动,进一步提升系统企业服务意识和服务水平。 (梁 之)

住宿和餐饮业

【概况】 2020年,杭州市有限额以上住宿业和餐饮业企业1136个。其中:住宿业法人企业510个,包括旅游饭店279个、一般旅馆226个;餐饮业法人企业626个,包括正餐服务企业549个、快餐服务企业31个、饮料及冷饮服务企业27个。限额以上住宿企业营业额103.56亿元,其中客房收入53.61亿元、餐饮收入35.47亿元、商品销售收入0.86亿元。限额以上餐饮企业营业额220.99亿元,其中客房收入2.49亿元、餐饮收入206.96亿元、商品销售收入5.76亿元。

【中国(杭州)美食节】 2020年9月17日,由中国饭店协会与杭州市政府联合举办,杭州市商务局承办的第二十一届中国(杭州)美食节开幕。美食节以“网红之城·美食天堂”为主题,在9—11月推出10多个美食活动,包括2020年美食网红打卡点评选活动、“越夜越美味”大杭州嗨吃夜宵嘉年华、“舌尖上的杭州”厨神争霸赛、2020年度食谱评选、“天堂遇见天府”美食双城记等内容。开幕当天,第二届知味中国·中国(杭州)国际美食博览会同步启动。博览会开展3场美食论坛,围绕“餐饮人需求”突出数字化浪潮下的餐饮行业的发展趋势。其间,第九届杭州名优点心展、第四届酒吧文化节、第五届最忆杭州味——中国媒体和网络主播美食节、第二届杭州茶馆文化节、第五届杭州素食文化节、杭州地铁沿线美食实探等相关系列活动相继展开。

【知味杭州美食文化公园】 2020年10月29日至11月2日,第二届知味杭州美食文化公园在杭州武林广场举行。活动以“国潮新味”为主题,集结杭州知名品牌、老字号、地方特色美食、网红品牌、创意美食、优质文创等内容,包含美食文化公园开幕式、美食展览、美食主题活动、年度食谱四大板块。展区总面积近1万平方米,现场吸引109个餐饮及文化创意企业参与,接待观众总数超过5万人次,有124个媒体对展会进行报道,发布稿件超过200篇,总阅读量超过1000万人次。

【“天堂遇见天府”美食双城记活动】 2020年12月1—5日,由杭州市商务局和杭州文广集团主办的“天堂遇见天府”美食双城记活动在四川成都举行。通过联动“阿里口碑”平台开展两地美食多屏直播等形式,促进杭州和成都两地美食文化交流互鉴,宣传推广杭州餐饮业形象。拉动杭州餐饮业外围消费力的同时,开启杭帮菜美食推广的线上新模式。

【美食文化宣传活动】 2020年,市商务局在杭州电视台开设“花漾镜”栏目,宣传美食名城名菜、名厨和名企。开展杭州市餐饮业转型发展示范企业、匠心小馆、品牌餐饮企业、“双新”行动等特色创建活动,及时梳理餐饮转型发展典型经验,在媒体进行专题宣传。组织“舌尖上的杭州厨神争霸赛”系列赛事活动,以比赛为抓手,拍摄150个当地特色美食餐馆的视频,梳理和展现杭州各地的特色美食。与“阿里口碑”平台合作,开展线上线下联动,通过电视、淘宝网、“阿里口碑”平台进行美食专场直播。在宣传的同时,直接为餐馆售卖套餐。在厨神争霸赛活动中开展小型美食产业对接会,在比赛现场展示杭州各区县(市)的特色食材、特产、半成品美食,为企业和食材商搭建合作平台。12月,开展杭帮匠心美食小馆评选活动,各地推选出杭帮匠心小馆75个,最终选出20个杭帮匠心美食小馆。同月,开展2020年度食谱评选,给餐饮企业提供展示的平台,激发了餐饮企业的积极性,宣传杭州餐饮品牌和特色美食。

【文明餐桌行动】 2020年,市商务局与市文明办联合制作发放“文明餐桌行动”宣传帖,并策划“文明餐桌·公筷公勺”主题系列活动。8月19日,《杭州市餐饮企业公筷公勺使用指引》出台,向区县(市)商务部门、市餐饮协会发放通知,要求加强文明餐桌行动督导。每季度组织人员进行专项督导,及时纠正存在问题。通过QQ群、微信群等新媒体发出倡议,及时表扬餐饮企业好的做法,纠正存在

2020年6月,“知味雅集——夏荷风举,匠心独运”美食文化交流活动在中国杭帮菜博物馆举行 (市商旅集团 供稿)

的问题，营造落实文明餐桌行动，引导餐饮企业履行社会责任。

（冯蔷颖）

【“知味雅集”美食文化交流活动】2020年4月和6月，“知味雅集——春和景明，因时而食”和“知味雅集——夏荷风举，匠心独运”美食文化交流活动分别在中国杭帮菜博物馆举行。在中国杭帮菜博物馆陈列室内，10个展区、20多个历史场景的复原，梳理杭帮菜传承和发展的肌理脉络。“知味雅集”将餐饮与文化相结合，致力于探讨和挖掘杭州饮食人文历史，运用新媒体、新技术讲述杭帮菜的变迁、传播杭帮菜文化。

（梁 之）

粮油供应

【概况】2020年，市粮食和物资储备局充分估计困难、风险和不确定性，强化底线思维，做好较长时间应对风险挑战的思想和工作准备，做好“六稳”工作，落实“六保”任务，持续做好粮油应急保供稳价工作。全市粮食总产量50.85万吨，比上年增加1.21万吨；油料产量7.22万吨，增加0.16万吨。全市粮食消费总量307.03万吨，减少84.51万吨；食用油消费总量23.89万吨，减少5.90万吨。粮食产需缺口256.18万吨，减少85.71万吨，减幅25.1%；食用油产需缺口为21.55万吨，比上年减少6.20万吨，减幅22.3%。至年末，全市社会粮食库存153.98万吨，减少21.85万吨；社会食用油及油料库存9.72万吨，增加1.02万吨。

12月，通过省星级粮库创建晋级，淳安县中心粮库成为“四星级粮库”。杭州市累计有四星级粮库8个。152个粮油企业（门店）被认定为市级“粮油放心”示范企业（门店）。余杭区、桐庐县通过省级验收组现场验收，成为杭州市第3个和第4个“放心粮油示范县”。12月，杭州富义仓米业有限公司、杭州恒天面粉集团有限公司、杭州精贡粮食仓储有限公司、杭州润如玉粮油有限公司、杭州中谷米业有限公司5个企业的6个产品被省粮食和物资储备局认定为“浙江好粮油”。

【粮油市场交易】2020年，杭州市各粮油专业市场成交粮油及副产品202.41万吨。其中：粮食187.43万吨、食用油及油料14.28万吨、粮油食品0.62万吨、副产品0.08万吨，成交金额104.38亿元。杭州粮油物流中心交易量133.04万吨、交易额66.77亿元，在全国专业粮油批发市场中继续列第一位。

【成品粮储备增加】2020年，杭州市新增成品粮储备3.65万吨，其中市本级新增1.26万吨，使全市成品粮储备达到5.77万吨（其中市本级3.26万吨）。根据近几年杭州市粮食消费结构变化情况，调整并优化市级储备粮品种结构。早稻储备由11万吨下降到9.2万吨，晚稻储备由16.5万吨提高到18.3万吨，晚稻占比49.0%。从市级储备食用油中安排650吨为适合直接消费的小包装食用油储备，以提高应急保障供应能力。

【市本级粮食收购政策出台】2020年，杭州市本级小麦（三等）、早籼稻谷、中晚籼稻谷、晚粳稻谷最低收购价格分别为每50千克112元、124元、130元和133元。国有粮食收储企业按最低收购保护价从高敞开收购市内农户种植的小麦和稻谷，凡市场价低于市本级最低收购价格的，按市本级最低收购价格收购。继续实行“订单粮食”价外补贴和奖励。种粮大户、家庭农场、粮食专业合作社社员、制种基地农户每交售50千克早籼稻谷、中晚籼稻谷、晚粳稻谷和小麦分别给予30元、25元、25元和30元补贴，一般农户每交售50千克早籼稻谷补贴20元、其他（中晚籼稻谷、晚粳稻谷和小麦）补贴16元。继续对种粮大户烘干费用实施政府适当补贴。对种粮大户与国有粮食收储企业签订“订单粮食”，用于粮食储备的稻谷收购，其粮食烘干费用按实际烘干数量给予每吨80元补贴。

【粮食安全责任制考核完成】2020年，杭州市落实“藏粮于技、藏粮于地、藏粮于市”举措，确保粮食安全市长责任制得到全面落实。根据省粮食安全办公室统一部署，市粮食安全办公室对2019年度全市粮食安全市县长责任制执行情况进行总结和综合考评，余杭区、建德区、萧山区、临安区政府获评优秀单位。完成国家和省相关部门对杭州市粮食安全责任制的考核工作。

【粮食产销合作深化】2020年，杭州市通过“走出去，请进来”等方式，深化和完善粮食产销合作政策及市场化运行机制，扩大粮源采购和合作渠道。杭州市与7个省、23个地市建立40个省外订单粮食基地，基地面积4.84万公顷。2020年度实际调入杭州市的粮食21.82万吨，政府财政补贴资金955.4万元。省外订单品种包括早籼稻、晚籼稻、晚粳稻、小麦、玉米、大豆等。

【“五优联动”试点推进】2020年，杭州市在总结建德市试点经验的基础上，对相关区县开展“五优联动”示范县创建活动情况进行摸底调研。临安、富阳两个区被确定为2020年“五优联动”示范县试点单位，按计划推进优质粮食工程建设。12月，杭州市完成首批“粮食优质工程”之中国好粮油行动计划项目建设，并通过市级验收，在省“五优联动”现场推进会上做书面经验交流。

【猪肉储备任务落实】2020年，市粮食和物资储备局联合市发改委、市财政局、市农业农村局修订《杭州市猪肉储备实施方案》，提高储备补贴资金，优化储备结构。落实杭州市6800吨猪肉储备任务，基本保证杭州市主城区10天左右供应量的要求。

【仁和粮食储备库建设】2020年，仁和粮食储备库是市重点工程的政府投资项目，市粮食和物资储备局筹建领导小组及其办公室召开协调会和专题研究会，帮助解决问题，督促保证工程质量，加快建设进度。受新冠肺炎疫情防控和施工安全论证等因素影响，工程进度比原计划有所滞后。通过解决配电招投标、码头罩棚设计、深基坑开挖围护、平房仓仓顶工艺等问题，土建工程做出进度调整，工程建设得以推进。至年末，15万吨浅圆仓主体土建工程基本完成；20万吨平房仓基础完成100%，主体结构完成50%以上；大米加工车间设施设备、智慧化粮库系统完成招标并与土建同步预埋件安装；码头水工、码头罩棚等项目开始招标。2020年度实际投资2.82亿元。

【仓储基础设施改造】2020年，杭州市开展各区县（市）仓储设施需求调查，争取国家和省级财政资金补助。富阳区第二粮库工程估算2.41亿元，省级财政资金补助900万元。12月23日，该工程开工建设。市、县两级推进仓储设施改造，对老旧仓房进行修缮和气密性改造。扩大"绿色储粮"仓容，全市各区县（市）气调储粮仓容37.4万吨，用药量2443千克，比上年减少8%。

【储备粮油出入库质量把关】2020年，市粮食和物资储备局增强对储备粮出库质量检查力度，出库粮食质量必须全部由市粮油中心检验监测站进行检验检测。全年检测地方储备粮出入库607批次，比上年增长49.5%；代表数量44.74万吨，增长24.6%。其中：稻谷217批次（增加24批次），代表数量27.70万吨（增加4.55万吨）；小麦34批次（减少13批次），代表数量5.13万吨（减少9811.4吨）；大米340批次（增加190批次），代表数量11.66万吨（增加7.59万吨）；植物油16批次（与上年持平），代表数量2588.7吨。大米有3批次不合格，主要是不完善粒、加工精度、重金属镉不符合要求；植物油有1批次不符合要求，主要是菜油中混有豆油。

【粮库安全监督检查加强】2020年，市粮食和物资储备局根据时间节点和特殊的气候条件，对粮库进行安全检查。开展仓储安全生产监督检查和节前安全综合检查。指导企业开展安全生产事故隐患排查，落实责任，限期整改，不留后患。做好粮库防汛防台安全监督检查。在梅季汛期，重视对粮库安全隐患排查，及时发布气象信息，部署各地做好防汛保库工作。7月，新安江大坝泄洪后，全市粮食和物资储备部门进入紧急戒备状态，加强人手监管全市粮库和工地的防汛防漏，实施一日一报制度。

【粮食专业人才培训】2020年3月，杭州市粮油监管专家库成立。经推荐，有50多人被列入名录。11月，市粮食和物资储备局与浙江省粮食干部学校、浙江农林大学联合办学，对粮食主管部门和企业负责人50人进行为期1周的业务培训。通过组织技术比对考核，委托市粮油中心进行培训、考核和总结，以此提高全市粮油企业质量检验化验水平。

（冯蔷颖）

专项经营

【烟草专卖】2020年，杭州市查获各类涉烟违法案件4709起，比上年上升17.0%；查获违法卷烟1.0万件，上升14%；涉案案值1.21亿元，上升20.6%。

杭州市烟草专卖局创新监管方法，保持打假打私高压态势。全年查处假烟、私烟3353.9件，上升48.4%，破获国标网络案件15起，其中互联网销假网络案件4起、销售走私加热不燃烧卷烟网络案4起。其中，"9·22"特大跨国非法经营卷烟网络案涉案金额超过6亿元。

市烟草专卖局持续增强卷烟市场监管力度。全年查处重点监管对象案件988起，占案件总量的21%；涉及卷烟3390件，占卷烟总量的34%；取消经营资格270户。严查本地售假团伙，追究刑事责任148人。全年查获国产真烟6791.53件，其中省外流入卷烟2652.14件。配合市纪委开展"烟票"整治，停货、供货52户。市烟草专卖局会同市场监管部门开展电子烟市场联合整治，开出全省首张电子烟虚假宣传罚单。推进"政务服务2.0"和"好差评"线上应用，全年网上办证率99.6%。烟草专卖执法数字驾驶舱在杭州城市大脑平台正式上线。（余碧瑶）

【成品油销售】至2020年年末，杭州市有成品油零售企业769个，其中在营加油站（点）657个。全年销售成品油467.10万吨，其中汽油250万吨、柴油128.27万吨、煤油（航煤）88.83万吨。（冯蔷颖）

【盐业经营】2020年，杭州市盐业公司进一步适应盐业发展新阶段和实施混合所有制改革的新要求，应对新冠肺炎疫情引发的食盐市场供应异常，降本增效抓管理，推进经营管理各项工作。全年销售各类盐产品5.09万吨，其中小包装盐2.30万吨、海盐9778吨、大包装食品加工用盐2.36万吨、工业用盐4417吨。

疫情引起食盐市场异常波动，公司成立应急小组，第一时间启动食盐供应应急预案和物流配送应急预案，平息杭州地区食盐销售异常风波，第一季度盐品供应比上年同期增长21%，完成疫情期间稳定保供任务。

进一步统一地区营销团队，打破区域限制，按客户分布与配送半径相适应原则，营销团队开展跨区域网格化营销。开展"圈地"调查行动，为渠道建设提供数据支撑。

盐品结构提升优化，将系列盐品更替为升级版。至年末，300克雪涛日晒海盐、300克健康平衡盐升级版、300克低钠盐升级版、200克雪花盐、250克浙盐一品等盐品完成升级优化工作。盐品集中度和精品化质量得到提升。

探索实践"无仓直配"的配送商代储模式。4—6月，该模式开展试运行，节约进出仓费用约300元/吨，同时减少运输损耗。进一步优化方案，推进以生产企业为纽带的"无仓直配"物流配送新模式，最终达到提高配送效率、出租富余仓储、实现降本增效的运营目标。（经 飒）

责任编辑 秦文蔚

26 会展业

综　述

【会展活动举办106场】2020年，以人员流动与聚集为主要特征的会展业是受新冠肺炎疫情影响最大的行业之一。杭州依托“中国最具竞争力会展城市”的品牌优势，积极探索线上线下相结合的办会办展模式。6月19日，市政府举办杭州会展助力帮扶消费暨杭州会展重启活动，杭州成为疫情趋稳后国内第一个举办展会的城市。8月31日，市商务局、市公安局、市卫生健康委根据商务部、公安部、国家卫生健康委的指导意见，提出在疫情防控常态化条件下开展展览活动的具体要求，并结合杭州实际，推出“杭州会展在行动”17项系列活动，以提振会展行业发展信心。全年杭州国际博览中心、杭州白马湖国际会展中心、杭州和平国际会展中心等专业场馆举办有较大规模和影响的会展活动106场，展出总面积116.24万平方米。

【会展企业复工复产】2020年，杭州市会议展览业协会进一步推进“专业化、实体化”建设，在发挥协会各专委会职能、行业标准化建设、会展人才培训、服务会展企业、加强协会自身建设等方面取得新的业绩，被评为“杭州市品牌社会组织”。新冠肺炎疫情发生后，协会主动作为，发挥政府与企业之间的桥梁纽带作用，开展为企业排忧解难工作，推动企业尽快复工复产。完成杭州市会展业发展“十四五”规划、杭州市会展业年度发展报告的编制和撰写。组织杭州市会展企业管理人才、会展业领军人才培训，为疫情防控常态化下会展业重启提供人才支撑和技术保障。为行业搭建合作交流平台，增强会员单位之间的凝聚力和向心力。成立数字直播专业委员会，邀请浙江省电视台主持人担任杭州会展业形象代言人，并设计制作杭州会展业手绘地图，在广东、上海、郑州、厦门等地有关场合进行展示，进一步扩大杭州会展影响力。与上海、重庆、成都、海南、郑州、厦门等城市会展业协会签订战略合作协议，深化外联交流合作。创设“湖山家荟”云上“集团”，建设云上智慧会展产业园区，着力打造“会展人之家”，推动协会成员携手合作、共同发展。成立中国会展专家智库平台，为会展业“把脉开方”，提升协会品牌知名度。

2020年6月19日，市政府举办杭州会展助力帮扶消费暨杭州会展重启活动
（市商务局 供稿）

【会展业务培训】2020年，杭州市会议展览业协会推出“云上培训”“云上交流”“云上专家授课”等创新做法。8月17日，协会组织30多个会员单位到阿里巴巴集团学习考察，探讨传统企业在互联网时代数字化转型的思路和方向。10月21—23日，举办全市会展企业管理人才培训班，围绕杭州会展业自媒体时代营销策略、后疫情时代文化产业发展趋势、会展场馆进化等主题，聘请专家授课，170多人参加。11月12—13日，

开办杭州市会展业领军人才培训班，杭州区县（市）会展业主管部门、会展场馆、会议型酒店、会展服务企业、在杭高校等单位负责人及全国各地会展领军人才150多人参加。培训采取学员与教师、学员与学员之间互动的教学方法，取得较好培训效果。

【宣传推介活动】2020年7月28—30日，杭州市会议展览业协会应邀赴广东东莞参加中国会展经济研究会年会。会议期间，协会以“积极打造国际会展之都、赛事之城”为主题，就杭州会展业的成长脉络和营商环境做整体推介。市商务局从杭州会展产业发展定位、发展布局、扶持政策和疫情防控4个方面介绍杭州会展发展情况。“东莞年会”成为杭州会展走向全国的重要标志。8月19—21日，市商务局组织部分区县（市）会展业主管部门及重点会展企业赴南京参加第十届中外会展项目（南京）合作洽谈会，并做专场推介。江干区商务局、淳安县商务局和杭州会展中心分别做专题推介。会上，杭州获“2019年度金五星会展城市奖”。11月19—21日，“豫见西子，杭州等你”杭州会展业（郑州）推介会在郑州举行。会上，杭州重点推介会展营商环境、品牌会展项目和重点会展企业，并与郑州会展行业进行合作洽谈。（崔晓洁）

西湖国际博览会

【概况】2020年9—11月，第二十二届中国杭州西湖国际博览会（简称西博会）在杭州举行。根据新冠肺炎疫情防控工作要求，西博会采取线上会展模式。围绕电子商务新消费趋势，以举办中国（杭州）国际智能产品博览会、中国（杭州）国际商务电子博览会为抓手，搭建电子商务全产业链生态平台和“数智杭州”智能产品平台，举办电商助农直播带货活动6场，实现销售额500万元。根据美食新消费发展态势，通过中国（杭州）美食博览会联结“夜经济”、文旅经济，助力餐饮产业联动发展。针对设计新消费的兴起，以亚洲设计管理论坛暨生活创新展联结设计创新活动，组织开发联名产品，创新展实现

2020年10月16—18日，第二届中国（杭州）国际智能产品博览会、全球人工智能大会在杭州国际博览中心举行（市商旅集团 供稿）

销售额4000多万元。

【中国（杭州）国际美食博览会】2020年9月17—20日，知味中国·第二届中国（杭州）国际美食博览会在杭州西溪天堂举行。美食博览会是西博会的核心项目，由中国饭店协会、杭州市政府联合主办，以“因美食而美好”为主题，围绕“餐饮人的需求”，设置论坛、展览、活动三大板块和西溪天堂、五丰冷冻食品交易市场两大展区，展示面积超过5万平方米，吸引200多个餐饮企业、1500多名全国餐饮行业专家、企业家参与，观众达7万人次，总交易额2000多万元。

【中国（杭州）国际电子商务博览会】2020年9月18—20日，电商中国·浙江杭州——第七届中国（杭州）国际电子商务博览会暨浙江商务服务交易博览会在杭州国际博览中心举行。电子商务博览会以“电商新时代”为主题，举办8场论坛（包括1场主论坛和7场分论坛）和30多场精准型、高端型活动，吸引500多个企业和机构参展，有近500名网络红人在现场进行直播，有2.1万名专业观众通过线上登记注册，610多个境内外媒体参与报道，现场接待观众5万余人次。浙江商务服务交易博览会采取“线上＋线下”双向融合的办展模式，参展企业1000多个，近100个国内外知名媒体参与报道，线上线下观众超过10万人次。

【中国（杭州）国际智能产品博览会、全球人工智能大会】2020年10月16—18日，第二届中国（杭州）国际智能产品博览会、全球人工智能大会在杭州国际博览中心举行。博览会和智能大会是西博会的核心项目，有11位中外院士参加，围绕AI产业共同谋划人工智能未来，共同分享新兴科技成果。其间举办主论坛（开幕式）和专业论坛14场、大赛3场，参会嘉宾2000多人，线上参会超过35万人。博览会有163个人工智能头部企业参展，展馆面积2万平方米，观众26260人次，线上观展超过50万人次。两个大会实现会议、展览、赛事无缝结合，在举办国际智能产品展览的同时，召开人工智能全球峰会。采取线上、线下和展览等多种形式，探索疫情防控常态化下办会的新模式。

【亚洲设计管理论坛暨生活创新展】2020年10月29日至11月2日，亚洲设计管理论坛暨生活创新展在浙江展览馆举行。作为第二十二届西博会核心项目、第十四届杭州文化创意产业博览会下城区分会场活动，亚洲设计管理论坛举办4场论坛，传达“设计不应被定义”的理念，探索设计驱动商业创新的源点。创新展邀请

2020 年 10 月 29 日至 11 月 2 日，亚洲设计管理论坛暨生活创新展在浙江展览馆举行

（市商旅集团 供稿）

30 多名设计大师及艺术家参与，展出创新品牌 200 多个，线下展会及预售产品销售额超过 1000 万元，IP 交易额 4360 万元。有 500 多个主流媒体参与报道。（梁 之）

中国国际动漫节

【概况】2020 年 9 月 29 日至 10 月 4 日，为期 6 天的第十六届中国国际动漫节（简称动漫节）在杭州举行。动漫节秉承“动漫的盛会，人民的节日”的办节宗旨，以“动漫之都，智享未来”为主题，设立 1 个主会场和 11 个分会场，通过线上与线下相结合的方式，举办会展、论坛、商务、赛事等活动 45 个，吸引 65 个国家和地区、2680 个中外动漫企业机构、5886 名客商展商和专业人士通过线上或线下的方式参与。活动期间，73.92 万人次市民、游客参加线下各项活动，其中主会场 13.72 万人次，分会场 60.2 万人次。通过“云上国漫”平台线上参与活动 1012 万人次。动漫节举办“一对一”洽谈活动 2069 场，达成合作意向 1543 个，100 多部全球动画新片在动漫节上播放，现场签约金额 2.5 亿元。

【“金猴奖”大赛】2020 年 4 月 28 日，被誉为“中国动漫最高荣誉”的“金猴奖”大赛恢复评选后启动全球动漫作品网络征集工作。大赛组委会收到来自 19 个国家和地区的 819 部原创动漫作品报名参赛，其中动画电影 10 部、动画系列片 80 部、动画短片 403 部、漫画 326 部。通过网络初评和终评，评出综合奖动画电影、动画系列片、动画短片、漫画作品 13 部。获奖作品中，《哪吒之魔童降世》《百鸟朝凤》等作品获金奖，《雪人奇缘》《彩虹宝宝 3》《秋实》等作品获银奖，《篮球旋风》《舒克贝塔》等作品获铜奖。该届“金猴奖”大赛首次设立创业投资环节，由中国动漫集团有限公司、珠海市华策集团有限公司、北京字节跳动科技有限公司、北京首创郎园文化发展有限公司、磨铁（杭州）动漫有限公司、网易文创平台等多个企业参与，为入围的 31 部优秀原创动漫作品提供从赛事走向产业的平台，为赛事产业生态圈的打造提供良好的环境和条件。“金猴奖”大赛由中央广播电视总台主办。

【动漫产业博览会】2020 年 9 月 29 日至 10 月 4 日，动漫节动漫产业博览会在杭州高新区（滨江）白马湖动漫广场举行，展览面积 7 万平方米，吸引 187 个知名企业线下参展。参展企业包括欧曼达高文化传媒（上海）有限公司、集英万梦（上海）商贸有限公司、暴雪娱乐公司、东京电视台及央视动漫集团有限公司、浙江广播电视集团、浙江中南卡通股份有限公司、腾讯动漫平台等。现场推出“同心战‘疫’，温暖前行”防疫抗疫主题漫画展、中共中央宣传部“原动力”动漫主题展、社会主义核心价值观动画短片扶持创作等活动，以及以叶浅予、丰子恺、华君武等老一辈浙江漫画家为代表的“浙里漫星璀璨”主题作品展、以精准扶贫为主题的少儿漫画作品展和华服走秀、汉服体验、名家签售等系列活动，旨在传承中国优秀传统文化，弘扬社会主义核心价值观。

【动漫游戏商务大会】2020 年 9 月 28—30 日，动漫节动漫游戏商务大会在杭州第一世界大酒店举行。大会吸引英国、法国、芬兰、巴西等 42 个国家和地区的专业观众在线参与，863 名国内专业观众现场参与。大会围绕项目孵化、内容制作、发行传播、衍生授权、行业培训五大板块，采取主题专场和商务配套两种形式展开。线上、线下开展“一对一”洽谈 2069 场，现场发布包含传统动漫原创作品和 IP 衍生授权项目、动漫影视和文旅跨界融合项目、新技术赋能动漫产业提速增量等五大类、14 个重大项目，项目成交金额 5 亿元。

【动漫产业高峰论坛】2020 年 9 月 29 日至 10 月 1 日，动漫节动漫产业高峰论坛在杭州滨江区白马湖建国饭店举行。论坛以“新时代新产业，漫道铮铮，初心不忘”为主题，聚焦后疫情时代的动漫产业发展和动漫作品创作，设主论坛、大师班、新锐班、圆桌会等对话、研讨活动。动漫领域的优秀作家、导演、教育工作者、企业家代表现场分享、交流行业经验，畅谈动漫产业未来发展。国家广播电视总局在动漫产业高峰论坛主论坛上启动第四届“理想照耀中国——社会主义核心价值观动画短片扶持创作活动”，发布第四届社会主义核心价值观优秀动漫短片，并为优秀动漫作品颁发证书。中央电视台财经频道《对话》栏目在动漫产业高峰论坛上录制以“文化产业好生意”为主题的专场节目。论坛期间，华特迪士尼（中国）有限公司等企业开展多方面的专业交流与分享。

【动漫节影响力扩大】2020 年，动漫

2020 年 9 月 29 日至 10 月 1 日，第十六届中国国际动漫节动漫产业高峰论坛在杭州滨江区白马湖建国饭店举行 （杭州市动漫游戏产业发展中心 供稿）

节吸引 124 个境内外媒体和 40 个新媒体的 501 名记者参与活动报道。其中中央广播电视总台安排 10 条线、106 名记者报道动漫节盛况，《新闻联播》《焦点访谈》《晚间新闻》《朝闻天下》《东方时空》《经济信息联播》等栏目发稿 170 多篇，并通过英语、法语、日语、俄语、西班牙语等 13 种语言向海外宣传报道动漫节；中央电视台少儿频道现场直播"金猴奖"大赛颁奖仪式。《人民日报》、新华社、《中国日报》等中央和省、市主流媒体对动漫节进行全方位多角度报道。"学习强国"学习平台在"推荐"板块设置动漫节专题，并开设以动漫节为主题的每周答题，推进动漫节相关知识的普及。中央电视台新媒体连续 5 天直播动漫节实况，12 个视频网络平台组织直播活动 113 场，观看直播 1.09 亿人次。"我为国漫代言"抖音话题挑战赛浏览量超过 8000 万人次，新浪微博平台的动漫节相关话题阅读量接近 1 亿人次，腾讯微视平台的动漫节相关内容播放量超过 4400 万次，动漫节网上话题浏览量超过 2.2 亿人次。 （彭 澍）

其他重要会展活动

【杭州会展助力帮扶消费暨杭州会展重启活动】 2020 年 6 月 19 日，市政府在西博会博物馆举办杭州会展助力帮扶消费暨杭州会展重启活动。中央电视台新闻频道进行专题播报，中央电视台新媒体进行全程直播。为期 3 天的活动围绕"夜经济"、杭货直播、帮扶消费等主题展开，现场集中展示来自湖北恩施、贵州黔东南、吉林长白山等地的农副产品，以及娃哈哈饮料、万事利丝绸等杭州产品。展会举行"国潮新生所"直播网红基地揭牌、"国潮新生"发布会、中国（杭州）第一直播广场签署等系列活动。

【"数字杭州"会展合作大会】 2020 年 9 月 2 日，由省商务厅、市政府主办，市商务局、市政府外事办公室承办的"数字杭州"会展合作大会在杭州洲际酒店举行。大会以"会展驱动·城市复苏"为主题，安排高峰论坛、数字会展专题展等活动，共同探讨会展行业发展问题。意大利、也门、罗马尼亚、日本及中国香港等国家（地区）的 260 多位会展行业嘉宾、业界领袖及专家学者参会，就"品质设施助推品质会展""疫情下杭州如何继续打造国际会议目的地""会展云经济""以新格局面对未来的会展行业"等议题发表演讲。高峰论坛采取线上线下相结合的"一会一展"模式，进行"云直播""云逛展""云洽淡"活动。

【云栖大会】 2020 年 9 月 17—18 日，以"数智未来、全速重构"为主题的杭州·云栖大会在线上举行，500 多位全球科技领袖汇聚"云上"。阿里巴巴集团董事局主席兼首席执行官张勇做主题演讲。云栖大会通过官网为全球科技界带来前沿科技、技术产品、产业应用等系列成果。云栖大会推出 3 场主论坛和 100 场分论坛，以及 100 个城市站点线上线下联动发布 100 种新产品。大会期间，阿里巴巴集团举办"政府数智化转型"分论坛。围绕助力打造一体化数智政府，提出"新基建"下的"云钉一体"数字政务模式。

【杭州国际人才交流与项目合作大会】 2020 年 11 月 8 日，第十一届杭州国际人才交流与项目合作大会在杭州国际博览中心开幕。合作大会突出人才主角，打造长三角人才开放平台，为展现杭州"重要窗口"的"头雁风采"提供有力人才支撑。大会有 35 个国家和地区通过线上线下参会，67 位海内外院士出席。会上举行世界银行全球数字金融中心（杭州）、欧盟研究与创新杭州中心揭牌仪式，发布"杭州人才码"国际版。大会以数字经济、智能制造、生物经济等杭州重点发展产业为导向，做好人才、项目、技术难题和招商需求的征集对接工作。大会主会场举办人力资源服务和产品创新路演，遴选 10 个人力资源服务和产品项目进行角逐。与之江实验室联合举办"之识无界"大会、"助企双引"直通车宣讲、杭州全球生物经济创新创业总决赛、杭州市女性创业创新大赛暨年度女性创业项目颁奖盛典、"西湖论剑"大赛总决赛等活动。有关区县（市）举办千岛湖论坛、"先进材料与高端制造"学术交流会暨"富春院士村"开村等分会场活动，通过搭建活动平台，集聚国内外高端人才，助推浙江、杭州高质量发展。

【淳安特别生态功能区会展业发展研讨会】 2020 年 7 月 10 日，淳安特别生态功能区会展业发展研讨会在淳安举行。研讨会作为"杭州会展

2020 年 7 月 10 日，淳安特别生态功能区会展业发展研讨会在淳安举行

（市商务局 供稿）

在行动”的第二站，由市商务局和淳安县政府共同举办。研讨会邀请中国会展经济研究会中小城市会展发展研究中心、浙江省会展行业协会等机构、高校、企业的专家参与，就淳安县会展业发展方向和路径、会展设施规划建设和运营管理等主题，从“会展专项扶持政策制定”“机制改革”“建设千岛湖会展中心可行性”等方面进行研讨。其间，参会嘉宾与淳安县政府及相关部门就淳安会展业发展、淳安特别生态功能区建设等工作开展交流。

【中国（杭州）城市会展发展大会】 2020 年 11 月 13 日，由杭州市政府、中国会展经济研究会主办的第十二届中国（杭州）城市会展发展大会开幕式在杭州国际博览中心举行。大会通过“会展＋科技”“论坛＋展览”的形式探讨会展业跨界融合和创新前景。会上举行杭州市会议展览业协会直播委员会主任委任仪式。组织杭州会展扶贫项目签约，助推对口贫困地区产业发展和脱贫攻坚。大会开幕后，举行两场平行论坛，分别围绕“政府如何扶智和赋能”和“政府如何组织展商”两大主题展开探讨。大会还举行杭州市会议展览业协会融媒体发展专业委员会成员聘用仪式，并为“杭州会展人帮扶贡献奖”获得单位、“吉”品在“杭”推广大使、杭州优秀会展活动基地、杭州十大会展品牌等颁奖和授牌。

【中国新经济企业 500 强发布会】 2020 年 11 月 28 日，由中国企业评价协会、浙江省商务厅、杭州市政府共同主办，北京国评新经济文化交流中心承办的中国新经济企业 500 强发布会在杭州余杭举行。发布会以“新产业、新业态、新商业模式”为主题，从“新经济布局未来”“新经济与智慧城市”等角度，共商新经济高质量发展大事，共同探讨中国新经济未来走势及布局。会上发布“2020 中国新经济企业 500 强榜单”，有 42 个杭州企业上榜。同时发布《2020 中国新经济企业 500 强发展报告》，首次对中国新经济发展情况和新经济优秀企业进行系统研究和评价。

【中国（杭州）国际数字教育大会】 2020 年 12 月 10 日，中国（杭州）国际数字教育大会在杭州国际博览中心开幕。大会由浙江省贸促会、浙江省教育技术中心、杭州市商务局、杭州日报报业集团主办，以“善教”“智学”“美育”为理念，设展览展示、论坛会议、大会活动、专业洽谈四大板块，探索国际数字教育的无限可能。来自芬兰、美国、德国、英国和法国展团的 30 多位嘉宾、长三角地区及省内的 300 多位业界代表出席开幕式和国际数字教育高峰论坛。大会设 5 场主论坛和分论坛，为中外教育科技机构提供合作交流机会，为参展企业提供“一对一”洽谈服务。其中，主论坛以“数字赋能教育创新·智能引领学习变革”为主题，展示杭州等地教育国际交流合作成果。4 场分论坛从不同角度研讨教育行业发展的难点、热点问题。

【“2020 网易未来大会”】 2020 年 12 月 18—20 日，由市政府、网易集团共同主办的“2020 网易未来大会”在杭州奥体博览城举行。大会以“洞觉·未见”为主题，邀请中外院士、行业专家、企业家、投资人等进行对话。其间，大会举行 1 场主论坛和 6 场分论坛，论坛涵盖预见未来、新基建、人工智能、区块链、潮商业、UP 生活及和文化等内容。中国工程院院士、传染病预防控制国家重点实验室主任徐建国，中国科学院院士、中国月球探测工程首任首席科学家欧阳自远，美国国家工程院院士、美国艺术与科学院院士陈世卿，英国皇家工程院院士王江舟等 8 位院士应邀参加，60 多名企业家、学者做创新分享。

（崔晓洁）

责任编辑　余显幕

27 金融业

综述

【金融业平稳发展】2020年，杭州市金融系统推进金融供给侧结构性改革，落实“六稳”“六保”工作任务，加快建设杭州国际金融科技中心，金融业稳步发展，综合实力增强。全年实现金融业增加值2038亿元，比上年增长10.6%。金融业增加值占全市地区生产总值的12.7%，比上年提高1.1个百分点；占第三产业增加值的18.6%，提高1.0个百分点。杭州市新增社会融资总量9808.85亿元。其中：以人民币贷款为主体的间接融资7160.10亿元，以债券、股权融资为主体的直接融资2648.74亿元。

【上市公司总数居全国第四位】2020年，杭州市新增境内外上市公司28个、浙江股权交易中心挂牌企业620个、股份制公司196个。至年末，杭州市有境内外上市公司218个，数量居全国大中城市第四位。至年末，杭州市有市级重点拟上市企业136个、在浙江股权交易中心挂牌企业3204个、股份制公司2204个。

【企业融资渠道多样】2020年，杭州市企业通过股权融资924.98亿元。其中：境内外首次公开募股融资509.07亿元，境内上市公司定向增发409.19亿元，“新三板”挂牌企业定向增发6.72亿元。杭州市企业全年在各类市场发行债券2006.03亿元，比上年增长15.6%。其中：企业在银行间市场发行债务融资1783.9亿元，发行可转换债券86.13亿元，发行企业债95亿元；上市公司发行公司债41亿元。

【地方金融业发展】2020年10月28日，杭州市人民政府金融工作办公室更名为杭州市地方金融监督管理局，挂杭州市人民政府金融工作办公室牌子。至年末，杭州市有小额贷款公司55个，注册资金92.87亿元，比上年减少4.35亿元。全年发放贷款2.57万笔（小额贷款占87.55%），金额196.35亿元（小额贷款占31.45%）。全年实现业务收入10.35亿元，净利润3.19亿元。杭州市有典当机构90个，注册资金42.39亿元，典当余额38.87亿元；典当机构累计典当笔数4.40万笔，发放金额171.13亿元。杭州市有融资性担保机构118个，注册资金187.07亿元。年内，新增担保户数4.34万户，融资担保额522.49亿元；年末融资担保责任余额511.78亿元。

【杭州国际金融科技中心建设】2020年，杭州国际金融科技中心建设持续推进，金融科技应用、监管创新不断加强，产业布局进一步优化。4月，根据中国人民银行《关于同意在上海等6市（区）开展金融科技创新监管试点的批复》，杭州被列为金融科技创新监管试点城市之一。首批5个创新应用完成登记并开始入盒测试。5月，并购主题投资者教育基地落户白沙泉并购金融街区。6月，连通（杭州）技术服务有限公司获批银行卡清算业务许可证，为中外合资银行卡清算机构。10月，市政府与蚂蚁科技集团签订战略合作框架协议，蚂蚁集团全球总部落户杭州。至年末，钱江新城、钱江世纪城核心区累计入驻省级以上持牌金融机构69个。5个金融特色小镇发展势头良好，共集聚各类服务机构5000多个，管理资产规模超过2万亿元。中国（浙江）自由贸易区杭州片区金融改革创新有序推进。

【金融服务实体经济】2020年，杭州市修订《在杭银行保险机构支持杭州市经济社会发展评价办法》，22个金融机构与市政府签订战略合作协议，其中包括12个总部（行）。制定“降低企业融资成本”和“免收担保费”实施细则，全年兑现降低企业信贷融资成本政府奖励7748万元，推动银行减免企业贷款利率2.2亿元，惠及小微企业2.9万户。杭州市融资性担保机构减免企业担保费用2633.73万元，涉及担保金额67.72亿元，惠及小微企业3000多户。落实“减租减息减支”政策，兑现“三减”金额10.54亿元。民营企业、小微企业和制造业企业贷款增速加快，新增民营企业贷款3450.3亿元、小微企业贷款2045.6亿元、制造业企业贷款415亿元。杭州金融综合服务平台“杭州e融”建设初见成效。至年末，平台入驻银行52个、担保公司21个、小额贷款公司1个，上架金融产品296个，注册企业6.8万户，撮合融资金额759亿元。基于杭州金融综合服务平台研发的“杭信贷”产品入选国务院服务贸易发展部际联席办公室编选的深化服务贸易创新发展试点"最佳实践案例"。年内，评定金融类高层次人才131人，评审发放"钱塘金才计划"补贴资金157万元。组织首届企业金融顾问业务培训会，各区县（市）金融办工作人员、企业金融顾问近150人参加。

【金融风险防范化解】2020年年末，杭州市银行业不良贷款率0.87%。全市网络借贷风险处置工作取得阶段性成效，网贷机构数等指标清零。完成各类地方金融组织变更事项或初审转报工作99件，其中小额贷款公司20件、典当机构40件、融资担保公司39件。开展风险专项排查，参与扫黑除恶专项行动，稳妥化解相关金融风险。加强防范非法集资宣传教育工作，拓宽宣传渠道，通过进社区、有奖竞猜、制播警示宣传片和情景剧等活动，增强群众风险防范意识。（市地方金融监督管理局）

银行业·保险业

【概况】至2020年年末，在杭各类银行业金融机构有86个。其中：政策性银行3个，国有商业银行5个，邮政储蓄银行1个，股份制银行12个，城市商业银行14个，民营银行1个，农村中小银行机构18个，外资银行12个，金融资产管理公司4个，信托公司4个，财务公司8个，金融租赁公司1个，汽车金融公司1个，消费金融公司1个，商业银行理财子公司1个。

年末，杭州市银行业金融机构本外币各项存款余额5.42万亿元（占全省的35.6%），比上年末增长19.8%，增速上升6.02个百分点；本外币各项贷款余额4.98万亿元（占全省的34.7%），比上年末增长17.9%，增速上升2.45个百分点。在杭银行业金融机构实现利润576.74亿元，下降4.0%。全市银行信贷不良率0.9%，比年初上升0.02个百分点，低于全省0.11个百分点。

至年末，在杭各类保险公司有85个，其中财产险公司38个、人身险公司47个。全市保险机构保费收入964.44亿元（占全省的33.6%），增长14.0%。其中：财产险公司保费收入291.19亿元，增长7.5%；人身险公司保费收入673.26亿元，增长17.0%。赔付支出264.64亿元（占全省的29.1%），增长8.9%。其中：财产险公司赔付支出167.88亿元，增长3.6%；人身险公司赔付支出96.76亿元，增长19.4%。

2020年11月19日，2020年国家知识产权"入园惠企"活动现场启动式暨浙江站（杭州高新区）主场活动在杭州举行　（浙江银保监局 供稿）

【银行业保险业支持疫情防控与复工复产】2020年，浙江银保监局实施综合性政策举措支持新冠肺炎疫情防控与复工复产。出台针对性政策文件20多项，建立浙江银行业保险业惠企政策清单，实施困难企业一对一帮扶政策，落实"双保"（保就业、保市场主体）应急融资，落实中小微企业延期还本付息政策，发挥无还本续贷、中期流动资金贷款等机制作用。至年末，杭州市无还本续贷647.2亿元，比上年增长121.9%。推进"服务企业服务群众服务基层"活动，开展"百行进万企"融资对接工作。举办"一带一路"建设银企对接会、"稳外贸稳外资"金融服务对接活动。推动辖区内财险公司扩展保险责任、创新推出企业复工保险、推广小微企业出口信保统保平台等。

浙江银保监局持续推进减负降费让利。推动清理不合理收费项目，开展监管督查、组织涉企收费现场检查。推进减息让利工作，银行业协会倡议，对受疫情影响较大的制造业、批发零售业、住宿餐饮业等行业企业，给予应付贷款利息优惠，按照1年期贷款市场报价利率（LPR）计收，超出部分全部减免。引导银行机构持续推动新发放贷款利率下行。加大保险惠企力度，延长保险期间、延期缴纳保费、降低保险费率等。通过保险、银行保函释放企业保证金，缓解企业现金流压力，重点在建设工程领域提高工程保函覆盖率。全年杭州市通过保险机制释放各类保证金1149.5亿元，占浙江辖区（不含宁波）的58.5%，增长27.5%。

【服务实体经济质效提升】2020年，浙江银保监局强化各类重点领域金融服务质效。在支持制造业领域，浙江银保监局联合省发展改革委、省经信厅出台《金融支持制造业高质量发展行动方案》，推动制造业中长期贷款占比持续提升。年末杭州市制造业贷款总额5838.6亿元，比上年增长10.3%。在深化小微金融服务方面，拓展首贷、信用贷，推进线上续贷。全年杭州市新增小微支行9个，年末小微企业贷款余额1.2万亿元，增长18.7%。在科技金融领域，支持科技型企业信贷融资，推动完善专业化科技金融服务体系，推进首台（套）、首批次保险扩面。推进科技信贷、科技保险、投贷联动等产品创新，加强"人才险""人才贷"产品开发。推进知识产权质押融资及知识产权质押融资线上办理试点，杭州有试点银行11个，区县（市）业务全覆盖。

【金融参与社会治理】2020年，浙江银保监局推广"保险＋服务"模式，推进"安全生产责任险＋服务"标准化工作，促进安全生产风险减量管理，并逐步向食品安全、环境保护等领域推广。制订银行业保险业自然灾害及重大事故应急预案。推动商业保险参与社会医疗保障服务，建立

"广覆盖、低保费、可衔接"的保险保障机制,加快发展商业养老保险。推进金融服务与基层社会治理联动共建,创新"党建+金融"服务模式,实行公议授信、道德贷款等,提升农户贷款可得性和覆盖面,推动"丰收驿站"入驻便民服务中心,实现金融服务与农村基层治理相结合。

【银行业保险业风险防范】2020年,浙江银保监局推进信用风险防控工作。联动地方政府,形成风险出清合力,做实困难企业分类帮扶。着力化解处置大型民营企业风险,建立联合会商机制,实施"扶强、帮困、出清"工程。做实资产分类,重点评估延期还本付息贷款和帮扶企业贷款质量,提前充分计提拨备,加大处置力度。全年杭州市银行业处置不良贷款421.05亿元。

加强重点领域风险防范化解,加大"影子银行"整治力度,加大对同业投资、理财业务、资金信托等监管力度。加强房地产信贷监测和风险防控,落实房地产贷款集中度相关要求。开展个人贷款违规流入房地产市场排查,加大违规处罚。稳妥推进地方政府隐性债务风险化解工作。

持续治理金融市场乱象,开展现场检查工作,组织乱象整治"回头看",压实机构主体责任。治理存款市场乱象,针对结构性存款、"创新"存款、"以贷转存、以票引存"和存款组织4类存款乱象提出监管要求。加大车险乱象整治力度,开展保险公司经营数据真实性专项治理。推进车险综合改革,基本实现"降价、增保、提质"阶段性目标。建立反保险欺诈数据库,治理人身险银保合作领域乱象、保险中介市场乱象等。清退全市网贷公司,"一企一策一案一专班"全过程落实清退方案。

【银行业保险业改革创新】2020年,浙江银保监局推进浙江省金融综合服务平台升级。平台汇集53个省级部门海量数据,覆盖省、市、县三级放贷体系,实现银企信息充分共享、供需精准对接。建立业务协同系统,提升放贷效率,跨部门开发"银税互动"专区、"总对总"抵押登记线上办理系统、非上市公司股权质押风险协同防控系统。落实财险公司监管属地监管职责改革要求,做好财险法人监管承接工作。支持长三角区域一体化发展,推动跨区域金融互补合作,深化保险区域通赔机制。对接中国(浙江)自贸区杭州片区工作。推动银行业保险业"最多跑一次""无证明化"改革,完善可取消事项、可取消证明"指导性"目录清单,打通银政保数据节点,精简和优化各类证明材料。（王　硕）

证券·期货

【概况】2020年,杭州市新增境内上市公司16个(首次公开募股上市新增17个,1个已上市公司迁出杭州,合计新增16个),占全省新增总数的26.7%,居全省第一位;"新三板"挂牌企业减少23个。至年末,杭州市有境内上市公司162个,其中主板上市公司73个、中小板上市公司34个、创业板上市公司46个、科创板上市公司9个;有"新三板"挂牌企业222个;有浙江股权交易中心挂牌展示企业3204个。有拟境内上市企业121个,其中辅导期企业70个、已报会待审核企业43个、已过会待发行企业8个。杭州上市公司数量在省

2020年杭州境内上市公司情况表

表25

指标	单位	2019年年末数	2020年新增数	2020年年末数
境内上市公司	个	146	16	162
主板	个	64	9	73
中小板	个	34	0	34
创业板	个	43	3	46
科创板	个	5	4	9
募集资金	亿元	3759.24	869.95	4629.19
首发募资	亿元	1034.35	113.42	1147.77
主板	亿元	493.49	64.96	558.45
创业板	亿元	222.72	14.28	237.00
科创板	亿元	51.34	29.84	81.18
再融资	亿元	2724.89	756.53	3481.42
已报会企业	个	24	—	43
辅导期企业	个	48	—	70

说明:
1. 募集资金包括杭州境内上市公司首发融资、交易所股票市场再融资(增发融资、优先股融资和配股融资)和交易所债券市场融资(公司债、可转债、可交换债和资产证券化产品)
2. 再融资包括杭州境内上市公司交易所股票市场再融资(增发融资、优先股融资和配股融资)和交易所债券市场融资(公司债、可转债、可交换债和资产证券化产品)

2020年杭州证券期货经营机构情况表

表26

指标	单位	2019年年末数	2020年新增数	2020年年末数
证券公司(含证券资产管理子公司)	个	5	0	5
证券分公司	个	56	5	61
证券营业部	个	263	2	265
证券投资咨询机构	个	2	0	2
公募基金管理公司	个	1	0	1
证券从业人员	人	5833	314	6147
期货公司数	个	10	0	10
期货分公司	个	19	3	22
期货营业部数	个	79	0	79

2020 年杭州证券期货交易情况表

表 27

指标	单位	2019 年年末数 / 2019 年全年数	2020 年年末数 / 2020 年全年数
证券经营机构代理交易金额	亿元	173368.44	257270.51
A、B 股交易额	亿元	105805.09	173164.16
基金交易额	亿元	2566.39	5139.69
证券经营机构代理交易手续费收入	亿元	34.61	52.81
证券经营机构利润总额	亿元	8.71	17.68
证券经营机构托管市值	亿元	15866.58	26087.91
证券经营机构客户交易结算资金余额	亿元	436.62	592.29
证券投资者开户数	万户	719.24	782.82
期货经营机构代理交易金额	亿元	352013.76	492800.9
期货经营机构代理交易手续费收入	亿元	12.48	17.32
期货经营机构利润总额	亿元	17.49	17.39
期货经营机构客户保证金余额	亿元	456.33	695.52
期货投资者开户数	万户	29.34	33.53

内各城市中居榜首，后备企业资源充足，在各市场板块间形成良好梯队效应，为各类企业对接多层次资本市场发展奠定基础。

【股债融资协同发展】2020 年，杭州市有 17 个公司在境内 A 股市场完成首发融资 113.42 亿元，比上年下降 47.5%，主要原因为 2019 年浙商银行首发融资 125.97 亿元，导致当年首发融资基数较大。其中：9 个公司在主板上市，融资 64.97 亿元；1 个公司在中小板上市，融资 4.33 亿元；3 个公司在创业板上市，融资 14.28 亿元；4 个公司在科创板上市，融资 29.84 亿元。除首发融资外，有 26 个上市公司实施再融资 756.53 亿元，增长 209.8%。其中：12 个上市公司增发融资 418.97 亿元，增长 415.3%；15 个上市公司通过可转债、公司债和交易所 ABS 融资 337.56 亿元，增长 107.2%。有 64 个企业发行公司债券 101 只，融资 1052.35 亿元，增长 160.2%。

【证券基金行业健康发展】至 2020 年年末，杭州市有证券公司 5 个（含 2 个证券资产管理子公司）、公募基金管理公司 1 个、证券公司分公司 61 个、证券营业部 265 个、证券投资咨询机构 2 个；证券投资者开户数 782.82 万户；证券经营机构托管市值 2.61 万亿元，客户交易结算资金余额 592.29 亿元。2020 年，全市证券经营机构实现代理交易额 25.73 万亿元、手续费收入 52.81 亿元、利润总额 17.68 亿元；证券公司实现营业收入 105.04 亿元，实现利润总额 40.92 亿元；公募基金管理公司基金管理规模 311.36 亿元。在 2020 年证券公司分类评价中，所有证券公司均获评 A 级。杭州的证券公司与各地市政府及 40 多个国有企业、金融机构深化战略合作，帮助企业实现各类直接融资约 1800 亿元。其中，财通证券承销地方国有企业双创债——20 科创 S1；浙商证券推进基础设施 REITs 试点申报工作，以杭徽高速浙江段项目申请并首批参加国家发展改革委和证监会的联合评审。

【期货行业期现结合服务能力提升】至 2020 年年末，杭州市有期货公司 10 个、期货公司分公司 22 个、期货营业部 79 个；期货投资者开户数 33.53 万户，客户保证金余额 695.52 亿元。2020 年，全市期货经营机构实现代理交易额 49.28 万亿元、手续费收入 17.32 亿元、利润总额 17.39 亿元；期货公司实现代理交易额 53.47 万亿元、营业收入 39.87 亿元、利润总额 16.39 亿元。在 2020 年期货公司分类评价中，南华期货股份有限公司、永安期货股份有限公司、浙商期货有限公司获评 AA 级，大地期货有限公司获评 A 级。杭州的期货公司及风险管理子公司利用期货、期权等金融衍生品工具，坚持“四个保”（保春耕、保民生、保抗疫、保复工），为“三农”和实体企业解决春耕资金短缺、原材料采购难和价格波动大等困难提供帮助。

【私募基金管理规模增长】2020 年，杭州市私募基金行业发展势头稳健，管理规模稳步增长，服务科技创新的作用进一步加强。至年末，杭州市有 1548 个私募基金管理人完成登记，发行私募基金产品 6209 只，管理资产规模 6631 亿元，比上年增长 13.6%。

【资本市场监管】2020 年，浙江证监局推动资本市场各项改革举措在浙江落地见效，稳妥防范化解处置重点领域金融风险，促进浙江辖区（不含宁波，下同）资本市场稳定健康发展，支持浙江实体经济抵御新冠肺炎疫情冲击、率先恢复企稳并持续向好发展。支持企业快速复工复产，落实优先融资安排、延期披露年报、延期质押还款等支持政策，纾解企业现实困难。指导证券期货经营机构出台“战疫惠企”专项措施，帮助企业发行疫情防控债近 60 亿元。浙江辖区全年首发融资 298.3 亿元，上市公司再融资 1460.5 亿元，公司债券发行规模 3567.9 亿元，彰显资本市场融资功能。指导和支持各地市抓住注册制改革机遇，宣传培育推动优质企业对接资本市场，全年浙江辖区新增境内首发上市公司 49 个，居全国第一位。化解股票质押风险，防控债券违约风险。做好私募基金风险排查，实现对浙江辖区具有一定风险线索机构的全面覆盖；处理私募机构违法违规情况，持续跟进私募案件的最新进展情况和后续风险处置。完成清理整顿交易场所开展非法证券期货活动的联合督导工作。持续优化辖区市场法治生态。打击违法违规行为，提升各类案件查办和处罚力度，加大对中小投资者保护力度。（浙江证监局）

责任编辑 郦 晶

28 房地产业

综述

【房地产市场平稳发展】2020年，杭州市围绕"稳地价、稳房价、稳预期"目标，构建房地产发展"一城一策"长效机制，落实房地产分类调控要求，强化市场运行监测，防范化解风险隐患，房地产市场保持平稳健康发展。全市有房地产开发资质企业1884个，其中一级资质企业34个、二级102个、三级（含暂定三级）134个、四级53个、暂定1561个。全年完成房地产开发投资3575.3亿元。房地产开发施工面积1.33亿平方米，其中新开工面积3543万平方米，分别比上年增长11.0%和45.1%。新建商品房成交面积1776.4万平方米，其中商品住宅成交面积1500.8万平方米，商品住宅成交面积增长14.9%。全市住房租赁市场总体平稳，新增筹集市场租赁房源11.46万套（间），其中新改建租赁住房2.39万套（间），盘活存量用房9.07万套（间），市场租金价格稳中有降。

（陆华利 范国强）

【土地供应】2020年，杭州市根据住宅用地供应分类调控目标，编制发布住宅用地供应计划，并对住宅用地供应数量和节奏进行评估。全年供应住宅用地1301公顷，其中普通商品住宅用地722公顷、保障性住房用地579公顷。出让土地2141公顷，比上年增长8.3%。出让土地合同总金额2790.86亿元，增长1.3%。其中：出让工矿仓储用地1044公顷，增长13.1%，占出让总面积的49.8%；出让经营性用地1097公顷，增长4.1%，占出让总面积的51.2%。（陈礼金）

【房地产开发投资】2020年，杭州市完成房地产开发投资3575.3亿元，比上年增长5.3%，增幅回落5.4个百分点。按照投资主体分类，民间投资为房地产开发投资主体，民间投资占全市房地产开发投资的80%。按照用途分类，商品住宅投资为房地产开发投资重点，商品住宅投资2215.6亿元，增长0.77%，占全市房地产开发投资的61.96%；办公楼投资增长11.5%，占全市房地产开发投资的8.7%；商业营业用房投资增长3.5%，占全市房地产开发投资的8.3%。

（严　建）

【商品房市场供求关系稳定】2020年，杭州市新开工商品住宅面积2110万平方米，比上年增长56.6%。新建商品房批准预售19.0万套，面积2046.3万平方米，分别增长14.9%和20.3%。其中，新建商品住宅批准预售15.2万套，面积1712.0万平方米，分别增长31.8%和26.4%。新建商品住宅供应量呈持续增长态势。全市新建商品住宅成交12.88万套，面积1500.8万平方米，成交金额4078.8亿元，分别增长14.2%、14.9%和18.0%。全市非住宅批准预售3.80万套，预售面积334.3万平方米，分别下降24.2%和3.5%。全市非住宅成交3.78万套，增长7.6%；成交面积275.7万平方米，与上年基本持平。全市二手住宅成交11.14万套，成交面积1082.1万平方米，成交金额2878.8亿元，分别增长32.0%、38.9%和54.4%。全年平均租金62.71元/平方米·月，下降3.3%。全市商品房供求关系稳定。

【租赁住房房源供应渠道拓宽】2020年，杭州市围绕"3年新增租赁住房总量占新增商品住房总量30%"的目标，加大租赁住房房源供应力度，多渠道增加租赁住房供应量，助推解决新市民租房难问题。全年筹集市场租赁房源11.46万套（间）。其中：新建蓝领公寓项目49个，房源1.69万套（间）；新增19个涉及自持比例商品住房项目，报备租赁房源0.7万套（间），其中有4个项目、1500套（间）房源对外招租；专业化住房租赁机构通过存量盘活、改造利用等途径新增市场租赁住房9.07万套（间）；试点建设6宗集体土地租赁住房，可供租赁房源0.18万套。

【商品住宅实施公租房配建】2020年，杭州市严格落实公租房配建政策，加快公租房房源筹集工作。全市累计公告挂牌配建公租房商品住宅出让地块313宗，应配建公租房面积229.35万平方米，按公租房建设标准，可建公租房4.02万套。其中，2020年挂牌的商品住宅出让地块102宗，应配建面积73.56万平方米，可建公租房1.33万套。全市累计有123个配建公租房商品住宅项目开工建设，落实公租房配建面积191.92万平方米，可建公租房3.06万套。其中年内开工公租房项目64个，配建面积81.72万平方米。（范国强）

【居住区配套设施建设管理】2020年，杭州市加强居住区配套设施建设管理。按照“最多跑一次”审批改革和政务服务2.0建设要求，市建委开发居住区配套设施建设合同履行确认线上办理模块，对配套设施建设申报材料进行简化，通过“杭州市工程建设项目全流程审批管理系统”平台受理居住区配套设施建设合同履行确认事项。11月，全流程审批管理系统上线试运行。年内，全市签订居住区配套设施建设合同187份，完成配套设施建设合同履行确认95份。开展房地产出让地块配套设施建设核查，完成80宗出让地块配套设施建设情况论证，并出具核查意见书。对全市398宗地块配套设施核查情况开展“回头看”，收集、梳理各区县（市）主管部门及建设主体反馈的情况，出台有针对性的整改意见，解决核查中发现的问题。

【房地产企业资质管理】2020年，市建委完善市级房地产资质审批平台和房地产企业资质审批机制，协调区县（市）住建局开展四级及暂定级房地产企业资质审批工作。全年完成房地产企业资质审批1041件，其中办理资质延续666件、资质变更131件、资质定级27件、暂定资质217件，办理房地产企业涉外销售申请34件。办理房地产企业资质注销1件。6月1日，市建委印发《关于启用房地产开发企业资质证书（电子证书）的通知》，即日起，全市三级及以下房地产开发企业统一启用资质电子证书，杭州成为全省首个启用房地产开发企业资质电子证书的设区市。（陆华利）

房地产市场

【概况】2020年，杭州市积极应对新冠肺炎疫情对房地产业发展的不利影响，推行商品房全流程网上销售，支持房地产企业复工复产。出台房地产调控政策，促进房地产市场平稳健康发展。全市房地产市场交易量、交易价格平稳，供求基本平衡。商品住宅成交12.88万套，成交面积1500.8万平方米，成交金额4078.8亿元，分别增长14.2%、14.9%和18.0%。

【房地产企业复工复产】2020年3月，市政府办公厅编发《关于疫情防控期间房地产行业可享受的惠企政策集成》（简称《政策汇编》）。《政策汇编》汇集项目开发、审批服务、土地出让、税收、信贷、复工用工、公积金使用7个方面的政策规定，包括启动网上购房举措、放宽预售资金使用限制、延期缴纳城市基础设施配套费、开通审批绿色通道、减轻企业拿地成本、税收扣除和减免、降低企业融资成本等20条支持措施，帮助企业复工复产。为缓解企业资金压力、增加市场供应，3月2日，杭州市新冠肺炎疫情防控工作领导小组办公室印发《关于暂时调整商品房预售建设工程形象进度要求的通知》，将商品房预售建设工程形象进度要求在《杭州市城市房地产开发经营管理若干规定》的基础上适当降低。9月28日，为缓解房地产市场调控压力，领导小组办公室对商品房预售建设工程形象进度要求进行调整，不再实行上述举措。

【房地产市场调控】2020年，杭州市坚持“房住不炒”定位，加强房地产市场运行监测，调整住宅用地供应数量和节奏，着力防范化解房地产风险隐患。7月2日，杭州市房地产市场平稳健康发展领导小组办公室印发《关于进一步明确商品住房公证摇号公开销售有关要求的通知》，进一步完善高层次人才优先购房政策，对通过高层次人才优先购房方式购买的住房，实行5年限售。将单价3.5万元以下房源对“无房家庭”的倾斜比例提高至50%，明确购房户不得同时参与2个以上项目摇号。9月4日，领导小组办公室印发《关于进一步促进房地产市场平稳健康发展的通知》，规定老人投靠子女落户须满3年才有购房资格，新建商品住房须在办理房屋不动产证时方可缴纳契税，将热点商品住房项目的无房家庭房源倾斜比例提高到80%，并实施5年限售。

【商品住房公证摇号】2020年，杭州市加大对商品住房登记报名审核工作的力度，完善商品住房公证摇号公开销售工作。市住保房管部门对提供虚假、失实报名资料的违规行为公开通报4次，对22户违规家庭做出1年内不再受理限购查档申请的处理；对524户违规重复报名家庭，取消其重复报名购房的意向登记，并予以提醒告诫和做违规记录。至年末，全市有894批次商品住房项目按照摇号办法进行销售，其中461批次通过摇号销售。

【房地产市场秩序规范】2020年，市住保房管局加强全装修交付商品住宅项目管理，持续开展房地产市场专项整治，有效净化市场环境。1月3日，市住保房管局会同市建委、市市场监管局印发《关于加强全装修交付商品住宅项目管理的通知》，对装修交付商品住宅项目管理提出要求。开展商品房精装修遗留信访问题清查，对涉及的53个项目112个信访问题提出化解对策。对重点难点问题，市、区两级房管部门组织联合约谈。5—6月，全市开展新建商品房、二手房市场相关销售行为的集中检查，检查房地产开发项目75个、房地产经纪机构门店139个，发现商品房预售现场公示不规范不完整、交付样板房通道存在安全隐患、房源发布展示价格与挂牌价格不一致、委托书签字不规范等问题50个，报送中介服务领域涉黑涉恶线索4条。全年协调处理各类信访、投诉1104件，约谈房地产开发企业88次、房地产经纪机构18次；实施行政处罚5件，查处房产市场评估违规案件10件，对2个违规开发企业实施暂停网签资格的措施。

【房地产经纪行业监管】2020年，市住保房管局加强中介行业“信用+互联网”监管。完善房地产中介机构基础信息库，加快建立以信用为核心的信用监管体系。将房地产中介公司新设、变更、注销信息，以及企业经营异常目录和严重失信信息与二手房交易平台信息关联，即时向公众公示。至年末，平台备案经纪机构门店3482个、经纪从业人员7.03万人，列入风险警示名单和灰名单96人次。完善房地产市场执法检查流程和标准，依托城市大脑房管系统市场监管平台，上线应用智能"掌上查"系统，将房地产开发企业商品房销售现场（售楼部）、经纪企业现场（中介门店）检查从"线下"搬到"线上"，全程在线定制检查项目，采集上传现场影像资料，固化检查结果，实时更新整改信息。

【房产档案编研】2020年，市住保房管局利用库藏房产历史档案，完成《90年前的杭州——民国杭州地形图初读》编研，并由浙江古籍出版社出版。该书由12幅地图与26篇"初读"文章两部分组成。其中地图绘制于1917—1919年，通过平面形式，记载丰富的人文、自然和地理信息，全面准确地展现民国时期杭州古城和西湖周边的地物、地貌。各篇"初读"选择地图中的代表性地点，记述其前世今生，将平面的地图转化为立体的形象。该书为世人了解杭州今昔变化、探寻历史踪迹、保护文化遗产、传承城市文脉提供参考借鉴。

（范国强）

住房租赁市场

【概况】2020年，杭州市以满足新市民住房需求为出发点，以中央及市级财政25亿元资金支持住房租赁市场发展为契机，推进住房租赁试点工作。全年新增筹集市场租赁房源11.46万套（间），其中蓝领公寓1.69万套（间）、自持商品住房7000套（间）、盘活存量用房9.07万套（间），有效缓解新市民租房困难。扶持优秀住房租赁企业，向40个住房租赁从业企业拨付中央及市级财政资金8.47亿元，推动住房租赁市场向专业化、规模化、规范化发展。完善住房租赁市场长效监管机制，落实租赁资金监管、租赁合同网签备案等政策，全市819个租赁从业企业、47.75万套（间）房源被纳入杭州市住房租赁监管服务平台管理。住房租赁市场总体平稳，租金价格稳中有降，全年平均租金62.71元/平方米·月，比上年下降3.3%。

【市住房租赁市场发展专项资金使用评审专家库建立】2020年6月，杭州市启动住房租赁市场发展专项资金使用评审专家库设立工作，旨在公平、公正地开展中央及市级财政资金专项评审。7月17日，市住保房管局通过官网对外发布《关于公开征集杭州市住房租赁市场发展专项资金使用评审专家的公告》，面向社会公开征集专项资金使用评审专家。7月20日，市住保房管局发布《杭州市住房租赁市场发展专项资金使用评审专家库工作制度（试行）》，明确专家库建设和管理、专家权利和义务、专家选取和评审等内容。8月13日，经对专家申请入库资料进行筛选审核，综合考虑专家的类型、从业经历、专业成就、职称资格、社会影响等因素，市住保房管局向31名专家发放聘任文件。

【财政资金奖补政策实施】2020年，市住保房管局先后启动2018年、2019年市级财政资金支持住房租赁市场发展专项资金申报工作，经企业（机构）自主申报、部门审核、评审论证、公示等程序，向11个规范经营的住房租赁企业（机构）拨付2018年度市级财政扶持资金686.7万元，向16个住房租赁企业（机构）拨付2019年度市级财政扶持资金2170.88万元。9月9日，市住保房管局会同市财政局出台《杭州市中央财政支持住房租赁市场发展试点专项资金使用管理办法》，推动落实3年24亿元中央财政资金支持住房租赁市场发展工作。10月30日，经企业（机构）自主申报、部门审核、专家评审，向31个房地产经纪机构、住房租赁企业、建设单位拨付2019年度中央财政资金5.62亿元，并将2020年度中央财政资金2.55亿元预分配至16个蓝领公寓项目实施主体。中央和市级财政扶持资金用于支持住房租赁企业发展，推动住房租赁企业和建设单位为新杭州人提供更多的租赁房源。

【蓝领公寓筹建任务完成】2020年，市、区两级住保房管部门围绕3年筹建蓝领公寓4万套（间）的目标，与相关单位通力协作，通过召开蓝领公寓筹建工作推进会、落实专人开展项目现场巡查、拓宽蓝领公寓筹建渠道、优化租赁受理政策等举措，加快蓝领公寓筹建进度，缓解在杭州创业、务工的外来人员租房困难。全年新开工蓝领公寓项目49个、房源1.69万套（间），累计筹建蓝领公寓4.18万套（间），超额完成3年目标任务。

【自持商品房项目验收确认】2020年4月23日，市住保房管局对泷悦华府项目自持商品住房进行验收确认，并发出全市第一份自持商品房屋验收确认书。至年末，全市有19个自持商品房项目完成验收确认，并办理房屋租赁备案手续，自持商品房项目面积40.76万平方米。年内有7000套（间）自持商品房源上传至市住房租赁监管服务平台，其中1500

2020年11月23日，杭州市规模最大的蓝领公寓项目——下城区石桥南苑蓝领公寓租赁房源对外出租

（市住保房管局 供稿）

套（间）房源挂牌对外招租。

【租赁资金监管】2020年4月16日，市住保房管局对外公布杭州银行等10个第一批住房租赁资金监管银行名单，推动资金监管政策落到实处。8月13日，为有序实施住房租赁资金监管，市住保房管局印发《关于进一步落实住房租赁资金监管相关工作的通知》，明确延长住房租赁企业专户使用及风险防控金缴交时间。8月20日，市住房租赁管理协会召开租赁资金监管政策宣传贯彻会议，向住房租赁企业介绍租赁资金监管政策和监管要求，60多个住房租赁企业参加。年内，全市有82个住房租赁企业在监管银行开设监管账户。

【住房租赁市场专项整治】2020年9月25日，根据省建设厅《浙江省治理规范长租公寓市场专项行动方案》要求，杭州市成立住房租赁市场摸底排查整顿规范工作专班，制订《杭州市住房租赁市场摸底排查整顿规范专项工作方案》，确定2020年9月至2021年3月为摸底排查整顿规范期。通过开展“摸底排查、整顿规范、加强管理”3个阶段，对全市住房租赁从业企业和网络信息平台进行治理。年内，梳理排查有“住房租赁、房地产经纪”等经营业务的租赁从业企业1.78万个，确定其中的122个企业为高风险企业，责令相关单位抓紧进行整改。（范国强）

房产信息化

【概况】2020年，围绕杭州高水平推进市域治理现代化目标，市住保房管局以“最多跑一次”改革为牵引，全面推进政府数字化转型，助力新型智慧城市建设。利用城市大脑大数据、算力算法、中枢网络等科技资源，通过“云签约”、互联网公证、网上直播等新型技术手段，调动部门间协同和社会化市场化服务积极性，服务抗击新冠肺炎疫情和复工复产。推进城市大脑“美好居住”便民场景应用，升级杭州房管“云服务”，商品房“云买房”、公租房“云选房”杭州模式获住房城乡建设部点赞。以时空、多维方式展示房管业务全生命周期信息，实现“以图管房”“以房管人”，为城市治理提供网格化应用载体。归集统计、税务、电力、人民银行、公安等部门数据，构建“宏观—中观—微观”的房地产市场主要运行指标，综合监控市场运行状况，为房地产市场长效机制建设“一城一策”提供大数据支撑。年内，26个住保房管办事事项全部升级上线至省政务服务2.0平台，主要涉及日常办件量较多的公租房承租资格确认、国有土地上住宅房屋装修备案、住宅专项维修资金使用审核等事项。

【城市大脑房管系统建设】2020年，市住保房管局以满足群众在房屋“购、租、住”方面需求为出发点，围绕市场、保障、物业、租赁、安全五大房管主线，全面推进城市大脑房管系统建设，为数字城市治理助力赋能。至年末，杭州初步建成“一个主题库、两大房管平台、五大监管平台、五项便民服务场景”的体系架构。两大房管平台集成一图可视化系统和信息共享服务系统，实现内外共享服务清单式统一管理。五大监管平台中，数字驾驶舱覆盖市场、保障、物业、租赁、安全五大房管业务，并与市级驾驶舱对接。房屋安全监管系统升级白蚁防治模块，新建既有住宅加装电梯模块；物业监管系统开发业委会备案、企业和项目信息维护、招投标管理、经营性收支管理、电子投票和报事报修等功能。五项便民服务场景通过微信小程序、支付宝小程序、城市大脑数字界面等渠道提供便民服务，其中“购房易”场景提供购房资格自查、商品房（二手房）推荐、“智慧网签”等服务；“易租房”场景实现租赁房源归集和查询、租赁备案查询、租赁企业（经纪企业）信息公示等。“保障住”场景具有向新就业大学生主动定向推送公租房政策、公租房一键申请等功能。

【“亲清在线”房管服务】2020年2月7日，市住保房管局在对全市1250多万人（包括外来务工人员）的房产情况和享受住房保障情况进行数据比对的基础上，推出“亲清在线”平台，为市民提供有关情况查询服务。3月6日，平台上线物业企业补助申报业务，全市有892个物业服务企业申领补助资金2.37亿元，惠及3032个住宅小区。4月20日，上线应届大学生租房补贴业务，有10.51万人次上线申请租房补贴，发放补贴7.43亿元。9月14日，全市蓝领公寓在线申请业务上线，10个承担蓝领公寓筹建任务的城区上线房源2404套，有1666套房源通过在线出租。

【房屋交易合同“云签约”上线】2020年4月，杭州市推出按照住房和城乡建设部网签备案流程并应用电子签名的网签备案服务项目——“云签约”，实现全程网办和“不见面签约”，交易当事人可通过手机端远程进行身份认证、条款协商、电子签字确认签约等，解决群众房屋交易“最后一公里”问题，该服务项目覆盖全市域范围各类型房屋买卖交易业务。至年末，全市42个开发公司、16个中介公司上线使用“云签约”平台，有888套房屋通过“云签约”平台签约。

【商品房全流程网上销售】2020年年初，针对商品房线下销售受新冠肺炎疫情影响的情况，杭州市将商品房销售涉及的信息发布、申购报名、公证摇号、公开选房、定金支付、合同签约的各个流程从线下搬至线上，打造涵盖“云看房”“云选房”“云签约”的商品房销售新模式，最大限度地满足疫情防控期间群众购房的需求，助力房地产企业加快复工复产。至年末，全市通过全流程网上销售商品住房7.26万套，实现销售额2330亿元，其中5515户异国、异地家庭实现“云买房”。杭州全流程网上售房模式受到新华网、中国新闻网等媒体关注，并获住房城乡建设部推广。

【公租房“公证云选房”业务推出】2020年6月13日，市住保房管局创新推出公租房“公证云选房”业务，通过“一网发布、一端认证、一键选房、一平台协同、一体化服务”流程，打造更为便捷、高效、人性化的选房服务模式。公租房申请家庭足不出户便可完成全部选房过程。10月12日，住房城乡建设部第77期《建设工作简报》向全国推广杭州公租房“云选房”创新举措。年内，杭州公租房“云选房”服务在8个批次轮候家庭选房过程中成功应用，帮助3981户轮候家庭完成选房。

【房屋租赁“网签即备案”业务推出】 2020年1月2日，市住保房管局印发《关于做好住房租赁合同网签备案工作的通知》，明确自2020年1月1日起，将杭州市住房租赁监管服务平台管理权限下放至各区县（市）房产行政管理部门，要求各区县（市）房管部门抓紧做好房屋租赁信息审核工作。4月1日，市住保房管局以数字化信息技术为手段，推出“网签即备案”业务，租赁住房出租人可通过市住房租赁监管服务平台发布房源并与承租人进行合同网签后，经系统数据自动比对，无须人工审核，即时生成租赁登记备案电子证明。至年末，“网签即备案”业务系统办理“网签即备案”业务4.33万份。（范国强）

物业管理

【概况】 2020年，杭州从抓好物业管理“关键小事”入手，实施一系列物业综合管理改革创新举措，打造小区美好生活共同体。推进物业行业疫情防控，调拨紧缺物资支援物业企业，落实补助政策推动物业企业优先复工。持续推进以党建引领业委会和物业企业建设，全市90%以上业委会和物业企业实现党的组织和党建工作全覆盖。加强物业管理协会纠纷调解委员会建设，完成14名兼职调解员和25名咨询专家库成员聘任，协调落实政府购买服务事项。开展“最美物业人”“最美业委会”等典型选树活动。加快“美好家园”住宅小区建设，推进物业监管服务平台、物业经营性收支信息公示平台建设，组建物业纠纷调解委员会，规范业主自我管理，提升人民群众满意度、获得感和幸福感。

【党建引领物业行业助力“两战全胜”】 2020年新冠肺炎疫情发生后，市物业行业协会党委第一时间向全市物业服务企业印发《关于做好物业管理区域新型冠状病毒感染肺炎防控工作的倡议书》，动员整个物业行业迅速投入疫情防控工作。全市800多个物业服务企业近12万名从业人员奋战在4000多个小区（大厦）的防控一线，配合街道、社区开展抗疫工作。物业服务企业运用物联网、大数据等科技创新手段打造“智慧物业”，助力楼宇园区企业疫情防控和复工复产。市物业行业协会党委“创新三方协同机制，做优最小治理单元”的做法获评杭州市物业行业党建引领助力“两战全胜”十佳实践案例。

2020年12月8日，在“小区是我家”——2020年杭州市“最美物业人”“最美业委会”暨“美好家园”住宅小区发布专题晚会上，获评“美好家园”住宅小区代表上台领奖（市住保房管局 供稿）

【物业服务监管】 2020年，市住保房管局对全市1733个物业管理项目进行检查考核，对997个项目印发整改通知书，50个项目进行扣分处理。针对考核扣分情况，市住保房管局督促各区物业主管部门加强对扣分项目后期整改情况的跟踪，并会同属地街道、社区加强整改工作监督检查。6—10月，市住保房管局派员到各区县（市），组织街道（社区）工作人员及物业企业相关负责人开展物业管理培训，组织物业协会开展物业管理项目负责人培训，全市物业服务企业500多名项目负责人参加。

【“美丽杭州”住宅小区环境秩序治理】 2020年，市住保房管局建立“美丽杭州”住宅小区环境秩序整治专班，制订集中攻坚阶段和长效管理阶段专项实施方案。开发建设“小区环境秩序治理”线上平台，建立问题“发现、上传、督办、整改、评价”的线上闭环机制。组织各区县（市）住保房管部门的6128名“小区环境秩序监督员”参加监督检查，发现住宅小区环境秩序问题4.66万个，年内97.7%的问题完成综合整改，市住保房管局被市“美丽杭州”创建暨“‘迎亚运’城市环境大整治、城市面貌大提升”长效管理工作推进小组办公室评为“整洁监管示范部门”。

【“小区是我家”晚会】 2020年12月8日，由市住保房管局、市精神文明建设委员会办公室主办的“小区是我家”——2020年杭州市“最美物业人”“最美业委会”暨“美好家园”住宅小区发布专题晚会在杭州电视台一号演播大厅举行。副市长缪承潮、市政协副主席陈永良等领导，各区县（市）有关领导和有关部门负责人，街道、社区、业委会、物业企业代表和热心市民等500多人参加。晚会以“最美物业人”“最美业委会”暨“美好家园”住宅小区发布为主线，以主持人解说、受访者交谈、VCR展播等方式，反映物业管理相关工作的过程和成效，传递物业管理工作的基本理念、提升途径和努力目标。

【“美好家园”住宅小区建设】 2020年4月27日，市物业综合管理工作

2020年9月17日，杭州市第四届物业服务行业技能比武大赛物业管理员决赛在杭州五一剧场举行。图为物业管理员实操比赛现场　　（市住保房管局 供稿）

领导小组印发《2020年杭州市“美好家园”住宅小区建设实施方案》，启动“美好家园”住宅小区建设工作。全市有2349个小区参加，申报候选小区198个。“美好家园”住宅小区建设工作首次被列入市政府民生实事项目。在实施过程中，组织市人大代表、政协委员多次调研，根据调研意见完善实施方案。“美好家园”住宅小区建设从改造基础设施和提高物业综合管理水平两方面同步展开，通过加强过程性管理、线上线下同步监督、发动党员进社区助推等举措有序进行。经市、区两级物业管理部门验收评审，确定杭州市“美好家园”住宅小区120个，其中商品房小区60个、老旧小区29个、保障房小区31个。

【小区经营性收支信息公示工作推广】 2020年4月，市物业综合管理工作领导小组制订并印发《杭州市2020年度物业经营性收支信息公示工作推广实施计划》，要求在全市范围内实施物业经营性收支信息公示工作。至年末，全市有1016个物业项目完成平台开户，其中650个项目在平台录入收支信息，业主可通过手机随时查询物业经营性收支情况。5月31日，市物业综合管理工作领导小组出台《杭州市住宅小区“美好家园”建设和物业经营性收益监管工作奖励实施方案》，建立“以奖代补”机制，鼓励街道（乡镇）探索实施。“以奖代补”工作由拱墅区拱宸桥街道先行试点，辖区内23个小区的物业经营性收益情况统一由专业会计机构集中记账，以利于对小区经营性收益情况的监督。

【物业专项维修资金及物业保修金管理】 2020年5月18日，市住保房管局根据《杭州市物业管理条例》等规定，制定《杭州市物业应急维修专项资金管理办法（试行）》，旨在合理利用物业专项维修资金利差余额，保障物业共用部位、共用设施设备的应急维修。全年有51个小区申请使用物业应急维修专项资金567.73万元。全年办理物业专项维修资金交存102件，归集资金7.32亿元；拨付物业专项维修资金使用项目2301个，金额9947.14万元，其中311部电梯和消防设施等涉及公共安全的维修项目按简易程序申请使用维修资金4612.42万元。全年办理物业保修金交存66件，归集资金3.4亿元，拨付物业保修金使用项目2个，金额109.92万元；办理物业保修金退还27件，退还金额7300万元；物业专项维修资金退还188件，退还金额90.43万元。

【“最美物业人”“最美业委会”选树活动】 2020年10月，市住保房管局、市文明办、团市委和市物业管理协会联合在全市范围内启动第四届“最美物业人”和第一届“最美业委会”选树活动。经过综合比较筛选，评选出绿城物业服务集团有限公司杭州第二分公司望江府生活服务中心等4个“最美物业人”集体，杭州荣耀物业服务有限公司北景园芳洲苑项目经理葛洪彬等11名“最美物业人”，下城区华庭公寓第五届业主委员会等7个“最美业委会”集体，上城区春江花月第三届业主委员会主任姚亮等8名“最美业委会”个人代表。

【杭州市物业服务行业技能比武大赛】 2020年7月，由市住保房管局、团市委、市物业管理协会主办的“练兵比武强技能，物业服务树新风”暨杭州市第四届物业服务行业技能比武大赛启动，旨在引导广大物业从业人员爱岗敬业，不断提高技术技能。经过前期报名、预赛选拔，市区11支代表队进入决赛，每支代表队由3名物业管理员和3名电工组成。9月4日、17日，分别组织电工、物业管理员理论考试与实操比赛。其中物业管理员赛事分为岗位实际操作技能知识问答和主题演讲两部分。知识问答主要考核物业管理员对物业管理综合知识的掌握程度及必答、抢答环节的响应速度和质量。最终，钱塘新区代表队获团体一等奖，西湖区代表队、萧山区代表队获团体二等奖，滨江区代表队、江干区代表队、拱墅区代表队获团体三等奖。

【物业管理优秀住宅类、非住宅类项目考评】 2020年5月，市物业管理协会启动杭州市物业管理优秀住宅类、非住宅类项目考评工作。组建新一届考评专家组成员，对156名考评专家进行培训及聘任。经各区推荐，业主（使用人）满意率调查、社区居民委员会及街道办事处评价打分，市物业管理协会评审，专家考评小组现场检查验收，并在《杭州日报》公示征求市民意见无异议后，评选出“钱江华府”等19个“杭州市物业管理优秀住宅类项目”、“东方铭楼”等12个“杭州市物业管理优秀非住宅类项目”。　（范国强）

责任编辑　余显幕

29

交通运输·邮政

2021 杭州年鉴

Transportation & Postal Service

综 述

【交通建设投资1308亿元】2020年,杭州市完成综合交通建设投资1308亿元,比上年增长50.5%,居全省首位。其中,公路、水运和民用机场完成投资488.7亿元,增长26.9%。完成营运性综合客运量(包括公路、水路、铁路、航空)1.21亿人次,下降40.4%。完成公路客运量4535万人次,旅客周转量38.2亿人(千米),分别下降51.5%、44.7%。杭州绕城高速公路西复线、建金高速公路、千黄高速公路(淳安段)建成通车,全市高速公路总里程超过800千米。完成铁路客运量5895.41万人次,下降33.6%。杭黄高铁通车,杭州南站枢纽投入使用,铁路客运量占综合客运量的47.8%。完成水路客运量339万人次,旅客周转量5223万人(千米),分别下降44.4%、50.1%。完成营业性综合货运量(包括公路、水路、铁路、航空)4.1亿吨,增长1.5%。其中,完成营业性公路货运量3.5亿吨,货物周转量459.9亿吨(千米),均增长3.1%;完成水路货运量6482.5万吨,货物周转量547.1亿吨(千米),分别下降5.7%、18.1%;完成航空运输货邮出港量48万吨,增长15%。杭州港年货物吞吐量1.54亿吨,增长11%;完成集装箱吞吐量9.98万标箱,增长34.6%。完成城市公共交通客运量13.45亿人次,下降41.1%。新开通地铁线路6条,首次实现机场通地铁、10个城区地铁全覆盖。全市地铁运营里程306千米,地铁运营里程列长三角地区城市第三位、全国城市第九位。沪杭甬高速公路市区段改建工程、运河二通道、杭绍甬智慧高速公路等亚运保障工程以及国道、省道、农村公路项目建设取得进展。 (康 琦)

【交通行政执法体制改革】2020年,市交通运输局完成深化交通运输综合行政执法改革。成立杭州市交通运输行政执法队和杭州市港航行政执法队,有执法人员1059人,以市交通运输局名义依法统一行使各类执法职能。6月,市交通运输局印发《建立健全杭州市交通运输局工作职责边界划分清单制度和执行机制》,细化任务、明确分工、划清边界。全年开展行政执法19.8万次,办理行政处罚案件1.17万件,处罚金额4811.66万元。开展危货运输专项整治,检查道路和水上危货企业1222个、危货运输车辆3169辆(次)、危险品船舶427艘、客(渡)运船舶2434艘,联合执法467次。开展公路治超专项整治,查处违法超限超载案件2277件,高速公路超限超载率从1%降至0.2%,普通国省道超限超载率从11.7%降至5.7%。 (葛丽峰)

【"四好农村路"建设】2020年,杭州市农村公路总里程1.49万千米,占全市公路总里程的89.2%;农村公路

2020年6月18日,杭州萧山国际机场实行双跑道独立运行,两架飞机在机场北跑道和南跑道同时起飞 (谭申捷 摄)

密度89.5千米／百平方千米。建成农村公路1210千米、村级物流服务点133个、农村港湾式停靠站88个，创建美丽经济交通走廊720.7千米，调整优化地铁配套公交线路52条。

"四好农村路"三年计划收官，市级补助资金累计24亿元，"四好农村路"社会满意度94.9%。累计完成美丽经济交通走廊建设3207千米，完成率104%；累计改建农村公路4148千米，完成率129.5%，631千米等外路全部消除。完成乡镇和建制村100%通硬化路，实现建制村客车"村村通"。县道、乡道4米以上临水临崖路段安全防护设施全覆盖、全达标，农村公路事故率下降，应急抢险和防灾减灾能力加强。

联合杭州市电视台，展示"四好农村路"三年建设成果。余杭区漕雅线、萧山区戴尖线、富阳区环金线等线路通过"驰骋小康路"直播宣传活动，实地展示"四好农村路"助力乡村振兴成果。9月11日，首场公路微直播活动举行，展示"四好农村路"桐庐合大线建设管养、自然生态、乡村旅游、特色产业等方面成果；央视新闻微博账号、央视频App等平台同步直播，观看量1740多万人次。12月11日，"我家门口那条路——杭州市'四好农村路'建设成果发布会"举行，"十大最美农村路"和"十佳最美建设者"公布。其中：余杭区漕雅线、建德市下岱线、淳安县淳杨线3条线路获评"最美生态景观路"；临安区大鱼线、桐庐县湾茆线、钱塘新区新四路3条线路获评"最美产业致富路"；余杭区北苕溪—北塘路、桐庐县旧钟线2条线路获评"最美平安放心路"；萧山区光明村—幸福村、富阳区渔葛线2条线路获评"最美幸福小康路"；陈磊、刘高锋、胡金星、陈思杨、徐峰、方敬洪、王国强、毛丽晓、叶圣仲、石笑峰10人获评"最美建设者"。

（康　琦）

【交通职业教育与培训】2020年，杭州技师学院录取新生1369人，成人高考本科上线率43.3%，专科上线率91.0%。906名实习生进入300多个用人单位实习，毕业生就业率和就业满意度分别为98.7%和99.7%，用人单位对学生满意度98.7%。学院有校内实训基地66个，校外实训基地350多个。学院在编职工282人，高级职称教师占38.7%，"双师型"教师占98.2%。其中：全国交通中等职业教育专业带头人2名，技工院校省级专业带头人9名，全国技术能手7名，全国交通技术能手10名，全国人大代表1名，浙江省技术能手6名，德国机动车技术服务总监和加拿大高级电工师12名。学院师生获市级及以上技能大赛奖项93人次，其中获一等奖32人次。5位选手参加第一届全国技能大赛，获金牌2枚、银牌1枚、优胜奖3个。全年完成培训5386人次，其中社会培训2893人次（含高技能人才培训397人次）；完成学生鉴定2429人次，其中高技能人才鉴定1276人次、职业技能等级认定343人次；完成大客车驾驶专业学生驾驶技能培训64人次，其中C1车型47人次、A1车型17人次。举办第七届全国技工院校校长论坛，232个院校、28个企业共500多人参加会议。

2020年，杭州汽车高级技工学校招收12个班级，招生录取514名学生，其中提前批144人、中考批272人、杭黔班98人；高级工以上专业招生338人，占招生总人数的65.8%。安排401名实习阶段学生在50多个单位顶岗实习，实习指导教师走访企业130多次。2020届毕业生359人，历届生结业转毕业41人。其中，学生一次毕业率90.2%，初次就业率98.3%，在杭州就业率81.7%，毕业生抽样满意率97.5%，用人单位抽样满意率96.2%。为57名毕业生申领高技能人才求职创业补贴，为12名困难毕业生和来自新冠疫区的湖北籍毕业生申领求职创业补贴。校属交通培训考试服务中心组织出租车驾驶员从业资格考试4.9万人次，组织出租车驾驶员继续教育5375人，组织出租车驾驶员违章教育201人，组织"客货危"驾驶员从业资格考试1901人。职业技能培训鉴定中心组织社会学员开展各工种职业技能培训1886人，其中高级工及以上954人；完成社会学员各等级鉴定1917人，其中高级及以上等级985人；组织全日制学生开展汽车维修、数车（数铣）各等级技能等级鉴定849人，比上年增长92.5%；组织低压电工作业资格考试，其中全日制学生90人、社会学员47人；组织社会学员参加市级各类高级工竞赛194人。向省人力社保厅申报并获得技工院校职业技能等级自主认定资质，含汽车维修工二、三、四、五级，车工（铣工）三、四、五级；向市人力社保局申报并获得技能等级第三方评价机构资质，含汽车维修工三、四、五级，车工三、四、五级。

（沈　妤　高超颖）

【春运发送旅客885.01万人次】2020年1月10日至2月18日春运期间，杭州市城际交通（道路、铁路、民航、水路）客运发送总量885.01万人次，为上年同期的47.1%。道路旅客发送量319.54万人次，为上年同期的42.4%。铁路旅客发送量449.71万人次，为上年同期的59.4%。民航旅客发送量110.26万人次，为上年同期的46.6%。水路旅客发送量5.5万人次，为上年同期的16.5%。市内公共交通（公交、轨道）旅客运输总量达8410万人次，为上年同期的52.8%。其中，城市公交运送乘客5904.26亿人次，为上年同期的53.3%；地铁运送乘客2506.45万人次，为上年同期的46.5%，最高峰日1月17日达198.48万人次，为上年峰值的108.7%。杭州辖区内高速公路总流量达1603.26万辆（次），为上年同期的57.2%。

（夏梦之）

【城市交通治堵】2020年，杭州交通运输部门依靠公交优先、基础设施建设、交通组织管理、关键堵点治理、信息技术赋能等综合施策，交通治堵取得成效。主城区全天拥堵指数1.9，比上年下降0.1，处于畅通级别。全天48个最拥堵点5分钟拥堵指数5.0，比上年上升0.1，市区交通拥堵状况总体平稳。全年治理主城区堵点21处，其中市治堵办牵头治理"民评民选"堵点5处、各属地政府组织实施16处。浙江大学医学院附属第一医院、浙江大学医学院附属第二医院、杭州四季青服装市场周边、杭州火车东站枢纽、杭州市采荷第一小学（钱江苑校区）等堵点治理效果明显。

推进学校堵点专项治理，摸排主

城区学校拥堵情况，重点拥堵学校按"一校一方案"制订治理方案，优化校园周边停车接送系统，综合整治学校周边通行环境。至年末，全市开通"求知专线"165条，覆盖中小学、幼儿园等109所。其中主城区开通90条，覆盖中小学、幼儿园等50所。

制定印发《杭州市高速公路收费站交通拥堵专项治理行动方案》《浙江省高速公路收费站疏堵专项治理行动杭州市实施方案》，选取25处高速公路收费站开展重点治理；初步制定《杭州市西湖景区公共交通优先示范区实施方案》，加快落实西湖景区交通优化治理工作。（熊文卓）

公路运输

【概况】至2020年年末，杭州境内公路线路6708条、总里程1.69万千米，比上年增加95条、0.25千米。其中：国道、省道干线里程1977.56千米，农村公路1.49万千米，城管路段351.19千米（含干线公路77千米）。公路密度101.95千米/百平方千米，提高1.52千米/百平方千米；公路通乡率和通村率100%。公路桥梁6105座、48.8万延米，增加210座、7万延米。其中：高速公路桥梁1046座、27.7万延米，占全市公路桥梁总数的17.1%；普通干线桥梁663座、4.7万延米，占全市公路桥梁总数的10.9%；农村公路桥梁4396座、16.3万延米，占全市公路桥梁总数的72%。公路隧道333道。其中：高速公路隧道175道，占全市公路隧道总数的52.6%；普通干线隧道78道，占全市公路隧道总数的23.4%；农村公路隧道80道，占全市公路隧道总数的24%。高速公路节假日期间（春节、清明节、"五一节"、国庆节）小客车免费通行1724.1万辆（次），免收通行费超过5.1亿元，总流量2530.3万辆（次）。收费公路农副产品免费通行68.2万辆（次），免费金额3亿元。

道路运输经营单位（含个体联户）5852户，营运客货汽车10.28万辆。其中：营运货车9.81万辆、140.19万吨位；营运客车4703辆、20.25万座。从事道路货运相关服务单位8849个。

道路旅客运输单位100户，开行客运线路880条。其中：省际线路275条，日发班次324个；市际线路255条，日发班次1358个；县际线路106条，日发班次555个；县境内线路232条，日发班次2998个。杭州市主城区开行道路客运线路414条，其中：省际线路214条，日发班次228个；市际线路144条，日发班次866个；县际线路32条，日发班次265个；市区内线路24条，日发班次248个。全年完成道路旅客运输量4535万人次，旅客周转量38亿人（千米），分别减少51.5%和44.7%。

公路货物运输单位（含个体联户）5752户，拥有营运货车9.81万辆、140.19万吨位。其中，主城区1920户，拥有营运货车3.33万辆、44.63万吨位。全年完成货物运输量3.48亿吨、货物周转量459.94亿吨（千米），均增长3.1%。全市有等级客运站23个，其中一级站7个、二级站6个、三级站10个，简易站及招呼站1009个。

城市综合客运枢纽9个，公交调度指挥中心17个，从事公共汽电车经营户32户。运营车辆1.08万辆，额定载客量55.84万人，年完成客运量7.04亿人次。运营线路1278条，线路总长度2.59万千米，其中BRT总长度132千米、无轨电车总长度50.2千米。全市有轨道交通站169座，运营线路总长度306千米，运营车数325列、1032辆，完成客运量5.81亿人次、49.55亿人（千米）。

客运出租汽车经营户740户，经营车辆1.41万辆。其中：企业户104户，经营车辆1.34万辆；个体户636户，经营车辆720辆。主城区客运出租汽车经营户509户，经营车辆1.09万辆。其中：企业户60户，经营车辆1.03万辆；个体户449户，经营车辆553辆。出租车服务区11个，占地面积4.43万平方米，停车位1857个。

机动车驾驶培训机构139个，从业人员9293人。其中：一级驾培机构13个，二级驾培机构52个，三级驾培机构70个，摩托车培训机构3个，理科培训中心1个。道路客货运输驾驶员从业资格培训机构15个（其中5个具备危险货物运输驾驶员培训资格）。全市各类教练车6060辆，教练员7419人，全年培训驾驶员15.61万人。

各类机动车维修企业4920个，从业人员3.69万人。其中，一类机动车维修企业221个，二类机动车维修企业1119个，三类机动车维修业户3327个，摩托车维修业户253个。全年维修各类车辆707.13万辆（次）。汽车综合性能检测站20个，从业人员508人，全年检测车辆5.29万辆（次）。已备案登记机动车配件经销业户9068个。其中，市区维修企业1249个、配件市场内1340个、散户2012个，区县（市）4467个。已备案登记汽车租赁企业1169个，从业人员1.18万人，备案车辆3.88万辆。

【公路建设】2020年，杭州完成公路建设投资320亿元，超额完成年度投资目标，干线公路总里程达1977.56千米；超前超额完成民生实事项目，农村公路总里程达1.49万千米。杭州绕城高速公路西复线杭绍段、建金高速公路、千黄高速公路淳安段建成通车，沪杭甬高速公路杭州市区段、彭埠互通、留下互通、临建高速公路等项目建设推进，104国道、320国道改建工程路段进场施工。干线公路大中修、安保工程和灾毁修复等养护工程投入超过10亿元。完成低等级公路提升改造599千米，消除等外路103千米。高速公路服务区服务大提升工程实施，全域服务区星级评定完成。升级改造高速公路视频监控联网系统，重要点位监管实现全覆盖。

【公路养护管理】2020年，高速公路路面技术状况指数（PQI）值94.81，比上年提高1.26。全年高速公路大中修里程完成147千米，预防性养护里程完成240千米。普通国道、省道PQI值为90.92，比上年提高0.67。全年安排23个干线公路大中修工程项目210千米，总投资4.7亿元。

全年投入公路桥隧养护资金2.2亿元，其中：高速公路0.6亿元，维修改造桥隧162座；普通国道、省道约5051万元，维修改造桥隧73座（含隧道提质升级专项行动项目25座，2888万元）；农村公路1.1亿元，维修改造桥隧71座。高速公路投入资金约1883万元，检查桥隧698座。普通国道、省道投入资金约121万元，检查桥隧262座。农村公路投入资金约642万元，检查桥隧809座。

（康　琦）

【高速公路ETC建设】2020年，杭州交通运输部门加快高速公路ETC建设。全年办理ETC用户29.93万户，累计ETC用户253.99万户。全市各高速公路经营单位改造设施设备投入试运营，新增ETC应用停车场99处，至年末，全市累计开通运营ETC应用停车场109处。（王幼君）

【建德至金华高速公路开通】2020年12月22日，建德至金华高速公路（建金高速公路）开通。建金高速公路北起建德市杨村桥镇，接入已建成的杭新景高速公路，南至金东区二仙桥东枢纽，接入已建成的杭金衢高速公路，并衔接金丽温高速公路，是国家“十三五”期间重点建设项目和长深高速公路（G25）重要组成部分。该工程于2016年开工建设，总投资93.76亿元，全线长58.09千米，路基宽度26米，采用双向四车道高速公路标准建设，设计速度100千米/小时，桥涵设计汽车荷载等级为公路一级。建金高速公路通车后补齐长深高速公路缺失部分，串联起杭新景高速公路、杭金衢高速公路、金丽温高速公路三大省内干线，为浙江中西部地区提供一条快速南北向通道。（潘鑫红）

【330国道临安岛石至苦竹岭段改建工程通车】2020年12月30日，330国道临安岛石至苦竹岭段改建工程建成通车。该工程起点位于岛石镇岛石村，顺接已改建的330国道（209省道）龙岗至岛石段终点位于浙江与安徽交界的苦竹岭隧道，与330国道安徽省宣城市绩溪县境段顺接，全长7.3千米。该工程于2019年7月26日开工建设，工程总投资3.82亿元，建设大桥1座、隧道1座、公路养护管理用房1处（结合普通公路服务站功能），采用《公路工程技术标准》（JTGB01—2014）集散二级公路标准建造，设计速度60千米/小时，一般路段路基宽度10米（起点段约1千米穿镇路段路基宽12米），隧道净宽10米、净高5米，桥涵设计汽车荷载等级为公路一级。（陈　磊）

【千黄高速公路淳安段通车】2020年12月22日，千黄高速公路淳安段正式通车。该工程被列入交通运输部第二批绿色公路建设典型示范工程，位于千岛湖二级饮用水源保护地、国家AAAAA级旅游景区——千岛湖风景区。该工程起点位于浙江省与安徽省交界处，终点衔接杭新景高速公路千岛湖支线，全长51.42千米，设置桥梁43座、隧道27座，桥隧比78.5%。工程环保水保费用超过6600万元，边坡绿化覆盖率达100%，便道硬化率100%，噪声、扬尘控制率超过90%，运用光亮度和光色温可调隧道照明控制技术、全线雨污分离收集，被评为“最美绿色高速”。项目全线临时施工便道42条，总长23.45千米，工程结束后统一进行修复提供给当地村民及景区使用。通车后可形成“西湖—千岛湖—黄山”国家AAAAA级旅游景区线路。

（市交投集团）

【干线公路养护管理治理能力核查】2020年11月11日，交通运输部“十三五”全国干线公路养护管理治理能力评价组到杭州开展现场核查。经随机抽取，确定国家区域性公路交通应急装备物资储备中心、G25长深高速公路富春江大桥安全提升工程、G25长深高速公路南峰隧道以及善岭隧道提质升级工程、G25长深高速公路桐庐服务区、G25长深高速公路桐庐收费站、S208桐千线收费站、货运源头管理单位南方水泥有限公司、非现场执法点、G6021杭长高速公路（原G60N杭新景高速公路）建德服务区、G6021杭长高速公路新安江收费站，以及沿途查看G6021杭长高速公路路网命名编号调整情况等12个核查项目。评价组考察杭州市在公路设施完善、管理服务水平、路域环境整治、超限运输管理方面工作，依次检查各核查项目，并对杭州市公路养护管理治理工作给予肯定。

【干线公路“国评”路况检测通过】2020年10月19—22日，交通运输部“十三五”全国干线公路养护管理评价路况检测检查组对杭州市G235新海线、G329舟鲁线、G351台小线、G330洞合线、G6021杭长高速公路、G9221杭甬高速公路、S14杭长（宜）高速公路、G25长深高速公路部分路段开展路况检测。8条国道、省道干线公路全部通过“国评”路况检测。

【下沙大桥接受重点桥梁监测】2020年8月13—16日，由交通运输部路网中心牵头，在浙江省开展国家干线公路网重点桥梁监测工作。G2504杭州绕城高速公路下沙大桥作为浙江省唯一受检桥梁，代表全省接受桥隧重点监测。监测组查阅桥梁基础资料、管理资料、检查资料、养护维修资料、特殊情况资料及“四新”技术应用资料，对照检查标准进行评价，并根据下沙大桥结构型式、结构现状和存在的主要问题，选取大桥主跨及主引桥部分构件进行针对性复查和随机抽检。经监测，下沙大桥桥梁技术状况评定等级为Ⅱ类桥梁，桥梁技术档案齐全，通过检测。

【美丽经济交通走廊达标创建工作】2020年8月13—14日和9月28日，省公路中心到杭州开展2020年美丽经济交通走廊达标县、示范县创建复核工作。复核工作以内业审核、外业随机抽查形式进行。省公路中心分别对漕雅线、104国道（富阳段）、G320国道（小林至屯里段）、鸬鸟连接线等精品示范走廊以及风情大道、305省道（富阳段）等非精品走廊的创建情况进行现场踏勘，并检查内业台账。（康　琦）

水路运输

【概况】2020年，杭州市完成水路运输建设投资28.29亿元，其中重点航道工程投资25.54亿元、港口工程投资2.48亿元、航道养护工程投资0.35亿元。杭州港货物吞吐量1.54亿吨，集装箱运输9.98万标箱，分别比上年增长11.0%和33.0%。内河船舶平均吨位达572.2载重吨，增长4.8%。

全航区完成水路运输客运量339万人次，客运周转量5223亿人

(千米),分别下降44.4%、50.1%。三堡船闸运行2.26万闸(次),过闸船舶7.6万艘,过闸量5416.06万吨,分别增长2.8%、3.7%和8.6%,普通货船平均待闸时间3.53天。新坝船闸过闸运量2791.22万吨,下降5.4%;富春江船闸过闸运量1806.13万吨,增长16.0%。开展水路运输企业经营资质预警检查,全年检查水路运输企业31个(次),预警9个(次)。

全年实施行政处罚4754件,减少5.8%。完成非现场执法2201件,占总数的46.3%,异地处罚440件。全年航道巡航里程11.57万千米,航道执法2376次,检验船舶3934艘(次)、93.18万吨。行政服务事项网上办理比例97.1%,完成"多证合一"1667件,"多检合一"11.47万次。所有事项(462项)实现"跑零次",办理满意率100%。

全年发生水上交通一般事故137起,死亡5人,重伤1人,未发生较大及以上等级事故。接处警814起,组织水上救助675起,成功救助船舶600多艘(次),遇险人员1200多人次,发布信息801条,船舶GPS接收量960万艘(次)。

杭州航道养护工作完成投资3508万元,其中例行养护1147万元、专项养护2361万元。完成京杭运河(三堡—绕城公路桥)、京杭运河(绕城公路桥—邵家坝)、杭甬运河(新坝船闸—渔临关)精品示范线创建。全年实施4艘渡船、4个渡埠、1个渡口改造创建以及1个渡口撤渡工作,王家渡渡口完成改造并通过省级创建考评。(康　琦　潘　菲)

【水运行业发展】2020年,杭州市集装箱总运力75艘(2625标箱),比上年增长53.8%。杭州港完成集装箱吞吐量9.98万标箱,增长34.6%;完成内河集装箱运输量1.65万标箱,增长47.1%。建德十里埠港利用钱塘江全线贯通的区位优势,开拓浙西市场,调研"散改集"、外贸集装箱业务,引进件杂货、新货种钢材装卸客户,完成集装箱吞吐量9272标箱。富阳东洲港开通京唐—上海/乍浦/太仓—东洲、南通—东洲等航线,建德十里埠港开通上海—安吉—建德、建德—上虞、唐山—乍浦—建德等航线。杭州港航企业实施"走出去"战略,推进内河港口与宁波舟山港集团、上海港务集团等合作,扩大港口与航运企业的合作范围,形成海河联运体系,推动煤炭、水泥熟料、粮食等大宗货物"散改集"。富阳东洲港粉料中转库投入使用,由京唐港源头"散改集"进口的粉煤灰成为港口装卸重点货类;建德十里埠港新开发水泥熟料出口"散改集",实现全程零损耗,节省运输成本。港口企业研究探索渣土"散改集"、钢卷"件改集"、石灰石集装箱海铁联运等业务,推动集装箱业务稳定开展。12月,省海港集团和市交投集团合资组建的杭州港务集团有限公司挂牌运营,借助港口平台优势,以水运集装箱为支点,统筹下属三大港口码头业务,做大做强内河物流板块,打造杭州水运品牌。(胡云涛)

【水上运输监管和执法】2020年,杭州港航执法部门完成船舶现场监督7401次,船舶安检2261次,码头检查2117个(次),实施行政处罚4748件。"互联网+监管""双随机、一公开"工作机制覆盖率100%,现场掌上执法率、执法检查事项覆盖率均超过90%。规范行政执法程序,制定《行政执法公示制度》《执法全过程记录制度》。起草《案审员管理办法》等规章制度。探索"数智化"执法应用,实施《杭州市水上交通非现场执法示范区建设方案(2019—2021年)》。内河执法大队一中队被省交通运输厅确定为全省基层站所规范化建设试点,基层站所管理制度杭州经验在全省推广。完成《杭州航区非现场执法操作手册》编写,对30多个非现场执法案由的检查途径、证据固定、系统录入等流程进行规范,并在全省推广。成立浙江省首个少年海事学校讲师团,开展安全知识进校园、进夏令营、进船舱等活动,获杭州市"七五"普法优秀社会组织称号。

【水上运输安全监管】2020年,杭州港航执法部门发布9次低水位预警,1次船舶滞留预警,4次杭嘉湖水域外围管控,5次启动锚地应急联动一级响应。制定《全市水上交通安全生产综合治理三年行动实施方案》,开展"两客两危"、泥浆水路运输、港口客危企业"回头看"及在役储罐检测、港口企业第三方安全检查、桥梁安全隐患排查治理、船舶安全监督专项检查、水上无线电专项整治等13次各类专项治理行动,发现隐患421个,全部整改到位。查处安全生产违法行为422起,开展部门联合执法检查32次,移交其他部门查处案件2起,实施安全约谈12次。举办2020年钱塘江客货船碰撞应急救助综合演练,组织、参与各类水上应急演练17次。7月,新安江水库九孔泄洪,杭州港航执法部门启动"三防"应急预案,24小时值守响应,出动执法人员2173人次,海事艇403艘(次),现场检查船舶2976艘(次),非现场检查船舶8965艘(次),处置险情49起,应急救助63起,服务船员2406人次,护航渡运村民3218人次。12月,杭州市水上搜救中心、水上搜救中心海上分中心成立。(潘　菲)

【水运基础设施建设】2020年,杭州辖区水运基础设施建设新改扩建港口项目19个,完成交竣工验收13个,新增500吨级泊位13个。其中,义桥作业区完成投资2.48亿元,完成年度计划的165%,累计完成投资4.06亿元。按《杭州城区工程渣土中转码头布局建设方案》推进渣土中转作业点建设,建成并投入营运渣土码头16个,在建4个。杭甬运河新坝二线船闸工程项目建议书获省发改委批复,《杭州港总体规划(2018—2035年)》完成市级层面对接。对标交通强国示范城市建设要求,制订关于构建现代化内河航运体系具体行动方案。贯彻实施杭州"拥江发展"战略部署,研究钱塘江流域游艇基地及游艇码头布局。(康　琦)

【水上运输污染防治】2020年,杭州港航执法部门完成第二轮中央生态环境保护督察迎检与问题整改工作,成立迎检领导小组及9个专项工作组,建立24小时快速响应机制,按时调查处理督察组交办信访件13件。按照"整治提升一批、完善手续一批、关停退出一批"原则,对全市166个港口码头实施分类分批整治,解决

62个环保手续不齐全的港口码头历史遗留问题。完成长江经济带船舶与港口污染防治工作，开展船舶生活污水污染突出问题“百日行动”，提前完成1182艘100～400总吨内河货船生活污水防污染改造任务。“百日行动”期间，实施登轮检查4216次，检查覆盖率18.8%。推进水域常态化污染防治工作，全年实施防污染类行政处罚385起，接收船舶垃圾517.3吨、船舶含油污水1959.6吨、船舶生活污水3.97万吨。实现全市船舶生活垃圾全回收、油污水全转运、生活污水全上岸、散货船舶货舱全覆盖、油品质量全监控。

【通航环境专项治理】2020年，杭州港航执法部门管控京杭运河市区段船舶噪音、水面漂浮物和冒黑烟现象，配备10套快速测硫仪，加大燃油抽检比例。会同市交通运输发展保障中心落实驻点保洁，及时清理水面漂浮物。强化非现场监管，查处垃圾抛洒和货舱未覆盖等违法行为。专项治理期间共发现船舶冒黑烟现象419起，燃油抽检船舶266艘（次），查处不合格船舶14艘（次），货舱未覆盖155起，录入违章19件（次），清除三堡船闸附近水域水面垃圾8.15吨。（潘　菲）

【京杭运河（浙江段）三级航道整治工程】2020年，京杭运河（浙江段）三级航道整治工程杭州段完成投资额121.57亿元，占项目概算的70.2%。项目由京杭运河浙江段三级航道“四改三”段（简称“四改三”段）、新开挖航道段、八堡船闸段三部分组成。“四改三”段完成年度投资额3462万元，累计完成投资额5.5亿元，占概算的98.2%。八堡船闸段完成年度投资额5.3亿元，累计完成投资额15.1亿元，占项目概算的64.4%；完成建安费10.4亿元，占项目概算建安费的62.9%。新开挖航道段完成年度投资额26.01亿元，累计完成投资额100.97亿元，占概算的70%；累计完成建安费25.7亿元，占项目概算建安费的43.4%。全线桥梁完成36.2%，航道工程完成44%，土方工程完成25%。（甘　军）

【杭甬运河新坝二线船闸通过工程可行性评审】2020年8月5日，省交通运输厅召开杭甬运河新坝二线船闸工程可行性研究报告评审会议。省发改委、省自然资源厅、省水利厅、市交通运输局等单位代表及特邀专家参加。会议听取省交通规划设计研究院有限公司关于《杭甬运河新坝二线船闸工程可行性研究报告》汇报，形成专家组意见并同意项目通过工程可行性评审。该项目位于杭甬运河起始段，预计投资23.8亿元，拟建成Ⅲ级船闸1座，设计单向过闸货运量通过能力约2820万吨；改建闸首公路桥、茅山运河桥、万安桥3座桥梁，以及船闸附属配套设施等。

【“钱塘江中游航道水文研究项目”通过评审】2020年12月15日，“钱塘江中游航道水文研究项目”评审会召开并获得通过，省港航中心、市港航执法队、省水利河口研究院、省海洋规划设计研究院等单位负责人及特邀专家参与评审。该项目研究范围为钱塘江干流及新安江航道，包括将军岩—梅城三江口—富春江大坝长约49千米的钱塘江中上游航道、富春江大坝—赭山长约123千米的钱塘江中下游航道，以及新安江大坝—梅城三江口长约42千米的北源新安江航道。上述航道除新安江部分航区为Ⅴ级航道外，其余均达到Ⅳ级通航标准（规划Ⅲ级航道）。项目根据《内河通航标准》等规范规定，结合航区实际，提出符合通航安全要求及与已建通航枢纽、大型桥梁等涉航情况相符合的航道沿程设计最低、最高通航水位值，为航道改造养护及涉航建筑物通航净空控制参数提供科学、统一的技术依据，为改善钱塘江航道通航水力条件、提高航道通航保证率提出建议。

【富春江船闸扩建改造工程获国家优质工程奖】2020年12月，富春江船闸扩建改造工程获2020—2021年度第一批国家优质工程奖。该工程是在既有大坝运行工况下进行的老船闸改扩建工程。富春江船闸位于富春江中游桐庐县境内富春江枢纽大坝右岸，上游锚泊服务区及远方调度站位于船闸上游约25千米处的建德市三都镇宋村山，下游锚泊区及远方调度站位于船闸下游约22.4千米处的桐庐县江南镇窄溪，相关标志、疏浚、监控、信息化设施等分布于上、下游锚泊区之间近50千米航道范围内。工程于2012年11月开工，2016年11月交工，同年12月投入试运行。2019年4月完成竣工验收，将年通过能力不足100万吨的小型船闸，提升为满足年过闸货运量3200万吨要求的1000吨级大型船闸。建成后两年直接经济效益1316万元，间接经济效益4.8亿元，每年节约运费12.7亿元，减少碳排放87万吨。（康　琦）

铁路运输

【概况】2020年，杭州市境内营运铁路612.4千米，其中高铁264.9千米、干线铁路308.3千米、支线铁路39.2千米。高铁中，杭黄高铁208千米、沪杭高铁17千米、杭甬高铁5.6千米、宁杭高铁9.3千米、杭长高铁25千米，均为全封闭电气化铁路。干线铁路中，沪杭线49.9千米、浙赣线132千米、宣杭线93.2千米、萧甬线33.2千米，均为全立交铁路，铺设60千克无缝钢轨。除宣杭线外，其余设施均为电力网线、信号自动闭塞双线铁路，站内通过计算机联网控制。金千线为支线铁路，境内长39.2千米，铺设50千克普通钢轨，为信号半自动闭塞的单线铁路，站内信号为继电集中控制。全年杭州地区发送旅客5895.41万人次，到达旅客5884.53万人次；发送货物381.1万吨，到达货物437.62万吨，实现运输收入73.39亿元。

【杭州南站开通运营】2020年7月1日，位于萧山区新塘街道站前路1号的杭州南站开通运营，是杭州在钱塘江南岸唯一的客运站。扩建后总建筑面积7.89万平方米，站房面积4.69万平方米，有7个站台21条轨道，能容纳1.33万人同时候车。至年末，杭州南站停靠办理客运业务的旅客列车63对，其中普速列车39对、动车组列车20对、市域列车4对。通达列车覆盖宁波、金华、黄山、上海等方向，是杭长、杭甬、杭黄高铁的主要节点站。杭

杭州南站枢纽　（赵国辉 摄）

州南站开通运营后，分担杭州站和杭州东站部分旅客列车的客运业务，有效疏解杭州枢纽客运压力。

杭州南站改建工程于2013年7月1日开工建设。2018年6月21日，杭州南站主体工程建设完成，西广场具备开通运营条件。2020年6月30日，杭州地铁5号线火车南站站开通。7月1日，杭州南站开通运营，绍兴轨道交通城际线起点延长至杭州南站，杭州与绍兴首次实现两地间市域列车跨市联通。至年末，杭州南站绍兴轨道交通城际线发送旅客5.01万人次，到达旅客12.53万人次，日均客流量近1000人次。

【商合杭高铁全线开通运营】2020年6月28日，商合杭高铁合肥至湖州段开通运营，商合杭高铁全线通车。商合杭高铁（合湖段）正线长305千米，设计时速350千米（其中芜湖至宣城段设计时速250千米），自肥东站发出，途径马鞍山市、芜湖市、宣城市，至湖州站连接宁杭高铁。商合杭高铁全长794.55千米，北部连接郑徐高铁，南部与沪杭高铁相通。商合杭高铁开通后，河南、安徽、浙江三省实现高铁全面连接，长三角地区高铁运营总里程超过5000千米，杭州与合肥之间最短通行时间缩短至2小时7分钟。

【杭衢高铁（建衢段）开工建设】2020年2月29日，杭衢高铁（建衢段）开工建设。该项目由中国铁路上海局集团有限公司杭温工程建设指挥部负责代建，是采用“PPP+EPC”模式运作的高铁项目。杭衢高铁（建衢段）正线自杭黄高铁建德站引出，经衢州市所辖龙游县、衢江区、柯城区和江山市，跨常山港后并行于沪昆高铁北侧引入沪昆高铁江山站，并设联络线引入沪昆高铁。杭衢高铁（建衢段）线路全长130.91千米，设计时速350千米，全线设车站6座。其中：改建既有车站2座（建德站、江山站），新建车站3座（建德南站、龙游北站、衢州西站），远期预留中间站1座（衢江站）。杭衢高铁（建衢段）是沟通杭州市与衢州市的快捷高铁通道，扩充和完善浙江省铁路网骨架。

【沪杭高铁开通运营10周年】2020年10月26日，沪杭高铁开通运营10周年。沪杭高铁全线长202千米，设计时速350千米，设上海虹桥站、松江南站、金山北站、嘉善南站、嘉兴南站、桐乡站、海宁西站、余杭站、杭州东站9个车站，设计最高时速350千米。沪杭高铁10年累计发送旅客近4亿人次，日均客流量超10万人次。10月11日，全国铁路实施新的列车运行图，沪杭高铁每日开行动车组列车达161.5对。

【普速铁路实施电子客票】2020年6月20日零时起，全国普速铁路和列车实施电子客票，标志杭州继2019年高铁车站实现电子客票全覆盖后，所有客运车站停止使用纸质车票。旅客通过网站和手机自助购买电子客票后，无须换取纸质车票，凭身份证即可通行，提升普速车站的自助化服务水平。至年末，杭州站39对、杭州东站11.5对、杭州南站42对普速列车全部实现电子客票进站通行。

【浙粤电商特快班列开行】2020年10月18日，浙粤首趟电商特快班列X115次列车，装载小家电、服饰、食品、数码产品等电商物品，从杭州萧山站开往广州棠溪站。杭州—广州X115/6次电商特快班列是首趟从杭州开出的电商特快班列，也是中国国家铁路集团有限公司在既有的京沪、京广、沪深3对电商特快班列的基础上，增开的第4对电商特快班列。X115/6次电商特快班列最高运行时速160千米，挂运13节XL25T型专用车辆，可装载7000多件电商货物，整列运输容量等同30多辆9.6米厢式货车。班列全程运行时间约13小时，实行“门到门、一站式”直达运输组织方式。至年末，开行班列7次，发送货物1.11万吨。

【“110”报警联动机制建立】2020年7月，浙江省公安厅、浙江省交通运输厅和中国铁路上海局集团有限公司杭州铁路办事处联合印发《关于进一步加强危及铁路行车安全紧急情形应对处置工作的通知》，建立“110”报警联动机制。危及铁路行车安全和线路稳定等突发情况发生后，各级公安“110”报警服务台接到报警立即告知中国铁路上海局集团有限公司调度所，确保铁路调度部门第一时间掌握突发事件的具体地点、发生时间和现场情况等信息，快速通知车站或者列车司机做出应急响应。各级公安“110”报警服务台在通知铁路部门先期紧急处置的同时，立即发放“双派单”至事发地铁路派出所和管辖地方派出所，开展警情甄别、疏散群众和维护秩序等工作。

【杭绍台城际铁路重点工程建设】2020年7月27日，杭绍台铁路控制性工程——东茗隧道贯通。东茗隧

2020 年杭州市铁路客运量和货运量一览表

表 28

单 位	站 名	旅客发送量（万人次）	旅客到达量（万人次）	货物发送量（万吨）	货物到达量（万吨）	运输收入（万元）
杭州直属站	杭 州	604.14	579.90	—	—	83808.25
	杭州东	4691.85	4710.70	—	—	553885.57
	杭州南	192.42	201.50	—	—	19824.25
	盈 宁	—	—	—	—	—
	钱塘江	—	—	—	—	—
	萧山西	—	—	—	—	—
	萧 山	—	—	—	—	—
	富 阳	74.77	70.84	—	—	4435.69
	桐 庐	102.14	97.75	—	—	6352.90
	建 德	62.38	61.87	—	—	4614.97
	千岛湖	84.85	84.50	—	—	7797.85
乔司直属站	乔 司	—	—	0.90	2.25	169.95
	艮山门	—	—	—	—	—
	南星桥	—	—	1.20	6.84	447.40
	杭州北	—	—	86.90	314.43	19412.10
	临 平	—	—	19.90	32.79	4484.70
	笕 桥	—	—	0.50	3.84	—
	行宫塘	—	—	—	—	—
	沈家桥	—	—	—	—	—
	星 桥	—	—	—	—	—
	仓 前	—	—	—	23.19	0.18
嘉兴车务段	石 濑	—	—	—	2.38	31.20
	余 杭	82.86	77.47	—	—	5899.70
金华车务段	排 塘	—	—	—	—	—
	寿 昌	—	—	0.50	0.50	229.00
	新安江南	—	—	102.80	35.40	6275.00
	新安江	—	—	—	—	—
	朱家埠	—	—	82.30	11.80	7928.00
	千岛湖南	—	—	86.10	4.20	8299.00
宁波车务段	夏家桥	—	—	—	—	—
合 计		**5895.41**	**5884.53**	**381.10**	**437.62**	**733895.71**

说明：各站货物发送量、到达量和运输收入数据均由杭州、金华货运中心提供

道位于绍兴市境内，全长 18.23 千米，最大埋深 262 米。东茗隧道采用“长隧短打”的施工方法，设置 3 个斜井，8 个工作面同时开挖，3 个斜井共长 20.11 千米。9 月 10 日，杭绍台铁路小舜江特大桥曲弦钢桁加劲连续梁合龙。小舜江特大桥位于绍兴市上虞区境内，全长 1411.28 米，是杭绍台铁路控制性工程之一，其中（86+164+86）米连续梁是杭绍台铁路全线主跨跨度最大的曲弦钢桁加劲连续梁。杭绍台铁路规划运营区间为杭州东站至玉环站，全长 271 千米，设计时速 350 千米，途经杭州、绍兴和台州，沿途设 12 个站点。杭绍台铁路是浙江省内沟通杭州都市圈与温台沿海城市群的快捷通道，是国家首批社会资本投资铁路示范项目。

【湖杭铁路德清智能化制梁场投入使用】2020 年 11 月，湖杭铁路德清智能化制梁场建成投入使用。智能化制梁场包括智能控制中心和智能设备，可实现搅拌站无人化、钢筋加工智能化、模型清理喷涂自动化、养护系统集约化、自动振捣台车机械化、环保检测信息化等功能。在生产同等箱梁情况下，智能化制梁场可减少 1/3 的用工时间，提高施工效率 1.3 倍，保障湖杭铁路在 2022 年第 19 届亚运会前全线通车。（徐卫宁）

民用航空运输

【概况】2020 年年末，杭州萧山国际机场用地总面积 10 平方千米，拥有总面积近 37 万平方米的 3 座航站楼，建有 2 条跑道（分别为 3600 米长、45 米宽和 3400 米长、60 米宽）和等长的滑行道，停机坪面积约 200 万平方米、机位 177 个，飞行区等级为 4F 级，可以保障目前世界上最大的民航客机 A380 全重起降。

2020 年，杭州萧山国际机场完成旅客吞吐量 2822.4 万人次，保障航班起降 23.7 万架（次），分别比上年下降 29.6%、18.4%；货邮吞吐量 80.2 万吨，增长 16.2%，增速居全国十大机场第 1 位。客运量、货运量排名分别居全国第 10 位和第 5 位，航班平均客座率 78.5%。根据国际机场协会（ACI）发布的数据，2020 年杭州萧山国际机场旅客吞吐量全球排名第 18 位，货邮吞吐量全球排名第 33 位。新增马来西亚吉隆坡（货运）、比利时列日—西班牙马德里（货运）、新加坡（货运）、日本东京（货运）4 个国际航点，共有 72 个航空公司运营 192 个定期航点。国际化水平提升，24 小时无障碍通关。安全形势平稳，实现第 20 个安全年。

▶资料：2020 年杭州萧山国际机场定期航点

1. 内地航点 134 个：北京（首都、大兴）、广州、深圳、成都、重庆、西安、贵阳、昆明、郑州、哈尔滨、太原、海口、南宁、青岛、三亚、沈阳、厦门、长春、石家庄、兰州、天津、大连、珠海、武汉、银川、揭阳、长沙、呼和浩特、桂林、烟台、泉州、乌鲁木齐、丽江、西宁、绵阳、西双版纳、宜宾、威海、运城、临沂、恩施、遵义（新舟、茅台）、柳州、赣州、泸州、湛江、北海、赤峰、广元、临汾、宜昌、惠州、榆林、常德、毕节、张家界、十堰、万州、日照、济南、汉中、襄阳、包头、衡阳、六盘水、锦州、秦皇岛、南充、腾冲、拉萨、阿克苏、信阳、乌兰浩特、文山、黔江、呼伦贝尔、鄂尔多斯、岳阳、保山、怀化、温州、兴义、邯郸、昭通、洛阳、通辽、天水、大同、玉林、凯里、安顺、延安、达州、铜仁、佳木斯、库尔勒、东营、淮

安、盐城、牡丹江、潍坊、延吉、邵阳、承德、张家口、南阳、安康、忻州、嘉峪关、敦煌、西昌、琼海、白山、乌兰察布、吕梁、克拉玛依、阜阳、武夷山、格尔木、稻城、唐山、黎平、伊宁、百色、梅州、大庆、福州、南昌、甘孜、乌海、和田、锡林浩特。

2. 港澳台地区航点6个：香港、澳门、台湾桃园、台北松山、高雄、台中。

3. 国际航点52个：阿姆斯特丹、马德里、罗马、列日、莫斯科（谢列梅捷沃、伏努科沃）、圣彼得堡、新西伯利亚、克拉斯诺亚尔斯克、乌兰乌德、符拉迪沃斯托克、纽约、洛杉矶、塞班、温哥华、悉尼、墨尔本、开罗、多哈、东京、大阪、名古屋、札幌、静冈、冲绳、首尔、济州、襄阳、新加坡、吉隆坡、沙巴、曼谷（廊曼、素万那普）、普吉、清莱、仰光、曼德勒、金边、西哈努克、万象、胡志明市、芽庄、岘港、富国岛、雅加达、巴厘岛、马尼拉、卡里波、吕宋岛、斯里巴加湾、马累、达卡。

2020年4月4日，杭州萧山国际机场一架大型运输机装载近50吨医疗物资起飞前往俄罗斯（章学军 摄）

【机场新冠肺炎疫情防控】 2020年，杭州萧山国际机场成立机场新冠肺炎疫情防控领导机构，建立防控指挥体系和工作机制，搭建涉疫航班处置协调平台，形成统一指挥、全面部署、立体防控的防控格局。根据新冠肺炎疫情发展变化趋势，科学优化机场疫情防控处置方案，从“内防扩散、外防输入”到“人物同防”，调整防控重点和举措。实行精密智控，运用大数据筛查共享机制、机场疫情防控信息系统、“健康码”自助验证通道等智慧手段，发挥数字战疫效能。加强与航空公司的协作配合，实现前端劝阻、途中管控、末端处置全流程精细管控。全年处置重点航班2883架（次），排查重点旅客6.42万人；完成援鄂、援疆航班保障32架（次），运送医护人员3641人次，完成9架（次）国际临时航班保障任务。成立浙江省防控物资空运出入境保障联盟，制定“四专一免”（防疫物资专用通道、专门受理窗口、专门保障方案、专门保障团队、捐赠物资免收货站操作费）等举措，搭建进出口防疫物资“全过程通报”“无障碍保障”2个平台，组织进出口医疗物资等国际临时货包机（含客改货）781架（次）。10月20日，杭州萧山国际机场疫情防控前线指挥部被交通运输部评为全国交通运输系统抗击新冠肺炎疫情先进集体。

【机场服务复工复产】 2020年，杭州萧山国际机场在做好新冠肺炎疫情防控的同时，统筹推动业务发展，确保“两手硬、两战赢”。召开航班恢复工作座谈会，协调航空公司合理调配运力，定制复工包机，增加大机型比重，6月底客运航班计划执行率从疫情初期的20%恢复至70%，12月底基本恢复至2019年同期水平。7月21日，杭州—温州航线时隔近10年重启，助力打造“省内一小时交通圈”。根据民航局国际航班航线政策，7月起逐步恢复国际（地区）客运航线，全年恢复13个国际航点和1个地区航点。根据疫情期间货运需求，实施“以货补客”策略，发展国际全货机业务，新增吉隆坡、东京、洛杉矶、马德里等8个国际货运航点，加密列日、莫斯科、马尼拉、达卡等全货机航线班次。新国际快件（跨境电商）中心投入运营，提升国际货运保障能力。拓展“国际转国内”中转业务，启用杭州下沙、宁波异地货站，试点“异地货站＋异地包机”模式。

2月10日，经省委、省政府批准，杭州萧山国际机场三期工程全面复工，为杭州市首个全面复工的省重点工程。至年末，新建航站楼和陆侧交通中心项目分别完成主体工程总量的61.5%和48.8%。三期项目配套能源中心主体工程结顶，P3停车楼启用，航空食品厂迁扩建工程、东区污水外排改造工程通过竣工验收。

【机场枢纽建设】 2020年，杭州萧山国际机场制订以“平安、绿色、智慧、人文”为核心的四型机场建设工作方案，发布四型机场建设三年行动计划（2020—2022年），2个项目被列为民航局2020年度四型机场示范项目。6月18日，杭州萧山国际机场双跑道独立运行，空域环境得到改善，航班放行正常率较隔离运行时期提升近10个百分点。9月，《杭州萧山国际机场总体规划（2020年版）》获民航局批复，构建以机场为核心的综合交通枢纽，为机场可持续发展奠定基础。12月30日，杭州地铁1号线三期和7号线接入机场，结束机场自通航以来无轨道交通衔接的历史，提升陆侧交通保障能力，实现航空、轨道、公路在机场的深度融合和系统集成。

【机场安全保障】 2020年，杭州萧山国际机场安全形势总体平稳，实现第20个安全年，在民航华东地区管理局“平安民航”建设考核中列第一位。安全制度体系完善，加强安全从业人员作风建设和安全宣传教育力度，充

2016—2020年杭州萧山国际机场主要生产指标一览表

表29

年份	旅客吞吐量（万人次）	增幅（%）	货邮吞吐量（万吨）	增幅（%）	航班量（万架次）	增幅（%）
2016	3159.5	11.4	48.80	14.8	25.10	8.2
2017	3557.0	12.6	58.95	20.8	27.11	8.0
2018	3824.2	7.5	64.09	8.7	28.49	5.1
2019	4010.8	4.9	69.03	7.7	29.09	2.1
2020	2822.4	−29.6	80.20	16.2	23.74	−18.4

2020年杭州萧山国际机场直达通航流量前十位城市一览表

表30

位　次	城　市	客流量（万人次）	出港平均客座率（%）
1	广州	254.6	82.5
2	深圳	214.8	82.1
3	北京	187.8	74.0
4	成都	170.5	79.1
5	重庆	138.3	83.0
6	西安	101.7	82.5
7	昆明	98.8	82.6
8	贵阳	96.1	84.9
9	太原	52.5	79.9
10	海口	50.6	80.4

说明：以上数据不含经停航线

2020年杭州萧山国际机场新开通的部分国内航线一览表

表31

航空公司	航　线	开通日期	航班号	机型
浙江长龙航空公司	杭州—文山	8月15日	GJ8611	A320
浙江长龙航空公司	杭州—玉林—昆明	8月29日	GJ8605	A320
浙江长龙航空公司	杭州—安康	10月27日	GJ8625	A320

2020年杭州萧山国际机场新开通的部分国际航线一览表

表32

航空公司	航　线	开通日期	航班号	机型
杭州圆通货运航空公司	杭州—吉隆坡（货运）	3月30日	YG9051	B757
中国国际货运航空公司	杭州—列日—马德里（货运）	8月13日	CA8401	B777
顺丰航空公司	杭州—新加坡（货运）	8月27日	O36973	B757
杭州圆通货运航空公司	杭州—东京（货运）	9月22日	YG9105	B757

实安全文化内核。实施“平安机场”三年行动计划、年度安全监察和法定自查，动态管理危险源库，做好施工安全监管。开展安全综合检查和安全专项整治，改造航站楼门禁系统，完善“低慢小”升空物应急处置预案。部署无人机监测设备点位7个，提升安全管控水平。

【机场服务品质优化】2020年，杭州萧山国际机场着力提升服务品质，全年ASQ（国际机场协会旅客满意度）得分4.85分，对社会公布的服务承诺兑现率为100%，航空公司满意度得分4.71分，航班放行正常率87.7%，比上年提高9.6个百分点。落实“最多跑一次”改革延伸覆盖，结合全年“民航服务品牌建设”专项行动，提升机场品牌效应。推出“浙里转”服务，实现国内航班旅客跨航司中转全覆盖。打造“杭京”“杭穗”2条精品快线，实现快速通关、随到随飞，建设“浙里畅行”品牌。全国机场首创“无忧夜行”服务，覆盖周边19个县市，解决深夜到港旅客出行问题。升级迭代服务承诺，机场服务“心”承诺内容从31项增至46项，突出省心、贴心、暖心、顺心“四心”服务。推进无障碍环境改造，提供“代跑腿”中转服务，满足特殊旅客需求。打造“一站式”失物招领平台，提升旅客失物找寻效率。实施差异化安检一阶段项目，试行“一证通关”，升级自助行李托运设备系统，增设6台航站楼智能导视设备，打造智慧物流平台，提升旅客出行体验。（曾宪武）

城市公共交通

【概况】2020年，杭州市统筹规划城市公共交通建设和线路运营管理，坚持建设、运营、经营三位一体协调发展。地铁在建工程进展顺利，地铁5号线全线、地铁16号线、地铁1号线三期、地铁6号线一期、地铁6号线杭富段、地铁7号线首通段开通运营，新增运营里程171千米，总运营里程306千米。在建工程项目完成年度投资额660亿元。全年运送乘客超5.8亿人次，其中12月31日线网客流达314.14万人次；行车里程1.55亿千米，线网准点率、兑现率均为99.99%。

5月，杭州地铁一卡通升级改造完成，杭州地铁接入全国交通一卡通互联互通，杭州成为全国275个交通一卡通互联互通城市之一。12月31日，市委、市政府发布实施《深入推进公交优先发展实施意见》，形成以公共交通为主体的城市出行结构，缓解城市交通拥堵。向交通运输部上报国家绿色出行城市创建申报方案。开展公共交通系统融合研究，推进公交、地铁、慢行“三网融合”，落实空间、时间、服务“多维融合”，开展彭埠等8个地铁站“三网融合”综合治理，提升轨道与其他交通方式“一体融合”的质量。开展公交站点“建改智”，全年新改建公交停靠站71对，新建电子站牌300多座。

（傅方明 张斯惠）

【公共交通疫情防控服务保障】2020年，市地铁集团成立新冠疫情防控工作领导小组，下设建设、运营运作专班，确保疫情防控工作责任明确、协调有力、运转高效。建立车站、列车通风消毒机制；全线网开展进站“健康码”查验和测温，引导乘客戴口罩、有间距候车；各车站与疾控、属地联合成立地铁专班，建立应急对接机制，守牢杭州地铁运营“主阵地”。落实地铁工地疫情防控“一项目一预案”，实行“网格化”管理；建立应急管理机制，严格值班带班，严格执行人员封闭式管理制度，落实“五个一律”要求，守牢杭州地铁工地“小门”。3月初，5万名项目施工管理和作业人员全部到岗，成为杭州市最早全面实现复工达产的企业之一。

市公交集团战“疫”橙意暖巴、医护人员接驳专线承担抗疫人员、物资运输任务。累计消毒公交车320万辆（次），各公交中心（首末）站、停车场4.9万个（次）；采购各类防疫物资350多万元；累计发放班次1.1万个，运送人员3.8万人次、物资134批次；为116个企业、119所院校开通复工复产定制公交498条，日均运送量3.92万人次，确保杭州公交的平稳有序和安全运行。制定印发团体标准《突发重大疫情防控期间城市公共汽电车运行管理指南》，组织编写《战疫日记》，策划组织“意大利加油！”“你的名字，我们的荣光”等公益活动，弘扬战疫正能量。

（傅方明 张斯惠）

【《关于推进轨道交通可持续高质量发展的实施意见》出台】2020年10月26日，市委、市政府印发《关于推进轨道交通可持续高质量发展的实施意见》（简称《实施意见》）。《实施意见》明确规划建设、管理服务、企业发展等目标，按照市域统筹、创新引领、协同发展的要求，建立“五统两分”的轨道交通发展与资金保障机制，即统一规划、统一建设、统一运营、统一筹资、统筹开发，建设、征迁资金分别出资，运营补贴分年度结算。《实施意见》明确市地铁集团围绕打造国内一流城市轨道交通综合运营商目标，支持市地铁集团做优做强；同时对市地铁集团提出全面转换经营机制，完善企业治理结构，提升经营能力，实现建设、运营、经营和专业工程“四位一体”发展新要求。

【6条地铁线路开通运营】2020年，杭州地铁5号线后通段、地铁16号线、地铁1号线三期、地铁6号线一期、地铁6号线杭富段、地铁7号线首通段6条地铁线路开通运营，新增运营里程171千米，总运营里程306千米。

4月23日，地铁5号线后通段、地铁16号线同步开通运营。地铁5号线后通段为金星路站至创景路站、善贤站（不含）至姑娘桥站工程，通车后地铁5号线全线长56.21千米，通过打铁关站、建国北路站、南星桥站等换乘站串联地铁1号线、2号线、4号线，并在绿汀路站与地铁16号线衔接，由西向东、由北至南连接7个城区。地铁16号线起于临安区九州街站，终于余杭区绿汀路站，全长35.12千米，设车站12座，其中地下站8座、高架站4座，最高运行时速120千米，是杭州运行时速最高的地铁线路。

12月30日，地铁1号线三期、地铁6号线一期、地铁6号线杭富段、地铁7号线首通段4条地铁线路同步开通运营，是杭州地铁建设以来一次性通车线路最多、通车里程最长的一次，首次实现杭州十城区轨道交通全覆盖、轨道交通进机场。地铁6号线一期起于西湖区双浦站，终于萧山区丰北站（不含），线路全长26.2千米，设地下站18座；地铁6号线杭富段，起于西湖区美院象山站，终于富阳区桂花西路站线路全长23.5千米，设地下站12座。地铁6号线一期与地铁6号线杭富段贯通运营后，全长超过50千米，贯穿钱江世纪城、高新技术产业开发区、之江新城、富阳银湖新区，增强杭州轨道交通线网对外辐射能力。地铁1号线三期起于下沙江滨站，终于萧山国际机场站，线路全长11.25千米，设地下站5座。地铁7号线首通段起于奥体中心站，终于江东二路站，线路全长39.3千米，设地下站19座。地铁1号线三期和地铁7号线首通段连接西湖、杭州东站、城站、杭州客运中心、奥体中心、杭州萧山国际机场等多个节点枢纽。地铁7号线首次采用A型“鼓形车”，车体最大宽度3.088米，设计最高运行时速100千米，每列比AH型车多载客近300人，比B型车多载客近500人。

【2个甩项工程地铁站开通】2020年6月30日，杭州地铁2号线下宁桥站、地铁5号线火车南站站开通运营。地铁2号线下宁桥站位于文二路与保俶北路路口以西，为地下二层岛式车站，地下一层为站厅层，地下二层为站台层，设有3个出入口。地铁5号线火车南站站位于杭州南站枢纽东广场地下，为地下三层岛式车站，车站站厅经过通道与铁路杭州南站连通，实施“单向免检”模式，提高铁路至地铁换乘效率，节省乘客出行时间。

【地铁安全管理】2020年，杭州市城市轨道交通按照全员、全过程、全覆盖和严要求的“三全一严”要求，压实安全生产“四个体系”，构筑“党建+平安地铁”网格化管理机制。全年新修订规章制度94项，强化参建单位主要管理人员人脸识别考勤考核及合同履约处罚。加强监理履职和工作质量检查，完善监理单位考核评价体系。与监管部门、产权单位沟通联动，建立地铁建设安全有效监管循环机制。发挥安全督查队和安全风险管控与隐患排查系统平台作用。开展多形式多层次安全检查督查，落实重大风险分级管控，建立即查即改、闭环机制。围绕“美丽杭州”创建，整治地铁工地环境，提升文明施工管理水平。

【地铁安全评估服务项目通过初审】2020年12月7日，市交通运输局、上海申通地铁集团等单位的专家对杭州地铁1号线、2号线、4号线运营期间安全评估方案开展初步审核。该项目为杭州首个对轨道交通线网运营期间安全风险综合评判项目。

评估采用全面评估和重点评估相结合方式，分析轨道运营安全隐患和运营险性事件发生原因、发生趋势、变化规律，对可能发生的重大隐患和运营风险性事件进行预警并提出防范措施和有关意见。评估专家从评估工作流程、工作计划、投入的人员和技术力量、评估内容等方面对方案进行综合评价，认为方案符合相关文件以及项目合同要求，同意通过初审。

（傅方明）

【轨道交通合作协议签订】2020年7月28日，杭州、绍兴两市签订《杭州绍兴城市轨道交通合作一揽子协议》。根据协议，杭州地铁5号线与绍兴地铁1号线首通段在姑娘桥站实施付费区换乘，明确杭绍地铁"一次购票、一轮安检、一票换乘"，即同时支持单程票、两地市民卡和公交卡及二维码进行付费换乘，为杭州、绍兴两市交通融合发展和群众便捷往来提供支撑。

11月20日，杭州、嘉兴两市交通运输局在杭州都市圈第十一次市长联席会议上签订杭州嘉兴轨道交通合作协议。根据协议，杭海城际铁路将与杭州地铁1号线临平支线在余杭高铁站实行换乘，杭海城际铁路的票制票价、清分规则、票务规则、安检标准将与杭州地铁保持一致，票价采用一票制分段式计价方式。持杭州地铁乘车码、住房和城乡建设部标准卡、交通运输部标准卡可在杭海城铁坐车。杭州、嘉兴票务优惠政策保持一致，普通储值卡不享受跨区域优惠。

（夏梦之）

【杭州地铁文明乘车活动】2020年11月24日，杭州市第三个"地铁文明乘车日""文明乘车活动"启动5周年活动举行。市地铁集团发起"方便你我，背包向前"公益倡议，呼吁市民乘客在乘坐地铁尤其是早晚客流高峰时段，尽量将背包背于胸前或手提背包，以免影响身边其他乘客，共同营造温馨舒适的乘车环境，共创地铁乘车文明。

【杭州公交布局"三环三线"线路网络】2020年9月，市公交集团以"环环相扣"的布线思路，在西湖景区、西溪景区设置"三环三线"线路网络，打造景区内部、景区与景区之间的接驳体系，加速西湖西溪公共交通一体化融合。该线路网络是市公交集团按"一路数字公交通联"要求，利用大数据平台分析打造的具有杭州特色的旅游线路。其中，507H路为西湖环线，508H路串联西湖景区外围景点，509H路为西溪环线；277路、278路、279H路通过不同路径连接西湖和西溪，展现杭州"两西三生"（西湖、西溪，生产、生活、生态）融合的美丽样板。

【"582我帮您"助行公交专线开通】2020年9月26日，市公交集团开通运营"582我帮您"助行公交专线。杭州"582我帮您"助行公交专线全长13.5千米，绕西湖环线行驶，线路编码"582"为谐音"我帮您"。首批投入使用的"582我帮您"助行公交专线的车辆经过特殊改造，后门处配有车载轮椅导板，方便推拉轮椅上下车；车厢箱体两侧安装软棉挡板，防止轮椅滑行；每个轮椅座位区域均设置专属安全带，用于固定轮椅和乘客，为残障人士提供安全、舒适的乘坐环境。全年为市残联、上城区残联等6个残联的残障人士团体提供出行服务24次，帮助240多名残障人士出行。

【地铁接驳线升级】2020年，市公交集团升级地铁接驳线，实现主城区地铁沿线公交接驳线全覆盖。以短距离、高密度、强接驳、走街串巷的形式，加强地铁接驳，按乘客的出行习惯设置运营时间和发车班次。推出"错峰错站"式地铁接驳线，利用地面公交灵活度高、再塑性强的特点，灵活运营组织。首创上下行起讫点不一致、增设招呼站等措施，方便市民乘坐出行。针对中长距离的地铁接驳，在丁兰街道、长睦街道、星桥街道等地开通"公交快线"性质的长途地铁接驳线，实现"快+快"接驳模式。至年末，新设置地铁接驳支线146条，优化地铁沿线公交线路188条（次）。

【"510小莲清风专线"开通】2020年6月20日，市公交集团开通串联城市清廉文化阵地的主题巴士——"510小莲清风专线"。"510小莲清风专线"中的"小莲"取自"出淤泥而不染的莲花"之意，线路编码"510"寓意"我要廉"。至年末，专线运送乘客9.89万人次。专线除节假日营运外，承接团体定制公交服务。各定制服务单位结合党员固定活动日等活动，组织各级管理人员、党员、重点岗位人员乘坐体验"510小莲清风专线"，通过坐清风专线、听清廉故事，提醒全体党员、管理人员在工作生活中做到廉洁自律。

【太阳能公交电子站牌投入使用】2020年，杭州公交电子站牌三期150座站牌投入使用，其中52座为标准款、98座为太阳能社区款。投用的太阳能电子站牌按"低碳、绿色、环保"的理念设计太阳能接电方式，在无供电情况下可以续航14天以上。壳体采用镀锌钢材，高强度防尘、防水设计，针对景区与市区道路不同主题风格，搭配两款颜色。显示屏幕采用超低功耗墨水屏，显示当前时间、当日天气情况、换乘线路信息，通过"大数据+云计算"的方式，根据实时路况计算并显示车辆到达该站的准确时间，方便市民提早规划、调整出行计划。

【云调度平台实现主城区全覆盖】2020年5月，杭州公交云调度平台在16路、27路启动试点工作。10月，在杭州主城区（6个营运分公司）全部线路推广，实现主城区全覆盖。云调度平台可实现传统的行车计划编排、人车调派和实时调度功能，可结合杭州城市大脑大数据和算法赋能，具有自动计划编排以及辅助调度自动匀点的能力。云调度平台的应用减少70%的调度平台操作，日人均调度能力由80辆车左右提升至250辆车左右，发车班次的准点率提升，乘客候车时间减少，车厢满载情况更均衡。

【公交存量场站提升改造试点】2020年，市公交集团按"统一规划、集约用地、业态相融、确保公交、税留城区、物留公交"的原则，推进存量公交场站综合利用工作。3月24日，金桥北路公交区域调度中心项目开工典礼在原富阳区514路公交站举行。金桥北路公交区域调度中心站位于原富阳区514路公交站，项目总投资4682万元，总建筑面积6300平方米，是杭州首个划拨公交存量土地提升改造利用项目、首个公交主体结构与地铁配套工程合建的综合性项目。（张斯惠）

【出租车新老业态融合】 2020年8月28日，市客运出租汽车行业协会第六届会员大会召开。大会以"换届、更名、扩容、融合、赋能"为主题，在原巡游出租车企业基础上，首次吸纳网约车平台、租赁企业及与巡游车、网约车相关联企业入会，协会会员扩容至110个，会员单位增加40%。该举措为杭州实施一部出租车条例管两种业态、出租车服务区对网约车开放、路面出租车临时停车位与网约车共享、巡游网约驾驶员"两证合一"等措施后，在出租车新老业态融合发展方面的创新举措。

（夏梦之）

邮政·快递

【概况】 2020年，杭州市邮政企业和规模以上快递服务企业业务收入（不包括邮政储蓄银行直接营业收入）450亿元，比上年增长11.86%；业务总量1049.29万件，增长41.2%。

杭州市规模以上快递服务企业业务量30.01亿份，增长13%；业务收入366.99亿元，增长12.3%。其中：同城业务量4.73亿份，下降13.1%；异地业务量22.28亿份，增长12.8%；中国港澳台及国际业务量3.00亿份，增长118.6%。全行业从业人员7万余人，支持网络零售近4000亿元。快递业务量和业务收入均列全国各大城市第五位、省会城市第二位。全市邮政函件业务完成4909.62万件，下降10.9%；报纸业务完成2.14亿份，下降4.3%；杂志业务完成786.17万份，下降12.2%；汇兑业务完成27.54万笔，下降30.5%。

全市有邮政局所287个，其中邮政支局104个、自办邮政所169个、代办邮政所14个。邮政银行网点118个，其中单设41个。报刊零售网点199个，"邮乐购"站点3182个，集邮专业网点18个。邮路480条，其中一级干线邮路36条、二级干线34条、邮区内邮路410条。投递道段2495条，其中城市投递道段1585条、农村投递路线910条。行政村通邮率100%，城区日均投递次数3次。

2020年杭州市邮政行业发展情况表

表33

指　标	单位	实　绩	比上年（%）
一、邮政行业业务收入	亿元	450.00	11.86
1. 邮政寄递服务	亿元	14.40	17.21
2. 快递业务	亿元	366.99	12.30
二、邮政行业业务总量	万件	1049.29	41.18
1. 邮政寄递服务	万件	38906.07	–4.73
其中：函件	万件	4909.62	–10.86
包裹	万件	44.33	–29.28
订销报纸累计数	万份	21382.29	–4.30
订销杂志累计数	万份	786.17	–12.21
汇兑	万笔	27.54	–30.54
2. 快递业务	万份	300081.04	12.95
其中：同城	万份	47266.25	–13.07
异地	万份	222780.66	12.77
中国港澳台及国际	万份	30034.13	118.57

说明：邮政行业业务收入中未包括邮政储蓄银行直接营业收入

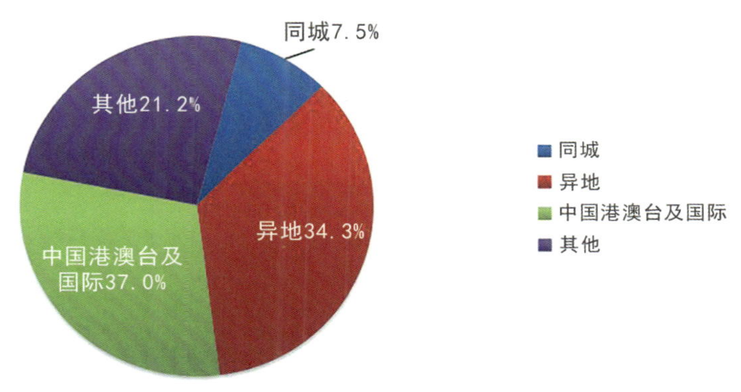

图1　2020年杭州市快递业务量结构图

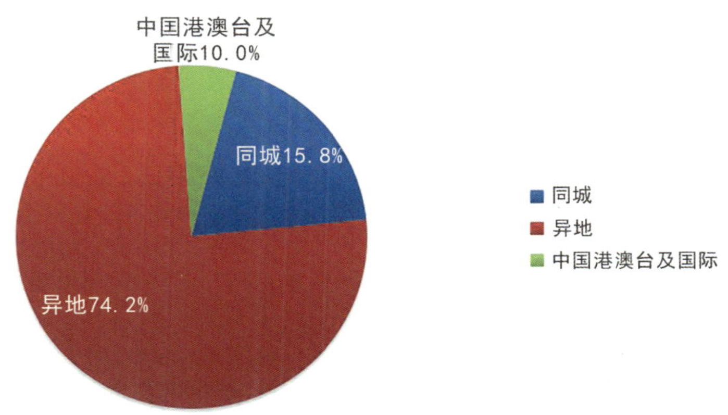

图2　2020年杭州市快递业务收入结构图

【疫情期间邮政服务保障】2020年2月9日，市邮政管理局在杭州市新型冠状病毒肺炎疫情防控工作第十四次新闻发布会上宣布复工复产，保障湖北邮路的安全畅通和市民生活物品的配送。新冠肺炎疫情期间，向湖北省运送疫情防控物资82.6万件、2466吨，发车318辆（次）、飞机45架（次）。协调市邮政公司收寄口罩、防护服、药品及相关医疗设备等绿色通道邮件5.98万件；为市民政局、市红十字会运送各类防疫物资91车（次）、495吨；为市民配送生活用品1.3亿件。联合市邮政公司对接学校开展学生教材配送工作，成立教材投递小组，为全市184所学校、14.43万名学生配送教材。

【中国邮政快递业生态环保研讨暨绿色供给展会】2020年10月23日，由国家邮政局发展研究中心、浙江省邮政管理局联合主办的2020年中国邮政快递业生态环保研讨暨绿色供给展会在桐庐县举行。会议以"共建新生态、共创绿未来"为主题，200多名专家和代表参会，围绕中国邮政快递业生态环保开展探讨。会议期间，发布《中国邮政快递业绿色发展报告（2019—2020年）》，对新版"限塑令"、固体废物污染环境防治法、绿色产品认证、快递包装绿色治理等法规进行政策解读。顺丰速运有限公司、苏宁物流有限公司、上海韵达货运有限公司等快递物流企业就快递行业绿色发展进行经验交流。

【快递业"两进一出"工程】2020年，市邮政管理局打造"邮快合作""快快合作""商快合作"等模式，推进快递"进村"、快递"进厂"、快递"出海"的快递业"两进一出"工程。杭州市出台《杭州市新一轮创建"中国快递示范城市"实施方案（2020—2022年）》《杭州市快递业"两进一出"工程试点实施方案》《关于促进快递产业高质量发展的若干意见》等政策，构筑杭州市快递业"一意见、两方案"的政策环境体系，为杭州市快递行业的发展和"两进一出"试点建设提供支撑。至年末，建制村快递"进村"率86%，建制村通邮率100%，快递"进村"模式在浙江省推广。通过快递入园区，实现快递服务企业全覆盖。新开通杭州至日本、新加坡直达航线，快递"出海"通达224个国家和地区。

【快递行业环保工程】2020年，市邮政管理局实施快递行业环保工程。开展绿色包装主题宣传活动，在超过1亿个快递包装、寄递面单上印制倡导绿色快递、包装回收的宣传标语，在快递网点（快递柜）印制倡导绿色快递、包装回收的宣传标语1.6万条。对照国家邮政局"9792"工程要求，推进绿色新型包装箱、窄胶带普及使用，加快网点包装废弃物回收装置布放工作。至年末，实现90%以上电商快件不再二次包装，循环中转袋使用率达到90%以上，电子面单使用率接近100%，新投入快递回收装置926个，完成行业监管部门制定的绿色邮政"9792"指标。

▶资料："9792"工程

2020年年初，国家邮政局围绕快递包装绿色治理，印发《2020年行业生态环境保护工作要点》，提出实施"9792"工程：至2020年年末，"瘦身胶带"封装比例达90%，电商快件不再二次包装率达70%，循环中转袋使用率达90%，新增2万个设置标准包装废弃物回收装置的邮政快递网点。

【"数字快递"发展】2020年，市邮政管理局建立邮政快递业安全监管和应急保障数字化平台，推进刷脸寄件服务，探索无人车送快递服务，推广菜鸟无人车配送、刷脸寄递、自动收寄等新技术的应用，加快"数字快递"发展。5月6日，快递物流装备物资集采中心在桐庐上线运行，申通快递有限公司、上海韵达货运有限公司、圆通递速有限公司、中通快递股份有限公司、顺丰速运有限公司5个快递企业与集采中心签订采购订单协议，约定2020年在平台采购交易总额达到115亿元。8月14日，常态化运行的5G无人机农村快递配送线路在桐庐发布。该线路由上海韵达货运有限公司开通，直线距离约10千米，最大飞行高度120米，飞行速度约15米/秒。韵达全球科创中心项目、申通国际总部项目、中通快递第二总部项目、圆通国家工程实验室项目等重大项目签约落户，总投资126亿元。

【快递从业人员服务保障提升】2020年，市邮政管理局组织专业师资，开展邮政快递从业人员职业技能培训，以及快递行业职称评审工作。全年获得快递高级工程师任职资格22人，获得快递工程师任职资格39人。开展快递从业青年服务月、青年帮帮团等慰问活动，联合市总工会在全市设立11个快递小哥"爱心驿家"和1个"米粒图书馆"。推进拱墅区康桥街道快递员廉租房交接入住，为快递员提供廉租房405套。

【用邮体验提升】2020年，市邮政管理局试运行智能信包箱，助推余杭区老旧小区智能投递设施改造服务公共化、桐庐县政府购买服务推进智能投递设施全覆盖等新发展模式。推进"邮政在乡"工程，指导各区县（市）邮政管理局和邮政企业开展代办转自办专项行动，完成42个代办所转自办。处理邮政快递行业信访、举报等，全年杭州市邮政业消费者申诉处理中心处理申诉4.71万件，为消费者挽回损失334.4万元，申诉满意率97.8%。推进电商扶贫工作，打造淳安鸠坑茶、建德大洋椪柑等电商扶贫项目，培育电商扶贫能手9名。

（刘　琴）

责任编辑　须同威 孙晟珂

2021
杭州年鉴
Investment Promotion

30 产业投资促进

产业链精准招商

【概况】2020 年，杭州市坚持疫情防控和产业链招商两手抓，重大产业项目引进数量逆势上扬，实际利用外资总量全国排名靠前，“十三五”时期招商工作收官。全年引进总投资 1 亿元以上产业项目 710 个，涉及总投资 3801 亿元；新引进外商投资企业 804 个，实际利用外资 72.02 亿美元，比上年增长 17.5%，高于全省平均增幅 1.1 个百分点，超过全国平均增幅 13 个百分点。新建工业项目固定资产投资 254 亿元，增长 21.4%。

【产业链精准招商样板打造】2020 年，杭州市围绕构建“双循环”战略，打造生物医药、集成电路、航空制造等重点产业链招商样板。在生物医药产业上，瞄准生物药、医疗器械、细胞与基因治疗、中医药产业、医疗大数据等领域，梳理招引清单，开展项目招引和生态打造；在集成电路产业上，以产业互联网为切入口，通过分析阿里云计算有限公司等头部企业上下游产业生态，深挖杭州“数字金矿”。在航空制造产业上，联合杭州重点企业、重点平台，推进与中国商用飞机有限责任公司、中国航空工业集团、中国航发商用航空发动机有限责任公司的项目合作，抢占产业重构机遇。

【重点产业招大引强】2020 年，杭州市加强生物医药、航空制造、集成电路等 7 个市级重点产业招大引强工作专班力量，抓好重点项目招引对接攻坚工作。通过抢抓中央企业、国有企业布局“新基建”等国家战略，围绕浙商、杭商等产业链头部企业及阿里巴巴集团、杭州西子联合控股有限公司、杭州海康威视数字技术股份有限公司等杭州优质企业贯通产业链上下游，开展“浙商回归、杭商回家”专项行动等具体举措，立体推进项目招引，赋能经济发展。全年各专班盯引的重点项目 70 多个，签约落地 1 亿元以上项目 60 多个，涉及总投资约 1500 亿元。在专班工作引领下，全市各区县（市）落地总投资 1 亿元以上制造业项目 198 个、服务业项目 512 个，其中总投资 10 亿元以上项目 136 个，含制造业项目 46 个、服务业项目 90 个，在新冠肺炎疫情影响的大环境下，实现项目招引新突破。

【产业项目精准供地】2020 年，杭州市深化产业链精准招商，探索实施“产业投资标准地”工作。市投资促进局会同有关部门，在全市新增工业用地 45 平方千米、实现“地等项目”基础上，以钱塘新区为试点，立足 2020 年及未来 3 年，统筹谋划“产业投资标准地”，锁定每个地块的产业招引方向（精准到产业链二级或三级目录）和具体标准，规范工业用地准入门槛，提高“地块招商”精准度。配合市规划和自然资源局，推出“读地云”工业用地出让平台，完成重点产业项目供地保障，推动实现工业用地开放式招商。

【“投资杭州”影响力提升】2020 年，杭州市加强城市国际化、产业现代化、产城一体化等独特韵味与气质的推广与宣传，制作推出《在杭州·见未来》投资环境宣传片，成为全市产业招商宣传片的标杆，全网播放量突破 2200 万次，提升“投资杭州”国内国际美誉度、知名度。利用微信、微博、抖音、头条推送等网络平台，加大杭州营商环境宣传推介力度，其中市投资促进局微信公众号平均单篇阅读量超过 6000 人次，有阅读量超过 10 万人次的文章 1 篇、阅读量超过 1 万人次的文章 42 篇，杭州产业投资促进工作受到社会各界关注。

【“云上招商”模式推出】2020 年，杭州市创新实施“云上招商”模式，主动链接全球产业链和国内外市场项目信息资源。与美国华盛顿州、欧洲及法国巴黎大区等地国际知名企业进行线上对接，展示并推介杭州重点产业发展前景及抵御风险的韧劲和硬核实力，激发国内外企业到杭州投资布局的意愿。联合各区县（市）开展 22 场高质量的“云招商”活动，通过“线连线”实现“面对面”，信达生物制药杭州基地、阿斯利康中国东部总部等产业项目签约落地。6 月 9 日，杭州组团参加第二十二届以“云上”为主的中国浙江投资贸易（网上）洽谈会，签约项目 25 个，总投资 608 亿元。

2020 年 6 月 9 日，第二十二届中国浙江投资贸易（网上）洽谈会在宁波开幕，杭州组团参加。图为洽谈会开幕式现场（市投资促进局 供稿）

引进和利用外资

【实际利用外资总量居全国第四位】 2020 年，新冠肺炎疫情持续蔓延，全球跨国直接投资大幅下降，杭州市多措并举稳外资，实际利用外资创历史新高。全市新引进外商投资项目 804 个，实际利用外资 72.02 亿美元，占全省利用外资的 45.6%，比上年增长 17.5%，增幅高于全省平均增幅 1.1 个百分点，高于全国平均增幅 13 个百分点。在全国 GDP 总量前 11 位的城市中，杭州实际利用外资总量超过广州，仅次于上海、北京和深圳，排名第四位；增幅排名第二位，超过北京、上海、广州和深圳，仅次于苏州。年末，杭州累计引进外商投资企业 1.62 万个，投资总额 2796.56 亿美元，合同外资 1515.74 亿美元，实际利用外资 878.4 亿美元。

【世界 500 强企业在杭州投资力度加大】 2020 年，杭州市新引进世界 500 强企业投资项目 3 个，分别为美国百事集团投资的杭州郝姆斯食品有限公司、英国阿斯利康公司投资的阿斯利康医药（杭州）有限公司、韩国 SK 集团投资的浙江宝盈爱思开物资集团有限公司。至年末，全市累计有 126 个世界 500 强企业在杭州投资项目 222 个。部分在杭州的世界 500 强企业加大项目投资规模。9 月，全球最大的工业气体和工程供应商林德集团收购林德工程（杭州）有限公司的中方股东大连冰山集团股份，公司更名为林德亚太工程有限公司，并升格为亚太区总部。采埃孚传动技术（杭州）有限公司、东芝水电设备（杭州）有限公司、奥的斯机电电梯有限公司等公司的新增投资额均在 5000 万美元以上。

【引进外资结构优化】 2020 年，杭州市坚持招大引强，全市引进投资总额 3000 万美元以上外资项目 98 个，投资总额 344.62 亿美元，合同外资 76.99 亿美元。引进投资总额 5000 万美元以上大项目 70 个，其中投资总额 1 亿美元以上大项目 39 个。引进外资项目产业结构不断优化，第二产业实际利用外资 23.27 亿美元，比上年增长 2.18 倍，占实际利用外资总额的 32.3%，提高 21.4 个百分点。其中，制造业实际利用外资 22.12 亿美元，增长 2.71 倍，占实际利用外资总额的 30.7%，提高 21 个百分点。第三产业实际利用外资 48.75 亿美元，占实际利用外资总额的 67.7%。其中，信息软件业实际利用外资 15.69 亿美元，占实际利用外资总额的 21.8%。

【企业复工复产推进】 2020 年 2 月 12 日，市投资促进局印发《关于积极应对新冠肺炎疫情加强外商企业服务和招商引资工作的通知》，并组织党员到抗疫一线，帮助企业和客商解决疫情防控、复工复产难题，稳定企业预期，提振企业发展信心。抽调精干力量组建驻企服务小分队，开展“三服务”“助万企、帮万户”等活动，累计走访企业 2117 个（次），帮助企业解决问题 567 个（次）。贯彻落实省委、省政府“稳外资”的要求及《关于严格做好疫情防控帮助企业复工复产的若干政策》，开展“送政策上门”活动，帮助外资企业获批用地

2020 年杭州市各区县（市）和杭州钱塘新区利用外资情况表

表 34

地　区	企业数（个）	利用外资目标数（亿美元）	实际利用外资数（亿美元）
上城区	30	4.5	5.95
下城区	39	4.5	6.21
江干区	67	4.5	5.95
拱墅区	72	4.5	5.30
西湖区	90	5.5	6.69
高新区（滨江）	125	6.4	6.97
萧山区	137	8.4	8.40
余杭区	122	8.4	10.77
富阳区	19	2.8	2.81
临安区	14	1.6	1.62
桐庐县	7	1.4	1.42
淳安县	3	—	0.10
建德市	12	1.1	1.12
钱塘新区	65	8.4	8.82
合　计	**802**	**62**	**72.02**

说明：项目合计数不含市属 2 个项目

指标87.29公顷，会同市财政局发放专项扶持资金550万元，助推在杭州重点外商投资企业产能、利润、投资实现逆势增长。

投资促进活动

【杭州—美国生物医药产业投资促进活动】2020年1月11—16日，市投资促进局组团到美国旧金山、西雅图开展生物医药产业投资促进活动。活动期间，团组参加摩根大通医疗健康年会、第十七届百华年会、BFC医疗健康国际商务合作投资研讨会，推介和宣传杭州投资环境，对接意向客户，与生物医药企业建立联系。走访美国赋源生物技术有限公司、美国开瑞宝药业公司等企业，实施“敲门招商”。走访美国亚马逊公司、美国克莱瑞恩公司等国际知名公司，组织小型座谈会，观摩医疗健康大数据利用应用场景。

【“冲上云萧”——对话新基建云招商活动】2020年7月28日，“冲上云萧”——对话新基建云招商活动在萧山科创中心线上线下同步举行。活动由市投资促进局、萧山区政府主办，萧山区投资促进局承办，北京多氪信息科技有限公司协办。对话活动在该公司36氪未来直播室全程直播，30多万名关心新基建的创业企业、投资机构代表和专业观众观看直播。会上，高科技企业进行工业机器人、工业互联、芯片三大赛道路演。

【航空产业线上对接会】2020年9月29日和10月29日，市投资促进局联合浙江西子势必锐航空工业有限公司及有关航空产业平台，分别与美国华盛顿州和欧洲航空产业集群开展线上对接。在杭州—华盛顿州视频对接会上，华盛顿州商务厅组织当地4个企业参加，双方就复材制造、飞行培训、飞行数据管理及交流互访等事宜开展交流。在杭州—欧洲航空产业集群连线中，来自欧洲航空产业合作联盟（EACP）的7个集群与杭州就集群打造及产业合作交换意见。

【浙新“可持续性城市管理”分享活动】2020年10月23日，杭州与新加坡企业发展局联合举办浙新“可持续性城市管理”分享活动。活动依托浙新理事会可持续城市管理工作小组机制，聚焦基础建设及城市管理领域，重点围绕‘城市可持续发展”和“智慧城市建设”等内容，通过线上线下结合的视频会议形式，介绍城市管理理念和成功案例，就未来城市发展等课题进行探讨。中国工程院院士、阿里云计算有限公司创始人王坚，新加坡国立大学教授程天富做特别主题演讲，新加坡凯德集团、新加坡雅思柏设计事务所、新加坡科技工商协会和阿里云计算有限公司、杭州钱江新城投资集团等40多个企业和机构参加活动。市投资促进局和新加坡企业中心共同签署战略合作备忘录，双方致力于建立长期的深度合作关系，以促进两地在企业、项目和人才等方面的交流合作。

2020年7月28日，“冲上云萧”——对话新基建云招商活动在萧山科创中心举行（市投资促进局 供稿）

【杭州生物医药产业招商活动】2020年11月6日，第三届中国国际进口博览会召开之际，由市投资促进局主办的杭州市生物医药产业恳谈会在上海举行。恳谈会以“聚力创新、共创未来”为主题，邀请丹纳赫集团、诺华制药集团、复星医药集团等国内外20多个生物医药头部企业和部分杭商赴会，共商杭州生物医药产业发展。市投资促进局、杭州医药港、余杭区、萧山区、滨江区分别做投资环境推介。通过政府与企业互动和对接交流，企业家普遍认可杭州投资环境，看好万亿级生物医药与健康产业发展前景。

【杭州市航空制造产业招商活动】2020年11月6—7日，市投资促进局组团参加第三届中国国际进口博览会国际航空产业链领袖峰会。峰会是进口博览会唯一以航空产业链为主题的活动，中国商用飞机有限责任公司、空客空中客车公司、赛峰集团、GE通用电气航空公司、罗尔斯—罗伊斯公司、霍尼韦尔国际公司等业内领先企业应邀参加。峰会开幕式上，杭州市副市长胡伟以《如何构建长三角航空产业集群和推动可持续性发展》为题发表演讲，杭州代表团联合浙江西子势必锐航空工业公司和长龙航空国际公司，与英国皇家航空学会、霍尼韦尔国际公司等10多个企业和机构进行“一对一”会谈，深入探讨制造、教育和科研领域的项目合作。活动期间，举办杭州市航空产业投资恳谈会，泰雷兹集团、空中客车公司、诺贝丽斯公司、柯林斯宇航公司等13个国内外企业高级管理人员应邀出席，与会各方就杭州在中国航空产业链中的角色定位及合作机遇进行交流探讨，取得预期成效。

【杭州市集成电路产业招商活动】2020年11月7日，市投资促进局在

2020 年 12 月 17—18 日,“2020 空天信息大会”在杭州云栖小镇举行。会上成立“航天之星”联盟(市投资促进局 供稿)

上海举办集成电路产业(上海)投资促进活动,旨在进一步推动杭州市集成电路产业高质量发展,促进杭州与在上海的国际、国内集成电路领军企业交流与合作,高通(中国)集团、意法半导体集团、太平洋科技有限公司、瑞萨电子株式公社、爱德万测试半导体科技有限公司等国内外 20 多个集成电路龙头企业参加,参会嘉宾围绕杭州市集成电路产业发展进行交流。活动参加企业范围广、层次高,取得预期成果。

【“赋能杭港、展望未来”投资专题活动】 2020 年 11 月 7 日,由市投资促进局、香港贸易发展局等单位联合举办的“赋能杭港,展望未来”投资专题会,在第三届中国国际进口博览会国家会展中心举行。专题活动开幕式上,与会嘉宾分别从高端服务业、金融投资、科技孵化、城市可持续管理等方面发表对杭州与香港合作发展新路径的见解。专题活动期间,阿里巴巴犀牛智造产业园项目落户杭州,涂鸦信息技术有限公司增资及再投资等 14 个重大项目签约,总投资 14.2 亿美元,合作项目涵盖人工智能、互联网制造、生物医药等领域。

【中国医药企业家科学家投资家大会在杭州举行】 2020 年 11 月 27—29 日,第十二届(2020)中国医药企业家科学家投资家大会(又称“启思会”)首次在杭州举行,大会由市投资促进局、杭州钱塘新区管委会主办。作为中国医药行业规格最高、影响力最强、规模最大的产业盛会,“启思会”以“创新重构产业”为主题,吸引 2000 多名医药行业企业家、科学家、投资家参与。大会期间,举办 10 多场分论坛和圆桌对话会,各行业领军人物围绕生物医药产业创新发展话题进行深入交流。杭州生物医药产业的创新生态与发展趋势引起同行关注。

【浙江省“万亩千亿”航空航天产业国际峰会在杭州举行】 2020 年 12 月 9 日,由市投资促进局和钱塘新区管委会主办的浙江省“万亩千亿”航空航天产业国际峰会在钱塘新区举行。峰会组织开展主旨演讲、政策宣讲、圆桌论坛、考察参观等活动,中国科学院院士曹春晓、中国商飞有限公司总设计师陈迎春及美国波音公司、空中客车公司等企业高级管理人员、航空产业专家、知名企业家等参加会议各项活动。峰会期间,如意航空股份有限公司、深圳航大新科技有限公司和深圳亚太航空技术有限公司等企业通过钱塘新区“万亩千亿”产业平台,与新区对接洽谈合作项目。

【空天信息大会】 2020 年 12 月 17—18 日,以“空天地海、数智融合”为主题的“2020 空天信息大会”在杭州云栖小镇举行。大会由市政府、省经信厅主办,西湖区政府、市投资促进局、市经信局、中国空间技术研究院承办。大会包含主峰会、产业论坛、路演会、无人机秀、闭门论坛等环节。其间,举行“航天之星”联盟成立仪式。300 多位来自商业航天、导航、遥感、时空大数据等领域的企业、科研机构、投资机构代表齐聚一堂,共谋产业发展机遇,并开展项目洽谈交流。大会吸引近 60 万人在线观看直播。(周军勇)

责任编辑 余显幕

31 对外经贸

货物贸易

【概况】2020年，杭州市货物进出口总额5934.16亿元（856.1亿美元），比上年增长5.9%（以美元计算增长5.4%）。其中：出口3693.23亿元（532.85亿美元），增长2.1%（以美元计算增长1.6%）；进口2240.93亿元（323.25亿美元），增长12.9%（以美元计算增长12.3%）。按不含省级公司进出口实绩统计，杭州市外贸进出口总额5485.59亿元（791.46亿美元），增长5.8%（以美元计算增长5.3%）。其中：出口3487.85亿元（503.3亿美元），增长4.0%（以美元计算增长3.5%）；进口1997.74亿元（288.17亿美元），增长9.1%（以美元计算增长8.5%）。全年一般贸易出口2979.89亿元，增长5.1%，占出口总额的85.4%；加工贸易出口428.89亿元，下降0.4%，占出口总额的12.3%。机电产品出口1620.34亿元，增长4.7%，占出口总额的47.0%；高科技产品出口627.84亿元，增长14.1%，占出口总额的18.2%。杭州市有进出口实绩企业1.37万个，有出口实绩企业1.15万个。

【外贸优品展销活动】2020年6月13—15日和7月25—31日，市商务局举办两期外贸企业在湖滨步行街展销外贸优品活动。其中，商务部与省政府共同主办的“外贸优品汇·扮靓步行街”全国首站在杭州启动，并持续1周，带动100个外贸企业线上和线下成交7600万元。

【“杭州出口名牌”认定】2020年，杭州市开展杭州市级出口名牌企业评审认定工作。按照《杭州市商务局关于组织开展2020年度“杭州出口

2020年杭州市出口额前25位企业排序情况表

表35

排　序	企业名称	出口额（亿元）	比上年（%）
1	杭州海康威视科技有限公司	14.68	10.8
2	浙江大华科技有限公司	90.35	14.6
3	中策橡胶集团有限公司	62.17	-13.5
4	玳能科技（杭州）有限公司	54.05	439.3
5	杭州巨星科技股份有限公司	51.83	33.7
6	浙江恒逸石化有限公司	27.42	-29.6
7	浙江省化工进出口公司	26.15	—
8	杭州市轻工工艺纺织品进出口有限公司	22.24	-9.1
9	中国电建集团华东勘测设计研究院有限公司	22.17	4.7
10	浙江春风动力股份有限公司	21.89	30.4
11	瑞欧有米（杭州）技术服务有限公司	21.68	—
12	杭州鼎胜进出口有限公司	20.29	-0.5
13	浙江杭叉进出口有限公司	17.94	16.1
14	杭州中艺实业股份有限公司	17.94	11.1
15	博世电动工具（中国）有限公司	17.69	14.5
16	浙江融易通进出口有限公司	17.39	219.0
17	浙江华达新型材料股份有限公司	17.07	10.5
18	新华三信息技术有限公司	16.25	70.3
19	浙江物产安橙科技有限公司	15.43	76.5
20	浙江正泰太阳能科技有限公司	15.02	-46.8
21	浙江新安化工集团股份有限公司	14.64	29.9
22	奥的斯机电电梯有限公司	13.98	-10.2
23	杭州大和热磁电子有限公司	13.77	11.9
24	浙江三花汽车零部件有限公司	13.45	101.6
25	汇孚集团有限公司	13.13	7.3
	合　计	**770.75**	**23.1**

2020 年杭州市进口额前 25 位企业排序情况表

表 36

排　序	企业名称	进口额（亿元）	比上年（%）
1	浙江物产国际贸易有限公司	157.21	54.8
2	杭州热联集团股份有限公司	118.88	121.4
3	浙江江铜富冶和鼎铜业有限公司	102.71	-1.4
4	新华三信息技术有限公司	77.01	110.4
5	中航国际矿产资源有限公司	76.19	7.1
6	浙商中拓集团股份有限公司	70.96	5.4
7	中国诚通国际贸易有限公司	68.48	30.6
8	杭州同捷仓储服务有限公司	62.53	276.5
9	浙江明日控股集团股份有限公司	56.78	12.3
10	赛诺菲（杭州）制药有限公司	52.11	-35.1
11	杭州杭钢对外经济贸易有限公司	51.58	69.7
12	杭州心怡仓储服务有限公司	43.24	60601.1
13	中策橡胶集团有限公司	40.17	13.2
14	杭实国贸投资（杭州）有限公司	39.35	128.2
15	杭州海康威视科技有限公司	34.97	-44.3
16	杭州福斯特应用材料股份有限公司	31.55	9.7
17	浙江杭钢国贸有限公司	30.64	56.8
18	长安福特汽车有限公司杭州分公司	22.95	—
19	浙江大华科技有限公司	21.66	-10.7
20	浙江大华智联有限公司	18.36	93.3
21	浙江物产森华集团有限公司	18.10	14.2
22	浙江省冶金物资有限公司	16.57	98.1
23	浙江恒逸石化有限公司	15.33	52.6
24	乐金电子（杭州）有限公司	14.17	2.4
25	浙江恒逸高新材料有限公司	12.90	5.4
	合　计	1254.42	35.9

名牌”认定工作的通知》要求以及有关认定办法，在企业自主申报、属地初审推荐和第三方事务所审核打分的基础上，市出口名牌评审小组认定 2020 年度“杭州出口名牌”97 个，其中新增品牌 9 个、复评品牌 88 个。

【国际贸易摩擦应对】2020 年，杭州市组织区县（市）商务局和相关预警点做好相应的贸易救济案件应对工作，排查涉案企业 842 个，实际涉案 25 起、涉案企业 48 个、涉案总额 4.75 亿美元。市商务局建立预警服务快速响应群，联系企业 2000 多个，为外贸企业开展线上法律服务和 10 多场直播讲课活动。

【出口风险防范】2020 年 9—11 月，杭州市与中国出口信用保险公司浙江分公司创新服务模式，推出 3 期“杭城出口风险直播间”活动。通过直播模式开展培训 17 场次，覆盖 2.2 万人次。鼓励各地开展各具特点的信用保险形式，防范企业特别是中小企业的出口风险。全年中国出口信用保险公司承保企业 3609 个，报案数 1230 个，报案金额 3.1 亿美元，通过海外追回和直接赔付挽回损失 1.8 亿美元，比上年增长 2.1%。

【杭州交易团参加线上中国进出口商品交易会】2020 年 6 月 15—24 日，第 127 届中国进出口商品交易会在线上举行。杭州有 710 个企业参展，其中品牌企业 54 个。参展展品设纺织服装、鞋帽、医疗保健、家电、电子信息、机械设备、工程机械、礼品、餐厨、园艺、装饰品、家具等 46 个展区。参展企业在云展厅上传展品 5 万余件，454 个企业搭建直播间，开展直播洽谈，参与直播人员 3200 多人次。10 月 15—24 日，第 128 届中国进出口商品交易会在线上举行。杭州有 708 个企业参展，其中品牌企业 54 个。参展企业在云展厅上传展品近 7 万件，454 个企业搭建直播间，开展直播洽谈，参与直播人员 2565 人。

【杭州交易团参加中国国际进口博览会】2020 年 11 月 4—10 日，第三届中国国际进口博览会在上海举行。博览会达成意向成交额 726.2 亿美元，比上届增长 2.1%。杭州市动员、组织 3050 个企业、7337 名专业观众参展，实现场内进口意向成交额 24.2 亿美元。其中，浙江长龙航空有限公司与国际发动机公司签订新一轮飞机发动机订购和维修协议，金额 6.4 亿美元。展会期间，钱塘新区投资推介会举行，签约项目 30 个，投资额 110 亿元。杭州航空产业投资恳谈会、杭港投资专题会、生物医药产业恳谈会、集成电路产业（上海）恳谈会等产业投资促进活动举行，签约外资项目 14 个，总投资 14.2 亿美元。

（冯蔷颖）

服务贸易

【概况】2020 年，杭州市服务贸易出口额 138.44 亿美元，比上年增长 10.8%。电信、计算机和信息服务与其他商业服务成为拉动服务出口的重要力量。全年电信、计算机和信息服务与其他商业服务出口额分别为 42.08 亿美元和 56.76 亿美元，占全市服务出口额的 30.4% 和 41.0%，合计 71.4%，合计增长 8.66 个百分点。知识密集型服务贸易占比提高，全年知识密集型服务贸易出口额 119.1 亿美元，增长 19.2%，占全市服务出口额的 86.0%，增加 6.01 个百分点。出口增长较快的领域是其他商业服务和金融服务，分别增长 83.3% 和 14.9%。

杭州市承接服务外包合同签约额 97.50 亿美元，服务外包合同执行额 78.95 亿美元，其中离岸服务外包合同签约额 96.04 亿美元、离岸服务外包合同执行额 77.69 亿美元。离岸执行额中，信息技术外包（ITO）合

2020 年 11 月 9 日，在第三届中国国际进口博览会期间，钱塘新区投资推介会举行　　（市商务局 供稿）

同接包执行额 41.75 亿美元，占总执行额的 53.7%；业务流程外包（BPO）接包执行额 3.10 亿美元，占总执行额的 4.0%；其他（KPO 等）合同接包执行额 32.84 亿美元，占总执行额的 42.3%。

全市技术进出口合同登记数为 722 份，合同金额 15.94 亿美元，增长 77.9%。其中，技术出口合同 556 份，合同金额 9.27 亿美元，增长 78.4%；技术进口合同为 166 份，合同金额 6.67 亿美元，增长 73.2%。技术出口合同中，技术咨询、技术服务出口合同 387 份，合同金额 6.59 亿美元，占技术出口合同金额的 71.0%；计算机软件出口合同 147 份，合同金额 1.46 亿美元，占技术出口合同金额的 15.8%；专有技术的许可或转让出口合同 14 份，合同金额 1.01 亿美元，占技术出口合同金额的 10.9%。

【6 个项目被评为全国“最佳实践案例”】 2020 年 8 月，在国务院服务贸易发展部际联席会议办公室发布的两批深化服务贸易创新发展试点“最佳实践案例”中，杭州有 6 个项目入选。入选的 6 个“杭州案例”分别是创新“网展贸”服务新模式、推行跨境电商进口 B2C 包裹退货新模式、建立文化贸易境外促进中心、创新在线数字展览模式、创新服务贸易国际化人才服务机制、探索“杭信贷”融资闭环模式。

【“杭信贷”贸易融资闭环模式】 2020 年 8 月，“政策性信保 + 银行授信 + 政策风险担保”的“杭信贷”贸易融资闭环模式入选商务部深化服务贸易创新发展试点“最佳实践案例”，并被国务院办公厅推广。至年末，合作银行由 3 个扩大到 14 个，银行为 84 个企业授信“杭信贷” 5.40 亿元，发放贷款 4.75 亿元。其中，发放“杭信贷”专属贸易融资贷款近 8000 万元。

【“网展贸”数字外贸平台】 杭州市以在“一带一路”沿线国家主办的线下展览为载体，推出“网展贸”服务新模式，为企业提供“展览 + 互联网 + 供应链”三位一体的跨境贸易服务。2020 年 8 月，该平台被商务部列为深化服务贸易创新发展试点“最佳实践案例”，并被《国务院办公厅关于进一步做好稳外贸稳外资工作的意见》推广“线上一国一展”。该平台举办中国（波兰）、中国（土耳其）、中国（阿拉伯联合酋长国）、中国（墨西哥）等 10 场线上展会，超过 5000 个（次）企业、近 5.5 万人次采购商参加。全年杭州市组织 1341 个（次）企业参加 232 场浙江出口网上交易会。

【《杭州市全面深化服务贸易创新发展试点实施方案》出台】 2020 年 8 月 2 日，《国务院关于同意全面深化服务贸易创新发展试点的批复》印发，部署在杭州等 28 个省、市（区域）全面深化服务贸易创新发展试点工作。12 月 17 日，杭州市按要求制订并出台《杭州市全面深化服务贸易创新发展试点实施方案》，提出全面深化试点期间杭州服务贸易进出口总额同口径年均增长 6% 以上，数字服务出口占比达到 70%；服务贸易示范园区、特色服务出口基地建设取得明显成效，“杭州服务”品牌竞争力和国际影响力进一步提升，形成一批可复制可推广的经验与最佳实践案例。方案提出完善管理体制、扩大对外开放、提升便利水平、创新发展模式、健全促进体系、优化政策体系、创新监管模式、健全统计体系 8 个全面深化试点任务，并根据杭州特色提出强化要素支撑和打响杭州品牌 2 个任务，共 10 个任务。方案提出发挥数字贸易引领作用，构建以“数字 +”为先导的优势明显、重点突出、特色鲜明的服务贸易产业体系。发展数字服务、文化贸易、旅游服务三大优势领域，持续推进金融保险服务、会展服务、教育服务三大重点领域，培育医疗健康服务、知识产权服务、物流运输服务三大潜力领域。

【中国国际服务外包交易博览会在杭州举行】2020年10月19—21日，由商务部、杭州市政府主办，中国国际投资促进会、杭州市商务局承办的第十一届中国国际服务外包交易博览会在杭州举行。博览会以“推进万物互联，开拓数字化外包，构建智慧型社会”为主题，采用线上线下相结合的方式举行。来自国家有关政府部门的负责人，全国服务贸易创新试点地区、服务外包示范城市的领导，部分省、市商务主管部门和国家级、省级开发区的代表，以及国内外企业负责人、国际著名分析师、境内外服务外包行业协会代表约300人在线下出席会议。其间，服务外包示范城市座谈会、新时期促进开发区高质量发展政策解读会、中国数字服务暨服务外包领军企业推介会、5G新基建项目推介及对接交流会、跨境电商研讨会、企业案例分析等10场活动举行。展览展示面积3000平方米，用于宣传国家产业扶持政策，展示服务外包产业的相关业绩及数据、各地优秀案例，并在此基础上加设数字服务、工业互联网、云服务、金融科技等专题展。

（冯蔷颖）

对外经济合作

【概况】2020年，杭州市境外企业总投资额63.55亿美元，境外企业中方投资额36.86亿美元。其中新批境外投资项目208个，总投资46.52亿美元，中方投资额21.16亿美元。新批境外投资增资项目61个，增资额15.71亿美元。全年全市国外经济技术合作营业额18.64亿美元。全年对外承包工程新签合同额12.41亿美元，完成营业额18.60亿美元；对外劳务人员新签合同工资总额183.0万美元，劳务人员实际收入总额356万美元。杭州市100多个企业参加中国—东盟博览会、第四届跨国公司成长论坛暨“丝路领航”启动仪式、凤凰工业园投资推介会暨特立尼达和多巴哥浙江投资说明会、联盟拓市研讨对接会、智慧城市专场活动等线上线下经济贸易交流和项目对接活动。

【境外经贸合作区建设和培育认定】2020年，杭州市推进境外经贸合作区建设，做好1个国家级境外经贸合作区、4个省级境外经贸合作区、2个市级境外经贸合作区的建设工作，引导杭州市境外投资企业入驻园区。至年末，泰中罗勇工业园有入驻企业153个，硅谷钱塘中心有入驻企业24个，北美华富山工业园有入驻企业10个，文莱大摩拉岛石油炼化工业园区有入驻企业4个，中柬国际农业合作示范园区有入驻企业3个。

【“一带一路”沿线国家经贸合作】2020年，杭州市对“一带一路”沿线国家完成对外承包工程营业额10.93亿美元，占对外承包工程总营业额的58.8%；非洲地区完成营业额3.34亿美元，占总营业额的18.0%，拉美地区完成营业额4.11亿美元，占总营业额的22.1%。全市对“一带一路”沿线国家投资项目118个，总投资额9.88亿美元，主要投资领域为汽车零部件、纺织品、矿产资源等。

（冯蔷颖）

国际贸易促进

【概况】2020年，市贸促会应对新冠肺炎疫情影响和严峻复杂的经贸形势，发挥职能优势，做好稳外贸、稳外资工作，服务构建“双循环”新发展格局。

杭州市贸促系统共签发各类单证13.8万份。其中：市本级签发一般原产地证明书4.62万份、优惠产地证1.98万份，出具商事证明书3.04万份，代办使馆认证3116份，签发ATA单证册6份。多双边自贸协定优惠原产地证为企业减免关税8291万美元。

全年接待走访35个国家和地区的来访团组64批次、132人次。经中国贸促会授权，设立中国—美国商务理事会联络办公室、东亚商务理事会中国委员会杭州联络办公室。与孟加拉代购商协会（BIAA）、上海捷克商会签署合作协议。

全年组织400多个（次）企业参加中国—东北亚（俄罗斯）国际贸易数字展览会等线上展览会。市贸促会与上海、江苏、浙江、安徽、南京和宁波等省、市的贸促机构签署合作备忘，成立长三角地区贸促系统国际会展联盟；与香港贸易发展局签署助力企业开拓国际市场合作框架协议。

【中国（杭州）知识产权·国际商事调解云平台】2020年，市贸促会创新建设中国（杭州）知识产权·国际商事调解云平台，初步实现跨时空、跨地域的“知识产权和国际商事纠纷调解一次不用跑”。平台采取政企联动协商共建，市贸促会负责调解云平台主办工作，承担全市涉外商事调解组织建设牵头职能，协调各调解组织，定期分析调解数据；市中级人民法

2020年6月30日，中国贸促会/中国国际商会杭州调解中心换届大会举行

（市贸促会 供稿）

院落实诉前引调，并进行法律指导，依托调解平台推进诉源治理。6月30日，平台正式上线。至年末，有中国贸促会/中国国际商会杭州调解中心、中国互联网协会调解中心、浙江（杭州）知识产权诉调中心等60多个调解机构、600多位中外调解员入驻，在平台上向公众提供专业服务。接收调解案件6216件，调解完结4303件，调解成功1395件，成功率32.4%，履行率99%。中国贸促会召开专题会议，向全国贸促系统推广商事调解数字化创新“杭州经验”。

【新冠肺炎疫情有关不可抗力事实性证明办理服务推出】2020年2月3日，市贸促会推出新冠肺炎疫情有关不可抗力事实性证明免费申请、网络办理服务。全年为128个企业出具174份不可抗力事实性证明，涉及59个国家和地区，合同金额超过5亿美元，包括药品制造、餐具制造、电池制造、汽车制造、海外工程建设等多个行业，帮助企业减免因疫情影响延期履约或不能履约责任。

【中国（杭州）国际休闲产业博览会线上展览】2020年，市贸促会与香港贸发局合作，在“贸发网采购平台”设立“中国（杭州）国际休闲产业博览会”专区，支持中小企业通过跨境电子商务应用和数字化营销开拓国际市场。中国（杭州）国际休闲产业博览会线上展展期为2020年7月2日至2021年7月1日，首批有95个杭州外贸企业参展。至2020年年末，收到来自全球99个国家和地区的2376个有效询盘，国际询盘比例为97%。入驻平台的企业同时可任选参与香港贸发局12个展览在线展会之一，通过网站的采购功能，实现线上线下采购。

【市国际商会改革】2020年7月，市贸促会制订实施《杭州市国际商会改革实施方案》，坚持国际化、市场化、互联网化发展方向，推进市国际商会改革。首次吸收上海美国商会杭州中心、英国英中贸易协会杭州代表处等18个在杭州的国际机构为商会理事单位，设立9个国际驿站，以商会的“国际化”为会员提供更多的国际交流服务。建立“互联网+商会”工作模式，全新上线国际商会“会员服务平台”，形成会员合作和福利在线化、均衡化、便利化。聘请国际商会首席发言人和首席信息官2名，与市跨境电子商务协会、市数据资源开发协会等4个商业协会签订合作协议，新增会员企业1000多个，使商会的平台资源惠及更多企业。发布《国际商事前沿》83期、经贸预警166个，实现“即时预警提醒，前沿商事送达”。开展“走进综保区·体验跨境新零售”暨“跨境电商直播带货”“迎亚运·共健康”杭州市国际商会首届运动会等活动，提升国际商会活力和凝聚力。

【“贸促课堂”培训】2020年，市贸促会围绕企业需求和关注热点，与国内外专业机构合作，举办“应对疫情涉外法律风险防范线上培训”“全球疫情下外贸陷阱和应对策略”“跨境电商助力外贸企业抗疫”“国际商事调解等商事纠纷预防和解决方式实务线上培训”“疫情下如何应对供应链危机”“英中贸协防疫物资（PPE）产品认证及出口政策解析网络研讨会”“中国（杭州）知识产权·国际商事调解云平台推广会”等13场“贸促课堂”培训活动，帮助企业提高国际贸易摩擦应对能力和国际化经营水平。有1509人次参加培训。

【国际知识产权协会杭州世界知识产权大会筹备】受新冠肺炎疫情影响，原定于2020年10月举办的国际知识产权协会（AIPPI）杭州世界知识产权大会推迟至2023年举行。市贸促会作为地方牵头单位，推进杭州城市及杭州大会国际宣传，做好大会筹备工作。2020年7—12月，市贸促会联合AIPPI中国分会、市文联共同举办AIPPI杭州世界知识产权大会“杭州等您来”摄影大赛。经过3个多月的宣传、征稿，完成1572件照片（单幅1217件、组照355件）的征集、评审和99件作品的颁奖工作，并在杭州市内开展巡展活动。以摄影大赛作品为基本素材、聚焦杭州各区县（市）旅游和文化地标而制作的AIPPI杭州世界知识产权大会宣传页作为“城市礼物”赠送给AIPPI中国分会。发布杭州城市宣传片，向世界宣传展示杭州历史文化名城、创新活力之城、东方品质之城的城市形象和杭州人民的美好生活。

【驻杭州的国际商务机构日常联络工作机制建立】2020年，为加强对驻杭州的国际商务机构的联系与管理，市贸促会对驻杭的国际商会机构进行摸排调研，建立驻杭国际商务机构日常联络工作机制。上海美国商会杭州中心、英国英中贸易协会杭州代表处等18个驻杭国际商务机构加入市国际商会成为商会理事单位。每个季度，市贸促会举行驻杭国际商务机构会商会议。（郑慧颖）

公平贸易

【概况】根据浙江省国际贸易摩擦案件信息统计管理系统，2020年，杭州市共遭遇美国、印度等25个国家和地区发起的贸易救济调查案件数量153起，比上年增长66.3%；涉案金额20.24亿美元，增长164.9%；涉案企业4761个，增长178.7%。其中：美国涉案数量24起，占比15.7%，涉案金额7.06亿美元，占比34.9%，涉案企业2055个，占比43.2%；印度涉案数量27起，占比17.6%，涉案金额5.24亿美元，占比25.9%，涉案企业868个，占比18.2%。加强贸易摩擦应对救济工作，做好贸易救济资金政策落实，发放省、市贸易救济和预警点考核资金1158.75万元，其中对美贸易摩擦绝对胜诉案件诉讼项目补助153万元。2019年度应对国际贸易救济案件补助782.75万元，预警点考核资金223万元。

【“浙”里有“援”法律服务开展】2020年2月1日以后，杭州市持续开展“浙”里有“援”法律服务专项行动，建立预警服务快速响应群，联系企业2000多个，邀请省级专业律师入驻，为外贸企业开展线上法律服务和10多场直播讲课活动。5月，举办杭州市“浙”里有“援”外经贸“云”上法律服务月活动，邀请金道律师事务所、钱江海关、中国信保浙江分公司为全市近200个省（市）级对外贸易预警点和外贸企业进行政策深度解析，提升企业防范化解涉外法律风险的意识和能力，保障外贸高质量发展。

【贸易摩擦救济机制建立】2020年，根据省商务厅发布的贸易摩擦案件信息，市商务局关注杭州市企业受影响情况，开展案件排查，梳理受影响较大的重点行业企业，支持行业协会牵头组织企业应对各类贸易摩擦诉讼。在商务部、省商务厅贸易救济部门的指导帮助下，发动区县（市）商务局和预警点做好美国真空保温瓶及其组件337调查、印度铝扁轧制品反倾销调查案等40起国际贸易摩擦案件应对，排查涉风险企业1199个，涉案企业58个，涉案总金额5.62亿美元，成功协调浙江恒逸石化有限公司、浙江同富特美刻家居用品股份有限公司等20多个企业参与应诉协调调查。（冯蔷颖）

钱江海关

【概况】2020年，钱江海关围绕“推动高水平开放，保障高标准安全，服务高质量发展”的总体思路，落实“六稳”“六保”任务，统筹推进新冠肺炎疫情防控和促进外贸稳增长工作，履行守国门、保安全、助开放、促发展各项职能。全年监管进出口货物207万吨、进出口邮件和快件4558.8万件。

全年钱江海关受理进出口货值申报711.7亿元，占杭州关区进出口总值的7.7%，其中出口187.9亿元、进口523.8亿元。受理报关单9.3万份，占杭州关区的6.7%，其中出口报关单4.5万份、进口报关单4.8万份。监管进出口货物207万吨。监管进出境跨境电子商务商品货值114.9亿元。全年完成税收征管入库60.73亿元。

【钱江海关助力新冠肺炎疫情防控】2020年1月24日，钱江海关派出专业人员4名，支援杭州萧山国际机场，做好TR188航班公共卫生突发事件应急处置工作。1月26日，钱江海关紧急组建一支106人的志愿者队伍，保障后续新冠肺炎疫情防控需要，并先后派出29批志愿者，支持杭州萧山国际机场、温州龙湾国际机场海关一线。发挥属地海关职能作用，向疫情防控指挥部通报重点国家到杭州的人员信息3792条。按照“人防物防并重”的原则，加强进口商品风险监测及重点岗位人员核酸监测，防止疫情境外输入。

疫情发生后，钱江海关迅速开通防疫物资绿色通道，累计接受企业咨询3000多人次，验放进口防疫物资709票1.80亿元、出口防疫物资193票1.43亿元，办理防疫物资免税证明977份，货值3680万美元，审批减免税款5095万元，防疫物资进口免税审批数量居全国各隶属海关第二位。

【促进外贸稳增长专项行动】根据海关总署《关于新型冠状病毒肺炎疫情期间海关查验货物时收发货人可免于到场的公告》，自2020年2月15日起，钱江海关正式启动“无陪同查验”模式。该模式下，企业可委托监管场所经营单位人或运输工具负责人到场，收发货人保持电话畅通配合海关查验，查验完成后，再由监管场所经营人代理签字，避免人员聚集。3月，钱江海关以海关监管企业服务优化年、跨境贸易营商环境提升年、数字经济新制造业推动年“三个年”活动为载体，启动促进外贸稳增长专项行动，围绕帮扶复工复产、企业问题收集与处置等出台系列专项方案，落地具体举措30条。通过定点联系走访企业、关爱企业互动平台等途径合计收集解决企业问题700多个。

围绕促外贸稳增长，对辖区龙头企业实施“一企一策”帮扶，一对一帮扶解决长安福特杭州分公司汽车整车出口、宝鼎科技股份有限公司船用零件出口等难题，帮扶浙江江铜富冶和鼎铜业有限公司拓展内销业务。服务重点特色产业，指导企业采用保税“修理物品”贸易方式开展安防出口产品属地监管返修；解决包括芯片生产企业关键设备在内的32批重要货物滞港难题；保障“中国邮政号”中欧班列（义乌—马德里）邮路畅通，化解新冠肺炎疫情期间国际航空邮路不畅的影响。落实减税降费政策，梳理优惠贸易协定下企业应享受优惠未享的报关数据2.08万条，引导出口企业用好自贸协定、原产地等税收优惠政策，享受目的国税收减免49亿元。

【跨境贸易便利化】2020年，钱江海关牵头杭州市营商环境样本城市参评“跨境贸易指标”工作，完成国家发展改革委营商环境评估中杭州市跨境贸易指标填报工作，协助做好备选城市跨境贸易指标第三方中介评估、国务院发展研究中心调研评估，对标国际先进优化营商环境改革经验交流、跨境贸易指标现状评估等工作。

优化通关流程，继续推广“两步

2020年3月24日，钱江海关工作人员对出口德国的新冠肺炎检测试剂进行现场查验（钱江海关 供稿）

申报”改革。至4月，实现辖区所有业务现场（除邮局办不涉及外）“两步申报”全覆盖。至年末，全关“两步申报”应用率38.1%。推进“区港联动”，扩大海关特殊监管区与临空经济区之间的联动优势，在进口基础上试点出口货物“区港联动”模式。通过“区港联动”模式将物流仓储的服务环节前移到口岸环节，实现当日分拨申请、当日运抵、当日放行的“日清”机制。全年通过“区港联动”模式验放包括285万份口罩、730万人（份）检测试剂在内的货物共79票。落实节假日“预约通关”服务，主动提前对接企业需求，充分配置人员值守班，确保进出口货物通关顺畅。全年为近40个（次）企业提供预约通关服务，共放行进出口货物108票、货值5.36亿元。开展“船边直提”“抵港直装”试点，降低企业物流成本，提升通关效率。4月7日，钱江海关完成首票“船边直提”模式货物通关。该模式下，企业在船未到港时提前申报，完成放行通关手续。船到港即卸船装车、提离码头，无须在码头转运、存放。

【**国门安全监管**】2020年，钱江海关严格口岸动物植物检疫监管，加强非洲猪瘟、高致病性禽流感等重大动物疫情防控工作，严防疫情叠加风险，共截获来自非洲猪瘟疫区的猪肉制品38批次、植物有害生物127批次、检疫禁止进境物471批次、核生化有害因子2批次，并结合国家安全教育日等主题活动开展国门生物安全宣传。持续加强疫情监测监控预警，开展国门生物安全监测、出口食用农产品和饲料安全风险监控，针对性地做好昆虫、杂草、病害等外来有害生物等重点项目监测工作。配合省级食品安全示范市创建，开展食品领域“多查合一”工作，梳理危险货物高风险产品清单57种。加大进出口食品化妆品安全监督抽检及风险监测力度，检出不合格进口食品17批次。

【**税收征收及企业管理**】2020年，钱江海关开展综合治税，做好属地纳税人管理，加大对重点税源企业的调研走访，加强对重点敏感商品及加工贸易货物内销、跨境电商等重点领域税收风险防控工作，继续推广关税保证保险、自报自缴、汇总征税和电子支付，提高税收征管质量。做好重点商品进口情况分析，上报税政调研调整建议13条，被海关总署采纳5条。

融入信用杭州建设，强化日常信用管理。对出口防疫物资企业实施信用管理，对20个涉检违规的企业进行重点约谈。加强信用等级动态调整工作，下调一般认证企业为一般信用企业13个，下调一般信用企业为失信企业3个。

简化企业注册登记，全年办理进出口收发货人登记3991个、报关企业注册10个、出口食品生产企业备案32个、出口食品原料种植（养殖）场2个。办理进口肉类收货人15个、进口食品收货人备案133个，清理核对国外注册企业30个。为137个企业办理注册地变更，平均办理时间由20个工作日压缩至10个工作日。

创新稽查思路和方式，推动主动披露与稽查程序融合，降低企业过失违规成本，提升“主动披露”在促进外贸增长工作中的作用，受理企业主动披露情事15起，协助企业申请批免税款滞纳金830万元。

【**打击走私行动**】2020年，钱江海关按照杭州海关关于开展打击走私“国门利剑2020”行动的要求，开展“全员打私”，推进综合治理。重点围绕固体废物进境和医疗物资出口等领域，核查考核固体废物收货人20个，查获6起擅自交付进口废纸情事，涉及进口废纸约1.92万吨、货值约1350万元。发现9个企业存在不符合固体废物国内收货人资质要求的情形，查发辖区某企业出口新冠肺炎检测试剂涉嫌违法违规情事。持续打击以象牙为重点的各类濒危物种走私、野生动物及其制品违规交易，守牢邮递、快件等重点渠道，保持严管严打态势。全年查获濒危动植物及其制品21起、55件。保持打击涉枪涉毒走私高压态势，查获毒品及精神药品52起、12.9千克，枪支配件及弹药23起，其中枪配91件、弹药1015发。查发的涉枪线索移交缉私部门扩案后入选公安部“2020年打击整治涉枪涉爆违法犯罪十大典型案例”。

【**综合保税区建设**】2020年，钱江海关继续推动国务院出台的支持海关特殊监管区域发展21条新政落地。至年末，“简化进出区管理”“便利货物流转”等9条新政成功落地。杭州综合保税区基本实现加工制造、维修检测、研发设计、物流分拨和销售服务四大中心布局，形成加工贸易、保税物流、跨境电商三大业务共同发展态势。海关总署同意杭州试行进境生物材料改革新措施，成为全国第五个试行该政策的城市，促进生物医药产业。4月30日，杭州综合保税区首个生物医药研发企业——杭州明德生物新技术开发有限公司入驻。钱江海关在综合保税区内推广一般纳税人资格试点，助力企业对接国内市场，解决过剩产能困局。至年末，保税区内共有4个企业获得一般纳税人资格。

【**跨境电商监管服务**】2020年，钱江海关持续优化跨境电商监管服务，在前期实施的基础上，进一步完善保税进口货物退换货流程。首创的“B2C包裹退货新模式”成为全国深化服务贸易创新发展试点20个“最佳实践案例”之一，自4月起在全国推广。海关总署决定自7月1日起，在北京、天津、南京、杭州、宁波、厦门、郑州、广州、深圳、黄埔10个海关开展跨境电商企业对企业出口（跨境电商B2B出口）试点。天猫“双十一”全球狂欢季期间，钱江海关成功试点两项创新机制。组合优化保税展示交易、跨境电商进口定点配送、跨境电商与保税货物互转调拨3项海关监管政策，将跨境电商与步行街等实体零售商业结合，于11月9日在杭州银泰百货（下沙店）的盒马鲜生门店试行“保税展示+新零售”业务模式。通过实时共享支付、交易、物流数据，引入云计算、区块链等创新技术，优化完善寄递渠道个人物品海关监管，实现“数据可查、源头可溯、风险可控”，于11月10日在杭州保税物流中心（B型）完成“进口数字清关”项目首单测试。

【**“杭州自贸片区”建设**】2020年9月21日，国务院发布浙江自由贸易试验区扩展区域方案之后，钱江海关

2020年4月20日,钱江海关工作人员结合查获的商品开展知识产权保护宣教
（钱江海关 供稿）

启动中国（浙江）自由贸易试验区杭州片区建设有关工作。根据《自贸试验区海关监管制度创新基本规范》,成立钱江海关“杭州自贸片区”工作领导小组并明确相应工作规则,配合杭州市加快推进“杭州自贸片区”建设,保障各项自贸试验区海关业务制度改革实施。至年末,钱江海关逐条梳理国务院发布的前六批自贸区创新制度清单,对杭州市106条政策清单和三个片区的50项具体政策需求逐项审查合规性并论证实际操作可行性,确定5项重点推进的海关监管创新政策。

【会展赛事服务保障】2020年9月29日至10月4日,第十六届中国国际动漫节在杭州滨江白马湖动漫广场举行。钱江海关设立驻场工作组,协调展会监管,开展现场咨询,实行“5+2”“24小时预约报检”等服务举措,方便参展人员及物品的进出境申报。10月29日至11月1日,第十四届杭州文化创意产业博览会在滨江区白马湖国际会展中心举行。钱江海关成立展会保障工作组,做好从前期准备到后续事宜专题研究;编制海关服务指南,明确会展商品检验、通关监管、查验流程等各个环节流程,指导主办方按照入境展品管理规定和工作流程做好申报;实行驻点工作及全天候预约通关,确保博览会顺利进行。支持杭州市亚运会马术比赛场馆建设和桐庐无规定马属动物疫病区建设,指导马术场馆和隔离场建设,推进食品安全保障筹备工作。成立钱江海关杭州2022年第19届亚运会马术比赛进出境马匹检疫工作专班,组织马匹检疫专题培训,持续跟进亚运会马术项目场地、国外马匹隔离场和无规定马属动物疫病区建设。

【海关统计分析】2020年,钱江海关立足服务发展做好统计分析,发挥“数据+研究”优势,围绕新冠肺炎疫情、应对中美经贸摩擦、促进外贸稳增长等重点任务,以及跨境电商发展、RCEP协议签订等热点专题,开展统计分析工作。全年上报各类分析文章近60篇（次）。强化统计数据质量管控及数据安全管理,开展数据安全专项行动,规范数据的获取、使用等程序,在推进数据共享的同时,筑牢数据安全底线。

【保护知识产权专项行动】2020年,钱江海关按照上级海关部署和要求,开展保护知识产权“龙腾行动2020”专项行动,加大邮件寄递渠道知识产权保护力度,打击寄递渠道侵权违法行为。全年在邮件出口渠道查获涉嫌侵犯知识产权货物2993批次,涉嫌侵权货物包括鞋、包和太阳镜等。在持续打击侵权行为的同时,钱江海关面向邮政、跨境电商平台企业开展走访、调研、政策宣讲等,引导跨境电商企业增强知识产权保护意识,带动上游企业注重自主品牌培养和塑造,营造良好营商环境。钱江海关查办的侵犯“Marlboro及图形”商标权香烟案入选2019年度浙江省知识产权保护十大典型案例及2019年中国海关知识产权保护典型案例。

【外汇商品免税店监管】2020年8月28日,位于杭州星光大道二期的杭州首个外汇商品免税店“中出服（浙江）免税品有限公司外汇商品免税店”营业。该免税店总面积近3000平方米,实际经营面积1872平方米,在售近4000种商品。免税店一楼为香水、美妆护肤、太阳眼镜、精品首饰、钟表等品类,二楼为食品、钟表、保健品、箱包皮具、工艺品、酒等品类。根据海关监管政策,16周岁以上,（回国）180天内,可以到店凭护照,购买限量限额的免税商品。钱江海关做好对商店免税品的入库、理货和出库等环节全程监管,确保规范经营,引导境外消费回流,提升城市消费品质和商业品牌层级,以新消费拉动新经济。

（姚玉平 林晓静）

杭州综合保税区

【概况】2020年,杭州综合保税区规模以上工业总产值95.08亿元,比上年下降12.3%;规模以上工业企业利润总额2.30亿元,下降23.1%;税收总额20.68亿元,下降3%;实现货物进出口总值268.11亿元,增长3.6%。全年跨境零售进口额102亿元,下降13.7%,占全市比重的90%以上,交易单量列全市第一位。12月,海关总署公布2019年度综合保税区发展绩效评估结果,杭州综合保税区在评级中获评A类,列全国127个海关特殊监管区域第六位、浙江省8个海关特殊监管区域第一位。

【“城市货站”挂牌成立】2020年1月15日,杭州萧山国际机场（下沙）综保区“城市货站”正式挂牌成立。“城市货站”作为机场航空货运服务

2020年杭州综合保税区主要经济指标完成情况表

表37

指　标	计量单位	数　值	比上年（%）
一、招商引资			
外资项目批准数	个	1	0.0
仓储物流企业	个	0	—
外资项目投资总额	万美元	5000	-76.3
增资额	万美元	0	-100.0
合同利用外资	万美元	900	-88.4
增资额	万美元	0	-100.0
实际到位外资	万美元	2547.81	-43.0
内资项目审批数	个	2	—
仓储物流企业	个	0	—
内资项目注册资本数	万元	5500	—
二、工业经济			
工业总产值	万元	950837	-12.3
工业产品销售产值	万元	950712	-11.4
工业企业利润总额	万元	23031	-23
税收总额	万元	206753	-3
海关税收及代征税	万元	197000	-2.2
税务部门税收	万元	14053	-27.5
进口值	万美元	1737368	11.2
出口值	万美元	943755	-7.9
三、仓储物流业			
营业收入	万元	8151	-12.7
工商税收	万元	344	-27
四、跨境电子商务			
进口业务交易金额	万元	1020085	-13.7
网购保税交易金额	万元	1020085	-13.7
直邮业务交易金额	万元	—	—
五、基本建设			
固定资产投资	万元	73900	234.1
投产企业数量	个	1	—
从业人员	个	6204	-15.1

说明：因杭州综合保税区内企业数量变动，税务部门税收增幅以变动后数据计算

延伸的一种形式，通过创新航空物流业务模式，在“城市货站”嵌入杭州萧山国际机场的口岸代码，即“一个代码两头使”，实现杭州综合保税区与机场的互联互通，有效优化通关手续、简便通关流程。全年为史陶比尔集团、杭州奥泰生物技术股份有限公司、杭州普望生物技术有限公司等10多个企业提供进出港货物服务76票（其中出港货物74票、进港2票），进出口货值2.11亿元，货物涉及防疫物资、设备零件、服装等品类。

【保税仓直播总部基地设立】2020年4月17日，杭州综合保税区联合天猫国际平台、考拉海购商城设立保税仓直播总部基地，基地面向进口电商平台、MCN机构、直播孵化培训机构、网红达人以及愿意从事进口电商和直播的企业，发起“共建跨境保税仓直播总部基地，发出全球好货”的倡议，通过举办平台线上直播、网红大赛、社群交流等活动，在杭州综保区内构建集溯源直播带货、线下直播社群、保税仓物流等一站式跨境保税仓直播平台。建成各类直播间18间，举办直播20多场，销售各类货品30万件，销售额2亿元。

【杭州互联网法院跨境贸易法庭成立】2020年7月15日，杭州互联网法院跨境贸易法庭在杭州综试区下沙园区正式挂牌成立。作为集中审理跨境数字贸易纠纷的人民法庭，跨境贸易法庭将集中管辖杭州市辖区内应当由基层人民法院受理的跨境数字贸易、互联网知识产权等纠纷，并发挥审判职能作用，找准跨境贸易发展与司法服务的结合点，通过司法实践的累积，形成可复制、可推广的跨境数字贸易司法样本，总结提炼并输出跨境数字贸易相关规则。全年受理相关案件37起。“杭州互联网法院跨境贸易法庭的设立”入选《法治日报》2020年度十大法治新闻。

（印婧鑫）

跨境电子商务

【概况】2020年，中国（杭州）跨境电子商务综合试验区（简称杭州综试区）实现跨境电商进出口总额1084.16亿元，比上年增长13.9%。其中，出口756.77亿元，增长14.9%，占全市外贸出口总额的21.9%。招引跨境电子商务产业链企业713个，其中龙头企业117个，新招引企业注册资本58亿元。

杭州综试区新增线下园区1个，累计有线下园区14个，占地总面积1763万平方米，入驻企业3325个，实现跨境电子商务进出口额659.03亿元，占全市跨境电子商务进出口总额的60.8%。杭州综试区跨境出口网店3.03万个，销售额1000万美元以上的卖家139个，培育跨境电子商务品牌133个。

【企业所得税核定征收模式下跨境电商零售出口首单实现】2020年1月1日上午8时，由浙江物产安橙代理申报、杭州直行便供应链有限公司的首批8票、价值16万美元的服装成功申报，海关验放后，搭乘全日空航空公司飞往日本东京、大阪。该单出口标志着杭州综试区实现首单企业所得税核定征收模式下跨境电商零售出口。

【进口保税商品转出口零售规模化运营】2020年，杭州启动跨境电商进口保税商品转出口零售规模化运营。1月17日，一只德国制造的儿童水杯从菜鸟杭州下沙保税仓内发货，经钱江海关驻下沙办事处1210小包申报放行、转关至杭州萧山国际机场海关后，于18日登上飞往印度尼西亚的航班，20日即被印度尼西亚消费者签收，标志着全国跨境电商进口保税商品转出口零售常态化规模化运营的开始。“海外商品卖海外”的创新模式，让全球商家通过中国将商品卖往全球市场，中国进一步成为全球商品的流通枢纽。

【跨境电商B2B出口4种模式全覆盖】2020年7月1日，钱江海关成功验放海关监管方式代码为“9710”（跨境电商B2B直接出口）和“9810”（跨境电商出口海外仓）的出口报关单和出口申报清单，标志着杭州综试区实现跨境电商B2B出口4种模式全覆盖。根据海关总署发布的2020年第75号公告，决定自7月1日起在北京、天津、南京、杭州、宁波、厦门、郑州、广州、深圳、黄埔10个海关开展跨境电商B2B出口试点，增列海关监管方式代码“9710”和“9810”，引导企业把原来从普通货物通关转为通过跨境电商B2B出口管理模式下通关，便利海关直接按照相应监管方式汇总统计这部分跨境电商出口数据，有效解决跨境电商出口统计问题。

【eWTP进口数字清关项目落地杭州】2020年11月10日，一批来自比利时列日的包裹抵达杭州后，杭州综试区空港园区以数字清关方式完成进境监管，标志着eWTP（世界电子贸易平台）进口数字清关项目在杭州落地。数字清关项目是针对进口快件、邮件、境外购物携带入境等多种既有旺盛需求同时又风险较高的现状，利用大数据、互联网技术手段，链接商户企业、跨境支付公司、物流公司、清关公司及海关，完成国际交易、支付、物流、海关监管平台的一体化对接，实现跨境电商交易多环节的无干扰数字化监管。

【“跨境百人会”成立】2020年1月12日，杭州综试区“跨境百人会”成立。“跨境百人会”是由杭州海康威视数字技术股份有限公司、浙江大华技术股份有限公司、杭州巨星科技股份有限公司、杭州安致电子商务股份有限公司等跨境电商企业、传统外贸企业、制造企业、文化创意企业以及其他相关领域人士和机构自愿结成的公益性、地方性、非营利性社群组织。该组织隶属于杭州企业品牌发展促进会，秘书处设在品牌促进会，接受业务主管单位中国（杭州）跨境电子商务综合试验区建设领导小组办公室的指导和监督管理。作为数字化、全球化、品牌化三要素资源聚合的重要载体，“跨境百人会”将通过资源的整合配置和创新，为杭州跨境电商带来新的突破和发展。

【跨境电商本科专业设立】杭州高校新设全国首批跨境电商本科专业。2020年2月，教育部公布《普通高等学校本科专业目录（2020年版）》，其中跨境电子商务成为新设的51个专业之一。全国获批开设跨境电商专业的高校7所，其中杭州有2所。本科高校新增跨境电商专业将为跨境电商行业的可持续发展提供高素质人才。至年末，杭州有30所中职、高职及本科院校开设跨境电商课程，每年培育跨境电商人才6000多人。

【跨境进口商品质量安全公共服务平台上线】2020年5月13日，杭州综试区的跨境进口商品质量安全公共服务平台上线。杭州综试区以市场为导向，政府为主体，第三方专业机构为补充，深化质量共治建设，支持国家权威检验检测机构和第三方检测机构合作，整合境内外资源，建立覆盖全跨境电商企业的跨境进口商品质量安全公共服务平台。通过平台建设，实现跨境电商进口商品质量管控三大机制创新，分别为跨境进口商品路径查询及问题反馈机制、线索征集抽样检测风险预警及电商平台联动机制、风险发布机制。至年末，平台检测跨境进口商品174批，检测数据2959条，访问量7.40万次，全网曝光量超过120万次。

【中国（杭州）跨境E贸节】2020年6月18日，由杭州市政府、浙江省商务厅主办，杭州市跨境电商综试办承办的2020年中国（杭州）跨境E贸节暨“店开全球”跨境电商万店培育专项行动首场活动启动。开幕式上，杭州产业集群跨境电商建设启动，将联动平台、服务商龙头企业、线下园区，开展产业带摸排、标准制定、资源对接，培育一批产业集群跨境电商典型，带动培育隐形冠军企业，形成若干具有全球影响力的跨境电商区域品牌“金名片”。启动仪式后，开展“百家平台助万企、百家机构育千品、百个城市共建新丝路”等相关活动。

【全球跨境电商峰会】2020年11月24—25日，由杭州综试区主办的“潮起钱塘·数字丝路”第五届全球跨境电商峰会在杭州举行。峰会以“贸易新势能·智造新未来”为主题，设置“全球变局、品牌出海、模式更迭、智造将至”四大板块，展望贸易数字化新未来，为从事跨境电商企业提供落地的参考方向和思路。来自各跨境电商综试区、平台商、服务商、大卖家和品牌商的代表参加。会上，举行全球跨境电商知识服务中心启动仪式、长三角G60科创走廊跨境电商产业联盟理事单位授牌仪式、阿里巴巴全球数字人才跨境电商基地揭牌仪式、“扬帆起航”全球跨境电商创业创新大赛颁奖和第三届阿里巴巴GDT全球创新创业大赛暨全球青年“轻”创启“杭”仪式等活动。

【亚马逊全球开店云论坛】2020年8月12—14日，“数字生机·为U而来”2020年亚马逊全球开店云论坛暨直采大会举行。大会邀请超过100个制造商参展，与中国卖家直接对接，并汇集亚马逊专家、行业代表等人在线分享。受新冠肺炎疫情影响，直采大会首次采用云端模式线上对接，帮助优质制造企业和卖家抓住数字化转型和发展机遇。云论坛上，《2020中国出口跨境电商趋势报告》发布。

【跨境电商优秀创新服务项目评选活动】2020年3月13日，杭州综试区评选出11个“E揽全球跨境电商优秀创新服务项目”。杭州综试区在全市范围内开展“E揽全球跨境电商优秀创新服务项目”评选活动，从创新价值、数据智能、社会效益、品牌口碑、用户体验、案例展示6个维度进行评分，最终11个跨境电商服务商申报的项目获该称号。至年末，杭州综试区e-Box创新项目服务平台入驻项目300多个，类型覆盖跨境电商生态圈中的政务服务创新、平台服务创新、渠道服务创新、技术及数据服务创新、其他支撑服务创新等环节。

【杭州到吉隆坡菜鸟国际包机航线开通】2020年3月31日，杭州到吉隆坡菜鸟国际包机航线正式首航，中国商家发出的包裹，经该国际干线直达东南亚。该航线是浙江首条到吉隆坡的货运航线，实现eWTP杭州枢纽和吉隆坡枢纽直连，将助力浙江和东南亚的商贸往来。

【首批海外服务网络试点企业】2020年4月9日，杭州综试区举行“助企直通车、跨境暖春行”服务季海外服务专场直播活动，以云端直播方式发布首批海外服务网络试点企业。试点企业共95个，包括海外合作园区、海外合作中心、海外合作站点、海外仓，构建起海外合作园区、服务中心、服务站点和海外仓“四位一体”的跨境电商海外服务网络。

【全球跨境电商人才生态中心项目发布】2020年11月28日，在杭州市第八届大学生就业创业师友计划启动大会现场，由中国（杭州）跨境电子商务综合试验区建设领导小组办公室、市人力社保局、杭州钱塘新区管委会联合主办的全球跨境电商人才生态中心项目启动。该项目坚持市场引领和政府推动并重，品牌出海和人才强市并举，以跨境电商人才培养为目标，打造跨境电商人才输出高地。计划在未来三年内，实现孵化吸引跨境电商企业200个以上，举办跨境电商论坛和人才精准对接活动100场以上，培训和实践训练跨境电商人才2万人次以上。

【口岸跨境贸易便利化合作协议（杭州—嘉兴）签订】2020年9月16日，杭嘉口岸跨境贸易便利化合作签约活动举行。会上，杭嘉两地口岸管理部门签订跨境贸易便利化合作协议。双方建立杭嘉口岸跨境贸易便利化合作联席会议制度及杭嘉口岸跨境贸易数据信息共享机制，并制订《杭嘉口岸跨境贸易便利化工作方案》，明确工作重点，推动工作落实，共同促进和提升杭嘉口岸跨境贸易便利化。

【杭甬跨境贸易便利化合作大会】2020年12月29日，由杭州市跨境电商综试办与宁波市口岸办联合主办的“杭甬跨境贸易便利化合作大会”在杭州举行。会上，杭州、宁波两市共同发布《关于优化营商环境促进杭甬跨境贸易便利化若干措施的公告》。公告围绕减单证、优流程、提时效、降成本总目标，发挥宁波海关和萧山国际机场空港优势，提出17条优化跨境贸易营商环境的措施。

【全球数字营销创新中心落户杭州】2020年12月27日，中国（杭州）数字贸易生态峰会暨全球数字营销创新中心揭幕仪式举行。峰会旨在促进数字贸易高质量发展，推动形成双循环发展新格局，培育新的经济增长点和贸易竞争新优势，创造开放合作、包容普惠、共享共赢的国际贸易新局面。全球数字营销创新中心结合浙江国贸数字科技有限公司的“麒麟计划”与全球数字营销资源合作的优势，以品牌为营销顶层设计核心、数据智能分析为驱动、技术创新为适应时代的底层架构、人才创新为培养方向，通过全球电商数据、数字贸易大脑、用户画像数据研究行业发展趋势，整合资源助力企业开拓海外市场、建立国际品牌。创新中心计划建成中国品牌实验室、机器学习实验室、互联网技术实验室三大实验室，提供全面创新型解决方案。创新中心将联合全国10多所高校创建数字贸易实践中心共同培养全球数字贸易人才。

【杭州综试区广交会交易专区平台上线】2020年6月15日，第127届中国进出口商品交易会（简称广交会）在线上开幕。广交会官网专门设立跨境电商专区板块，与全国105个跨境电商综试区和跨境电商平台建立链接。杭州跨境电商综试区广交会交易专区平台正式上线，平台主要包括杭州知名跨境电商平台、产业分布等板块。160个杭州优秀制造企业的3596个商品通过杭州综试区官网和和线上广交会向全球买家进行展示。

【全国跨境电商人才培养峰会在杭州举行】2020年12月17日，由eBay网、杭州市跨境电商综试办、钱塘新区管委会、全国电子商务职业教育教学指导委员会（简称电商行指委）主办的第三届全国跨境电商人才培养峰会在杭州开幕。峰会现场，电商行指委与eBay网签订战略合作备忘录，双方共同推进跨境电商产教融合，提升专业人才培养质量，帮助国内企业通过eBay网开拓全球市场。（童洪文）

责任编辑　秦文蔚

32

2021

杭 州 年 鉴

东西部扶贫协作·区域合作

Counterpart Assistance & Regional Cooperation

东西部扶贫协作

【概况】2020年，杭州市坚决贯彻中共中央总书记习近平关于扶贫工作的重要论述和在全国决战决胜脱贫攻坚座谈会上的重要讲话精神，牢记中共中央总书记习近平考察浙江、杭州时提出的浙江要“努力成为新时代全面展示中国特色社会主义制度优越性重要窗口”的嘱托，坚决扛起东西部扶贫协作工作政治责任担当，攻坚克难，助力贵州省黔东南苗族侗族自治州（简称黔东南州）、湖北省恩施土家族苗族自治州（简称恩施州）打赢脱贫攻坚战。全年召开市委常委会、市政府常务会议4次，专题研究东西部扶贫协作工作。市委副书记、市长刘忻等市主要领导3次赴黔东南州、恩施州考察和实地指导，分别与两州召开高层联席会议6次，就扶贫协作工作中遇到的主要问题进行会商。市领导带队赴黔东南州从江县、榕江县落实挂牌督战摘帽工作，赴恩施州开展抗疫抗灾。全市有92位市直部门负责人赴两州对接落实扶贫协作工作。年内，杭州对口帮扶的黔东南州、恩施州23个贫困县全部脱贫摘帽。

2020年10月19日，杭州消费扶贫集市开市（市对口支援和区域合作局 供稿）

【资金支持】2020年，杭州市投入财政援助资金12.71亿元，其中黔东南州7.73亿元、恩施州4.98亿元，援助资金比上年增长11.4%，占2019年杭州市一般公共预算收入的0.65%。13个区县（市）平均援助资金5526万元。筹措社会捐助资金4.41亿元。安排援助项目454个，其中黔东南州176个、恩施州278个，分别用于产业扶贫、就业扶贫、基础设施建设、教育医疗等方面，带动两州贫困人口14.17万人脱贫。

【人才援助】2020年，杭州市根据人才和智力援助计划，选派865名专业技术人才到黔东南州、恩施州支医支教支农。杭州对口支援两州的学校增加。选派的医疗卫生骨干覆盖急需临床专业。全市接收两州1188名专业技术骨干到杭州有关单位学习交流。杭州采取主题培训与专题培训相结合、理论与实践相结合的方式，为两州培训党政干部2.30万人次，培训教育、医疗、电商、农业等领域专业技术骨干3.90万人次。

【产业合作】2020年，杭州市着眼于提升对口帮扶地区的造血功能，引导杭州华鼎集团、浙江尖峰水泥集团等204个企业赴对口地区投资兴业，建设产业园区、扶贫车间，产业合作项目到位投资72.95亿元，带动贫困人口7.4万人脱贫。全市与对口帮扶地区共建产业园区36个、扶贫车间325个，形成食用菌、中药材、茶叶等特色帮扶产业。坚持线上与线下相结合，推进消费扶贫。举办消费扶贫集市及展销会，拓宽农产品销售市场。引入农村淘宝、网易严选等电商平台，推动农产品线上销售，实现销售收入56.7亿元。

【劳务协作】2020年，杭州市与黔东南州、恩施州建立“总站＋分站＋企业＋联络员”劳务协作工作体系，发挥岗位开发、就业招聘、技能培训、智力帮扶和权益维护的“五位一体”合作机制作用，全年帮助黔东南州、恩施州建档立卡贫困人口到杭州就业2831人，其中黔东南州2002人、恩施州829人。通过引导浙商企业优先招录贫困人口、开设扶贫车间、开发公益性岗位等方式，实现贫困人口就近就业2.83万人。日西部地区22个省（自治区）累计有41.18万人在浙江、杭州稳定就业。组织两州24个县贫困劳动力就业培训，参训1.04万人次，通过联合培养方式，接收1185名贫困家庭学生到杭州市就读各类职业技术学校。

【**县级以下单位结对帮扶**】2020年，杭州市13个区县（市）与黔东南州、恩施州24个结对县（市）全面对接，巩固“五级结对”帮扶格局。各区县（市）主要领导先后赴两州结对县（市）调研，指导帮扶工作。有626所中小学校（幼儿园）与两州935所学校结成帮扶协作学校，243个医院及医疗卫生机构与两州337个医院及医疗卫生机构建立帮扶关系。发挥杭州创新创业资源优势，组织两州致富带头人创业培训，参训4408人次，创业成功2366人，带动贫困人口2.83万人脱贫。

【**决战决胜脱贫攻坚工作**】2020年，杭州市加强与黔东南州、恩施州交流交往，深化东西部扶贫协作工作。市委主要领导赴黔东南州从江县、榕江县进行挂牌督战。各部门、结对区（县）和社会各界加大各方面投入，向从江县、榕江县投资17.35亿元。选派优秀干部到从江县、榕江县挂职，推进两县如期高质量脱贫摘帽。杭州援建资金向深度贫困地区倾斜，用于深度贫困地区的资金占32.2%。引导44个企业到深度贫困县投资兴业，选派218名专业技术人员到5个深度贫困县参加帮扶，占选派人数的25.2%。深度贫困县实现贫困人口就近就业6543人，占就近就业人数的23.1%。投入资金1.69亿元，聚力解决“两不愁三保障”突出问题。财政援助资金重点安排改善贫困村饮用水、建设幼儿园卫生室等项目，以及用于残疾人帮扶，带动两州1.44万名贫困残疾人就近就业。杭州商贸旅游集团有限公司、杭州市实业集团有限公司等国有企业为贫困残疾人捐赠4600万元，用于提供公益性岗位。落实新增的四川省凉山彝族自治州喜德县18个挂牌督战村帮扶工作，市有关部门3次组织赴喜德县对接，累计捐款捐物折价910.76万元。发动爱心企业、社会组织为对口地区募集紧缺防疫物资，支持两州做好疫情防控和复工复产工作。杭州市向恩施州追加抗疫抗灾资金1亿元。2月20日，杭州帮扶黔东南州工作队全体成员包机返黔，成为全国最早一批赴对口地区开展抗疫工作的省外帮扶工作队。打好“地上接＋云上助”“精准助工＋精准扶贫”“三服务＋志愿服务”组合拳，帮助对口地区建档立卡贫困户就业。首创“B2B云助工＋精准扶贫”模式，与黔东南州签订深化东西部扶贫协作促进就业协议。通过包机、包车、包专列形式，帮助贫困地区劳动力有序返岗复工。2月16日，全国首趟复工专列搭载近300名贵州籍务工人员到达杭州。3月21日，首趟恩施劳务协作扶贫专列搭载1071名恩施籍员工返杭复工，其中贫困户240人。复工复产期间，杭州组织专机1架、专列11趟、专车481辆，确保两州在杭州工作的员工返回。谋划乡村振兴战略。杭州与两州签订有机衔接乡村振兴战略合作框架协议，并联合举办2期县级部门分管领导参加的乡村振兴培训班。（范国彬）

长三角区域一体化发展

【**概况**】2020年，杭州市根据党中央、国务院发布的《长江三角洲区域一体化发展规划纲要》的总体部署，多次召开市委常委会、市政府常务会议及市长三角一体化工作领导小组会议，学习贯彻中共中央总书记习近平重要讲话精神和重要批示精神，研究部署国家战略推进实施工作。印发《杭州市推进长三角一体化发展（大湾区、大都市区建设）2020年工作任务清单和重大项目库》和《长三角G60科创走廊建设2020年重点工作任务分工方案》，制订《推进新一轮新安江流域生态补偿机制创新任务清单》，明确总体工作布局，落实具体工作举措。多领域推进区域合作交流。与宁波市实现双方党政代表团互访，签订共同唱好“双城记”全力服务建设“重要窗口”合作框架协议和深化数字经济全面合作促进制造业高质量发展战略合作协议、综合交通合作协议。深化与舟山市合作，双方签署合作框架协议和高水平开放协同合作、文化旅游合作等协议。

【**都市区同城化推进**】2020年，杭州与湖州、嘉兴、绍兴联合编制并印发共建杭州都市区行动计划。杭嘉、杭绍一体化合作先行区和千黄省际生态旅游合作区三大毗邻区域一体化建设方案编制完成，千岛湖至安徽歙县的跨省水上观光线开通。杭州与绍兴谋划共建杭绍临空经济平台。杭绍甬高速公路杭州至绍兴段项目、“一带一路”数字贸易展览项目、杭黄衢世界遗产精品游线合作项目被列入长三角城市经济协调会重点合作项目。

【**科创产业协同深化**】2020年，杭州市加强与长三角城市产业协同工作。6月6日，杭州市与中电海康集团有限公司及上海嘉定、江苏无锡、安徽合肥共建跨区域跨领域“感存算一体化”超级中试中心，在长三角地区一市三省主要领导座谈会期间签署五方战略合作协议。对接上海高端科创资源，浙江省与上海交通大学省校战略合作的重要载体——“浙江上海交大海洋应用技术研究院”落户余杭区。高新区（滨江）管委会（政府）与中国科学院上海分院合作，成立杭州中科国家技术转移中心，并落户高新区。上海阿斯利康中国东部总部落户下城区。输出小镇创新生态模式，梦想小镇沪杭创新中心入驻企业9个，研发人员超过200人。合杭梦想小镇产业创新中心投入运营，签约引进成长型创新企业10个。杭州参与中国商用飞机有限责任公司、恒大新能源汽车有限公司、腾讯长三角人工智能超算中心等头部企业产业链合作，11个企业被纳入G60科创走廊大飞机供应商储备库。推进科技资源开放共享，完善科技创新券互认互通，企业创新券使用额上调至50万元，全年发放创新券5.52亿元，确认使用3.39亿元。举办“长三角人才云市场高层次人才招聘大会”，组织长三角地区27个城市推出1.3万个高层次人才岗位。服务全省人才创新创业的浙江人才大厦先导区块入驻各类创新企业51个。全年杭州新引进35岁以下高校毕业生43.6万人，其中65%来自长三角地区。

2020年9月16日，长三角城市经济协调会第二十次全体会议在江苏连云港举行 （市对口支援和区域合作局 供稿）

【高水平开放取得新成果】 2020年，世界电子商务贸易平台（eWTP）杭州秘书处、杭州综合保税区、自贸区杭州片区等开放平台落地，自贸区杭州片区6条创新举措先行先试，片区获批后新注册企业2007个。推进国际消费中心城市申报，完成申报方案编制。落实G60科创走廊协同开放30条举措，杭州协调有关企业参加第三届中国国际进口博览会G60科创走廊政策发布、联合采购和跨区域产业链合作项目签约等配套活动。杭州交易分团采购商、参展企业意向成交额均居全省参加进口博览会设区市首位。亚运会、湖滨高品质步行街、数字经济等杭州元素在进口博览会上展示。杭州推出数字外贸服务平台，组织长三角地区20多个城市2500多个线上参展企业，参加数字对外贸易展100多场，实现贸易配对23万次，洽谈订单金额1.2亿美元。创新“网展贸”服务新模式被商务部评为“深化服务贸易创新发展最佳实践案例”，并向全国推广。

【基础设施网络完善】 2020年，杭州会同有关城市推进数字基础设施等“新基建”工作，联合都市圈城市发布“十大示范场景”。联合国大数据全球平台中国区域中心落户杭州。新型互联网交换中心投入运行，阿里巴巴浙江云计算数据仁和中心项目建成并启用。全市新建5G基站7243个，5G基站规模、数量均居国内城市首位。来自长三角地区的30多个知名服务商家及规模性行业垂直平台（supET）入驻杭州工业互联网平台，杭州8个平台、9个专业服务机构、6个标杆工厂、1个园区入选长三角G60科创走廊工业互联网产业创新生态推荐目录。以“5433”综合交通工程（指新建552千米快速路和高速公路、400千米轨道交通、总里程350千米铁路和水陆空三大枢纽工程）为抓手，进一步提升枢纽门户能级。年内，杭州萧山国际机场三期新建航站楼基本完成主体结构施工，陆侧交通中心完成土方开挖。临金高速公路建德至金华段建成通车，杭州火车南站启用。杭温铁路二期、金建铁路控制性工程、临金高速公路临安至建德段全线、杭绍甬智慧高速公路杭绍段先行节点开工建设。

【民生福祉提升】 2020年，杭州异地就医门诊费用实现与上海、安徽、江苏苏州试点区域直接结算，覆盖长三角地区41个城市和定点医疗机构8219个。推进长三角城市间卫生健康领域合作，杭州市第二医院等5个医院与上海市第一医院等13个医院建立技术协作关系。杭州市儿童医院与上海交通大学医学院附属新华医院、杭州市妇产科医院与复旦大学附属妇产科医院签订合作协议，桐庐县与上海瑞金医院建立瑞桐医联体。杭州市第七医院牵头成立华东社区精神卫生健康联盟，通过专科联盟等形式探索跨区域医疗联合体建设工作。西湖大学、杭州师范大学等4所高校与长三角区域高校开展学生联合培养、骨干教师交流研修和学者访问等工作，共享长三角地区优质教育资源。7月6日，成立长三角杭州三大世界遗产旅游市场推广联盟，推出10条三大世界遗产精品旅游线路。11月4日，长三角旅游和文化专委会召开中国世界文化遗产年会暨世界文化遗产城市市长论坛。依托国家低空旅游示范区建德航空小镇，率先实现长三角三省一市通勤旅游航线互联互通。通过大气和水环境联防联控、办事跨城通办、医保跨城互通、旅游优惠卡共推、医联体和名校集团共建等载体，进一步增强长三角地区群众获得感。 （孙　强）

【长三角城市经济协调会第二十次全体会议】 2020年9月16日，长三角城市经济协调会第二十次全体会议在江苏连云港召开，会议主题为“长三角城市合作：新动能、新格局、新作为”。上海市等41个成员城市市长出席会议。江苏省分管领导，国家发展改革委地区司负责人，上海、江苏、浙江、安徽三省一市发展改革委负责人，上海市16个市辖区相关负责人出席会议。城市经济协调会专业委员会、合作联盟有关代表应邀参加会议。杭州市政府顾问出席市长圆桌论坛等活动，介绍杭州城市大脑建设应用等情况。中国工程院院士、阿里巴巴集团技术委员会主席王坚做主旨演讲。市科技局、滨江区政府、中国机械科学研究院浙江分院等单位分别与中国科学院上海分院、南通锐深环保科技有限公司签订合作协议。

（卞平华）

杭州都市圈

【概况】2020年，杭州都市圈各城市积极应对新冠肺炎疫情冲击，取得疫情防控和经济社会发展“双线战役”的重要成果。全年都市圈城市实现生产总值3.33万亿元，比上年增长3.6%，增速高于全国1.3个百分点。杭州市增速居首位，增长3.9%；嘉兴、衢州、湖州、绍兴、黄山分别增长3.5%、3.5%、3.3%、3.3%和2.8%。其中：第一产业增加值970亿元，增长0.9%；第二产业增加值12935亿元，增长2.4%；第三产业增加值19402亿元，增长4.8%。都市圈三次产业结构由上年的2.9∶40.8∶56.3调整为2.9∶38.8∶58.3。杭州第三产业增加值占GDP的68.0%。财政总收入6643亿元，增长5.4%。

【杭州都市圈第十一次市长联席会议】2020年11月20日，杭州都市圈第十一次市长联席会议在嘉兴海宁举行。会议由嘉兴市政府、杭州都市圈合作发展协调会主办，海宁市委、市政府，杭州都市圈合作发展协调会办公室承办。杭州、湖州、嘉兴、绍兴、衢州、黄山六城市市长率团出席。浙江省发展改革委、宣城市政府、长江三角洲城市经济协调会办公室、浙东经济合作区办公室代表应邀参会。六城市市长和部分应邀嘉宾分别在会上致辞。会议围绕“共谋高质量发展，同创更美好生活”主题，回顾总结杭州都市圈第十次市长联席会议以后的工作，研究下一阶段主要任务，审议通过《杭州都市圈发展规划（2020—2035年）》。规划以设施共联、创新共链、产业共兴、开放共赢、生态共保、民生共享为重点，着眼于提高区域创新策源力、产业竞争力、“两山”理念转化力、生活品质力，合力把都市圈打造成为“全球影响力创新策源地、亚太国际门户重要枢纽、全国绿色智慧幸福样本、长三角南翼核心增长极”。联席会议同意宣城为杭州都市圈合作发展协调会观察员城市。

【互联互通交通圈加快形成】2020年，杭州都市圈加快推进交通圈互联互通工作。商合杭高铁、杭州湾跨海大桥北接线二期、杭州绕城西复线、千黄高速公路浙江淳安段建成通车。杭州至绍兴城际快线、申嘉湖高速公路孝源至唐舍段贯通。沪杭海城际铁路、钱江通道北接线等项目加快建设。杭州至衢州高铁、湖州至杭州铁路等项目开工。杭临绩（黄）铁路、沪乍杭铁路、嘉湖城际快线、杭淳开高速公路、苏台高速公路南浔至桐乡段等项目前期工作有序推进。

2020年11月20日，杭州都市圈第十一次市长联席会议在嘉兴海宁举行。图为联席会议签约仪式

（市对口支援和区域合作局 供稿）

【产业协同取得新进展】2020年，杭州都市圈六城市推进跨区域协同布局和协同发展工作。都市圈省内城市规模以上数字经济核心产业制造业增加值1636亿元，比上年增长15.3%。规模以上工业利润2914亿元，增长11.5%。规模以上服务业营业收入1.59万亿元，增长12.1%。其中，高技术服务业营业收入1.07万亿元，占67.6%，增长15.1%。举办黄山发展大会、绍兴发展大会，分别签订合作项目14个和125个，总投资分别为1000亿元和711.5亿元。4月，杭州钱塘新区和嘉兴海宁市成立全面战略合作委员会，协同推进21项合作事项。7月，余杭区与德清县签订战略合作协议，以杭州城西科创大走廊建设为契机，携手共创毗邻区域一体化协作高质量发展示范区。

【绿色美丽都市圈共建】2020年，杭州都市圈各城市加强区域环境共保工作，推进经济都市圈向绿色美丽都市圈转变。深化钱塘江、千岛湖、富春江水库河（湖）长制工作，致力于打造“山水相融、城水相依、人水相亲”的河（湖）水环境。加强东苕溪饮用水源地共同保护，全面深化千岛湖、新安江上游流域和浦阳江流域水资源和生态环境保护合作。完善联席会议、应急预警、联合执法和信息共享制度，成立新安江生态环境保护党建联盟，消除跨界监管盲区。应用大数据、云计算等现代化技术赋能治水工作。嘉兴海宁市与杭州余杭区定期开展联合巡河，推进两地跨区域河流治理全方位合作。建立省内和跨省联合监测机制，杭州与湖州、嘉兴、绍兴的9个交界断面，以及浙江、安徽交界断面设立9个环境监测点，每月开展跨界断面水质联合监测，基本形成生态合作共保常态化。

【都市圈合作深化】2020年，杭州都市圈旅游和文化专委会抓住新冠肺炎疫情防控形势好转的有利时机，以推进文化和旅游一体化发展为目标，以文旅市场合作为重点，深化交流与合作内容，推动都市圈城市文化与旅游相互促进、共赢发展。加快共建世界一流文化旅游目的地，杭州、衢州、黄山合作共推世界遗产精品游线，启动“杭黄世界级自然生态和文化旅游廊道专题研究”项目，以杭黄高铁、杭徽高速公路、千黄高速公路为轴线，以千岛湖及新安江流域自然资源和生态环境保护为核心，加快建设旅游交通环线，联合培育沿线旅游新产品、新业态。杭州、湖州、嘉兴共同签订战略合作协议，推进大运河诗路建设，培育大运河“走运之旅”项目，共塑共推区域文化旅游品牌。衢州、黄山签订衢黄饶南旅游深度合作示范区建设战略合作协议，双方在整合旅游和文化资源、深化市场营销合作、推进轨道旅游专线建设等方面加强合作。六城市共同举办杭州都市圈文化旅游新春惠民大联展、钱塘江诗路之旅启航仪式、都市圈旅游合作采购大会等活动。全年都市圈城市实现旅游总收入7641亿元，恢复至上年水平的81%。

2020年5月9日，富阳区政府举行富阳—缙云“消薄飞地”项目——杭州缙云大厦奠基仪式

（市对口支援和区域合作局 供稿）

【开放包容都市圈建设】2020年，杭州都市圈协同推动跨区域公共服务一体化工作，实现优势互补、资源共享。推进杭州优质教育资源向都市圈各城市覆盖，加强都市圈节点区县（市）教育合作，建立名校结对机制，年内都市圈有20多所学校与名校结对。推进医疗合作机制共建。浙江大学医学院附属儿童医院莫干山院区、杭州师范大学附属德清医院相继落户德清。进一步扩大跨省及省内异地就医结算医疗机构范围，推进异地就医备案“就近办”“一证通办”“零跑办”。杭衢实现信用码一体化互通。杭州与嘉兴、湖州、绍兴签订公共服务、综合交通、文化旅游、政务服务“一网通办”等合作协议。9月，钱塘新区、余杭区和海宁市三地举行政务服务“杭海通办”签约仪式，针对15项商事高频事项先行先试，构建“线上网办、线下通办”立体式服务格局。推进都市圈六城市间的交流联动，联合各城市共同举办市民体验日，互推疗休养产品，创造条件让都市圈市民加强交流，增强获得感和幸福感。（俞宏陵）

山海协作

【概况】2020年，杭州市统筹推进新冠肺炎疫情防控和山海协作工作，出台一系列惠企政策，开展“助万企、帮万户”活动，首创政商“亲清在线”数字平台，组织培训协作地区转移劳动力8009人次，山海协作产业园区企业复工率、产能恢复率分别达99.5%和89.3%。加大帮扶资金投入力度，全年落实援建资金9271.5万元。其中：市本级880万元，13个区县（市）各330万元，筹集社会资金1281.5万元，落实专项帮扶资金1500万元。推进产业合作项目提质增效，援建资金用于发展特色优势产业。加强社会事业合作，引导杭州市高端人才赴协作地区开展帮扶，全市落实社会事业合作项目8个，项目涉及教育、卫生、科技和文化等领域。挖掘帮扶潜力，以新发展理念引领乡村振兴示范点建设。全年衢州调剂给杭州耕地指标162.2公顷，缓解杭州土地资源紧张的矛盾。

【产业项目合作资金居全省第一位】2020年，杭州与衢州签订产业合作项目136个，项目涉及数字经济、生命健康、高端装备、文化旅游、能源环保等领域，到位资金（含续建项目资金）76.3亿元。柯城—余杭产业园引入阿里云、浙江中控集团等30个服务机构和一批高端数字人才，产业园20个项目完成数字化改造。与丽水签订产业合作项目32个，其中发展优势特色产业项目12个、智力类项目4个、交往交流交融类项目16个，到位资金（含续建项目资金）40.8亿元。全市签订项目206个，约占全省的1/2，到位资金161.6亿元，列全省第一位，完成省定目标的4倍。

【乡村振兴点共建】2020年，杭州与山海协作地区乡村振兴示范点共建工作稳步推进。萧山区帮扶龙游县乡村振兴示范点浦山村入选第六届全国文明村镇；余杭区帮扶衢州柯城区联手打造“智多张西”乡村振兴点模式被省扶贫办、省山海协作办推广。5月9日，富阳—缙云“消薄飞地”项目杭州缙云大厦奠基。全年全市共建乡村振兴示范点36个，占全省山海协作工程乡村振兴示范点的65%；共建示范点项目47个、精品村12个、风情小镇2个、精品示范线8条，新打造AAA级村落景区9个。杭州与山海协作区域结对的行政村经营性收入均达10万元，其中15万元以上的村超过70%。

【消费帮扶合作】2020年，杭州市聚焦培育壮大村集体经济和帮助农户扩大农产品销售，创新推广“消薄卡”，探索建立“1+1+N”（指一卡、一店、多渠道）的消费帮扶模式，举办形式多样的消费扶贫产销对接活动，促进经济薄弱村消薄增收和乡村振兴。全年实现农产品销售收入2.43亿元，完成年度计划的4.1倍。（余志刚）

对口合作

【高层对接】2020年6月14日，吉林省常务副省长吴靖平一行到杭州交流对口合作工作，考察萧山区瓜沥镇七彩未来社区创建情况。杭州市委副书记、市长刘忻等陪同考察。9月18—19日，长春市委副书记、市长张志军率团到杭州对接对口工作，两市召开工作座谈会，代表团与杭州企业家在现代服务业、生物医药、装备制造等领域合作进行洽谈。

【专项领域合作】2020年，杭州与对口合作方完善对口合作机制，加强各领域的优势互补、专项合作。印发年度对口合作工作要点，出台对口合作实施方案、重点工作计划及相关配套文件，推进产业园"南北共建"、农产品"北产南销"等工作，对口合作实现阶段性成果。长春传化公路港是传化智联股份有限公司在吉林省打造的首个公路港项目，总投资10亿元，占地面积36万平方米。年内园区入驻物流企业客户88个，实现营业收入2亿元；入驻服务制造企业1200多个、商贸企业2300多个，为长春市新增就业岗位1万余个。吉浙（颐高）数字经济产业园由颐高产城科技发展股份有限公司与长春汽车经济技术开发区合建，协议总投资50亿元，其中城市综合体项目于11月完成展示厅装修并运营，产业园作为浙江与吉林两省对口合作的数字经济集群样板项目，被长春市确定为2020年"三早项目"（早落地、早开工、早见效项目），年内有50多个数字经济企业达成入驻产业园意向，其中数字经济领域单项冠军企业19个。万丰智能装备制造产业园为浙江万丰企业集团与长春经济开发区的合作项目，占地面积10万平方米，建筑面积5.75万平方米，项目分两期建设。其中，一期工程建设现代化工业厂房、工业机器人研究院、商学院三大功能区。项目总投资6.5亿元，年内完成投资1.23亿元。"一亿中流"上市加速器·长春园区为东三省首个"一亿中流"上市加速器项目，总面积4680平方米，由浙江清创和梓信息科技有限公司投资建设，旨在为长春市中小企业发展赋能加速。长春园区首批入驻企业10个，同时与省内外40多个商会、协会建立战略合作伙伴关系。阿里云创新中心·长春园区累计入驻企业75个，带动就业约3000人，被认定为吉林省第二批大众创业万众创新示范基地、吉林省创业孵化（示范）基地和国家备案众创空间。杭州长光产业技术研究院为杭州市高新区管委会与长春光学机械研究所（简称长春光机所）的合作项目，主要从事发光学、应用光学、光学工程、精密机械与仪器的研发生产。首批4个长春光机所参股企业以设立全资、合资子公司的模式进驻研究院，注册资本7500万元。

【农产品合作销售】2020年，杭州晓生农产品有限公司将吉林大米、杂粮、土特产等优质农产品引进杭州。该公司在长春拥有粮食生产（产销合作）基地4200公顷，为杭州市及周边地区供应优质粮食产品6万余吨。公司在杭州设立"吉林长春农优产品直营中心"，在余杭勾庄物流园区建立2105平方米的初包装储运基地，以线下实体店结合线上营销模式和"公司＋基地＋农户"的产销路子，为杭州市民提供优质放心的长春农产品。长春农产品"北产南销"成为两地对口合作的重要方式和合作样板。新冠肺炎疫情期间，勾庄物流园区存储的吉林大米及其他农产品，较好地保障杭州粮食市场的供应和市民的生产生活。

【干部人才交流挂职】2020年，杭州市继续选派干部人才到帮扶地区挂职，大部分挂职干部人才在镇、村等基层一线工作。挂职干部人才包括党政机关干部、教育系统业务骨干和医疗卫生专家。其中选派到边远地区的党政干部20人、专业技术人员97人，主要从事人才培训、支教、支援医疗卫生等工作。6月，市卫生健康委选派放射科和消化内镜专家各一名，赴吉林长白山市开展为期半年的医疗援助。7月，海亮集团有限公司在西藏那曲市开设民办援藏班，首期招收那曲市色尼区小学毕业生30名。杭州挂职地区集中在新疆、西藏、青海、贵州、湖北、吉林等对口支援地区和省内山海协作地区。根据统一安排，杭州分别接收对口支援地区的党政干部和专业技术人员到富阳区、滨江区等单位进修学习，其中，市卫生健康委分3批接收长白山市18名医护人员到杭州市级医院专业进修，每批为期10天。（卞平华）

【对口支援边远地区】2020年，杭州市安排对口支援新疆、西藏和青海资金6.49亿元，助力边远地区建设和社会稳定。其中新疆4.53亿元、西藏1.54亿元、青海4170万元。协调受援地区将脱贫攻坚项目作为资金优先安排的重点，集中财力帮助建档立卡贫困人口增收，组织农村劳动力转移就业，推动农牧区特色旅游和农牧业发展，加强乡村基础设施建设，提升公共服务能力。年内，杭州促成招商引资签约项目4个，分别为阿克苏娃哈哈饮料有限公司二期项目增资8000万元、投资3亿元的浙疆果业农产品深加工项目、投资3亿元的中普集团商业地产项目和投资15亿元的浙商发展中心项目。（赵　静）

责任编辑　余显幕

开发区·产业平台

Development Zones & Industrial Platform

杭州钱塘新区

【概况】2020年，杭州钱塘新区实现地区生产总值1095.7亿元，比上年增长2.7%；规模以上工业增加值658.85亿元，增长4.2%；服务业增加值349.1亿元，增长0.8%。综合发展水平在全国218个国家级开发区中列第十位；在全省20个国家级开发区中列第一位，15个集聚区（新区）中列第二位；在全国127个海关特殊监管区中列全国第六位、浙江省第一位。

全年实际利用外资12.3亿美元，其中制造业利用外资6.8亿美元，制造业利用外资金额居杭州市第一位。签约投资额1亿元以上项目64个，其中10亿元以上项目34个，总投资额832亿元。实现工业投资额109.9亿元，总量居杭州市第二位。总投资额100亿元的29个重点产业项目开工建设，13个项目竣工投产。实施数字化改造攻关项目29个，工厂物联网项目70个，新增企业上云623个，7个企业备案创建省级数字化车间。

加大人才工作考核和政策支持力度，全年新引进顶尖人才11人、领军人才45人；新认定杭州市高层次人才804人，增长172.5%；新引进应届大学生9429名，增长88.8%。新增市级院士专家工作站5个、博士后工作站4个、高技能人才2125人。新增落地人才项目95个，总投资额超过30亿元。中国科学院肿瘤与基础医学研究所等研发机构落户杭州钱塘新区，杭州国际人才创业创新园钱塘园区开园。

创新创业活力迸发，研究与试验发展经费支出占地区生产总值的3.97%，增幅居全市第一位。新认定国家高新技术企业179个、省科技型中小企业476个、市级以上研发中心67个，分别增长40%、130%和60%。新认定市级以上科技孵化器和众创空间11个，发明专利授权2094件，增长24%。新增大学生创业企业299个，居全市第一位。扩大开放合作，获批中国（浙江）自由贸易试验区杭州片区钱塘区块和中国（浙江）自由贸易试验区联动创新区钱塘片区。

优化政务服务，以“最多跑一次”改革为牵引，抓实137条营商环境工作举措和企业最关心的十大攻坚任务，实行月例会、月通报制度，营商环境集成改革试点工作获省主要领导批示支持。开展政务服务“去中心化”工作，建设线上线下“投资之家”，推行企业投资项目审批承诺制和企业开办“分钟制”办理，企业投资项目从赋码备案到竣工验收审批实现“最多80天”。推出水电气网协同报装改革，在全市率先试点“土地码”，推行“股权转让”一件事改革。社保领域“不见面”办理改革获人力资源和社会保障部肯定。构建“135”企业服务机制，结合“走亲连心三服务”，实现网格服务、驻企服务常态化；依托“亲清钱塘”数字平台，在线受理企业诉求838个，反馈率100%，

杭州医药港小镇 （钱塘新区管委会 供稿）

满意率 99.6%。

城市基础设施建设加快。杭绍甬高速公路钱塘新区段项目、艮山路东延项目、江东大道提升改造二期及三期工程项目等重点交通道路项目开工建设。下沙路与 12 号路提升改造项目、艮山东路过江隧道项目、江东大道提升改造一期项目等在建工程推进。江东三路过江通道规划线位明确，头蓬快速路前期工作开展。地铁 1 号线三期、7 号线江南段通车运营；6 条主、次干道完工，累计里程 13.8 千米。江东区块核心区征迁清零完成，宝龙商业综合体开业，云帆社区成为浙江省首批未来社区建设试点并开工。城市公共服务加快提升，建成中小学、幼儿园 10 所，新增学籍 6500 多个。杭州市大江东医院转隶为杭州市第九人民医院，新增国家级优质社区卫生服务中心 1 个。杭州亚运轮滑馆、群众艺术文化用房（大剧院）、钱塘新区文体中心等加快建设，大学城北体育健身中心竣工。

【6 个产业功能平台启动设立】2020 年 5 月 20 日，杭州钱塘新区产业平台建设推进大会召开，杭州医药港、杭州大创小镇、杭州综合保税区、杭州江东芯谷、杭州临江高科园和杭州前进智造园 6 个产业功能平台启动设立。6 个产业功能平台聚焦经济发展主责主业，制定出台配套体制机制，明晰产业功能平台、街道、部门等之间的职能。杭州医药港分医药港小镇和金沙湖商务区两个区块，打造生物医药“万亩千亿”产业大平台，推进国家检验检测高技术服务业集聚区（杭州园区）核心区建设。杭州大创小镇发展“双创”、人才科技项目和总部经济，打造数字经济、校友经济、人才集聚、创新创业、总部经济 5 个高地。杭州综合保税区以跨境电商、综合保税、临空经济、转口贸易和出口加工为基础，推进世界电子贸易平台和自贸区联动创新区建设。杭州江东芯谷以半导体产业、未来产业为主导方向，重点发展集成电路、柔性电子显示、智能终端、人工智能、5G、区块链等产业，打造半导体千亿产业大平台。杭州临江高科园重点发展高端精细化工、关键战略材料、前沿新材料、先进基础材料等产业，打造新材料千亿产业大平台。杭州前进智造园重点发展航空航天、汽车及零部件、高端数控机床、智能专用装备等产业，打造航空航天和汽车及零部件两个“万亩千亿”产业大平台。

【生物医药平台入选省“万亩千亿”新产业平台培育名单】2020 年 1 月，杭州钱塘新区高端生物医药产业平台入选浙江省“万亩千亿”新产业平台培育名单，总规划面积 8.5 平方千米。聚焦生物制药、医疗器械、生命医学工程、医疗大数据四大领域，构建全产业链创新生态体系，建设成为全球生物医药创新网络关键节点、全国生物医药创新成果转化首要承载地、全国生物医药与数字经济融合示范区、长三角地区生物医药政策创新先行先试区。杭州医药港作为高端生物医药“万亩千亿”新产业平台建设的重要载体，生物医药产值规模超过 300 亿元，占全市的 50% 以上，累计入驻生物医药企业 1000 多个。中国科学院肿瘤与基础医学研究所、杭州医药港生物药研发公共服务平台、浙江大学医学院附属第一医院创新转化中心、浙江工业大学钱塘生物产业研究院、杭州协和产业创新研究院等项目签约入驻。

【76 个项目集中签约开工投产】2020 年 8 月 13 日，杭州钱塘新区第三季度项目集中签约、开工、投产暨生物医药“万亩千亿”新产业平台建设推进活动举行，76 个项目参加。其中：签约项目 26 个，总投资额 281 亿元，涉及生物医药、区校合作、跨境电商、集成电路、新材料、智能制造等领域；开工项目 35 个，包括产业项目 27 个、基础设施及民生项目 2 个、城市功能性项目 6 个，总投资额 563 亿元，涉及产业、社会事业、重大基础设施以及城市配套等各领域；竣工投产项目 15 个，合计达产年产值 80.2 亿元，包括东芝开利空调（中国）有限公司生产项目、杭州正典生物科技有限公司智能化燕窝深加工工厂及智慧物流仓储项目等 12 个项目。

【中国科学院肿瘤与基础医学研究所重大人才项目落户】2020 年 5 月 8 日，中国科学院肿瘤与基础医学研究所重大人才项目签约落户杭州钱塘新区。该研究所是中国科学院与浙江省合作的重要成果之一，是中国科学院首个以肿瘤医学为主要研究方向的专业研究机构、浙江省引进的首个国家级生命健康研究机构。凌科药业（杭州）有限公司、中国科学院肿瘤与基础医学研究所联合建立中国科学院肿瘤与基础医学研究所凌科药业新药研发中心协议签订，杭州钱塘新区、中国科学院肿瘤与基础医学研究所、中国科学院近代物理研究所智能制造项目签约。

【全国“双创”活动周浙江省分会场活动】2020 年 10 月 15—21 日，2020 年第六届全国“双创”活动周浙江省分会场在杭州钱塘新区举办。活动周以“创新引领创业，创业带动就业”为主题，采用线上线下相结合的方式，全国同步开展。10 月 15 日，钱塘芯谷揭牌仪式、首批落户项目授牌仪式、钱塘“芯智造”创业联盟成立仪式举办。钱塘芯谷位于杭州钱塘新区核心区块，规划总面积 138 平方千米，以半导体产业、未来产业为主导方向，重点发展集成电路、柔性电子显示、智能终端、5G 等产业，打造半导体千亿产业大平台和芯片之城。活动期间，举办第十五届海外英才杭州项目对接大会暨中国集成电路设备产业发展道路的探讨分会场、创新创业沙龙、首届钱塘新区创新创业大赛—钱塘新区“双创”开放日等活动。

【“你带我办”场景获全国政务服务改革创新奖】2020 年 12 月 11 日，第四届国家数据与治理高峰论坛暨 2020 年度数字政务服务博览会召开，杭州钱塘新区“你带我办”场景获“2020 年度全国政务服务改革创新奖”。“你带我办”政务服务辅助系统通过扫码预约、自动派单、线上服务的模式，从“面对面”指导转变为“云见面”指导，从电话咨询转变为“点对点”“手把手”视频同屏指导，协助企业和群众便捷快速线上办理各类事项，改善便民惠企环境。至年末，杭州钱塘新区各类事项网上受理量 19.3 万件，网办率 99.2%。

【杭州国际人才创业创新园钱塘园区开园】2020年7月23日，杭州国际人才创业创新园钱塘园区在大创小镇开园。园区以新加坡（杭州）科技园和杭州市高科技孵化器为核心，建设孵化器、加速器、众创空间等各类创新平台170多万平方米，探索“创业孵化+产业输出”孵化新模式。园区首期项目位于大创小镇海聚中心6幢，建筑面积5000多平方米。引进第三方专业服务机构杭州枫惠六和桥创投科技有限公司为合作共建单位，发挥管理运营、创投融资、科技服务等全链条孵化体系优势。大创小镇管理办公室、杭州枫业科技有限公司与浙江工商大学国际教育学院、浙江理工大学国际教育学院签署战略合作协议。

2020年10月17日，杭州高新区成立30周年纪念大会在杭州奥体博览城网球中心举行

［杭州高新区（滨江）地方志编研室 供稿］

【一站式服务平台启用】2020年4月13日，杭州钱塘新区一站式服务平台“投资之家”启用。“投资之家”以深化“最多跑一次”、打造一流营商环境理念为导向，以“企业投资一件事”“最多跑一次”为目标，集成整合政府涉企审批管理服务职能，为企业提供项目落地前准入、落地后审批、投产后服务3个阶段的全生命周期投资服务。至年末，累计接待2192人次，办理涉企业务1211件。

（张红丹）

杭州国家高新技术产业开发区

【概况】2020年，杭州国家高新技术产业开发区（简称杭州高新区）实现地区生产总值1745.7亿元，比上年增长7.2%。财政总收入358.4亿元，增长4.8%，其中一般公共预算收入182.8亿元，增长4.1%。一般公共预算支出126.3亿元，增长2.1%。其中：民生保障支出107.4亿元，下降0.4%；教育、产业扶持支出分别为25亿元、53.7亿元，分别增长1%、59.7%。固定资产投资263亿元，下降9.6%。其中：项目民间投资增长18.4%，交通投资增长151.9%，生态环保、城市更新和水利设施投资增长30.5%，高新产业投资增长9.8%，工业投资增长16.3%。社会消费品零售总额417.1亿元，增长0.6%。自营出口额544.2亿元，增长11.2%。

全区规模以上工业增加值704.2亿元，增长10.8%，总量居全市第一位。规模以上服务业企业实现利润369.1亿元，增长52.2%。数字经济核心产业增加值1343亿元，增长16.6%，占地区生产总值的76.9%，居全市第一位，综合评价总指数居全省第一位。工业新产品产值率40%。25个投资额1亿元以上项目落地，12个项目公告摘牌，19个项目开工。引进“地平线”等新兴产业项目76个，实际利用外资10.3亿美元。新增上市企业6个、“过会”企业7个，上市企业累计53个。杭州高新区（滨江）富阳特别合作区签约新制造业项目7个，总投资额470亿元。江北科技园391个企业实现“北企南迁”。物联网小镇获评省级特色小镇、全省唯一国家首批数字服务出口基地、全省亩均效益领跑者。互联网小镇连续3年考核优秀，居省级现代服务业集聚示范区综合评价第一位。白马湖生态创意城入选首批国家级文化产业示范园区。智慧医健小镇8个产业项目开工建设。

修订新一轮“1+X”政策，制订生命健康、直播产业、楼宇、孵化器等专项政策，划拨产业扶持资金53.7亿元，增长59.7%。新认定国家高新技术企业395个，累计有效企业数1550个，实现3年倍增目标。认定“瞪羚”企业307个，入选“鲲鹏计划”企业9个。获评国家“双创”示范基地，新认定国家级孵化器和众创空间9个、省级14个，市级以上孵化载体累计104个，在孵企业3093个，居全省第一位。全年新增注册企业1.13万个，增长27.3%，居全市第一位。累计净迁入企业1485个。6个企业取得医疗器械出口备案证明，2个企业获评“国家中小企业公共服务示范平台”。

成立全国首个企业合规促进会、生物医药创新联盟、直播产业联盟等产业服务组织，帮助解决问题近2万个。开展“商事制度改革促进政务环境提升国家级标准化试点”，成为全市唯一“亲清D小二”上线试点先行区。开展“无人智慧审批”，行政服务中心窗口压减60%，线上办件率超过85%，群众满意率提升4.7个百分点。杭州高新区成立30周年纪念大会、杭州湾全球数字技术大会、第九届中国创新创业大赛全国总决赛、第二十四届中国国际软件博览会等活动举行。

试点知识产权“一件事”改革，浙江高新技术产业高价值知识产权培育平台获批，中国（杭州）知识产权保护中心落地。全年专利申请量2.43万件，增长32.7%；专利授权量1.32万件，增长27.9%。其中，发明专利4034件，增长37.3%。每万人发明专利拥有量390件，居全省第一位。主导完成编制国际标准4项、国家标准2项、行业标准2项，6个企业获中国标准创新贡献奖。获国家科技进步二等奖、国家技术发明二等奖各2个，中国专利奖7个，创新指数、创造力榜单均居全省第一位。杭州海康威视数字技术股份有限公司获“浙江省政府质量奖”。新冠肺炎疫情期间，向943个企业拨付区级知识产权资助资金1.09亿元，助力企业复工复产。

引进各类人才3.3万人，增长6.9%，其中硕博人才8751人、高层次人才1098人、人才计划专家41人。新增人才计划企业111个，省市领军团队9个、引才项目48个，均居全市第一位。2个众创空间入围国家专业化众创空间备案示范。浙江大学滨江研究院、杭州中科国家技术转移中心、杭州长光产业技术研究院、“超高灵敏极弱磁场和惯性测量装置”培育项目等创新平台落地。北京航空航天大学杭州研究生院结顶。杭州海康威视数字技术股份有限公司“视频感知新一代人工智能开放创新平台”被认定为国家级AI创新平台。新增省级重点实验室2个，省级企业研究院9个，省、市研发中心140个，累计有市级以上研发机构454个。新设政府引导基金子基金4只，规模36.67亿元。全年技术交易额78.7亿元，研究与试验发展经费支出占地区生产总值的10%，居全省第一位。

【新型冠状病毒防控专利专题库上线】2020年2月12日，杭州高新区（滨江）知识产权综合服务中心新型冠状病毒防控专利专题库上线。该专题库免费向社会公众开放，依托浙江省知识产权研究与服务中心开发的浙江省知识产权（专利）公共服务平台（二期），为专业人员和社会公众分析研判冠状病毒、针对性开展控制疫情传播、加快临床药物筛选和提高科学防控等工作提供专利信息资源支撑。专题库收录有全球范围内与新型冠状病毒肺炎防治相关的诊断与检测、抗病毒药物、环境消毒与废弃物处理等方面专利信息。至年末，上线查阅约4900人，检索约7200次。

【2个众创空间入选国家专业化众创空间备案示范名单】2020年3月25日，科技部公布第三批国家专业化众创空间示范名单，浙江省入围2个，均位于杭州高新区，分别为杭州海康威视数字技术有限公司投资建设运营的图像识别国家专业化众创空间、浙江合众科技股份有限公司投资建设运营的智能轨道交通国家专业化众创空间。图像识别国家专业化众创空间以视频技术为核心，依托杭州海康威视数字技术股份有限公司国家企业技术中心、国家地方联合工程研究中心等创新载体，以及杭州、北京等跨区域研发中心，为创新创业团队提供平台资源支撑和专业化服务。至年末，培育杭州萤石网络有限公司、杭州海康机器人技术有限公司等8个企业，投资联芸科技（杭州）有限公司等13个企业。

【物联网产业园获评国家数字服务出口基地】2020年4月9日，商务部、中央网信办、工业和信息化部联合发布公告，认定杭州高新区物联网产业园等12个园区为首批国家数字服务出口基地。物联网产业园以物联网产业为发展导向，培育数字安防技术服务、网络信息安全服务、区块链技术服务、数字云服务、跨境金融服务等数字服务企业。园区有世界500强企业及其投资项目15个，上市公司15个，国家高新技术企业126个，独角兽、准独角兽企业7个；有各类人才8.9万人，其中国家级和省级人才工程入选专家33人、诺贝尔奖获得者和院士专家13人。园区5G基站、数字安防等“新基建”设施完备，5G网络实现全覆盖，商企楼宇光纤覆盖率99%、家庭光宽带覆盖率99%；融合5G网络和新一代信息技术与工业系统，建设工业4.0、园区车联网系统。依托知识产权综合服务中心、5G滨江联合创新中心等平台，为园区企业发展提供金融、商标、专利、路演等服务。全年园区服务贸易出口额21.92亿美元，比上年增长10.3%，占全区服务贸易出口总额的50.5%；软件和信息技术服务出口主导作用明显，出口额16.75亿美元，占园区服务贸易出口额的76.4%。

【浙江省鲲鹏生态创新中心揭牌】2020年4月21日，普天鲲鹏产品发布暨浙江省鲲鹏生态创新中心、浙江大学滨江研究院揭牌仪式在杭州高新区东方通信科技园举行。杭州高新区与杭州华为企业通信技术有限公司就合作共建浙江省鲲鹏生态创新中心事宜签订合作协议。浙江省鲲鹏生态创新中心位于东方通信科技园，是浙江省鲲鹏产业基地的重要组成部分，依托浙江大学滨江研究院专业化运营，引进与鲲鹏生态、5G等相关的软硬件企业、创新机构、人才培训认证机构，打造浙江省信创及各行业国产化解决方案认证平台、创新及标准孵化平台、成果展示平台和专业培训平台。杭州华为企业通信技术有限公司开展鲲鹏整机生产和销售服务等方面合作，推进浙江省鲲鹏产业基地建设。

【“无人智慧审批”新模式上线】2020年5月8日，杭州高新区商事登记“无人智慧审批”上线浙江政务服务网。“无人智慧审批”以群众需求为导向，运用数字化手段，优化审批系统，以“24小时在线”无人智慧审批模式，实现“减环节、减材料、减时限”，提高服务效率，激发市场主体活力。审批系统经大数据和人工智能优化升级后，“机器审”替代“人工审”，做到“同质同标”的标准化审批，办事突破工作时间的限制，做到高效审批。至年末，578个企业通过“无人智慧审批”方式取得营业执照。

【杭州长光产业技术研究院落户】2020年7月5日，杭州长光产业技术研究院（简称杭州长光院）揭牌仪式暨首批入驻企业签约仪式在海外高层次人才创新创业基地举行。杭州长光院由杭州高新区与中国科学院长春光学精密机械与物理研究所共同建设，聚焦光电技术创新，面向产业紧迫需求，攻克关键技术，促进精密仪器与装备领域的成果转移转化，辐射带动相关产业发展。杭州长光院位于海外高层次创新创业基地，有工作人员8人，建筑面积2.28万平方米，其中办公区域和展厅面积2800平方米、企业入驻区域面积2万平方米。至年末，长春长光辰英生物科学仪器有限公司、长春希达电子技术有限公司、长春禹衡光学有限公司、长春长光辰芯光电技术有限公司4个企业入驻杭州长光院。

【杭州高新区企业e服务平台上线】2020年8月31日，杭州高新区企业e服务平台“上马石”上线。杭州高新区基于城市大脑大数据平台，通过应用数据支撑，构建企业e服务平台“上马石”，连接政府与企业、银行与企业、园区与企业、企业与企业，推动政府企业互助合作，营造创新创业良好生态。微信小程序“上马石”同步上线，按政企联动、信息互通、企业互助三大方向，设立“政策”“园区”“金融”“服务”四大模块，帮助企业解决创业困难。至年末，平台上线服务板块10个，发布政策88条，覆盖楼宇园区117个，发布金融产品50多个，为企业融资8000多万元。

【“企业创新积分”全国试点启动】2020年9月8日，杭州高新区启动“企业创新积分”全国试点工作。“企业创新积分”评价体系是基于企业创新能力的科技企业增信机制，设立创新投入、创新产出、成长性、辅助指标4个维度共20多个指标。根据企业“种子期”“苗木期”“成长期”“壮大期”“成熟期”5个发展阶段，面向不同发展阶段企业采取不同评价标准，量化评价企业创新能力，为企业精准推送相关政策和服务。企业可登录“浙政钉”App，一键查询企业创新积分；可通过“金融超市”，查询合作银行机构的贷款授信额度与专办热线，实现线上贷款办理和政策填报。全年为5036个企业提供创新积分在线查询和即时金融服务。

【《关于扶持直播产业发展的实施意见》出台】2020年9月25日，杭州高新区出台《关于扶持直播产业发展的实施意见》。该《意见》明确，杭州高新区以互联网小镇为核心，依托知名电商平台，创建“直播电商产业基地”；以创意小镇为核心，依托中国网络作家村、华数传媒等数字内容生产、运营企业园区，创建“数字创意产业基地”。成立“直播产业联盟”，给予联盟开办经费补贴和运营经费支持，定期举办直播产业论坛和交流活动，为直播产业企业提供政策辅导、人才培训、资源对接等服务。至年末，杭州高新区集聚杭州宸帆电子商务有限责任公司等多个国内MCN（多频道网络运营）机构骨干企业，招引直播生态链企业150多个。

【杭州高新区成立30周年纪念大会】2020年10月17日，杭州高新区成立30周年纪念大会在杭州奥体博览城网球中心举行，省、市领导以及社会各界代表3000多人参加。省委书记袁家军对杭州高新区30年发展成绩做出批示。会后举行文艺演出，围绕“集结和情怀”“管理和服务”“奋斗和创新”“初心和未来”等主题，以朗诵剧、舞蹈、合唱等多种舞台形式，展现“高新文化”和“高新精神”。

【生物医药创新联盟成立】2020年11月15日，杭州高新区生物医药创新联盟成立大会暨学术交流会议在杭州人才之家召开。会议通过联盟章程，表决产生联盟理事长、副理事长和秘书长单位，宣读批准加入联盟的40个理事单位名单。杭州高新区生物医药创新联盟是面向生物医药产业领域所有创新型企业的开放性、非营利性合作组织，通过创新药物、体外诊断和高端医疗器械等领域的专家和企业，挑选有前景的创新型生物医药企业，联合科研机构、医院、专业投资机构和政府机构等，形成生物医药产业生态。联盟为创新生物医药企业提供技术、法规咨询、资源对接、行业资讯服务，举办生物医药产业研讨、联谊活动，跟踪汇总生物医药企业动态等。

【2个企业获评“国家中小企业公共服务示范平台”】2020年12月11日，工业和信息化部公布2020年度国家中小企业公共服务示范平台名单，杭州金绣花边有限公司（金绣国际科技中心）、浙江火炬生产力促进中心有限公司2个杭州高新区企业作为创业服务平台入选。服务平台为中小企业开展公益性服务，承担政府部门委托的各项任务，在提升产业链供应链现代化服务、助力制造业做实做强做优等方面发挥服务作用。

［杭州高新区（滨江）地方志编研室］

萧山经济技术开发区

【概况】2020年，萧山经济技术开发区（简称萧山开发区）实现固定资产投资92亿元，比上年增长5.1%；规模以上工业总产值466.9亿元，增长0.5%；规模以上工业增加值117.6亿元，增长0.6%；规模以上高新技术产业增加值87.4亿元，增长2.3%；数字经济增加值41.2亿元，增长15.7%；规模以上服务业增加值65亿元。实现财政总收入120.41亿元、一般公共预算收入76.65亿元，分别增长9.5%、19.2%。国家高新技术企业数量228个，增长59.3%；每万人发明专利拥有量84件，增长70.5%；新增国家级孵化器和众创空间5个。在2020年国家级开发区综合发展水平考核评价中，萧山开发区在全国219个国家级开发区中居第44位，在全省21个国家级开发区中居第4位，实际利用外资居全国第9位。

全年实际利用外资3.86亿美元，新批准外商投资企业45个。招引落地项目44个、总投资额360亿元，其中投资额10亿元以上项目12个、投资额20亿元以上项目5个。世界500强企业采埃孚驱动产品生产基地项目、华擎半导体制造项目和彗晶芯片散热新材料制造项目等重大项目签约落地。推进“4286”产业载体重点项目建设，新开工项目14个。总投资额10亿元的明电舍新能源汽车项目一期工厂竣工，总投资额1.5亿美元的采埃孚汽车关键零部件项目部分投产，总投资额9.57亿元的兆丰智能化工厂项目竣工，总投资额5亿元的圣奥时尚家具生产基地项目厂房结顶。位于萧山开发区的信息港小镇、萧山机器人小镇获评杭州“数字经济旅游十景”。全年新引进院士专家等顶尖人才3人，新增国家级领军人才7人、省级领军人才7人，新落地人才项目28个、院士工作站1个、国家级博士后工作站1个。

【萧山开发区推进复工复产】2020年，萧山开发区建立“社会面、企业、建设工地”三线管控防疫体系，全力

萧山开发区夜景 （萧山开发区管委会 供稿）

推进复工复产。制定出台“惠企20条”，开通员工省际包机，为企业解决困难100多个，帮助企业通过“亲清在线”兑现疫情相关补助资金6000多万元。政策扶持精准到位，根据技改设备、物资保障、复工达产、产业链配套、返萧交通费用五大政策，发放扶持资金1.3亿元。组建10个专班，搭建“云招聘”平台，以“云招商”形式在线洽谈项目、招商引资。“暖心的服务，硬核的政策”等复工复产措施先后被《人民日报》、人民网、《浙江日报》等媒体报道。

【萧山开发区创新载体建设】 2020年，萧山开发区推进重点载体建设，加快高端产业集聚，提升创新创业水平。信息港小镇建设超过300万平方米的创新载体、总部大楼，新建成运营空间53万平方米，在省级小微企业园绩效综合考评中获第一名，获评国家火炬特色产业基地，连续4年获评国家级科技企业孵化器A类优秀等次。机器人小镇建设50万平方米发展新空间，开通数字公交专线，产业综合体、生活综合体主体工程完工，连续3年在省级特色小镇考核中获评优秀等次。三江创智小镇推进基础设施建设，14个重大项目签约入驻，总投资额90亿元。萧山科技城创新“收储加建设”模式，建设近200万平方米的“三谷一园一基地”创新载体。浙江大学杭州国际科创中心启动区块总建筑面积超10万平方米的创新空间投入使用，新建区块一期项目开工。绿色智造产业新城全年新开工基建、民生及产业项目9个，举行全省重大项目开工仪式，绿色化工园区通过省级认定。

【萧山开发区创新引擎打造】 2020年，萧山开发区集聚创新动能，新增杭州市工厂物联网项目8个，杭州市数字化改造攻关项目2个，萧山区智能制造项目22个。联合西门子创新中心，免费为企业提供智能化改造“一对一”入户诊断服务。完成规模以上企业数字化覆盖率和上云率“双百”目标，推进高端装备制造产业链链长制试点工作。中国重汽集团杭州发动机有限公司经营收入和产值超过50亿元，产量超过10万台，新增141件发明专利授权。创新推出“人才贷”，向28个项目拨付快速启动资金1830万元，解决创业企业资金问题。

【萧山开发区环境提升】 2020年，萧山开发区加强城市管理，高标准编制“十四五”发展规划。完成发展战略研究，修编市北、桥南、红垦单元控制性详细规划，益农产业单元控制性详细规划通过评审。推进总投资额258亿元、总建筑面积460万平方米的安置房建设，开工建设安置房项目占萧山区安置房项目的68.5%。实施建设二路、弘慧路等20多条道路新改建工程。总投资额超过5亿元的市心小学、信息港幼儿园投入使用，总投资额5.5亿元的信息港初中、天德路幼儿园等建设推进，科技城尚德实验学校完成设计方案。与中国中化集团有限公司、中国冶金科工集团有限公司等企业达成战略合作，争取一般债券、专项债券等上级资金14.9亿元，发行公司债券（保障性住房）27亿元。

【杭州湾数字健康创新谷开园】 2020年5月7日，杭州湾数字健康创新谷正式开园。创新谷位于萧山开发区信息港小镇六期，分南北区块，占地面积4.13万平方米，建筑面积19.4万平方米，总投资额13.5亿元，重点招引龙头型、总部型数字健康企业落地。开园仪式上举行落地项目集中签约仪式，首批签约10个项目，包括世界500强企业中国电子信息产业集团有限公司的中国电子杭州数字港项目，独角兽企业杭州乐刻网络技术有限公司项目，准独角兽企业杭州贝康健康科技集团有限公司项目，以及中科院生物物理研究所孵化的高科技项目等。全年签约落户35个龙头型、总部型项目。

【浙江大学杭州国际科创中心开园】 2020年7月16日，浙江大学杭州国际科创中心开园活动在萧山开发区举行。浙江大学杭州国际科创中心是杭州和浙江大学全面深化市校战略合作共建的重大科技创新平台，包括建设区块和启动区块。建设区块位于萧山科技城，占地面积约80万平方米，分3期建设。启动区块位于萧山信息港小镇，占地面积6.67万平方米，总建筑面积10万平方米。浙江大学杭州国际科创中心实施顶尖人才助力计划、攻坚人才提升计划、青年人才卓越计划3个人才计划，建设卓越中心、研发中心、孵化中心、产业中心4个空间载体，聚焦微纳尺度下的功能材料、微纳电子信息、微纳智造、合成生物、生态环保5个重点攻关领域。至年末，中心入驻取向性二维纳米材料等离子体制备关键技术与装备项目、基于微纳复合生物材料的定域肿瘤诊疗体系与技术研究项目等6个高新项目。

【2个世界500强企业扩大投资】 2020年，瑞士ABB集团和法国圣戈班集团2个世界500强企业在萧山开发区追加投资、增设项目。12月1日，ABB集团工业自动化事业部

中国技术中心在萧山开发区正式成立，打造跨部门研发项目的枢纽和合作平台，为流程工业和混合行业用户提供产品、系统及解决方案。12月2日，圣戈班生物制药一次性系统本地化产线在萧山开发区投产启用，该生产线满足NEBB ISO Class 7等相关标准，用于各类单克隆抗体、疫苗的生产。

【国际机器人组织联盟落户萧山开发区】2020年11月23日，2020年第六届中国（杭州）国际机器人西湖论坛在杭州国际博览中心举办。论坛由浙江省机器人产业发展协会和萧山开发区管委会共同举办，以“机器人与服务人类”为主题，设置机器人与服务人类论坛、国际机器人创新与合作长三角（杭州）论坛2场主论坛，工业移动机器人、机器人与大健康产业、机器人职业技术教育与培训、机器人与智能建造4场行业专题论坛，以及2020RoboCom世界机器人开发者大赛和2020GRG工业AGV邀请赛2场国际性赛事。活动期间，国际机器人组织联盟成立，并落户萧山机器人小镇。联盟由浙江省机器人产业发展协会与芬兰、美国、新加坡、日本、澳大利亚、以色列、西班牙、马来西亚等国家和地区的机器人组织共同发起，是独立运行的全球化机器人产学研交流合作国际联盟。联盟致力于机器人技术科研、产业成果转化，以“创新、合作、互利、共赢”为准则，搭建国际机器人交流合作平台，促进全球机器人产业生态有机融合及健康发展。（陈　洁）

杭州余杭经济技术开发区

【概况】2020年，杭州余杭经济技术开发区（简称余杭开发区）实现规模以上工业总产值810.4亿元，比上年增长17.3%；规模以上工业增加值234.82亿元，增长18.3%。完成固定资产投资106.11亿元，增长31.4%，完成率100.1%；工业投资47.7亿元，增长4.6%；现代服务业投资16.67亿元，增长123.8%；政府投资26.42亿元，增长32.4%。新增年产值100亿元以上企业1个、10亿元以上企业3个；年产值1亿元以上企业总数113个，占规模以上工业产值的90%以上。财政总收入54.64亿元，地方财政收入30.18亿元；实际到位制造业外资1.51亿美元，完成全年任务的100%；固定资产总投资1亿元以上产业项目落地56个，完成全年任务的245%。

围绕主导产业，签约落地中国自动化集团有限公司过程工业自动化总部项目、贝达梦工场项目、启元生物总部项目等高端装备制造和生物医药项目。围绕战略性新兴产业，引进华毅瀛飞高端光电子芯片产业化项目、奥趋光电技术（杭州）有限公司第三代宽禁带半导体氮化铝晶圆产业化项目等半导体产业项目。招引全球设计师柔性制造平台ICY、自动驾驶领军企业深圳元戎启行科技有限公司的华东总部项目。围绕“扎根计划”，签约杭州本松新材料技术股份有限公司、浙江铁流离合器股份有限公司、杭州微策生物技术股份有限公司等优质本土企业新建项目。围绕城市配套提升，先后与贝赛思国际学校、复星集团战略合作高端综合体项目、凯悦酒店等配套项目达成协议。

实施“新制造业计划”，高端装备制造业实现工业总产值595.09亿元，增长23.7%；生物经济产业实现工业总产值88.76亿元，增长26.9%。亿邦国际控股公司、众望布艺股份有限公司、杭州豪悦护理用品股份有限公司3个企业先后在美国纳斯达克和上海证券交易所主板上市，累计上市企业数量14个。浙江春风动力股份有限公司获评工业和信息化部单项冠军示范企业称号，杭州老板电器股份有限公司、杭州西奥电梯有限公司获评省级工业互联网平台，杭州西奥电梯有限公司、贝达药业股份有限公司分别获“浙江省政府质量奖”和“浙江省政府质量管理创新奖”。贝达药业股份有限公司获评国家企业技术中心，一类新药“盐酸恩沙替尼”正式获批上市；杭州东华链条集团有限公司获得浙江省工业大奖金奖；杭州海的动力机械股份有限公司、杭州本松新材料技术股份有限公司成为省级“隐形冠军”企业，杭州仁德医药有限公司成为省级“隐形冠军”培育企业。

坚持产城融合发展，实施“靓城行动”，打造9平方千米的中心城区。老城区有机更新，启动禾丰港改造提升工程，加快推进道路整治、立面整改、环境整修等重点工作，先后完成小林、横塘、星火苑等重点区块征迁工作，打造“产城人”融合的未来经济发展综合型平台。完成18条道路施工，开工建设26个市政项目。浙江理工大学余杭校区（时尚学院）开工。全年新增精装人才公寓240套，在建公租房624套。

实施“大孵化器战略”，持续完善创业创新生态体系。全年新增创新空间61.5万平方米，新认定省级以上园区3个（其中国家级2个、省级1个）。引进培育海内外高层次人才创新创业项目51个，引进市级以上领军型人才82名，新增海外高层次人才57名，引进特色人才250名，新增技能人才1300名。全年新增国家高新技术企业106个，累计企业数量323个。

【“首席创新官”机制建立】2020年6月，余杭开发区“首席创新官”机制建立。该机制依托企业创新联络员队伍，由园区或企业科技创新负责人协助园区内企业科技创新规划、布局及战略，为区域科技创新政策及服务建言献策。引导企业突破关键核心技术，助推杭州安道药业有限公司、浙江迪谱诊断技术有限公司等企业和科技创新主体申报2021年省级重点研发计划项目立项并获批。

【“杭州未来智造工程师协同创新中心”被列入全省试点】2020年8月，杭州未来智造工程师协同创新中心揭牌并被列入全省试点。中心以未来制造模式研发生产未来智能产品，建立“一班双核十平台”运作架构，引进杨华勇院士、傅建中教授等专家，遴选浙江大学优秀管理和技术团队参与中心建设。成立工作领导小组及工作专班，动态排摸企业需求，制作余杭开发区工程师分布地图以及全职引进、柔性合作、共享共用3张工程师名单。依托“余小创”云创新服务平台，搭建线上工程师服务创新中心，建设高端医疗装备中心、智能工业机器人数字化设计平台等，推动工程师人才创新创业。

【阿里巴巴集团新制造平台投产】 2020年9月16日，阿里巴巴集团新制造发布会暨犀牛工厂揭幕仪式在余杭开发区举行，阿里巴巴集团新制造平台——犀牛智造工厂投产。该工厂以成衣制造为切入点，融合互联网与制造业，建立柔性换产、一键插单、智能排产等数字化能力，建有智能工厂、数字化研发中心、智能仓配中心等设施。犀牛智造工厂共获得60多个服装制造领域专利，以云计算、物联网、人工智能技术为手段，加快数字经济赋能制造业发展。工厂的"智慧大脑"通过柔性制造系统，能有效应对成衣制造市场订单小、款式多、变化快的特点，实现定制服装批量化生产，可满足100件起订、7天交货等柔性化、快速生产要求。

【服务型制造研究院揭牌】 2020年11月3日，服务型制造研究院在余杭开发区揭牌。研究院联合工业和信息化部电子第五研究所，以"公司+联盟"思路，整合海内外资源，提供政策研究、技术研发、人才培训等服务，解决企业服务型制造转型中的产业化生产和工程应用问题。启动建设产品服务系统、绿色制造、医工交叉3个实验室，建设以服务型制造为核心的展示交流中心、人才实训中心，开展绿色工厂创建、绿色园区经验分享等交流活动。全年助推杭州西奥电梯有限公司、浙江春风动力股份有限公司、杭州老板电器股份有限公司等企业向服务型制造转型，拓展价值链和产业链。

【浙江大学高端装备研究院揭牌】 2020年11月28日，余杭区政府与浙江大学共建的浙江大学高端装备研究院在余杭开发区揭牌，杨华勇院士担任研究院院长。研究院设有智能机器人、高端机电系统及工业软件、航空发动机与燃气轮机、半导体装备、高端医疗装备五大中心，集聚余杭区产业、政策优势和浙江大学技术、人才创新资源，打造以"创新驱动、服务地方、成果转化、市场导向"为目标的高端装备产业集聚区。至年末，研究院与杭州老板电器股份有限公司、浙江春风动力股份有限公司等10多个余杭开发区企业达成初步合作意向；与无锡雪浪数制科技有限公司、浙江力聚节能服务有限公司等企业签订入驻协议；与杭州申昊科技股份有限公司、浙江晶盛机电股份有限公司2个企业达成签约意向；联合企业申报浙江省重点研发计划项目、2020年度科技部重点研发计划项目各2个。

【浙江省首届"未来工厂"发布会在杭州召开】 2020年12月23日，浙江省首届"未来工厂"发布会在余杭开发区召开。会上，余杭开发区浙江春风动力股份有限公司、杭州老板电器股份有限公司、阿里巴巴迅犀（杭州）数字科技有限公司3个企业入选浙江省首批"未来工厂"示范项目，入选数量占全省的1/4。余杭开发区创新"首席数据官"工作机制，开展数字化"清零扫盲"专项行动等活动。联合阿里云supET、浙江省技术创新服务中心等服务机构，开展"智能化数字推广和诊断"专项行动。引进工业和信息化部服务型制造研究院、浙江大学高端装备研究院等科研院所，引进求是半导体年产200台/套半导体外延设备项目、芯耘微电子科技（杭州）有限公司年产200万片100G速率CWDM4硅基光电混合集成电路芯片和300万个100G速率芯片集成光器件项目、深圳市优必选科技股份有限公司华东总部项目等项目。持续深化"5G+""人工智能+""服务型制造+"等场景应用，加快上市公司和上市募投项目"智能化"升级，推进循环化改造和绿色制造。杭州老板电器股份有限公司、浙江运达风电股份有限公司、贝达药业股份有限公司先后被评为国家级、省级"绿色工厂"；阿里巴巴迅犀（杭州）数字科技有限公司在2020年世界经济论坛年会上被评为服装行业全球唯一"灯塔工厂"。

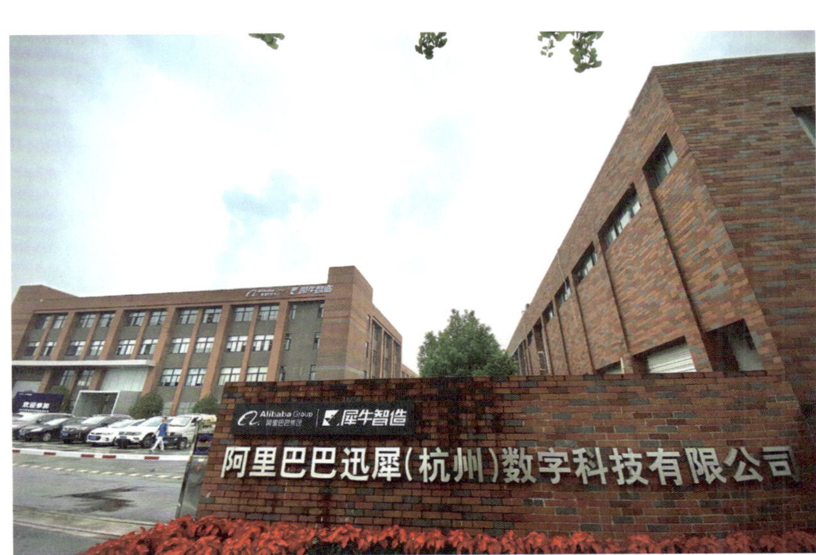

浙江省首批"未来工厂"示范项目——阿里巴巴迅犀（杭州）数字科技有限公司

（余杭开发区管委会 供稿）

【IN PARK园区开园】 2020年6月30日，"大孵化器"战略半年度推进大会暨IN PARK园区开园仪式在余杭开发区举行。IN PARK园区（余杭开发区创新创业产业园）是余杭开发区"大孵化器"战略重点打造的园区，以"物联网+医疗器械"为发展方向，占地面积22.8万平方米，建筑面积约40万平方米，是集"孵化、加速、产业化"为一体的综合发展产业园区。开园仪式上，余杭开发区与浙江大学的战略合作标志性平台——高端装备创新赋能中心启用。

【中国药物研发创新与战略合作论坛】 2020年9月10日，"2020中国药物研发创新与战略合作论坛"在余杭开发区举行。论坛以"创新与合作"为主题，吸引国内外医药企业的专家、负责人共40多人参会，围绕"生物医药行业未来发展”等主题进行交流探讨，分享新药研发与临床进展实例30多个，解读经典合作案例10多个。来自美国强生公司、美国辉瑞公司、上海绿谷制药有限公司、石药控股集团有限公司等医药企业的专家、负责人发表演讲并参加5场圆桌讨论，内容涉及“全球视野下的新药市场发展趋势分析及创新机遇”“如何在动态政策环境下达到战略投资”“药物研发的现状和趋势”等方面。

【中国碳材料产业创新发展高峰论坛】 2020年10月15日，“2020中国碳材料产业创新发展高峰论坛”在余杭开发区举行。论坛以“碳材料和战略性新兴产业的融合与创新”为主题，围绕碳材料产业的现存问题、新技术、新产品、解决方案、典型案例等进行经验交流和分享。活动期间，浙江省杭州余杭先进碳材料产业创新服务综合体揭牌。该综合体位于余杭开发区，是以石墨烯、稀土纳米功能材料、气相纳米碳纤维、碳纤维复合材料等“新材料+”为研究方向，以开发创新应用为核心的产业平台。综合体内设浙江省先进碳材料研究中心等机构，为“新材料+”中小企业提供共享研发平台、投资管理、“新材料+”产业供应链金融等服务，推动形成新材料技术应用产业集群。

【浙江生物医药特殊物品出入境公共服务平台入选省进口促进服务平台】 2020年11月，省商务厅等9个部门联合发布第一批浙江省进口贸易促进创新示范区和重点进口平台名单。位于余杭开发区的浙江生物医药特殊物品出入境公共服务平台入选第一批浙江省进口促进服务平台。浙江生物医药特殊物品出入境公共服务平台由杭州海关、余杭开发区管委会、杭州医智捷供应链管理有限公司合作共建，委托杭州医智捷供应链管理有限公司日常维护运营。平台致力于生物制品行业的出入境服务，通过特殊物品风险评估的线上专家评审、审批单的信息化管理稽核、货物到达港口后全程监管一体化、温控产品优先绿色通道、后续监管远程查验等“最多跑一次”改革措施，生物制品出入境时间从90天缩短到15天以内。至年末，平台为浙江省内80%以上的生物医药企业和高校院所提供特殊物品出入境公共服务。

【中翰盛泰生物技术股份有限公司项目入选首台（套）装备工程化攻关项目】 2020年11月，省经信厅发布2020年度浙江省首台（套）装备工程化攻关项目名单，中翰盛泰生物技术股份有限公司全自动流式荧光化学发光一体化分析系统及配套核心编码微球项目入选并被列入重点项目。中翰盛泰生物技术股份有限公司是余杭开发区“准独角兽”企业，业务涵盖医疗体外诊断原材料开发、诊断仪器和试剂研发生产、分子诊断第三方检验、第三方医疗器械冷链物流等领域，建有2.5万平方米的体外诊断试剂生产基地，诊断试剂盒具备单班年产2000万套的产能。5月，子公司杭州医智捷供应链管理公司被省商务厅认定为新冠肺炎疫情期间防疫和医疗物资进口突出贡献企业。

（沈晓燕）

富阳经济技术开发区

【概况】 2020年，富阳经济技术开发区（简称富阳开发区）“四上企业”（规模以上工业企业、资质等级建筑业企业、限额以上批零住餐企业、国家重点服务业企业）实现主营业务收入1568.6亿元，比上年增长12.1%。实现规模以上工业总产值769.4亿元，占全区的65.4%；规模以上工业增加值156.7亿元，增长2.7%，占全区的66.5%；高新产业增加值122亿元，增长4.8%，占全区的83%。工业性投资额29亿元，占全区的48%；高新产业投资额21.5亿元，占全区的70%。入库税收收入29.5亿元（不含房地产、建筑业、金融业企业税收），占全区的51%。其中制造业企业入库税收20.6亿元，占全区的57.7%。

全年实际利用外资5104万美元，其中制造业利用外资5004万美元。招引产业项目70个，总投资额141亿元，其中投资额1亿元以上高新项目32个。新开工项目40个，其中位于银湖新区18个、场口新区（含环山）11个、东洲新区8个、新登新区3个。完成新竣工项目34个，其中位于场口新区16个、新登新区15个、东洲新区3个。杭州润歌网络新建研发办公楼项目等40个产业项目开工建设，浙江中南绿建科技产业基地项目等30个产业项目竣工投产；缙云大厦项目、银湖安置房项目等68个建筑项目开工建设，场口公寓房六期项目等33个建筑项目竣工。完成杭州富通通信技术股份有限公司新一代信息技术项目、杭州中泰深冷技术股份有限公司液化天然气成套装置撬装装备和冷箱及板翅式换热器生产基地项目、浙江创兴智能电机有限公司高端电机智能制造项目3个“152”项目申报、认定工作。

全年完成集体土地征用146.3公顷，银湖街道银湖村（四联区块）、东洲街道鸡笼山村（西村区块）等农户拆迁142户，主体企业拆迁184个，收回建设用地102.9公顷，完成承租户和承租企业搬迁241个，政策处理土地面积146.3公顷。完成供地项目61个，其中工业用地项目32个、经营性用地项目17个、安置房等基础设施配套项目12个，累计出让面积120公顷，出让金额49.16亿元（不含银湖37–1地块）。完成批而未供土地处置任务36.5公顷，消化存量建设用地83.4公顷，经营性用地面积38.4公顷，工业用地面积55.3公顷，公建配套面积26.3公顷。富阳开发区直管区域内列入富阳区大计划政府投资项目148个，其中续建项目62个、新建实施类项目40个、新建预备类项目22个、应急工程20个、园区配套工程4个，涉及安置房项目16个，人才房项目2个，亚运场馆项目1个。

富阳开发区实际经营企业5528个，其中工业企业1448个。有规模以上工业企业291个，占全区的44.4%，其中年产值100亿元以上企业2个、10亿元以上企业11个、1亿元以上企业102个；国家高新技术企业247个，占全区的67.1%；上市企业3个，占全区的60%，上市培育企业33个。杭州富通通信技术股份有限公司入选2020年浙江省高新技术企业创新能力百强榜单，列第88位；硅谷小镇景区被杭州市旅游景

富阳开发区银湖科技城　　（富阳开发区管委会 供稿）

区质量等级评定委员会评选为AAA级旅游景区。12月30日，省商务厅发布第二批美丽园区名单，富阳开发区被评为浙江省美丽园区示范园区。至年末，富阳开发区有众创空间12个，其中国家级1个、省级1个、市级3个；有科技孵化器8个，其中国家级1个、省级1个、市级4个；有各类人才45人，硕士及以上研究生700多人。

【硅谷小镇被命名为省级特色小镇】2020年11月6日，《浙江省人民政府关于命名第四批省级特色小镇的通知》发布，富阳硅谷小镇被命名为第四批省级特色小镇。硅谷小镇位于富阳开发区银湖科技城，规划面积3.11平方千米。硅谷小镇作为数字经济类特色小镇，推进建设“1+6”数字经济产业集群，重点发展5G产业和数字新电商产业。硅谷小镇集聚研发办公人员近1万人，其中各级人才30人、“新四军”创业人员235人、中高级职称技能人才671人；有创新平台25个，其中国家级2个、省级7个；“双创”平台建筑面积8.6万平方米，研发机构19个，其中省级以上15个；有效发明专利239件，其中新增114件。累计入驻企业418个，其中特色产业相关联企业297个、国家高新技术企业41个、科技型中小企业77个。营业收入134.1亿元，增长10.6%。其中特色产业营收95.8亿元，增长11.9%，占小镇企业营收的71.4%。实施项目14个，有效投资额6.18亿元，完成年度投资计划任务的103.7%。其中：特色产业投资额5.57亿元，占总投资额的90.1%；非国有投资额6.13亿元，占总投资额的99.2%。小镇全年签约并落地项目25个，其中产业总部项目24个（高新制造业项目8个，服务业项目16个）；投资额1亿元以上项目21个，涉及产业人口约5000人，涉及产业用地18.13公顷，总投资额约38亿元。新招引国家高新技术企业资质项目11个，省、市级企业技术（研发）中心等资质项目2个。

【富阳开发区获“链长制”试点示范单位】2020年10月13日，省商务厅发布省开发区产业链“链长制”试点单位和试点示范单位名单，富阳开发区获评省开发区产业链“链长制”试点示范单位。产业链集群以光通信国家级产业基地为核心，有规模以上5G企业66个，全年实现营业收入329.7亿元，占富阳开发区（含托管区）规模以上企业营业收入的24.8%；实现进出口额32.6亿元；研发投入8.2亿元，占富阳开发区总额的30.4%，研发投入占营业收入的2.5%。富阳开发区在物联网、控制技术、传感器、集成电路、视觉技术等5G关键技术和应用场景领域引进高新技术企业，打造5G关键技术及应用产业集群。其中，投资额16亿元的大华物联网二期项目完工，总投资额17.5亿元的富通新一代信息产业园一期项目投产、二期研发中心项目开工建设，投资额10亿元的永特信息特种光缆二期项目建设推进，投资额4.5亿元的中恒5G基站电源项目开工。

【工创谷众创空间成为国家级众创空间】2020年3月31日，位于银湖科技城的工创谷众创空间被确定为国家备案众创空间，成为富阳区首个国家级众创空间。10月12日，该众创空间被增选为2020年度省级优秀众创空间。工创谷众创空间依托浙江工业大学银湖创新创业研究院，围绕富阳区“高新工业强区”战略，在电子信息、物联网、先进装备制造、新能源新材料等领域引进和培育国内外高层次创新创业人才，开展高新技术和产品研发，整合创新创业资源，推动创业项目孵化。工创谷众创空间集创新创业、信息共享、创业服务、项目孵化为一体，汇集高校校友资源，为园区及入驻企业提供基础服务、政策解读、工商注册、创业指导、财税代理、法律咨询等各类服务。至年末，工创谷众创空间培育、孵化、引进企业近80个，39个项目入选富阳区高层次人才计划，常驻人员超过200人。

【高新技术企业认定】2020年12月21日，省经信厅发布2020年浙江省“未来工厂”名单，位于富阳开发区的浙江大华智联有限公司的大华视频监控未来工厂入选。12月22日，省经信厅发布2020年浙江省数字化车间（智能工厂）名单，杭州富通通信技术股份有限公司的光纤制造数字化车间等3个车间入选。12月25日，省经信厅、省财政厅联合发布2020年度浙江省装备制造业重点领域首台（套）产品名单，浙江轻机离心机制造有限公司的基于数字传感技术的P-100/3大型高效多级智控离心机等3台（套）产品入选。12月25日，省经信厅发布2020年度“浙江制造精品”名单，杭州星帅尔电器股份有限公司的QPE系列低功耗起动器等4个产品入选。12月28日，省科技厅发布2020年拟建省级高新技术企业研究开发中心名单和2020年拟认定省级企业研究院名单，大华塑业功能性膜材料省级高新技术企业研究开发中心等7个研究开发中心、浙江省雄迈集成电路设计研究院等2个研究院分别入选。

【高效节能电机智能工厂建设项目签约】2020年7月10日，富阳开发区与浙江创兴智能电机有限公司签约，由浙江创兴智能电机有限公司投资15.5亿元，建设高效节能电机智能工厂项目。浙江创兴智能电机有限公司成立于2019年，产品覆盖智能节能电机及配件的研发、生产、销售，以及道路货物运输等领域。该项目位于东洲新区原万汇家私地块，面积约5.76公顷。项目投产后，预计年产值10亿元、税收5000万元，年产特殊压缩电机2000万台、电动汽车驱动电机50万台、电动叉车应用电机20万台。

【恒康药业总部募投项目签约】2020年5月11日，富阳开发区与浙江恒康药业股份有限公司"总部募投"项目签约。该项目位于银湖新区，占地约0.99公顷，由浙江恒康药业股份有限公司投资2.3亿元，拟建设成为国内领先的高端壁垒药品研发中心、MAH持证平台、药品国际贸易机构、专业化制剂合同销售组织（CSO）公司和生物医药项目孵化中心，成为浙江恒康药业股份有限公司和关联公司（生物医药投资平台）的总部基地。项目投入使用后预计实现年营业收入5亿元以上，年缴纳税收2000万元以上。

【年利用处置固体废物40万吨辅助配套设施建设项目签约】2020年5月13日，富阳开发区与杭州富阳申能固废环保再生有限公司就"年利用处置固体废物40万吨辅助配套设施建设项目"签约。该项目由杭州富阳申能固废环保再生有限公司投资3.8亿元，位于场口新区环山区块，总用地6.67公顷，分两期供地，其中一期供地3.91公顷，二期供地2.75公顷。为满足已投产的40万吨危废迁扩建项目正常生产需要，建设配套的仓库、办公楼、化验楼及其他辅助设施，包括原料仓库、辅料仓库、成品仓库等，以及洗袋系统、冶炼渣破碎磨粉系统、制砖系统、冰铜破碎系统等。项目建成后预计年产值18.5亿元，税收1.5亿元。

【中恒电气"新基建"产业基地项目签约】2020年7月10日，富阳开发区与杭州中恒电气股份有限公司"新基建"产业基地项目签约。该项目位于东洲新区，占地2.73公顷，由杭州中恒电气股份有限公司投资2.2亿元，计划建成年产50万个整流模块智能化生产线和年产5000套高压直流电源（HVDC）系统生产线。杭州中恒电气股份有限公司创立于1996年，主营业务涵盖电力电子智能制造、电力信息化、能源互联网三大板块。其中，电力电子板块包括绿色数据中心高压直流（HVDC）供电系统、5G通信网络不间断保障电源系统、电力网络不间断保障电源系统、电动汽车充电桩、梯次储能系统等产品及解决方案；电力信息化板块主要面向国家电网、地方电网提供电力信息化软件、电力仿真系统、电力生产管理软件等产品；能源互联网板块是基于现有技术与市场优势，开展"制造业+"服务。预计项目投产后，公司年产值合计5亿元，税收2000万元。

【钢构、幕墙总部及制造基地建设项目签约】2020年11月3日，富阳开发区与浙江中南控股集团有限公司、浙江中南建设集团钢结构有限公司就"钢构、幕墙总部及制造基地建设项目"签约。二期项目为钢结构项目，规划年产装配式绿色建筑（钢构）300万平方米，项目投资主体为浙江中南建设集团钢结构有限公司，拟用地9.93公顷，计划总投资额10亿元，预计投达产后与一期中南绿建项目合并年产值超过35亿元，税收超过8500万元。三期项目为幕墙项目，规划年产装配式绿色建筑（幕墙）350万平方米，项目投资主体为中南建设拟成立的浙江中南幕墙工程有限公司，拟用地9.47公顷，计划总投资额10亿元，预计投产后年产值约50亿元，税收约8100万元。

【时森海（杭州）生物制药有限公司生物医药研究院项目签约】2020年12月21日，富阳开发区与时森海（杭州）生物制药有限公司生物医药研究院项目签约，项目分为两期。一期项目为新登生物医药研究院，由时森海（杭州）生物制药有限公司投资1亿元建设生物医药研究院。研究院下设创新药实验室、微生物实验室、酶工程实验室、制剂开发实验室、大分子药物实验室、分析中心，并配套注册申报、临床研究、QA、QC、知识产权等行政部门。先期研发的产品包括：创新药产品3个，分别为替曲朵辛（河豚毒素，用于疼痛、伤口愈合、戒毒）、生物药（一）PDL-1+TGFBR双靶点（用于非小细胞肺癌、HPV相关癌症、胃癌等）、生物药（二）CD3-Claudin（用于胃癌、胰腺癌）；仿制药产品16个，包括抗肿瘤药、局部麻醉药、妇产科用药等方向。二期项目为胥口生物医药产业化基地项目，计划总投资额10亿元，拟利用药谷小镇原清源热电6.33公顷生物医药产业用地，新建产业化基地，为研究院提供产业化平台支持，计划生产NMN（长寿药）、疼痛药（河豚毒素）及老年病用药等保健品与创新类药品。二期项目达产后预计年产值29.07亿元，税收5.36亿元。

【图讯科技应急产业示范基地项目签约】2020年12月12日，富阳开发区与浙江图讯科技股份有限公司就"图讯科技应急产业示范基地项目"签约。该项目位于银湖新区，供地面积2公顷。浙江图讯科技股份有限公司聚焦安全生产信息化行业及应急救援产品研发，是国家安监总局信息中心杭州研发基地，参与8项国家级行业标准的制定工作，有发明专利150多件，先后被认定为国家重点领域内的高新技术企业、国家安全生产科技创新型企业、中国物联网示范工程企业、浙江省省级重点企业研究院、浙江省隐形冠军企业、浙江省服务高端企业、杭州市院士工作站等。项目总投资额3.5亿元，建成投产后预计可实现年产值5亿元，税收约3000万元。

【产业项目集中开工仪式】2020年7月13日，富阳开发区举行10个重点项目集中开工仪式，总投资额52.11亿元，项目建成后预计年营业总收入63.7亿元。其中：总部项目3个，分别为微谷研发总部大楼项目（总投资额1.34亿元）、杭州润歌网络新建研发办公楼项目（总投资额1.3亿元）、西谷数字零售产业综合体项目（总投资额8.5亿元）；现代服务业项目1个，为富阳银湖新区环形路小商业综合体项目（总投资额2亿元）；工业项目6个，分别为杭州中泰深冷技术股份有限公司液化天然气成套装置撬装装备和冷箱及板翅式换热器生产基地项目（总投资额11亿元）、浙江创兴智能电机有限公司高效节能电机智能工厂建设项目（总投资额15.5亿元）、中恒电气"新基建"产业基地项目（总投资额2.2亿元）、申能环保年利用处置固体废物40万吨辅助配套设施建设项目（总投资额3.8亿元）、杭州高驰智能装备有限公司智能装配检测线项目（总投资额1.5亿元）、杭州华达多功能彩色涂层板生产线配套高固体分聚酯涂料项目（总投资额1.47亿元）。

【重点招商项目集中签约仪式】 2020年11月12日，富阳开发区8个重点招商项目参加集中签约仪式，总投资额57亿元。其中：场口新区项目3个，为浙江中南控股集团有限公司钢构，幕墙总部及制造基地建设二期、三期项目（二期项目投资额10亿元、三期项目投资额10亿元），黄公望高级中学新校区项目（总投资额2.5亿元）；东洲新区项目1个，为大华AI高端产业园项目（总投资额12亿元）；银湖新区项目4个，为杭州普洛赛斯检测科技有限公司总部项目（总投资额1.5亿元），银湖应急管理先进装备产业园项目（总投资额5亿元），杭州摘星社信息科技有限公司总部项目（总投资额1亿元），浙江动高实业集团有限公司总部项目（总投资额1.5亿元）。（沈丽洁）

杭州城西科创产业集聚区

【概况】 2012年9月，杭州城西科创产业集聚区挂牌成立。2016年8月，省委、省政府提出在杭州城西科创产业集聚区基础上规划建设杭州城西科创大走廊，作为浙江省科技创新重大战略平台。2020年，省委、市委提出集中力量建设杭州城西科创大走廊，打造成为"面向世界、引领未来、服务全国、带动全省"创新策源地，创新力、竞争力、影响力卓著的高水平现代化引领示范区。

杭州城西科创大走廊全年实现产业增加值2400亿元，比上年增长16%；高新技术产业增加值2200亿元，增长15.5%；规模以上服务业经营收入6500亿元，增长16.5%。之江实验室、西湖实验室进入国家实验室体系，首批4个浙江省实验室全部落户杭州城西科创大走廊，24项成果入选2020年国家科学技术奖初评项目（其中以牵头单位获奖13项），占全省总数的60%。全年落地投资额1亿元以上产业项目72个，总投资额477.8亿元，其中投资额10亿元以上项目14个。新引进高层次人才1639名，累计8351名；各类人才增量占全省的1/3、全市的1/2。完成省域空间治理数字化平台试点工作。全域"未来社区"建设试点落地实施，牵头制订"1+3"工作方案，首批7个项目启动。

建设创新平台，提升科技策源力。3月，阿里巴巴达摩院南湖园区项目开工建设；5月，浙江大学校友总部经济园启动地块项目主体结构结顶并通过中间结构验收；6月，西湖大学云谷校区一期项目结顶；11月，浙江大学医学院附属第一医院总部一期项目投入使用，之江实验室南湖园区一期项目竣工。推进75个重点产业项目建设，完成年度投资计划的160%，其中杭州云计算产业园幕墙工程完成99%、景观工程完成47%。以产业数字化改造为总牵引，推动传统制造业改造提升，新列入智能制造（工厂物联网）项目19个，规模以上工业企业数字化改造覆盖率94%。发挥数字技术优势，发展大健康、云办公、在线直播、智能诊疗、智慧物流等新经济新业态。

建立完善"10+N"引领性重大项目协调推进工作例会机制，引进科技含量高、产业带动强的优质项目，加快形成百亿级、千亿级产业发展集群。未来科技城助力oppo全球移动终端研发总部项目、字节跳动华东中心项目等注册落户，助推优必选全球总部项目完成工商注册、vivo全球AI总部项目动工建设。青山湖科技城集中签约14个智能装备、集成电路应用、互联网等领域的招商引资项目，总投资额近50亿元。

【4个省级实验室落户杭州城西科创大走廊】 2020年7月3日，之江实验室、良渚实验室、西湖实验室、湖畔实验室首批4个浙江省实验室落户杭州城西科创大走廊。杭州城西科创大走廊聚焦"互联网+"、生命健康和新材料三大科创高地，构建具有国际竞争力的创新型产业集群。利用浙江大学等高校名企资源，做优做强之江实验室、西湖大学、浙江大学医学研究中心等重大科技创新策源平台，推进中电海康集团有限公司01专项子项目、浙江启尔机电技术有限公司02专项子项目等31个重大科技攻关项目，攻克关键核心技术，基础创新和原始创新能力不断强化。

【杭州城西科创大走廊服务新冠肺炎疫情防控】 2020年，杭州城西科创大走廊发挥高校、科研机构和重点企业在基础研究领域的技术优势，助力新冠肺炎疫情防控精准化、科学化、高效化。2月1日，阿里巴巴达摩院依托AI技术研发的自动化全基因组检测分析平台上线，将全基因分析流程时长减少到0.5个小时，精准检测分析病毒变异情况。2月4日，浙江大学李兰娟院士团队发布抗病毒研究成果，公布两种治疗新冠肺炎有效药物。2月11日，阿里巴巴集团牵头研发的"健康码"系统正式投入使用，助力杭州科技防疫、精密智控，并在全国推广。西湖大学承担浙江省新型冠状病毒肺炎防治应急科研攻关任务，利用冷冻电镜技术在全球首次解析新冠病毒受体ACE2的空间结构。迪安诊断技术集团股份有限公司、杭州比格飞序生物科技有限公司等生物医药企业，完成新冠肺炎病毒检测试剂研发工作，其中迪安诊断技术集团股份有限公司承担全省3万余例诊断试剂检测任务，占全省前期检测总量的80%以上。

【校企项目获国家科学技术奖】 2020年1月10日，2019年度国家科学技术奖励大会召开，阿里巴巴集团和杭州师范大学获奖。阿里巴巴集团与上海交通大学联合申报的《面向突变型峰值服务的云计算关键技术与系统》、与清华大学联合申报的《编码摄像关键技术及应用》，分别获得国家技术发明二等奖和国家科技进步二等奖。杭州师范大学牵头主持的项目《新型稀缺酶资源研发体系创建及其在医药领域应用》获得国家科技进步二等奖。8月3日，国家科学技术奖励工作办公室公布2020年度国家自然科学奖、国家技术发明奖、国家科学技术进步奖项目初评结果。杭州城西科创大走廊校企项目获评各类奖项24项，奖项数量占全省的60%；以牵头单位获评奖项13项，奖项数量占全省的65%。阿里巴巴（中国）有限公司、浙江恒强科技股份有限公司、杭州源牌科技股份有限公司、杭州优稳自动化系统有限公司、杭州绿洁环境科技股份有限公司5个企业作为主要承担单位获评国家科学技术进步二等奖；杭州制氧机集团股份有限公司作为参与单位获评国家科学技术进步奖特等奖和一等奖。浙江大学获评各类奖项10项，居全国高校第一位。

【2个孵化器入选国家级科技企业孵化器】2020年1月，科技部印发《关于公布2019年度国家级科技企业孵化器的通知》，位于杭州城西科创大走廊的杭州科创孵化器和青山湖银江孵化器入选。杭州科创孵化器为孵化企业或项目提供孵化用房及设施、科研信息咨询、产业化配套服务、高新技术产业的开发和孵化等服务，全年累计入孵企业80多个，成功孵化国家级高新技术企业15个，获得发明专利26项。青山湖银江孵化器依托青山湖科技城高端科研院所、云制造小镇的集群优势，以“智能制造”为导向，打造“智能硬件”为特色的综合科技孵化园。至年末，青山湖银江孵化器有70个在孵企业，获得投融资的企业13个，成功培育国家高新技术企业6个、市级高新技术企业4个、杭州市科技型初创企业4个、省科技型中小企业34个、国家科技型中小企业2个。

【未来科技城高新技术优势强化】2020年3月，2019年度国家重点支持领域高新技术企业名单公布。未来科技城新增国家高新技术企业221个，其中新认定企业168个，累计有效国家高新技术企业406个。未来科技城聚焦数字经济、健康经济等主导产业，提升高端装备制造等传统产业，推进人工智能、5G应用、量子计算、机器人、芯片技术、航空航天等未来产业，其中数字经济成为特色鲜明、优势突出、带动作用明显的第一产业。2019年，未来科技城4300多个数字经济企业实现经营收入5305.4亿元、税收260.1亿元，分别占全区域经营收入和税收总量的84.9%、85.3%。

【未来科技城新增9个国家级众创空间】2020年4月27日，未来科技城拎包客青年创业社区等9个众创空间入选2020年度国家备案众创空间名单，入选数量分别占浙江省的21%、杭州市的38%，居全省第一位。未来科技城推进孵化载体培育，打造线上线下孵化企业政策联动体系，强化“一对一”服务，为孵化企业提供全方位、全领域、适应不同发展阶段的政策申报指导；发挥龙头企业的带动作用，推进创新载体运营队伍和配套服务、行业龙头企业特色孵化载体建设和资源型孵化载体创建。至年末，未来科技城有国家级孵化器4个，国家级众创空间19个；市级以上孵化器11个，市级以上众创空间33个。

【未来科技城知识产权服务业联盟成立】2020年5月9日，杭州未来科技城知识产权服务业联盟正式成立。联盟集成智库建设、知识产权保护、专利代理、知识产权运营、质押融资、专业评估、园区运营等各类知识产权相关机构，是涵盖知识产权“全链条”的服务型、开放性、非营利性的合作组织。未来科技城集聚以浙江（杭州）知识产权创新产业园为代表的100多个知识产权服务机构，打造贯穿项目培育、引进、产业化等全生命周期的运营服务新模式。

【超声大数据创新应用中心揭牌】2020年12月20日，国家卫生健康委超声大数据创新应用中心揭牌仪式暨掌上超声创新发展研讨会在未来科技城举行，超声大数据创新应用中心落户杭州城西科创大走廊。该应用中心是全国首个国家级医学影像数据库超声医学应用平台，依托国家卫生健康委与浙江求是数理医学研究院共同建设国家级医学影像标准数据库，以专业和产业需求为导向，业务涵盖医疗健康、大数据、云计算、人工智能等新兴产业内容，开展超声专业教育培训、临床诊疗、科学研究、智能制造、人工智能医疗器械检验与测评等研究服务，赋能基层医疗服务和智能医疗产业。

【未来科技城国际人才园开园】2020年5月，杭州未来科技城国际人才园开园。园区总建筑面积1.8万平方米，包括公共服务区、产业发展区和配套服务区三大核心功能区，建设成为国际化、信息化、智慧化的人力资源产业园，打造政府公共服务和市场服务一体化的人才服务综合体。猎聘网、美世咨询公司、CGL公司、博尔捷集团等国内外人力资源服务机构入驻园区。“人才特区”十项举措和未来科技城“引才直通车”同步发布。“人才特区”十项举措围绕顶尖人才招引、人才评价方式、服务平台建设、成果评审机制、全面服务保障等10个方面内容提出具体措施。未来科技城“引才直通车”作为“一站式”招才引智云平台，在猎聘网、智联招聘等平台同步上线，阿里巴巴集团、之江实验室、中电海康集团、中国移动杭州研发中心等300多个重点企业推出2万余个中高端岗位，面向全球招才引智。

【未来科技城数字健康小镇开园】2020年8月30日，未来科技城数字健康小镇开园，比利时鲁汶大学医疗技术创新中心中国中心、南京大学杭州未来技术研究院、圣彼得堡彼得大帝理工大学科技创新中心等24个项目签约入驻。数字健康小镇启用小镇客厅、“三名”研究院、企业研发总部等空间，以“产、学、研、用”“四位一体”为路径，以产业业态、空间形态、文化活态、环境生态“四态融合”为理念，以高尖技术、高端企业、高效资本、高新人才“四高联动”为方向，与梦想小镇、人工智能小镇、5G创新园等平台错位发展，推动优势资源聚集，加快区域数字健康融合。

【14个招商引资项目集中签约】2020年12月1日，14个招商引资项目在青山湖科技城集中签约，总投资额近50亿元，其中总投资额10亿元以上项目3个。集中签约项目包括智能装备类项目7个、集成电路应用类项目2个、新能源新材料类项目2个、互联网类项目2个、都市工业类项目1个。其中，凤凰光学股份有限公司杭州总部项目总投资额10亿元，按照“智能工厂、智慧园区”理念设计，打造国内领先集“光、电、智、算”一体化的研发、设计和产业化基地。

【LinkPark（滨河）产业社区开园】2020年12月30日，青山湖科技城LinkPark（滨河）产业社区开园。该社区位于临安区青山大道，占地面积5.43万平方米，总建筑面积15.12万平方米，以支持未来微电子技术研发、畅通未来微电子技术转化、培育未来微电子装备领军企业、做强未来微电子装备产业为主线，依托先进精密仪器共性技术研发及工程化创新服务平台、先进精密仪器制造业创新中心、未来微电子制造设备及核心零部件产业工程师协同创新中心等平台，推进“转换一代、突破一代、探索一代”三代技术，形成未来微电子装备核心技术攻关和成果转化的“青山湖模式”。

【青山湖科技城云制造小镇获省级考核优秀】2020年10月，2019年度浙江省省级特色小镇创建对象年度考核结果公布，青山湖科技城云制造小镇获评优秀等次。云制造小镇依托青山湖科技城科研机构创新基地建设，集聚创新资源，全年新招引研究院、海外引才工作站、院士工作站9个，落户高层次人才200多人；签约企业研发机构项目20个，总投资额4.97亿元。青山湖微纳技术研发开放平台建成投用，举办微纳产业论坛、集成电路创新大赛等各类产学研对接活动10场次，推动科研成果转化项目15个。新增浙江驰拓科技有限公司、杭州方得智能科技有限公司等12个国家级高新技术企业，杭州奕力科技有限公司等30个省科技型中小企业，培育杭州聚光物联科技有限公司等5个智能制造企业，高新技术产业产值89.4亿元，占区域总产值的80%。

【青山湖科技城“未来工厂”打造】2020年12月23日，浙江省发布首批省级“未来工厂”名单。位于青山湖科技城的杭叉工业车辆未来工厂入选2020年度全省“未来工厂”培育名单、2020年省级制造业与互联网融合发展示范试点企业名单，华立科技智慧仪表智能工厂入选省级数字化车间/智能工厂名单。青山湖科技城以产业数字化改造为总牵引，推进智能工厂（车间）建设，加快传统制造业数字化、网络化、智能化改造；推进“5G+工业互联网”平台建设，深化机器换人、企业上云等数字化改造。至年末，新列入智能制造（工厂物联网）项目19个，规模以上工业企业数字化改造覆盖率达94%。

【紫金港科技城首个产业政策上线】2020年8月22日，紫金港科技城制订的产业政策《关于加快推进杭州紫金港科技城2.0版建设的政策意见》在“亲清在线”平台上线。该人才企业项目补助政策助力企业完成相关政策的兑现，对经评定为A类的人才单位，给予50万元启动资金、三年最高300万元研发经费补助和150万元办公用房租赁补贴。至年末，协助63个企业申报扶持项目35个，完成2811个企业兑现3300余万项目资金；通过“亲清在线”平台申请员工租房、在家看护、税收补贴等补助，累计兑现发放补助资金2400万元、减免各类资金1279万元。

【云谷小镇建设推进】2020年，紫金港科技城推进云谷小镇建设，集聚以阿里云计算有限公司总部、菜鸟供应链金融产业园等为核心的产业资源，重点建设云创芯谷项目，构建以大数据、云计算、高教科研资源为核心的科技创新区。成立云创镓谷研发中心，吸引浙江微波毫米波射频产业联盟牵头的芯片企业入驻；推动产学研融合，依托浙江大学、西湖大学两大创新智源，实现技术创新、科技成果转化的创新源驱动。至年末，云谷小镇引进项目5个，吸引国家级、省级领军人才5名，菜鸟网络科技有限公司、杰华特微电子股份有限公司等11个企业落户。

【西湖大学首个科研成果产业转化项目落地】2020年6月，西湖生物医药科技（杭州）有限公司完成近1亿元Pre-A轮融资，成为西湖大学成立后第一个自主科研成果产业转化落地项目。公司核心技术来自于西湖大学“干细胞与器官再生”实验室研发的个性化新型红细胞治疗技术，可治疗痛风、血友病、苯丙酮尿症等罕见疾病甚至癌症。该创新治疗方法在浙江大学医学院附属第二医院开展临床合作。

【西湖大学人源氨基酸转运蛋白复合物最新研究成果发表】2020年4月15日，西湖大学、清华大学在*Science Advances*期刊联合发表人源氨基酸转运蛋白复合物b0,+AT-rBAT的最新研究成果，揭示胱氨酸尿症发病的分子机理，为可能的治疗方案提供线索。该研究工作在全世界首次解析b0,+AT-rBAT的高分辨率电镜结构，以及b0,+AT-rBAT和它的天然底物精氨酸的复合物的冷冻电镜结构，解释b0,+AT-rBAT的底物识别机制，是西湖大学在人源氨基酸转运蛋白领域取得的重大研究成果。

【西湖大学教授获“量子器件奖”】2020年4月，西湖大学理学院讲席教授Alexey Kavokin被国际化合物半导体大会授予2020年“量子器件奖”，表彰他成功预测极化激元在室温下的玻色－爱因斯坦凝聚，促生极化激元激光的发展。Alexey Kavokin教授是著名理论物理学家、俄罗斯量子中心量子极化子实验室主任、俄罗斯圣彼得堡国立大学自旋光学实验室科学主任，致力于极化子学研究。“量子器件奖”创立于1986年，每年评选出1位或数位研究者，表彰他们在化合物半导体器件和量子纳米结构器件（包括物理学和晶体生长）的先驱性贡献，是具有世界影响力的科学

西湖大学云谷校区学术岛项目　（杭州城西科创产业集聚区管委会 供稿）

和技术奖项。

【之江实验室人工智能开源平台上线】2020年8月，之江实验室联合北京一流科技有限公司、中国信息通信研究院、浙江大学等院校单位共同研发的国产自研人工智能开源平台面向全球开源上线。该平台以深度学习框架为核心，具有开发友好、训练高效、可视化分析、模型炼知四大核心优势，可实现一站式开发、灵活按需定制模型，支持超大规模模型训练，在智能安防和智能视觉领域落地应用，实现千万级人脸识别模型训练。之江实验室面向智能医疗、智能交通、智慧城市等六大产业领域，打造AI核心生态圈，构建研用结合的人工智能创新生态。

【类脑计算机研制成功】2020年9月，之江实验室、浙江大学共同研制的基于自主知识产权类脑芯片的类脑计算机发布，为解决人工智能等领域的计算难题提供有效途径。该类脑计算机包含792颗达尔文2代类脑芯片，支持1.2亿脉冲神经元、近1000亿神经突触，与小鼠大脑神经元数量规模相当，典型运行功耗350~500瓦。研究团队专门面向类脑计算机开发的操作系统——达尔文类脑操作系统，可实现对类脑计算机硬件资源的有效管理与调度，支撑类脑计算机的运行与应用。该类脑计算机完成抗洪抢险场景下多个机器人协同工作、脑电信号的稳态视觉诱发电位实时解码等多个智能任务，为神经科学家提供更快更大规模的仿真工具和探索大脑工作机理的新实验手段。

【之江实验室一期项目主体工程竣工】2020年11月，之江实验室园区一期项目主体工程竣工。项目占地面积约100万平方米，其中工程用地40.87万平方米，建筑面积61.4万平方米。项目分东、西两个标段建设，西区为科研办公区块，包括行政主楼、大数据中心、未来网络研究院、人工智能研究院、大科学装置等；东区为生活配套区块，包括学术交流中心、专家社区、人才公寓等。

【阿里巴巴达摩院研发项目刷新世界纪录】2020年12月，阿里巴巴达摩院决策智能实验室自主研发的求解器MindOpt刷新世界纪录，在求解器领域国际权威测评——Hans Mittelmann测评中获得“线性规划·单纯形法”项目第一名。求解器MindOpt具备线性规划等多种功能，能够实现单纯形法和内点法并发处理，在测评中以最快速度成功求解全部40个问题，打破由欧美企业主导的求解器核心技术壁垒。阿里巴巴达摩院设立14个实验室，拥有10多位IEEE FELLOW、30多位知名高校教授，其中一半以上专家学者拥有名校博士学历；在国际顶级学术会议上累计发表论文500多篇，自然语言处理、智能语音、视觉计算等领域的算法获得60多项世界第一；建立全球研发网络，与全球150多所知名高校的100多个科研团队开展科研项目合作。

【阿里巴巴达摩院全球总部基地开工】2020年3月3日，阿里巴巴达摩院全球总部基地开工。项目规划面积2.59平方千米，总投资额约200亿元，分3期实施。率先启动区块项目占地面积22.8万平方米，总建筑面积49.05万平方米，其中地上建筑面积29.65万平方米、地下建筑面积19.40万平方米。项目总投资额21亿元，建成后预计年产值24.7亿元，年利税3.4亿元，将聚焦大数据计算、AI算法、芯片算力、无人驾驶、量子计算等领域，支撑“数字杭州”建设。

【AI智能辅助全髋关节置换手术成功】2020年5月，由杭州键嘉机器人有限公司自主研发的七轴协作机器人（ARTHROBOT）辅助全髋关节置换手术在西安交通大学医学院第二附属医院成功完成。ARTHROBOT可实现“术前精准重建、智能规划；术中精准控制、柔顺手感；术后全面评估、实时反馈”全流程覆盖，提高假体安置的精准度，降低医生对髋关节手术的学习曲线，弥补传统髋关节置换手术中存在的手术不够精准、临床效果不确切、过度依赖经验等短板问题。

（施怡超）

责任编辑　须同威 孙晟珂

2021
杭州年鉴
Private Economy

34 民营经济

综　述

【民营经济快速增长】至2020年年末，杭州市有民营企业（含下属分支机构，下同）67.85万个，注册资本（金）5.61万亿元，比上年分别增长8.4%和2.8%。其中：第一产业9.3万个，增长13.7%；第二产业57.76万个，增长85.2%；第三产业7732个，增长1.1%。个体工商户65.91万个，资金总额850.3亿元，分别增长9.5%和15.6%。年内，杭州市新设民营企业10.98万个，下降11.2%，注册资本（金）6754.94亿元，增长5.5%，分别占全市新设内资企业的93.5%和80.3%。　（李　珺）

【民营企业对外投资稳步增长】2020年，杭州市民营企业对外投资保持稳步增长，企业"走出去"步伐加快。新增5个入选"中国民营企业500强"企业的对外投资项目11个，中方投资额5.63亿美元，占全年新批对外投资项目中方投资总额的26.6%。

（冯蔷颖）

【中小企业上规升级】2020年，杭州市充实完善"专精特新"（专业化、精细化、特色化、新颖化）和"小升规"企业培育库，按月开展动态跟踪监测，鼓励中小企业上规升级。全市新增"小升规"企业731个，新认定省级"隐形冠军"企业11个，新增国家级"专精特新"小巨人企业19个。

（赵卫华　黄　略）

【民营企业应对疫情复工复产】2020年，杭州市民营企业严格实施新冠肺炎疫情防控措施，落实复工复产。杭州市民营企业第一季度复工率87.8%，第二季度98.2%，第三季度基本实现全面复工。推广"健康码"，建立点对点的对接，打通上下游供应链，实现员工复工，促进企业复工复产。2月9日，市委、市政府发布《关于严格做好疫情防控帮助企业复工复产的若干政策》，包括金融支持、社保支持、租金减免、财政补助、服务保障等12条具体措施，为企业纾困解难。全年为民营企业新增减税降费超过500亿元，争取各类政府债、企业债483.4亿元，选派1.1万名干部帮助企业渡过难关。

【产业升级创新】2020年，杭州市围绕"数字经济第一城"目标，以民营经济为主体的数字经济保持良好发展势头。数字经济核心产业实现增加值4290亿元，比上年增长13.3%，占杭州市地区生产总值的26.6%，提高1.9个百分点；数字内容、软件与信息服务、电子信息产品制造产业增加值分别为3113亿元、3441亿元和1090亿元，增长12.7%、12.9%和14.7%。人工智能产业持续壮大，实现增加值340亿元，增长8.2%。全面实施民营经济"新制造业计划"，实现规模以上工业增加值3467亿元，增长3.8%。全年新培育百亿级制造业企业4个、境内外上市公司28个、"单项冠军"企业5个、"专精特新""小巨人"企业19个、"隐形冠军"企业11个。新增国家高新技术企业2440个，规模以上高新技术产业实现增加值2448亿元，增长8.6%。实施传统制造业数字化改造的"百千万"工程，全市规模以上工业企业数字化改造覆盖率97.4%。

【民营企业发展态势平稳】2020年3月，全国工商联启动第22次全国工商联上规模民营企业调研，调研数据时间范围是2019年1月1日至12月31日，杭州有148个2019年度营业收入总额超过（含）5亿元的民营企业参加。9月10日，"2020中国民营企业500强"榜单发布，杭州有39个企业入围，入围企业数再次蝉联全国城市第一位。杭州入围企业数比上年多3个，营业收入总额由1.81万亿元增加到2.20万亿元，增长21.5%。与上年的榜单相比，杭州入围企业的整体营业收入数据绝大多数保持一定增幅，排名呈现上升态势。从吸纳就业人数来看，"2020中国民营企业500强"中杭州入围企业前10位的就业人数共38.98万人，对增加就业的社会贡献巨大。

【制造业表现强势】2020年，杭州有26个制造业企业入围"2020中国民营企业制造业500强"。杭州入围企业数占全国入围企业数的5.2%，占浙江省入围企业数的26.8%。从行业分布看，杭州26个入围企业，主要集中分布在化纤、纺织、冶炼、

2020年杭州市民营企业登记注册情况表

表38

行业分类	年末实有数		全年开业数		全年注销数（个）
	企业数（个）	注册资本（金）（亿元）	企业数（个）	注册资本（金）（亿元）	
合 计	**678469**	**56128.99**	**109833**	**6754.94**	**61300**
农、林、牧、渔业	7732	2177.43	757	40.11	444
农、林、牧、渔服务业	0	0.00	0	0.00	0
采矿业	180	36.49	21	11.21	23
开采辅助活动	0	0.00	0	0.00	0
制造业	56363	3070.45	4213	245.79	3715
金属制品、机械和设备修理业	0	0.00	0	0.00	0
电力、热力、燃气及水生产和供应业	954	128.12	128	9.33	54
建筑业	35517	3860.87	6683	859.24	2291
批发和零售业	216353	7837.78	32997	1037.20	24551
交通运输、仓储和邮政业	9836	484.06	1836	70.65	681
住宿和餐饮业	13051	348.69	2079	84.66	1381
信息传输、软件和信息技术服务业	86249	4669.17	18387	916.96	7508
金融业	5359	1950.88	365	149.90	399
房地产业	16447	2320.15	2819	383.52	1488
租赁和商务服务业	100357	21694.78	14309	1376.88	8975
科学研究和技术服务业	67855	4882.58	13366	1093.66	4528
水利、环境和公共设施管理业	2566	243.53	468	45.69	129
居民服务、修理和其他服务业	22322	810.71	2317	126.12	2580
教 育	6288	173.32	1698	72.25	389
卫生和社会工作	2793	133.37	432	25.99	152
文化、体育和娱乐业	28030	1180.71	6942	195.71	1995
其 他	217	125.89	16	10.05	17

金属制品等传统领域，互联网、物联网、大数据、云计算、区块链、金融科技等数字经济类企业规模有待提高。杭州制造业民营企业整体重视供给侧结构性改革，产业结构得到优化，制造业实力逐渐恢复。

（吴 炜）

民营经济发展环境

【国际一流营商环境打造】 2020年4月10日，杭州市建设国际一流营商环境工作领导小组办公室印发《2020年杭州市建设国际一流营商环境实施方案》，对标国际营商环境标准精准施策。优化“亲清在线”平台，为营商环境迭代升级提供技术支撑。全年上线政策330条，在线兑付资金76亿元。推动“最多跑一次”改革持续深入，实现开办企业“一日办结”。优化企业开办程序，提升全流程“一件事”网上办件比例。深化工程建设项目审批制度改革，实现一般企业投资项目从赋码备案到竣工验收“最多80天”。推行工业用地“云上供地”模式，实现“云上读地、网上交易、线上签约”。打造企业投资简易低风险项目审批快速通道，推行小型仓储工业项目、改造项目“清单制＋告知承诺制”。实现小微企业接电时间压减至14天，高压用户用电时间平均时长控制在35天以内。企业用水用气等事项“一次申请，统一受理”，实现申请3个工作日接通。推出税务“新办智能一网通”平台，实现10分钟完成外部门数据接收，1.5分钟内自动处理申请领票到发售发票的10个环节流程，30分钟内办结新办企业全套业务。加强司法实践，开发证券期货纠纷智能化解平台——“浙江证券期货纠纷智能化解平台”，为投资者提供“一站式”维权救济服务。

（吴 炜）

【杭州中小企业发展环境评估居全国第二位】 2020年8月7日，工业和信息化部发布2019年度中小企业发展环境第三方试评估报告，杭州市综合排名第二位，竞争环境排名第一位，政策环境排名第三位，创新

2020年杭州市个体工商户登记注册情况表

表39

行业分类	年末实有数		全年开业数		全年注销数（个）
	企业数（个）	资金数额（亿元）	个体工商户（个）	资金数额（亿元）	
合　计	**659054**	**850.30**	**119428**	**187.00**	**58568**
农、林、牧、渔业	10599	36.51	1516	5.75	342
农、林、牧、渔服务业	0	0.00	0	0.00	0
采矿业	47	0.35	10	0.08	8
开采辅助活动	0	0.00	0	0.00	0
制造业	24222	34.40	2147	4.66	1055
金属制品、机械和设备修理业	0	0.00	0	0.00	0
电力、热力、燃气及水生产和供应业	47	0.05	8	0.02	11
建筑业	8519	21.71	2935	8.03	380
批发和零售业	413942	463.78	67276	95.50	34056
交通运输、仓储和邮政业	8732	13.43	1828	2.97	770
住宿和餐饮业	92823	139.04	20510	31.07	12608
信息传输、软件和信息技术服务业	4339	6.83	1741	2.68	388
金融业	37	0.05	13	0.02	8
房地产业	257	0.25	59	0.06	25
租赁和商务服务业	22776	46.92	7006	14.32	1905
科学研究和技术服务业	2109	2.96	930	1.45	223
水利、环境和公共设施管理业	182	0.48	72	0.19	7
居民服务、修理和其他服务业	63321	72.48	11157	16.74	6087
教　育	422	0.52	75	0.13	44
卫生和社会工作	684	1.31	61	0.10	50
文化、体育和娱乐业	5952	9.16	2059	3.20	593
其　他	44	0.07	25	0.02	8

环境排名第九位。该评估选取全国27个省会城市和4个直辖市的双创城市示范区，共31个评估对象，针对其2018年中小企业发展环境，由第三方机构独立开展评估，设置竞争环境、要素环境、创新环境、政策环境4个一级指标，及25个二级指标、41个三级指标。

（赵卫华 黄　略）

【小微企业扶持】2020年，杭州市推进新一轮“小微企业三年成长计划”（2018—2020年），新设小微企业10.12万个，比上年下降12.4%；新设八大产业小微企业3.50万个，下降3.5%；新增“个转企”3410个，增长11.4%，其中公司制企业占比99.2%。新增股份公司181个，下降3.2%；新增主板、中小板、创业板及科创板上市企业17个，增长21.4%。新增市“雏鹰计划”企业847个、省科技型中小企业4176个；新增备案众创空间国家级24个、省级36个、市级29个，众创空间累计181个；新增孵化器国家级7个、省级16个、市级42个，孵化器累计213个。新增省级“隐形冠军”企业11个、“隐形冠军”培育企业36个、“专精特新”入库培育企业1575个，择优遴选428个杭州企业作为浙江省优质企业入库培育。规模以上工业小微企业总产值5231亿元，下降4.8%；规模以上工业小微企业增加值1132亿元，增长0.5%。小微外贸企业出口额461.3亿元，增长30.5%；新增进出口经营权备案登记企业4707个，增长16.9%；净增有外贸出口实绩企业760个，增长7.1%。全市向小微企业发放科技创新券5.52亿元，增长4.9%；开放科研设施和仪器2.80万台（次），增长16.7%；向小微企业开放实验室服务2.84万批次，增长570.6%。小微企业园星级评定被认定为省五星级4个、省四星级12个。认定小微企业成长之星11个、优秀服务平台和机构4个，入选全省百强民营企业32个；新增小微企业专营支行9个，小微企业贷款余额1.15万亿元，增长21.8%，比年初新增2045.58亿元。

杭州市入围“2020 中国民营企业 500 强”企业一览表

表 40

序号	企业名称	行业	营业收入（亿元）	全国排序
1	浙江吉利控股集团公司	汽车制造业	3308.18	10
2	浙江恒逸集团有限公司	化学纤维制造业	2151.64	17
3	浙江荣盛控股集团公司	化学纤维制造业	2056.37	19
4	万向集团公司	汽车制造业	1305.08	35
5	中天控股集团公司	房屋建筑业	1060.37	52
6	传化集团公司	综合	926.81	66
7	杭州锦江集团有限公司	有色金属冶炼和压延加工业	828.48	79
8	广厦控股集团有限公司	房屋建筑业	773.99	90
9	网易（杭州）网络公司	互联网	592.41	138
10	巨星控股集团公司	通用设备制造业	556.02	146
11	浙江富冶集团公司	有色金属冶炼和压延加工业	509.61	159
12	杭州娃哈哈集团有限公司	酒、饮料和精制茶制造业	464.41	174
13	富通集团有限公司	计算机、通信和其他电子设备制造业	450.81	186
14	浙江明日控股集团公司	零售业	411.33	215
15	浙江新湖集团公司	综合	378.10	236
16	华东医药股份有限公司	医药制造业	354.46	259
17	百世物流科技公司	邮政业	351.76	262
18	上海韵达货运公司	邮政业	344.04	267
19	海外海集团公司	商务服务业	314.00	293
20	杭州东恒石油有限公司	批发业	283.71	328
21	西子联合控股有限公司	专用设备制造业	278.40	337
22	华立集团股份有限公司	综合	274.72	341
23	浙江大华技术股份公司	软件和信息技术服务业	261.49	358
24	浙江东南网架集团公司	金属制品业	256.43	369
25	泰地控股集团有限公司	仓储业	255.12	372
26	浙江富春江通信集团公司	计算机、通信和其他电子设备制造业	250.56	381
27	杭州滨江房产集团公司	房地产业	249.55	383
28	兴惠化纤集团有限公司	纺织业	244.73	386
29	农夫山泉股份有限公司	酒、饮料和精制茶制造业	243.94	389
30	浙江协和集团有限公司	黑色金属冶炼和压延加工业	235.93	412
31	申通快递有限公司	邮政业	230.67	439
32	胜达集团有限公司	造纸和纸制品业	230.14	441
33	浙江国泰建设集团公司	房屋建筑业	220.22	458
34	浙江中南建设集团公司	房屋建筑业	220.06	459
35	浙江兴日钢控股集团	黑色金属冶炼和压延加工业	219.58	460
36	万事利集团有限公司	纺织服装服饰业	219.56	461
37	开元旅业集团	综合	217.74	466
38	浙江建华集团有限公司	批发业	217.10	468
39	浙江宝利德股份公司	零售业	216.09	470
营业收入总额（亿元）			21963.61	—

【动产抵押登记】2020年，市市场监管局实施动产抵押新政，扩大企业融资渠道。支持扩大动产抵押物范围、抵押权人范围、被担保的主债权类型，开展以苗木等农产品为抵押物，以自然人、境外法人为抵押权人，主债权为融资租赁合同的动产抵押登记。指导区县（市）市场监管局在年底前完成动产抵押登记审核清零，实现市场监管系统办理动产抵押登记与中国人民银行实施动产及权利担保统一登记工作的平稳有序过渡。至年末，全市办理动产抵押登记1235件，被担保的主债权金额260亿元。（李　珺）

【拖欠民营企业账款清理】2020年，杭州市开展拖欠民营企业账款清欠专项行动，解决政府部门和国有大企业拖欠民营企业账款问题。至年末，全市排查政府部门和大型国有企业拖欠民营企业中小企业账款2.98亿元，涉及民营企业631个，100%完成上报台账清偿工作。

【小微企业园绩效评价】2020年6月30日，市小微企业园工作联席会议办公室印发《杭州市小微企业园绩效评价实施细则（试行）》，对2019年度经县、市、省三级审核认定的155个小微企业园全面实施绩效评价。通过园区申报、部门取数、区县（市）小微企业园工作联席会议办公室初审、市小微企业园工作联席会议办公室审核、网上公示、市小微企业园工作联席会议终审等程序，确定杭州湾信息港等155个小微企业园绩效评价和星级评定结果。对评价结果为A档的32个小微企业园授予"杭州市示范小微企业园"奖牌，对评价结果为B档的43个小微企业园授予"杭州市三星级小微企业园"奖牌。

【数字化园区建设】2020年，杭州市推进小微企业园数字化园区建设，通过数字化赋能，提升园区运营管理、数据集成、安全环保监测预警和公共服务能力。尚坤生态创意园等11个小微企业园被认定为2020年度浙江省数字化示范小微企业园，总量居全省第一位。

【助企服务】2020年，杭州市各级各部门聚力解决企业困难问题。落实"四必到四先到"服务机制［10亿元以上企业市领导必到、市经信局班子成员先到，规模以上工业企业区县（市）领导必到、区县（市）经信部门班子成员先到；500万元以上企业和500万元以上工业投资项目乡镇（街道）领导必到、经信干部先到，网格内企业网格员必到、乡镇（街道）经发干部先到］，推动"走亲连心三服务"常态化、长效化，及时梳理交办企业各类困难和问题。"三服务小管家"平台全年收集企业困难问题19.41万个，协调解决19.28万个，办结率99.3%。11月17日，全市召开深化助企服务工作推进会，首批100名助企服务网格员联系对接412个驻点企业的上下游关联企业和163个小微企业园，共收集企业问题1956个，解决1925个。第二批103名驻企服务员到岗到位，采取"网格化＋专班化"形式，重点围绕"一企一园一链"展开服务。（赵卫华　黄　略）

【法律服务】2020年，市工商联做好《浙江省民营企业发展促进条例》宣传贯彻工作，向企业分发相关文本7000多册，通过提案等形式向有关部门提出建议。市工商联与市公安局建立"优商护企协作机制"，以"三防三助"为抓手开展优商护企工作；与市法院共同建立在线多元化纠纷调解ODR平台，处理法律纠纷；与市检察院联合举办"检察开放日"活动，召开主题座谈会；与市司法局联合开展民营企业"法治体检"活动；与杭州仲裁委员会合作，依托28个商会仲裁联络站，开展多元化纠纷解决工作；参与和主办市三方四家机制会议，共同构建和谐劳动关系。

【民营企业家获得感提升】2020年，杭州市多举措宣传、展示营商环境建设成果，提升民营企业家获得感。市工商联配合省、市有关部门开展民营企业惠企纾困政策落实情况调研，撰写分析报告；配合市考评办开展面对面电视问政，做好问政电视片素材收集等工作；举办"公述民评·电视问政"服务民营企业专场活动，推动涉企部门强化转作风、优服务意识；组织民营企业家参与全国工商联2020年"万家民营企业评营商环境"活动，杭州市再次获全国营商环境最好城市第一名。（吴　炜）

2020年12月，杭州市11个小微企业园被认定为2020年度浙江省数字化示范小微企业园。图为入选的建德市移民创新创业小微企业园
（市民政局 供稿）

2020 年 10 月 24 日,“2020 新生代企业家论坛”在杭州洲际酒店举行

（市工商联 供稿）

企业活动

【民营经济领域获全国荣誉】2020 年 5 月 7 日,中国个体劳动者协会印发《关于 2019 年度小微企业活跃度调查和制造业中小型企业质量及经营现状调查工作先进单位和个人通报》。杭州市萧山区个体私营（民营）企业协会被评为“2019 年全国百县万家新设小微企业周年活跃度调查工作先进基层调研工作点”;杭州市萧山区个体私营（民营）企业协会章勇诚被评为“2019 年全国百县万家新设小微企业周年活跃度调查工作先进基层调研工作优秀联络员”。（李 珺）

【民营企业家参与精准帮扶】2020 年,杭州市组织民营企业家随市委主要领导到贵州省黔东南苗族侗族自治州落实扶贫协作。杭州市工商联系统捐款 86.1 万元,捐物折款 100 万元。组织社会力量和民营企业到四川省凉山彝族自治州喜德县精准帮扶,捐款 30 万元,捐赠服装 200 件。江干区工商联民营企业家“名誉村长”扶贫机制被作为典型案例,在全国对口帮扶会议上做交流。10 月 17 日, 2020 年全国脱贫攻坚奖表彰大会暨首场脱贫攻坚先进事迹报告会在北京举行。传化集团有限公司董事长徐冠巨因聚焦深度贫困地区短板、发起健康扶贫行动、援建千所传化安心卫生室、创新民营企业参与精准扶贫模式,被授予全国脱贫攻坚奖创新奖。

【民营企业创新发展】2020 年,市工商联搭建经贸合作交流平台,组织会员企业参与第三届中国国际进口博览会、杭港澳发展论坛等经贸活动 30 场。与银行建立合作机制,召开“银企对接会”“银企闭门座谈会”,深化银企交流。助力“凤凰行动”,开展“独角兽”企业、“准独角兽”企业走访调研。服务民营企业“走出去”,举办民营企业牵手“一带一路”对接洽谈会,26 个国家 63 位外交官员参会。召开省工商联国际合作商会杭州理事成员座谈会,介绍“走出去”风险与对策。搭建民营企业参与长三角区域一体化发展平台,引导企业参与长三角地区产业协同发展。深化校企合作,借助省工商联与浙江大学战略合作平台,上报企业研究平台和先进技术需求,与中华职业教育社共同探索后备技术工人培育机制。

（吴 炜）

【“杭州民营企业牵手‘一带一路’国家”对接会】2020 年 9 月 5 日,“杭州民营企业牵手‘一带一路’国家”对接会暨使领馆官员与在杭民营企业家交流会在杭州举行。来自 26 个国家的近 50 位驻华使节和商务机构代表参会,与 70 多位杭州民营企业代表开展对接交流。会上,克罗地亚、埃塞俄比亚、德国、印度尼西亚、荷兰、葡萄牙、瑞士的 7 位代表做推介发言,杭州民营企业华立集团和恒逸集团做交流发言。

【新生代企业家论坛】2020 年 10 月 24 日,“2020 新生代企业家论坛”在杭州洲际酒店举行。该论坛是第四届杭商大会重要活动之一,也是首届浙商会周的主要活动,以“智汇云城,担当未来”为主题,设置“后疫情时代的大类资产配置”“哈勃智慧云:时尚产业互联网的春天”“所见即所得——科技推动下的家居产业革命”“科技的未来在青年”等主旨演讲,邀请新生代企业家、经济学家等 230 多人参加,探讨疫情冲击下,新生代企业如何谋长远、育新机、开新局。论坛同时采取线上直播方式,向新生代企业家分享新技术、新业态、新模式,以及重构商业生态的各种可能。（李 静）

责任编辑 郦 晶

2021
杭 州 年 鉴

城乡建设

Urban-Rural Development

城乡规划

【概况】2020年，杭州市结合制定“十四五”发展规划，完成“三江汇”杭州未来城市实践区系列规划、杭州云城概念规划编制，为未来城市建设提供样本。全年组织编制《杭州市轨道交通线网规划（2021—2035年）》《钱塘江两岸总体城市设计》《钱塘江流域两岸综合保护与利用实施导则》等规划编制项目47个。其中，新启动编制项目31个，跨年结转编制项目16个。聚焦谋划杭州钱塘新区、杭州城西科创大走廊、“三江汇”杭州未来城市实践区、临空经济示范区作为杭州新一轮发展的四大重点区域，深化相关规划研究。组织开展《杭州市综合交通专项规划》编制，构建面向国际、国内双循环，与主要城市群高效联系的国际化综合交通体系。开展“余杭塘河城市设计”“宦塘河（五里塘河、三墩港）城市设计”“城市设计管理政策研究”等课题研究，通过城市设计，推进城市重点地区高品质更新和修复。开展重点地区规划研究，完成西湖西溪一体化保护规划、拥江发展行动规划、淳安特别生态功能区规划等公共配套服务设施及环境品质课题研究。发掘并保护大运河沿线与中国第二条自建铁路及省内最早省道公路交汇点的102处历史遗存，并将其列入杭州历史文化街区名录，以展示中国的大运河文化、铁路文化和工业遗存。加快建设省域空间治理数字化平台，围绕城西科创大走廊试点，建成智慧规划、创新策源、未来城市三大场景。

（韩启楠）

【市级国土空间总体规划编制】2020年，杭州市级国土空间规划编制工作有序开展。结合编制工作，统筹推进生态保护红线评估调整、永久基本农田保护和城镇开发边界划定，并形成阶段性成果。基本完成生态保护红线评估调整，实现自然保护地整合优化，开展生态保护红线勘界定标。推进永久基本农田全面核实整改，摸清全市永久基本农田保护现状和问题，推进永农储备区建设。综合分析杭州新增人口变化趋势、人口结构及区域分布特征，细化重点地区、重大项目空间布局，形成城镇开发边界划示方案。完成杭州钱塘新区、杭州城西科创大走廊、“三江汇”、临空经济示范区四大重点区域空间布局方案编制。开展13个区县（市）和钱塘新区、杭州城西科创大走廊地区县级（分区）国土空间规划编制。3月30日，在市规划展览馆召开杭州市国土空间总体规划编制思路和文本框架专家咨询会，就总体规划文本框架、人口规模、空间管制、规划传导等相关难点问题听取专家意见。4月22日“地球日”当天，《杭州日报》开设《开门规划2035，助力打造一城一窗·杭州国土空间总体规划进行时》专栏，以“开门编规划”的理念，组织规划编制团队、专家学者、广大市民，聚焦全市国土空间总体规划编制进展工作，探讨高质量发展阶段国土空间规划理念、思路等问题，共同展望杭州城市发展未来。11月18日，杭州市承办第十五届城市发展与规划大会，由市规划和自然资源局联合《杭州日报》共同打造的“杭州市国土空间总体规划公众参与平台”正式上线。年内，平台收集到公众对杭州国土空间规划的意见建议110条。

（吴框框）

【规划管理工作体系完善】2020年，杭州市国土空间规划统筹管理改革举措落地实施。市政府办公厅印发《关于对国土空间规划编制实行计划管理的通知》，市规划编制委员会办公室印发《关于明确全市国土空间专项规划编制管理要求的通知》《2020年全市国土空间规划编制计划项目清单》，以制度建设为基本保障，优化完善规划统筹管理机制。加强控制性规划维护更新管理，拟订《关于加强控制性详细规划局部调整管理的实施意见》，推出受审分离及清单式管理等举措，构建准入门槛，强化控制性规划调整的必要性和科学性。分析评估并制定《杭州市城市设计管理办法》，提高规划建设管理的精细化水平。

【重点项目规划保障】2020年，杭州市规范过渡期国土空间“一致性”处理流程，保障之江实验室一期及配套设施、阿里巴巴达摩院一期、中国茶叶博览会永久会址、西湖大学云谷校区二期、浙江大学科创中心、中法航空大学等重点项目规划落地。完成中国科

2020 年杭州市政府批复同意的规划项目一览表

表 41

序号	批 复 项 目	批复时间
1	杭州市萧山区湘北单元（XSCQ31）控制性详细规划（2019 年修编）	2020-02-14
2	杭州市 5G 通信设施布局规划（2020—2022 年）	2020-02-24
3	杭州市萧山区城厢单元（XSCQ24）控制性详细规划（2019 年修编）	2020-02-26
4	杭州市运河新城单元（GS10）控制性详细规划（2020 版）	2020-03-12
5	杭州市杭钢单元（GS13）控制性详细规划（2020 版）	2020-03-12
6	杭州市萧山区北干西单元（XSCQ12）控制性详细规划（2019 年修编）	2020-03-18
7	杭州市萧山区宁围单元（XSCQ14）控制性详细规划（2019 年修编）	2020-03-19
8	杭州市萧山区所前单元（XSCQ30）控制性详细规划（2019 年修编）	2020-03-30
9	余杭组团 YH-16 单元（大禹谷）控制性详细规划	2020-03-30
10	杭州市闲林水库西单元（YH13）控制性详细规划	2020-03-30
11	杭州市东明山单元（LZ03）控制性详细规划	2020-03-30
12	杭州市萧山区新塘北单元（XSCQ25）控制性详细规划（2019 年修编）	2020-04-07
13	杭州市萧山区蜀山单元（XSCQ27）控制性详细规划（2019 年修编）	2020-04-07
14	杭州市康桥单元（GS12）控制性详细规划（2020 版）	2020-04-09
15	杭州市萧山区新塘南单元（XSCQ29）控制性详细规划（2019 年修编）	2020-04-15
16	杭州市数字商贸城单元（JG18）控制性详细规划（2019 年修编）	2020-04-17
17	杭州市机场轨道快线沿线用地控制规划	2020-04-22
18	杭州市萧山区浦阳单元 XSLP07（镇区）控制性详细规划	2020-04-29
19	杭州市萧山区河上单元 XSLP06（镇区）控制性详细规划	2020-04-30
20	杭州市萧山区楼塔单元 XSLP09（镇区）控制性详细规划	2020-04-30
21	杭州市北部新城 LZ12 单元控制性详细规划（修编）	2020-05-11
22	杭州市萧山区山口单元（XSCQ21）控制性详细规划（2019 年修编）	2020-05-16
23	杭州市萧山区瓜沥镇核心区单元（XSGL14）控制性详细规划（2019 版）	2020-06-08
24	杭州市历史建筑保护图则（余杭区第一批）	2020-06-19
25	杭州市萧山区瓜沥镇航坞山单元（XSGL11）控制性详细规划（2019 版）	2020-07-15
26	杭州市萧山区瓜沥镇老城单元（XSGL13）控制性详细规划（2019 版）	2020-07-15
27	杭州市历史建筑保护图则（萧山区第一批）	2020-07-15
28	杭州市萧山区临浦单元 XSLP03（镇区）控制性详细规划（2020 年版）	2020-08-06
29	杭州市萧山区衙前单元 XSGL10（镇区）控制性详细规划（2020 年版）	2020-08-06
30	第 19 届亚运会杭州市场馆及设施专项规划	2020-08-06
31	杭州市萧山区戴村单元 XSLP05（镇区）控制性详细规划（2020 年版）	2020-08-17
32	钱塘江流域两岸总体城市设计	2020-09-04
33	杭州市钱塘江综合保护与发展实施导则	2020-09-04
34	杭州市历史建筑保护图则（主城区第七批）	2020-09-21
35	杭州市江干科技园单元（JG15）控制性详细规划（2019 年修编）	2020-10-15
36	杭州市塘栖北单元（LP13）控制性详细规划（2020 版）	2020-10-16
37	杭州市萧山区市北单元（XSCQ13）控制性详细规划（2020 年修编）	2020-10-27
38	“三江汇”杭州未来城市实践区发展战略与行动规划及配套准则	2020-11-13
39	杭州市萧山区瓜沥镇党山单元（XSGL18）控制性详细规划（2020 年版）	2020-11-17
40	杭州市历史建筑保护图则（临安区第一批）	2020-11-23
41	杭州市萧山区科技城核心区单元(XSCQ08)控制性详细规划(2020年修编)	2020-11-23
42	杭州市无障碍环境建设规划	2020-11-30
43	杭州市萧山区瓜沥镇坎山单元（XSGL09）控制性详细规划（2020 年版）	2020-12-02
44	杭州市萧山区瓜沥镇城北单元（XSGL15）控制性详细规划（2020 年版）	2020-12-14
45	杭州市萧山区党湾单元 XSGL20（镇区）控制性详细规划（2020 年版）	2020-12-30

学院大学双浦校区、西湖大学、浙江大学附属医院第二人民医院、省肿瘤医院、杭钢单元浙江云数据中心、艮山门动车运用所上盖、蚂蚁科技集团等重点项目及上城区始版桥社区、之江度假区单元、江干采荷荷花塘等“未来社区”的控制性规划局部调整。组织杭州音乐厅及火车西站车辆段上盖项目选址，完成大会展中心城市设计规划准备。（陈　旭）

【“三江汇”杭州未来城市实践区规划编制】2020 年 11 月 3 日，市政府批复《“三江汇”杭州未来城市实践区发展战略与行动规划》及配套准则编制，从现代富春山居、多元文化共生、策源创新发展、未来生活场景、开放善治平台 5 个维度协同推进未来城市实践，并提出十大行动措施。市规划和自然资源局配套制定《“三江汇”杭州未来城市实践区建设与治理准则》，以“负面清单 + 正面清单 + 审慎清单”的形式，将规划成果转换成对任务、标准、责任、程序的具体要求。面向全球开展《杭州市“三江汇”绿心公园详细规划设计》方案征集，突出“绿色活力、核心引擎、独特韵味”的定位，加快未来城市实践区建设进程。编制完成《“三江汇”杭州未来城市实践区景观控制规划》，重点保护“一芯一带、二楔十廊”的生态景观格局，并制订“新坊巷”空间营建指引方案，将“新坊巷”空间打造成“现代版富春山居图”。（陈玮玮 张苗苗）

【云城规划编制推进】2020 年 9 月，市规划和自然资源局编制完成杭州云城概念规划，该规划以“创新策源地、未来新典范”为目标引领，以“城市新中心、人才新高地、创新新引擎、生态新基底、文明新空间”为发展定位，践行“人与自然、城市与田园 、创新与生活”和谐共生的营城理念。通过“筑底框态—赋能链接—传承共享”的空间策略，彰显“山水之城、文明之城和数字经济第一城”特色，构筑“核—岛—村”有机生长的弹性空间结构，形成“云核引领、云岛聚落、云村圩田、云链联结及超级十字绿野渗透”的“三生”融合空间。（张　婧）

2020年,杭州艮山路(彭埠互通—东湖立交)提升改造项目竣工

(市建委 供稿)

【杭州市城市规划展览馆】2020年,杭州市城市规划展览馆立足讲好规划资源故事,发好规划资源声音,打造"展城市风采,强一流服务"品牌,高标准完成讲解接待和会议保障任务。全年接待游客11万人次、团队327个、会议49个。完成《杭州市综合交通专项(草案)》等7个规划项目公示。围绕疫情防控、助力复工复产、国土空间规划编制、自然资源保护等重点工作开展宣传。展览馆在市级以上媒体发布信息979条(篇),其中中央电视台《新闻联播》播报2条、《人民日报》《中国自然资源报》《杭州日报》分别刊发新闻稿3篇、9篇和23篇。场馆运行坚决落实"战疫情、促发展"要求,确保人员、场地安全。稳妥推进机构改革,完成新机构法人登记、人员转隶、社保关系接续等工作。年内,展览馆获自然资源部"全国自然资源系统宣传工作先进单位"、市总工会"杭州市工人先锋号"等称号。 (彭婵娟)

城市更新

【城市路网建设】2020年,杭州市加快城市路网建设。全年建成秋涛南路婺江路匝道、留祥路(花蒋路以东—绕城西线)提升、艮山路(彭埠互通—东湖立交)提升改造等6个快速路项目,总里程36千米;续建文一路提升改造一期(紫金港立交—五常港河)、留下互通改建、天目山路(绕城高速东—古翠路)提升改造等23个快速路项目,总里程149千米;开工时代大道南延(绕城南线—中环)、艮山东路东延一期(过江隧道—头蓬路)、S304余杭小林至塘栖段改扩建(五洲路—中环)等7个快速路项目,总里程46千米。全年完成快速路网建设总投资250.7亿元,全市快速路通车总里程255千米,主城区"四纵五横"快速路网进一步完善。全年开工主次干道项目36个、63.53千米,完工46个、69.1千米,续建45个、70.32千米。其中,墩余路(绕城高速—良祥路)、九盛路(九源路—艮山东路)、顾扬路(康桥路—平炼路)等12个主次干道建成通车。环镇北路(古墩路—镇东河以东)、香积寺路西延隧道、红普路(九盛路—和睦港)3条联网道路打通。建成省府路人行地道、江南大道阡陌路、江南大道江晖路3座过街设施。全市域建成支小路75条,总里程40.75千米,其中市区24.13千米。开展主城区建成道路移交接管工作,年内,完成移交2019年及以前道路竣工项目146个。 (陈 璟)

【城中村和棚户区改造】2020年,杭州市全力推进城中村改造提速和安置房及配套设施建设等工作。年内,全市主城区范围内基本实现城中村改造征迁清零。全年开工安置房项目39个,开工面积502万平方米;竣工安置房项目30个,竣工面积387万平方米;开工配套设施项目115个。全面推进回迁提速,全年回迁安置1.34万户,完成年度计划的161.1%。棚户区改造开工6.03万套,完成年度目标的106.2%;竣工2.54万套,完成年度目标的3.28倍;交付入住安置房2.55万套,完成年度目标的3.85倍。 (何海珠)

【大城北规划建设】2020年,市建委完善大城北规划建设指挥部办公室实体运作机制,组织召开专题项目推进协调会80多次。完成大城北地区"十四五"规划、2021年实施项目计划编制。运河新城、杭钢新城、康桥单元控制性规划调整、余杭区《杭州城北副中心国际商务区核心区城市设计专项规划》获市政府批复。全年实施建设项目308个,其中开工76个、续建165个、完工67个。开工项目包括京杭大运河博物馆一期、杭钢遗址公园14号地块和小河公园等。推进武林美术馆和祥符桥传统风貌街区建设。年内,大城北规划建设工作取得阶段性成果,杭州电视台综合频道《今日关注》等栏目专题报道大城北地区规划建设工作进展情况。

【老旧小区综合提升改造】2020年,杭州老旧小区综合提升改造被列入市政府民生实事项目。按照"范围全覆盖、水平全提升、努力争创全国样板和标杆"的目标,从"试点"迈向"全面推进"。坚持"居民主体、综合施改、功能至上、区域统筹、资源整合、建管同步"的要求,全力打造"六有"(有完善设施、整洁环境、配套服务、长效管理、特色文化、和谐关系)宜居小区。全年完成改造小区302个,涉及改造面积1200万平方米,受益居民超过15万户。市财政拨付改造补助资金15.8亿元,改造项目获上级政策补助资金34.4亿元。通过改造提升,全市新增停车泊位1.14万个、电动汽车充电桩715个、电动自行车充电桩1.66万个;加装电梯608台,其中预留加梯位1427个,新增无障碍及适老性设施3591处,提升绿化面积216万平方米,新增口袋公园358处、绿道28千米;新增养老服务、托幼、文化公共活动场所、社区卫生服务用房等设施9.2万平方米。改造

2020年，富阳区入选“浙江省海绵城市建设示范区”。图为富阳城区海绵城市项目——城区河道一期工程 （市建委 供稿）

过程中，杭州将行政事业单位、国有企业存量用房提供给街道社区用于配套服务，累计盘活市、区两级存量用房86处、2.7万平方米。和睦新村、新工社区2个改造项目入选住房城乡建设部第一批改造试点案例；叶青苑、河西南38号等17个小区改造项目入选《住建部城镇老旧小区改造九项机制试点案例（浙江专辑）》，知足弄、董家新村等12个小区入选省建设厅改造样板工程。《人民日报》《光明日报》《中国建设报》及新华网等媒体专题报道杭州老旧小区改造经验和取得的成效。

（杨静漪）

【海绵城市建设】 2020年，市建委以项目建设为抓手，全市域推进海绵城市建设。组织召开工作例会、专题对接会、培训会近30次，开展“杭州市海绵城市建设前后径流污染改善效果评价”等课题研究，印发《杭州市建设项目海绵城市设计文件编制导则（试行）》《杭州市海绵城市建设区域化评价办法（试行）》，完成《杭州市海绵城市建设“十四五”发展规划》研究。至年末，全市累计开工含海绵城市建设内容的项目110个，完工110个（包括历年项目），完成区域化建设面积52.9平方千米。始版桥未来社区9号地块、亚运村媒体村地块住宅区2个海绵城市建设示范性工程有序推进。年内，杭州市海绵城市建设通过住房和城乡建设部、省建设厅组织的建设效果阶段性评估，位列全省第一档次；上城区、西湖区、萧山区、富阳区入选“浙江省海绵城市建设示范区”，杭州入选数占全省示范区总数的44%。

（姜 茜）

【地下空间开发利用】 2020年，杭州市新增地下空间开发重点项目70个，开发总量785万平方米。“十三五”期间完成开发总量3768万平方米，超额完成2500万平方米目标。全市初步形成“一城多轴，三主七副、十五片”的地下空间总体结构。《中国城市地下空间发展蓝皮书（2020）》数据显示，杭州地下空间综合实力排名全国第五位。5月26日，市政府办公厅出台《杭州市地下空间开发利用管理实施办法》，对地下连通通道建设、区域统筹开发和建后使用管理做出新规定。11月，市建委完成《杭州市地下空间（含综合管廊）建设“十四五”发展规划》编制。发展规划在对“十三五”期间杭州地下空间建设绩效进行评估的基础上，提出“十四五”期间地下空间发展战略、发展目标、实施举措。同时结合新一轮国土空间规划编制，启动《杭州市地下空间开发利用专项规划（2021—2035年）》编制。专项规划围绕城市高品质发展主线，提出城市地下空间未来的发展策略、发展布局。组建由40名规划、建筑、市政等领域专家组成的地下空间开发建设专家组，参与杭州地下空间开发建设的政策制定、决策咨询、规划编制和项目评审等工作，为杭州提升城市地下空间开发利用规划建设水平提供智力支撑。

（陈艳萍）

【杭州通过综合管廊国家试点考核评价】 2020年7月，杭州市通过地下综合管廊国家试点考核评价，并获财政部奖励资金1.2亿元。中央电视台财经频道、《中国建设报》等媒体分别以“‘蜘蛛网’入地，浙江杭州建设一公里投入近亿元的社会资本助力地下综合管廊建设”和“‘内外兼修’提升城市颜值——浙江杭州加快推进地下综合管廊建设素描”为题报道杭州综合管廊建设情况。杭州自2016年作为住房城乡建设部、财政部确定的地下综合管廊建设试点城市，成立工作专班，加大资金投入力度，先后实施德胜路、艮山路、沿江大道等5个（7条）综合管廊试点项目，建设总长度33.47千米，试点任务如期完成。其中于2019年投入运行的德胜路综合管廊项目取得全省第一本管廊不动产证。市建委根据杭州综合管廊建设试点做法，会同市规划和自然资源局制订《杭州市城市地下综合管廊规划资源审批、监管及确权登记业务指引（试行）》《杭州市城市地下综合管廊竣工规划核实及不动产测绘、权籍调查技术指引（试行）》相关指导性文件，形成有杭州特色的城市综合管廊产权登记制度管理体系。

（李海沙）

钱江新城

【概况】 2020年，市钱江新城管委会（指挥部）、市奥体博览城建设指挥部、杭州钱塘江博物馆3个单位合并重组，统筹推进“拥江发展”行动、钱江新城核心区建设管理和奥体博览城建设运营管理各项工作，归口管理杭州奥体博览中心建设投资有限公司。市钱江新城管委会和市钱投集团围绕“干好一一六、当好排头

2020 年,“三江汇”杭州未来城市实践区规划建设启动。图为“三江汇”杭州未来城市实践区俯瞰图

（市钱江新城管委会 供稿）

兵”和“战疫情、促发展”总要求,全力推进“三江汇”杭州未来城市实践区、江河汇城市综合体、钱江新城核心区、奥体博览城、亚运村、大会展中心等重大项目建设,推动城市开发和城市服务“双引擎”均衡发展。全年投资强度不减,完成固定资产投资159.6 亿元,比上年增长 12.3%。

“三江汇”杭州未来城市实践区规划建设启动。成立市三江汇建设领导小组、三江汇未来城市建设管理委员会、三江汇股权投资有限公司。三江汇未来城市建设管理委员会会同市规划和自然资源局完成《“三江汇”杭州未来城市实践区发展战略与行动规划》《杭州“未来城市”实践区建设与治理准则》编制,以及综合交通、国土空间图斑梳理和规划、钱塘江三江口防洪（包括相关重要片区）专题研究。会同相关部门谋划杭州未来文化中心、三江汇绿心公园、三江汇区域堤塘岸线项目、西湖之江“未来社区”等重点项目,完成西湖区、滨江区、萧山区、富阳区 85 宗项目用地管控论证,总用地面积 353.32 公顷。

拥江发展行动有序推进。《杭州市钱塘江综合保护与发展条例》施行。《钱塘江流域两岸综合保护与利用实施导则》《钱塘江流域两岸总体城市设计》经市政府批复实施。协同推进拥江发展 163 项重点任务建设。年内,贯通钱塘江绿道 136.6 千米,奥体中心体育馆、游泳馆、亚运村等亚运场馆建设项目完成年度目标。钱塘江两岸建成省级美丽城镇 17 个、市级美丽城镇 20 个、精品村 72 个。完成滨江区冠山隧道北废弃宕口和紫红岭废弃宕口地质灾害治理、富阳与萧山边界石矿综合治理。湘湖压湖山岛公园等项目按进度要求推进,梅城古镇城南核心区 4 幢历史建筑实施修缮,淳安产业平台落地产业项目 5 个。

城市开发建设力度加大。杭州博奥隧道、钱塘江博物馆、景芳三堡单元安置房、凯旋单元公共租赁房等重点项目和杭州银行、杭州太平金融大厦、杭州国际中心等在建项目完成投资 24.6 亿元,占计划总投资的 120%。完成钱江新城中心区域城市品质提升策划研究,有序实施森林公园、新塘河配套物业等招商工作。江河汇城市综合体先行段等 25 个项目开工,宁巢·明石公寓等 12 个项目竣工。连堡丰城一期完成负二层结构,移交市地铁集团实施铺轨。围绕“保出让、保安置、保重点”目标,制定“一企一策”,完成钱江新城二期和城东新城 31 个国有企业和集体企业征迁清零。两大新城开工安置房建设项目 18 个,建筑面积 233 万平方米。其中 5 个项目主体结顶,结顶面积 70 万平方米。新建、续建学校和幼儿园 11 所,竣工 2 所。完成 11.87 公顷土地出让,钱投·钱塘健身工场开业,市属国有企业钱投·数媒中心启用。

（施旭青 朱礼胜）

【《杭州市钱塘江综合保护与发展条例》公布】 2020 年 7 月 31 日,《杭州市钱塘江综合保护与发展条例》（简称《条例》）经省人大常委会会议表决通过,自 10 月 1 日起施行。《条例》分为总则、规划、综合保护、绿色发展、保障与考核、法律责任和附则 7 章 37 条。《条例》适用于钱塘江及两岸区域,包括杭州市行政区域内钱塘江干流、主要支流及沿岸一定范围的区域。《条例》提出钱塘江保护与发展的总体原则,科学谋划钱塘江及两岸区域综合保护与绿色发展的实施路径,明确违反《条例》的法律责任。《条例》为深入实施“拥江发展”行动、推进钱塘江综合保护与发展提供法律依据。

【《钱塘江流域两岸总体城市设计》《杭州市钱塘江综合保护与发展实施导则》获批复】 2020年9月4日，市政府批复《钱塘江流域两岸总体城市设计》（简称《城市设计》）和《杭州市钱塘江综合保护与发展实施导则》（简称《实施导则》）。市政府批复意见中明确《城市设计》和《实施导则》以杭州市行政区域内的钱塘江及两岸区域为规划范围，包括钱塘江、富春江、新安江两岸和千岛湖周边2000～4000米纵深地区，寿昌江、兰江、分水江、渌渚江、浦阳江和京杭运河等重要支流两岸约500米纵深地区，总面积3376平方千米。协调范围为杭州市全域。同意《实施导则》作为指导钱塘江及两岸区域规划、保护、建设及相关管理活动的实施总纲，对《实施导则》的地位与作用、基本原则、岸线区划分、岸线管控等内容予以明确。

【杭州博奥隧道双线贯通】 2020年4月15日，杭州博奥隧道工程东线"亚运号"盾构机完成第840环管片的推进拼装施工，顺利贯通东线隧道，标志着博奥隧道双线贯通和主体结构完工，进入附属结构及内部装修施工阶段。西线隧道于2019年12月16日贯通。博奥隧道是连接钱江新城和钱江世纪城的重要过江通道，也是第19届亚运会的核心通道。北起新业路与富春路交叉口，南至博奥路与平澜路交叉口，建成后将串联起钱江新城市民中心、杭州大剧院、杭州国际博览中心、杭州亚运主体育场、体育游泳馆。隧道为双向四车道，设计行车速度60千米/小时。（施旭青）

【杭州亚运村108幢单体建筑全面结顶】 2020年12月24日，第19届亚运会组委会举行亚运村108幢单体建筑全面结顶仪式，标志着亚运村建设完成关键节点。亚运村是杭州亚运会核心配套项目之一，由运动员村、技术官员村、媒体村、国际区与公共区组成，有108幢单体建筑，建筑面积241万平方米。亚运会期间，亚运村将为1万余名运动员、随队官员，近4000名技术官员和约5000名媒体人员提供住宿、餐饮、医疗等保障服务。亚运村建设贯彻"绿色、智能、节俭、文明"办赛理念，以"先谋城、后谋村"的整体规划思路，着力打造一座绿色、生态、低碳、健康的现代化新城。（朱礼胜）

【"亚运三馆"基本建成】 2020年12月，第19届亚运会体育馆、游泳馆和综合训练馆三大场馆基本建成。游泳馆有观众座席6000个，亚运会期间将承担游泳、跳水和花样游泳的比赛。体育馆有1.8万个观众座席，将举行篮球、羽毛球、排球、乒乓球、手球、竞技体操、拳击、武术、室内足球和冰球等项目的比赛。综合训练馆外形是一座高达近100米的"玉琮"，亚运会期间将承担篮球、摔跤、排球、跆拳道、手球（暂定）比赛的训练任务。"亚运三馆"基本建成标志着杭州奥体博览城整体建设接近尾声。（施旭青）

【连堡丰城项目一期主体工程完工】 2020年，杭州钱江新城连堡丰城项目一期主体工程按照"四位一体"线性综合体的建设要求完成负二层结构，移交市地铁集团实施铺轨。连堡丰城项目是钱江新城二期的重要组成部分，以杭州地铁9号线为轴线，五堡站、六堡站、七堡老街站、御道站4个地铁站点为核心，形成东西南北向主要地下空间布局，并在五堡、六堡、七堡设置3条南北纵向廊道，形成"丰"字地下空间骨架。项目总建筑面积33万平方米，总投资58亿元。项目分两期建设，其中一期工程建筑面积16.58万平方米，总投资43亿元。

【钱唐公社开园】 2020年5月28日，钱唐农园二期——钱投·钱唐公社开园。钱唐公社是继上年全国首个城市中心区的都市农园——钱投·钱唐农园一期后，打造的又一个具有文化保护内容的新型公社建设再利用项目。位于钱江新城二期的核心地段，占地总面积3.6公顷，有17幢建筑，建筑面积1.29万平方米。二期延续一期"看得见云水，望得见田野，记得住乡愁"的设计理念，将原七堡社区家宴中心及16幢居民房完整地保留下来，将乡村最原始、最质朴的一面展现给公众。整个园区建有低密度独栋办公集群，并提供人才公寓、潮居餐厅、"望田居"民宿等具有产业集聚效应的特色配套服务。

【2个地下连接通道投入使用】 2020年9月25日，城星路站和市民中心站—高德置地广场2个地下连接通道投入使用。城星路站地下连接通道位于城星路站D出入口和A2出入口之间，全长120米，通道面积1200平方米，由商铺和走道两部分组成。通道的投用进一步完善城星路站周边地下步行系统空间组成，提升尊宝大厦—中华航空片区的商业活力。市民中心站—高德置地广场

2020年，建设中的钱江新城连堡丰城项目一期（市钱江新城投资集团 供稿）

2020 年 9 月 27 日，钱江新城“互动光影秀”项目竣工

（市钱江新城管委会 供稿）

地下连接通道位于地铁市民中心站西侧，连接市民中心站和高德置地广场地下商业，全长 75 米，通道面积 1500 平方米，通道投入使用后，市民中心周边地下空间系统基本形成。至年末，钱江新城核心区累计建成地下通道 35 条、空中连廊 16 座。

（朱礼胜）

【“互动光影秀”项目竣工】2020 年 9 月 27 日，市钱江新城管委会在城市阳台召开“互动光影秀”项目竣工验收会。自钱江新城“城·水·光·影”主题灯光秀在 G20 杭州峰会上演后，受到参会嘉宾及国内外各界赞誉，钱江新城灯光秀成为杭州的又一张金名片。年内，市钱江新城管委会对城市阳台景观照明系统进行优化升级，打造一台独具杭州韵味的“互动光影秀”活动。“互动光影秀”活动以宣传杭州文化、活跃城市空间为宗旨，推出秘境树阵、灵动浅池、幻影喷泉、流光彩屏及嬉戏江滨 5 个场景，通过综合运用激光投影、红外线摄像、激光雷达、高精度贴膜屏等光影秀设备实现人与光影的互动和对话。该项目施工团队克服新冠肺炎疫情影响及供应商停产等困难，通过技术攻关和反复调试，实现预期的设计要求，获得专家一致认可，通过竣工验收。

（施旭青）

【杭州大会展中心项目开工】2020 年 5 月 25 日，杭州市成立会展新城建设指挥部和工作专班，按照“政府主导、市场主体、市区联动、城馆结合”原则，牵头推进杭州大会展中心项目及会展新城建设。8 月 3 日，杭州市会展新城开发建设有限公司成立，实现“指挥部 + 工作专班 + 实施主体”推进模式的机制闭环，标志着杭州会展新城及大会展中心开发建设进入实体化运作阶段。9 月 5 日，指挥部在杭州国际会议中心召开会展新城核心区城市设计方案评审会。6 个国内外应征单位递交的城市设计方案提交评审，最终确定浙江省城乡规划设计研究院为方案中选单位。10 月 29 日，经过评标等程序，确定招商局地产（杭州）有限公司为大会展中心项目总包代建单位。12 月 30 日，杭州大会展中心项目一期约 62 万平方米工程开工。大会展中心项目位于杭州萧山国际机场北侧，是杭州会展新城的核心项目和首个启动项目，占地面积约 74 公顷，总建筑面积 124 万平方米。

【艮山东路过江隧道盾构段和东延线开工】2020 年 10 月 28 日，杭州艮山东路过江隧道“钱塘先锋号”盾构机始发仪式举行。两台直径 15.06 米的盾构机在隧道工程现场实施穿钱塘江掘进施工作业，艮山东路东延线同时开工，标志着钱塘快速路新区段进入全面建设期。艮山东路过江隧道是杭州市“四纵五横”快速路网系统最中心一横“钱塘快速路”的重要组成部分。项目位于钱塘新区，隧道工程穿越钱塘江部分全长 4616 米，其中盾构段 3210 米，开挖直径 15.06 米，最大埋深 45 米，为双洞双向六车道设置，设计速度为 80 千米 / 小时。

【钱江新城二期地下综合管廊系统建设】2020 年 8 月 12 日，中央电视台财经频道报道钱江新城二期地下综合管廊系统建设情况。二期地下综合管廊系统包含沿江大道管廊、备塘路管廊、观潮路管廊、凤起东路管廊、昙花庵路电力隧道、九田路电力隧道等，总长度约 14.5 千米，立项总投资 65.5 亿元。采用综合性一体化一次性开发方式建设，实施统一规划、统一设计、统一管理，由市钱投集团承建。其中，沿江大道管廊、备塘路管廊一期、昙花庵路电力隧道分别于 2019 年、2020 年建成。观潮路管廊和凤起东路西延电力隧道于 2020 年开工。九田路电力隧道 2020 年完成方案设计，进行前期准备及征地拆迁。

（朱礼胜）

▶资料：地下综合管廊

地下综合管廊指在城市地下建造一个隧道空间，将电力、通信、燃气、给水等各种工程管线集于一体，是保障城市运行的重要基础设施和“生命线”。需要检修时，打开隧道空间门，从人行入口处进入地下管廊便可进行。

【钱塘江（杭州段）诗路文化带建设取得阶段性成果】2020 年，市钱江新城管委会（市拥江办）根据打造“钱塘江诗路文化带”和杭州市“拥江发展行动”“文化兴盛行动”要求，持续开展钱塘江诗路文化带“十个一”建设工作，着力推进《钱塘江文化保护与发展规划纲要》编制、《钱塘江全书》和《严州全书》编纂出版、两岸文化创意大走廊构建、文化与旅游深度融合等工作。年内，出版“钱塘江名人”系列丛书 5 册、《钱塘江文献集成》2 册；完成《钱塘江诗词文化带发展与实施策略研究及文化场景策划》；联合浙江省诗词与楹联学会，完成富阳区渔山乡、淳安县梓桐镇和威坪镇浙江省“诗词之乡”创建。长达235千米的钱塘江（杭州段）诗路文化带建设取得阶段性成果。

（施旭青）

历史文化名城保护

【概况】杭州是1982年国务院公布的第一批国家历史文化名城和中国七大古都之一。至2020年年末，杭州市境内有世界文化遗产3处、全国重点文物保护单位48处、省级文物保护单位93处、市（县）级文物保护单位542处；有市级文物保护点508处、历史街区27处、历史建筑1611处、历史文化名镇名村34处；有国家级考古遗址公园1处、省级考古遗址公园3处。全年投入历史文化名城专项资金8130万元。年内，市园文局会同市规划和自然资源局开展《杭州市历史文化名城保护专项规划》《杭州市紫线规划》《历史建筑保养维护规范》《历史建筑修缮与利用技术规程》等规划、规程的编制、公示和上报。全市加强历史建筑、历史景观风貌管控，实施保护工作责任制，坚守安全底线。市园文局获“良渚古城遗址申遗工作先进集体”“全国文明单位”称号。

【历史文化名城保护规划编制】2020年，杭州市启动新一轮《杭州历史文化名城保护规划》编制，从全域整体保护入手，建立保护对象目录体系，推进保护规划的实施管理，彰显杭州历史与现代交汇的特色风貌。编制《杭州市城市与建筑风貌管理办法》，梳理整合杭州市历史景观风貌规划，明晰全市历史景观风貌管控要素和要求。推进萧山区、桐庐县、建德市等四区三县（市）历史文化保护，对四区三县（市）潜在的有保护价值的古建筑开展普查，摸清底数，做到“应保尽保”，实现保护“全覆盖”。编制《杭州城市紫线控制性规划》，完善紫线动态维护管理平台，优化紫线数据库，建立动态更新机制。（杨明阳）

【《历史建筑修缮与利用技术规程》编制完成】2020年1月，市园文局受省建设厅委托，启动《历史建筑修缮与利用技术规程》（简称《规程》）编制工作。至年末，《规程》基本编制完成。《规程》有条款185条，包括基本规定、查勘与检测、修缮设计、修缮施工、修缮验收、利用等，并提出历史建筑修缮与利用应遵循的真实性、整体性、可识别性和可持续性4项原则，对历史建筑的修缮与利用进行全覆盖精细化规范。

【《历史建筑保养维护规范》初稿编制完成】2020年6月，由市园文局编制的《历史建筑保养维护规范》（简称《规范》）被列入杭州市标准化建设项目计划。年内，市园文局基本完成《规范》初稿编制。《规范》有条款35条，包括历史建筑保养维护的范围、规范性引用文件、术语和定义、基本要求、巡查要求、保养维护实施、应急管理、消防管理、资料归档等方面内容，对历史建筑的保养维护进行明确规范，重点规范巡查分类和频次要求、保养维护具体实施措施及应急管理、消防管理的方式和措施等。

【历史文化名城保护立法工作】2020年，为进一步加强杭州历史文化名城保护和管理，市园文局在《杭州市历史文化街区和历史建筑保护条例》基础上，结合全市历史文化名城保护工作实际情况，开展《杭州市历史文化名城保护条例》立法工作。年内，完成立法前期调研，并编制完成初稿，内容包括杭州市行政区域内历史文化资源的规划、设计、建设、管理等，突出杭州特色，遵循规划引领、统筹协调、强化传承、严格管理、有效保护的原则。

【历史建筑建档测绘工作会议】2020年9月24日，杭州市历史文化名城保护委员会组织召开全市历史建筑建档测绘工作培训会议，贯彻落实住房城乡建设部有关报送历史建筑测绘建档三年行动计划和规范历史建筑测绘建档成果的要求及省建设厅《关于进一步做好历史文化保护重点工作的通知》精神，市园文局、市文物遗产与历史建筑保护中心及各区县（市）历史建筑保护主管部门负责人、浙江省长三角标准技术研究院专业人员等近30人参加。测绘建档工作由市建委委托北京清华同衡规范设计研究院有限公司和浙江大学建筑设计研究院有限公司共同开展。测绘对象为全市正式公布的86处历史建筑。测绘主要内容包括历史建筑的总平面、立面、剖面及主要构件等，总建筑面积8.8万平方米。会议对参与单位配合做好历史建筑测绘建档工作提出要求。（章珠裕）

【杭州氧气股份有限公司建（构）筑物群修缮工程完工】杭州氧气股份有限公司建（构）筑物群位于下城区文晖街道，是市政府公布的第六批历史建筑之一。该建（构）筑物群有厂房7幢，建筑面积4.37万平方米，建于20世纪50年代，具有鲜明的工业生产时代特征，是中华人民共和国成立后杭州工业建筑发展历史的缩影。由于长期用于工业生产及缺少必要的维护，各栋建筑均存在不同程度的破损。2016年12月，杭州旅游投资发展有限公司对该建（构）筑物群进行全面保护修缮，内容包括老厂房外立面门窗、墙体、屋架的加固整修，以及内部空间格局调整、相应配套设施增设和场地环境修整，总投资1.7亿元。修缮工程于2020年12月完工。

【杭州饭店主楼历史建筑保护修缮】杭州饭店主楼历史建筑位于西湖区北山路78号，为市政府公布的第二批历史建筑之一。由于年久失修，出现安全隐患。2020年11月，杭州饭店主楼开展保护修缮及室内装修，总投资1.44亿元。修缮包括对存在安全隐患的部位进行加固，按照原有风貌修复破损的墙体、屋面、楼地面、门窗，更新消防设施，整治周边环境等。

（李忠慈）

运河保护开发

【概况】2020年，市运河集团对集团组织架构体系进行优化，新增4个全资及控股子公司，组建资产管理公司和3个参股公司，基本形成初具产业链形态和主营业务生态的集团架构。推进大运河国家文化公园建设，把杭州京杭大运河博物院、大运河滨水公共空间、大城北中央景观大道、大运河杭钢工业旧址综保项目、大运河未来艺术科技中心组合成“大运河世界文化遗产公园”,公园被列为省内第一个国家级标志性工程,并获2000万元中央预算内投资拨款,成为杭州市近10年来首个获得中央财政支持的文旅类项目。加快实施“大运河(杭州段)水岸互动文旅融合迎亚运工程”,全面提升京杭大运河老城区段15.2千米沿河空间范围生态景观和宜居品质。构建杭州特色的“千年运河”文化旅游品牌体系,举办中国(杭州)新年祈福走运大会、中国大运河文化带京杭对话系列活动、“千里运河万里诗”第四届京杭大运河国际诗歌大会、大运河庙会等系列活动,配合中央电视台中文国际频道《远方的家》节目制作5集大运河(杭州)专题片,启动建德金源昌精品酒店、望山梅精品酒店建设和西水门遗址修复,助力杭州美丽城镇建设和拥江发展。推进市场化转型,集团设立市场化经营的专业公司,拓展会议会展、物业管理、生态环保、电力服务等业务领域。全年集团完成投资额82.5亿元,比上年增长36.3%,其中重点项目投资9.1亿元。实现土地出让收入46.65亿元,增长33.9%。实现净利润4.68亿元,增长7.6%。京杭大运河(杭州段)景区接待市民游客958万人次,旅游收入712万元。

2020年12月31日,大运河国家文化公园杭州项目群开工

(杭州运河集团 供稿)

【香积寺路隧道开通】 2020年6月29日,杭州香积寺路隧道开通试运行,首次开通路段东起上塘路东侧,西至余杭塘路,处于德胜路及大关路之间。香积寺路隧道全长2.65千米,其中下穿运河隧道长度2.3千米,主线设计时速50千米,为杭州主城区首条下穿古运河的城市隧道,是杭州主城区东西向跨越京杭大运河(杭州段)的主要通道之一。2019年1月,隧道启动盾构施工。采用大直径超小曲线半径的盾构机,盾构直径11.3米,比杭州地铁盾构直径大5.1米,最小曲线半径仅500米,于2019年12月实现双线洞通。

【丽水路下穿隧道主体结构通过验收】 2020年7月,丽水路(石祥路—金昌路)道路工程取得重要进展,工程北工区(上塘高架以北隧道)主体结构通过验收。丽水路(石祥路—金昌路)道路工程于2018年10月22日开工,为省重点工程,是省内首个双层隧道项目。地下一层隧道与运河湾区块内的地下空间连通,地下二层隧道穿过管家漾,将管家漾南北两侧的道路打通,形成一条南北向车辆直接通行的路线,为运河湾范围内的配套设施建设带来便利。项目位于拱墅区运河新城单元,为城市次干路,南起石祥路,北至金昌路,路线总长约1760米,其中隧道长约1000米、地面道路长约700米,沿线与石祥路、祥园路、管家漾、上塘高架(地面)、谢村路、金昌路相交。

【康桥·运河农园开园】 2020年10月24日,康桥·运河农园开园。农园由市运河集团联合康桥街道打造,是大城北地区首个都市农园项目,位于运河邻里康桥农贸市场北侧,有果园、香草园、种植家园、田园市集、食物森林等区块,其中田园市集区块分为种子图书馆、科普教育、有机体验厨房等子区块。农园占地面积1.84公顷,总投资195万元,为市运河集团在绿色生态环保领域做的第一次尝试,旨在打造一个循环生态理念与儿童体验教育于一体的特色有机都市农园。

【“梦航”号游船投入运营】 2020年9月25日,“梦航”号游船首航,10月1日投入运营。游船由市运河集团联合广东省航运集团打造,船长54.2米,宽15.2米,载客量556位,是一艘三层式全回转舵桨合一电动推进的新型节能环保双体游船。“梦航”号游船每天开航日、夜两个班次。日航线从杭州滨江码头登船,途径钱江龙、杭州印、西兴大桥、奥体中心、钱江世纪城、钱塘江大桥、六和塔、钱王射潮等景点,全程约90分钟。夜航线从滨江码头登船,途经钱江龙、杭州印、西兴大桥、奥体中心、钱江新城灯光秀、复兴大桥等景点,从钱王射潮景点返回滨江码头,全程约70分钟。至年末,“梦航”号游船开航31班次,接待游客6100多人次。

【大运河国家文化公园杭州项目群开工】 2020年12月31日,2020年大运河国家文化公园杭州项目群开工活动在杭州京杭大运河博物院项目现场(原三里洋码头)举行。副市长缪承潮和市建委、市大城北建设办公室、市运河集团主要负责人及施工方代表等200多人参加,缪承潮宣布项目群开工。开工项目16个,包括杭州京杭大运河博物院、小河公园、大运河未来艺术科技中心、大运河杭钢工业旧址综保项目一期、大城北中央景观大道、大运河滨水公共空间一期、运河湾国际旅游休闲综合体一期、运河新城地块公租房、康园路(独城路—金昌路)一期、谢村36班初中等,总投资196.69万元。

【大运河杭钢工业旧址综保项目开工】 2020年6月29日,大运河杭钢工业旧址综保项目地块中央广场区域土壤治理暨地下室开挖开工。土壤修复工程是综保项目先行实施工程，土壤治理中央广场区域属试验段区域范围，土壤修复工程结合地下室开挖进行。大运河杭钢工业旧址综保项目位于半山国家森林公园西侧、大城北核心区东部，东至崇超路，西至康园路，南至炼铁路，北至独城路，总占地面积56万平方米。通过建设杭钢湖，打通地块南北水系，形成大城北示范区的水上功能集聚区，打造多个室内外自由联动的活动空间，满足城市居民亲绿亲水亲人文的需求。

【中国（杭州）新年祈福走运大会】 2020年1月1日，中国（杭州）新年祈福走运大会在杭州举行。大会由杭州市政府、中国新闻社主办，杭州市运河集团、杭州市园林文物局（市运河综保委）、拱墅区政府、杭州市大城北规划建设指挥部办公室、中国新闻社浙江分社共同承办。“走运”活动分陆路“走运”和水陆联游“行运”两条线。陆路“走运”以香积寺广场为起终点，途经大兜路历史文化街区、运河文化广场、桥西历史文化街区、小河历史文化街区、小河油库等，沿途设置10多处以运河景区商户及拱墅区各街道社区民间艺术家表演为主的演绎点位。水陆联游“行运”在香积寺码头上船，到桥东码头下船步行，途经传统工艺工作站杭州拱墅站、运河文化广场、桥西历史文化街区、小河油库、小河历史文化街区等地。1000多名市民参加“走运”活动。

【京杭大运河国际诗歌大会】 2020年4月23日，以“千里运河万里诗”为主题的第四届京杭大运河国际诗歌大会启动。大会由浙江省作家协会、杭州市文联指导，杭州市运河集团主办。大会期间开展“寻找最美运河声音”“运河主题诗歌创作大赛”两项主题线上征集活动，收到作品2500多件，两项主题活动推动形成一波运河诗歌潮。大会举办方在“五一”国际劳动节、“六一”国际儿童节、大运河申遗成功6周年等重要节庆节点举办10多场朗诵会、音乐会等主题线下活动。大会历时3个多月，于8月7日落幕。

【中国大运河文化带京杭对话活动】 2020年9月23—24日，第二届中国大运河文化带京杭对话活动在北京举行，北京和浙江两地签署《北京浙江文旅高质量发展合作框架协议》。京杭对话活动由北京市政府新闻办公室、浙江省政府新闻办公室、杭州市政府主办，杭州市运河集团等单位承办。活动以“运河上的京杭对话，共建共享新未来”为主题，围绕大运河文化带的保护和利用问题进行探讨交流，旨在推动落实中共中央总书记习近平关于统筹保护好、传承好、利用好大运河重要批示指示精神，提升中国大运河文化带的国际影响力。

2020年1月1日，中国（杭州）新年祈福走运大会举行。图为大会举办方在运河沿线组织文化演绎活动 （杭州运河集团 供稿）

【中国大运河庙会】 2020年10月30日至11月3日，第七届中国大运河庙会在京杭大运河杭州景区举行。庙会由市运河集团、市园文局（市运河综保委）、市商务局、市文化广电旅游局、市大城北规划建设指挥部办公室、拱墅区政府主办，拱墅区委宣传部（区文明办）、杭州运河集团文化旅游有限公司等单位承办。庙会分设大兜路历史文化街区、小河历史文化街区、桥西历史文化街区、运河天地四大区域，各区域活动主题鲜明。其中，首次在桥西历史文化街区和大兜路历史文化街区设立中医及素食文化活动板块，彰显大运河庙会的营养午餐特色。运河天地是庙会集市规模最大的区域，集中推出海峡两岸农产品和异国美食。庙会期间特设运河水上漕舫专线，让市民游客体验“坐着船儿逛庙会”的感受。5天庙会接待市民游客22.51万人次，参展商户营业收入535亿元。

【“国家文化公园的投建运营创新”项目获评融合创新发展十大案例】 2020年12月，在中国旅游集团发展论坛上，市运河集团“国家文化公园的投建运营创新”项目获评“2020年中国旅游集团融合创新发展十大案例”，在案例排名中列第二位。论坛组委会认为，市运河集团以大运河国家文化公园（杭州段）为例，通过“统筹规划、生态保护、项目抓手、文化引领、产业培育、运营前置”等方面创新，并引入社会资本参与经营，实现文化性、公益性项目运营成本和收益平衡，其经验做法可复制推广。论坛由中国旅游研究院和中国旅游协会联合主办，以“文化引领，科技创新”为主题，中央和地方旅游企业、研发机构负责人，文化和旅游部门代表等800多人参加。 （沈琴晓）

城市公用设施

【概况】 2020年，市城投集团面对新冠肺炎疫情，做好供排水、公共出行、能源（天然气）、垃圾清运处置、道路桥隧养护等保障工作。全年实施快速路网、地下综合管廊、供排水设施、公交场站、燃气管道、垃圾处理等省、市重点工程24个，完成投资396.1亿元，比上年增长12.6%。公共交通运送乘客9.11亿人次，市民和游客租用公共自行车7900万人次，填埋处置垃圾141.91万吨，清洁直运垃圾201.72万吨。推进千岛湖配供水工程和自来水厂、污水处理厂建设，市水务集团饮用水供水量（生产水量）6.85亿立方米；污水处理量5.45亿立方米，其中江北主城区饮用水供水量55.05亿立方米，污水处理量4.99亿立方米。完善天然气安全供应格局，全市建成中低压管网265千米。市城投集团居"中国服务业500强"第192位、"浙江省百强企业"第54位。（李　峰）

【城市供水】 2020年，市城投集团围绕保障供水安全和提升供水质量两大工作中心，进一步完善全市供水保障体系。千岛湖供水工程城北线通水运行，实现杭州市江北主城区和余杭区千岛湖原水供应全覆盖。推进二次供水改造，全年完成73个小区的二次供水改造任务，惠及3.9万户市民，提升杭州市民的用水安全和用水品质。全年市水务集团完成饮用水售水量6.04亿立方米，比上年增长9.9%（2020年新增滨江售水量）。其中，主城区4.56亿立方米，下降0.34%。九溪水厂、南星水厂、祥符水厂、清泰水厂4个主城区水厂出厂水水质合格率、污水处理出水水质达标率、管网水质综合合格率均为100%。新建直径100毫米以上自来水管网41.5千米，改造老旧管网83.2千米。主城区供排水管网总长度为7918.99千米。（葛汉阳）

【城市供气】 2020年，市城投集团加强能源（天然气）供应保障，在市域范围内加快建设天然气门站和天然气管线，全市新增居民燃气用户点火数6.83万户，累计156万户。新增工业和公建燃气用户点火数1419户，累计9754户。销售天然气12.1亿立方米，比上年下降17.1%。杭州市域范围内建成并投运高中低压管线7864千米，运行天然气门站5座、高中压调压计量站（含阀室）32座、中低压调压设施6130座，服务区域辐射至杭州13个区县（市）。主城区气化率增至94.7%，采暖用户发展到9万余户。23个西湖"景中村"全面变身绿色能源村。50个城中村、老旧小区通天然气。（陶　毅）

【市区水务一体化改革】 2020年3月2日，市政府印发《关于推进杭州市水务一体化改革的实施意见》和《杭州市水务一体化改革方案的批复》，市水务集团全力做好市区水务一体化改革各项工作，按照市区水务"一盘棋、一体化、一张网"的要求，在2019年12月完成滨江水务公司挂牌基础上，于2020年6月19日、8月28日、9月29日、9月30日，先后挂牌成立临安、富阳、余杭、萧山区水务合资公司，改革取得阶段性成果。

【千岛湖配供水工程建设】 2020年，市城投集团围绕提高原水水质、优化供水格局、更好保障杭州市民饮水安全和用水品质的目标，加快推进千岛湖配供水工程建设。6月，千岛湖配水工程16个主体标段提前2个月完成单位工程并验收，所有单位工程和合同工程质量均评定为优良。6月29日，千岛湖供水工程城北线通水运行，实现杭州市江北主城区和余杭区千岛湖原水供应全覆盖。12月，城北净水厂、取水口上移、祥符水厂扩建3个省、市重点工程集中开工。（葛汉阳）

2020年，千岛湖配供水工程闲林枢纽（岸坝碗式配水井）建成

（市城投集团 供稿）

【杭州燃气西部抢修应急中心启用】 2020年10月28日，杭州燃气西部抢修应急中心启用。中心建筑面积4320平方米，总投资约4000万元，直接服务西湖区三墩镇、祥符街道、三墩北等大型居住区30万户居民，管理杭州城市西北区域55平方千米范围的地下管网。中心集"区域保障、抢修服务、应急管理、综合体验、燃气报装"等功能于一体。至此，杭州燃气形成主城区"一中心五站十点"的管网运行安全保障基础管理体系。中心下辖的杭燃优家城西客户中心同步启用，填补城市西北区域的服务"空白"，实现一站式服务、报装服务、延伸服务三类服务就近办理。

【皋亭山液化气储配站暨产业研发中心工程启动】 2020年4月27日，杭州市皋亭山液化气储配站暨产业研发中心工程启动。该项目占地面积3.11公顷，总投资3.13亿元，液化气储存规模1500立方米，最大灌装规模140吨/天，建成后将成为杭州市唯一的液化气储配站及产业研发中心，承担杭州20多万户瓶装液化气

2020年7月23日，杭州市天然气利用工程建德段（安仁—乾潭）开工仪式在建德市乾潭镇项目现场举行　（市燃气集团 供稿）

用户的供应保障和配套服务。该项目于2018年11月核准，2019年4月完成建设用地审批，2020年3月办理建设工地规划许可证，计划用14个月建成并投入使用。

【杭州市天然气利用工程建德段开工】 2020年7月23日，杭州市天然气利用工程建德段（安仁—乾潭）开工仪式在建德市乾潭镇项目现场举行。实施的建德段（安仁—乾潭）天然气次高压管道项目长12.6千米，管道直径400毫米，设计压力1.6兆帕，年输气能力6.6亿立方米，总投资7000多万元。自2012年杭州天然气利用工程西进工程启动后，完成富阳、临安、桐庐天然气高压管道建设。2017年11月28日，建德段（下垄口—安仁）天然气高压管道工程开工建设，2018年8月30日完成通气，如期实现天然气高压管道挺进建德，惠及50多万建德市居民。

【《亚运会燃气配套建设行动计划》发布】 2020年9月9日，市燃气集团发布《亚运会燃气配套建设行动计划》。该计划涵盖高压成环成网、政府迁改、场馆配套、管网优化等8个大项、53个具体项目，总投资超过15亿元，配套项目建成后，将大幅度提高绿色能源体系保障等级，为亚运场馆天然气稳定供应提供气源支撑。同日，拱墅运河亚运公园燃气配套保障项目签约。该项目由杭州市拱墅区城中村改造工程指挥部承建。年内，亚运公园燃气配套建设保障项目基本建成。（陶　毅）

【水气报装实现“102”标准】 2020年，市城投集团深化“放管服”改革，优化营商环境，在原来报装“312”标准基础上，通过进一步减环节、减时间、减费用、减材料，将水气报装要求提升至“102”标准，即用水用气办理时限为1个工作日，实行零份材料容缺受理，环节设置为报装申请、通水通气2个。为实现“102”标准，集团牵头入驻市、区两级9个行政服务中心实行用水用气“一窗受理”，并推出电话办、网上办、移动办等多种办理渠道；对报装进行全过程管控、各环节监控。对于150米范围小面积开挖项目，创新推出免行政审批，上报方案后可直接施工。水气报装业务在2020年浙江省“优化营商环境”评价中排名第一位。市城投集团所属市水务集团、市燃气集团获“2019年度杭州市国际一流营商环境创建工作突出贡献集体”称号。（李　峰）

【临江循环经济产业园两个项目完工】 2020年12月，位于临江循环经济产业园的临江环境能源项目建成投运，标志着杭州生活垃圾末端处置由“填埋为主”转向“焚烧为主”。临江环境能源项目规模为日焚烧处理生活垃圾5200吨，焚烧量173.3万吨/年，年并网电量8.79亿千瓦时。该项目于2020年9月21日垃圾进场焚烧，10月19日，3号发电机完成并网。至年末，进场垃圾17.64万吨，焚烧处理量13.83万吨，并网电量6261.2万千瓦时。杭州市第三固体废物处置中心一期项目建设规模为处置危险废弃物13万吨/年，可收集处置国家危险废物名录46类中的40大类。12月29日，该项目成功进料试运行。两项目均获杭州市2020年“西湖杯”结构优质奖。

【垃圾分类减量综合体项目建设】 2020年，市环境集团推进垃圾分类减量基础设施建设，天子岭、城东、城西等分类减量综合体项目进展情况良好。天子岭分类减量综合体项目位于拱墅区半山单元，包含2000吨/日的原生垃圾压缩、脱水、转运设施，200吨/日厨余废弃物处理设施，200吨/日大件垃圾处理设施，以及配套污水收集、沼气收集设施和附属用房3个项目，均于9月建成并首次进料。城东分类减量综合体项目位于杭州经济技术开发区，建设内容为2000吨/日的垃圾压缩、脱水、转运设施及500吨/日污水处理设施、附属用房，12月1日，该项目污水处理车间地基与基础部分及主体结构部分通过验收。城西分类减量综合体位于西湖区双桥（云谷）单元，建设内容为1000吨/日的原生垃圾压缩、脱水、转运设施及附属用房等。6月11日，该项目取得施工许可证，9月3日完成开工核验后开工建设，11月完成全部工程桩、高压旋喷桩施工。之江分类减量综合体项目位于转塘街道绕城高速转塘互通狮子口立交南侧，建设内容为600吨/日的原生垃圾压缩、脱水、转运设施及配套附属用房等。12月，坑中坑土方、基坑垫层浇筑、底板浇筑均完成进度计划。

【天子岭水资源再生利用中心项目完成竣工备案】 2020年12月29日，天子岭水资源再生利用中心项目完成竣工备案。该项目南侧接天子岭园区，北接一期工程，西至320国道。日处理生活垃圾渗滤液2000吨，生产回用中水100吨，总建筑面积2.78万平方米，总投资2.57亿元。该项目于2018年12月11日取得施工许可证，2018年12月29日开工建设，

2019 年 12 月底完成 800 立方米 / 日的达标出水。项目从开工建设到完成竣工备案用时 2 年。

【余杭区镜子山资源循环利用中心项目开工】2020 年 11 月 7 日，余杭区镜子山资源循环利用中心项目开工建设。项目位于崇贤街道沿山村镜子山铁路沿线地块（疏港大道及 320 国道东侧区域），用地 4.72 公顷，概算总投资 7.17 亿元。项目设计处理厨余废弃物 400 吨 / 日、餐厨废弃物 400 吨 / 日，压缩转运生活垃圾 1500 吨 / 日。主要建设内容为辅助配套楼、车库、沼气发电车间、压缩转运车间、餐厨及厨余综合处理车间、厌氧发酵系统、沼气净化系统及配套辅助设施。年内，资源循环利用中心项目完成桩基施工。（黄巍峰）

水　利

【概况】2020 年，市林水局统筹抓好疫情防控和水利基础设施建设，全年完成水利建设投资 77.7 亿元，超额完成省水利厅提出的年度水利建设投资计划。其中，"百项千亿防洪排涝工程" 完成投资 29.4 亿元，完成率 116.0%。农村饮用水达标提标行动全面收官，全市新增达标人口 67.6 万人，累计 139 万人。农田水利基本建设加快推进，完成钱塘江等江河干堤加固 21.9 千米、水库除险加固 19 座、山塘整治 85 座。钱塘江流域洪水调度工作获水利部通报表扬。闲林水库被评为 "全国水土保持生态文明工程"，三堡排涝工程管理工作通过水利部考核验收。（高海波）

【重大水利工程建设】2020 年，杭州市推进重大水利工程建设，14 个项目按进度要求完成，总投资 29.4 亿元。建德市新安江兰江治理（二期）工程完工，萧山区浦阳江治理工程堤防部分主体完成，杭嘉湖南排扩容（八堡泵站）、大江东片外排东湖防洪调蓄、西湖区铜鉴湖防洪排涝调蓄、临安区双溪口水库、富阳区富春江治理、富阳区北支江综合整治、桐庐富春江干堤加固（二期和三期）等工程加快推进，青山水库防洪能力提升、杭嘉湖南排后续西部通道扩大、东苕溪防洪后续西险大塘达标加固、萧围西线提标加固、富阳区南北渠分洪隧洞和临安区里畈水库加高扩容 6 个项目前期工作有序进行。（金姗姗）

【水利规划编制】2020 年，市林水局围绕水安全保障规划与国土空间规划有机融合工作，加强重大水利项目空间布局规划调研，编制完成《杭州市水安全保障"十四五" 规划思路报告》《杭州市水安全保障 "十四五" 规划（征求意见稿）》。《杭州市钱塘江干流堤塘安澜技术导则》《杭州市钱塘江海塘安澜工程实施方案》通过市拥江办联合审查。编制完成城市防洪排涝、城乡饮用水源地安全保障等重大规划初稿。（蒋建灵）

【水资源管理】2020 年，杭州市水资源总量 218.89 亿立方米，比上年增长 16.4%。其中，地下水资源量 38.75 亿立方米，地表水资源量 216.69 亿立方米（含允许重复计算量），全市平均产水系数 0.65。地表水资源空间分布与降水量空间分布大致相似，总体趋势由西部山区向东部平原递减。全年杭州市用水总量 29.76 亿立方米，按 2020 年常住人口计算，人均水资源量 1833.9 立方米。用水总量、万元地区生产总值用水量和万元工业增加值用水量分别下降 3.9%、8.0% 和 30.7%。（聂　阳）

【节水行动】2020 年，杭州市持续推进节水行动。10 月，经市委深化改革委员会审议同意，《杭州市节水行动实施方案》施行。方案围绕建设 "世界一流节水城市" 目标，提出 "1666" 节水政策体系，即 "制定一个总体目标"，实施 "六大行动"（总量强度双控、农业节水增效、工业节水减排、城乡节水降损、节水标杆示范、科技创新引领 "六大行动"）、完善 "六项机制"（水价动态调整机制、节水奖惩机制、取水权交易机制、节水服务机制、水效标识管控机制、用水监测统计机制）、落实加强组织领导、保障资金投入、推进部门协作等 "六项保障措施"，相关工作涉及市发改委等 22 个市级部门。县域节水型社会达标建设收官，余杭区、淳安县节水型社会建设达到国家级标准，桐庐县通过国家级初验复核，萧山区、富阳区、临安区、建德市达到省级标准，杭州市农田灌溉水有效利用系数为 0.608。（杨晓东）

【防汛防台】2020 年，杭州市遭遇罕见的超长时间梅雨天气，梅雨总量列历史第二位。梅雨期间，钱塘江、东苕溪、运河流域汛情全面暴发，新安江水库 9 孔泄洪，北湖滞洪区、德清大闸开闸泄洪，三堡排涝泵站连续排涝 1440 台时。市林水局加强研判和调度，组织发送书面雨量预警单 358 份、山洪预警短信 18.9 万条，发布江河洪水预警 18 期，编制《水旱灾害防御动态简报》34 期、洪水预报 128 期。实施流域错峰调度，分水江上 4 座水库关闸 22 小时 "零下泄"。钱塘江流域洪水调度得到水利部通报表扬。全市出动 22 万余人次，检查水利工程 14.5 万处（次），问题隐患及时整改到位。水利部门派出 293 个工作组、1500 多名技术人员到防汛防台一线指导抢险，分别用 15 天和 4 天时间处置西险大塘和浦阳江堤防险情，保障度汛安全。全市防汛防台工作坚持 "防御一体化、感知一张网、调度一盘棋、管控一张图、巡查一线法、众志一条心"，实现 "堤防无一决口、水库无一垮坝、人员无一伤亡" 的防御目标。（孙映宏）

【美丽河湖建设】2020 年，杭州市统筹山水林田湖草系统治理，推进美丽河湖（幸福河湖）建设，打造 "一轴双带十河百溪"。全市创建浙江省美丽河湖 23 条（个）、杭州市美丽河湖 62 条（段、个）、"乐水小镇" 33 个、水美乡村 239 个。完成中小流域治理 113 千米、河道管理范围划界 1.22 万千米。河湖库塘清淤 263 万立方米，全市清淤轮疏机制建立实现全覆盖。江干区和建德市以 "标准化 +" 为引领，完成 "河湖标准化管理" 省级试点改革；推进河湖 "清四乱"（乱占、乱采、乱堆、乱建突出问题专项整治）常态化、规范化。（何　晴）

【农村饮用水达标提标行动】2020 年，杭州市农村饮用水达标提标三年行动收官，全年完成达标提标项目

2020 年 11 月 29 日,京杭大运河百年水文联盟在杭州成立。图为联盟成员、京杭大运河沿线 14 个百年水文站代表在活动现场进行汇水结盟 （市林水局 供稿）

326 个,受惠人口 67.6 万人。三年行动累计提升 139.3 万农村居民饮用水品质,供水保证率超过 95%,水质达标率超过 90%,水费收缴率超过 99.5%,城乡规模化供水工程覆盖人口比例 94.8%,达标提标行动各项指标均达到历史最高水平。全市 1212 处水厂的基础信息入库管理, 56 处规模以上水厂和 120 处规模以下水厂实现水质和流量实时在线监管,出厂水流量、pH 值、余氯、浊度、监控视频等供水实况实现在线查看,基本实现城乡供水数字化“一库一图一网”行业监管。农村基本实现从“有水喝”到“喝好水”的转变。

【农业水价综合改革】 2020 年,杭州市完成农业水价综合改革面积 2.07 万公顷,相关区县(市)全面通过市级验收,市本级和建德等 5 个区县(市)省级考评获优秀等次,桐庐县农业水价改革经验获水利部批示肯定。农业水价综合改革三年攻坚期完成改革面积 13.44 万公顷,发放节水奖励和精准补贴 6070 万元,实现农业节水 9956 万立方米。全市农业面源污染下降,农田水利基础设施得到改善,粮食安全和乡村振兴工作取得阶段性成果。 （楼淑君）

【京杭大运河百年水文联盟成立】 2020 年 11 月 29 日,京杭大运河百年水文联盟在杭州成立。联盟由杭州市倡议发起,京杭大运河沿线北京、天津、河北、山东、江苏等省(直辖市)共同参与。作为联盟成员,京杭大运河沿线 14 个百年水文站代表在活动现场进行汇水结盟,并共同定下盟约,树立共同保护、共同传承、共同利用理念,建立共识共保机制,弘扬时代水利精神,推进数字赋能智慧共享。联盟成立活动入选“2020 年全国水文十件大事”。 （王逸锋）

【杭州市水利科普馆开馆】 2020 年 3 月 22 日为第二十八届世界水日,杭州市水利科普馆于当日揭牌开馆。该馆是利用大型泵站工程实体布展的水利专业科普馆,以“水与杭州”为主题,通过“序厅”“水之利”“水之治”“水之灵”“水之梦”“水之苑”六大展区,讲述杭州江、河、湖、海、溪、泉、井等多水共导的江南水乡故事。全年科普馆接待参观团组 116 批、2079 人。场馆加入总部设在北京的“中国水博馆联盟”,被市委组织部列为“杭州市党员教育示范基地”。 （傅建英）

【水利建设项目投资审批“最多跑一次”】 2020 年,市林水局参与制订《杭州市工程建设项目“清单制 + 告知承诺制”审批制度改革试点实施方案》,探索开展“清单制 + 告知承诺制”改革。全面推行区域水影响评价工作,特定区域水影响评价完成率 100%。全年认领涉林涉水投资审批事项 12 个,梳理市级“证照分离”事项 4 个(水利和林业各 2 个),确定“林草种子(普通)生产经营许可证核发”为试行告知承诺事项,完成“最多跑一次”办件 2632 件。 （王 辉 金 炜）

【水利安全生产】 2020 年,市林水局加强森林防火、水旱灾害防御、水利工程建设等工作的检查督查。制定水旱灾害防御工作规则、突发事故应急处置办法,恢复市级水利行业质量安全监督机构。全市 832 项水利工程开展危险源识别,基本构建起行业“双重预防机制”。加强森林防火基础设施建设,探索形成森林防火“杭州模式”,重点时节坚持严防死守。制订水旱灾害防御“一县一单”,落实水库督查“全覆盖”、重大在建工程安全度汛等举措。组织八堡排水泵站、双溪口水库等重大工程防汛、消防实战,提高突发情况下应急处置能力。全年杭州市林水行业未发生安全生产责任事故,获评省水利厅年度安全生产考核优秀等次。 （秦福华 高海波）

城市管理

【概况】 2020 年,杭州市围绕城市设施、城市环境、城市交通、城市安全、城市执法等领域,全方位整合日常管理和应急管理力量,依托杭州城市大脑平台,完善城市运行综合管理体系,提升城市管理智能化、精细化水平。面对新冠肺炎疫情,组织 2.2 万名城管员工投入防控一线,助力打赢“双线”作战硬仗。深耕垃圾分类杭州模式,提升固体废物处置能力。杭州市首次实现生活垃圾总量“零增长”、原生垃圾“零填埋”。强化数字赋能智慧治理,建成全市“一个停车场”“一个画面”“一把闸刀”“一个驾驶舱”的城市大脑应用场景,“互联网 + 执法”试点取得实质性成果。完成美丽河道创建、老旧高层住宅小区二次供水设施改造、城市污水治理等任务,落实 3.25 万个无障碍环境问题整改销号。开展“亚运城市”行动,推进国际化城市标识认定、迎亚运亮化提升等工作。深化综合执法改革,完成省“统一目录”300 项执法事项划转,基层“一支队伍管执

法”试点全面铺开。（裴　帅）

【综合行政执法改革】2020年，市城管局对综合行政执法事项进行梳理，市委、市政府和市综合行政执法办公室根据梳理情况，印发《杭州市深化综合行政执法改革实施方案》《杭州市综合执法办执法协调工作实施细则》，在全市构建分工合理、职责清晰、协同高效的“综合行政执法＋部门专业执法＋联合执法”的执法体系。成立市电力行政执法办公室和市水务行政执法办公室，两个办公室制订工作流程，明确督办调研、答复、反馈、归档等程序，实现执法与监管的有效衔接。年内，全市电力设施外力破坏数量比上年下降30.8%，通过加强水务执法，为国家挽回经济损失93万余元。全市行政执法部门完成《浙江省综合行政执法统一目录》300个事项划转，形成“专业队伍共建，地方队伍双管，无队伍事项划转”的综合行政执法改革“杭州模式”。第一批省级改革试点桐庐县分水镇和下城区长庆街道成立乡镇（街道）综合执法队（办公室），长庆街道执法办理一般案件数量比上年增长1.8倍，分水镇执法办理一般案件数量增长1.9倍。试点单位做法被评为浙江省县乡法治政府建设“最佳实践”案例。

【综合执法队伍建设】2020年，杭州市按照“全市域、大督察”的总体思路，市、区督察部门累计督察城管部门、基层队所及窗口单位2237个（次）、城管人员3.74万人次，发现问题1116个，分别提出限期整改要求。组织重点工作任务督察25次，整改各类问题415个。发挥行风监督员作用，完成行风监督相关问题整改19个，对54个6次以上市民重复投诉问题进行跟踪督察。全市基本实现执法中队法制员制度全覆盖，并制订15项执法规范化建设制度。建立市执法资格等级认证题库，组织全系统1800多名执法队员开展执法技能大比武和3060多名干部、队员参加执法资格初级等级考试。推进基层执法中队规范化建设，全市分别建成五星、四星、三星、二星级执法中队5个、18个、29个和41个，申报创建省级“最佳实践”执法中队3个，申报创建省级文明规范公正基层队所64个。（王　振）

2020年4月20日，市城管局举办老旧高层住宅小区二次供水设施改造咨询服务活动（市城管局 供稿）

【老旧高层住宅小区二次供水设施改造】2020年，杭州市按照“截断增量，改造存量”原则，坚持系统谋划、整体保障、协同管理，分批实施老旧高层住宅小区二次供水设施改造，着力解决老旧高层住宅小区供水设施缺乏专业管理、跑冒滴漏、水质差、水压小等问题。自2018年《杭州市主城区高层住宅二次供水设施改造与管理实施意见》发布以后，至2020年年末，主城区完成216个老旧高层住宅小区改造，惠及居民11.54万户，受益人口40.9万人，市民满意率96.2%，城市供水“最后一公里”的水质安全问题得到保障。（柯　磊）

【城市大脑停车系统建设】2020年，杭州市围绕管理、服务、付费、决策、运营“五位一体”的核心功能，汇聚全市停车场库数据。构建全市统一的停车场库管理平台，推出“先离场后付费”“泊位一点达”等“便捷泊车”应用场景，为主城区医院、商圈、景点等18个停车治理点提供标准化数据支撑，并依法依规加强监督管理，赋能城区“停车难”治理。至年末，全市有4632个停车场、130万个停车泊位数据接入城市大脑停车系统，汇聚停车场及停车场管理部门40亿条涵盖停车生态各要素的停车信息。全市对外开放收费停车场（点）3500多个、停车泊位75万余个，停车场（点）全部开通“先离场后付费”功能，注册用户达180万户，累计服务超过2800万次。10月31日，中央电视台《新闻联播》栏目对杭州大脑停车系统建设进行专题报道。

（张　莹 金建锋）

【“智慧市政”一期平台开发完成】2020年10月，市城管局完成“智慧市政”一期平台开发、359辆市政养护特种设备GPS安装、3698条道路和1176座桥梁等基础数据录入，并利用平台开展日常巡查、病害上报、养护维修和统计分析等工作。在下城区、西湖区试点“云上坦途”智慧系统应用，市政设施异常情况发现平均时间由原来的3～4天缩短到1～2天，平均病害修复响应时间缩短到24小时内，病害分类从原来的8种增加到16种。全年上报市政设施病害问题2.95万个，病害问题发现率比上年提高50%。（杜荣乐 陈昌意）

【“城管驿站”建设】2020年，杭州市建成并投入使用“城管驿站”233个，其中精品驿站52个，累计服务人群87.58万人次，日常服务时间37.91万小时。“城管驿站”作为党建联盟的基层服务点、活动点、联系点，有效破解户外一线职工“作业、休息、吃饭都在路上”的困难。城管驿站被列入全省住建系统“领跑者”改革培育项

目复制推广清单。"城管驿站"党建品牌在全国基层党建创新案例评选中被评为最佳案例。（庄　琦）

【环境大整治专项行动】2020年5月，市城管局牵头开展美丽杭州创建暨"城市环境大整治、城市面貌大提升"专项行动。围绕"无街不美景、无处不精细"目标，分别成立城市综合环境秩序治理、城市道路（河道）及两侧环境治理等八大领域工作专班，采取全时段检查整改、全领域部门联动、全范围克难攻坚、全社会共治共享举措，开展城市环境大整治。全年全市各级城管部门发现并交办环境问题357万处，年内解决355万处，解决率超过99%。（赵解文）

【杭州城市精细化管理平台建成】2020年12月，杭州市城市精细化管理平台建成。平台打破信息孤岛和数据分割，将城管部门分散的业务信息和应用资源进行有机整合。用户在平台上只需登录一次即可办理所有事项，实现"科技让办公更美好"。年内，杭州城管数字驾驶舱完成17个页面开发，界面实时反映城市管理基础设施、街面事件、城管队伍等数据和城管运行状况。杭州建立起依托数据定量的城市管理新模式，进一步提升城市运行预警预测和应急处置能力。（张　莹）

【生活垃圾治理实现"双零"目标】2020年，市城管局以城乡统筹、市域覆盖、完善体系、强化监管为重点，按照生活垃圾分类"三分三零""五通报五必罚"总要求，做好垃圾分类、垃圾中转、垃圾处置、垃圾监管等工作，着力破解"五多五少"突出问题。强化源头分类，完善回收体系，提高可回收物（大件垃圾）、有害垃圾回收设施设置设施设备标准，平均每1000户设置1处再生资源回收站房。创新垃圾分类、清运、处置考核方式和通报机制，通过建设数字化分类平台，提升分类工作效能。至年末，市区有92个街道、98个乡镇、4700个居住小区、1951个建制村及公共机构、企业实现生活垃圾分类全覆盖，垃圾处置实现"双零"（生活垃圾"零增长"、原生垃圾"零填埋"）目标，生活垃圾无害化处理率保持100%。全年创建省级示范小区202个、市级示范小区1300个。全市实现垃圾分类覆盖面稳步提升、垃圾分类知晓率持续提高、市容环境有效改善、垃圾增长率保持低位的预期目标。（邵全蔚）

【无障碍环境提升改造】2020年6月，杭州市成立无障碍环境建设领导小组，印发《杭州市"迎亚（残）运"无障碍环境建设行动计划》。根据市人大、市检察院、市残联提出的整改意见和市城管局自查发现的问题，实行"党委政府主管、职能部门主抓、人大政协评议、检察院督查"的无障碍环境建设工作格局。市城管局会同市建委研究制定《杭州市无障碍环境融合设计指南》，指导新建、改（扩）建无障碍设施建设。提升无障碍环境建设标准，在全市打造江干区天城路、拱墅区丰庆路、滨江区飞虹路和余杭区北大街4个无障碍环境提升示范点。年内，市残联提出的负面清单问题按进度目标完成整改。其中：市管市政设施（人行天桥、隧道）问题整改完成43.5%；公厕整改1773处，完成年度目标的48.8%；停车场整改116处，完成率73.4%。各城区整改城市道路问题1.20万处，完成率49.7%。道路整改包括重点道路路面平整、车行道路面破损病害和人行道缺陷消除、无障碍设施病害整治等。（何佳杰 刘炜玥）

【美丽河道创建】2020年，杭州市围绕"生态、自然、品质、亲水、和谐"目标，推进美丽河道创建工作。制订美丽河道"一河（片区水系）一方案"、《城镇美丽河道评价标准》，突出"生态环境、智慧科技、文化特色、惠民利民"四大主题，深入实施河（湖）长制，加强创建工作检查指导。全年完成上城区龙山河片区、下城区运河片区、西湖区文新片区、江干区城东水系（笕桥街道片）、拱墅区红旗河片区、滨江区白马湖片区（长河街道片）、钱塘新区临江护塘河7个片区、80千米省级美丽河道和61条、137千米市级美丽河道创建。（柯　磊）

【智慧照明管理】2020年，市城管局按照重点区域、重要建筑景观亮灯和主副城区接壤道路路灯纳入"一把闸刀"平台统一管控的要求，组织各城区开展"一把闸刀"集中控制系统纳入市级平台工作。全年主城区接入"一把闸刀"平台管控路灯1562套，基本实现城区照明及钱塘江近岸重点建筑，以及时代高架、钱江四桥、九堡大桥等主副城区接壤高架、桥梁路灯的统一管控。组织完成浙江省工程建设标准《智慧灯杆技术标准》编制、征求意见和专家评审等工作，出台《杭州市多功能智慧杆技术要求（试行）》，为全市智慧灯杆试点探索提供规范指引。年内，完成之江东路3处中杆灯合杆5G建设，推进秋石高架路20处路灯杆5G改造试点及

2020年，环境整治后的滨江白马湖区块河道被评为杭州市美丽河道

（市城管局 供稿）

建国南路路灯旧灯杆改造。全市户外大屏监管平台一期项目建成并通过验收,监管平台接入户外大屏134块,在主城区范围内初步实现"同一座城市、同一个画面、同一种声音"。在10月10日召开的第五届中国(杭州)智慧城市暨人工智能产业峰会上,"杭州市户外电子屏监管应用平台"项目入选城市社区智慧治理"十佳案例"。(顾　颖)

【城乡公厕服务提升】2020年,市城管局根据全市公共场所服务大提升"便利化、智慧化、人性化、特色化、规范化"的行动要求,在打造公厕"全国一流品牌"的基础上,重点提升改造公厕150座,其中城市100座、农村50座。改造内容包括完善无障碍设施,配置节水节能器具设备,提升公厕内外环境,在有条件的区域设置热水洗手等便民服务设施。年内,杭州市公厕服务提升项目在省建设厅2020年度城市公共厕所服务大提升考评验收中被评为优秀城市,并被市委改革办评为全市改革攻坚最佳实践案例。(庄　琦)

【道路修缮】2020年6月,市城管局对市区范围内重要场馆、集中商业区、风景名胜区等区域及重要交通枢纽周边道路实施修缮。根据道路现状,集中开展车行道平整度修缮和人行道整治。坚持高标准修缮、严要求验收、精细化管理。结合修缮进行地下管线提升改造、井盖和道路箱体整治,为2022年亚(残)运会提供良好道路保障。全年完成74条(段)道路修缮,其中市属区管道路8条(段)、区属区管道路66条(段),修缮道路涵盖除临安区外9个城区和西湖风景名胜区、钱塘新区。(陈　杰　刘炜玥)

【工程渣土处置】2020年,杭州市加强工程渣土处置市域统筹管理和全流程监管,保障地铁、亚运场馆等重点工程建设。全年1410个施工工地处置工程渣土(含泥浆)1.44亿吨,处置拆迁房屋建筑垃圾和住宅装修垃圾675万吨。制定并发布全市工程渣土消纳市场价格、工程渣土消纳场地安全管理办法,稳定工程渣土(泥浆)运输和消纳处置工作。年内新增渣土临时转运码头16个、渣土转运能力8245万吨。对经营10万平方米以上消纳场地的单位开展稳定性评估,对建筑垃圾的不规范堆放点督促主管单位限期完成整改。推进建筑垃圾资源化利用,新增萧山区、富阳区两座固定式资源利用设施,市区建筑垃圾资源化处理能力提高到420万吨/年。建成信息化管控平台(三期),提升建筑垃圾全过程管理实时数据采集和分析能力。(陈　星)

城市绿化

【概况】2020年,杭州市加快推进"公园城市建设",着力打造群众满意的优美生态家居环境。按照"山水林田湖是一个生命共同体"的理念,突出市域规划统筹,实施《钱塘江两岸园林绿化风貌建设导则》《杭州市"迎亚运"园林绿化三年行动规划(2020—2022)》,编制《杭州市绿地系统专项规划(2021—2035)》《杭州市园林绿事业"十四五"规划》等规划。实施城区"美化家园"工程,完成中河上塘高架绿化挂箱改造提升、杭州萧山国际机场公路高架绿化美化等10个项目,提升杭州"空中花廊"景观。杭州紫薇控花综合技术从长三角区域城市推广到全国10多个省(直辖市),成为继"高架月季"景观后又一张杭州绿化的金名片。开展"春节环境小品""五一自然花境"和"国庆立体花坛"创作竞赛评比,推出花事作品近60件。全年举办惠民花事花展活动35项。组织西湖区参加上海(国际)花展,参展园林小品"钱塘小院"获花展最高奖"铂金奖"中的"最佳展示奖"。由市园文局申报的"创新政府绿化监管模式,构建杭州市园林绿化行业信用体系"项目入选全省住房城乡建设系统"领跑者改革培育项目"。市园文局完成绿化方案审批85件,参加规划调整认证100多次;受理园林绿化招标项目125个,投资额13.03亿元。打造杭州"智慧园文"综合管理平台,将全生命周期理念应用于行业系统构架,实现园林行业数字治理新模式,该项目入选住房城乡建设部面向全国征集的信息化建设成果优秀案例。全年市区建成绿地776.47万平方米,比上年增长87.1%;建成丰收湖公园、云栖公园、水美公园等4000平方米以上公园绿地48个,其中公园绿地460万平方米。年末,市区建成区绿地面积262.54平方千米,绿地率35.9%,绿化覆盖率39.5%,人均公园绿地面积13.6平方米。

【城市绿化暨绿道建设工作会议】2020年8月4日,杭州召开城市绿化暨绿道建设工作会议。各区县(市)有关领导、市绿化委员会成员单位负责人、市和城区有关部门负责人及园林绿化企业代表、护绿使者等120多人参加。会议总结2019年城区园林绿化建设、城市绿道建设等工作,部署2020年城市绿化主要任务,通报2019年城区绿化综合考核结果、城市

2020年,杭州市推进钱塘江两岸园林绿化风貌建设。图为钱塘新区沿江景观绿化
(杭州钱塘新区综合行政执法局　供稿)

绿道建设工作绩效评估结果，对12个绿化综合考评先进单位、8个绿道建设先进区县（市）单位进行表彰。

【城区绿化综合考核】2020年，杭州市开展城区绿化综合考核。经过量化考核和综合评定，下城区政府、西湖区政府（含杭州之江度假区管委会）、余杭区政府、杭州西湖风景名胜区管委会被评为年度绿化工作最佳管理单位，江干区政府、拱墅区政府、富阳区政府、杭州钱塘新区管委会、淳安县政府、桐庐县政府被评为年度绿化工作优秀管理单位，杭州高新技术开发区（滨江）管委会（政府）、上城区政府、萧山区政府、临安区政府、建德市政府被评为年度绿化工作达标管理单位。

【“最佳、最差”系列评选】2020年，杭州市参与“双最”检查评比的有10个城区、3个县（市）、2个管委会，参与考核的公园（景区）、道路、滨水绿地和高架绿化372处。经评定，西湖湖中三岛景区、余杭人民广场、滨江高教公园、黎明公园被评为2020年度杭州市“最佳公园（景区）”，丽水路、月明路、东湖中路、余杭塘路被评为2020年度杭州市“最佳道路绿地”，瓦窑头河滨水绿地、紫金港河滨水绿地、玩月街滨水绿地被评为2020年度杭州市“最佳河道绿地”，时代大道获2020年度杭州市“最佳高架绿化”。

【园林式居住区（单位）、优质综合公园、绿化美化示范路评比】2020年，根据省建设厅有关通知精神，杭州市推荐一批园林式居住区（单位）、优质综合公园、绿化美化示范路参加全省评比。经省级有关专家综合考查，下城区大家武林府、江干区三湘印象海尚观邸、萧山区领航城、钱塘新区德信大江源著府、桐庐县励骏花园、淳安县千岛湖玉兰花园、上城区胜利小学新城校区、江干区人民医院及区公共卫生中心、拱墅区杭州隽维投资管理有限公司、滨江区绿康阳光花园、西湖风景名胜区浙江省总工会工人疗养院、临安区昌化中学、市城投集团杭州市水务集团有限公司七格污水处理厂13个居住区（单位）被评为园林式居住区（单位）。下城区东新园区域性公园、江干区春华公园、西湖区嘉绿苑公园、滨江区六和公园、萧山区南江公园、余杭区好望公园、富阳区郁达夫公园、西湖风景名胜区虎跑公园、三潭印月公园、钱塘新区沿江景观公园（东区三标）、桐庐县中心广场公园、建德市严州文化公园、淳安县中心湖区景观飘带公园13个公园被评为“优质综合公园”。上城区西湖大道、下城区上塘路、江干区江锦路（剧院路—新塘路）、拱墅区丽水路、西湖区紫金港路、余杭区东湖中路、萧山区市心路、滨江区时代大道、西湖风景名胜区三台山路、钱塘新区江东一路（长五线—青六北路）、富阳区桂花路、建德市梅城镇严东关西路、淳安县阳光路（千岛湖大桥至05省道灯控段）13条道路被评为绿化美化示范路。

【全民义务植树活动】2020年3月12日，浙江省、杭州市党政军领导车俊、袁家军、葛慧君和省市机关干部、解放军及武警官兵等300多人，到萧山区钱江世纪城亚运村建设地块景观绿化带参加义务植树活动，种下浙江樟、浙江楠、垂丝海棠、薄壳山核桃等珍贵树种和彩色树种1000多株。全市有298万名市民参加所在地重点绿化工程、单位庭院、住宅区植树、种花、种草、挖坑、整地，管理树木、养护绿地等绿化美化活动，以及参与科技咨询和绿化美化宣传。全年推出绿地认建认养点462个（块），绿化面积409万平方米。举办绿化科普活动20场、绿色课程讲座22次。

（袁彰欣）

美丽城镇建设

【概况】2020年，杭州市围绕“五美”（环境美、生活美、产业美、人文美、治理美）创建目标，编制并实施2020—2022年美丽城镇建设“三年行动计划”，统筹推进美丽城镇建设顶层设计、规划编制、机制建立等工作。全年投入资金567亿元，实施美丽城镇建设项目1941个；建成城镇道路341千米、停车泊位3.16万个、公共站点550个；新（改）建公共厕所341座；新增污水管网704千米、“污水零直排区”面积386平方千米；新建绿道209千米、公园绿地140万平方米、休闲广场611个；改造农村老旧小区88个、老民居与厂房77万平方米，新增居家养老服务中心96个、邻里中心活动场地27.5万平方米；改造提升历史（特色）街区64条，新建小镇会客厅45个、智慧管理平台88个。全市有17个乡镇（街道）获评美丽城镇省级样板，数量居全省11个设区市首位。全市初步形成联城结村、城乡融合、宜居宜游、全域美丽的杭州美丽城镇建设新格局。（娄劼）

【乡村规划编制管理】2020年，杭州市加强乡村规划编制管理。市规划和自然资源局制定《杭州市乡村地区国土空间规划导则（试行）》，分级构建乡村规划体系，分类引导村庄发展，分区落实管控要求，明确村庄布局规划和村庄规划编制相关技术标准、成果规范。全市分镇域和村域两个层面开展规划布局及编制试点，选择余杭区瓶窑镇和临安区天目山镇为村庄布局规划试点镇；临安区岛石镇黄川村、龙岗镇仙人塘村和桐庐县江南镇彰坞村、小潘村为“多规合一”实用性村庄规划编制试点村。结合试点开展全域资源调查，摸清乡村资源家底，为构建“多规合一”的村庄规划体系、编制全市国土空间总体规划奠定基础。年内，全市23个乡、75个镇按照“规划设计一流、风貌特色一流、生态环境一流”要求，实施“三拆三化”（拆违、拆危、拆旧，美化、洁化、绿化）改造建设。

（韩启楠）

【农村人居环境提升行动】2020年，杭州市完成高水平高质量推进农村人居环境提升三年（2018—2020年）行动任务。农村小城镇人居环境“脏乱差”现象基本消除，农村生活污水治理、农村危房改造、“四好”公路建设、拆除违章建筑等45项年度任务完成。系统提升农村生态环境保护、全域提升农村基础设施建设等19个省定目标的30项任务完成；“十类覆盖、百处风景、千村精品、万户美丽”目标和美丽生态、美丽田园、美丽集镇、美丽村庄、美丽农居、美丽经济、美丽人文、美丽组织8个市定重

萧山区义桥镇富春村净水公园　（市建委 供稿）

点目标的29项任务基本实现。淳安县获评2020年全国村庄清洁行动先进县，建德市评获2020年全国农村人居环境整治成效明显激励县。

（市农业农村局）

【农村住房建设高质量推进】2020年，杭州市农村困难家庭危房改造动态清零。9月，全市4854户农村困难家庭危房改造任务全部完成。农村住房加强以“带方案审批”“风貌管控”等为重点的建设管理，做到关键节点派员到场监督并形成记录，确保各个关键环节监管到位。利用互联网手段和现代信息技术，推广使用农房建设智慧系统，解决巡查监管人员力量不足等问题，实现百姓建房审批“零跑次”。为建房户上传样板房通用图集919套，其中平面图集719套、VR图集200套，供建房户选择。完善农村建房监管手段，全市安装视频监控系统790套。开展村庄与农房设计融合试点，选择临安区、桐庐县、建德市为先行试点区县（市）。市农业农村局会同各区县（市）以培训发证、建立信用档案、开展星级评定等方式，培养农村能工巧匠，年内组织培训农村建筑工匠12批次、5979人，利用智慧平台为1.12万名在线工匠提供灵活培训。推广应用轻钢结构装配式农房，全年新增轻钢结构农房面积4.69万平方米，实现建材节能低碳化、构件制作工厂化、施工安装模块化和验收审查标准化。开展省级美丽宜居示范村创建，年内完成美丽宜居示范村省级验收16个、市级验收35个，其中7个村被评为省级优秀宜居示范村。（傅　虹）

【美丽城镇建设特色明显】2020年，杭州市进一步推进美丽城镇建设。建立“一库三师”（市级专家库及首席设计师、驻镇规划师、发展师）制度。4月22日，市美丽城镇建设领导小组出台《杭州市建立完善美丽城镇“一库三师”制度的实施方案》，成立市级专家库。全年“三师”开展活动300多次，1300多人次参加，为美丽城镇建设解决各种技术问题800多个。探索数字赋能，创新构建“乡村小脑”乡镇级集成式智慧平台，选择杭州钱塘新区前进街道等5个街道作为首批“乡村小脑”建设试点。推进集群化建设，在萧山、临安等地开展集群化建设试点。实施“一镇一策一方案”，县级层面对每个乡镇（街道）出台“钱、地、人”一揽子要素保障政策，全方位、精准化为美丽城镇建设提供政策支撑。

（娄　劼）

【省级美丽乡村建设】2020年，杭州市创建全省美丽乡村示范县1个（即建德市），累计创建5个；创建省级美丽乡村示范乡镇11个，累计56个；创建省级特色精品村28个，累计138个。建成省级美丽乡村风景线11条。开展新时代美丽乡村达标创建。创建达标村487个，累计988个。其中，精品村164个，累计331个。加强历史文化村落保护利用。临安区高虹镇石门村、桐庐县凤川街道翙岗村创建成为省历史文化（传统）村落保护利用示范村，全市累计6个。建成第六批省级历史文化村落重点村3个、一般村24个，推进第七批4个历史文化村落重点村、15个一般村建设保护，启动第八批4个省级历史文化村落重点村、10个一般村建设保护。

【市级美丽乡村建设】2020年，杭州市坚持全域景区化发展理念，持续开展以精品村、风情小镇、精品示范线为载体的市级美丽乡村升级版建设。全年全市完成创建精品村72个，新启动建设精品村70个；完成创建风情小镇7个，新启动建设风情小镇9个；完成创建美丽乡村精品示范线8条。实施美丽乡村建设项目873个，总投资8.4亿元，市级财政拨付资金3.37亿元。12月24日，市政府召开全市深化“千万工程”建设新时代美丽乡村现场会，部署新一轮高水平高质量美丽乡村建设工作。

（市农业农村局）

【小城市培育试点】2020年，杭州市实施小城市培育试点三年行动计划，推进萧山瓜沥镇、临浦镇，余杭瓶窑镇、塘栖镇，富阳新登镇、场口镇，桐庐分水镇，建德乾潭镇8个小城市培育试点取得新进展。全年试点小城市完成固定资产投资280.56亿元，比上年增长28.4%；实现财政总收入79.62亿元，增长23.3%；社会消费品零售总额137.15亿元，增长9.8%。试点小城市居民收入稳步提升，城乡发展更为均衡。其中，城镇居民人均可支配收入68666元，增长3.9%。城乡常住居民收入比降至1.57∶1。试点小城市常住人口城镇化率提高到67.6%，建成区人口增长10.2%。

（市发改委）

责任编辑　余显幕

36 生态环境保护

环境质量

【**水环境质量**】2020年，杭州市地表水环境质量状况为优，各项指标稳中有升。全市跨行政区域河流交接断面达标率和优于Ⅲ类的比例均为100%，比上年分别上升11.1个和5.6个百分点。全市“十三五”期间52个市控以上断面的水环境功能区达标率100%，上升1.9个百分点；达到或优于Ⅲ类标准的比例98.1%，上升3.8个百分点。

钱塘江水质状况为优，水环境功能达标率100%，干、支流达到或优于Ⅲ类标准的比例100%。苕溪水质状况为优，水环境功能达标率100%，达到或优于Ⅲ类标准的比例100%。运河水质状况为优，水环境功能达标率和达到或优于Ⅲ类标准的比例均100%。城市河道水质状况良好，水环境功能达标率100%，达到或优于Ⅲ类标准的比例87.5%。西湖水质状况为优，平均透明度1.41米。湖区内监测点位水质均达到Ⅲ类及以上水质标准。千岛湖水质状况为优，平均透明度4.34米。湖区内监测点位水质均达到Ⅲ类及以上水质标准。

全市集中式饮用水水源地水质状况为优，12个国控饮用水水源地点位水质保持稳定，县级以上集中式饮用水水源地水质达标率均为100%。全市国控地下水断面良好率83.3%，上升16.6个百分点。

【**空气质量**】2020年，按照环境空气质量标准（GB 3095—2012）评价，杭州市八城区（指上城区、下城区、江干区、拱墅区、西湖区、滨江区、萧山区、余杭区，下同）环境空气优良天数334天，优良率91.3%。与上年相比，优良天数增加47天，优良率上升12.7个百分点。PM2.5达标天数355天，达标率97.0%，达标天数增加11天，达标率上升2.0个百分点。SO_2、NO_2、PM10、PM2.5四项主要污染物年均浓度分别为6微克/立方米、38微克/立方米、55微克/立方米、30微克/立方米。其中：SO_2和NO_2达到国家环境空气质量一级标准，PM10和PM2.5达到国家环境空气质量二级标准。四项污染物浓度均有下降，下降幅度分别为14.3%、7.3%、16.7%和21.1%。其余5个区县（市）（富阳区、临安区、桐庐县、淳安县、建德市，下同）环境空气质量优良天数分别为352天、350天、359天、351天、359天，优良率分别为96.2%、95.6%、98.1%、96.2%、98.1%。主要污染物除桐庐县和淳安县为O_3，其余为PM2.5。富阳区、临安区、桐庐县、淳安县、建德市的PM2.5年均浓度分别为29微克/立方米、29微克/立方米、27微克/立方米、20微克/立方米、24微克/立方米。

杭州市酸雨程度处于中等水平，总体与上年相近，大部分地区处在非酸雨区、轻度酸雨区，其中余杭区、富阳区处在非酸雨区。全市酸雨率54.7%，上升0.1个百分点。降水pH年均值为5.19，降水pH值范围为3.43～8.82，有所下降。

杭州六城区（上城区、下城区、江干区、拱墅区、西湖区、滨江区）降尘为2.69吨/（平方千米×30天），其余7个区县（市）平均降尘为1.39～3.54吨/（平方千米×30天）。

【**声环境质量**】2020年，杭州市声环境质量状况良好，环境噪声的主要来源为交通和社会生活噪声。八城区区域环境噪声为56.3分贝，质量等级为一般，与上年基本持平；其余5个区县（市）区域环境噪声为52.9～55.0分贝，质量等级均为较好。全市13个区县（市）各类标准适用区昼间噪声均达标。八城区道路交通噪声67.6分贝，质量等级为好；其余5个区县（市）道路交通噪声64.2～68.0分贝，质量等级均为好。

【**固体废物安全处置**】2020年，杭州市工业固体废物产生量625.2万吨，处置利用率99.5%。一般工业固体废物产生量546.61万吨，综合利用量551.45万吨（含利用往年量10.23万吨），处置量3.9万吨（含往年处置量0.05万吨），处置利用率99.7%，综合利用率99.0%。工业危险废物产生量78.59万吨，处置利用率98.0%。医疗废物产生量2.84万吨，无害化集中处置率100%。

【**辐射环境质量安全可控**】2020年，杭州市辐射环境质量总体良好，与历史持平。全市环境γ辐射剂量率位于全国天然放射性水平范围之内。

环境空气中总 α、总 β 放射性比活度保持正常水平，沉降物、水、土壤中等核素含量处于本底附近，各测值未见明显异常升高，与大型核设施排放相关的人工核素 Sr-90 和 Cs-137 未见显著增高，饮用水中总 α、总 β 放射性比活度均低于国家生活饮用水水质标准，符合饮用要求。

全市环境中电磁辐射水平符合《国家电磁辐射防护规定》（GB8702—2014）的公众曝露限值要求。电磁辐射环境总体上质量较好，城市中兴建室内变电站、输变线路"上改下"及变电设施周围恢复生态等均有效改善城市中工频电磁场，但随着无线通信业务的拓展和应用，商业区和热点景区的综合场强持续缓慢升高。（陈鸣渊）

环境综合治理

【高质量绿色发展】2020 年，杭州市围绕改善环境质量核心和打好污染防治攻坚战目标，实施主要污染物减排项目 89 个，减排项目涵盖基础设施建设、环境监测、污染防治、自然生态保护等方面。全年化学需氧量、氨氮、二氧化硫、氮氧化物等主要污染物排放量均完成省下达的年度目标和"十三五"期间减排任务。

加快淘汰落后产能，培育发展绿色产业体系。全年淘汰落后产能和压减过剩产能企业 110 个，整治"低散乱"企业（作坊）1324 个。推进富阳造纸等传统产业转型升级。打造数字经济和新制造业"双引擎"，大力发展数字经济、文化创意、旅游休闲、先进装备制造等"十大产业"，数字经济核心产业对全市经济增长贡献率超过 50%。

发展低碳循环经济，有序推进应对气候变化工作。全市单位生产总值二氧化碳排放量比上年下降 4.2%，超额完成年度目标任务。完成 92 个纳入碳交易企业的碳排放报告、监测报告、核查报告的审核，重点做好 28 个发电行业企业在国家统一碳排放权市场的注册登记、配额试算，自主完成 275 个非碳交易企业的碳排放报告和核查报告；完成 2018 年度市级和 14 个区县（市）（包括杭州钱塘新区）温室气体清单编制和评审工作。

【水环境整治】2020 年，杭州市深入推进"碧水保卫战"。3 月 27 日，美丽杭州建设领导小组印发《杭州市治污水暨水污染防治行动 2020 年实施计划》。全年完成 40 个工业集聚区、1153 个生活小区、62 个乡镇（街道）"污水零直排区"创建。完成 23 条 422 千米美丽河湖建设，完成 113 千米中小河道综合治理。加强污水处理基础设施建设，建成污水处理厂 6 个，新增污水处理能力 36.3 万立方米 / 日，完成 5 个城镇污水处理厂清洁排放技术改造；新建改造污水管网 151 千米。完成农村生活污水治理设施标准化运行维护项目 2476 个，提升改造运行维护项目 2602 个。加强入河排污口基本信息动态管理，104 个入河排污口完成规范化建设；严格执行入海排污口备案制度，全市 7 个入海排污口完成"逐、树、联"任务，监督性监测实现稳定达标排放。加大饮用水源保护力度，全市完成 36 个"千吨万人"及其他乡镇级饮用水水源保护区"划、立"工作，开展饮用水源地勘界定标和部分饮用水源保护区调整；完成农村饮用水达标提标人口 47.9 万人。

【大气污染整治】2020 年，杭州市深化"五气共治"工作，打好"蓝天保卫战"。3 月 27 日，美丽杭州建设领导小组印发《杭州市打赢"蓝天保卫战"暨大气污染防治 2020 年实施计划》。推进燃煤烟气全面治理。全年淘汰 10 蒸吨 / 小时以上燃煤锅炉 64 台、生物质锅炉 321 台、工业炉窑 135 台、燃气锅炉 475 台。深化治理工业废气，实施 PM2.5 和 O_3 "双控双减"行动，完成 5 个建成区重污染企业搬迁、65 个企业产业结构调整、1471 个涉气"低散乱"和"散乱污"企业（作坊）整治。完成 121 个重点行业挥发性有机物治理、56 个主要行业恶臭异味治理。加快治理车船尾气。新增或更新新能源公交车 1881 辆、新能源或清洁能源出租车 1648 辆；自 5 月起，杭州市实施新上牌重型柴油车车载排放诊断系统（OBD）联网监管和免检政策，全市联网 8.3 万辆、免检 3.7 万辆；创设非道机械排放监管全程"掌上办"机制，该机制在全省推广，全年通过"掌上办"平台申报免检车辆 2.88 万辆、上牌车辆 2.63 万辆。强化治理扬尘灰气。结合"城市环境大整治、城市面貌大提升"集中攻坚行动，推进建筑工地及周边环境整治。施工工地安装扬尘在线监控 1500 套、道路扬尘在线监控 100 套，发现并整改问题 8 万余个。创新实施裸土地块"换绿"工程，专门开辟渣土运输车专用车道，减少扬尘污染。

【土壤和固体废物污染防治】2020 年 3 月 27 日，美丽杭州建设领导小组印发《杭州市土壤污染防治暨"清废行动"2020 年实施计划》。8 月 9 日，市政府办公厅印发《杭州市全域"无废城市"建设工作方案》，提出到 2023 年年末争创全国"无废城市"目标，方案自 2020 年 9 月 10 日起施行。根据实施计划，全市重点推进土壤污染状况详查、污染地块治理修复和地下水污染防治等工作。全年完成 1026 个地块基础信息采集、180 个地块土壤采样和检测分析、147 个借力地块详查成果集成等，基本摸清全市重点行业企业用地土壤污染状况。完成 529 个地块土壤污染状况调查报告专家评审，启动 5 个污染地块治理修复，年内完工 3 个。全市污染地块安全利用率 100%。完成 110 个重点行业在产企业地下水环境状况调查，开展两个地下水污染修复试点项目。（陈鸣渊 叶晓燕）

环境管理执法

【固体废物安全监管】2020 年，杭州市开展危险废物"双随机"（随机抽取检查对象、随机选派执法检查人员）专项执法检查，并督促各单位开展自查自纠，细化危险废物经营单位、产废单位管理要求及措施，加强危险废物利用处置规范化管理。全年完成 9 个单位危险废物经营许可证和 110 批次跨省移出审批工作。推进固体废物处置能力建设。完成 424 个重点产废单位一般工业固体废物利用处置情况调查摸底。完成 6.5 万吨库存飞灰的消纳处置。建成萧山垃圾焚烧飞灰处置项目。建成杭州第三固体废物处置中心，新增危险废物利用处置能力 13 万吨 / 年。完成201个省级高标准垃圾分类示范小区创建，临江环境能源项目建成投入运行，新增城镇生活垃圾处理能力6500吨/日。

【声环境管理】2020年，杭州市加强噪声管理。发布《杭州市人民政府关于加强2020年度中高考等特殊时期环境噪声管理的通告》，开展中高考期间“绿色护考”专项行动。加强全市夜间施工管理，做好建筑施工夜间作业证明的核准，全年出具夜间作业证明9969件，在网上发布夜间施工公告232期。

【辐射环境管理】2020年，杭州市有放射源单位107个，放射源1204枚，核技术利用单位1551个。全年完成1处放射性废物处置项目招标，建成移动探伤高风险放射源在线监控项目98个。常态化开展辐射安全检查及放射源使用现场检查。推进放射源管理信息化，完善放射源在线监控系统，实现放射源使用单位全覆盖。加强辐射安全许可监管，全年核发辐射许可证115份，延续、变更、注销辐射许可证73份，完成放射性同位素转让审批149件。督促送贮闲置、废弃放射源80枚，送贮率100%。

【环境执法监察】2020年，杭州立案查处行政处罚案件915件，罚款7814万元，其中按日连续处罚、查封扣押、实行限产停产、移送拘留、涉嫌污染犯罪移送公安机关5类案件32件。开展多种形式执法大练兵活动，杭州市生态环境保护综合行政执法队被生态环境部评为年度生态环境保护执法大练兵表现突出集体。开展各类环境执法专项行动，包括组织对区县（市）的执法稽查。加强污染源自动监控设施运行监管，督促企业和运行维护单位严格按照规范开展运行维护，全年检查企业297个（次），立案查处污染源自动监控系统违法案件4件。全市534个重点排污单位被纳入省污染源自动监控系统3.1平台管理，有效传输率90%以上的重点排污单位占99.2%。

【排污管理与收费】2020年，杭州市完成固定污染源清理整顿和排污许可证登记工作，核发排污许可证2894张，其中重点管理944张、简化管理1950张；发放《排污限期整改通知书》217份，完成排污登记单位37058个。完善杭州市排污权基本账户制度，完成排污权出让收入划转税务局工作。全年组织6期排污权申购交易，99个（次）排污单位办理排污权申购交易及登记，成交总额8827万元，创下排污权申购进场交易以来的新高。

【生态环境法治建设】2020年，杭州市加快推动地方环境立法工作。7月31日，《杭州市钱塘江综合保护与发展条例》经浙江省人大常委会第二十二次会议批准通过，于8月17日公布并自10月1日起施行。组织《杭州市淳安特别生态功能区管理办法》立法后评估，推动《杭州市淳安特别生态功能区条例》立法工作。12月29日，《杭州市淳安特别生态功能区条例（草案）》通过市十三届人大常委会第三十二次会议第一次审议。加强生态环境规范性文件管理和规范性合法性审查及公平竞争审查，全年出台《杭州市生态环境损害赔偿磋商管理办法（试行）》等行政规范性文件11个。通过法定监督方式推动生态环境保护法律法规实施。8月20日，市人大常委会按照监督工作计划，配合省人大常委会开展土壤污染防治法执法检查。12月28日，市人大常委会听取和审议市政府关于2020年环境状况和环境保护目标完成情况及生态文明建设规划执行情况的报告。规范生态环境执法，全市基本完成生态环境保护综合行政执法改革，落实行政执法公示、全过程记录和重大执法决定法制审核3项制度，定期分析通报全市行政处罚、案卷质量、日常监督执法等情况。加强环保法制宣传，开展企业法律法规专题培训讲座。市和区县（市）设立“企业环保咨询日”，接受企业和群众环保问题咨询，并主动上门服务指导。

【“三线一单”管控】2020年，杭州市推进“三线一单”（生态保护红线、环境质量底线、资源利用上限和生态环境准入清单）管控工作。8月18日，经市政府批复同意，《杭州市“三线一单”生态环境分区管控方案》发布实施。年内，建德市、桐庐县、淳安县3个县级“三线一单”分区管控方案相继发布。

【自然生态保护和修复】2020年，市生态环境局等五部门开展“绿

杭州市生态环境保护行政执法队开展无人机环境执法 （市生态环境局 供稿）

盾 2020”自然保护地强化监督工作，全市 3 个国家和省级风景名胜区、2 个国家级自然保护区、22 个国家和省级森林公园及其他各级各类自然保护地得到良好保护。以淳安县、建德市和富阳区国家级、省级山水林田湖草生态修复工程建设为重点，推进全市山水林田湖草生态修复工作。至年末，全市完成山水林田湖草生态保护修复工程子项目 391 个，完工率 57.1%。做好生物多样性保护，完成临安区、淳安县、桐庐县、西湖区 4 个重点区域野外调查和评估。在西溪湿地举办“生态文明——共建地球生命共同体”主题展览活动，开展“国际生物多样性日”系列宣传，提升公众认知度和参与度。建立湿地生态预警机制，开展动态监测和评估，推进西湖区铜鉴湖、富阳区阳陂湖、余杭区北湖等湿地生态修复和保护。10 月，富阳区阳陂湖湿地公园一期开园。

【生态环境保护区域合作】2020 年，杭州市完善生态环境一体化合作机制，主动参与长三角生态环保一体化合作，杭州都市圈成为参与长三角生态环境共保联治的主阵地。10 月 27 日，杭州市推进长三角一体化发展工作领导小组办公室印发《杭州市推进长三角区域一体化发展生态环境专项行动计划》；启动《杭州都市经济圈生态环境共保规划》编制，布局区域生态环境合作工作。进一步健全杭州、湖州、嘉兴、绍兴边界环境联合执法，杭州、嘉兴环境信访联动，杭州、黄山应急联动等机制，完善联席会议、应急预警、联合执法和信息共享等制度，强化跨界环境联防联治。

【生态环境保护督察和整改】2020 年，杭州市通过多种形式推进环保督察问题整改落实。第一轮中央环保督察 15 个反馈问题和 1591 件信访件全部完成整改并销号。省级环保督察问题反馈的 49 个问题完成整改 45 个，356 件信访件中反映的问题完成整改 98.6%，剩余问题按时序推进。9 月，中央第三生态环境保护督察组进驻浙江开展生态环境保护督察，第二轮中央环保督察反馈涉及杭州的 15 个问题，年末基本完成整改方案编制，1157 件信访件完成整改 1043 件。

【环境应急管理】2020 年，杭州市完善应急管理预案体系，开展杭州市区域突发环境事件风险评估及杭州市突发环境事件应急预案修订。督促建德高新技术园区等 3 个化工园区编制工业园区环境应急预案。市生态环境局联合市应急管理局开展环保应急联合执法检查。加强企业环境应急管理，253 个企业完成应急预案备案。督促重点环境风险源企业按照重点环境风险源管理要求开展环境应急演练。开展杭州—黄山市级层面突发环境事件联合应急演练，加强两地环境保护综合执法交流合作。落实 24 小时环境应急值守制度，强化环境应急信息报送，开发突发环境事件现场处置资源调度 App 程序，提升突发环境事件现场处置中信息传递速度和资源精准调配能力。强化对淳安千岛湖的环境应急物资储备，针对性地采购一批水污染事故处置应急物资，增强千岛湖流域水环境突发事件应对能力。全年排查环境安全隐患 338 处，年内完成整改 295 处，其余均按时限进行整改。全年启动应急响应 14 次，发生一般突发环境事件 1 起。

【建设项目环境管理】2020 年，杭州市全面推进“区域环评 + 环境标准”改革，在改革区域内除负面清单外的项目实施环评降级审批。全年审查完成 96 个区域规划环评，1074 个项目实现降级审批。加强项目服务，提升审批时效，全年审批非辐射环评文件 1714 份，其中环评报告书 119 份、环评报告表 1595 份、登记表网上备案 6937 份。推行实施环评审批正面清单内项目“告知承诺制”，对 311 个有关小行业实行告知承诺，对 1562 个项目豁免环评手续。

【生态环境保护领域“最多跑一次”事项办理】2020 年，杭州市深入推进生态环境保护领域“最多跑一次”改革，工业项目环评审批备案事项在“亲清在线”平台“在线许可”板块上线，实现“零土地”技改、“区域环评”备案网上备案，开通代办账号，实现环评登记表“无感备案”。持续开展投资项目领域（投资在线平台 3.0）、商事登记（企业信用联动平台、证照联办平台）环评审批制度改革，通过减环节、减时间、减材料，提高审批效率。

【第二次全国污染源普查省级验收通过】2020 年 4 月 14 日，杭州市通过第二次全国污染源普查省级验收，普查任务全面完成。杭州普查工作经过前期准备、清查建库、全面普查（入户调查、汇总审核）、总结发布 4 个阶段，历时 1 年多时间。普查对象 4.53 万个（不包括移动源），其中：工业源 3.51 万个，畜禽规模养殖场 524 个，生活源 2624 个，集中式污染治理设施 7120 个。普查摸清各类污染源基本底数、主要污染物排放数量、污染治理等情况，并建立污染源档案和污染源信息数据库，完成普查专题报告、技术分析报告和普查公报发布等工作。

【生态环境宣传教育】2020 年，杭州市围绕生态文明和美丽杭州建设重点开展宣传，在市级及以上平面媒体刊发新闻报道 589 篇；杭州电视台综合频道《美丽杭州》专栏播出节目 46 期；杭州广播电台《环保之窗》专栏播出 261 期；发布抖音视频 52 条，“杭州生态环境”官方微博、微信总阅读量 423 万人次。创建省级绿色学校 24 所、省级生态文明教育基地 2 个、省级绿色家庭 10 户、市级环境教育基地 8 个、市级绿色家庭 200 户。对杭州市环境教育基地进行全面复查和指导，撤销 9 个不符合要求的基地。成功申报国家级四类设施开放单位 9 个，实现四类设施向公众开放区县（市）全覆盖；全年组织公众开放日活动 5 场，邀请人大、政协、党派代表和市民代表参加。6 月 5 日，浙江省暨杭州市在余杭区百丈镇举办世界环境日活动，现场发出“践行绿水青山就是金山银山理念，建立绿色生产生活方式”倡议。6 月 30 日，在富阳区举办第十个浙江生态日活动暨第五个浙江生态音乐节，参与在浙江展览馆举办的全省“绿水青山就是金山银山——十五周年探索与实践大型图片展”，通过可视化方式和交互式体验，集中展示杭州美丽杭州建设成果。

2020年6月5日，浙江省暨杭州市纪念“6·5”世界环境日活动在余杭区百丈镇举行
（市生态环境局 供稿）

【环境问题信访提案办理】2020年，杭州市完善工作机制，强化环境信访举报投诉处置。全年受理环境信访投诉1.36万件，比上年下降23%。其中，涉气占41%，噪声占42%，涉水占6%。所有信访件全部按时办结。收到全国、省、市人大建议和政协提案42件，全部按时办理完成。

【环保信息公开】2020年，杭州市规范生态环境政府信息公开工作和信息公开申请答复函格式及答复用语，修订相关信息公开制度，完善主动公开目录。全年通过政府门户网站、新媒体等渠道主动公开政务信息2260条。市本级收到政府信息公开申请86件（含上年结转2件）。公开及部分公开53件，无法提供或不予提供26件，其他处理5件，2件结转下年度继续办理。全年未发生因政府信息公开引发的行政复议及行政诉讼事件。（陈鸣渊）

环保科研监测

【环境信息化建设】2020年，杭州市以“城市大脑”为关键支撑，加快推进环境信息化建设，提升生态环境管理水平。推出企业“环保码”，通过企业统一社会信用代码建立的企业环境健康电子账户，动态反映企业环境管理水平和企业环境安全风险状况生成的“红、黄、绿”三色二维码，服务企业自律守法、分级管控精准执法、公众参与社会监督等场景。推进“数字驾驶舱”“空气卫士”“便民车检”等应用场景建设，《杭州城市大脑生态环境局数字驾驶舱及便民车检应用场景》入选第三届数字中国全国20个优秀数字生态应用案例。推出美丽杭州电子地图，通过科技手段展现美丽杭州建设成果。

【环境监测】2020年，杭州市加强生态环境监测能力建设，完成涉及18项方法167个新项目的开发工作。加强人员专业技能和业务能力建设，围绕环境应急监测、理化分析、生态环境评价及检验检测机构通用要求等方面，开展39场培训，1200多人次参加。举行全市生态环境技术大比武。完成生态环境质量监测及重点排污单位监督性监测等工作，全年获取水、气、噪声、固体废物、辐射及生物等常规数据7万余个；大气复合污染综合监测系统获取数据847.6万个；交通污染监测系统获取数据52.8万个；省控地表水交接断面监测系统获取数据7.6万个；饮用水源地水质监测系统获取数据9.9万个。上报并发布环境空气AQI日报和预报365份；编制完成12期水和气环境质量分析专报、12期千岛湖水质专题报告、24期污染源信息公开简报专报。全面完成147个重点排污单位污染源在线自动监控系统建设和改造任务。做好企业自行监测管理工作，编制杭州市重点企业自行监测网络巡检工作通报13期；加强污染源监督性监测，对908个重点排污单位进行监督性监测并定期公布监测结果。

【环保科研】2020年，杭州市立足基础科研，强化支撑保障。围绕千岛湖、钱塘江等重点区域，推进水环境承载能力评估管理、产业转型升级、污染物排放与削减、地方标准制定等方面研究。与生态环境部环境规划院、中国科学院南京地理湖泊研究所等单位开展多方面、多层次学术交流，提升水、气、噪声等方面环境污染综合防治技术水平。

（陈鸣渊）

责任编辑　余显幕

37 科学技术

综 述

【科技创新引领杭州经济】2020年，面对新冠肺炎疫情冲击和复杂多变的外部环境，科技创新对杭州市经济社会发展的支撑更加凸显。全市研发投入强度3.59%；高新技术产业投资增长10%，高于固定资产投资和工业投资增速3.2个和3.1个百分点；高新技术产业增加值2448.2亿元，比上年增长8.6%，高于GDP增速4.7个百分点；高新技术产业增加值占规模以上工业增加值的67.4%，提高5.5个百分点；技术交易额550.08亿元，增长24.7%。

注重顶层谋划，全域创新格局初步形成。编制《杭州市"十四五"科技发展规划》《杭州市"十四五"高新技术产业发展规划》，出台《杭州市人民政府关于完善科技体制机制健全科技服务体系的若干意见》，形成"1+1+N"的创新政策体系。促进产城融合，加快推进杭州国家高新区和临江国家高新区两个国家级高新区建设，探索开展"企业创新积分制"试点，获科学技术部推广应用。推进杭州高新区（滨江）富阳特别合作区和城西科创大走廊创新策源地建设。培育战略科技力量，"之江""良渚""西湖""湖畔"首批4个浙江省级实验室全部落户杭州并全面启动建设。与中国科学院上海分院、中国科学院大学等四方成功签约，引进杭州中国科学院国家技术转移中心，支持浙江大学国际科创中心启动运营。融入长三角区域一体化，推进G60科创走廊建设，参与规划编制，组织参加长三角G60科技成果拍卖会，5项成果顺利成交。牵头召开杭州都市圈科技局局长联席会议，协同推进都市圈3.0版科技合作创新。12月22日，科技部部长王志刚到杭州调研科技企业的科技创新工作。

推进国家新一代人工智能创新发展试验区建设，建设首批市级人工智能创新发展区。建设人工智能应用场景，启动新一代人工智能应用场景建设。完善试验区建设工作机制，出台《2020年试验区建设工作要点》，把试验区工作纳入市综合考评部门职能目标。

持续加大对科技型企业和孵化培育体系的扶持力度，全市新增国家备案众创空间24个，累计68个。国家级科技企业孵化器48个，数量连续8年列全国省会城市和副省级城市第一位。聚焦"互联网+"、生命健康和新材料三大科创高地，实施高新技术企业培育三年行动计划、科技型初创企业培育计划，新培育"雏鹰计划"企业847个、省科技型中小企业4176个。提升企业创新技术支撑，引导和支持企业创建企业研究院和企业研发中心，新增市级高新技术企业研发中心403个、省级企业研发中心

2020年12月22日，科技部部长王志刚（左二）到杭州调研科技企业的科技创新工作 （市科技局 供稿）

229个、省级企业研究院75个。16个重大项目被列入省科技厅择优委托项目，84个项目获省科技厅重点研发计划支持。全年累计验收高新领域市重大科技创新项目48个，该批项目制定国家标准15项，实现销售收入20.6亿元。

科技金融精准支持，在生命健康领域和人工智能领域投资各类专业基金28个，总规模超过100亿元。至年末，市创投引导基金批复合作基金84个，总规模160多亿元。天使引导基金批复合作基金71个，总规模98亿元。全年市创投和天使引导基金投资企业中有10个企业上市，累计培育出上市（并购）企业43个。杭州市高科技投资有限公司在中国创投委备案创业投资机构50强中投资规模列第六位，投资中小企业位列榜首。

落实"人才生态37条"，实施国家、省、市海外高层次人才引进计划和万人计划，高层次人才集聚效应进一步显现。9个团队获评省领军型创新创业团队，入选数量连续2年列全省第一位。人才国际化水平提升，成为全国首批获授权审发《外国高端人才确认函》权限的城市，在全国率先实行"外国人来华工作许可"全流程"零次跑"审批，市引智计划引进高层次外国专家项目235个。人才机制体制改革进一步深入，聚焦数字经济、生命健康、新制造等重点产业新开展"揭榜挂帅"活动，张榜项目406个，居全省第一位，其中线下发榜项目总标的额近12亿元。举办"2020年浙江省暨杭州市科技活动周"，吸引5000多人参与现场互动体验。举办百家投融资机构对接会，达成投融资意向1200多万元。

2020年7月31日，市科技局召开全市科技系统"五员领创"活动动员大会暨半年度科技创新工作会议（市科技局 供稿）

【科技抗疫】2020年，面对新冠肺炎疫情，市科技局开展克难攻坚员、调查研究员、联络服务员、科技特派员、创新协作员的"五员领创、科技争锋"抗疫活动，围绕服务企业复工复产，形成"一个专班推进一项任务，一项任务带动一片工作"的局面。抓应急攻关，开辟绿色通道，简化评审方式，投入1800多万元部署疫情防控项目，短时间内取得一批重要成果。杭州杰毅生物技术有限公司承担科技部应急项目，研发出全国首台"新型冠状病毒全基因组自动化建库"设备，第一时间驰援武汉抗疫。联合杭州银行安排10亿元专项资金助力复工复产，"杭信贷"发放贷款4.75亿元，通过减免担保费用等为企业减费1203万元，推出"应急保"专项产品放款1600多万元。"杭信贷"探索形成的"政策性出口信用保险+政策性担保+银行授信"融资闭环模式，入选国务院深化服务贸易创新发展试点最佳实践案例。全市200多名科技特派员和创新协作员到田间地头、企业车间，帮助企业纾困解难。安排科技特派员开展技术培训，以直播带货等方式助力解决销售难题。

（李 廷）

【人工智能创新发展区建设】2020年，杭州市建设首批人工智能创新发展区，将余杭区、萧山区、滨江区、西湖区纳入"市人工智能创新发展区"培育名单，召开专题工作推进会，推动创新发展区在应用场景、技术研发、产业培育等方面发挥引领示范作用。建设人工智能应用场景，面向"AI+医疗健康、AI+城市管理、AI+教育、AI+智能亚运"等领域，征集并发布应用场景30项、人工智能创新产品和技术方案50个。建成"2+3+2"人工智能开源开放平台体系，创建阿里云"城市大脑"、海康威视"视频感知"2个国家新一代人工智能开放创新平台；推进华为技术"基础软硬件"、商汤科技"智能视觉"、依图科技"视觉计算"3个人工智能开放创新平台在杭州落地应用。建成并对外开放之江实验室"天枢人工智能开源开放平台"、浙江大学"智海人工智能科教平台"2个平台。召开杭州市国家新一代人工智能创新发展区建设领导小组会议暨新一代人工智能战略咨询专家委员会会议。市委、市政府领导与潘云鹤、吴朝晖等院士专家围绕杭州人工智能创新发展展开讨论。举办"2020全球人工智能大会"，11位中外院士与会。其间，举行主论坛（开幕式）和专业论坛14场、大赛3场，现场参会2000多人，线上参会35万余人。全年杭州人工智能产业营业收入1558亿元，比上年增长12.8%；研发费用投入166亿元，增长12.1%；利润总额276亿元，增长28.2%；营业收入、研发费用、利润总额分别占全省的58%、74%、82%。

【杭州国家自主创新示范区建设】2020年，市科技局牵头制定出台《杭州国家自主创新示范区2020年工作要点》，提出拟提交部级协调小组审议的重大请求事项，修订完善《杭州国家自主创新示范区发展规划纲要（2020—2025年）》。推动核心区创新发展，杭州高新区（滨江）编制《建

2020 年 11 月 8 日,杭州国际人才交流与项目合作大会发布 2019 年"魅力中国——外籍人才眼中最具吸引力的中国城市"主题活动结果,杭州连续 10 年入选 (市科技局 供稿)

设世界一流高科技园区发展纲要》,持续深化杭州高新区(滨江)富阳特别合作区探索实践,开展"企业创新积分制"试点,获科技部推广应用。4 月,临江高新区经市政府批复扩大管理范围至杭州钱塘新区,进一步推动产业集群发展。支持城西科创大走廊打造创新策源地,编制《城西科创大走廊硬核科技规划》。

(刘海琳)

【新型研发机构建设】2020 年,市科技局做好服务工作,推进研发机构建设。会同市财政局、市教育局(三名办)联合召开科创中心启动区块科研平台项目论证会,邀请国内专家对浙江大学杭州国际科创中心 2 个创新项目进行论证。市科技局会同市委人才办、市财政局、市教育局(三名办),支持中国科学院大学杭州高等研究院建设高水平实验室,对该院 2 个实验室建设方案进行专家评审。支持研发机构申报省级新型研发机构,推荐的北京航空航天大学杭州创新研究院等 17 个研发机构被认定为 2020 年度省级新型研发机构。

【杭州入选"外籍人才眼中最具吸引力的中国城市"】2020 年 11 月 8 日,杭州国际人才交流与项目合作大会开幕。2019 年"魅力中国——外籍人才眼中最具吸引力的中国城市"主题活动结果在开幕式上发布。杭州连续 10 年入选"外籍人才眼中最具吸引力的中国城市"。35 个国家和地区的人才线上线下参会,其中 2.1 万人现场参会、36 万余人线上参与。市科技局与市委人才办共同主办"揭榜挂帅"路演和长三角区域创新与高质量发展论坛 2 个分会场活动,邀请中科院上海分院系统 25 个相关院所及平台参加。大会收到参赛项目 1658 个,其中外国人项目 408 个。 (陈 闻)

科技计划

【科技计划改革】2020 年,杭州市落实《关于优化科研管理提升科研绩效若干措施的通知》和《关于深化项目评审、人才评价、机构评估改革的意见》精神,市科技局加快推进科技领域"放管服"改革,创新"科技新政"实施举措,落实"双稳政策",加大财政科技支持力度。贯彻市委、市政府《关于实施"新制造业计划"推进高质量发展的若干意见》,优化科技资源配置,清理整合科技专项,修订完善专项资金的管理办法。会同市财政局制定《杭州市重点科技研发计划项目和财政补助资金管理办法》《杭州市科技型企业研发费用投入财政补助资金管理办法》《关于落实"新制造业计划"推进杭州市"雏鹰计划"企业培育工程实施意见》《杭州市促进科技成果转化实施办法》等 8 个配套政策,规范科技专项资金使用管理。强化科技体制机制改革,加快建立和完善"以诚信为基础、以绩效为目标、以激励为导向、以规范为保障"的科技计划体系和资源配置机制,实现资源配置由相对分散向聚焦重点转变,由资金引导为主向资金引导和政策激励并举转变,由市级补助为主向省、市、区县(市)三级联动转变,由重立项管理向重绩效管理转变,由重行政监督向重主体责任转变。统筹整合财政科技资金,引导创新要素配置集聚到重点产业和重大项目,营造良好的创新创业生态环境,激发各类人才的积极性和创造性,企业主体创新能力和竞争力明显增强。

【科技预算投入与支出】2020 年,杭州市本级财政科技支出 28.37 亿元,其中市科技发展专项资金年初预算 8.75 亿元,年度追加高新技术企业培育专项资金 6.07 亿元,实际执行数

14.69亿元，比上年执行数增加0.12亿元。具体支出安排：国家重点扶持领域高新技术企业培育补助资金9亿元；市重点研发计划专项（包括国家、省科技项目配套）补助资金2.26亿元；科技型中小微企业研发费投入补助资金1.29亿元；领军型创新创业团队引进培育专项补助资金3185万元；科技型中小企业培育（“雏鹰计划”）专项补助金资金8217万元；双创孵化平台建设（科技企业孵化器、众创空间）专项补助资金3416万元；其余6753万元专项用于农业和社会发展科研攻关、科技特派员选派、科技成果交易转化、公共创新服务平台等科技政策项目资助。

【重大科技创新专项】2020年，市科技局贯彻落实市委、市政府《关于实施“新制造业计划”推进高质量发展的若干意见》等文件精神，会同市财政局修订完善《杭州市重点科技研发项目和补助资金管理办法》等8个科技政策文件，形成新一轮市科技创新政策体系。加快市重大科技创新项目的实施和验收工作，集中资源支持重点领域关键技术突破，提高产业核心竞争力。全年组织验收市重大科技创新项目48个，其中验收合格45个、结题3个。该批项目带动研发投入13.5亿元，项目产品累计实现销售收入35.6亿元、利税6.3亿元。牵头制定国家标准12项，获得（授权和受理）发明专利389件，发放市级财政后补助资金1.19亿元。对承担国家重点研发计划、科技重大专项、省重点研发计划择优委托项目、重点企业研究院的重大科技项目174个给予市级财政配套支持，补助资金9298.84万元。拨付上年度获得省科学技术进步奖一等奖的8个单位配套奖励资金800万元。

【杭州获国家级、省级科技计划项目立项】2020年，市科技局做好相关申报组织、推荐和服务工作，支持杭州市企事业单位申报国家、省级科技计划项目。共组织申报2021年省重点研发计划项目175个，经专家评审推荐省择优委托项目21个、竞争性项目154个。共立项102个，其中择优委托项目18个、竞争性项目84个。推荐省级公益技术应用研究计划项目125个，立项46个。新增省领军型创新创业团队6个，入选省“万人计划”高层次人才66名，新建省产业创新服务综合体项目4个。全年杭州市获国家重点研发计划立项项目15个及经费资助1.94亿元；获省级科技专项经费资助4.78亿元。（胡小庭）

【农业科研项目立项】2020年，市科技局新修订《杭州市农业与社会发展科研资金管理办法》，开展2020年杭州市农业科研重点、一般项目征集工作。项目的申请对象为杭州市本级企事业单位，突出现代种业、智慧农业、生态农业、农产品精深加工等重点支持领域，共征集农业类一般项目177个。通过专家评定，对“宜机化蔬菜毯苗培育方法及其高效移栽机构优化设计研究”等82个一般项目进行立项，总资助经费1582万元；立项支持“乳糖不耐受人群低乳糖风味发酵乳关键技术开发与应用”等农业科研重点项目10个，总资助经费2000万元。

【社会发展科技计划】2020年，为提升社会发展领域科技创新能力，促进民生科技发展，市科技局修订《杭州市农业与社会发展科研资金管理办法》，组织实施“PAN内切酶抑制剂的设计、合成及抗流感活性评价”等148个社会发展科研一般项目，资助经费2030.5万元；立项支持“亚运智能急救保障关键技术研发及示范应用”等社会发展重点项目30个，总资助经费4322万元，重点支持医疗卫生、资源环境、节能减排、城建交通、公共安全等社会发展领域的科研攻关。（毛宇骁）

科技成果

【杭州科技成果转化总指数673.74】2020年12月14日，《2020浙江科技成果转化指数》发布。全省科技成果转化总指数133.8，杭州以总指数673.74蝉联全省榜首，是全省的5倍多。其中创新研发指数256.12、成果产出指数375.65、成果交易指数1418.86、转化绩效指数644.34，均列全省第一位，分别与第二名宁波的309.74、6.53、117.7、782.77、316.73进一步拉大距离。同时，高新区（滨江）以2139.79、西湖区以1421.33、下城区以751.02、余杭区以630.61、江干区以451.49位列全省区县（市）总指数的前五名。

【科技成果转化激励】2020年7月，市科技局依据《中华人民共和国促进科技成果转化法》和《浙江省促进科技成果转化条例》，修订出台《杭州市科技成果转化资金管理办法》，主要支持企业科技成果转化、高校院所技术输出、重大获奖成果产业化和科技中介机构建设。8月，印发《关于开展2020年杭州市企业科技成果转化项目申报工作的通知》，对企业通过网上技术市场吸纳国内外高校院所和杭州市新型研发机构的最新科研成果，或者通过各级科技部门组织的科技成果拍卖从无关联单位取得的先进科技成果，进行后续试验、开发、应用、推广直至形成新技术、新工艺、新材料、新产品、新服务、新标准的新产业项目，近3年（新药项目可放宽到5年）签订的技术开发或转让合同且技术交易金额不低于50万元的项目，进行征集入库。经企业自主申报、区县（市）科技局推荐、市科技局组织专家评审，会议研究确定入库项目51个并予以公布。对通过验收出库的项目，市、县两级可以给予企业不超过实际技术交易额的20%、最高150万元的财政资助。（陈子法）

科技人才

【科技人才工作】2020年，市科技局抢抓人才流动“窗口期”，多方联动打响人才品牌。全年认定科技口高层次人才112人，7个项目入选科学技术部国家外国专家项目计划，19人入选省海外工程师计划，9个团队获评省领军型创新创业团队，连续2年保持全省第一名。全市开展“揭榜挂帅”活动，张榜项目406个，数量居全省第一位，其中线下发榜项目总标的额近12亿元。获全国首批《外国高端人才确认函》权限，率先实行办理“外国人来华工作许可”。10名在杭州工作的外国专家被授予“钱江友谊使者”称号。6月13日，举办百家投融资机构对接会，达成投融资意向1200多万元。

【外国科技人才】2020年，市科技局以建设具有影响力、吸引力的“全球人才蓄水池”为目标，在引进国（境）外智力、外国人才到华工作行政许可等方面积极作为，全力打造人才最优生态城市，推进高质量发展。创新引才政策和模式，依托互联网平台举办“杭州市外国专家云签约”专项活动。组织推荐48位来自英国、美国、德国、乌克兰、日本等26个国家的外国专家，通过“云”会场与杭州市企事业单位完成签约65个，其中数字经济、生命健康、新制造和新材料领域专家占90%。实施市引进国外智力计划，组织外国人才项目申报该计划的数量比上年增加9%。推荐申报科学技术部“国家外国专家项目”计划28个，其中7个入选。推荐40人申请省“海外工程师”计划，其中19人入选。（陈　闻）

【科技特派员】2020年，杭州市选派的第八批50名科技特派员持续开展科技服务工作，成为科技创新人才服务乡村振兴的重要力量。市科技局组织科技特派员开展防疫救灾工作，印发《关于全力支持企业加强科技创新防疫情促发展的通知》，转发省科技厅《关于开展科技特派员春耕期间服务基层“抗疫情、稳生产、保供应”的通知》和具体工作方案，鼓励广大科技特派员坚持抓防疫不违农时，抓春耕不误防疫。9月29日，市科技局在桐庐县召开全市科技特派员工作交流会，树立工作典型，加强经验交流。联合各级、各类媒体加强对科技特派工作的宣传，采访6名各具特色的科技特派员，并利用微信公众号开展专题报道。（毛宇骁）

科技创新体系建设

【科技政策体系建设】2020年，杭州市围绕实施创新驱动发展战略，加快形成有利于创新发展的体制架构和政策体系，先后印发《杭州市人民政府关于完善科技体制机制健全科技服务体系的若干意见》《关于全力支持企业加强科技创新防疫情促发展的通知》《杭州市“雏鹰计划”企业培育工程实施意见》等12个政策文件，涵盖创新主体、创新要素、产业创新、区域创新和创新环境等现代化治理体系的各方面内容。市科技局组织开展科技创新政策线上培训、高新技术企业申报和高端人才出入境政策解读培训、市级孵化器认定管理工作培训等10多场创新政策和业务培训，提高政策时效和创新效能。

【科技进步目标责任制考核】2020年，杭州市开展对区县（市）党政领导科技进步目标责任制考核。依据省委办公厅、省政府办公厅《关于做好2020年度市县党政领导科技进步与人才工作目标责任制考核评价工作的通知》，经考核推荐上报滨江区、西湖区、余杭区为科技进步工作考核优秀单位。制定《杭州市2020年度区县（市）创新发展专项考评实施细则》，开展年度区县（市）创新发展专项考评，滨江区、余杭区、萧山区、西湖区、桐庐县、临安区获评优秀，钱塘新区、江干区、富阳区、拱墅区、建德市获评优胜。（刘海琳）

【风险投资引导基金】2020年，市创业投资引导基金和天使投资引导基金新增合作项目16个，基金规模64亿元。累计合作项目159个，基金总规模265.92亿元。全年投资项目183个，投资金额22.32亿元。累计投资项目1296个，投资金额110.08亿元。其中：杭州项目781个，占比60%；投资金额65.01亿元，占比59%。全年参股基金新上市公司10个，累计引导基金参股基金被投企业中有43个上市或者被并购，其中杭州企业27个。杭州市引导基金获得2020年融资中国“年度中国最佳政府引导基金TOP30”、投中集团“2020年度中国最佳有限合伙人TOP20”、清科集团“2020年中国政府引导基金30强”等荣誉。

【科技型中小企业融资支持】2020年，杭州市融资担保业务总量21.2亿元，融资企业633个（次），85%为科技型中小企业。担保业务开展14年来累计为杭州市中小微科技企业提供融资担保金额127亿元，累计担保企业近3400个（次），为企业节约成本3亿元。4月10日，杭州市高科技投资有限公司“杭信贷”业务正式上线。7月27日，国务院服务贸易发展部联席会议办公室发布第二批20个深化服务贸易创新发展试点“最佳实践案例”，“杭信贷”首创的“政策性出口信用保险+政策性担保+银行授信”融资闭环模式成功入选。通过降低贷款利率、减免担保费用等一系列促复工复产举措，全年累计为企业减免保费1203万元，平均担保费率由2019年的1.2%左右降至0.5%左右，大幅度降低企业融资成本。

2020年，杭州市加大对科技型中小企业的融资周转力度，科技型中小企业融资周转资金累计到位1亿元，全年为125个（次）科技型中小企业提供融资周转10.32亿元，财政资金放大倍数为10倍，平均周转天数8.4天。自设立周转资金4年以来，累计为1434个（次）企业提供融资周转资金110亿元，其中95%为科技型中小企业，直接节省融资成本2.2亿元。（林　旦）

【高新技术企业培育】2020年，杭州市围绕“新制造计划”和“数字经济第一城建设”，继续实施《杭州市高新技术企业培育三年行动计划（2018—2020年）》。至年末，全市累计有国家重点扶持领域的高新技术企业7707个，占全省总数的34.8%，列全省第一位，超额完成“三年行动计划”预定目标。

2020年，全市实现高新技术产业增加值2448.25亿元，增长8.6%，占规模以上工业增加值的67.4%。新产品产值率40%。规模以上工业企业中，有2301个企业认定为国家高新技术企业，完成国家高新技术企业3年倍增的主要指标。高新企业在电子信息领域占全市总量的27.5%、在先进制造领域占24.7%、在高技术服务领域占18.9%、在新材料领域占12.6%，4个领域占比合计83.7%。市科技局强化对高新技术企业培育，挖掘培育对象，细化工作节点，实施精准辅导，全年杭州市通过科学技术部申报国家高新技术企业

3600个，通过认定3567个。

【科技型初创企业培育】2020年，杭州市深入实施“雏鹰计划”和省科技型中小企业倍增计划，开展（国家）科技型中小企业评价工作，扩大科技企业培育基数。市科技局修订《杭州市“雏鹰计划”企业培育工程的实施意见》，将市级高新技术企业纳入“雏鹰计划”培育体系，统一认定标准，加大培育力度。对新评审纳入“雏鹰计划”培育库的企业，给予一次性20万元的创业无偿资助，鼓励企业加大研发投入。对处于培育期的“雏鹰计划”企业，每年给予不超过2000万元贷款，按照基准利率的50%给予补贴，降低企业融资成本。通过科技金融服务、创新创业服务等方式，帮助科技型初创企业对接创新要素和产业资源，获得发展动能。全年新培育认定“雏鹰计划”企业847个，累计5966个；省科技型中小企业4176个，累计1.46万个；（国家）科技型中小企业2020年入库3393个。

【科技企业孵化器】2020年，市科技局修订《杭州市科技企业孵化器认定和管理办法》，在原有扶持政策的基础上，增加对新认定专业化孵化器给予50万元的资助。发挥众创空间和孵化器等创新创业平台在“战疫情、促发展”中的作用，落实公办科技企业孵化器、众创空间等平台为在孵企业减免不少于2个月租金的政策，累计减免租金8500万元，帮助在孵企业发展。全年新增国家级孵化器7个、省级孵化器16个、市级孵化器42个，累计培育国家级孵化器48个、省级孵化器107个、市级孵化器213个，其中国家级孵化器数量居全国省会城市和副省级城市第一位。

【众创空间建设】2020年，杭州市坚持“空间＋基金”的空间运营模式，不断完善“创业投资＋特色服务”的发展模式，推进众创空间专业化和国际化建设。支持大企业大集团发挥自身在产业链、技术先进性等方面的优势，建设专业化众创空间，打造行业细分领域垂直孵化链，构建大中小融通发展的产业孵化生态。利用“互联网+”资源，举办云上和线下各类创新创业活动，形成“杭城好项目”“园区老总面对面”“空间大咖谈”等品牌活动。全市新增国家备案众创空间24个、省级备案众创空间36个，累计培育国家级众创空间68个、省级144个、市级181个。4个国家级专业众创空间全部落户杭州，分别在智能制造（浙江大学）、金融科技（恒生电子股份有限公司）、图像识别（杭州海康威视数字技术股份有限公司）、智能轨道交通（浙江众合科技有限公司）等专业领域开展探索。

【企业研发机构建设】2020年，市科技局支持企业建设市级及以上研发机构。引导企业重视科技研发，整合科研资源，规范研发管理，提升企业整体科研实力。强化监督研发机构管理，全面梳理省级重点企业研究院资金到位情况，指导各区县（市）落实培育经费，推动重点企业研究院在重点领域的研究。对建设期满一年以上的省级高新技术企业研究与开发中心、省级企业研究院和省级重点企业研究院开展评估工作，掌握发展成效。做好省、市两级研发平台认定工作，通过对申报材料的形式审查、组织专家现场考察和评审、部门联审等工作程序，提升企业申报质量。全年新增市级高新技术企业研发中心403个（累计2426个）、省级企业研发中心229个（累计1447个）、省级企业研究院75个（累计476个）、省级重点企业研究院103个。

（康智勇）

【省级农业星创天地创建】2020年，星创天地是发展现代农业的众创空间，也是推动农业农村创新创业的主阵地。市科技局推荐申报余杭区杭州互动乐谷星创天地、江干区浙江省农业科创园星创天地、临安区杭州龙门秘境星创天地、建德市建德“草莓小镇”星创天地4个众创空间为省级农业星创天地，被省科技厅列入省级农业星创天地备案名单。至此，全市累计有国家级星创天地7个、省级星创天地15个。

【产业创新服务综合体建设】2020年，市科技局根据《杭州市产业创新服务综合体建设实施意见》，聚焦新兴产业培育发展和传统产业改造提升，组织推进市级产业创新服务综合体建设，全年新认定杭州市级产业创新服务综合体12个，累计46个。结合各区县（市）优势产业分布、创新资源和未来产业布局，组织开展省级产业创新服务综合体建设，并做好申报服务和推荐工作，全年新增省级产业创新服务综合体创建单位4个，累计17个。

（姚广稀）

2020年8月23—29日，浙江省暨杭州市科技活动周在杭州举行

（市科技局 供稿）

【科技活动周】2020年8月23—29日，杭州市牵头组织开展“2020年浙江省暨杭州市科技活动周”，组织近70个科技创新项目参加钱江新城现场展示活动，涉及智能制造、防疫设备、娱乐艺术、生活家居、海洋工业、素质教育、科技企业等领域，5000多人参与现场科普互动体验活动，互联网直播线上参与人数近200万人。活动周期间，在各区县（市）组织举办30多场科技活动，参与人数近2万人次。（陈 闻）

科技服务

【科技服务业】2020年，杭州市科技服务业有规模以上企事业单位4204个，资产总额1.99万亿元，比上年增长24.1%；营业收入8898亿元，增长16.5%；营业利润2099亿元，增长17.4%；从业人员37.01万人，增长4.8%。

7月，市科技局根据《杭州市科技服务补助实施细则》，补助浙江大学、浙江工业大学、浙江大学城市学院、浙江理工大学、杭州电子科技大学、中国计量大学等单位共444.39万元。修订《杭州市科技成果转化资金管理办法》，规定对技术输出的高校院所按照实际技术交易额的3%、每家最高不超过200万元予以补助。11月，经公开征集、专家审核、会议研究确定，公布2020年度杭州市技术转移奖励计划，补助浙江大学、浙江工业大学、浙江大学城市学院、浙江理工大学、杭州电子科技大学、中国计量大学、杭州师范大学、浙江科技学院、浙江养生堂天然药物研究所有限公司等单位共474.11万元。

（陈子法）

【科技创新服务平台】2020年，杭州市有科技创新服务平台28个，覆盖物联网、移动通信、软件动漫、装备制造、工业设计、节能减排等领域。平台场地设施面积累计34.75万平方米，其中科研场地面积14.67万平方米；整合仪器设备1.6万台（套），价值12.8亿元。参与平台建设人员1959人，其中具有高级职称的技术人员1156人。平台全年服务企业约7000个次，服务个人2万人次；培训108次，培训4300多人次；举办科技交流活动541场，参加交流人员6000多人次。全年发放创新券5.52亿元，确认使用3.39亿元，市级财政科技创新券补助1282.95万元。（姚广稀）

【外国科技人才服务】2020年，市科技局向在杭州的外国人才推送中英双语权威新冠肺炎疫情防控要点和信息，帮助他们克服焦虑，理性对待疫情发展和健康管理措施。发动外国人在海外筹集口罩约20万只，支持杭州疫情防控。为16个外国专家组织、人才机构邮寄2万只口罩和其他防护用品。做好在杭州工作的5366名外国人（包括省属在杭州外国人）的管理和服务工作，用最短时间摸清底数，建立动态数据清单，落实日报制度、实行跟踪服务，建立“一人一档”动态管理。为95位外国人才争取到首批“返浙工作”绿色通道资格，占全省的2/3，为企业有序复工复产创造便利条件。

8月，杭州市成为全国首批获科学技术部（国家外国专家局）、外交部和公安部授权审发《外国高端人才确认函》权限的城市，全市外国人才办理“外国人来华工作许可”率先实行全流程“不见面”“零次跑”审批。市科技局牵头设立杭州国际人才俱乐部，在钱塘新区成立杭州国际友谊联盟，为在杭州的国际人才提供更加贴心的服务，促进国际人才的交流与合作。（陈 闻）

科技交流与合作

【杭州技术市场】杭州技术市场是中国浙江网上技术市场和浙江科技大市场的重要组成部分，是杭州面向全国推动技术转移转化，进行网上与网下科技成果展示推介、对接洽谈、竞价交易的平台。

2020年，因事业单位机构改革，杭州技术市场的运营主体杭州市生产力促进中心被撤并，部分市场业务处于停摆状态。全年认定登记技术合同5286个、技术交易额281.32亿元，分别比上年增长21%和31%，占全省技术合同的21%和27%。其中，对超过2000万元的大额合同，召开相关专家咨询会7场次，认定登记71个、技术交易额225亿元，增长22%。经全国技术合同认定登记系统的全市技术输出合同1.13万个，技术交易额328.78亿元；技术吸纳合同1.18万个，技术交易额385.17亿元；省统计成交1.73万个，合同成交总额613.99亿元，技术交易额550.08亿元，分别增长11%、23%和25%。

【长三角区域科技合作】2020年，长三角一体化发展进入调研谋划和加快推进阶段，各级设立专责机构，制定规划举措，加速合作项目。12月，科学技术部牵头成立“推进G60科创走廊建设专责小组”，发布“长三角G60科创走廊建设方案”。杭州市联合14个单位印发《金融支持长三角G60科创走廊先进制造业高质量发展综合服务方案》，召开推进长三角一体化工作督查会，推进落实相关工作。

6月，市科技局与杭州高新区（滨江）、中国科学院上海分院和国科大杭州高等研究院举行签约仪式，共建杭州中科国家技术转移中心，打造集成果转化、技术服务、项目孵化、投融资等功能于一体的开放性、国际化、创新型技术转移转化平台，引进7个孵化项目并注册企业。引进中国科学院计算技术研究所在拱墅区智慧网谷小镇设立数字经济产业研究院（计算所杭州分所），推进技术创新赋能数字经济产业和社会治理。

（陈子法）

责任编辑 汤 峻

教育

综述

【教育系统新冠肺炎疫情防控】2020年，市教育局建立疫情防控专班，构建指挥协调、信息收集、校园管控、督查抄告四大机制，制定下发校园疫情防控相关方案预案、制度机制和具体工作要求等各类文件通知80多件。各地各校每日滚动式排摸，精准监测、动态掌握广大师生员工健康状况，共计排摸162.4万人。

全市中小学、幼儿园2020年春季学期开学时间推迟。市教育局印发《杭州市中小学2020年春季学期延期开学时段开展远程教学实施方案》，指导各地各校2月10日起开启线上教学，利用"互联网+"模式开展远程教育教学活动和学生学业辅导，确保"停课不停学"。加强"杭州美好教育""杭州共享课堂"等线上学习平台开发建设，推出线上课程资源2500多节，开出330多门网络同步课程，实现年级、学科全覆盖，并打通电视、手机、电脑多个平台渠道，方便学生同步学习。

杭州市研究制定"错时错峰"分批开学方案和开学前后疫情防控工作方案及配套细则，推行"市民卡+健康码"校园智控模式，组建工作小组，分片指导各区县（市）推进开学复课准备工作，先后派出2900多人开展驻校健康督导，入校服务5.79万人次。市教育局会同市卫生健康委、市公安局、市市场监管局等部门抽调力量组建检查组，对各地各校开学工作进行全覆盖督查核验。4月13日起，全市各级各类学校分批开学复课，涉及2600多个中小学（幼儿园）校区（园区）和40所在杭高校，共208万名师生。开学后健全疫情防控常态化条件下学校教育教学和管理机制，完善分时错峰上学和放学、"亮码测温"进校管理、晨检午检、错时用餐等防控措施，协调37个市、区两级医院开设师生绿色通道，妥善处置在校期间发热咳嗽师生3.2万人次。秋季学期全市中小学日均实到学生占比98%以上，幼儿园日均实到幼儿占比90%以上。

【72所学校（幼儿园）入选首批浙江省现代化学校】2020年4月，省教育厅、省政府教育督导办首次启动浙江省现代化学校（含幼儿园、小学、初中、普通高中、中职学校和社区学校6类学校）督导评估工作，评估内容突出办学思想、育人模式、队伍建设、学生发展、学校发展等内涵发展的指标，衡量学校办学质量。经网上申报、初审、复审等程序，全市72所学校（幼儿园）入选2020年省现代化学校（幼儿园），占全省总数的近20%。

【地方教育经费总投入534.88亿元】2020年，杭州市地方教育经费总投入534.88亿元，其中国家财政性教育经费投入438.52亿元（包括一般公共财政预算安排的教育经费426.72亿元、政府性基金预算安排的教育经费11.60亿元）。市本级地方教育经费总投入85.61亿元，其中国家财政性教育经费投入63.69亿元（包括公共财政预算安排的教育经费63.42亿元、政府性基金预算安排的教育经费0.17亿元）。全市普通小学生生均教育经费支出2.66万元，普通初中生生均教育经费支出4.44万元，普通高中生生均教育经费支出5.94万元，职业高中生生均教育经费支出5.47万元。

【中小学、幼儿园新建87所】至2020年年末，杭州市新建中小学35所、幼儿园52所，新增学位7.98万个。新增安装空调教室11987个，城镇公办幼儿园、中小学教室空调覆盖率100%，农村覆盖率95.9%。全市新增学校用地面积153.7万平方米、建筑面积179.8万平方米，完成投资约115.82亿元；开工在建中小学、幼儿园208所。新增省义务教育标准化学校47所，累计773所，覆盖率99.6%。

杭州高级中学钱塘学校和杭州市中策职业学校康桥校区于2020年秋季学期启用。杭州市中策职业学校大江东分校项目提前完成主体结构施工，共投资3.6亿元。江干区笕桥职业高级中学（暂名）项目进行可行性研究报告审批，计划于2021年11月开工建设。杭州第四中学新湾学校、杭州市电子信息职业学校双桥校区2个项目完成可行性研究报告批复与设计招标工作。杭州学军中学海创园学校和杭州第二中学钱江学校2个项目分别获浙江省"钱江杯优秀勘察设计综合类一等奖”和“钱江杯（优质工程）奖”。

【学生资助金额9.62亿元】2020年，杭州市共有学生386.49万人次获“奖、助、贷、免、补”等各类资助，金额9.62亿元。全市义务教育段有学生343.84万人次免杂费、课本费及作业本费5.54亿元；寄宿制学校有学生12.69万人次免除住宿费2585.52万元；义务教育段有学生3.22万人次享受营养改善计划1795.15万元；义务教育段有困难生2.63万人次享受生活补助842.9万元；普通高中有学生0.6万人次享受免学费、代收费及其他费用686.38万元，有学生1.12万人次享受国家助学金1118.2万元；中职学生14.47万人次免除学费1.54亿元，1.36万人次学生享受国家助学金1363.9万元；市属高校大学生5.87万人次享受国家奖学金、省政府奖学金、国家助学金、助学贷款贴息补助、应征入伍学费补助、勤工俭学等1.61亿元。经教育部和人力资源社会保障部评审，杭州市有126名学生获2019—2020学年度中等职业教育国家奖学金。

【教育国际化推进】2020年1月，市教育局组织师生访问团赴希腊雅典开展“中国春节文化进希腊校园”活动，传播中国春节文化。6月，杭州市在线发布中文和英文双语版《杭州市外籍人员子女学校蓝皮书（2019年度）》。至年末，全市8所外籍人员子女学校在校生1987人。组织市属高校做好杭州市政府来华留学生奖学金评审推荐工作，面向市属高校68名留学生发放奖学金121.1万元。市教育局直属学校聘有专职外籍教师27人，落实补助经费371万元。开展教育国际化示范校和国际理解教育特色品牌项目创建，认定第五批示范校31所、累计126所，特色品牌项目26个、累计156个。

【迪拜中国学校成立】2020年9月1日，迪拜中国学校举行成立仪式暨开学典礼。该校以为迪拜华侨华人子女提供优质中国基础教育为宗旨，按照中国基础教育学制设立，由杭州第二中学领办，开设中国课程，使用中国教材，规划在校生规模800人。至年末，迪拜中国学校有教职工39人，其中杭州市选派的教师27人（含3名校领导），当地聘用的阿拉伯语教师、行政人员等12人；学校开设小学一年级至五年级共9个班，在校学生211人。

2020年杭州市各类中小学、幼儿园情况表

表42

学校类别		学校数（所）	毕业生数（人）	招生数（人）	在校生（在园幼儿）数	
					2020年（人）	为上年（%）
普通高中	全市	91	37697	44658	124563	105.53
	主城区	34	14187	18610	50076	109.16
	市属	18	10354	13624	36881	109.22
职业高中	全市	30	18506	21597	59030	104.09
	主城区	12	6357	7355	20216	104.35
	市属	8	5058	5887	16055	104.67
中等专业学校	全市	7	1470	1655	4540	100.11
技工学校	全市	20	5542	9432	29735	118.50
初中	全市	280	80451	87278	249434	102.20
	主城区	115	31184	36925	102601	105.14
小学	全市	496	89093	119957	645302	104.60
	主城区	174	37738	51559	275492	104.99
幼儿园	全市	1049	116045	138556	374861	107.02
	主城区	422	50617	59245	159468	104.98
盲聋哑学校	全市	2	68	52	323	92.29
智障儿童学校	全市	12	173	151	1294	100.31
工读学校	全市	1	254	296	443	110.47

【首批500所“智安校园”建成】2020年4月，市公安局、市教育局联合印发《关于进一步落实公安部教育部加快推动全国中小学幼儿园安全防范建设的通知》，推进新技术、新手段在校园安防建设领域的应用。在落实“校园封闭管理”“配备专职保安员”“安排护学岗”“安装一键报警装置、视频监控并与公安部门联网”工作要求“四个100%”的基础上，针对学校周围、访客、校门口防冲撞等“三防”建设提出具体指导意见，推动属地教育行政部门建立自有安全指挥中心，并与公安部门联网共享。至年末，全市首批500个“智安校园”建设完成，市教育局直属学校的39个校区校门口监控全部实现与公安部门联网。

【“护校安园”专项行动】2020年5月，杭州市印发《关于推进“护校安园”专项行动提质扩面工作的通知》，提出逐步将“护校安园”工作标准和要求向中学和幼儿园延伸，并明确推进学校安全保障助力行动、食品安全“三二一”行动、交通秩序优化提升行动、文化环境市场净化行动、警校协作强化护学警务行动、校园周边“治三乱”行动等六大重点任务。至年末，全市有2377个校园点组建“护校安园”工作组，覆盖率96%，每天上学和放学时段参与护学人数超过2万人次。校园周边流动摊贩、机动车违停、出店经营等问题投诉总量比上年下降17%，涉及中小学生的交通伤亡事故下降14%，死亡人数下降57.1%。

【新名校集团化战略推进】2020年，杭州市拓展以直属学校为骨干的跨层级新名校集团化办学规模。4月，下城区的艮山中学加入杭州第十四中学教育集团；6月，江干区的夏衍中学加入杭州高级中学教育集团。两校招生形式明显好于上年办学质量进一步提升。至年末，全市教育集团发展到412个，中小学名校集团化覆盖率68%，幼儿园名园集团化覆盖率72%。

迪拜中国学校 （市教育局 供稿）

【校外培训机构资金监管新政出台】2020年10月，市教育局、中国人民银行杭州中心支行、市发改委、市市场监管局、市民政局、市金融办联合出台《关于加强校外培训机构资金监管的通知》，建立培训费资金专户备案及信息公开、资金风险预警等一系列机制，防范校外培训机构消费风险。中小学文化学科类培训校外培训机构需在杭州市范围内选择一个银行，开立唯一的培训费资金专户并签订专户管理协议，向主管部门备案，接受实时监督。市教育局开发“安心培训”智能管理服务平台，对校外培训机构资金数据进行实时监控和智能分析，当机构资金专户出现特定情况时，平台将发出风险预警，主管部门即启动问询，并视情况对机构的办学经营状况、培训费收支和使用管理等情况开展专项调查和风险评估，排除办学资金不足带来的风险。

【教育对口帮扶】至2020年年末，杭州市教育局与中西部的7个地（市、州、区）以及浙江省的衢州市[所辖6个县、(市、区)]、丽水市[所辖2个县、(市、区)]及淳安县共9个县、(市、区)开展教育对口支援和帮扶协作。全年共有381名中小学教师参加援派支教，其中支教时间12个月及以上者261人，18个月及以上者235人。与黔东南苗族侗族自治州695所、恩施土家族苗族自治州128所、阿克苏市18所对口地区的中小学（幼儿园）实施结对帮扶。赴援建地开展送教活动，培训教师7万余人次。在杭州为援建地校长、骨干教师举办专题培训班12期，515人参训。接受9批次、249人到杭州考察交流和跟岗学习。5名退休校长和1名退休教师赴黔东南苗族侗族自治州开展“银龄计划”援教。

【教师队伍建设】至2020年年末，杭州市中小学、幼儿园（含特殊教育学校、工读学校，不含技校、成人中专）有专任教师10.85万人，其中幼儿园专任教师2.96万人、小学专任教师3.93万人、初中专任教师2.25万人、普通高中专任教师1.17万人、职业高中专任教师4702人、特殊教育学校专任教师579人、工读学校专任教师65人。幼儿园、小学、初中专任教师具有高一层次学历比例分别为99.3%、99.9%、98.8%。全市中小学、幼儿园招聘教职工7000多人，其中应届毕业生和择业期毕业生4700多人。有6名中小学正高级教师竞聘为专业技术二级岗。

杭州市扩大中小学教师职称自主评聘改革试点，全市53所公办普通高中和3所义务教育学校纳入高级教师及以下职称自主评聘改革范围，实现公办普通高中教师职称自主评聘改革全覆盖，民办普通高中也同步纳入教师职称自主评聘改革范围。全面启动深化中等职业学校教师职称制度改革，建立统一的中等职业学校教师职称制度，对文化课、专业课教师和实习指导教师进行分类评价。

【师德师风负面清单出台】2020年12月，杭州市教育局出台《关于加强中小学（幼儿园）师德师风负面清单与信用管理机制建设的通知》，列明违反政治原则、违背公序良俗、侵害学生权益、谋取不当利益、违规有偿补课、学术失范不端、教育教学失职等7个方面、25条师德师风负面行为清单。建立教师合同承诺、信用档案管理、师德违规查处及通报问责等多重机制，形成“一清单四机制”师德师风闭环管理体系。相关做法获中央教育工作领导小组秘书组肯定，以专报形式予以推广。

【银龄讲学计划实施】2020年7月，市教育局会同市财政局等部门制定并出台《关于进一步推进实施银龄讲学计划工作的通知》，鼓励有教育情怀的优秀退休教师到杭州市中小学校（幼儿园），特别是农村学校、薄弱学校任教。全市共招聘银龄讲学教师67人。银龄讲学教师以开展课堂教学为主，同时进行听课评课，开设公开课、研讨课或专题讲座，指导和帮助选聘学校青年教师成长，协助做好教学管理和教研活动等工作。

【名师乡村工作室建设】至2020年年末，杭州市共建成123个乡村名师工作室，覆盖70%以上乡村学校，涵盖幼儿园、小学、初中、高中、职教、特殊教育等学段的37个学科。开展导师示范课428次，参与人数7668人次；开展讲座477次，现场参与学员1.02万人次，线上参与学员超过3万人次；开展听课评课768次，参与人数8008人次；组织参加各类线上线下研讨、研修活动2195次，参与人数2.33万人次；学员到导师学校见习挂职1093人次。市教育局给予考核合格的每个工作室每年3万元工作经费补助，相关区县（市）也另行给予每个工作室经费支持。12月，市教育局组织全市名师乡村工作室200名骨干教师赴北京师范大学开展集中培训。

【校园文化建设】2020年，杭州市开展中华优秀传统文化弘扬行动、“厉行勤俭节约、反对铺张浪费”主题实践、“美德少年（新时代好少年）”典型选树等活动。通过“杭州教育发布”平台推出节粮专题和校园文化专题图文报道35篇，总浏览量近10万人次。开展校园文化标识系统征集活动，鼓励各学校挖掘、展示校史文化精髓，并汇编《美丽学校 文化铸魂——杭州中小学校园文化标识荟萃》。11月，杭州安吉路实验学校、杭州学军小学被中央文明委评为“全国文明校园”，江干区教育局被评为“全国未成年人思想道德建设先进单位”，杭师大附中秦丽被评为“全国教育系统未成人思想道德建设先进工作者”。12月，杭州市崇文实验学校等12所中小学获评为第一批“浙江省文明校园”。

【杭州籍新生体质健康测试成绩居全省首位】2020年，杭州籍新生在2019学年全省高校新生（高中毕业生）体质健康测试中，合格率、优良率连续10年居全省设区市的首位。各级教育行政部门和中小学校秉持“健康第一”理念，实施学校体育固本行动。执行国家体育课程计划，提出“小学体育趣味化、初中体育多样化、高中体育选项化”课程改革目标，全市中小学校100%开足体育课，确保学生每天1小时体育锻炼。市教育局举办全市中学生健美操、足球、排球、篮球等比赛，开展“喜迎亚运”阳光大课间活动展评，融合传统项目、快乐体育项目、时尚运动及游戏活动等。全市累计创建117所全国青少年校园足球特色学校，105所浙江省青少年校园足球特色学校，38所国家级、44所省级校园足球改革试点幼儿园，以及1个全国青少年校园足球试点区和“满天星”训练营基地，2个浙江省青少年校园足球试点区。

【杭州市第十二届中小学生文化艺术节】2020年6—12月，杭州市第十二届中小学生文化艺术节举行。艺术节围绕“大爱至美·强国圆梦——阳光下成长”主题，面向全体学生，坚持课内与课外、校内与校外、普及与提高相结合。为期14天的表演类专场比赛展示近390个节目，8700多人次参与。艺术节期间，征集到歌词、歌曲创作作品605件、抗击新冠肺炎疫情主题优秀作品657件。

【杭州市第十九届中学生社团文化节】2020年6—11月，杭州市第十九届中学生社团文化节举行。社团文化节以“我的青春·我的社团”为主题，开展“诗以抗疫·爱我中华”诗歌节、“爱国心·报国情·强国志”文学社团PK大赛、“为地球发声”主题征文朗诵比赛、亚运主题歌曲征集评选活动、“追寻·致敬·传承”动漫作品大赛、“剧焦心弦·演绎青春”校园心理剧大赛等活动。市教育局出台《杭州市教育局直属学校学生社团建设管理办法》，从成立注册、日常管理、指导教师、条件保障等方面加强学生社团的规范化运行和品牌化发展。全市中学生参与活动共计1万余人次。

2020年杭州市中小学、幼儿园教职工情况表

表43

学校类别		教职工总数（人）	其中：专任教师数（人）		达到规定学历的专任教师比例（%）	
			初中	高中	初中	高中
普通中学	全 市	39708	22525	11684	100.00	99.97
	主城区	16587	9797	4594	100.00	99.96
	市 属	4132	206	3431	100.00	99.97
职业高中	全 市	5253	4702		99.19	
	主城区	1899	1557		99.87	
小 学	全 市	40756	39330		100.00	
	主城区	18267	17616		100.00	
幼儿园	全 市	54246	29646		100.00	
	主城区	23860	13079		100.00	

【2个项目入选全国首批“中学生志愿服务示范项目”】2020年，市教育局组织各学校申报参与全国“中学生志愿服务示范项目”培育计划。该活动由中国青年志愿者协会与上海复星工艺基金会联合开展，旨在培育优质的中学生志愿服务品牌，探索推动中学生志愿服务项目规范化建设，首批面向北京、上海、浙江、广西、四川5个省（市、区）实施。经专家评委审议，杭州第二中学的“‘与你同行’志愿服务项目”和杭州市交通职业高级中学的“孔胜东志愿服务队——车辆维修项目”入选全国首批“中学生志愿服务示范项目”（共50个）。

（市教育局）

学前教育

【概况】2020年，杭州市有幼儿园1049所，在园幼儿37.49万人，幼儿园专任教师2.96万人。至年末，杭州市学前三年户籍幼儿入园率99.2%；全市普惠性幼儿园在园幼儿人数占比为89.6%，公办幼儿园在园幼儿人数占比为74.3%。幼儿园教师持证率99.8%，学历合格率100%，大专及以上学历占比为99.3%。

【优质学前教育覆盖率提升】2020年，杭州市上城区海潮幼儿园等105所幼儿园（园区）被认定为浙江省二级幼儿园；杭州市笕新第二幼儿园（曹庄园区）等30所幼儿园被认定为省一级幼儿园。全市等级幼儿园在园幼儿覆盖率99.9%，其中省一级、省二级幼儿园在园幼儿覆盖率（优质学前教育覆盖率）90.4%。

【5个城区通过省级学前教育普及普惠县评估】2020年，教育部启动全国学前教育普及普惠县（市、区）创建，旨在推动县级人民政府履行发展学前教育职责，不断提高学前教育普及普惠水平。全省共有13个县（市、区）申报，9个通过省级评估。杭州市上城、下城、拱墅、西湖、滨江5个区入围，全省占比超过50%。

【产业园区嵌入式幼儿园试点】2020年5月，《关于推进产业园区嵌入式幼儿园（含托育）发展的实施意见》

印发，提出按照“政府引领、需求先导、优质普惠、协同办学、灵活多样”的总体思路，以服务企业为基本宗旨，建立健全嵌入式幼儿园管理体制和运行机制。滨江区与杭州海康威视数字技术股份有限公司合作打造全市首个科技元素智慧型产业园区嵌入式幼儿园样板——海康威视幼儿园，并于10月开园。该幼儿园采用“园（产业园区）中园（幼儿园）”设计，与人才需求密切配合，共开设12个班，首次招录幼儿90人，服务企业人才“引育用留”。（市教育局）

义务教育

【概况】2020年，杭州市有小学496所，在校学生（含九年一贯制、十二年一贯制学校小学部）64.53万人；初中（含九年一贯制学校）280所，在校学生（含九年一贯制、十二年一贯制学校和完全中学的初中部）24.94万人。其中，民办小学20所，在校学生7.25万人；民办初中（含九年一贯制学校）61所，在校学生4.05万人。全市义务教育阶段接纳流动人口随迁子女28.52万人，占在读学生的31.9%，其中全市小学一年级新入学随迁子女3.20万人。

【义务教育招生新政实施】2020年5月，市教育局出台《关于做好2020年义务教育阶段学校招生入学工作的通知》，刚性实施义务教育民办学校审批地招生、公办民办学校同步招生、电脑派位录取等政策要求，加强规范和监督，确保公开、公平、公正。主城区民办初中报名录取比从上年的4.36∶1下降到2.62∶1，民办小学报名录取比维持在2019年实施小学公办学校和民办学校同招以来的比值（1.71∶1）。杭州市相关做法被省教育厅《教育参阅·“教育改革与政策专辑”》刊发。推进招生入学“一件事”改革，全市小学、初中招生全部通过市教育局开发的统一平台进行。完善入学预警机制，小学入学预警信息由1年延长到3年，并开始实施公办初中招生预警，引导家长主动分流，缓解热点公办学校招生压力。市区全面推行“积分量化，公平透明”的流动人口随迁子女入学制度。

【公办初中提质强校专项行动】2020年3月，市教育局制定《杭州市公办初中提质强校行动实施方案》，计划通过办学条件提升、新名校集团化、专业化教师队伍建设、高水平校长队伍建设、课程改革深化、教科研工作促进、教育信息化建设、特色项目培育等八大行动措施，通过5年时间，实现全市公办初中办学质量提升的目标。10月，确定55所首批试点学校，借助专家指导各校制定并完善“一校一方案”，鼓励因校制宜先行先试。11月，市教育局组织公办初中提质强校现场研讨活动，专题培训150人次。12月，举办首批试点学校校长培训班，并联合媒体共同推出“家门口的好学校”访谈直播活动。各区县（市）加强要素保障和工作指导，推进试点学校建设，全力打造“家门口的好初中”。

【学后托管服务升级】2020年8月，市教育局、市发改委、市财政局、市人力社保局4个部门联合出台《关于进一步做好小学生放学后校内托管服务工作的指导意见》，建立完善财政补助、收取服务性费用等相结合的成本分担机制，升级“1+X”学后托管服务。学校为参加基础性托管服务的学生免费提供服务。对选择参加体育、艺术等方面社团活动的学生，根据公益性和非营利性原则适当收取学后托管服务费；托管服务工作纳入教师绩效考核范围。2020年秋季学期，全市参加“1+X”学后托管服务的学生近11万人，占非寄宿制小学生总数的19%，比上年同期增加67%。

【“互联网+义务教育”城乡结对帮扶】2020年，杭州市继续实施“互联网+义务教育”城乡学校结对帮扶工程，新增结对学校106所，结对学校总数为320所。萧山区、富阳区被确立为省级“互联网+义务教育”实验区。11月，全市“互联网+义务教育”共同体建设现场展示交流活动在富阳举行，展示和交流实施两年来的工作经验和成果。全年投入项目经费约3376万元，共开设城乡同步课堂7180节，开展教师网络研修4246次，开展各类帮扶活动总计1.6万次。（市教育局）

普通高中教育

【概况】2020年，杭州市有普通高中（含完全中学、十二年制学校）91所，在校生12.46万人，专任教师1.17万人。全市初中毕业生升入各类高中的比例为99.8%，高中段优质教育覆盖率90.0%，进一步满足市民群众子女接受优质高中教育的需求。推进新高考改革调整和新教材背景下的深化普通高中课程改革，推进学校各具特色、满足学生多样化发展的课程体系建设，健全完善走班教学等学校教育教学管理制度。

【普通高中新课程新教材国家级示范区示范校建设】2020年7月，教育部办公厅发布《关于做好普通高中新课程新教材实施国家级示范区和示范校建设工作的通知》，杭州市成为首批20个国家级示范区之一，杭州高级中学、浙江大学附属学校、杭州绿城育华学校3所学校被确定为国家级示范校。市教育局和3所学校启动示范区示范校建设工作，制订三年建设规划、组建工作机构、推进项目实施。9月16日，市教育局负责人参加教育部主办的普通高中新课程新教材实施国家级示范区和示范校建设启动会并做经验介绍。11月26—27日，教育部基础教育课程教材发展中心副主任带队到杭州调研。

【杭州第七中学教育集团成立】2020年，杭州第七中学恢复解放路校区办学，与转塘校区实行“一校两区”集团化办学模式，即一个法人、一套班子、一个财务管理制度、两个校区，分校区招生和学籍管理。杭州第七中学解放路校区2020年招收8个美术特色班、240名学生。

【杭州高级中学钱塘学校启用】2020年9月，杭州高级中学钱塘学校投入使用。该校为杭州高级中学领办的市教育局直属学校，位于钱塘新区河庄街道，占地16.4公顷。该校由杭州高级中学领办，共享师资、课程、学校文化等优质教育资源。杭州高级中学钱塘学校首届招收14个班、672名学生。（市教育局）

中等职业技术教育

【概况】2020年，杭州市有独立设置的中等职业学校42所（不含技工学校），其中职高30所、普通中专7所、成人中专5所。在校生6.90万人（不含技工学校及成人中专非全日制学生），专任教师5197人，其中“双师型”教师比例89.0%。市区中职学校共招生13690人。有国家中等职业教育改革发展示范学校4所、省中等职业教育改革发展示范学校14所、省中职名校建设单位6所、省现代化中职学校6所、省高水平中职学校建设单位6所。经省教育厅和省财政厅考核，5月，杭州市获“2019年度职业教育发展优秀单位”称号，考核总分列全省第一位。

12月，省教育厅、省财政厅公布高水平职业院校和专业群建设单位名单。杭州市中策职业学校等6所学校入选省中职高水平学校建设名单，杭州市富阳区职业教育中心等15所学校的19个专业入选省中职高水平专业建设名单。

【中职教育质量提升工程】2020年，杭州市继续实施省、市中职教育质量提升工程，以项目建设为抓手，推进中职教育高水平发展。全年评定25个市级建设项目，成功创建35个省级建设项目。加强过程管理，完成对2018年、2019年度市级建设项目的年度考核并及时下达补助经费。做好2020年省中等职业教育“三名工程”项目终期验收考核工作，全部项目完成建设任务并通过考核。其中，6所名校验收等级为4个优秀、2个良好，优秀率66.7%，优良率100.0%。

【中职师生职业技能大赛】2020年，在第一届全国职业技能大赛中，浙江代表团共获金牌5枚、银牌7枚、铜牌7枚，其中杭州代表队获金牌1枚、银牌1枚、铜牌3枚。杭州代表队在全国职业院校技能大赛改革试点赛中获金牌1枚、银牌2枚，在全省选拔赛中获金牌3枚、银牌8枚、铜牌9枚，在全省中等职业学校职业能力大赛创新创业大赛中获金牌8枚、银牌5枚、铜牌16枚，在省中职学校教师信息化教学设计与说课大赛中获金牌20枚、银牌19枚、铜牌19枚，总成绩和奖牌数列全省第一位。（市教育局）

高等教育

【概况】2020年，在杭州的全日制普通高校40所，在校生（含研究生）55.06万人。其中：部、省属高校33所，在校生（含研究生）47.05万人；市属高校7所，在校生（含研究生）8.01万人。全市高等教育毛入学率70.0%。经过3年时间，“名校名院名所”工程建设基本完成引进目标。全市引进建设1所中外合作大学，引进7所国内一流大学到杭州建设分校、校区和研究生院，引进建设23个非独立法人中外合作办学机构（项目）和26个科研院所。

【中法航空大学先期研究生培养启动】2020年8月26日，首批研究生入驻北京航空航天大学杭州创新研究院（余杭），中法航空大学先期研究生培养工作正式启动。至年末，入驻研究院的教师108人，研究生190人（其中博士生42人、硕士生148人）。9月29日，中法航空大学瓶窑校区开工建设，设计办学规模可容纳在校生1万人、教职工2000人。

【西湖大学】2020年，西湖大学按照“高起点、小而精、研究型”的办学定位，引进学术人才。新签约学术人才29人，累计签约141人、到岗116人，讲席教授13人。到岗学术人才中56人获国家级人才项目支持。博士后全年进站155人，累计在站224人。完善“申请—考核”招考模式，招收博士生274人。重点建设9个一级学科，生物学、电子科学与技术、化学3个学科列入省一流（A类）学科。有6个省重点实验室（其中2个培育建设）、1个省工程研究中心。申报国家自然基金项目49个，累计97个。西湖大学科技园启动筹建，红细胞治疗技术等7个成果转化落地。应急医学研究中心和P3实验室启动筹建，开展重大传染病致病机制和病理研究，在新冠病毒入侵宿主细胞机制等基础研究领域取得重要进展。西湖大学正式签约PI（独立实验室负责人）145名，其中两院院士2人、长江学者6人、国家杰出青年科学基金获得者5人、国外院士1人。学校自主培养入选各类国家级人才计划23人，入选各类省部级人才计划57人。6月，西湖大学云谷校区建设工程一期主体建筑封顶；11月，二期项目开工建设。

【国科大杭州高等研究院筹建】2020

中国科学院大学杭州高等研究院

（市教育局 供稿）

2020 年杭州市普通高校本专科学生基本情况表

表 44 单位:人

学校名称	毕业生数	招生数	在校学生数
合 计	**116531**	**142008**	**465963**
浙江大学	5581	6300	26378
杭州电子科技大学	3590	4751	16964
浙江工业大学	4294	4764	19346
浙江理工大学	4167	4513	18207
浙江农林大学	3392	3952	15230
浙江中医药大学	1901	2641	10101
浙江工商大学	3623	4445	16346
中国美术学院	1733	1787	7110
中国计量大学	3675	4145	15775
浙江科技学院	3686	4109	16921
浙江水利水电学院	2855	3882	10382
浙江财经大学	3356	3879	14690
浙江警察学院	1018	945	3522
浙江传媒学院	3084	3640	13982
浙江树人学院	4307	5420	17991
浙江交通职业技术学院	3078	3477	10436
浙江电力职业技术学院	0	0	0
浙江同济科技职业学院	2282	3626	9397
浙江机电职业技术学院	3730	3304	10402
浙江建设职业技术学院	2828	4053	10893
浙江艺术职业学院	1164	1334	3625
浙江经贸职业技术学院	3161	4269	11478
浙江商业职业技术学院	3829	4946	13220
浙江经济职业技术学院	3006	3429	9540
浙江旅游职业学院	4413	4978	14728
浙江警官职业学院	857	1254	3509
浙江金融职业学院	3281	3964	11101
杭州医学院	1600	2988	8552
浙江长征职业技术学院	3531	5777	13085
杭州电子科技大学信息工程学院	2241	2991	9549
浙江中医药大学滨江学院	1167	1061	4403
浙江工商大学杭州商学院	2221	3041	9222
浙江体育职业技术学院	203	236	634
浙江外国语学院	2229	2229	8247
浙江特殊教育职业学院	455	723	2000
浙江音乐学院	427	664	2638
西湖大学	0	0	0
杭州师范大学	3943	4415	17346
浙大城市学院	3057	2776	11301
杭州师范大学钱江学院	2462	3075	9855
杭州职业技术学院	3217	4484	12428
杭州科技职业技术学院	3422	4117	10961
杭州万向职业技术学院	1984	2461	6722
浙江育英职业技术学院	2481	3163	7746

年,中国科学院大学杭州高等研究院过渡区块基本完成装修改造,永久校区建设的前期相关工作推进。6 个二级学院及重点实验室完成 60 个教授工作室的建设,引进 192 名双聘教授,引进全职教学科研人员 30 人,招收博士后人才 88 人。招收硕士研究生 200 人、博士研究生 20 人。10 月 5 日,中国科学院大学杭州高等研究院举行首届新生开学典礼。

【西安电子科技大学杭州研究院签约落地】2020 年 11 月 9 日,萧山区政府与西安电子科技大学签署合作协议,共建西安电子科技大学杭州研究院。该研究院位于萧山科技城,建设总投资约 50 亿元。研究院以建设高层次人才集聚高地、重大科学研究阵地、人才培养产教融合示范基地为发展目标,着眼重点学科、高层次人才引育、人才培养体系改革、重大科研、国际合作、中外合作办学、校企合作 7 个方面开展建设。

【市属高校内涵式发展】2020 年,杭州市继续实施"一校一策",支持市属高校在同类院校中争创全省乃至全国一流。 3 月,市委、市政府出台《关于进一步支持杭州师范大学加快建设全国一流大学的实施意见》;6 月,出台《关于支持浙大城市学院争创全国百强大学的若干意见》。杭州科技职业技术学院模具设计与制造、市政工程技术和杭州万向职业技术学院国际贸易实务 3 个专业群入选省高职高水平专业群建设名单。市教育局组织市属高校一流学科、新型专业和高水平人才队伍三大建设工程年度检查,组织市属高校第二轮"西湖学者""西湖鲁班"引才计划评审等系列工作,评选出 12 名优秀人才。 (市教育局)

【浙江大学"双一流"建设】至 2020 年年末,浙江大学学科涵盖哲学、经济学、法学、教育学、文学、历史学、艺术学、理学、工学、农学、医学、管理学、交叉学科 13 个门类,设有 7 个学部、37 个专业学院(系)、1 个工程师学院、2 个中外合作办学机构、7 个直属附属医院。学校有全日制学生 6.07 万人、国际学生 5596 人、教职工9674人。教师中有中国科学院院士、中国工程院院士（含双聘）52人、文科资深教授15人、教育部“长江学者奖励计划”特聘教授101人、国家杰出青年科学基金获得者154人。

60门课程入选首批国家级一流本科课程，其中线下一流课程和虚拟仿真一流课程数均居C9高校第一位。出台《浙江大学本科课程教学质量通用标准（试行）》，明确所有课程应做好“课程思政”，立项建设校级“课程思政”课程427门，建成校级“课程思政”示范课程33门。推进高质量教材培育工作，35本教材入选2020年浙江省“十三五”新形态教材建设项目。设立18个工程专业学位研究生卓越培养项目，探索订单式人才培养模式改革。推进8个多学科交叉人才培养卓越中心建设。出台研究生学位申请实施办法、博士硕士学位论文抽检及结果处理办法。成立国防军工、选调生、国际组织实习等就业战略指导平台，形成面向重要行业、重点领域的多层次就业格局。毕业生初次就业率94.9%。

浙江大学继续推进“双脑计划”“量子计划”“生态文明计划”“设计育种计划”等专项计划，计划启动“智慧海洋计划”“精准医学计划”“超重力计划”“天工计划”“亚洲文明计划”等专项计划，启动培育社会治理等会聚型学科建设项目。根据ESI（基本科学指标数据库）引用统计结果，浙江大学20个学科进入世界学术机构前1%；7个学科进入世界前100位，6个学科进入世界前50位；10个学科进入世界前千分之一，1个学科进入世界前万分之一。全年科研经费60.68亿元。浙江大学作为第一单位在《细胞》《自然》《科学》主刊和子刊发文90篇。作为第一完成单位获2019年度国家技术发明奖二等奖2个、国家科学技术进步奖二等奖4个。获国家自然科学基金项目965个。获批“2020年度国家知识产权示范高校”“赋予科研人员职务科技成果所有权或长期使用权试点单位”。

建设全国重点马克思主义学院，持续推进中国特色社会主义研究中心建设。实施亚洲文明学科会聚研究计划，培育社会治理会聚研究项目。成立亚洲文明研究院、中西书院、数字沟通研究中心等平台，提升艺术与考古博物馆、中华译学馆等机构建设水平。实施“中华优秀文化传承与创新计划”，编纂出版“中国历代绘画大系”等典籍100多部，与云冈石窟研究院联合完成3D打印数字化石窟项目。文科实到科研经费2.67亿元。新增国家社科基金重大项目17个，其中重大招标项目11个。54个成果获第八届高等学校科研研究院优秀成果奖（人文社会科学）。人文高等研究院入选国家首批铸牢中华民族共同体意识研究培育基地，中亚与丝路文明研究中心入选国家民族事务委员会“一带一路”国别和区域研究中心。建设北京研究院（国家制度研究院）、浙江省新时代自贸港研究院、新时代“枫桥经验”研究院等新型智库。3月2日，中共中央宣传部公布新增的5个国家高端智库建设试点单位名单，浙江大学区域协调发展研究中心正式入选。

浙江大学《全球开放发展行动计划（2020—2022年）》发布。与康奈尔大学、伦敦大学学院升级为战略合作伙伴关系，与剑桥大学机制性科研合作取得新进展，与韩国科学技术院、法国巴黎高等矿业学院等高校新建校际合作关系，深化与世界经济论坛、联合国粮食及农业组织等国际组织常态化合作。打造国际合作教育样板区，与伊利诺伊大学厄巴纳香槟校区和爱丁堡大学合作办学的45名首届毕业生毕业。助力全球合作伙伴抗疫，在世界经济论坛、泰晤士高等教育等平台发文，介绍学校抗击新冠肺炎疫情经验、线上教学和国际化建设的理念和举措；举行60多场视频会，开展抗疫经验传播和分享。浙江大学在QS世界大学排名中列全球第53位，在2020年“软科世界大学学术排名”中列全球第54位，在THE世界大学综合排名中首次进入全球前100名。

8—9月，按照教育部办公厅《关于开展2016—2020年“双一流”建设周期总结工作的通知》要求，浙江大学组建“双一流”建设周期自评工作专班，对2016年以后学校“双一流”建设整体进展及18个教育部认定的一流学科建设进展情况进行总结，同时开展“双一流”监测数据指标填报工作。9月14日，学校召开“双一流”建设周期总结专家评议会，专家组认为浙江大学全方位、高质量完成“双一流”建设周期目标和任务，达成该建设周期一流大学和一流学科建设预期成效。

【浙江大学“十四五”发展规划编制】 2020年3月20日，《关于做好浙江大学“十四五”发展规划编制工作的通知》发布，正式启动规划编制工作。11月20日，学校规划及8个学科板块规划提交校学术委员会全体会议审议。浙江大学“十四五”发展规划体系为“1+5+8+37+X”的多规划协同联动的有机整体。其中：“1”为学校总体规划，即学校“十四五”发展规划；“5”为学校专项规划，包括人才培养规划、创新生态建设规划、人才队伍建设规划、治理体系建设规划、资源优化与拓展规划；“8”为学科板块规划，是面向“2030”学科群中长期发展规划，包括人文、社会科学、理学、工学、信息、农业生命环境、医药和交叉学科8个学科板块；“37”为学院（系）规划，医学院附属医院参照学院规划编制；“X”为专题规划，是学校规划和专项规划的重要补充，聚焦战略必争领域或改革发展关键环节，根据学校事业发展需要分批编制。至年末，两批21个专题规划的编制工作启动。

【浙江大学全校科研大讨论】 2020年4月17日，浙江大学召开科研工作会议并开启四校合并以后的首次全校科研大讨论，旨在以大讨论形成大共识，一体化推进自然科学和哲学社会科学研究高质量高水平发展。全校37个院系和10个专题工作组开展讨论活动。科研大讨论历时半年多，形成《浙江大学科研大讨论意见共识20条》，明确“十四五”重大科研攻关任务，制定《浙江大学“十四五”创新生态建设规划》。

【良渚实验室成立】 2020年7月，由浙江大学牵头建设的良渚实验室（系统医学与精准诊治浙江省实验室）挂牌成立。该实验室面向世界科技前沿、面向经济领域、面向国家重大需求、面向人民生命健康，集聚浙江大学和全省医学优势人才、技术和资源，围绕重大精神疾病、疑难未诊断疾病、血液与免疫疾病谋求重大突破，致力于建设成为中国疑难重症诊治中心、个性化诊疗技术创新源和生命健康产业孵化基地，打造国家实验室的“预备队”。

【2个成果入选《国家哲学社会科学成果文库》】2020年9月23日，2019年度《国家哲学社会科学成果文库》入选名单公布，浙江大学人文学院教授倪梁康的《心性现象学》、经济学院教授陈菲琼的《中国制造业海外并购整合与产业技术创新研究》入选。《心性现象学》借助于现象学的方法，从纵意向性与发生现象学和横意向性与结构现象学两方面，探讨如何建立心性现象学，以及心性现象学的领域和方法。《中国制造业海外并购整合与产业技术创新研究》拓展理论界对中国制造业海外并购整合与产业技术创新的理论机制的理解，对推动经济社会发展和学科建设具有重要意义。（王小燕）

【中国美术学院稳步发展】2020年，中国美术学院总用地面积63公顷，总建筑面积32.9万平方米，有南山、象山、张江三大校区。学校设有18个直属院系（部）及附属中等美术学校1所。教职工943人，其中专任教师603人、正高级职称112人、副高级职称261人。在校学生1万余人，其中本科生6738人、研究生2515人、继续教育学历生624人、留学生350人。招录新生2664人，其中本科生1835人、硕士生722人、博士生107人。

在全国第四轮学科评估中，美术学、设计学均获评A+，艺术学理论、戏剧与影视学分获A-、B+。美术学、设计学、戏剧与影视学入选省重点建设高校优势特色学科。跨媒体艺术、艺术史论、风景园林、广播电视编导4个专业获批省高校“十三五”特色专业建设项目。有16个研究中心、7个研究所、8个研究院、2个协同创新中心。

全年新增柔性引进人才18人，公开招聘33人。构建“学者型艺术家群体”的成长路径，持续实施“领航人才支持计划”“优秀青年学者培育计划”。打造以“哲匠奖”为标杆的中国美院人才体系，评选“哲匠金奖”1人、“哲匠奖”2人、“青年哲匠奖”2人、“哲匠金课奖”9门。获评“长江学者奖励计划”青年学者1人，中宣部宣传思想文化青年英才1人。中国美院获评首届杭州金巢奖。

中国美院完成“双一流”建设周期总结并通过专家评审。通过“重高建”期满验收和浙江省首批国际化特色高校建设验收。深化国家一流专业和一流课程建设，入选国家级一流本科专业建设点20个（占全部招生专业的80%）。26门课程被认定为省级一流课程，5门课程入选国家级一流课程。新增艺术管理、文物保护与修复、数字媒体艺术3个本科专业。获批浙江省“十三五”第二批教学改革研究项目20个、虚拟仿真实验教学项目20个、产学合作协同育人项目2个、全省研究生优秀教学案例4个、专业学位优秀实践成果4个。出版“国美金课”首批研究生核心课程教材10部。2020届毕业生2260人，其中研究生498人、本科生1762人，就业率85.1%。

中国美院32件作品入选“不忘初心 继续前进”——庆祝中国共产党成立100周年大型美术创作工程。推进“百年追梦”浙江美术创作精品四期工程。《中国画学研究》《中国设计智造协同创新模式研究》获批国家社科基金艺术学重大项目立项。获第八届高等学校科学研究优秀成果奖（人文社会科学）二等奖1项、青年成果奖1项。获国家出版基金资助项目1个。获评文化和旅游部全国美术馆馆藏精品展优秀项目、国家美术作品收藏和捐赠奖励项目、青年策展人扶持计划入选项目各1个。新增横向课题立项62个，横向课题到账经费3606.75万元。发表论文498篇（其中核心期刊62篇），出版著作97部，授权发明专利4件。影视与动画艺术学院2019届学生毕业创作《小事》入围奥斯卡金像奖竞赛单元。2017级学生团队在全国大学生广告艺术大赛中获一等奖、三等奖、优秀奖各1个。设计艺术学院毕业生团队作品获全国首个世界新闻设计大赛最佳数字设计银奖。全年推出第五届中国设计智造大奖、第四届西湖国际纪录片大会、“青山行不尽——唐诗之路艺术展”等学术活动。

学校先后与衢州开化、四川乐山、广东梅州签订战略合作协议，以文化助力地方脱贫振兴。“美美与共，助力凉山”项目入选教育部精准扶贫精准脱贫典型项目。3名应届毕业生在福建屏南县创办新型公益类乡村美育学习学校，获中央电视台专题报道。艺创小镇获评国际级视听产业创新创业基地、省级双创示范基地、省产教融合示范基地。

“三全育人”中国美院模式打造，出台《中国美术学院“三全育人”综合改革实施方案》。实施“三美”工程，开展“光荣与使命”“什么是一年级”新生入学教育，持续深化“我们的节日”等系列主题活动。中国美院与西湖大学签订校际合作协议，与之江实验室、阿里巴巴集团、华为技术有限公司等探讨合作交流领域，探索科学与艺术在高等教育领域的创新发展。推进招生考试综合改革，实践“互联网+招生”的实时远程考试方式，探索线上线下结合的美术类校考新形式。拓宽就业渠道，推出毕业生就业创业十项激励措施，拓展线上线下服务。启动毕业生驻留计划，支持毕业生创新创业实践和开展学术研究创作。落实产教协同育人项目，推进“新苗人才——学生科研创新提升工程”，构建“产学研赛”融合培养体系，获国家级大学生创业项目65个、全国大学生创新创业大赛一等奖4个。创业团队获“艺创杯”第三届全国艺术院校大学生创新创业大赛金奖。

学校加速“信息化智控”的系统升级。形成完善的线上教学工作机制与质量保障监控体系，实现教学计划内课程开课率100%全覆盖。打造中国美院“线上金课”，推出7门优质国际化在线课程。举办线上教学专题研讨会，增强教师的教学创新意识和学生的自主学习意识。

【中国美术学院线上教学展览】2020年5月16日，“众志赞歌——致敬抗疫英雄暨中国美术学院线上教学展览”在中国美院美术馆开幕。展览从

2020 年 6 月 28 日至 7 月 15 日，第二届之江国际青年艺术周暨中国美术学院 2020 年毕业季在西湖艺创小镇举行 （中国美术学院 供稿）

近 1 万名师生的创作、居家作业和教学案例中精选，展示 200 多件主题创作、130 多组小型作品和 30 多门线上专业课程。展览分为 3 个板块，分别是“众志成城”“国美战疫”“线上金课”。创作作品围绕“战疫”主题，以不同形式展示中国美院师生表现抗击新冠肺炎疫情的一线人员群像、工作现场、集体宣誓等的主题创作，以及居家学习、日常创作的切身经验和创作热情。“线上金课”展现 13 个学院的 30 多门优秀线上教学课程，内容包含教案、教学短视频、教学成果等。

【之江国际青年艺术周】 2020 年 6 月 28 日，第二届之江国际青年艺术周暨中国美术学院 2020 年毕业季在西湖艺创小镇开幕，毕业展线上展览同步上线。艺术周以“共同生活”为主题，包含线上开幕式、展览展映、专业论坛、艺术演出、设计工坊 5 个板块，累计 30 多个艺术活动。毕业作品共计 3000 多件，共选出优秀作品 335 件（金奖 36 件、银奖 99 件、铜奖 200 件）。线上展在创意上围绕主题展开，营造一个共同的艺术天体。中国美术学院各教学单位以“跬步·高远”“无别离”“视差之间”“折叠领域”“无墙的学院”“生活力 3.0”“设计危机，危机设计”“有序·无序”“疫情下的多样性实验”“同心共影”“没办法 找办法”“真实的未来”“我和我们”等 14 个分主题展览来回应主题。线下展览持续展出至 7 月 5 日，全网线上展览点击率 1.99 亿人次。

【最葵园艺术中心首展】 2020 年 10 月 29 日，由中国美术学院、中国油画学会、浙江省文学艺术界联合会、中共杭州市委宣传部主办的“花的山河”——最葵园艺术中心首展开幕。展览是中国文联副主席、浙江省文联主席、中国美术学院原院长许江 17 年来聚焦葵园主题“格物致感知”的视觉报告。展览以“花的山河”为题，由“风葵·越过山丘”“共生·草木寄人心”“野火·致火热的青春”“天涯·无尽的地平线” 4 个部分组成，集中许江近年来的艺术创作，包括大型雕塑、系列水彩、组团式油画，涵盖油画、雕塑、水彩、影像等艺术形式，同时也是最葵园艺术中心的首展，表现许江葵园绘画的丰盈形象和广泛影响。展览持续至 2021 年 1 月 30 日。

（吴佳凝）

【杭州师范大学加快发展】 2020 年，杭州师范大学（简称杭师大）有仓前、下沙、玉皇山 3 个校区，占地 179.3 万平方米，教学科研仪器设备总值 10.06 亿元，图书馆藏书 295.8 万册。下设学院 19 个、公共教学单位 1 个、国有民办独立学院（钱江学院）1 个、直属附属医院（杭州市第二人民医院）1 个。有全日制在校生 2.10 万人（不含钱江学院本科生 9811 人），其中本科生 1.73 万人、硕士生 3234 人、博士生 52 人，有学历国际生 363 人。有教职员工 2372 人，其中专任教师 1674 人，国家级和省级人才 85 人。教师中具有副高级以上职称 943 人、博士学位 1162 人。

新增专业硕士授权类别领域 1 个，累计 17 个。新增非独立法人资格中外合作办学机构 1 个。ESI（基本科学指标数据库）排名前 1% 学科 5 个。有本科专业 75 个，其中国家级特色专业 5 个、国家级一流本科建设专业 19 个、省级重点专业 15 个、省级优势专业 11 个、省级特色专业 7 个、省级一流本科建设专业 19 个。新增师范类复合型硕士专业 2 个。有国家一流课程 5 个、省一流课程 25 个，新增省级虚拟仿真实验教学金课 20 个。新获教育部产学合作协同育人项目 14 个、省级实验教学示范中心 8 个、省级大学生校外实践教育基地建设项目 5 个。有省部级重点实验室、工程实验室 8 个。杭师大入选教育部卓越教师计划实施高校、全国高校创新创业典型高校 50 强、省第二批创新创业示范性基地名单。本科生获一类学科竞赛省级以上奖项 270 个。在全省高校师范生教学技能竞赛中连续 6 年获第一名。获省专业学位研究生优秀实践成果等奖项 24 个，获批国家建设高水平大学公派研究生项目 15 个。本科毕业生就业率 91.1%、签约率 82.8%，研究生毕业生就业率 94.9%、签约率 87.9%。

杭师大获国家自然科学基金项目 67 个，其中优秀青年科学基金项目 1 个；获国家社科基金项目 27 个，其中重大项目 1 个、重点项目 2 个。获省部级项目 116 个，其中杰出青年项目 1 个、重点研发项目 2 个。发表 SCI（科学引文索引）论文 917 篇，JCR1/2（期刊引证报告）区论文 228 篇；发表人文社科类高水平论文 445 篇，其中《中国社会科学》1 篇、权威期刊 33 篇。获授权专利 127 件，其中发明专利 71 件、专利成功转化 39 件。获教育部科学研究优秀成果奖（人文社科）5 个；获省科技奖三等奖 2 个，其中自然科学奖 1 个、科技发明

2020 年 10 月 30 日，2020 年浙江省大学生艺术展演在杭州师范大学闭幕
（杭州师范大学 供稿）

奖 1 个。大学自然指数排名列全国第 84 位。

杭师大加强学科整合，挖掘学科优势，推动学科建设水平高质量发展。3 月 16 日，市委、市政府出台《关于进一步支持杭州师范大学加快建设全国一流大学的实施意见》。2 个硕士学位授权点增列工作完成。工程学进入 ESI（基本科学指标数据库）全球排名前 1%。19 个学科入选“2020 软科中国最好学科排名”，其中 2 个学科排名全国前 10%。

杭师大实施服务地方项目 88 个，拓展地方合作关系 5 个。与 14 个单位新建战略合作关系，拓展“校政企”“产学研”创新平台、机构、基地 11 个，培育孵化企业 225 个，其中国家高新技术企业 9 个。新增国家级人才 5 人、引进培养省级人才 30 人次，遴选省“高校领军人才培养计划”首批培养对象 22 人，引进卓越学科人才和青年博士 104 人，招聘师资博士后 10 人。重视教师素质提升，专任教师中博士学位比例为 70.1%、具有 3 个月以上海外经历比例为 45.1%。学校被评为省巾帼文明先进集体、“三育人”先进集体。获省“最美教师”提名奖 1 人、“三育人”先进个人 4 人。12 月，中共中央宣传部、教育部联合评选出 2020 年“最美高校辅导员”10 人，杭师大辅导员钱珊获该称号。美术学院盲人美术教育公益团队获由中国青年志愿者协会主办的中国青年志愿服务项目大赛金奖。

【杭师大加强交流合作】2020 年，杭师大获批国家留学基金委“俄白乌”项目。获批港澳台学生招生录取资格。与市卫生健康委、浙江新安化工集团股份有限公司、西湖大学、省委党校等单位建立合作关系。与淳安县石林镇签订帮扶合作协议，助推乡村振兴石林人才工作站等 6 个基地落地。与临安区签订教育合作办学协议，推进杭师大附属学校联盟平台和共同体建设。

【19 门学科入选“软科”中国最好学科排行榜】2020 年 10 月，上海软科教育信息咨询有限公司发布“2020 软科中国最好学科排名”，杭师大 19 门学科入选前 50% 学科排行榜。其中，艺术学理论、外国语言文学排名前 10%，心理学、中国语言文学排名前 20%，教育学、公共管理、生物学、应用经济学排名前 30%，中国史、生态学、美术学、化学、数学、计算机科学与技术排名前 40%，护理学、网络空间安全、设计学、物理学、法学排名前 50%。应用经济学、设计学首次排在榜单的前 50%。

【非独立法人中外合作办学机构获批】2020 年 4 月，杭师大与乌克兰哈尔科夫国立大学联合举办的非独立法人中外合作办学机构获教育部批准。该机构获批开展本科、硕士层次学历教育，开设应用化学、高分子材料与工程、地理信息科学 3 个本科专业以及应用数学、植物学、有机化学 3 个硕士专业，颁发中外双方本科或硕士毕业文凭。9 月，开展首批 90 名本科生招生。学生在杭师大上课，由两校教师共同完成教学任务。

【杭师大“医教融合”改革】2020 年 7 月 6 日，杭师大与市卫生健康委签署合作框架协议，市卫生健康委支持杭师大进行“医教融合”改革。9 月，杭师大成立医学部，下设基础医学院、药学院、公共卫生学院、护理学院、临床医学院、口腔医学院，加强交叉融合，更好推动医学教育改革、科学研究与人才培养模式创新。11 月，杭师大新增杭州妇产科医院、杭州市儿童医院、杭州市五云山医院、桐庐县第一人民医院和萧山医院 5 个非直属附属医院，推动医学教育事业和医疗卫生事业共同发展。

（郭旭鹏 刘伟伟）

【浙大城市学院】2020 年 1 月 2 日，教育部批复同意浙江大学城市学院转设为独立设置的公办本科层次普通高等学校，并更名为浙大城市学院。转设公办后，学校明确“用 10 年左右时间建成一所与杭州城市深度融合，特色鲜明、质量优秀、充满活力的一流应用型大学”的战略发展目标。6 月 19 日，浙大城市学院建设全国百强大学动员会召开，杭州市政府与浙江大学签订市校合作协议，将以创新机制、超常举措在学科建设、师资队伍建设、办学支撑条件等方面支持保障浙大城市学院跨越式高质量发展。至年末，学校设有 9 个专业学院和马克思主义学院，37 个本科专业，1 个中外合作办学机构；设立“求是雏鹰班”（与浙江大学合作）、“口腔卫生国际特色班”（与美国罗马琳达大学合作）、“城市数字治理创新班”。新增国家级和省级一流本科课程 17 门。有教育部产学合作协同育人项目 25 个。新增双聘院士 1 人，柔性聘请北京大学、浙江大学教授等 25 人。获省科技进步奖三等奖以上 5 个，新增国家级项目 9 个、省部级项目38个。浙大城市学院成立城市大脑研究院、幸福城市研究院等研究平台。

【**杭州职业技术学院**】2020年，杭州职业技术学院下设友嘉智能制造学院、商贸旅游学院、达利女装学院、生态健康学院、信息工程学院、吉利汽车学院、杭州动漫游戏学院、彩虹鱼康复护理学院、特种设备学院9个二级学院，开设数控技术、艺术设计、电子商务等38个专业（含专业方向）。学校建有国家级专业教学资源库4个、国家高水平专业群2个、中央财政支持专业1个、国家重点建设专业3个、省级优势（特色）专业12个、省级重点（特色）专业8个、中央财政支持重点建设实训基地2个。学院完善"双高"建设方案和任务书，向教育部、财政部完成备案，并加强"双高"项目制度建设。与华为技术有限公司签约共建华为云计算学院，与联想集团合作共建联想工业互联网研究院，与杭州燃气集团、友嘉实业集团、杭州西奥电梯有限公司、濮阳惠成电子材料股份有限公司等企业签署合作协议，围绕人才培养、技术创新、产品升级、社会服务等开展深度合作。与意大利库佛罗伦萨自由美术学院共同举办服装设计与工艺专业高等专科教育项目，并获教育部批准立项。入选"浙江对非高等教育合作伙伴计划"。启动菲律宾酒店管理专业留学生项目，联合开展中菲高端酒店技能人才定制培养项目。入选"亚太职业院校影响力50强"名单。承办2020年中国职业教育服务"一带一路"建设论坛暨"一带一路"与职业教育人才培养圆桌论坛。12月16日，与杭州钱塘新区管理委员会共同举办2020年浙江科技成果竞价（拍卖）会杭州职业技术学院专场拍卖会，推出的17个科技成果全部成交，成交价958.5万元。新建"融善老年大学"，开发非物质文化遗产类、健康养生类等6类课程体系的20门课程，招生260多人。

【**杭州科技职业技术学院**】2020年，杭州科技职业技术学院制定学校"十四五"发展规划编制建议和工作方案，正式启动"十四五"规划编制工作。支持杭州市事业单位改革，基本完成杭州财税会计学校并入工作。深化产教融合，入选首批国家示范性职业教育集团（联盟），创业园被认定为省级科技企业孵化器，获浙江省产教融合"五个一批"项目4个。与浙江大学等单位合作完成的科研成果获浙江省科技进步一等奖。学校抽调党员干部和专业骨干教师，与市经信局联合组建"抗疫口罩生产技术服务工作组"，帮助杭州市恢复口罩产能，累计服务企业11个，调试生产线25条。12月，模具设计与制造（智能制造）专业群和市政工程技术（智慧建造）专业群分别入选浙江省高水平专业群A等和B等建设项目。在2019—2020学年浙江省教育厅教学业绩考核中，学校连续四年列A等行列。承担市委、市政府决策咨询委员会的推进乡村振兴系列研究课题6个，完成两期杭州市对口帮扶乡村振兴工作培训班承办工作。

【**浙江育英职业技术学院**】2020年，浙江育英职业技术学院设有民航交通、信息技术、商务贸易、经济管理、创意设计、继续教育6个教学分院，社会科学、体育与艺术2个教学部，开设空中乘务、直升机驾驶技术、城市轨道交通运营管理、计算机应用技术、电子商务、国际经济与贸易、广告设计与制作、会展策划与管理、酒店管理等25个专业。在省民政厅组织开展的2020年度全省性社会组织评估中，学院再次获评浙江省AAAAA级社会组织。学院的现代航空服务产教融合实训基地入选2019—2020年度浙江省产教融合工程项目。学院与老挝教育部合作的"中老旅游类职业人才培养项目"入选国家"中国—东盟高职院校特色合作项目"。4门课程入选2019年省级精品在线开放课程，3部教材入选省普通高校"十三五"第三批新形态教材建设项目，5门课程入选浙江省高职院校"互联网+教学"优秀案例，其中特等奖1个、一等奖2个、二等奖2个。学生参加校外竞赛获奖36个、297人次，包括浙江省第五届大学生田径锦标赛男团、女团、总团冠军，获浙江省第十一届大学生网球锦标赛男团冠军等。11月，浙江育英职业技术学院承办全国民办高校学生工作者联席会主办的第六届全国民办高校辅导员工作高峰论坛。

【**杭州万向职业技术学院**】2020年，杭州万向职业技术学院形成"服务数智制造，赋能康养旅游"的专业格局，成立智能技术、康养旅游、设计创意、数字贸易四大专业群。服装设计与工艺专业被列为教育部骨干专业，国际贸易实务专业群获"浙江省高水平专业群"建设立项。与万向一二三股份公司、杭州优迈科技有限公司、中国（杭州）青春宝集团有限公司、杭州轻创电子商务有限公司共同建立智能制造、健康与营养、数字贸易3个产业学院。"智能控制与制造专业群实践课程建设探索与实施"被列为省级产学合作协同育人项目。学院取得招收外国留学生资质。成为教育部"1+X"证书试点院校，获批8个专业、11种证书考试的试点。"开放式产教融合共享食品实训基地"被列为教育部创新发展行动计划生产性实训基地。以"三化三元素"为指引深化课程革新，共有38门精品在线开放课程在省级平台上备案建设，其中新认定国家级精品在线开放课程1门、新认定省级精品在线开放课程2门。设立三创教育与研究中心，开设《三创教育与鲁冠球精神》校本课程，打造"三创"教育特色项目。教育部"十三五"职业教育规划教材立项建设1个，2020年度浙江省普通高校"十三五"新形态教材立项建设3个。"杭万院"茶叶博物馆建成。以现场会议与线上直播相结合的形式开展纪念学院立校70周年暨创院20周年校庆活动，线上参与者108万余人。（市教育局）

成人教育

【**概况**】至2020年年末，杭州市有全国社区教育示范区6个、全国社区教育实验区2个、省社区教育示范区1个、省社区教育实验区1个。桐庐县、淳安县创建为"浙江省示范学习型城市"，全市总数为13个。杭州市转塘街道成人文化技术学校等8所乡镇（街道）成校被认定为省现代化成校，上城区的"匠心课堂+"等9个项目被认定为省成教品牌项目。西湖区的洪立萍和上城区的陈敏获全国“百姓学习之星”称号，上城区的“跨界融合助推社会治理——‘公民警校’”入选全国“终身学习品牌项目”名单。在有需求的区县（市）继续开展“双证制”教育，全市参加“双证制”教育考试学员5958人次，毕业学员1337人。推进社区教育进文化礼堂工作，全市累计建成文化礼堂（家园）3053个，占全部村（社区）总数的93.1%，其中农村文化礼堂1882个，占村总数的95.8%。全年开展社区教育进文化礼堂（家园）主题活动1.31万场次，参与市民112.68万人次。

【全民终身学习活动周】 2020年11月20日，以“全民智学，对标‘重要窗口’，助力‘双战双赢’”为主题的2020年杭州市暨下城区全民终身学习活动周启动仪式在浙江展览馆举行。来自省、市成教协会，各区县（市）一线的社区教育工作者，各类获奖代表及市民代表等共300多人参加。启动仪式上，对2020年杭州市“百姓学习之星”、杭州市社区示范性学习型社团、杭州市“终身学习品牌项目”、杭州市第三批示范街道30分钟市民学习圈等进行表彰。杭州社区教育公共服务平台在现场正式启用，并开展线上享学直播、线下文化体验、杭州市社区教育成果展示等活动。

【市民学习圈和学习型社团建设】 2020年，市教育局指导各区县（市）继续开展示范街道（乡镇）30分钟市民学习圈和学习型社团（学习共同体）创建和申报工作。经专家评审，认定上城区望江街道等11个单位为“2020年杭州市示范街道（乡镇）30分钟市民学习圈”，认定上城区杭州西湖元音琴友会等61个团队为“2020年杭州市社区示范性学习型社团（学习共同体）”。2018—2020年，全市共认定51个街道（乡镇）为“杭州市示范街道（乡镇）30分钟市民学习圈”，完成《杭州市人民政府关于构建市民学习圈大力推进终身教育工作的意见》提出的相关工作目标。

【老年大学（学堂）新增15所】 2020年，全省建设100所老年大学（学堂）工作列入省政府民生实事项目，其中杭州市任务指标为14所。市教育局整合多方资源，将建设任务分解落实到5所市属高校和9个区县（市），指导开展老年大学（学堂）建设工作，并制作推出老年大学（学堂）统一标识。10月，老年大学（学堂）项目建设现场推进会召开，开展建设成果宣传。全年实际新建15所老年大学（学堂）。 （市教育局）

特殊教育

【概况】 至2020年年末，杭州市建有培智学校12所、聋人学校1所、省属盲校1所、杭州市新苗学校（民政系统）1所、工读学校1所，形成“以特殊教育学校为骨干，以随班就读为主体，以特教班、卫星班和送教上门为补充”的特殊教育发展格局。全市累计建有市级合格资源教室405个（其中市级示范性资源教室84个）特殊教育“卫星班”18个、特殊教育职教实训基地6个、特殊教育医教结合实验学校7所。全市持证残疾儿童少年学前教育入学率97.0%，义务教育段入学率99.7%，高中教育段入学率91.1%。

【特殊教育提升行动重点项目建设】 2020年，新认定杭州市开元中学等60所学校（幼儿园）的资源教室为市级合格资源教室、杭州天地实验小学等15所学校（幼儿园）的资源教室为市级示范性资源教室，实现资源教室布点乡镇（街道）和随班就读5人以上学校全覆盖。其中，拱墅职业高级中学资源教室实现高中阶段建设资源教室“零突破”。新认定萧山区特殊教育学校（萧山区新塘小学）“卫星班”等5个项目为市特殊教育“卫星班”，实现每所特殊教育学校建立至少1个“卫星班”的目标。多所学校推进“1+N”卫星班模式，形成从学前、义务教育到高中的特殊教育、普通教育无痕融合学段链。探索“特殊教育学校＋康复机构”结合模式，认定杭州市湖墅学校职教实训基地——塑梦坊为市特殊教育职教实训基地，认定杭州市艮山路学校等2所学校为市特殊教育医教结合实验学校。

【特殊教育师资提升】 2020年4月，市教育局选派2名特殊教育教师作为浙江省第十批援疆教师前往阿克苏市开展援教活动。7月，为应对新冠肺炎疫情，依托杭州师范大学特殊教育资源开展线上资源教师使用资源教室的能力培训。11月，杭州市首届资源教师基本功大赛举行，推荐22名优秀教师参加12月举行的浙江省首届资源教师基本功大赛，获一等奖1个、二等奖8个、三等奖13个。12月，杭州文汇学校与贵州黔东南苗族侗族自治州民族特殊教育高级中学签署结对帮扶协议。

（市教育局）

责任编辑 秦文蔚

文化遗产保护

西湖世界遗产

【概况】2011年6月24日,在法国巴黎召开的联合国教科文组织第35届世界遗产委员会会议上,杭州西湖文化景观被列入“世界遗产名录”,成为中国第41处世界遗产。西湖是我国第一个以文化景观类别申报世界遗产的项目。

杭州西湖文化景观位于浙江省杭州市,总面积3322.88公顷。由西湖自然山水、“三面云山一面城”的城湖空间特征、“两堤三岛”景观格局、“西湖十景”题名景观、西湖文化史迹和西湖特色植物六大要素组成。

杭州西湖文化景观肇始于9世纪、成型于13世纪、兴盛于18世纪,并传承发展至今。在10个多世纪的持续演变中日臻完善,成为景观元素特别丰富、设计手法极为独特、历史发展特别悠久、文化含量特别厚重的“东方文化名湖”。

杭州西湖文化景观是中国历代文化精英秉承“天人合一”哲理,在深厚的中国古典文学、绘画美学、造园艺术和技巧传统背景下,持续性创造的“中国山水美学”景观设计的杰出典范,展现了东方景观设计自南宋以来讲求“诗情画意”的艺术风格,为中国传承至今的佛教文化、道教文化以及忠孝、隐逸、藏书、印学等中国古老悠久的文化与传统的发展与传承提供了特殊的见证。

2020年,杭州西湖风景名胜区管委会按照依法依规保护、全域联动管理、人工巡查和科技监测相结合、科研和宣教促保护的工作总框架,全面开展西湖世界遗产保护管理工作,完善保护管理体系。在2020年中国世界文化遗产年会上,根据监测报告情况,2019年度杭州西湖世界遗产保护管理工作被国家文物局中国文化遗产研究院评估为最高级5星级。

【遗产承诺履行情况】2020年,杭州西湖风景名胜区管委会按照《世界遗产公约》及其《操作指南》有关规定,落实世界遗产委员会决议要求,履行世界遗产承诺,加强杭州西湖文化景观的保护和管理。

履行“适时降低杭州香格里拉饭店高度或拆除该饭店”的承诺。根据第43届世界遗产委员会会议43COM7B.59号决议以及《国家文物局关于落实第43届世界遗产委员会会议关于杭州西湖文化景观保护状况的决议的函》,配合有关部门完成香格里拉东楼降层和后续整改工作,确保香格里拉饭店对西湖文化景观的真实性、完整性不造成负面影响。编制完成《杭州西湖文化景观保护状况及决议落实情况报告》,提交国家文物局。

履行“加强游客管理”的承诺,提升遗产区旅游管理水平。2020年5月,杭州西湖风景名胜区管委会开展“杭州西湖景区(遗产区)游客最大承载量研究”,对游客管理、游客容量管理、空间容量等方面进行研究,重新核定景区游客日最大承载量和瞬时最大承载量。开展游客量监测和调控,依托门禁票务系统、景点实时监控系统、手机信令、红外感应等技术手段,从游客流量监测的点、线、面三个层面构建游客流量监测网络,实现对景区各区域客流的实时监控,加强对景区游客流量趋势的预测。

履行“所有相关的开发需进行遗产影响评估,审核对普世价值特性的影响”承诺,确保景观真实性、完整性。为确保西湖山体天际线不被城市侵入,杭州西湖风景名胜区管委会严格执行《杭州西湖文化景观保护管理条例》和《杭州西湖文化景观保护管理规划》,严控建设项目,实行专家咨询论证制度,开展西湖景观影响评估。2020年度召开5个项目的西湖文化景观遗产景观影响评估会,确保建设项目不对西湖文化景观造成不利影响。

【《杭州西湖文化景观遗产定期报告》编制】2020年10月,根据国家文物局相关通知,杭州西湖风景名胜区管委会启动编制《杭州西湖文化景观遗产定期报告》。12月25日,杭州西湖风景名胜区管委会完成第三轮定期报告编写工作。定期报告制度是联合国教科文组织进行世界遗产保护治理的重要手段,由世界遗产委员会制定,世界遗产中心组织开展,是在一个通用的标准下对所有世界遗产地进行的自查。

【遗产本体要素监测】2020年,杭州西湖风景名胜区管委会继续开展两堤三岛、西湖十景、14处文化史迹专业监测及评估项目(2020—2022年),主要工作内容为8处遗产点专业监测数据采集工作和结合专业采集数据及现场巡查情况开展综合评估。针对六和塔、保俶塔开展专项结构安全监测,最大限度采取前置措施,确保古建筑安全。

【文物本体病害监测】2020年,杭州西湖风景名胜区管委会做好西湖景区文物保护单位和世界遗产点常态化安全巡查和专项巡查工作。针对景区内正在实施的文保工程项目或安全隐患较大的文物遗产点提高巡查频率,加强监管。巡查中发现安全问题,第一时间处理和反馈,全年向各属地管理单位发整改函21件,有效预防文物安全事故的发生。

新一轮西湖世界遗产文物本体病害监测工作启动。项目周期为3年,项目组将定期对文物周边环境因素、文物本体材料性质、文物病害状况及生物生长繁殖情况进行规范化勘测、评估和分子生物学检测。当文物本体可能受到侵害时,相关管理部门及时召集专业技术人员对文物本体进行检测评估,并迅速采取恰当处理措施,最大限度减少对文物的危害。

【特色植物监测】2020年,杭州西湖风景名胜区管委会持续开展西湖特色植物监测。监测分为西湖十景植物景观、历史文化史迹植物景观、四季花木和古树名木四方面内容,根据监测点位的重要植株来确定监测对象。从监测情况看,遗产地植物整体景观格局良好,平面格局合理,立面层次比较清晰、分明,总体的植株长势良好,养护情况及时到位。

【游客量监测】2020年,按照《国务院应对新型冠状病毒感染肺炎疫情联防联控机制关于做好新冠肺炎疫情常态化防控工作的指导意见》,杭州西湖风景名胜区管委会重新核定游客日最大承载量和瞬时最大承载量。监测对象包括西湖文化遗产两堤三岛、10处题名景观与14处文化史迹、17处西湖风景名胜区收费景点、6处博物馆、2处游客集中区,共计43处研究对象(部分重复的监测对象已归并)。

苏堤春晓　　（孙小明 摄）

【“西湖文化特使”计划】2020年,杭州西湖风景名胜区管委会以“西湖文化特使”大学生志愿团队为主体,弘扬志愿服务精神。受新冠肺炎疫情影响,杭州西湖风景名胜区管委会暂停新一届西湖文化特使招募工作,减少常态化活动,开拓新领域,以专业化、规范化作为志愿服务增长点和着力点,用更多元的传播媒介助推沟通交流,推进志愿服务活动开展。举办线上宣教活动,持续性输出文化志愿服务。

11月10日,杭州国际城市学研究中心公布第十届西湖城市学金奖、提名奖获奖作品,《世界遗产保护的公众参与——以西湖文化特使为例》获第十届西湖城市学金奖提名奖。

【遗产宣教】2020年,杭州西湖风景名胜区管委会克服新冠肺炎疫情影响,组织各博物馆及其他单位开展云展览、云直播等线上活动,全方位推广西湖文化,传播西湖价值。西湖文化特使等遗产区志愿服务团队开展“原地旅行·走读西湖”线下活动,推广西湖文化。（金枭国）

运河世界遗产

【概况】2014年6月22日,在卡塔尔多哈召开的联合国教科文组织第38届世界遗产委员会会议上,中国大运河被列入“世界遗产名录”。中国大运河由隋唐大运河、京杭大运河和浙东运河组成,沟通海河、黄河、淮河、长江、钱塘江五大水系。大运河(杭州段)被列入遗产河道总长110千米,包括富义仓、凤山水城门遗址、桥西历史街区、西兴过塘行码头、拱宸桥、广济桥6个遗产点以及江南运河杭州塘、上塘河、中河、龙山河、浙东运河杭州段5段河道。《杭州市大运河世界文化遗产保护条例》自2017年5月1日起实施。

2020年,市园文局开展“2020年度大运河(杭州段)世界文化遗产保护管理评估”,实施富义仓、拱宸桥等遗产点专项监测并完成监测报告。大运河遗产日常巡查监测、标准规范制定、运河水体治理、运河文化研究和宣传、对外交流等工作均稳步推进。

【大运河保护标准规范编制】2020年,市园文局编制出台市级标准《中国大运河(杭州段)世界文化遗产档案管理工作规范》。开展《大运河(杭州段)外语导览标识系统译写规范》编制。完成《中国大运河(杭州段)世界文化遗产驳坎保护管理规范》立项,启动标准编制工作。推进省级标准《中国大运河(浙江段)世界文化遗产要素分类、代码与图式》申报工作。

【大运河遗产保护管理评估】2020年,为改善提高大运河世界文化遗产管理和利用水平,市园文局委托浙江省古建筑设计研究院开展“2020年度大运河(杭州段)世界文化遗产保护管理评估”。通过社会调查和专家评估,对杭州大运河世界文化遗产沿线属地政府及市运河集团2020年大运河保护管理利用工作进行科学评估。评估报告从基础工作、保护实效、重点工作三方面对各参评单位进行打分排序,确定优秀、良好、合格和不合格4个等次。至年末,初步编制完成《中国大运河(杭州段)世界文化遗产保护管理年度评估报告(2020)》。

【大运河遗产专项监测】2020年,市园文局继续实施富义仓、拱宸桥等遗产点专项监测。编制完成《2020年度杭州富义仓专项监测成果报告》《2020年度拱宸桥周期性监测成果报告》,对遗产整体安全进行评估。拱宸桥周期性专项监测、拱宸桥三维数字化项目入选“2020年世界文化遗产监测成果展优秀成果及特色案例”。

【大运河杭州段遗产地级年度监测报告】2020年,市园文局编制完成《江南运河杭州段(含浙东运河杭州萧山段)2019年度监测年度报告》,上报中国世界文化遗产监测总平台。报告全面展示杭州运河监测保护管理各项工作取得的新进展、新突破、新成绩,在2020年世界遗产监测年会中被评为“中国世界文化遗产2019年度优秀监测年度报告”。

【运河水环境治理】2020年,市园文局以“改善运河生态”为目标,以“提升水环境质量”为主题,围绕“污水零直排区”建设和河长制提档升级,牵头编制《京杭运河(古运河)杭州段2020年水环境治理计划》《风波港2020年水环境治理计划》。推进45个水环境治理重点项目,完成投资5.57亿元,完成95个生活小区“污水零直排”建设,完成运河干支流河道清淤疏浚11万立方米。重点抓好支流劣V类整改,余杭段劣V类支流全面剿灭。运河水质V类达标率100%,比上年提升6个百分点,运河100条支流首次实现年度平均水质全部消除劣V类。

【运河文化研究】2020年,市园文局推进“大运河文化带——运河文化研究挖掘项目”,编纂《杭州运河(河道)辞典》《杭州运河(河道)通史》和“杭州运河传统老字号系列丛书”“杭州运河名人系列丛书”等书籍。向住房和城乡建设部申报“全国历史文化保护与传承示范案例”——“从棚户区到世界遗产高地——杭州桥西历史街区保护传承的创新实践”,向国家发展改革委申报“创新大运河文化带、生态带、旅游带建设路径研究:以‘杭州模式’为示范”等国家级课题。开展“文物建筑监测体系模式研究及应用保护管理实践——以杭州富义仓为例”“浙江大运河文化带打造的理论审视与现实对策”“中国大运河(杭州段)驳坎保护设计导则”课题研究。大运河文化带系列研究报告《世界遗产解说范式构建与实证研究》研究成果交付出版。落实大运河国家文化公园建设相关要求,委托市规划设计院开展“杭州市大运河国家文化公园建设空间专题研究”,至年末,课题基本编制完成。11月8日,《国际视角下的大运河世界文化遗产解说系统构建》获2020年历史城市景观保护联盟优秀研究文章三等奖。

【杭州市大运河世界文化遗产保护宣传周活动】2020年6月,第四届杭州市大运河世界文化遗产保护宣传周活动举行。活动以“云游运河”为主题,通过“互联网+”模式,开通线上总平台,集中统一展示宣传周系列活动,开展“云享运河”开幕直播、互动小游戏等,“云游运河”小程序上线,运河楹联赏析平台推出。

【美丽运河志愿者活动】2020年,市园文局发挥美丽运河党员先锋模范作用,联合拱墅检察院进小河街道进行运河普法宣传等系列志愿活动。全年组织志愿者活动12次,350人次志愿者参与,服务时长605小时。深化“小小河长”品牌影响力,推动运河文化进校园,组织“小小河长”活动4次,307人直接参与,总服务时长406小时。

【“我与运河共成长”十岁成长礼活动】2020年5月29日,市运河综保中心与杭州京都小学联合开展“责任源于感恩,责任就是担当”——“我与运河共成长”十岁成长礼活动。活动由一个代表班级在杭州京都小学活动中心与各班教室同步开展,通过线上直播的方式完成十岁成长礼。美丽运河志愿者服务队的志愿者为孩子们播放宣传动画片,了解运河世界文化遗产的基础知识及如何保护大运河。市运河综保中心向杭州京都小学全体三年级学生授予“小小河

2020年5月29日,市运河综保中心与杭州京都小学开展“责任源于感恩,责任就是担当”——“我与运河共成长”十岁成长礼活动　(市园文局 供稿)

长”称号并披上绶带。这是市运河综保中心联合杭州京都小学第四年举办成长礼，从世界文化遗产保护的角度出发，让更多小朋友能学习运河历史、体验运河文化。（章珠裕）

良渚古城遗址世界遗产

【概况】2019年7月6日，在阿塞拜疆巴库召开的联合国教科文组织第43届世界遗产委员会会议上，良渚古城遗址被列入“世界遗产名录”。2020年，良渚遗址管委会聚焦良渚国家文化公园规划建设“一条主线”，做好科学保护、系统研究、永续传承、活态利用“四篇文章”，抓好本体保护、遗产展示、公园提升、环境整治等“十大工程”，推动良渚古城遗址保护研究传承利用。推进良渚国家文化公园规划建设，高标准推进以良渚博物院二期综合体项目为重点的良渚文化艺术走廊规划建设，加快建设瑶山遗址公园、老虎岭遗址公园。推进《良渚遗址保护总体规划》修编，完成《良渚遗址综合保护概念规划》《良渚文化艺术走廊（西段）概念性规划》《良渚遗址公园旅游基础设施配套项目规划》以及良渚·博物馆群前期研究——基于“泛博物馆”理念下的文旅综合体设计、良渚博物院二期综合体项目规划选址等工作。落实保护举措，持续加强114平方千米遗产区和缓冲区“日常巡查+科技预警”，深化遗产保护管理“数字驾驶舱”“数字大脑”建设，以科技赋能数据采集分析，以数字化赋能保护管理；攻坚土遗址保护世界级难题，启动良渚古城南城墙、外围水利系统老虎岭遗址保护工程，加强遗址本体及周边环境保护。良渚古城遗址公园、良渚博物院全年接待国内外游客150多万人次。挖掘利用良渚文化大IP资源，打造良渚文化衍生品产业链，提升良渚文化影响力。

【“杭州良渚日”暨首届杭州良渚文化周】2020年6月19日，杭州市十三届人大常委会第二十八次会议听取并审议市人大常委会主任会议关于提请审议设立“杭州良渚日”的议案，经表决通过做出决定，自2020年起，将每年7月6日设立为“杭州良渚日”。7月6日，“杭州良渚日”暨杭州良渚文化周启动活动在良渚古城遗址举行。现场视频发布杭州三大世界遗产精品旅游线路和旅游市场推广合作备忘录签订情况，良渚遗址管委会与高校就合作共建进行电子签约。良渚古城遗址主题雕塑“良月流晖”和良渚文化发现人施昕更铜像首次与大众见面。

【《良渚遗址保护总体规划》修编】2020年，良渚遗址管委会开展《良渚遗址保护总体规划》修编。以良渚古城遗址的保护为前提，通过坚持“保护、传承、利用”实现良渚遗址保护1.0到2.0的跨越，打造大遗址保护新模式。为打好良渚遗址“后申遗时代”各项工作的基础，经前期调查研究、评估分析、专题讨论，基本完成保护区划及管理规定调整、确定保护规划图纸目录及文本大纲、完成规划图纸和重点内容。

【遗产日常监测与巡查】2020年，良渚遗址管委会落实良渚遗址保护区分片巡查制度，做好反山、莫角山、汇观山、瑶山、荀山、塘山等重要遗址点的月度监测，保持对遗址保护区内违法违规违章行为的高压态势，全年参与巡查1000多人次，查处违章5起。依托良渚古城遗址日常监测预警平台，围绕日常巡查、形态格局、本体病害、自然环境、考古发掘、建设控制、保护工程7类指标，采集录入本体保护数据7500多条，影响因素数据36.7万条，照片、影像等监测数据3GB左右。编制完成监测周报52份、监测月报12份，发布台风预警3次、高温预警25次、暴雨预警54次。

【良渚遗址考古】2020年，为进一步了解良渚古城总体布局、城内台地的性状和年代，良渚遗址管委会配合良渚古城遗址公园建设，主要发掘钟家村北坡和雉山下两处台地，发掘面积各200平方米。完成外围水利系统毛元岭、双坝两地的发掘，通过发掘确认双坝堵头年代和堆筑方法。

【良渚文物安全保护】2020年，良渚遗址管委会结合全省文物安全隐患排查专项整治行动，开展文物安全自查自摆，制订人防和技防提升方案。对接市公安局余杭区分局、杭州电信公司等相关单位以及属地乡镇（街道）和村（社区），到河南省安阳市殷墟遗址学习调研，完善预防执法机制体系，探索构建良渚遗址文物安全协同机制。

良渚遗址管委会做好保护区内农户建房、项目建设的文物前置审核，妥善处理遗产保护和民生发展的关系。完成89户农户的审核批复，完成23个建设项目的前置审核，转批考古意见16个，完成77户农户资料的审核转报，动态做好农户建房、项目建设的前期踏看和批后监管。

【良渚遗址综合保护工程二期基本完成】2020年，良渚遗址综合保护工程二期（良渚文化艺术走廊）项目基本完成。项目建设历时3年，主要完成内容包括艺术走廊区块征迁工作，良渚博物院至东城墙段环境提升，码头停车场、横一路等道路提升，卞家港景观提升，纵三路桥梁建设，高村渠河道改道，卞家港及良渚博物院周边景观提升等，累计完成投资额近29亿元。

【基础设施提升】2020年，良渚遗址管委会对良渚古城遗址及周边进行基础设施提升。实施良渚古城遗址基础设施提升工程，提升公园南入口形象、公园内整体景观和公园配套设施。实施良渚古城外围水利工程遗址及瑶山遗址基础设施提升工程，根据文物保护审批进度和外围水利工程遗址区块的不同，分区块分步推进项目。实施良渚古城外郭城遗址周边基础设施配套工程，对良渚古城遗址东、北二面外郭城遗址范围进行梳理，主要实施内容包括金家头保留建筑改造，周村、小斗门基础设施配套，东入口提升等，分4个标段实施。

【南城墙遗址、老虎岭遗址剖面本体工程】2020年，良渚遗址管委会实施良渚古城遗址南城墙遗址、老虎岭遗址剖面本体保护工程。多次对接敦煌研究院、浙江大学、河海大学等有土遗址保护专项资质的专业机构，开展保护方案咨询、现场踏勘调查等工作，完成初步设计和预算编制报批和施工招投标，完成遗址本体清表。

【智慧景区建设】2020 年，良渚遗址管委会实施良渚古城遗址公园智慧景区二期建设。从服务、管理和运营等方面入手，围绕园区可持续性保护及游客服务的建设目标，建立智慧票务、停车、安防、导览等系统，进行全域数据采集，整合汇聚景区数据资产，基本实现服务智能化、运营数字化、管理在线化。系统于 12 月投入试运营。

9 月 30 日，“良渚新体验，感悟五千年”——良渚古城数智体验馆开馆仪式在良渚古城遗址公园良渚国际研学中心举行。体验馆通过沉浸式数字文化交互体验空间面向游客讲解良渚文明，以 5G+8K 的边缘视频回传及本色良渚沉浸式 VR 让游客即刻了解良渚遗址的风貌，领略当时良渚王国的文明盛景。

【良渚文化品牌打造】2020 年，良渚遗址管委会以知识产权保护制度为依据，持续开展良渚文化品牌授权工作，通过与企业合作，借力大品牌、优质合作方的平台和渠道，开展良渚文化渗透推广，扩大文化品牌知名度。线上线下整合营销，扩大良渚文化品牌影响力。完善反山文创店和良渚博物院空间商店管理；开设运营良渚文创淘宝店与京东旗舰店，上线工艺品、书籍、文具、茶具、首饰箱包等产品 100 多款。良渚遗址管委会全年开发良渚文创产品 80 多款，累计开发 460 多款，涵盖工艺类仿制品、服饰家居、箱包、首饰、茶具、文具等。

5 月 15 日，首组《亚洲文明（一）》特种邮票发行，一套 6 枚，展现亚洲三个流域文明的文物与遗址，其中良渚玉琮为中国长江流域文明的遗址代表。5 月 28 日，杭州良渚文化创意有限公司揭牌仪式暨良渚古城遗址公园“浙江省中小学研学教育基地”授牌仪式在良渚古城遗址举行，从文创、研学和文化产业三方面打造良渚 IP 产业链。6 月 16 日，“工银匠心，金钰良源”良渚文化金融产品发布会在良渚古城遗址公园举行，现场展示良渚系列贵金属产品、金融文创产品及系列品牌服务。7 月 6 日，世界遗产（良渚古城遗址）金银纪念币发行仪式在良渚古城遗址良渚国际研学中心举行，中国人民银行发行世界遗产（良渚古城遗址）金银纪念币一套。8 月 24 日，“梦回良渚”2020 年良渚系列联名设计款珠宝发布会在良渚博物院举行。9 月 29 日，良渚古城遗址引入文化创意社区项目投资运营公司入驻遗址公园北侧金家头区块，通过“12+100”的民宿经营联合体项目创建，打造良渚文化创意社区。10 月 29 日，良渚文创产品亮相第十四届杭州文化创意产业博览会，展出“良渚王”系列文创产品、良渚系列邮品、贵金属产品等 100 多款产品。

2020 年 7 月 6 日，世界遗产（良渚古城遗址）金银纪念币发行仪式举行。图为世界遗产（良渚古城遗址）金银纪念币　（良渚遗址管委会 供稿）

【良渚文化全国研学联盟成立】2020 年 8 月 12 日，全国出版发行业文旅联盟 2020 年（良渚）峰会暨良渚文化全国研学联盟成立大会在良渚古城遗址举行。近 20 个省（自治区、直辖市）的文旅研学领域领军企业代表参加，交流研学旅行发展与运营经验，实地探访浙江省研学基地代表项目良渚博物院、良渚古城遗址公园、中国海影城。当天，良渚文化创意有限公司发布“中华五千年文明实证——良渚遗址 STEM 科学探索”系列产品，包括“良渚研学”旅行宝盒、“我在良渚修陶器”3D 陶器拼图、“以玉相随”行李牌、“玉见良渚”橡皮典藏套装等。泛研学旅行网络服务平台——“云游良渚”微信小程序上线，各年龄段学生可通过小程序中的研学、课程、导览模块，体验良渚文化主题游、研学实践、文化消费等服务。

【良渚学术研究成果】2020 年 4 月，杭州良渚古城遗址世界遗产监测管理中心与南开大学生命科学学院合作开展的“良渚古城遗址生态环境的调查研究”课题第一期研究成果——《良渚土遗址的微生物群落分析和保护材料研究》，在期刊《微生物前沿》（*Frontiers in Microbiology*）发表。7 月 12 日，良渚博物院、良渚研究院编著的融媒体专著《良渚》和“大家论良渚系列丛书”出版发行，《自然与文化遗产研究》杂志《良渚古城遗址世界文化遗产周年特辑》出刊，“良良”儿童系列读本《良良的古城世界》亮相。11 月 8 日，良渚研究院征集报送的 8 篇文章在第九届杭州世界文化遗产国际会议暨 2020 年历史城市景观保护联盟年会、“城市文化遗产问题”主题论坛上获优秀研究成果奖。多学科课题持续推进土遗址保护专项监测。“良渚古城遗址本体劣化效应的无损监测关键技术研究”通过专家评审；“良渚古城遗址本体变形破坏机理分析及预测方法研究”成功申报省级文保课题；启动“良渚古城遗址文化影响评估及周边村镇可持续发展策略研究”，对良渚古城遗址的文化影响进行评估。

【校地合作】2020年，良渚遗址管委会与北京大学、浙江大学、复旦大学等14所高校和机构签约开展合作共建，在课题研究、人才培养、保护展示、环境整治、文化宣传等方面开展合作，取得多项成果。与南开大学合作开展的课题研究阶段性成果在国际权威期刊发表；与敦煌研究院、浙江大学、河海大学等开展保护方案咨询；依托浙江大学、浙江外国语学院、浙江省文物考古研究所等高校和专业机构人才资源优势，启动良渚时期的陶器、石器、建筑复原等课题，开展公众考古和实验考古项目，探索打造走入式、体验式、沉浸式的展示场景。

【“文化和自然遗产日”主场活动在良渚举行】2020年6月13日，杭州市“文化和自然遗产日”主场活动在良渚古城遗址举行。活动由市园文局、良渚遗址管委会和杭州西湖风景名胜区管委会联合主办，杭州三大世界遗产主管单位代表和全市40多个文博单位代表出席，开展“文物潮我看”大直播、考古体验、创意集市、主题研学等系列活动。“i良渚古城”遗产公众监测小程序上线。

【纪录片《良渚》全球展播云签约】2020年9月6日，中国国际服务贸易交易会“浙江主题日”活动在北京举行。纪录片《良渚》全球展播项目举行云签约仪式。该纪录片计划在俄罗斯、英国、澳大利亚等10多个国家主流媒体展播推广，通过本土化译配和当地主流电视台的发布，向海外观众展现良渚文明。

【云栖大会“数智重构良渚古代文明”活动】2020年9月17日，云栖大会“数智重构良渚古代文明”活动在良渚古城遗址公园良渚国际研学中心举行。活动现场举行云栖大会新零售分论坛线上直播、主题圆桌论坛等活动，探讨数字化在多领域的应用。良渚遗址管委会与阿里巴巴集团探索“数智”赋能文化文明建设的有效手段，深化跨界合作，计划将良渚古城遗址打造成为全面展示古代中国、现代中国和未来中国的重要窗口。

【中国世界文化遗产年会暨遗产城市市长论坛在良渚举行】2020年11月4日，中国世界文化遗产年会暨遗产城市市长论坛在良渚举行。会上，良渚古城遗址“遗产大脑”发布，《良渚古城遗址2019年度遗产监测年报》获评2019年度中国世界文化遗产优秀监测年度报告，良渚遗址管委会与中国文化研究院、浙江省文物局、浙江大学签订潮湿环境土遗址监测保护研究基地合作协议。会议就世界文化遗产价值传承与城市可持续发展达成共识，并联合发布《良渚宣言》。

▶资料：良渚古城遗址“遗产大脑”

2018年8月，对标世界遗产保护管理的国际要求，历时5年研发的良渚古城遗址监测预警平台建成上线。以该平台为基础，2019年，良渚古城遗址“遗产大脑”建设启动，对良渚古城遗址现有数据资源、系统资源进行深度整合。2020年，良渚古城遗址“遗产大脑”综合管理平台完成升级。面向管理层的数字管理系统及面向用户层的应用小程序投入使用，“遗产大脑”架构搭建完成、功能实现应用。

【敦煌和良渚两大世界遗产合作对话】2020年12月6日，良渚、敦煌两大世界遗产开展合作对话。良渚遗址管委会和敦煌研究院将进一步加强在遗产保护、学术研究、人才培养、文化传播等方面的交流合作，进一步加强良渚文化保护研究基金会与敦煌保护研究基金会的交流合作，推进优势互补和协同发展。

【良渚文明线上主题展】2020年12月22日，“云上泽国——良渚文明线上主题展”海外传播发布会在杭州举行。展览分为4个板块，分别展示良渚的古城风貌、农业与手工业、水资源管理工程及玉器文明等成就。云展采用交互技术，其间穿插知识问答、VR互动、小游戏、影音艺术等交互形式，让体验者从不同侧面走进良渚、感受良渚。

（魏艳苹 朱成琪）

非物质文化遗产

【概况】2020年，杭州市通过用好“非遗”平台、集合“非遗”力量、打造“非遗”特色等举措，创新发展“非遗+扶贫”“非遗+互联网”“非遗+旅游”等“非遗”跨界融合保护新模式，进一步搭建帮扶桥梁、赋能乡村振兴、实现活化传承，推动非物质文化遗产加快融入现代生活。至年末，杭州市累计有入选联合国教科文组织人类非物质文化遗产代表作名录4项；入选国家级非物质文化遗产代表性项目名录44项；入选省级非物质文化遗产代表性项目名录184项，入选数量居全省第一位；入选杭州市级非物质文化遗产代表性项目名录368项。杭州市累计有入选国家级非物质文化遗产代表性项目代表性传承人34人，省级非物质文化遗产代表性项目代表性传承人204人，市级非物质文化遗产代表性项目代表性传承人388人。

【杭州市非物质文化遗产保护发展指数居全省首位】2020年4月，省文化和旅游厅发布《浙江省非物质文化遗产保护发展指数评估指标数据（2019年度）》，杭州市在全省各设区市中居第一位，余杭区在全省各县（市、区）中居第一位。该指数评价体系包含“非遗”保存保护、传承传播、创造创新、组织体系4个方面共67个具体评估指标，反映一个地区非物质文化遗产保护工作的基本情况。

【杭州市传统工艺振兴目录认定】2020年，市文化广电旅游局和市经信局联合认定第一批杭州市传统工艺振兴目录（54项），对入选的项目给予一定的资金扶持，推动杭州市传统工艺振兴发展。其中，杭州市已入选第一批国家传统工艺振兴目录的8个项目和已入选首批浙江省传统工艺振兴目录的6个项目整体被列入第一批杭州市传统工艺振兴目录。

【非物质文化遗产保护传承基地建设】2020年，杭州市认定西湖区双浦镇双灵村等20个单位为第三批杭州市非物质文化遗产旅游景区（民俗文化村）。经当地乡镇政府审核同意、各区县（市）文化和广电旅游体育局审核推荐，共30个单位参加市级审核。杭州市对入选的第三批杭州市非物质文化遗产旅游景区（民俗文化村）给予一定的资金扶持，通过“杭州发布”平台和“学习强国”学习平台等进行宣传，推动非物质文化遗产与旅游融合发展。

【“非遗”项目参展“文化和自然遗产日”活动】2020年6月12日，2020年杭州市“文化和自然遗产日”系列活动暨“非遗”进景区活动开幕式在桐庐县获浦花海景区举行。来自杭州各区县（市）的30多个非物质文化遗产项目参展，13名主播在直播间讲述“非遗”历史，解析传统工艺，在线推广“非遗”产品，在2小时直播中点击量2万余人次。6月12—13日，以“非遗传承，健康生活”为主题的“非遗传统中医药展”在杭州图书馆报告厅举行，展览汇集包括国家级的“非遗”代表性项目、中医药老字号等20多个单位和项目，以图文、视频、实物展示等方式，展现杭州传统中医药深厚的文化和历史底蕴。

【杭州人类“非遗”项目LOGO征集大赛】2020年9月23日，杭州人类“非遗”项目LOGO征集大赛启动，以“一眼千年，杭州人类非遗让你看见”为主题，面向全球征集杭州4个人类非物质文化遗产代表作名录项目5个子项目［中国篆刻，中国蚕桑丝织技艺（余杭清水丝绵制作技艺、杭罗织造技艺），古琴艺术（浙派），二十四节气（半山立夏习俗）］的标识设计方案。大赛收到国内外投稿400多件，经专家初审、网络投票、专家复审等程序，评出15件获奖作品。11月18日，颁奖仪式在萧山剧院举行。

【非物质文化遗产品牌活动打造】2020年9月25日，“守望经典，传承发展”——王伯敏剪纸书房藏品展在杭州市非物质文化遗产保护中心开幕，长期展出1200多件古今中外的剪纸作品及与剪纸相关的图书资料、书稿、文物。10月25日，2020年“浙江好腔调”全省传统戏剧展演杭州专场在上城区清河坊举行，展示7项非物质文化遗产类传统戏剧项目的传统剧目。11月20—30日，“爱心同铸·共创未来”全国剪纸精品展在杭州市科技交流馆举行，展出全国抗击新冠肺炎疫情主题剪纸优秀作品。11月22日，“戏曲芬芳·非遗传承”——2020年杭州市戏曲展评展演活动在萧山区文化中心举行，杭州电视台生活频道全程播出，大赛的获奖团队（个人）表演昆曲、越剧、淳安三角戏、小热昏、武林调、婺剧等非物质文化遗产项目。11—12月，杭州市戏曲曲艺“三进”（进校园、进社区、进文化礼堂）系列活动举行，开展15场活动。

【非物质文化遗产宣传推广】2020年8月28日，杭州非物质文化遗产大师工作室入驻杭州市党群服务中心，于每周五、周六开设免费培训课程，推出5周7门课程，开设10多个班次，培训党员80多人。9月，市非物质文化遗产保护中心举办秋季非物质文化遗产免费培训班，在12周里开设课程近15门，培训2500多人次；于12月8日举办“薪火相传·指尖风雅”2020年杭州市非物质文化遗产传承免费培训班成果展，展出学生作品300多件。9月27日，杭州“非遗”抖音直播节线上线下推广活动在杭州市党群服务中心举行，20多个非物质文化遗产项目参与直播，线上线下共15.1万人次参与。9月27日，西湖中秋赏月雅集活动举行，邀请20多位国家级、省级、市级非物质文化遗产传承人共度中秋佳节。9月30日至10月18日，“春风桃李——杭州民间美术展”在杭州市科技交流馆举行。10月16日，“相约西湖”第五届梅庵琴荟活动在西湖博物馆举行，梅庵派国家级代表性传承人刘善教、虞山派国家级传承人朱晞、浙派省级代表性传承人徐君跃进行现场交流演出。11月7—21日，剪纸传承人群研培班在浙江外国语学院举行，80多人参加培训。（陈睿睿）

西泠印社

【概况】西泠印社创立于清光绪三十年（1904年），是中国成立最早的金石篆刻专业学术团体。西泠印社秉承“保存金石、研究印学、兼及书画”之宗旨，在国际印学界享有崇高地位。至2020年年末，西泠印社有在册社员520人，其中名誉社员43人，分布于中国26个省（自治区、直辖市）和香港、澳门、台湾地区，以及美国、日本、韩国、新加坡、马来西亚、法国、瑞典、加拿大等国家。2020年，西泠印社吸收新社员11名。

【西泠印社抗击疫情】2020年，面对新冠肺炎疫情，西泠印社发挥文艺战线正面宣传、鼓舞斗志、凝聚力量的作用，与社会各界协力战疫。2月1日起，联合武汉东湖印社、书法报社，持续推出“众志成城战疫情”主题微展，在西泠印社官方网站、微信、微博刊发微展38期，展出239位西泠印社社员及138位武汉东湖印社社员、西泠印社社友会成员、篆刻院学员抗疫主题作品488件，累计阅读量56.5万人次。西泠印社社委会到企业、村社一线，排摸疫中疫后风险隐患，助力企业有序复工复产，帮助群众恢复正常生活秩序；组织慰问以李兰娟团队为首的浙江援鄂返浙医疗队。

【庚子春秋两季雅集】2020年4月，西泠印社将传统雅集由线下转为线上，举办以“厚德流光，致敬先贤”为主题的线上春季雅集活动，刊发网络微展5期。11月11—15日，举行“百年西泠·金石传薪”庚子秋季雅集系列活动。其间，分浙江展览馆和浙江省博物馆武林馆区两个展区举办社藏“时代印记”篆刻作品展、西泠印社古稀以上社员作品捐赠展、孤山遁庵社员捐赠作品精品展、“金相椎痕——百年金石学发展及青铜器传拓（全形拓）精品展”等展览，是对西泠印社近年艺术创作、学术研究和文物收藏一次较为全面的集中展示；召开社长会议、十届四次理事会等，研究印社发展各项事务。第六届“孤山证印”国际印学峰会于秋季雅集期间举行，收到论文170多篇，稿件数量和质量较往年有较大幅度提升。峰会的配套展览集中展出200件由国内重要文博机构及海内外重要团体与藏家珍藏的青铜器原器与金石传拓精品。《西泠艺丛》2020年度编辑研讨会作为秋季雅集系列活动的一部分同步举行。

【艺术创作与交流】2020年,除春、秋两季雅集外,西泠印社策划、组织和合作举办40多场艺术展赛和活动。举办"走在前列,决胜全面小康"系列展览、思州石砚精品展、浙江农信杯"法润之江"主题书法展、中小学生书画展等小型主题展览。与社会各界开展合作,普及传播篆刻文化。先后与中国书法家协会、浙江省博物馆、河南省纪委、山东省临沂市文联、山东省淄博市淄川区、贵州省安顺市、河南省郑州市、杭州西湖风景名胜区管委会、杭州市江干区等相关部门、文博单位联合主办各类展览和活动10多场,并进行学术指导。到吉林、四川、青海、甘肃、陕西等地举办"西泠公益行"系列活动,在实践中形成当地政府支持、西泠印社学术保障、社员广泛联络参与的模式,取得良好社会效益。

【艺术创作人才培养】2020年,西泠印社以西泠印社书画篆刻院为平台,开设3个名家工作室和3个专题集训班,开展教学培训10场;举办书法高级研修班;举办第四期社员培训班。将优质教学资源向社会倾斜,与"杭工学堂"联合推出篆刻系列课程。开展线上公益赠书活动,所赠书籍为西泠印社历届名家工作室师生作品集、其他书法篆刻展览作品集等,收到全国各地书友1万余条留言,寄送书籍2000多册。

【"西泠学堂"活动】2020年,由西泠印社社委会与集古斋有限公司联合主办的香港"西泠学堂"在新冠肺炎疫情中调整工作计划,探索以网络授课为主的新模式。除常规春秋两季授课活动外,香港"西泠学堂"于2月举办"同心战'疫'——全港青少年书法绘画比赛"。6月,中央政府驻港联络办宣传文体部批复同意《关于批准集团旗下集古斋与浙江西泠印社继续合办香港西泠学堂的请示》,香港"西泠学堂"项目持续深化推进,于8月签订《关于香港"西泠学堂"战略合作协议》。香港"西泠学堂"首本教材《西泠学堂专用教材——中国画入门》投入使用。下半年,香港"西泠学堂"举办4场"校长论坛",为后续计划开展的香港"西泠学堂"进校园活动奠定基础。

【文物藏品与资料捐赠移交】2020年,西泠印社接收捐赠、移交文物、藏品及资料1608件(组)。其中:移交文物、藏品及资料710件(组),接收捐赠的文物藏品898件(组)。捐赠来源有西泠印社理事、社员及其后人等,其中河南印社副社长孙辉捐赠玺印、陶文等500件,是西泠印社自改革开放以来接收的规模最大、数量最多、价值最高的一笔藏品捐赠。西泠印社推出5位社员个人捐赠展和2个地区群体捐赠展,接收社员和地区群体作品捐赠。

【文物藏品资料展览展示】2020年,西泠印社举办多种形式文物藏品资料展览展示。9月,在贵州省安顺市举办"一个人的安顺乡愁文化园"暨戴明贤艺术馆开馆仪式。10月,在贵阳孔学堂举办"溪山翰迹·'西泠胜迹'名迹名家主题作品展"。10月,在郑州美术馆新馆举办"百年西泠·古韵中原"金石文化艺术大展,为西泠印社单次展览展出数量之最。11月11日,联合浙江省博物馆举办"美德嘉行——王福庵旧藏暨王福庵140周年诞辰纪念特展",展出王福庵家属于1962年捐赠给西泠印社的140件家藏珍品。12月,在中国印学博物馆和孤山遁庵举办"西泠问学——濠江印社、澳门书法篆刻协会会员作品展"。西泠印社参与"国际博物馆日"特别直播节目"云讲国宝"活动,在节目中展示吴昌硕12方田黄自用印、西泠八家印章、"三堂"印谱、《顾氏集古印谱》、邓石如五面印等文物藏品。

【孤山社址保护与利用】2020年7月,孤山社址凉堂、四照阁多处出现裂缝,存在较大安全隐患。西泠印社社委会第一时间采取相关措施并于当月完成排危工作。当年还完成孤山社址柏堂、观乐楼、鹤庐的屋面常规修缮。8月,市委提出对孤山社址和中国印学博物馆整体进行保护提升,要求确保品质,厚植文化底蕴,在2022年亚运会前完成。西泠印社孤山保护提升工程启动实施,工程被列入杭州西湖西溪一体化保护提升六大文化项目。

孤山社址全年配合完成9个展览和6场相关讲座活动。完成篆刻体验教学活动接待12场,接待社员20多批次200多人次,完成机关党建工会活动、中小学生"第二课堂"共10多批次600多人次接待。完成《记住乡愁》《百年西泠》等纪录片拍摄和《诗和远方》节目启动仪式及相关拍摄18批次。

【西泠印社期刊出版与对外宣传】2020年,西泠印社社委会完成12期

2020年11月3日至12月2日,"金相椎痕——百年金石学发展及青铜器传拓(全形拓)精品展"在浙江省博物馆武林馆区举行 (西泠印社 供稿)

《西泠艺丛》编辑出版工作,涵盖"启功研究""马氏昆仲研究""经亨颐研究""巴蜀书学研究""简牍研究""唐诗之路石刻研究""张廷济研究""民国荆楚书学研究""百年西泠·古韵中原""金井凌雪研究""全形拓研究(上)(下)"等主题。其中,《西泠艺丛》入选第二十七届北京国际图书博览会"中国期刊精品展",《社员近作》栏目获华东地区期刊优秀栏目奖。完成央视新闻客户端、哔哩哔哩网站推出的"云讲国宝"大型直播活动西泠印社分会场的直播活动。"西泠印社"被评选为首批"浙江文化印记"。完成《朱颖人》《叶尚青》两部非物质文化遗产纪录片的拍摄制作。大型纪录片《西泠印社》在11月开播。西泠印社官方网站、微信、微博全年发布信息(原创及转发)2300多条,各平台粉丝数达55万人,全年阅读量超过500万人次。

【中国印学博物馆】2020年,针对新冠肺炎疫情防控,中国印学博物馆利用互联网,在西泠印社官方网站、微信推出"云展厅",线上推出常设展览9期、临时展览6期,推出"'学习强国'文物'云展厅'走进中国印学博物馆"活动15期。在疫情趋向平稳、恢复开馆后,举办线下临时实体展览13个。围绕印学、印史、印人研究和"决胜全面小康"主题,举办系列展览。

(西泠印社社委会)

【西泠印社集团】西泠印社集团成立于2008年,是杭州市市管一级国有企业,统一管理运作西泠印社经营性国有资产和"西泠印社""西泠"注册商标、版权等无形资产。2020年,集团提升企业治理能力,实施品牌战略,科学编制集团"十四五"规划草案,结合"六好企业、六好部室"创建,抓好重点项目推进,超额完成目标。支持新冠肺炎疫情防控,推出自有房产租金减免政策协助民营企业共渡难关,免费开放《书法练习指导》电子版等相关教育资源,设计抗疫纪念奖牌,组织西泠印社社员抗疫主题网展并获"人民网"等媒体转载。

【集团三大板块融合发展】2020年,西泠印社集团实现净利润3686.46万元,净资产收益率7.9%。西泠印社拍卖有限公司全年总成交额23.78亿元,净利润8315万元。西泠印社出版社实现营业额9392万元,利润1219.62万元,比上年增长33.2%。"西泠大文创"板块采用线上与线下、展览与直播多种渠道,实现营业额7163.75万元,增长9.4%。文创板块完成资产重组工作,杭州西泠文化创意有限公司通过股权划转由集团所属二级子企业升格为集团所属一级国有全资子企业,实现产业公司、出版社、文创公司3个企业融合发展。

西泠印社非物质文化遗产展示中心　　(西泠印社集团 供稿)

【集团"两个效益"提升】2020年,西泠印社集团植根西泠文化内涵,兼顾文化事业和文化产业,提升社会效益与经济效益。与杭州地铁集团共同设计打造杭州地铁16号线"青山绿水号"和"未来科技号"两厢主题专列,制作"苏东坡体"字库,完成杭州火车东站地铁站文化提升项目,在河坊街打造西泠印社"非遗"文化展示空间,传播展示西泠金石文化。采取线上与线下结合办展形式,策划线上主题网展21次,线下重点围绕"先生归来""大美与共·决战决胜"等主题举办展览。举办学术讲座8场、"二十四节气公益讲座"24次,开设"方圆流煎茶道""彩铅素描入门"等系列公益网络课程。以长三角地区主要领导座谈会为中心,完成湖州市城市标志、全套城市形象标识系统设计及长三角地区主要领导座谈会物料设计等;联合杭州市文明办主办"第三届西泠春运会";联合杭州文广集团举办"穿越时空的对话"音乐艺术雅集活动;为省能源集团、省交通投资集团、省海港集团、省国贸集团等20多个单位330多名学员进行书画培训;联合中国金融文联举办2020年中国艺术品鉴藏与金融高峰论坛。西泠鉴定评估中心在杭州、宁波等地集中开展民间文物鉴定活动10场,接收鉴定各类藏品1200多件。打造"西泠印社文化产品直播平台",创新艺术品营销模式,被认定为首批"杭州市文化直播服务平台"。西泠印社出版社出版的义务教育三至六年级教材《书法练习指导》累计使用学生数超过1亿人。

【社员服务联络加强】2020年,西泠印社集团加强与西泠印社社员的感情联络,开展走访慰问活动。全年组织孤山雅集活动6次,创办《播芳六合》艺术专刊,编辑出版《先生归来——张宗祥和他的时代》《重振金石学——西泠印社社员金石拓片题跋大展》等书籍。

(孙蕾蕾)

责任编辑　郦　晶

公共文化

公共图书馆

【概况】至2020年年末，杭州市有公共图书馆14个、区县（市）图书馆13个、乡镇（街道）图书馆181个、村（社区）图书馆（室）2769个，其中纳入通借通还系统的街道（乡镇）图书馆181个、村（社区）图书馆（室）2327个。9月15日，杭州图书馆发布《杭州地区公共图书馆外借文献污损、遗失赔偿规则》，推出“降低遗失文献赔偿费率”新规，各区县（市）公共图书馆统一执行。

【公共图书馆服务体系完善】2020年，杭州图书馆在全市公共图书馆服务体系建设“全覆盖、均等化”的基础上，聚焦“特色化”，引入新模式，持续完善。新增球拍、职工书屋、财商、智慧交通4个主题分馆，1个悦享馆——杭州电子信息职业学校服务点，2个杭州书房——地铁书房站（打铁关站和绿汀路站）。至年末，杭州图书馆有27个主题分馆、10个地铁信用借阅服务点。

【杭州书房建设】2020年，杭州市出台《关于推进杭州书房建设的实施意见》及杭州书房建设标准和服务规范，新建杭州书房36个，累计建成47个，建筑总面积2.64万平方米，实现市域范围基本全覆盖。全年开展各类主题活动近1000场，打造“家门口”的图书馆，实现图书流转55万余册（次），吸引市民到馆阅读20万余人次。

【公共图书馆服务大提升行动】2020年7月起，杭州市以杭州图书馆为核心，实施“一键借阅·满城书香”全市公共图书馆服务大提升行动。通过“一键借还”“双免一降”“数字扩容”“悦读服务”“省市互通”五大举措，全面升级线上图书馆和线下图书馆两大场景，实现从“信用借阅”到“一键借阅”、从“公共阅读”到“文化家园”、从“市区通借通还”到“省市通借通还”的三大突破，为读者提供“借阅服务直达”“送书上门直达”和“数字内容直达”的现代图书馆新服务。

【杭州图书馆环保分馆获国际图联2020年绿色图书馆亚军】2020年3月19日，国际图书馆协会联合会发布2020年“绿色图书馆”奖项名单。杭州图书馆参选案例“守卫我们的城市——杭州图书馆环保分馆的绿色使命”获2020年绿色图书馆亚军。国际图书馆协会联合会在其获奖评语中指出：“杭州图书馆在应对当地环境问题挑战时独辟蹊径，建立环保分馆，其所做的实践和努力具有全球意义。”

【“中国阅读”年度图书推荐榜揭晓】2020年4月22日，由中国图书馆学会、杭州市文化广电旅游局、杭州市图书馆事业基金会主办的“中国阅读”2019年度图书推荐榜揭晓，推出7个大类70本推荐图书，结合全国各公共图书馆及出版社的流通、零售数据，覆盖政治、经济、哲学、文学等领域，以及各个年龄层读者，引导市民读好书、看好书。11—12月，举办宣传推广配套活动“阅读点亮城市，好书链接你我”和“阅读马拉松”，覆盖全国22个省、5个自治区、4个直辖市。

【少儿红色书房在杭州图书馆少儿分馆落成】2020年8月24日，少儿红色书房在杭州图书馆少儿分馆落成。首期投入少儿红色书籍3000多册、数字资源796集，与中国少年儿童新闻出版总社、浙江少年儿童出版社合作，授予馆社合作教育基地，打造全市少年儿童读红色文学、听时代声音、看经典影视、悟人生真理的爱国主义教育阵地。

【杭州图书馆阅读活动线上线下联动】2020年，杭州图书馆发挥新媒体平台作用，新设“云展厅”等线上形式，将阅读为主的各类文化体验活动搬上“云端”，开启直播带读者“云游”图书馆，为市民读者提供线上图书馆服务。全年开展线上线下相结合的公益讲座、展览、阅读推广等活动2441场，743.81万人次参与。

【少儿音频征集活动】2020年2月起，杭州图书馆少儿分馆启动“魅力声音·抗击疫情，我们在行动”少儿音频征集活动。面向全省征集青少年在抗击新冠肺炎疫情中的所见、所闻、所感形成的原创作品，收到全省近40个公共图书馆、中小学图书馆报送的少儿原创作品872件。该活动入选中国图书馆学会主办的2020年全国少年儿童阅读年系列活动之一，杭州图书馆少儿分馆被评为星级组织单位。

【“温暖阅读”品牌公益项目3周年活动】2020年12月，由杭州市图书馆事业基金会和杭州图书馆共同发起的“温暖阅读”品牌公益项目3周年暨“重读韦思浩”活动启动仪式在杭州图书馆举行。现场宣布“温暖阅读”有声图书馆落地杭州图书馆，向社会公众推出“听见杭州”“榜样故事”“经典文学”“少儿国学”等音频内容，传递“温暖阅读”理念。成立“温暖阅读”声音志愿者联盟，邀请声音爱好者以有声阅读和声音助力的方式，为社会提供公益服务。（市文化广电旅游局）

博物馆

【概况】至2020年年末，杭州市有公共博物馆78个。按类型分，有综合性博物馆10个，专题性博物馆、陈列馆68个；按办馆对象分，有国有博物馆50个、民办博物馆28个。

2020年，杭州市博物馆建设取得重大进展。杭州博物馆、杭州工艺美术博物馆由杭州西湖风景名胜区管委会成建制划归杭州市园林文物局管理。5月，原杭州西湖博物馆、杭州南宋官窑博物馆、杭州名人纪念馆合并为杭州西湖博物馆总馆。杭州工艺美术博物馆、杭州西湖博物馆总馆、中国茶叶博物馆入选国家一级博物馆。杭州海塘遗址博物馆、建德市博物馆、杭州文史研究馆、浙东运河萧山展示馆开馆。余杭博物馆（中国江南水乡文化博物馆）新馆区建筑外观建设基本完工。萧山跨湖桥遗址博物馆、李叔同弘一法师纪念馆完成修缮和陈列提升改造后重新开放。杭州市博物馆增挂杭州市博物院（筹）牌子并成立理事会，杭州工艺美术博物馆第二届理事会成立。

杭州博物馆接收捐赠70多件（套），杭州工艺美术博物馆新增馆藏249件（套），其中捐赠179件（套）。临安博物馆接收11件（套）文物及

2020年9月，余杭博物馆新馆区建筑外观建设基本完工　（市园文局 供稿）

艺术品捐赠。萧山博物馆收到各类物件捐赠、上交126件（套）。富阳博物馆接收捐赠文物20件（套）。

各博物馆举办临时展览300多场，参观游览的市民、游客超过2800万人次。在第十四届全省博物馆陈列展览中，杭州市有1个博物馆获中华人民共和国成立70周年特别奖，5个博物馆获精品奖。各大博物馆推出抗击新冠肺炎疫情主题展览，杭州博物馆推出的“艺术的温度——全国抗疫主题书画、摄影作品展”入选2020年度国家文物局“弘扬优秀传统文化、培育社会主义核心价值观”主题展览推介项目。（章珠裕）

【杭州海塘遗址博物馆开馆】2020年1月7日，历时3年建成的杭州海塘遗址博物馆开馆。该馆位于江干区九堡文体中心南楼，集收藏、研究、体验、教育为一体。博物馆总面积6200平方米，设有4个厅（馆）。海塘遗址厅和临时展览厅以实景展现明清时期古海塘风貌；海塘文化厅以“沧海桑田隔一堤”为主题，讲述海塘历史演变和堤塘修筑技术革新历程；江干区非物质文化遗产厅（馆）位于四楼，以开放体验的形式展现杭罗织造技艺、江干剪纸、传统戏剧服装制作技艺等“非遗”项目。至年末，博物馆引进“发现杭州”2019年考古成果展、“生机”丰子恺展、“艺心战疫”抗疫主题展等临时展览6期；开展《夜游中国》探访海塘、“让文物活起来”走进江干、“百廿夏衍，光影绽放”纪念夏衍120周年诞辰纪念活动、海塘走秀、博物馆奇妙夜等活动150场次。接待党员活动、单位团建等各类参观团体350多批、6.4万人次。（江干年鉴编辑部）

【杭州西湖博物馆总馆揭牌】2020年5月，按照事业单位改革总体部署要求，原杭州西湖博物馆、杭州南宋官窑博物馆、杭州名人纪念馆合并为杭州西湖博物馆总馆。6月10日，杭州西湖博物馆总馆举行揭牌仪式，下辖三大馆区（西博馆区、名人馆区、官窑馆区）、七大场所（章太炎纪念馆、苏东坡纪念馆、张苍水祠、于谦祠、于谦故居、司徒雷登故居、唐云艺术馆）。

【萧山跨湖桥遗址博物馆重新开放】2020年9月28日，萧山跨湖桥遗址博物馆完成整体陈列提升改造，重新对外开放。该工程于3月4日进场施工，建设单位为龙邦建设有限公司。工程涉及建筑面积3758平方米，主要包括“勇立潮头”跨湖桥文化主题陈列厅、遗址展示厅、引进项目厅、文创展示区、部落学校、办公区改造等。

【建德市博物馆开馆】2020年9月30日，建德市博物馆开馆。博物馆位于新安江畔，是建德市第一座综合性博物馆。博物馆建筑面积9891平方

2020 年杭州主要博物馆特色临时展览一览表

表 45

博物馆	主要临时展览名称
杭州博物馆	“艺术的温度——全国抗疫主题书画、摄影作品展”“和谐自然，美好未来——全国少儿剪纸作品展”“余风激兮万世——李白诗意书画特展”“巴黎到基辅：维罗特夫·维拉斯拉夫藏欧洲绘画展”“知白守黑——磁州窑白地黑花瓷器的演进”
杭州工艺美术博物馆	“朱军岷铜雕艺术展”“挽袖作新词——明清闺阁文化展”“永远有多远，博物馆@当代艺术跨界系列Ⅱ”“叶克伟陶瓷艺术展”
杭州西湖博物馆总馆	“春天，来西湖品龙井茶——西湖龙井茶文化特展”“西湖·遇见爱——西湖爱情故事展”“象外之境——西湖十景与题名景观文化展”“唐云先生的朋友圈”“幸会，苏东坡——表忠观碑馆藏拓本展”“杭州市第十三届中小学生陶艺大赛优秀获奖作品展”“丝路画语，意大利行——唐亮钢笔画艺术展”“世界风情绘画展”“爱无疆·当代国际艺术名家作品邀请展”“发现杭州——新中国成立七十周年杭州地区考古成果展”“重彩华章——广彩瓷器 300 年精华展”“淮上寻古——安徽淮南博物馆藏寿州窑瓷器展”“至趣——紫砂的另一面”
中国茶叶博物馆	“嘉色常在——近代中外博览会上的中国茶”“竹木双馨——戚学慧竹画、黄小明木艺联展”“一灯常开——禅语墨迹茶器什物展”“有茶时光·划过指尖的茶故事”
杭州京杭大运河博物馆	“‘中国十大元帅邮票展’线上展览”“纪念恩格斯、列宁邮花展”“消费券藏品主题展”“‘孩子心中的中国梦’线上儿童画展”
中国湿地博物馆	“斫取青光——中国竹篮文化展”“西溪与水浒故事展”
章太炎故居纪念馆	“疯与狂——章太炎与鲁迅的故事”“千年往事——李家塘遗址考古发现展”
良渚博物院	“云上泽国——良渚文明线上主题展”“‘在良渚，看世界’云展览”
萧山博物馆	“风景旧曾谙——致敬强国，致敬抗疫凡人英雄作品展”
萧山跨湖桥遗址博物馆	“风好正扬帆：中国古代航海科技展”“洮河遗韵——临洮 5000 年历史文物展”
余杭博物馆	“韫玉良缘——良渚文化玉器精品展”“玉润东方——良渚文化玉器精品展”
桐庐博物馆	“契约中国——马鞍山市博物馆馆藏契约展”“2020 桐庐县‘抗疫’剪纸作品展”“瑞祥古鉴——夏国权青铜镜收藏展”“文心情缘——雅俗共赏的折扇艺术”“陶瓷之间——萧山博物馆藏古陶瓷精品展”
富阳博物馆	“家在富春江上——‘幸福记忆，见证初心’百年全家福影像展”“抗击疫情我们是一家人——抗疫一线工作影像展”“翠色富春——富阳博物馆馆藏青瓷展”“芝田石雅，云上富春——青田石雕富阳博物馆展”“‘我在富春山居，游学文化遗产’主题展览”“浙江省群星行草书法大展”“‘家在富春江上’灵岩文脉——原富阳工艺美术品总厂回忆展”“‘富春元书纸’中日韩书法名家续写书谱作品交流展”“古镜今鉴——越地古铜镜主题展”
临安博物馆	“破蛹化蝶，大美临安——城市让生活更美好”“芙蓉出水——清代康雍时期外销青花瓷精品展”“吉金礼文明——古代青铜器专题展”“一个地球不够用了——垃圾分类主题展览”
淳安博物馆	“水下古城摄影探秘展”“‘疫起守护’淳安县抗击新冠肺炎疫情纪实展”
建德市博物馆	“馆藏书画艺术展”“诸昇兰竹画艺术特展”“红色题材宣传画艺术展”

米，展厅面积 4264 平方米。内设自然环境和资源展厅、历史文化展厅、“非遗”展厅、寿崇德陈列馆 4 个常设展厅和 1 个临时展厅。馆内有藏品 680 多件（套），展出 426 件（套），主要为石器、陶瓷器、青铜器、革命文物和文献史料等。

【浙东运河萧山展示馆开馆】2020 年 12 月 5 日，浙东运河萧山展示馆开馆。展示馆位于萧山区，依托江寺改造提升，设“梦回运河——浙东运河萧山特展”，以江寺已有殿堂、厢房作为展陈空间，分为历史、人文和浙东唐诗之路 3 个篇章，通过文字、图片、影像、实物和互动体验等手段，展示浙东运河发展历程。展示馆还设置文创区，展示与萧山“非遗”项目相关的文创产品。

【“海市蜃楼——17—20 世纪中国外销装饰艺术展”获十大陈列展览精品优胜奖】2020 年 5 月 18 日，由中国博物馆协会、中国文物报社主办的第十七届全国博物馆十大陈列展览精品推介活动终评结果在南京揭晓。杭州工艺美术博物馆“海市蜃楼——17—20 世纪中国外销装饰艺术展”获优胜奖。展览以清代中西贸易中的装饰工艺品为展示对象，采用图像志与图像学的方法，从文化史的视角考察这段基于物质交流的文化交流。

【全国抗疫主题书画、摄影作品展】2020 年 5 月 10 日至 7 月 10 日，“艺术的温度——全国抗疫主题书画、摄影作品展”在杭州博物馆举行。展览由浙江日报报业集团、杭州西湖风景名胜区管委会、杭州市园文局、浙江省新闻工作者协会主办，分书画艺术作品展、抗疫主题少儿绘画作品展、新闻摄影作品展三大板块，其中有来自全国各地的近 100 位书画名家的国画、书法、油画、版画、水彩、剪纸、漫画作品 100 多幅。该展览入选 2020 年度国家文物局“弘扬优秀传统文化、培育社会主义核心价值观”主题展览推介项目。

【“中国茶人之家”活动】2020 年，“中国茶人之家”比赛因新冠肺炎疫情原因，采用线上征集微视频的方式展现。5 月 18 日，中国茶叶博物馆在国际交流厅召开 2020 年“中国茶人之家”微视频大赛专家评审会。经过专家评委的综合评选与讨论，最终产生 10 组“最佳中国茶人之家”、10

组“优秀中国茶人之家”，以及最佳茶席奖、最佳组合奖、国际交流奖、最佳创意奖等10个单项奖。

【全国青少年创意剪纸大赛】2020年6月，杭州工艺美术博物馆启动第十届全国青少年创意剪纸大赛。大赛延续“杭州赛区”和“全国赛区”的双赛区赛制。杭州赛区以“活化传承——让文物活起来”为主题，由市文明办、市园文局、市教育局、杭报集团主办。全国赛区以“抗疫”“圆梦小康”为主题，由中华文化促进会剪纸艺术委员会、杭报集团、杭州工艺美术博物馆主办。大赛收到剪纸作品1670幅，参赛地区涉及30个省（自治区、直辖市），在河北、江苏、甘肃、山西、福建等地结合各地的剪纸特色举办参观交流活动13场。11月，大赛优秀作品展在杭州工艺美术博物馆开幕。

【中小学生陶艺大赛】2020年6月，由杭州西湖博物馆总馆承办的杭州市第十三届中小学生陶艺大赛启动。大赛由杭州西湖风景名胜区管委会、市园文局、市教育局主办，以“让文物活起来”为主题，106所中小学校（小学75所、中学31所）参加大赛，选送参赛作品247件（组），经过初评、现场决赛，评选出一等奖11项、二等奖35项、三等奖77项，优秀指导老师奖31名，优秀组织奖29个。11月28日，大赛获奖作品展在杭州西湖博物馆总馆官窑馆区开幕。

【青少年西湖明信片设计大赛】2020年6月，由杭州西湖博物馆总馆承办的第九届杭州市青少年西湖明信片大赛启动。大赛以“让文物活起来”为主题，设置美术名人堂、漫画家培训、现场角逐、颁奖典礼和获奖作品巡展。杭州地区近300所学校及美术机构参加比赛，经各校海选后选送1万余幅参赛作品由专家组初审。11月14—15日，大赛决赛在杭州西湖博物馆总馆西博馆区举行，评选出获奖作品380幅。（章珠裕）

文　物

【概况】至2020年年末，杭州市有世界文化遗产3处、全国重点文物保护单位48处、省级文物保护单位93处、市（县）级文物保护单位542处、市级文物保护点508处。2020年，市园文局联合市规划和自然资源局，启动全市历史文化资源普查工作，完成第六批市级文物保护单位和淳安县5处县级文物保护单位文保标志碑树立工作，编制完成《第五批市级文保单位用地保护规划》《省级文物保护单位杭州钱塘和萧绍海塘（杭州段）保护规划（报批稿）》《杭州市文物保护点用地保护规划（一期）（送审稿）》，编制完成《杭州市国土空间规划文化遗产专项规划》《杭州文物博物馆事业“十四五”规划》初稿。办理市（县）级保护单位修缮许可35个、日常维护保养工程备案49个。实施农村历史建筑保护工程，安排专项资金1800万元，用于77处农村历史建筑抢修。完成古井水源调查工作，启动白蚁防治和石窟寺调查专项工作。

全年，市园文局完成考古勘探及发掘项目171项，其中考古发掘16项。勘探面积793万平方米，发掘面积9380平方米。清理墓葬179座，出土器物标本（小件）2150多件，修复文物249件（组）。临安衣锦城遗址考古发掘入选“2020年度浙江考古重要发现”。新设立杭州市文物考古研究所余杭考古工作站。

【德寿宫遗址保护展示暨南宋博物院（一期）建设】2020年，南宋皇城遗址综保工程继续推进。3月7日，市园文局与上城区联合组建德寿宫遗址保护展示暨南宋博物院（一期）工作专班。12月28日，举行开工仪式。中西区作为一期工程，从建筑复原、遗址展陈和数字展示三方面开展工作，计划于2022年亚运会前建成开放。东区作为二期工程，在亚运会前以优化设计、明确功能设置为主。

【吴越国王陵考古遗址公园建设】2020年，吴越国王陵考古遗址公园建设继续推进。根据规划，遗址公园规划范围84.76公顷，分为太庙山区块、功臣山区块和塔山路沿线3个区块，呈“两区一轴”哑铃状布局，有钱王祠修缮、太庙遗址、吴越国文化展示中心、净土寺遗址、塔山路商业街等39个项目。太庙山区块一期于2019年10月开工建设，功臣山区块、塔山路道路提升改造工程于2020年11月底开工建设，城址公园区块启动前期工作，项目预计到2025年全部建成。

【富阳新登县城遗址考古发掘】2020年，市文物考古研究所对富阳新登县城遗址进行考古发掘。新登古城墙为杭州市市级文保单位，是保存较为完整的古城墙。为配合新登古城有机更新项目，市文物考古研究所对古城更新一期工程范围内相关区域进行系统的考古勘探和发掘，在城门发掘、城墙城河解剖和揭示古城建造历史的唐、宋、明清时期遗迹发掘等方面取得重要阶段性成果。城门的发掘主要涉及南、西两城门，发现明清时期南城门的门洞、城门外道路、马道等遗迹。

【临安衣锦城遗址考古发掘】2020年，市文物考古研究所在原临安市城南小学区块，发掘揭示衣锦城南城墙、南城门及城内建筑遗迹等。南城墙为近东西向，揭露长149米，由城墙和城墙基础两部分组成。城门位于东西向南城墙的中部，城楼北侧尚可见通城门的道路残迹。除南城墙、城门及道路外，在北侧发现有院落、水井、排水沟等遗迹。院落布局严整，并规划有完善的排水系统。衣锦城是吴越国时期在临安的重要建置，是衣锦军军治所在，城址位于临安区锦城街道，城址平面总体呈不规则形，面积0.47平方千米。

【临安天目窑遗址考古发掘】2020年，市文物考古研究所对临安天目窑遗址进行考古发掘。敖干2号窑位于“天目窑遗址群”分布区内敖干水库西北侧，是一处烧造时间较长、产品类型多样、堆积丰富的具有代表性的宋元时期瓷窑遗存。2020年度主要的发掘对象为龙窑和产品废弃堆积。龙窑于山坡上开凿而成，长21.4米，宽2～2.7米，分室建成，前后共7间。窑床底部普遍垫一层黑色沙土，窑尾处清理出排烟道19个。除龙窑主体部分外，对龙窑东侧的废弃堆积进行全面的发掘，产品废弃堆积主要集中在后两间窑室。该窑址产品以青釉碗、盏类为主，灰、白胎，大多数为青黄色釉，少量饰刻划花、凸棱。明火叠烧于窑床之上，黑釉瓷器多叠烧于青釉瓷器上。窑具有窑柱、垫圈等，以窑柱为主。

【余杭李家塘遗址考古发掘】2019年9月至2020年6月，为配合杭州西站枢纽J-R21-13地块建设，市文物考古研究所对该地块进行考古勘探，发现面积1.48万平方米的李家塘遗址。该遗址位于余杭区仓前街道，良仓线以东，仓兴街以北。遗址时间跨度从战国一直延续到明清，主体堆积集中在六朝至唐、五代时期，发现灰坑、灰沟、陶缸、柱洞等遗迹现象，文化堆积层内出土大量青瓷、酱釉瓷器。

【余杭跳头遗址考古发掘】2020年，为配合阿里巴巴达摩院一期地块三项目建设，市文物考古研究所对该地块进行考古勘探，发现余杭跳头遗址。该遗址位于余杭区中泰街道跳头村东北400米，东距南湖约1000米。遗址主体年代为商周时期，清理灰坑18座、灰沟2条、陶片堆2处、红烧土堆积6处、道路1条，揭露出土垄、多处柱洞组合（建筑单元）、疑似护岸遗迹等，出土陶鼎、陶纺轮、原始瓷碗、铜镞、铜刀、铜矛、石锛、穿孔石刀、石斧等120多件。

【余杭中泰街道中桥村古墓群考古发掘】2019年10月至2020年5月，市文物考古研究所对中泰街道中桥村古墓群进行考古发掘。该墓群位于余杭区中泰街道中桥村近村委会处。此次发掘墓葬75座，其中汉墓29座、两晋墓13座、南朝墓27座、唐墓2座、宋墓3座、明墓1座；出土各类陶器、青瓷器等随葬品143件。于东区中部发现马蹄形窑址两处，保存情况较差，未见明显出土遗物，初步推测可能为汉六朝时期砖窑。

【萧山黄家河墓群考古发掘】2019年5月至2020年8月，市文物考古研究所联合萧山博物馆对黄家河墓群进行考古发掘。该墓群位于萧山区蜀山街道黄家河村。此次发掘清理良渚文化时期至明代的墓葬339座，其中良渚文化时期土坑墓1座、两周土坑墓5座、汉墓228座、六朝砖室墓22座、唐五代砖室墓18座、宋墓44座、明墓21座。出土文物2602件（组），包括原始瓷器、陶器、釉陶器、青瓷器、铜器、铁器和石器等，另有1合明代墓志铭。其中，2020年度发掘墓葬40座，出土随葬品248件。

萧山黄家河墓群　（市园文局 供稿）

【浙江工业大学屏峰校区古墓群考古发掘】2020年8—12月，市文物考古研究所对浙江工业大学屏峰校区古墓群进行考古发掘。该墓群位于浙江工业大学屏峰校区西北部山坳之中。此次发掘各时期古墓葬27座，其中汉墓4座、两晋墓6座、南朝墓6座、唐墓2座、宋墓4座、明墓5座。编号M10及M12墓葬隶属于南宋绍兴年间枢密院文字主管张适夫妻及后妻三室合葬墓，墓葬结构保存基本完好，并出土有明确墓志，为普安院建筑遗迹定名提供依据。出土随葬品瓷器、陶器、金属器等110件。清理窑址5座，均位于发掘区东北部半坡之上，形制较为统一，窑址由北向南依次排列，均为马蹄型窑。根据其砖纹初步推测该区域内窑址可能为汉六朝时期砖窑。普安院建筑遗址位于发掘区中部，清理出砖砌排水沟、磉墩、夯土台基、台基包边、砖墙等相关建筑遗迹，出土重唇板瓦、筒瓦、瓦当、螭吻、香糕砖、铺地方砖、青瓷碗、建窑黑釉盏等遗物。

【文物安全监管】2020年，杭州市文物行政处罚立案3件，结案2件。开展春节前、高温天气、岁末年初等关键节点文物消防安全大检查和文物“双随机”检查。开展民居类文物建筑消防安全三年专项整治，推进杭州市文物平安工程三年行动计划，在全市推广文物建筑“智慧消防”系统。

【“文化和自然遗产日”活动】2020年6月13日，“让文物活起来”——杭州市“文化和自然遗产日”主场活动在良渚古城遗址公园举行，各博物馆同步推出主题宣教活动。来自全市13个区县（市）、杭州西湖风景名胜区管委会的文物部门及主要博物馆的负责人、媒体约100人参加活动。各区县（市）举办展览、讲座等各类宣传活动。“十佳文物保护利用”案例征集活动同步开展，评选“可移动文物十佳保护利用”和“文物建筑十佳保护利用”优秀案例，编制《杭州市文物建筑保护与利用案例》。联合“杭州网”，推出“让文物活起来”网络宣传平台。（章珠裕）

档案事业

【概况】2020年，杭州市实现全市档案工作“十三五”规划收官。至年末，全市各级各类档案馆有馆藏档案429.72万卷、291.60万件，资料20.73万册、1660GB，实物档案

8.13万件。市档案馆馆藏纸质档案173.72万卷、59.56万件，电子档案1908.22GB，实物档案5.31万件，馆藏资料2.56万册。

全市档案新馆建设稳步推进。市城市档案中心项目克服新冠肺炎疫情影响实现首批复工复产，于年末完成主体结顶。江干新馆进入内部装修阶段，临安区完成档案新馆建设，桐庐新馆建成并投入使用。

【档案工作服务中心大局】2020年，市档案局、市档案馆加强联动，印发《杭州市疫情防控档案工作指南》和《疫情防控档案归档范围和保管期限表》，抽调人员驻点市新冠肺炎疫情防控领导小组办公室收集整理文件资料，对"健康码""亲清在线"等工作责任单位进行跟踪指导服务，全过程全方位收集保存全市"战疫情、促发展"的真实记录。全市各级综合档案馆征集接收新冠肺炎疫情防控各类档案2.07万卷（件）、照片1.85万张、电子档案264GB。

8月，为纪念中国人民抗日战争暨世界反法西斯战争胜利75周年，市档案馆召开馆藏抗日战争档案公布会，首次对外公布65份有关抗日战争时期人口伤亡及财产损失档案，编辑出版《抗战时期杭州人口伤亡及财产损失档案汇编》，举办"杭州抗战档案史料展"。12月，由市档案馆承办的"决战脱贫攻坚，决胜全面小康——杭州市助力对口地区全面奔小康成果展"在市民中心举行，展现杭州和对口地区合力攻坚的成果。江干区档案馆与相关单位联合举办"守望扶贫，共建小康"和"艺心·战疫"等专题展览，累计参观人数超过2万人次；萧山区档案馆与相关单位联合举办"新冠时期的影像·档案"抗疫展览暨分享会和"风景旧曾谙——致敬强国，致敬抗疫凡人英雄作品展"；临安区档案馆在《今日临安》头版头条连载《档案见证高水平小康路》专栏，在临安区党群服务中心举办"众志成城·圆梦中华——1945—2020抗日战争胜利75周年图片展"。

【档案工作服务重大活动】2020年，市档案馆协助G20杭州峰会史料展示厅筹建，联系对接新华社图片中心、中央广播电视总台音像资料馆、厦门市档案局等部门开展重要展品资料定向收集，共提供纸质档案628件、照片档案2.19万张、视频518个、实物档案426件。完成G20杭州峰会口述档案采集。服务亚运会建档工作，全程派员跟进，强化进馆档案接收指导，从源头上确保档案齐全完整规范。联合市保密局推进"五四宪法"历史档案专项解密和开放鉴定工作。12月4日，召开"五四宪法"历史档案解密开放鉴定成果发布会，将解密开放的133件、621页鉴定成果档案移交给"五四宪法"历史资料陈列馆展陈利用。下城区档案馆服务省委巡视组巡视下城区各项查档，并承担相关规范制定及台账资料准备等工作；滨江区档案馆服务高新区成立30周年庆典，做好重大活动查档工作；建德市调取城防工程档案——新安江城防竣工图等资料，为市委、市政府应对新安江水电站首次正式九孔泄洪提供档案支撑。

【依法治档】2020年，市档案局按照国家档案局的部署要求，推行档案工作责任制，加强党对档案工作的领导，形成市委领导、市委办公厅（市档案局）负责、各市直单位齐抓共治的档案工作格局。贯彻落实新修订的《中华人民共和国档案法》（简称《档案法》），9月18日，市委理论学习中心组组织《档案法》专题学习。10—11月，举办全市档案管理岗位、档案人员继续教育培训班，进行档案法治建设暨《档案法》宣传贯彻。取得市委党校支持，将学习《档案法》纳入党员干部教育培训课程，与市司法局对接将《档案法》列入2021年领导干部和公务员学法用法考试内容。全市组织学习宣讲新修订《档案法》35场次，3574人次参加。加强执法和监督检查工作，12月，围绕机构改革、新冠肺炎疫情防控、政府数字化转型等重点工作，市档案局、市档案馆联合对市卫生健康委、市委统战部等20个市直单位开展档案专项执法检查，督促问题整改落实，提升依法治档水平。杭州市档案法治案例入选全国第一起档案法治案例；下城区举办数字档案室创建及档案业务专题培训会，完成新组建单位归档范围和档案保管期限表的编制和审批；拱墅区"双随机"掌上执法率、行政执法检查事项监管覆盖率和执法信息公开率达100%；西湖区将档案工作纳入年度综合考评；萧山区加强对宁围街道行政区划调整中档案处置的指导，开展业务培训，400多人受训；富阳区档案保密联合执法提升监管效能工作入选2020年度全省档案法治十大案例；临安区举办全区档案员网络业务培训班，召开档案服务企业座谈会，组织服务企业工作人员档案业务实操培训班。

【档案信息化】2020年，围绕服务政府数字化转型，市档案局制定印发《杭州市档案局推进档案数字化转型工作实施方案》，全市档案部门推进档案数字治理，推动行政服务事项电子化归档，市本级和各区县（市）行政机关行政服务事项电子化归档1508万余件，归档率100%。市档案馆编制完成6类政务共享数据目录，实现11类公共服务事项在线网办。推进市域一体化数字档案智慧服务平台建设，协助建设全市档案业务监督指导系统，在线开展档案工作日常督导和年度评估考核。创新探索单套制归档，建设杭州市电子文件中心，归档接口覆盖所有党政机关、政务OA系统，归档各类电子公文32万余件。与市数据资源管理局、云栖工程院合作开展城市大脑专题建档试点，实现"亲清在线"惠企政策、兑付审批两类业务事项的电子化归档。全市推进省级数字档案馆评估工作和省级数字档案室创建活动，区县（市）数字档案馆通过国家级测试1个、省级评估4个，县直以上机关、企事业单位完成省级示范数字档案室103个，省级规范化数字档案室207个。江干区档案馆建立完善"三网四库"综合档案管理，档案资源总库累计存储全区84个全宗、8.18万卷、47.81万件、3983GB档案数据；拱墅区结合机关内部"最多跑一次"工作，推进在线登记备份，累计备份数据量3.54TB；"富阳区基层档案治理创新研究"获浙江省科技项目立项；临安区档案馆升级改造全区共建共享平台、电子档案接收平台。

【**档案公共服务**】2020年，杭州市各级各类档案馆接待档案利用6.78万人次、22.79万卷（件）次，市档案馆接待档案利用5401人次、1.03万卷（件）次。

市档案馆深化“最多跑一次”改革，融入“移动办事之城”服务体系建设，推进“网上可办”全覆盖，全年网上查档2785件，网上咨询111件，电话咨询1563人次，“最多跑一次”改革的实现率和满意率得到双提升。完善“省外协作查阅、省内跨馆服务、市内馆际联网”的档案远程利用服务体系建设，与青岛市档案馆、西安市档案馆签订异地查档合作协议，累计签约档案馆达19个。参与推进长三角地区档案工作协作合作，全年办理异地查档、跨馆服务35件，群众满意率100%。发挥市档案馆查阅大厅、市行政服务中心和市党群服务中心三大查档窗口服务功能，兰台“e”窗被评为省级巾帼文明岗。下城区档案馆指导区教育局建成城区教育机关中第一个开发教育历史的展馆；淳安县档案馆全面建成涵盖移民、土地、宅基地、企业退休职工等多种涉民类型、数据容量约5 TB的淳安县民生档案数据库，实现资源共享、服务高效的档案查阅利用新跨越；建德市档案馆搭建市域档案资源共享服务平台，实现在各乡镇便民中心在线共享利用民生档案，并逐步向部门共享馆藏档案。

【**档案基础业务建设**】2020年，杭州市新增下城区、西湖区等档案新馆建设2个，上城区、下城区、江干区、西湖区、滨江区、桐庐县、建德市7个综合档案馆通过档案业务建设评价。档案工作服务农村基层社会治理国家级、省级试点工作扎实推进。各级综合档案馆贯彻落实省委办公厅、省政府办公厅《关于加快推进新时代档案资源建设的意见》，聚焦“三个地”和“重要窗口”档案资源建设，开展档案接收工作，加大“三重一特”档案征集力度，持续丰富档案资源、优化馆藏结构。市档案馆接收杭州2018年第14届FINA世界游泳锦标赛（25米）重大活动档案进馆；举办第十四届“杭州印象”纪实摄影作品大赛，收到作品7017张。与市侨联合作完成《杭州侨联志》编撰和出版工作。市档案馆开展档案质量检查及重点档案抢救与保护，累计完成纸质档案质量检查283万页、出生医学证明等进馆电子档案数据质量检查35万条、民国档案著录检查20.1万件，修复破损档案3.6万页。西湖区档案馆接收“中共中央总书记习近平调研西溪湿地”“民政收养档案”“民非组织档案”等重大活动和项目档案；滨江区档案馆接收高新区成立30周年庆典等重大活动专题档案；萧山区档案馆接收18个单位档案共2153卷、5.40万件，照片92张，征集到第二届萧山人大会档案纸质资料52件、实物7件、电子数据526GB；临安区档案馆完成馆藏400万页档案数字化加工，接收、征集地方文献、照片、邮品档案等1000多件。

【**档案文化与宣传**】2020年，市档案馆在全市档案系统举办寻找百姓最喜爱的“镇馆之宝”和“网红讲解员”活动。全市报送“镇馆之宝”10项，4.2万人次参与评选点赞，累计阅读量近3万人次。整理习近平2002年10月至2020年4月期间对杭州的重要讲话、指示等，编印《习近平同志对杭州工作重要指示选编》，作为市委十二届九次全会学习资料分发。制作2020年《杭州记忆》系列专题片，编印出版《杭州与海上丝绸之路》。拍摄《神秘的“杭州概况”手抄本》短视频，获全省党员教育电视片观摩交流活动微视频三等奖和全市党员教育电视片观摩交流活动“最佳制作奖”。与市总工会联合开展首届“兰台工匠”选树活动，选树20名杭州市“兰台工匠”，展示杭州档案人的职业精神和工匠精神。上城区档案馆精选“馒头山之变”“百年思鑫坊”“望江速度”三类主题照片档案在“上城发布”微信公众号开设网上展览；江干区档案馆与夏衍研究会、江干区非物质文化遗产保护中心、江干区市场监管局等单位合作编纂《夏衍精彩人生照片合集》《夏衍旧居藏品目录》《江干非遗录》等；萧山区档案馆编研出版《70年70事·萧山印记》和《萧山宗谱知见录》，《萧山来氏家谱》获杭州市“百姓最喜爱的镇馆之宝”一等奖；余杭区档案馆编撰出版《余杭美丽乡村纪事》《余杭品牌记忆》等“余杭记忆”系列丛书；富阳区档案馆结合“6·9”国际档案日和“9·5”档案法颁布日开展档案拼图、展览和专题讲座等系列宣传活动，参与人数12万人次；桐庐县档案馆在城区公交车车载电视上播放档案宣传短片，推动档案文化进机关、进社区、进农村、进校园。

（周道彩）

群众文化

【**概况**】2020年，杭州市开展送戏下乡3765场，送书下乡61.36万册，送讲座展览下乡5439场，开展文化走亲1215场次，开展线上文化服务活动4658场次，其中线上参与2648.14万人次。元旦、春节期间，举办欢乐新春文化行活动，选送15台越剧到富阳、临安、建德、淳安等地的15个乡村演出。持续实施“你点我演”群文预约配送工作，将其纳入2020年市政府民生实事项目，全年市、县（市、区）两级为1812个文化礼堂送出文化活动2531场，文化礼堂覆盖率100%。市文化广电旅游局结合对口帮扶、对口合作和山海协作工作，到丽水市、衢州市、湖州市和吉林省长春市、贵州省黔东南苗族侗族自治州、广东省广州市开展文化交流活动。

【**“风雅颂”民间舞蹈展演**】2020年9月29日，第十届“风雅颂”民间舞蹈展演活动在富阳区龙门景区广场举行，14个民间艺术舞蹈节目参加展演。所有节目均取材于当地非物质文化遗产或传统民间艺术项目，并在此基础上加以创新改编，融入各地旅游文化特色内容，既保留地域特色，又呈现时代特征。活动评选出金奖2项、银奖3项、铜奖4项、表演奖5项。“风雅颂”民间艺术展演活动创办于1999年，每两年举办一届，20多年来推出122个优秀原创节目，培育100多支民间艺术演出队伍。

【**“云播”“云展”“云创”系列活动**】2020年2—3月，杭州市组织全市艺术创作生产单位开展“请您看戏，

2020 年 12 月 31 日,"2021 年新年送福送春联活动"在杭州市党群服务中心开幕
（市文化广电旅游局 供稿）

一起战'疫'"经典剧目云播、"文艺助力,一起战'疫'"主题作品云创、"大爱无垠,一起战'疫'"书画创作云展等"三云"系列活动。其间,通过微信公众号等平台推送《洪昇》《通达天下》《紫金滩》等精品剧目 17 部,发布《你的背影》《杭州的情怀》《那是天使在人间》等各类战疫主题创作近 200 幅（首）,公众号阅读量超过 15 万人次。

（市文化广电旅游局）

文学艺术

【概况】杭州市文联实行团体会员制,至 2020 年年末,有团体会员 46 个,包括作家协会、美术家协会、书法家协会、戏剧家协会、音乐家协会、舞蹈家协会、摄影家协会、民间文艺家协会、曲艺家协会、杂技家协会、电影电视家协会、文艺评论家协会、网络作家协会、文艺志愿者协会 14 个直属文艺家协会,13 个区县（市）文联,公安文联、公交文联、消防文联、城管文联、青年文联、城市学院文联等行业和大学文联以及 13 个其他团体会员。14 个直属文艺家协会有会员 1.12 万人。2000 年,市文联推进基层组织建设,支持有条件的乡镇（街道）和行业、企业建立文联组织,继续加强文艺精品创作和文艺人才培养。

2020 年,杭州文广集团围绕抗击新冠肺炎疫情、全面建成小康社会等重大题材,锻造文艺精品。集团下属文化演艺单位创排《叩问生命》《片儿川与热干面》《小巷里的幸福》等作品 99 部,获国际奖项 5 个、国家级奖项 3 个、省级奖项 23 个, 4 个项目入选浙江省文化艺术发展基金 2019 年度资助项目。集团旗下演艺集团发挥带动作用。杭州歌剧舞剧院有限公司、杭州话剧艺术中心有限公司在体制机制上与演艺集团全面接轨,杭州杂技艺术总团有限公司、杭州越剧传习院在新剧创投、新人培养等方面跟演艺集团实现全面合作。集团所属各文艺院团参与完成由市委宣传部推出的"战疫情·促发展"主题巡演千里行活动,选取精品剧目及全年度大戏,举行高雅艺术进校园、新春欢乐送、文化进万家及其他文化惠民演出活动共 800 多场。策划"杭州西湖日"等文旅直播项目,推出"西子国乐·乐动杭城"系列公益演出。（市文联 杭州文广集团）

【文联基层组织建设】2020 年,市文联夯实文联工作基础,支持有条件的乡镇（街道）和行业、企业建立文联组织,成立消防文联、城管文联和青年文联,萧山、余杭等 7 个区县（市）文联改革方案出台实施, 43 个乡镇（街道）成立文联组织。拓展联络服务广度,制定《杭州市文联关于加强新文艺群体服务管理工作的意见》,筹建文艺两新发展联盟试点工作,在新文艺群体密集地区建立文艺从业人员行业组织和工作联络员制度。加强对直属文艺家协会的管理,完成 12 个直属文艺家协会换届工作;杭州市摄影家协会成立航拍分会。推进事业单位改革,整合组建杭州市文学艺术创作研究院,杭州画院从公益二类提升为公益一类。市文联全年举办培训班 7 期,培训文艺骨干、文艺志愿者、新会员等 708 人。248 名文联系统干部、文艺志愿者完成"中国文联网络培训云平台"学员注册,并参加中国文联举办的"全国文联系统干部增强'四力'网络培训班"。

【文艺精品创作】2020 年,市文联加强文艺精品创作,组织申报浙江文化艺术发展基金、杭州文艺精品工程, 7 项入选浙江文化艺术发展基金 2019 年度资助项目, 12 项入选 2020 年度杭州文艺精品工程扶持项目。组织市文联文艺精品工程申报评审工作,扶持文艺精品工程项目 18 项。组织出版"杭州青年作家文丛"第四辑,收录毕非一、方石英、熬运涛、管尔东 4 位青年作家作品集 4 册。参与"杭州优秀传统文化丛书"编撰、创作,与国内 10 多个重要城市文联对接,组织 40 多位各地知名作家到杭州采风并参与丛书写作。据不完全统计,全年杭州文艺界获省级以上奖项 436 项,其中 3 项获相关文学艺术门类国家最高奖,杭州摊簧《淑英救弟》获第十一届中国曲艺牡丹奖节目奖,舞蹈《一缎·丝语》入围中国舞蹈"荷花奖"古典舞终评,电视剧《外交风云》获第三十届中国电视金鹰奖最佳电视剧奖、最佳编剧奖和第三十二届电视飞天奖优秀电视奖、优秀编剧奖。

【文艺人才培养】2020 年,市文联推进"文艺杭军"建设,向国家级、省级文艺家协会输送优秀文艺家, 136 名会员加入省级文艺家协会、38 名会员加入国家级文艺家协会。连续 13 年实施"青年文艺家发现计划",完成第 10 批 32 名青年文艺人才推荐评审工作。支持杭州画院画师举办系列个展。结集出版《青年作家文丛》,举办《钱塘三部》作品分享会,为新出版书籍作家举办读书分享交流会。举办中国网络文学理论研讨会、"钱潮杯"首届青年创意家·网络文艺评论大赛,培养网络文学理论研究和评论人才。开展文艺高层次人才认定,审核认定2名B类、8名D类、42名E类人才。为文艺人才解决住房、工作经费、创作经费、职称评定等问题提供支持和服务。

【文艺志愿服务】2020年,市文联实施"文艺播种计划",采取市、区县(市)文联两级联动、线上线下相结合的方式,组织100名艺术家进行慰问演出、辅导培训、展览展示、文艺支教、网络互动等活动。组织多支"文艺轻骑兵"在元旦、春节等重要时间节点,开展慰问演出、志愿服务等活动。结合"走亲连心三服务",到各区县(市)开展送演出、送书画、送剪纸、送摄影等文化惠民活动。组织艺术家和文艺志愿者到新疆维吾尔自治区阿克苏市开展文化润疆结对走亲活动,签订加强文化艺术交流的合作协议。全年开展文艺志愿服务、文化惠民活动686场次,参与的文艺志愿者3710人次,受益群众8.32万人。

【杭州文艺界助力抗疫】2020年,面对新冠肺炎疫情,市文联号召全市文艺界人士以多种文艺形式助力抗疫活动。市文联组织各界文艺名家围绕"战疫情、促发展",创作诗歌、绘画、曲艺、音乐、视频等各类文艺作品1.08万件,其中12个直属文艺家协会创作作品3000多件,区县(市)文联组织创作文艺作品5800多件。编辑出版《携手抗疫迎春来》(视觉艺术卷和文学作品卷)。举办"情暖杭城,传递大爱"书画慈善捐赠活动,以及"以艺抗疫"相关活动10多场。开设"云剧场""云展览",举办"艺起前行、云上相约"——戏剧、舞蹈等云展播和书法、美术、摄影等"云展览"活动,开设少儿中国舞、街舞免费"云课堂"。 (蒋卓斌)

【杭州演艺集团拓展"云演艺"】2020年,杭州演艺集团及市属文艺院团拓展文化演艺线上传播新渠道,探索"云演艺"发展新路径。受新冠肺炎疫情影响,在演出场所没有完全营业的情况下,杭州演艺集团及市属文艺院团演艺工作者开展形式多样的"云端演出"。杭州大剧院通过微信、微博、抖音等平台推出"云上音乐节""云上音乐会""云上展览""云上课堂""云上剧场"五大板块在内的"云享艺术"活动;杭州越剧传习院在抖音平台开设名家"云课堂",由梅花奖得主徐铭、谢群英分别担任授课教师;杭州话剧艺术中心发挥专业演员声音优势,录制音频发布到微信公众号;杭州爱乐乐团组织演奏家以独奏、重奏等形式,在世界各地用音乐进行"云合作云演奏",实现跨地域音乐合作演出。2月22日,杭州演艺集团携手市属院团文艺工作者,推出"'艺'起前行——杭州演艺集团战疫情线上特别直播"。杭州演艺集团打造杭州演艺云端传播矩阵平台,通过短视频方式宣传推介演艺集团品牌及近期演出剧目;联合知名MCN(多频道网络)机构,打造演艺集团抖音传播矩阵;包装打造名演员,以"网红经济"的运营模式开发新的营销渠道。

2020年12月,杭州文艺志愿者到淳安县鸠坑乡严村演出 (市文联 供稿)

【"星光之约——汽车观影"活动】2020年5月31日,在新冠肺炎疫情防控常态化的新形势下,为助力电影行业复工复产,由杭州文广集团旗下的浙江星光影视有限公司主办的"星光之约——汽车观影"活动在西湖边举行,提供限时免费开放的露天影院,现场100多名观众在车内观看影片。为减少人群聚集风险,观影活动采取"预约""限流"的方式,确保零接触无聚集。入场时,每位乘客接受"扫码+测温",确保观影环境。

【杭州爱乐乐团和杭州滑稽艺术剧院参加"云端艺术季"】2020年8月,杭州爱乐乐团和杭州滑稽艺术剧院在北京参加中央广播电视总台"云端艺术季"活动。8月13日,在"云端艺术季"直播现场,杭州爱乐乐团负责人用"直播带货"方式,向网友介绍乐团"轻食古典·迷你音乐会"、"疯狂马勒"系列音乐会和第四届杭州国际音乐节;乐团演奏"千人交响"马勒第八交响曲第一乐章。8月17日,杭州滑稽艺术剧院院长在直播现场向网友介绍戏曲曲艺"非遗"项目。 (邹 争)

【"众志成城·圆梦中华"主题书画展】2020年9月10—27日,"众志成城·圆梦中华"杭州市书法美术主题创作暨纪念中国人民抗日战争胜利75周年优秀作品展在杭州图书馆艺术博览中心和江干区文化中心举行。书画展由市文化广电旅游局主办,市硬笔书法家协会承办,主题为"决战疫情防控""决胜脱贫攻坚""纪念抗日战争胜利",展出的200幅作品是经活动组委员多轮评选,从600多位书画名家寄送的723幅书画作品中遴选出来。

【杭州市新剧(节)目会演】2020年10月23日至11月16日,最"艺"是杭州——2020年杭州市新剧(节)目会演在杭州举行。演出由市委宣传部、市文化广电旅游局主办,杭州演艺集团有限公司、市演艺业协会承办,在杭州大剧院、杭州艺苑等6

2020 年 10 月 23 日至 11 月 16 日，2020 年杭州市新剧（节）目会演举行。图为音乐剧《流星》演出照（市文化广电旅游局 供稿）

个剧场举行，集中展演《男人立正》《千鹤女人》《香如故》等 10 部近两年杭州新创优秀作品。经评审，5 部作品获“优秀剧目奖”，5 部作品获“剧目奖”，100 人获单项奖。

（市文化广电旅游局）

【吴山明美术馆项目主体结构施工完成】2020 年 9 月，杭州吴山明美术馆项目完成主体结构施工，12 月完成钢结构屋顶施工，预计 2021 年开馆。美术馆项目位于之江路 91 号，总面积 2885 平方米，土建总投资 2800 万元、展陈计划投资 1300 万元。项目主要承担吴山明艺术品展览陈列，为中外艺术家及艺术爱好者进行各类学术研究、艺术讲座提供交流平台，是杭州市重点文化项目。（梁 之）

文化交流

【概况】2020 年，杭州市加强国内外文化交流，提升杭州文化影响力。举办第二届“西湖杯”中国硬笔书法大赛、第三届中国浙江（杭州西湖）国际摄影大展、杭州国际音乐节、杭州国际戏剧节等活动。对外输出重点文化交流项目，1 月 13—20 日，杭州艺术学校到新加坡参加第二十七届“春城洋溢华夏情暨欢乐春节”文化、艺术、旅游展活动；1 月 23 日至 2 月 1 日，由杭州江南丝竹南宋乐舞传习院组成的杭州艺术团到苏里南演出。

【中外画家走进良渚古城油画作品展】2020 年 4 月，为庆祝良渚古城遗址申遗成功 1 周年，市文联组织 250 多名中外画家到良渚博物院、良渚古城遗址采风写生 20 多次，创作良渚主题油画作品 200 多幅。其中乌兹别克斯坦国家艺术科学院选送 8 位著名画家参与活动，创作油画作品 25 幅。经评选，160 幅作品入选展览，精选其中 145 幅入选《彩笔绘良渚，盛世颂华章——百名中外画家走进良渚古城油画作品集》。7 月 4—19 日，作品展在良渚古城遗址公园大观山服务中心举行。

【全国网络文学理论研讨会在杭州召开】2020 年 11 月 2—4 日，全国网络文学理论研讨会在杭州召开。研讨会由中国作家协会网络文学中心、浙江省作家协会等主办，网络文学专家学者、知名网络作家、地方作家协会和网络文学平台负责人及媒体记者等 60 多人参会，从网络文学的创作、评价、研究等角度出发，探讨网络文学的发展实际与理论现状，力求推动网络文学高质量发展。（蒋卓斌）

【“西湖杯”中国硬笔书法大赛】2020 年 7—10 月，第二届“西湖杯”中国硬笔书法大赛在杭州举行。这届比赛将参赛选手从首届的青少年扩面至所有硬笔书法爱好者，收到全国 31 个省（自治区、直辖市）寄投的有效稿件 1.73 万件。评选出少儿组金奖 50 名、银奖 100 名、铜奖 300 名，成人组金奖 20 名、银奖 80 名、铜奖 200 名以及优秀奖若干，将部分优秀作品结集成册。

【中国浙江（杭州西湖）国际摄影大展】2020 年 12 月 28 日，“流光溢彩·艺杭州”第三届中国浙江（杭州西湖）国际摄影大展在杭州举行，收到 836 位摄影人 1.03 万幅参赛作品。经评选，170 位参赛者分别获“一般彩色组”“一般黑白组”“自然组”“旅游组”以及“西湖专题组”5 个组别 217 个奖项。

（市文化广电旅游局）

【西子国乐乐团全国巡演】2020 年 6 月 7 日，杭州演艺集团旗下西子国乐乐团在上海人民大舞台开启 2020 年全国巡演。巡演前一天，杭州演艺集团与上海人民大舞台国际文化娱乐有限公司举行战略合作签约仪式暨新剧首演发布会。西子国乐乐团是杭州演艺集团旗下的专业民族乐团，由 7 位青年艺术家分别用笛子、二胡、板胡、扬琴、琵琶、古筝和中阮演奏，将江南丝竹非物质文化遗产与现代演奏技法、声光舞美艺术结合。乐团曾参加 G20 杭州峰会、世界互联网大会等重大活动文艺演出，并代表杭州出访 10 多个国家和地区。

【杭州国际音乐节】2020 年 9 月 16 日至 10 月 13 日，2020 年杭州国际音乐节举行。音乐节由市委宣传部、杭州文广集团主办，杭州演艺集团和杭州爱乐乐团承办，以“音乐改变城市未来”为主题，邀请指挥家杨洋、林大叶，小提琴演奏家吕思清、宁峰、黄蒙拉，钢琴演奏家陈萨、左章，以及国家京剧院、中央歌剧院等一流艺术家和演出团队，举行 15 场驻节演出、10 场公益普及演出、4 场云上音乐会、4 场大师公开课、3 场音乐讲堂以及主题城市灯光秀。

音乐节嘉宾邀请以中国艺术家为主，在体现民族音乐特色的同时，也与世界音乐文化接轨。通过加大艺术惠民活动力度，增强杭州乐迷的参与度，3700 多名观众参与音乐节活动。中央人民广播电台经典音乐

2020年6月7日，杭州演艺集团旗下西子国乐乐团在上海人民大舞台开启2020年全国巡演 （杭州文广集团 供稿）

广播播出19期音乐节相关节目和3场音乐会直播，2.12亿人次收听。

【杭州国际戏剧节】2020年10月11日至11月16日，2020年杭州国际戏剧节举行。戏剧节由市委宣传部、杭州文广集团、市文化广电旅游局主办，杭州演艺集团等单位承办，26部剧目在杭州各剧场、艺术空间演出40场。除讲座、工作坊、摄影展览外，开展艺术现场、VR展演、快闪朗诵等艺术活动40多场，8万人次参与现场活动。全国100多个媒体进行报道。

（邹 争）

文化市场

【概况】2020年，杭州市文化市场综合行政执法机构检查出动3万余人次，检查经营场所5.94万个（次），落实“双随机”抽查监管要求，抽查2247个（次）。行政处罚立案调查284件，警告115个（次），罚款111.84万元，没收非法所得26.5万元，没收违法物品5818个，停业整顿6个（次），查处重大案件13件，移交案件3件。

【文化市场综合行政执法改革】2020年5月29日，市文化广电旅游局做好文化市场综合行政执法改革后续工作，完成文化和旅游两支执法队伍合署办公、“三定”方案、班子配备、人员转隶、人员适岗调配等，联合市新闻出版局、市园文局、市体育局出台《杭州市文化市场综合行政执法工作机制》等文件，理顺执法机构与业务主管部门的职责边界，明确6个主城区执法大队权责权限，整合全市文化旅游执法力量，综合配备文化、旅游、出版电影电视、网络文化、文物等专业执法大队以及6个城区执法大队，实现文化旅游领域“一支队伍管执法”格局。

【文化市场疫情防控】2020年，杭州市文化市场落实新冠肺炎疫情防控要求，加强日常防疫巡查，落实文化市场暂停营业、复工复产各阶段任务要求，从严督导疫情防控措施实施。全市暂停营业网吧、电影、娱乐等经营单位和公共文化场馆2351个，取消原定文艺演出318场次；检查复工文化和旅游场所2.8万个（次）。

【文化市场专项整治行动】2020年，杭州市文化市场开展为期40天的暑期网吧专项整治行动，从严监管演出市场经营活动，重点加强旅游景区、酒吧、饭店、商场等场所内营业性演出的执法检查，加强演出活动现场监管，严查演出场所安全管理，开展演出经纪公司核查，严查擅自从事营业性演出经营活动。审核艺术考级各个环节，开展艺术考级新冠肺炎疫情防控检查，严查未经批准擅自或变相开办艺术考级活动。联合各城区开展网络表演集中排查活动，查处平台主播着装暴露、言语及表演低俗等问题。严查网络游戏、网络直播、网络音乐和网络视听的违法违规违禁内容。落实“新风2020”和“正道2020”两大系列“扫黄打非”集中专项行动。

【应急广播体系建设】2020年12月，杭州市应急广播管理平台（一期）上线运行，在杭州市范围内的4K超高清智能终端实现字幕游走、音频发布、应急喊话、应急视频切转等形式的应急信息发布。“杭州交通91.8”作为城市广播应急体系，在2020年汛期、抗击新冠肺炎疫情和日常生活突发事件中发挥信息传递、信息沟通和快速应急的作用。

（市文化广电旅游局）

责任编辑 郦 晶

2021
杭 州 年 鉴
Social Science

社会科学

综 述

【社会科学服务社会】2020年,杭州市社会科学界联合会(简称市社科联)、杭州市社会科学院(简称市社科院)围绕市委、市政府中心工作部署,开展新冠肺炎疫情防控、咨政服务、理论研究、社科普及、基地建设、社团管理、自身建设等各项工作。市社科院获"2020年度全国城市社科院先进单位"称号,市社科联获评"浙江省社科联工作测评综合优秀单位"。

建立常态化学习制度。制订习近平新时代中国特色主义思想专题学习计划,组织全市社科界学习研讨,选派宣讲骨干到基层宣传阐释。在全市社科战线开展学习省社科联第八次代表大会精神活动。编辑印发《习近平总书记有关哲学社会科学工作重要论述摘编》等学习材料。

实施"领导圈选课题",围绕市委、市政府中心工作,由市领导圈选重点课题,获省、市领导批示35件(次)。推进社科智库建设,制定《杭州社科智库特聘专家研究工作资助管理办法》;会同市委政法委成立杭州市社会治理现代化研究中心。联合市咨询办、市政府研究室,聚焦杭州市域社会治理现代化,主办杭州市社科界第六届学术和咨政年会,承办第五届省社科界学术年会学术专场暨浙江城市治理论坛。打造南宋史研究中心品牌阵地,启动"南宋史研究回顾与展望"国际交流活动,会同市政协文史委承办2020年杭州文史论坛暨"15世纪以来长三角地区社会变迁与转型"学术研讨会。编撰完成《杭州蓝皮书2021年杭州发展报告》。

修订印发《杭州市社会科学界联合会社团管理办法》,组建"六大社团联盟",实现21个业务主管社团党的组织或党建指导员(联络员)全覆盖。认定第三批全市社科优秀青年人才31名,第四轮市级社科重点研究基地10个。调整市社科联所属社团团体会员,调整后有杭州城市学研究会、杭州市哲学学会、杭州市历史学会、杭州茶都品牌促进会、杭州市孔子研究会、杭州市党史学会等63个社团团体会员。

【社会科学服务复工复产】2020年,市社科联组织全市社会科学界围绕"战疫情、促发展、稳就业",履行研究咨政部门的社会责任,分析新冠肺炎疫情形势,对统筹和经济社会发展工作做出咨政建议,为市委、市政府"双线作战"出谋划策。3月10日,《杭州社科成果(专报)》刊载市社科院课题组《疫情之下杭州生产性服务企业复工难点与促进对策》研究报告,指出"物流不畅""返杭不全""链条断接""资金困难"是杭州市生产性服务企业复工主要难点,提出由审批审核转变为服务检查、由制造企业延伸到服务行业、由普惠补助突出到重点奖励、日疫情制约转化到产业培育4个建议。4月1日,《杭州社科成果》第二期刊载浙大城市学院课题组《疫后杭州市旅游业高质量发展研究:国际经验与对策建议》研究成果。课题指出,2020年旅游产业发展存在旅游业发展信心不足、旅游业市场管控和恢复短期难以回归正常、疫情造成恐慌等后遗症陆续显现3个"不利因素",提出制定"振兴战略规划"、壮大"数字文旅经济"、做亮"生态文旅文章"、构建"现代治理体系"4个杭州旅游业高质量发展对策。

【课题研究评审】2020年,市社科联通过杭州市哲学社会科学规划课题形式,引导全市社科工作者开展重大理论和现实问题研究。全年,编制8个系列的课题指南,组织申报、评审、立项常规课题211项;立项重大课题3项,重点委托课题3项;配合市政协、市工商联等部门组织申报、立项"人民政协理论""民营晋级发展与相关政策研究"等68项专项课题;立项规划课题285项,受理开展市哲学社会科学常规性课题成果结题评审228项,完成各类课题结题326项。

【社会科学科研成果刊发】2020年,市社科理论刊物《创意城市学刊》编辑4期,分10个栏目,刊载文章95篇,计111万字。组织编撰出版社会卷、经济卷、文化卷《杭州蓝皮书2021年杭州发展报告》。编发《杭州社科成果》11期,专报12期。市社科院科研人员发表论文52篇,承担课题40项,研究成果获省、市领导批示17次。出版《文化兴盛的杭州实践》《杭州新制造业高质量发展研究》《礼乐·茅山》3 部专著。

【市社科重点研究基地建设】2020 年，市哲学社会科学规划领导小组办公室对第三轮杭州市哲学社会科学研究基地开展考核，12 个基地全部通过验收。启动第四轮杭州市哲学社会科学研究基地申报、评审、认定工作，确定杭州基层党建研究中心、社会治理与地方政府创新研究中心、习近平新时代中国特色社会主义思想与杭州实践研究中心、杭州文化国际传播与话语策略研究中心、杭州城市国际化研究院（中心）、体育赛事与健康促进研究中心、数字化转型与社会责任管理研究中心、文化和旅游法治研究中心、高等职业教育（陶行知教育思想）研究中心、现代职业教育研究中心 10 个基地为第四批市哲学社会科学重点研究基地，确定语言资源保护与应用研究中心、杭州市产教融合研究院、城市文化创新传播研究中心、文化译介与语言研究中心、农村电商数字化创新发展研究中心、新农村 STEAM 教育研究基地、习近平新时代中国特色社会主义思想与杭州青年工作研究中心 7 个基地为杭州市哲学社会科学研究培育基地。

【社会科学人才队伍建设】2020 年，市社科联推进“杭州市社科优秀青年人才培育计划”第二、第三期全年培育工作。完成第二期培育对象考核工作，根据《杭州市社科优秀青年人才培育计划实施办法》，31 位培育对象通过考核，被授予第二期“杭州市哲学社会科学优秀青年人才”称号。

【社会科学普及】2020 年，杭州市新认定市级社科普及基地 9 个，全市社科普及基地累计达 100 个，其中浙江省社科普及示范基地 43 个。6—7 月，市社科联举办 2020 年杭州市社会科学普及周活动，13 个区县（市）同步联动，开展知识竞赛、讲座报告等社科普及活动 500 多场次。联合市党群服务中心举办“钱塘大讲坛”活动 7 场，邀请单霁翔、吴晓波等专家学者主讲，采取“剧场式”互动与线上直播相结合的方式，现场听众近 2000 人次，网络直播观看量 85.17 万

2020 年 8 月 6 日，杭州市社会治理现代化研究中心成立　（市社科联 供稿）

人次。举办“我们的价值观”主题词研讨会 11 场，网络点击量近 790 万人次。成立“杭州社科能人讲师团”，开展“线上点课线下讲”社科宣讲活动。开展以“助力复工复产复学”为主要内容的应急知识社科普及活动，培育社科普及人才队伍。

【市社科联七届六次理事（扩大）会议】2020 年 4 月 10 日，杭州市社科联第七届六次理事（扩大）会议召开。会议以书面形式进行，总结 2019 年度市社科联工作，表彰市社科联系统各类先进，对 2020 年工作做出部署。会议要求，要以理论学习宣传为统领，牢牢把握哲学社会科学工作的正确政治方向；要以重大课题研究为抓手，进一步提升服务党委政府决策咨询能力；要以新型智库建设为平台，进一步发挥好市社科联的桥梁纽带作用；要以内容和形式创新为手段，进一步培育杭州社科普及工作品牌；要以加强自身建设为基础，为哲学社会科学事业发展提供组织保证。

【杭州市社会治理现代化研究中心成立】2020 年 8 月 6 日，由市委政法委、市社科院联合组建的杭州市社会治理现代化研究中心挂牌成立。该研究中心为杭州市特色新型智库，围绕杭州社会治理现代化的战略部署、丰富实践、制约短板以及杭州市民群众关心的热点难点问题等开展研究。12 月 16 日，研究中心与市社科院、杭州国际城市学研究中心（浙江省城市治理研究中心）联合主办城市社区智慧治理论坛。至年末，开展第一批 5 个委托课题立项，完成 2020 年度 35 个市直部门、13 个区县（市）、钱塘新区的法治政府建设和法治杭州建设第三方专业评估。

（市社科联）

【城市学平台建设】2020 年，杭州国际城市学研究中心联合杭州城市学智库围绕城市流动人口、交通、教育、医疗卫生、土地（住房）、文化遗产保护、环境七大城市问题，建设七大平台，分别与浙江大学 7 个院所共建共享，集聚国内外城市学领域专家学者近 500 人。开展第十届城市学“钱学森城市学金奖”“西湖城市学金奖”征集评选工作，收到“钱学森城市学金奖”作品 1490 篇（部）、“西湖城市学金奖”点子 7246 个。城市教育平台围绕拔尖创新人才培养、优质教育公平、教育综合体、“EOD（以学校等教育设施为导向）”等开展研究，参与“天元公学”建设，开展天元世界教育博物馆、天元教育图书馆、天元超常儿童教育研究院、“EOD”研究院“两馆两院”规划设计建设工作。

【城市学协同创新】2020 年，杭州国际城市学研究中心深化与中国浦东干部学院、浙江大学、浙江省新华书

店集团、泸州市政府、中央美术学院等单位的战略合作。与中国李大钊研究会、北京大学建筑设计研究院、浙江省现代金融学会、杭州市园林设计院有限公司、浙江大华技术股份有限公司等单位签署战略合作协议。与市社科院等单位共建共享“城市学协同创新中心”。与杭州师范大学、西溪湿地生态研究中心等单位共建共享“城市之美研究院”。与中铁第四勘察设计院浙江分院战略合作并共同开展高铁项目规划设计。与浙江大学旅游与休闲研究院合作，打造城市文旅研究品牌，举办“共绘文昌发展蓝图，打造最美高铁组团”“构建民宿产业生态，赋能文昌乡村振兴”等主题论坛，推进“休闲与乡村振兴”研究。深化与杭州师范大学战略合作，推进教育综合体课题研究。

杭州特色研究

【杭州文史研究】2020年11月14日，2020年杭州文史论坛暨“15世纪以来长三角地区社会变迁与转型”学术研讨会在杭州召开。来自北京大学、中国人民大学、浙江大学、复旦大学、南京大学、南开大学、华东师范大学等高等院校，以及故宫博物院、上海市社会科学院、浙江省社会科学院等研究机构的100多位专家学者、文史工作者参会，围绕“15世纪以来长三角地区区域互动与社会变迁”“15世纪以来杭州与长三角地区的联系与互动”“15世纪以来长三角地区的经济、政治、社会、文化及其他”“走向近代：社会转型进程中的城市发展”等历史上长三角地区的区域互动与社会变迁进行探讨交流。

【南宋史研究】2020年，市社科院南宋史研究中心修订再版8卷本《南宋全史》、出版8卷本《周必大集校证》，共计200万字。主持编辑2020年《国际社会科学杂志》第5期（南宋史研究专辑）。启动“南宋史研究回顾与展望”国际交流活动，邀请中国宋史研究会副会长曹家齐、日本学习院教授青山瑞来等10多位学者就南宋史研究现状、未来发展思路进行座谈，为后续发展指明方向。

11月2日，《杭州社科成果》第十一期刊登《临安南宋洪氏家族文化对杭州历史文化名城建设的价值》研究成果。课题指出临安南宋洪氏家族对杭州挖掘历史文脉、弘扬传统文化有重要价值，可从洪氏家族文献收集、家族遗迹恢复、洪咨夔文学的学术研究3个方面开展研究。

【法治杭州建设研究】2020年，杭州市社会科学院受市委全面依法治市委员会办公室委托开展2020年度法治杭州建设第三方专业评估，对杭州35个市直部门、13个区县（市）及钱塘新区的法治政府建设和法治杭州建设情况开展评估。评估根据法治中国建设的基本方针和一般原理，围绕中央和省、市政府法治建设相关文件要求，从法治杭州建设的实际情况出发，分别制定适用于杭州市各区县（市）法治杭州建设专业评估的三级指标体系。在研发评估指标基础上，综合运用多种评估方法，坚持“结果评估”和“过程评估”相结合的评估原则，通过问卷调查、实地走访、网络搜索、资料征询等方式，对被评估对象开展评分，反映杭州市各区县（市）法治建设和市直单位法治政府建设的现状。评分结果纳入全市法治杭州建设考核和综合评估。评估结果显示，各区县（市）法治杭州建设总体持续进步，依法执政的制度体系日益完善，依法行政和公正司法能力不断提升，法治环境持续优化。35个市直单位法治政府建设评估结果显示，随着法治政府建设的总体推进，整体具备进一步提升依法行政水平的社会经济条件和制度环境。

【杭州独特文化气质研究】2020年4月22日，《杭州社科成果》第三期刊载杭州社科智库特聘专家胡坚研究成果《关于杭州融入长三角一体化发展打造独特文化气质的咨询建议》。该研究对长三角地区城市文化的共同特征和上海、江苏、浙江、安徽的城市文化个性进行调研分析，提出打响杭州“世界遗产之都”品牌、打响“最艺是杭州”的文化创意品牌、重点打造“西湖”和“钱塘江”两个品牌、树立杭州“最优雅生活”之地、建设杭州艺术中心打造杭州“文化地标”、建设“杭州运河国家文化公园”、把之江文化产业带建设为“浙江文化产业的龙头”7个打造杭州独特文化气质的建议。

【杭州大城北地区和良渚片区联动发展研究】2020年5月29日，《杭州社科成果》第四期刊载市哲学社会科学规划课题《关于“重要窗口”视角下杭州大城北地区和良渚片区联动发展的思考及建议》研究成果。课题指出，杭州大城北是打造历史与现实交汇、自然与人文交融、产业与城市共兴的城市副中心，良渚古城遗址是打造中华文明“朝圣地”和中国文化“展示地”，二者联动发展将成为全面提升杭州城市综合能级和核心竞争力、展现“重要窗口”别样风采的强大引擎。

【优化杭州公共服务供给体系研究】2020年7月31日，《杭州社科成果》第六期刊载市社科院课题组研究课题《进一步优化杭州公共服务供给体系的若干政策建议》研究成果。课题分析杭州公共服务供给体系短板问题，提出“加强顶层设计，制定杭州市公共服务总体规划”“加大财政投入，建立费随事转财政转移支付制度”“培育社会力量，创新政社合作供给体制新平台新机制”“推动跨界合作，整合各区域多部门公共服务资源”“引入专业评估，提升公共服务质量和群众满意度”5条政策建议。

【杭州打造联合国儿童友好型城市研究】2020年7月31日，《杭州社科成果》第七期刊载浙江大学课题组《支持杭州高水准打造联合国儿童友好型城市，进一步夯实浙江“重要窗口”建设内涵》研究成果。文章指出，杭州率先推进儿童友好型城市建设，对浙江“努力成为新时代全面展示中国特色社会主义制度优越性的重要窗口”具有重大现实意义，提出“加强儿童友好型城市理念的宣传”“将儿童友好型城市纳入城市发展规划中”“加强系统研究，探索具有地域特色的儿童友好型城市标准”“加大儿童友好相关领域的人才培养和岗位培训”“激活社会力量，为全方位构建儿童友好型城市凝心聚力”“选取部分社区开展试点，探

索建立基层儿童保护和发展服务的新模式”5条杭州打造联合国儿童友好型城市的建议。（市社科院）

【城市学智库研究】2020年，杭州国际城市学研究中心解读浙江现象、提炼浙江探索，开展浙江建设“重要窗口”课题研究。出版“重要窗口”课题研究成果《探索城市治理现代化的“重要窗口”》，包括26项重大课题，总计75万字，在中国城市学年会期间发布。编纂出版《中国城市治理蓝皮书（2019—2020）》，打造多方参与的城市治理研究平台。主办第五届浙江省社会科学界学术年会学术专场暨浙江城市治理论坛，参加“第三届山水城市可持续发展国际论坛·2020韧性城市”、“未来城市发展论坛”、“2020中国新经济企业500强”发布会、第二届“数字孪生、筑梦未来”数字工程高峰论坛等学术会议和活动，入选“长三角江南文化研究联盟”首批成员单位。

（杭州国际城市学研究中心）

社会科学成果

【市委调研成果】2020年，市委政策研究室围绕全市经济社会发展的重大问题，开展调查研究工作。市委、市政府领导牵头完成38项调研成果，市直有关部门和各区县（市）选送推荐187项优秀调研成果；编印《杭州市贯彻落实习近平总书记考察浙江、杭州重要指示精神专题调研课题汇编》《杭州市委、市政府领导重点调研课题（2019年度）》《杭州政研（2020年度合订本）》《2019年度委托课题成果汇编》《杭州市各民主党派工商联知联会协同调研课题成果汇编（2020年度）》等系列研究成果，编发《杭州政研》27期。

围绕贯彻落实中共中央总书记习近平考察浙江、杭州重要指示精神开展专题调研。制定印发《落实习近平总书记考察浙江、杭州时提出的工作要求和重点任务专题调研方案》，由市委、市政府领导牵头开展8个方面课题研究，形成《持续做强做优杭州城市大脑，奋力打造全国智慧城市建设的“重要窗口”》《以制度创新推动杭州经济高质量发展》《杭州基层社会治理评估体系建设与应用研究》等19个专题研究成果，并通过市委十二届九次全会转化为决策部署。

聚焦“十四五”规划和2035远景目标，开展系列重大问题专题调研，形成《杭州市“十四五”时期经济社会发展总体思路研究》《“十四五”发展要聚焦新投资、新消费、新供给》等系列研究成果，并转化为市委决策。起草市委《关于制定国民经济和社会发展第十四个五年规划和二〇三五年远景目标的建议》，在市委十二届十一次全会上通过。

聚焦构建特大城市新型空间格局，开展部分行政区划优化调整和三江汇未来城市先行实践区、杭州云城、大城北等郊区新城专项课题研究，明确“一核九星、双网融合、三江绿楔”的新型空间格局，为启动部分行政区划优化调整奠定基础。聚焦发展热点难点问题，形成《完善新安江流域生态补偿体制机制研究与思考》《持续推进“名校名院名所”工程的对策研究》等系列研究成果。聚焦市委重大专题工作部署，开展亚运城市行动、交通强国示范城市、淳安特别生态功能区等专题调研，成果直接转化为市委推进相关工作的政策举措。

开展重大政策调研起草工作，制定出台《关于进一步支持杭州师范大学加快建设全国一流大学的实施意见》《关于支持浙大城市学院建设全国百强大学的实施意见》等系列政策文件，推动相关工作规范落地。聚焦高质量发展中存在的矛盾和问题，做好疫情防控、外贸出口、城市大脑、数字自贸区、新消费、传统产业转型升级、新工厂等专题调研，形成《关于加快我市新消费发展的思考与建议》《我市工业投资现状研究及对策建议》等系列研究成果。

咨询专家开展专项课题研究，形成《提升杭州作为长三角中心城市竞争力的战略定位与路径选择》《推进更高水平对内、对外开放背景下杭州现代国际大都市制度竞争力研究报告》《杭州市城市数字治理研究报告》等系列研究成果。聚焦基础教育、住房保障、医疗卫生、社会治理、疫情防控等重大民生问题和群众关心的热点难点问题，形成《推进应急管理体系和能力现代化研究》《杭州市疫情防控常态化体制机制研究》等研究成果。参与编撰全省《民生发展报告》，起草《2019年杭州市民生发展报告》等工作材料。

（市委政策研究室）

【市人大常委会调研成果】2020年，市人大常委会形成调研文章46篇，编发《杭州人大信息·调查研究》28期，编辑出版《杭州人大》杂志专刊4期。在第二届“浙江省人大工作与时俱进奖”评选中，市人大调研成果《推进跨省界保护千岛湖》获特别奖、《创新推进“互联网＋人大工作”》获优秀奖。在浙江省人大工作研究会理论研讨会优秀论文评选中，市、区县（市）两级人大8篇论文获奖，获奖论文数量列全省第一位，其中《关于提高常委会会议质量的实践探索》获一等奖。在市党政系统优秀调研成果评选中，市人大机关2篇文章获奖。围绕落实党委重大决策部署、人大工作创新发展，对“战疫情、促发展”、“十四五”规划编制、落实长三角区域一体化发展国家战略等开展调研，形成杭州“智慧人大”建设、“米袋子”“菜篮子”和农民“钱袋子”情况、地方疾控体系建设、试行预算草案“三审制”等调研成果。

（市人大常委会研究室）

【市政府调研成果】2020年，市政府研究室（市政府参事室）形成各类调研成果70项，其中市领导批示40件（次）、省领导批示2件（次）。全年编发《政府决策参考》91期、《调查研究》45期。

围绕“战疫情、促发展”，开展重大政策起草和全局性调研。牵头起草市委、市政府《关于严格做好疫情防控帮助企业复工复产的若干政策》（“1+12”惠企政策），开展全市“补短板、堵漏洞、强弱项”专项调研，承担市政府主要领导年度重点调研课题《以制度创新推动杭州经济高质量发展——疫情防控常态化下加快经济转型升级问题研究》。组织撰写《疫情大考中的“杭州现象”》系列调研报告5篇，编发“抓‘六稳’、促‘六保’、拓‘六新’”系列调研报告16篇。

围绕经济高质量发展，开展前瞻性调研。研究未来产业发展，形成《杭州推进“云计算之城”建设对策建议》《聚力“六个协同”探索新基建赋能新制造的杭州路径》和“人工智能产业”专题系列等报告。围绕“促消费”重要课题，完成《从天猫“双十一”大数据看消费新变化》《国际消费中心城市，杭州还离多远？——从“双循环”视角看“国际消费中心城市”建设》等成果。针对营商环境改善，完成《杭州打造国际一流营商环境需重点关注的若干问题及建议》等调研报告。

围绕民生改善，开展针对性调研。研究社会治理、教育、医疗等领域的难点问题，形成《我市推进社区治理共同体建设的实践与思考——基于对上城、下城、江干的调研》《建设“全球人才蓄水池”必须打造一流国际教育平台——提高杭州基础教育国际化办学质量的建议》《杭州尽快建立实施长期护理保险制度的有关建议》等报告。跟进消费券发放、长租公寓“暴雷”等热点问题开展调研。围绕市领导关注重点，编发《每周资讯》32期，编写《杭州市情》《杭州诗词汇编》等地情资料。加强外脑利用，开展市政府参事专题咨询，形成《参事建议》17篇；借助在杭高校、研究机构等力量开展课题调研，完成政校合作基地课题19项、对外委托课题5项。（市政府研究室）

【**市政协调研成果**】2020年，市政协承担省政协研究基地“发挥专门协商机构作用，促进政协协商与基层协商相衔接研究”课题任务，参与省政协“人民政协发挥凝聚共识职能作用问题研究”，开展“人民政协理论”社科规划专项课题研究，组织“我和人民政协”主题征文活动，编辑出版《政协理论与实践（第十二辑）》。组织全市政协系统和政协各参加单位申报和参与省政协理论课题，报送文章在2020年浙江省政协理论研讨会上获一等奖2篇、二等奖4篇、三等奖2篇、优秀奖3篇。发挥全国政协杭州调研基地作用，围绕市域社会治理现代化主题调研，形成包含《完善共建共治共享机制 高水平推进社区治理现代化》等7篇调研报告的《全国政协杭州调研基地课题材料汇编》，并报送全国政协社会和法制委员会。

（市政协研究室 市政协社会法制和民族宗教委员会）

【**市委党校科研成果**】2020年，市委党校获国家哲学社会科学基金项目立项3项，连续2年列全国副省级党校第一位，获全国党校（行政学院）系统第十三届副省级党校优秀科研工作组织奖；在《学习时报》“特别专题”整版刊出以“市域社会治理现代化的理论与实践”为主题的4篇系列文章；《聚力精准赋能，打造互动共赢的协作新样板》一文在《光明日报》“学习贯彻习近平新时代中国特色社会主义思想”专刊发表；《数字技术从三方面驱动城市治理创新》被中央党校（国家行政学院）《行政改革内参》录用。全年出版专著3部，在副省级以上期刊公开发表论文和理论文章75篇，其中核心及以上期刊32篇、中国人民大学《复印报刊资料》转载2篇。获准立项省级以上课题22项，其中国家社科基金项目获立3项，课题立项总量占全国副省级城市党校的1/3。全年结项省级以上课题29项，其中国家社科基金项目2项、免于鉴定结项1项。

全年完成各类市情研究课题63项。组建专题课题组承接市委政法委《杭州基层治理评估指标体系研究》、《市域社会治理现代化的理论建构》、六和塔主题公园展示课题以及市委宣传部《杭州市“百城千县万村”高水平全面小康建设》等委托课题。完成“杭州深度融入长三角一体化需破解的重点问题研究”“加快推动杭州建设数字经济第一城研究”2项教研咨一体化课题。申报国家社科应急体系建设等新冠肺炎疫情相关研究课题6项，向主流报刊媒体提交新冠肺炎疫情相关文章10余篇，其中《战疫情促发展，发挥数字经济引擎作用》等5篇文章在《杭州日报》等报刊发表。

在各类成果评审中获各类优秀成果奖35项。其中：全国党校（行政学院）系统“学习贯彻习近平总书记关于党校办学治校系列重要指示精神”理论研讨会优秀论文2项；2020年度省党校系统“‘八八战略’与高水平全面建成小康社会”理论研讨会获奖论文12项；省社会学学会“乡村文明”论坛一等奖1项；第十四届浙江省马克思主义理论研讨会获奖论文3项；第三十二届全国副省级城市法治论坛获奖论文2项；杭州市社会科学界第六届学术和咨政年会优秀论文优秀奖3项；浙江省法学会“法治浙江论坛”征文一等奖1项；第十届钱学森城市学金奖“城市卫生健康问题”征集评选活动金奖提名奖1项；2019年度杭州市党政系统优秀调研成果优秀奖1项。22项决策咨询报告获省、市领导肯定性批示24次，1项成果建议被有关部门文件采纳。（市委党校）

【**市团校（杭州青年运动史馆）科研成果**】2020年，市团校（杭州青年运动史馆）和市青年研究会联合申报的“习近平新时代中国特色社会主义思想与杭州青年工作研究中心”获批“杭州市哲学社会科学研究培育基地”。调研成果《杭州市中学团校建设状况调研报告》获2019年杭州市学校共青团研究中心优秀成果二等奖。1名教师获评“杭州市哲学社会科学优秀青年人才”称号。新增杭州市青年研究会会员21人，累计会员人数92人。“网络红人现象对大学生价值观的影响研究”“榜样教育在高校思政教育中的作用研究”“后疫情时代大学生就业观的新特点——以杭州为例”3项课题立项为2020年度杭州市学校共青团研究课题；完成杭州市哲学社会规划课题“现代国家政治认同下的秩序塑造研究”；编辑出版《杭州青年研究》4期；出版《杭州共青团重要会议资料选编》《浙江青年工匠教育培养研究》2本教材。

11月，联合市教育局、团市委开展杭州市学校共青团研究中心2019年度研究课题结题和2020年度研究课题立项评审工作。其中，2019年度杭州市学校共青团研究课题结题32项，评选产生2019年度杭州市学校共青团研究课题优秀成果16项；2020年度杭州市学校共青团研究课题立项74项。完善全市青年舆情监测工作机制，更新全市青年舆情监测队伍名单，共计126人。全年围绕“青少年爱国主义教育”“青年政治理论学习”“高校毕业生就业情况”“云招聘问题”等主题开展舆情调查4次，每期舆情调查平均数量约1200份，形成《关于杭州青少年爱国主义教育的舆情报告》《杭州青年对省委十四届七次全会精神反响热烈》《高校毕业生就业情况及存在问题》《线上“云招聘”存在的问题及对策建议》4期舆情调研报告。其中《关于杭州青少年爱国主义教育的舆情报告》被市委宣传部调研处确定为2020年第四季度第一批全市重点调研舆情选题。（市团校）

【杭州国际城市学研究中心科研成果】2020年，杭州国际城市学研究中心举行《杭州全书》编纂评审会6次，编纂出版《杭州全书》139册。其中，出版41册，在编98册。所编书目涵盖西湖学、西溪学、运河（河道）学、钱塘江学、良渚（余杭）学、湘湖（白马湖）学、南宋学等各个杭州学分支学科。编辑出版《城市学研究》期刊4期，编纂出版《中国城市治理蓝皮书（2019—2020）》。启动《南宋全书》编纂出版工作，完成通史、文献集成、丛书、研究报告等项目招标。完成《隋唐五代卷》《宋代卷》等8卷10册《杭州通史》第二轮修订，该项目被纳入第二批浙江文化研究工程。（杭州国际城市学研究中心）

【杭州师范大学科研成果】2020年，杭州师范大学获国家社科基金项目27项，其中重大项目1项、重点项目2项、一般项目13项、青年项目2项、教育学单列项目5项、艺术学单列项目2项、外译项目2项。获省部级项目64项，其中教育部人文社科一般课题及专项课题立项13项；省哲社规划课题立项41项，其中重大项目2项、重点项目10项；省文化工程项目立项9项，其中重大项目1项、重点项目6项；各类市厅级项目81项。获得第八届人文社科教育部奖项5项，其中二等奖3项、三等奖1项、青年奖1项，获奖总数列浙江省属高校并列第三名。全年发表人文社科类论文976篇，其中权威中文期刊论文33篇（含《中国社会科学》1篇）、一级期刊213篇。完成学术著作（含译注和教材等）85部。获得副省级以上（含副省级）主要领导肯定性批示或采纳33次。人文振兴计划资助人文艺术社会科学优秀作品（专著）12本，资助2020年人文艺术社会科学学术会议等学术会议7个。完成第一批人文社科振兴计划智库建设项目结项3项。完成第三批校内新型智库评审立项工作，资助立项项目3项、经费100万元。

服务市委、市政府中心工作，内容涉及健康杭州建设及新冠肺炎疫情防疫、数字经济建设、2022年第19届亚运会、乡村振兴战略、杭州拥江发展战略、城西科创大走廊建设、美丽杭州建设、文化特色产业、科技特色服务、美好教育、新型智库建设十一大服务领域。组织实施86个服务杭州项目（含动态认定项目13个），完成研究咨询报告75篇，得到市级及以上领导批示的智库报告30篇。发表论文44篇，出版著作18部，授权软件专著16个，制定行业标准4个。建有习近平新时代中国特色社会主义思想与杭州实践研究中心、杭州文化国际传播与话语策略研究中心、杭州城市国际化研究院（中心）、语言资源保护与应用研究中心、体育赛事与健康促进研究中心5个杭州市哲学社会科学重点研究基地。拓展5个新型地方合作关系，新成立5个校政企合作科研机构，与省教育厅、省发展改革委等共建浙江省初等教育研究中心、浙江省公共资源法治研究中心、杭州师范大学脑科学研究所3个校级优势特色类研究中心。8月3日，杭州师范大学新安硅谷研究院揭牌成立，落户建德市高铁新区。（杭州师范大学）

【浙大城市学院科研成果】2020年，浙大城市学院教师承担各级各类人文社科类科研项目193项，其中纵向项目71项（国家社科基金一般项目3项、国家社科基金青年项目1项、国家社科基金后期资助项目1项、省部级18项、市厅级38项、校基金10项），企事业单位合作课题122项。发表学术论文161篇，其中一级期刊7篇、核心期刊7篇、北大核心期刊10篇、国际期刊35篇（美国《社会科学引文索引》14篇、美国《艺术与人文科学引文索引》6篇）。出版学术著作25部，其中专著10部、编著15部。完成第三轮杭州市哲学社会科学重点研究基地验收工作，新增第四轮市社科重点研究基地2个、市社科培育基地2个。校级智库浙大城市学院幸福城市研究院成立，由市委宣传部、新华社瞭望周刊社、拱墅区委区政府、富阳区委区政府、浙大城市学院五方合作共建“中国幸福城市杭州研究中心”在浙大城市学院设点挂牌。校级智库浙大城市学院城市大脑研究院成立，与杭州城市大脑研究院两块牌子、合署办公、成果共享。全年参加国际研讨会等学术交流活动30多次。（浙大城市学院）

【杭州职业技术学院科研成果】2020年，杭州职业技术学院在核心及以上期刊公开发表论文62篇，其中权威期刊1篇、一级期刊5篇、核心期刊41篇、国际索引15篇（SCI收录9篇、EI收录6篇）；出版学术专著15本。举办2020年浙江科技成果竞价（拍卖）会杭州职业技术学院专场，拍卖科技成果17项，起拍价678万元，成交价958.5万元，溢价率41.4%。全年申请知识产权专利443项，其中发明专利14项、实用新型专利346项、外观设计专利20项、软件著作权63项。承担市厅级及以上纵向立项数127项，其中省社科规划项目等省部级课题6项、省教科规划项目等市厅级课题121项。横向课题签订合同81项，合同金额977.61万元。办理纵向课题结题56项。

完成杭州市第三轮哲学社会科学重点研究基地建设验收工作和第四轮基地申报工作，“现代职业教育研究中心”入选第四批市哲学社会科学重点研究基地，“杭州市产教融合研究院”入选市哲学社会科学研究培育基地。筹建杭州职业技术学院西奥电梯产业技术研究院和惠成新材料杭州研究院2个企业研究院。加强校地合作，与温岭市科技局签订温岭技术转移中心框架协议。（杭州职业技术学院）

【杭州科技职业技术学院科研成果】2020年，杭州科技职业技术学院承担各级各类科研立项项目148项，其中省社科规划项目等省部级课题3项、省人力社保厅等市厅级课题27项、校级科研课题50项、浙江省高等教育学会等其他纵向研究课题6项。立项横向科研课题62项,到账经费902.3万元。全年出版学术著作3部、译著1部。授权专利48项,其中发明专利18项、软件著作权1项。在各类学术期刊发表学术论文104篇,其中一级期刊发表1篇、核心期刊发表32篇、美国《科学引文索引》收录4篇、美国《社会科学引文索引》收录1篇,提交研究报告6篇。搭建社科研究平台,成立"儿童早期发展研究所""乡土文化与设计研究所""区域乡村文化研究所"3个社科类校级研究所。第三批杭州市哲学社会科学重点研究基地通过审核并结项,高等职业教育(陶行知教育思想)研究中心获批第四轮杭州市哲学社会科学重点研究基地。

推进乡村振兴研究。承接杭州市咨询委乡村振兴与农村治理系列研究课题6项,提交相关研究报告6篇并完成结项。10月,举办"乡村治理现代化与乡村振兴"学术研讨会,浙江省乡村振兴研究院等10多个省内外高校和科研院所的教学科研人员40多人参加会议,编辑印发《杭州市乡村振兴学院工作纪实》《乡村振兴应用研究成果专辑》。4—6月,开展线上应急知识社科普及活动,通过防疫知识线上竞赛、微视频和防疫海报、绘制书画作品、网上科普讲座等形式,以网络宣传为主渠道普及新冠肺炎疫情防控相关知识,助力"复工复产复学"。

(杭州科技职业技术学院)

【杭州万向职业技术学院科研成果】2020年,杭州万向职业技术学院在国内外期刊发表论文146篇,其中浙大核心期刊1篇、北大核心期刊9篇。获得专利18项,其中计算机软件著作权1项、实用新型专利11项、外观专利6项。出版专著3部,教材3部。组织申报各级各类课题200多项,立项126项。其中:省级以上课题2项(浙江省软科学课题1项、浙江省哲学社会科学规划课题1项),浙江省教育科学规划课题等厅局级课题26项,其他课题34项。获教科研成果奖12项,其中杨存园的作品Fingertip Temperature获2020年国际设计大奖——红点设计奖。有杭州市属高校优秀创新团队2个,获科研项目经费53.3万元。

坚持美好教育,课程课堂革新的"万向学院方案"——《课堂革命——杭州万向职业技术学院的探索》由浙江大学出版社出版。推进教学信息化建设,建设38门院级精品在线开放课程,其中:"办公软件高级应用"被认定为2020国家精品在线开放课程,"国际贸易实务与操作"等4门课程被认定为省级精品在线开放课程。(杭州万向职业技术学院)

【杭州市教育科学研究院科研成果】2020年,杭州市教育科学研究院完成机构改革任务,立项综合课题163项、课程建设专项课题54项、美好教育专项课题45项、心理咨询与家庭教育专项课题48项、教师小课题500项。参与2020年浙江省教育科学规划课题"疫情与教育"专项课题申报,全市立项159项,占全省立项数的44%;组织申报浙江省教育科学规划课题"防疫与复学"认定性课题,确立70项课题为市"防疫与复学"备案课题,19项为省认定性课题。推荐16项重点课题、75项年度规划课题、15项体卫艺专项课题和2项党建专项课题参加2021年浙江省教科规划课题立项评审。

2020年度杭州市教育科学研究评出综合类优秀成果一等奖29项、二等奖93项、三等奖106项,"疫情与教育"专项课题成果一等奖17项、二等奖29项、三等奖39项,教师小课题优秀成果一等奖44项、二等奖113项、三等奖137项。推荐29项市级优秀成果、14项"疫情与教育"专项课题优秀成果参加浙江省教育科学研究优秀成果奖评审,其中获一等奖10项(含防疫成果1项)、二等奖12项(含防疫成果4项)、三等奖12项(含防疫成果5项)。中等职业教育与成人教育专项(教育教学)论文评选获奖论文一等奖36篇、二等奖91篇、三等奖114篇;中等职业教育与成人教育科研成果评选获奖成果一等奖15项、二等奖34项、三等奖42项。对杭州市教育科研标兵工作室进行考核,评选年度优秀工作室10个、年度合格工作室10个。全市33个学校(集体)、69名教师被评为市第十二届教育科研先进集体和先进个人。

组织参加省中职教师信息化教学大赛,获一等奖5个、二等奖7个、三等奖2个;组织省教师信息化教学设计与说课大赛选拔,获一等奖20个、二等奖19个、三等奖19个。组织参加省职业教育典型案例遴选,推荐15项典型案例,获优秀案例9项、改革案例3项。杭州市中职学校在浙江省"疫情与教育"专项课题中立项8项。完成2020年省心理健康教育示范点和标准化建设工作,新申报并完成示范点35个,心理辅导站标准化建成率100%。5月,举办以"五育并举,助推美好教育"为主题的杭州市中小学科教研学术周,其间举办10场分论坛,近400名教师和科研人员参与。12月,在桐庐县开展市政府第六届教学成果奖推广活动,做好获奖项目的推进、提炼和宣传推广等工作。举办杭州市第30期骨干班主任研修班,组织市青年教师学术小组活动2次、青年心理教师培训2次。组织浙江省心理督导杭州分站集中督导培训3次。关注乡村教育振兴,举办乡村课改联盟培训活动2次,编辑出版《乡村学校课程改革20问》。《提升农村学校课程改革质量的杭州探索》获市教学成果奖评选一等奖。承办"第三届长三角基于大数据的区域教育评价变革论坛"杭州网上分论坛,参会论文获一等奖10个。

(杭州市教育科学研究院)

区县(市)社科研究

【上城区社科联成果】2020年,上城区社会科学界联合会(简称上城区社科联)以智防疫,发动辖区社科界为抗击新冠肺炎疫情贡献力量。邀请上城区社科宣讲团成员陶旭东律师录制"社科微讲堂",解读新冠肺炎疫情期间复工企业涉法小贴士,提供社科"智囊智库"服务。编撰刊出《上城社科》"抗疫特刊"杂志,开展"应急普及周"活动10多期。杭州胡庆余堂中药博物馆、特美晓风·茶书馆等社科普及基地向社会捐赠抗疫物资和资金,发动理事参与创作诗朗诵、音视频、诗歌散文等抗疫社科宣传普及作品。开展基层社科宣讲,全年开课30多次,推荐2名区社科宣讲团讲师为杭州社科能人讲师团成员,推荐小营·江南红巷、玉皇山南基金小镇党群人才服务中心、南宋书房为市级基层理论宣讲点。开展社科普及基地活动,西湖国学馆开设"诗乐花园云小课"等系列内容,胡庆余堂中药博物馆升级打造中药文化节等活动,宋代玉器艺术馆举办"玉鉴南宋"等文化论坛,玉皇山南基金小镇党群人才服务中心开设"山南论道""山南论剑"等系列课程。创新线上普及矩阵,推出直播类节目"社科云上科普沙龙——尚城直播间",开播以"城市大脑,点亮智慧生活""从宋代玉器看宋人审美"为主题的2期直播,平均每场吸引7万人次在线观看。打造"周末社科讲堂""尚书房·社科三分钟"线上社科普及栏目,全年推出60多期,被省、市社科联微信公众号及"学习强国"学习平台录用66次。拍摄"云上社科之旅"系列宣传短片4期,带领观众云游社科基地。挖掘南宋底蕴,讲好上城故事,选取"斗茶观宋""浙里有琴""菡香雅韵"等专题,打造以"梦回南宋·经典上城"为主题的南宋文化系列短视频,在杭州电视台西湖明珠频道、抖音App等平台播出。挖掘上城和南宋诗词文化及历史人文故事,完成《文化浙江大讲堂——钱塘江诗路篇(上城段)》节目脚本和拍摄。 (上城区社科联)

【下城区社科联成果】2020年,下城区社会科学界联合会(简称下城区社科联)印发《下城区社会科学普及基地建设管理办法(试行)》,规范社科普及基地管理。加强与属地高校合作,共同开展理论课题研究,完善智库体系,发挥"思想库""智囊团"作用,深化咨政服务。加强理论宣传宣讲,与区融媒体中心联合推出"学习贯彻中共十九届五中全会"系列访谈。举办"潮说武林"青年理论宣讲大赛,打造"亲青法官""阳光夏橙""新锐师说"等特色宣讲团组成的"潮说武林"青年宣讲品牌,开展理论宣讲进校园、进社区、进机关、进企业、进园区、进网络"六进"活动。开展地方历史文化、民俗等研究,与FM89杭州之声合作,推出武林文化系列栏目《武林馨说》,编撰出版武林文化系列书籍《武林星说》。推进社科普及基地建设,发挥社科普及基地窗口作用。新冠肺炎疫情期间,联动社科普及基地以"五微"(微视频、微音频、微图文、微问、微竞赛)形式开展40多项防疫科普宣传活动。杭州市民健康生活馆开展急救知识、急救技能普及系列活动,区社科普及基地"陆游纪念馆"线上线下同步推广"武林文化"。与下城区文化馆联合推出"公筷公勺"主题歌曲《公筷公勺狂想曲》;与区文明办、区教育局联合推出"公筷公勺、文明用餐"宣传主题的说唱节目、小视频等。新认定杭州市市民健康生活馆为第五批市级社会科学普及基地,新认定文晖街道打铁关社区、杭州市市民健康馆等9个首批区级社会科学普及基地。

(下城区社科联)

【江干区社科联成果】2020年,江干区社会科学界联合会(简称江干区社科联)完成35项常规性课题研究,各街道、区直党委建制部门首次实现年度课题研究全覆盖,8项结题成果专家评审等级优秀。课题《小额公共资源交易全过程电子监管系统建设的实践和思考——以江干区为例》成果得到实际应用转化,并在市级层面总结推广。全年编发《钱塘江文化》学术期刊12期、"钱塘江故事"丛书7册、《钱塘江文化智库要报》18期。组织专家组调研阿里体育中心、"三湘印象"等江干区典型文化案例,撰写《江干区借力市场做大公共文化的探索和建议》智库报告。承办由浙江省社科联和江干区委、区政府主办的"长三角一体化文化赋能论坛",发布《长三角区域一体化文化赋能研究》报告。参加省社科联和浙江卫视主办的"文化浙江大讲堂"节目、"诗画浙江·为地球朗读"全民阅读日活动,制作"弄潮故里金江干"钱塘江诗路江干视频片、"之江梦"朗读宣传片。打造江畔潮声"智者面对面"社科理论宣讲品牌活动,围绕"应对重大疫情的'中国精神'""党建引领社区治理""基层社会治理和治理能力现代化"等8项主题,开展社科专家与基层干部群众交流对话活动;录制线上课程《唐宋变革与杭州》,构建立体式专家服务基层工作格局。打造钱塘江文化社科普及品牌,与西湖之声电台合作,推出"钱塘夜听"音频栏目,连续播发60多期。牵头策划"书院"系列主题作品20多期,获评浙江省社科普及创新示范项目。开展"钱塘社科百秒快讲"活动,邀请何蔚萍、张晨、张翼飞、齐奇等专家,围绕健康哲学、家庭理财、走读世界、子女教育等主题,策划推文80多篇。开展线上疫情防控、心理应对、助力复学等专场"社科达人"知识普及活动,开辟"社科助战,知海同航"专题科普栏目,推发专题文章30多篇;组织全区社科工作者,撰写《新冠疫情对浙江省出口的冲击及应对建议》《新冠疫情下经济社会发展需要抓住的几个机遇》等专题文章。新认定杭州海塘遗址博物馆为第五批市级社会科学普及基地。江干区新时代文明实践中心、江干区图书馆、聚落五号产业园党群服务中心挂牌杭州市基层社科理论宣讲点,江干区社科联获评浙江省2020年度区县社科联测评优秀单位。

(江干区社科联)

【拱墅区社科联成果】2020年,拱墅区社会科学界联合会(拱墅区大运河文化研究院)(简称拱墅区社科联)依托"浙江人文大讲堂·大运河讲堂"社科普及品牌,推出"云上讲堂"系列44期。举办2020年拱墅区社科普及周启动仪式暨"大运河印记"篆刻邀请展,举办京杭大运河博物馆的回首大运河摄影展、拱墅区图书馆的环保手工课程和科普主题书展、单向空间的主题文艺活动、九剧院的戏妆戏服体验音乐分享会等主题活动10多场。与杭州畲族馆联合举办大运河"丰收吟"多民族诗歌朗诵晚会,庆祝中国农民丰收节;与九剧院联合推出昆曲视频讲座,普及昆曲文化历史。举办杭州郎朗艺术世界交流中心"仲夏夜之梦"户外音乐节、老开心茶馆"运河听我说"语言大赛系列活动、吴理人民俗画馆"画游杭州"活动等特色社科普及活动。围绕"大运河文化带核心示范区、大运河国家文化公园样板区”工作目标，完成《大运河拱墅段璀璨文化带建设研究》《杭州大城北区域运河文化的挖掘、保护与利用》2项课题研究。开展上塘河风情小镇建设相关研究，形成《关于建设江南古运河上塘老街的建议》研究专报。推进大运河文库建设，系统梳理大运河拱墅段历史文化资源，开展“拱墅区大运河文化带建设·拱墅丛书”、“浙江文史记忆丛书”（拱墅分册）等大运河拱墅段历史文化丛书的编撰工作。新认定杭州郎朗艺术世界交流中心为第五批市级社会科学普及基地。

（拱墅区社科联）

【西湖区社科联成果】2020年，西湖区社会科学界联合会（简称西湖区社科联）利用名师讲堂、基层理论宣讲点等载体，组建西湖博士宣讲团、身边人宣讲团等宣讲团队，开展中共十九大精神、十九届五中全会精神、“我最喜爱的习总书记的一句话”等学习宣讲活动。开展重点社科课题研究工作，与在杭高校、科研机构合作，立项“西湖区深化与西湖大学产学研区校战略合作机制建设研究”等4个重点课题。推动全区各镇和街道、区属单位、社科联团体会员单位开展社科研究工作，全年课题立项申请61项、立项37项、结题26项。开展社科普及活动，举办西湖区2020年社科普及周活动启动仪式暨“身边人”宣讲比赛决赛，各社科普及基地与社科团体举办西溪与水浒故事展、“自然科学笔记大赛”等30多场次社科普及宣传教育活动。加强社科普及基地建设，全区有省级社科普及基地3个、市级社科普及基地8个，新推荐转塘·石榴籽家园为市级社科普及基地。浓厚地方历史文化研究氛围，举办“抒写新时代的钱塘乡土好故事——袁长渭钱塘乡土题材作品创作研讨会”，协助摄制电视专题片《钱塘江诗路——西湖篇》，编写《三墩志》《转塘志》等社科书籍。开展新冠肺炎疫情防控科普宣传，以微视频、微图文等形式推出“宅家云游——去中国湿地博物馆发现你身边的湿地植物”“因疫情引发的房屋租赁合同纠纷、工资核算怎么办”等主题社科普及宣传。

（西湖区社科联）

【滨江区社科联成果】2020年，杭州高新区（滨江）社会科学界联合会（简称滨江区社科联）开展理论学习、社科普及等工作，分类推进“学习强国”学习平台推广应用工作，覆盖学员9.38万名，占全区常住人口的33.5%。建立周通报制度，举办首届中国网络文学研讨会，围绕网络文学的发展实际与理论现状展开研讨，建设符合网络文学特点的评价体系和评论标准。围绕历史文化传统、人生哲理和社会热点，举办“滨江人文大讲堂”12期系列讲座。继续做好《学习参阅》汇编工作，针对滨江区委提出的“三对关系”，即“高质量发展和可持续发展的关系、高质量发展和高水平治理的关系、高质量发展和高素质队伍的关系”，聚焦“懂城市、懂人才、懂高新”，编发《学习参阅》12期。到街道、社区开展“百千万”调研，提升“四力”水平，形成一批特色鲜明、易于推广的创新成果，获省委、市委宣传部批示肯定。整理浙东运河（滨江段）诗词、滨江文人故事，以解读运河文化为主题，拍摄“滨江老房子”系列视频，被“学习强国”学习平台录用。联合“华语之声”“丁香医生”等机构制作“最美抗疫人”、“疫期”说法、抗“疫”云课堂等系列短视频。组织20部优秀作品参评省、市“文化精品扶持工程”，其中：动漫片《秦时明月沧海横流》、纪录片《浙东大北辙》入选“省级扶持项目”，电视剧《我最亲爱的陌生人》、广播剧《中国名片》入选“市级扶持项目”。推动社区、企业、园区、机构建立社科及文艺工作培训点、普及基地，形成属地化、层级化、专业化相结合，名人名家与“草根”相结合的组织网络。围绕历史文化传统、人生哲理和社会热点，举办“你好·滨江”系列人文大讲堂30场，共6000多人次参加。

（滨江区社科联）

【萧山区社科联成果】2020年，萧山区社会科学界联合会（简称萧山区社科联）下属群团组织40个，各级社科普及基地60个（省级社科普及基地5个、市级社科普及基地6个、区级社科普及基地49个），区级社科人才库成员154人。6月，开通“萧山社科”微信公众号，宣传普及萧山社科工作动态及社会科学知识。全年确定立项课题48个，评审确定《萧山区深化清廉村社建设的实践与探索》等6个课题为优秀课题，《“走读萧山”研学旅行项目群的设计与实施研究》等16个课题为良好课题，《萧山区高素质农民在乡村振兴中的价值与实现路径》等26个课题为合格课题。课题《疫情视角下的杭州人文精神研究》入选《杭州蓝皮书2021年杭州发展报告》。推荐7人入选萧山区第六批社会科学人才库名单。认定弄潮文化陈列馆、孝德馆、益农镇党性教育实践中心、义桥乡贤馆、新塘乡贤馆、楼曼文纪念馆、宁围记忆·草舍年代展陈馆、任伯年纪念馆、飞机科普馆、中国花木艺术城、杨之华纪念馆、萧山科举文化馆12个单位为萧山区第六批社会科学普及基地，认定萧山区吴越历史文书博物馆为市级社科普及基地。7月，开展社科普及周活动，举办“助力复工复产·旅游业线上公益培训”活动12期，点播超过6000人次，播放量超过10万人次。开展“萧山与钱塘江文化”征文活动，收集60多篇优秀作品。举办“萧山与钱塘江文化”研讨会，邀请知名专家学者探讨和研究钱塘江文化和萧山的历史渊源。

（萧山区社科联）

【余杭区社科联成果】2020年，余杭区社会科学界联合会（简称余杭区社科联）开展《高质量发展背景下余杭城市能级提升对策研究》等理论和现实问题研究46项，研究成果获省、市、区相关领导批示肯定14件（次），获浙江省社科联研究课题立项1项，市社科联课题立项5项，入选《杭州蓝皮书2021年杭州发展报告》论文6篇。创建全省首批“重要窗口”建设社科调研基地，承办“浙学论坛2020：浙学及其周边·区域学术与共同价值研讨会”、杭州市“我们的价值观”主题词“民生”研讨会等活动。《以杭州城北大运河为龙头建立中国大运河浙江段文化旅游开发统合机制研究》获市委主要领导批示肯定，余杭段钱塘江海塘遗址保护、北宋余杭县尉江褒等研究取得较大影响。开展“浙江文史记忆丛书”“余杭分册”编撰、《钱塘江诗路：山川灵秀风雅余杭》电视片拍摄，参与陈元赟纪念馆、丁丙纪念馆、王蒙艺术馆等文化场馆的策划论证工作。举办余杭区2020年度社科普及周活动，开幕式及主题展演线上直播互动量超过110万人次，获新华社等媒体报道转载。编印发放新冠肺炎疫情防护资料3000册，编发社科战疫信息60多篇，开展直播“云课堂”40期，“两战两赢”经验材料被省委办公厅、省委政研室《政策瞭望》录用发表。举办“余杭社科人文大讲堂”、“社科宣讲进基层”、社科理论骨干培训班等学习培训活动100多场，受众1万余人。开设“余杭之光”数字媒体栏目40多期。运河谷仓博物馆获批杭州市第五批社科普及基地，余杭图书馆等4个单位入选市级基层社科宣讲点，余杭区社科联获评浙江省2020年度区县社科联测评优秀单位。

（余杭区社科联）

【富阳区社科联成果】2020年，富阳区社会科学界联合会（简称富阳区社科联）开展“富春窗·春江后浪”微宣讲深入机关、农村、社区活动，在“学习强国”学习平台、“富阳发布”“爱尚富阳”等平台开辟“富春窗”新媒体宣讲专栏，发布微宣讲视频80多期，阅读量超过23万人次。“春江后浪”青年宣讲在中央电视台新闻频道播出，观看量超过300万人次。举办“家在富春江上”阅读系列活动，其中郁达夫作品分享会、小隐书屋的宋代传奇、致敬抗疫英雄主题朗诵会等活动在新华网、搜狐网、杭州网等媒体推广宣传。打造“诗词里的富春江人文故事”人文微讲堂等社科特色品牌，在“学习强国”学习平台、“富阳发布”、“杭州社科”微信公众号等平台推出孙权、黄公望、郁达夫系列短视频3期。在浙江电视台“浙江文化大讲堂”栏目推出《富春山居·味道山乡》《秦山晋水·诗意家邦》2期电视专题片，总时长36分钟。4月30日，承办“我们的价值观”主题词“感恩”暨孝善文化与基层治理理论研讨会。与会专家学者提出“将善孝文化创造性转化为文化产品”“创新性发展孝善文化转化为强大的治理效能”等观点。10月，组织专家对12个区级社科普及基地新申报单位走访指导、现场考察，认定“二董纪念馆”等6个区级第二批社科普及基地。全年全区14个社科普及基地开展社科普及活动400多场次。开展《富阳文化记忆丛书》编撰、富阳党史纪念馆扩建、千年古村东梓关传说故事整理等项目。参与后疫情时代社区治理、壶源溪流域联动发展等课题调查，申报杭州杭州市级规划性课题、社科联课题20多个。

（富阳区社科联）

【临安区社科联成果】2020年，临安区社会科学界联合会（简称临安区社科联）下属会员单位27个、各级社科普及基地25个。组织临安区重点委托社科研究课题申报，围绕天目山红色革命文化与文旅融合、浙西民俗文化与美丽乡村建设展等主题确定立项课题，浙江农林大学风景园林与建筑学院课题组形成《临安区推进浙西民俗文化与美丽乡村深度融合的对策研究》课题成果。继续组织区常规社科课题申报，其中：《浙江省“乡村经营”的探索经验、实现机制与政策优化研究》入选省社科联研究立项不资助课题，《全面建成小康社会视域下农民收入的结构性变化与持续增收研究——以临安区为例》入选杭州市社科联立项不资助课题，《“绿水青山就是金山银山”理念视域下乡村振兴的实现路径研究——以临安区为例》入选2021年度杭州市哲学社会科学规划常规性立项课题。确定区茶文化研究会《临安茶产业高质量发展调研报告》等5项课题为年度优秀课题并予以经费补助。全区有杨溪村社科基地、民族日报社纪念馆、桃花纸非物质文化体验园3个省级社科基地，临安新四军历史纪念馆、杭州竹文化园、临安区疾控中心等5个市级社科基地，清凉峰科技馆、临安区烈士纪念馆、杭州利安环境教育基地等17个区级社科普及基地。原第二批临安区级社科普及基地临安区博物馆被列入第五批市级社会科学基地。锦城街道党群服务中心、锦北街道竹林社区文化家园、锦南街道柯家村文化礼堂被认定为杭州市级社科宣讲点。临安区社科联自编社科普及读物《读懂吴越国》获2020年杭州市社科联社团学术活动资助立项。7月17日，临安区社科联一届七次理事（扩大）会议暨2020年度社科普及周启动仪式在区委党校举行，印发并施行《杭州市临安区社会科学研究课题管理办法》。临安区社科联获评浙江省2020年度区县社科联测评优秀单位。

（临安区社科联）

【桐庐县社科联成果】2020年，桐庐县社会科学界联合会（简称桐庐县社科联）收到各类课题研究报告66件。《“两山”视角下探析农村人居环境有效治理的实现机制——以桐庐县为例》《关于省以下法院财务统管机制的问题与对策研究——基于桐庐法院的调研》2个课题分别被列为杭州市社科立项资助和立项不资助课题。挖掘桐庐红色文化，启动《泰山压顶不弯腰》《革命老区焕新姿》编撰工作。开设《社科专报》，向县委、县政府报告社科研究成果。认定桐庐县党群服务中心、嘉欣园廉政文化馆等7个单位为第三批县级社科普及基地，桐庐县博物馆获评杭州市社科普及示范基地，桐君街道迎春社区、江南镇环溪村、富春江镇芦茨村确定为杭州市社科理论宣讲点。资助桐君街道麻蓬村“忠孝讲座”、江南镇石阜村“耕阜文化科普”等5个项目，对桐庐地方散文集《一瓢细酌》进行成果资助，县图书馆“人文桐庐大讲堂”项目入选杭州市社科基地重点项目并获资助。会同浙江工商大学杭州商学院召开以“未来乡村产业振兴”为主题的未来乡村诸葛亮会议。完成“桐庐快递精神”征集提炼和理论研究工作。指导各级社科基地开展《论语》中的清廉文化与小康梦书法作品展、“我把桐庐说给你听”云上观展、“听文物故事，传中华文明”、大数据及人工智能主题讲座、科技创新少年科普营等活动50多场次。指导成立桐庐县社科联首个业务主管社会团体——桐庐县心理学会，开展心理学会志愿讲师团的招募工作。完成浙江电视台《文化浙江·大讲坛》钱塘江诗路文化带宣传片桐庐篇的拍摄工作。会同县融媒体中心开设社科新干线专栏，通过电视、广播、网络开展社科基地巡礼、社科知识传播等；组织县社科宣讲团人员开展“你点我送”社科知识宣讲进礼堂、进学校、进社区 50 场。开展以“共享小康社会，建设‘重要窗口’”为主题的 2020 年社科普及周，举办社科知识宣传普及系列活动 30 多场。（桐庐县社科联）

【淳安县社科联成果】 2020 年，淳安县社会科学界联合会（简称淳安县社科联）组织申报市社科联课题 13 个，1 项课题立项。开展淳安县哲学社科课题申报、评审，征集课题 51 个，开展研究立项课题 18 个。实施邀约式课题研究机制，确立年度重点课题 4 项，编发淳安县《社科要情》专报 4 期。编印《淳安县哲学社会科学研究成果选》，发挥社科研究咨政服务功能。召开淳安县社科联理事（扩大）会议，组织社科理论工作者、社团和基地负责人参加社科理论知识、课题研究学习培训，开展省、市社科联理事会工作，学习推广省、市社科优秀成果。淳安县 54 个各级社科普及基地常态开展社科普及活动 213 场，受众 3 万人次。开展省级社科基地 2020 年度重点活动项目 1 个、市级社科基地 2020 年度重点活动项目 1 个、县社科基地 2020 年度重点活动项目 10 个。宣传淳安县社科品牌、基地特色活动，组织 4 个社科普及基地参加市社科普及周推广、“线上基地”建设展示。组织各社团、基地、宣讲团，通过讲座、课堂、视频音频、图文歌曲等形式，利用新媒体平台，开展线上“应急社科普及活动”，开展社会动员、政策宣讲、医学知识普及等工作。调研走访全县现有社科普及基地和新场馆，15 个社科普及基地参加市级基地认定申报。召开 4 次座谈会，组织 40 个社团服务疫情防控、大下姜建设、融媒体改革、乡村教育等工作。申报市级社团活动 1 个，下属社团开展疫情服务等各类主题活动 11 场。

（淳安县社科联）

【建德市社科联成果】 2020 年，建德市社会科学界联合会（简称建德市社科联）延续“一镇一品”社科宣讲品牌，结合新冠肺炎疫情防控和服务草莓产业发展，与杨村桥镇政府、杨村桥成人文化技术学校合作，以“莓好播报”系列开启 2020 年度建德市社科普及周活动。活动期间，开设《大江南北莓农说》《“莓好”播报宣讲比赛》《说说莓好时代》等栏目，乡镇（街道）、社科类社团以及各级社科普及基地围绕防疫抗疫、复工复产复学、文明城市创建等主题开展社科普及活动。结合中共中央总书记习近平考察浙江、杭州重要讲话精神学习等内容，指导社科讲师团成员形成《2020 年度社科讲师团课程菜单》，并以“西乡讲堂”“百场社科讲座进基层”活动载体，将课程推送到村文化礼堂、党群服务中心等科普阵地。社科普及基地建设提升，命名三都镇镇头大队文化馆、更楼街道合作化模范邓家乡纪念馆、千鹤妇女精神教育基地 3 个场馆为 2020 年度建德市级社科普及基地，其中千鹤妇女精神教育基地被评为 2020 年度杭州市级社科普及基地。建德人遗址展馆、杨村桥成人文化技术学校、大同书院等社科普及基地开展“公勺公筷”文明实践行动、家风家训宣教、清明节文明祭祀、“文明在我心知识竞赛”等特色活动。组织建德市委党校、社科类社团等参与省、市课题申报。全年 6 项课题报送杭州市社科联重点课题，其中《女性村民与农村基层社会治理模式创新研究》课题获评杭州市社科联立项资助课题。召开以“严州古城复兴和严州文化研究”为主题的专家座谈会，省级社科智库专家围绕千年古城文化内核打造、古迹保护、推进文旅融合做活古城业态以及千鹤妇女教育基地提升等问题开展座谈。在“今日建德”微信公众号开设“严州微课”专栏，围绕优秀传统文化、防疫抗疫、防范自然灾害、复工复产复学等内容开展线上社科普及活动。全年编发《建德》杂志 6 期，召集社科讲师团整理先贤故事，拍摄人物简介和故事宣讲短视频。

（建德市社科联）

社会科学活动

【“我们的价值观”主题词研讨会】 2020 年，市社科联、市社科院举办“我们的价值观”主题词研讨会 11 场次，邀请高校专家学者以及相关单位负责人参与研讨。1 月 15 日，“我们的价值观”主题词“民生”暨垃圾分类“余杭方案”研讨会在余杭区举行。4 月 30 日，“我们的价值观”主题词“感恩”暨孝善文化与基层治理理论研讨会富阳区举行。5 月 29 日，“我们的价值观”主题词“敬业”研讨会在杭州市党群服务中心举行，邀请抗击新冠肺炎疫情一线的援鄂医务代表就弘扬抗疫斗争中的敬业意识、敬业精神和敬业情怀展开探讨。6 月 30 日，“我们的价值观”主题词“友善”研讨会在杭州市级社科普及基地杭州海塘遗址博物馆举行。7 月 31 日，“我们的价值观”主题词“信仰”暨“党旗在我心”初心故事分享会在杭州市党群服务中心举行。8 月 21

2020 年 9 月 29 日，“我们的价值观”主题词“崇学”暨建设学习型城市“临安经验”座谈会在临安区举行

（市社科联 供稿）

日，“我们的价值观”主题词“责任”暨纪念抗日战争胜利75周年座谈会在萧山区举行。8月28日，“我们的价值观”主题词“文明”暨社区文明风尚与基层社会治理理论研讨会在杭州市党群服务中心举行。9月29日，“我们的价值观”主题词“崇学”暨建设学习型城市“临安经验”座谈会在临安区举行。10月28日，“我们的价值观”主题词“爱国”暨新华社《国家相册》进滨江活动在杭州市奥体实验小学举行。11月27日，“我们的价值观”主题词“务实”暨新工社区“微更新”项目座谈会在上城区举行。12月25日，“我们的价值观”主题词“和谐”研讨会在江干区笕桥街道党群服务中心举行。研讨会专家发言和研讨成果被中央媒体、网络媒体报道转载70多次，网络点击量近790万人次。

【杭州市社会科学界学术和咨政年会】 2020年11月4日，由市社科联、市社科院、市决策咨询委员会办公室、市政府研究室共同举办的杭州市社会科学界第六届学术和咨政年会召开。会议围绕“市域社会治理”议题，来自市社科联、有关市直单位、市属高校、区县（市）社科联的专家领导和市属社科社团、市社科重点研究基地、年会优秀论文作者、市社科优秀青年人才代表等170余人参会研讨和交流。会议表彰《杭州完善国际一流营商环境前瞻性布局的问题与对策研究》等30篇文章为年会优秀论文，授予31名社科工作者第二期“杭州市哲学社会科学优秀青年人才”称号。

【杭州市社会科学普及周活动】 2020年6月30日，杭州市2020年度社会科学普及周启动仪式在杭州图书馆报告厅举行，活动主题为“共享小康社会，建设‘重要窗口’”。活动启动仪式采取直播形式举行，在线观看量超过163万人次。仪式现场，发布第五批市级社科普及基地名单并举行授牌仪式，包括杭州海塘遗址博物馆、杭州郎朗艺术世界交流中心、杭州图书馆茶文化主题分馆、杭州市民健康生活馆、吴越历史文书博物馆、运河谷仓博物馆、桐庐博物馆、千鹤妇女精神展陈中心、临安博物馆9个单位。

2020年度社科普及周活动实现市级和区县（市）联动，举办社科普及活动500多场，设置“殷切嘱托”聚焦“重要窗口”、“两会精神”聚焦“六保六稳”、“智慧战疫”聚焦杭州城市大脑、“基地风采”展示杭州市级社科基地四大主题展览。杭州市急救中心、杭州茶都品牌促进会、杭州市律师协会、杭州市人力资源和社会保障学会、杭州市财政会计学会、杭州万向职业技术学院社科联、杭州市美食文化品牌促进会等市社科联所属社团开展特色科普活动。

【“钱塘大讲坛”开讲】 2020年6月24日，由市委组织部主办，市社科联、市社科院和市党群服务中心承办的“钱塘大讲坛”开讲。“钱塘大讲坛”是杭州市社会科学普及的品牌栏目，是杭州党员群众学习新知识、启发新思想的新阵地。全年邀请浙江省政府咨询委员会委员胡坚、财经专家吴晓波、中国工程院院士王坚、故宫博物院原院长单霁翔、“中国市民卡工程之父”张旭光、“全国十大健康教育专家”赵国秋、浙江大学教授鲁柏祥等专家开展7次主题演讲，现场听众近2000人次，线上直播观看量85.17万人次。“钱塘大讲坛”通过华数数字电视专网，实现全市190个乡镇（街道）、3419个村（社区）站点直播收看；通过华数视频会议系统直播平台、“西湖先锋”App进行线上直播，获《人民日报》、新华社、“今日头条”等主流媒体和网络媒体报道、转载41次。

2020年11月4日，杭州市社会科学界第六届学术和咨政年会召开

（杭州市社科联 供稿）

【杭州社科能人讲师团成立】 2020年11月13日，杭州社科能人讲师团成立仪式在杭州市党群服务中心新时代大讲堂举行。成立仪式上，聘请丁云川、丁水娟等33名专家为2021—2022年度杭州社科能人讲师团成员，王岳飞担任团长。大会现场为杭州社科能人讲师团授旗，认定公布南宋书坊等42个基层社科宣讲点为杭州市级社科宣讲点。杭州社科能人讲师团由市社科联所属社团、市委党校和市属高校社科联、区县（市）社科联的专（兼）职人员组成，讲师是社会科学领域有专长和较高知名度影响力的专家学者。杭州社科能人讲师团开启“线上点课线下讲”讲课模式，每位成员录制15分钟宣讲短视频，在“杭州社科发布”微信公众号“社科宣讲”专栏发布，实现资源共享，方便基层点课。（市社科联）

【城市社区智慧治理论坛】 2020年12月16日，由市社会治理现代化研究中心、市社科院、杭州国际城市学研究中心主办的城市社区智慧治理论坛暨杭州市社会治理现代化研究中心第一批委托课题开题会在杭州国际城市学研究中心举行。来自上海社会科学院、南京林业大学、杭州师范大学、浙江工商大学、浙江理工大学等院校的20多位专家学者，聚焦“城市社区智

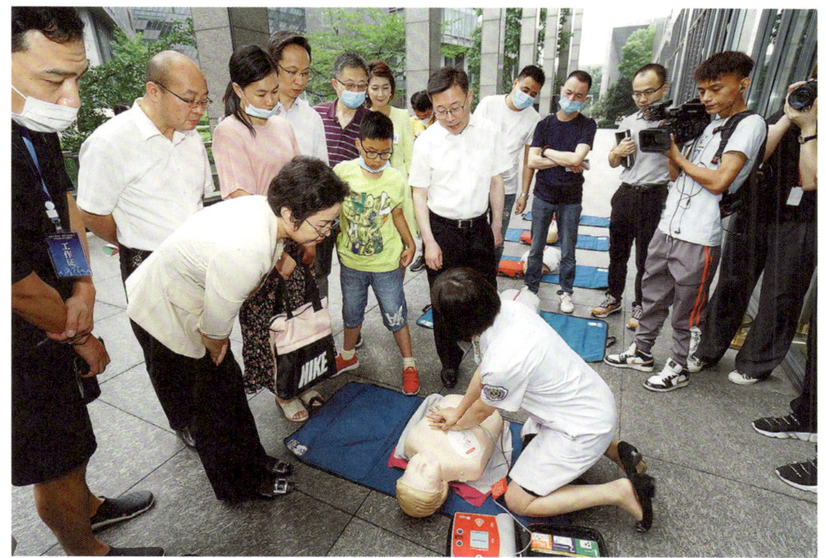

2020年6月30日，杭州市社会科学普及周启动，杭州市急救中心工作人员现场演练急救技能
（市社科联 供稿）

慧治理”主题，进行研讨交流。论坛举行杭州市社会治理现代化研究中心第一批委托课题开题会，来自浙江工商大学、浙江理工大学等5所院校的教授、学者就各自研究课题进行思路汇报。（市社科院）

【吴越钱王文化论坛】2020年11月23—25日，第三届吴越钱王文化论坛在临安区举行。来自浙江省社会科学院、浙江省古建筑设计研究院、陕西师范大学、杭州师范大学、浙江农林大学、杭州国际城市学研究中心等13所高校、科研机构的20多位专家学者参加论坛，围绕“吴越记忆与城市更新”主题，从历史、文化、文物等角度，探讨吴越国时期经济开发、城市建筑，新时代城市更新与发展等课题。论坛由新华社新闻信息中心浙江中心全程直播，在线点击量超过80万人次。（临安区社科联）

【中国城市学年会】2020年11月8日，由杭州国际城市学研究中心（浙江省城市治理研究中心）主办的2020年中国城市学年会、第五届“两宋论坛”开幕式暨城市学高层论坛在杭州举行。年会以“人民城市人民建，人民城市为人民”为主题，800多位城市学专家学者、城市管理者参加。开幕式上举行“钱学森路”命名启用仪式、“天元公学”开校揭牌、天元世界教育博物馆揭牌、杭州图书馆教育分馆揭牌、“城市书房”揭牌、杭州国际城市学研究中心与浙江省现代金融学会签约、杭州城市学研究会与中国李大钊研究会签约、杭州城市学研究理事会顾问聘任等仪式，并为第十届“钱学森城市学金奖”、第十届“西湖城市学金奖”、第五届“两宋论坛”优秀研究成果颁奖。

【人工智能产业峰会】2020年10月10日，第五届中国（杭州）智慧城市暨人工智能产业峰会在杭州举行。峰会以“新型智慧城市产业与新型基础设施的综合开发”为主题，是在杭州国际城市学研究中心自2016年起每年举办的中国（杭州）人工智能产业发展论坛基础上，搭建的“政产学研资用”新型合作平台，也是中国城市学年会·2020“一体两翼”架构中的重要一翼。国内智慧城市暨人工智能产业等研究领域的专家学者、杭州市相关部门负责人、相关企业代表约200人参加开幕式。会上举行城市社区智慧治理十佳案例颁奖仪式。由杭州城研中心联合市城投集团、市地铁集团、市交投集团等单位共同发起成立的浙江省国土空间规划学会城市综合开发专业委员会揭牌。高峰论坛环节，与会嘉宾围绕人工智能、新型智慧城市、CIM应用、数智赋能基层治理等内容做主旨演讲。

【世界城市博物馆】2020年，世界城市博物馆大楼展陈城市化图片近1万张，共建各类“城市书房”101座，收藏城市学类图书20万余册，举办各类学术活动1000多场，接待各级城市管理者、专家学者、师生、市民超过5万人次。世界城市博物馆提升城市学研究综合体复合功能与品质，形成集研究中心、培训中心、知识中心、接待中心、健身中心、园林展示中心、博物馆、图书馆等多功能为一体的城市学研究综合体，支撑城市学研究2.0的发展。依托“两馆”空间载体，会同人民出版社杭州分社、浙江大学旅游与休闲研究院等单位做好城市学协同创新研究。

【“钱学森城市学金奖”“西湖城市学金奖”征集评选】2020年，杭州国际城市学研究中心开展第十届“钱学森城市学金奖”和“西湖城市学金奖”（简称“两奖”）征集评选活动。评选以“城市流动人口问题”“城市交通问题”“城市教育问题”“城市医疗卫生问题”“城市土地与住房问题”“城市文化遗产保护问题”“城市环境问题”为主题，收到“钱学森城市学金奖”作品1490篇（部）、“西湖城市学金奖”点子7246个。

11月7日，由杭州国际城市学研究中心主办的第十届“两奖”专家评委会会议在杭州举行，20多位专家参加评审。经专家无记名投票，评选出《多元主体参与下的我国城市社区协同治理研究》等金奖候选作品7篇（部）和候选金点子《运营通票制Hop-on Hop-off观光巴士，培育新的旅游热点区域》。

【“智库助企、文化帮户”主题论坛】2020年4月17日，杭州国际城市学研究中心主办“共绘文昌发展蓝图，打造最美高铁组团”暨“智库助企、文化帮户”主题论坛。来自杭州产学研媒体各界、淳安县“三服务”办、淳安县委宣传部、杭州千岛湖山海文旅发展有限公司、千岛湖旅游度假区管委会、千岛湖高铁新区管委会、淳安县文昌镇等100多名代表参加论坛。参会嘉宾聚焦文旅产业、美丽乡村建设、“最美高铁组团”、千岛湖融入长三角区域一体化发展等议题进行发言，为

抓好经济社会发展建言献策。

【浙江大学杭州国际城市学研究中心博士后研究基地升级】2020年，杭州国际城市学研究中心依托浙江大学杭州国际城市学研究中心博士后研究基地，整合博士后人才培养、城市学智库建设等已有成果，升级为浙江省博士后工作站。博士后研究基地全年组织2轮博士后面试会，10名博士后进站研究。博士后研究基地成立以来，累计招收11批29名城市学博士后进站研究，形成“1+8”战略合作格局和“跨学科、复合型、重应用”的城市学人才队伍，在人才培养、智库建设、课题研究、征集评选、论坛组织、干部培训、成果发布等方面开展合作，拉长城市学“人才链”，扩大社会影响力。

【城市学智库学术活动体系打造】2020年，杭州国际城市学研究中心城市学智库举办“美丽城乡——生态文明‘重要窗口’治理体系与治理能力建设研讨会”，践行“绿水青山就是金山银山”理念。与中国浦东干部学院共同举办“中浦·长三角论坛”，与省社科联共同举办第五届浙江省社科界学术年会学术专场暨浙江城市治理论坛（2020），与林同棪国际工程咨询（中国）有限公司举办“2020韧性城市·第三届山水城市可持续发展国际论坛”，与万科集团举办“轨道与城市——第二届TOD2020杭州论坛”等大型特色论坛活动。

（杭州国际城市学研究中心）

【教育科研活动】2020年，杭州市教育科学研究院组建“赴湖北抗疫医务人员子女心理援助热线”，招募热线辅导员18人。组建心理应急小组，组织400多位心理教师参与培训，100多所学校、10万余名学生参加心理危机筛查。完成2020年家庭教育名家讲堂20节，制成光盘并在“学习强国”学习平台上播出。举办第三届长三角家校合作论坛，近200人参加线下论坛，线上直播参与量近1万人次。编辑出版《家庭教育指导100问》4册。完成杭州市职业教育“十三五”规划的名师名校长、“新锐教师”培训和结业工作。联合31所杭州中职学校的261位老师，上线10个学周、332节共享课堂，实现26个学科（专业）门类全覆盖。

市教育局职业教育与成人教育处、市教育科学研究院评选杭州市示范街道（乡镇）30分钟市民学习圈11个、杭州市社区示范性学习型社团（学习共同体）61个。“十三五”规划期间，评选认定杭州市示范街道（乡镇）30分钟市民学习圈51个、杭州市社区示范性学习型社团（学习共同体）306个。做好成人中等学历教育的学生招生注册、教学计划实施、教学研讨和考试组织，参加双证制教育考试学员8308人次，完成成人中等学历教育考试1.53人次。全市新建共学养老示范基地9个，推广养教一体化的老年教育。

（杭州市教育科学研究院）

社会科学刊物

【《现代城市》】《现代城市》是由省教育厅主管，浙大城市学院主办的综合性技术期刊（季刊）。主要刊登中国城市建设学科领域中最新的科技成果和工作经验，阅读对象为城市与村镇建设管理部门、教育、科研及相关企（事）业单位等工作人员，设《城市规划与建设》《城市经济》《城市管理》《城市生态》《教育教学研究》等栏目。2020年刊发文章54篇。该杂志被《中国学术期刊网络出版总库》和《中文科技期刊数据库》全文收录。

【《中共杭州市委党校学报》】《中共杭州市委党校学报》由中共杭州市委党校主办，是中国人文社会科学综合评价AMI核心期刊，RCCSE中国学术期刊评价核心学术期刊，中国人民大学《复印报刊资料》重要转载来源期刊，中国学术期刊影响因子年报统计源期刊。2020年出刊6期，刊发文章74篇，总字数约100万字。被《新华文摘》转摘2篇、论点摘编1篇，中国人民大学《复印报刊资料》全文转载11篇。在中国人民大学人文社会科学学术成果评价研究中心和书报资料中心联合研制的“2020年度复印报刊资料转载指数排名”中，居“党政干部院校主办学报／综合性期刊排名”第11位。

【《杭州师范大学学报（社会科学版）》】《杭州师范大学学报（社会科学版）》是由杭州师范大学主办的学术理论刊物，创刊于1979年8月，1982年3月起向国内公开发行。《杭州师范大学学报（社会科学版）》入选全国高校精品社科期刊、华东地区优秀期刊、CSSCI来源期刊、全国中文核心期刊、中国人文社会科学综合评价AMI核心期刊、RCCSE中国核心学术期刊、中国科技核心期刊。2020年出刊6期，刊发文章100多篇。

【《美育学刊》】《美育学刊》由杭州师范大学主办，创刊于2010年11月，是美育研究专业学术期刊。《美育学刊》设有《美育理论》《美育史论》《美育实践》《艺术教育理论与实践（含实验）》《艺术与审美文化》等专栏。2020年出刊6期，刊发文章104篇。

【《创意城市学刊》】《创意城市学刊》是市社科联、市社科院主办，指导杭州市社会科学的理论刊物，原名《杭州学刊》。《创意城市学刊》创刊于1986年，2011年由内刊改为公开出版，2014年加入“中国集刊”智库，2015年加入中国邮政发行，由社会科学文献出版社出版，2019年由《杭州学刊》转型为《创意城市学刊》，并向南京大学社科文献中心申报《中文社会科学引文索引》学术集刊。2020年，编辑出版4期，登载文章95篇，设有《特稿》《创意城市研究》《创意经济研究》《创意文化研究》《政务创新研究》《历史文化研究》《创意人才研究》《治理创新研究》《创意社会研究》《书评》等栏目。

（市社科联）

责任编辑　须同威 孙晟珂

出版传媒

出版发行

【概况】2020年，市新闻出版局（市版权局）对全市206种连续性内部资料出版物和27个公开报刊开展核验换证工作。完成市属2个图书出版单位、9个报纸出版单位、18个期刊单位的2020年度社会效益评价考核工作。做好市属公开报纸审读评议工作，全年编印《杭州宣传信息·报刊审读》6期，对报道工作表扬5次、批评1次，有效发挥监管作用，促进市属报纸出版的健康发展。新冠肺炎疫情期间，开展“三服务”和“双万”活动，走访复工数字出版企业16个，帮助企业用好政策、解决困难、复工复产、转型发展。完成2020年度杭州数字出版产业统计工作。

【版权保护管理】2020年，杭州市推进软件正版化工作，建立市、区两级由党委常委、宣传部部长任总召集人的“使用正版软件工作联席会议”制度。召开全市使用正版软件工作部署会，确定4个方面、17项重点工作任务，明确牵头单位、责任单位。组织软件正版化联席会议成员单位，对2个市属国有企业和1个城区网吧进行使用正版软件情况突击抽查。抽选下城区、桐庐县两地，开展政府机关软件正版化工作全覆盖检查。加大网络侵权盗版打击力度，累计检查网络文化、网络出版、互联网视听、电影、版权、音像店和出版物等经营单位3.3万个（次），处理和删除各类侵权盗版违规信息或链接5.04万个，关闭虚假出版物经营许可证店铺170个，受理版权类投诉10件，立案查处版权侵权类案件2件。围绕版权知识普及，继续开展版权宣传进学校、进企业、进园区、进镇街、进村社“五进”工程，全年举办版权知识培训班4期，培训企业280多个（次）。健全数字作品备案网络服务公共平台，累计登记备案作品4600多件。组织杭州国家数字出版基地的分园区及相关单位，参加第十四届杭州文博会。

【西湖读书节】2020年4—12月，杭州市举办2020年“书香杭州”全民阅读系列活动暨第十四届西湖读书节。读书节以“梦想从学习开始”为主题，以“杭州学习节”“西湖读书节”“全民终身学习活动周”为主要载体，坚持党委政府主导、社会各界广泛参与，坚持市、区县（市）、乡镇（街道）、村（社区）四级联动，坚持线上与线下融合，开展多种形式读书学习活动。自4月23日“云”启动以后，全市线上线下开展各类主题阅读活动960多场，参与活动860多万人次。

【农家书屋提档升级】2020年，杭州市贯彻《浙江省农家书屋提升服务效能工作方案》精神，印发《杭州市农家书屋提档升级实施方案》，要求结合新时代文明实践中心和文化礼堂建设，推动已有农家书屋建强一批、提升一批、整合一批，并将农家书屋提档升级工作纳入公共图书馆服务体系，纳入农村文化礼堂建设体系。市委宣传部安排专项资金采购1.65万册重点出版物，分发到全市8个区县（市）农家书屋。（何国江）

【新闻出版行政审批改革】2020年，市新闻出版局（市版权局）对原49个行政许可类事项逐条进行梳理、调整，归并为38个，且全部实现可“网上办、掌上办”，全年办理各类行政审批事项2740多件。6月末，启用实施“一键审批”新模式，将全市宣传系统的16个事项上线“亲清在线”平台，全市宣传系统20多名“店小二”在平台24小时提供服务，全年办理2500多件，办件量列全市上线事项第8位。在全市推行3个行政事项的告知承诺制试点工作，并完成公开征求意见及合规审查。年末，全市新闻出版系统有13个行政许可事项实施告知承诺制。

【出版物市场管理】2020年，杭州市完成市本级和各区县（市）的出版物鉴定小组组建工作，年内鉴定出版物10批次、300多册。出版物鉴定小组采取“双随机”方式，先后2次抽查19个规模以上出版物印刷企业执行规定情况。组织对全市出版物市场的专项暗访检查活动，抽查出版物批发、零售企业100多个。组织出版物市场售前审读服务，抽查审读80多批次、250多本（套）书，抽查出版物发行单位58个。

【文化出版“扫黄打非”】2020年，市

2020年5月27日，杭州电视台青少·体育频道（亚运频道）开播仪式在杭州文广集团演播厅举行 （杭州文广集团 供稿）

新闻出版局（市版权局）印发《杭州市2020年“扫黄打非”工作举措》《2020年度杭州市“扫黄打非”工作核查验收细则》，强化与国家安全、政法等部门的协调配合，形成全市“扫黄打非”工作合力。年内，全市设立“扫黄打非”工作站点3503个，创建全国示范点3个、全省示范点27个。全市文化市场执法机构立案查处“扫黄打非”案件166件，罚款31.45万元，停业整顿单位2个（次），没收违法所得4000多元，没收非法物品3925件。年末，余杭区运河街道被评为全国“扫黄打非”先进集体，市委宣传部王真被评为全国“扫黄打非”先进个人，市“扫黄打非”工作领导小组办公室等7个单位获全省“扫黄打非”工作成绩突出集体称号，4人获全省“扫黄打非”工作成绩突出个人荣誉。 （费翱翔）

广播影视

【概况】2020年，面对突如其来的新冠肺炎疫情，杭州文广集团第一时间成立疫情防控工作领导小组和宣传工作领导小组，及时传达省、市疫情防控要求。旗下各媒体迅速进入紧急应战状态，24小时不间断推送疫情防控有关信息。集团主动承担文化国企社会责任，落实“六稳、六保”各项任务，助力企业复工复产。抓好宣传报道，以“小康路上幸福多”为主题开展“我是星力量”大型全媒体采风行动。集团下属媒体获评国家级奖项14个，其中杭州电视台综合频道录制的《生命大接力特别直播》和专题片《四十城四十年》获评首届中国广播电视大奖。

深化媒体融合，累计培育14个百万级新媒体平台（账号）。集团下属广播交通经济频率的“开吧系统”入选国家广电总局“全国广播电视媒体融合典型案例”。强化科技赋能，建成启用高清融媒体移动业务生产系统“云采+”，自主研发“广播数据驾驶舱”大数据技术平台，抓紧建设4K超高清电视制播系统。

集团打造亚运宣传主平台，将杭州电视台原“少儿频道”转为“青少·体育频道”，并以亚运主题为核心进行频道全面改版，推出《亚运倒计时》等凸显“亚运+青少”特色的系列新栏目。集团承担的国家（杭州）短视频基地项目加速推进，全媒体项目、文广演艺项目、文广影业项目、艺术品项目等重点项目实现突破。集团投融资平台和大后勤平台保持良好发展势头，“媒体+”经营模式形成自己的特色，经营创收整体平稳，利润增长14.4%。

全年集团暨下属单位获评省级以上奖项131个，其中国家级奖项19个；在中央电视台《新闻联播》发稿70条，均创历史新高。

【防疫宣传】2020年，杭州文广集团根据新冠肺炎疫情防控形势，适时调整宣传策略，在宣传报道上持续发力。从春节前夕开始的两个月，集团主要频道频率、融媒体中心、技术中心投入新闻采编和保障人员4000多人次，播发各类防控疫情新闻1.59万篇、新媒体图文视频2.25万条，网络直播20多场，各网络平台点击量合计7亿人次，全网点击量58亿人次。其中杭州电视台综合频道的《战“疫”群英谱》《战疫情做先锋》、杭州人民广播电台调频89的《我在战“疫”一线·有声日记》《抗“疫”生活图鉴》、“杭州之家”App的《战“疫”日记》等系列主题报道，记录下全市各地干部群众，特别是驰援武汉的医护人员在一线的抗疫故事。

疫情期间，集团下属各媒体运用融媒体传播手段，将各类新闻报道、特别节目、主题活动、图文视频内容重新编排、全网分发，并推出网络视频直播。从2月17日起，集团拨出1000万元免费广告额度，助力杭州企业复工生产，策划推出《齐心战“疫”有序复工》系列公益广告展播活动，各频道（率）及新媒体矩阵统一排播上线，高密度分发播出。集团下属各媒体调动自身宣传资源，自制播发多种形式的公益广告。

【市“两会”宣传报道】2020年，杭州市召开“两会”期间，杭州文广集团提前谋划宣传方案，派出下属频道频率和融媒体中心60多人组成的团队，参与“两会”报道和直播保障。推出电视新闻报道近70篇，广播新闻报道90多篇，新媒体推送内容300多条，点击量490多万人次。重点宣传杭州市全力统筹推进新冠肺炎疫情防控和经济社会发展，确保如期高水平建成小康社会的实践举措。集团发挥媒体融合优势，在线上推出多个“两会”新媒体产品，其中包括H5长图、VLog（视频网络日志）等，在“杭州之家”App、微博、微信、抖音等多个平台发布。集团直播团队尝试新技术，携手杭州联通公司，依托5G网络，为市政协十一届四次会议开幕会提供4K高清VR直播（360度全景视频画面），并在中央电视台新闻移动网等媒体平台发布。网友进入VR直播页面后，可以通过拖动直播画面，实现360度VR沉浸式体验，观看开幕会情况。

【市委十二届十一次全会宣传报道】2020年12月15日，中共杭州市委十二届十一次全会召开。杭州文广集团主要频道、频率、“杭州之家”App在会前、会中、会后三个阶段推出新闻报道60多篇，推送视频图文50多篇，重点宣传“十三五”时期杭州市取得的重大成就，以及“十四五”时期经济社会发展的指导方针、主要目标、重点任务和2035年远景目标。

会议期间，杭州电视台综合频道、杭州电台综合广播、“杭州之家”App结合全会核心内容，制作推出快讯、解读、VLog（视频网络日志）等多个新媒体产品。其中，短视频《你知道吗？杭州“十四五”规划编制工作原来是这样的！》带大家了解“规划”出台的幕后故事。全会闭幕后，陆续推出系列报道《展望十四五，奋进新征程》等，配发《从“受益人”到“领跑者”，杭州要率数字变革之先》等短评，助力各基层单位学习贯彻好市委全会精神。

【杭州市“双千直播”大型活动】2020年4月23—28日，以“千名主播带货直播、千名演员文旅直播”为形式的杭州市“双千直播”大型活动启动仪式在西溪湿地水浒文化展示馆举行。现场通过新华社“现场云”、央视“新闻+”、央视频、中国网、网易新闻、新浪微博、“杭州之家”App等平台进行网络视频直播，累计浏览量100万人次以上，全网阅读量超过500万人次。

杭州文广集团整合旗下各频道频率、华智传媒、演艺集团和文艺院团资源参与“双千直播”大型活动，将文化、旅游、文艺表演与全媒体传播相结合，帮助文旅项目进行线上推广。同时，结合手机端互动和直播带货功能，打通线上和线下的链路，拉动消费，提振杭州文旅产业。“双千直播”活动完成直接销售1000多万元，活动关注量超过1亿人次。

【大型跨省全媒体“云行动”】2020年4月26日至5月12日，杭州文广集团融媒体中心暨杭州网络广播电视联合杭州市卫生健康委、武汉广播电视台，共同推出“你是我的英雄”大型跨省全媒体“云行动”，挖掘杭州支援湖北医疗队防控新冠肺炎疫情背后的故事。

整个行动推出7场特别直播，邀请来自12个医院的杭州援鄂医护人员参与采访活动。除在“杭州之家”App播发外，还通过央视频、央视“新闻+”、人民视频、新华社“现场云”、中国网、新浪新闻、新浪微博等平台分发，同时在武汉广播电视台《见微直播》栏目播出，平均每期点击观看量超130万人次，累计有20多万人次参与互动。

【“西湖论剑·网络安全”线上峰会】2020年6月16日，由新华网和杭州电视台综合频道全案执行的2020年“西湖论剑·网络安全”线上峰会召开。峰会以“数治安全·智理未来”为主题，首次采取杭州主会场、北京分会场两地同步线上直播的形式，设1个主论坛、6个分论坛以及3D虚拟展区等特色环节，有近70场专题报告。新华网、央视频移动网App、中国青年报App、凤凰网、浙江在线天目新闻客户端、杭州网等平台直播峰会盛况，全网观看量442万人次。杭州电视台综合频道发挥主题解读、创意策划、团队协作和资源整合等方面的优势，以短视频为宣传预热手段，为每场主论坛、分论坛都精心制作1分钟左右的介绍短视频。12天内完成6场分论坛所有嘉宾演讲的录制，并将海量的视频素材剪辑制作成分论坛视频播出。

【防汛救灾宣传报道】2020年7月，

2020年6月16日，由新华网和杭州电视台举办的“西湖论剑·网络安全”线上峰会召开

（杭州文广集团 供稿）

杭州市防汛形势严峻。杭州文广集团启动应急报道机制，做好防汛救灾宣传。杭州文广集团出动一线采编播及技术保障人员932人次，播出防汛新闻1002条、电视及网络直播4场、慢直播4场、新媒体图文视频内容1281条，全网分发转载及点击量近1亿人次。

7月6日，新安江水库迎来首次9孔泄洪闸全开泄洪。集团90多名记者、摄像和技术人员奔赴建德、淳安、富阳、桐庐等地防汛救灾第一线，“杭州之家”App安排编辑人员24小时在岗，每日实时更新各区域防汛抗洪的动态消息。杭州电视台综合频道开启3档《众志成城防汛救灾》特别直播，在电视端与移动端同步进行，直播时长6个小时。集团新媒体矩阵也进行24小时不间断滚动直播，并携手央视新闻、《人民日报》、新华社、澎湃新闻、天目新闻等App并机直播，全国有150多个媒体转播杭州电视台综合频道的直播信号，全网累计观看量近1亿人次。

【“爱上钱塘江”大型跨省融媒体行动】 2020年7月，为纪念“绿水青山就是金山银山”理念提出15周年，展示浙江和杭州“重要窗口”生态文明建设成果，讲好钱塘江沿线百姓高水平奔小康故事，杭州文广集团融媒体中心、杭州网络广播电视有限公司联合杭州江干区，以及钱塘江沿线安徽黄山、衢州开化、丽水龙泉、金华兰溪、绍兴嵊州、嘉兴海宁的7地融媒体中心，开展“爱上钱塘江”大型跨省融媒体行动。行动历时近三个月，跨越两省七地行程600多千米，共进行移动5G直播16场，发布《山水小康好生活》等特色主题报道14篇，新媒体推文186篇，推送《绿色生态人物志》《钱塘江非遗》短视频70多条。中央、省、市、区（县）近30个主流媒体、新媒体进行矩阵式分发，全网观看超过2500万人次。

【“驰骋小康路”公路微直播】 2020年是杭州高品质建设“四好农村路”三年行动计划收官之年。9月起，杭州电视台综合频道与市交通运输局以及下属各县（市）交通运输局合作，策划推出“驰骋小康路”公路微直播。活动走进杭州7个区县（市），选择最具代表意义的乡村路作为直播的主线，联动沿线乡村，结合当地特色，拍摄乡村百姓发家致富、携手小康的美好生活图景。系列微直播通过央视新闻客户端、央视频客户端、天目新闻客户端、西湖先锋客户端、中国交通快手号、杭州电视台综合频道微博号、抖音号等平台进行全网播送。平均每场的全网观看量1000万人次，最高纪录超过3000万人次。

【杭州电视台青少·体育频道（亚运频道）开播】 2020年5月27日，杭州电视台青少·体育频道（亚运频道）开播仪式在杭州文广集团演播厅举行。杭州亚组委将杭州亚运会相关知识产权授予杭州电视台青少·体育频道（亚运频道）使用，标志着杭州亚组委官方电视媒体资讯平台上线。该频道在杭州电视台第五频道基础上进行呼号调整，由杭州亚组委和杭州文广集团共建，按照亚组委“体育亚运、城市亚运、品牌亚运”的要求开展工作。频道将联合全国多个主流体育频道，搭建全国体育频道亚运节目内容“交互云”平台，实现专题栏目、短视频、微纪录、慢直播等多种影音产品共享。 （邹　争）

新闻网站

【概况】 2020年，市委网信办开展“我最喜爱的习总书记的一句话”“战疫情、促发展”“助力脱贫攻坚杭州在行动”“杭州之治”“城市记忆”等40多次重大主题网络宣传，刊发报道9万余篇，吸引全网阅读量60多亿人次。中央网信办组织的“2020·指尖城市”“大国小鲜@基层之治”等网络主题宣传活动在杭州启动，重点报道杭州智慧城市建设等创新实践。

开展全市百个网络正能量精品评选活动，推出杭州市正能量传播评价指数排行榜，持续打造“善城杭州志”移动端正能量品牌，扩容中央、省、市主流新媒体和国内重点商业网站、自媒体传播矩阵，全年累计推送杭州正能量稿件1万余篇。

【杭州市互联网行业党委成立】 2020年1月16日，杭州市互联网行业党委揭牌成立，以落实党管互联网原则，推动市互联网行业管理和网络综合治理更加科学、规范、有效。行业党委按照“主管部门（4个）+网络社会组织（4个）”的模式组建，依托市委网信办管网治网、统筹协调的职能优势，整合多方资源和力量，构建党委领导、政府管理、企业履职、社会监督、网民自律等多主体参与的网络综合治理体系，为杭州市打造“全国数字治理第一城”，高水平实现城市治理现代化提供组织保障。

【杭州网络文化季】 2020年8—10月，杭州市举办第十二届（2020）杭州网络文化季，联合中央、省、市主流网络媒体及商业网站、自媒体及13个区县（市），围绕杭州决胜全面建成小康社会、决战脱贫攻坚，展现“重要窗口”的“头雁风采”，运用微博热门话题、“云”合唱、网络直播、网络音视频、网络公益等手段，开展14项网络文化活动。该届网络文化季的“在杭州遇见美好”微博主话题阅读量超过1亿余人次。

【《杭州市互联网发展报告（2019年度）》发布】 2020年7月，《杭州市互联网发展报告（2019年度）》面向各级党政部门发布。该报告紧扣互联网脉搏，针对2019年互联网发展中关注度较高的人工智能、云计算、移动支付、智慧医疗、智慧交通等开展针对性调研，从网民角度反映行业创新进展、社会效应、发展趋势，为各项工作推进提供参考。聚焦市委、市政府中心工作，重点关注杭州城市数字化发展、城市大脑建设应用、集成电路“芯”项目落地、制造业数字化转型升级、市互联网法院审判模式智能变革等情况。专门收集整理、汇总国内各权威机构发布的全国数据和资料，将杭州互联网发展情况与其他城市进行对比，凸显杭州互联网领域的发展地位。

【杭州获中央网信办年度网络公益奖项6个】 2021年2月，中央网信办公布“网络公益助力脱贫攻坚优秀案例”“网络公益助力疫情防控”两类、62个案例。市委网信办推荐报送的6个项目均获评优秀案例，分别是杭州市委网信办“助力黔行大型网络公益项目”、西湖朋友圈“云公益”项目、浙江格家网络技术有限公司“中国田”网络公益项目等4个项目获评“2020年网络公益助力脱贫攻坚优秀案例”，观澜网络（杭州）有限公司丁香园网络战“疫”公益项目、盘石集团“云助力”中小企业复工复产2个项目获评“2020年网络公益助力疫情防控优秀案例”。

【杭州10个项目入选网络扶贫案例】 2020年10月，由中央网信办信息化发展局指导、中国网络社会组织联合会主办的“2020网络扶贫案例”发布。市委网信办推荐参评的10个项目入选。其中：阿里巴巴（中国）有限公司“阿里巴巴脱贫特派员”项目、杭州贝佳电子商务有限公司“贝店‘电商助农+消费扶贫’”项目、微医集团（浙江）有限公司“微医‘互联网+健康扶贫’打造‘村头看病，云端问诊’脱贫新路径”3个项目入选全国十大案例；杭州文广集团融媒体项目“村民乐”助力网络扶贫等7项目入选全国典型案例。杭州市委网信办作为全国唯一一个市级单位获“优秀组织奖”。

【网络国际传播】 2020年，市委网信办联合《人民日报》海外网，整合300多个海外中、英文网络媒体及杭州重点企业部门海外社交媒体账号等，构建“印象杭州”海外国际传播联盟，在42个国家及地区的230多个网络媒体发稿。依托《人民日报》海外网的全球媒体监测分析系统，建立“印象杭州”网络国际传播全球监测分析模块，开展涉及杭州的稿件阅读量、转载量、评论量的追踪、评估，捕捉分析海外网民的涉杭兴趣点，及时调整内容设置方向，精准编发、推送网络外宣稿件。

【杭州8个作品入选第五届“五个一百”网络正能量精品】 2020年10月21日，由国家互联网信息办公室指导，中国互联网发展基金会主办，人民网、光明网、中国青年网、中国新闻网、环球网承办的第五届“五个一百”网络正能量精品评选活动结果发布。杭州市有8个作品入选，占全省获奖作品数的25%左右。其中，“@杭州公安”“@小一姐姐”“@陆琪”3个账号（人物）获评“网络正能量榜样”；《微光》《爱心树洞》2个专题获评“网络正能量专题”；《新留守青年》《杭州加油，浙疫战我们能赢！》《加油中国青年》3个视频获评“网络正能量视频”。

【100个网络正能量精品评选活动】 2020年8月，杭州市首次开展100个网络正能量精品评选活动，征集到网络作品1874件，评选出“网络正能量榜样”“网络正能量音视频作品”“网络正能量文字作品”“网络正能量图片”“网络正能量专题活动”五大类、100个网络正能量精品，以及25个自媒体优秀正能量传播案例。杭州属地的优秀网络平台通过细心发现，精心创作，向外界传递杭州这座“温暖的善城”的力量。杭州网有20项作品入选。其中：《原来你是这样的杭州：200秒看遍杭州70年来的“第一次”》等短视频，阅读量均在1000万人次以上；“丁香医生”运营团队推出的《疫情地图》，实时呈现全国疫情病例分布，有效遏制谣言传播，阅读量31亿人次。

（市委网信办）

杭报集团

【概况】 2020年，杭报集团记录杭州市打赢新冠肺炎疫情防控阻击战、脱贫攻坚决胜战、全面小康收官战的成就。采编工作获省、市宣传主管部门领导批示肯定及阅评表扬52次，集团连续7年入选“世界媒体500强”榜单，排名继续前移。杭州日报社多个新媒体平台进入人民网发布的“2020党报各渠道传播力排行榜20强”，官方微信公众号排名第8位，官方“抖音”号排名第15位，官方微博排名第17位。在中华全国新闻工作者协会发布的《中国新闻事业发展报告（2020年发布）》中，《都市快报》进入2019年综合类报纸平均期印数排名前10位，列浙江第1位、全国第9位。集团33件新闻作品获“2019年度浙江省新闻奖”，继续在全省地市媒体中保持领先地位。杭州日报社“绿马甲”文明公益行动获中国青年志愿者服务项目大赛金奖。“杭州日报·杭+直播”获第三届中国新媒体发展年会“年度全国报业十佳影响力直播平台”称号。《杭州日报》全媒体“图击队”和《萧山日报》融媒体图片编辑团队获中国新闻摄影学会颁发的“2020年中国抗疫图片（影像）编辑先进集体”称号。杭州网获中国城市新闻网媒抗疫特别奖“突出贡献奖”，“杭网议事厅”入选中央网信办“网上群众路线典型案例”，“杭州网文化直播服务平台”“‘云上动漫游戏产业交易会’一站式数字展会”获人民网发布的2020年全国党媒“全媒体战‘疫’”优秀案例奖。《萧山日报》作品《没有父母的老屋，我只是故乡的客人》被评选为2019年全国报纸副刊年度精品（一等奖）。

杭报集团强化资本运作，重构商业模式，持续扩大品牌战略运营“朋友圈”。旗下浙江华媒控股股份有限公司连续4年获评“浙江省服务业百强企业”，获评“杭州市文化旅游领军企业”“2017—2019年度杭州市内部审计先进集体”，获主体信用等级和债项跟踪评级“AA+”级及深圳证券交易所信息披露评级A级等荣誉。

【“战疫情、促发展”融合报道】 2020年，杭报集团各媒体全平台、全方位、全时段开展“战疫情、促发展”融合报道，推出专版1700多个，开设专栏（专题）近200个，刊发报道25万余篇，总阅读量达120亿人次，“10万+”卓越产品2100多个，千万级阅读量产品43个，创集团单项重大主题报道（突发公共事件报道）发稿量及阅读量的新纪录。《新型冠状病毒怕酒精不耐高温》阅读量16亿人次，《杭州红十字会公布明细》阅读量超过1.4亿人次。2月15日，市委宣传部领导到杭报集团专题检查指导抗疫宣传报道工作。

【“决战脱贫攻坚、决胜全面小康”宣传报道】 2020年，杭报集团各媒体派出多路记者到对口帮扶一线，用文字、镜头记录脱贫攻坚取得的成

2020 年 2 月 15 日，市委宣传部领导到杭报集团指导“战疫情、促发展”宣传报道工作（郑承锋 摄）

就，展示高水平全面建成小康社会的生动画面。全年开设专栏专题 63 个，推出报道 4400 多篇，新媒体阅读量超 9500 万人次，多个新媒体产品播放量突破 100 万人次，《真情帮扶结硕果》被推送至“学习强国”全国平台首页，单日阅读量 1200 多万人次。

【党委、政府中心工作报道】2020 年，杭报集团各媒体做好中共中央总书记习近平在浙江杭州考察、中共十九届五中全会、“十三五”时期发展成就和“十四五”规划编制、“绿水青山就是金山银山”理念提出 15 周年、奋力展现“重要窗口”头雁风采、“新消费·醉杭州”、“做好‘六稳’、落实‘六保’、推进‘六新’”等 40 多项重大主题报道，推出《一把手访谈》《五中全会精神在基层》《辉煌“十三五”，奋进新征程》《杭州奋力展现“重要窗口”头雁风采》等专栏专题，及时准确地传达传播党和政府的声音，客观公正地表述基层群众的声音。

【全媒体采编平台全面建成】2020 年年末，杭报集团智媒体“中央厨房”全面建成，通过实施 40 多个建设子项目，实现技术赋能，提升新闻生产的效率、产品供给的效用、媒体管理的效能。一批采编工具和技术（特别是移动采编平台）投入运用，集团重大主题报道破除时间空间束缚，实现 24 小时动态生产、全程播报；短视频、H5 等视觉化新媒体产品生产逐步迈向标准化、常态化，具备虚拟现实场景生产能力的三大数字演播室全面建成；实现集团大数据在传播效果、舆情监控、版权维护、绩效评估等多领域综合运用，拓展党媒集团社会综合治理效能。

【全媒体矩阵优化】2020 年，杭报集团坚持传统媒体与新媒体共同换代、优势互补，同步提升新闻报道策划能力，同步创新内容表达形式，打造“报—网—端”并重的全媒体矩阵和“文—图—音—视”齐发的全形态产品。重点支持“杭 + 新闻”“杭州新闻”等自有移动端发展，利用 5G、物联网、区块链、人工智能等信息技术，完善“新闻 + 服务”“新闻 + 政务”“新闻 + 党务”功能，丰富移动传播形态。主动布局“抖音”“快手”等主要商业新媒体平台，占据互联网主阵地。至年末，《杭州日报》官方“抖音”号上线 5 个多月，关注人数超过 230 万人。杭州网官方“抖音”号关注人数超过 320 万人，在杭州市媒体官方“抖音”号中列第一名。

【“四力”评价体系构建】2020 年，杭报集团初步构建《杭州日报》“四力”指数，从“传播力”“引导力”“影响力”“公信力”四个维度入手，包含 4 个一级指标、14 个二级指标、40 个三级指标，以大数据全面采集、统计学模型建构、数量化细化分析，全面测量《杭州日报》的“到达”“定位”“效果”“信任”4 项内容，助推“四力”提升，推动传播绩效评估的数据化、定量化、系统化、可视化。

【国际传播能力打造】2020 年，杭报集团本着“努力打造全媒体对外传播格局”的宗旨，把握国际传播领域移动化、社交化、可视化趋势，打造“一矩阵、两平台”的外宣传播体系。突出内容导向，创新产品形态，注重平台布局，打造“报网端 + 海外社交媒体”协同联动的传播矩阵；常态化收集和规范化管理杭州外宣工作优质素材，打造杭州外宣共享平台，为“城市大脑·宣传系统数字驾驶舱”提供基础数据支持；建设国家级视频分发平台，与新华社“CNC 新华网络电视”开展务实合作，打造中国视频内容出海的国家级平台，月阅读量超过 10 亿人次。

【《杭州日报》创刊 65 周年活动】2020 年，杭报集团以《杭州日报》创刊 65 周年活动作为全年党建和企业文化建设的主要载体，组织“日报记者眼中的杭州 65 年”图片展、“翰墨贺报庆”书画展、“谋五拼三”成果规划展、社史馆更新提升、共种一片“杭报集团希望林”、绿道毅行等系列活动，展形象、扬品牌、争支持、聚合力、谋发展。10 月 29 日，举办《杭州日报》创刊 65 周年座谈会，市四套班子领导、省委宣传部和省新闻工作者协会领导、中央在杭媒体和省级媒体负责人、市直有关单位负责人、亚组委和区县（市）宣传部部长、合作伙伴和读者代表、报社老前辈等 120 多人参加。

【舆论舆情引导】2020 年，杭报集团加强热点敏感事件、突发事件的正向引导，依托杭州网舆情中心，对热点事件进行持续性跟踪和数据搜集，结

2020 年 10 月 29 日，杭报集团举办《杭州日报》创刊 65 周年书画回顾展
（郑承锋 摄）

合历史重要节点和网络信息审核经验，加强网络舆情热点分析研判，全年向市网信部门上报舆情风险点 70 多个。持续发挥内参作用，反映社情民意和群众呼声，发挥建言献策重要作用，全年上报《长租公寓频频“爆雷”亟待加强监管力度》《科学规划设计市区管网系统从根本上解决杭城内涝问题》等内参 9 篇，6 篇获市委主要领导批示肯定。以《都市快报》“问计于民”、杭州网“杭网议事厅”、“19 楼帮帮团”等平台为载体，搭建市民群众与党委、政府之间的沟通桥梁。

【杭报集团媒体品牌打造】 2020 年，杭报集团坚持打造《杭州日报》理论评论品牌，“学而思”“西湖评论”“吴山时评”“深 8 度”“商报深一度”等内容获好评；打造《杭州日报》“党报记者·绿色传递”活动、“绿马甲”文明公益行动、“多浪公益行动”、《都市快报》“快公益”活动、《每日商报》“一万个太阳”活动等公益项目品牌，彰显媒体责任担当。策划第四届杭州（国际）未来生活节、万物生长大会、杭州首届消费扶贫节，举办首届“@萧山·原味生活节”、首场“武林仲夏市集”等活动，以富有城市特色的活动策划，提升城市美誉度。

【杭报集团重构电商模式】 2020 年，杭报集团抢抓“直播带货”商机，“七报一网”先后推出“助企惠农大直播”“村民直播间”“淘直播·购杭品”等 150 多场直播活动，直接带动销售额超过 5000 万元，助力农产品“云销售”、文旅企业“云复工”、企业“去库存”“云招聘”。《都市快报》的“快抱”App 融合生活分享、产品交易、知识付费、同城问答、会展票务等服务，下载量超过 100 万人次，注册会员超过 40 万人次，在杭州同城本地生活类 App 中排名第一位，“快抱”电商年度成交额超过 5000 万元。《每日商报》的“每满生活”电商平台 4 月创建运营，会员数增长迅速，联结服务一大批杭州中小企业和读者。集团旗下浙江风盛传媒股份有限公司成立杭州有鲸网络科技有限公司，以“快手”和“抖音”商业化为起点，探索电商广告业务。 （胡明辉）

新闻团体

【概况】 2020 年，杭州市新闻工作者协会（简称市记协）团结全市广大新闻工作者，坚持正确政治方向和正确舆论导向，忠实履行职责使命。学习贯彻中共中央总书记习近平关于新闻舆论工作的重要论述，以及在浙江、杭州考察时的重要讲话精神，通过各类学习培训、创优交流、新闻实践，带领全市新闻工作者，坚持正确的“政治方向、舆论导向、新闻志向、工作取向”，不断提升“脚力、眼力、脑力、笔力”，并贯穿到新闻采编、内部管理、队伍建设、媒体发展等各个环节，营造良好的舆论环境。

【重大宣传报道】 2020 年年初，新冠肺炎疫情发生，市记协在刊物《传媒纵横》专门开设“抗疫特刊”，将杭州市各新闻单位在疫情防控宣传中的先进事迹、优秀文章集中刊出，发表交流“抗疫”相关文章 60 多篇。市记协组织全市新闻媒体，围绕“决战脱贫攻坚、决胜全面小康”宣传报道，派出多路记者到一线，用文字、镜头记录脱贫攻坚成就，展示高水平全面建成小康社会的生动文字与画面。

全年市记协配合新闻单位组织重大主题报道 40 多项，包括中共中央总书记习近平在浙江杭州考察、“绿水青山就是金山银山”理念提出 15 周年、重要窗口“头雁”风采、纪念中国人民抗日战争暨世界反法西斯战争胜利 75 周年、长三角区域一体化、城市治理现代化等等。

【新闻单位助力脱贫攻坚】 2020 年 7 月下旬，市记协与杭州文广集团发起“小康路上幸福多”大型媒体采风行动，历时 3 个多月。来自该集团各频道、频率的 18 支参赛团队围绕主题，在湖北省恩施土家族苗族自治州、贵州省黔东南苗族侗族自治州、浙江省钱塘江沿线的三省七地，到田间地头、街头巷尾，贴近百姓生活，多角度、多形式地记录中国全面奔小康路上的脱贫故事，创作出一批新闻作品。9 月，市记协组织杭报集团、杭州文广集团和区县（市）媒体记者采访团，到杭州对口帮扶城市新疆维吾尔自治区阿克苏市，开展“决战脱贫攻坚、决胜全面小康”主题异地采访活动。5 天时间到基层实地采访，抒写成十年来杭州一批批援疆干部的故事。

【新闻作品评奖评优】 2020 年 3 月，市记协抓好年度新闻评奖工作。杭州新闻奖持续较大幅度向新媒体倾斜，在奖项设置、奖级数量上坚持鼓励创新,鼓励一线。评出“杭州新闻奖”266篇,其中一等奖56篇、二等奖91篇、三等奖119篇。在“杭州新闻奖”新媒体作品评选中,收到来自区县(市)的121件新媒体作品,包括新闻专题、新闻评论、文字消息、短视(音)频、移动视频专题、移动直播、数据新闻、创意互动、融合创新、界面设计、新媒体服务等多个门类,评选出一等奖作品18篇、二等奖作品25篇、三等奖作品29篇。

在杭州市选送参评“2019年度浙江新闻奖”的作品中,获一等奖10篇、二等奖21篇、三等奖21篇、名专栏2个。杭州电视台综合频道的《新闻60分》栏目获“2019年度中国新闻奖”三等奖。

2020年12月3日,市记协与广东省记协“好记者讲好故事”优秀演讲人代表团交流学习 (市记协 供稿)

【杭州新闻界中国记者节庆典】 2020年11月8日是第21个中国记者节。受市委宣传部委托,市记协组织策划“乘风破浪,我们一直在路上——杭州市庆祝第21个中国记者节暨重大主题报道表彰大会”。大会围绕一年中心工作和“战疫情、促发展”“决胜全面小康、决战脱贫攻坚”等重大主题,由一线新闻工作者讲述台前幕后的新闻故事和收获。会议表彰41件创新重大主题报道优秀新闻作品、18个优秀融媒体项目,以及10件大型融媒体行动最具传播力新媒体作品、10件最佳短视频作品、10件践行“四力”最佳新闻作品。

会议现场,杭报集团、杭州文广集团以及各区县(市)融媒体中心进行杭州市融媒联盟签约,并举行杭州市融媒学院授牌仪式。

【新闻职业道德监督】 2020年12月16日,市记协举行杭州市新闻行业社会监督员、市新闻道德委员会和媒体代表座谈会,市委宣传部领导和各方代表20多人与会。杭报集团、杭州文广集团及各区县(市)媒体负责人,听取杭州市新闻行业社会监督员的意见和建议。受邀社会监督员代表围绕杭州媒体开展行业自律、行风建设等方面工作展开讨论,交换各自意见和建议。市记协依托公开电话、微信公众号和杂志刊物等平台,针对社会各界对全市新闻机构以及新闻从业人员新闻职业道德失范行为,接受举报与投诉。

【市记协咨询平台建设】 2020年,市记协为提升《传媒纵横》杂志和微信公众号平台的内容质量,派采编人员到基层为区县(市)媒体深度融合发展提供服务。市记协微信公众号全年围绕抗击新冠肺炎疫情、全面小康等宣传报道,以及媒体融合与新闻创优等内容,发布文章197篇,利用新媒体手段与技术,第一时间传播杭州新闻界的最新消息、重大主题报道中的好经验、行业的各种先进人物和先进事迹,为各新闻单位搭建起一座互相学习交流的桥梁。《传媒纵横》杂志加强向区县(市)融媒体中心约稿,强化对新闻一线的工作报道,记录杭州一线记者、编辑在经受重大考验时敬岗爱业的故事。

【小记者工作委员会成立】 2020年6月,市记协《关于成立市记协小记者工委的建议和方案》在市记协第八届理事会第二次常务理事会上审议通过。8月,小记者工作委员会成立。在成立仪式上,启动小记者《拥抱梦想,我的小康生活》采访活动和《迎亚运,争做文明小主人》主题征文活动,为学军小学、崇文小学、时代小学等14个学校授予首批小记者站牌匾。市记协协调小记者工作委员会与杭州电视台明珠频道、《城报》等媒体合作,开展适合小记者的多种主题宣传与培训活动。

【“好记者讲好故事”演讲比赛及交流】 2020年9月22日,市记协组织杭州新闻界“好记者讲好故事”演讲选拔赛。来自全市各新闻单位的6位奋战在一线的记者,以亲身经历讲述精彩故事,《杭州日报》的柯静获一等奖并参加浙江省新闻界“好记者讲好故事”比赛。

12月3日,市记协接待广东省记协“好记者讲好故事”优秀演讲人代表团到杭交流,代表团一行参观《杭州日报》创刊65周年图片展、杭州日报社社史馆和融媒体“中央厨房”,与杭报集团相关负责人进行讨论交流。 (卢文丽)

责任编辑 汤 峻

43 卫生健康

2021

杭州年鉴

Health and Wellness

综述

【杭州卫生健康事业发展】2020年年末，杭州市有卫生机构数（含村卫生室）5675个（含市直属23个、省直属30个），比上年减少250个。其中医院353个（含市直属15个、省直属20个）、社区卫生服务中心（站）1306个（含社区卫生服务中心135个）、卫生院81个、门诊部799个、诊所（含卫生所、医务室）2270个、妇幼保健院（所）14个、疾病预防控制中心16个、卫生监督机构15个。实有医疗床位9万张，其中医院床位8.43万张、社区卫生服务中心床位2822张。有卫生技术人员13.43万人，其中执业（助理）医师5.11万人、注册护士5.85万人，医护比例1:1.14。

全市医疗机构诊疗总数1.27亿人次（其中市直属1122.84万人次、省直属2562.28万人次），比上年减少13.3%；门（急）诊总数1.23亿人次（其中市直属1118.12万人次、省直属2558.97万人次），减少13.8%。全市医疗机构入院总数250.49万人（其中市直属34.7万人、省直属114.02万人）。2020年人均期望寿命83.12岁，增加0.17岁；孕产妇死亡率1.68/10万，降低1.07/10万；5岁以下儿童死亡率2.88‰，上升0.53‰；婴儿死亡率1.87‰，上升0.22‰；全市甲乙类传染病发病率163.82/10万，下降14.81%。全市出生79806人，减少11644人，年出生率9.92‰。全市一孩率54.2%，上升1%。

2020年7月6日，杭州市卫生健康委员会与杭州师范大学举行合作框架协议签约仪式

（市卫生健康委 供稿）

市卫生健康委印发《关于服务保障人民群众身体健康进一步推进卫生健康高层次人才队伍建设的实施意见（试行）》，围绕人才成长全周期精准实施四类共20项举措。全年引进各类专业技术人员568人，其中市属医疗卫生单位引进国家级领军人才2人、博士研究生38人、硕士研究生234人，拨付人才战略资金530万元。市卫生健康系统入选省卫生领军人才培养对象1人，入选省卫生创新人才培养对象5人，入选省医疗新秀培养对象13人。组织遴选"杭州万人计划·杭州名医"10人，评选首批市医坛新秀培养对象50人。开展人才分类认定544人。年末，市卫生健康委直属事业单位有副高级职称以上人员2587人，其中正高级职称759人、副高级职称1828人。

【市卫生健康委与杭师大签署合作协议】2020年7月6日，市卫生健康委与杭州师范大学签署合作框架协议。协议涵盖支持杭州师范大学进行"医教融合"改革，进一步探索高校与医院协同发展模式，提升全市医疗技术水平，共同推进杭州师范大学医学学科与杭州卫生健康事业的高质量发展等内容，从而让杭州市民享有更高水平的卫生健康服务。

【城市大脑卫健系统应用】2020年新冠肺炎疫情防控期间，市卫生健康委依托城市大脑"卫健驾驶舱"，对发热病人数、传染病发病情况指标进行动态监测并及时做出预警，制作街

2020 年 8 月 28 日，杭州市第九人民医院（杭州市第一人民医院钱塘院区）揭牌成立（市卫生健康委 供稿）

道（乡镇）疫情“五色图”，为全市科学、精准管控疫情提供依据；实行与电子健康卡、电子社保卡的互联互通，实现医院看病“一码通行”。至年末，“一码就医”累计服务 1736.36 万人次，日均使用量 15 万余次，三级医院门诊智慧结算率 91.9%，二级医院门诊智慧结算率 85.2%，均居全省前列。城市大脑“先看病后付费”应用场景建设中，全市 12 个市属医院、12 个省级医院、2 个部队医院、46 个区级医院、75 个民营医院、196 个社区卫生服务中心等医疗机构全部上线，累计服务 5888.4 万人次。国务院第七次大督查中将杭州“舒心就医”作为地方典型经验做法进行通报，并入选国家发改委营商环境最佳案例。“舒心就医”服务被评为浙江省城市大脑（智慧城市）应用优秀典型案例、浙江省“观星台”优秀应用。市红十字会医院“先看病后付费”数字治理项目入选杭州城市大脑应用两周年重大成果。

【卫生健康民生实事项目】 2020 年，杭州市提升疾控机构实验室检测能力，市疾控中心建成 4 个加强型生物安全二级实验室及 1 个符合规范气流要求的 PCR 实验室，各区县（市）实现核酸检测能力全覆盖。重点人群流感疫苗免费接种项目稳步推进，全年接种免费流感疫苗 24.89 万人次；对近 46 万人进行结直肠癌多维度问卷风险评估和粪便潜血试验，完成高危人群结肠镜检查 2.56 万例。全市新增 3 岁以下婴幼儿照护服务机构 70 个，新增托位 2626 个。编印《杭州市 3 岁以下婴幼儿照护服务家长读本》，发放 10 万册。进社区组织婴幼儿照护服务教育培训 139 场，服务家长 5000 多人次。

【卫生健康重点项目】 2020 年 3 月 25 日，市政府举行第五十二次常务会议，同意将大江东医院成建制纳入市卫生健康委管理。8 月 28 日，杭州市第九人民医院（杭州市第一人民医院钱塘院区）正式揭牌成立。年内，市老年病医院迁扩建项目基本建成，市第七医院浙西院区一期工程按计划推进。市第一医院新院区、市西溪医院二期项目被列入市政府投资项目建设计划，完成工程设计招标。杭州市城北老年活动中心基本建成，杭州康复医院（市特殊康复中心）主体结构结顶。（李金涛）

人口监测与家庭发展

【生育登记】 2020 年，市卫生健康委发挥全员人口信息平台的支撑作用，运用生育登记服务平台，通过浙江政务网、“浙里办”手机 App 办理和线下窗口一证办理生育登记，推动生育登记、婚姻登记和户籍登记的“婚育户一件事”办理系统落地，实现生育登记、再生育审批群众“零跑次”。全市生育登记 64098 人，其中一孩 40120 人、二孩 23978 人。再生育审批 1458 人。

【计划生育利益导向】 2020 年，杭州市全面落实计划生育奖励扶助、特别扶助、公益金 3 项制度，确保资金到位、程序到位、发放到位。全年发放奖励扶助金、特别扶助金、公益金 2.9 亿元，无违规违纪发放现象。完善杭州市特殊家庭帮扶救助机制和计划生育利益导向的各项管理制度，推进计划生育“特殊家庭双岗联系人”“就医绿色通道”“家庭医生签约服务”3 项制度落实率 100%。

【出生人口监测】 2020 年，杭州市开展出生人口监测，加强人口发展态势和生育形势分析，进行人口形势预测预报。强化出生人口性别比综合治理并保持工作常态化。全市组织出生性别比宣传活动 49 次，提高群众男女平等意识，营造良好社会氛围。2020 年全市综合出生人口性别比 107.95。

【“家有二宝幸福满堂”宣传】 2020 年，杭州市开展“家有二宝幸福满堂”主题宣传活动，鼓励按政策生育、倡导良好育儿方式。通过举办育儿经验小视频大赛，展示二孩家庭妈妈的事业家庭两不误、良好家庭教育、健康生活方式、科学养育方法等生活细节，展示新时代二孩妈妈新风采、新风尚。活动收到有效作品 226 件，经过初选、网络投票和专家评审，最终评出“阳光宝妈”“智慧宝妈”“全能宝妈”“人气宝妈”共 4 类、16 个获奖作品。

【公共场所母婴设施建设】 2020 年，杭州市加快推进公共场所和用人单位母婴设施的新建、改建、扩建、运行维护和监督管理工作，完成全市二级以上医疗机构母婴设施建设，推动杭州亚运会竞赛（训练）场馆母婴设

2020 年 11 月 4 日，市卫生健康委调研 3 岁以下婴幼儿照护服务工作

（市卫生健康委 供稿）

施的规划与建设。至年末，全市累计建成并投入使用母婴室 602 个。

（李金涛）

预防保健

【慢性非传染性疾病防控】2020 年，市卫生健康委完善杭州市心脑血管病防治工作办公室、杭州市糖尿病防治工作办公室和杭州市肿瘤防治工作办公室等慢性病综合防治机构运行机制，打造医防融合的范本。成立全市慢性呼吸性疾病防治办公室，实施基层慢性呼吸性疾病早期筛查干预能力提升项目。结合“健康浙江”行动，制定《心脑血管、糖尿病、癌症及慢性呼吸性疾病防治三年行动计划（2020—2022 年）》。

【社会心理服务体系建设】2020 年，杭州市推进市域社会治理现代化“六和工程”，以“文化育和”为载体，持续提升严重精神障碍患者综合管理；坚持社会心理服务体系与美好教育相结合，建设教育卫生协同联动的儿童青少年心理服务体系；结合“亚运城市行动”，推进党政机关、企事业单位员工心理健康服务；联合市委组织部启动公务员心理健康项目；新冠肺炎疫情防控期间，杭州市出台疫情心理危机干预工作方案，畅通全市心理援助热线网络，将心理干预作为疫情防控重点，融入社区防控工作各个环节。

【公共卫生服务】2020 年，国家卫生健康委公共卫生服务项目资金监管服务中心开展 2019 年度老年人、高血压和 2 型糖尿病患者等重点人群的满意度、知晓情况的电话调查。杭州市代表浙江省接受该任务，调查结果与江苏省并列全国第一位。全年杭州市建立健康档案 904 万份，建档率 91.2%；老年人健康管理率 74.4%，高血压患者规范管理率 72.5%，2 型糖尿病患者规范管理率 71.8%。电子健康档案开放 542.97 万份，开放率 60%；电子健康档案规范率 94.6%。结合新冠肺炎疫情形势，市卫生健康委调整部分预防接种门诊服务，推进预防接种门诊新系统上线工作。落实接种门诊和产科接种单位接种疫苗前的家长“一验证”工作，参与全省疫苗全流程追溯试点和新系统上线推广。全市预防接种服务项目专项督导实现全覆盖。杭州主城区增设犬伤暴露后处置点 5 处，累计设置处置点 12 处，提供 24 小时服务，基本满足主城区群众的就诊需求。

【妇幼健康服务】2020 年，杭州市为 5 万余个符合条件的新生儿提供出生医学证明、预防接种、落户、医保参保、市民卡办理等“出生一件事”多证联办。推出出生医学证明邮寄服务，全年邮寄 1.95 万件。全年为 9.6 万名孕产妇及 63 万名 0 ~ 6 岁儿童提供基本公共卫生妇幼健康服务。其中：0 ~ 3 岁儿童发育筛查 19.8 万人次，筛查率 84.7%；0 ~ 6 岁儿童眼保健与视力检查 57 万人次，覆盖率 97.9%。开展城乡妇女增补叶酸、孕前优生检查、产前筛查、产前诊断、新生儿遗传代谢性疾病筛查、听力筛查、先天性心脏病筛查等出生缺陷防治项目，全市增补叶酸 8187 人，孕前优生检查 8.4 万人次，目标人群覆盖率 91.9%；产前筛查 8.2 万人，筛查率 96.2%；新生儿疾病筛查 10 万人次，筛查率 99.9%。全市适龄妇女宫颈癌筛查 24.26 万人，发现宫颈癌 18 人；乳腺癌筛查 28.28 万人，发现乳腺癌 77 人。

【老年健康服务和医养结合】2020 年，杭州市成立老年健康指导中心，开展紧密医养联合体试点工作。7 个市级医院、3 个社区卫生服务中心与 27 个医养结合机构签订紧密医养联合体合作协议，确定 2 个市属医院为市级安宁疗护技术指导中心。全市 18 个医疗机构开设安宁疗护病床 200 多张，实施安宁疗护服务。全市累计建立 75 个医养结合机构，落实社区居家健康养老项目，2684 个日间照料中心与所在社区卫生服务中心签订医疗服务合作协议。全市开展“百场老年健康服务进社区（村）”活动近 400 场，25 个社区（村）被确定实施全国老年人心理关爱项目。

（李金涛）

基层卫生

【基层卫生服务能力提升】2020 年，杭州市全面推进“优质服务基层行”活动，全市 194 个基层医疗卫生服务机构中 182 个达到国家基本标准，其中达到国家推荐标准的 38 个。村卫生室规范化率 88.8%。杭州市的经验做法在健康报社举办的“优质服务基层行”浙江站会议中做交流发言。结合“优质资源双下沉工程”、县域医共体建设等工作，实施乡镇卫生院能力提升工程，开展基层医疗卫生管理干部和医务人员业务能力提升培训，受训近 2000 人。全市基层医疗机构实现“夜间门急诊”全覆盖，该举措入围全市重点改革任务和公共场所

2020 年 8 月 28 日，杭州市公务员心理健康与关爱中心落户杭州市第七人民医院
（市卫生健康委 供稿）

服务大提升“红榜”。

【家庭医生签约服务】2020 年，杭州市签约家庭医生服务 357.54 万人，10 类重点人群签约覆盖率 89.6%，居民社区就诊率 65.1%，市级医联体转诊率 53.2%，建立家庭病床 5736 张，开具慢性病长处方 368 万张。主城区签约居民对签约医生的知晓率 94.7%，满意率 98.9%。11 月 27—28 日，国家卫生健康委基层司在杭州召开部分省和副省级以上城市家庭医生签约服务座谈会，杭州市做经验交流。

【城乡优质医疗资源共享】2020 年，杭州市市级医院围绕医疗技术、学科建设、人员培训、双向转诊等内容，加大对基层帮扶力度，下派常驻医务人员 1130 多人、短期人员 3.5 万人次。全年开展学术讲座、教学查房 5000 多次，指导手术 2000 多例，开展慢性病联合门诊 1.1 万人次，指导新技术新项目 31 个，开展影像疑难会诊 2.72 万例、心电疑难会诊 1.81 万例，分别比上年增长 81.3% 和 84%。在 2019 年度浙江省“双下沉两提升”工作评估中，市第一医院、杭州师范大学附属医院、市第七医院牵头的 4 个城乡医联体评估为优秀。全市挂牌成立 25 个医共体，住院、手术等诊疗服务能力得到增强，常见病、多发病诊治水平持续提升。医共体内临床科室垂直管理数 137 个，增长 107.6%。牵头医院全部开展模块化培训，共培训 578 次，增长 74.6%。基层医疗机构就诊率 67%，县域内就诊率 90.1%。

【3 岁以下婴幼儿照护服务】2020 年，市卫生健康委引导普惠型托育供给，鼓励发展社区统筹型机构，支持单位内部举办托育机构。7 个市属医疗机构从内部挖潜开办托班，新增托位 150 个。全市卫生健康系统发挥妇幼保健专业优势，成立 1 个市级和 14 个区县（市）级婴幼儿照护服务指导中心，加强家庭科学养育指导服务。市卫生健康委对全市从业机构进行摸底调查，开展覆盖式政策法规宣传，推动存量机构对照要求整改，规范托育服务市场。年末，100 个婴幼儿照护服务机构在区县（市）卫生健康部门备案。

【院前急救】2020 年，杭州市完善公众急救体系，对自动体外除颤器配置管理进行立法，实施《杭州市公共场所自动体外除颤器管理办法》。市卫生健康委出版《现场医疗救护教程：自救互救手册》。全市院前、院内信息传输系统基本建成，完成省、市 20 多个医院系统接入，实现院前、院内病人信息对接。全市设置急救站点 105 个，其中主城区 27 个；配置救护车 287 辆，其中负压救护车 104 辆；全年救护接警 82.22 万次，出车 21.78 万次。（李金涛）

中医中药

【中医药文化建设】2020 年 6 月 6 日，市卫生健康委举办以“后疫情时代中医药工作的使命与担当”为主题的中医药防治新冠肺炎网络视频杭州论坛。全国、省名中医及省、市中医药行政管理专家等在线与 6100 多名中医药工作者就新冠肺炎中医药防治经验进行分享交流。开展市中医药文化研究，启动《杭州中医药史》编纂工作。开展全市中医护理综合技能竞赛，选派出 2 支代表队参加省中医护理综合技能竞赛，获团体一等奖 2 个、个人一等奖 1 个、二等奖 2 个、三等奖 3 个。联合市总工会开展市中医药适宜技术推广应用竞赛，对成绩优秀者分别授予杭州市“经济技术创新能手”“优秀青年岗位能手”“青年岗位能手”称号。

【基层中医药服务能力建设】2020 年，市卫生健康委对杭州市首批 33 个基层医疗机构中医特色专科专病建设项目开展检查评估，实施基本公共卫生服务中医药健康管理工作年度考核。全市老年人和儿童中医药健康管理率分别为 73.9%、78.7%，全市社区卫生服务中心、乡镇卫生院全部能提供 6 种以上中医药服务，所有社区卫生服务站、85.5% 的村卫生室能提供 4 种以上中医药服务。上城区、江干区通过全国基层中医药工作先进单位复审。

【中医药服务质量管理】2020 年，市卫生健康委开展新一轮中医药质量控制中心挂靠单位申报评审，遴选产生 15 个市中医药质控中心。制定中医药质控标准，开展全市中医药质控联合检查及质控培训。完善中药饮片处方点评系统，规范中药饮片处方使用管理，推进中医药综合监管平台数字化管理。开展全国中医诊所改革试点，在全市实行试点地区中医诊所标准，实施中医诊所备案管理，全年新增备案中医诊所 36 个。

【中医药人才培育】2020 年，市卫生

健康委举办首批杭州市中医药高层次人才研修班，对68名高层次人才进行为期3个多月理论和实践相结合的复合培训。完成杭州市2019年中医医术确有专长人员和2020年传统医学师承和确有专长考核报名工作，76名中医医术确有专长人员、164名中医师承和确有专长人员通过省级审核。对杭州市8名中医护理优秀人才，实施省中医药传承与创新“十百千”人才工程中医护理优秀人才项目年度考核工作。推进中医药人才评选，1人获评浙江省国医名师，3人获评浙江省名中医，20人获评杭州市优秀中医师。全市914名西医师参加2020年“西学中”班学习。（李金涛）

医教科研

【医疗科研项目】2020年，市属卫生健康单位获国家自然基金项目25个、省科技厅重点研发计划项目2个、省公益及自然基金项目73个、省卫生健康委2021年度重点项目1个、一般科研项目218个；市科技局社会发展类一般项目61个、新冠肺炎科技攻关项目7个；市卫生科技项目331个。全年完成验收（结题、撤题）各级各类科研项目337个。中医科研项目中，有2个入选2021年省中医药现代化专项项目、34个入选省中医药科学研究基金A类项目、64个入选省中医药科学研究基金B类项目、20个入选省优秀青年人才基金项目。

【医学重点学科建设】2020年，继市第一医院之后，市第三医院、市肿瘤医院、市红十字会医院、市西溪医院和市第七医院相继成为浙江大学医学院非直属附属医院，纳入浙江大学医学院附属医院同质化管理。完成对2017—2019年建设周期的153个市医学重点学科周期验收，评出一类重点学科优秀等次10个、良好等次20个、合格等次5个；二类重点学科优秀等次2个、良好等次26个、合格等次18个；三类重点学科优秀等次4个、良好等次53个、合格等次15个。市第一医院“省中西医结合胆胰疾病实验室”被列入省中医药重点实验室建设计划。市中医院成立市中医药研究院和市名中医研究院。余杭区第一医院骨外科学、富阳区妇幼保健院妇科学、桐庐县第一医院呼吸病学通过省卫生健康委龙头学科和特色学科验收。市卫生健康委修订《杭州市重点学科建设管理办法》，开展2020—2024年建设周期市医学重点学科申报评审，拟建10个高峰学科、若干个重点学科、重点培育学科和区域共建学科。

【住院医师培训】2020年新冠肺炎疫情防控期间，各住院医师规范化培训基地调整优化计划，采用网络“云教学”和“钉钉”网络直播授课、手机线上考试等形式进行教学，同时加强对留院学员的指导和保护。全市参加住院医师规范化培训结业考核517人，理论考试合格率98%，居全省第三位；综合合格率93.2%，居全省第一位。其中市妇产科医院、市第七医院、萧山区第一医院通过率100%。新招录住院医师学员580人，完成2020年度考核学员1072人。全市定向免费培养农村社区医生招录170人，其中本科层次140人、专科层次30人。招录基层全科医生参加全科医学继续教育2011人，开展乡村医生注册培训1800多人。依托市第三医院国家级住院医师规范化培训基地和市妇产科医院、市儿童医院住院医师规范化培训协同基地，开展皮肤科、妇产科、儿科的基层骨干医师培训，招录150多人参加为期一周的基层疾病诊治理论和实践的培训。选送2批、17人参加国家紧缺人才和县级医院骨干专科医师培训项目。接收新疆阿克苏市卫生健康系统业务骨干2批、17人到杭州进修。

【继续医学教育】2020年，杭州市获国家级继续教育项目56个，其中新立项28个；获省级继续教育项目208个，其中新立项133个。市本级继续教育项目新立项266个。另有中医继续教育项目121个，其中国家级立项8个、省级33个、市级80个。开展中高级卫技人员继续教育学分周期审验，受理学分周期审验和年度审核4622人。对新冠肺炎疫情防控一线的医务人员进行免修认定，适度放宽2020年继续教育合格的认定标准。

【医学伦理管理】2020年，市卫生健康委委托市医学研究伦理质控中心，负责备案系统信息日常维护和对区县主管局进行业务指导，全市备案注册伦理委员会71个（其中市级机构所属18个）。组织专家评审会，对在国家医学研究登记备案系统内登记的在研临床项目开展首次备案审核，建立定期审查制度。（李金涛）

医院管理

【健康信息互通共享建设】2020年，市卫生健康委联合市医保局，在全市定点医疗机构推广应用电子病历。全市医疗机构跨院调阅患者电子健康档案6949万次。实现12个在杭省级医院、12个市属医院检查检验结果互信共享，医生诊间系统自动弹窗提醒3个月内重复检查项目，患者就诊期间无须再随身携带既往检查检验凭据。实现患者就诊记录、体检报告自助查询，查询量2094万人次。市民可以在手机端通过“健康码”健康应用查询核酸检测结果、预约核酸检测，查阅个人健康档案，了解医院就诊、体检记录。6月，市第一医院成为浙江省首个通过电子病历系统功能应用水平六级评审的医院。临安区卫生健康局、临安区第一医院、市儿童医院、市肿瘤医院获评互联互通标准化成熟度4级甲等达标。

【“互联网+”健康医疗】2020年，市卫生健康委联合市医保局完成2020年度互联网诊疗服务试点。2月13日，下城区朝晖街道社区卫生服务中心开出第一张互联网处方，实现慢性病患者在线复诊、第三方物流直接药品配送到家等功能，让群众不出家门就能“看到病、拿到药”。至年末，全市4个市属医院及139个社区卫生服务中心接入互联网诊疗平台运行，其中主城区、富阳区、临安区和建德市实现全面覆盖。

【医疗服务价格调整】2020年，市卫生健康委与市医保局联合印发《关于调整杭州市公立医疗机构部分医疗服务项目价格等有关事项的通知》《关于公布“互联网+”医疗服务价格项目等相关事项的通知》《关于制定及调整新型冠状病毒相关检测项目价格的通知》,在2019年调整938项医疗服务价格的基础上,再调整29项医疗服务价格,严格控制医疗总费用增幅、药占比等重点指标。年末,市属公立医院药占比(不含饮片)控制在26.7%,门诊、急诊均次费用比上年增长12.5%,住院均次费用增长2.9%。

【医疗质量和服务优化提升】2020年,杭州市完善医疗质控体系建设,新增3个市级医疗质控中心。市卫生健康委开展年度全市质控联合检查,将麻醉药品和精神药品监管、限制类医疗技术临床应用监管、执法检查与质控检查等有机结合,实现质控管理与综合监管的有效衔接。会同市医保局将开展日间手术的机构由原来的4个试点机构扩大到全市所有二级以上医疗机构,并上线处方点评新系统,实现系统点评、专家点评、问题反馈、标准修正的闭环管理。制定市属三级公立医院绩效评价细则,将公立医院绩效考核纳入市属医院综合目标考核内容。开展等级医院评审,指导杭州师范大学附属医院通过三级甲等综合医院复评。杭州市医疗机构服务大提升连续2次登上全市重点改革任务和改革试点“红黄黑榜”中的“红榜”,在100多个全市改革攻坚大比武考核单位中居第七位,2个医疗机构服务体验提升项目分别被评为市改革创新最佳案例和创新案例。

【国际国内医疗合作】2020年,市卫生健康委依据《国际化医院建设标准》,推进7个市属医院单独设置国际化医疗服务专区,其中市中医院在国际医疗保健中心增设中医特色治疗区。全市有5个国际化医院,国际化医疗服务区域面积超过8000平方米,有专用床位137张。各市属医院全年共开展远程临床会诊1230例、远程病例讨论131例、远程手术观摩65例、远程手术交流5381例。推进《杭州市深化院前医疗急救体系建设三年行动计划》,组织市急救中心与SOS等国际医疗组织开展合作,在长三角地区城市中率先建立区域一体化的医疗救援体系。

【医疗支援】2020年,市卫生健康委立足支援医院和受援医院的实际情况,搭建“杭医共享”平台,统筹援黔医疗帮扶资源,组建8个专业领域专家团队,突破原有区域限制,对贵州省黔东南苗族侗族自治州实施“菜单化”“精准化”医疗帮扶。选派598名医务人员到贵州省黔东南苗族侗族自治州和湖北省恩施土家族苗族自治州开展帮扶工作,开展门急诊9.5万人次,住院手术3625台次,远程会诊1400多人次,培训当地医务人员4.8万人次,开展新技术、新项目443个,接收进修医务人员38名,有效提升受援地医疗卫生服务能力与水平。市卫生健康委与新疆维吾尔自治区阿克苏市卫生健康委签订组团式医疗卫生援疆框架协议。推进杭州市与吉林省白山市两地医疗卫生对口合作,选派2名医务人员到白山市开展为期半年医疗帮扶,接受当地3批次、18名医务人员到杭州进修。（李金涛）

卫生监督

【卫生依法行政】2020年,市卫生健康委加强行政规范性文件制定指导并开展清理评估。以“最多跑一次”改革推进数字化转型和“放管服”改革。深化“证照分离”改革,公共场所卫生许可、放射诊疗许可、医疗机构使用麻醉药品和第一类精神药品许可、消毒产品生产企业卫生许可(延续)4个事项实施告知承诺制发证。“互联网+”政务服务实现事项“网上办”“掌上办”开通率100%,材料电子化率100%,全年受理办结行政审批事项6.55万件。市本级完成省下放事项3426件,法定本级审批事项2098件,审批事项系统录入率和及时办结率均为100%,未出现被提起行政复议或行政诉讼的事项。实施医师护士电子化注册,市本级完成执业(助理执业)医师注册(含注册、变更)969人次,医师多执业机构备案209人次,外国医师短期行医执业注册29人次,港澳台医师短期行医执业注册10人次,护士注册(含注册、延续、变更)1200人次。

【智慧卫生监管】2020年,市卫生健康委建成全国首个电子健康证码,开发建成网络舆情大数据监测系统及医疗机构诊疗行为线上监管系统,开展医疗行为互联网监管,实现对二级以上医院机构医疗废弃物暂存点监控全覆盖。建设客房保洁全过程在线监控系统,并在国家卫生监督中心召开的信息化杭州现场会上交流经验。开展游泳场所安装智能水表项目试点,提高经营单位自律的同时,也为各级卫生监督部门提供预警信息。开发应用执法文书系统、电子送达系统和罚没款在线缴纳系统。新开发放射工作人员在线培训,升级放射卫生监督信息二维码公示系统和领发证功能。打造“医美查查”医疗美容信息公示平台。推进“浙江省医疗机构自查系统”使用,全市应自查的4807个医疗机构(包括医共体)均已纳入。

【医疗服务市场监管】2020年,市卫生健康委开展非法医疗美容专项治理,办结案件275件,罚没款395.78万元,吊销行政许可资质3个。查处非法行医案件219件,罚款393.29万元,没收违法所得96.79万元。与省人民医院等12个医院开展“普法进院”宣讲,与省整形美容行业协会合作开展“放心美”等医疗美容系列宣传活动。

【卫生监督综合执法】2020年,市卫生健康委办结卫生健康行政处罚案件5684件,办结投诉举报1163件,罚款金额2039万元,其中2个案件获选全省卫生健康执法十大优秀案例。完成国家“双随机”检查任务4358个、省级“双随机”检查任务7569个。开展医疗机构消毒隔离监测,全市采集样本8690件,合格7792件,合格率89.7%。参与国家卫生健康委监督中心信用监管工作试点项目。开发传染病执法3D训练系统,在全省卫生监督系统首获软件著作权登记。全市办结传染病防治案件1149件,罚款215.83万元;对紧急上市消毒产品备案管理,立案处罚消毒产品生产经营单位案件23件，罚款4.05万元；对26个餐饮具集中消毒服务单位开展量化分级及监督抽检，处罚14件，罚款1.5万元；开展公共场所、供水单位、涉水产品生产企业及经销单位卫生监督1.6万个次，处罚3276件，罚款437.18万元。开展医疗机构、公共场所等控烟执法检查6167个（次），处罚117件，罚款14.38万元；开展单位爱国卫生监督检查1.02万个（次），处罚16件；开展校园卫生健康行动，检查紫外线灯安全使用督导、"爱眼日"宣传等专项工作，检查中小学及幼托机构1053个（次），检测250个（次），处罚164起。

【**职业卫生执法**】2020年，杭州市新增申报职业病危害项目的企业1927个，比上年增长129.2%。全市有4300多个企业进行职业健康监护，增长3.5%。在矿山、冶金、化工、建材领域开展尘毒危害专项治理、职业病（含疑似）发生用人单位职业健康专项治理，处罚275件。组织医疗机构介入放射学专项监督检查，处罚190件。对34个职业健康检查机构、5个职业病诊断机构、14个职业卫生技术服务机构、14个放射卫生技术服务机构实施年度检查。

（李金涛）

卫生应急

【**传染病防控**】2020年，市卫生健康委推出"互联网+"自我检测艾滋病，运营"青年学生红style"微信公众号，鼓励社会组织参与艾滋病防治培训与管理。做好新冠肺炎疫情期间艾滋病抗病毒治疗药物保障和管理随访工作，多渠道推进第四轮全国艾滋病综合防治城市示范区创建工作。完成浙江省"十三五时期结核病防治规划"任务。"中国—比尔盖茨基金会（中盖）结核病防治项目电子药盒CRT项目"通过国家中盖项目办公室验收评估，结核病发病水平稳定控制在历史低水平。市卫生健康委印发《关于继续做好登革热监测工作的通知》，强化医疗机构病例诊断主体责任，确保病例监测工作有效实施。

【**新安江水库泄洪防疫**】2020年7月8日，新安江水库9孔泄洪闸全部开启泄洪。市卫生健康委召开全系统防汛应急紧急会议，成立市级卫生应急小分队5支和区县（市）卫生应急小分队近200支，紧急购买漂精片、泡腾片、漂白粉等消毒物资并与企业签订储备协议；成立市、县两级应急救治专家组，增强发热门诊和肠道门诊医疗救治力量，为各避灾安置点配备好医务人员。全市启动防汛一级响应后，市级卫生应急小分队到桐庐县、建德市、淳安县受灾严重的乡镇指导救灾防疫工作，市级应急救治专家组24小时待命基层。淳安县、建德市、桐庐县、富阳区、余杭区、临安区130多支防疫小分队出动1600人次，开展避灾安置点防疫指导600多次，及时开展群众心理疏导和健康教育工作。全市各级医疗机构加强传染病监测，对水源、群众安置点、垃圾粪便点、被淹场所等环境强化消毒、杀虫、灭鼠等措施。有害生物防治队伍和疾控部门紧密协作，每日出动消杀人员300多人次，确保洪水之后无大疫。

【**食品安全风险监测**】2020年，杭州市58个二级及以上医疗机构均开展食源性疾病病例监测工作，监测点数和监测病例数居全省首位。全年完成食品中污染物和有害因素监测样品1.1万件，检测量每千人1.1件。市卫生健康委联合市教育局、市民政局制订营养指导员工作方案，组建营养指导员队伍，开展养老机构供餐状况调查，完成学生及老年人群营养监测分析，设计适合中小学生的营养套餐100套，为学校及家长提供膳食搭配建议。

【**实验室生物安全管理**】2020年，市卫生健康委完成生物安全实验室备案新注册单位审查119个，备案实验室审核949个。全年举办生物安全岗前培训4期，协同省级机构举办培训2期，发放上岗证1637本。组织杭州地区生物安全风险评估体系应用培训，编制年度全市生物安全风险评估报告。开展实验室生物安全隐患排查专项整治，对全市生物实验室机构组织自查和省、市、区县（市）三级专家督查。与西湖大学签订《建设生物安全防护三级实验室合作备忘录》。

（李金涛）

爱国卫生

【**爱国卫生水平提升**】2020年，杭州市贯彻落实《国务院关于深入开展爱国卫生运动的意见》，结合新冠肺炎疫情常态化防控要求，实施群防群控举措，动员社会广泛参与爱国卫生运动，构建将健康融入所有政策的大健康格局。至年末，全市有国家卫生乡镇75个（其中行使镇政府职能街道15个），占全市建制乡镇（部分行使镇政府职能街道）的67%；省级卫生村比例占全市行政村的87.7%；市级卫生村比例占全市行政村的97.8%；农村无害化卫生厕所普及率99.6%。全市累计创建健康单位1643个、健康家庭1.44万户，健康促进学校覆盖率78.7%，省级健康促进医院覆盖率80.6%。

【**卫生乡镇创建**】2020年是新一轮（2020—2022年）国家卫生乡镇创建的开局之年。市爱卫会结合省、市"美丽城镇"建设，推动国家卫生乡镇创建。至年末，全市最后37个省级卫生乡镇全部申报创建国家卫生乡镇，有35个乡镇和2个行使镇政府职能的街道通过市级评审和省级暗访，发展趋势良好。新创建浙江省卫生村190个、杭州市卫生村42个。余杭街道通过国家卫生镇复审，三墩镇、双浦镇、衙前镇、塘栖镇、横村镇、瑶琳镇、屏门乡、宋村乡、富文乡、三都镇、杨村桥镇11个乡镇通过浙江省卫生乡镇复审。

【**爱国卫生月活动**】2020年4月，市爱卫会组织开展以"防疫有我，爱卫同行"为主题的第32个全国爱国卫生月活动。全市各地各部门多形式多渠道发动机关、学校、企事业单位、社区、行政村，对环境卫生薄弱环节和难点热点问题进行集中整治。活动期间，全市参与57.8万人次，开展城乡环境卫生集中整治活动1.13万次，整治村、社区3241个，整治市场479个，开展病媒生物集中消杀4万余次。发放爱国卫生月宣传材料

2020 年 6 月 10—12 日，杭州市召开国家卫生乡镇创建培训班暨动员会，启动新一轮（2020—2022 年）国家卫生乡镇创建（市爱卫办 供稿）

3800 多万份，媒体报道活动 1985 篇。

【除“四害”活动】 2020 年，市爱卫会按照“四害”季节性防制要求，组织全市开展除“四害”活动。针对夏季蚊媒繁殖高峰期和本地登革热病例发生的实情，做好以清理蚊媒滋生地、成蚊消杀为重点的防蚊灭蚊工作，降低蚊媒密度，遏制登革热病例的扩散与蔓延。探索在“健康杭州”智慧推进项目中开展 PCO 管理。组织做好大型活动期间病媒生物防制保障工作。杭州市和建德市通过省级病媒生物防制水平等级认定；36 个复评（新申报）的国家卫生乡镇（街道）通过市级病媒生物防制等级评估。

【农村改水改厕】 2020 年，杭州市投入资金 6930 万元，完成 20 个农村改水项目，铺设管网近 81 千米，新建拦水坝 6 座，新增消毒设施 5 台、（更新）净水设施 11 套，新建储水池 9 座、泵房 5 座，受益人口 10 万余人。新增农村无害化卫生厕所 5004 座，累计建成农村无害化卫生户厕 119.37 万户，普及率 99.6%。

【健康浙江考核】 2020 年 4 月 15—17 日，根据省委、省政府健康浙江考核工作统一部署，由省公安厅、省经信厅、省妇联和省卫生健康委等部门组成的健康浙江第一考核组，对杭州市开展 2019 年度健康浙江现场考核工作。考核组通过听取汇报、查阅资料、现场核查、随机访问群众等方式，对杭州市本级和淳安县进行考核，先后实地抽查 24 个机构和场所。最终杭州市以全省第一名通过考核，所辖区县（市）全部获得优秀等级，实现健康浙江 2019 年度考核优秀等级“满堂红”。

【健康杭州考核】 2020 年，杭州市结合健康浙江考核要求和杭州实际，完善健康杭州考核指标。杭州市在接受省级考核之后，开展 2019 年度健康杭州考核。西湖区、上城区、江干区、临安区、余杭区获全市前 5 名，市司法局、市人力社保局、市城管局、市体育局、市生态环境局等 33 个部门获考核优秀等次。

【健康治理体系】 2020 年 12 月，杭州市印发《杭州市推进大健康治理能力现代化的实施意见》，市政府印发《关于推进健康杭州三年行动（2020—2022 年）的实施意见》。《健康杭州发展报告 2020》（蓝皮书）由社会科学文献出版社出版发行。杭州公共政策健康影响评价试点工作深化推进，国内首创基于自然语言技术公共政策健康影响评价信息系统研发成功，完成街道、社区空间层面的健康影响评估框架研究。

“健康细胞”建设纳入市政府年度重点工作，开展“健康细胞”分类培训和现场指导，全年共创建健康企业 408 个、健康村（社区）559 个、健康机关 30 个、健康促进学校 192 个、健康促进医院 24 个、健康家庭 7182 户。

【健康知识普及】 2020 年，杭州市持续开展健康素养进农村文化礼堂活动，全年开展活动的礼堂 1535 个，开展“健康五进”活动 9800 多场次。将健康科普宣传纳入到杭州市公民科普宣传核心内容之一，与市科协联合举办 2020 年杭州市科普职业技能竞赛，市卫生健康委推荐的 10 名选手全部进入市级总决赛并获决赛一等奖 3 个。11 月，杭州市举办以“人人参与健康行动、全民共建健康杭州”为主题的第八届杭州市市民健康知识大赛，参与公众超过 48 万人次。

（王莲花 王晓凤）

责任编辑 汤 峻

2021
杭 州 年 鉴
Sports

体 育

综 述

【体育社会组织建设】2020年，市体育局统筹抓好体育社会组织建设，全市新增市级体育社团3个、民办非企业体育俱乐部3个，新增AAAA级体育社团1个、AAA级体育社团2个。全市有各级体育社团353个、民办非企业体育俱乐部241个，其中市级体育社团69个、民办非企业体育俱乐部40个。

【华东地区城市体育工作促进会理事会会议】2020年11月30日至12月1日，华东地区城市体育工作促进会理事会会议在杭州举行。杭州、福州、南昌、上海虹口、无锡、温州、青岛、合肥、南京9个成员单位，以及受邀参加的黄山共10个城市（区）的体育局、训练单位负责人、促进会理事参加会议。会议一致认为，应继承发扬促进会60多年的优良传统，构建平台交流分享各城市间的经验做法，拓宽思路渠道，以贯彻实施“体教融合”为契机，在推进竞技体育和后备人才培养上取得新突破。会议探讨试点华东地区城市间的体育联赛，同时推动华东地区与长三角区域城市间的体育交融合作，为促进会注入新的活力和动力。

【体育政务数字化】2020年，市体育局全面梳理优化体育类政务服务清单和办事指南，细化3个依申请事项、15个监管类事项、30个公共服务事项和22个部门司办事事项，实行办事指南标准化编制。行政权力事项和公共服务事项全部实现“网上办”和“掌上办”。材料电子化率100%，承诺期限压缩比例和即办事项比例达95%。完成政务服务体育事项2.0版改造上线，业务办理系统接入“一窗受理”平台，所有依申请事项授权调用电子身份证办事。推进线上与线下融合，提供双向快递服务，实现企业群众办事“跑零次”。建立政务服务“好差评”制度，实行办事服务“首问责任制”“电话回访制”，加强体育事项督察和群众评价、回访、解决、反馈的闭环管理。

推进体育数据资源目录体系建设，实现体育信息资源有效整合。根据市体育局核心业务需求，依托省公共数据共享平台，拓展体育数字资源共享利用，对外开放数据目录资源24个。建设“AI动杭州”微信小程序，开发“场馆推荐”“赛事和培训报名”“购票支付”等应用板块，并打通“杭州健康码”调用接口，试运行期间调用接口近5万次。国际（杭州）毅行大会等20多项赛事和培训实现在“AI动杭州”上报名。

【体育行业常态化疫情防控】2020年，在抗击新冠肺炎疫情期间，市体育局从严落实疫情防控，对体育系统干部职工、教练员、运动员等3412人进行多轮次排查；暂停开放1000多个经营性体育健身场所和36个公益性体育场馆，取消或延迟全市群众性体育活动108项，预防聚集性感染。开展体育防疫宣传，制作发布“宅在家里锻炼身体”系列健身小视频68期，发放《疫情防控手册》1万册；全市42个体育场馆为杭州的援鄂医务人员免费开放，226个民营场馆开展优惠活动。联合市教育局印发《杭州市常态化疫情防控阶段学校体育场地向社会开放工作方案》，于10月25日起分步进行校园场地开放工作，部分中小学校室内体育场馆试点开放。

【“体医融合与老年健康发展”论坛】2020年12月1日，市体育局推进“健康中国2030”规划纲要的实施，举办“体医融合与老年健康发展论坛”暨医养结合老年健康管理适宜技术培训班，以及“体医融合”理念下的运动疗法在临床的运用学习班，推进“体医融合”与老年健康有机协同发展，延长老年人预期健康寿命。论坛培训让从业人员知晓国内外针对老年人群运动健康管理的新知识、新技术、新进展，了解开展“体医融合”的综合策略和方法，提升老年健康促进工作实效。

【《2019年市民体质测试数据分析报告》发布】2020年8月8日，市体育局发布《2019年杭州市民体质测试数据分析报告》。依照国家体育总局印发的《国民体质测试标准》，测试指标包含身体形态、身体机能和身体素质3个方面，结合对数据来源、分布、质量的实时监控，校验全年获得的4.05万例样本数据。2019年，杭州市达到《国民体质测定标准》“合格”等级以上的人数比例为94.7%；“健康浙江”App考核反馈的杭州市民体质“合格”等级以上的人数比例为93.8%。“合格”等级以上的比例中，3～6周岁幼儿占97.1%；20～39周岁成年人占94.2%；40～59周岁成年人占93.8%；60～69周岁老年人占95.4%。男性达到“合格”等级以上的比例为93.5%，女性为95.6%。（葛翩）

群众体育

【省级群体赛事杭州成绩】2020年，杭州市累计举办各项体育赛事活动1687场（次），其中杭州市全民健身日全市大联动活动被新华网等媒体进行宣传和报道。全市组队参加省级以上体育赛事12项，在省健身气功站点联赛（北部赛区）比赛中获一等奖2个；在省文化礼堂运动会（北部赛区）比赛中获拔河、乒乓球和象棋一等奖3个；在省文化礼堂运动会（总决赛）象棋比赛中获团体第一名。在省第三届女子体育节中，杭州派出21支队伍、400多名运动员参加20个大项的全部比赛，获大会体育道德风尚奖和优秀组织奖。

【公益健身指导】2020年，市体育局创新全民健身活动方式，将传统线下交流活动和网络线上交流活动有机结合，以多种形式开展科学健身指导。组织开展“宅在家里锻炼身体”线上培训和市民健身趣味视频比赛，发布科学健身小视频68期。联合杭州电视台打造《全民健身共享亚运》栏目，示范讲解运动项目知识和窍门。开展“全民健身、共享亚运”科学健身公益课堂活动500场（次）。开展“工间操公益行”活动，在全市区县（市）、钱塘新区管委会举办培训15场，惠及2000多人次。举办国家二级社会体育指导员培训班2期，400多人参训。

【杭州大宋108越野赛】2020年10月17日，由市体育局主办，上城区文广旅游体育局、市长跑运动协会承办的第五届杭州大宋108越野赛在杭州举办。赛事秉承“温大宋名都古风、展水浒百将风采”宗旨，融合南宋文化及水浒文化特色。赛事起点和终点设在南宋皇城遗址玉皇山南基金小镇，赛道以西湖群山南宋古道为主线，设置八卦田、老玉皇宫、九溪烟树、林海亭、馒头山公园等景点路线。赛事分108千米“天罡组”、50千米“地煞组”、25千米“好汉组”、8.8千米“挑战组”4个项目组，有600多人参与各项目的角逐。赛事作为南宋文化节的板块内容之一，通过“体育＋文化”的形式，多元化推动南宋文化的宣传、弘扬和发展。

2020年9月12—13日，首届长三角地区水上运动节在杭州举行。图为运动节龙舟赛（市体育局 供稿）

【全民健身日活动】2020年8月8日，杭州市开展全民健身日全市大联动活动，以西湖区为主会场，联动上城区、下城区、江干区、拱墅区、滨江区、萧山区、余杭区、富阳区、临安区、桐庐县、淳安县、建德市、杭州钱塘新区、杭州西湖风景名胜区14个分会场开展全民趣味挑战赛。根据国家体育总局“科学有序恢复体育赛事”的要求，各区县（市）以分时、限流形式设置6个参赛时段，将竞技与趣味有机结合，让市民全方位参与全民健身运动。各赛区创新大众赛事形式，西湖区全天多时段直播杭州文化、旅游、体育产品；上城区展示各类操舞表演，凸显“全民健身共享亚运”主题；杭州钱塘新区设立特色校友组组别，新增定向体验赛；滨江区新增机关干部运动会趣味挑战赛；淳安县开展健康骑行活动；江干区打造杭州国际高塔竞速赛项目；萧山区组织千人健身操展演活动；余杭区组织太极拳推广和普及活动。全市180多个公共体育场馆全天免费向社会开放，营造“处处都是运动场、人人都是运动家”的健身氛围。

【首届长三角地区水上运动节】2020年9月12—13日，由省体育局主办，省体育竞赛中心、市体育局和下城区政府共同承办的首届长三角地区水上运动节暨杭州武林运动时尚嘉年华活动在城北体育公园举行。11个网络直播平台直播，观看者400多万人次。活动以统筹开发利用大运河、长三角地区等资源和挖掘体育产业新动能为主旨，展现“体育＋”理念。嘉年华活动分“匠心市集”“全民健身挑战”等5个部分。来自长三角地区上海、常州、扬州、苏州、温州、嘉兴、绍兴、湖州、宁波、金华、台州、黄山、安庆等21个城市的300多名运动员参与水上运动节赛项16个，产生皮艇12千米耐力赛、皮艇200米竞速赛、桨板5000米耐力赛、桨板200米短程竞速赛等赛项的48块奖牌。定向邀请的桨板技巧大师赛和长三角地区龙板友谊赛也分别决出名次。

【“舞动中国——排舞联赛”总决赛】2020年11月15日，由国家体育总局体操运动管理中心、杭州市体育局、滨江区政府主办的“舞动中国——排舞联赛”总决赛暨全国排舞冠军赛在滨江文化中心落幕。大赛历时5天，来自全国50个城市的248支队伍近4000人参赛，通过线上线下共同比拼的方式，决出团体奖及优秀组织奖、体育道德风尚奖、优秀创编奖等奖项。大赛期间，主办方组织开展“阳光排舞进校园”线上专题交流报告会。

2020年11月11—15日，“舞动中国——排舞联赛”总决赛暨全国排舞冠军赛在滨江区举行 （市体育局 供稿）

【全国全民体能大赛总决赛在杭州举行】 2020年11月6—8日，由国家体育总局社会体育指导中心、杭州市体育局、下城区政府共同主办的全国全民体能大赛总决赛在浙江展览馆广场举行。该赛事以线上与线下结合的形式比赛，1296人报名参赛，线上、线下参与19万人次。经过上海、苏州、成都、深圳、杭州5站城市赛，选拔出216名选手参加在杭州举办的总决赛。比赛决出男子个人、女子个人、团体赛3个项目的年度总冠军，总奖金池12万元。

【杭州毅行大会】 2020年10月31日，“全民健身·共享亚运”杭州毅行大会暨绿道毅行系列活动在全市区县（市）同时开幕。毅行大会由市政协教育科技卫生体育委员会、市体育局、市城乡建设委员会（市绿道办）等联合主办。在常态化新冠肺炎疫情防控形势下，赛事分“线上赛”和“线下赛”2个板块。“线上赛”提前一个月面向全市开展，依托微信小程序平台，以绿道毅行打卡的方式，打造“零门槛”全民参赛，吸引25万人次参加。“线下赛”于10月31日举行，杭州各区县（市）、管委会联动，在各自会场同时出发。 （葛 翩）

竞技体育

【击剑锦标赛总积分居全省第一名】 2020年8月18—22日，由省体育局和省教育厅主办的2020年浙江省青少年击剑锦标赛在义乌孙武国际击剑中心举行，全省18支队伍、700多名运动员参赛。杭州市派出95名运动员参赛，获金牌21枚、银牌14枚、铜牌17枚，比上年增加金牌17枚、银牌9枚、铜牌7枚，总积分居全省第一名，取得历史性突破。

【杭州获省青少年足球（男子乙组）锦标赛冠军】 2020年7月28日，由省体育局、省教育厅主办的2020年浙江省青少年足球（男子乙组）锦标赛在杭州市下城区体育中心闭幕。锦标赛历时9天，来自杭州、台州、宁波、温州等11个城市的足球代表队参赛，杭州代表队凭借良好的技战术水平，以全胜战绩夺得冠军。

【省级青少年体育竞赛杭州成绩】 2020年，杭州市累计组队参加游泳、田径、举重等省青少年比赛70多项，参加省青少年阳光体育（体育传统项目学校）比赛15项。杭州市运动员在各项省级锦标赛中获奖牌635枚，其中金牌273枚、银牌175枚、铜牌187枚。

【竞技体育后备人才培养】 2020年，市体育局联合市教育局推进青少年阳光体育运动，全年举办田径、篮球、排球、举重、射击、马术、羽毛球、乒乓球等36项中小学生阳光体育竞赛。建立体育、教育部门联席会议机制，谋划“体教结合”“市队联办”新模式。加强省市合作，在开展女子足球项目省队市办的基础上，利用省体育局资源，开展跳台滑雪、冲浪等5个项目的合作。加强与杭州钱塘新区管委会合作，以钱塘新区的启源中学为基地，共建陈经纶体育学校钱塘校区。摔跤、柔道、跆拳道、拳击、散打5个重竞技项目的运动员、教练员入驻启源中学学习、生活和训练。加强社会体育专业合作，推进与俱乐部、市队联办（体教结合）学校、单项体育协会的合作，实行“能上能下”的竞争选拔机制，多渠道挖掘和培养体育后备人才。对全市83所“体教结合、市队联办”学校强化监督与管理，在教练员团队、训练资金、后勤保障等方面提供支持。做好体育后备人才基地创建工作，以及2020—2023年周期浙江省体育传统项目学校阳光体育后备人才基地认定工作。

【运动员注册】 2020年，市体育局修订《杭州市运动员注册管理办法》，首次通过“浙里办”平台开展2020年浙江省青少年（儿童）运动员无纸化注册工作。全年有7590名运动员完成年度注册工作，省注册运动员总数达到1.43万人；杭州市注册运动员年度注册新增3200多人，市注册运动员总数达到5.11万人。全市确认国家二级运动员332人，申报国家一级运动员212人。

【科学体育业务培训】 2020年，全市累计进行运动员生化测试1500人次以上，为教练员安排运动员训练负荷时提供有价值的参考依据。组织优秀教练员参加2020年全国各级各类体校教练员线上培训班、精英教练员培训等。举办游泳、羽毛球、举重等裁判员专项业务培训班和年度市级教练员业务培训班，提高科学训练和管理的业务水平。全年全市体育系统有121人纳入浙江省优秀教练员、精英运动员“双百培养工程”。（葛 翩）

体育设施

【市属亚运场馆建设】2020年，杭州市加快推进杭州体育馆、杭州游泳健身馆水球训练馆、全民健身中心手球训练馆和陈经纶体育学校足球训练场4个亚运会比赛训练场馆的建设改造升级，确保按期交付使用。年末，总建筑面积近9万平方米的全民健身中心项目完成建设。

【非奥运会运动项目基地建设】2020年，市体育局持续开展非奥运会运动项目基地认定工作，加快培养非奥运会运动项目人才。在全市各级体育协会、学校、机关企事业单位、体育俱乐部、体育类民办非企业组织中，开展非奥运会运动项目基地认定评选工作，最终认定基地31个，其中一级基地7个、二级基地12个、三级基地12个。

【体育健身场地设施】至2020年年末，杭州市有篮球场5170个，比上年新增240个；篮球馆555个，新增38个；乒乓球场2231个，新增92个；乒乓球馆2585个，新增172个；全民健身路径9233条，新增685条；社会足球场地160块，新增30块。全市建设百姓健身房累计177个，补足城市社区和农村基层公共体育设施短板，为群众提供基本公共体育服务。

【公共体育场馆服务大提升行动】2020年，市体育局联合市委改革办（跑改办）制定《杭州市公共体育场馆服务大提升行动方案》，确定全市36个大中型公共体育场馆的提升计划8个、实施项目28个。通过提高开放频率、扩大开放覆盖面、优化和延长开放时段等手段，实现群众健身便利化。市体育局督查调研9个区县（市）的50多个体育企业、场馆，将全市36个场馆分为3个试点先行层级、21个标杆示范层级、12个因地制宜层级进行分类指导，并结合无障碍设施建设开展大提升行动。其中：江干区九堡文体中心被列入浙江公共场所服务大提升“9月亮点项目”；西湖区文体中心入选国家体育服务综合体典型案例；杭州市获评全省公共体育场馆服务大提升第一名。（葛 翩）

体育产业

【体育产业扶持】2020年，杭州市入选省年度体育产业发展资金项目库21个、引领性项目2个、重点支持项目9个、一般支持项目10个，并有顶级职业俱乐部联赛奖励项目16个，累计获省体育产业发展资金2765万元，占该资金总额1/4。申请获省扶持体育发展疫情纾困专项资金245万元，为123个企业（商户）减免租金500多万元，指导各区县（市）发放体育消费券1414.8万元。

【“体育＋旅游”产业】2020年，杭州市有省级“运动休闲小镇”培育项目4个，先后获评省级运动休闲基地5个、精品线路7条、优秀项目29个。新增培育省级“运动休闲小镇”1个，即桐庐合村漂·雪探险小镇；新增省级运动休闲基地2个，即建德航空极限运动基地、淳安千岛湖啤酒小镇运动休闲基地；获省级复评精品线路1条，即淳安白小线（自行车）—石林港湾（皮划艇）—富溪线（漂流）—石林景区（定向）；新增省级优秀项目10个，即滑冰（拱墅世纪星滑冰场）、蹦床（拱墅弹刻极限蹦床主题公园）、骑行（萧山戴村）、帆船（萧山傲帆航海基地）、全地形车越野（余杭野天堂小镇）、攀岩（临安龙门秘境）、飞行体验（富阳桐洲岛亚联飞行营地）、皮划艇（富阳新桐乡）、蹦床（淳安千岛乐蹦床主题乐园）、户外拓展（淳安龙晨水搏乐园）。全市被列入省体育品牌赛事名录库项目12个。

【健身场馆夜间开放】2020年，市体育局响应市委、市政府大力发展夜间经济的总体部署，结合健身场馆复工复产、新冠肺炎疫情防控、经营模式和群众夜间开展健身需求情况，对“乐刻”“舒适堡”“思妍丽”等健身场馆和市体育发展集团游泳健身中心等体育场馆夜间开放工作进行调研，鼓励体育社会组织开展夜间健身活动和科学健身指导，吸引市民群众参与夜间体育健身活动。试点延长场馆夜间健身活动时间，提高场馆设施的利用率，营造全民“夜健身”新时尚。

【体育产业招商引资】2020年12月9日，杭州市举办体育产业招商引资签约仪式暨杭州市体育产业发展报告会。各区县（市）体育产业工作分管领导、在杭州的体育企业代表、“山海协作”单位衢州市体育局和体育界代表60多人参加。李宁体育园等4个项目与所在区县（市）体育部门代表现场签约。杭州市体育产业全年累计招商引资总额超过3.5亿元。

【体育市场管理】2020年，市体育局对全市体育健身行业开展涉疫消费风险防范化解和摸底排查，指导行业协会化解预付卡消费纠纷，保障健身服务市场健康有序发展。加大对体育健身、体育培训等经营活动的安全监管力度，开展诚信宣传系列活动，定期向社会集中发布体育消费投诉处理结果和违规体育经营活动行政处罚信息，营造安全放心的体育消费环境。引导高危险性体育项目经营主体签订《经营高危险性体育项目申请主体信用承诺书》。持续推进“互联网＋监管”，在全市体育系统推广使用“浙江省行政执法监管平台”和浙政钉“掌上执法”。掌上执法检查率、双随机抽查事项覆盖率、监管事项主项覆盖率均为100%。

【体育彩票销售】2020年因受新冠肺炎疫情影响，杭州市体育彩票休市49天。全年累计完成体育彩票销售额29.47亿元，筹集体育彩票公益金8.25亿元，继续居全省第一位。6月6日至8月8日，杭州体育彩票部门在全市1800多个实体门店及15条健身路径上开展“点亮健康中国”全民健身活动，共计“打卡点亮”19.05万人次。（葛 翩）

责任编辑 汤 峻

45

人力资源

2021
杭州年鉴
Human Resources

综述

【人力社保事业发展】2020年，杭州市人力资源和社会保障部门（简称市人力社保部门）发挥保障民生和服务发展功能，推进人力社保政策体系完善，深化人力社保制度改革。举办、承办2020年中国（浙江）人力资源服务博览会、2020年杭州国际人才交流与项目合作大会、“创客天下，杭向未来”2020年杭州市海外高层次人才创新创业大赛等重大活动。杭州市人才净流入率和海外人才净流入率均居全国城市榜首。

【人力社保政策体系完善】2020年2月，市委办公厅、市政府办公厅联合印发《关于服务保障“抓防控促发展”落实“人才生态37条”的补充意见》，提出实施新引进应届大学生租房补贴、支持高层次人才优先购房、提高高层次人才购房补贴标准等7项政策；3月，市委人才工作领导小组办公室、市人力社保局、市住保房管局、市财政局联合印发《关于服务保障“抓防控促发展”落实“人才生态37条”补充意见的实施细则》，明确优化应届高学历毕业生生活补贴发放流程等细则。4月，市人力社保局会同市财政局、市经信局、市商务局、市交通运输局印发《关于进一步落实复工企业用工保障促进就业相关政策的通知》，围绕疫情应对，帮助企业恢复生产，促进就业。6月，市人力社保局、市财政局联合印发《杭州市职业技能提升行动实施方案》，健全和完善职业技能培训补贴政策，全面提升劳动者职业技能水平和就业创业能力。12月，市人力社保局会同市财政局、市商务局、市民政局、市农业农村局印发《关于进一步做好稳就业保就业工作的通知》，落实国务院和省政府稳就业、保就业政策。

【人力社保制度改革】2020年，杭州市深化收入分配制度改革，完善改革国有企业工资决定机制，落实教师平均工资收入高于公务员平均水平政策，完善公立医院薪酬制度改革，县域医共体开展改革试点。完善机关事业单位养老保险改革政策实施，推进市属经营类事业单位改革工作。深化职称制度改革，53所学校开展中小学教师职称自主评聘试点工作。在钱塘新区企业和全市外商投资企业开展特殊工时审批清单式改革，并逐步扩大试点范围。

【人力社保“最多跑一次”改革】2020年，市人力社保部门以加快数字化转型为抓手，推进“人社服务快办行动”，全面提升网上政务服务能力。126个政务服务事项100%实现跑零次、网上办、掌上办，“个体劳动者就业”等12个跨部门“一件事”实现联

2020年11月8日，2020年杭州国际人才交流与项目合作大会在杭州国际博览中心举行（钟 巍 摄）

办，"企业'五险一金'缴存"登记等9个高频事项在"亲清平台"实现联办、简办、秒办，"企退人员节日慰问费发放"在"民生直达平台"实现无须申请、自动审核、即时到账。清理各类证明材料113项，证明材料压缩比96%。推进民生事项延伸至乡镇（街道）、银行网点就近办，全市707个银行网点可办理人力社保业务。加速"减窗行动"，全市人工办事窗口由501个减至226个，减少55%。"社保易窗"智能服务平台和灵活就业补贴管理模式改革2个项目入选省人力社保厅改革创新优秀试点项目；大学生创新创业"一件事"改革入选省人社系统"十大改革创新案例"、杭州市改革创新最佳案例。

（骆椿美）

2020年11月7日，杭州国际创业马拉松活动在良渚古城遗址公园举行

（市人力社保局 供稿）

就业创业

【就业形势保持稳定】2020年，杭州市应对新冠肺炎疫情，出台实施企业复工用工服务保障等一系列稳就业、保就业政策，就业形势总体保持稳定。全年全市城镇新增就业69.05万人，失业人员实现再就业4.51万人，失业保险参保净增36.81万人，城镇登记失业率控制在2.42%。

【城乡统筹就业】2020年，杭州市促进城乡失业人员实现再就业，全年帮扶就业困难人员实现就业2.39万人。发挥失业保险稳就业作用，对不裁员或少裁员的参保企业实施失业保险稳岗返还政策，向16.48万个企业返还社保费28.8亿元，惠及职工359.4万人。发放用工社保补贴、自主创业社保补贴、公益性岗位社保补贴和岗位补贴、灵活就业社保补贴等各类补贴11.32亿元，惠及各类就业人员13.66万人。

【就业创业平台建设】2020年，杭州市推动引导创业带动就业。全年开展创业培训9126人，其中网络创业培训5531人；发放创业担保贷款7.02亿元；扩大创业陪跑空间覆盖面，新认定市级"创业陪跑空间"7个。举办2020年杭州国际众创大会、2020年杭州国际创业马拉松等活动，杭州参赛项目"淘宝直播村播计划""麻辣数据"在第四届"中国创翼"创新创业大赛浙江省决赛中分别获扶贫组一等奖和创新组一等奖，"光学智能三维数字化项目"获"奇思妙想浙江行"创业大赛总决赛冠军。扩大大学生就业创业见习训练规模，新增见习基地115个，组织见习训练大学生7894人。实施第八届大学生就业创业师友计划，开通"乐业杭州"抖音政务号，举办"就业·见习空中双选会""直播带岗""空中咨询""校长直荐""导师支招"等系列线上就业服务，新聘145名"杭州就业校园大使"，开启大学生就业创业"朋辈互助"新模式。

【高校毕业生就业服务】2020年，杭州市推进高校毕业生就业引领工程，实施高校毕业生就业质量行动，应届高校毕业生就业13.1万人，比上年增长48.9%，其中，研究生学历毕业生2.1万人，增长14.2%。实施杭州市新引进应届高学历毕业生本科1万元、硕士3万元、博士5万元

2020年杭州人才市场人才招聘岗位需求前15位排行一览表

表46　　单位：人

序号	岗位类别	总需求数
1	销售人员类	46744
2	建筑装潢/市政建设类	14554
3	工程/机械/能源类	11974
4	销售管理类	9018
5	百货/连锁/零售服务类	8733
6	销售行政及商务类	7938
7	房地产类	6956
8	保险类	6884
9	计算机软件类	6643
10	金融/证券/期货/投资类	5384
11	生物/制药/医疗器械类	5286
12	教师/科研类	4884
13	技工类	4822
14	客服及技术支持类	4259
15	储备干部/培训生/实习生类	3857

说明：数据来源于现场招聘会

的一次性生活补贴政策，上线“亲清在线”和“杭州人才码”，实现线上申领、自动审核、实时拨付，全年发放补贴17.96亿元、惠及12.8万人。依托“杭州人才码”，开展“青荷礼包”发放，实现系统审核、一键申领。发放高校毕业生求职创业补贴，全年发放补贴3542.55万元，惠及1.25万人；发放湖北籍高校毕业生求职创业补贴212.85万元，惠及1419人。推进与市外重点高校战略合作，与华东政法大学建立战略合作协议，累计合作高校104所。举办“才约杭城”等高校毕业生线上招聘活动16场，毕业生公益性专场招聘会34场，赴市外重点高校引才活动26场，提供毕业生就业岗位24.1万个。

【大学生创业服务】2020年，杭州市出台实施《杭向未来·大学生创业创新三年行动计划（2020—2022年）》，无偿资助大学生创业项目561个、资助金额5193万元，35岁以下大学生新创办企业3594个、带动就业1.5万人。12月，启动第七届中国杭州大学生创业大赛，国内外461所高校3743个项目报名参赛。选拔杭州大学生杰出创业人才培育计划培育对象20人，举办第七期杭州大学生杰出创业人才培育班；杭州大学生创业学院开设5个班次，培育各类大学生创业者221人次；大学生创业训练营开设4个班次，培训在校大学生创业者及高校创业骨干教师283人。开展大学生创业见习工作，新增大学生创业见习主题7个，学员49人，审核拨付创业见习补贴31.97万元。

【公共就业服务水平提升】2020年，市人力社保局开展就业援助月、“春风行动”、民营企业招聘周、省内人力资源余缺调剂招聘会、社会单位招用残疾人专场招聘会等公共就业服务专项活动，开展东西部扶贫协作和省内劳务协作，搭建人力资源对接平台。全年举办招聘会718场，推出岗位95.35万个，达成就业意向19.54万人。“杭州公共招聘平台”注册有效会员单位3.4万个，采集用工信息单位5.74万个（次），发布岗位信息70.9万个，求职登记8.8万人次，为4万人次提供职业介绍与职业指导服务。

【对口支援和结对帮扶】2020年，杭州市继续实施《杭州市东西部扶贫劳务协作三年行动计划（2018—2020年）》，推进千人转移就业、千人技能培训、千名创客培育、千名铁军攻坚等东西部扶贫劳务协作“四千行动”，与对口地区签订劳务合作协议27份，召开劳务协作会议63场。服务复工复产，协调相关部门开展扶贫专列接返工作。3月19日，首趟湖北省恩施土家族苗族自治州劳务协作扶贫专列搭载1071名恩施籍务工人员抵达杭州，获《人民日报》、新华社、中央电视台等60多个媒体报道。贵州省建档立卡贫困人员在杭州稳定就业9112人、新增就业3019人，其中黔东南苗族侗族自治州在杭州稳定就业3885人、新增就业2002人；湖北省建档立卡贫困人员在杭州稳定就业9512人、新增就业1600人，其中恩施土家族苗族自治州在杭州稳定就业2150人、新增就业829人。全年424个（次）杭州企业在对口帮扶地区举办专场招聘会51场，提供扶贫就业岗位5.6万个。发挥黔东南苗族侗族自治州驻杭州“1+16”（1个总站、16个县市分站）、恩施土家族苗族自治州驻杭州“1+8”（1个总站、8个县市分站）劳务协作工作站优势，为贫困人口到杭州就业提供政策指导、权益维护等服务。择优评选10个就业扶贫“爱心企业”，给予每个企业5万元的一次性奖励补助。杭州市劳务协作做法获得国务院扶贫开发领导小组办公室《扶贫信息》2次推广。

（骆椿美）

2020年4月16日，在2020年杭州大学生“双创日”发布会上，市人力社保局发布《杭向未来·大学生创业创新三年行动计划（2020—2022年）》（市人力社保局 供稿）

人事管理

【事业单位人事管理】2020年，杭州市组织市属事业单位统一公开招聘，全年公开招聘工作人员9283人。市属事业单位以备案方式引进A、B、C类高层次人才11名。规范事业单位岗位管理工作，调整核准153个市属事业单位岗位设置方案，办理事业单位岗位聘用变动认定714个（次）、5273人次。

【事业单位工资福利】2020年，杭州市根据新冠肺炎疫情防控形势落实发放临时性工作补助、调整卫生防疫津贴标准、核增一次性绩效工资等关心关爱医务人员工资待遇政策。明确义务教育教师和公务员工资待遇计算比较口径，加强对区县（市）提高教师待遇工作的业务指导和监督检查，推动落实教师法定工资待遇。

【事业单位人事工资管理信息化】2020年，杭州市依托浙江省事业单位人事工资管理服务系统，构建事业单位工作人员职业生涯全周期管理“一件事”平台。将出入编、社保、医保、公积金、市民卡等业务经办环节集成“一件事”，实现“一张表单申请、一个平台联办、一次不跑办成”，全年办件量3.23万件。（骆椿美）

人才服务

【人力资源服务业发展】2020年，杭州市加快发展人力资源服务业，制定出台《杭州市加快发展人力资源服务业的实施细则（2021—2023年）》。举办第三届“发现驱动·智创未来”杭州人力资源服务和产品创新项目路演、第三届中国杭州国际人力资源峰会、第八届中国（浙江）人力资源服务博览会、第三届新视界·百猎峰会等品牌活动20多场。开展“百家人力资源服务机构助力复工复产”活动，950个机构对接企业18万个（次），成功匹配近10万人。开展全市人力资源服务机构“双随机”专项检查2次，推进“最多跑一次”改革，落实证照分离改革全覆盖试点、先照后证数据归集等。至年末，全市集聚人力资源服务机构931个，从业人员5.82万人，实现产值642.38亿元，提供各类人力资源服务5700万人次，帮助实现就业和流动538万人次。全市人力资源服务机构中，产值超1亿元的机构41个，产值超10亿元的机构8个；入选省猎头百强53个，入选省综合百强24个，入选省网络招聘十强5个，入选省人力资源测评十强4个，入选省人力资源管理咨询十强7个，入选省科技创新优秀机构20个。

【紧缺人才需求目录发布】2020年12月，市人才管理服务中心联合市统计局编制发布《2020年杭州市新制造产业紧缺人才需求目录》。该目录聚焦杭州新制造产业的高端装备、生物医药、节能环保、数字安防、新能源新材料五大重点发展领域，发布紧缺专业人才岗位59个，其中非常紧缺人才岗位21个、比较紧缺人才岗位24个、一般紧缺人才岗位14个，为政府、企业、求职者和高校提供“新制造”领域紧缺人才需求信息。

【海外引才交流合作】2020年3—11月，杭州市举办“创客天下·杭向未来”2020年杭州海外高层次人才创新创业大赛，分别设置留学人员项目和外国人项目两个专场，遴选引进世界各地创新创业人才项目，1456个项目进入海选，其中外国（非华裔）人才项目408个，11个项目在杭签约落户。11月8—20日，举办2020年杭州国际人才交流与项目合作大会，39个外国机构和120名外国人才现场参会。会上，中欧科技创新合作平台、世界银行全球数字金融中心揭牌，杭州市签约项目401个、金额93.54亿元，分别比上届增长14.2%和112.3%。全年评审资助留学人员在杭创新创业项目42个，资助资金1988万元。

2020年11月8日，“创客天下，杭向未来”2020年杭州海外高层次人才创新创业大赛总决赛举行（钟 巍摄）

【专业技术人才培养】2020年，杭州市实施中青年人才培养计划（2016—2020年），以高层次人才为重点加快专业技术人才队伍建设，结合杭州市重点发展产业领域选聘钱江特聘专家101名，入选享受国务院政府特殊津贴专家13名，选拔享受杭州市政府特殊津贴人员50名。新设立国家级博士后科研工作站8个、省级博士后科研工作站35个，引进博士后研究人员530人。提升职称管理服务水平，优化初定中级职称一级审核和“全城通办”机制。实施中小学教师职称自主评聘改革，指导杭州高级中学等53所学校开展试点。优化“专业技术人员学习新干线”平台服务功能，完成平台网站登记保护复评。至年末，平台拥有注册单位1.6万个、学员34万余人。组织职称、职业（执业）资格考试20项，发放资格证书近5万本，服务各行业人才发展。

【高技能人才培养】2020年，杭州市加强“名城工匠”培养生态建设，落实《关于进一步加强“名城工匠”培养生态建设的实施意见》，培养高技能人才4.42万人，开展职业技能培训22.99万人次。新建省级技能大师工作室5个、市级技能大师工作室25个，新认定杭州市技术能手80人，组织市、区县（市）级技能竞赛194场，带动岗位练兵11万人次。扩建国家级培训基地建设项目1个。完善公共实训基地体系，全年实训、鉴定14.87万人次，其中高级工及以上实训3.2万人次。

【人才资源市场化配置】2020年6月13日，杭州市成立长三角人才云市场。10月20日至11月20日，首次通过“云上＋线下”形式举办“杭向未来”长三角高层次人才招聘会。其中，云上招聘会组织长三角区域27.99万个单位参加，推出本科以上需求岗位155.09万个，线上应聘

45.98 万人，网页总访问量 373.64 万次；27 个长三角节点城市、地区组团参加线下交流会，推出硕士及以上需求岗位 1.3 万个，现场应聘 1.5 万人，达成意向 4249 人。全年举办助力复工复产、高校毕业生全国网络联合招聘暨长三角云聘会、“杭向未来”湖北专场、“才约杭城”杭州市高校毕业生线上校园招聘会等系列云上招聘会 22 场，组织 1.47 万个（次）单位推出需求岗位 37.04 万个，在线参会 142.96 万人次。杭州人才市场举办综合性人才招聘会、行业人才专场招聘及赴外招聘活动 129 场，组织进场招聘企事业单位 8893 个（次），推出岗位 20.46 万个，吸引各类求职者 9.26 万人次，达成初步就业意向 2.74 万人次。

【流动人员人事档案公共服务】2020 年，杭州市流动人员人事档案公共服务 8 个事项全部接入政务服务 2.0 平台，实现无差别受理、同标准办理、全过程监控，线下窗口由 10 个减至 3 个。实现流动人员人事档案管理服务和高校毕业生就业服务事项跨市域、跨层级现场通办。至年末，杭州市人才管理服务中心管理流动人员人事档案 33.5 万卷，人才集体户挂靠数 5.3 万人，完成流动人员人事档案数字化 30.7 万卷，提供各类流动人员人事档案管理服务 17.2 万人次。

（骆椿美）

劳动关系

【劳动关系机制建设】2020 年，市人力社保局贯彻落实国家、省关于妥善处理新冠肺炎疫情防控期间劳动关系的通知精神，统一政策口径，维护疫情防控期间劳动关系和谐稳定。开展劳务派遣年度经营情况报告核验、劳务派遣用工情况双随机检查，规范劳务派遣用工行为。4 月，印发《杭州市劳务派遣优化审批服务改革办法》，劳务派遣行政许可按属地原则进行管辖分工，提高行政审批便利度。在钱塘新区企业和全市外商投资企业开展特殊工时审批清单式改革，探索扩大试点范围。完成“构建和谐劳动关系三年行动计划（2018—2020 年）”目标，开展区域性（园区）和谐劳动关系创建活动，协调劳动关系三方机制建设进一步加强，全市劳动合同签订率 99.4%。

【企业工资收入分配】2020 年，杭州市继续深化国有企业工资分配制度改革。核定市直部门和区县（市）管理国有企业负责人 2019 年基本年薪基数，组织报送市属企业 2019 年度工资总额执行情况，做好工资总额管理，完善全市改革国有企业工资决定机制。

【企业薪酬调查】2020 年，市人力社保局开展企业薪酬调查，对全市 3173 个样本企业进行抽样调查，涉及在岗职工 43.3 万人。通过数据分析汇总，发布 2020 年杭州市人力资源市场工资指导价位，为各地企业开展工资集体协商、合理确定职工工资收入提供参考。开展每季一次的制造业人工成本监测试点，监测样本企业 150 个。

【劳动保障监察】2020 年，杭州市各级劳动保障监察机构监察检查用人单位 15.56 万个（次），协调处置各类劳动保障违法案件 6951 件，其中，立案查处各类劳动保障违法案件 479 件，结案率 100%。开展人力资源市场秩序整治、根治欠薪夏季行动、在建工程项目“无欠薪”六项制度落实情况“飞行检查”、根治欠薪冬季行动等专项治理 4 次，检查用人单位 7814 个，针对性集中整治、规范劳动用工秩序。

【“杭州无欠薪”专项行动】2020 年，杭州市开展“杭州无欠薪”专项治理行动，构建市、区县（市）、乡镇（街道）、村（社区）四级指挥体系，探索建筑行业制度规范、交叉检查、审计检查、飞行检查、智慧监察“五治”模式。全年为 2049 名劳动者追发工资待遇 3932.97 万元，向公安机关移送涉嫌拒不支付劳动报酬犯罪案件 26 件，公安机关立案 14 件，曝光重大欠薪违法企业 71 个。

【劳动纠纷多元化解】2020 年，杭州市开展基层劳动纠纷综合治理，实现劳动纠纷多元化解机制乡镇（街道）全覆盖。试点建立人力社保领域群众诉求“一窗式”即接即办处理机制，市级层面在杭州市社会治理综合服务中心设立“劳动纠纷处理”窗口，各区县（市）将信访、仲裁、劳动保障监察等力量融合入驻社会矛盾纠纷调处化解中心，乡镇（街道）统一设立无差别全科受理窗口，实现“一窗式”即接即办机制全覆盖。全市处理劳动人事争议案件 1.94 万件，结案 2.1 万件，当期结案率 108.5%。（骆椿美）

责任编辑　须同威 孙晟珂

社会生活

收入消费

【概况】2020年,杭州市城镇居民和农村居民人均可支配收入分别为68666元、38700元,人均消费支出分别为41916元、25664元。物价总体平稳,居民消费价格总水平比上年平均上涨2.1%。新建商品住宅价格同比基本保持稳定,二手住宅价格同比先稳后升。

【城镇居民收入提高】据抽样调查,2020年杭州市城镇居民人均可支配收入68666元,比上年增长3.9%,扣除物价上涨因素实际增长1.8%。从四大类收入来源看,2020年城镇居民人均工资性收入、经营净收入、财产净收入和转移净收入“三升一降”。其中:人均工资性收入39720元,增长5.0%,拉动可支配收入增长2.8个百分点;人均经营净收入5640元,下降3.6%,影响可支配收入下降0.3个百分点;人均财产净收入10182元,增长1.4%,拉动可支配收入增长0.2个百分点;人均转移净收入13124元,增长6.4%,拉动可支配收入增长1.2个百分点。

【城镇居民消费支出回落】2020年,杭州市城镇居民人均消费支出41916元,比上年下降4.9%,八大类消费“二升六降”。食品烟酒和居住支出两大类支出小幅增长。城镇居民人均食品烟酒支出10717元,增长0.6%,拉动消费支出增长0.1个百分点;人均居住支出11434元,增长3.2%,拉动消费支出增长0.8个百分点。生活用品及服务和交通通信两大类支出小幅下降。城镇居民人均生活用品及服务支出2288元,下降0.5%,对消费支出几乎没有影响;人均交通通信支出6883元,下降7.6%,影响消费支出下降1.3个百

2007—2020年杭州市城镇常住居民人均可支配收入增长情况表

表47

年份	人均可支配收入(元)	比上年(%)
2007	21689	14.0
2008	24104	11.1
2009	26864	11.5
2010	30035	11.8
2011	34065	13.4
2012	37511	10.1
2013	40925	10.1
2014	44632	9.1
2015	48316	8.3
2016	52185	8.0
2017	56276	7.8
2018	61172	8.7
2019	66068	8.0
2020	68666	3.9

说明:2007—2012年为市区数据,2013年后为全市数据,2013—2020年为城乡一体化改革后新口径数据

2020年杭州市城镇常住居民人均可支配收入构成情况表

表48

项 目	人均收入(元)	比上年(%)	占可支配收入比重(%)
可支配收入	68666	3.9	100.0
工资性收入	39720	5.0	57.9
经营净收入	5640	-3.6	8.2
财产净收入	10182	1.4	14.8
转移净收入	13124	6.4	19.1

2020 年杭州市城镇常住居民消费支出结构情况表

表 49

项　目	人均支出（元）	比上年（%）	占消费支出比重（%）
消费支出	41916	-4.9	100.0
食品烟酒	10717	0.6	25.6
衣着	2177	-10.5	5.2
居住	11434	3.2	27.3
生活用品及服务	2288	-0.5	5.5
交通通信	6883	-7.6	16.4
教育文化娱乐	3704	-22.3	8.8
医疗保健	3651	-10.0	8.7
其他用品及服务	1062	-21.0	2.5

2004—2020 年杭州市农村常住居民人均可支配收入增长情况表

表 50

年　份	人均可支配收入（元）	比上年（%）
2004	6950	11.2
2005	7655	10.1
2006	8515	11.2
2007	9549	12.2
2008	10692	12
2009	11822	10.6
2010	13186	11.5
2011	15245	15.6
2012	17017	11.6
2013	21208	11.2
2014	23555	11.1
2015	25719	9.2
2016	27908	8.5
2017	30397	8.9
2018	33193	9.2
2019	36255	9.2
2020	38700	6.7

说明：2013—2020 年为城乡一体化改革后新口径数据

2020 年杭州市农村常住居民人均可支配收入构成情况表

表 51

项　目	人均收入（元）	比上年（%）	占可支配收入比重（%）
可支配收入	38700	6.7	100.0
工资性收入	23359	8.1	60.3
经营净收入	9196	1.4	23.8
财产净收入	1586	0.8	4.1
转移净收入	4559	13.6	11.8

分点。教育文化娱乐等四大类支出呈两位数下降。城镇居民人均教育文化娱乐支出 3704 元，下降 22.3%，影响消费支出下降 2.4 个百分点；人均其他用品及服务支出 1062 元，下降 21.0%，影响消费支出下降 0.6 个百分点；人均衣着支出 2177 元，下降 10.5%，影响消费支出下降 0.6 个百分点；人均医疗保健支出 3651 元，下降 10.0%，影响消费支出下降 0.9 个百分点。

2020 年年末，全市城镇居民人均住房建筑面积 39.3 平方米，每百户家庭拥有家用汽车 65.3 辆、空调 252.2 台、移动电话 260.3 部、家用电脑 90.6 台、淋浴热水器 115.2 台。

【农村居民收入稳步增长】2020 年，杭州市农村居民人均可支配收入 38700 元，比上年增长 6.7%，扣除物价上涨因素实际增长 4.5%。从四大类收入来源看，农村居民人均工资性收入、经营净收入、财产净收入和转移净收入全面增长。其中：人均工资性收入 23359 元，增长 8.1%，拉动可支配收入增长 4.8 个百分点；人均经营净收入 9196 元，增长 1.4%，拉动可支配收入增长 0.4 个百分点；人均财产净收入 1586 元，增长 0.8%，对可支配收入几乎没有影响；人均转移净收入 4559 元，增长 13.6%，拉动可支配收入增长 1.5 个百分点。

【农村居民消费支出小幅下降】2020 年，杭州市农村居民人均消费支出 25664 元，比上年下降 2.4%，八大类消费“三升五降”。食品烟酒等三大类支出实现正增长。农村居民人均食品烟酒、生活用品及服务和居住支出分别为 7114 元、1423 元和 8006 元，分别增长 0.7%、3.5% 和 10.5%，拉动消费支出增长 0.2 个、0.2 个和 2.9 个百分点。衣着和交通通信两大类支出小幅回落。人均衣着和交通通信支出分别为 1272 元和 4101 元，分别下降 5.0% 和 7.7%，影响消费支出下降 0.3 个和 1.3 个百分点。教育文化娱乐等三大类支出降幅较大。人均教育文化娱乐、医疗保健、其他用品及服务支出分别为 1664 元、1729 元和 355 元，分别下降 19.6%、21.8% 和 35.3%，影响消费支出下降 1.6 个、1.8 个和 0.7 个百分点。

2020 年年末，全市每百户农村居民家庭拥有家用汽车 54.9 辆、空调器 211.6 台、移动电话 270.9 部、家用电脑 61.3 台、淋浴热水器 127.6 台、洗衣机 104.1 台、电冰箱 125.6 台。

2020 年杭州市农村常住居民消费支出结构情况表

表 52

项 目	人均支出（元）	比上年（%）	占消费支出比重（%）
消费支出	25664	-2.4	100.0
食品烟酒	7114	0.7	27.7
衣着	1272	-5.0	5.0
居住	8006	10.5	31.2
生活用品及服务	1423	3.5	5.5
交通通信	4101	-7.7	16.0
教育文化娱乐	1664	-19.6	6.5
医疗保健	1729	-21.8	6.7
其他用品及服务	355	-35.3	1.4

2020 年杭州市八大类商品及服务项目价格指数情况表

表 53

项 目	同比指数（上年同期 = 100）
居民消费价格总水平	102.1
食品烟酒	106.9
衣着	100.1
居住	99.7
生活用品及服务	103.1
交通通信	96.6
教育文化娱乐	101.7
医疗保健	103.1
其他用品及服务	103.8

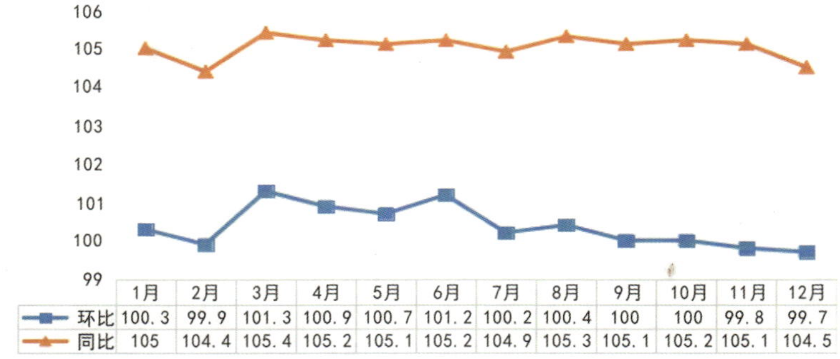

图 3 2020 年杭州市区（不含临安区）新建商品住宅价格同比环比指数图

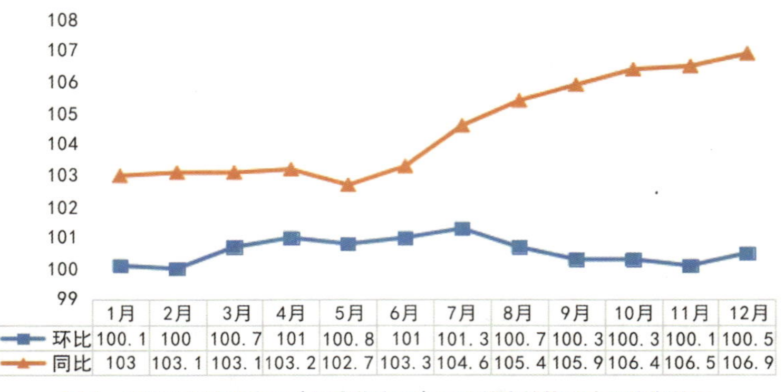

图 4 2020 年杭州市区（不含临安区）二手住宅价格同比环比指数图

【物价总体平稳】2020 年，杭州市居民消费价格总水平比上年平均上涨 2.1%，涨幅收窄 1.0 个百分点。食品烟酒类价格上涨 6.9%，影响居民消费价格总水平上升 1.94 个百分点。其中：猪肉价格上涨 44.4%，禽肉类价格上涨 8.8%，在外餐饮价格上涨 4.9%，水产品价格上涨 2.6%，鲜菜价格上涨 2.0%，鸡蛋价格下降 7.2%，鲜瓜果价格下降 11.1%。衣着类价格上涨 0.1%。其中：衣着加工服务费价格上涨 9.4%，服装价格持平，鞋类价格下降 1.1%。居住类价格下降 0.3%。其中：住房保养维修及管理价格上涨 1.7%，租赁房房租价格下降 0.2%，自有住房价格下降 0.5%，水电燃料价格下降 1.1%。生活用品及服务类价格上涨 3.1%。其中：家庭服务价格上涨 6.2%，家庭日用杂品价格上涨 5.5%，家用纺织品价格上涨 5.2%，个人护理用品价格上涨 4.7%，家具及室内装饰品价格上涨 2.9%，家用器具价格下降 2.2%。交通和通信类价格下降 3.4%。其中：汽油、柴油价格分别下降 14.2% 和 15.5%，车辆修理与保养价格上涨 14.8%，飞机票价格下降 8.1%。教育文化娱乐价格上涨 1.7%。其中：教育服务价格上涨 4.9%，文娱耐用消费品价格下降 1.4%，旅游价格下降 4.2%。医疗保健类价格上涨 3.1%。其中：医疗服务价格上涨 5.6%，中药价格上涨 1.4%，滋补保健品价格上涨 1.1%，西药价格下降 3.1%。其他用品及服务类价格上涨 3.8%。其中：金饰品价格上涨 17.5%，旅馆住宿价格上涨 1.0%，中介服务价格下降 0.2%。

【新建商品住宅价格同比保持稳定】

2020 年，第一季度受新冠肺炎疫情影响，杭州市房地产市场遇冷，第二季度迅速回温；下半年开始，由于杭州市政府陆续出台房地产调控政策，二手住宅价格涨幅收窄，新建商品住宅价格由涨转跌。1—12 月，杭州市区（不含临安区）新建商品住宅价格同比基本保持稳定，均在 4.4% ~ 5.3% 之间；价格环比涨幅 3—6 月较高，在 0.7% ~ 1.3% 之间波动，7 月开始涨幅回落，9 月由涨转为持平，11 月、12 月环比下降。

【二手住宅价格同比先稳后升】2020年，杭州市二手住宅价格同比先稳后升。从同比看，1—6月杭州市区（不含临安区）二手住宅价格涨幅基本保持稳定，在2.7%～3.3%之间波动；7月开始涨幅逐月扩大；12月涨幅最高，为6.9%。从环比看，1—8月杭州市区（不含临安区）二手住宅价格稳中有涨，其中7月上涨1.3%，为最大涨幅；9月开始涨幅逐渐回落；11月涨幅回落至1月水平；12月小幅回升。

（赵杨健 马晓丹）

社会保险

【概况】2020年，杭州市实施“全民参保计划”，建立社会保险基础数据库动态管理机制，社会保险参保登记率实现100%全民目标。至年末，全市职工基本养老保险、工伤保险、失业保险参保人数分别达716.97万人、633.36万人、523.46万人，比上年末分别新增参保49.05万人、76.69万人和36.81万人，全市基本养老保险参保率98.95%，基本实现“人人享有社会保障”。

至年末，全市有医疗保险参保人数1078.06万人（职工医保713.49万人、城乡居民医保364.57万人），生育保险参保人数514.88万人，户籍人口参保率99.59%。其中：市区（不含临安区）医疗保险参保人数903.76万人（职工医保640.2万人、城乡居民医保263.56万人），生育保险参保人数472.68万人。（骆椿美 洪晓静）

【社会保险体系完善】2020年8月，市人力社保局、市财政局联合印发《关于建立城乡居民基本养老保险待遇确定和基础养老金正常调整机制的通知》，从完善待遇确定机制、建立基础养老金正常调整机制、建立个人缴费档次调整机制、建立缴费补贴调整机制、做好个人账户基金保值增值5个方面，调整完善城乡居民养老保险制度，推动城乡居民基本养老保险待遇水平随经济发展而逐步提高。11月，市人力社保局、市财政局、市应急管理局、市税务局联合印发《杭州市工伤保险费率浮动实施办法》，进一步完善工伤保险费率决定机制，发挥工伤保险费率的杠杆作用，促进用人单位做好工伤预防工作。工伤保险行业浮动费率按照国家规定标准确定：一类行业分为3个档次，即在基准费率的基础上，可向上浮动至120%、150%，二类至八类行业分为5个档次，即在基准费率的基础上，可分别向上浮动至120%、150%或向下浮动至80%、50%。临安区完成社保融杭三年过渡，实现与市区（不含临安区）统一政策目标。落实淳安特别生态功能区建设任务，支持淳安县完成提高城乡居民养老保险基础养老金标准和既有企业退休人员社会化管理待遇。企业退休人员社会化管理进一步深化，完成在杭央企和省属企业退休人员移交杭州市实行社会化管理工作。

【社保经办系统纳入浙江省集中管理】2020年8月，杭州市社会保险信息系统纳入浙江省集中统一管理，社会保险业务切换使用省集中统一的社会保险信息系统。实现统一信息系统、统一经办服务和统一基金财务管理，推动跨层级、跨地区、跨部门信息共享和业务协同，为规范企业职工基本养老保险省级统筹提供支撑。

【被征地农民参加养老保险专项工作】2020年12月，根据省委、省政府统一部署，杭州市调整被征地农民参加养老保险政策。不再实行一次性补缴参加企业职工基本养老保险政策，规范2020年1月1日起被征地农民参加养老保险工作。杭州市被征地农民参加养老保险专项工作基本完成，实现全市10.52万名相关人员参保规范，养老金按时足额发放到位。

【社会保险待遇提高】2020年，杭州市继续提高企业退休人员养老金待遇，惠及企业退休人员153.6万人。其中，市区（不含临安区）企业退休人员128.71万人，月人均调整额度151.09元，调整后平均基本养老金水平每人每月3272.86元。调整城乡居民基本养老保险基础养老金标准。其中：市区（不含临安区）由每人每月240元提高到260元，临安区由每人每月220元调整到260元。市区（不含临安区）第八轮企业退休人员健康体检实施，标准提高到400元。

【社会保险降费减负】2020年，杭州市落实阶段性减免企业社保费及社保费缓缴政策，为企业特别是中小微企业抗击新冠肺炎疫情、助力复工复产、稳企业稳就业提供政策支持，保障用人单位和参保群众社保权益不因疫情受到减损。全市减免企业社保费369.17亿元，占全省的33.4%，居全省首位，惠及全市39.74万户缴费单位。社保费减免总额中，大型企业减免31.24亿元，中小微企业减免337.93亿元，中小微企业社保费减免占比91.5%。税务部门审批企业社保缓缴申请2.02万户（次），社保费缓缴总额20亿元。

【社保基金监管加强】2020年，杭州市加强社保基金监管，开展社保基金管理风险专项检查、失业保险基金管理内控专项检查、企业职工基本养老保险提前退休问题专项核查、全市社保经办机构工作人员及其直系亲属参保和待遇享受情况排查，加强经办风险防控。对全市服刑领取、死亡冒领、重复领取养老金“三项指标”疑点数据进行核查比对，加强违规领取养老金追缴工作。推进全市社保基金第三方审计全覆盖和安全评估工作。开展社会保险稽核工作，稽核用人单位127个、5.61万人次。

【社会保险政务服务数字化转型】2020年，杭州市社会保险政务服务数字化转型全面升级。8个社保事项在“亲清在线”平台上线运行，至年末，服务用人单位和参保群众346.3万次，办件78.6万件，分别占平台服务总次数和办件总量的86%和87%。推出社保“易窗”智能服务平台，具有智能咨询、互动交流、业务画像、在线窗口、决策支持等功能，业务范围涵盖所有社保可办事项，有20个在线接待座席，建立接待用语规范、经办流程规范、服务标准规范等标准化服务制度，充实社保知识库近1000条，实现70%以上的咨询服务由人工智能完成，访问接待25万余人次。“社银合作”全面推进，全市7个合作银行共有服务网点707个，提供33个社保常用事项办理服务，可

办事项率超过 80%。（骆椿美）

【定点医药机构服务网】 至 2020 年年末，杭州市有定点医药机构 7508 个（定点医疗机构 4313 个、定点零售药店 3195 个），其中市区（不含临安区）定点医药机构 6058 个（定点医疗机构 3209 个、定点零售药店 2849 个）。有市域外可直接刷卡结算的省"一卡通"定点医疗机构 1865 个，有全国跨省异地就医住院直接结算定点医疗机构 4.03 万个。

【医保服务职能提升】 2020 年，市医疗保障局落实国家、省医疗保障局关于新冠肺炎疫情防控的相关措施，为相关医疗机构提供周转资金 7150 万元；为 37.21 万个企业减征职工医保费 62.72 亿元。及时将用于疫情防控的 16 个中药自制制剂纳入医保支付范围。放开长处方和提供"无卡"非现场结算服务，允许为特定对象提供代配药服务。开展预约并免费派送口罩工作，发放口罩 100 万余只；联合市医药行业协会、杭州多个连锁药店发起药品零售行业"保价稳供"倡议。完善医疗救助兜底机制，运用大数据手段实现救助对象精准识别和主动触发，确保符合条件的困难群众资助参保率和医疗救助政策落实率均达 100%。8 月，社保信息系统被纳入浙江省集中统一管理后，涉及原市社会保险管理服务中心的 12 个大项 100 多个子项业务调整至市医疗保障局所属市医疗保障事务受理中心办理，医保每月新增业务 40 万人次，增幅 300% 以上。

【医疗保障体系完善】 2020 年，市医疗保障局推进医保市级统筹，修订《杭州市基本医疗保障办法》及其配套政策，加快推进商业补充医疗保险落地。在全市范围内基本建成以基本医疗保险为主体、大病保险为补充、医疗困难救助为托底，包括城镇职工医保、城乡居民医保、医疗困难救助、商业健康保险和大病保险在内的全覆盖、一体化、多层次、可转换的城乡统筹的医疗保障体系。

【医保服务数字化转型】 2020 年，杭州市推进医保业务"最多跑一次"改革，经办事项线上办结率 88.4%。推进"互联网 + 医疗"医保结算服务，在全市范围内的社区卫生服务中心、4 个市属公立医疗机构推广"互联网 + 医疗"试点服务。推动"电子凭证、电子病历、电子票据"应用，3819 个定点医药机构完成电子凭证系统改造，318.99 万名参保人员激活医保电子凭证，实现病人便捷就医、医疗服务提质。全年浙江省内异地规定病种门诊刷卡就医 3.48 万人次，结算费用 623.38 万元；跨省异地住院刷卡就医 6442 人次，结算费用 1.78 亿元；长三角地区门诊刷卡就医 5.04 万人次，结算费用 1223.66 万元。

【医保重点领域改革深化】 2020 年，杭州市推进医保支付方式改革，推出总额预算管理办法，从严下达指标，开展 DRGs（疾病诊断相关分组）点数付费改革，三轮 DRGs 分组病组入组率均达 99.5% 以上。结合 DRGs 点数付费改革完善按床日付费改革。药品和医用耗材采购改革推进，完成第一、第二批国家组织药品集中采购中选药品的采购和使用，配合推进第三批国家组织药品集中采购中选结果落地。做好罕见病用药保障机制落地，落实《关于进一步做好国家医保谈判药品落地工作的通知》，97 个国家谈判药品执行率 100%。

【医保基金监管实效强化】 2020 年，杭州市各类医疗保险基金总收入 469.08 亿元，比上年下降 3.2%；基金总支出 377.22 亿元，下降 8.4%。基金年末滚存结余 591.99 亿元，增长 18.4%。杭州市成立医保基金监管创新试点工作专班，贯彻落实《关于进一步加强医疗保障基金监管工作的意见》，出台落实行刑衔接、推进联动监管、强化公职人员管理、规范裁量标准、完善监督员管理 5 个配套文件。在国家医疗保障局组织的试点工作中期评估中居全国第三位。实施杭州市定点医药机构专项检查行动，开展全市所有定点医药机构覆盖式巡查。开展"打击欺诈骗保，维护基金安全"集中宣传活动，发布基金监管类信息 197 篇，曝光典型案例 82 个。全年检查定点医药机构 7652 个，约谈 494 个，限期整改 332 个，通报批评 115 个，主动公开曝光 426 例。暂停医保服务协议 209 个，解除医保服务协议 104 个，移交司法机关 22 个，行政罚款 16 个，审核拒付 1.52 亿元，自查自纠退回 1.02 亿元。

（洪晓静）

住房保障

【概况】 2020 年，杭州市加大民生保障力度，增进住房领域民生福祉。市本级城市中等偏下收入住房困难家庭、新就业大学毕业生及创业人员三类保障家庭的公租房货币补贴标准由每月每平方米 18 元调整为 24 元，加大支持其通过市场租赁解决住房困难的力度。公租房申请家庭上年度人均可支配收入标准从低于 61172 元调整至低于 66068 元，廉租住房保障收入准入标准由申请家庭人均月收入低于 2602.5 元调整为人均月收入低于 2755 元（含）。全年发放货币补贴 5.47 万户，补贴金额 4.43 亿元，推出公租房实物配租房源 5216 套。

杭州落实《关于服务保障"抓防控促发展"落实"人才生态 37 条"的补充意见》，提高全市 A 类至 D 类高层次人才统一购房补贴标准，对经认定的 A 类人才给予最高 800 万元购房补贴，B、C、D 类人才分别提高至 200 万元、150 万元、100 万元购房补贴。全年发放高层次人才购房（租赁）补贴 1324 户，发放金额 1.12 亿元，累计发放补贴 1.97 亿元。加快人才专项租赁住房建设，累计出让人才专项用地 48 宗，出让面积 124.11 公顷；新增开工人才专项租赁住房项目 17 个，开工面积 97.95 万平方米，开工套数 1.39 万套；累计实现开工项目 27 个，开工面积 183.75 万平方米，开工套数 2.66 万套。创新实施新引进应届大学生租房补贴"亲清在线"受理，发放补贴 7.4 万人，发放金额 7.4 亿元。创新使用"杭州人才码"实现高端人才住房补贴"一键兑现"，通过"杭州人才码"发放购房（租赁）补贴 2965 笔，发放金额 8861.1 万元。

【住房保障体系试点】 2020 年，杭州市贯彻落实住房和城乡建设部完善住房保障体系试点工作部署。1 月 10

2020 年 8 月 20 日，杭州市首例危房"拆复建＋加装电梯"项目——西湖区文一路 78 号、82 号危旧房拆除复建项目竣工交付（市住保房管局 供稿）

日，《杭州市发展政策性租赁住房试点方案》经市政府常务会议同意后报送住房和城乡建设部。在统筹培育和发展租赁试点基础上，明确未来三年发展政策性租赁住房 15 万套（间）。确定上城区尚蓝公寓二期项目、彭埠单元 R21-20（2）地块人才专项租赁房两个试点项目。推进试点项目建设，通过建立试点项目进度月报制度，落实项目现场巡查机制，推进项目按计划实施。8 月 19 日，住房和城乡建设部第 62 期《建设工作简报》向全国推广杭州的试点工作经验。

【商品住宅用地配建公租房】2020 年，杭州市继续落实商品住宅用地配建公租房政策，加快房源筹集。至年末，累计公告挂牌的 313 宗商品住宅出让地块应配建公租房 229.35 万平方米，预计可建房源 4.02 万套。其中，2020 年挂牌 102 宗，配建面积 73.56 万平方米，预计可建设房源 1.33 万套。累计 123 个项目开工建设，落实配建面积 191.92 万平方米，可建房源 3.06 万套。其中，2020 年新开工公租房项目 64 个，配建面积 81.72 万平方米。

【住房制度改革】2020 年，杭州市加强住房制度改革工作的信息化管理。4 月，实现直管公房出售审批全线上、全流程管理；8 月，实现维修基金在线查询。全年完成公有住房出售审批 1003 套，审批面积 4.44 万平方米，审批金额 3897.41 万元。完成房改房上市协查 1.18 万件，公房出售重审 63 件，公房出售撤销 14 件。维修基金使用项目审批 614 个，审批金额 691.9 万元。市级住房补贴审批 4988 人，补贴面积 8.58 万平方米，补贴金额 1.03 亿元。

【公租房疫情防控和惠民政策】2020 年，市住保房管局落实公租房小区新冠肺炎疫情防控举措，成立公租房疫情防控指挥部，对 15 个独立选址公租房小区实施严格的出入管理，加强返杭人员动态监管，利用信息化数据核查和逐户电话确认手段，排查 3.5 万户市本级公租房保障家庭。落实惠民利民政策，做好疫情防控一线的医护、环卫、公交、物业行业人员两个月房屋租金减免和租赁补贴增发工作，租金减免 4111 户，约 472 万元。补贴增发 851 户，约 122 万元。完成公租房配套用房的租金减免 138 户，约 491 万元。

【公有住房管理】2020 年 8 月，根据省建设厅印发的《关于开展直管公房整治及规范管理工作的通知》要求，市住保房管局组织各区县（市）住建局对全市直管公房房屋客体状况、居住使用情况进行全面普查，督促指导各区县（市）住建局对普查中发现的问题进行整改。至年末，杭州市主城区（不含滨江区）剩余直管公房 9809 套，总使用面积 35.93 万平方米，其中上城区 4398 套、下城区 2176 套、江干区 937 套、拱墅区 1483 套、西湖区 815 套（含西湖风景名胜区）。

【既有住宅加装电梯】2020 年，既有住宅加装电梯再次通过人大票决被列入市政府"十大民生实事"项目。3 月 9 日，既有住宅加装电梯"杭州模式"获评浙江省改革创新"优秀实践案例"。6 月 23 日，"15+2"（17 年）电梯综合养老保险合同在拱墅区大关西四苑签订，解决电梯加装后未来 17 年的维修保养、人身意外等问题，为加梯项目后续维修保养提供新模式。7 月 17 日，"加梯服务"手机微信小程序试用。7 月 29 日，全市首个既有住宅加装电梯 AR 实景应用软件试用。8 月 18 日，全市首个既有住宅加装电梯团体标准《既有住宅加装电梯技术规范》发布，规范和指导既有住宅加装电梯的设计、施工、质量验收、档案归档等关键技术环节。8 月 20 日，全市首例危房"拆复建＋加装电梯"项目——西湖区文一路 78 号、82 号危旧房拆除复建项目竣工交付。9 月 30 日，全市首台"无障碍设施＋加装电梯"项目——下城区潮鸣街道春丰苑 7 幢 2 单元加装电梯项目竣工交付。10 月 9 日，《杭州市既有住宅加装电梯管理办法（草案）》在"中国·杭州"政府门户网站公示，向社会公开征求意见。12 月 15 日，在省建设厅召开的既有住宅加装电梯全省推进会上，市住保房管局做交流发言，推广杭州既有住宅加装电梯工作的经验做法。12 月 16 日，加装电梯售后服务中心在滨江区启用。杭州市全年新增联审项目 1441 处，施工 678 处，完工 1005 处，在 2020 年度浙江省住宅加装电梯工作考核排名中居第一位。

【城乡危房治理改造】2020 年，杭州市推进城乡危房治理改造。结合新冠肺炎疫情防控需求，杭州市开展防疫隔离点房屋和城乡公共房屋隐患排查及治理改造，发现并治理城镇公共危房39处、3.19万平方米，农村公共危房23处、0.97万平方米。按照省建设厅要求，市住保房管局推进农村危房常态化长效治理改造，全年完成235户（一般家庭）农村危房治理改造。通过开展危房治理"回头看"、灾后房屋再排查、网格化日常巡查、"丙类房屋"技术防控等动态监管，全市房屋安全隐患持续消除。

【**房屋安全鉴定**】2020年，市住保房管局深化房屋安全鉴定相关业务"最多跑一次"改革，完善房屋应急响应体系，积极应对房屋安全突发事件，推进房屋安全鉴定行业管理体系规范化。5月，市住保房管局完成房屋安全鉴定行业信用评价，评定优秀单位9个、良好单位15个。6月18日，市住保房管局组织房屋安全及鉴定技术专家团队第一时间应对因地铁施工导致的建国南苑27号地面塌陷事故，进行现场踏勘，指导鉴定单位开展后续实时监测工作，保障房屋安全可控。7月，特大汛情期间，市住保房管局组织6个工作指导组到临安区、淳安县、建德市等地，指导房屋安全隐患排查、房屋鉴定和治理管控等工作。同月，市住保房管局组建完成房屋安全及鉴定技术专家库，涵盖勘察设计、鉴定检测、施工加固等多方面专家约50名；组建完成房屋安全突发事件排查鉴定和监测应急响应队伍，征集应急响应单位25个、应急响应技术人员243名、仪器设备249台。8月，市住保房管局推动房屋安全鉴定报告备案和房屋安全复核鉴定报告备案政务服务2.0事项上线，做好房屋安全鉴定政务服务的政府数字化转型。

【**危旧房项目权证办理**】2020年，市住保房管局按照"尊重历史、实事求是"和"化解难题同时不留后遗症"的原则，会同各市直部门、各区危旧房项目权证办理专班，推动主城区危旧房项目权证办理。牵头召开各类专题会、现场会14次，对推进中遇到的宗地测绘、权属调查难等政策和技术瓶颈问题，以危旧房项目权证办理市级专班会议纪要形式明确解决路径和操作流程。全年完成68幢房屋初始登记，其中拱墅、江干、西湖三区全部完成区内目标任务，个人分证按"愿办尽办"的原则办理311户。

【**白蚁防治**】2020年8月，市住保房管局根据省建设厅工作部署，制定并实施《杭州市传统村落和历史文化名城名镇名村白蚁防治专项工作三年行动计划启动示范阶段行动方案》，确定启动示范阶段4个白蚁危害严重的综合治理项目（其中省级示范项目1个、市级示范项目3个）和16个白蚁危害一般的灭治项目。至年末，除省级示范项目萧山区衙前镇老街、戴村镇尖山下村白蚁防治综合治理项目完成方案评审外，其余项目均启动白蚁治理工作。至年末，市本级受理新建房屋白蚁预防项目263个（总面积2058.73万平方米），完成预防施工1066.57万平方米；开展房屋蚁害灭治311户（新受理）、房屋装修白蚁预防0.31万平方米、历史建筑白蚁防治1.07万平方米。（范国强）

【**住房公积金业务稳步发展**】2020年，杭州市（不含省直单位）住房公积金新开户单位2.33万户，新开户职工54.59万人，净增实缴职工15.8万人。全年缴存公积金525.45亿元，比上年增长13.9%；提取公积金394.52亿元，增长20.5%；发放个人住房贷款5.12万户，金额288.70亿元，增长22.9%，支持职工购房面积（不含贴息贷款）532.85万平方米，增长20.1%；实现增值收益12.73亿元，增长16.5%，提取风险准备金6.72亿元，提取城市廉租住房（公租房）建设补充资金5.84亿元。至年末，住房公积金制度覆盖16.66万户单位，建制职工333.55万人，其中实缴职工231.70万人；住房公积金缴存余额1016.13亿元；个人住房贷款余额962.23亿元，贷款率94.7%，贷款逾期率0.07‰。

【**公积金业务纾困政策落实**】2020年新冠肺炎疫情期间，杭州公积金中心制定阶段性支持政策和操作细则助力复工复产。2月12日，杭州住房公积金管理委员会印发《关于做好疫情防控降低企业住房公积金缴存比例等有关事项的通知》。3月18日，杭州住房公积金管理委员会印发《关于妥善应对疫情进一步实施住房公积金阶段性支持政策的通知》。杭州公积金中心全年受理申请降低缴存比例企业2232个，涉及职工14.59万人，减少缴存金额8.41亿元；受理申请缓缴企业1180个，涉及职工3.66万人，暂缓缴存金额1.55亿元；11.69万人享受租赁提取支持政策，租赁提取总额10.97亿元，其中提高限额标准新增提取额1.61亿元；受理审核5919名受疫情影响借款人"不作逾期处理"申请，涉及贷款余额24.9亿元。阶段性政策到期后，完善政策扩大制度普惠性，推进实施自主确定缴存比例政策，落实文件精神，实施省内异地购房提取"全省通办"、既有住宅加装电梯提取、支持老旧小区改造、提高租赁提取限额、授权商业银行开展信用贷款增值服务等政策。

【**公积金业务服务效能提升**】2020年，杭州公积金中心实施多方面举措提升服务效能。方便缴存企业办事，将缴存登记纳入商事联办，完善网上营业厅送缴自助缴款功能，拓展结算资金缴纳方式，实现企业建缴证明线上"一站式"办理。配合完成公务员职业生涯全周期管理"一件事"改革，实现申报信息一张表、集成整合一平台、高效办结一次性的联办机制。提升信贷服务效能，推进贷款"零材料"全程网办模式，扩大贷款数据共享、完善电子影像系统、全面推行电子用印等，提高贷款办理质效。健全"线下办理就近跑"便民、快捷服务体系，主城区各服务网点实行双休日无差别业务办理，增设银行网点业务办理渠道，将办事服务延伸至乡镇（街道），依托农商行网点实现全市就近办业务全覆盖。发挥热线专席作用，建立"亲清D小二"队伍在线解答，及时回应群众诉求。热线客服全年服务群众48.3万人次，一次性解答率99.99%；"亲清D小二"服务群众3120人次。贯彻《关于加快推进政务服务"跨省通办"的指导意见》要求，实现个人信息查询、出具贷款职工缴存使用证明和退休提取"跨省通办"。

【公积金业务数字转型】2020年，杭州公积金中心加快数字转型。推进公积金驾驶舱和多维指标体系建设，完成驾驶舱设计、指标API系统开发，上线数字驾驶舱。搭建多维指标体系，做好分析型数据库建设，实现决策分析系统上线试运行。启动"易贷"场景建设，搭建移动端线上贷款服务大厅，完成场景界面开发、数据架构设计工作。深化长三角地区住房公积金一体化战略合作，压缩3项申请材料，对长三角地区到杭州申请公积金贷款的职工，实行无须提供公积金缴存使用证明、近一年公积金缴存明细及户籍地家庭住房情况证明，提高异地贷款办事效率。参与共建长三角地区"一网通办"平台，通过平台查询、办理异地贷款业务817笔。承担长三角地区共建住房公积金融通机制课题，开展跨区域融资创新理论研究。参与浙江政务服务2.0、省建设厅"数据高铁"、杭州市"亲清在线"等平台建设。完成浙江省政务服务2.0平台29项权力事项上线，拓宽公积金线上业务办理渠道，包括网上办事大厅、浙江政务服务网、"浙里办"、杭州市"亲清在线"平台、杭州城市大脑App、杭州办事综合自助机等多种线上渠道。

【公积金建制扩面】2020年，杭州公积金中心多举措推动建制扩面。加大宣传力度，通过《杭州日报》专版、支付宝生活号剧场等形式集中宣传与微博、微信网站日常宣传相结合。全年微信公众号发布信息505条，"自动答疑"系统解答网友疑问3.42万人次，微信公众号关注人数达34.17万人；新浪和腾讯微博发布信息1159条；网站发布信息947条。推进建制扩面工作新举措，完善分中心目标责任制考核机制，建立建制量化考核与资金使用挂钩机制。深化与委托银行合作，制定实施建制扩面考核办法，发挥委托银行作用，加强源头催建催缴工作。

【公积金资金风险防范】2020年，杭州公积金中心持续加强资金风险防范。防范资金流动性风险，统筹资金规模分配和调剂管理，全年实施存量公转商贴息贷款业务80亿元，拓展资金来源，实现贷款无轮候。完善存量"公转商"贴息贷款业务，实行与贷款市场报价利率（LPR）价格挂钩一次确定价格规模、分批转让的新机制。改进存款竞争性存放管理，尝试区间金额招标和区间存放方式。启动资产证券化工作，制定杭州资产证券化实施方案。防范资产风险，加强楼盘准入管理，严格执行结顶放款政策和抵押放款制度，开展项目常态化跟踪评估和风险排查，防范楼盘交付风险。加强逾期贷款催收，新处置不良贷款8件，完成法院判决7件，清收13笔贷款。制止统计骗提157人次，查处违规骗提职工48人次，追回骗提款项354万元，移交公安机关处理1起，列入失信黑名单实施联合惩戒23件。防范网络安全风险，制订网络安全工作计划，对信息系统进行安全风险评估，委托第三方测评机构对业务系统进行等保测评。落实数据目录编制工作，完善公积金公共数据目录。推进核心业务系统"迁云"工作，启动异地容灾平台建设。防范政策业务风险，推进电子稽查工作，实行常态化管理，通过加大风险隐患疑点排查，梳理制定整改措施，进行分类处置，加大整改力度。落实住房城乡建设部、省建设厅部署，做好公积金监管系统试点工作。配合专项检查、巡察、审计工作，强化问题整改落实。（韩　燕）

民政事务

【概况】2020年，杭州市统筹推进民政事业发展，加快推进民生"六大示范区"建设，明确建设精准保障、和谐治理、温暖城市、幸福养老、移风易俗、智慧民政"六大示范区"目标。面对新冠肺炎疫情，民政系统制订出台养老、救助、儿童、殡葬等重点民生领域防疫工作指引，落实基本民生保障。

【婚姻登记】2020年，杭州市办理结婚登记5.77万对，比上年上升2.4%，其中复婚4812对、补办849对。办理离婚登记2.27万对，下降2.0%。办理涉外国人、中国港澳台居民及华侨结婚登记142对，其中涉及外国人105对、涉及中国香港居民4对、涉及中国澳门居民2对、涉及中国台湾居民30对、涉及华侨1对。办理涉外国人、中国港澳台居民及华侨离婚登记41对，其中涉及外国人28对。全市办理补发婚姻登记1.45万件。10月13日起，实行内地居民婚姻登记全省通办。

全市婚姻登记机关继续开展婚姻家庭辅导工作，服务当事人1万余人次，其中婚前辅导服务3967人次、婚姻家庭问题咨询服务723人

2020年9月28日，"迎国庆、树新风"集体颁证暨浙江省婚俗改革启动仪式（杭州地区）在萧山区举行（市民政局 供稿）

次、离婚劝导和调解服务4582人次、法律咨询服务732人次，群众满意率100%。婚俗改革工作全域启动，上城区、萧山区、建德市为省级婚俗改革示范单位。5月10日，淳安县为因抗击新冠肺炎疫情而取消婚礼的护士举办“天使归来，爱满人间”空中婚礼公益活动。9月28日，“迎国庆、树新风”集体颁证暨浙江省婚俗改革启动仪式（杭州地区）在萧山区举行。12月20日，“缘定上城，御见幸福”首届宋韵婚典集体婚礼在上城区举行。（许东良）

【殡葬管理】2020年，杭州市火化遗体4.71万具，火化率100%，其中杭州殡仪馆火化遗体1.31万具。13个区县（市）全部实施基本殡葬费用减免政策，有4.34万名逝者家属享受惠民殡葬政策，减免金额3303万元，平均每户减免762元。自2010年7月杭州市区殡葬基本服务项目免费办法实施以后，至2020年年末，杭州市享受惠民殡葬政策的累计29.5万人，减免费用1.9亿元。举办第27次骨灰撒江活动，有259例骨灰撒入钱塘江，累计2223例。因新冠肺炎疫情防控工作需要，杭州市首次推出清明祭扫预约服务。25个较大型公墓实行先预约后祭扫。提供网络祭祀平台，群众建立网上纪念馆5200多个，6万余人次通过祭祀平台实现网上祭扫。

【殡葬综合改革】2020年，杭州市推进殡葬改革。6月29日，市民政局、市财政局印发《杭州市福利彩票公益金资助公益性节地生态安葬设施建设项目补助办法》，推进节地生态安葬设施建设。对新（扩）建的公益性骨灰存放设施和公益性树葬墓地分别给予最高300万元和60万元的金额补助。杭州瑞溪生态园林有限公司（径山竹茶园）的溪岸桂语园区获中国殡葬协会“生态葬”创新设计和“生态葬”创新实例两项荣誉。开展安葬（放）设施违规建设经营专项摸排暨违建墓地专项整治成果巩固提升行动，全市摸排公墓陵园3474处。建立杭州市“身后一件事”联办平台，即户籍人员死亡后，由逝者家属代为办理死亡证、遗体火化、户口注销、丧葬抚恤金申领、医保终止清算、残疾人证注销等业务，实现群众身后事项“最多跑一次”。开展殡葬服务收费专项整治行动，各殡葬服务机构开展自查，民政、发改、市场监管等部门联合对殡葬服务机构进行专项检查，重点检查收费是否规范、是否明码标价、有无强买强卖、价格欺诈和垄断等行为。12月31日，市委办公厅、市政府办公厅印发《关于全面深化殡葬改革的实施意见》，从殡葬设施规划、殡葬移风易俗、深化惠民政策、完善监管机制等方面提出新要求。（金茂贤）

【不规范地名清理整治】2020年，杭州市按照国家、省关于清理整治不规范地名工作的有关要求，对“大、洋、怪、重”不规范地名开展清理整治。指导区县（市）通过实地调查、部门自查、系统数据查询、社会举报、数字城管、重点调查等方式，对不规范地名进行拉网式排查，摸排出46条不规范地名，整改完成45条，整改完成率97.8%。平稳完成“巴萨名门花园”“普罗旺斯小区”2条“洋地名”的清理整治。

【地名文化建设】2020年，按照省民政厅、省建设厅、省文化和旅游厅、省文物局《关于开展第二批“浙江省千年古镇（古村落）地名文化遗产”保护工作的通知》要求，杭州市组织区县（市）开展第二批“浙江省千年古镇（古村落）地名文化遗产”申报工作。市民政局会同市建委、市文化广电旅游局、市园文局，组织专家对千年古镇（古村落）的相关资料进行论证评审，筛选出12条千年古镇（古村落）地名报送省民政厅，最终5条地名入选省第二批地名文化遗产名录。拍摄1部杭州地名文化系列片（《河坊街》）、3个地名体育故事抖音微视频（《体育场路》《十五奎巷》《大营盘》）。选送的《杭州地名沙画》《潇潇湘湖》分别获民政部区划地名司与中央广播电视总台联合举办的《中国地名大会》“我所知道的地名故事”征集活动一等奖、二等奖。（周　文）

【慈善事业发展】2020年12月，杭州市基金会发展促进会成立，着力提升基金会行业专业水平和社会公信力。全年在全市范围内试点成立20个社区基金会，将专业化的慈善活动与服务架构下沉到乡镇（街道）层面。杭州在各区县（市）探索慈善信托业务。至年末，全市备案的慈善信托达85单，资产总规模10.39亿元，居全国各城市首位。

【抗击新冠肺炎疫情专项捐赠】2020年，为抗击新冠肺炎疫情，市政府向社会开通捐款、捐物通道。市红十字会、市慈善总会系统做好社会各界捐款接收及杭州市抗击疫情所需医用耗材、防护用品等捐赠物资的接收调配工作，接收款物7.44亿元。

【慈善助力脱贫攻坚】2020年，市民政局发动100多个爱心企业、1000多个社会组织和爱心人士以不同方式参与对口帮扶，募集资金1.7亿元。其中通过慈善总会系统捐赠款物3177.03万元，重点帮扶贵州省黔东南苗族侗族自治州、湖北省恩施土家族苗族自治州、四川省凉山彝族自治州、浙江省缙云县等地的贫困村，直接受益群众2.66万人次。

【慈善文化宣传】2020年9月4日，2020年浙江省暨杭州市“中华慈善日”主题宣传活动和2020年杭州市“钱塘善潮”论坛在滨江白马湖饭店举行。论坛主题为“决战脱贫攻坚，助力疫情防控”，探讨新冠肺炎疫情中公益力量的作用，以及杭州乃至浙江在打赢脱贫攻坚战、高水平全面建成小康社会的实践，并就互联网行业、科技行业、金融行业如何与公益有效结合进行研讨。19个“最美慈善人”受表彰。（胡景行）

【困境儿童救助保障】2020年，杭州市加强困境儿童救助保障。固化分类保障自然增长机制，1月1日起，机构孤儿月度养育标准从2545元提升至2571元；社会散居孤儿月度基本生活费从2036元提升至2057元；事实无人抚养儿童参照社会散居孤儿标准发放基本生活补贴；低保、低保边缘家庭重残、患重病和罕见病儿童及三级四级精神、智力残疾儿童，低保家庭儿童，低保边缘家庭儿童生活补贴标准分别调整为每人每月955元、478元和287元。至年末，全市向576名孤儿、9564名困境儿童和3名艾滋病儿童发放儿童福利保障资金7010.01万元。

【农村留守儿童关爱保护】2020年，杭州市继续开展"合力监护，相伴成长"关爱保护农村留守儿童专项行动。7760名农村留守儿童逐人建档立卡，关爱监护实现动态管理。完成市政协十一届四次会议《关于进一步加强我市农村留守儿童关爱的建议》提案办理，促进农村留守儿童关爱保护体系、机制、场所、队伍建设。至年末，在全市190个乡镇（街道）、1185个城市社区、2011个农村社区，配备3443名基层专职工作人员，排查力量做到"纵向到底，横向到边"。

【儿童关爱服务体系建设】2020年，杭州市加强儿童关爱服务体系建设。调整完善儿童福利工作领导机制，5月25日，市儿童福利工作领导小组印发《杭州市儿童福利工作领导小组成员单位职责分工的通知》，强化职能分工。加强基层儿童工作队伍建设，提高儿童主任专业程度和女性比例，逐步调整妇女主任、社工和大学生村官担任儿童主任。至年末，全市有209名儿童督导员、3266名儿童主任，其中女性比例63%以上。按照全覆盖的要求，开展困境儿童关爱保护政策宣讲进村（社区）活动。持续推进"儿童之家"建设三年计划，计划建设儿童之家1982个，至年末建成1419个，建成率71.5%。其中，淳安县提前完成建设任务。开通"12349"儿童救助保护热线，线上线下提供6项服务，进行实体化运营，实现全时受理、实时流转、高效处置。持续实施困境儿童关爱"明天计划"和"添翼计划"项目，拓宽服务功能。100名孤儿获"明天计划"项目资助，71名困境儿童参与"添翼计划"项目康复服务。

【儿童福利领域疫情防控】2020年，市民政局联合5个成员单位发布《关于在新型冠状病毒肺炎疫情防控期间做好困境儿童和农村留守儿童帮扶关爱工作的通告》，落实7项帮扶关爱措施。落实儿童福利机构常态化疫情防控措施，建立"日报告"和"零报告"制度。做好机构外困境儿童疫情防控工作，完成2.56万人次上门走访，服务儿童9200多人次。全市困境儿童实现新冠肺炎"零感染"。

【收养登记】2020年，杭州全面推行"收养一件事"办理服务。规范落实收养能力评估，全市办理收养登记170件，解除收养登记证明6件，撤销收养登记证1件，全部实现线上办理。（潘琼翼）

【《关于推进新时代社会救助体系建设的实施意见》制定】2020年7月3日，市委全面深化改革委员会第六次会议审议通过《关于推进新时代社会救助体系建设的实施意见》，于7月29日发布。实施意见在浙江省要求的基础上，着重体现杭州特色和幸福暖心城市建设，探索政府救助与慈善救助、福彩帮扶衔接机制，打造城乡统筹联动的"1+8+2"杭州救助体系（"1"指建好用好省大救助信息平台，"8"指低保、特困、受灾、医疗、教育、住房、就业、临时救助等基本救助，"2"指福彩、慈善专项救助基金），并以两大专项救助资金和项目为支撑和补充，统筹救助资源，发挥社会力量的作用，打造社会力量参与社会救助的杭州品牌项目。

【救助服务多元化】2020年，市民政局联合市委组织部在"西湖先锋"App开设困难群众"心愿池"，社会救助对象、困难党员群众每季度可发布[或由村（社区）代发]1个价值100元以内的心愿，30天无人认领，由所在乡镇（街道）党群服务中心兜底完成，帮助8万余名困难群众党员完成微心愿8万余个。全年全市投入500万元福彩公益金，推出分散供养特困人员全覆盖的探访照料、困中困家庭的"救助直通车"以及低收入家庭扶贫扶志引导等项目，构建多元化、立体式的救助服务格局。

【第二十次"春风行动"】2020年，杭州开展第二十次"春风行动"送温暖活动。全年惠及困难群众1.38万户，比上年增加452户；发放慰问金4047.38万元，比上年增加115.84万元。

【最低生活保障救助标准提高】2020年1月1日起，杭州市区居民最低生活保障标准从每人每月1041元提高到每人每月1102元，淳安县作为生态功能区调整为955元，桐庐县和建德市调整为882元，低保救助水平居

2020年杭州市城乡居民最低生活保障标准情况表

表54　　单位：元/人

地　区	城镇月保障标准	农村月保障标准	执行时间
上城区	1102	—	2020年1月1日起执行
下城区	1102	—	
江干区	1102	1102	
拱墅区	1102	—	
西湖区	1102	1102	
滨江区	1102	—	
钱塘新区	1102	1102	
杭州西湖风景名胜区	1102	1102	
萧山区	1102	1102	
余杭区	1102	1102	
富阳区	1102	1102	
临安区	1102	1102	
桐庐县	882	882	
淳安县	955	955	
建德市	882	882	

全省首位。至年末，全市有低保家庭7.53万户、9.88万人。全年发放低保金9.99亿元。

【特困人员供养】2020年1月1日起，杭州市区特困人员基本生活标准为每人每月1837元，淳安县调整为1373元，照料护理标准参照省、市重度残疾人护理补贴标准执行，分为生活完全不能自理、基本不能自理、部分不能自理3档。年末，全市有特困供养对象3352人。

【低保边缘家庭定期生活补助制度】2020年，杭州主城区范围内的最低生活保障边缘家庭成员，每人每月发放74元定期生活补助，其他区县（市）参照执行。至年末，全市有低保边缘户数1.42万户、2.95万人。全年发放低保边缘补助金2068.59万元。

【支出型贫困家庭救助】2020年，杭州继续实施《杭州市支出型贫困家庭基本生活救助办法》。全年救助支出型贫困家庭5131户、1.08万人，占低保总人数的10.9%，有效保障因病致贫、因学致贫、因灾致贫等支出型贫困家庭的基本生活。

【临时救助制度】2020年，杭州市继续实施《杭州市临时救助办法》，将困难发生在本市的户籍人口、流动人口和外籍人员纳入临时救助，对因医疗费用负担过重导致基本生活发生严重困难的家庭给予及时救助，解决群众突发性、临时性的基本生活困难。全年发放临时救助资金3542.55万元，惠及困难群众7774户（次）、1.16万人次，其中救助非本地户籍人员32户（次）、69人次。

【困难群众物价补贴】2020年，根据浙江省低收入居民基本生活费用价格总水平变动情况，启动困难群众基本生活价格补贴联动机制10次。为城乡低保对象、特困人员、孤儿和低保边缘家庭等在册对象发放物价补贴1.73亿元，惠及困难群众137.11万人次。

【市区征地"农转非"劳动年龄段以上人员生活补贴】2020年，杭州市区征地"农转非"劳动年龄段以上人员生活补贴标准为每人每月220元。向市区参加城乡居民社会养老保险并享受养老金待遇后，因集体土地被征用或撤村建居的"农转非"人员发放生活补贴。全年向710名补贴对象发放补贴193.35万元。（汪　笑）

【流浪乞讨人员救助管理】2020年，杭州市流浪乞讨人员救助管理工作通过加强组织领导、属地管理、部门联动、站内管理，兜牢陷入临时生活无着困境人员的生命安全底线，未发生一起责任事故，为社会复工复产提供保障。市救助管理站防疫流程图被民政部收入救助管理机构防疫工作指南，在全国救助系统推广采用。全市开展救助管理服务质量大提升行动、"寒冬送温暖""夏季送清凉"等流浪乞讨人员专项救助行动，保障在杭州市生活无着的流浪乞讨人员的基本生存权益。6月，杭州市举办以"兜底行大爱·温情战疫情"为主题的"6·19"救助管理机构开放日活动，提升社会对救助工作的认知。

全年8个救助管理机构救助生活无着的流浪乞讨人员4641人次，比上年下降18.7%。受助人员中有乞讨行为的237人次，无乞讨行为的4404人次；主动求助的2286人次，被引导护送入站受助的2355人次。其中，杭州市救助管理站救助3401人次。（王静超）

【建德市移民创新创业小微企业园开园】2020年1月13日，杭州市首个移民创新创业小微企业园——建德市移民创新创业小微企业园开园，建德市移民资产管理股份有限公司股东大会召开。会上，介绍移民小微园的建设情况、资金情况和招租情况，审议通过《建德市移民资产管理股份有限公司章程修正案》，选举产生新任董事长及董事7名、监事2名。

【双溪口水库通过导截流阶段移民安置终验】2020年12月11日，双溪口水库工程通过浙江省移民办组织的导截流阶段移民安置终验。经核定，该工程安置移民人口230人，均为生产安置，土地补偿款支付到村，山核桃成树支付到农户，0.03公顷山核桃幼苗及1.32公顷经济苗木补偿工作基本完成；附属房屋1.70万平方米根据评估价格支付到村集体或个人。

【杭州市三峡移民信息库建成】2020年6—11月，市民政局委托第三方对全市三峡移民家庭开展监测评估，对其住房、车辆、收入、需求及所享受的帮扶措施等进行梳理并于12月将信息整合，建成杭州市三峡移民生产生活水平监测信息库。数据库主要用于对杭州市三峡移民生产生活状况进行整体分析，为后续做好移民稳定工作提供数据支撑等。（高璐杰）

退役军人事务

【概况】2020年，杭州市持续推进退役军人权益保障、就业创业、拥军优抚等工作，第8次被评为"全国双拥模范城"。推进"新时代枫桥式退役军人服务站"建设，加快退役军人事务数字化转型，首创"老兵码"，建立常态化联系退役军人制度，加强拥军崇军宣传。

【"新时代枫桥式退役军人服务站"建设】2020年，市退役军人事务局制订"新时代枫桥式退役军人服务站"三年创建行动计划，细化量化区县（市）、乡镇（街道）、村（社区）三级创建标准，体现地域特色。至年末，全市有退役军人服务中心（站）3375个，报送创建全国示范型退役军人服务站点1236个，占全市总数的37%，其中区县（市）级、乡镇（街道）级、村（社区）级争创比例分别达100%、74%、36%。全市144个服务站获评市级"新时代枫桥式退役军人服务中心（站）"；35个获评省级"新时代枫桥式退役军人服务中心（站）"；131个获评国家"全国示范型退役军人服务中心（站）"，数量居全省前列。9月2日，召开全市"新时代枫桥式退役军人服务站"创建暨退役军人全生命周期服务管理工作现场推进会，融合推进新时代枫桥式服务站创建和全生命周期服务管理工作。

【双拥共建】2020年10月，杭州市被全国双拥工作领导小组、退役军人

2020 年杭州市区部分优抚对象抚恤（补助）标准情况表

表 55　　单位：元

属　别		月抚恤（补助）标准	年抚恤（补助）标准
烈士遗属		5636	67632
因公牺牲军人遗属		5166	61992
病故军人遗属		4697	55364
在乡复员军人	抗日战争	3522	42264
	解放战争	3289	39468
	中华人民共和国成立后	3054	36648
带病回乡退五军人		2818	33816

2020 年杭州市区无工作单位残疾军人残疾抚恤金标准情况表

表 56　　单位：元

伤残等级	伤残性质	月抚恤金标准	年抚恤金标准
一级	因战	11029	132348
	因公	10528	126336
	因病	10026	120312
二级	因战	10026	120312
	因公	9525	114300
	因病	9024	108288
三级	因战	9024	108288
	因公	8523	102276
	因病	8021	96252
四级	因战	8021	96252
	因公	7520	90240
	因病	7019	84228
五级	因战	7019	84228
	因公	6517	78204
	因病	6016	72192
六级	因战	6016	72192
	因公	5515	66180
	因病	5013	60156
七级	因战	5013	60156
	因公	4512	54144
八级	因战	4512	54144
	因公	4011	48132
九级	因战	4011	48132
	因公	3510	42120
十级	因战	3510	42120
	因公	3008	36096

事务部、中央军委政治工作部授予“全国双拥模范城”称号，实现连续 8 次获该称号的工作目标。至年末，全市建成 46 个基层双拥示范点，支持武警贵州总队定点帮扶黔东南苗族侗族自治州都匀市凤啭村扶贫项目经费 66 万元。会同有关部门协调落实军人军属等 5 类对象、116 项优抚政策。落实军人子女（含消防救援人员子女）中考加分政策，发放驻杭部队随军未就业家属生活补助。与省军区及杭州启扬教育集团联合举办第八届启扬教育拥军活动，向驻杭部队官兵子女发放拥军培训卡。推进“慈善拥军情”活动，拨付年度专项资金补助经费。市四套班子主要领导走访慰问部队，发放慰问金（慰问品）。

【退役军人事务管理数字化转型】 2020 年，杭州市拓宽数字治理在退役军人事务工作上的应用。开发建设“智慧老兵”系统，首创“老兵码”，实现“码上优抚、码上优待、码上服务”等应用场景。至年末，全市退役军人申领“老兵码”，580 多个崇军先锋商家（不含连锁店）入驻平台。结合退役军人事务部“网络军休所”App 试点任务，为军队离休退休干部提供“五色健康码”特色应用场景。

【退役军人安置】 2020 年，杭州市接收安置计划分配军转干部、符合政府安排工作的士兵、随军随调家属和军队离休退休干部，完成自主择业军转干部落户接收和配套服务。实施专业“直通车”式安置军转干部，确认符合社保接续条件的退役士兵。打造就业创业“云平台”，开展退役军人“战疫”网络招聘会。梳理排查全市困难退役军人底数，建立常态化联系退役军人制度，入户走访困难退役军人，帮助解决各类困难 900 多个，发放困难帮扶资金 180 多万元。

【拥军崇军宣传】 2020 年，杭州市加强拥军崇军宣传。评选表彰“最美退役军人”和“最美军嫂（兵妈妈）”，推动军队二等功以上人员载入地方史志，开展“崇军周”活动。开展线上线下融合推进烈士褒扬纪念活动，组织“致敬·2020 清明祭英烈”网上祭扫活动和“9·30”烈士纪念日活动，推出杭州革命烈士纪念馆 VR 线上参观、英烈书信诵读、“云端祭奠+线下代祭”等活动，吸引 132 万人次参与。

【退役军人创业创新大赛】 2020 年 7 月 11 日，杭州市首届退役军人创业创新大赛总决赛暨就业创业论坛在西湖区退役军人就业创业基地举行。

2020 年杭州市区伤残人员护理费标准情况表

表 57 单位:元

伤残等级	伤残性质	月护理费标准	年护理费标准
一级	因战	5013	60156
	因公	5013	60156
	因病	3008	36096
二级	因战	5013	60156
	因公	5013	60156
	因病	3008	36096
三级	因战	4011	48132
	因公	4011	48132
	因病	3008	36096
四级	因战	4011	48132
	因公	4011	48132
	因病	3008	36096

大赛于 6 月 1 日启动,由市退役军人事务局和市人力社保局主办,经过海选、区县(市)选拔、市级初赛层层筛选,204 个参赛项目中的 25 个项目进入总决赛。决赛设置创业投资洽谈环节,25 个企业(团队)与 10 多位风投专家进行面对面交流,加强参赛项目与创业产业园的有效对接,促进项目落地转化。 (高艳爽)

老龄事业

【概况】2020 年,杭州市老年人口持续快速增长,人口高龄化日益显著。按户籍人口统计,全市有 60 岁及以上老年人口 188.29 万人,占全市人口的 23.13%,比上年增加 8.72 万人,增长 4.86%;65 岁及以上老年人口 133.19 万人,占全市人口的 16.36%;80 岁及以上高龄老人 29.41 万人,占老年人口的 15.62%。全市有失能老人 3.14 万人、半失能老人 7.88 万人,分别占老年人口的 1.66% 和 4.18%。全市纯老年人家庭 26.49 万人,占老年人口的 14.07%。全市主城区老年人口密集,老龄化程度较高,其中上城区、西湖风景名胜区、下城区的老年人口比例分别达 33.09%、33.04%、27.53%。全市有百岁老人 1204 位(含虚岁),其中男性 325 人、女性 879 人。萧山区有 240 位百岁老人,数量居全市之首;其次是上城区,为 138 人。

年末,全市有各级老龄工作机构 201 个,编制人数 323 个,其中行政编制 188 个、事业编制 135 个。老龄工作机构实有人员 437 人。按编制性质分,有行政编制 188 人、事业编制 135 人、其他编制 114 人;按人员构成分,有专职人员 98 人、兼职人员 163 人、其他人员 60 人。全市有各级老龄基金会 8 个,用于老龄公益事业的投入经费 982.89 万元。

除基本养老金外,全市 80 岁以上高龄老人均享受政府高龄津贴补助,80 ~ 89 岁老年人每人每月 50 元,90 ~ 99 岁老年人每人每月 100 元(桐庐县 130 元、萧山区 110 元),100 岁以上老年人每人每月 300 元(萧山区 350 元、桐庐县 330 元),全市享受高龄补贴的老年人有 29.41 万人。 (詹 雅)

【养老机构建设】2020 年,杭州新建养老机构床位 3225 张。至年末,全市有各类养老机构 329 个(其中公办公营 88 个、民办 241 个),合计养老机构总床位 7.48 万张(其中护理型床位 4.11 万张,占总床位数的 55%)。按户籍人口统计,每 100 名老年人拥有床位数 4.14 张。

【养老人才队伍建设】至 2020 年年末,杭州市有养老护理人员 1.12 万人,其中机构养老护理员 3486 人、居家养老服务中心护理员 3758 人、居家养老服务专业组织护理员 3920 人。7 月 29—30 日,第十一届全市养老护理员技能大赛举行,18 支代表队共 54 名选手参加,选送 2 名优秀养老护理员参加全省技能竞赛。选送 7 名优秀养老护理员参加 11 月 19 日在上海举办的首届长三角养老护理职业技能大赛。

【居家养老服务】至 2020 年年末,杭州市建成居家养老服务中心 2910 个。其中:乡镇(街道)级示范型居家养老服务中心 214 个(2020 年新建 73 个),社区级居家养老服务照料中心 2696 个;城市地区 936 个,农村地区 1974 个;正常运营 2694 个;社会化运营 792 个。

2020 年 4 月 8 日,《杭州市居家养老服务条例》由市人大常委会公布施行。该条例分 8 章共 50 条,从服务设施、服务供给、医养结合、激励保障、监督管理和法律责任等方面,对居家养老服务的内容进行规范,明确具体要求,厘清各方职责,为居家养老提供专业化支撑。以该条例为中心,杭州市出台养老服务电子津贴、家庭养老照护床位等相关配套政策,健全居家养老保障机制。

杭州市在上城区和西湖区试点家庭养老照护床位建设,为辖区内 354 户(上城 290 户、西湖 64 户)高龄,中、重度失能,自愿在家庭中设置养老照护床位和接受照护服务的老年人家庭,进行必要的环境改造,配置照护康复类设备,由第三方服务机构提供上门服务和 24 小时智慧监管。在主城区实施养老服务电子津贴"重阳分",居家老年人每月按标准享受的电子津贴直接发放至本人市民卡的养老服务专户,刷市民卡可以抵扣服务机构提供的上门服务费用。

【为老服务公益创投】2020 年,杭州市发布 14 个大类的为老服务公益创投项目。经现场陈述和专家评审,确定 61 个为老服务项目,提供扶持资金 1137.73 万元。社会组织参与为老服务,开展认知症照护服务、"互联网 +" 特色居家养老服务、老年美好生活课堂、农村困难老年人巡访等项目。其中,认知症照护服务项目为 4900 多位高龄老年人开展认知症筛查,为有需要的认知症家庭开展认知症照护惠及 2.1 万人次。“互联网 +”特色居家养老服务项目为 20 万人次老年人开展助餐、助医、安全守护等服务。老年美好生活课堂项目拍摄制作并上线智能手机使用课程、老年人防诈骗宣传课程、老年人健康养生课程、老年人文化艺术课程、家庭老年照护课程、养老护理技能等 60 个课时的视频教学。农村困难老年人巡访项目探访、关爱农村留守独居等困难老年人 7 万余人次。

【适老化改造范围扩大】2020 年，杭州市困难老年人家庭适老化改造扩大到全市范围。全年完成适老化改造 1978 户，围绕如厕洗澡安全、室内行走便利、居家环境改善、智能监测跟进、辅助器具适配 5 个方面功能，对老年人家庭的地面、墙体、居室、厨房间、卫生间等场景进行施工改造。具体改造项目包括地面防滑处理，配置坐便器、洗澡椅，墙体安装扶手，对水电管线进行改造和维护，配置紧急呼叫系统、燃气监测报警器，适配康复器具等，降低安全隐患，改善居住环境，提升老年人生活自理能力和居家生活品质。

【养老机构防疫服务保障】2020 年 1 月 26 日至 3 月 25 日，为抗击新冠肺炎疫情，杭州的养老机构实行封闭管理，社区居家养老服务全面暂停，由街道和社区全面承担居家老人特别是孤寡独居老人的生活保障工作，为老年人提供必要生活物资和助餐服务。市领导先后 10 多次带队到养老机构检查疫情防控工作落实情况，各级民政部门现场督查养老机构近 100 个。市民政局向养老机构调拨 22 万余只口罩、2.5 万千克消毒液和 1500 多千克酒精等防疫用品。全市养老机构实现新冠肺炎“零感染”目标。

【养老机构无障碍环境改造】2020 年，杭州启动全市养老机构无障碍环境建设和管理现状摸底排查工作，摸排养老机构 292 个，按照市无障碍环境建设领导小组“谁管理、谁排查、谁整改”原则，要求各地对存在的无障碍环境建设相关问题进行整改推进，其中市属养老福利机构完成问题整改 41 个。（崔 剑）

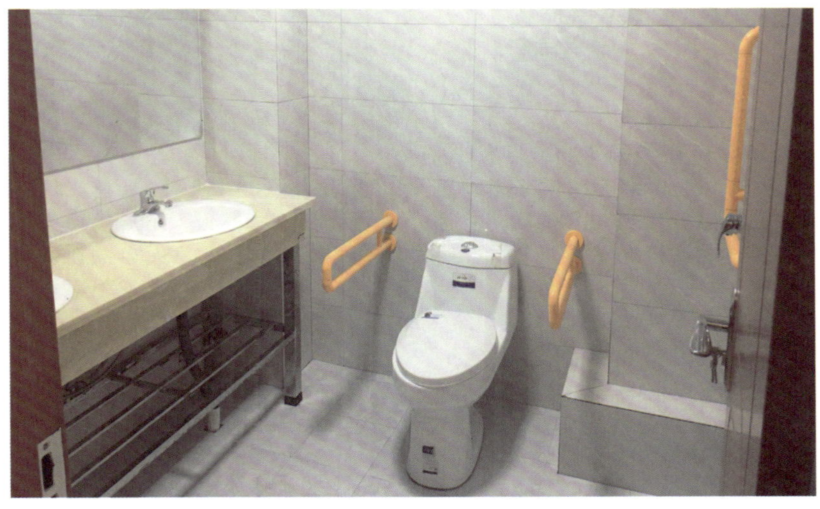

养老机构的无障碍设施 （市民政局 供稿）

【医养结合、社会养老服务工作体系建设】2020 年，杭州市推进医疗和养老资源融合，为老年人提供预防保健、治疗期住院、康复期护理、稳定期生活照料及安宁疗护一体化的健康服务。至年末，全市有康复医院 15 个、护理院 19 个、疗养院 9 个。全市有 75 个医养结合机构，总床位 2.86 万张；养老机构 329 个，总床位 7.48 万张；已建成并正常运行的城市、农村社区居家养老服务日间照料中心 2910 个、老年食堂（包括助餐点和社会餐饮企业）1572 个。全市有养老服务专职护理人员 1.12 万人。

【“智慧助老”行动】2020 年 12 月 18 日，市卫生健康委、市老龄办印发《关于印发切实解决老年人运用智能技术困难改善服务便利老年人就医的实施方案的通知》。12 月 23 日，市老龄办印发《关于开展“智慧助老”行动的通知》，要求各区县（市）卫生健康系统和各成员单位利用三年时间，动员社会各方力量共同努力，推动老龄社会信息无障碍建设，促进全社会推进适老化的改造和升级，维护老年人在信息时代下的合法权益，帮助老年人跨越“数字鸿沟”，提升老年人运用智能技术方面的获得感、幸福感、安全感。

【老年文教体育事业】至 2020 年年末，杭州市建有老年电视大学分校 16 所，老年电大教学点 3103 个，设教学课目、班次 4545 个，参加学习的老年学员 21.91 万人，平均入学率 11.6%。全市有备案或注册老年文艺团队 3166 个，参与文艺活动的老年人 8.17 万人；有备案或注册老年体协及各类老年体育团队 1732 个，参加人数 14.09 万人。

【老年人意外伤害保险工作】2020 年，市卫生健康委对上年度老年意外险承保企业承保情况进行考核，为 2020 年老年意外险项目实施提供参考。完成理赔案件抽查回访，协同老年意外险项目经纪公司对全市上一年度理赔案件进行抽查回访。完成新一年老年人意外险项目保险合同的签订工作，协助各区县（市）在中标入围的 5 个保险公司中自主选择并签订新一年保险合同。至年末，全市有 110.83 万名老年人参加老年人意外伤害保险，占老年人口的 58.9%。全市投保金额为 5211.91 万元，其中政府补助金额 2851.20 万元，享受政府补贴人数 99.10 万人。

【敬老爱老助老“最美”系列选树】2020 年 5 月 26 日，市文明办、市卫生健康委、市老龄办联合印发《关于开展杭州市敬老爱老助老“最美”系列先进选树活动的通知》。通过群众和组织推荐、网络投票、综合评定、市推选活动评审小组审议，全市推选出“最美敬老爱老示范街道（乡镇）”“最美敬老爱老示范社区（村）”“最美敬老幸福家庭”“最美敬老社会组织”“最美敬老签约医生”“最美敬老爱老助老模范人物”“最美长者”七大系列共110个（名）先进典型代表。

【老年健康宣传周】2020年6月4日，市卫生健康委印发《关于组织开展2020年老年健康宣传周活动的通知》，要求委属各单位和各区县（市）在6月18—24日期间，动员医疗卫生单位医务人员以及相关社会组织、志愿者向老年人集中宣传普及老年人新冠肺炎疫情常态化防控工作、老年健康相关政策和老年健康知识。宣传周期间，全市举办大型老年健康宣传活动16场，开展义诊、健康讲座等550多场，制作发放各类宣传资料7万份。（詹　雅）

【老年生活博览会】2020年9月18—21日，杭州市第八届老年生活博览会在浙江展览馆举行。展区面积近1万平方米，设置特装展位近50个、标准展位200个，除传统养老、健康产业等传统展出项目外，对《杭州市居家养老服务条例》进行宣传推广，展示智慧医养，对全市20名获评“最美战疫人”的养老机构工作人员进行现场颁奖表彰。（崔　剑）

【“敬老月”活动】2020年9月底，市卫生健康委、市老龄办举办“百场老年健康服务进社区（村）”活动启动仪式暨首场健康服务活动。10月“敬老月”活动期间，市老龄办开展“敬老月”系列社会宣传活动和老年健康、智慧助老服务，在钱塘江两岸举办敬老爱老主题灯光秀。活动期间，全市各地统筹疾病防治、健康教育、卫生宣传等方面力量，开展现场义诊、健康咨询或健康讲座等多种形式的送健康服务进社区（村）活动。每个区县（市）均举办20多场健康服务活动，全市共开展近400场。重阳节前夕，市领导走访慰问百岁老人；全市各级组织对全市1200多位百岁老人（含虚岁）开展慰问活动，发放慰问金120多万元，向279位新满100周岁的老人每人赠送一枚由西泠印社刻制的“期颐之贺”印章。10月22日，杭州市2020年“老年节”庆祝大会暨敬老爱老助老“最美”系列先进推选活动在杭州市图书馆举行，对敬老爱老助老“最美”系列先进进行表彰。（詹　雅）

残疾人事业

【概况】至2020年年末，杭州市有残疾人47.78万人（2006年抽样调查数据），占全市总人口的6.36%。22.34万名残疾人申领第三代智能化残疾人证。其中：视力残疾2.68万人，占12.0%；听力和语言残疾3.68万人，占16.4%；肢体残疾10.52万人，占47.1%；智力残疾2.24万人，占比10.1%；精神残疾2.38万人，占10.6%；多重残疾0.84万人，占3.7%。

【残疾人服务保障】2020年，为应对新冠肺炎疫情，杭州市秉持“越在特殊时期越要服务保障好残疾人”的理念，保障残疾人的生命健康和生活稳定。成立领导小组和4个工作小组，印发21份通知、5份通告、3份倡议书，第一时间传达落实疫情防控措施和要求，适时对残疾人服务机构实施重点防控和全封闭管理，发布《残疾人托养服务机构传染病预防控制规范》。在市经信局、市民政局、市卫生健康委的支持下，开展“暖心三送”和“暖企三送”，将价值270万元的口罩、消毒液等防疫物资发放至每一名残疾人和每一个残疾人服务机构。做好疫情防控知识信息推送和残疾人及工作者“战疫”故事宣传，推送信息160条，阅读量19.7万人次。

杭州市梳理残疾人及残疾人服务机构纾困解难政策，推动复工复产复运营。参加“助万企、帮万户”活动，为残疾人企业解读“1+12”惠企政策。谋划“云康复”“云技能”“云健身”培训26期，2.3万人次收看，满足疫情防控常态化下残疾人居家学习、教育、培训、康复需求。推出残疾人（亲友）网红直播带货，举办“残疾人之家”直播带货创业大赛，组织杭州市“双千直播”带货残联公益专场，20多万人次参与观摩互动。

【残疾人民生实事项目完成】2020年，杭州市完成1768户困难残疾人家庭无障碍设施改造和86个“残疾人之家”星级提升，分别完成省下达任务数的122%和143%，投入资金2832万元，惠及6400多户残疾人家庭。浙江政务信息专题刊发杭州经验，《人民日报》、人民网、《浙江日报》等媒体做报道。

【“数字残联”建设】2020年，市残联融入城市大脑整体智治，2项涉企事项上线“亲清在线”平台，补贴单位1777个，涉及金额1890.11万元；7项涉残事项上线“民生直达”平台，惠及残疾人6.8万人次，补贴金额2074.14万元。6月30日前完成全市22万余名持证残疾人的第三代智能化残疾人证换证工作，并送证上门。7月1日起，全市启用第三代智能化残疾人证，实现残疾人免费乘坐公共交通和进入公园景点。12月3日，“杭@在线”智慧助残服务平台发布，实现多屏多端“一键直达”便捷式无障碍服务，是社会化助残资源供需对接的综合性服务平台。

【残疾人生活状况改善】2020年，杭州市发放困难残疾人生活补贴和重度残疾人护理补贴5.2亿元，覆盖16.6万人次，做到应补尽补。困难残疾人低保目标人群覆盖率98.5%，残疾人社会保险补贴目标人群覆盖率100%。为484位新购残疾车人员组织培训、考试和登记上牌。开展“四访四助”专项行动（走访困难残疾人危房户，助力其危房改造；走访年家庭人均收入8000元以下困难残疾人，助力其基本生活保障提升；走访未就业残疾人大学生，助力其就业创业；走访居住环境“黑脏臭乱”困难残疾人家庭，助力其净居亮居），实现困难残疾人救助、大学生就业、危房户和居家环境提升“三清零、一改善”（困难残疾人存量危房清零，残疾人家庭年人均收入8000元以下情况清零，有就业意愿残疾人大学毕业生未就业问题清零，“黑、脏、乱、臭”困难残疾人家庭居住环境显著改善）。实施困难残疾人家庭危房改造155户、“净居亮居”工程70户，有就业意愿的应届残疾人毕业生就业率100%。

【残疾人就业服务】2020年，杭州市

新增残疾人就业1647人，应届残疾人大学生就业率100%，居全国前列。市委组织部、市人力社保局推动残疾人单招单考工作，新招残疾人公务员、事业编制6名，市发改委、市委编办和市妇联各招录残疾人1名。推动新业态就业创业形势，“残疾人之家”辅助性就业覆盖4647人，培养残疾人网红主播364个。市人力社保局、市国资委、市残联举办残疾人专场招聘会，57个单位提供370多个就业岗位。

【康复医疗深化】2020年，杭州市落实残疾儿童康复服务补贴1660人，残疾人基本康复服务10.57万人，残疾人基本辅具适配8470人次，精神残疾人免费服药1.7万人，残疾人精准康复服务率82.9%，残疾人家庭医生签约服务率91.4%。全市有儿童康复定点机构50个，其中15个被确定为省级定点。余杭区成功创建全国残疾预防综合试验区，在全国会议做经验介绍，并入选中国残疾人联合会《全国经典案例汇编》。

【残疾人服务机构建设】2020年，杭州市残疾人服务机构建设稳步推进。杭州康复医院完成主楼结顶，市综合服务中心改扩建项目通过前期计划审查，市托管中心二期工程完成概念性设计。钱塘新区残疾人综合服务大楼融合教育资源中心、康复医院等入驻运营；建德市残疾人托养中心项目完成公建民营招标开始运营；富阳区残疾人托养中心进入装修阶段；滨江区残疾人综合服务中心立项。

【城市无障碍水平提升】2020年，杭州市推进无障碍环境建设。6月4日，全市无障碍环境建设工作动员部署会召开。会议提出，要全面推进无障碍环境建设，确保到2022年亚（残）运会前，建成政策齐备、标准健全、设施完善、信息畅通的国内一流、国际领先的城市无障碍环境，印发《杭州市“迎亚（残）运”无障碍环境建设行动计划（2020—2022年）》。杭州市发挥无障碍环境促进会在市、区两级全覆盖的优势，对工程竣工项目常态化开展体验督导工作。1月10日，滨江区残疾人无障碍环境促进会成立并召开第一次代表大会；5月26日，余杭区残疾人无障碍环境促进会成立并召开第一次代表大会；5月27日，萧山区残疾人无障碍环境促进会成立并召开第一次代表大会。

【残疾人文体活动】2020年6—8月，杭州市残疾人“钱塘杯”首届网络艺术节举行。艺术节由市残联、市文联主办，主题为“别样精彩，同奔小康”，13.6万人次参与，举办特殊艺术巡演93场次。全市残疾人文创作品展线上线下观展超过15万人次，文化助残“五个一”活动惠及5701人次。9月3日，由2022年第4届亚残运会组委会、省残联、市残联、滨江区残联主办的“喜迎亚残”康复体育进家庭暨杭州市第十届残疾人健身周启动仪式在滨江区阳光家园举行。9月4日至11月2日，市残联举办健康打卡60天挑战赛，341名残疾人完成挑战。（冯　丽）

红十字会

【概况】杭州市红十字会是中国红十字会的地方分会。全市13个区县（市）全部建立红十字会，全市乡镇（街道）红十字会建会率100%，学校红十字会建会率97.7%。至2020年年末，全市有团体会员447个、个人会员4.68万人。

【基层红十字会建设】2020年，市红十字会加强基层红十字会建设。按照市委《杭州市红十字会改革实施方案》的要求，实施强基工程，制定落实《关于做好区、县（市）红十字会集中换届工作的指导性意见》，明确要求各区县（市）红十字会完善党组建设，依法建立监事会，规范乡镇（街道）换届及会员管理和服务。全市各区县（市）红十字会，除滨江区、钱塘新区因体制原因外，均以“专兼挂”的形式建立党组。

【红十字会系统助力抗疫】2020年，市红十字会全力开展新冠肺炎疫情防控工作。捐赠款物公开透明，自1月27日发出捐赠公告起，第一时间在主流媒体、市红十字会网站向社会公布接受款物信息。建立“两张清单一个群”快速审批调拨机制，线上申请、审批，线下补办手续，10分钟完成审批流程，实现物资捐赠“日进日清”。捐赠流程规范高效，出台《杭州市红十字会新冠肺炎疫情防控捐赠款物接受和使用的规定》《杭州市红十字会捐赠票据使用管理实施细则（试行）》《杭州市红十字会监事会工作规则（试行）》，规范捐赠款物接受、决策和使用，全过程实时跟踪监督。对援鄂医护人员、一线医护人员、抗疫一线牺牲或突发疾病工作人员及新冠肺炎康复人员捐献血浆志愿者开展慰问，发放慰问款物2194.7万元。全市红十字会系统接受捐赠款物3.57亿元（其中市本级2.07亿元），资金使用率99.86%，物资100%送达一线。市红十字会获抗击新冠肺炎疫情先进集体、市五一劳动奖状和市民政民生领域先进单位等称号。市红十字会、市红十字会备灾救灾中心获评浙江红十字系统新冠肺炎疫情防控先进集体。

【“三救”“三献”工作推进】2020年，市红十字会推进“三救”“三献”工作，服务民生。构建现场应急救护响应体系，通过社会募集、企业合作等方式，设置AED（自动体外除颤器）938台，培训救护员12.6万名，普及培训超过46万人次，AAAAA级景区红十字救护站实现全覆盖，全省3个国家级救护培训示范基地有2个落户杭州，拱墅区救护培训示范基地通过中国红十字会评审。杭州地铁实现“站点AED配备、一线重点岗位人员持证、站点救护队组建、站点救护E站建立”4个100%的四位一体应急救护响应体系的做法获国务院副总理孙春兰批示肯定，在全国推广。全市救护员成功施救110多起。提升社会化应急救援能力，按专业、分领域培育山地搜救、水上救援、建筑物破拆、心理救援等红十字救援队16支。10月26日，市红十字会印发《关于开展杭州市红十字应急救援队分级评定工作的通知》，首次与市应急管理局联合开展等级测评。实施红十字救援队分级管理，探索建立救援队管理和指挥系统，实现救援装备、救援行动和日常训练的数字化管理。“富阳狼群”“临安北斗”“余杭海豚”“建德水上”“淳安千岛湖”等红十字救援队在抗击新冠肺炎疫情、防汛抗台等救援中发挥作用，全市红十字救援队出勤896次，出动1.58万人次。凝聚疫情捐赠资源，筹建杭红公益联盟，吸引网易（杭州）网络有限公司、阿里巴巴集团、滨江房产集团、杭州云林公益基金会等100多个企业和社会组织参与。市红十字会捐赠平台上线20多个公益项目。持续推进红十字博爱送万家项目，走访慰问困难家庭4200多户，发放慰问款物410多万元。对164户器官、遗体（组织）捐献者家庭开展慰问，发放慰问金220万元。组织器官捐献困难家庭孩子助学，帮扶孩子44名，发放助学金12.2万元。开展红十字红丝带项目，为100户特困艾滋病患者发放救助金共20万元。对口支援贵州省黔东南苗族侗族自治州、新疆维吾尔自治区阿克苏市、湖北省恩施土家族苗族自治州，实施学校援建、饮用水改造、急救培训、困难助学等帮扶项目，投入帮扶款物2855.85万元。帮助结对乡镇设立博爱互助金，帮助遭受突发事件或意外灾害的群众渡过难关。至年末，全市造血干细胞入库2.83万人，成功捐献206例。人体器官捐献工作加速推进，人道慰问、困难救助和缅怀纪念制度不断健全。至年末，全市有器官捐献登记志愿者2.8万人，成功捐献器官（遗体、组织）681例、1657个。12月24日，省、市、区三级联建的“生命礼赞”主题文化公园在江干区开园，主要用于纪念人体器官（遗体、组织）捐献者。

【红十字系统数字化建设】2020年，市红十字会推动数字化建设。2月，开出区块链电子化公益事业捐赠票据。4月，借助城市大脑平台，以“一舱两场景一平台”数字红会建设为抓手，打造“指尖上的红十字会”。“数字驾驶舱”是市红十字会的管理指挥系统，实现数据联通、实时抓取、分级授权和信息共享，让管理和决策更加精准科学。“杭红捐赠场景”是线上物资捐赠平台，实现供需精准对接、一键快捷捐赠、全程透明可溯，是“杭州城市大脑”App首批上线的16个应用之一，被推荐省协同应用“观星台”评审。“救”在身边场景打破伤员、救护员、AED三大信息孤岛，实现一键呼救、实时响应、智能互通、分工协作，变“偶遇式”急救为“精准式”急救，力争在灾害、事故现场，第一时间有社会力量开展急救。“杭红荟平台”是红十字会员和志愿者之家，注册、活动、积分等服务一站式完成，增强红十字会的凝聚力和感召力。

【博爱家园建设】2020年，市红十字会推进博爱家园建设，助推社会治理。实现红十字工作向村（社区）延伸，创立“湖上红驿”“邻里红”“芙蓉红”等品牌，打造共治共享的未来社区博爱家园。设立博爱互助金、救灾储备点、捐献服务站、名师工作室、楼道救护队、惠民直播间等为民服务载体，打造服务延伸的未来社区博爱家园，富阳永昌红十字直播间开播一个多月，销售农产品价值100多万元。建设窗口型“爱馨驿站”、爱心型“博爱超市”、共享型“健康救护站”、互助型“救护e站”等特色化、品牌化工作平台，打造未来社区博爱家园。

【人道主义宣传】2020年，市红十字会加强人道主义传播，提升社会影响力。宣传报道全系统参与新冠肺炎疫情防控、防汛救灾、助力脱贫攻坚、开展人道救助的举措成效，宣传基层一线红十字工作者、会员、志愿者的事迹。运用现代信息技术，加大官方网站、微信公众号、抖音等新兴媒体宣传力度，开展“5·8”红十字博爱周等活动。助力新时代文明实践中心建设，依托学校、社区红十字会基层组织，建立新时代文明实践红十字志愿服务队伍。（肖彩霞）

社区（村）建设

【概况】至2020年年末，杭州市有社区1242个，其中上城区54个、下城区75个、江干区189个、拱墅区99个、西湖区177个、滨江区62个、萧山区210个、余杭区224个、富阳区50个、临安区36个、桐庐县22个、淳安县17个、建德市27个。全市有社区工作者1.43万人，平均年龄37.6岁。其中：中共党员8696人，占60.6%；大专以上学历1.29万人，占89.8%，研究生以上学历211人，占1.5%；取得社会工作师资格的3052人，占21.3%，取得助理社会工作师及以上资格的7008人，占48.8%。

全市有村委会1922个，其中江干区4个、西湖区41个、萧山区411个、余杭区173个、富阳区276个、临安区270个、桐庐县181个、淳安县337个、建德市229个。杭州市通过健全村务公开机制、强化民主监督机制、完善民主管理机制、加大检查力度等举措深化村务公开和民主管理工作。至年末，全市村务公开和民主管理规范化建设达标率96%以上。

【城乡社区治理和服务创新】2020年，杭州市持续推进城乡社区治理和服务创新工作。10月19日，全国社区建设部际联席会议简报刊登《浙江省杭州市探索“城市大脑+社区智治”》，杭州市“社区智治”创新探索工作经验得到民政部肯定并向全国推广。同日，省民政厅发文确认杭州市江干区采荷街道等9个单位为第三批省级社区治理和服务创新实验区。11月3日，市民政局承办全国街道体制改革和服务管理创新经验专题现场交流会，杭州市下城区探索数字化转型助推基层治理的经验得到民政部肯定。

【村（居）委会换届选举】2020年，杭州市开展新一轮村（居）委会换届选举工作，按照先试点后全面推开的步骤进行。9月6日，190个试点村（社区）完成村（居）委会换届选举工作；12月20日，全市3117个应换届村（社区）全部完成村（居）委会选举，其中村委会1922个、居委会1195个。一次性选举成功率98.1%，全市选出村（居）委会班子成员1.21万名，平均年龄40.95岁，大专以上学历占69.1%，党员占68.7%。

【城乡社区疫情防控】2020年，杭州市城乡社区开展新冠肺炎疫情防控工作。6月2日，全国社区建设部际联席会议简报刊登《浙江省杭州市坚持“四个下功夫”建立健全常态化社区防控体系》，杭州市社区新冠肺炎疫情防控体系工作经验得到民政部肯定并向全国推广。4名社区工作者获“全国抗击新冠肺炎疫情优秀城乡社区工作者”称号，11名社区工作者受到全省抗疫先进表彰，105人入选全省千名“战疫群英”，83人获“市抗击新冠肺炎疫情先进个人”称号。

【国际化社区建设】2020年，杭州市持续推进国际化社区建设。10月30日，市和谐社区建设领导小组发文确定上城区望江街道徐家埠社区、上城区湖滨街道东坡路社区、下城区武林街道环西社区、江干区笕桥街道枸桔弄社区、拱墅区上塘街道瓜山社区、拱墅区祥符街道阮家桥社区、西湖区三墩镇紫金港社区、滨江区长河街道闻涛社区、萧山区宁围街道立涛园社区、余杭区南苑街道新梅社区、富阳区东洲街道公望社区、钱塘新区白杨街道伊萨卡社区、钱塘新区白杨街道大北社区13个社区为杭州市2020年度国际化社区示范点。

【撤村建居社区示范点】2020年，杭州市持续推进撤村建居社区建设。10月30日，市和谐社区建设领导小组发文确定下城区石桥街道石桥社区、江干区彭埠街道杨家桥社区、江干区彭埠街道王家井社区、江干区笕桥街道水墩社区、拱墅区上塘街道七古登社区、拱墅区祥符街道申悦社区、西湖区蒋村街道蒋村花园社区、西湖区蒋村街道仁林社区、富阳区富春街道新民社区、钱塘新区下沙街道新元社区10个社区为2020年度杭州市撤村建居社区示范点。

【田园社区建设】2020年，杭州市深化推进农村田园社区建设。8月18日，《浙江政务信息》刊登《杭州市聚力“五美”田园社区建设，积极探索乡村善治新路径》，全省推广杭州市田园社区治理经验。10月16日，省民政厅发文确定西湖区转塘街道长埭村等57个村为省级农村引领型社区。10月30日，市和谐社区建设领导小组发文确定西湖区转塘街道慈母桥村等50个农村社区为2020年度杭州市田园社区示范点。

【社区服务业发展】2020年，杭州市拨付城市社区服务业专项资金969.82万元。其中：社区服务业扶持项目93个，扶持资金500万元；公益创投项目33个，项目资金469.82万元。项目涵盖社区治理、社区融合、专业服务、社区公益等内容，实施周期为1年。

【社区（村）减负】2020年，杭州市落实社区（村）准入制度，将社区（村）减负工作纳入党建考核，纳入“双随机一抽查”行政执法重要内容，持续推进社区（村）减负工作。12月14日，市和谐社区建设领导小组印发《全市社区（村）挂牌专项清理规范整治方案》，规范社区（村）挂牌要求，开展专项整治工作，全年清理摘除对外挂牌（竖牌）739块、室外标识牌2909块、室内功能室标牌2558块、上墙制度3196个，整合宣传阵地1161个。

【社会工作专业人才建设】2020年，杭州市持续加强社会工作专业人才队伍建设，建立“菜单式”培训体系，举办“三社联动”培训班、志愿者实务培训班等5类培训，全年培训学员2410人次。组织社会工作领军人才到苏州、嘉兴等地对口见学，提升社会工作者专业水平。年内，全市有4455人通过全国社会工作师职业水平考试。至年末，全市持证人数达1.92万人，连续13年总人数居全省第一位。全年培育杭州市社会工作督导助理39名。建设乡镇（街道）社会工作站70个、社区特色社会工作室100个。

【专职社区工作者队伍建设】2020年，杭州市深化专职社区工作者队伍建设。2月16日，市民政局印发《关心关爱疫情防控一线社区工作者八项举措》。4月1日，市民政局印发《关于进一步落实疫情防控一线城乡社区工作者关心关爱措施的实施意见》，关心关爱防疫一线社区工作者。杭州市落实《优秀社区党组织书记纳入专项周转事业编制管理实施细则》，打通专职社区工作者晋升通道。持续将“最美社工”纳入市行政奖励范畴，全市50名“最美社区工作者”受到市政府行政嘉奖。

【社区工作者节】2020年10月23日，杭州市第十一届社区工作者节暨社工健康跑嘉年华活动在滨江区文化活动中心举行。活动以“同心共筑，真情守护”为主题，分为社工节仪式和健康跑嘉年华两部分，以歌曲串烧、朗诵、小品、新入职社工代表宣誓等形式展现杭州市社区治理和服务创新工作成果，弘扬新时代社区工作者精神。

【邻居节】2020年11月11日，杭州市第十七届邻居节在钱塘新区白杨街道邻里社区邻里中心举行。邻居节以“文明健康，有你有我”为主题，展示社区精神文明创建工作成果，吸引居民参加社区环境卫生整治，助力形成良好社区生活文明习惯与友好社区邻里关系。（陈亦楠）

杭州市田园社区示范点——西湖区西湖街道龙井村（市民政局 供稿）

社会组织

【概况】至2020年年末，杭州市有各类社会组织5.58万个。其中，注册社会组织1.21万个（市本级1248个），包括社团3440个（市本级788个）、民办非企业单位8586个（市本级416个）、基金会101个（市本级44个）。开展2019年度社会组织年检工作，市本级1132个社会组织参加年检，其中合格1009个、基本合格67个、不合格56个，分别占参加年检的社会组织总数的89.1%、5.9%、4.9%，年检合格率95.1%。开展社会组织等级评估，完成市本级320个社会组织的等级评估工作，其中AAAAA社会组织65个、AAAA社会组织90个、AAA社会组织128个。

2020年10月17日，杭州市暨余杭区社会组织"公益嘉年华"活动在余杭区艺尚小镇举行（市民政局 供稿）

【社会组织参与疫情防控】2020年新冠肺炎疫情防控初期，杭州市迅速组织全市社会组织参与抗疫，引导不同类型的社会组织结合自身特点和业务优势依法有序参与疫情防控工作。据不完全统计，杭州市有3085个社会组织参与疫情防控工作，发动会员捐款3.48亿元，捐赠价值1.42亿元的物资及口罩等个人防护品986.45万件。

【社会组织助力脱贫攻坚】2020年，杭州市和贵州省黔东南苗族侗族自治州两地20对社会组织开展牵手共建。杭州市386个社会组织捐赠款物4085多万元，辐射包含贵州省黔东南苗族侗族自治州、湖北省恩施土家族苗族自治州的20个县（市），受益对象49.49万人，帮扶资金比上年增长56.9%。

【社会组织培育扶持】2020年，杭州市编制出台《2020年度市本级社会组织承接政府转移职能和购买服务推荐性目录》。评选品牌社会组织15个、品牌项目12个、社会组织领军人才15人。社会组织参与公益创投和承接政府购买服务，参与社区服务、养老服务、救灾救助、困难帮扶、应急救援、心理服务等社会治理领域，获市民政局111个公益创投项目总计1891.73万元资助，涉及为老服务类项目61个、社区服务类项目32个、社会救助类项目18个。

【社会组织党建】2020年，杭州市打造完善"一心两阵地"社会组织党建体系，形成"新心向党益路同行"社会组织党建工作品牌，以组织架构"三归口"、登记管理"四同步"，创新形成"党建+公益""党建+治理"的社会组织助力社会治理的工作机制。全市社会组织综合党委兜底管理94个社会组织党支部（联合支部），党员523名；全市成立14个社会组织综合党委、6个社会组织党校和349个社会组织党群服务中心矩阵，举办66批2939人（次）参加的党建指导员（联络员）培训班，开展党群服务、主题活动1.12万场次，服务党员群众48.16万人次。制定印发《杭州市社会组织党建工作指导手册》《社会组织党群服务中心规范化建设标准》和党建联络员工作职责，推出"1+X"共享模式，推动党建和服务功能融合发展。"1"个覆盖全市区县（市）、乡镇（街道）、村（社区）的社会组织党群服务中心矩阵体系，以开放、共享、公益、活力为目标，围绕建好管好用好，整合社会组织、党务政务和区域资源，开展"X"项党群服务、信息咨询、志愿服务等活动与便民服务，为社会组织和党员群众提供开放的共享空间和服务平台，推动党建和服务多功能、全方位融合发展。

【社会协和工程】2020年，杭州市推动市域社会治理现代化"社会协和"工程，加强社会组织参与基层治理。深化"网格+社会组织"工作机制，全市城市社区平均拥有社区社会组织数21个，农村社区平均拥有社区社会组织数9个。推进乡镇（街道）社会组织服务中心实体化运营，全市有枢纽型、支持型社会组织3573个，所有乡镇（街道）和城乡社区枢纽型、支持型社会组织实现全覆盖。《浙江民政信息》6月22日刊发《杭州市社会组织"三化三精准"助力脱贫攻坚战》，9月27日刊发《杭州市多措并举积极探索社会组织参与社会治理新模式》，相关经验做法在全省推广，杭州市社会组织参与社会治理工作居全省第一位。

【社会组织"公益嘉年华"】2020年10月17日，杭州市暨余杭区社会组织"公益嘉年华"活动在余杭区艺尚小镇举行。活动以"益在杭州·遇见未来"为主题，由1个开幕式和6个主题街区（展示区、互动区、服务区、公益企业区、大学生社团区和公益论坛）组成，展示社会组织"迎亚运"金点子项目。活动对杭州市AAAAA社会组织、品牌社会组织、社会组织领军人才、参与东西部脱贫攻坚的优秀社会组织代表进行表彰。（刘秋芳）

民族·宗教

【概况】至2020年年末，杭州市有常住少数民族人口13.46万人。其中：主城区及萧山区、余杭区8.03万人，富阳区、临安区和三县（市）5.42万人。杭州市少数民族人口总量虽不多，但常住的少数民族有54个（无珞巴族）。流动的外来创业务工少数民族人口有27.32万人，1万人以上的少数民族有苗族、土家族、侗族、壮族、布依族、彝族、回族。全市有1个少数民族乡（桐庐县莪山畲族乡）、19个少数民族村（富阳区双江村，临安区铜山村、逸逸村、众社村、浪山村、枫树岭村，桐庐县莪山村、中门村、新丰村、龙峰村、湾下村、大庄村、金塘坞村，淳安县富泽村，建德市胡村源村、双泉村、高桥村、小溪源村、团结村）。民族乡和民族村有少数民族人口6994人。

杭州市有佛教、道教、伊斯兰教、天主教、基督教五大宗教，市、区县（市）级宗教团体38个，另有2个带有基督教性质的社会团体（杭州基督教青年会、杭州基督教女青年会）。全市经登记开放的宗教活动场所有841处(其中佛教279处、道教36处、伊斯兰教1处、天主教12处、基督教513处)，经认定备案的宗教教职人员1320人，可统计信众约41万人。纳入登记编号的民间信仰活动场所有831处。

【浙江省第六次民族团结进步表彰大会在杭州召开】2020年6月29日，浙江省第六次民族团结进步表彰大会在杭州召开。省委书记车俊出席会议并讲话。会上，一批省民族团结进步模范集体和个人受表彰，受表彰代表做交流发言。5个单位和8人分别获全省民族团结进步模范集体和模范个人称号。

【“全国少数民族5G示范应用第一乡”建设】2020年7月22日，“全国少数民族5G示范应用第一乡”建设暨数字乡村试点启动仪式在桐庐县莪山畲族乡西金坞自然村举行。莪山畲族乡5G应用立足于打造“乡村智脑”，对接产业、民生、治理三大领域，实现具体5G场景落地应用。在首批确定的十大场景应用中，涵盖智慧农业驾驶舱、直播间、乡创间、全域景区大数据检测、云课堂、智能居家养老服务站、智慧绿道、水质全天候检测等，均实现5G全区域覆盖、全产业融合、全场景应用。

【《杭州市民族乡村振兴示范建设指标体系》发布】2020年11月3日，市委统战部、市民族宗教局联合发布《杭州市民族乡村振兴示范建设指标体系》，以全面实施乡村振兴战略，加快推进民族乡村经济社会事业发展步伐。该指标体系在总结全市民族乡村发展状况和桐庐莪山畲族乡成功创建“中国畲族第一乡”品牌的基础上，经调研编制、反复论证，涵盖产业兴旺、生态宜居、治理有效、乡风文明和生活富裕5个方面，共68个量化指标。

【三月三云直播畲歌会】2020年3月26日，根据新冠肺炎疫情防控要求，杭州同心少数民族服务中心牵头举办三月三云直播畲歌会，丽水、景宁、遂昌、泰顺等地畲族群众参与，这是全省首次以线上方式欢度这一传统节日。在近两小时的歌会中，歌手们用特殊方式表达畲族群众对美好生活的热爱和向往、对抗疫英雄的赞美，以及对党和政府的感激之情。

【临安区畲族农耕文化艺术节】2020年9月3日，临安区畲族农耕文化艺术节在太湖源镇众社村举行。活动由临安区委统战部（区民族宗教局）主办，临安区文化和广电旅游体育局、太湖源镇、於潜镇、太阳镇、板桥镇协办，设置新畲乡健康跑、美食集市、竞赛项目、文艺晚会等活动，以弘扬农耕文化，展示民族文化魅力，打造畲族风情旅游品牌，推进民族乡村经济社会发展。临安区众社村、逸逸村、铜山村、枫树岭村、浪山村5个民族村和灵溪村集聚点的300多名畲族同胞参加。

【大运河“丰收吟”多民族诗歌朗诵会】2020年9月21日，由市民族宗教局、市文化广电旅游局等单位主办，市民族团结促进会、杭州畲族馆承办的“大运河‘丰收吟’多民族诗歌朗诵会”在杭州畲族馆举行。全市30多名各族群众参加，以诗歌和民族风情舞蹈的形式欢庆“中国农民丰收节”。

【九月九畲族文化节】2020年10月25日，淳安县千岛湖镇富泽村举行九月九畲族文化节。文化节采取政府搭台、文化唱戏、区域联动的形式，推介区域特色文化、特色产业和特色美食，举办文艺演出。歌舞演员和器乐伴奏者大多为当地村民及社区的民间艺术团成员。活动现场，淳安县第一人民医院医共体千岛湖社区分院的专家为老人义诊，提供健康咨询。

【“石榴籽e家”电商平台上线运行】2020年6月30日，由下城区委统战部主办的“庆七一助脱贫——‘石榴籽e家’揭牌仪式暨湖北巴东县少数民族农产品推介网络直播”活动在浙江谷绿农业科技有限公司举行。活动围绕如何更好助力脱贫攻坚，拓宽民族地区农副产品销售渠道，打造致力于民族乡村振兴的电商基地主题进行座谈研讨，为“石榴籽e家”电商平台揭牌，并专场为湖北省恩施土家族苗族自治州巴东县少数民族农产品推介做网络直播，吸引60.64万人次观看，销售额90.25万元。

【国家通用语言文字培训班】2020年8月26日，位于富阳区的杭州日月电器股份有限公司的80多名员工到公司报告厅参加国家通用语言文字培训班开班仪式。浙江省、杭州市、富阳区民族宗教部门发挥部门优势，通过资源整合，使国家通用语言文字培训班实现常态化教学，由原来的小班化教学转变为综合性教学，帮助少数民族员工提升通用语言听说读写能力，消除语言障碍，增进各民族交往交流交融，更好地融入工作、学习和生活。

【净慈寺新年吉祥钟声祈福迎新活动】2020年1月1日零点，杭州市常务副市长戴建平和杭州市佛教协会会长光泉法师在净慈寺钟楼共同敲响新年钟声，以代表着吉祥、福慧、庄严的南屏晚钟钟声给杭州百姓带去新年祝福。净慈寺

2020年6月2日，灵隐寺恢复开放，举行升国旗仪式　（市民族宗教局 供稿）

新年钟声祈福迎新活动自2004年“送福进万家”开始已连续举办17届，成为杭州岁末迎新影响力大、群众参与度高的大型文化活动。

【宗教界落实“双暂停一延迟”措施】2020年1月23日，浙江省启动重大公共突发卫生事件一级响应后，市民族宗教局落实市委、市政府部署，部署紧急停办2020年新春佛教文化活动和暂停宗教活动场所、民间信仰活动场所对外开放，并稳妥处置善后事宜。发挥宗教工作“三级网络两级责任制”和“三人驻堂小组”作用，落实全市宗教领域“双暂停一延迟”（暂停开放宗教活动场所、暂停举行一切集体宗教活动、杭州佛学院延迟开学）措施。春节期间，全市宗教领域实现“场所零开放、活动零举办、人员零感染”的工作目标。全市宗教界响应号召，专项捐赠善款2310万元及防疫物资。

【穆斯林群众平稳度过斋月】2020年4月24日至5月24日伊斯兰教斋月期间，市民族宗教部门指导督促市伊斯兰教协会落实新冠肺炎疫情联防联控机制以及“双暂停”要求，通过微信群和公众号发布信息、公开电话解答咨询、清真寺门口张贴倡议书等形式，及时发布斋月相关信息和防疫要求。5月24日开斋节当天，杭州清真寺不举行开斋节会礼等聚集性宗教活动，杭州回族公墓暂停开放。相关要求得到全市穆斯林群众理解支持。

【宗教活动场所有序恢复开放】2020年6月1日，根据省委统战部、省民族宗教委工作部署，结合新冠肺炎疫情防控实际，市新冠肺炎疫情防控工作领导小组办公室发布关于宗教活动场所逐步有序恢复开放的通告。6月2日起，全市宗教活动场所逐步有序恢复开放。为确保安全防控举措务实、科学、有效，市民族宗教局要求全市民族宗教系统落实“承诺备案、风险评估”制度，制定包括5个方面23条标准的《杭州市宗教活动场所恢复开放疫情防控评估表》，并指导各区县（市）民族宗教局，会同基层网格员进行评估核验，有关做法在省政府第49场专题新闻发布会上获肯定。6月2日，灵隐寺、抱朴道院等经评估合格的118处宗教活动场所恢复开放，并举行升国旗仪式，为祖国祈愿祝福。

【坚持宗教中国化方向研讨会】2020年10月22日，杭州市召开坚持宗教中国化方向研讨会。会议由市委统战部、市民族宗教局、市政协社会法制和民族宗教委员会主办，市各宗教团体、萧山区基督教“两会”、上城区委统战部（区民族宗教局）负责人做交流发言。会议围绕贯彻落实中共中央总书记习近平关于“坚持我国宗教中国化方向”的重要论述和全国宗教工作会议精神，以社会主义核心价值观为引领，探讨近年来杭州宗教界和宗教工作坚持宗教中国化方向的理论实践和经验做法，总结提炼杭州市践行宗教中国化方向的经验和路径。

【中华慈孝文化节】2020年9月5日，第六届中华慈孝文化节在杭州举行。活动由杭州灵隐寺、中国新闻社浙江分社和浙江省归国华侨联合会主办，中国新闻周刊社、中国慈善家杂志社、杭州云林公益基金会支持，表彰“2020中华慈孝人物”、举办第六届中华慈孝文化论坛，遴选产生10名（组）来自海内外各行各业的“2020中华慈孝人物”模范个人（团体）。中华慈孝文化论坛以“后疫情时代的慈孝与养老”为主题，聚焦“长三角养老一体化”展开讨论，探讨如何积极、科学、有效实现“老有所养、老有所依、老有所乐、老有所安”，弘扬和传承中华民族慈孝文化。

【“民间民俗·多彩浙江”周雄孝文化节】2020年10月24日，浙江省重点民间信仰活动场所周宣灵王殿所在地——富阳区渌渚镇举办2020年“民间民俗·多彩浙江”周雄孝文化节暨“孝善指数”发布活动。来自省、市、区的领导和嘉宾共同发布“孝善九则”，把“孝善九则”卷轴分别颁给首批9户五星级孝善家庭。活动为期两天，围绕“孝善”主题，突出品牌化、市场化、民间化特点，开展国家级非物质文化遗产“孝子祭”表演、“我们的美好生活”文艺会演、“寻孝善之源”新劳动教育体验、星光诵读会、全家福拍摄等活动。（洪　亮）

责任编辑　郦　晶

区县（市）

上城区

【概况】2020年，上城区辖6个街道，有54个社区。至年末，户籍人口32.1万人，常住人口45.0万人，人口自然增长率18.03‰。全区生产总值1192.06亿元，比上年增长1.8%。其中：第二产业增加值411.54亿元，增长3.4%；第三产业增加值780.52亿元，增长0.8%。二、三产业结构为34.5∶65.5。财政总收入160.57亿元，下降3.2%。其中，地方一般公共预算收入79.46亿元，下降6.7%。一般公共预算支出52.43亿元，下降0.2%。上城区获国家级信息化教学试验区、一星平安金鼎平安县（区）等国家级、省级和市级荣誉48个。

规模以上工业总产值782.4亿元、销售产值776.5亿元，分别下降0.4%和1.1%。固定资产投资下降6.8%。全区社会消费品零售总额333.4亿元，增长0.4%。货物进出口总额241.82亿元，增长17.8%。其中：进口总额133.68亿元，增长29.1%；出口总额108.14亿元，增长6.2%。

上城区推进“1+6”产业发展。全年数字经济核心产业增加值26.7亿元，增长4.2%。杭港高端服务业示范区新注册数字经济类企业54个，数字经济类企业税收3.6亿元。文化产业增加值30.1亿元，增长6.8%。凌笛数字项目、国家（杭州）短视频基地等之江文化产业带上城发展重点项目有序推进。金融产业增加值268.0亿元，增长11.3%。玉皇山南基金小镇累计入驻金融机构2393个，集聚金融人才5000多人，总资产管理规模1.17万亿元，累计税收超过100亿元。旅游业收入221.92亿元，旅游接待人数4603.79万人次。健康产业增加值125.1亿元，增长16.4%。有各类医疗卫生机构（含省市医疗机构、不含停业医疗机构、不含筹建机构）235个，床位1.56万张，各类专业卫生技术人员2.52万人。时尚（制造业）产业增加值1000万元，增长15.0%。高端装备（制造业）产业增加值19.4亿元，增长40.1%。上城区电子机械功能区税收收入8.5亿元，增长17.1%，其中一般公共预算收入4.17亿元，增长18.6%。

至年末，小学18所（不含九年一贯制学校），在校学生2.14万人；初中12所（含九年一贯制学校5所），在校学生9554人；特殊教育学校1所，在校学生218人；职业高中1所，在校学生344人。深入实施“美好教育”工程，争创全国义务教育优质均衡发展区。新增享受国务院特殊津贴专家1人，享受杭州市政府特殊津贴专家2人。上城教育工作在省政府履职督导评估中获评A等，在全省中小学师训考核中列第一位，教育现代化发展水平指数连续3年获全省第一名，上城区“星级家长执照”实践基地被认定为全国家庭教育创新实践基地。上城区成为国家级信息化教学实验区、基础教育国家级优秀教学成果推广应用示范区。

【湖滨步行街提升改造二期工程】2020年，湖滨步行街提升改造二期工程围绕商务部打造高品质步行街的相关要求，在湖滨步行街一期工程打响特色品牌的基础上，继续贯彻“最时尚、最人文、最智慧——醉杭州”的总体理念，进行施工建设。工程实施内容包括步行街道路铺装、绿化有机更新、景观亮灯提升、城市家具更新、城市立面改造、节点景观提升六大方面。其中，道路铺装采用和一期工程一致的水元素，采用西湖涟漪图案，同时加入浣纱河形象。铺装石材颜色选用灰色，色调淡雅，用不同梯度的灰色，形成水墨画效果，为商业活动提供低调的背景环境；座椅采用船型，结合植物和铺装一起打造形成“春水船”形象，为市民提供休憩场所；多种经营点位、花车等也采用船的形象，突出江南商业街特色；植物除保留原有现状植物外，沿用一期的樱花，提供季节性色彩。步行街北入口处，立有中国美术学院原院长许江的艺术装置——《葵颂》。5月23日，湖滨步行街提升改造二期工程封闭施工。施工范围为东坡路（长生路至庆春路段）、长生路（湖滨路至东坡路段）及太平里。9月17日，二期工程竣工，其中景观铺装施工面积1.3万平方米，绿化提升面积1000平方米，新种植胸径20厘米樱花树3株，新增智慧路灯杆13根、景观座椅3处。9月18日，杭州湖滨步行街“全国示范步行街”揭牌仪式暨二期开街活动在步行街中央舞台同步举行。

【清河坊步行街建设】2020年2月，清河坊历史街区成为首批省级高品质步行街建设试点，并启动街区提升改造工程。街区改造重点着眼于打造5个文化小广场、2条主街、10多个文旅体验点的“520”工程。5个文化小广场指鼓楼内广场、鼓楼外广场、河坊街新宫桥广场、河坊街华光路及叭蜡子巷小广场。2条主街指河坊街和南宋御街。河坊街改造风格偏传统，侧重于非物质文化遗产、老字号等内容打造，以14个工匠亭取代原先的工艺亭，用于工匠、大师展示技艺和游客体验。南宋御街在商铺设置、城市家具、外摆等方面体现年轻时尚元素，用工艺亭将手工艺和周边文创潮牌、文旅体验点、沉浸式体验空间结合。在御街开设“梦迴南宋”体验馆、樊登书店等网红店铺，引进相关潮流品牌入驻。结合新媒体艺术展，形成数字科技和历史故事交融的多维文化空间。10多个文旅体验点包含鼓楼“南宋书房”、“梦迴南宋”体验馆、望仙阁杭州记忆馆、钱塘第一井展示空间、上城区非物质文化遗产展示中心等。9月25日，改造后的清河坊步行街开街。

鼓楼“南宋书房”　（上城区委党史和地方志编纂研究室 供稿）

【“学后乐园”工程启动】2020年10月12日，上城区启动“学后乐园”工程，成为杭州各城区中首个全区启动“1+X”学后托管新模式的城区。“1”指学校提供看护性质基础性托管服务，小学生在教师管理下，自主完成作业、预习、复习、阅读等；“X”指学校安排体育、艺术等方面的社团活动，供参加托管的小学生选择学习。至年末，全区开设“1+X”学后托管班级的公办小学有19所，参加学生7280人。

【上城区互联网协会成立】2020年1月10日，上城区互联网协会成立暨第一次会员大会召开。会议审议通过《杭州市上城区互联网协会章程》，选举产生区互联网协会第一届理事会理事、监事会监事。经过第一届理事会第一次全体会议，选举产生区互联网协会第一届理事会会长、副会长、秘书长。会上，上城区互联网协会标识——“展翅上城”正式亮相。该标识以杭州城隍阁和代表互联网的字母“e”为主创元素，呈现出“上城区互联网协会”的标识特征及地域属性；标识下部以马赛克设计技法勾勒出呈会聚、发散状的构图，表示协会会员不断集聚和影响的深远。“e”字母幻化出展翅腾飞的鸿雁形象，寓意协会砥砺奋进、飞速发展的美好愿景。

【《商务楼宇入驻企业新型冠状病毒肺炎防控工作规范》发布】2020年2月17日，上城区发布《商务楼宇入驻企业新型冠状病毒肺炎防控工作规范》，助力复工复产。该标准规定商务楼宇入驻企业新型冠状病毒肺炎疫情防控工作的基本要求，从场所管理、卫生管理、员工管理、活动管理、疫情应急处置五大方面为商务楼宇入驻企业提供全流程防疫指导，方便企业有据可依、按章操作，实施科学防控。该标准要求将健康监测点设置在企业出入口，配备接待台、医用红外体温计、玻璃体温计、免洗手消毒液等物品；健康监测工作人员应正确佩戴医用口罩、一次性手套，定时洗手、更换口罩。对员工进行健康监测，核查“杭州健康码”实时状态，进行每日2次以上体温测量，引导人员保持1米以上的安全距离，有序进出。该标准还对企业食堂用餐、客户接待、防疫物资管理、垃圾处置等进行明确规定。

【“企推推”民营企业互动云上之家启动】2020年5月21日，“企推推”民营企业互动云上之家在上城区数字统战直播间启动。该平台是由上城区工商业联合会（商会）牵头，联合香港总商会、亚特兰大香港协会、江苏省常熟总商会、杭州市嘉兴商会及上城区望江等基层商会成立。“企推推”民营企业互动云上之家为长三角地区企业交流互动搭建一个展示企业家风采、提升企业文化内涵、促进民企经济交流、推广国内国外最新要闻的高质量、一体化平台。平台旨在加强商会企业合作，拓宽企业发展渠道，打破线上线下壁垒，用数字化方式助推国际化高端服务业示范区的新一轮跨域式发展。

【“御见清河坊·宋韵最杭州”南宋文化节】2020年9月25日，“御见清河坊·宋韵最杭州”2020年南宋文化节启幕仪式在清河坊历史街区举行。仪式由市委宣传部、市文化广电旅游局、上城区委和区政府等单位联合主办。南宋文化节以全新亮相的清河坊历史街区为主要展示空间，以传播南宋文化为主要内容，融合新消费元素，围绕“秀、剧、赛、展、会”五大板块，推出南宋瓦肆、《杭州印象》曲艺表演、南宋茶文化博览会、两宋论坛等20多个文化、商业、旅游特色系列活动。文化节结合清河坊历史街区提升改造成果，在传统文化中融入潮流元素，吸引更多商户、集体、文化企业和居民参与其中。街区推出望仙阁小戏台、叭蜡子巷小广场木偶戏及杂耍表演、御街西湖大道口国潮大舞台、御街北段“潮玩市集”等活动。南宋文化节还结合“浙里来消费”主题，联动清河坊街区及银泰百货商场（西湖店）商户，推动吴山商圈发展。

【首届宋韵婚典集体婚礼】2020年12月20日，“缘定上城，御见幸福”首届宋韵婚典集体婚礼在南宋御街举行。抗击新冠肺炎疫情一线的先进工作者、优秀青年代表等21对新人参加婚典。在现场，新人进行挑盖头、行交拜大礼、婚礼巡游等南宋文化风味的结婚仪式，还签署南宋式样的卷轴式“纪念婚书”。其中，婚礼巡游在“醒狮”“媒婆”“喜、禄、福、财”等具有中国传统文化元素的点缀下进行，新人还在巡游第一站——浙江省首批慈善基地“尚善之家”的公益慈善“心愿树”上认领21个“微心愿”。活动邀请“感动西湖十大人物”、全国和谐军休家庭杨章耀、严爱珍金婚夫妇为新人送上祝福。

【尚蓝公寓“百姓健身房”启用】2020年10月13日，上城区启用面向“蓝领人群”的百姓健身房——尚蓝公寓“百姓健身房”。健身房面积约200平方米，器材房内设有跑步机、椭圆机、陆地划船器等专业健身器材10多台，收费最低日均仅1元，并定期安排专业社会体育指导员提供器械使用指导、瑜伽教学等相关服务。至年末，尚蓝公寓入住外来务工人员2200多人，其中66%为30岁以下的年轻人。“百姓健身房”日常开放时间每日不少于12小时。

【“爱你久久，共迎百年”庆祝活动】2020年6月30日，上城区在湖滨步行街举办“爱你久久，共迎百年”庆祝中国共产党成立99周年活动。活动分为“同心战疫”“化危为机”“只争朝夕”三大篇章，通过童声合唱《幸福的模样》、情景歌舞《卡口》、小热昏《上城一家人》、情景剧《小区大事》、诗朗诵《放飞梦想、共享芬芳》等节目，展示上城区在新冠肺炎疫情防控和复工复产工作中推出及深化的“三联三领三服务”，“暖心十条”，“1+1志愿服务团”，“领导领办、驻企代办、问题交办、线上联办”四手联弹，“云上城”，“业联体”等上城区特色和创新举措，以及全区党员干部队伍在第一线展现出的迎难而上、奋勇拼搏、忘我奉献的干事创业精气神。在活动现场，少先队员为14名援鄂及驻守隔离点的医护人员代表、8名新冠肺炎疫情期间奋战在抗疫一线的党员代表、12名支援抗击新冠肺炎疫情的辖区企业代表敬献鲜花。

【“尚城·红星系”沿湖党建示范带发布】2020年12月11日，“尚城·红星系”沿湖党建示范带发布。上城区以环西湖的湖滨路、南山路为轴线，依托街道、社区、特色街管委会、辖区企业、省市共建单位等组织力量，整合各方资源，布点、连线、成片打造沿湖党建示范带。上城区活用“公益组织+”“党群中心+”“部门+”“小红生活+”“商户（企业）+”等方式，在“尚城·红星系”沿湖党建示范带打造15个不同主题的“湖上红驿”站点，集结“湖滨银泰in77”、知味观、索菲特大酒店、南山书屋、清波党群人才服务中心等合作商家站点12个。“湖上红驿”建立公益组织驻点服务、党团志愿者轮值服务、商户企业参与服务等有机结合的常态化服务机构，市民和游客能体验到旅游咨询、“小红生活”绿色共享出行、杭州书房免费借阅等八大类30项服务。同时，配备爱心医疗箱、免费Wi-Fi、轮椅和婴儿推车等生活用品。活动现场，相关单位与21个共建单位共同参加清波党群服务中心揭牌、沿湖“乐享”站点授牌、卡通人物形象“红萌星”发布和“尚城·红星系”336党群服务联盟成立等活动。（许红霞）

下城区

【概况】2020年，下城区辖8个街道、75个社区，户籍人口43.22万人。全区生产总值1134.38亿元，比上年增长8.0%，增速列全市第一位。其中：第二产业增加值46.85亿元，增长8.3%；第三产业增加值1087.53亿元，增长8.0%。二、三产业结构为4.1∶95.9。财政总收入145.68亿元，下降16.8%。其中，地方一般公共预算收入81.23亿元，下降15.9%。一般公共预算支出54.30亿元，增长22.2%。区级民生事业投入39.44亿元，增长15.3%，区级民生事业支出占财政支出的82.4%。

工业增加值16.40亿元，增长9.8%，其中规模以上工业增加值13.25亿元，增长12.5%。规模以上工业新产品产值21.05亿元，新产品产值率44.5%。万元工业增加值能耗降低率19.8%。高新技术产业增加值、高端装备制造业增加值以及战略性新兴产业增加值分别增长18.3%、17.0%和20.7%，均高于规模以上工业增加值增速。全年建筑业增加值30.47亿元，增长7.8%；建筑业总产值275.5亿元，增长11.9%；竣工产值101.9亿元，增长1.3%。

商贸销售额增长9.2%。其中：批发业增长10.0%，零售业增长4.7%，住宿业下降33.8%，餐饮业与上年持平。社会消费品零售总额538.05亿元，增长0.6%。

固定资产投资195.35亿元，增长33.2%。从固定资产投资方向看，第二产业投资1.52亿元，第三产业投资193.83亿元。从投资结构看，交通投资12.88亿元，增长43.33倍；生态环境和公共设施投资6.31亿元，增长15.9%；高新技术产业投资0.73亿元，下降89.2%；民间项目投资3.37亿元，下降18.7%；工业投资1.52亿元，下降1.7%。全年房地产开发投资156.56亿元，增长30.8%。房屋施工面积665.04万平方米，增长76.3%。商品房销售面积11.51万平方米，增长153.4%。

实际利用外资6.20亿美元。全年货物进出口额513.80亿元，增长22.3%。其中：进口额307.95亿元，增长41.4%；出口额205.85亿元，增长1.7%。全年服务贸易出口额10.06亿美元，下降23.4%。

全区有各类教育机构71个，其中高中1所、初中8所、九年一贯制学校5所、小学19所、幼儿园36所（含民办、部门办、街道办幼儿园）、特殊教育学校1所、教师教育学院1所。在校学生人数5.46万人，其中幼儿园在校学生1.48万人、小学在校学生2.71万人、中学在校学生1.26万人、特殊教育学校学生90人。教职工5634人。1所学校获评全国文明校园，5所校园获评省现代化学校。

全区专利申请量7428件，增长10.5%。其中：发明专利申请量3832

下城区长庆街道居家养老服务中心（下城区府办 供稿）

件，下降 0.6%；专利授权量 4447 件，增长 28.3%；发明专利授权量 1342 件，增长 20.6%。新认定高新技术企业 62 个、省科技型中小企业 145 个，新培育雏鹰企业 31 个。

建立文化云平台，推出艺术云课堂 400 多门，举办线上文化云走亲、非物质文化遗产直播带货等活动近 100 场。建成 5 个城市书房、2 个城市书吧，总面积 2700 平方米、藏书 3.5 万册，覆盖辖区全域，惠及市民 38 万人。建成社区百姓健身房 6 个、多功能运动场 2 个、其他各类体育场地 20 多处。全区公共体育设施总面积 92 万平方米、人均面积 1.7 平方米，场地递增率 10%。

全区有卫生机构数 350 个，有床位 7520 张，每千人执业医师数 14.29 人，每千人注册护士数 18.62 人。社区卫生服务机构年诊疗量 223.58 万人次。提升基层医疗服务能力，深化家庭医生签约服务，探索补偿机制改革，推进 3 岁以下婴幼儿照护服务示范区建设。

至年末，下城区职工养老保险参保人数 32.89 万人，增长 6.5%；生育保险参保人数 30.47 万人，增长 1.2%；工伤保险参保人数 34.20 万人，增长 7.4%；失业保险参保人数 30.74 万人，增长 3.5%；医疗保险参保人数 43.01 万人，户籍人口基本医保参保率 99.6%。

全区投入 1970 万元建成示范型街道居家养老服务中心 5 个，全部由第三方专业团队运营，总面积约 5700 平方米。深化“春风常驻”困难群体帮扶机制，整合资源，统筹社会救助工作。四级救助圈合计帮助 2227 户、3134 人。累计发放低保、特困人员保障金 2333 万元；发放低保边缘户定期补助金 45 万元；发放低保、特困人员物价补贴 327 万元；低保边缘户人员物价补贴 56 万元。审核发放市级临时救助 603 户、385 万元；区级临时救助 96 户、49 万元，困难家庭老人住院护理补贴 181 人次、106 万元。累计发放孤儿及困境儿童生活费补贴 3342 人次、176.7 万元。

52 个老旧小区综合改造完成，受惠居民近 10 万户。完成加装电梯联审 102 台，其中完工 86 台。治理改造 10 处 C 级、D 级危旧房。有序开展建国路等 5 条迎亚运主、次干道建设，同步实施 15 条迎亚运道路前期工作。下城区大城北建设 6 个项目完工，开工建设 27 个安置房项目，完成 15 个安置房项目地下部分工程建设。完成 3 座天桥的无障碍设施整治提升工程。新增地下空间 16 万平方米。新建并开通 2 处公交站点，完成 3 处堵点治理，新增停车泊位 4360 个，建成新能源汽车充电桩 160 个。完成 46 项地铁征迁任务。累计拆除违法建筑 2.28 万平方米，完成 7 条美丽小巷、20 座公厕、24 个小区二次供水提升改造，完成 1766 个无障碍环境问题整改，升级改造停车引导、先离场后付费系统，接入点位 334 个。28 个低洼积水点改造完成。

推进 4 条无违建河道创建工作。创建 10 条省、市级美丽河道，创建 3 个污水零直排试点街道。完成 117 个老旧小区雨污分流工程整治，800 幢老旧小区房屋管网整治，797.3 千米区管管网清理疏通。开展安全生产、消防安全专项整治，全年未发生较大及以上安全事故。

【下城区“战疫情、促发展”经验】 2020 年，下城区实行“硬隔离 + 软服务”，构建“大脑 + 大妈”“网络 + 网格”“人防 + 技防”的精密智控体系。施行“一名党员一幢楼”“一个支部一楼宇”“企企铺铺见党员”等一系列措施。做好“六稳”工作，落实“六保”任务，出台企业和人才返岗复工“暖心双十条”等惠企政策，兑现资金 7.2 亿元，惠及 8.3 万户（人）次。推出“亲清在线”下城平台，上线政策 18 条，兑现资金 3.4 亿元，惠及近 8 万户（人）次；落实各项减税降费政策，共为企业降本减负 26.5 亿元。《人民日报》、新华社、中央电视台、《浙江日报》等省级以上主流媒体报道下城经验成效 470 多篇。

【下城区重大项目推进】 2020 年，下城区推进项目发展，组织重大项目“百日攻坚”，以及重点工作与重点项目“百日冲刺”。恒隆广场、杭州中心、东新路整治工程等重点项目率先复工。嘉里数创港、北景园生态公园电竞场馆等 53 个重点项目新开工，总投资 623 亿元。蓝绿双城 TOD 项目等固定资产总投资 1 亿元以上产业项目超额完成目标任务。全区 23 个“攻坚克难保发展”重点项目取得突破，杭州浙金钢材市场、浙江省工业品市场、长隆公寓、重机宿舍一期等项目完成搬迁。启动存量工业用地提升改造，推进杭州浙金钢材市场创新型产业用地建设。完成土地出让 35.67 公顷，收储 20.93 公顷，土地出让金收入超过 200 亿元。举行招商引资重大项目签约活动，36 个涵盖新基建、大健康等行业领域的重点产业项目落户下城，落地注册资金259亿元。阿斯利康中国东部总部及杭州国际生命科学创新园分别在中国浙江投资贸易洽谈会和中国国际进口博览会上成功签约，日本“都之漫”项目入选全省“云招商”成果展示榜。

【“云购武林”消费嘉年华】2020年3月28日，下城区响应浙江省政府“打造有国际影响力的消费大省”目标，依托武林商圈党建联盟，加大商圈促销力度、创新平台载体，举办“云购武林”消费嘉年华，历时23天。嘉年华依托支付宝打造武林智慧商圈“云mall”平台，实时更新商圈1000多个商户信息及商场最新最全促销活动。建立武林商圈线上会员中心，杭州大厦、银泰百货（杭州武林店）、国大城市广场、嘉里中心四大商业综合体“一证通”。活动线上直播时长2万分钟，抖音、微博点击量超过2.3亿人次；获《人民日报》《浙江日报》《杭州日报》等51个主流媒体先后报道；杭州大厦、银泰百货（杭州武林店）、国大城市广场、嘉里中心等四大综合体销售额16.1亿元。

【政府隐性债务清零】2020年，下城区探索隐性债务化解新路径，成立由区主要领导任组长的地方政府性债务管理（风险管控）领导小组，定期召开领导小组会议。区财政局牵头制订并落实年度隐性债务化解方案，依托财政部全口径债务监测系统，对全区各单位实施动态监控。探索多种路径，通过安排土地出让返还支出、国有企业市场化转型和隐性债务项目合规转化为企业经营性项目等方式，稳妥推进政府隐性债务化解。至2020年12月16日，全区累计化解政府隐性债务300多亿元，成为政府隐性债务实现清零的区县（市）。

【下城区城市大脑数字驾驶舱建设】2020年，下城区秉承“整体智治，基层直达”理念，全面形成横向“五位一体”、纵向“三级联动”的“1+8+X”（1个区级数字驾驶舱、8个街道数字驾驶舱、75个社区、多个园区数字驾驶舱）下城模式精密智控体系。梳理武林商圈街区数字治理、杭州中国丝绸城街区数字治理、新天地街区数字治理三大场景建设。在武林商圈周边主次干道原有摄像杆上加装改造46块停车引导屏，打通武林商圈和湖滨商圈，实现35个停车场（库）的1.09万个泊位实时在线。升级改造“停车引导”“先离后付”系统，创新“通停通付”停车新模式。商圈9个停车场（库）周平均泊位指数上浮63.9%，周平均延误指数下浮3.3%，平均掉头率下浮69.2%。商圈跨停车场（库）停车优惠超过8000车次。围绕基层减负创新“最多录一次”系统模块，实现基层数据“一头录入，全端共享”，试点条线统计报表实现20%自动化统计，重复填报字段由838个减少到218个，占总字段的74.0%。

（黄　菲）

江干区

【概况】2020年，江干区辖闸弄口、凯旋、采荷、四季青、九堡、彭埠、笕桥、丁兰、下沙、白杨10个街道（其中下沙、白杨街道委托杭州钱塘新区管理，除行政区划面积外，各类数据均未纳入江干区统计），140个社区、4个行政村（不含下沙和白杨街道的社区、村）。至年末，全区户籍人口67.64万人。人口自然增长率9.07‰。全区生产总值1026.53亿元，比上年增长5%。其中：第二产业增加值140.15亿元，增长3.7%；第三产业增加值886.39亿元，增长5.3%。二、三产业结构为13.7∶86.3。按常住人口计算，人均地区生产总值11.62万元，按可比价格计算，下降6.0%。按国家公布的2020年平均汇率折算，为1.68万美元。

财政总收入195.69亿元，增长3%。其中，一般公共预算收入107.66亿元，增长3.8%。财政支出82.37亿元，增长8.0%，剔除省、市补助支出16.49亿元后净支出为65.88亿元，下降0.9%。全区居民人均可支配收入70991元，增长3.8%；农民人均纯收入48005元，增长8.0%。

工业增加值54.26亿元，增长10.4%。其中：规模以上工业增加值46.99亿元，增长10.8%；新产品产值率34.7%；利润总额19.20亿元，增长18.2%；利税总额24.13亿元，增长15.5%。建筑业增加值85.98亿元，占全区生产总值的8.4%。房地产业增加值173.37亿元，增长6.9%。

“6+1”特色产业（金融服务业、信息服务业、文化产业、现代商贸业、中介服务业、大健康产业和智能制造业）增加值604.82亿元。其中：金融服务业增加值288.89亿元，增长11.3%；信息服务业增加值21.84亿元，增长22.0%；文化产业30.39亿元，增长2.0%；现代商贸业增加值158.91亿元，增长5.4%；中介服务业增加值41.99亿元，下降11.6%；大健康产业增加值62.80亿元，增长6.5%。

固定资产投资增长8.1%，其中房地产投资增长10.8%，项目投资下降4.8%。项目投资中：交通投资增长43.3%，高新产业投资增长14.3%，工业投资增长0.8%，生态环境、城市更新和水利设施投资下降9.3%，项目民间投资下降14.3%。开工安置房项目12个、112万平方米，竣工安置房项目3个、22.9万平方米。老旧小区改造竣工66万平方米。旧厂房改造1.18万平方米，拆除违法建筑63.74万平方米。既有多层住宅加装电梯完工76台。推进“五化”（系统化、标准化、生态化、智慧化、社会化）集成式治河模式，环东水系6条、13千米河道创建为省级“美丽河湖”。全区82%河道水质达到Ⅳ类及以上。新增绿化74万平方米。

社会消费品零售额550.1亿元，下降5.5%。进出口总额311.05亿元，增长15.1%。其中：进口总额113.98亿元，增长11.3%；出口总额197.07亿元，增长17.5%。引进税收千万元以上企业15个。引进报资1亿元以上的产业项目53个，总投资237亿元。实际利用外资5.95亿美元。

专利申请量5368件，专利授权量3978件。新增国家级众创空间1个、省级众创空间1个。各级各类学校（幼儿园）132所，其中小学34所、初中11所、九年一贯制学校9所、十二年一贯制学校1所、普通高中1所、职业高中1所、特殊教育学校1所、幼儿园74所。在校学生（幼儿）10.55万人，其中义务教育段中小学生7.12万人、高中生 2129 人、在园幼儿 3.22 万人。在编教职工 6453 人。省义务教育标准化学校比例 100%。

全区有各类群众性艺术表演团体 527 个，文化馆 1 个，公共图书馆 1 个，博物馆、纪念馆 9 个，体育场馆（中心）3 个，全国（省、市级）文物保护单位 7 处。综合医院 20 个、专科医院 13 个、区属疾病预防控制中心和卫生监督所各 1 个、门诊部 120 个、诊所 144 个、卫生站 42 个、医务室 13 个、社区卫生服务中心 8 个、社区卫生服务站 70 个。区属医疗机构床位 52 张。各类专业卫生技术人员 1.22 万人，其中执业（助理）医师 3918 人、注册护士 4755 人。家庭医生签约服务 24.30 万人。

城镇登记失业率 2.4%。有居家养老服务照料中心 136 个，新增 5 个；有养老机构 17 个，新增 4 个，新增养老床位 155 张。享受养老服务补贴 6131 人，区财政用于居家养老服务的资金 2131.23 万元。有区级"残疾人之家"和康复机构 12 个，残疾人护理补贴率 100%。发放各类社会救助资金 5445.23 万元。

全年办理人大代表、政协委员建议和提案 178 件，满意率 100%。受理群众来信（包括网上信访）2.34 万件，接待来访 1075 批、3131 人次，按期办结率 99.96%；接办来电 6.98 万件次，按期办结率 99.99%。

【中国科学院资本数字经济创新中心开园】 2020 年 6 月 8 日，由中国科学院控股有限公司和江干区政府联合设立的中国科学院资本数字经济创新中心开园仪式在丁兰小镇西子智慧产业园举行。创新中心围绕数字经济关键产业，依托江干区数字经济产业基础和中国科学院数字经济技术背景，探索政府与名企、名院、名校战略合作新模式，打造集研发中心、加速中心、交流中心、展示中心为一体的创新创业平台。在开园仪式上，作为创新中心的运营机构，国科联动创新科技服务（杭州）有限公司与中科院成都信息技术股份有限公司、曙光信息产业股份有限公司等一批涵盖高端装备、生物医药、节能环保、新能源等科创领域的领军企业及中国科学院北京国家技术转移中心等平台签署战略合作与入驻协议。至年末，创新中心落地"博鲁斯潘精密""悉见科技""海归一号""国科青石"等重点项目 14 个；组织团队参加各类创新创业大赛、路演活动 70 多场，搜集各类项目 370 多个，筛选出符合江干区产业定位项目 68 个，其中重点项目 27 个。

【杭州江河汇城市综合体项目奠基】 2020 年 11 月 8 日，杭州江河汇综合体项目举行奠基仪式。该项目位于钱江新城二期区域钱塘江和京杭大运河交汇处，于 2019 年 8 月 7 日由香港新鸿基地产联合中国平安集团竞得，总投资约 300 亿元，总建筑面积约 82.2 万平方米。该项目分为汇西和汇东 2 个区块，其中汇东主要是商场、汇西规划为开放式街区，2 个区块通过一座横跨京杭运河的步行桥相连接。规划汇东区块 2024 年竣工验收，汇西区块 2025 年竣工验收。

【钱江新城"十字金街"开街】 2020 年 12 月 30 日，"新消费·醉杭州"——"十字金街"开街仪式暨创建杭州新零售街区项目启动活动在钱江新城举行。"十字金街"（一期）北至钱江路，南至富春路，东至民心街悦府，西至来福士商场。以民心路为纵轴，全长 600 米，以江锦路为横轴，全长 450 米，汇聚万象城商场、杭州国际中心、来福士商场、中国人寿大厦等商业综合体。其中，在建的杭州国际中心高 299 米。计划到 2021 年，二期工程基本完成改造。开街仪式当日，2020 年中国（杭州）城市新消费发展高峰论坛举行。江干区政府与新加坡乌节国际控股有限公司达成战略合作，致力将"十字金街"打造成为一条国际化标杆性商业街区。

【新时代文明实践中心省级试点建设】 江干区被列为浙江省第二批新时代文明实践中心试点区。2020 年 5 月，区委成立新时代文明实践中心建设筹备工作领导小组，印发《江干区新时代文明实践中心建设工作实施方案》。10 月，江干区新时代文明实践中心启用，面积约 1000 平方米。区新时代文明实践"云中心"——"蕙美江干"在"江干发布"App 上线。至年末，全区共建成街道文明实践所 8 个，社区文明实践所 145 个，实现区、街道、社区三级文明实践阵地全覆盖。构建并实施"一核、双驱、四阵、八行动"的新时代文明实践内容体系。"一核"即以习近平新时代中国特色社会主义思想为核心；"双驱"即打造线下实践平台和线上服务平台，实现新时代文明实践工作"双轮"驱动；"四阵"即建立理论传播、基层文化、文明促进、社会公益 4 个矩阵，整合各类宣传思想文化阵地资源；"八行动"即开展理论宣讲、文化惠民、志愿指导、网络文明、文明促进、青少年成长关护、公益便民、诚信培育 8 个方面的文明实践活动。全

2020 年 10 月，江干区新时代文明实践中心启用　（江干年鉴编辑部 供稿）

区有专项志愿服务队740支、特色志愿服务队10支，全年开展志愿服务活动1300多场，参与文明实践活动6万人次，惠及群众8.8万人次。志愿服务项目“盲人看电影”被评为浙江省最美志愿服务项目，并入选杭州市2020年度精神文明建设工作十件大事。江干区教育局被评为全国未成年人思想道德建设工作先进单位。

【政治生态“廉情码”推出】2020年年初，江干区纪委探索建立政治生态“廉情码”评估预警机制，通过“红、黄、绿”三色动态管理，实现政治生态评估“可量化”“可视化”及政治生态的“可净化”。具体由区纪委定期向区委巡察办等部门采集监测数据，充实日常监测数据库。由区纪委、区委组织部牵头组成全区政治生态评估研判工作小组，每月对各部门报送的数据进行分析研判和评估，形成预警指数。对预警指数90分以下的单位，亮“红码”；对预警指数90~95分的单位，亮“黄码”；对预警指数95分以上的单位显示“绿码”。将评估指标体系分为年度综合指标和日常监测指标两个部分，分别运用于政治生态年度评估研判及日常监测预警。通过实时监测短周期指标变动情况，确保问题“早发现、早预警、早处置”。至年末，对12个部门（街道）、36个社区进行廉情预警指数扣分。江干区政治生态“廉情码”评估预警机制得到省委领导批示肯定。中国新闻网、人民网、《浙江日报》等10多个媒体做专题报道。

【民主党派成员参与社会治理信访工作机制探索建立】2020年5月，江干区制定《关于探索建立民主党派成员参与社会治理信访相关工作机制意见（试行）》等文件，并在江干区社会矛盾纠纷调处中心成立“江干区民主党派成员参与社会治理实践基地”。6月1日起，由人大代表、政协委员以及具有相关专业背景人士60多人组成“信访工作专家智库”，以业务接待员、矛盾纠纷调解员、社会问题研究员、信访办理监督员、法律政策宣传员、人民群众服务员的身份，参与全区的信访工作。具体工作职责包括参与接访、听诊会商、调查研究、专题监督、宣传引导、智库服务。至年末，参与和跟踪信访案件27件，有效结案率92.5%，案件内容涉及学校周边道路安全隐患、拆迁安置等民生热点问题；提交意见建议9篇，其中民革小组撰写的《关于进一步规范引导长租公寓健康发展的建议》得到市委领导批示肯定。

【“民生直达”网络平台创建】2020年3月，江干区民政局打造城市大脑“民生直达”场景，实现各种便民场景以及相关政策兑现的“一键直达”。4月29日，江干区“民生直达”平台正式上线。6月9日，江干区“民生直达”平台第一次实现区县（市）平台与省级业务系统协同办理。7月，江干区建成风控驾驶舱和向每个民生保障对象实时推送“应享”“已享”政策的幸福清单。8月31日，江干区成立“民生直达”江干专班，并与省大救助平台、“杭州市互联网+养老系统”等多个平台完成数据对接，采用系统协同和接口比对的方式上线，成为杭州市率先对接省市系统的区县。

江干区“民生直达”平台建立后，实现救助资金“秒到达”，群众无须申请、足不出户便可迅速获取民生保障资金。至年末，该平台上线政策17个，兑付金额6095万元，惠及群众16.45万人。

【浙江大学医学院附属第二医院江干院区开业】2020年10月30日，浙江大学医学院附属第二医院江干院区（杭州市江干区人民医院新院区）开业仪式举行。该医院位于源聚路300号，是一家国有、公立、非营利性医院，由江干区人民政府、物产中大集团、浙江大学医学院附属第二医院三方联合组建，由浙江大学医学院附属第二医院实行自主经营、一体化管理。医院建筑面积11.25万平方米，主体建筑共3幢，有床位600张。

【“零表通”系统建立】2020年10月，江干区闸弄口街道以“基层治理四平台”为基础，梳理各部门的报表需求，将每月40多张报表、近1000个数据字段输入后台系统，建立街道级“驾驶舱”、社区级“数据池”，形成社区“零表通”系统。该系统一端连着微信小程序，导入社区和辖区内第三方的人、房、企、事、物五大类数据，并让社工在走访中对数据进行维护、更新，形成全街道的数据“蓄水池”；另一端连着电脑平台，街道各条线只需选择标签与字段进行搜索，就能一键导出表格。该系统还接入杭州市的共享数据平台，可对街道失业人员参保等情况进行批量查询。“零表通”系统还设定高频表格27张，按照固定格式直接在系统页面中生成。至年末，闸弄口街道“零表通”系统汇总社区治理要素信息13.7万条，梳理标签字段300多个。“零表通”系统的运行得到省委、市委领导的批示肯定。（江干年鉴编辑部）

拱墅区

【概况】2020年，拱墅区辖10个街道，有99个社区。至年末，户籍人口41.39万人，人口出生率9.56‰，人口自然增长率3.9‰。全区生产总值668.60亿元，比上年增长0.1%。其中：第二产业增加值125.40亿元，下降4.5%；第三产业增加值543.20亿元，增长1.6%。二、三产业结构为18.8∶81.2。拱墅区连续15年成功创建“省级平安区”，被授予浙江省首批“一星平安金鼎”。拱墅区被评为“诗画浙江·百县千碗”工程示范区，被省根治欠薪领导小组评定为浙江省“无欠薪”区。12月23日，拱墅区入选首批“浙江省文旅产业融合试验区”培育名单。

至年末，规模以上工业企业74个，规模以上工业增加值86.31亿元，下降7%。规模以上工业企业利税总额63.33亿元，增长16.2%。建筑业增加值30.21亿元，占全区生产总值的4.5%。

全区研发经费支出7.12亿元，增长5.9%。规模以上工业企业研发经费投入5.63亿元，增长8.3%；规模以上工业企业研发经费支出占营业收入的2.1%，占比居全市第三位。有效发明量1640件，增长17.9%。

新增国家高新技术企业99个、省级科技型中小企业163个、省重点农业企业研究院1个、省级研发中心9个。

“6+2”产业主营业务收入1982.90亿元，增长10.0%。其中：数字经济营业收入156.44亿元，增长16.4%；商贸旅游产业营业收入963.09亿元，增长6.4%；金融服务业增加值146.32亿元，增长11.3%；文化创意产业营业收入292.82亿元，增长25.1%；商务服务产业营业收入331.47亿元，增长24.6%；体育健康产业营业收入250.13亿元，增长2.7%；智能制造产业营业收入202.80亿元，增长3.1%；建筑规划产业营业收入375.80亿元，增长13.0%。楼宇经济总税收70.40亿元，增长3.5%。

社会消费品零售总额609亿元，下降1.9%。其中：汽车类商品零售额148.05亿元，下降22.8%；石油及制品类零售额91.98亿元，下降17.3%；日用品类商品零售额22.80亿元，增长4.2%；通信器材类商品零售额20.96亿元，下降6.7%；粮油、食品类商品零售额19.62亿元，下降9.6%。商品交易市场14个（其中年成交额1亿元以上的商品交易市场13个），成交额523.20亿元，下降14.5%。

进出口总额152.53亿元，增长11.3%。其中：外贸出口额104.4亿元，下降2.5%；进口额48.13亿元，增长60.8%。完成服务贸易出口总额3.76亿美元，增长0.45%。完成跨境电商出口额6.11亿美元，下降10.9%。跨境电商进口额1.59亿美元，增长6.67%。

财政总收入154.39亿元，下降4.7%。地方一般公共预算收入86.73亿元，下降4.9%。一般公共预算支出47.43亿元。其中：教育支出12.06亿元，增长17.2%；社会保障和就业支出5.93亿元，增长37.82%；公共安全支出5.76亿元，增长13.9%；科学技术支出2.89亿元，增长47.6%；卫生健康支出2.83亿元，增长28.9%。

收储经营性用地12宗、34.73公顷。出让经营性用地14宗、31.33公顷。完成安置房续建项目29个、342万平方米。其中：竣工2个、13.66万平方米；交付4个、57万平方米。开工30个三公配套项目，回迁1490户，实现在外过渡5年以上征迁户回迁清零。新增地下空间开发项目69万平方米，完工地下公共停车场库等停车泊位1399个，开工及续建泊位3346个，累计移交投用泊位603个。新增绿地34.6万平方米、绿道19千米。完成地铁三期9项征借地任务，地铁3号线、4号线、10号线在区内的14个站点完成主体结构施工。实施94条、53.4千米道路建设，完工15条、9.1千米，开工20条、9.5千米，香积寺路西延工程成功开通，莫干山路提升改造工程、萍水东路等市重点道路开工。华东师范大学附属杭州学校获评“国家优质工程奖”，3个项目获评“钱江杯优质工程奖”。

固定资产投资下降12.6%。其中：生态环保、城市更新和水利设施投资下降14.5%，高新产业投资增长59.5%，民间投资增长34.0%，工业投资增长4.5%，交通投资增长44.6%。

完成涉河工程项目8个，生活小区“污水零直排”建设项目65个，创建成为省级全域“污水零直排区”。红旗河片区获评省级美丽河湖。新增沿河生态健康廊道9千米，累计建成57条、109千米。环境空气优良率89.8%，PM2.5平均浓度33.1微克/立方米，下降16.4%。拱墅区获评“省级生态文明示范区”。完成无障碍设施改造1722处。全区生活垃圾日均量700.19吨，下降7.5%，建成易腐垃圾减量点9处，开通低价值物回收专线12条，探索快递包装回收利用和“15分钟直达”综合体分类回收拱墅模式，全区366个生活小区“定时定点”投放全覆盖，完成老旧小区垃圾分类设施改造89个，创建省级生活垃圾分类示范小区17个。

全区有高中4所（含职业高中），在校学生2806人；初中21所，在校学生1.50万人；小学30所，在校学生3.93万人；特殊教育学校1所，在校学生100人。幼儿园75所（96个园区），其中公办园43所（64个园区）、部门办园3所、民办29所，在园幼儿2.31万人。全区在职在编教职员工4951人。中国人口与发展研究中心托育政策实验基地落户拱墅。运河亚运公园、运河中央公园主体施工完成，上塘古运河景区建设启动，大运河杭钢工业旧址、京杭大运河博物院、小河公园开工，获评首批“浙江省文旅产业融合试验区”、“诗画浙江·百县千碗”工程示范区。

全区有各类医疗卫生机构363个、床位8580张，各类专业卫生技术人员9738人，其中执业（助理）医师1775人、注册护士4477人。城镇新增就业人数5.93万人，引导和帮助城镇失业人员实现再就业2510人，安置就业困难人员就业1249人。减免及兑现各类政策资金72.5亿元。建有“阳光老人家”78个，其中省级示范型13个，形成“15分钟”居家养老服务圈，养老服务覆盖全域。在“市民卡”App上线四大类“康养服务”，试点设立家庭照护床位145张，对老年人实行24小时照料支持和服务响应，并与就近医疗机构建立绿色通道，确保及时应急响应。

全年办理人大代表意见、建议和政协委员提案229件，办结率100%。受理群众来信、来访、来电和网上信访6.06万件（人）次。

【安宁疗护中心落户拱墅区】2020年1月8日，拱墅区安宁疗护中心在和睦老人公寓成立。该中心是为疾病终末期患者提供身体、心理、精神等方面照护和人文关怀服务的专业医疗机构。安宁疗护中心总面积约1000平方米，设置安宁疗护病床27张，评估入住安宁疗护病人5人。中心内有治疗室、谈话（评估室）、沐浴室、关怀室和日常活动场所等功能区域。病房的布局以暖色调为主，为患者营造安静、舒适的病区环境。

【心理社工培育孵化督导基地启动】2020年1月12日，“心理社工培育督导孵化基地”启动仪式在拱墅区上塘街道举行。该基地是全国12个社会心理服务体系建设试点之一，是省级社会心理服务研究机构“浙江晒福社会工作服务研究院”重要的实务理论成果转化基地，全省首个“心理健康社会工作服务实务创新基地”。基地专注于心理健康社会工作，全年开展心理健康活动10多次，发放心理健康宣传册1000多份，服务居民3570人次，实施重点人员心理干预125人。

2020 年 9 月 3 日，拱墅区上塘街道瓜山未来社区地铁接驳及通勤专线开通

（拱墅区府办 供稿）

【拱康路渣土专用道开通】2020 年 3 月 23 日，拱康路应急提升改造工程正式完工并实现通车。拱康路是大城北南北向主干道，是运河新城单元、铁路北站单元、康桥单元进出的主要道路，也是进出沿线渣土码头的必经之路，主城区 70% 水路外运渣土经拱康路后装船外运。改造提升后的拱康路，采用重载专用道标准设计建成，专用道与普通车道用挡板隔开，改善城北居民出行交通和环境。

【社区版“红旗书屋”打造】2020 年 4 月 23 日，由红旗出版社、拱墅区人力社保局和米市巷半道红社区共同打造的“红旗书屋”在米市巷社区挂牌开张。同时，拱墅区政府与红旗出版社、杭州晓风书屋共同签订“红旗引领·书香满园”三年行动协议，旨在通过街社联动、就近设置、示范引路、政企共建，推动社会优质文化资源汇聚基层，并促进社区“书屋”与基层治理紧密融合，拓展服务功能。

【中国科学院计算所数字经济产业研究院（杭州分所）落户拱墅区】2020 年 6 月 6 日，中国科学院计算所数字经济产业研究院（杭州分所）落户拱墅智慧网谷小镇。杭州分所由中国科学院计算所与拱墅区政府合作成立。计划在智慧网谷小镇设立“一院一基金一园区”，即数字经济产业研究院、数字经济产业基金和产业发展园区，推动中国科学院计算所科研成果转化。

【大运河成功申遗 6 周年系列庆祝活动】2020 年 6 月 22 日，大运河申遗成功 6 周年之际，拱墅区启动大运河戏曲驿站廊道建设，由荣华戏园、九剧院、老开心茶馆等 6 个单位串联而成，全年举办戏曲惠民活动 100 多场。浙江音乐学院、浙江艺术职业学院、嵊州越剧艺术学校等高校在拱墅设立戏曲传承“教学实践基地”。打造“美食运河”品牌，结合“文化和遗产日”和端午节，开展非物质文化遗产美食市集、购物节、传统工艺分享会、“运河南·香之旅”等活动。

【未来社区人才接驳专线开通】2020 年 9 月 3 日，拱墅区上塘街道瓜山未来社区地铁接驳及通勤专线正式开通。开通的 2 条接驳专线分别为未来社区站至地铁拱宸桥东站、未来社区站至杭州国际人才创业创新园，主要服务青年人才。居民可通过“未来社区”App 实时掌控公交专线的车辆发车及到站情况，实现数字化出行。

【拱墅区夜间经济发展】2020 年，拱墅区开展“来运河拱墅·得人生好运”促消费活动。“胜利河·锦鲤中心”美食商业体依托“六街一市”发展夜间经济。至年末，社会消费品零售总额 609 亿元，网络零售额 528 亿元。9 月，拱墅区入选全省夜间经济重点培育区，古运河夜游、胜利河美食街入选全省重点建设的“夜坐标”。

【承诺制“放射诊疗许可证”获得】2020 年 9 月 30 日，拱墅区小河湖墅街道社区卫生服务中心获得全市首张承诺制“放射诊疗许可证”。医疗机构通过承诺获得放射诊疗许可，是区行政审批服务中心卫健窗口“证照分离”改革的一项尝试，也是卫生健康窗口提升审批服务效率、优化流程、打造“最简审批、最优服务”的一项举措。

【中国人口与发展研究中心托育政策实验基地成立】2020 年，拱墅区先后成立婴幼儿照护服务协会和拱墅区 3 岁以下婴幼儿照护服务指导中心，构建 3 岁以下婴幼儿照护服务体系。10 月，中国人口与发展研究中心托育政策实验基地暨拱墅区婴幼儿健康发展研究院成立。该基地集合国内政策法规指导、育儿指导、婴幼儿营养、婴幼儿早期教育、儿童保健等方面的专家 13 人，开展儿童健康发展研究、0 ~ 3 岁婴幼儿照护政策研究、托育服务研究、研究评审等工作，为婴幼儿照护服务工作提供专业支撑。

【“城市眼·云共治”模式获评全国创新案例】2020 年 11 月 18—19 日，全国政法智能化建设研讨会、全国政法智能化建设技术装备及成果展、首都公共安全防范建设应用成果展在北京国家会议中心举行，拱墅区小河街道“城市眼·云共治”模式获评 2020 年全国政法智能化建设优秀创新案例。该模式是以城市治理难题为突破口，运用 AI 识别技术，与社区、商家、物业、业委会、行政执法、市场监管、公安等多方街域自治相结合，以大数据分析为指导，形成“摄像头眼睛 + 计算机智能大脑”的城市治理物联网架构，推动基层治理更加精准、高效。（张　婧）

西湖区

【概况】2020 年，西湖区辖 9 个街道、2 个镇，有 163 个社区、32 个行政村。至年末，全区户籍人口 77.4

万人，比上年末增加 2.5 万人。全区生产总值 1587.6 亿元，比上年增长 7.2%。其中：第一产业增加值 3.0 亿元，增长 15.5%；第二产业增加值 116.8 亿元，增长 0.7%；第三产业增加值 1467.7 亿元，增长 7.9%。三次产业结构为 0.19∶7.36∶92.45。

财政总收入 317.8 亿元，增长 7.9%。其中一般公共预算收入 162.0 亿元，增长 7.5%。一般公共预算支出 109.6 亿元，增长 17.8%。其中：教育支出 27.7 亿元，增长 35.8%；社会保障和就业支出 15.7 亿元，增长 22.1%；医疗卫生与计划生育支出 8.8 亿元，增长 15%。

农业总产值 4.23 亿元。其中，农业种植业产值 2.95 亿元，渔业产值 1.04 亿元。经济作物播种面积 1.48 公顷。龙井茶、无公害蔬菜、水产养殖及花卉苗木等优势产业产值 3.99 亿元，占农林牧渔业总产值的 94.5%。全年淡水产品产量 6154 吨。

规模以上工业总产值 265.0 亿元，下降 0.6%；规模以上工业企业销售产值 261.3 亿元，下降 1.7%；规模以上工业企业增加值 72.4 亿元，增长 0.4%。规模以上新产品产值 80.0 亿元，新产品产值率 30.2%；规模以上工业高新技术产业增加值 58.0 亿元，增长 2.4%，占工业增加值的 80.1%。数字经济增加值 590.3 亿元，占全区生产总值的 37.2%。西湖区资质内施工总承包和专业承包建筑业企业 131 个，完成建筑业产值 1027.1 亿元。房屋建筑施工面积 8860.1 万平方米，新开工面积 1988.2 万平方米。

固定资产投资 468.9 亿元。其中：交通运输业投资 24.7 亿元，高新技术产业投资 44.2 亿元，生态环境、城市更新和水利设施投资 21.8 亿元，项目民间投资 69.9 亿元，工业投资 14.6 亿元。房地产新开工面积 140.1 万平方米，竣工面积 52.4 万平方米，销售面积 58.4 万平方米，销售金额 204.8 亿元。

全区服务业增加值 1467.7 亿元，增长 7.9%。之江发展和重大文化项目加快推进。其中，之江编剧村启用并获省级宣传思想工作创新奖，之江文化中心、浙江电影科技等项目加快建设，横店之江影视创新中心项目开工。西溪水浒文化展示馆（钱塘施耐庵故居）对外开放。西湖区成功举办第六届中国数字阅读云上大会、中国电视艺术创新峰会等活动。3 部电视剧获第三十二届电视剧飞天奖优秀电视剧奖，12 部作品入选省文化艺术基金扶持项目，数量居全省第一位。税收 1 亿元以上的楼宇 23 幢、1000 万元以上的楼宇 122 幢。社会消费品零售总额 689.7 亿元。限额以上贸易企业通过公共网络实现零售额 76 亿元。

西湖区获评浙江省第三批全域旅游示范区、浙江省文旅产业融合试验区、浙江省 AAA 级景区城。艺创小镇成功创建国家 AAA 级景区，上城埭村被评为国家第二批乡村旅游重点村。龙坞茶镇成功创建浙江省乡村旅游产业集聚区。云栖小镇“云游云栖”平台入选“杭州数字经济旅游十景”。全年旅游总收入 296.9 亿元，接待游客 1557.7 万人次。

自营出口总额 240.7 亿元，增长 4.7%；服务贸易出口额 14.3 亿美元。全区实际利用外资 10.1 亿美元。引进 1 亿元以上生产建设类项目 26 个，引进 50 亿元以上重大产业项目 2 个，引进重点产业链项目 112 个，其中文化创意、集成电路、金融科技、空天信息、数字经济和高端装备制造项目分别为 46 个、33 个、19 个、5 个、7 个和 2 个。全区新招引跨境电商企业 72 个，跨境电商出口额 5.3 亿美元，进口额 2.4 亿美元。

全区 16 个科技成果获省科技进步奖，其中 2 个科技成果分别获国家科技进步奖一等奖、二等奖，2 个科技成果获省科技进步奖一等奖。新增国家高新技术企业 212 个、省科技型中小企业 541 个。新增省级重点实验室 6 个、省企业研究院 5 个、省级研发中心 20 个。西湖区实验室列入全省首批浙江实验室，新入选省级首批新型研发机构 5 个。新增省级标准化众创空间 4 个。云栖小镇“云计算产业创新服务综合体”等 3 个综合体被评定为市级创新服务综合体。西湖区成立西湖科技创新联盟，举办“科技八点半”品牌活动 13 场。全区有幼儿园 84 所（132 个园区），在园幼儿 3.77 万人；小学 28 所（59 个校区），在校学生 6.81 万人；中学 27 所（32 个校区），在校学生 2.85 万人；特殊教育学校 1 所，在校学生 112 人；职业高中 1 所，在校学生 1848 人。在职在编教职员工 6911 人。全年新开办中小学 5 所、幼儿园 7 所，完成扩建 4 所，新设立民办幼儿园 1 所。学前儿童入园率 99.9%，小学生入学率、初中生入学率均为 100%。

西湖区文体中心入选国家体育服务综合体典型案例。三墩文体中心主体完工，之江文体中心加快施工。新建（改建）公共体育设施 47 处，建成开放北山、文新、三墩 3 个西湖书房，挂牌 2 个杭州书房。“掌上西湖非遗馆”小程序上线。图书服务实现“上云”，提供电子书、慕课、有声读物等 13 种数字阅读内容 10 万余册（集）。开展抗击新冠肺炎疫情、全面建成小康社会等重大主题活动、文艺创作 170 多期（件），全年举办各类文体活动 376 场次。

各类医疗卫生机构 567 个，床位 1.11 万张。社区卫生服务站 75 个。各类专业卫生技术人员 1.78 万人，其中执业（助理）医师 6841 人、注册护士 7776 人。省级示范型居家养老服务中心实现镇（街道）全覆盖。全国人工智能养老试点启动。在全区推广“便捷泊车”“舒心就医”“智慧治水”“智慧旅游”等应用场景。新增城镇就业 9.6 万人。新开工蓝领公寓 3169 套、人才专项租赁房 632 套。

全年区人大代表提出议案建议 101 件，受理群众来信、来访、来电 26 件，办结率 100%。

【电商助农直播基地落成】2020 年 5 月 26 日，“云上杭行·直播电商季”西湖区电商助农直播基地落成仪式在西湖区对口协作优质农产品展销中心举行。在落成仪式上，西湖区电商代表浙江格家网络技术有限公司（斑马会员）与“央广助农中国行”、西湖区对口协作展销中心、2020 年中国（杭州）国际电子商务博览会代表，共同签署电商助农战略合作协议。现场嘉宾参观西湖区对口协作优质农产品展销中心以及杭州市电商助农直播间。该基地是杭州市首个电商助农直播基地，是“云上杭行”直播电商季在助农领域的重要尝试。直播基地通过“电商 + 直播 + 创业”的新模式，搭建电商直播技能提升平台、农产品展销平台、交流合作平台，结合线下场馆增强体验效果，以网络直播方式，传播杭州电商发展的新魅力，同时凝聚“吉浙合作”“黔货出山”“硒品入杭”消费的新力量，培育出一批网络直播达人。

【西湖区出口网上交易会（德国站—纺织专场）】2020年6月24日，2020年浙江杭州西湖区出口网上交易会（德国站—纺织专场）开幕式在西湖区文体中心举行。交易会由浙江省商务厅、西湖区人民政府、杭州市商务局主办，采用云平台、云连线等形式举办的一次特殊展会。纺织专场为期一周，40个纺织服装企业参展，开展3D全景线上样品展示，一对一精准配对德方意向采购商，进行约120场次的商务洽谈，让双方企业足不出户就能找到客户、接到订单。交易会上，杭州天创进出口有限公司与德国KIK公司、浙江晶岛实业有限公司与德国SOHE公司签订意向订单。

【灵隐街道微融媒体中心成立】2020年6月27日，灵隐街道微融媒体中心正式成立。西湖区灵隐街道举行街道微融媒体中心启动仪式，并在仪式上展示《灵隐红云端融》《父亲写的散文诗》《灵隐党建宣传片——逐梦新征程》《等春来》《你笑起来真好看》《那都不是事儿》等融媒体作品。灵隐街道微融媒体中心由灵隐街道党建办直接管理，设“一站八点两中心”，以小视频、音频为“核心项目”，升级灵隐事“宣推集群”、灵隐书“调研集群”、灵隐说“项目集群”，灵隐汇“志愿集群”，灵隐融“媒介集群”的灵隐宣传文化五部曲。

【西溪与水浒故事展】2020年7月9日，“千古蓼洼忠义地——西溪与水浒故事展”在中国湿地博物馆开幕。活动挖掘西溪湿地与《水浒传》历史渊源，展示宋江三军自杭州到淳安征讨方腊的详细路线。同时，蔡志忠手绘的“水浒108将”卡通形象和浙江工艺美术大师刘小平收藏的“水浒108将”木雕作品进行展出。除了展览，博物馆还安排配套活动，包括水浒游园会、为“水浒108好汉”发声配音活动、水浒历史文化讲座、水浒经典剧目点映等。

【“美丽西湖”App上线】2020年9月16日，“美丽西湖”App上线暨西湖区“新时代文明实践中心”揭牌仪式在西湖区传媒中心举行。浙江广播电视集团与西湖区签订战略合作协议，西湖区新时代文明实践中心、“浙江广电蓝媒学院”揭牌成立。“美丽西湖”App运用城市大脑理念将时政新闻、政务服务、民生服务与新时代文明实践中心综合数字平台有机结合，打通宣传群众、教育群众、关心群众、服务群众的“最后一公里”。该App使用短视频、图片、文字、声音、动画，综合展现即时性信息、阶段性进展、深度化报道，立体呈现宣传内容，将权威发布、民生信息、基层动态等多项新闻内容融为一体，展示西湖区各项工作。西湖区传媒中心以“新闻＋服务”为理念，以“美丽西湖”App为载体，与新时代文明实践中心融合，推进“融合＋政务”“融合＋服务”落地。

【“天目里”艺术园区开园】2020年10月18日，集购物区、博物馆、美术馆、办公楼和餐厅等多元业态的艺术园区“天目里”开园。“天目里”位于西湖区天目山路与古墩路西北角，总建筑面积23万平方米，是由17栋单体建筑及其中心广场构成的建筑集群。该艺术园区由国际建筑大师、蓬皮杜国家艺术和文化中心的设计者之一的伦佐·皮亚诺设计。园区中的树木由美国著名植物生态学家Paul Kephar进行挑选，100多种植物分布在园区各个方位。园区“风、水、空”3个禅主题的庭院由日本枯山水大师枡野俊明及其团队设计，5万平方米清水混凝土墙面是由意大利清水混凝土施工团队Dottor Group打造，搭配阳极氧化工艺铝板和超白玻璃幕墙，与绿色景观相呼应。江南布衣集团和GOA大象设计的总部、“全球最美书店”茑屋书店及“三克映画CINKER PICTURES”“Seesaw”“%ARABICA”“18号酒馆”“柴米多”“COCO-MAT”等特色品牌入驻“天目里”。

【西湖区志愿者之家启用】2020年12月4日，西湖区志愿者之家启用仪式在西湖区行政服务中心举行。西湖区志愿服务改革推进领导小组成员、区直属团组织负责人、志愿者代表等近150人参加。志愿者之家为西湖区17万余名志愿者和1800多支志愿服务队提供服务展示和交流学习的平台。志愿者之家以中心工作为指引，以问题需求为导向，精准服务。树立“大群团”理念，发挥好群团组织引领带动作用。坚持数字赋能，推进志愿服务智慧化。依托城市大脑数字驾驶

2020年6月27日，灵隐街道微融媒体中心成立

（西湖区志编纂委员会办公室 供稿）

舱，深化“数字管理+志愿服务”工作模式。

【“科技八点半”科创直投基金项目路演】2020年12月16日，“科技八点半”科创直投基金项目路演暨西湖区与财通证券股份有限公司战略合作框架协议签约活动举行。活动期间，西湖区政府与财通证券股份有限公司签署战略合作框架协议，杭州西湖区科创股权投资有限公司正式授牌成立，并为第四批、第五批科创直投基金项目颁发支票。8个来自云栖小镇的科创企业以现场演讲、当场提问和互动交流方式开展路演活动，来自行业内的专家对参加路演的企业进行现场评审。

【之江编剧村启用】2020年12月18日，由省委宣传部主办，市委宣传部、西湖区委、浙江省剧本创作研究中心承办的之江编剧村启用仪式在西溪国家湿地公园举行。中国电视剧编剧工作委员会会长刘和平受聘为之江编剧村“名誉村长”，马继红、王宛平、程蔚东、兰晓龙等国内著名编剧学者受聘为之江编剧村首批导师团成员。该编剧村地处西溪国家湿地公园，建筑面积2500平方米，草坪面积2000平方米。西湖区以之江编剧村运营发展为契机，高标准打造之江文化产业带、环西溪影视产业带、黄龙国际商务区“两带一区”。

【中华茶奥会】2020年12月26日，第七届中华茶奥会开幕式在龙坞茶镇举行。茶奥会以“科技茶奥、品质茶奥、人文茶奥、活力茶奥、时尚茶奥”为主题，全国300多名选手参与，竞争四大类、10个组别的70个奖项。项目包括仿宋茗战等经典赛项，以及首次亮相的人机大战、茶网红锦标赛、“县长说”茶擂台赛等赛事。赛事期间，“茶文化传播与茶产业高质量发展”高峰论坛举行。茶奥会采用线上线下融合的方式，以数字赋能赛、会、展等系列活动，让场外参与者通过融媒体平台体验“云上互动”。

【区级金融顾问工作室成立】2020年12月29日，西湖区拟上市企业“金融顾问”对接专场会暨西湖区金融顾问工作室授牌仪式在白沙泉并购金融街区运营中心举行，61个拟上市企业负责人参会。会上，浙商总会金融服务委员会宣布成立西湖区金融顾问工作室，8名来自银行、保险、券商、创投机构、律所的行业专家受聘成为西湖区金融顾问。仪式结束后，来自深圳证券交易所和财通证券有限公司的2位专家分别就创业板注册制改革要点和企业上市策略选择做讲解，现场解答企业关于上市的相关问题。

（西湖区志编纂委员会办公室）

滨江区

【概况】2020年，滨江区辖3个街道，有59个社区。常住人口50.6万人，户籍人口29.2万人。全区生产总值1745.7亿元，比上年增长7.2%。财政总收入358.4亿元，增长4.8%，其中一般公共预算收入182.8亿元，增长4.1%。一般公共预算支出126.3亿元，增长2.1%。民生保障支出107.4亿元；教育、产业扶持的支出分别为25亿元、53.7亿元。固定资产投资下降9.6%。社会消费品零售总额428.85亿元，增长0.6%。自营出口额544.2亿元，增长11.2%。

全区规模以上工业增加值704.2亿元，增长10.8%，总量居杭州市第一位。数字经济核心产业增加值1343亿元，增长16.6%，占全区生产总值的76.9%。数字经济核心产业增加值居全市第一位，综合评价总指数居全省第一位。数字安防、网络通信、生命健康产业营业收入分别为1500亿元、1750亿元和230亿元。25个1亿元以上项目落户滨江区，12个项目公告摘牌，19个项目开工。引进新兴产业项目76个，实际利用外资10.3亿美元，增长18.5%。3个企业入围省民营企业百强榜，5个企业入围中国民营企业500强名单。

新增上市企业6个，累计53个。杭州高新区（滨江）富阳特别合作区签约新制造业项目7个，总投资470亿元。江北科技园391个企业实现“北企南迁”。物联网产业园获批全省唯一国家首批数字服务出口基地，物联网小镇获评省级特色小镇、全省亩均效益领跑者。互联网小镇连续3年考核优秀，并在省级现代服务业集聚示范区综合评价中列第一位。白马湖生态创意城命名为首批国家级文化产业示范园区。智慧医健小镇8个产业项目开工建设。

企业合规促进会、生物医药创新联盟、直播产业联盟等产业服务组织成立，帮助解决问题近2万个。开展“商事制度改革促进政务环境提升国家级标准化试点”，成为全市唯一“亲清D小二”上线试点先行区。开展“无人智慧审批”，行政服务中心精简窗口60%，线上办件率超过85%，群众满意率提升4.7个百分点。全年新增注册企业1.13万个，增长27.3%，居全市第一位。

地铁5号线、6号线、7号线开通运营，新增运行里程22.8千米、站点12个。滨盛路下穿隧道、时代大道滨江段高架、冠山路西段贯通，兴宁路、滨城路等6条“断头路”打通，浦沿路提升改造工程完工。江南大道提升改造工程，映翠路、新生路等工程继续推进。区政府南广场、物联网“感知之轴”等项目开工建设。铺设雨水管网11千米，疏浚1385千米，通过“污水零直排区”创建验收。北塘河畔提升工程的2.1千米游步道贯通，智慧新天地区块沿江景观带开放。白马湖片区河道入选省级“美丽河湖”。西兴铁路工匠公园开园，全年扩绿32万平方米。空气优良天数337天，优良率92.1%，为历年最高。

12个安置小区综合整治推进。电梯加装开工519台、完工473台，3个小区实现全覆盖。《既有住宅加装电梯技术规范》发布，形成加梯“滨江经验”。拆除保笼1.1万户，11个小区全面清零。完成楼廊改造484个。新建（改建）垃圾集置房100个、投放点589处、再生资源回收网点124处，住宅小区100%实现“定时定点”投放，垃圾总量下降8.2%。

奥体实验小学及幼儿园等4所学校投入使用，建成江南单元小学及幼儿园等学校2所，开工西兴中学等学校7所。新增学位5130个，完成7508名适龄幼儿和9031名中小学生招生。推出杭州江南实验学校等首批6个新名校教育集团。创设“海康威视”“海创基地”2个产业园区嵌入式公办幼儿园。推出班级微信群公约，规范引导家校关系，作为典型事例在中央电视台播出。全区教育现代化发展水平居全省第二位。

杭州高新区成立30周年纪念大会、杭州湾全球数字技术大会、第九届中国创新创业大赛全国总决赛、第二十四届中国国际软件博览会、第十六届中国国际动漫节、第十四届杭州文化创意博览会等活动举行。开展“全民阅读节”“千堂万艺”等文化惠民工程。深化医联体、预共体建设，利用浙江大学医学院附属第二医院、浙江大学医学院附属儿童医院等资源，下派专家门诊服务2.36万人次。区疾控中心完成加强型P2实验室和PCR（基因扩增）实验室升级改造，具备独立开展新型冠状病毒检测能力。

养老保险参保人数48.45万人，增加4.96万人；职工工伤保险参保人数54.51万人，增加7.53万人；基本医疗保险参保人数27.79万人，增加2.07万人；生育保险参保人数42.51万人。全区户籍人口基本养老保险参保率99.4%。推出“家燕回巢”4.0活动，帮扶2157名就业困难人员实现再就业。为征地拆迁家庭发放大病医疗补助748.1万元。婴幼儿照护服务指导中心成立，创建国家智慧养老应用示范基地。

安置房项目全部开工，全年交付房源2669套、55.29万平方米，回迁安置2478户（次），26个、395万平方米项目在建。新建人才租赁房2.9万平方米，续建4.4万平方米，配租1353套，其中公开摇号200套。发放高层次人才购房、租赁补贴1860.2万元，应届毕业生租房补贴2.58万人次、3.98亿元。

引进各类人才3.3万人，增长7%，其中硕士和博士研究生人才8751人、人才计划专家41人。新设政府引导基金子基金4只，累计规模36.67亿元。全年技术交易额78.7亿元，研发经费支出占全区生产总值的10%。

全年办理人大代表建议78件、政协提案69件，满意和基本满意率100%。受理群众来信、来访、来电和网上信访6.6万件。

白马湖生态创意城　［杭州高新区（滨江）地方志编研室 供稿］

【杭州市银行业人民调解委员会滨江工作室挂牌】 2020年5月8日，杭州市银行业人民调解委员会滨江工作室在滨江区法院挂牌成立。工作室由区法院与杭州市银行业人民调解委员会合作建立银行业纠纷诉讼与调解合作机制，杭州市银行业人民调解委员会派驻1～2名人民调解员常驻法院。工作室制定《杭州市滨江区人民法院、杭州市银行业人民调解委员会银行业纠纷诉调对接合作机制操作规则（试行）》，规定合作机制、受理范围、机构设立、操作规则4个方面。明确受理经滨江区法院受理登记并适合诉前调解的涉及银行类纠纷案件、经杭州市银行业人民调解委员会自行调解的涉及银行类纠纷案件两类案件。至年末，工作室调解银行类纠纷案件20件。

【婴幼儿照护服务指导中心成立】 2020年5月29日，杭州市首个婴幼儿照护服务指导中心在滨江区妇幼保健院（长河街道社区卫生服务中心）成立。中心面积200平方米，有婴幼儿照护服务专业人员7名。利用医联体合作单位浙江大学医学院附属儿童医院资源优势，结合基层卫生儿童保健和教育部门幼儿早期教育专业优势，普及科学育儿知识，提高科学育儿能力。区妇幼保健院同时组建托育照护服务专班，针对区内0～1岁婴幼儿开展入户式婴幼指导试点工作，为部分婴幼儿家庭开展新生儿访视、膳食营养、生长发育、安全防护、疾病防控等入户指导服务。

【“网络文学IP路演中心”揭牌】 2020年6月5日，“网络文学IP路演中心”揭牌仪式暨首场“网络文学IP直通车”活动在中国网络作家村举行。中国网络作家村村民、省级和市级出版社以及滨江文创企业代表等100多人参加。揭牌仪式后，首场“网络文学IP直通车”活动举行，网络作家刘阿八、随侯珠和喜悦娱乐（杭州）股份有限公司、浙江中南卡通股份有限公司、杭州若鸿文化创意有限公司等企业的代表上台路演。其中，网络作家随侯珠和喜悦娱乐（杭州）股份有限公司达成合作，共同开发作品《致美味的你》。IP路演中心的功能包括定期举办网络文学作品及相关产业链项目路演、产业论坛、政策宣讲等活动；搭建作家、平台、资本、网络文学上游和下游企业之间的对接平台，整合网络文学产业资源，帮助网络作家对接经纪人资源、IP运营团队，在资本运作、市场开拓等方面提供一站式服务。至年末，路演中心举办“网络文学IP直通车”活动4场，促成5部作品开发。

【“e见证”数字开标直播间启用】 2020年8月5日，滨江区“e见证”数字开标直播间启用。“滨江区教育局下属学校2020年舞台灯光音响视频广播设备采购及安装项目”在线直播开标。直播采用开标现场画面和网页图文同步对外公开，消除投标人对不见面电子招投标流程和环节的疑虑，实行“一项目一赋码”，兼容政府采购、工程建设等交易类型，投标参与者通过手机扫码即可同步观看开评标现场实况，实现远程开标场景全动态呈现，缩减交易周期，拓展社会监督。原有2个开标室改造至4个，增加日开标承接量5场次。9月2日，在“e见证”数字开标直播的基础上，将“阳光评审”与“e见证”数字开标直播结合，“滨江区区级机关事务管理服务中心2020年度空调采购及安装项目”开评标工作完成“阳光评审”掌上直播模式评标。至年末，“e见证”数字开评标直播115场，服务投标企业2.64万个。

【滨江区企业刑事合规促进会成立】 2020年8月21日，滨江区企业刑事合规促进会成立启动仪式在滨江区知识产权大厦举行。滨江区企业刑事合规促进会围绕“共建、共享，自治、智治”理念，按照“党委领导、公安主导，部门联动、企业主体、社会参与”总体架构，联合网易（杭州）网络有限公司、杭州海康威视数字技术股份有限公司、浙江大华技术股份有限公司、创业慧康科技股份有限公司、浙江宇视科技有限公司、恒生电子股份有限公司、新华三技术有限公司和浙江拾贝保知识产权服务有限公司，提升企业安全合规水平，促进企业健康发展、区域社会治理现代化。至年末，促进会开展走访、交流活动10次，参与企业171个次，人数260人次。

【地方国有企业双创债券发行】 2020年9月7日，杭州高新科技创业服务有限公司2020年非公开发行创新创业公司债券（第一期）。该债券主体评级为AA，债项评级为AA+，发行规模16亿元，期限为“3+2”年，票面利率3.7%。募集资金全部用于科技创新产业投资，支持数字经济、“新基建”、生命健康等重点产业发展。杭州高新科技创业服务有限公司是由杭州高新区管委会批准设立的国有独资企业，是区内唯一一家以创业投资为主业的区级直属公司。负责运营管理滨江产业基金总规模50亿元，围绕科技创新产业开展孵化、投资、担保以及其他相关科技金融服务，通过构建良好的业务生态体系，解决企业发展不同阶段融资服务需求。

【社区美好生活共同体启用】 2020年9月15日，滨江区首个社区美好生活共同体——滨和社区美好生活共同体启用。美好生活共同体是一个集服务、生活、自治、养老、托幼为一体，具有党群服务、居民会客、居民议事、社会力量创新空间等功能的社区综合体。至年末，9个社区美好生活共同体建设全部完成，其中撤村建居社区5个、新建城市社区2个、老城市社区2个。

【白马湖生态创意城获评国家级示范园区】 2020年9月15日，文化和旅游部考评组到白马湖生态创意城开展验收考评。考评组考察华数数字电视传媒集团有限公司、网易（杭州）网络有限公司等园区企业和中国网络作家村、最葵园等产业平台。召开考评会，通过检查创建基础资料、现场提问、评议等环节，考评创意城的创建工作情况。创意城依托“数字创意产业基地”“中国网络作家村”“国家动漫产业基地”等平台和相关扶持政策，文化企业数量、营业收入、税收、固定资产投资均达到要求，综合评比成绩居第一位，通过验收，成功入选。12月25日，白马湖生态创意城被文化和旅游部命名为首批“国家级文化产业示范园区”。

【产业园区嵌入式幼儿园建设】 2020年，滨江区推进产业园区嵌入式幼儿园建设。10月9日，滨江区与杭州海康威视数字技术股份有限公司合作创建的首个智慧科技型产业园区嵌入式幼儿园样板——海康威视幼儿园开园，是全市首个公办普惠产业园区嵌入式幼儿园。幼儿园位于滨江区阡陌路555号海康威视二期园区，采用“园(产业园区)中园(幼儿园)”设计，规模为12个班，首次招生录取90名幼儿。10月12日，钱江湾幼儿园海创分园开园。幼儿园位于海外高层次人才创新创业基地，隶属钱江湾学前教育集团。11月18日，物联网产业园配套幼儿园开工建设，计划2022年8月底建成投用。

【“一码解纠纷（诉讼）”平台启动试点】 2020年6月1日，“一码解纠纷（诉讼）”平台在滨江区启动试点。该平台是运用数字化技术为每个矛盾纠纷生成专属二维码，结合颜色预警机制记录纠纷化解的过程。区委政法委联合区法院、区司法局等职能部门和街道，整合区、街、社区三级调解队伍进行化解。以微信小程序为载体，以人机交互、自然语言处理等人工智能技术创新聚合多项功能。建立线上调解室，支持线上调解及线下调解在线预约服务，通过个案示范带动批量纠纷解决。该平台被纳入全区城市大脑数字驾驶舱，可实时查看诉前调解率、司法调解成功率及案件总数、纠纷区域分布等。至年末，平台受理案件5584起，调解成功2555起，先后被中央电视台、新华社、《人民日报》、《人民法院报》、浙江卫视等40多个媒体报道，接受中共中央宣传部全面建成小康社会“百城千县万村”大型主题采访活动和中央政法委“大国小鲜@基层之治”网络主题宣传活动的专题采访。11月16日，“一码解纠纷（诉讼）”平台经验作为推进基层治理法治化、全面依法治国的代表，被中央电视台《新闻联播》和《新闻直播间》栏目报道。

【地下空间企业联建模式探索】 2020年11月15日，滨江区四企联建互联互通项目开工建设。项目位于智慧新天地核心区域，东至西浦路、西至规划滨浦路、北至坚塔街、南至陆家潭街，由智慧新天地发展服务中心牵头。项目建设任务是打通杭州光云科技股份有限公司、高新兴创联科技有限公司、银江股份有限公司、浙江长典医药有限公司4个相邻企业地块的地下空间。项目建成后，预计扩大地下使用面积1.35万平方米，增加地下室机动车停车泊位205个，4个企业地上出入口从8个调整优化为4个，为企业节省投资费用3000万元。

【滨江区既有住宅电梯售后服务中心启用】 2020年12月16日，滨江区既有住宅加装电梯售后服务中心（西兴站）启用，负责电梯加装后的维修管理养护。服务中心位于西兴街道缤纷小区，面积145平方米，配备维修人员12人。设置电梯维修常用器材备件库，缩减器材周转时间，维修人员采用三班倒、24小时在岗，将电梯故障应急响应时间由30分钟缩减至5分钟。滨江区既有住宅加装电梯工作领导小组办公室、社区工作人员定时值班，为居民提供加梯政策咨询、方案优选等服务，实现集维修保养、方案优化、矛盾调解等多种服务为一体。在电梯内设二维码查验和一键报修功能，居民可扫二维码查看电梯维修保养情况，也可通过“加梯智能管家”App一键报修。中心根据App物联系统分析电梯月度故障率和重复故障率进行有针对性的保养。

［杭州市新区（滨江）地方志编研室］

萧山区

【概况】2020年，萧山区辖12个镇、15个街道，有411个行政村、199个社区，其中新湾、义蓬、河庄、前进、临江5个街道由钱塘新区托管。户籍总人口121.2万人，人口自然增长率3.88‰；流动人口121.63万人。全区生产总值1828.47亿元，比上年增长1.0%。其中：第一产业增加值57.87亿元，下降5.4%；第二产业增加值693.38亿元，下降2.6%；第三产业增加值1077.22亿元，增长4.8%。三次产业结构调整为3.2 ∶ 37.9 ∶ 58.9。按户籍人口计算，人均地区生产总值15.23万元。按国家公布的2020年平均汇率折算，为2.21万美元。

财政总收入461.03亿元，增长7.1%。一般公共预算收入300.03亿元，增长12.1%。其中，税收收入277.05亿元，增长13.4%，占一般公共预算收入的92.3%。一般公共预算支出275.65亿元，增长0.1%。其中，民生支出202.02亿元，下降6.6%，占一般公共预算支出的73.3%。

金融业增加值195.29亿元，增长6.9%。金融机构本外币存款余额5531.34亿元，增长13.6%；贷款余额5096.74亿元，增长15.1%。累计培育上市（挂牌）公司72个。城镇、农村居民人均可支配收入分别为73116元和43847元，增长3.4%和6.6%；人均消费支出分别为43155元和32102元，下降4.6%和1.8%。城镇居民人均住房建筑面积53.5平方米，增长1.5%。农村居民人均住房建筑面积78.0平方米，增长1.6%。

数字经济核心产业增加值106.95亿元，增长20.5%，占全区生产总值的5.8%。规模以上数字经济核心产业营业收入511.87亿元，增长31.6%，其中物联网、信息软件和数字内容分别增长47.7%、45.6%和38.9%。

农林牧渔业增加值60.03亿元，下降4.9%。农林牧渔业总产值94.57亿元，其中农业59.63亿元、林业2.01亿元、渔业9.84亿元，分别增长4.2%、76.1%和7.4%。全年粮食总产量7万吨，蔬菜产量94.23万吨，水果产量1.65万吨，水产品产量3.62万吨，肉类产量2.53万吨。萧山萝卜干获国家农产品地理标志登记保护。立项实施省、市、区各级农业产业项目123个，实现农业投资4.1亿元。农产品线上销售8.73亿元。

工业增加值618.16亿元，下降2.9%，其中规模以上工业增加值499.53亿元，下降3.5%。规模以上工业中高新技术产业、战略性新兴产业、装备制造业增加值分别为290.85亿元、110.44亿元和196.93亿元，分别增长0.8%、–2.2%和7.5%，占规模以上工业比重分别为58.2%、22.1%和39.4%。出口交货值321.16亿元，下降12.6%。新产品产值率32.9%，工业产品产销率97.9%。规模以上工业企业利润141.57亿元，下降20.9%。建筑业增加值75.47亿元，增长2.5%。

固定资产投资1213.74亿元，增长12.8%。房地产开发投资734.53亿元，增长9.0%。商品房销售面积336.77万平方米，增长24.3%。公路通车里程1993千米。快递业务收入87.59亿元，增长77.3%；快递业务量10.08亿件，增长47.7%。全年房屋施工面积2573.5万平方米，增长13%；新开工面积561.4万平方米，增长25.2%；竣工面积459.09万平方米，增长1.9%。商品房销售面积336.77万平方米，增长24.3%。安置房开工面积244.88万平方米，竣工面积106万平方米，回迁安置3436户。实施117幢、26.77万平方米老旧小区改造，完成既有住宅加装电梯76台。改造农村困难家庭C级、D级危房237户。

批发和零售业增加值190.17亿元，下降1.8%；住宿和餐饮业增加值30.12亿元，下降6.7%。全年社会消费品零售总额719.97亿元，下降6.7%。限额以上社会消费品零售总额290.40亿元，下降17.2%。限额以上批发零售贸易商品销售额3723.49亿元，下降4.8%，其中批发业销售额3409.73亿元，下降4.2%。网络零售额1605.96亿元，增长21.8%。

进出口总额789.06亿元，下降5.9%。其中：出口609.02亿元，下降4.8%；进口180.04亿元，下降9.3%。高新技术产品出口16.46亿元，增长8.9%；汽车配件出口25.29亿元，下降12.5%；新能源出口1375亿元，增长3.7%。实际利用外资完成8.42亿美元，增长0.8%。其中，制造业实际利用外资完成3.10亿美元，增长167.1%。

发明专利申请量和发明专利授权量分别为3084件和611件，增长21.5%和28.9%。新认定省级以上科技企业孵化器（众创空间）8个，国家高新技术企业380个，有效期内累计高新技术企业1023个。主导制（修）订国家标准4项、行业标准5项，获评省政府质量奖企业1个。全社会研发经费支出占全区生产总值的2.95%，比上年提高0.38个百分点。财政一般公共预算支出中科技支出14.56亿元，增长46.1%。

小学82所，在校学生10.39万人；初中46所，在校学生3.85万人；普通高中12所，在校学生2.03万人。学前三年幼儿园净入园率99.5%，初中毕业生升入各类高中的比例为99.91%。全年普通高校录取6167人，高职录取2225人。

旅游休闲产业增加值94.2亿元，增长0.8%。旅游总收入334.84亿元，增长0.3%；旅游总人数2333.25万人次，下降7.3%。各类旅行社66个。星级宾馆8个，其中五星级4个。A级景区9个，其中AAAA级5

2020 年 7 月 1 日，铁路杭州南站开通运营　（杭州南站枢纽管委会 供稿）

个。建成全民健身工程 231 个。举办全国围棋锦标赛、省第九届运动休闲旅游节等赛事活动 168 场次。全年文化产业增加值 45.3 亿元，增长 1.6%。农村文化礼堂行政村全覆盖，文化活动进文化礼堂 3400 多场。图书馆藏书 293.02 万册（件）。

全区参加职工基本养老保险人数 71.59 万人，增长 20.1%；失业保险参保人数 63.58 万人；城乡居民医疗保险参保率 99%。新增城镇就业人员 6.78 万人，帮扶 1.36 万名就业困难人员、失业人员实现就业再就业。推进示范型居家养老服务中心建设，全区有养老机构 40 个，床位 6427 张。城乡低保标准 1041 元，保障全区 1.6 万名困难群众基本生活。有城乡社区居家养老服务照料中心 466 个。各类福利院、敬老院 42 所，床位 5592 张。儿童福利机构 1 个，床位 200 张。

各类医疗卫生机构 892 个，其中医院 59 个，分别增长 5.3% 和 3.5%。各类专业卫生技术人员 1.62 万人，其中执业（助理）医师 6118 人、注册护士 6846 人，分别增长 8.1%、10.7% 和 7.6%。床位 1.11 万张，其中医院床位 1.07 万张，分别增长 6.5% 和 6.2%。

萧山区获评浙江省基本无违建区。完成 40 个村创建为美丽乡村提升村，楼塔镇获评省级旅游风情小镇，河上镇、衙前镇创建为省 AAAA 级景区镇，瓜沥、临浦、楼塔 3 个镇获评美丽城镇省级样板。全年空气优良天数 324 天，优良率 89.5%。全区 PM2.5 平均浓度 0.034 毫克 / 立方米，下降 20.8%。开展安全生产综合治理第二轮三年行动及交通安全百日攻坚行动，各类事故起数和死亡人数分别下降 23.7% 和 24.1%。

全社会用电量 191.89 亿千瓦时，下降 1.3%。其中：工业用电 129.10 亿千瓦时，下降 4.7%；城乡居民生活用电 22.35 亿千瓦时，增长 7.2%。全区建成区面积 120.73 平方千米，建成区绿化覆盖率 39.6%。

【盈丰街道设立】2020 年 6 月 30 日，萧山区召开宁围街道、盈丰街道成立大会。根据《杭州市人民政府关于萧山区部分行政区划调整的批复》，萧山撤销宁围街道办事处，新设立宁围街道办事处、盈丰街道办事处。在原宁围街道办事处行政区域范围内，以杭甬铁路客运专线（北段）—南沙大堤—盈二村与二桥村土地边界—利群河（北段）—沪昆铁路（南段）—新中村与宁东社区土地边界—振宁路—利群河（南段）—前解放河为界，以北、以东、以南地区为新设立的宁围街道办事处管辖范围，区域面积 62.58 平方千米，下辖金二、金一、宁安、宁东、宁税、振宁、水博 7 个社区和新华、宁新、宁牧、新安、二桥、顺坝 6 个村及钱江农场，街道办事处驻振宁路 228 号。其余地区为新设立的盈丰街道办事处管辖范围，区域面积 23.10 平方千米，下辖佳境、美哉、立涛园、和美 4 个社区和新中、丰东、盈一、盈二、丰二、丰北、合丰、利一、利二 9 个村，街道办事处驻市心北路 857 号。

【铁路杭州南站开通】2020 年 7 月 1 日，铁路杭州南站开通暨杭绍台城际线首发仪式在杭州南站举行，铁路杭州南站正式开通运营，并首次实现杭州与绍兴市域列车跨市联通。铁路杭州南站自 2013 年 7 月开始改扩建，工程历时 7 年。扩建后的杭州火车南站枢纽规模为 7 个站台、21 条轨道，有东、西两大广场，总投资 46.1 亿元，总建筑面积 26.8 万平方米，共设有 16 个验证通道，12 处检票口，高峰时最高可容纳 1.33 万人同时候车。至年末，杭州南站共发送旅客 191 万人次，日均发送 1.04 万人次。

【萧山区被教育部列为新型教与学模式实验区】2020 年 8 月 6 日，萧山区入围教育部“基于教学改革、融合信息技术的新型教与学模式”实验区名单。萧山教育紧跟全域数字化转型步伐，借助云计算、大数据等前沿技术，加快推动教与学方式的变革与创新，打造城乡广泛共享智慧教育的萧山模式。至年末，萧山有 80 所学校建成 3D 创客实验室，并将创意设计、Arduino 编程、创客作品智造、建模与打印等 3D 创客课程列入学校课程表，开展常态化教学。新建 STEAM 教育中心、编程机器人等创新实验室 38 个，并建立学校创新实验室管理机制，进一步推动创新实验室应用与研究。全区 50 所中小学配置 200 多个智慧课堂系统。全区所有中小学同步课堂项目建设，实现城乡学校网络结对帮扶和均衡发展。萧山区政府与国家教育行政学院、浙江大学等院校，以及科大讯飞股份有限公司、先临三维科技股份有限公司等高新企业合作，组建“美好教育联盟”，合作开发数字资源，构建开放教育资源生态体系。

【中国数字音乐基地开园】2020 年 10 月 22 日，中国数字音乐基地开园。音乐基地位于杭州国际博览中心 A 座，在浙江国家音乐产业基地萧山园区内，总建筑面积 2.02 万平方米，以“音乐科技创新城”为核心定位，推动音乐内容创作音乐科技以及相关产业创新融合发展。音乐谷定位为“一中心四基地”，“一中心”指多业态的城市会客中心，“四基地”则各自对应一个“音乐+”产业，包括音乐众创基地、音乐研学基地、音乐文旅基地和公共服务基地。至年末，吸引网易云音乐、华音悦听公司、摩登天空有限公司等15个企业及中国数字音乐产业研究院、中国音像与数字出版协会音乐产业促进工作委员会与萧山园区共建办公室等机构入驻。

【“城市大脑·萧山平台”发展】2020年，萧山区建立区县级城市大脑数据标准规范体系，探索数据赋能基层治理新模式，“城市大脑·萧山平台”创新发展，推动萧山智慧城市建设。11月30日，全新升级的“城市大脑·萧山平台”区、镇、村三级驾驶舱上线发布，实现1个区级驾驶舱、22个镇街驾驶舱和549个村（社区）驾驶舱的一体化建设。“城市大脑·萧山平台”在抗击新冠肺炎疫情期间推出的“萧山战疫——疫情综合管理系统”获评2020年第五届中欧绿色智慧城市峰会数字化抗疫优秀案例和全国城乡社区疫情防控优秀案例。

【萧山区企业数字化、网络化、智能化转型】2020年，萧山区推动企业数字化、网络化、智能化转型。通过引入省智能制造专家委员会、数字化工程服务企业，与研究机构合作等措施，全区上云企业累计1.6万个，“云上”生态圈初步形成。萧山区获5G、人工智能、云计算和大数据、汽车制造、新能源汽车与现代交通装备5个领域的省工业和信息化发展专项资金，项目数量居全省县（市、区）第五位。创建智慧安防视频、智能汽车、智能光学感知省级制造业创新中心3个，创新中心数量居全省县（市、区）第一位。

【微医集团线上抗疫】2020年，萧山“独角兽”企业微医集团凭借互联网医院独特的诊疗方式和资源优势，搭建新冠肺炎疫情实时救助平台、微医互联网总医院免费义诊专区、微医全球抗疫等平台服务社会。1月23日，微医集团推出新冠肺炎疫情实时救助平台。疫情防控期间，面对普通门诊停诊、互联网医院需求量激增的情况，微医集团发布线上义诊倡议。至年末，微医互联网总医院免费义诊专区有7.6万名医生在线接诊，累计提供医疗咨询服务233万人次，专区累计访问量1.97亿人次。3月14日，微医集团上线“微医全球抗疫平台”，免费为海外同胞和国际友人提供在线咨询、心理援助、中医咨询和防疫知识科普等服务，组织抗疫经验丰富的专家在平台上与海外同行分享经验。至年末，该平台集结1.4万名华人医生，服务全球220多个国家和地区的300多万人次，得到中国驻德国、韩国、俄罗斯、美国、日本、澳大利亚等170多个国家使领馆的官方推介。（王　鸣）

余杭区

【概况】2020年，余杭区辖14个街道、6个镇，有行政村173个、社区224个。户籍总人口121.90万人，人口自然增长率8.87‰。全区生产总值3051.61亿元，比上年增长5.3%。其中：第一产业增加值52.62亿元，下降0.2%；第二产业增加值676.93亿元，增长6.5%；第三产业增加值2322.06亿元，增长5.0%。三次产业结构为1.7∶22.2∶76.1。

2月28日，浙江大学社会治理研究院发布“2020中国社会治理百强县（市）区”和“2020浙江省社会治理十佳县（市）区”名单，余杭区列全国第七位、全省第一位。6月1日，《小康》杂志发布“2020中国县域智慧城市百强榜”，余杭以总评分95.53分列榜单首位。9月10日，由赛迪顾问城市经济研究中心编制的《2020年中国城区高质量发展白皮书》在北京发布。在2020年中国城区高质量发展水平百强名单上，余杭区列第七位。2月，浙江省生活垃圾分类工作领导小组通报2020年度全省生活垃圾分类工作考核评估结果，余杭区被评为2020年度全省垃圾分类工作优秀县（市、区）。

财政总收入825.91亿元，其中地方一般公共预算收入441.06亿元，分别增长13.7%和12.7%。财政预算支出413.64亿元，增长9.8%。预算内用于民生支出294.98亿元，占全区财政预算支出的71.3%，增长0.4%。

农林牧渔总产值84.28亿元，增长0.2%；农业增加值55.0亿元，增长0.2%。余杭区获评省产粮大县、省新时代美丽乡村建设优秀单位、首批省绿色农业发展先行县。创建国家级美丽休闲乡村1个、省级农家乐集聚村1个。农产品网络销售额12.2亿元，增长16.2%。规模以上工业增加值506.76亿元，增长8.3%。规模以上工业高新技术产业增加值379.01亿元，增长15.1%，占规模以

余杭区“三路一环”之望梅路互通工程（张章根 摄）

上工业的74.8%，占比提升6.6个百分点。装备制造业增加值297.53亿元，增长17.5%；战略性新兴产业增加值183.20亿元，增长16.0%。规模以上工业营业收入2170.50亿元，增长10.2%；利润总额181.26亿元，增长35.9%。企业成本费用利润率为9.1%，提升1.8个百分点。

固定资产投资增长7.6%。进出口总额530.66亿元，增长10.7%。其中：进口额37.48亿元，增长0.7%；出口额493.18亿元，增长11.6%。全区社会消费品零售总额855.05亿元，增长8.5%。全区共接待国内外游客2323.44万人次，下降8.4%；旅游总收入284.19亿元，增长0.3%。星级饭店5个，其中四星级以上饭店4个，特色文化主题酒店2个；星级旅行社6个。径山景区成功创建国家AAAA级旅游景区，黄湖镇青山村"未来乡村实验区"建设成效初显。

全年营运客车客运量71.15万人次，港区完成货物吞吐量3976万吨。绕城公路西复线建成通车。地铁5号线后通段和16号线开通运营。迎宾大道北延隧道、望梅路互通、南大街下穿铁路工程建成通车。

专利申请量、授权量分别为2.76万件和1.91万件，分别增长29.5%和52.9%。新增国家高新技术企业595个，累计1773个。新增省级科技型中小企业807个、"雏鹰计划"企业199个。新增孵化载体51个、物理空间251.05万平方米，引进培育科技型中小微企业1624个。新增国家级科技企业孵化器3个、省级众创空间8个、省级优秀众创空间6个。新增省级企业研究院24个、省级企业研发中心61个。之江实验室、湖畔实验室、良渚实验室3个机构入选首批浙江省实验室建设名单。

幼儿园158所，在园幼儿7.28万人，3～5周岁幼儿入园率99.8%；小学59所，在校学生12.37万人；初中（含九年一贯制学校）40所，在校学生4.23万人；普通高中（含完全中学及十二年一贯制学校）17所，在校学生1.58万人；职业高中5所，在校学生1.08万人，毕业生3488人。小学适龄儿童入学率100%，初中毕业生升学率99.97%。

全区有文化体育场所903个（其中游泳场所128个）、公共图书馆藏书总量267.58万册。各类医疗卫生机构832个，其中区属医院7个、社区卫生服务中心20个。各医疗机构开放床位7135张，其中区属医院3148张。区属医院、社区卫生服务中心有卫生技术人员7652人，其中执业医师2683人、注册护士3163人，分别增长5.0%、7.7%和4.8%。家庭医生累计签约服务49.58万人。

各项基本养老保险参保人数123.96万人，增加12.42万人。基本医疗保险参保人数106.26万人，工伤保险参保人数93.18万人，生育保险参保人数79.87万人，分别增加23.97万人、6.30万人和11.57万人。新增示范型居家养老服务中心6个、照料中心26个、老年人集中配（送）餐中心21个。发放各类救助资金1.7亿元。

城镇和农村常住居民人均可支配收入为70681元和44117元，分别增长3.7%、6.7%。城镇常住居民人均生活消费性支出为42222元，下降6.2%；农村常住居民人均生活消费支出为31753元，下降2.9%。

【余杭区精密智控防疫措施】2020年，新冠肺炎疫情发生后，余杭区第一时间落实全省重大突发事件Ⅰ级响应要求，完善疫情防控指挥体系顶层设计，设置主要交通卡点、实行小区封闭管理等管控措施，并强化数字赋能、精密智控。2月5日，"余杭绿码"上线，替代原有纸质通行证、小区出入证、工作证明、身份证等证件，采用数字手段进行疫情管控，可实现全人群覆盖，全信息整合，分层精密智控。"余杭绿码"以每半小时升级的速度不断迭代优化，至2月10日全面启用。2月11日，"余杭绿码"升级为"杭州健康码"，为全国首个"健康码"。余杭区精密智控的防疫举措获中央电视台《新闻联播》栏目、《人民日报》点赞。

【余杭区获评"全国县域数字农业农村发展先进县"】2020年11月28日，农业农村部信息中心在重庆市举办2020年全国县域数字农业农村发展交流活动。会上，农业农村部通报2020全国县域数字农业农村发展水平评价工作结果，余杭获评"全国县域数字农业农村发展先进县"。

植保无人机、水肥一体化、遥控自走履带式旋耕机在余杭区投入应用。引进无人驾驶拖拉机、无人驾驶水稻插秧机，并打造集智慧耕作、智慧插秧、智慧植保于一体的水稻数字化样板基地。作为全国首批"国家农产品质量安全县"之一，余杭区农资信息化覆盖率100%。至年末，全区累计办理"电子信息卡"2425张，96个农资店实行实名制购买农药全覆盖。开发"余杭农安"App，对所有地产农产品全覆盖监管。推进数字乡村建设，推动5G信号覆盖，完善农村"智慧窗口"建设。119个村的"智慧窗口"建设完成，美丽乡村精品村全覆盖。加快农村电子商务特色、多元发展。塘栖枇杷、紫荆村竹笛的网络销售额继续增长，良渚街道、乔司街道、塘栖镇入选省级电商镇（街道），41个村入选省电子商务专业村。

【余杭区3个企业获国家科学技术奖】2020年1月10日，国家科学技术奖励大会在北京举行。余杭企业阿里云计算有限公司、浙江康德权科技有限公司、新希望乳业股份有限公司的项目获国家科学技术奖。阿里云计算有限公司的"面向突变型峰值服务的云计算关键技术与系统"项目获国家技术发明二等奖。"编码摄像关键技术及应用"项目、浙江康德权科技有限公司的"猪健康养殖的饲用抗生素替代关键技术及应用"、新希望乳业股份有限公司的"功能性乳酸菌靶向筛选及产业化应用关键技术"项目获国家科技进步奖二等奖。

【余杭区4个（户）单位（家庭）获评全国先进】2020年11月，中央文明委公布《关于表彰第六届全国文明城市、文明村镇、文明单位和第二届全国文明家庭、文明校园及新一届全国未成年人思想道德建设工作先进的决定》。塘栖镇河西埭村、华立集团股份有限公司、徐梦薇家庭、余杭区梦想驿站互联网文化服务中心分别入选全国文明村、全国文明单位、全国文明家庭、全国未成年人思想道德建设工作先进单位名单。

【梦栖小镇被命名为省级特色小镇】2020年11月，余杭区梦栖小镇被浙江省政府命名为第四批省级特色小镇，余杭区内的省级命名特色小镇数量列全省第一位。梦栖小镇位于良渚文化中心区域，取意“设计梦想栖息之地”，于2016年1月被列入第二批省级特色小镇创建名单。小镇聚焦高端装备制造前端的工业设计产业，兼顾智能设计和商业设计，规划面积2.96平方千米，布局设计中心、创新中心、创意中心、创业中心、未来社区的“四中心一社区”。

【全球人工智能技术大会】2020年7月25—26日，由中国科学技术协会、中国科学院、中国工程院、浙江省政府、杭州市政府、浙江省人工智能发展专家委员会指导，由中国人工智能学会、杭州市余杭区人民政府主办的2020年全球人工智能技术大会在杭州未来科技城开幕。会议以“交叉、融合、相生、共赢”为主题，涵盖6场主旨报告、20场专题论坛、3场同期活动，内容覆盖脑科学、自然语言处理、模式识别、大数据等前沿技术，以及智能制造、自动驾驶、智慧教育、智慧医疗、智能安防等行业应用。大会汇集15位中外院士、超过100位学术界、业界专家。大会期间，中国工程院院士潘云鹤、戴琼海、高文，专家沈向洋、张亚勤、王海峰等通过现场分享或视频连线方式做主题报告。

【中国工业互联网大赛】2020年7月28日，第二届中国工业互联网大赛开幕式杭州主会场在余杭区举行，互联网大赛报名正式启动。北京、重庆、青岛、深圳等各会场同步开启报名。大赛由东部（长三角）赛区、南部（深圳）赛区、西部（重庆）赛区、北部（青岛）赛区四个区域赛、全国半决赛和全国总决赛组成，面向全社会免费开放报名。12月2日，第二届中国工业互联网大赛闭幕式举行。全国有1457个项目参赛，20个优秀工业互联网解决方案分别获全国总决赛一等奖、二等奖、三等奖。

【中国（杭州）数字·健康小镇开园】2020年8月30日，2020年生命健康未来峰会暨中国（杭州）数字·健康小镇开园仪式在余杭区未来科技城举行。中国（杭州）数字·健康小镇以产、学、研、用“四位一体”为路径，以产业业态、空间形态、文化活态、环境生态“四态融合”为理念，以高尖技术、高端企业、高效资本、高新人才“四高联动”为方向，加快建设先导区块、“三名”研究院、企业研发总部、成果转化区和小镇客厅五大板块，形成研发、孵化、加速、产业化于一体的数字·健康产业创新生态系统，成为产业融合发展试验区。

【阿里巴巴浙江云计算仁和数据中心落成】2020年9月16日，阿里巴巴浙江云计算仁和数据中心在余杭区落成。仁和数据中心是AAAAA级液冷数据中心，可辐射长三角地区，加速“新基建”建设。数据中心位于杭州市余杭钱江经济开发区，采用服务器全浸没液冷、高压直流（HVDC）、供配电分布式冗余、智能AI优化算法等节能技术进行规划设计与建造。PUE（评价数据中心能源效率的指标）低至1.09。

【超声大数据创新应用中心落户余杭】2020年12月20日，国家卫生健康委员会超声大数据创新应用中心揭牌仪式暨掌上超声创新发展研讨会在浙江（杭州）知识产权创新产业园举行。超声大数据创新应用中心依托国家卫生健康委能力建设和继续教育中心、浙江求是数理医学研究院共同建设国家级医学影像标准数据库，以专业和产业需求为导向，业务涵盖医疗健康、大数据、云计算、人工智能等新兴产业内容，开展超声专业教育培训、临床诊疗、科学研究、智能制造、人工智能医疗器械检验与测评等形式的服务、研发与转化，致力于赋能基层医疗服务和智能医疗产业。

（李景苏）

富阳区

【概况】2020年，富阳区辖6个乡、13个镇、5个街道，有59个社区、276个行政村。至年末，户籍人口69.1万人，人口自然增长率3.1‰。全区生产总值812.1亿元，比上年增长1.1%。其中：第一产业增加值49.5亿元，增长0.1%；第二产业增加值345.0亿元，下降2.7%；第三产业增加值417.5亿元，增长5.3%。三次产业结构为6.1 ∶ 42.5 ∶ 51.4。按户籍人口计算人均生产总值11.78万元，按2020年平均汇率折算为1.71万美元。数字经济核心产业增加值80.2亿元，增长2.5%。

农林牧渔业总产值69.8亿元，增长0.2%。农业增加值49.9亿元，增长0.2%。猪牛羊禽等肉产量1.59万吨，禽蛋产量3463吨，蚕茧产量23.6吨。农业骨干企业140个，销售收入81.1亿元。水利建设投入资金15.1亿元，有各类水库151座。农业机械总动力26.3万千瓦，耕地有效灌溉面积2.56万公顷。创建新时代美丽乡村62个、贯通绿道166千米。黄公望村入选中国美丽休闲乡村。民宿示范村3个、现代民宿示范点52个。实施189个村的饮用水工程建设，各级投入资金11.5亿元。11月25日，富阳区获2019年度浙江省新时代美丽乡村示范县。

规模以上工业增加值215.4亿元，下降4.1%。其中：高新技术产业增加值138.2亿元，增长2.4%；战略性新兴产业增加值72.2亿元，增长0.9%；装备制造业增加值92.6亿元，增长1.9%。全区616个规模以上工业企业营业收入1479.2亿元，下降1.5%；利税116.2亿元，增长4.7%；利润69.3亿元，增长31.0%。全年建筑业增加值48.4亿元。

社会消费品零售总额372.1亿元，下降2.0%。限额以上批发、零售、住宿、餐饮企业销售额1026.2亿元，增长7.6%。鹿山时代综合体建成投用。接待国内游客1496万人，国内旅游收入153.8亿元。接待入境旅游者1800人，旅游外汇收入116万美元。创建农家乐休闲旅游村（点）89个，A级景区村庄44个，AAAA级景区乡镇3个，乡村旅游收入8.2亿元。

固定资产投资增长30.7%。新批外商投资项目19个，实到外资3.11亿美元。签约高新产业项目172个，总投资324亿元。“152”项目开工建设5个。货物进出口总额293.6亿元，增长4.0%。跨境电子商务进出口总额4.36亿美元，其中出口额

3.17亿美元、进口额1.19亿美元。服务贸易出口5.0亿美元。境外投资项目6个，总投资额1900万美元。

财政总收入138.7亿元，增长5.7%。其中，一般公共预算收入90.1亿元，增长12.7%。一般公共预算支出102.5亿元，下降2.8%。至年末，全区金融机构本外币存款余额1569.12亿元，增长17.1%；本外币贷款余额1812.12亿元，增长21.6%。全年保险费收入9.10亿元，各类保险赔款与给付支出3.12亿元。

地铁6号线、春永快速路、绕城西复线及大源、高桥连接线建成通车，彩虹快速路主线通车。富春大道、秦望过江隧道、大盘山隧道等内部主干道加快建设，江滨西大道延伸段实现通车，完成“四好农村路”三年行动计划。全年公路货物周转量24.67亿吨（千米），增长76.5%。公路旅客运输量43.3万人次，公路旅客周转量4690万人（千米）。邮电业务收入12.1亿元，增长4.0%。邮政特快专递业务724.33万件。固定电话用户8.9万户，下降4.0%；移动电话用户104.9万户，下降0.4%。（固定）互联网宽带接入用户31.4万户，增长0.7%；移动互联网用户93.7万户，增长0.8%。

至年末，主城区建成区面积30.8平方千米。全社会用电量69.3亿千瓦时，下降12.1%。城区供水总量5669万立方米，管道煤气用户15.2万户。全区总供用水量9600万立方米。市区公共绿地面积699.9公顷，人均公共绿地面积14.7平方米，建成区绿化覆盖率44.9%。全区森林覆盖率65.8%。“应急管理一张图”基本建成。全区农作物受灾面积1592.5公顷，各类自然灾害造成直接经济损失9119.4万元。创新“两点法+点长制”垃圾分类富阳模式，投用垃圾投放亭613座。8个镇（街道）和44个区块污水零直排设施建设完成，新增污水管网45千米。富春江出境断面水质连续6年保持优秀，地表水监测断面、饮用水源地水质达标率100%。全年工业废水排放量5079.6万吨。建成国家级生态乡镇(街道)18个，省级生态乡镇(街道)2个。改造、关停各类燃煤锅炉15台，治理工业炉窑32台，空气优良率96.2%。推进污染地块修复，污染地块安全利用率100%。获国家生态文明建设示范区、“2020中国最具幸福感城区”、省首批“一星平安金鼎”、省新时代美丽乡村示范区等荣誉。

工创谷成功通过国家级众创空间备案，银湖创新中心成功申报国家级孵化器。至年末，全区有众创空间6个，入驻创业团队223个；科技企业孵化器7个，入驻企业217个。全年组织实施各类科技计划项目1381个，其中省级1356个。专利申请7207件；专利授权4705件，其中发明专利824件。各类专业技术人员7.9万人，增长6.0%。富阳中学改建（扩建）等10个项目建成投用，富春第九小学、富春第五幼儿园等项目加快实施。富阳区入选全省首批“互联网+义务教育”实验区。学龄儿童入学率和初中入学率100.0%，初中升高中段比例99.9%，高等教育毛入学率71.8%。全区有幼儿园73所，在园幼儿2.61万人；小学44所，在校学生4.53万人；普通中学24所，在校学生3.47万人；职业中学(机构)3所，在校学生7160人；民办学校在校学生9403人。浙江省人民医院富阳院区、浙江省中医院总部项目动工建设，与浙江中医药大学共建富阳中医骨伤医院。各类医疗卫生机构603个，床位4532张，各类专业技术人员6862人。

居民人均可支配收入5.42万元，增长6.6%；城镇常住居民人均可支配收入6.33万元，增长4.5%；农村常住居民人均可支配收入3.81万元，增长7.2%。全年新增城镇就业1.53万人，就业安置人数4260人；帮扶4260名城镇失业人员实现再就业，帮扶1809名就业困难人员实现再就业。至年末，全区城镇登记失业人数9638人，城镇登记失业率2.4%。最低生活保障人数1.16万人，其中城镇390人。居家养老照料中心323个，床位5447张。五保供养服务中心11所，供养老人333人。福利院1所，床位186张，收养婴幼儿童14人，老人29人。区慈善总会支出各项救助金3879.8万元。

【富阳秦望“城市眼”综合体开工】 2020年1月10日，富阳秦望“城市眼”综合体开工。2018年8月，由富阳规划部门与日本日建设计联合编制的《秦望广场及周边地区地上地下一体化设计》公布。2019年12月，中国金茂控股集团有限公司竞得秦望“城市眼”项目地块，总价67亿元。项目占地面积21.7万平方米，由6宗子地块组成，规划总面积76.3万平方米，商业面积30.6万平方米，其中自持面积12.3万平方米，住宅面积45.7万平方米。项目计划引入滨水公共服务、文化娱乐、高端商务、商业综合体、品牌酒店等复合业态功能。秦望“城市眼”采用城市规划理念，围绕标志性新秦望广场，以“五岫骈峰”为意象建设5栋高层、超高层

2020年1月10日，富阳秦望“城市眼”综合体开工　（朱啸尘 摄）

塔楼簇群，其中最高的塔楼高度221米。秦望广场地下综合体，整体地下二层、局部地下五层，建设面积约21万平方米。秦望通道的TOD设计理念综合了大型地下综合体、公交车首末站、地铁车站以及市政隧道。通道越江段采用外径15.2米的大直径盾构，为公铁合建的盾构隧道。

【杭州缙云大厦开工建设】2020年5月9日，富阳—缙云"消薄飞地"项目——杭州缙云大厦开工仪式在富阳经济技术开发区银湖科技城13号地块举行。2019年5月24日，为深化两地山海协作工程，富阳和缙云两地共同签署"消薄飞地"园区合作协议，推进"消薄飞地"项目建设。作为缙云在外地投资建设的首个"消薄飞地"项目，杭州缙云大厦选址在富阳经济技术开发区银湖科技城总部研发产业园，项目用地总面积6900平方米，总建筑面积2.89万平方米，概算总投资1.78亿元。项目建成后，为缙云县134个集体经济薄弱村每年增加5万～6万元的村集体收入。

【富阳区党群服务中心启用】2020年7月28日，富阳区党群服务中心启用。服务中心位于富春街道恩波大道1128号永和大厦一楼和二楼，总占地面积3000平方米，设置区情党建展示、名师工作室、乐体健身、智能健康小站、乐思书吧、富春大讲堂、先锋超市等功能区块20多个，主要功能有党群服务、政治生活、形象展示、开放活动、协商议事、文化宣传等，于7月1日开始试运行。

【浙江华达新型材料股份有限公司上市】2020年8月5日，浙江华达新型材料股份有限公司在上海证券交易所上市，为富阳区第5个上市企业。股票简称"华达新材"，股票代码为605158，发行价8.55元。浙江华达新型材料股份有限公司首次公开发行的A股不超过9840万股，占发行后总股本的25.0%。招股书显示，该公司拟募集资金7.5亿元，用于扩建高性能金属装饰板、高性能金属装饰板基板（含热镀锌工艺）生产线、扩建研发中心等项目。

【阳陂湖生态修复治理项目一期对外开放】2020年10月24日，富阳区阳陂湖生态修复治理项目一期正式对外开放。阳陂湖位于杭州市富阳区北部皇天畈区域内，占地面积约286.67公顷，其中湖体面积约106.67公顷。阳陂古湖在远古时代自然形成，唐贞观年间开始人工修建，一直以来都是周边地区重要的蓄水灌溉水源，近代以后被改造成良田和鱼塘。通过防洪排涝设施建设、水环境改善和景观提升等举措实现生态修复，再现阳陂湖湖景。园区分"一湖七园"。"一湖"为阳陂古湖，"七园"分别为蒹葭园、一岭花、花漫园、荷风园、鱼趣园、清涟园、稻香园。配套有望湖访客中心、白鹭驿休息区、芦雁驿休息区、稻作文化体验区、翠影访客中心、帐篷营地、恋江访客中心、小火车、游船等设施。

【富阳区被评为国家生态文明建设示范区】2020年11月30日，"2018—2019绿色中国年度人物"、第四批国家生态文明建设示范市县和"绿水青山就是金山银山"实践创新基地表彰授牌活动在北京举行，富阳区获"国家生态文明建设示范区"称号，是继临安区和西湖区之后，杭州市第三个"国家生态文明建设示范市县"。2003年，富阳启动生态文明建设，实施全区域全行业转型升级。推进造纸园区全产业腾退转型、环山铜工业功能区转型、矿山资源企业转型和生态修复、化工行业关停转型、高污染行业转型提升、企业清洁生产等工作。发展壮大现代服务业，推进生态农业建设。推进绿色生态屏障建设，开展治气治霾，实施碧水行动。2015年，富阳区通过国家级生态市（区）验收；2016年9月，被正式命名为国家级生态区；2017年7月，被认定为浙江省生态文明建设示范区。2020年4月，富阳区达标国家生态文明建设示范区创建指标32项（海岸生态修复、自然岸线保有率2项指标不涉及），被浙江省推荐为第四批国家生态文明建设示范市县。10月，获评"第四批国家生态文明建设示范市县"。

【富阳区获评"中国最具幸福感城区"】2020年11月18日，2020年中国幸福城市论坛暨颁奖典礼在杭州举行，富阳区被评选为"2020中国最具幸福感城区"。中国最具幸福感城市调查推选活动由新华社《瞭望东方周刊》与瞭望智库共同主办，连续举办14届。中国幸福城市实验室推出《基于大数据的城市幸福感指标体系》，包括就业指数、居民收入指数、生活品质指数、生态环境指数、城市吸引力指数、公共安全指数、教育指数、交通指数、医疗健康指数9个一级指标以及100多个二级细分指标。主办方通过大数据采集、问卷调查、材料申报、实地调研、专家评审等方式产生最终结果。富阳区在中国最具幸福感城区综合排名中列第五位。其中，安全幸福度和生态环境幸福度两个单项排名第一位，交通幸福度和教育幸福度两个单项排名第三位。

【富阳江南区块造纸产业整体腾退】2020年12月，杭州富春湾新城按照"造纸产业整体腾退"的工作要求，通过上下联动、府院联动、政府银行企业联动，以"拆执破"结合等方式，化解"两链"风险，完成江南区块高污染、高能耗的造纸传统产业整体腾退。累计腾退造纸及关联企业1000个，其中造纸企业111个、热电企业2个、污水企业2个，削减产能805万吨，累计腾出空间1333.33公顷。同时加快招引培育、腾笼换鸟，落户新亚低温、金山阀门等项目9个，累计引进富芯半导体、飞旋科技、宏华数码等产业项目73个，用地面积约218公顷（含二期规划用地86.67公顷）。

（刘　亮）

临安区

【概况】2020年，临安区辖5个街道、13个镇，有社区36个、行政村270个。全区户籍人口54.03万人，比上年末增加830人。人口出生率7.5‰，死亡率7.0‰，自然增长率0.5‰。全区生产总值600.41亿元，比上年增长3.5%。其中：第一产业增加值46.01亿元，增长0.1%；第二产业增加值280.05亿元，增长5.3%；第三产业增加值274.35亿元，增长1.8%。三次产业结构为7.7∶46.6∶45.7。按户籍人口计算，人均生产总值为11.12万元，增长3.2%。按国家公布的2020年平均汇率折算，为1.6万美元。

农业增加值46.59亿元，增长0.2%。农业总产值66.79亿元，增长0.2%。其中：农业种植业（含坚果类）产值31.65亿元，增长4.9%；林业（不含坚果类）产值22.06亿元，增长3.4%；牧业产值10.56亿元，下降19%；渔业产值0.87亿元，增长3%；农业服务业产值1.65亿元，增长8.5%。

全区有规模以上工业企业602个，规模以上工业企业产销率98.4%，规模以上工业新产品产值率43.1%。规模以上工业增加值183.37亿元，增长9.5%。高新技术产业增加值占规模以上工业增加值的79%，提高8.9个百分点。规模以上工业企业利税总额111.52亿元，增长19%。其中，利润总额87.74亿元，增长27.6%。

固定资产投资增长24.5%。全区110个重点实施项目完成投资154.12亿元。房地产开发投资278.01亿元，增长45.2%。房屋施工面积1333.61万平方米，增长23%。其中：新开工面积393.72万平方米，下降14%；竣工面积160.44万平方米，下降2.4%。商品房销售面积268.87万平方米，增长23.3%；商品房销售额520.45亿元，增长39.9%。

批发和零售业增加值46.94亿元，增长4.7%；住宿和餐饮业增加值8.6亿元，下降11.5%。社会消费品零售总额190.92亿元，下降7%。货物进出口总额179.91亿元，增长4.6%。其中，出口130.18亿元，增长4.5%。

实际利用外资1.6亿美元。落地1亿元以上产业项目40个，总投资144.8亿元。财政总收入109.6亿元，增长7.5%。一般公共预算收入68.56亿元，增长12.1%；一般公共预算支出90.47亿元，增长5.7%。用于民生支出70.12亿元，增长2.9%，占一般公共预算支出的77.5%。全区金融机构本外币存款余额1171.18亿元，增长19.4%。其中：居民储蓄469.97亿元，增长18.1%；本外币贷款余额974.54亿元，增长21.3%。

旅游接待游客1719.4万人次，旅游综合收入200.07亿元，分别下降13.3%和16.1%。旅游景点接待游客524.64万人次，下降9.1%；门票收入6222.14万元，下降57%。全区乡村旅游接待游客1135.06万人次，下降45.1%；经营收入9.42亿元，下降54.2%。

推进滨湖新城城市客厅、青山湖综保等重点工程，望湖路建成投用，青山湖湖底隧道完成一期主体工程。改造碧桂苑等老旧小区87.3万平方米，实施平山美食城、杨家渡等重点区块征迁工作，城区10个限价房项目完成销售6682套。建成城市大脑数字驾驶舱26个，新增便捷泊车、“舒心就医”、“畅快出行”等应用场景20个。临安区被评为美丽杭州专项行动整治示范区，钱王街创建成为省级“街容示范街”。加装小区电梯80台，推广电梯“养老保险”2017台。

全区用电量42.72亿千瓦时，增长9.1%，市区自来水日供水能力22万吨，全年供水量6390.66万吨，其中居民家庭用水量1790.33万吨。全年处理数字城管案件8.9万件、民生热线2700多件。运用“亲清在线”平台，上线政策26条，兑现各类补助资金6.39亿元。

绿色发展指数连续两年居全省前三位。落实第二轮中央生态环保督察整改工作。完成无污染镇（街道）创建，潜川镇等9个镇（街道）创建成为国家卫生乡镇。新增省级“美丽河湖”2个。5个镇（街道）、10个工业园区、30个住宅小区实现“污水零直排”。全年拆除违章建筑60万平方米，“无违建示范村（社区）”创建实现全覆盖。创成市级以上垃圾分类示范小区25个、示范村70个，14个镇（街道）生活垃圾填埋场全面完成整治。改造提升传统企业273个，实施兼并重组项目127个。全年空气质量优良天数350天，空气质量优良率95.6%，全区PM2.5浓度为29.4微克/立方米。

首条城市快速路科技大道全线贯通，206省道（牧松线）一期项目动工。330国道岛石段建成通车。建设和改造城市道路30条，打通城市“断头路”6条。公交北站建成投用，新设城乡公交线路16条，投放新能源公交车164辆，成功创建全国首批城乡交通运输一体化示范区。全年公路完成客运量106万人次，公路客运周转量7370万人（千米）。公路货运量1384万吨，公路货运周转量18.24亿吨（千米）。至年末，高速公路里程104千米。邮政业务收入1.19亿元，增长5.3%。固定电话用户8.62万户，移动电话用户106.66万户，互联网用户37.52万户。

全区完成专利申请量7164件，增长29.9%。其中：发明专利1174件，增长27.3%；完成授权专利4752件，增长60.8%，其中，发明专利308件，增长40.6%。全年累计兑现科技补助经费8630万元，覆盖企业478个。新增国家高新技术企业118个、省科技型中小企业215个、省级企业研究院2个、省级研发中心6个；创建国家级众创空间1个、省级星创天地1个。入选省级海外高层次人才4人，入选省“雄鹰行动”培育企业4个。全区有国家高新技术企业347个、省科技型中小企业813个。全年研发经费支出与地区生产总值之比为3.42%，财政一般公共预算支出中科技支出3.62亿元。

全区有小学41所，在校学生3.31万人；初中17所，在校学生1.41万人；普通高中5所，在校学生7261人；职业高中2所，在校学生3649人。学前三年幼儿园入园率99.2%，初中毕业生升入各类高中比例99.4%。浙江农林大学在校学生2.62万人，当年招生9107人，当年毕业6959人，有教职员工1700人；杭州电子科技大学信息工程学院在校学生9537人，当年招生2991人，当年毕业2241人，有教职员工530人；杭州医学院在校学生4048人，当年招生2930人，当年毕业0人，有教职员工361人。

吴越国王陵考古遗址公园太庙山区块建成，文体会展中心亚运场馆项目竣工。文化礼堂惠民活动401场，送戏下乡108场，文化走亲8场，组织免费艺术培训33个班、285课时，进村（社区）免费培训64次，受益群众1.02万人次。送书下乡1.8万册。图书馆新建部队分馆1个、杭州书房2个，联合新华书店推出“临安·悦读”书店信用借书服务，与杭州市图书馆合作共建家谱数字化平台。举办钱王故里新年音乐会、915爱临安主题日等活动。“文化战疫——临安文化人在行动”文艺宣传收纳各类文艺作品106件。举办长三角水上攀石等重大体育赛事5场。

健康产业增加值38.54亿元，增长8.5%。家庭医生签约服务超21万人。於潜人民医院、昌北人民医院投入运行。各类医疗卫生机构502个，增加10个，其中医院29个。有床位3229张，专业卫生技术人员4952人，其中执业（助理）医师2070人。医疗机构完成诊疗人数719.1万人次，增长1%。

50项民生政策全面接轨杭州标准。全区新增参保企业760个，新增参保人员1.68万人，全区养老保险、基本医疗、工伤、生育保险参保人数分别为49.12万人、53.1万人、24.35万人和15.62万人。实施困难老年人家庭适老化改造246户，创建示范型居家养老服务中心4个。改扩建居家养老服务中心6个、老年食堂7个。新增养老机构床位310张，全年累计助餐服务30.91万人次，助餐服务覆盖162个村（社区），覆盖率53%。公建民营养老机构9个，占81.8%。累计为1430名新增低保对象发放先行临时救助资金54.69万元，累计发放儿童福利保障资金1193.08万元。全年接受社会各界捐赠善款及物资2546万余元，发放各类慈善救助金2646万元。

【浙江省中医药研究院青山湖科创园区开工建设】2020年1月18日，国家中医药传承创新工程建设项目——浙江省中医药研究院青山湖科创园区开工建设。该项目被列入浙江省重点建设项目和5个千亿工程项目，由浙江省中医药研究院投资3.37亿元建设。项目位于青山湖科技城核心区，占地面积4公顷，总建筑面积7.16万平方米。建设内容包括科研综合楼、中药研发楼、中药制剂楼、数据与智能研究综合楼、实验动物中心楼等。建成后，按科研功能划分区域，设基础与转化类研究所室、药学类研究所室、健康产品研发类所室、公共服务平台、科研基础设施及附设机构等24个科研机构。

【十万等级空分设备整装冷箱起运】2020年5月24日，杭州制氧机集团股份有限公司制造的十万等级（105000立方米/小时）空分设备整装冷箱起运，运往舟山市鱼山岛浙石化绿色石化基地。该设备长8.1米、宽7米、高59米，重500吨。2019年，杭州制氧机集团股份有限公司中标浙江石油化工有限公司4000万吨/年炼化一体化项目二期工程的4套十万等级（105000立方米/小时）空分设备项目。此设备的等级、先进性、稳定性要求，比之前研制的八万等级空分设备更高。杭州制氧机集团股份有限公司优化设计方案，考虑起吊、运输、安全、能耗等因素，采用更加高效的核心部机。按照浙江制造标准进行制造，生产设备均实现自动化、智能化，对容易变形的起吊点进行计算、监控、检测。为方便运输，公司启用“无边工厂”生产制造模式，在临安制造基地完成部件加工后，将生产制造地点拓展至“码头工厂”，实施产品的分段制造、部件对接，全面延伸设计、工艺、制造、质量控制、安全管理，避免外界因素的干扰，缩短组装时间。

2020年6月，临余公路（科技大道）综合改造工程建成通车

（临安区地方志研究室 供稿）

【临余公路（科技大道）综合改造工程建成通车】2020年6月，临余公路（科技大道）综合改造工程建成通车。临余公路（科技大道）综合改造工程西起农林大路，东至临余桥，全长约13.6千米，总投资21.11亿元，是临安区第一条城市快速路。道路红线宽38～67米（农林大路—长桥路标准段宽38米，长桥路—武肃街标准段宽43米，武肃街—山湖路标准段宽61米，山湖路—青罗线标准段宽67米，青罗线—东环路标准段宽67米）。其中：农林大路至武肃街段为双向六车道，设计车速60千米/小时；武肃街至相府路段为双向十车道（主线双六，辅道双四），主线设计车速80千米/小时，辅道设计车速40千米/小时。工程内容主要涉及市政道路、3个下穿节点（新横线、陈市线、青罗线3个下穿节点）、2座高架桥（大园路、青山大道节点）、11座过街设施、配套管线、景观绿化等。

【浙江公路技师学院青山湖科技城校区开工建设】2020年12月28日，浙江公路技师学院青山湖科技城校区开工建设。该校区东临胜联路，西靠麻岭路，北靠科教路，总投资5.8亿元，占地约17.7公顷，校舍建筑面积11.15万平方米。校区包括教学实训楼、图书信息中心、工程机械系楼、综合办公室、管理系楼、学生宿舍、体育馆、培训楼和食堂9幢建筑，同步建设产学研平台、实训考核基地及培训中心等。

【杭州华旺新材料科技股份有限公司上市】2020年12月28日，杭州华旺新材料科技股份有限公司在上海证券交易所挂牌上市。股票简称“华旺科技”，股票代码为605377。杭州华旺新材料科技股份有限公司位于青山湖科技城，成立于2009年，是一个专业从事可印刷装饰原纸和素色装饰原纸的研发、生产和销售业务，以及木浆贸易业务的高新技术企业。公司有“省级高新技术企业研究开发中心”及多项专利，参与起草《人造板面饰专用纸（装饰纸）》国家标准。“华旺科技”公开发行股份5096.67万股，发行后总股本2.04亿股，发行价18.63元/股，募集资金9.5亿元。募集资金主要用于年产12万吨装饰原纸生产线新建项目。

（许锦光 柴钰灿）

桐庐县

【概况】2020年，桐庐县辖4个街道、6个镇、4个乡，有22个社区、181个行政村。户籍人口41.92万人，人口自然增长率2.1‰。全县生产总值376.27亿元，比上年增长2.1%。其中：第一产业增加值25.36亿元，增长0.4%；第二产业增加值160.78亿元，增长2.4%；第三产业增加值190.13亿元，增长2.0%。三次产业结构调整为6.7 ∶ 42.8 ∶ 50.5。按常住人口计算，人均生产总值8.98万元。按国家公布的2020年平均汇率折算，为1.30万美元。

财政总收入58.30亿元，增长0.4%。一般公共预算收入34.22亿元，增长1.4%。财政民生支出47.21亿元，增长14.6%。全县金融机构本外币存款余额716.95亿元，增长24.6%。本币贷款余额697.06亿元，增长25.4%。非金融企业及机关团体本币贷款余额375.56亿元，增长25.0%。

农林牧渔业总产值37.91亿元，增加值25.83亿元，增长0.5%。粮食总产量4.66万吨、禽蛋产量0.28万吨、肉类产量0.53万吨、水产品总产量0.90万吨、水果产量9.21万吨，中药材0.51万吨。“三农”投入29.7亿元。出台“救灾助农”十条政策，落实精准帮扶资金2000万元，纾困帮扶资金1000万元，救灾贷款资金1亿元。全面启动打造美丽乡村3.0版。桐庐县获评2020年度中国十大社会治理创新典范、“全国县域数字农业农村发展先进县”，入选国家县城新型城镇化建设示范名单。181个行政村实现乡村振兴规划全覆盖和“3020”目标，142个行政村实现“5030”目标。

规模以上工业增加值91.79亿元，增长3.1%。规模以上高新技术产业增加值56.17亿元，增长9.1%；装备制造业增加值43.43亿元，增长10.0%；战略新兴产业增加值53.85亿元，增长7.0%。

商品房销售面积39.88万平方米，增长9.9%，商品房销售额67.07亿元，增长16.5%。其中：住宅类销售面积35.27万平方米，增长27.4%；住宅类销售额62.62亿元，增长24.0%。

社会消费品零售总额137.44亿元，下降5.7%。按消费类型分，商品零售额102.89亿元，下降1.7%；餐饮收入34.55亿元，下降15.9%。全年新增限额以上商贸企业72个。全年网络零售额103.12亿元，增长19.3%。

货物进出口总额75.31亿元，增长0.4%。其中：进口总额5.08亿元，下降16.2%；出口总额70.23亿元，增长1.8%。全年到境外新设立各类投资企业（机构）2个，增资项目2个。

全县交通建设投资8.2亿元。完成“四好农村路”新建（改建）项目161个。公路总里程1969千米。全县有城区公交线路23条，营运公交车120辆；城乡公交线路91条，城乡营运公交车286辆；营运出租车156辆。实现主城区新能源公交车全覆盖。邮政业务收入（不含邮政储蓄银行直接营业收入）14.92亿元，增长27.9%。全年快递业务量2.52亿件，增长60.7%。

全县接待国内外游客2050万人次，下降0.6%。旅游业总收入235.79亿元，增长0.4%。乡村旅游接待人数1521万人次，乡村旅游收入15.04亿元，分别增长9.0%和25.0%。全县A级景区15个，其中AAAA级6个、AAA级9个。AAA级以上村落景区9个，其中AAAA级1个、AAA级8个。浙江省景区村庄123个，其中AAA级34个、AA级33个。桐庐县入选“第二批国家全域旅游示范区名单”。被美国《国家地理》杂志推介为2021年全球最佳旅行目的地之一。

全年PCT（国际专利合作协定）专利申请量3件，发明专利申请量540件，专利授权量97件。新增国家高新技术企业63个、省科技型中小企业120个。新增省重点农业企业研究院1个、省级企业研究院2个、省级企业研发中心3个，市级企业研发中心13个。立项实施重大科技专项3个。笔业产业创新服务综合体通过省级年度绩效评价，并实体化运营。全年发放科技创新券2052.82万元，实际使用创新券571.55万元。

幼儿园45所，在园幼儿1.47万人。小学27所，在校学生2.56万人，2020年学年招生4549人，毕业学生3920人。普通中学17所，在校学生1.71万人，2020学年招生5802人，毕业学生5393人。中等职业技术学校2所，在校学生2017人，2020学年招生506人，毕业学生774人。全县小学巩固率100%，初中巩固率100%，高中入学率99.7%，全县教职工5258人。

公共图书馆1个、乡镇图书分馆12个、文化馆1个、乡镇文化分馆6个。建有乡镇（街道）综合文体站14个，新建杭州书房2个。县城公共文化服务网络的互联互通、共建共享。全年开展文化惠民活动261场次，放映电影3.1万场次。至年末，全县体育场地面积158.52万平方米，人均体育场地面积3.64平方米。新建百姓健身房14个，省级小康体育村升级工程2个，省级拆装式游泳池1个、市级健身广场2个，完成体育健身设施维修更新250件。

全县有各类医疗卫生机构350个，其中医院19个、卫生院10个、社区卫生服务中心（站）107个、诊所（卫生室、医务室、卫生所等）62个、门诊部29个、村卫生室118个、急救中心1个、疾病预防控制中心1个、卫生健康行政执法队1个。卫生技术人员4448人，其中执业（助理）医师1707人、注册护士1662人。医疗卫生机构床位数2540张。养老保险参保人数23.17万人，参保率99.5%。被征地农民基本生活保障参保人数4240人，支付生活保障金2.71亿元。工伤保险参保人数15.02万人。失业保险参保人数11.54万人。生育保险参保人数11.79万人。

桐君山秋色　（桐庐县地方志研究室 供稿）

全县城镇常住居民人均可支配收入56450元，增长4.0%。其中，人均工资性收入34225元，增长4.0%。人均生活消费性支出29254元，下降1.5%。全县农村常住居民人均可支配收入34176元，增长7.0%。其中，人均工资性收入18956元，增长8.5%。人均生活消费性支出19120元，下降2.5%。

【桐君山等6个景区“回归”国有】2020年5月6日起，桐君山永久免费开放。9月9日，桐庐县文化旅游投资集团有限公司与浙江富春江旅游股份有限公司资产收购签约仪式举行，“富春江旅游”所属的桐君山等“6个景区资产”和“景区外4项资产”被桐庐县文化旅游投资集团有限公司收购。收购双方按照依法依规、平等协商的原则签订协议。“6个景区资产”为桐君山、瑶琳仙境、严子陵钓台、大奇山、天目溪漂流、红灯笼度假村。在年初景区门票出售权收回的基础上，签约意味着桐君山等6个景区实现国有企业运营。

【快递物流装备物资集中采购交易中心上线运行】2020年5月6日，快递物流装备物资集中采购交易中心在桐庐县上线运行。交易中心办公地址设在迎春商务区桐庐荣正财富广场15楼，面积1500多平方米，设有功能区、办公区、会议区、洽谈区等区块。该中心交易系统具备“委托集中议价采购”“采购拼单”“优品特惠”“商城交易”等核心功能，能满足不同的采购交易需求。通过线上线下相结合的方式为快递物流企业与装备物资供应商提供信息发布、交易撮合、集中议价采购等服务。为支持交易中心建设，桐庐县出台一系列政策。在供应商入驻登记时，可享受工商登记、银行开户、税务登记、社保办理等“一条龙”代办服务，实现“一日办、零费用”，赠送“开业标准五件套”（含营业执照正本、副本、印章、发票、税控盘）等。申通、韵达、圆通、中通、顺丰5个快递企业与交易中心签订采购订单协议，约定2020年在平台采购交易总额达到115亿元。

【首届长三角森林康养和生态旅游宣传推介活动在桐庐启动】2020年9月28日，以“美丽长三角、生态健康游”为主题的首届长三角森林康养和生态旅游宣传推介活动在桐庐县启动。推介会上，桐庐县向浙江省、江苏省、安徽省、上海市文化旅游代表发放4000万元长三角森林康养旅游桐庐消费券。浙江省、江苏省、安徽省和上海市共同发布《长三角森林康养和生态旅游区域一体化发展联合宣言》。通过视频方式推介浙江省、江苏省、安徽省和上海市的森林康养和生态旅游资源以及浙江省十大名山公园、十大海岛公园。视频连线上海东平国家森林公园、浙江千岛湖龙川湾和磐安大盘山。长三角森林康养和生态旅游资源及产品在现场进行展示。活动中，桐庐县被授予“浙江省森林休闲养生城市”称号。

【桐庐县首个“飞地入园”项目签约】2020年6月28日，桐庐县首个“飞地入园”项目签约仪式在富春江科技城孵化园举行。根据协议，百江镇联盟村1.47公顷批而未供工业用地、0.65公顷宅基地复垦用地指标，莪山畲族乡龙峰民族村1.03公顷批而未供工业用地、0.45公顷宅基地复垦用地指标，由县规划资源局、县经信局调剂给富春江科技城，用于医疗器械产业园工业标准厂房建设。“飞地入园”是桐庐县创新的一项工业用地指标盘活举措，核心目的是促进土地资源高效利用。通过“飞地入园”，村集体将可盘活的村庄建设用地指标或指标回购资金调剂到重大平台，平台获得用地指标，在实现土地价值更大化的同时保证村集体经济可持续发展。“飞地入园”主要有两种模式：“集镇＋村庄”模式，即村集体实施建设用地复垦项目，产生的增减挂钩指标或指标回购资金可调剂、入股到乡镇产业园区；“平台＋村庄”模式，即村集体实施建设用地复垦项目，产生的增减挂钩指标调剂到县内重大平台。调剂或入股的城乡建设用地增减挂钩指标、资金只能用于小微园区、标准厂房项目建设，村集体的建设用地复垦项目在签订指标调剂入股协议后，必须在半年内实施完成，而且要确保村集体每年获得保底分红收益。

【圆通国家工程实验室创新研发基地落户桐庐】2020年6月24日，由上海圆通蛟龙集团投资的“圆通国家工程实验室创新研发基地”项目举行签约仪式。该项目总投资约35亿元，拟选址富春未来城320国道和东兴路西北侧地块，用地面积约6.95公顷，计划建设2幢总部办公大楼，建筑高度分别为100米和150米。项目建成后，创新基地将依托圆通国家工程实验室，打造快递产业链互联、物联、智联工程技术国家级研发基地。同时，上海圆通蛟龙集团直属的网络运营中心、客户服务中心、人才培训中心及全网车辆管理中心等部门也将迁至富春未来城开展实体化办公。

【首届知识产权运营京杭论坛在桐庐召开】2020年11月9日，首届知识产权运营京杭论坛暨2020年医疗器械产业高质量发展促进会在桐庐县召开。论坛以“高价值知识产权助力医疗器械产业高质量发展”为主题，重点围绕知识产权管理、运用、保护方面的先进经验和实践智慧开展分享和研讨。论坛上，《桐庐县加强知识产权建设助推高质量发展十条政策》《桐庐县支持医疗器械产业高质量发展七条政策》以及桐庐县专利动态智能监测系统发布。

【县级药品医疗器械检查中心成立】2020年7月13日，县级药品医疗器械检查中心在桐庐县成立。检查中心主要组织承担全县药品、医疗器械、化妆品的合规性现场检查，为监管提供强有力的技术支撑，推进桐庐县药品治理体系和治理能力的现代化，保障药械化的安全。结合桐庐县医疗器械产业集中度高和块状经济特点，检查中心在精锐医疗器械有限公司、申达斯奥医疗器械有限公司等企业专门设立医疗器械“1115”服务联盟驿站，精准实施知识产权“十条新政”、医疗器械高质量发展七条政策，引导产业有序整合，培育“浙造器械”品牌，为打造优质微创器械产业平台奠定政策基础和提供专业化技术服务。

【桐庐综合客运枢纽项目动工】2020年4月1日，总投资4.7亿元的桐庐综合客运枢纽项目土方及地质勘探工程动工。桐庐综合客运枢纽工程位于杭黄高铁桐庐站站前广场东侧，总用地面积2.63公顷，总建筑面积约6.8万平方米，其中地下室建筑面积约1.3万平方米、地上建筑面积约5.5万平方米，总投资估算约4.7亿元。该项目为多功能公共建筑，集酒店、办公、商业、客运站等功能。

【桐庐获评首批全国法治政府建设示范县】2020年8月，中央全面依法治国委员会办公室印发《关于第一批全国法治政府建设示范地区和项目命名的决定》，对40个全国法治政府建设示范市（县、区）和24个全国法治政府建设示范项目进行命名。桐庐县经过省级初审、第三方评估、人民群众满意度测评、实地核查、社会公示等环节，经中央依法治国委员会批准，被命名为第一批全国法治政府建设示范市（县、区），是浙江省唯一被命名的县级地区。 （张　红）

淳安县

【概况】2020年，淳安县辖11个镇、12个乡，有337个行政村、17个社区。至年末，常住人口35.80万人，户籍人口45.62万人。人口自然增长率0.1‰。全县生产总值240.62亿元，比上年下降4.8%。其中：第一产业增加值38.42亿元，增长0.6%；第二产业增加值62.43亿元，下降13.1%；第三产业增加值139.77亿元，下降0.7%。三次产业结构为16∶25.9∶58.1。全县数字经济增加值6.65亿元，下降2.6%，占全县生产总值的2.8%。4月14日，在全省建设平安浙江工作视频会议上，淳安县第15次成功创建平安县，获得浙江省首批平安建设最高奖项“一星平安金鼎”。

财政总收入40.13亿元，增长7.82%。一般公共预算收入22.77亿元，增长7.97%。其中，税收收入20.83亿元，增长6.9%。一般公共预算支出76.68亿元，增长11.34%。全年城镇常住居民人均可支配收入48985元，增长4.1%；人均生活消费支出26242元，下降1.81%。全年农村常住居民人均可支配收入22465元，增长6.6%；人均生活消费支出14232元，下降2.49%。全县金融机构本外币各项存款余额394.92亿元，增长4.1%。金融机构本外币各项贷款余额357.66亿元，增长14.7%。

农林牧渔业总产值54.49亿元，增长1.0%。其中：农业产值37.4亿元，增长3.0%；林业产值7.57亿元，下降1.3%；牧业产值5.59亿元，增长0.9%；渔业产值2.77亿元，增长5.8%。全年粮食种植面积1.12万公顷，粮食总产量4.25万吨，增长5.0%；茶叶产值8.03亿元，下降2.1%；水果产值6.46亿元，增长8.3%；中药材总产值4.86亿元，增长8.8%；肉类0.74万吨，下降56.8%。9月，举办首届中国千岛湖农博会，淳安县被国家气候与气候变化标准化技术委员会认定为国内首个特色农产品生态气候适宜地，启用全品类“千岛农品”农产品区域公用品牌。与盒马鲜生超市开展合作共建大下姜盒马村产销协同常态化供应基地。全年新认证无公害农产品2个，新申报绿色食品27个，新建二维码追溯主体41个，实现绿色有机食品生产主体追溯管理全覆盖。“千岛湖茶”品牌价值18.54亿元。

工业增加值37.92亿元，下降12.5%。其中，规模以上工业增加值26.59亿元，下降17.1%。规模以上工业新产品产值下降38.6%，新产品产值率9.5%。高新技术、装备制造业、战略性新兴产业增加值分别下降12.1%、12.6%、25.7%。全县有市场经营主体3.30万户，其中企业1.35万个、个体工商户1.89万户、农业专业合作社581户。

建筑业增加值25.54亿元，下降14.7%。全县房地产开发投资增长41.3%。房屋施工面积285.51万平方米，增长24.7%；竣工面积23.54万平方米，增长2.5%。全年商品房销售面积31.79万平方米，增长25.5%；商品房销售额43.43亿元，增长18.9%。

全县固定资产投资下降7.4%，其中项目投资下降25.2%。按投资“4+1”结构看，交通投资下降40.0%，生态环境和公共设施投资下降30.6%，高新技术产业投资下降1.2%，民间项目投资下降31.8%，工业投资下降21.3%。

社会消费品零售总额83.74亿元，下降0.3%。自营进出口总额1.85亿美元，下降5.0%。其中：自营出口1.65万美元，增长4.3%；进口2000万美元，下降44.9%。新引进个性化产业项目96个；实际到位外资资金1013万美元。

接待国内外游客1928.52万人次，旅游经济总收入232.04亿元，分别增长2.3%和0.1%。乡村旅游接待游客1679.56万人次，乡村旅游收入16.86亿元，分别增长15.1%和17.1%。12月，淳安县成为AAAAA级景区城，千岛湖旅游度假区成功创建国家级旅游度假区。全年创建浙江省AAAA级景区镇2个、AAA级景区镇6个、AAA级景区村庄10个。千岛湖景区成为支付宝全国首个“无接触式”数字景区、全省首批“未来景区”改革试点。下姜景区、千岛湖石林景区被评定为国家AAAA级旅游景区，啤酒小镇被评定为国家AAA级旅游景区。千岛湖沪马山地探险乐园、鲁能体育生态公园、易禾水乐园、瀛山书院、大下姜（大墅）自由野研学营地等项目建成开放。

12月，千黄高速公路淳安段、淳安至江山公路枫树岭至界牌段完工通车。330国道大中修工程（公路段至淡竹段）、千威线提升改造工程（含宋村至南浦大桥段整治提升）、郑鸠线（梓桐胡家至南浦大桥）提升改造工程、威前公路整治工程完成建设。全县公路总里程2862.27千米，高速公路65.62千米、国道89.78千米、省道29.26千米。

玉兰花园被评为2020年省级园林式居住区，中心湖区景观飘带公园被评为省级优质综合公园，阳光路被评为省级绿化美化示范路。改造14个老旧小区，创建6个市级美好家园，安装35台电梯。实施千岛湖水质高水平保护专项行动和生态环境系统防控治理专项行动，完成汾口镇和临岐镇工业集聚区“污水零直排区”验收。出台《淳安县“无废城市”创建方案》。10月，成功创建为“绿水青山就是金山银山”实践创新基地。全县环境空气优良天数351天，优良天数比例96.2%（有效监测天数为365天）。PM2.5年均浓度值20微克/立方米。全年发生生产安全事故7起，死亡6人。

全县有学校121所，在编教职工3842人，在校学生41873人。其中：幼儿园41所，在校幼儿9262人；小学56所（含17所校区），在校学生1.56万人；初中15所，在校学生8386人；普高5所，在校学生5530人；职高2所，在校学生3016人；培智学校1所，在校学生31人；电大教师进修学院1所。全县义务教育标准化学校覆盖率100%。8月，排岭初级中学、千岛湖镇第七小学和千岛湖玉兰幼儿园明月分园、千岛湖中心幼儿园富力分园、淳安县第二幼儿园雅苑分园等3个小区配套幼儿园启用。12月，千岛湖镇第八小学新建工程完工。

全年专利申请量889件，其中发明专利316件、实用新型专利465件、外观专利108件，专利授权540件。全年新增高级高新技术企业7个，新增省科技企业18个，市雏鹰企业1个。新增省级研发中心1个。

全县有文化馆（站）24个、公共图书馆24个（含乡镇分馆）、新安书屋23个、艺术馆1个、电影院3个。全县公共图书馆有藏书127.4万册。文化礼堂惠民活动实现全覆盖，全年送文化活动、展览展示、文化培训等360多场，送春联下乡1万余副，送书下乡3万余册。

各类医疗机构330个，医护人员3052人。全县医共体总门诊205.28万人次，下降8.5%，其中县级医院下降16.8%、基层医院下降2.4%。医共体总出院6.04万人次，下降7.7%，其中基层医院下降3.4%。县域就诊率90.1%，基层就诊率66.4%。淳安县第一人民医院二期工程基本完工，淳安县第二人民医院维修改造项目投入使用，梓桐等7个乡镇卫生院环境提升工程竣工。新增新技术、新项目78个，柔性引进副高级以上专家70多人。开展十二大类、47项免费公共卫生服务，累计服务居民140多万人次。全县建成公共场所母婴室17个。

健身公园、社区多功能运动场、百姓健身房等46个体育场地建设项目完成。新增体育场地总面积3万余平方米，人均体育场地面积3.72平方米。获全国速度滑冰锦标赛银牌2枚、铜牌3枚。亚运分村主体工程基本完成，室外五项赛事临建项目推进。9月，创建“2020年国庆黄金周体育旅游精品线路”；11月，获评浙江省运动休闲旅游示范基地、精品线路各1个，优秀项目2个。成功举办千岛湖马拉松赛、环千岛湖国际公路自行车赛、千岛湖铁人三项赛等精品体育赛事20场，吸引国内外参赛选手7.5万人。

全县各类养老保险参保人数37.89万人，参保率99.5%；各类医疗保险参保人数45.36万人，参保率99.6%；工伤保险参保人数9.36万人，比上年末增加893人；生育保险参保人数5.46万人。养老机构30个，其中县级公办1个、乡镇敬老院23个、民办养老机构6个，床位2958张，在院供养老人1230人。至年末，全县有在册低保户数9640户、1.27万人，其中残疾人单列户5675户、5797人。

【“开尔及图”商标被评为中国驰名商标】2020年7月，浙江旭光电子科技股份有限公司申报的“开尔及图”商标被国家知识产权局授予中国驰名商标，为淳安县第六件中国驰名商标。浙江旭光电子科技股份有限公司生产加工的灯泡、照明器、电灯等产品，销售覆盖全国并销往国外市场，有各类申请专利104件，获授权专利82件，并获得“国家高新技术企业”资质认证。

【第六届全国绿色公路技术交流会在淳安举行】2020年11月24日，第六届全国绿色公路技术交流·千黄高速公路现场观摩会在淳安县举行。中国工程院院士谢礼立，交通运输部原总工程师、交通运输部专家委员会主任委员、长安大学特聘教授周伟，中国公路学会副理事长兼秘书长刘文杰，港珠澳大桥总设计师、中国交通建设集团副总工程师孟凡超等30名专家和来自全国各地的500多名代表参加。交流会围绕绿色公路建设实践、绿色公路低碳环保、绿色公路智慧高效和绿色公路服务提升等内容展开学术交流，并到千黄高速公路建设现场观摩。

【千岛湖环境资源法庭成立】2020年12月16日，淳安县人民法院千岛湖环境资源法庭正式挂牌成立，为淳安特别生态功能区建设提供司法保障。2018年10月，淳安县人民法院成立环境资源审判合议庭，集中管辖辖区内环境资源案件，实行环境资源刑事、民事和行政案件“三审合一”的审判模式。审结环境资源类案件339件，其中刑事案件115件、民

2020 年 12 月 22 日，千黄高速公路淳安段通车　　（淳安县交通运输局 供稿）

事案件 175 件、行政案件 49 件。千岛湖环境资源法庭的成立，解决了案件多个业务庭审理、法律适用和司法裁判不统一等问题，有利于归口统一管理，实行专业化审判，从而优质高效审结包括非法捕捞水产品、非法采矿、非法猎捕等一批环境资源类案件。

【千黄高速公路淳安段通车】2020 年 12 月 22 日，千黄高速公路淳安段正式通车。千黄高速公路串联起西湖、千岛湖、黄山 3 个 AAAAA 级景区，列入交通运输部第二批绿色公路建设典型示范工程。千黄高速公路淳安段全长 51.42 千米，双向四车道，路基宽 25.5 米，设计时速 80 千米。起点位于浙江省与安徽省交界的塔岭附近，终点位于杭新景高速千岛湖支线，设置威坪、宋村、汪宅、千岛湖和坪山 5 处互通，总投资 95.27 亿元。项目采用"针对高速公路隧道群路段开展隧道 LED 照明光环境一体化设计、相邻隧道进出口联动调光控制、面向视觉安全的光环境色温和亮度双指标控制"技术。（刘东山）

建德市

【概况】2020 年，建德市辖 3 个街道、12 个镇、1 个乡；229 个建制村、27 个社区、15 个居民区。户籍人口 50.99 万人，比上年下降 0.2%。人口自然增长率 1.61‰。全市生产总值 391.87 亿元，增长 6.7%。其中：第一产业增加值 37.15 亿元，增长 1.5%；第二产业增加值 181.96 亿元，增长 5.1%；第三产业增加值 172.76 亿元，增长 6.4%。三次产业增加值结构为 9.4∶48.2∶42.4。按年末户籍人口计算，人均生产总值为 76793 元。

财政总收入 55.64 亿元，增长 2.8%，其中地方财政一般预算收入 34.23 亿元，增长 10.1%。地方财政一般预算收入中税收收入 30.25 亿元，增长 7.0%，占地方财政收入的 88.4%。财政支出 59.32 亿元，增长 9.6%。其中用于民生支出 45.19 亿元，增长 8.8%，占一般公共预算支出的比例为 76.2%。灾害防治及应急管理支出、住房保障支出、卫生健康支出分别增长 73.3%、44.2% 和 37.1%。安排民生实事专项资金 3.7 亿元。居民人均可支配收入 42063 元，增长 6.0%。其中：城镇居民人均可支配收入 54962 元，增长 3.9%；农村居民人均可支配收入 30762 元，增长 7.3%。金融产业增加值 23.21 亿元，增长 14.9%。至年末，金融机构本外币各项存款余额 645.30 亿元，增长 19.9%。住户本外币存款余额 345.54 亿元，增长 13.1%。金融机构本外币各项贷款余额 564.55 亿元，增长 22.8%。

农林牧渔业增加值 37.94 亿元，增长 1.6%；农林牧渔业总产值 59.17 亿元，增长 5.0%。其中：种植业产值 36.97 亿元，下降 2.1%；林业、渔业、牧业产值分别为 3.41 亿元、2.11 亿元和 14.63 亿元，增长 0.8%、4.1% 和 31.0%。全年粮食总产量 6.85 万吨，增长 1.6%。建德市获评省"粮食五优联动示范县"。蔬菜、水果、水产品产量分别为 26.44 万吨、23.24 万吨、9755 吨，分别增长 2.0%、1.7%、3.0%。肉类产量 1.90 万吨，增长 54.8%。生猪、禽类存栏分别为 15.39 万头、508.24 万羽，分别增长 219.3% 和 9.6%。农业骨干企业 107 个，各类农民专业合作社 549 个。完成造林更新面积 1366.7 公顷，其中人工造林 533.3 公顷、更新造林 666.7 公顷、无林地封育 167 公顷。

工业增加值 149.04 亿元，比上年增长 6.8%。其中规模以上工业企业 366 个，实现工业总产值 491.25 亿元，增长 8.6%。规模以上工业销售产值 482.40 亿元，增长 8.0%。规模以上工业增加值 135.06 亿元，增长 8.5%。其中，高新技术产业、战略性新兴产业、装备制造业增加值分别为 53.06 亿元、28.34 亿元、11.82 亿元，分别增长 14.4%、12.0% 和 7.3%，占规模以上工业的 39.3%、21.0% 和 8.8%。数字经济核心产业增加值 8.60 亿元，增长 9.0%，占全市生产总值的 2.2%。

全市货物进出口总额 83.36 亿元，增长 23.7%。其中：进口额 6.96 亿元，增长 41.5%；出口额 76.40 亿元，增长 22.3%。服务贸易出口额 1.37 亿美元，增长 28.9%。跨境电商进出口总额 3.41 亿美元，增长 15.8%。其中，出口额 3.11 亿美元，增长 17.6%。开展产业链招商，采用"云推介 + 云洽谈 + 云签约"招商方式，全年签约智能制造、生物医药、文化旅游等产业项目 81 个，其中 1 亿元以上项目 58 个、10 亿元以上项目 7 个。新批外商投资项目 9 个，实际利用外资 1.15 亿美元，增长 26.0%。建德经济开发区（航空小镇）野马飞机项目新开建德—镇江和建德—金山两条通勤运输航线。建德航空小镇入选省级特色小镇"亩均效益"领跑者名单。

社会消费品零售总额 114.07 亿元，下降 0.7%。批发和零售业增加值 23.89 亿元，增长 5.5%；住宿和餐饮业增加值 5.06 亿元，减少 7.6%。网络零售额 295.06 亿元，增长 61.7%。建德市入选国家电子商务进农村综合示范市。

固定资产投资下降9.9%。其中：工业投资增长17.1%；交通投资减少44.3%；民间项目投资增长9.9%；高新技术产业投资减少44.8%；生态环保、城市更新和水利设施等公共设施投资减少32.7%。实施市本级重大产业项目81个，政府投资重点实施类项目96个，开工率100%。房地产开发投资下降18.1%，其中住宅投资下降27.8%。房屋施工面积325.95万平方米，增长3.1%；新开工面积44.02万平方米，下降8.6%；竣工面积97.32万平方米，增长179.7%。商品房销售面积54.09万平方米，增长39.2%；商品房销售额66.57亿元，增长54.1%。

货物运输总量2137.71万吨，下降1.0%。货物运输周转量28.05亿吨（千米），下降0.7%；全年公路旅客运输总量1176.1万人次，下降15.1%。公路旅客运输周转量4.55亿人（千米），下降6.5%。

旅游总收入137.70亿元，增长2.3%。接待国内外游客1319.4万人次，增长1.0%。其中，国内游客1319.3万人次，增长1.0%。乡村旅游人数589.71万人次，下降12.1%；旅游收入6.73亿元，增长21.1%。各类旅行社22家，星级饭店2家。A级及以上景区5个，其中AAAA级景区4个。新创建梅城镇和乾潭镇2个AAAA级景区镇，10个村入选2020年浙江省AAA级景区村。新叶村获评第二批全国重点旅游乡村。新创建美丽乡村精品村6个，新增美丽乡村精品示范线1条、历史文化村落1个、风情小镇1个。全市有农家乐（民宿）217个，接待游客651万人次，下降19.9%；经营收入7.98亿元，增长5.9%。

新认定高新技术企业37个，累计高新技术企业104个。新增省科技型中小企业101个，累计423个。至年末，有杭州市级以上高新技术企业研发中心107个，其中省级以上45个。科技企业孵化器9个，其中省级1个；众创空间3个。专利申请量2585件，其中发明专利申请量1040件，分别增长55.4%和340.7%。专利授权量1113件，其中发明专利授权量72件，分别增长78.9%、60.0%。实施各类科技计划625项，其中省级科技计划91项。10月23日，建德在杭州的“科技飞地”孵化园“建德智立方”开园。杭师大新安硅谷研究院、通航省级重点实验室揭牌运营。浙江大学、浙江科技学院建德技术转移中心落户建德市。新增院士专家、博士后工作站6个。建德市入选中国创新百强县（市）。

幼儿园40所，在园幼儿1.33万人，增长3.1%。小学31所，在校学生2.26万人，增长2.4%。学龄儿童毛入学率100%。初中17所，在校学生1.02万人，初中入学率100%。普通高中（含民办）6所，在校学生7082人，初中升高中段比例99.7%；中等职业教育学校1所，在校学生1473人。专任教师4320人。图书馆1个，农家书屋235个，文化站16个，博物馆1个。建德市图书馆总藏书83.8万册（件）。县级及以上文物保护单位91处（群），其中国家级文物保护单位4处（群）、省级文物保护单位5处（群）。

各级各类医疗卫生机构389个。卫生技术人员3763人，下降3.7%。其中，执业（助理）医师1525人、注册护士1846人，分别增长13.5%和13.7%。病床2770张。养老机构19所，床位3596张，供养老人1205人。全市参加基本养老保险人数33.35万人，参加基本医疗保险人数43.97万人，参保率分别为98.9%和99.4%。参加生育、工伤、失业保险人数分别为9.34万人、14.46万人、9.10万人。6月29日，县级医疗保障反欺诈中心成立。城镇新增就业人员2.18万人，新增14051人。城镇登记失业人数2313人，登记失业率2.4%。发放各类保障金1.3亿元，惠及1.7万人。享受最低生活保障人数1.08万人。

市区建成区面积10.60平方千米，城区道路长度138.22千米。建成区绿化覆盖率44.91%，提高2.74个百分点。公共绿地面积241公顷，增加25公顷；人均公共绿地面积4.73平方米，增加0.49平方米。全年空气优良天数359天，增加9天，优良率98.1%。PM2.5年平均浓度24.2微克/立方米，平均浓度下降18.5%。创建省级“美丽河湖”2条，完成梅城古镇水系综合治理、5个工业功能区（园区）和6个乡镇（街道）污水“零直排区”建设，出境断面水质保持在Ⅱ类以上。

【建德市获评全国文明城市】2020年11月10日，中央文明办公布第六届全国文明城市入选城市名单和复查确认保留荣誉称号的前五届全国文明城市名单，建德市成为新一批全国文明城市。2018年，获评全国文明城市提名城市之后，建德市围绕“最清洁、最有序、最平安、最暖心”城市目标，开展全国文明城市创建工作。通过实施城区有机更新和美丽城区综合建设项目，主城区（含小区内）新增机动车停车泊位约1万个、隔离护栏和行人等候区6237米，城区整体立面和街面秩序得到很大改善。开展“最美楼道”“达标楼道”活动。在主城区、各乡镇（街道）主要道路和街巷，开展车头同向、文明礼让、“一把扫帚扫到底”、烟头不落地等活动，特别是实施垃圾分类。在商户和窗口单位，推广“门前三包”“微笑服务”。通过发掘和表彰“一元村医”“最美逆行者”等活动，传递社会主义新时代崇高人文精神与核心价值观。以“我们的节日”“邻居节”推动邻里互助，以“小手拉大手”组织学校、家庭、社会三结合文明共建网。全市6.7万名志愿者、1076个志愿服务组织在美德驿站、爱心驿家为市民提供帮助。

【新安江水库首次开9孔泄洪】受连续强降雨及上游来水叠加影响，新安江水库水位持续上涨。2020年7月7日10时，新安江水库坝前水位上涨至107.28米，超过汛限水位0.78米，新安江水库开3孔开始泄洪；12时，增至5孔泄洪；16时，增至7孔泄洪。7月8日9时，新安江水库坝前最高水位108.39米，为建库以后最高水位，相应库容180.35亿立方米，增加至9孔泄洪，最大出库流量7700立方米/秒，是建坝以后首次正式开启全部9孔泄洪。叠加寿昌江来水，新安江城区江段流量超过7870立方米/秒，白沙大桥最高水位31.04米，比泄洪前高出7.02米。7月10日1时，新安江水库坝前水位回落到108米。7月12日5时，新安江水库坝前

2020 年 7 月 8 日 9 时，新安江水库首次正式开 9 孔泄洪　（范胜利 摄）

水位回落到 107 米。7 月 13 日 16 时，坝前水位继续回落到汛限水位 106.5 米。7 月 14 日 15 时，新安江水库关闸，相应水位 106.34 米。

从开始泄洪至泄洪结束，历时 173 小时，总出库水量 30.98 亿立方米。建德市成立"新安江水电站泄洪应急工作领导小组"，发布《关于进一步做好泄洪工作的紧急通知》《关于立即按照 9 孔泄洪准备的紧急通知》等通知，开展安全检查，排查隐患 1853 处，设置沿江警戒线 41 千米。灾情过后，实施灾后重建项目 53 个，计划总投资 29 亿元，至年末，其中 44 个实施类项目完成 39 个。

【千鹤妇女精神教育基地建成开放】 2020 年 5 月 26 日，千鹤妇女精神教育基地对外开放，9 月完成展陈提升。基地总投资 7000 万元，建筑面积 4474.72 平方米，包括展厅、报告厅、教室、会议室、管理用房等设施。其中，展厅共有两层，划分为"抗争旧社会、顶起半边天、奋进新时代"三大篇章，共 5 个单元。展陈主要反映中国妇女在中国共产党领导下的妇女运动发展史，展示千鹤妇女人物故事，毛泽东主席对千鹤妇女事迹的按语内容，以及老物件、相关影像资料。基地定位于"立足浙江、面向全国"的妇女爱国主义教育基地、农村基层党建教育基地、红色旅游教育基地。该基地先后被命名为全国妇女爱国主义教育基地、浙江省妇女干部教育培训现场教学基地等。至年末，共接待参观团队 700 多批次、2.2 万人次。

【"数智化"监督获评省改革创新优秀实践案例】 2020 年，在浙江省委改革办主办、省改革研究和促进中心组织开展的 2020 年浙江省改革创新优秀实践案例评选中，"建德市积极构建基层公权力智慧监督体系"课题被评为优秀案例。2019 年以后，建德市纪委开展"数智化"监督改革，用数字化手段推进监督下沉、监督落地、监督于问题未发生之时，将数据优势转化为治理效能。通过城市大脑平台，多维度汇集数据资源，整合共享数据端口，对 25 个主要部门、16 个乡镇（街道）和 256 个村（社区）的行权数据全获取，形成超过 2 亿条信息的"数据池"。通过数字赋能、建模分析—数据集成、自动预警—公示监督、便民惠民—注重运用、形成闭环 4 个环节，自上而下建立市、乡镇（街道）、村（社区）三级智慧监督体系，市、乡镇（街道）平台分析研判预警和村（社区）平台公示监督，形成智慧监督网络。其"发现问题—分析问题—解决问题—督责问责—建章立制"的全流程监督闭合回路模式做法作为改革案例，刊登在省委改革办《领跑者》杂志，并被《人民日报》、新华社、《中国纪检监察报》、《浙江日报》等主流媒体先后报道，获省、市领导批示肯定。

【县级医疗保障反欺诈中心成立】 2020 年 6 月 29 日，浙江省首个县级医保反欺诈中心——建德市医疗保障反欺诈中心挂牌成立。该中心主要承担日常医保基金监督检查、参保人员外伤稽核调查、投诉举报案件的核查处理、稽核内审以及实施开展医保智慧监管、反欺诈宣传等方面工作。

【"建德智立方"开园】 2020 年 10 月 23 日，建德首个集"孵化、创业、投融资"为一体的在杭州的"科技飞地"孵化园——"建德智立方"开园。该孵化园位于杭州滨江德信 AI 产业园内，毗邻滨江高教园区、海外高层次人才创业创新基地，总面积 2207 平方米。6 个项目入驻，并且全部完成在建德注册工作，包含先进制造、人工智能、"互联网 +"等高新技术产业。活动现场，建德市资产管理有限公司与入驻企业代表签订协议。

（黄建生）

责任编辑　秦文蔚

48 人物

2021 杭州年鉴 Figures

全国抗击新冠肺炎疫情先进集体和个人

杭州市健康码平台开发运行专班 全国抗击新冠肺炎疫情先进集体。2020年2月6日，杭州市委提出在城市大脑构架下开发“健康码”的“数字治疫”设想，组建由市委办、市数据资源局、市公安局、市卫生健康委和阿里巴巴集团技术团队等组成的健康码平台开发运行专班。该专班以“面对千万人，千万要担当”的理念和拼劲，首创“杭州健康码”。主动针对复工复产、复学复课、交通出行等方面的需求，持续攻坚克难，历经数十轮（次）技术调整、规则完善，推动“健康码”迭代升级，迭代开发国际版“健康码”、“市民卡”加载“健康码”、“一码知健康、一码助健康”的“健康码2.0”数字服务平台等，推出“一码就医”、电子健康证查询、健康档案查询、预约挂号、心理援助等衍生的常态化便民服务。中央电视台、新华社、《人民日报》等媒体予以报道。

林乐清 男，1970年5月出生，中共党员，杭州师范大学附属医院重症医学科副主任，主任医师。全国抗击新冠肺炎疫情先进个人获得者。突如其来的新冠肺炎疫情在武汉发生后，林乐清主动请缨、驰援武汉。他担任杭州市第一批驰援武汉医疗队队长、临时党支部书记，明确“凡是危险困难的岗位党员先上，支部书记最先上”的工作纪律，带领队员进驻武汉市第四医院古田院区，接管专门收治新冠肺炎疑似病人的整个病区。

黄 炜 男，1977年4月出生，中共党员，建德市高铁新区（高新园）党工委副书记、建德市高铁新区经济发展中心主任、建德市大慈岩镇原党委书记。全国抗击新冠肺炎疫情先进个人获得者。在新冠肺炎疫情防控最紧要关头，黄炜舍小家为大家，提前给在上海华山医院住院化疗的儿子办理出院手续，扛起一位乡镇党委书记的担当。不分昼夜、一线指挥，守护一方安宁，排查锁定137名重点管控人员，第一时间采取24小时居家隔离措施。天天住镇跑村、进企帮困，落实“三服务”活动要求，仅用数天时间就完成全镇所有工业企业复工审批，实现全镇工业经济恢复快后劲足。2020年1—5月，大慈岩镇新增固定资产投资1.15亿元，同比增长41.1%。

朱佳清 女，1982年3月出生，九三学社社员，杭州市中医院重症医学科副护士长。全国抗击新冠肺炎疫情先进个人获得者。朱佳清从事危重症护理工作近20年，在新冠肺炎疫情防控期间，她舍小家为大家、义无反顾报名成为浙江省首批援鄂医疗队队员，担任武汉华中科技大学附属普爱医院重症隔离病区护理小组长。

李志会 男，1977年3月出生，中共党员，杭州市红十字会医院重症医学科副主任，副主任医师，兼内科第五党支部书记，曾获全国卫生健康系统新冠肺炎疫情防控工作先进个人称号。全国抗击新冠肺炎疫情先进个人获得者。2020年2月9日至3月31日，李志会作为杭州市第三批支援武汉抗击新冠状病毒肺炎医疗队队长，担任武汉市华中科技大学附属同济医院光谷院区E1—4重症病区主任，不顾个人安危、坚持“首战用我”，第一个进入隔离区接诊重症患者，带动整个“医护突击队”迅速进入战斗状态。向武汉贡献新冠肺炎救治的杭州特色方案，成功实现“打胜仗、零感染”的援助目标。

先进模范人物

徐冠巨 男，1961年7月出生，无党派人士，传化集团董事长，2020年全国劳动模范。徐冠巨创办企业30多年来，以“做强中国制造的品牌，补齐生产服务的短板，发展高新技术产业群”为目标，将传化集团打造成集化工、物流、农业、科技城和投资于一体的多元化产业集团，业务覆盖全球80多个国家和地区，列“中国企业500强”第232位、“中国民营企业500强”第73位。他探索民营企业党组织深度融合的科学治理模式，成为全国学习构建和谐劳动关系的样本。积极投身“精准脱贫攻坚战”，实施结对帮扶，累计捐助超过1.5亿元。突如其来的新冠肺炎疫情发生后，他带领集团上下迅速行动，提供免费运力对接助力物资畅通，并捐赠3000万元的资金与物资用于疫情防控。

雷建土 男，1966年6月出生，中共党员，杭州电缆股份有限公司中压电缆制造工，2020年全国劳动模范。雷建土自1987年7月到杭州务工以来，在平凡的工作岗位上做出了不平凡的贡献，以优异的工作成绩赢得大家的敬佩和尊重，2016年被评为全国优秀农民工。作为杭州市高技能人才（劳模）创新工作室领衔人，他重视科技创新、技法创新，并将创新成果运用到生产实践中去；注重团队合作，开展提质增效、降本增效活动，近两年来带领团队为企业节约生产成本899万元，产生良好的经济效益和社会效益；悉心带徒授艺，带出了一支技术过硬的技工队伍，为企业高质量发展做出贡献。

徐川子 女，1985年10月出生，中共党员，国网浙江省电力有限公司杭州供电公司滨江供电分公司市场客户部（互联网事业部）主任，2020年全国劳动模范。徐川子自浙江大学毕业后一直扎根基层，从事以男性人员为主的装表接电工作，完成创新成果5个，发明专利9件，培养省公司及以上技能能手5人、技师及以上16人，被《人民日报》称为“不爱红妆爱工装”的“女汉子”，并受邀在浙江大学毕业典礼上做励志演讲。因其在推动绿色能源方面的工作，获“2019全球契约中国网络联合国可持续发展目标先锋”称号。在抗击新冠肺炎疫情中，她带领团队，对滨江区15.7万户低压用户超过1000万条的电力数据进行搜集和分析，研发“电力大数据+社区网格化”算法，开发出居民短暂和长期外出、外出频次、举家返回、暂未返回、隔离人员异动等4个场景、6套算法，精准判断出区域内人员日流动量和分布。

王荣栋 男，1977年11月出生，中共党员，杭州娃哈哈集团有限公司铣工技师，2020年全国劳动模范。王荣栋20多年扎根本职岗位，肯学肯干肯钻研，多年来为公司节约生产成本近1000万元。从一名外来基层技术工人，成长为独当一面的技能大师，他树立了新时代一线技术工人成长成才的典范，是杭州市C类人才、第三届杭州工匠。他领衔的工作室，解决公司各类技术难题，“卧式果奶装箱机”项目获中国乳制品工业协会颁发的创新二等奖等荣誉，获评杭州市技能大师工作室。工作室先后培养技师7名、高级工25名。

曾富贵 男，1975年4月出生，中共党员，新华三技术有限公司产品线总经理，2020年全国劳动模范。曾富贵从事通信设备研发工作近20年，他带领技术团队承担多个重点研发项目攻关，取得巨大的经济效益，多次获省、市技术奖励和荣誉。他先后领衔承担400G平台高端路由器、T平台集群核心路由器、千万用户级宽带接入认证服务器等项目研发，团队申报专利数十篇；重视团队建设和技术积累，以客户需求为导向，严把产品质量关，推出的产品技术先进性和稳定可靠性得到市场的严格检验，累计销售收入超过50亿元。

叶金龙 男，1964年3月出生，中共党员，浙江万马电缆股份有限公司大师工作室负责人，2020年全国劳动模范。叶金龙坚持“用一辈子做好一件事”，立足本职，专研25年，从电缆质检“门外汉”成为行业的带头人。面对难题，他敢于攻关、善于创新，研制出电缆导体直流电阻在线检测装置等行业领先的电缆检测方法，先后获发明专利3件、实用新型专利15件，培养高级技师16名、技师6名，是公司技能大师工作室领衔人、浙江省“万人计划”高技能领军人才，享受“国务院特殊津贴”。

王国平 男，1974年4月出生，中共党员，大洋生物科技集团股份有限公司研发中心主任，2020年全国劳动模范。王国平自1992年参加工作以来，承担国家重大新药创制、“863”计划和“国家火炬计划”等10多个国家和省、部级科技攻关项目，开发出半缩醛等10多个新产品，新产品累计销售额20多亿元，发表论文30多篇，获发明专利35件。在抗击新冠肺炎疫情中，他发挥党员带头作用，主动作为，积极参与所在社区防控宣传和检查工作，为小区住户提供库存的75%酒精、次氯酸钠和过硫酸钾等消毒用品。

徐俊昌 男，1975年2月出生，中共党员，杭州宸运环卫工程有限公司职工，2020年全国劳动模范。徐俊昌17年在环卫第一线工作，并苦心钻研自创“烧电焊”工作法，被评为“杭州市城管系统优秀工作法”。近3年来他累计修理环卫作业设备500多台次，提出改进意见20多条，降低运行成本。面对急难险重任务他从不退缩，参与G20杭州峰会、防洪抗台等保障任务10多次。为抗击新冠肺炎疫情，他主动到一线参加隔离点生活垃圾收运工作。

沈新华 男，1964年9月出生，中共党员，益乐农副产品综合市场负责人，2020年全国劳动模范。沈新华参与益乐农贸市场建设和管理，克服经营权与管理权分离的难题，精准定位、智能改造，用2年时间把“脏乱差”的村农贸市场打造成“浙江省放心农贸市场”，被周边居民誉为放心、称心的“菜篮子工程”。在“美丽乡村”建设中，他沟通设计方案、宣传整治好处、听取村民建议，成为杭州市城中村改造和管理的引领者。在新冠肺炎疫情期间，他主持开展“送服务到家”的贴心服务，每天采购，买菜、买药、买消毒用品，再送到隔离人员家门口。

周海东 男，1974年11月出生，群众，杭州红通樱桃专业合作社理事长，2020年全国劳动模范。周海东致力于培育适合在江南平地栽培的甜樱桃新品种及栽培技术示范推广，主持完成“南方甜樱桃（车厘子）引进试种、栽培技术研发与应用”等2个市农业科研攻关项目，选育出适合江南平原地区栽培的甜樱桃新品种（系）7个并优化集成相关关键技术，被誉为“长三角地区甜樱桃事业的开拓者”；参与制定《设施樱桃生产技术规程》等2个地方农业标准，累计培育核心种植大户240户，其中建档立卡贫困户34户，指导和培训农民5700多人；在江、浙、沪、赣等地区推广中国樱桃苗木及配套栽培技术1666.67公顷，产生直接经济效益2亿余元。

王良忠 男，1964年5月出生，中共党员，杭州市桐庐县旧县街道西武山村党支部书记、村委会主任，2020年全国劳动模范。王良忠以“和谐西武山”建设为目标，积极发展壮大村集体经济，近年来先后引进入驻企业60多个，村固定资产1800万元，年收益100万元以上，村民人均收入3.2万元。他积极探索“鸡毛换糖”垃圾分类农村新模式，垃圾分类准确率常年保持在95%以上。“新村民融入管理”机制下的西武山村日趋和谐稳定，连续十年全村没有发生刑事犯罪、治安案件。面对突如其来的新冠病毒肺炎疫情，他提出以无宣传盲区、无排查盲点、无疫情发生、无违法案例“四个无”为抓手，带领西武山村全力争创“无疫情村”，连续半个多月吃住在村，连续多天24小时值守卡口，个人出资2万元购买口罩捐赠给街道。

张筱凤 女，1962年9月出生，中共党员，杭州市第一人民医院消化内科主任，2020年全国先进工作者。张筱凤从事临床工作30多年，作为浙江省ERCP的领军人物，专注于疑难、急重症胆胰疾病、消化道出血、儿童胆胰疾病的临床和基础研究。近10年中，个人完成ERCP联合EUS治疗1.3万例，开展国际首例EUS下胰腺肿瘤射频消融术、国内率先开展儿童ERCP（最小患者仅仅100天）、Spyglass下胆胰管检查治疗等多项内镜治疗新技术。她作为学科带头人，带领科室入选省重点扶植学科、省区域专病中心、世界消化内镜培训基地等，科室年均出院病人数6000多人次，年门诊量13万余人次，好转治愈率95.4%，危重抢救成功率95.0%。

林肃浩 男，1961年3月出生，中共党员，浙江省杭州第二中学学术委员会主任，2020年全国先进工作者。林肃浩享受国务院政府特殊津贴，从事化学学科教学，主持和完成省级及以上课题8个，其中获国家级教学成果二等奖2个，浙江省基础教育成果（政府奖）一等奖3个、二等奖2个，在全国核心期刊发表或获奖的论文有60多篇，主编或参编的论著有70多本。他所辅导的学生中，有700多人次在省级及以上化学竞赛中获奖，1人获国际金牌。在与同班任课教师共同的努力下，2006年他所教学生卢毅获浙江省高考理科状元；2018年，所教高三（13）班48个学生中有一半考上北京大学和清华大学。

麻培均 女，1982年11月出生，群众，杭州市儿童福利院抚育保健科科长，2020年全国先进工作者。麻培均从事孤残儿童护理工作16年，提升养护技能及实操。在她的指导下，浙江省代表队每年都能在全国孤残儿童护理员职业技能大赛上获佳绩。带领团队成员攻关，在业内权威期刊发表论文20多篇。她热心传授，建设团队，通过体系梳理、课材创新、社会指导、输出交流等手段，成为孤残、困境儿童的养育护理人才队伍的带头人。

张 平 男，1962年1月出生，中共党员，杭州市公安局刑事侦查支队八大队民警，2020年全国先进工作者。张平37年在杭州刑侦警犬技术一线工作，率队完成杭州市重要警卫安保、G20杭州峰会等大型活动安保的警犬搜爆安检等工作，做到“零事故”，立个人三等功2次和嘉奖10多次。他以“干一行、爱一行、精一行”的态度，相继培养出功勋犬“佳鹿”等7头警犬，是杭州市警犬战线的排头兵和“定盘星”。

叶 英 男，1975年8月出生，中共党员，杭州市公安局下城区分局党委委员，2020年全国先进工作者。2016年8月5日，叶英在专案会商时，因连续多日加班、积劳成疾引发急性脑溢血晕倒，经开颅手术脱离生命危险，但其左手和左腿部分生理功能丧失，当年被授予个人一等功，获评全国公安百佳刑警。为尽快投入工作，他坚持每天4小时的康复训练。2017年，他重返工作岗位后，协助分管分局刑侦工作，探索成立致力于强化刑侦实战培训的“叶英工作室”，培育一批高素质刑侦人才，协助分析研判案情、制定侦查方案，尤其在扫黑除恶专项斗争中发挥重要作用。

唐卫东 男，1968年1月出生，中共党员，杭州市富阳区第一人民医院重症医学科主任，2020年全国先进工作者。唐卫东从医30年，担任重症医学科主任20年，是浙江省医学龙头学科带头人，主办省、市级继续教育项目10多期，发表学术论文10多篇，有实用新型专利、计算机软件著作权3个，主持省医药卫生、省医学会科研项目。近2年，他实施“党员团队医疗攻坚”项目4个，推广ECMO（体外膜肺氧合）、IABP（主动脉内球囊反搏）等高级生命支持技术。在2018年流感高峰期间，唐卫东成立“党员应急机动队”，开设4个“党员服务岗”，累计服务患者1.5万余人次。他是富阳区新冠肺炎救治的首席专家，主持富阳区首例新冠肺炎确诊病例的诊治工作，完善临床诊断，制订周密的治疗方案。

（市总工会）

第四届“杭州工匠”

毛戈平 男，1964年7月出生，毛戈平化妆品股份有限公司董事长兼总裁，高级化妆师，第四届“杭州工匠”。毛戈平从事化妆艺术工作35年，先后为40多部电影、电视剧和20多台舞台剧演员进行化妆造型设计。曾担任2008年北京奥运会开闭幕式演职人员化妆造型设计师、中华人民共和国成立60周年阅兵式女兵方阵造型指导。四次获中国影视化妆金像奖，2008年获北京奥运特别贡献奖。

石 丹 女，1998年1月出生，杭州市拱墅区职业高级中学美发专业教师，特级技师，第四届“杭州工匠”。石丹获第39届亚洲美容美发大赛男士潮流修剪亚军、2019年澳大利亚全球技能挑战赛美发项目金牌、2019年俄罗斯国际邀请赛美发项目金牌。2019年在俄罗斯喀山获第45届世界技能大赛美发项目冠军，立浙江省一等功。2020年，获中国青年五四奖章。曾获全国技术能手称号。

叶小挺 男，1975年12月出生，浙江万马股份有限公司设备主管，高级技师，第四届“杭州工匠”。叶小挺从事设备维修和管理工作20多年，提出技术改造创新45项，为公司节

2020 年 9 月 25 日，第四届“杭州工匠”认定发布会举行（市总工会 供稿）

约和创造效益 300 多万元，获国家专利、省科研成果、QC 成果近 20 项，为企业培养高级技师 2 人、技师 8 人、高级工 8 人。曾获浙江省技术能手、浙江省首席技师等称号。

付　强　男，1966 年 7 月出生，杭州长运运输集团有限公司旅游总公司国宾巴士车队驾驶员，技师，第四届“杭州工匠”。付强累计安全行驶 300 万千米，未发生过一起安全责任事故、行车违章违法事件和旅客投诉事件。服务保障过 G20 杭州峰会国宾用车、二十国集团财金副手磋商会用车，多次服务省、市、区“两会”。曾获全国交通技术能手、浙江省首席技师等称号。

朱　臻　男，1977 年 6 月出生，杭州电信移动网络优化工程师，第四届“杭州工匠”。朱臻从事移动网络通信工作 16 年，曾参加过 G20 杭州峰会、杭州 2018 年第 14 届 FINA 世界游泳锦标赛（25 米）、云栖大会、“双创”周活动等多次保障任务。他牵头的杭州 4G 精品网优化专题项目中输出的多项创新性成果在全省领先。曾获省科技进步二等奖、中国电信集团无线网络技能竞赛一等奖、中国电信集团技术能手称号。

朱剑俊　男，1985 年 12 月出生，杭州植物园副班长，技师，第四届“杭州工匠”。朱剑俊从事园林绿化工作 10 多年，成功攻克花卉植物繁殖技术，获发明专利，并将该技术运用到马银花的扩繁工作中。他协助科技人员完成新优杜鹃品种的繁殖技术和应用研究，被登记为浙江省科学技术成果。曾获 2017 年杭州市绿化工职业技能竞赛第一名，是杭州市“百千万”高技能领军人才。

朱炳仁　男，1944 年 11 月出生，浙江朱炳仁铜雕艺术博物馆馆长，高级工艺美术师，第四届“杭州工匠”。朱炳仁从事铜雕技艺工作 55 年，承建 G20 杭州峰会等国家重点工程项目，被誉为“中国当代铜建筑之父”。首创“熔铜技艺”并获专利，该技艺成为国家级非物质文化遗产传承项目。曾获中国工艺美术大师、国家级非物质文化遗产代表性传承人等称号。

江　亮　男，1963 年 9 月出生，杭州宋酒酒业有限公司技术总监，高级酿酒师，第四届“杭州工匠”。江亮从事宋酒酿造近 40 年，挖掘总结出一套古法酿造结合花香酿造技术的工艺，最终将“蓝桥风月”杭州宋酒复原，所做产品获 2015 年中国国际酒业博览会最佳新产品奖。曾获中国红曲酒保护与传承人、上城工匠等称号。

杨　波　男，1980 年 8 月出生，晟元数据安全技术股份有限公司算法开发部经理，工程师，第四届“杭州工匠”。杨波围绕算法难题和技术瓶颈，提出多种改进方案，组建新省级科技研发中心，成功开发指纹技术与加密技术融合的安全芯片产品，获国家发明专利 4 件。该公司的指纹芯片产品国内市场占有率保持在 70% 以上。研发的产品获工业和信息化部“中国芯”安全可靠产品奖。

杨　洋　女，1985 年 9 月出生，杭州茶加文化发展有限公司顾问、培训部门负责人，高级技师，第四届“杭州工匠”。杨洋编写制定国家一类赛事、二类赛事职业技能竞赛技术规程，推动茶艺培训行业标准化、科学化的发展。坚持为社会弱势群体服务，培养残疾人茶艺师 100 多人次。曾获全国茶艺职业技能竞赛双金奖、全国技术能手称号。

吴志新　男，1976 年 11 月出生，浙江东南网架股份有限公司焊接工艺员，高级技师，第四届“杭州工匠”。吴志新具有丰富的理论知识、优秀的操作技能及卓越的创新能力，获多项授权专利及省级工法。曾参加国家游泳中心（水立方）、首都机场 T3 航站楼、杭州奥体中心等多项国家级、省级大型重点工程的焊接工作。曾获首届“杭州工匠”提名奖，被评为浙江省“百千万”高技能人才培养工程第二层次“拔尖技能人才”。

吴江东 男，1967年8月出生，杭州第七中学艺术处主任，正高级职称教师，第四届“杭州工匠”。吴江东从事美术专业教学30多年，全国高中美术特色教育领域领军人物，粉画《今冬明春》入选第十一届全国美术作品展并获省展银奖。曾获第三届全国中小学美术教师基本功比赛一等奖、第八届全国美术优秀教育成果评选一等奖、浙江省第四届师德先进个人等称号。

何嘉琳 女，1944年7月出生，杭州市中医院终身学术导师、中医妇科学术带头人，主任中医师，第四届“杭州工匠”。何嘉琳为浙江何氏妇科第四代代表性传人，58年如一日，始终奋战在临床一线，总结中医妇科疑难杂症治疗经验、传承何氏妇科确有疗效的治疗法则。曾获浙江省中医药科技进步二等奖、浙江省科技进步二等奖、中华中医药学会首届最美中医、全国中医妇科名师等称号。

张 平 女，1962年12月出生，杭州文广集团综合频道制片人、主持人，第四届“杭州工匠”。张平为杭州文广集团综合频道制片人、主持人。从事新闻媒体工作28年，开创电视媒体深度参与社会治理的媒体样式——电视沟通交流谈话节目《我们圆桌会》，获政府社会治理奖“浙江省公共管理创新案例十佳创新奖”。曾获中国新闻奖一等奖和二等奖、中国广播影视大奖一等奖、第五届中国广播电视“金话筒”奖、全国百优电视主持人等荣誉。

张纪明 男，1977年10月出生，浙江传化化学集团有限公司高级设备主任工程师，高级技师，第四届“杭州工匠”。张纪明从事设备维修、技术改造工作20多年，获企业内部20多项科技成果，有国家专利2件、浙江省科学技术成果1项、萧山区科学技术进步三等奖1个，曾获杭州市职业技能带头人、杭州市首席技师、浙江省优秀职工、浙江省首席技师等称号。

张利舟 男，1987年12月出生，杭州轩玮鸣模具科技有限公司模具设计技师，第四届“杭州工匠”。张利舟从事模具设计10多年，2016年获浙江省职业技能大赛模具设计项目第一名。曾为上海通用汽车设计叠层模具，将生产效率提升100%。入选浙江省“百千万”高技能领军人才培养工程第二层次“拔尖技能人才”，杭州市C类人才。曾获浙江省技术能手、浙江省首席技师等称号。

陈 敏 女，1986年1月出生，杭州市儿童福利院护理指导员，二级孤残儿童护理员，第四届“杭州工匠”。陈敏从事一线孤残儿童护理工作13年，先后从事新进儿童隔离护理、保健科护士、抚育保健科护理指导员等工作。作为孤残儿童护理员培训师，为行业输送100多名初级孤残儿童护理员。曾获第六届全国民政行业职业技能竞赛暨全国第三届孤残儿童护理员职业技能竞赛特等奖、全国技术能手称号。

林东杰 男，1981年9月出生，杭州市勘测设计研究院副院长，高级工程师，第四届“杭州工匠”。林东杰从事工程测量10多年，参加3000多个测绘工程，涉及城市测绘专业各个领域。曾获首届全国测绘行业职业技能竞赛个人三等奖、中国测绘学会优秀测绘工程奖金奖、浙江省优秀测绘与地理信息工程奖、全国测绘技术能手称号。

金 波 男，1965年11月出生，永恒花店负责人，高级工，第四届“杭州工匠”。金波从事花艺工作30年，获2012年全国残疾人技能大赛插花项目第一名、WOA国际花艺交流展和花中说禅国际花艺赛事优秀奖、2019年北京世界园艺博览会集体作品金奖和个人现代花艺金奖。曾获全国技术能手称号。

郑洪波 男，1974年2月出生，浙江国自机器人技术股份有限公司总裁，教授级高级工程师，第四届“杭州工匠”。郑洪波从事机器人制造20多年，2010年开发的上海世界博览会“海宝”智能服务机器人项目是在公众场合大规模应用服务型机器人。项目曾获浙江省科技进步一等奖、铁道部中国铁道学会科技进步二等奖。入选国家“万人计划”科技创新创业人才、浙江省“万人计划”科技创业领军人才。

孟 伟 男，1970年5月出生，杭州职业技术学院特种设备学院实训教师，高级技师，第四届“杭州工匠”。孟伟参加浙江省维修电工技术比武和仪器仪表装配工技能比赛等省级一类技能竞赛项目，共获4次省级一类竞赛第一名。指导学生参加国家级技能竞赛获奖8个、省级获奖18个。曾获全国技术能手、浙江省技术能手等称号。

赵建明 男，1963年12月出生，建德市红姬草莓专业合作社理事长，高级农艺师，第四届“杭州工匠”。赵建明从事草莓行业37年，是浙江省草莓技术团队成员、杭州市乡村产业技能大师和建德市工匠（草莓），并建有杭州市乡村产业技能大师工作室，被誉为“恪守品质的草莓大王”。2018年获浙江新农村建设优秀带头人金牛奖。

胡光华 男，1976年2月出生，杭州松下家用电器有限公司保全科科长，高级技师，第四届“杭州工匠”。胡光华从事电气自动化工作20多年，负责的洗衣机流水线改造电气设计项目被列为全球松下洗衣机事业部样板生产线。负责的自动化升级改造重大项目课题13个，累计为公司节约成本1000多万元。曾获全国财贸轻纺烟草技术标兵、浙江省职工高技能人才创新工作室领衔人等称号。

施建生 男，1975年6月出生，税友软件集团股份有限公司技术副总裁，高级工程师，第四届“杭州工匠”。施建生从事税务信息化工作近20年，牵头的“税务大数据计算与服务关键技术及其应用”项目获2017年度国家科技进步奖二等奖。完成国家税务局网络申报系统的开发和实施，主持国家税务总局个人所得税管理系统的开发和实施，并编写部分核心代码。曾获中国专利优秀奖、中国电子学会科学技术一等奖。

洪和兵 男，1980年3月出生，浙江美浓世纪集团有限公司技师，第四届"杭州工匠"。洪和兵从事印刷工作20多年，解决多个新产品上机适应性问题，完成多个产品的工艺合并和创新工作，大大提高生产线效率，降低生产成本。2016年中国技能大赛职工组二等奖，曾获浙江省技术能手称号。

桑 涛 男，1968年7月出生，杭州市检察院检察委员会委员、第一检察部主任，三级高级检察官，第四届"杭州工匠"。桑涛在刑事检察第一线工作30多年，办理的各类刑事案件近3000件，办理的案件质量高、效果好，是国家级优秀公诉人。曾获全国优秀公诉人、全国检察业务专家、全国"严打"整治斗争先进工作者等称号。

梁 骏 男，1978年7月出生，杭州国芯科技股份有限公司首席技术专家，高级工程师，第四届"杭州工匠"。梁骏从事集成电路设计近二十年，主持GX6605S高清高集成数字电视芯片的设计，产品获2017年"中国芯"评选"最佳市场表现产品奖"和"中国半导体创新产品奖"。曾获国家科学技术进步二等奖、浙江省科技进步一等奖。

董其峰 男，1981年10月出生，杭州滑稽艺术剧院演艺有限公司书记、董事长、总经理，杭州杭剧改革组组长，杭州杭剧团团长，国家一级演员，第四届"杭州工匠"。董其峰连续两年参与中央电视台春节晚会和元宵晚会，每年文化惠民表演200多场。曾获中国曲艺最高奖"牡丹奖"新人奖、全国"到人民中去"优秀文艺志愿者称号。

韩晨洪 男，1976年6月出生，浙江米家汽车销售服务有限公司技术总监，高级技师，第四届"杭州工匠"。韩晨洪从事汽车维修与养护20多年，杭州市汽车维修行业领军人物，培养大批技术精英，为交通事业做出突出贡献。第五届全国交通运输行业职业技能竞赛"汽车综合故障诊断与排除"项目全国第一名。第42届、第43届和第44届世界技能大赛汽车技术项目教练组成员。曾获浙江省劳动模范。

魏立中 男，1968年6月出生，杭州十竹斋艺术馆馆长，工艺美术师，第四届"杭州工匠"。魏立中从事木版水印30多年，使消失300年的明代木版水印工坊"十竹斋"重新恢复并焕发生机，木版水印技艺入选国家级非物质文化遗产代表性项目名录。曾获文化部"中国非物质文化遗产生产性保护成果大展突出贡献奖"，入选国家级非物质文化遗产第五批代表性传承人。（市总工会）

荣立二等功杭州籍军人

熊 斌 男，2002年入伍，上校军衔。熊斌在2019年工作中，为部队做出重大突出贡献，立个人二等功。

赵中豪 男，2019年5月入伍，少尉军衔。赵中豪在第7届世界军人运动会中，获银牌1枚，2020年6月被部队记个人二等功。

施连军 男，2005年9月入伍，中校军衔。自2005年入伍以来，施连军坚守使命，特别是在飞行任务中，忠于岗位职责，累计安全飞行1500小时，安全圆满完成飞行训练任务。2020年，施连军被部队授予个人二等功。

陈伟杰 男，2003年9月入伍，任空军航空兵某部副团职飞行中队长，中校军衔。陈伟杰执行过武汉世界军人运动会空中安保等重大任务。个人立三等功两次，获空军飞行人员银制奖章，安全飞行时间满2000小时。2020年，被中国人民解放军空军授予个人二等功。

田少磊 男，2002年9月高考入伍，任部队正团职干部，中校军衔。2017年11月，田少磊参加海军组织的自由对抗空战竞赛考核，取得第一名的好成绩，获海军"海空猎手"称号。因在2019年度工作表现突出，立个人二等功。

吕慧敏 男，2016年6月入伍，任部队参谋部作训科正连职参谋，上尉军衔。吕慧敏讲忠诚、顾大局、谋打赢，在参谋岗位上兢兢业业、默默奉献，尤其在备战抓训过程中，牵头负责大项演训任务，发挥骨干作用，参加各级参谋业务比武并取得良好成绩。在新冠肺炎疫情影响、任务冲击以及婚期3次推迟的情况下，坚守岗位，完成上级赋予的任务。于2019年立个人三等功一次，2020年立个人二等功一次。

权 伟 男，2000年9月入伍，任军队保障社会化领导小组办公室正团职助理员（在军委资产管理监督委员会办公室工作），上校军衔。军队全面停止有偿服务工作以来，权伟指导省军区系统建立各省区市驻军停偿军地协调机制，组织停偿先进单位和个人军地联合评选表彰，参与军队资产管理公司前期筹建相关工作，协调相关部门，较好完成各项工作。由于完成任务突出，立个人二等功。

（市退役军人事务局）

责任编辑　秦文蔚

附 录

重要文献

政府工作报告
（2021年2月3日在杭州市第十三届人民代表大会第六次会议上）

杭州市人民政府代市长 刘 忻

各位代表：

现在，我代表市人民政府，向大会报告工作，请予审议，并请市政协委员提出意见。

一、2020年工作及“十三五”发展回顾

2020年是极不平凡的一年。在统筹推进疫情防控和经济社会发展的关键时期，习近平总书记亲临浙江、杭州视察，赋予浙江建设“重要窗口”的新目标新定位，为浙江、杭州高质量发展指明了战略方向。一年来，在省委省政府和市委的坚强领导下，市政府坚持以习近平新时代中国特色社会主义思想为指导，深入贯彻落实习近平总书记视察浙江、杭州重要讲话精神，忠实践行“八八战略”、奋力打造“重要窗口”，坚定不移“干好一一六、当好排头兵”，抓“六稳”、促“六保”、拓“六新”，推动经济社会平稳发展，高水平全面建成小康社会取得决定性成就。全年地区生产总值增长3.9%，一般公共预算收入增长6.5%，城乡居民收入分别增长3.9%和6.7%，高质量完成十件民生实事，成为全国唯一连续14年入选的“中国最具幸福感城市”，被授予全国唯一“幸福示范标杆城市”。

（一）战疫情促发展，交出“两战全赢”高分报表。精准有效抓防控促复产。坚持“精密智控+硬核隔离+暖心服务”，率先控制疫情。累计治愈出院204例确诊病例，无死亡病例。精心调派318名医务工作者支援湖北。全面完成国家防疫应急物资调拨指令和对外援助任务。率先推动企业复工复产，新增减税降费超过500亿元，争取各类政府债、企业债483.4亿元，选派1.1万名干部助企渡难关。在抗击新冠肺炎疫情中作出突出贡献的1个集体、4名个人受到国家级表彰，33个集体、104名个人受到省级表彰，200个集体、601名个人受到市级表彰。大力推动引项目扩投资。推进“三类十大标志性工程”，招引亿元以上产业项目710个、总投资3801亿元，其中10亿元以上产业项目126个。固定资产投资增长6.8%。积极作为促消费稳出口。社会消费品零售总额5973亿元、下降3.5%，网络零售额8992亿元、增长19.7%。推动新消费、新零售发展，湖滨步行街成为首批“全国示范步行街”。货物出口3693亿元、增长2.1%，服务外包出口规模居全国第二。

（二）坚持创新驱动，加快经济高质量发展。打造“数字经济第一城”。数字经济核心产业实现增加值4290亿元、增长13.3%。国家新一代人工智能创新发展试验区加快建设，人工智能产业营收达1557.6亿元。加快数字“新基建”建设，首个国家（杭州）新型互联网交换中心启用。联合国大数据全球平台中国区域中心落户。深入实施“新制造业计划”。规上工业实现增加值3634亿元，增长3.8%。深入实施“鲲鹏计划”“凤凰行动”“雄鹰行动”“雏鹰行动”，新培育百亿级制造业企业4家、境内外上市公司28家、“单项冠军”企业5家、专精特新“小巨人”企业19家、“隐形冠军”企业11家。新增国家高新技术企业2440家，规上高新技术产业实现增加值2448亿元、增长8.6%。大力推进数字化改造“百千万”工程，规上工业企业数字化改造覆盖率达97.4%。强化科技和人才支撑。全力服务“互联网+”、生命健康、新材料三大科创高地建设。城西科创大走廊创新引擎作用不断增强，湖畔实验室、良渚实验室启动建设，之江实验室、西湖实验室纳入国家实验室建设序列。中法航空大学先期研究生培养启动，国科大杭高院开学。全市有效发明专利拥有量7.3万件，增长25.2%，位居省会城市第一。新引进35岁以下大学生43.6万人，人才净流入率继续保持全国第一。

（三）加强城乡统筹，提升城市功能品质。科学编制空间规划。国土空间总体规划取得阶段性成果，编制完成轨道交通线网规划，发布杭州云城概念规划。制定三江汇“未来城市”实践区发展战略，推进杭州未来文化中心等十大项目建设。完善城市基础设施。萧山国际机场三期工程、运河二通道项目快速推进，杭州南站开通运营。在

建铁路4条、199公里，建成高速公路3条、169公里，建成城市快速路36公里，建成主次干路32条、38.6公里，开通地铁6条、171公里，在建地铁9条、210公里。持续加强城市管理。主城区城中村改造五年攻坚行动收官。建立城市环境卫生“周排名、月评比”制度，鼓励全民参与监督，市容市貌明显改善。扎实推进乡村振兴。农村电商销售收入165亿元、增长15.7%。全市所有行政村集体经济年收入达到30万元以上、经营性年收入达到20万元以上。年人均1万元以下低收入农户全面清零。深化“千村示范、万村整治”工程，市县两级美丽乡村覆盖率达54.5%。美丽城镇建设项目开工1941个。圆满完成村（社）组织换届工作。高质量完成东西部扶贫协作任务，恩施州、黔东南州23个贫困县全部脱贫摘帽。深化山海协作，与衢州、丽水新签约项目160个，产业项目到位资金150. 1亿元。

（四）促进文化繁荣，增强城市软实力。提升文化文明水平。实现全国文明城市“四连冠”。设立“市民日”，出版首批杭州优秀传统文化丛书和德育教材《最忆杭州》，引导广大市民爱党爱国爱家乡。倡导使用公筷公勺、坚决抵制餐饮浪费行为，厉行节俭、文明用餐成为新风尚。上城区小营巷社区、淳安县下姜村荣获全国最美志愿服务社区（村）。推动文化事业发展。提升公共图书馆数字化水平，“一键借阅”服务市民62万人次。新建“杭州书房”36家、社区文化家园260家。杭州市文史研究馆开馆。举办杭州国际音乐节、国际戏剧节、南宋文化节等活动。加强文化遗产保护。设立“西湖日”“良渚日”，启动良渚古城遗址综保工程二期建设，加快大运河国家文化公园建设。德寿宫遗址保护工程暨南宋博物院开工。杭州西湖博物馆总馆、中国茶叶博物馆入选国家一级博物馆。严州古城开门迎客。做大做强文化产业。积极推进之江文化产业带建设，文化产业实现增加值2285亿元、增长8.2%。大会展中心项目开工。加快文旅融合步伐，全市接待游客1.8亿人次，旅游总收入3335亿元。世界旅游联盟总部暨世界旅游博物馆项目主体完工。“建立文化贸易境外促进中心”案例入选全国深化服务贸易创新发展试点。《外交风云》获“飞天奖”优秀电视剧奖，杭州摊簧《淑英救弟》获牡丹奖。

（五）深化改革开放，不断激发城市发展活力。打造一流营商环境。深化“最多跑一次”改革，制定实施优化营商环境101项改革举措。围绕个人和企业两个全生命周期，将282项单独事项合并为75项，做到“一件事”全流程“一次办结”。商事登记30分钟办结，企业投资项目备案“秒达”，用地规划许可证3小时核发，企业水电气报装实现“零上门、零审批、零投资、一次办”。加快政府数字化转型，率先探索线下行政服务中心“去中心化”改革。设立中国（杭州）知识产权保护中心。营商环境综合评价居全国第五。深化重点领域改革。优化城西科创大走廊、杭州云城、西湖西溪等管理体制，深化杭州高新区（滨江）富阳特别合作区建设。加大土地整治力度，提高土地使用效率，盘活批而未供、供而未用、低效用地16.1万亩。出台全国首个工业用地收储标准，规上工业亩均增加值达197.1万元。畅通金融服务实体经济通道，全市金融机构本外币存贷款余额分别为5.4万亿元、5万亿元，分别增长19.8%、17.9%。有序推进综合行政执法改革、事业单位改革。稳妥推进国企混合所有制改革，完成市区水务一体化改革。积极推进亚运筹办。全面开展亚运城市八大行动，亚运村108幢单体建筑全面结顶，40个亚运比赛场馆完成土建，完成无障碍环境问题整改3.2万个。持续扩大对外开放。中国（浙江）自由贸易试验区杭州片区获批。搭建电子世界贸易平台（eWTP）全球首个公共服务平台，在全国率先探索“保税进口+零售加工”新模式，跨境电商进出口总额1084.2亿元、增长13. 9%。新引进外商投资企业804家，实际利用外资72亿美元。迪拜中国学校成立并开学。推进长三角政务服务一体化，30项企业事项、21项个人事项实现“全网通办”“异地可办”。杭州都市圈共建共享水平持续提升，杭绍甬一体化加快推进。

（六）建设美丽杭州，持续改善生态环境。高标准推进生态文明建设。出台《新时代美丽杭州建设实施纲要》，全面推进8大类49项任务落地。修复“三江两岸”生态岸线174公里。建成和改造绿道597公里，新增绿地面积776.5万平方米，造林5.7万亩，全市森林覆盖率达66.9%。淳安县入选全国“绿水青山就是金山银山”实践创新基地。全力抓好环保督察问题整改。基本完成第一轮中央生态环保督察问题整改，杭州临江环境能源工程项目建成投运，天子岭填埋场关停，全市原生生活垃圾全部实现零填埋。完成第二轮中央生态环保督察迎检并按要求整改问题。打好治气治水治废组合拳。实施PM2.5和臭氧“双控双减”行动，市区PM2.5平均浓度下降21%，臭氧浓度下降16.6%。建成“美丽河湖”23个、“污水零直排”生活小区1153个，新建改造污水管网149公里，市控以上断面水质达到或优于Ⅲ类比例同比上升3.8个百分点。建成市第三固废处置中心，易腐垃圾设施化处理实现县市全覆盖。

（七）着力改善民生，切实增强人民群众获得感幸福感安全感。全面高质量完成民生实事。①建成市本级生物安全加强型二级实验室，区县（市）疾控机构实现核酸检测全覆盖。②提升67.6万农村居民饮用水标准，城乡规模化供水工程覆盖人口比例达94.8%；完成110个老旧高层住宅小区二次供水设施改造。③建成放心城乡农贸市场73家、农村家宴放心厨房107家、中小学和等级幼儿园食堂智能“阳光厨房”412家。④完成302个老旧小区综合改造提升，完成住宅加装电梯项目1005处，出台全国首个老旧小区住宅加装电梯政府规章，建成“美好家园”住宅示范小区120个。⑤调整优化地铁配套公交线路53条；完成提升农村公路491.8公里、农村港湾式停靠站320个、农村物流服务点170个。⑥建成农村文化礼堂531家，基本实现500人规模以上村全覆盖；组织2531场文化惠民活动进农村文化礼堂。⑦新建中小学、幼儿园87所，新增学位8万个；新增城镇公办幼儿园、中小学安装空调的教室1.2万个；新增3岁以下婴幼儿照护服务机构70家，新增托位2626个。⑧建设镇街级示范型居家养老服务中心73家，新增养老机构床位3255张，完成1978户老年人家庭适老化改造。⑨完成1768户残疾人家庭无障碍设施改造，提升86家星级“残疾人之家”。⑩建成市级生活垃圾分类示范小区500个。强化公共服务供给。落实稳就业举措，城镇新增就业69.1万人，接收应届高校毕业生13.1万人、增长48.9%。义务教育阶段公办民办学校实现同步招生。浙大城市学院转设为市属公办普通高校。始版桥社区等7个未来社区试点创建项目全部开工。强化社会保障。增资补发基本养老金惠及153.6万人。抓好生活必需品保供稳价工作。完善多元住房保障体系，新开工公租房1.3万套，蓝领公寓1.7万套，人才专项租赁房1.4万套。全面建成退役军人服务保障体系，实现全国双拥模范城“八连冠”。强化市域社会治理。开发上线城市大脑数字界面，深化48个应用场景，打造390个数字驾驶舱。完善市域社会治理“六和塔”工作体系，健全大调解工作机制，调解纠纷45.5万件，全市信访走访总量、一审诉讼案件、治安警情分别下降44.9%、10.1%、13.9%。扫黑除恶专项斗争实绩居全国副省级城市前列。强化防灾减灾和安全管理。持续深化60日隐患暗访督办整改闭环机制，全市生产安全事故起数和死亡人数分别下降25.3%和28.4%。加强网络借贷风险处置，368家网贷机构全部出清。及时处置长租公寓风险隐患。成功应对有史以来最长梅汛，新安江水库首次九孔泄洪，安全转移7万群众，无一人伤亡。

一年来，我们着力加强政府自身建设。强化政治建设，始终在思想上政治上行动上同以习近平同志为核心的党中央保持高度一致；坚持重大问题向市委报告，主动接受市人大和市政协监督，办理代表建议398件、委员提案520件，提请审议地方性法规草案4件，制定修改政府规章5件；压实全面从严治党主体责任，认真落实中央八项规定及其实施细则精神，深入纠治“四风”；厉行勤俭节约，全年压减“三公”经费5%以上，压减整合部门预算10%、专项资金20%。同时，国防动员和后备力量建设、民族宗教、外事、港澳台侨事务、档案、地方志、气象等工作取得新成绩，残疾人、红十字、慈善、老龄、关心下一代等工作实现新进步。

各位代表，2020年主要目标任务基本完成，为“十三五”胜利收官画上了圆满句号。这五年，我们深入贯彻习近平新时代中国特色社会主义思想，始终坚持以“八八战略”为引领，坚决落实党中央国务院、省委省政府和市委的决策部署，攻坚克难、接续奋斗，全市发展跃上新台阶：经济总量从1.05万亿元增加到1.61万亿元，一般公共预算收入从1234亿元增加到2093亿元，城乡居民收入分别从4.8万元、2.6万元增加到6.9万元、3.9万元，三大攻坚战取得决定性成就，杭州在全省的龙头地位不断巩固，在全国的战略地位日益增强，在国际上的美誉度持续提升。

五年来，我们牢记习近平总书记对杭州的政治嘱托，办成了一系列大事要事：圆满完成G20杭州峰会服务保障任务，全力推进2022年亚运会筹办工作；率先建设城市大脑，为探索新型智慧城市建设贡献“杭州方案”；积极推动西湖西溪一体化保护管理，启动建设“湿地水城”。

五年来，我们扎实推进历史文化名城建设，深入实施文化兴盛行动，实证中华5000多年文明史的良渚古城遗址成功申遗，三大世界遗产交相辉映，西博会、茶博会、动漫节、文博会等国际影响力越来越大；全市接待游客8.7亿人次，建设文旅项目768个、总投资1774亿元。获得“全球15个旅游最佳实践样本城市”称号，成为国际文化交流重要城市。

五年来，我们全力打造创新活力之城，持续深化“三名工程”，新成立或引进高校和科研院所34家；城西科创大走廊创新策源地功能显著增强，钱塘新区整合设立，国家新一代人工智能创新发展试验区获批；数字经济核心产业增加值年均增长14.5%，研发与试验发展经费支出与地区生产总值之比从3%提升到3.5%，市场主体从75.5万户增加到140.3万户，全国双创周杭州主会场活动成功举办。

五年来，我们不断厚植生态文明之都特色，高质量完成千岛湖临湖地带综合整治，设立淳安特别生态功能区，持续打好“五水共治”“五气共治”“五废共治”组合拳，消灭垃圾河、黑臭河348条，剿灭劣Ⅴ类水体1256个，空气优良天数由242天增加至334天，成为省会城市中首个国家生态市，世界环境日全球主场活动成功举办。

五年来，我们坚持以人民为中心的发展思想，持续办好民生实事，地铁基本成网，所有建制村“村村通客车”，千岛湖配供水工程主城区通水运行；全面实施“美好教育”行动，新建中小学（幼儿园）382所，教育基本现代化区县（市）实现全覆盖；“健康杭州”建设持续深化，户籍人口预期寿命82.95岁。

各位代表，过去五年成绩的取得，是以习近平同志为核心的党中央领航掌舵的结果，是省委省政府和市委坚强领导的结果，也是全市上下奋力拼搏的结果。在此，我代表市人民政府，向全市人民和城市建设者，向市人大代表和政协委员，向各民主党派、工商联、人民团体和社会各界人士，向中直驻杭单位和省级各部门，向驻杭解放军、武警部队和消防救援队伍，向关心支持杭州发展的港澳台同胞、海外华人华侨和国际友人，表示衷心的感谢！

特别是面对新冠肺炎疫情，广大医务工作者白衣披甲、逆行出征，各行各业劳动者和广大人民群众以生命赴使命，用挚爱护苍生，生动展示了伟大的抗疫精神，谱写了一曲曲感天动地、气壮山河的英雄赞歌。在此，对大家的艰辛付出和无私奉献，致以崇高的敬意！

同时，我们也清醒看到，杭州经济社会发展还存在不少困难和挑战：受疫情影响，去年人代会确定的部分指标没有完成；发展不平衡不充分问题依然突出，经济恢复的基础尚不牢固；科技创新能力不够强，科创“重器”偏少；制造业发展质量不够高，重量级大项目不多；城市综合承载力不足，规划建设管理的精细化现代化国际化水平仍需提高；风险防控基础不够扎实，公共卫生、应急管理等方面存在不足；群众反映强烈的突出问题不少，教育、医疗、住房、交通等方面还有短板；部分公职人员专业素养、法治水平、科学精神、国际标准有待进一步提高，形式主义、官僚主义还有不同程度的表现。对此，我们将采取有力措施，认真改进和解决。

二、“十四五”发展主要目标任务

根据中共杭州市委“十四五”规划《建议》，市政府编制了《杭州市国民经济和社会发展第十四个五年规划和二〇三五年远景目标纲要（草案）》，提请大会审议。经本次大会批准后，市政府将认真组织实施。

“十四五”发展指导思想是：高举习近平新时代中国特色社会主义思想伟大旗帜，深入贯彻习近平总书记对浙江、杭州工作的重要指示精神，全面落实党的十九大和十九届二中、三中、四中、五中全会精神，统筹推进“五位一体”总体布局，协调推进“四个全面”战略布局，准确把握新发展阶段，深入贯彻新发展理念，加快构建新发展格局，以推动高质量发展为主题，以深化供给侧结构性改革为主线，以改革创新为根本动力，以满足人民日益增长的美好生活需要为根本目的，统筹发展和安全，忠实践行“八八战略”，干在实处、走在前列、勇立潮头，不断厚植历史文化名城、创新活力之城、生态文明之都特色优势，紧紧围绕“数智杭州·宜居天堂”的发展导向，持续推进“干好一一六、当好排头兵”，加快建设社会主义现代化国际大都市，奋力展现“重要窗口”的“头雁风采”。

“十四五”时期杭州经济社会发展的主要目标是：全市地区生产总值突破2.3万亿元，人均生产总值突破18万元；研究与试验发展经费投入强度力争达到4%；数字经济核心产业主营业务收入突破2万亿元、增加值突破7000亿元；居民人均可支配收入突破8.5万元，城乡居民收入倍差缩小到1.75以内，人均预期寿命达到83.88岁，常住人口城镇化率达到82%以上，综合实力、数字变革、城市治理、文化建设、生活品质、生态环境走在前列，为2035年基本建成社会主义现代化国际大都市打下坚实基础。

为实现上述目标，重点抓好九个方面工作。

（一）全面塑造创新驱动发展新优势。坚持科技自立自强，高水平建设国家自主创新示范区，率先打造“互联网+”、生命健康、新材料三大科创高地。以城西科创大走廊为主平台，争创综合性国家科学中心和区域性创新高地，努力打造“面向世界、引领未来、服务全国、带动全省”的创新策源地。全力支持浙江大学“双一流”建设、西湖大学建设高水平研究型大学，加快中法航空大学、国科大杭州高等研究院等名校名院名所建设，支持浙江省四大实验室和大科学装置建设。完善以企业为主体的技术创新体系，支持龙头企业牵头组建创新联合体和共性技术平台，集中突破“卡脖子”关键技术。推进最优人才生态城市建设，大力引进国际一流的科技领军人才和高水平创新团队，打造全球高端人才“蓄水池”。深化科技与人才体制改革，实行“揭榜挂帅”制度，全面构建“产学研用金、才政介美云”十联动的区域创新生态。

（二）全面建设数字赋能产业变革新高地。深入实施数字经济“一号工程”，推进国家新一代人工智能创新发展试验区建设，大力培育具有国际竞争力的数字产业集群，奋力打造“全国数字经济第一城”。深入实施“新制造业计划”，加快工业互联网平台推广，持续推进传统制造业改造提升。加快下一代信息技术、生物医药、高端装备、新能源、新材料等战略性新兴产业生态圈集聚，打造制造业标志性产业链。加快现代服务业与先进制造业深度融合，推动研发设计、科技服务、商贸物流、广告会展、管理咨询等生产性服务业集成化、平台化、国际化发展。

（三）全面提升对内对外开放新水平。立足打造国内大循环的强劲动力源、国内国际双循环的强大链接点，加快建设国际消费中心城市。重点打造“三圈三街三站”时尚科技艺术消费地标，加快发展新型消费模式，精心打造“数字消费之都”和新零售标杆城市。推进“五港联动”，实施“六铁、四高、两枢纽、两环线”等重大交通项目，率先建成省域、市域、城区3个“1小时交通圈”。加快新型基础设施建设，大力推进5G网络、数据中心建设和应用。加快建设浙江自贸区杭州片区，全面提升中国（杭州）跨境电商综合试验区发展水平，做大做强国家（杭州）临空经济示范区，探索建设国家数字自由贸易试验区。

（四）全面推进体制机制新变革。以城市大脑建设为牵引，提升城市能级，建设新型智慧城市，奋力打造“全国数字治理第一城”。深化“最多跑一次”改革，大力推进行政机关数字化转型、集成式改革。完善要素市场化配置，推动生产要素向优势产业和项目集中，打造市场机制最活、要素配套最优、营商环境最佳城市。构建知识产权保护平台，争取设立知识产权法院。深化信用杭州建设。持续推进综合行政执法改革。

（五）全面加快现代化国际大都市建设新步伐。高质量参与“一带一路”建设，加强与国际一流城市的交流合作。坚持“体育亚运、城市亚运、品牌亚运”齐头并进，高品质建成“亚运三馆三村”等重大工程，加快体育事业和体育产业发展，完善国际赛事保障及赛后开发利用体系，持续开展亚运城市行动，办一届“中国特色、浙江风采、杭州韵味、精彩纷呈”的国际盛会。深入实施长三角一体化发展国家战略，大力推进大湾区大花园大通道大都市区建设，高水平打造杭州都市区。高质量完成国土空间总体规划及城市设计、专项规划，加快构建“一核九星、双网融合、三江绿楔”的新型特大城市空间格局，着力推进郊区新城建设。建成杭州中环，全面打通跨区域断头路。全面推进乡村振兴，实施新时代乡村集成改革，深化“千万工程”牵引新时代乡村建设，加快农村一二三产业融合发展，弘扬乡贤文化、滋养乡风文明。

（六）全面呈现古今交汇文化新盛景。打造世界文化遗产群落，有序推进南宋皇城遗址、钱塘江古海塘、天目窑遗址等保护和申遗工作，加强宋韵文化挖掘。创新实施文艺精品工程和文化惠民工程，规划建设文化新地标。积极推进之江文化产业带、钱塘江诗路文化带建设，壮大数字内容、动漫游戏、创意设计、影视演艺等优势产业。深化文旅融合，提升全域旅游发展水平。推进媒体深度融合，夯实主流舆论阵地。

（七）全面打造新时代美丽中国新标杆。高水平建设“湿地水城”，深入实施“万顷湿地、万里碧水”工程，加快形成六大标志性成果。大力推进生态修复和保护，强化山水林田湖草等生命共同体的协同治理，持续深化城市有机更新、“微改造”和美丽城镇、美丽乡村建设。深化治气治水治废，持续探索“两山”转化路径，落实碳达峰、碳中和举措，实现绿色低碳发展。

（八）全面绘就美好幸福生活新画卷。深入推进全国“双创”示范城市建设,完善就业创业服务,促进城乡居民共同富裕。坚持立德树人、“五育”并举,提升基础教育公共服务水平,深化职业教育改革,推进高等教育跨越式发展,完善终身教育服务体系,高水平建设“美好教育”。围绕“健康杭州”建设,深化“三医联动”“六医统筹”改革,建立健全城乡公共卫生体系。关心关爱残疾人等特殊群体。强化社会保障,深入推进保障性住房体系建设。

(九)全面谱写“平安杭州”建设新篇章。构建韧性城市管理服务体系。加强经济安全风险预警防控体系和能力建设,探索建立金融风险治理平台。落实安全生产责任制,加强风险智慧感知能力建设,推动城市安全体检制度化、日常化,强化公共安全、自然灾害防治和应急救援等体系建设。健全“六和塔”工作机制,建设更高水平的市县乡村四级社会治理综合服务中心,实现矛盾纠纷化解“最多跑一地”。深化社会治安防控体系建设,努力打造平安中国示范城市。

三、2021 年政府工作安排

今年是建党 100 周年,也是全面建成小康社会、实现第一个百年奋斗目标之后,乘势而上开启全面建设社会主义现代化国家新征程、向第二个百年奋斗目标进军的第一年。我们要紧紧围绕“数智杭州·宜居天堂”的发展导向,加快落实落细“十个方面重点举措”,努力在争创社会主义现代化先行省中展示“头雁风采”。

综合各方面因素,建议今年全市经济社会发展主要预期目标是:地区生产总值增长 7%,一般公共预算收入增长 7%,研发与试验发展经费支出与地区生产总值之比 3.6% 左右,居民人均可支配收入增速高于地区生产总值增速,全员劳动生产率稳步提高,能源和环境指标完成省下达的计划目标。重点做好十项工作:

(一)以人民生命健康为根本,慎终如始抓好疫情防控。始终保持高度警惕,科学精准做好防控,严格落实“四早”要求,健全“源头查控 + 硬核隔离 + 精密智控 + 暖心服务”机制,筑牢人防物防技防、监测预警、集中管控、医疗救治等防线,确保不出现聚集性疫情,确保疫情风险点不发生失管漏管,力争不发生本土新增病例。健全“属地处置、区域协作、高效联动”应急处置机制,完善市县镇三级重大疫情医疗救治体系。抓好公众防护知识教育,有序推进新冠疫苗接种工作。

(二)以数字变革为引领,打造现代产业体系。坚持创新驱动发展,加快建设“面向世界、引领未来、服务全国、带动全省”数字变革策源地,大力培育世界级数字产业集群。深入实施供给侧结构性改革,注重需求侧改革,坚持扩大内需战略基点,助力形成以国内大循环为主体、国际国内双循环相互促进的新发展格局。

推动数字科技自立自强。大力提升科技创新能力,全力服务三大科创高地建设,构建产学研协同创新共同体。加强创新链和产业链对接,完成技术交易额 480 亿元。加快建设城西科创大走廊,深化杭州国家自主创新示范区建设,创建综合性国家科学中心。实施“尖峰、尖兵、领雁、领航”攻关项目 100 项以上,组建企业创新联合体 40 个、共性技术平台 1 家,新增“单项冠军”企业 5 家、专精特新“小巨人”企业 15 家、“隐形冠军”企业 10 家。推进浙江大学、西湖大学、阿里达摩院等高能级创新平台建设,支持之江实验室、西湖实验室建设国家实验室,深化与名校名院名所合作。实施全球英才杭聚、专项人才引育、青年人才弄潮等工程,办好杭州国际人才大会、海外人才创新创业大赛等 35 场活动。推进人才创新创业服务综合体、全球青年人才中心建设。完善孵化培育体系,全市孵化器和众创空间总面积达到 420 万平方米。全市有效发明专利拥有量增长 15% 以上。办好世界知识产权大会和中国质量(杭州)大会。争取全球数字贸易博览会落户杭州。

促进数字经济和制造业高质量融合发展。加快国家新一代人工智能创新发展试验区建设。深入实施集成电路攻坚工程,推进芯片研发制造。实施生物医药产业三年翻番计划,力争产值突破 850 亿元、增长 26% 以上。推进制造业产业基础再造和产业链提升工程,持续培育先进制造业集群,实施产业链协同创新项目 15 个,构筑产业链上下游企业共同体 10 个。支持工业互联网平台企业发展,实施“新工厂计划”,建设数字化车间 30 家、未来工厂 6 家,全市规上工业数字化改造覆盖率 100%。数字经济核心产业增加值增长 15%,规上工业增加值增长 6%,新增规上工业企业 400 家,制造业比重保持基本稳定。全面推进开发区(园区)整合提升,打造一批高能级战略平台。

加快现代服务业发展。大力发展金融服务、商贸物流、信息服务、广告会展、研发设计、会计法律等生产性服务业,全面提升健康、养老、家政、物业、租赁等生活性服务业水平,服务业增加值增长 8%。实施金融强基工程,大力推动金融更好服务实体经济,金融业增加值增长 8%。推进“三通一达”科研总部建设,提高物流快递产业竞争力。加快钱塘江金融港湾建设。实施国际消费中心城市建设三年行动计划,推动消费数智化升级、商圈智慧化融合,发展线上线下互动的“数字 +”“体验 +”消费新模式,提升“三圈三街三站”能级,启动文三街数字生活街区建设。大力发展时尚经济、夜间经济、文化消费。积极培育区域消费中心、特色休闲消费街区和便民服务圈。充分挖掘县乡消费潜力,积极拓展农村市场。社会消费品零售总额、网络零售额分别增长 8%、10%。

完善项目生成机制。加大项目建设力度,固定资产投资增长 7%。深入实施浙商回归工程。加强项目谋划,加大政府专项债争取力度。加快实施“152”省市县长项目工程,确保总数不低于 70 个、制造业项目占比不低于 40%。

(三)以改革开放为动力,加快城市国际化。全面深化改革,深入落实长江经济带、长三角一体化等国家战略,持续推进“四大”建设,实现更大范围、更宽领域、更深层次对外开放。

筹办最精彩亚运盛会。坚持“绿色、智能、节俭、文明”办赛理念,精心精简精细筹办亚运会、亚残运会。深入开展亚运城市八大行动,以亚运会带动城市能级提升,实现“办好一个会、提升一座城”。基本完成亚运村和 55 个竞赛场馆建设。发动人民群众、社会团体和企业积极参与,开展“亚运四进”系列活动,进一步扩大亚运共建共享。

打造最优越营商环境。以数字化改革推动政府职能转变、资源整合、服务集成。优化升级 21 项群众、企业全生命周期"一件事"。以时限制倒逼政府体制机制改革，深入推进"分钟制""小时制"，全面优化政府各项审批服务改革，实现不动产登记45分钟办结、商事登记25分钟完成。完善各类市场主体公平竞争的法治环境，依法依规支持民营经济做大做强。加快建设国家营商环境创新试点城市，做好世界银行营商环境评价样本城市的对标和能力提升工作。

创造最公平要素市场环境。实施节约集约用地专项行动，清理批而未供、供而未用、低效用地12万亩。新出让工业用地1万亩，完善"控地价、竞贡献"市场化出让方式。实施建筑质量提升工程，出台"竞地价、竞质量"政策。深入实施融资畅通工程，修订出台"凤凰行动"2.0版，新增上市企业25家。深入实施国企改革三年行动，提升国资国企监管考核的科学化精准化现代化水平，激发市属国企活力，国有企业净资产增长15%，利润总额增长13%。

营造最开放政策环境。抢抓区域全面经济伙伴关系协定、中欧全面投资协定机遇，启动实施自贸区建设五年行动计划，在贸易、投资、跨境资金流动等自由便利规则上先行先试，推动数字自贸区、电子世界贸易平台（eWTP）、临空经济示范区协同发展，高质量参与"一带一路"建设。大力发展服务贸易和跨境电商，确保全市出口占全国份额基本稳定，服务贸易出口额突破900亿元。加快国际社区、国际医院、国际学校等建设，探索构建具有国际水准的公共服务体系。强化与长三角城市协同联动、错位发展。高质量建设杭州都市区，唱好杭甬"双城记"，合力推进杭黄自然生态和文化旅游廊道建设。

（四）以新型智慧城市建设为牵引，实现城市新蝶变。突出数字赋能，强化规划引领，提升功能品质，全面展现最智慧、最园林、最江南的城市韵味。

高质量建设城市大脑。持续优化"一脑治全城、两端同赋能"运行模式，加快建设天空地车人一体化智慧感知系统，打通数据瓶颈、实施流程再造，深化48个应用场景建设，完善数据驾驶舱功能，提升城市大脑"全域感知、深度思考、快速行动、知冷知暖、确保安全"五大功能，全方位推动城市规划建设管理数字化改革，进一步提升城市运行效率，让城市更智慧、更聪明。

高水平规划城市空间。围绕"一核九星、双网融合、三江绿楔"布局，高质量编制《国土空间总体规划（2021—2035年）》，做好产业创新、基础设施、资源环境、社会民生、制度创新等专项规划。推动城西科创大走廊、杭州云城、三江汇、大城北、钱江新城二期等重点区域规划实施。高标准规划建设11个未来社区试点项目。

高品质建设城市基础设施。持续打好"5433"现代综合交通大会战，推进萧山国际机场三期工程、运河二通道、西站枢纽等重大交通项目，建设高速公路4条、133公里，建成城市快速路8条、70公里，主次干路25条、30公里，新增地铁运营里程75公里，推进轨道交通四期建设规划报批。加快千岛湖供水工程江南线和之江线建设，建成闲林水厂一期、二期，推进取水口上移工程。新建改造污水管网90公里，实施清水入城工程。

高标准提升城市管理水平。坚持人民城市人民建，人民城市为人民，让人民成为城市的主人。深化基层综合行政执法改革，推进300项事项划转，完善协调机制，对城市运行实行一网统管。建立城市环境整治长效管理机制，以绣花功夫实施"全周期、全时段、全覆盖"精细化管理，用西湖品质、西溪意境、江南特质扮靓杭州，打造全国最清洁城市。

（五）以乡村振兴战略为抓手，加快农业农村现代化。全面推进乡村振兴，促进农业高质高效、乡村宜居宜业、农民富裕富足。

加快发展乡村产业。坚决守牢耕地红线，遏制耕地"非农化"、防止"非粮化"。抓好"米袋子""菜篮子"工程，建设高标准农田10万亩，粮食播种面积、总产量分别达到136.7万亩、10.4亿斤以上，蔬菜总产量340万吨以上。深化农业产业体系建设，提高农业产业组织方式、生产方式、营销方式的网络化、平台化、现代化水平。推进农业科技创新，加强种子种苗种群研发推广。推进农产品精深加工，健全农产品冷链体系。加强西湖龙井茶产地标识与品牌保护。推广大下姜乡村振兴联合体等模式。

实施乡村建设行动。深化"百镇样板、千镇美丽"工程，建成10个以上省级美丽城镇样板。完成农村土地全域整治8万亩。注重保护传统村落和乡村特色风貌，创建新时代美丽乡村特色村30个，覆盖面超过60%。加快乡村服务和治理数字化，开展数字乡村建设试点。

推进城乡融合发展。统筹推进"六大西进"工程，持续实施"两进两回"行动，培训农村实用人才6000人次，建成高水平农业科技示范基地21个，农业科技贡献率达到66%，吸引1500名新时代乡贤回乡投资兴业。实施新时代乡村集成改革，健全农村产权流转交易市场体系和交易规则，完善农村土地承包经营制度。深化区县协作和"联乡结村"，巩固壮大村集体经济，力争75%的行政村集体经济年收入达到50万元以上、经营性年收入达到30万元以上。加大技能培训、产业帮扶力度，力争低收入农户收入增长10%。深化对口支援、对口协作、对口合作，推动山海协作迭代升级。

（六）以历史文化名城建设为重点，推动文化大发展大繁荣。实施世界文化遗产弘扬、文物激活等系列文化品质铸造工程，持续擦亮杭州文化"金名片"。

加强精神文明建设。结合亚运会筹办，深入开展新一轮全国文明城市创建，争创全国文明典范城市。积极挖掘传统文化、革命精神的当代价值，强化思政和国防教育，开展"传承红色记忆，创树百场精品"主题活动，选树"最美"典型，践行社会主义核心价值观，传承和弘扬创新文化、感恩文化、诚信文化。开展"新时代文明生活"行动。推进社会公德、职业道德、家庭美德、个人品德建设。加强杭州新市民教育。

繁荣发展文化事业。围绕庆祝建党100周年，立足大运河、宋文化等本源文化，拍摄15个杭州故事系列视频，扶持40部优秀文艺作品。办好西湖读书节、杭州学习节，倡导全民阅读，新增杭州书房35个，组织杭州书房活动800场，打造书香满城的"阅读城市"。加快建设国家版本馆杭州分馆、之江文化中心、杭州音乐厅等重大文化地标，启动杭州文化艺术中心、艺术学校建设。深化国有文艺院团改革，做大做强杭州演艺集团，加大文艺作品创作和融入百姓生活力度。实施文化惠民工程，深化社区文化家园、农村文化礼堂等基层公共文化设施建设，新增百姓健身房、多功能运动场、足球场、游泳池等体育场地设施200处。加快中国京杭大运河博物院、钱塘江博物馆、国际茶博会永久会址建设。

打造世界文化遗产群落。深入推进西湖综保工程，加快大运河国家文化公园建设，强化良渚古城遗址保护，启动"千年古城"复兴计划。加快德寿宫遗址保护工程暨南宋博物院项目建设，开展钱塘江古海塘价值评估，加大吴越国王陵遗址公园、临安天目窑考古发掘与保护力度，推进世界爱情文化之窗等重大项目建设。深化金石篆刻、浙派古琴等非遗活化传承。加强历史建筑、历史街区、工业遗产、古镇古村、古树古木、古民居古祠堂保护。

促进文化产业提质增效。加快之江文化产业带、大运河文化带、钱塘江诗路文化带建设。促进文化与旅游、消费、会展深度融合，投资281亿元推进134个文旅项目，打造具有"中国气派、江南韵味、杭州特色"的文化品牌。做大做强数字内容、动漫游戏、影视音乐等产业，文化产业增加值增长8%。建设全国影视文化创新中心和影视产业高质量发展基地。加快国家（杭州）短视频基地建设。大力发展丝绸、扇、伞、剪等历史经典产业。

*（七）以平安安全为底线，不断提升社会治理水平。*坚持底线思维，树立大安全观，巩固平安杭州法治杭州建设成果，大力推进社会治理体系和治理能力现代化，建设韧性城市，让社会更和谐更安全。

提升市域社会治理水平。建立健全"六和塔"工作机制，坚持和发展新时代"枫桥经验"。开展首批全国市域社会治理现代化试点，完善"基层治理四平台"运行管理和全科网格建设，实现矛盾纠纷化解"最多跑一地"。健全"大数据+网格化"体系，加快提升社会治理智慧化水平。推进社会治理共同体建设，支持工青妇等群团组织、公益性社会组织和人民群众参与社会治理，持续擦亮"和事佬""小青荷""武林大妈"等群防群治工作品牌。继续加强新一轮全国双拥模范城创建。

保障城市安全运行。加强城市安全隐患排查、预防预警和社会治安防控体系建设，深入推进地质灾害等自然灾害防治，健全城市抗震、防洪、排涝应急指挥体系。全面完成117座水库安全鉴定，完成病险水库除险加固18座、山塘综合整治50座、水文测报站点新建及改造提升100个。坚持安全第一、预防为主、综合治理，突出易燃易爆品全周期管理、建筑工地、地铁建设等重点领域，开展安全生产综合治理三年行动，建设地下智慧感知预警系统，确保生产安全事故起数、死亡人数明显下降。深化高水平国家食品安全示范城市创建，强化对重大民生必需品的储备和调控，做好食品、药品、特种设备安全监管。全力支持国防动员和后备力量建设。

坚决守住风险底线。持续推进网贷风险彻底出清、政府隐性债务和企业"两链"风险化解。强化反垄断和防止资本无序扩张，推动平台经济和互联网金融规范健康发展。完善舆情风险评估和应急处置机制，健全网络综合治理体系，营造稳定清朗的网络空间。坚决防范和打击黑恶势力和跨国犯罪，深化创建全国禁毒示范城市。

*（八）以"湿地水城"建设为载体，持续打造美丽中国样本。*深入践行"绿水青山就是金山银山"的理念，开展生态文明示范创建，高水平绘好新时代"富春山居图"。

全面推进湿地保护。加快编制新一轮湿地保护规划和三年行动计划，建立湿地生态预警机制，开展动态监测和评估，科学恢复和合理利用湿地资源。深入实施"万顷湿地、万里碧水"工程，公园化推进湿地建设，精心打造三江两岸生态人文景观和湿地公园群落，提升西湖、西溪、湘湖综合保护和利用水平，努力打造更多人民群众共享美好生活的绿色空间。

完善环境基础设施。加快推进之江净水厂、城北净水厂等8个污水处理设施建设，继续实施城镇污水处理厂清洁排放技术改造。全面推进全市垃圾填埋场生态治理，将天子岭填埋场生态治理项目打造成全国示范标杆。提高渣土处置能力，新增渣土消纳保障场地900万立方米。

加强生态治理修复。扎实做好第二轮中央生态环保督察问题整改，加快剩余104件信访件办理。持续抓好长江经济带生态环境警示片披露问题整改销号。实施空气质量提升行动，力争PM2.5年均浓度稳定达标、臭氧浓度控制在175微克/立方米以下。推进碧水行动，力争市控以上断面水质达到或优于Ⅲ类比例在96%以上。强化土壤环境分类分级污染防治，污染地块安全利用率不低于93%。深化生活垃圾分类，推进固废源头减量、污染防治和资源化利用，率先建成全域"无废城市"。加快淳安特别生态功能区建设，探索建立生态产品价值实现机制。启动碳排放达峰行动，落实能源"双控"制度。

*（九）以人的全面发展为目标，不断擦亮幸福示范标杆城市金字招牌。*坚持人民至上，深入实施富民惠民安民行动计划，扎实推动共同富裕先行示范，持续打造全国最具幸福感城市。

做好就业就学就医工作。抓好高校毕业生、退役军人、残疾人等重点群体就业创业，城镇新增就业25万人，城镇登记失业率控制在3.5%以内。深入实施新名校集团化战略，深化公办初中提质强校行动，持续推动基础教育全域优质均衡发展。支持和规范民办教育发展。推进职业教育"提质培优"，全力支持杭师大、浙大城市学院等市属高校高水平建设，服务好浙江大学和省属高校。实施"健康杭州"三年行动计划，加强与浙大附属医院和省属医院合作，提升城市医联体、县域医共体发展水平。健全公共卫生体系，提升基层医疗机构服务能力和家庭医生服务水平，完善院前急救体系和儿童急救网络。实现40家二级以上公立医院发热门诊规范设置全覆盖，设置基层医疗机构传染病规范化专用诊室和隔离观察室80家。加快浙大二院总部、市一医院新院区、西溪医院二期等重点项目建设。推进中医药事业发展。持续提高预防和应对重大突发公共卫生事件能力。

健全多层次社会保障体系。深化社会保障制度改革，实行工伤保险费率浮动与安全生产挂钩。做好企业职工养老保险基金省级统筹，积极推进医保市级统筹。完善分层分类社会救助体系，支持商业健康保险发展。加强农村养老保障体系建设。坚持"房住不炒"，实施精准调控，促进房地产市场平稳健康发展，加快完善多层次、广覆盖的住房保障体系。落实杭州市居家养老服务条例，加快康养联合体建设。

认真办好十件民生实事。前期，市政府从市民群众、“两代表一委员”等层面广泛征集民生实事，初步遴选形成13件候选项目。经本次人代会票决，以下10件确定为市政府2021年度民生实事项目：

1. 建成农村家宴“阳光厨房”110家、中小学和等级幼儿园食堂智能“阳光厨房”1500家。

2. 完成老旧小区综合改造提升200个；实施老旧高层住宅小区二次供水设施改造100个；推进既有住宅电梯加装1000台，建设“美好家园”住宅示范小区100个。

3. 完成回迁安置1.1万户；分配公共租赁住房实物配租房源5000套、货币补贴保障家庭3万户，新开工保障性住房100万平方米。

4. 新建和提升改造城市小公园50个，保护修缮农村乡土建筑70处；新建和提升改造健身绿道550公里。

5. 优化地铁接驳公交线路20条，开通定制公交专线20条，新增地铁出入口非机动车停放点100处、非机动车停车位1万个；新增停车泊位5.5万个，其中公共停车泊位4500个。

6. 实施“断头路”打通工程，开工36条97.8公里，打通24条26.4公里。

7. 新建成中小学、幼儿园70所，新增学位6万个。

8. 新增婴幼儿照护服务社区成长驿站100家，婴幼儿照护服务托位1200个，组织婴幼儿家长养育技能提升专业课堂500场。

9. 新增养老机构床位1500张，实施困难老年人家庭适老化改造3000户。

10. 规范提升星级“残疾人之家”66家、残疾儿童康复机构20家，创建省级无障碍社区14个；完成城市道路75条、城市公厕50座、人行天桥35座、人行地道25座的无障碍环境提升。

对市人大代表票选确定的上述民生实事项目，市政府将增强责任意识，细化分解任务，精心组织实施，主动接受市人大代表和社会各界监督检查，确保办实办好。

（十）加强自身建设，提高政府治理现代化水平。在市委领导下，坚持系统观念，树立利民为本、法治为基、整体智治、高效协同的理念，营造唯实惟先、善作善成的团队文化，加快政府职能优化、方式转变、作风提升，建设人民满意政府。

全面加强政治建设。学懂弄通做实习近平新时代中国特色社会主义思想，严守政治纪律和政治规矩，抓好中央巡视反馈意见整改落实，进一步增强“四个意识”、坚定“四个自信”、坚决做到“两个维护”。

严格依法行政。加强法治政府建设，严格遵守宪法和法律，将政府工作全面纳入法治轨道。依法接受人大监督，自觉接受政协民主监督，高度重视监察监督、司法监督、审计监督、统计监督、舆论监督，认真听取人民群众意见建议，提高行政执法规范化水平。

加快政府数字化转型。深化行政服务中心“去中心化”改革，全力建设一键直达的“指尖上的行政服务中心”。升级完善机关内部协同办事系统。加快政府职能转变，推动政府施政理念、体制机制、工作流程、工具手段实现全方位变革，打造智慧化、集成式、掌上办的现代政府。

持之以恒推进作风建设。扛起全面从严治党主体责任，严格执行中央八项规定及其实施细则精神，驰而不息纠治“四风”。带头过“紧日子”，一般性支出、“三公”经费、培训费和会议费均压减10%，把更多财政资金用于科技创新、企业帮扶、改善民生。锤炼政府系统“深、严、细、实、快、勤、俭、廉”的工作作风，增强干部“七种能力”，不断提高专业化现代化国际化水平，努力成为构建新发展格局的行家里手。

各位代表，站在“两个一百年”的历史交汇点，建设社会主义现代化国际大都市的新征程已经开启。让我们更加紧密地团结在以习近平同志为核心的党中央周围，在省委省政府和市委的坚强领导下，忠实践行“八八战略”，高水平打造“数智杭州·宜居天堂”，奋力展现“重要窗口”的“头雁风采”，以优异成绩庆祝建党100周年！

《政府工作报告》名词解释

“重要窗口”：习近平总书记视察浙江时赋予浙江“努力成为新时代全面展示中国特色社会主义制度优越性的重要窗口”的新目标新定位。

“六新”：新基建、新消费、新制造、新电商、新健康、新治理。

“三类十大标志性工程”：以“2020年必须开工项目、2020年必须完工项目、亚运会前必须完工项目”3个层面划分的30个“标志性工程”。

“新制造业计划”：通过加快培育、引进战略性新兴产业，改造提升优势传统产业，全面整治“低散乱”企业、淘汰落后产能，以实现到2025年规上工业企业、十百千亿企业、国家级高新技术企业数量、工业投资、工业技改总量、新引进项目投资额“六个倍增”，使杭州制造业整体达到全国先进水平。

“鲲鹏计划”“凤凰行动”“雄鹰行动”“雏鹰行动”：“鲲鹏计划”，即培育年营业收入超50亿元的数字经济和制造业领域大企业大集团的行动计划。“凤凰行动”，即以企业上市和并购重组为核心的行动计划。“雄鹰行动”，即支持企业持续推进技术创新、工艺创新、管理创新和模式创新，培育具有全球竞争力一流企业的行动计划。“雏鹰行动”，即梯度培育中小微企业向“专精特新”发展，打造一批隐形冠军企业的行动计划。

“单项冠军”企业、“隐形冠军”企业：“单项冠军”企业，即长期专注于制造业某些特定细分产品市场，生产技术或工艺国际领先，单项产品市场占有率位居全球前列的企业。“隐形冠军”企业，即长期专注并深耕于产业链中某个环节或某个产品，能为大企业、大项目提供关键零部件、元器件和配套产品，以及专业生产成套产品的企业。

数字化改造“百千万”工程：实施100个以智能制造为方向的制造业数字化攻关项目、1000个以工厂物联网为方向的制造业数字化推广项目、10000个基于“云端服务”的制造业数字化普及项目。

三江汇：钱塘江、富春江、浦阳江的交汇处。

“六和塔”工作体系：构建党建领和、政府主和、社会协和、智慧促和、法治守和、文化育和的市域社会治理体系。

“产学研用金、才政介美云”：把产业、学术界、科研、成果转化、金融、人才、政策、中介、环境、服务十方面因素融合提升，打造一个创新创业的生态系统。

“三圈三街三站”：“三圈”，即吴山商圈、湖滨商圈、武林商圈。“三街”，即延安路、南山路、东坡—武林路。“三站”，即火车站、机场、地铁站。

“五港联动”：航空港、铁路港、公路港、内河港、信息港联动。

“六铁、四高、两枢纽、两环线”：“六铁”，即湖杭、建衢、金建、杭温、沪乍杭、杭临绩铁路。“四高”，即沪杭甬、杭绍甬、杭淳开、临建高速公路。“两枢纽”，即西站枢纽和萧山机场空港枢纽。“两环线”，即杭州中环和杭州都市圈环线。

“亚运三馆三村”：“三馆”，即主体育馆、游泳馆和综合训练馆。“三村”，即运动员村、技术官员村、媒体村。

“一核九星、双网融合、三江绿楔”：市委十二届十一次全体（扩大）会议提出构建新型特大城市空间格局。“一核”，即城市核心区。“九星”，即九个郊区新城。“双网融合”，即万物智联网和综合交通网。“三江绿楔”，即以钱塘江、富春江、新安江为轴线的绿色开敞空间和生态安全屏障。

杭州中环：位于绕城高速公路和杭州都市圈环线（即“二绕”）之间，途经杭、绍、嘉三市，全长约178.67公里。

“五育”：德智体美劳教育。

“三医联动”“六医统筹”：医疗、医保、医药改革联动，医保、医疗、医院、医药、医生和中医的统筹。

“十个方面重点举措”：市委十二届十一次全体（扩大）会议提出当前必须抓紧抓实抓好的重点工作，即打造数字变革策源地，建设全球人才“蓄水池”，加快构建特大城市新型空间格局，打造服务构建新发展格局的战略枢纽，打造国际一流营商环境，办好亚运会提升国际化，塑造古今交汇的文化盛景，持续深化美丽中国样本建设，推进新型智慧城市建设，擦亮幸福示范标杆城市金字招牌。

“四早”：即早发现、早报告、早隔离、早治疗。

“尖峰、尖兵、领雁、领航”：全省四大科技攻关计划，目标是提升科技原始创新能力，抢占科技制高点，加快建设“互联网+”和生命健康科创高地，谋划建设新材料科创高地，基本建成创新型省份。

“新工厂计划”：以智能制造为主攻方向，推广“数字化设计、智能化生产、网络化协同、共享化制造、个性化定制、服务化延伸”应用，培育平台型超级工厂、冠军型链主企业、标杆型智能工厂、示范型数字化车间、轻量化云端工厂，率先实践以生产组织关系的变革促进生产力的全新布局，将杭州打造为全国智能制造标杆城市和组织型制造中心城市。

“四大”建设：大湾区、大花园、大通道、大都市区建设。

“亚运四进”：亚运进学校、进社区（村）、进社团、进机关（企业）。

“六大西进”：科技西进、现代服务业西进、文创西进、旅游西进、交通西进和人才西进。

“两进两回”：科技进乡村、资金进乡村、青年回农村、乡贤回农村。

“七种能力”：政治能力、调查研究能力、科学决策能力、改革攻坚能力、应急处突能力、群众工作能力、抓落实能力。

组织机构名录

【市级主要机构及负责人名单】
（2020年1—12月）

中国共产党杭州市第十二届委员会

书　记：周江勇（2021年8月，接受中央纪委国家监委纪律审查和监察调查）

副书记：刘　忻（2020年4月始）
　　佟桂莉（女）（2020年8月始）
　　张仲灿（至2020年8月）

常　委：周江勇（2021年8月，接受中央纪委国家监委纪律审查和监察调查）
　　张仲灿（至2020年8月）
　　佟桂莉（女）　陈擎苍
　　戚哮虎　许　明
　　戴建平　毛溪浩
　　任明龙（至2020年12月）　金　志
　　陈新华　张振丰
　　唐春所（2020年12月始）
　　朱建明（2020年12月始）

委　员：（按姓氏笔画为序）
　　丁狄刚　于跃敏（女）
　　王　宏　王　敏
　　毛溪浩　方　毅
　　卢春强　冯国明
　　朱　华　朱　欢
　　朱建明　朱党其
　　任明龙（至2020年12月）
　　刘　忻（2020年4月始）
　　刘　颖　许　明
　　李　玲（女）　吴仁财
　　吴玉凤（女）
　　何美华（2021年9月，浙江省人民检察院以涉嫌受贿罪做出逮捕决定）
　　佟桂莉（女）　沈建平
　　张仲灿　张如勇
　　张振丰　陈　瑾（女）
　　陈卫强　陈如根
　　陈国妹（女）　陈红英（女）
　　陈春雷　陈新华
　　陈震山　陈擎苍
　　金　志　金　翔
　　金承涛

周江勇（2021年8月，接受中央纪委国家监委纪律审查和监察调查）
胡海燕（女） 洪庆华
骆安全 柴世民
唐春所（2020年12月始）
徐小林 黄进宇
黄海峰 戚哮虎
章　燕（女）
斯金锦 董　悦
董毓民 童定干
楼建忠 缪承潮
滕　勇 潘家玮
戴建平 魏　颖（女）
候补委员：
郭东风 范建军
高国飞 何凌超
钱美仙（女） 翁文杰
余新平 陈祥荣
金志强 陈　健
钮　俊
秘书长：许　明

市委工作机关：

市纪律检查委员会（市监察委员会）

书记（主任）：陈擎苍
副书记（副主任）：朱　华 陈建华
郐月培 张慧娟（女）
纪委常委：陈擎苍 朱　华
陈建华 郐月培
张慧娟（女）
王伟平 胡飞龙
沈海军 金　伟
唐小辉 方顺才
监委委员：沈海军 金　伟
方顺才 钟发根（至2020年7月）
俞　振 王　伦
杨　霞（2020年7月始）

办公厅

主　任：郭东风

政策研究室

主　任：陈国强

全面深化改革委员会办公室

主　任：许　明
第一副主任：戴建平

组织部

部　长：毛溪浩

宣传部

部　长：戚哮虎

统战部

部　长：陈新华

政法委员会

书　记：张仲灿（至2020年8月）
许　明（2020年8月始）

市委机构编制委员会办公室

主　任：何利松

军民融合发展委员办公室

主　任：戴建平

台湾工作办公室（台湾事务办公室）

主　任：陆献德

市委直属机关工作委员会

书　记：郑书文（至2020年1月）
许　明（2020年1月始）

巡察办、巡察组

主　任：胡飞龙
组　长：魏　颖（女） 朱小军（至2020年10月）
蒋杭平 洪晓明
江小华

市委市政府信访局

局　长：周徐胤

老干部局

局　长：应敏扬（女）

党　校

校　长：毛溪浩

党史研究室（地方志办公室）

主　任：郎健华

市档案馆

馆　长：范　飞（女）

国际城市学研究中心（杭州研究院）

党组书记、主任（院长）：江山舞

杭州市第十三届人民代表大会常务委员会

主　任：于跃敏（女）
副主任：许勤华（至2020年4月）
张建庭（至2020年4月）
陈红英（女）
罗卫红（女）
卢春强（2020年4月始）
徐小林（2020年4月始）
秘书长：张如勇
委　员：马利阳 王　辉（女）
王木刚 王荣富
毛文峰（女） 方月仙（女，2020年4月始）
阮　英（女，2020年4月始）
阮重晖 严伟明（2020年4月始）
杜　卫（至2020年4月）
杨英英（女，2020年4月始）
肖仁东 吴建华
邱卫星（至2020年4月）
汪华瑛（女，2020年4月始）
尚永丰（2020年4月始）
张永谊 张邢炜
张治芬（女） 陈　健
陈马多里 陈伟民
邵剑明 周先木（至2020年4月）

郑健波　　赵　敏
赵　敏（桐庐）　俞雪坤
姚　坚　　骆　寅
徐小林（至 2020 年 4 月）
徐建国
徐祖德（至 2020 年 4 月）
徐文霞（女，2020 年 4 月始）
奚国强　　龚志南
麻承荣（2020 年 4 月始）
章一超　　章国经
曾福明　　楼佩捷（女，至 2020 年 4 月）
裘　超（女）　裘建平
管　军　　解崇明
谭　飞（2020 年 4 月始）
潘曙龙　　薛滔菁（女）

党组书记：于跃敏（女）
党组副书记：许勤华（至 2020 年 4 月）
张建庭（至 2020 年 4 月）
郑荣胜（2020 年 4 月始）

杭州市第十三届人民代表大会专门委员会：

法制委员会
主任委员：陈红英（女）（兼）

监察和司法委员会
主任委员：许勤华（兼）（至 2020 年 4 月）
陈红英（女）（兼）（2020 年 4 月始）

财政经济委员会
主任委员：许勤华（兼）（至 2020 年 4 月）
徐小林（兼）（2020 年 4 月始）

城乡建设环境保护委员会
主任委员：张建庭（兼）（至 2020 年 4 月）
卢春强（兼）（2020 年 4 月始）

教育科学文化卫生委员会
主任委员：罗卫红（女）（兼）

农业和农村委员会
主任委员：郑荣胜（兼）

民族宗教华侨、外事委员会
主任委员：张建庭（兼）（至 2020 年 4 月）
徐小林（兼）（2020 年 4 月始）

社会建设委员会
主任委员：陈红英（女）（兼）

杭州市第十三届人民代表大会常务委员会各工作机构和工作委员会：

办公厅
主　任：阮重晖

研究室
主　任：陈伟民（至 2020 年 7 月）

人事代表工作委员会
主　任：章一超（至 2020 年 7 月）
陈伟民（2020 年 7 月始）

法制工作委员会
主　任：陈马多里

监察和司法工作委员会
主　任：王木刚

财政经济工作委员会
主　任：骆　寅

城乡建设环境保护工作委员会
主　任：王荣富

教育科学文化卫生工作委员会
主　任：姚　坚

农业和农村工作委员会
主　任：邱卫星（至 2020 年 1 月）

民族宗教华侨、外事工作委员会
主　任：周先木（至 2020 年 1 月）
方月仙（女）（2020 年 1 月始）

社会建设工作委员会
主　任：王　辉（女）

杭州市人民政府
市　长：（空缺）（至 2020 年 4 月）
刘　忻（2020 年 4 月始）
副市长：戴建平　柯吉欣
缪承潮　王　宏
胡　伟　陈国妹（女）
陈卫强
党组书记：（空缺）（至 2020 年 4 月）
刘　忻（2020 年 4 月始）
秘书长：丁狄刚

市政府工作部门：

办公厅
党组书记：丁狄刚
主　任：马杭军

研究室
党组书记、主任：鲍一飞

发展和改革委员会
党组书记、主任：洪庆华（至 2020 年 6 月）
孔春浩（2020 年 6 月始）

人力资源和社会保障局
党组书记、局长：叶茂东

财政局
党组书记、局长：谢建华

统计局
党组书记：富永伟
局　长：宦金元

审计局
党组书记、局长：王　剑

对口支援和区域合作局
党组书记、局长：杨　钊

经济和信息化局
党组书记、局长：夏积亮

应急管理局
党委书记、局长：孙国方（至 2020 年 10 月）

王　震（2020 年 10 月始）

城乡建设委员会

党组书记、主任：孔春浩（至 2020 年 5 月）
（空缺）（2020 年 5—8 月）
楼建忠（2020 年 8 月始）

交通运输局

党组书记、局长：郑翰献

住房保障和房产管理局

党组书记、局长：周　琪（女）（至 2020 年 3 月）
王　进（2020 年 3 月始）

规划和自然资源局

党组书记、局长：陈祥荣

人民防空办公室（民防局）

党组书记、主任（局长）：裘新谷

城市管理局（综合行政执法局）

党组书记、局长：李　磊

生态环境局

党组书记、局长：劳新祥（至 2020 年 10 月）
孙国方（2020 年 10 月始）

园林文物局

党组书记、局长：高小辉

农业农村局

党组书记、局长：赵国钦

林业水利局

党组书记、局长：钱美仙（女）

商务局

党组书记、局长：孙璧庆

市场监督管理局

党委书记、局长：范建军

文化广电旅游局

党组书记、局长：张鸿斌（至 2020 年 3 月）
楼倻捷（女）（2020 年 3 月始）

卫生健康委员会

党委书记、主任：孙雍容（女）

医疗保障局

党组书记：方健国
局　长：石连忠

体育局

党组书记、局长：金承龙

教育局

党委书记、局长：沈建平

公安局

党委书记、局长：金　志

司法局

党委书记、局长：吴声华

民族宗教事务局

党组书记、局长：邵根松

金融工作办公室（至 2020 年 9 月）

党组书记、主任：冯　伟（至 2020 年 9 月）

地方金融监督管理局（金融工作办公室）（2020 年 9 月始）

党组书记、局长（主任）：冯　伟（2020 年 9 月始）

国有资产监督管理委员会

党委书记、主任：王　希

科学技术局

党组书记、局长：（空缺）（至 2020 年 3 月）
党组书记：周　扬（2020 年 3 月始）
局　长：赵喜凯（2020 年 4 月始）

民政局

党组书记、局长：何凌超

退役军人事务局

党组书记、局长：郑洪彪

外事办公室（港澳事务办公室）

党组书记、主任：王　进（至 2020 年 3 月）
周　澍（2020 年 3 月始）

机关事务管理局

党组书记、局长：韩　卫

数据资源管理局

党组书记、局长：郑荣新（至 2020 年 3 月）
徐青山（2020 年 3 月始）

投资促进局

党组书记、局长：王　翀

国防动员委员会

第一主任：周江勇（2021 年 8 月，接受中央纪委国家监委纪律审查和监察调查）
主　任：（空缺）（至 2020 年 5 月）
刘　忻（2020 年 5 月始）

政协杭州市第十一届委员会

主　席：潘家玮
副主席：翁卫军（至 2020 年 4 月）
汪小玫（女）（至 2020 年 12 月）
叶鉴铭　谢双成
陈永良　王立华（女）
周智林　冯仁强
滕　勇（2020 年 4 月始）
常务委员：陈建华　陈　键
金志强　方　方（至 2020 年 4 月）
包嘉颖（女）　宦金元
赵才苗　郭清晔
刘政奇　吴　静（女）
陈　凯　钟玉腾
何黎明　林　蔚（女）
龚勤芳（女）　吕芬芳（女）
单　敏（女）　高德康
张　莉（女）　唐龙尧
张慧慧（女）　郑利敏（女）
陈国安　李莲萍（女）
释月真　沈墨宁
刘秋敏　王利民
卓　超　肖　锋
何明俊　吴持瑛（女）
郭初民　陈国兴

来　虹（女）　吕建平
郭　兵　申屠敏（女）
周常生　洪　明
谢春凤（女）　侯公林
陈金良　赵海燕
裘小民（女）　倪晓娟（女）
吴式琇（至 2020 年 4 月）
黄伟源　李玉美（女）
马　彦　赵喜凯
林　革　陈旭虎
蒋吉清（女）　朱明虬
沈小东　章　勤（女）
汤建新　张　钎
蔡　瑾（女）　吴伟进
李正刚　吴南平
施永林　杜国忠
娄火明　朱汉良
温正胞　万光政
丁　华（女）　次登央吉（女）
苏　挺　孙彰道
王新宇　陶　骏
周旭一　沈　昱
庄凌云　周定炎
江　冰　方　春（女）
杨建华　廖杰远
方健国　冯　镭
吴　隆

秘书长:金　翔
党组书记:潘家玮
党组副书记:汪小玫（女）（2020 年 4—11 月）
翁卫军（至 2020 年 6 月）
陈新华（2020 年 6 月始）
张仲灿（2020 年 8 月始）

市政协工作部门:

办公厅

主　任:郭初民

研究室

主　任:陈国兴

文化文史和学习委员会

主　任:王利民

提案委员会

主　任:杨建华

经济委员会

主　任:杜国忠

农业和农村委员会

主　任:周定炎

港澳台侨和外事委员会

主　任:江　冰

社会法制和民族宗教委员会

主　任:（空缺）

城市建设和人口资源环境委员会

主　任:何明俊

委员工作委员会

主　任:吴持瑛（女）

教育科技卫生体育委员会

主　任:肖　锋

市中级人民法院

党组书记、院长:斯金锦

市人民检察院

党组书记、检察长:陈海鹰

市民主党派和工商联:

中国国民党革命委员会杭州市委员会

主　委:叶鉴铭

中国民主同盟杭州市委员会

主　委:宦金元

中国民主建国会杭州市委员会

主　委:郭清晔

中国民主促进会杭州市委员会

主　委:谢双成

中国农工民主党杭州市委员会

主　委:周智林

中国致公党杭州市委员会

主　委:胡　伟

九三学社杭州市委员会

主　委:罗卫红（女）

市工商业联合会

党组书记:徐祖德（至 2020 年 3 月）
麻承荣（2020 年 3 月始）
主　席:冯仁强

部分群众团体:

市总工会

党组书记:王越剑
主　席:郑荣胜（兼）

中国共产主义青年团杭州市委员会

党组书记、书记:马利阳（至 2020 年 5 月）
（空缺）（2020 年 5—9 月）
李莲萍（女）（2020 年 9 月始）

市妇女联合会

党组书记、主席:楼倻捷（女）（至 2020 年 3 月）
阮　英（女）（2020 年 3 月始）

市社会科学界联合会、市社会科学院

党组书记、主席（院长）:卓　超

市科学技术协会

党组书记、主席:郑健波

市归国华侨联合会

党组书记:裘建平
主　席:王立华（女）

市文学艺术界联合会

党组书记:汪华瑛（女）
主　席:竹雄伟（艾伟）

市残疾人联合会
党组书记、理事长:杨英英(女)

其他机构:
杭州钱塘新区管理委员会
党工委书记:柯吉欣(兼)
主　任:何美华(至2020年8月)
(2021年9月,浙江省人民检察院以涉嫌受贿罪做出逮捕决定)
朱党其(2020年8月始)
杭州城西科创产业集聚区管理委员会
党工委书记:李　玲(女)(至2020年6月)
戴建平(2020年6月始)
主　任:李　玲(女)
杭州余杭经济技术开发区(杭州钱江经济开发区)管理委员会
党工委书记、主任:祝振伟
萧山经济技术开发区管理委员会
党工委书记、主任:叶建宏
杭州良渚遗址管理区管理委员会(浙江省杭州良渚遗址管理局)
党工委书记、主任(局长):张俊杰
杭州高新技术产业开发区管理委员会
党工委书记:王　敏
主　任:李志龙
杭州之江国家旅游度假区管理委员会
党工委书记:高国飞
主　任:董毓民
杭州西湖风景名胜区管委会
党委书记、主任:翁文杰
市钱江新城建设管理委员会
党委书记、主任(总指挥):黄昊明
杭州奥体博览城建设指挥部(至2020年5月)
党委书记、总指挥:黄昊明(至2020年5月)
市对口支援新疆阿克苏地区阿克苏市指挥部
党委书记、指挥长:黄建正
西泠印社社务委员会
西泠印社党委书记、社委会主任:龚志南
市行政审批服务管理办公室(公共资源交易管理委员会办公室)
党组书记:赵金龙
主　任:林　革
市政府驻北京办事处
党组书记、主任:麻承荣(至2020年3月)
许　昌(2020年3月始)
市政府驻上海(深圳)办事处
主　任:方志华
市供销合作社联合社
党委书记、主任:杨国正(至2020年8月)
(空缺)(2020年8月始)
中国国际贸易促进委员会杭州市委员会
党组书记、会长:(空缺)(至2020年3月)
郑荣新(2020年3月始)
杭州住房公积金管理中心
党组书记、主任:刘　强
市农业科学研究院
党委书记、院长:严建立
市实业投资集团有限公司
党委书记、董事长:沈　立
总经理:朱少杰
市交通投资集团有限公司
党委书记、董事长:章舜年
总经理:周建华
市城市建设投资集团有限公司
党委书记、董事长:冯国明
总经理:李红良
市运河综合保护开发建设集团有限责任公司
党委书记、董事长:陆晓亮
总经理:章维明
市地铁集团有限责任公司
党委书记、董事长:邵剑明
总经理:朱春雷
市钱江新城投资集团有限公司
党委书记、董事长:朱云夫
总经理:於卫国
市商贸旅游集团有限公司
党委书记、董事长:赵　敏
总经理:钱伯皓(至2020年12月)
杭州银行股份有限公司
党委书记、董事长:陈震山
行　长:宋剑斌
市金融投资集团有限公司
党委书记、董事长:张锦铭
总经理:虞利明
杭州文化广播电视集团
党委书记、管委会总裁:余新平
编委会总编辑:郑桂岚(女)
华数数字电视传媒集团有限公司
党委书记、董事长:陆政品
总经理:陆政品(至2020年8月)
鲍林强(2020年8月始)
杭州日报报业集团(杭州日报报业集团有限公司)
党委书记、社委会社长、公司董事长、总经理:董　悦
编委会总编辑:万光政
西泠印社集团有限公司
党委书记、董事长:谭　飞
总经理:谭　飞(至2020年7月)
王紫升(2020年7月始)

【区县(市)主要机构及负责人名单】
(2020年1月至12月)

中共杭州市上城区第十届委员会
书　记:陈　瑾(女)

杭州市上城区第十五届人大常委会
主　任:袁建强
上城区人民政府
区　长:金承涛
政协杭州市上城区第五届委员会
主　席:占仁义
中共杭州市上城区纪律检查委员会
书　记:金晓东
上城区人民法院
院　长:叶　青(女)(至2020年10月)
代院长:陆忠明(2020年10月始)
上城区人民检察院
检察长:孙　勇

中共杭州市下城区第十届委员会
书　记:刘　颖
杭州市下城区第十五届人大常委会
主　任:杨国琴(女)
下城区人民政府
区　长:柴世民
政协杭州市下城区第五届委员会
主　席:陈　晨
中共杭州市下城区纪律检查委员会
书　记:沈国祥
下城区人民法院
院　长:何　敏(至2020年9月)
代院长:陈奇策(2020年9月始)
下城区人民检察院
检察长:王晓光

中共杭州市江干区第十届委员会
书　记:滕　勇
杭州市江干区第十五届人大常委会
主　任:蔡建云
江干区人民政府
区　长:楼建忠(至2020年8月)
代区长:冯　晶(2020年8月始)
政协杭州市江干区第五届委员会
主　席:黄爱芳(女)
中共杭州市江干区纪律检查委员会
书　记:赵欣浩
江干区人民法院
院　长:楼军民
江干区人民检察院
检察长:江波均(女)

中共杭州市拱墅区第七届委员会
书　记:朱建明
杭州市拱墅区第七届人大常委会
主　任:吴才敏
拱墅区人民政府
区　长:章　燕(女)
政协杭州市拱墅区第五届委员会
主　席:周志辉
中共杭州市拱墅区纪律检查委员会
书　记:熊　雄
拱墅区人民法院
院　长:王美芳(女)
拱墅区人民检察院
检察长:罗有顺

中共杭州市西湖区第九届委员会
书　记:高国飞
杭州市西湖区第十五届人大常委会
主　任:施迎利(女)
西湖区人民政府
代区长:董毓民(至2020年4月)
区　长:董毓民(2020年4月始)
政协杭州市西湖区第五届委员会
主　席:叶伟平
中共杭州市西湖区纪律检查委员会
书　记:柴国庆
西湖区人民法院
院　长:程建飞(至2020年9月)
代院长:叶　青(女)(2020年9月始)
西湖区人民检察院
检察长:陈平祥

中共杭州市滨江区第五届委员会
书　记:王　敏
杭州市滨江区第五届人大常委会
主　任:韩建中
滨江区人民政府
区　长:李志龙
政协杭州市滨江区第二届委员会
主　席:王国珍(女)
中共杭州市滨江区纪律检查委员会
书　记:黄利文
滨江区人民法院
院　长:池海江
滨江区人民检察院
检察长:夏　涛

中共杭州市萧山区第十五届委员会
书　记:佟桂莉(女)
杭州市萧山区第十六届人大常委会
主　任:裘　超(女)
萧山区人民政府
代区长:章登峰(至2020年4月)
区　长:章登峰(2020年4月始)
政协杭州市萧山区第十四届委员会
主　席:洪松法
中共杭州市萧山区纪律检查委员会
书　记:蒋金娥(女)

萧山区人民法院
院　长:施金良（至 2020 年 9 月）
代院长:何　敏（2020 年 9 月始）
萧山区人民检察院
检察长:王玉珹

中共杭州市余杭区第十四届委员会
书　记:张振丰
杭州市余杭区第十五届人大常委会
主　任:阮文静（女）
余杭区人民政府
区　长:陈如根
政协杭州市余杭区第十一届委员会
主　席:沈　昱
中共杭州市余杭区纪律检查委员会
书　记:邵伟斌
余杭区人民法院
院　长:罗　鑫
余杭区人民检察院
检察长:陈　娟（女）

中共杭州市富阳区第一届委员会
书　记:朱党其（至 2020 年 8 月）
　　　　吴玉凤（女）（2020 年 8 月始）
杭州市富阳区第十六届人大常委会
主　任:汤金华
富阳区人民政府
区　长:吴玉凤（女）（至 2020 年 8 月）
代区长:王　犇（2020 年 8 月始）
政协杭州市富阳区第九届委员会
主　席:陆洪勤
中共杭州市富阳区纪律检查委员会
书　记:胡志明
富阳区人民法院
院　长:赵　平
富阳区人民检察院
检察长:任　平

中共杭州市临安区第一届委员会
书　记:卢春强
杭州市临安区第十六届人大常委会
主　任:李文钢
杭州市临安区人民政府
区　长:骆安全（至 2020 年 8 月）
代区长:杨国正（2020 年 8 月始）
政协杭州市临安区第九届委员会
主　席:张金良
中共杭州市临安区纪律检查委员会
书　记:杨富强
杭州市临安区人民法院
院　长:王文柱
杭州市临安区人民检察院
检察长:沈亚平（女）

中共桐庐县第十四届委员会
书　记:方　毅
桐庐县第十六届人大常委会
主　任:华　健
桐庐县人民政府
县　长:齐　力
政协桐庐县第九届委员会
主　席:王金才
中共桐庐县纪律检查委员会
书　记:张启成
桐庐县人民法院
院　长:陆忠明（至 2020 年 10 月）
代院长:朱晓燕（2020 年 10 月始）
桐庐县人民检察院
检察长:冯晓音

中共淳安县第十四届委员会
书　记:黄海峰
淳安县第十六届人大常委会
主　任:董文吉
淳安县人民政府
代县长:张鸿斌（至 2020 年 4 月）
县　长:张鸿斌（2020 年 4 月始）
政协淳安县第九届委员会
主　席:刘小松
中共淳安县纪律检查委员会
书　记:徐恒辉
淳安县人民法院
院　长:陈奇策（至 2020 年 10 月）
代院长:张　波（2020 年 10 月始）
淳安县人民检察院
检察长:杨　勇

中共建德市第十四届委员会
书　记:童定干
建德市第十六届人大常委会
主　任:叶万生
建德市人民政府
市　长:朱　欢
政协建德市第十四届委员会
主　席:吴铁民
中共建德市纪律检查委员会
书　记:周萍英（女）
建德市人民法院
院　长:毛志军
建德市人民检察院
检察长:高　翔

（市委组织部）

2020 年杭州市国民经济和社会发展统计公报

2020 年，面对严峻复杂的国内外形势，特别是新冠肺炎疫情的严重冲击，杭州坚持以习近平新时代中国特色社会主义思想为指导，坚定不移实施新发展理念，以强有力举措抓"六稳"、促"六保"、拓"六新"，以自身发展的确定性全力对冲外部环境的不确定性，决胜高水平全面建成小康社会取得历史性成就，高质量发展走出坚实步伐，为开启全面建设社会主义现代化新征程奠定坚实基础。

一、综合

（一）经济增长。

初步核算，2020 年杭州实现地区生产总值 16106 亿元，比上年增长 3.9%。分产业看，第一产业增加值 326 亿元，下降 1.1%；第二产业增加值 4821 亿元，增长 2.3%；第三产业增加值 10959 亿元，增长 5.0%。三次产业结构为 2.0∶29.9∶68.1（经最终核实，2019 年杭州 GDP 修订为 15419 亿元，比上年增长 6.8%，三次产业增加值结构为 2.1∶31.4∶66.5）。

数字经济赋能发展。全年以新产业、新业态、新模式为主要特征的"三新"经济增加值占 GDP 的 35.5%。数字经济核心产业增加值 4290 亿元，增长 13.3%，高于 GDP 增速 9.4 个百分点，占 GDP 的 26.6%。电子信息产品制造、软件与信息服务、数字内容和机器人产业分别增长 14.7%、12.9%、12.7% 和 12.3%。规模以上工业中，高新技术产业、战略性新兴产业、装备制造业增加值分别增长 8.6%、8.1% 和 11.8%。

民营经济活力持续增强。全年民营经济增加值 9855 亿元，占 GDP 的 61.2%，比上年提高 0.2 个百分点。民营企业货物出口 2589 亿元，增长 5.8%，占出口总额的 70.1%。年末，全市私营企业 67.8 万户，比上年末增长 8.4%；个体工商户 65.9 万户，增长 9.5%。

（二）发展质效。

全年全员劳动生产率预计为 21.9 万元 / 人；规模以上工业全员劳动生产率 34.0 万元 / 人。

全年财政总收入 3854.2 亿元，增长 5.6%；一般公共预算收入 2093.4 亿元，增长 6.5%，其中税收收入 1978.6 亿元，增长 10.5%，占一般公共预算收入的 94.5%。一般公共预算支出 2069.7 亿元，增长 6.0%，其中民生支出 1583.6 亿元，占一般公共预算支出的 76.5%。

2013—2020 年一般公共预算收入及增速

规模以上工业企业利润总额 1302 亿元，规模以上服务业企业利润总额 2451 亿元。

（三）市场价格。

全年市区居民消费价格比上年上涨 2.1%，其中食品烟酒类价格上涨 6.9%。商品零售价格上涨 0.9%。工业生产者出厂价格下降 2.5%，工业生产者购进价格下降 3.9%。

市区居民消费价格涨跌幅（%）

项目	2019 年	2020 年
市区居民消费价格	3.1	2.1
1. 食品烟酒	6.3	6.9
其中：食品	7.9	8.9
其中：粮食	1.1	1.7
鲜菜	3.4	2.0
畜肉类	23.1	36.7
2. 衣着	1.3	0.1
3. 居住	0.9	−0.3
4. 生活用品及服务	3.0	3.1
5. 交通和通信	−1.0	−3.4
6. 教育文化和娱乐	4.3	1.7
7. 医疗保健	7.0	3.1
8. 其他用品和服务	2.8	3.8

（四）人口就业。

全年人口出生率为 9.92‰，自然增长率为 4.63‰。全市新增城镇就业人员 69.05 万人，安置失业人员再就业 3.44 万人。年末城镇登记失业率 2.4%。

二、农业和农村

全年农林牧渔业增加值 334 亿元，下降 0.9%。

全年粮食总产量 50.9 万吨，增长 2.5%；蔬菜产量 347.7 万吨，增长 1.8%；水果产量 83.1 万吨，增长 0.6%；水产品产量 19.3 万吨，下降 4.8%；肉类产量 11.0 万吨，下降 44.0%。市级"菜篮子"基地 563 个，其中新建 21 个。新启动 4 个省级重点历史文化村、70 个美丽乡村精品村、9 个风情小镇。"大下姜乡村振兴联合体"入选全国 12 个乡村典型案例。农家乐（民宿）接待游客 7153 万人次，实现经营收入 65 亿元。农村电商销售额 165 亿元，增长 15.7%。

全年 1922 个行政村集体经济总收入超过 30 万元、经营性收入超过 20 万元，占比达 100%。市县两级美丽乡村行政村覆盖率达 54.5%。

三、工业和建筑业

全年工业增加值 4221 亿元，增长 2.6%，其中规模以上工业增加值 3467 亿元，增长 3.8%。八大高耗能行业增加值占比 20.4%，占比下降 3.2 个百分点。17 个传统制造业增加值下降 3.1%。规模以上工业总产值 14712 亿元，出口交货值 1874 亿元，新产品产值率 40.0%，工业产品产销率为 98.6%。集成电路、工业机器人、光缆等列入国家"三新"统计的产品产量分别增长 62.7%、45.4% 和 32.1%。

2013—2020 年规模以上工业增加值及增速

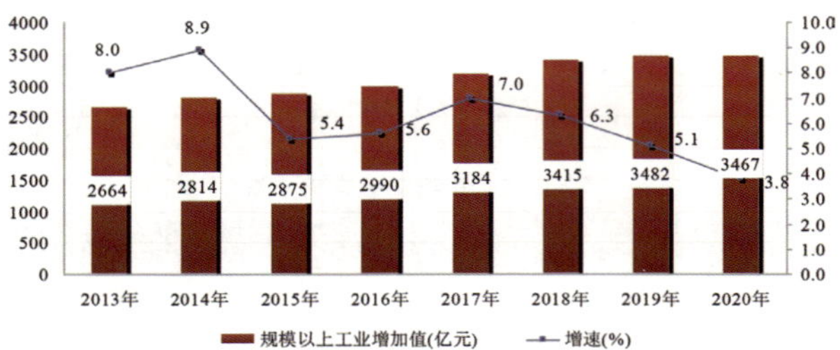

全年建筑业增加值 601 亿元，增长 0.2%。

四、交通运输和邮电

全年交通运输、仓储和邮政业增加值 392 亿元，下降 1.8%。

全年货运量 4.2 亿吨，增长 9.1%。客运量 1.2 亿人次，下降 41.7%。至年末萧山国际机场开通航线 336 条，其中国际航线 69 条，港澳台航线 6 条。航空客运吞吐量达 2822 万人次，下降 29.6%；货物吞吐量 80.2 万吨，增长 16.2%。地铁客运量 5.8 亿人次，下降 8.1%。

年末社会机动车保有量 311.9 万辆，增长 4.8%。非营运汽车保有量 258.4 万辆，增长 4.9%，其中私人汽车 227.5 万辆，增长 5.2%。

全年邮政企业和规模以上快递服务企业实现业务收入 450.0 亿元，增长 11.9%，其中快递业务收入 367.0 亿元，增长 12.3%。年末固定电话用户 204.55 万户，移动电话用户 1868.9 万户，固定互联网宽带接入用户 547.58 万户。

2020 年各种运输方式完成货运量和客运量

指标	绝对数	比上年增长（%）
全社会货运量（万吨）	41944	9.1
铁路（万吨）	578	7.6
公路（万吨）	34837	3.1
水路（万吨）	6483	59.2
航空（万吨）	46	11.9
全社会客运量（万人次）	12183	-41.7
铁路（万人次）	5895	-33.6
公路（万人次）	4535	-51.6
水路（万人次）	339	-44.4
航空（万人次）	1414	-30.8

五、金融

全年金融业增加值 2038 亿元，增长 10.6%。

年末金融机构本外币存款余额 54246.5 亿元，增长 19.8%；贷款余额 49799.3 亿元，增长 17.9%。

年末上市公司 218 家，其中境内上市 161 家；全年新增上市公司 28 家，IPO 融资 509.1 亿元，增长 213.6%。年末中小板上市公司 34 家，创业板上市公司 46 家。

全年保费收入 964.4 亿元，增长 14.0%，其中财产险保费收入 260.8 亿元，人身险保费收入 703.6 亿元，支付各类保险赔款 264.6 亿元，增长 8.9%，其中财产险 155.2 亿元，人身险 109.5 亿元。

2020 年年末金融机构本外币存贷款余额及增速

指标	年末数（亿元）	比上年末增长（%）
各项存款余额	54246.5	19.8
其中：住户存款	14398.1	21.0
非金融企业存款	24934.8	23.0
各项贷款余额	49799.3	17.9
其中：住户贷款	20428.8	23.7
企（事）业单位贷款	29021.3	14.4
其中：短期贷款	9012.7	11.1
中长期贷款	17194.5	17.1
票据融资	1849.9	13.7

六、固定资产投资和房地产业

（一）固定资产投资。

全年固定资产投资增长 6.8%，其中民间投资增长 3.4%，基础设施投资增长 7.7%，交通投资增长 6.6%。从产业投向看，第二产业投资增长 6.2%，其中工业投资增长 6.9%；第三产业投资增长 6.8%。高新技术产业投资增长 10.0%。

（二）房地产业。

全年房地产业增加值 1226 亿元，增长 3.9%。

全年房地产开发投资增长 5.3%，其中住宅投资增长 0.8%，办公楼投资增长 11.5%，商业营业用房投资增长 3.5%。年末房屋施工面积 13310 万平方米，增长 11.0%；新开工面积 3543 万平方米，增长 45.5%；竣工面积 1799 万平方米，增长 4.1%。商品房销售面积 1699 万平方米，增长 12.3%；商品房销售额 4595 亿元，增长 17.1%。

2020 年房地产开发和销售主要指标

指标	实绩数	比上年末增长（%）
房地产开发施工面积（万平方米）	13310	11.0
其中：住宅（万平方米）	6959	11.1
房地产开发竣工面积（万平方米）	1799	4.1
其中：住宅（万平方米）	934	-3.1
商品房销售面积（万平方米）	1699	12.3
其中：住宅（万平方米）	1472	14.6

七、国内贸易

全年批发和零售业增加值 1272 亿元，增长 2.3%；住宿和餐饮业增加值 213 亿元，下降 10.6%。

全年社会消费品零售总额 6055 亿元，下降 3.5%，按消费类型统计，商品零售 5060 亿元，下降 2.4%，餐饮收入 995 亿元，下降 8.5%。在限额以上批零企业商品零售额中，化妆品、文化办公用品和日用品零售额分别增长 10.4%、10.3% 和 10.3%；新能源汽车、智能家用电器和音像器材等升级类商品消费分别增长 24.2% 和 12.8%。限额以上批零单位通过公共网络实现的商品零售增长 15.4%。

全年各类商品市场 617 个，全年交易额 3431 亿元。

八、对外经济

（一）对外贸易。

全年货物进出口总额 5934 亿元，增长 5.9%。其中出口 3693 亿元，增长 2.1%；进口 2241 亿元，增长 12.9%。高新技术产品出口 649 亿元，增长 14.1%；机电产品出口 1659 亿元，增长 4.1%。对“一带一路”沿线国家出口 1170 亿元，占出口总额 31.7%。对美国、欧盟 28 国出口分别增长 5.7% 和 8.5%；对日本、韩国出口分别下降 4.9% 和 1.8%。服务贸易出口 138.4 亿美元，增长 10.8%。

全年跨境电商进出口总额 1084.2 亿元，增长 13.9%。其中出口 756.8 亿元、进口 327.4 亿元，分别增长 14.9% 和 11.6%。

2013—2020 年货物进出口总额及增速

（二）利用外资。

全年新引进外商投资项目 804 个，其中总投资 3000 万美元以上项目 98 个。实际利用外资 72.0 亿美元，增长 17.5%，其中第二产业实际利用外资 23.3 亿美元，增长 218.8%，第三产业实际利用外资 48.7 亿美元，下降 9.7%。至年末，126 家世界 500 强企业来杭投资 222 个项目。

（三）对外合作。

年末全市设立各类境外投资企业（机构）2445 个，增长 9.3%。对外承包工程和劳务合作营业额 18.6 亿美元，下降 31.9%。离岸服务外包合同执行额 77.7 亿美元，增长 8.1%。

九、人民生活和社会保障

（一）人民生活。

全年全市居民人均可支配收入 61879 元，增长 4.4%，扣除价格因素实际增长 2.3%。按常住地分，城镇、农村居民人均可支配收入分别为 68666 元和 38700 元，增长 3.9% 和 6.7%，扣除价格因素增长 1.8% 和 4.5%。低收入农户人均可支配收入增长 13.7%。

全年全市居民人均消费支出 38235 元，下降 4.5%。按常住地分，城镇、农村居民人均消费支出分别为 41916 元和 25664 元，下降 4.9% 和 2.4 %。

年末城镇居民人均住房建筑面积 39.3 平方米，每百户居民家庭拥有家用汽车 65.3 辆、空调 252.2 台、家用电脑 90.6 台，分别增长 4.3%、0.8% 和 0.9%。农村居民人均住房建筑面积 75.5 平方米，每百户居民家庭拥有家用汽车 54.9 辆、空调 211.6 台、家用电脑 61.3 台，分别增长 4.2%、0.1% 和 1.8%。

2020 年全市城乡居民人均收支主要指标

指标名称	全体居民		城镇居民		农村居民	
	绝对数（元）	增速（%）	绝对数（元）	增速（%）	绝对数（元）	增速（%）
人均可支配收入	61879	4.4	68666	3.9	38700	6.7
（一）工资性收入	36014	5.5	39720	5.0	23359	8.1
（二）经营净收入	6446	–2.1	5640	–3.6	9196	1.4
（三）财产净收入	8235	1.5	10182	1.4	1586	0.8
（四）转移净收入	11184	7.2	13124	6.4	4559	13.6
人均消费支出	38235	–4.5	41916	–4.9	25664	–2.4

（二）社会保障。

年末职工基本养老保险参保人数、城镇职工基本医疗保险参保人数分别为 751.5 万人和 713.5 万人，增长 6.7% 和 6.3%；年末失业保险、职工工伤保险参保人数分别为 523.5 万人和 633.4 万人，增长 7.6% 和 13.8%。主城区居民最低生活保障标准调整至每人每月 1102 元，增长 5.9%。年末全市最低生活保障对象 9.88 万人，全年发放困难家庭救助金 10.81 亿元，增长 21.8%。

社会保障相关待遇标准

	2019 年	2020 年
失业保险金最低标准（市区城镇居民）	1608 元 / 月	1608 元 / 月
城乡最低生活保障标准（市区不含临安）	1041 元 / 月	1102 元 / 月
城乡最低生活保障标准（桐庐、建德）	833 元 / 月	882 元 / 月
城乡最低生活保障标准（淳安）	833 元 / 月	955 元 / 月
城乡最低生活保障标准（临安）	989 元 / 月	1102 元 / 月
职工最低工资标准（市区）	2010 元 / 月	2010 元 / 月

（三）社会福利。

年末全市拥有城乡社区居家养老服务照料中心 2910 个。拥有各类福利院、敬老院 330 所，床位 7.58 万张，收养人员 3.55 万人。儿童福利机构 8 个，床位 1040 张。全年发行各类福利彩票 24.7 亿元，下降 18.4%。

十、科学技术和教育

（一）科学技术。

全年研究与试验发展（R&D）经费支出与生产总值之比为 3.59%。财政一般公共预算支出中科技支出 144.3 亿元，占一般公共预算支出的 7.0%。

全年发明专利申请量和发明专利授权量分别为 55297 件和 17327 件，增长 27.7% 和 47.5%。累计拥有市级以上企业技术中心 817 家，其中国家级 45 家；国家技术创新示范企业 11 家，省级技术创新示范企业 11 家。科技企业孵化器 209 家，其中国家级 41 家，省级 107 家。众创空间 181 家，其中国家级 68 家，省级 144 家。全年签订技术合同总量 16307 项 520.3 亿元。

（二）教育。

年末全市拥有普通高等学校 40 所，在校学生 55.1 万人，增加 3.2 万人，其中研究生 8.5 万人，高等教育毛入学率 70.04%；普通高中 91 所，在校学生 12.5 万人，增加 0.7 万人；职高和中等专业学校 37 所，在校学生 6.4 万人，增加 0.2 万人；初中 280 所，在校学生 24.9 万人，增加 0.5 万人，初中毕业生升入各类高中比例为 99.76%；小学 496 所，在校学生 64.5 万人，增加 2.8 万人；幼儿园 1049 所，在园幼儿 37.5 万人，增加 2.5 万人，学前三年幼儿入园率为 99.15%。流动人口随迁子女在本市义务教育学校就读 28.5 万人。各级各类中外合作办学项目 74 个，其中市属高校项目 8 个，高中段学校项目 7 个。

十一、文化旅游、卫生健康和体育

（一）文化旅游。

全年文化产业增加值 2285 亿元，增长 8.2%。年末全市文化馆（含省）15 个，公共图书馆（含省）15 个，剧场（含省）11 个，音乐厅（含省）12 个，博物馆、纪念馆 78 个，全国重点文物保护单位 48 处。全年制作电视剧 5 部 199 集，原创动画片 26733 分钟。放映电影 116 万场次，电影票款收入 4.8 亿元。年末有线电视注册用户 310.7 万户。

全年旅游休闲产业增加值 999 亿元，下降 16.3%。旅游总收入 3335.4 亿元，下降 16.7%；旅游总人数 17573.1 万人次，下降 15.6%，其中接待入境过夜游客 14.3 万人次，下降 87.4%。年末各类旅行社 926 家，增长 3.5%。星级宾馆 119 家，其中五星级 23 家。A 级景区 111 个，其中 5A 级 3 个。

（二）卫生健康。

全年健康产业增加值 1156 亿元，增长 8.3%。年末拥有各类医疗卫生机构 5675 个，其中医院 353 个。各类专业卫生技术人员 13.4 万人，其中执业（助理）医师 5.1 万人，注册护士 5.9 万人，分别增长 7.5%、8.6% 和 9.1%。拥有床位 9.0 万张，其中医院床位 8.4 万张，分别增长 5.3% 和 5.9%。全市医疗机构完成诊疗人数 15404 万人次，增长 5.2%。全市基层就诊率 67%，县域就诊率 90.1%。全市婴儿死亡率和 5 岁以下儿童死亡率分别为 1.87‰和 2.88‰。孕产妇死亡率为 1.68 人 /10 万。

（三）体育。

全年运动员获得全国性奖牌 204 枚，其中金牌 56 枚，银牌 75 枚。成功举办杭州马拉松、横渡钱塘江、全国全民体能大赛总决赛等 10 余项大型品牌体育赛事活动。完成 6 个游泳池、8 个足球场、23 个省级社区多功能运动场升级工程。

全年销售体育彩票 29.5 亿元，下降 13.25%。

十二、城市建设

全年境内公路总里程达到 16919 公里，其中高速公路 801 公里。年末主城区公共交通运营线路 367 条，其中新辟线路 24 条，优化线路 29 条。地铁运营里程 306.3 公里，在建里程 210 公里。

全市用电量 808 亿千瓦时，下降 1.1%，其中三次产业用电 664 亿千瓦时，下降 2.2%；城乡居民生活用电 144 亿千瓦时，增长 4.7%。

全市新建成停车泊位 10.2 万个，其中公共泊位 1.3 万个。

十三、环境保护和安全生产

全年市区年平均气温 18.3℃，比上年高 0.3℃；总降水量 1664 毫米，比上年增加 14 毫米。

全年市区空气优良天数 334 天，优良率 91.3%。市区细颗粒物（PM2.5）平均浓度 29.8 微克 / 立方米。二氧化氮年均浓度值 38 微克 / 立方米，下降 7.3%；二氧化硫年均浓度值 6 微克 / 立方米，下降 14.3%。地表水国考断面达到或优于Ⅲ类比例 100%，省考断面达到或优于Ⅲ类比例 100%，同比提高 3.1 个百分点。

全年共发生各类生产安全事故 171 起、死亡 136 人，分别下降 25.3% 和 28.4%。

公报注释：

1. 本公报所列各项数据为年度初步数据。部分数据因四舍五入原因，存在分项与合计不等的情况。

2. 全市地区生产总值和各产业增加值绝对数按现行价格计算，增长速度按不变价格计算；三次产业划分执行国家统计局 2018 年修订的《三次产业划分规定（2012）》。

3. 规模以上服务业企业：辖区内年营业收入 2000 万元及以上服务业法人单位。包括：交通运输、仓储和邮政业，信息传输、软件和信息技术服务业，水利、环境和公共设施管理业三个门类和卫生行业大类。辖区内年营业收入 1000 万元及以上服务业法人单位。包括：租赁和商务服务业，科学研究和技术服务业，教育三个门类，以及物业管理、房地产中介服务、房地产租赁经营和其他房地产业四个行业小类。辖区内年营业收入 500 万元及以上服务业法人单位。包括：居民服务、修理和其他服务业，文化、体育和娱乐业两个门类，以及社会工作行业大类。

资料来源：

本公报中城镇新增就业、登记失业率、社会保障数据来自市人力社保局；私营企业、个体工商户、专利数据来自市市场监管局；财政数据来自市财政局；农业园区、美丽乡村、农家乐（民宿）数据来自市农业农村局；教育数据来自市教育局；货物进出口数据来自钱江海关；低保、社会服务和救助、福利彩票数据来自市民政局；公路里程、公交运营线路数据来自市交通局；航空客运吞吐量、货邮吞吐量、通航线路数据来自萧山机场；地铁运营数据来自市地铁集团；停车泊位数据来自市建委；生态建设、环境监测数据来自市生态环境局；各类事故发生起数、死亡人数来自市应急管理局；实际利用外资数据来自市投资促进局；对外承包工程、服务贸易数据来自市商务局；用电量数据来自国网杭州供电公司；户籍人口、机动车拥有数据来自市公安局；邮政业务数据来自市邮政管理局；货币金融数据来自人民银行杭州中心支行；保险业数据来自中国保监会浙江监管局；博物馆、纪念馆数据来自市园林文物局；科技创新、高新技术企业、研发中心、众创空间数据来自市科技局；旅游、艺术表演团体、公共图书馆、文化馆数据来自市文化广电旅游局；电影、动画片数据来自市委宣传部；上市公司数据来自市金融办；卫生数据来自市卫生健康委员会；医疗保险数据来自市医疗保障局；体育数据来自市体育局；建设用地数据来自市规划和自然资源局；森林覆盖率数据来自市林业水利局；企业技术中心、技术创新示范数据来自市经济和信息化局；固定电话用户、移动电话用户和（固定）互联网宽带接入用户数据来自市信息基础设施建设（5G试点城市建设）工作领导小组办公室；价格、城乡居民收支、人均住房面积、百户居民耐用品数据来自国家统计局杭州调查队；其他数据均来自市统计局。

（市统计局）

统计表

杭州市土地面积、年末户数和人口数、人口变动情况表
（2020年）

表58

指　标	计量单位	全　市	为上年（%）	市　区	为上年（%）
一、土地面积	平方千米	16850	100	8289	100
二、年末总户数（户籍）	万户	254.75	102.7	207.43	103.2
三、年末总人口数（户籍）	万人	813.83	102.3	675.3	102.9
按性别分					
男性	万人	402.72	102.1	333.05	102.7
女性	万人	411.11	102.5	342.25	103.0
按城镇、乡村分					
城镇人口	万人	568.23	106.0	517.09	105.9
乡村人口	万人	245.60	94.7	158.21	93.9
四、人口密度（按户籍）	人/平方千米	483	102.3	815	102.9
五、人口自然变动情况					
自然增长人口	人	37274	68.2	35648	70.6
本年出生人数	人	79806	87.3	68661	87.8
本年死亡人数	人	42532	115.7	33013	119.3
自然增长率					
本年	‰	4.63	—	5.35	—
上年	‰	6.97	—	7.82	—
六、人口机械变动情况					
（一）本年迁入人口合计	人	178220	94.5	173700	94.8
省内	人	71751	100.7	70155	100.7
省外	人	106469	90.7	103545	91.2
（二）本年迁出人口合计	人	30647	103.6	21613	106.1
省内	人	13895	105.6	6568	113.4
省外	人	16752	102.0	15045	103.1
（三）本年净迁入人口	人	147573	92.8	152087	93.4
七、年末常住人口	万人	1196.5	103.0	1073.9	103.3

杭州市国民经济主要指标情况表（一）

表 59

指　标	计量单位	2015 年	2016 年	2017 年	2018 年	2019 年	2020 年
年末总人口（户籍）	万人	723.55	736.00	753.90	774.10	795.37	813.83
城镇人口（户籍）	万人	447.24	463.86	482.55	515.04	535.96	568.23
人口自然增长率	‰	4.21	7.58	6.19	6.31	6.97	4.63
市区	‰	5.44	8.89	6.85	7.02	7.82	5.35
年末从业人数	万人	663.03	676.95	681.06	696.10	720.00	748.39
地区生产总值（当年价格）	亿元	10495.28	11709.45	13160.72	14306.72	15418.80	16105.83
第一产业	亿元	278.98	293.63	299.96	305.56	325.72	326.22
第二产业	亿元	4133.92	4226.87	4453.44	4694.06	4838.08	4820.54
第三产业	亿元	6082.38	7188.96	8407.32	9307.10	10255.00	10959.07
地区生产总值指数（上年 =100）	—	110.2	109.7	108.2	106.7	106.8	103.9
人均生产总值（按户籍）	元	145838	160453	176668	187263	196483	200171
人均生产总值指数（上年 =100）	—	108.9	108.2	106.0	104.1	103.9	100.0
规模以上工业企业利税总额	亿元	1559.68	1655.64	1772.81	1800.26	1854.99	2006.46
全社会交通运输客运量	万人次	23942	20541	22289	20121	20888	12183
全社会交通运输货运量	万吨	29384	30170	34785	35180	36384	41944
固定资产投资	亿元	5556.32	5842.42	5856.65	—	—	—
社会消费品零售总额	亿元	4357.31	4810.95	5300.52	5768.67	6273.22	6055.47
旅游总人数	万人次	12382	14059	16287	18403	20814	17573
实际利用外资（外商直接投资）	万美元	711253	720915	661001	682658	612818	720184

说明：2016 年之前城镇人口口径为非农业人口

杭州市国民经济主要指标情况表（二）

表 60

指　标	计量单位	2015 年	2016 年	2017 年	2018 年	2019 年	2020 年
财政总收入	亿元	2238.75	2558.41	2921.30	3457.46	3650.04	3854.19
一般公共预算收入	亿元	1233.88	1402.38	1567.42	1825.06	1965.97	2093.39
金融机构年末存款余额	亿元	29863.83	33386.04	36483.24	39810.50	45286.99	54246.47
金融机构年末贷款余额	亿元	23327.95	26169.00	29270.94	36598.25	42245.17	49799.28
住户存款	亿元	7617.75	8493.27	8670.60	10198.52	11901.30	14398.12
全市非私营单位从业人员工资总额	亿元	2152.40	2714.60	2646.72	2864.69	3298.52	3676.74
全市非私营单位从业人员平均工资	元	76073	85022	93891	103798	117339	128308
市区居民消费价格指数（上年 =100）	—	101.8	102.6	102.5	102.3	103.1	102.1
市区商品零售价格指数（上年 =100）	—	100.2	101.5	101.0	102.0	103.1	100.9
城镇居民人均可支配收入	元	48316	52185	56276	61172	66068	68666
农村居民人均可支配收入	元	25719	27908	30397	33193	36255	38700
高等学校在校学生数	人	475558	480953	484070	496383	518325	550608
中等专业学校在校学生数	人	3968	4402	4566	4448	4535	4540
普通中学在校学生数	人	321306	326187	337851	349327	362109	373997
小学在校学生数	人	524513	543038	560411	590491	616929	645302
年末卫生机构数	个	4428	4691	4933	5377	5925	5675
医院	个	244	277	302	316	343	353
年末卫生技术人员	人	93036	101194	110395	117425	126995	134258
执业（助理）医师	人	34832	38172	41833	44896	48962	51135
年末床位数	张	63632	69452	75948	81215	85708	90057
医院床位	张	58400	63994	70187	75186	79957	84251

说明：2016 年前住户存款口径为城乡居民储蓄余额

杭州市历年生产总值及发展指数情况表

表 61

年 份	地区生产总值（万元，按当年价格计算）				地区生产总值发展指数（%）			
	合 计	第一产业	第二产业	第三产业	合 计	第一产业	第二产业	第三产业
1978	284046	63372	169344	51330	100.0	100.0	100.0	100.0
1992	2900590	349033	1487838	1063819	540.5	161.8	627.5	820.3
1995	7620055	692510	4100008	2827537	1065.2	198.3	1410.5	1479.6
1996	9066133	839985	4776225	3449923	1204.2	209.0	1614.4	1659.4
1997	10363299	913611	5415017	4034671	1361.4	223.2	1821.7	1905.0
1998	11348399	960558	5879589	4508752	1514.6	244.2	2035.9	2108.1
1999	12252795	975821	6307510	4969464	1668.6	257.7	2242.4	2343.0
2000	13956746	1039641	7178843	5738262	1868.6	272.3	2523.7	2626.5
2001	15829368	1114569	8031554	6683245	2097.0	292.5	2844.2	2954.8
2002	17989565	1146388	9127846	7715331	2374.2	304.5	3222.4	3389.2
2003	21187148	1265890	10877415	9043843	2735.8	322.8	3820.5	3814.9
2004	25664609	1322341	13349904	10992364	3146.8	339.2	4458.5	4360.4
2005	29737445	1402851	15242521	13092073	3559.0	350.8	4973.8	5078.7
2006	34834137	1498775	17636486	15698876	4066.9	365.1	5594.7	5964.4
2007	41558438	1628498	20851510	19078430	4666.5	375.2	6400.6	6934.1
2008	48505857	1784963	24190807	22530088	5178.1	389.3	6960.7	7904.6
2009	51818020	1884452	24049182	25884387	5695.2	401.4	7376.0	9068.4
2010	60495624	2053425	28614514	29827686	6381.1	411.5	8203.4	10292.4
2011	71530334	2323187	33263386	35943761	7025.3	421.8	8897.2	11546.9
2012	79685754	2494438	35531848	41659468	7656.5	432.2	9513.7	12851.9
2013	86399093	2547447	36496248	47355398	8268.5	438.1	10151.5	14075.1
2014	95022130	2666167	39535268	52820695	8945.0	446.3	10948.3	15314.1
2015	104952793	2789754	41339248	60823790	9854.2	454.5	11554.4	17542.9
2016	117094540	2936259	42268729	71889552	10808.8	460.8	12080.0	19921.5
2017	131607164	2999567	44534382	84073215	11691.7	468.7	12655.4	22025.9
2018	143067220	3055586	46940642	93070992	12476.7	477.4	13386.1	23668.0
2019	154187989	3257168	48380782	102550039	13320.1	486.5	14015.0	25593.5
2020	161058285	3262206	48205404	109590676	13840.2	481.0	14343.5	26862.3

说明：生产总值发展指数以 1978 年为 100，按可比价格计算；生产总值按当年价格计算

杭州市区和各区县（市）土地、人口情况及主要经济指标情况表（2020 年）

表 62

指 标	计量单位	全市合计	市 区					桐庐县	淳安县	建德市
				萧山区	余杭区	富阳区	临安区			
土地面积	平方千米	16850	8289	1414	1228	1821	3119	1829	4418	2314
年末总户数（户籍）	万户	254.75	207.43	39.87	36.33	22.06	18.95	15.01	14.69	17.62
年末总人口（户籍）	万人	813.83	675.30	137.36	121.90	69.11	54.03	41.92	45.62	50.99
人口自然增长率	‰	4.63	5.35	4.00	8.87	3.10	0.51	2.06	-0.13	1.61
地区生产总值	亿元	16106	15097	1828	3052	812	600	376	241	392
社会消费品零售总额	亿元	6055	5720	786	855	372	191	137	84	114
财政总收入	亿元	3854	3700	461	826	139	110	58	40	56
一般公共预算支出	亿元	2070	1877	276	414	103	90	56	77	59
规模以上单位就业人员平均工资	元	103596	105834	81683	112533	77062	77773	70261	66913	70031

说明：土地面积、年末总户数、总人口、人口自然增长率萧山含托管在钱塘新区数据

杭州市规模以上工业企业单位数、总产值情况表

（2020年）

表63

类　别	全　市		市　区	
	单位数（个）	工业总产值（万元）	单位数（个）	工业总产值（万元）
规模以上工业企业合计	5992	147120822	5188	136802990
一、按轻重工业分				
轻工业企业	2781	48392106	2396	44921301
重工业企业	3211	98728716	2792	91881690
二、按经济类型分				
国有企业	14	3557859	13	3437846
股份合作企业	8	33771	7	30113
有限责任公司	525	36941134	453	34004321
股份有限公司	245	19656908	223	18640851
私营企业	4453	49546283	3792	44203241
外商及港澳台投资企业	744	37341214	698	36445219
三、按企业规模分				
大型企业	119	44084177	112	41963764
中型企业	561	43064000	517	40484384
小微企业	5312	59972645	4559	54354842

说明：规模以上工业企业口径为企业年主营业务收入2000万元及以上

杭州市规模以上工业企业主要经济指标情况表

（2020年）

表64

项　目	总　计	国有企业	股份合作企业	有限责任公司	股份有限公司	私营企业	外商及中国港澳台投资企业
企业数（个）	5992	14	8	525	245	4453	744
亏损企业数（个）	1209	1	3	97	33	897	178
工业总产值（万元）	147120822	3557859	33771	36941134	19656908	49546283	37341214
主营业务收入（万元）	157124601	3565934	33883	41760378	20730027	50903192	40086956
销售费用（万元）	8037214	20743	621	993068	1619470	2352519	3050146
管理费用（万元）	5799711	12969	2303	1155365	853783	2188615	1582248
财务费用（万元）	1310054	22079	538	377748	188712	492116	226554
利润总额（万元）	13023992	65907	2995	2414348	4441755	3455488	2613183
利税总额（万元）	20064577	123351	4269	5978164	5276323	5110737	3539646
流动资产合计（万元）	123842635	549005	42817	28607492	28412188	37080869	29000791
固定资产净额（万元）	32541053	1462957	13962	12282562	3544280	9413847	5718479
累计折旧（万元）	30811600	1133348	23421	11528433	2685684	8378411	7050197

杭州市主要工业产品生产量情况表
（2020 年）

表 65

产品名称	计量单位	实 绩	为上年（%）	产品名称	计量单位	实 绩	为上年（%）
发电量	亿千瓦时	162	100.4	涂料（油漆）	吨	339761	126.6
水力发电	亿千瓦时	42	97.5	合成洗涤剂	吨	154580	92.7
垃圾发电	亿千瓦时	11	84.5	化学药品原药（化学原料药）	吨	1578	84.7
罐头	万吨	3	95.2	中成药	吨	7521	88.0
乳制品	吨	174137	96.7	橡胶轮胎外胎（轮胎外胎）	万条	6466	104.2
啤酒	千升	1056752	106.0	水泥	万吨	1736	101.7
精制茶	吨	17282	77.3	钢材	万吨	498	108.1
卷烟	亿支	506	98.5	精炼铜（电解铜）	吨	393337	90.5
方便面	吨	238059	113.0	工业锅炉	蒸发量吨	7973	113.0
化学纤维	吨	8678819	91.6	金属切削机床	台	9735	98.6
合成纤维	吨	8677129	91.8	金属成形机床（锻压设备）	台	5447	90.9
纱	万吨	33	82.2	滚动轴承（轴承）	万套	12331	91.1
布	万米	200862	75.5	汽车	辆	98018	87.2
印染布	万米	488930	86.1	两轮自行车（自行车）	万辆	107	112.9
蚕丝及交织机织物（含蚕丝≥ 50%）	万米	1051	86.4	交流电动机	万千瓦	317	107.6
服装	万件	19054	80.8	钢绞线	吨	54094	82.6
皮革鞋靴	万双	556	50.8	通信及电子网络用电缆	万对千米	240	89.4
家具	万件	1900	92.1	光缆（光纤通信电缆）	万芯千米	2834	132.1
塑料制品	万吨	351	100.1	家用电冰箱	万台	82	106.7
机制纸及纸板	万吨	182	44.0	家用洗衣机	万台	232	95.1
盐酸（含量 31% 以上）	吨	72737	96.6	吸排油烟机	万台	356	101.3
氢氧化钠（烧碱）（折 100%）	吨	236767	96.2	移动通信手持机（手机）	万部	1363	29.5
碳酸钠（纯碱）	吨	295876	93.2	电工仪器仪表	万台	4078	89.3
初级形态的塑料（塑料树脂及共聚物）	吨	432081	104.5	工业自动调节仪表与控制系统	万台	546	134.9
合成氨	吨	223180	94.9	电光源（灯泡）	亿只	5	98.8
农用氮、磷、钾化学肥料总计（折纯）	吨	467415	127.8	微型计算机设备	万台	138	81.3
化学农药原药（折有效成分 100%）	吨	88495	105.1				

杭州市规模以上工业三大新兴产业发展情况表

表 66

年份	高新技术产业		战略性新兴产业		装备制造业	
	增加值（亿元）	为上年（%）	增加值（亿元）	为上年（%）	增加值（亿元）	为上年（%）
2014	1096.6	110.5	813.1	113.0	921.4	109.3
2015	1212.6	109.8	877.3	109.4	1086.1	113.5
2016	1372.9	112.5	812.1	111.6	1249.6	114.6
2017	1605.5	113.6	979.5	115.0	1384.2	111.0
2018	1948.4	110.8	1135.3	113.1	1531.0	109.3
2019	2178.4	108.5	1328.6	113.1	1640.5	107.9
2020	2448.3	108.6	1415.1	108.1	1837.0	111.8

杭州市“1+6”产业集群主要指标情况表

表 67

产业分组	2019 年		2020 年	
	增加值（亿元）	增幅（%）	增加值（亿元）	增幅（%）
数字经济核心产业	3795	15.1	4290	13.3
文化创意产业	3735	15.6	2285	8.2
金融产业	1791	9.1	2041	10.6
旅游休闲产业	1191	12.1	999	-16.3
健康产业	975	12.5	1156	8.3
时尚产业（制造业）	213	-1.5	282	16.3
高端装备产业（制造业）	653	1.2	791	14.3

杭州市规模以上服务业企业主要经济指标情况表

表 68　　单位：亿元

指　标	2014 年	2015 年	2016 年	2017 年	2018 年	2019 年	2020 年
企业数（个）	4393	3238	3486	3744	4145	4303	4660
资产总计	14340	15412	18951	20198	27522	29337	31764
固定资产原价	2716	2847	3129	3657	4319	4915	5564
本年折旧	156	177	207	234	303	396	446
负债合计	7181	7463	9134	10063	14317	15205	17059
所有者合计	7160	7949	9816	10135	13235	14132	14704
营业收入	4353	5236	6639	8557	11158	12866	15116
营业成本	2650	3215	4111	5410	7280	8102	9614
营业税金及附加	58	59	47	47	54	61	55
销售费用	257	314	341	457	651	724	972
管理费用	621	765	932	1223	1747	2064	2042
财务费用	62	65	43	53	37	58	50
营业利润	858	1020	1352	1636	1812	1994	2371
利润总额	934	1110	1443	1689	1853	2073	2451
所得税费用	123	110	174	196	192	240	274
应付职工薪酬	588	718	904	1123	1344	1599	1936
应交增值税	107	106	153	194	216	253	305
平均用工人数（万人）	60.29	63.22	68.92	76.24	81.15	85.43	96.43

杭州市农林牧渔业总产值情况表

表 69

指　标	2020 年（亿元）	2019 年（亿元）	为上年（%）（按可比价）
农林牧渔业总产值	500.65	501.15	98.9
农业产值	296.05	295.34	103.3
林业产值	63.10	61.89	102.9
畜牧业产值	70.87	76.77	74.1
渔业产值	49.99	48.57	102.6
农林牧渔专业及辅助性活动	20.62	18.58	108.9

杭州市主要农产品产量情况表

表 70

指 标	2020 年（吨）	2019 年（吨）	为上年（%）
一、粮食	508643	496447	102.5
二、油料	72178	70593	102.2
油菜籽	61388	59503	103.2
花生	8482	8728	97.2
芝麻	2238	2343	95.5
三、棉花（皮棉）	243	292	83.2
四、糖类	56704	49886	113.7
五、药材	50481	49093	102.8
六、蔬菜	3476884	3415035	101.8
七、果用瓜	359751	368848	97.5
西瓜	267948	276084	97.1
草莓	45768	45015	101.7

杭州市外商直接投资情况表

表 71

指 标	计量单位	2020 年	2019 年
项目个数	个	804	735
协议总投资额	万美元	3622167	3066139
协议利用外资	万美元	1059312	1321928
实际利用外资	万美元	720184	612818

杭州市进出口情况表

表 72

指 标	2020 年（亿美元）	2019 年（亿美元）	为上年（%）
全市进出口总值（海关口径）	856.10	811.54	105.4
一、出口总额	532.85	523.83	101.6
1. 国有企业	56.17	58.68	95.5
2. 三资企业	100.51	105.49	95.3
（1）中外合作企业	0.27	0.40	67.7
（2）中外合资企业	44.39	46.94	94.6
（3）外商独资企业	55.85	58.16	96.0
3. 集体企业	15.02	15.62	96.2
4. 私营企业	358.35	338.76	105.7
二、进口总额	323.25	287.71	112.3

杭州市环境保护情况表

（2020年）

表73

指标名称	全市	市区
工业废水排放量（万吨）	14221.55	13145.42
工业废水中COD排放量（吨）	6049.79	3958.62
工业废水中氨氮排放量（吨）	131.28	99.23
工业二氧化硫产生量（吨）	59091.77	52122.77
工业二氧化硫排放量（吨）	3973	2588.1
工业氮氧化物排放量（吨）	16055.79	9705.24
工业烟（粉）产生量（吨）	3507799.56	1786745.01
工业烟（粉）尘排放量（吨）	10411.02	5359.68
一般工业固体废物综合利用率（%）	99.03	98.99
城市污水集中处理率（%）	97.06	97.11
城市生活垃圾无害化处理率（%）	100	100
空气质量优良天数（天）	—	334
集中式饮用水源地水质达标率（%）	100	100

杭州市区城市公用事业情况表

（2020年）

表74

指标	计量单位	数值
一、城市公共交通		
年末公交运营线路条数	条	1307
年末公交运营线路总长度	千米	25947
年末运营公共汽（电）车	辆	10866
公交客运总量	万人次	70392
年末轨道交通运营长度	千米	306.3
轨道交通客运总量	万人次	58241
二、城市供电		
全年用电总量	亿千瓦小时	728.74
工业用电	亿千瓦小时	357.19
生活用电	亿千瓦小时	131.46
三、城市自来水供应		
供水能力	万吨/日	455
供水总量	万吨	120992
生产用水	万吨	29601
生活用水	万吨	49606
四、城市供气		
城市液化气供气总量	万吨	11.17
家庭用气总量	万吨	6.98
人工煤气及天然气		
家庭用气总量	万立方米	50843
家庭用气户数	万户	200.3
全社会气化率	%	100
五、园林绿化		
建成区园林绿地面积	公顷	26249
公园绿地	公顷	9951
建城区绿化覆盖率	%	43.36
公园景点个数	个	305
公园景点面积	公顷	3539
六、市政建设		
年末实有道路面积	万平方米	10073
年末实有道路长度	千米	4323
年末实有桥梁数	座	1705
年末排水管道长度	千米	9434
城市污水排放量	万立方米	82795

杭州市固定资产投资总额发展指数情况表

表 75

年份	固定资产投资	第一产业	第二产业	第三产业
2015	112.2	165.0	101.8	114.3
2016	105.1	125.1	95.2	107.0
2017	101.4	111.2	100.9	101.5
2018	110.8	28.7	88.1	114.2
2019	111.6	61.3	106.2	112.2
2020	106.8	260.9	106.2	106.8

杭州市金融机构年末本外币存贷款余额情况表
（2020年年末）

表 76　　单位：万元

指　标	全市		市　区					桐庐县	淳安县	建德市
	绝对值	为上年（%）		萧山区	余杭区	富阳区	临安区			
一、各项存款	542464720	119.78	524892599	55286076	42494701	15691178	11711751	7169536	3949212	6453373
（一）境内存款	526845271	118.07	509303561	55038061	42418739	15679378	11707820	7142466	3947904	6451340
1. 住户存款	143981152	120.98	134701696	23161659	17574772	6627104	4699654	3681875	2142054	3455527
（1）活期存款	60024112	118.09	56737553	7162125	5976478	2778126	1963467	1256496	863192	1166872
（2）定期及其他存款	83957040	123.13	77964144	15999534	11598294	3848978	2736186	2425379	1278863	2288655
2. 非金融企业存款	249348339	122.95	243864752	21021851	15431033	6520789	5124538	2385513	949988	2148085
（1）活期存款	94825971	124.31	91329532	8348453	6590846	2806934	2438164	1498217	611278	1386943
（2）定期及其他存款	154522368	122.13	152535221	12673398	8840187	3713855	2686374	887296	338710	761142
3. 广义政府存款	90250314	96.59	87510798	10615156	9140962	2023613	1883550	1070975	855819	812721
（1）财政性存款	18134152	98.02	17907609	1204028	1603931	257653	201288	125398	49242	51903
（2）机关团体存款	72116162	96.24	69603189	9411128	7537031	1765960	1682261	945577	806577	760819
4. 非银行业金融机构存款	43265466	139.77	43226314	239395	271972	507872	78	4102	43	35007
（二）境外存款	15619450	234.38	15589038	248015	75962	11799	3932	27070	1308	2033
二、各项贷款	497992776	117.88	481800206	50964121	31655512	18121168	9745427	6970558	3576551	5645461
（一）境内贷款	494666330	118.03	478473832	50919618	31654184	18121057	9745047	6970558	3576479	5645461
1. 住户贷款	204287771	123.68	196239571	17953348	13809249	7294230	5177591	3210278	2116848	2721074
（1）短期贷款	75737279	127.79	73855789	3430006	2568632	1336096	1059853	717788	441921	721782
（2）中长期贷款	128550492	121.37	122383783	14523342	11240617	5958134	4117738	2492491	1674927	1999291
2. 非金融企业及机关团体贷款	290212515	114.37	282068217	32946270	17844935	10826827	4567456	3760280	1459631	2924387
（1）短期贷款	90127405	111.08	87638224	14132478	5809645	4650804	1242328	1185495	396396	907289
（2）中长期贷款	171945095	117.10	166407088	18104219	11263321	5948312	3156407	2543796	1034080	1960131
（3）票据融资	18498601	113.68	18381490	694017	771969	227580	168429	30989	29155	56967
（4）融资租赁	9442384	101.39	9442384	—	—	—	—	—	—	—
（5）各项垫款	199030	99.93	199030	15556	—	130	292	—	—	—
3. 非银行业金融机构贷款	166044	100.61	166044	20000	—	—	—	—	—	—
（二）境外贷款	3326446	99.25	3326374	44503	1328	111	380	—	72	—

杭州市城镇常住居民家庭调查情况表

表 77

项　目	计量单位	2014 年	2015 年	2016 年	2017 年	2018 年	2019 年	2020 年
调查户数	户	1920	1920	1920	1920	2250	2250	2250
平均每户人口	人	2.79	2.79	2.80	2.91	2.93	2.96	2.94
平均每户就业人数	人	1.53	1.48	1.49	1.48	1.50	1.53	1.47
年人均可支配收入	元	44632	48316	52185	56276	61172	66068	68666
年人均消费性支出	元	32165	33818	35686	38179	41615	44076	41916
人均住房建筑面积	平方米	35.1	35.5	35.8	36.4	37.3	38.2	39.3

杭州市区城镇居民家庭每百户平均耐用消费品拥有量情况表

表 78

项　目	计量单位	2014 年	2015 年	2016 年	2017 年	2018 年	2019 年	2020 年
家用汽车	辆	45.4	48.7	52.3	55.8	59.7	62.6	65.3
摩托车	辆	6.8	5.4	5.0	4.8	7.0	6.2	5.4
电冰箱	台	92.3	92.2	97.6	99.9	107.0	110.0	110.1
洗衣机	台	86.8	86.9	92.6	94.6	98.5	102.3	102.4
热水器	台	93.7	95.5	101.4	105.2	109.2	114.0	115.2
空调器	台	201.5	207.3	226.6	235.3	243.2	250.2	252.2
彩色电视机	台	174.0	174.1	183.1	187.3	187.9	193.8	191.9
照相机	架	54.4	51.5	48.4	49.9	34.9	28.9	27.6
计算机	台	110.6	110.1	112.0	115.1	100.5	89.8	90.6
接入互联网的计算机	台	100.2	99.8	100.8	104.9	92.9	86.0	87.3
固定电话	部	54.2	50.7	47.3	45.9	28.9	19.8	17.6
移动电话	部	227.9	229.9	242.1	245.4	258.3	259.0	260.3
接入互联网的移动电话	部	140.8	155.8	175.3	191.4	212.9	223.6	233.2

杭州市城镇常住居民家庭人均消费支出情况表

表 79

单位:元

项　目	2019 年	2020 年
人均消费支出	44076	41916
食品烟酒	10651	10717
衣着	2432	2177
居住	11081	11434
生活用品及服务	2300	2288
交通通信	7446	6883
教育文化娱乐	4765	3704
医疗保健	4057	3651
其他用品及服务	1344	1062

杭州市农村常住居民家庭调查情况表

表 80

项　目	计量单位	2014 年	2015 年	2016 年	2017 年	2018 年	2019 年	2020 年
调查户数	户	1280	1280	1280	1280	950	950	950
平均每户人口	人	3.35	3.36	3.38	3.38	3.40	3.42	3.44
平均每户就业人数	人	2.05	2.02	2.04	2.03	2.05	2.01	2.03
年人均可支配收入	元	23555	25719	27908	30397	33193	36255	38700
年人均消费支出	元	17816	19334	20563	21983	24203	26296	25664
人均住房建筑面积	平方米	67.9	68.8	69.9	70.9	72.5	74.1	75.5

杭州市农村常住居民家庭人均消费支出情况表

表 81　　　　　　　　　　　　　　　　　　　　　　　　单位：元

项　目	2019 年	2020 年
人均消费支出	26296	25664
食品烟酒	7067	7114
衣着	1339	1272
居住	7242	8006
生活用品及服务	1375	1423
交通通信	4444	4101
教育文化娱乐	2070	1664
医疗保健	2210	1729
其他用品及服务	549	355

市区居民消费价格分类指数情况表

表 82

项　目	2019 年	2020 年	项　目	2019 年	2020 年
居民消费价格总指数	103.1	102.1	5. 鞋类	99.0	98.9
一、食品烟酒	106.3	106.9	三、居住	100.9	99.7
1. 食品	107.9	108.9	1. 租赁房房租	101.9	99.8
（1）粮食	101.1	101.7	2. 住房保养维修及管理	100.3	101.7
（2）薯类	106.1	98.0	3. 水电燃料	100.7	98.9
（3）豆类	109.9	102.7	4. 自有住房	101.0	99.5
（4）食用油	102.6	99.4	四、生活用品及服务	103.0	103.1
（5）菜	103.1	101.5	1. 家具及室内装饰品	102.3	102.9
（6）畜肉类	123.1	136.7	2. 家用器具	99.4	97.8
（7）禽肉类	108.2	108.8	3. 家用纺织品	102.2	105.2
（8）水产品	99.1	102.6	4. 家庭日用杂品	105.4	105.5
（9）蛋类	105.6	97.4	5. 个人护理用品	106.0	104.7
（10）奶类	104.1	99.9	6. 家庭服务	103.7	106.2
（11）干鲜瓜果类	112.8	94.0	五、交通和通信	99.0	96.6
（12）糖果糕点类	101.2	104.0	1. 交通	98.6	95.3
（13）调味品	105.7	102.5	2. 通信	100.0	99.7
（14）其他食品类	101.9	105.8	六、教育文化和娱乐	104.3	101.7
2. 茶及饮料	104.6	101.8	1. 教育	103.5	105.0
3. 烟酒	100.8	99.6	2. 文化娱乐	105.4	97.7
4. 在外餐饮	104.8	104.9	七、医疗保健	107.0	103.1
二、衣着	101.3	100.1	1. 药品及医疗器具	111.3	99.4
1. 服装	101.8	100.0	2. 医疗服务	104.1	105.6
2. 服装材料	100.0	100.2	八、其他用品和服务	102.8	103.8
3. 其他衣着及配件	99.4	103.2	1. 其他用品类	104.7	107.1
4. 衣着加工服务费	103.7	109.4	2. 其他服务类	101.6	101.7

说明：价格指数以上年为 100

杭州市社会保障情况表
（2020 年年末）

表 83 单位：人

指　标	职工基本养老保险参保人数	职工基本医疗保险参保人数	工伤保险参保人数	生育保险参保人数	失业保险参保人数
全　市	7515404	7134934	6333582	5148839	5234553
市　区	6947275	6659365	5945213	4883005	4976693
桐庐县	231772	194176	150195	117867	115410
淳安县	110737	110602	93578	54609	51469
建德市	225620	170791	144596	93358	90981

杭州市主要经济指标占浙江省的比重一览表
（2020 年）

表 84

指　标	计量单位	浙江省	杭州市	杭州市占全省比重（%）
地区生产总值	亿元	64613	16106	24.9
服务业增加值	亿元	36031	10959	30.4
数字经济核心产业增加值	亿元	7020	4290	61.1
社会消费品零售总额	亿元	26630	6055	22.7
出口总额	亿元	25171	3693	14.7
一般公共预算收入	亿元	7248	2093	28.9
实际利用外资	亿美元	157.85	72.02	45.6

杭州市主要经济指标在全国 15 个副省级城市中的位次一览表
（2020 年）

表 85

城　市	地区生产总值（亿元）	服务业增加值（亿元）	社会消费品零售总额（亿元）	一般公共预算收入（亿元）	城镇常住居民人均可支配收入（元）	农村常住居民人均可支配收入（元）
杭　州	16106	10959	6055	2093	68666	38700
沈　阳	6572	4108	3638	736	47413	19598
大　连	7030	3756	1828	703	47380	21558
长　春	6638	3346	—	440	34560	16636
哈尔滨	5184	3424	—	340	39791	19631
南　京	14818	9307	7203	1638	67553	29621
宁　波	12409	6376	4238	1511	68008	39132
厦　门	6384	3835	2294	784	61331	26612
济　南	10141	6249	4469	906	53329	20432
青　岛	12401	7614	5204	1254	55905	23656
武　汉	15616	9656	6150	1230	50362	24057
广　州	25019	18141	9219	1722	68304	31266
深　圳	27670	17190	8665	3857	64878	—
成　都	17717	11643	8119	1520	48593	26432
西　安	10020	6379	4989	724	43713	15749
杭州位次	4	4	6	2	1	2

杭州市主要经济指标在长三角地区主要城市中的位次一览表
（2020 年）

表 86

城 市	地区生产总值（亿元）	服务业增加值（亿元）	社会消费品零售总额（亿元）	一般公共预算收入（亿元）	城镇常住居民人均可支配收入（元）	农村常住居民人均可支配收入（元）
杭 州	16106	10959	6055	2093	68666	38700
上 海	38701	28308	15933	7046	76437	34911
南 京	14818	9307	7203	1638	67553	29621
无 锡	12370	6491	2994	1076	64714	35750
常 州	7805	4025	2421	617	60529	32364
苏 州	20170	10588	7702	2303	70966	37563
南 通	10036	4812	3370	639	52484	26141
扬 州	6048	2955	1379	337	47202	24813
镇 江	4220	2082	1142	312	54572	28402
泰 州	5313	2465	1333	383	49103	24615
宁 波	12409	6376	4238	1511	68008	39132
嘉 兴	5510	2524	2141	599	64124	39801
湖 州	3201	1473	1424	337	61743	37244
绍 兴	6001	3070	2322	544	66694	38696
舟 山	1512	769	533	159	63702	39096
台 州	5263	2670	2396	401	62598	32188
合 肥	10046	6134	4514	763	48283	24282
杭州位次	3	2	4	3	3	4

（市统计局）

责任编辑 郦 晶

2021
杭 州 年 鉴
Index

索 引

说明：

一、本类目设主题索引、照片索引和图表索引 3 个分目。

二、主题索引中文标目按汉语拼音顺序排列，同音字按笔画数从少到多排列。第一字相同，按第二字音序排列，依次类推。数字开头的标目则按数字 0 ～ 9 顺序排列。

标目后的阿拉伯数字表示内容所在页码。数字后的英文字母 a、b、c 分别表示从左到右第一、二、三栏。标目后有多个页码的，则表示相关信息在这些页码中均出现。副标目缩进两个汉字放在主标目下面。

本年鉴的"特载""大事记""附录"均未做主题索引，"卷首彩页"未做照片索引。

三、照片索引仅标注所在页码，不标注分栏。图表索引按序号排列，仅标注所在页码，不标注分栏。

主题索引

0 ～ 9

A

B

C

D

E

L

M

N

T

W

X

Y

Z

照片索引

0 ~ 9

A

B

C

D

F

图表索引

图书在版编目（CIP）数据

杭州年鉴. 2021 / 中共杭州市委党史研究室（杭州市人民政府地方志办公室）编.— 北京：方志出版社，2021.11
ISBN 978-7-5144-4962-4

Ⅰ.①杭… Ⅱ. ①中… Ⅲ.①杭州—2021—年鉴
Ⅳ.①Z525.51

中国版本图书馆CIP数据核字（2021）第260928号

杭州年鉴（2021）

编　　者：中共杭州市委党史研究室
（杭州市人民政府地方志办公室）
责任编辑：刘方圆

出 版 者：方志出版社
地址　北京市朝阳区潘家园东里9号（国家方志馆4层）
邮编　100021
网址　Http://www.zgfzcb.cn
发　　行：方志出版社图书经销中心
电话（010）67110500
经　　销：各地新华书店
印　　刷：杭州捷派印务有限公司

开　　本：889mm×1194mm　　1/16
印　　张：38
字　　数：1450千字
版　　次：2021年11月第1版　2021年11月第1次印刷
印　　数：0001~1500册

ISBN 978-7-5144-4962-4　　定价：320.00元